Gréser *(to nibble)* : Gruger (le verre).

Guillaume *(rabbet plane)* : Rabot à fer étroit et échancré.

Guimbarde *(router)* : Petit rabot pour aplanir le fond creux.

Hélicoïdal *(helicoidal)* : En forme d'hélice.

Ignifuge *(fireproof)* : Propre à rendre ininflammables des objets combustibles.

Jambage *(frame)* : Montant vertical d'une ouverture de porte ou de fenêtre.

Jante *(rim)* : Cercle extérieur d'une roue.

Joue *(line face)* : Face extérieure d'une pièce.

Kapok *(kapok)* : Duvet végétal utilisé pour les coussins.

Lambourde *(sleeper)* : Pièce de bois sur laquelle est cloué le plancher.

Laminé *(laminated)* : Se dit du bois auquel on fait subir une compression pour l'amener à des dimensions données.

Larmier *(drip cap)* : Petite gouttière.

Lé *(strip)* : Largeur d'un papier entre ses deux lisières.

Lèvre *(lip)* : Rebord.

Lézarde *(crack)* : Fente ou crevasse.

Limon *(framing square)* : Pièce de bois, taillée en biais, supportant la balustrade et les marches d'un escalier.

Linteau *(header)* : Pièce horizontale qui ferme la partie supérieure d'une ouverture.

Lisse *(sole-plate)* : Pièce de fondation d'un mur.

Longeron *(rail)* : Une des pièces maîtresses longitudinales de la charpente.

Loqueteau *(catch)* : Petit loquet. Barre mobile autour d'un pivot, servant à fermer une porte par pression.

Lumière *(pocket)* : Ouverture pratiquée dans du bois ou du métal.

Mandrin *(chuck)* : Pièce métallique de forme cylindrique dans laquelle un foret est fixé à la perceuse.

Meneau *(mullion)* : Montant intérieur qui sert à diviser une fenêtre en compartiments.

Meuble, terre *(losse soil)* : Sol facilement fragmenté.

Mildiou *(mildew)* : Moisissure.

Monel *(monel)* : Alliage de cuivre et de nickel.

Montant *(stud)* : Pièce de bois ou de métal posée verticalement dans un ouvrage de menuiserie, et servant de soutien ou de remplissage.

Moraillon *(hasp)* : Pièce de métal, mobile, qui vient s'encastrer dans une pièce fixe rivée sur le côté d'une porte, d'un coffre, et servant à leur fermeture.

Mordache *(claw)* : Pièce de bois ou de métal mou, placée entre les mâchoires d'un étau, pour serrer un objet sans le détériorer.

Morfiler *(to hone)* : Enlever les fines parcelles métalliques qui adhèrent au tranchant de la lame après affilage.

Mortaise *(mortise)* : Entaille faite dans une pièce de bois ou de métal pour recevoir l'extrémité d'une autre pièce.

Mûrir *(to cure)* : Laisser venir à point.

Natte *(batt)* : Pièce de matériau isolant.

Néoprène *(neoprene)* : Caoutchouc synthétique thermoplastique.

Nez *(nose)* : Partie saillante d'une pièce.

Noue *(valley channel)* : Angle rentrant formé par la rencontre des surfaces inclinées de deux combles; pièce de charpente qui supporte leur jonction.

Noyer *(to countersink)* : Enfoncer.

Obturateur *(plaster mix)* : Matière qui sert à boucher.

Onglets, boîte à *(miter box)* : Boîte en forme de canal, sur les parois de laquelle on a fait des entailles qui guident la scie pour découper des pièces selon un angle donné.

Parement *(siding)* : Surface apparente d'un mur.

Pas *(groove)* : Deux filets consécutifs d'une vis.

Patin *(slide)* : Coulisse.

Paumelle *(hinge)* : Penture pivotant sur des gonds à fiches.

Pêne *(bolt)* : Pièce d'une serrure qui, en s'engageant dans une gâche, immobilise la porte.

Pied-de-biche *(nail set)* : Petit levier métallique dont la tête est fendue, et qui sert à arracher les clous.

Pilastre *(pilaster)* : Montant placé dans un mur pour le renforcer.

Placopâtre *(gypsum)* : Plâtre. Chaux sulfatée.

Plaie *(cut-out area)* : Trou. Déchirure.

Plonge *(plunger)* : Pièce mobile réglant le passage d'un fluide.

Pochoir *(stencil)* : Feuille de carton ou de métal découpée, pour imprimer un dessin ayant le contour de la découpure.

Pointeau *(center punch)* : Poinçon en acier servant à marquer la place d'un trou à percer.

Pointer *(to smooth)* : Egaliser (des joints).

Ponçage *(sanding)* : Polissage au moyen d'une substance abrasive.

Poupée *(headstock)* : Pièce de machine recevant un axe de transmission ou servant de point fixe à un mouvement de rotation.

Purgeur *(drain cock)* : Appareil servant à éliminer d'une tuyauterie les fluides nuisibles.

Queue-d'aronde *(dovetail)* : Extrémité d'une pièce, en forme de queue d'hirondelle, pénétrant dans une entaille de même forme pour constituer un assemblage.

Quinconce *(quincunx)* : En rangs alternés de cinq pièces chacun.

Raclette *(hand scraper)* : Outil pour gratter.

Rebondissant *(resilient)* : Elastique, souple.

Refend *(ripping)* : Coupe dans le sens du fil du bois.

Registre *(damper)* : Mécanisme réglant le débit d'un fluide.

Rejéteau *(drip cap)* : Petite gouttière.

Rive *(edge)* : Bord.

Rochet *(ratchet)* : Mécanisme d'un instrument à disque roulant qu'un cliquet oblige à tourner dans un seul sens.

Rondelle *(washer)* : Pièce mince, ronde, percée d'un trou en son milieu, qui s'enfile sur une tige.

Rotule *(ball joint)* : Articulation de forme sphérique.

Sablière *(wall plate)* : Pièce de bois horizontale, qui supporte d'autres pièces d'une charpente.

Sangle *(strap)* : Bande plate qui sert à serrer, à retenir.

Semelle *(footing)* : Elément d'assise dans une construction.

Sertir *(to crimp)* : Rabattre le bord d'un fil pour le fixer à un autre bord.

Serre à sangle *(long clamp)* : Sorte de serre-joint.

Siccatif *(drier)* : Qui accélère le séchage.

Soffite *(eave)* : Face inférieure du débord de toit.

Solenoïde *(solenoid)* : Fil métallique enroulé sur un cylindre, qui crée un champ magnétique, lorsqu'un courant le parcourt.

Solin *(flashing)* : Enduit de plâtre ou saillie de pierre ou de métal, servant à raccorder des surfaces, à empêcher les infiltrations.

Soufflet *(blower)* : Instrument qui met l'air en mouvement dans une direction donnée.

Spore *(spore)* : Corpuscule reproducteur de nombreuses espèces végétales.

Suralésage *(counterboring)* : Opération consistant à repercer un trou.

Tambour *(drum)* : Cylindre de métal.

Tartrage *(scaling)* : Croûte dure et insoluble qui se forme sur les parois des tuyauteries.

Tasseau *(batten)* : Petit morceau de bois servant à soutenir, à maintenir ou à caler une autre pièce.

Tendeur *(kicker)* : Appareil servant à tendre.

Tenon *(tenon joints)* : Partie saillante ménagée à l'extrémité d'une pièce destinée à s'ajuster dans la partie creuse correspondante d'une autre pièce.

Tétrachlorure de carbone *(methylene chloride)* : Combinaison de chlore et de carbone utilisée comme détachant.

Thibaude *(padding)* : Tissu grossier, servant à doubler les tapis.

Tiers-point *(triangular file)* : Lime à section triangulaire.

Toupie *(router)* : Outil rotatif pour le travail du bois, avec lequel on exécute les moulures et les entailles les plus variées.

Trémie *(hopper)* : Réservoir en forme de pyramide tronquée et renversée.

Trusquin *(marking-gauge)* : Instrument servant, en menuiserie, à tracer des lignes parallèles.

Valet *(clamp)* : Outil coudé pour maintenir le bois sur l'établi.

Vanne *(valve)* : Pièce mobile servant à régler l'écoulement d'un fluide.

Vérin *(jack)* : Appareil qu'on place sous des charges pour les soulever.

Manuel complet du bricolage

de Sélection du Reader's Digest

Manuel complet du bricolage

de Sélection du Reader's Digest

Sélection du Reader's Digest (Canada) Ltée
215, avenue Redfern, Montréal, Qué. H3Z 2V9

Les rédacteurs de ce livre sont reconnaissants de l'aide qu'ils ont obtenue de la part des sociétés et des organismes suivants:

Abell Waco Ltd.
Adjustable Clamp Co.
Albert Constantine & Son, Inc.
Allegheny Natural Stone Co.
Allied Radio Corp.
American Brick & Stone Co.
American Gas Assn., Inc.
American Plywood Assn.
American Standard Inc.
American Vinyl Co.
Andersen Corp.
Armco Steel Corp.
Armstrong Cork Co.
Association canadienne des Fabricants de Peinture
Association de la Construction de Montréal
Atlas Press Co.
Automatic Spray Co.
Banque de Montréal
Bass, Rudolf
Bernzomatic Corp.
Black & Decker Mfg. Co.
Borden, Inc.
Bostitch Div. of Textron, Inc.
Brick and Clay Record Magazine
Bridgeport Brass Co.
Brinks & Cotton
Bruce Flooring Co.
Bryant Electric Co.
Building Stone Institute
Bulova Watch Co., Inc.
Bureau d'Ethique commerciale de Montréal
Canada Fans Ltd.
Canadian Standards Assn.
Carborundum Co.
Carrier Corp.

Cast Iron Pipe Research Association
Champion International
Channellock, Inc.
Chicago Specialty Manufacturing Co.
Chrysler Corp.
Clarke Floor Machine Co.
Coastal Abrasive & Tool Co., Inc.
Columbus Coated Fabrics Co.
Conseil des Industries forestières de la Colombie-Britannique
Consolidated Edison Co. of N.Y., Inc.
Constantine, Albert & Son, Inc.
Coplay Cement Manufacturing Co.
Copper & Brass Research Assn.
Copper Development Assn., Inc.
Cory Corp.
Crane Co.
Crescent Niagara Corp.
Culligan, Inc.
Cyanamid of Canada Ltd.
Disston Co.
Dominion Textile Ltée
Dow Corning Corp.
Du Pont, E. I. de Nemours & Co.
Eaton, Yale and Towne
Edison Electric Institute
Edmund Scientific Co.
Emerson Electric of St. Louis
Fedders Corp.
Flintkote Corp.
Fluidmaster, Inc.
General Electric Co., et sa division Hotpoint
General Motors Corp., division Frigidaire
Goldblatt Tool Co.
Goodyear Tire & Rubber Co.
Gothic Lumber & Millwork Inc.

Hanson, Henry L., Co., Inc.
Hexacon Elec. Co.
Holub Industries, Inc.
Honeywell Ltée
Howe Equipment of Canada Ltd.
Hyde Manufacturing Co.
Hydro de l'Ontario
Ideal Security Hardware Corp.
Institut canadien de la Plomberie et du Chauffage
Irwin Auger Bit Co.
Jacobsen Mfg. Co.
Kedman Co.
Kemper Brothers
Kirsch Co.
Kwikset
Lafayette Radio Electronics Corp.
Lau Blower Co.
Lavelle Rubber Co.
Lennox Industries Inc.
Long Island Lighting Co.
Lufkin Div., Cooper Industries, Inc.
Macklanburg-Duncan Co.
Majestic Co., Inc.
Masonite Corp.
Master Painting Co.
Meredith Separator Co.
Millers Falls Co.
Minnesota Mining & Mfg. Co.
Minwax Co., Inc.
Mobil Oil Corp.
Moen Div., Standard Screw Co.
Montgomery Ward & Co.
McCulloch Corp.
McGraw-Edison Co.
McPherson, Inc.
National Art Materials Trade Assn.
National Concrete Masonry Assn.

National Forest Products Assn.
National Gypsum Co.
Naval Jelly Co.
Nicholson File Co.
Norton Co.
Nutone Div., Scovill Mfg. Co.
Olin Corp.
Orangeburg Co.
Owens-Corning Fiberglas Corp.
Petersen Mfg. Co.
Pittsburgh Corning Corp.
Ponderosa Pine Wood Doors
Portable Electric Tools Div., G. W. Murphy Industries
Porter, H. K., Co. Inc.
Portland Cement Assn.
PPG Industries, Inc.
Raaco Corp.
Ramset Olin Corp.
Rawplug Co., Inc.
Red Devil Inc.
Remington Arms Co., Inc.
Reynolds Metals Co.
Rheem Mfg. Co.
Rhodes, M. H., Inc.
Ridge Tool Co.
Robert M. Miller Construction Co., Ltd.
Rockwell Mfg. Co.
Rohm and Haas Co.
Roto-Rooter Corp.
Rowe Manufacturing Co.
Rudd Mfg. Co.
Rudd, Nicholson
Russwin
St. Regis Paper Co.
Salton, Inc.
Schlage Lock Co.
Sears Roebuck & Co.

Shell Canada Ltd.
Sheffield Bronze Powder Co., Ltd.
Sherwin-Williams Co.
Shop-Vac Corp.
Simer Pump Co.
Sloan Valve Co.
Smith, H. B., Co. Inc.
Société centrale d'Hypothèques et de Logement
Spinning, Rolfe C., Inc.
Stanley Works
Store & Office Equipment Co., Ltd.
Structural Clay Products Institute
Tatko Brothers Slate Co., Inc.
Thomas Industries, Inc.
Thor Power Tool Co.
Tile Corp. of America
Tonecraft Ltd.
Toolkraft Corp.
Toro Manufacturing Corp.
Triumph Twist Drill Co.
United States Ceramic Tile Co.
United States Gypsum Co.
United States Steel Corp.
Uniroyal, Inc.
Universal-Rundle Corp.
Vulcan Basement Waterproofing Co.
Wallcoverings Council
Wallpaper Council
Watts Regulator Co., Inc.
Weil-McClain Co., Hydronic Div.
Weldwood of Canada Ltd.
Weldwood Package Products
Weller Electric Corp.
Wendell Mfg. Co.
Wen Products, Inc.
Westinghouse Electric Corp.
Wetzler Clamp Co., Inc.

Rédacteur en chef
Graeme G. Keeping

Directeur artistique
David Trooper

Directeur artistique adjoint
Pierre Léveillé

Directeur technique
Robert Brightman

Rédacteurs associés
Fred Kerner
Pierre Ranger
Roger Rolland

Photographie en noir et blanc
Joseph Barnell
W. A. Sonntag
Ernest Coppolino
John et Roe Capotosto
Portland Cement Assn. (pp. 466, 483)

Traduction
André Daveluy
Paule Daveluy

Sources supplémentaires de photos:
pages 526-9, 536-7, 540-1, 550-2, 554-7
The Stanley Book of Designs for Making Your Own Furniture/The Stanley Book of Designs for Home Storage
Commandités par Stanley Works of Canada Ltd., New Hamburg, Ontario/Publiés par Spectator Publications Ltd., London, Ont./Photos de Ward Hart

Table des matières

section 1: **Les outils à main: choix et utilisation**

10 La boîte à outils
12 Les établis
14 Les marteaux
16 Les scies et leur emploi
18 Scies spéciales
20 Aiguisage et avoyage des scies
21 Tournevis
22 Pinces
23 Clés
24 Mesures et tracés
26 Perceuses à main et vilebrequins
28 Rabots
30 Rabots spéciaux
32 Ciseaux et gouges
34 Limes et limage
36 Etaux et serres
39 Outils de soudage
40 Affûtage
42 Ponçage et papiers abrasifs

section 2: **L'outillage électrique**

44 Perceuses électriques
48 Scies circulaires portatives
52 La scie sauteuse
53 Scies spéciales
54 La toupie
56 Rabots électriques
57 Ponceuses
58 La meuleuse
59 La ponceuse à courroie
60 Le plateau de sciage
61 La scie radiale
62 Scie à découper et toupie
63 La scie à ruban
64 La corroyeuse
65 Le tour à bois
66 La perceuse à colonne

section 3: **Fixations, quincaillerie et adhésifs**

68 Clous: types et utilisation
69 Le choix des clous
70 Trucs de clouage
71 Clous à maçonnerie
72 Vis
74 Assemblages avec vis
75 Ecrous et boulons
76 Fixations: cloisons creuses
77 Fixations: surfaces pleines
78 Charnières
80 Quincaillerie: portes
81 Quincaillerie: portes, armoires
82 Quincaillerie: portes-moustiquaire et contre-portes
84 Quincaillerie variée
86 Adhésifs

section 4: **Réparations à l'intérieur de la maison**

90 Entretien de l'intérieur
91 Murs et plafonds
102 Plinthes et moulures
104 Escaliers
109 Planchers
118 Fenêtres à guillotine
122 Coupe-bise de fenêtres
123 Châssis en bois
124 Châssis à battant
125 Châssis coulissants
126 Châssis basculants et jalousies
127 Installation du bâti
128 Fenêtres en aluminium
130 Contrechâssis en bois
131 Moustiquaires
134 Stores
135 Stores vénitiens

136 Quincaillerie à draperies
139 Portes
142 Calfeutrage des portes
150 Serrures de portes
154 Carrelages de céramique
156 Sous-sols
159 Les agents nuisibles dans votre maison

section 5: Réparations majeures et mineures à l'extérieur

164 Entretien de l'extérieur
165 Réparations à la toiture
166 Bardeaux d'asphalte
167 Bardeaux d'ardoise
168 Toits plats
169 Gouttières et descentes
172 Nouvelles gouttières
173 Ecoulement des eaux du toit
174 Cheminées
178 Solins de noues et de lucarnes
179 Toit-terrasse
180 Réparation: planches à déclin
181 Bardeaux de revêtement
182 Calfeutrage
183 Appuis de fenêtre
184 Imperméabilisation des murs du sous-sol
185 Réparation d'une barrière
186 Réparation: poteaux de clôture
188 Réparation: clôture en bois
189 Portes de garage à charnières
190 Portes de garage basculantes
192 Ouvre-portes électriques
194 Rapiéçage d'asphalte

section 6: Les meubles: réparation et rénovation

196 Nettoyage et entretien des tissus
197 Réparation du bois
198 Réparation du placage
199 Tiroirs
200 Pieds de meubles
202 Réparation de portes
204 Le rembourrage
205 Confection des coussins
206 Les sièges cannés
207 Le rempaillage des chaises
208 Les chaises de cuisine et de salle à manger
209 Ameublement de salle à manger
210 Chaises de patio

section 7: La plomberie: comment la garder en bon état

212 Problèmes de plomberie
213 Tuyauterie domestique
214 Eau et systèmes d'égout
215 Plomberie de base
216 Egouts bouchés
218 Tuyau principal obstrué
219 Les robinets
222 Les toilettes
224 Bruits dans la tuyauterie
225 Tuyaux gelés ou crevés
226 Réparations et installation
227 Raccords de tuyaux
228 Tuyauterie de fonte
229 Tuyauterie: laiton, acier
230 Tuyauterie: cuivre rigide
231 Tuyauterie: cuivre flexible
232 Tuyauterie de plastique rigide
233 Tuyauterie de plastique flexible
234 Disposition des tuyaux
237 Installation des toilettes
238 Installation d'un évier

240 Baignoires et douches
241 Les chauffe-eau
242 Les lessiveuses
243 Machines à laver la vaisselle
244 Pompes de puisard
245 Solutions à certains problèmes
246 Traitement des eaux domestiques
248 Dispersion des eaux d'égout

section 8: L'électricité: problèmes et solutions

252 Fusibles et coupe-circuits
253 Connaissance de l'électricité
254 Vos besoins en électricité
255 Nouveaux circuits
256 Amélioration du service
257 Electricité et sécurité
258 Réparations
259 Réparation: cordes et fiches
260 Boîtes de sortie et accessoires électriques
261 Fils et canalisation
262 Interrupteurs et prises de courant
263 Interrupteur spécial et canalisation métallique
264 Câblage: nouveaux circuits
265 Installation des boîtes
266 Câblage: plancher, plafond
267 Les lustres
268 Câblage: interrupteurs, prises et appareils
270 Quincaillerie spéciale
271 Eclairage extérieur
272 Câblage extérieur
273 La réparation d'une lampe
274 Les appareils fluorescents
276 Carillons, sonnettes et avertisseurs

section 9: Chauffage et climatisation des habitations

278 Chauffage et climatisation
279 Installation à air chaud
280 Installation à eau chaude
281 Disposition des canalisations
282 Chauffage par rayonnement
284 Installations à la vapeur
285 Cheminées
286 Distribution de la chaleur
288 Entretien des systèmes
290 Brûleurs à mazout
291 Brûleurs à gaz
292 Entretien
294 Fournaises à chargement mécanique
295 Foyers ouverts
296 Chauffage à l'électricité
297 Chaudières électriques
298 Fournaises électriques
299 Pompes de chauffage
300 Isolation thermique
304 Conditionnement d'air
305 Conditionneurs d'air
306 Installation des appareils
308 Conditionnement d'air central
310 Purificateurs électroniques
311 Humidificateurs à moteur
312 La déshumidification
313 La ventilation
314 Commandes des systèmes de chauffage et de rafraîchissement

section 10: Peinture et décoration des murs, plafonds et planchers

316 Les pinceaux
318 Les rouleaux
319 Rouleaux à peinture, tampons
320 La peinture au pistolet
322 Préparation
325 Echelles et escabeaux
326 Peinture d'intérieur
331 Peinture: portes, fenêtres
332 La peinture du béton
333 Problèmes de peinture
334 Peinture d'extérieur
340 Le papier peint
347 Les plafonds
350 Revêtement des murs
352 Carrelage de murs
355 Revêtements de sol

section 11: Le travail du bois

370 Connaissance du bois
371 Types de bois
372 Achat du bois
374 Le contreplaqué
376 Les panneaux de fibres
377 Charpenterie
378 Les panneaux muraux
380 Pose du stratifié
381 Le placage
382 Mesurage et traçage
384 Assemblages
385 Assemblages à recouvrement
386 Assemblages à entaille
387 Mortaise et tenon
389 Queues-d'aronde et L
390 Variété: queues-d'aronde
392 Assemblages d'angles
394 Assemblages en croix
395 Assemblages champ sur champ
396 Assemblages d'allongement
397 Assemblages triples
398 Usage des moulures
400 Niveaux verticaux et horizontaux
401 Structures de base
402 Construction de tiroirs
404 Construction d'intérieur
407 Finition du bois
411 Produits de finition
414 Finis spéciaux
415 Antiquage
416 Effets spéciaux

section 12: Les métaux: leur emploi dans les réparations

418 L'emploi des métaux
419 Mesurage et traçage
420 Limes
421 Limes, ciseaux, retrempage des outils
422 Coupage du métal
423 Perçage du métal
424 Tarauds
425 Filières
426 Rivetage
428 Autres façons d'assembler le métal
429 Soudage
432 Métal en feuilles
435 Bandes de métal
436 Tuyaux et barres de métal

section 13: Le verre, la céramique et les plastiques

438 Le travail du verre
440 Le perçage du verre et de la céramique
441 Réparation: verre, poterie
442 Les plastiques
444 Verre à usages particuliers

section 14: La maçonnerie de brique et de pierre

446 Achat des briques
447 Le mortier
448 Les outils
451 Types d'appareillages
452 Extrémités et joints
453 Vaporifuges
454 Pose des briques
456 Les joints
457 Réfection des joints
458 Ouvrages en pierre
460 Réparation des murs
462 Cheminées
463 Foyers
464 Pavage

section 15: Le béton

466 Composition du béton
467 Outillage et stockage
468 Estimation
470 Bétonnage
472 Fondations
474 Bétonnage: trottoirs, entrées
476 Installation des dalles
477 Dallage et marches
478 Planchers de béton
479 Réparations
481 Béton préfabriqué
482 Blocs de béton

section 16: Guide pratique: projets de rénovation

486 Projets de rénovation et estimation des coûts
488 Financement des travaux de rénovation
490 Etre son propre entrepreneur?
492 Rénovation d'une cuisine
496 Salle de lessive pratique
498 Rénovation d'une salle de bains
500 Agrandissement d'une petite maison
502 Aménagement des sous-sols et des greniers

section 17: Cinquante projets de construction

505 Instructions détaillées, plans et listes de matériaux pour enjoliver votre maison, selon des projets préparés en exclusivité pour Sélection du Reader's Digest

Index 592

Les outils à main: les choisir et les utiliser

Quels que soient les travaux que vous entrepreniez chez vous, vous serez amené, à un moment ou à un autre, à vous servir d'un certain nombre d'outils à main. Le chapitre qui suit vous propose la description des différents outils — marteau, rabot, tournevis, scie — qui vous seront nécessaires, et la façon de les utiliser à bon escient.

sommaire

10 La boîte à outils
12 Les établis
14 Les marteaux
16 Les scies et leur emploi
18 Scies spéciales
20 Aiguisage et avoyage des scies
21 Tournevis
22 Pinces
23 Clés
24 Mesures et tracés
26 Perceuses à main et vilebrequins
28 Rabots
30 Rabots spéciaux
32 Ciseaux et gouges
34 Limes et limage
36 Etaux et serres
39 Outils de soudage
40 Affûtage
42 Ponçage et papiers abrasifs

La boîte à outils

Ce qu'il faut acheter d'abord

Les locataires ne possèdent, en général, que quelques outils. La photo ci-dessous étale ceux qui les dépanneront et qui serviront également aux propriétaires. Quand vous achetez des outils, choisissez les meilleurs. Un marteau de qualité vous durera la vie entière. Un marteau moins bon se brisera et devra être remplacé. Quand viendra le temps d'ajouter à votre outillage de base, faites l'acquisition de pièces d'importance: une perceuse électrique et un étau. L'étau illustré plus bas se fixe aisément à une table de cuisine. Un étau aux mâchoires de 3½″, monté sur un établi solide (p. 12), convient aux travaux d'envergure. Dégagez vos renvois vous-même à l'aide d'un débouchoir à ventouse et vous économiserez; achetez-en un à long manche. Avant d'accumuler d'autres outils, offrez-vous, pour les ranger, un coffre (non illustré) à plateau amovible que vous pourrez transporter là où vous exécuterez vos travaux. Complétez votre outillage à mesure que grandissent votre expérience et vos besoins, mais si vous ajoutez un second outil électrique à votre équipement — vous avez déjà une perceuse, souvenez-vous, — achetez une scie portative électrique. Vous serez ensuite en mesure d'entreprendre toutes sortes de travaux de bricolage.

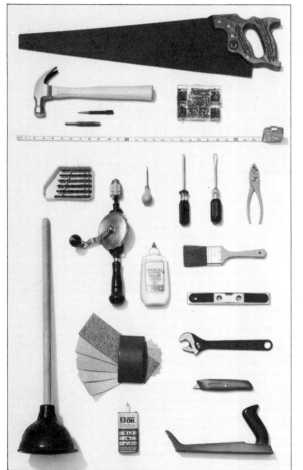

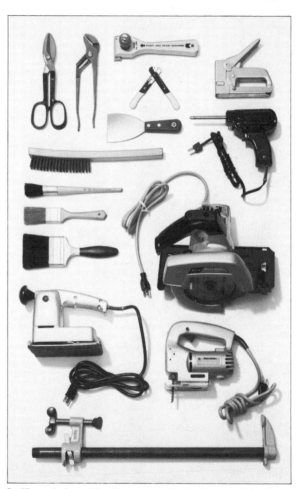

Outillage de base: Scie à tronçonner, marteau, chasse-clous, vis et clous variés, ruban à mesurer, forets et perceuses, poinçon, tournevis (Phillips et ordinaire), pinces, colle, pinceau, niveau, papiers abrasifs et bloc, clé à molette, couteau, débouchoir, huile, rabot Surform.

Outillage complémentaire: Scie à métaux, rabot, scie à dos et boîte à onglets, ciseaux à bois, pinces coupantes, gros tournevis, clé à tubes, pince-étau, serre en C, pierre à l'huile, lime, niveau, équerre à combinaison, chalumeau, mèches et vilebrequin, perceuse électrique, étau, pince à démolir.

Outillage de luxe: Cisailles, pinces de plombier, grattoir, pinces à dénuder, agrafeuse, couteau à mastiquer, pistolet à souder, brosse à poils d'acier, pinceaux, scie électrique portative, ponceuse, scie sauteuse, serre à coulisse. Voir aux pages 44 à 66 les outils électriques additionnels.

Les outils et leur usage

Travail	Outils à main appropriés		Outils électriques utiles	Travail	Outils à main appropriés		Outils électriques utiles
Découpage d'un trou circulaire	scie à guichet ou à découper râpe	compas perceuse	perceuse scie sauteuse	Remplacement de fiches	fiche pinces coupantes couteau brasure	pistolet à souder flux à souder chatterton	
Découpage d'un trou carré	perceuse à main scie à guichet	règle	scie à découper perceuse	Remplacement de cordons de lampes	cordon neuf tournevis	pinces coupantes couteau	
Vis dans la maçonnerie	scie en étoile marteau	goujon boulons	perceuse de ½″ perceuses à pointe au carbure	Correction de tables et chaises branlantes	marteau grattoir	colle	
Fixation pour murs creux	boulons d'ancrage perceuse	tournevis	perceuse	Réparation de barreaux	serre à sangle	colle	
Fixation au bois	perceuse poinçon	marteau tournevis	perceuse	Brûlure de cigarette sur tapis	brosse à poils d'acier		aspirateur électrique
Consolidation de la brique	ciseau à froid marteau	mortier époussette		Tuyaux obstrués	débouchoir à ventouse seau	clé produit chimique	
Réparation de la planche à clin	égoïne chasse-clous pinceaux ciseau à bois	marteau levier peinture	scie circulaire ou à découper	Recollage de carreaux et d'accessoires de céramique	poinçon mortier	torchon céramique	
				Recollage du papier peint	adhésif ciseaux	eau torchons	
Remplacement de clous crochis dans le carton-fibre	pinces clous marteau	chasse-clous obturateur		Réparation des carreaux de sol	couteau à mastic ciseau à bois papier abrasif	marteau adhésif	
Obturation de mur en plâtre	scie couteau obturateur	latte métallique papier abrasif apprêt		Enlèvement de lames de parquet	chasse-clous scie marteau	ciseau à bois pied-de-biche	scie circulaire portative
Réparation de tuyaux percés	collier de retenue clé	tournevis		Parquets qui grincent	perceuse vis à bois	fraise marteau	perceuse
Dégagement de portes renflées	tournevis rabot	papier abrasif		Ponçage de parquets	grattoir papier abrasif pied-de-biche	chasse-clous marteau	aspirateur ponceuse à bande et à disque
Remplacement de carreaux	ciseau à bois marteau pointes de vitrier	couteau à mastic mastic peinture		Montage des portes	ciseau gabarit marteau perceuse	poinçon rabot tournevis	perceuse toupie
Remplacement de cordons de châssis	tournevis ciseau à bois marteau	corde couteau		Pose des serrures	vilebrequin perceuse ciseau	marteau tournevis poinçon	perceuse toupie scie cylindrique
Dégagement de châssis collés	marteau couteau à mastic	cire		Barreaux branlants	adhésif lime à bois couteau	serre à sangle	perceuse
Remplacement de douilles ou d'interrupteurs (coupez le courant)	tournevis douille ou interrupteur	chatterton					

Les établis

Porte-outils suspendu

Ce râtelier à outils peut être accroché à l'endos d'une porte de placard, là où il y a espace libre d'au moins 6" entre la porte et les vêtements ou les tablettes. Fabriqué de pin ou de contreplaqué de ½", ce râtelier peut avoir 32" de haut par 20" de large. La partie la plus large — le tiroir — mesure 8". Le fond du râtelier est fait de masonite troué de ⅛", dans les trous duquel on fixe des crochets pour la suspension des outils. Les outils peuvent aussi être accrochés aux tasseaux horizontaux qu'on troue ou qu'on encoche, au besoin, selon la forme et la grosseur des outils. Le tiroir contiendra des compartiments à clous, à vis et à petits accessoires.

Posez le râtelier au centre de la porte, un peu plus haut que la poignée, avec quatre longues vis. Ces vis seront enfoncées dans la partie solide de la porte. Il peut être nécessaire d'accrocher le râtelier à des entremises qui soient assez longues pour être, elles-mêmes, fixées à la charpente de la porte.

Etabli simple

Cet établi de 6' de long peut être fabriqué de pièces de 2 x 4 et de contreplaqué de ¾". Coupez d'abord les 2 x 4 pour les pieds (4 pièces pour chaque bout — voir croquis), puis les 2 traverses horizontales. Assemblez les 4 pièces des bouts avec des goujons et de la colle, puis fixez-les aux traverses avec 4 boulons de 6" x ⅜", faisant passer ces derniers dans des trous percés dans les traverses horizontales. Enfoncez 4 bouts de tuyau de ¾" dans ces trous, tel qu'indiqué sur le croquis. Chaque bout de tuyau aura été percé pour recevoir le boulon. Il vaut mieux utiliser cette technique que visser le long du fil du bois. Le plateau est fait de 2 pièces de contreplaqué de ¾" collées ensemble et recouvertes d'un panneau dur de ¼". Posez ensuite le dos et la tablette.

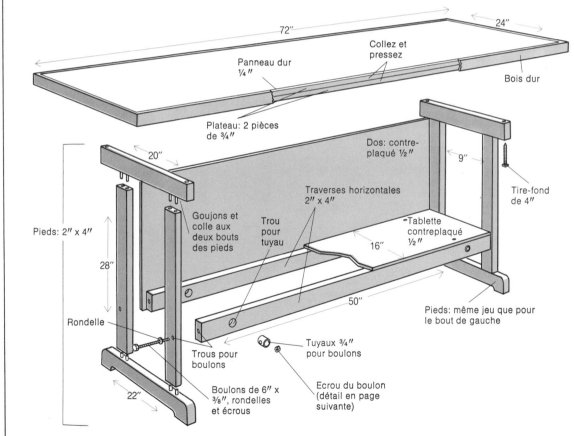

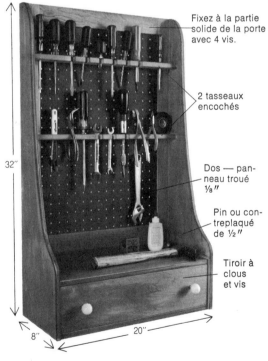

Etabli perfectionné

Si vous faites beaucoup de menuiserie, vous préférerez cet établi à l'autre. Ses tiroirs, ses tablettes et ses compartiments fournissent tout l'espace de rangement dont vous aurez besoin. Exécutez d'abord les extrémités et les traverses horizontales. Les extrémités se fixent aux traverses avec des boulons de 6″. Il vaut mieux utiliser cette technique plutôt que de poser des tire-fond ou de longues vis le long du fil du bois. Enfoncez quatre bouts de tuyau de ¾″ dans les trous des traverses horizontales, tel qu'indiqué sur l'illustration. Chaque bout de tuyau aura été percé pour recevoir le boulon. Complétez l'assemblage avec des écrous.

Pour exécuter le plateau, consultez la page précédente. Collez les trois panneaux; retenez-les avec des serres et laissez sécher. Enjolivez le plateau en collant un tasseau de bois dur sur sa tranche.

Exécutez les compartiments des tiroirs avant de fabriquer ceux-ci. Il est plus facile d'ajuster un tiroir à son compartiment que de faire l'inverse. Chaque tiroir glisse le long d'un guide central.

Le panneau de dos couvre l'espace libre entre les sections des tiroirs et de l'armoire. Toutes les dimensions données dans ce croquis peuvent être adaptées selon vos besoins.

Règle générale, un plateau d'établi fixé à une hauteur de 36″ convient parfaitement à la plupart des bricoleurs, grands comme petits.

Le panneau dur qui sert de surface au plateau de l'établi a généralement la vie dure: il est remplaçable.

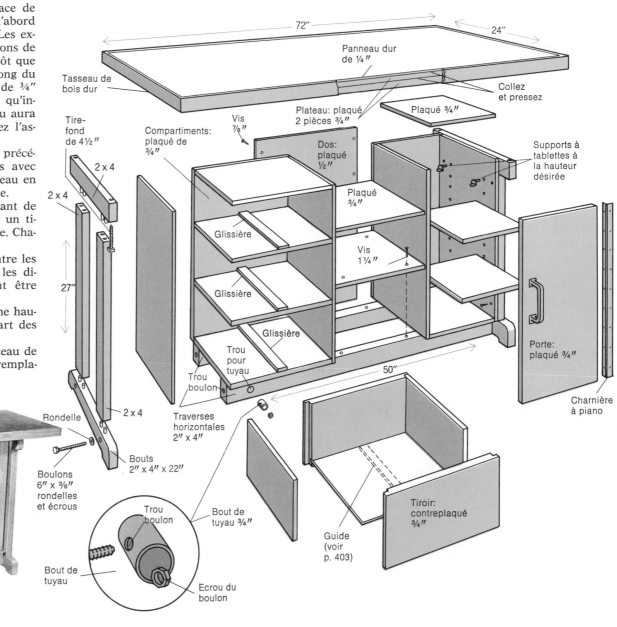

Les marteaux

Le choix d'un marteau

Le marteau à panne fendue s'utilise pour enfoncer les clous ou pour les arracher. Sa face, légèrement bombée, ne marque pas le bois. Son poids normal est de 13 à 20 onces. Il sert au travail de charpenterie ou de menuiserie.

Le marteau du démolisseur est conçu pour les travaux durs et pour la démolition des caisses. Sa panne droite y est avantageusement utilisée. Il est plus lourd que le premier, et sert aux gros travaux. Ces deux marteaux doivent avoir une tête en acier matricé. La face en acier trempé est plus résistante que les autres.

Le manche sera de bois, ou encore d'acier ou de fibre de verre, selon que le marteau servira aux travaux faits dans des environnements de chaleur excessive ou dans des atmosphères particulièrement humides.

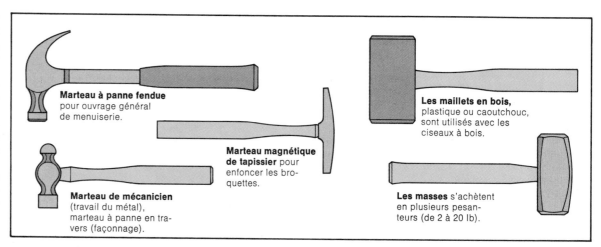

Marteau à panne fendue pour ouvrage général de menuiserie.

Marteau de mécanicien (travail du métal), marteau à panne en travers (façonnage).

Marteau magnétique de tapissier pour enfoncer les broquettes.

Les maillets en bois, plastique ou caoutchouc, sont utilisés avec les ciseaux à bois.

Les masses s'achètent en plusieurs pesanteurs (de 2 à 20 lb).

Usage des marteaux

Empoignez le manche de votre marteau près de son extrémité. Tenez le clou entre le pouce et l'index de votre main gauche (si vous êtes droitier) et frappez-le délicatement jusqu'à ce qu'il commence à s'enfoncer. Enlevez vos doigts et continuez d'enfoncer le clou.

Quand vous extrayez un clou, évitez d'endommager le bois en posant une pièce de bois sous la tête du marteau.

Plus le clou est long, plus le bloc protecteur devra être gros.

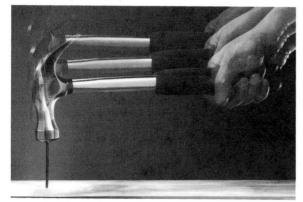

Tenez le marteau par le bout du manche. Enfoncez légèrement le clou puis enlevez vos doigts et enfoncez jusqu'au bout.

Evitez d'endommager le bois. Plus le clou est long, plus le bloc protecteur sera gros.

La panne du marteau à démolir s'insère sous les planches pour le démantelage des parquets ou des caisses.

Un maillet en bois ou en plastique s'emploie pour frapper les ciseaux à bois (dans le cas des joints à tenon et mortaise).

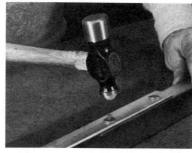

On écrase la tête des rivets avec la partie ronde du marteau de mécanicien et on termine avec la face.

Le marteau magnétique de tapissier est pratique. La tête de la broquette y adhère et le marteau l'enfonce aisément.

La masse est l'outil indiqué pour les travaux durs (fendre des bûches, faire de la maçonnerie, etc.).

Faites bon usage de votre marteau

Un marteau de qualité dure longtemps, quand on l'utilise à bon escient et qu'on en prend grand soin. Ne vous servez jamais du vôtre pour des usages pour lesquels il n'est pas prévu comme, par exemple, poser des rivets.

Frappez avec la face du marteau et non avec son côté, et n'abusez pas de celui-ci pour taper à tort et à travers sur des objets plus durs que lui, car une force d'impact supérieure à 300 livres pourrait l'endommager.

L'extraction d'un gros clou peut nécessiter une force de levier de plusieurs milliers de livres. Utilisez alors une barre de démolition plutôt que l'arrache-clou de votre marteau.

Gardez vos marteaux à manche de bois dans la maison et non dans un sous-sol humide, car les fibres du bois, très sensibles à l'humidité, renfleront, ce qui exigera un changement de manche. Par contre, un air trop sec (si le marteau est placé près d'une source de chaleur) contractera le bois du man-

che qui devra également être remplacé. On peut corriger cette situation en faisant tremper le marteau dans l'eau, et en rangeant cet outil ailleurs, par la suite.

Lorsqu'un marteau ou quelque autre outil est remisé dans un endroit non chauffé, comme un garage ou une remise, les fluctuations de la température font rouiller ses pièces de métal, à moins qu'on n'ait huilé ces dernières avant de ranger l'outil. On recommande l'huile légère à moteur pour cet usage.

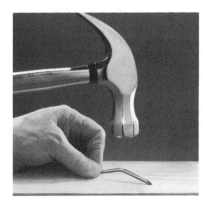

Le marteau à panne fendue s'utilise pour redresser les clous crochis appuyés sur du bois de rebut.

Utilisez deux marteaux pour river un clou. Un marteau enfonce le clou; l'autre en crochit la pointe.

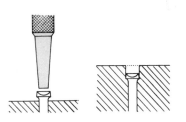

Coincez le clou dans la panne fendue pour commencer à clouer lorsque vous devez maintenir le bois d'une main.

Chasse-clous

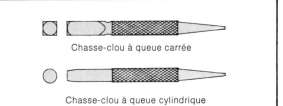

Chasse-clou à queue carrée

Chasse-clou à queue cylindrique

Les chasse-clous qu'on utilise pour enfoncer les clous à finir sous la surface afin de les dissimuler conviennent à différents calibres de clous allant de $\frac{1}{32}''$ à $\frac{1}{16}''$, à $\frac{1}{8}''$ et à $\frac{5}{32}''$. Les têtes doivent être enfouies à une profondeur égale à leur diamètre. Les chasse-clous ont un bout légèrement évidé: grâce à cela, ils se centrent automatiquement sur le clou et l'empêchent de glisser.

Remplacement du manche d'un marteau

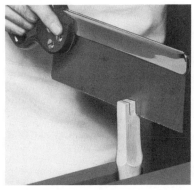

Sciez le manche le plus près possible de la tête; poussez le rebut au travers du trou. Modelez le nouveau manche pour qu'il s'ajuste bien. Taillez deux rainures dans la tête du manche.

Enfoncez le nouveau manche dans la tête, enlevez à la scie le bois qui dépasse. Faites sécher une heure dans un four à 150° pour obtenir un ajustement qui soit parfait.

Enfoncez des cales de bois franc ou de métal dans les rainures du manche. Limez le manche à l'égalité de la tête du marteau. Poncez le manche et enduisez-le d'huile de lin.

Lorsque vous désirez noyer une tête de clou (c'est-à-dire l'enfoncer sous le bois), frappez-la avec le marteau sans l'enfoncer complètement, puis faites-la pénétrer lentement et sûrement sous la surface avec un chasse-clou. Obturez ensuite l'orifice au-dessus du trou avec de la pâte de bois que vous teindrez, si nécessaire.

Les scies et leur emploi

Les types de scies

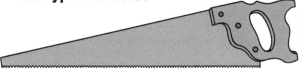

Il existe deux sortes de **scies manuelles** à tronçonner et deux à refendre: à dos droit (on les utilise pour tracer une ligne droite); à dos arqué (elles sont, des deux sortes, les plus flexibles).

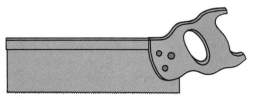

La scie à dossière utilisée dans le travail de joints d'assemblage possède un dos renforcé qui la rend rigide. On la trouve en longueurs de 10″ à 16″ et de 22″ à 26″ (la scie à onglets). Elle a des dents très fines et sert à la finition.

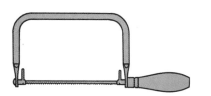

La scie à chantourner sert à couper des courbes de petit diamètre. Sa lame est bandée par un cadre en acier. Les lames peuvent avoir de ⅟₁₆″ à ⅛″ de large et de 6″ à 6⅝″ de long. Ses dents pointent dans une direction ou dans l'autre.

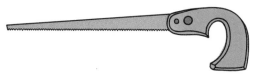

La scie à guichet possède une lame étroite qui va s'amincissant. Elle sert à tailler des courbes et à scier à l'intérieur d'une pièce de bois.

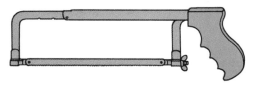

Un cadre rigide retient la lame de **la scie à métaux.** Elle peut recevoir des lames de 8″ à 12″. Ses dents pointent à l'opposé de la poignée. Bandez la lame avec l'écrou à ailettes.

La scie à tronçonner

Le rendement de la scie à tronçonner dépend de sa qualité et de la façon dont on s'en sert. Une scie de qualité possède une denture très fine, aiguisée avec précision et qui coupe en travers des fibres du bois. Les scies de qualité inférieure sont moins efficaces. Les égoïnes de qualité donnent, elles aussi, un excellent rendement. Un pouce de lame compte de sept à douze dents.

Une scie dont la lame a moins de pointes coupe

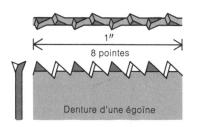

1″
8 pointes

Denture d'une égoïne

rapidement mais produit une surface rude; par contre, une scie dont la lame possède de nombreuses pointes donne un fini plus soigné. En général, on utilise une lame de sept ou huit pointes au pouce pour le travail général; pour obtenir une finition raffinée: dix points. La scie donne un meilleur rendement quand ses dents ont de la voie dans une proportion du quart de l'épaisseur de la lame, de chaque côté.

Ceci produit une coupe un peu plus large que l'épaisseur de la lame et laisse du jeu à la scie.

Commencez à scier en plaçant, sur le bois, le talon

de la lame et donnez plusieurs coups en tirant pour faire une rainure. Ne coupez pas sur la ligne, mais dans le rebut, pour éviter de couper trop court. Continuez en utilisant toute la longueur de la lame;

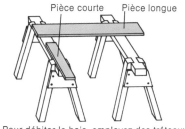

Pièce courte   Pièce longue

Pour débiter le bois, employez des tréteaux

cela hâtera le travail et usera uniformément l'arête coupante.

La scie à tronçonner coupe aussi bien à l'aller qu'au retour; il n'est donc pas nécessaire d'appliquer trop de pression quand on s'en sert.

Tenez-la à un angle d'environ 45° de la surface de travail.

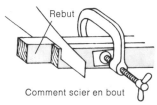

Rebut

Comment scier en bout

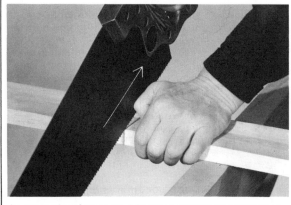

Le contreplaqué se coupe à la scie à tronçonner; n'attachez pas d'importance au sens du grain. Utilisez le pouce pour guider la scie au départ de chaque travail.

A la fin du tronçonnage, supportez le rebut pour donner les derniers coups de scie. N'achevez jamais la coupe en tordant la lame de la scie.

La scie à refendre

La scie à refendre, conçue pour tailler sur la longueur, possède une lame de 26″, à cinq dents et demie au pouce. Les dents, pareilles à de petits ciseaux, hachent le bois et s'y tracent un chemin. Elles sont légèrement pliées vers l'extérieur, l'une vers la droite, l'autre vers la gauche, en alternance; elles élargissent la coupe, ce qui élimine la friction.

La denture d'une bonne scie à refendre étant plus fine à la pointe qu'au talon, commencez la coupe en appuyant la pointe de la lame sur le bois. Donnez d'abord de petits coups en tirant, puis des coups prolongés.

Bien que la scie à refendre ne coupe qu'à l'aller, une bonne scie bien affûtée peut couper 10′ de pin de 1″ d'épaisseur à la minute. Une scie dont la lame est plus mince au dos qu'à la denture et plus mince à la pointe qu'au talon facilite la besogne. (Ces scies de qualité sont de deux catégories: à tronçonner et à refendre.)

Si la lame dévie, tordez-la légèrement, en sciant, de façon à la remettre en ligne. Évitez de la tordre trop fortement.

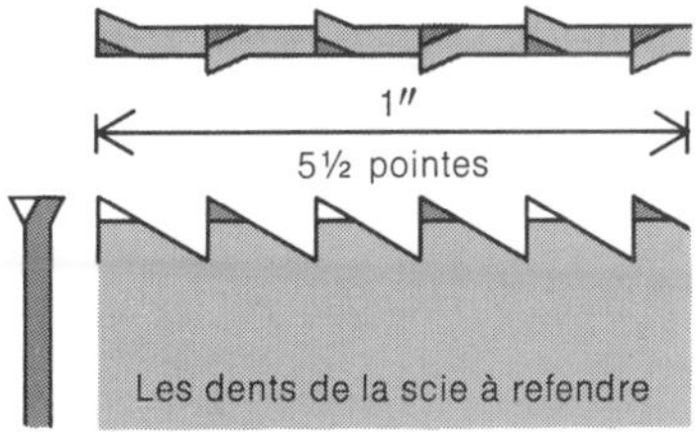

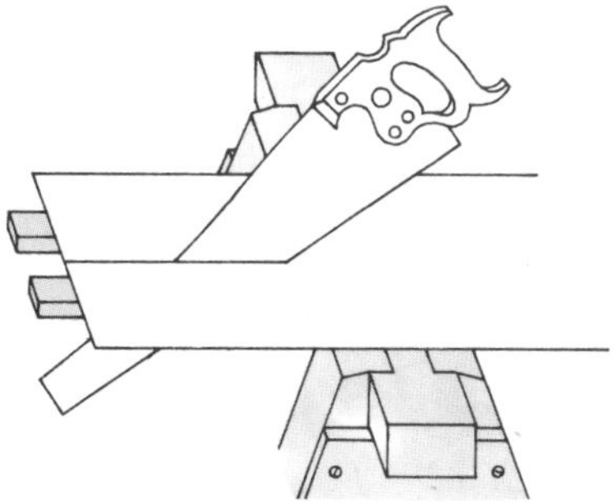

Supportez les pièces minces

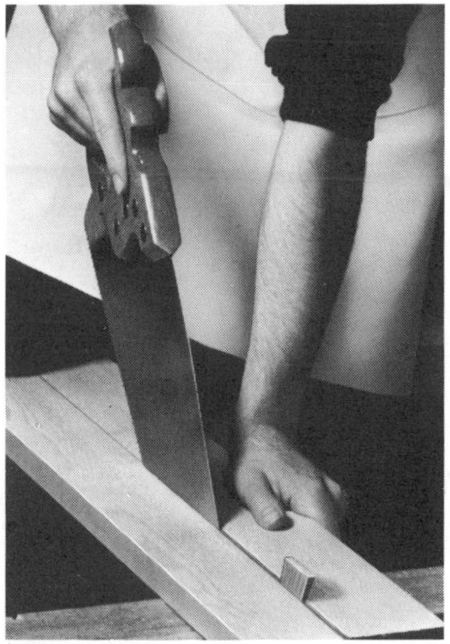

Evitez le blocage de la lame en plaçant une cale dans le trait de scie.

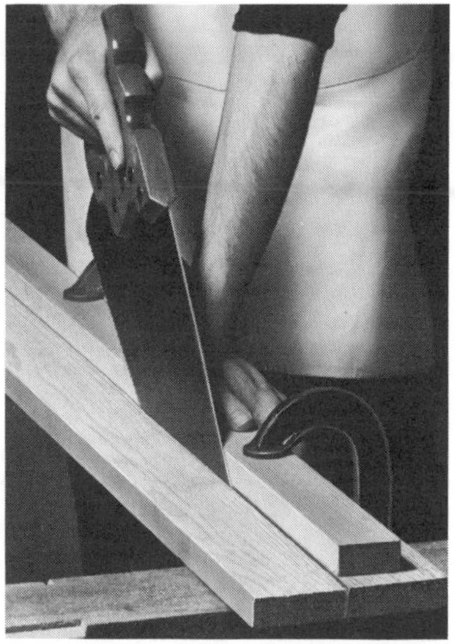

Pour refendre en ligne droite, coupez en suivant un tasseau fixé à la serre.

La scie à dos

La scie à dos utilisée pour préparer la plupart des assemblages possède une lame de 10″ à 16″ de long et 12 à 13 dents au pouce. La scie à onglets est plus longue que la scie à dos; elle peut mesurer 26″ de long et elle compte 11 dents au pouce. Pour utiliser une scie à dos dans une boîte à onglets, marquez le point de coupe, puis enlignez ce point avec les fentes latérales, de façon à couper dans le rebut.

Si vous ne possédez pas de boîte à onglets, vous pouvez exécuter ce travail en vous servant d'un butoir d'établi comme celui qui est illustré au bas de cette page.

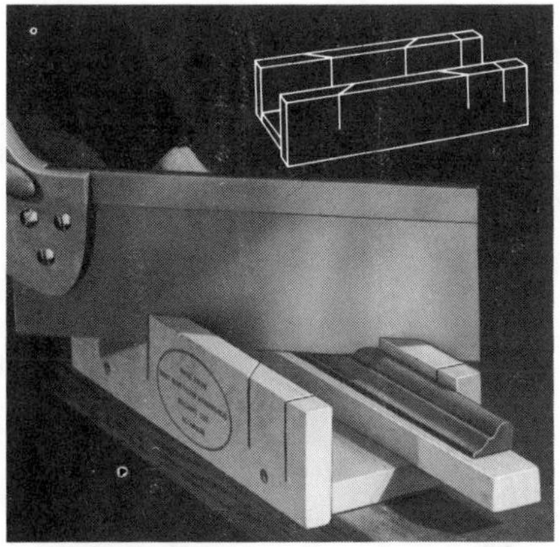

La boîte à onglets est utilisée pour couper une moulure à 45° ou à 90°. Sa saillie inférieure s'appuie à l'établi.

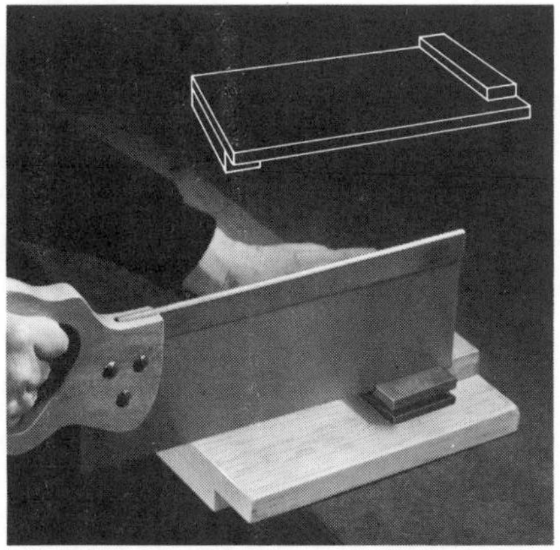

Le butoir d'établi supporte la pièce à couper mais ne guide pas la scie. On s'en sert pour les coupes droites dans les grosses pièces.

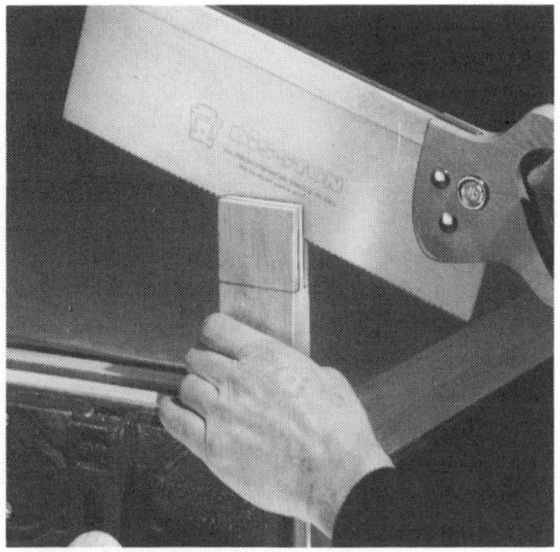

Pour tailler un tenon verticalement, serrez la pièce à la verticale et coupez du côté du rebut. Commencez la coupe tel qu'indiqué.

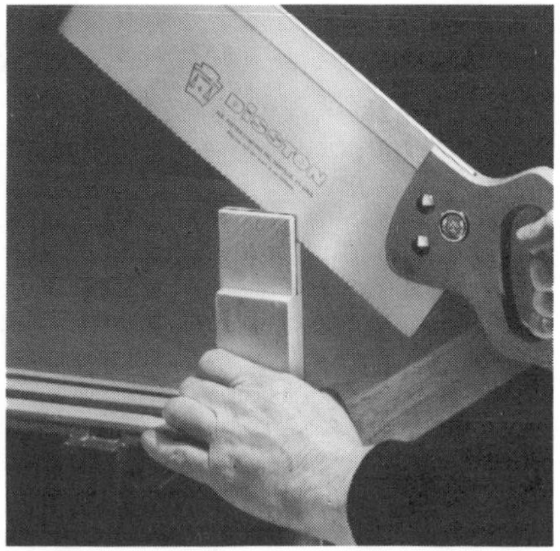

Retournez la pièce dans l'étau et sciez l'autre côté. Terminez la coupe en tenant la scie à l'horizontale.

Scies spéciales

La scie à chantourner

La scie à chantourner qu'on utilise pour le travail ornemental délicat découpe des courbes d'un diamètre plus petit que celui d'un crayon, ce que la scie à guichet ne peut réussir. Ses lames interchangeables mesurent de 6″ à 6⅝″ de long, selon le cadre, et peu-

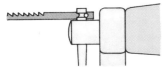

Les dents s'orientent selon le trait de scie

vent être très minces: jusqu'à 7/100″. Elles comptent de 10 à 20 dents au pouce. Les fils dentés sont encore plus minces. Il existe des lames spéciales pour couper le bois, le plastique et le métal mince.

Pour remplacer une lame, glissez-la dans les fentes des pivots en appuyant le manche sur vous pour comprimer sa monture.

Les dents d'une lame peuvent pointer vers la poignée ou à l'opposé: tout dépend de la position de la pièce à découper. Si cette pièce est serrée dans un étau, les dents doivent pointer vers l'extérieur, dans le sens de l'attaque. Pour le découpage ornemental,

les dents de la lame pointeront vers la poignée, puisque la coupe se fera en tirant. On peut orienter la lame suivant le trait de scie à donner, et ce, même en cours de travail.

La profondeur de coupe (entre la lame et le cadre) peut aller de 4½″ à 6½″.

Les scies dont le cadre est profond de 8″ à 12″ portent différents noms: **scie à spirale, scie bocfil, scie à découper.** Les dents de leurs lames doivent être tournées vers la poignée et couperont donc dans le retour, réduisant ainsi le danger que la lame ne se déclenche.

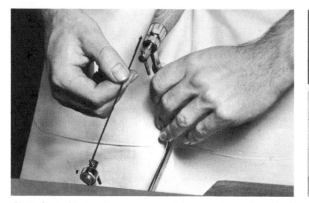

Comprimez la monture pour remplacer une lame. Les pivots facilitent la ré-orientation de la lame.

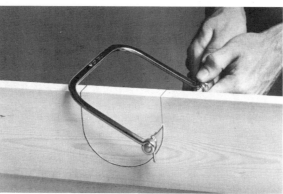

Quand la pièce est placée à la verticale dans l'étau, les dents de la lame doivent pointer vers l'avant.

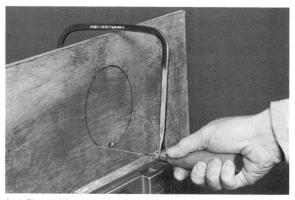

Les fils dentés permettent une coupe dans toutes les directions sans qu'on ait à changer l'orientation de la lame.

Scies passe-partout et à guichet

La scie passe-partout a une lame de 12″ à 14″, et 8 à 10 dents au pouce. La scie à guichet possède une lame plus étroite (de 10″ à 12″ de long, et 10 dents au pouce). Ces deux scies taillent des courbes, mais celles que produit la scie à guichet sont d'un diamètre plus restreint que celles de la scie passe-partout. Les deux genres de scies taillent courbes et droites à partir d'un trou de départ. Comme elles sont dépourvues de cadres, elles ne limitent pas le champ de coupe: on peut s'en servir pour découper de petites ouvertures (trous de passage dans les planchers et les murs pour les tuyaux et les sorties électriques). La scie à guichet achève le trou amorcé à la mèche. Manœuvrée d'une main, elle est tenue droite. Ramenez-la progressivement à un angle de 45°. Quand le départ se fait d'une rive, le découpage se fait au même angle.

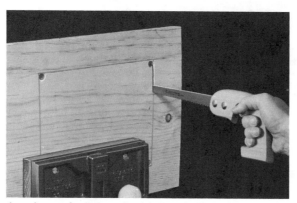

La scie, menée d'une main, doit être placée à angle droit pour le départ, puis à 45°, sauf dans les coins.

Scie à émonder

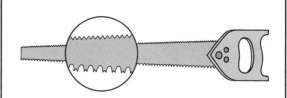

Les scies à émonder possèdent des dents-de-loup profondes qui coupent à merveille le bois vert. Les scies à lames droites possèdent également une denture profonde et une arête à huit pointes. Elles servent à tronçonner et à élaguer. Leurs dents pointent vers le bout de la scie comme celles des égoïnes. Les scies à lame incurvée sont conçues pour les endroits difficiles d'accès et pour tailler les poteaux. La lame courbe facilite la coupe en poussée.

Scies à métaux

Une scie à métaux équipée d'une lame appropriée peut couper n'importe quel métal. Pour éviter de casser la lame, bandez-la adéquatement dans son cadre. On choisit une lame en fonction du matériau à couper et de son épaisseur. En général, on utilise une lame à grosse denture dans du métal épais et une lame à denture fine dans du métal plus mince. Quels que soient l'épaisseur du métal à couper et son genre, deux des dents de la lame doivent être constamment en contact avec le matériau afin que rien ne

Denture ondulée

vienne bloquer l'avance de la lame ou la casser. Quand vous sciez dans du métal très mince, inclinez la scie de telle sorte que la plus grande partie de ses dents morde dans la surface du métal.

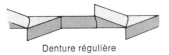

Denture régulière

Les lames en acier rapide peuvent couper n'importe quel métal. Si vous désirez des lames qui servent longtemps, utilisez des lames au molybdène: elles coûtent un peu plus cher que les lames ordinaires, mais durent plus longtemps. Les lames au tungstène

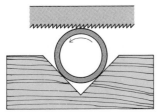

Le tube tourne dans un bloc en V à la fin de la coupe.

servent aux travaux les plus durs. Serrez la pièce à travailler dans un étau, saisissez la poignée de la scie dans votre main droite tout en supportant, de la gauche, l'avant du cadre, et faites des passes lentes, en n'exerçant qu'une légère pression à l'attaque et en réduisant cette pression au recul. La lame doit servir tout du long; ainsi, elle s'use uniformément.

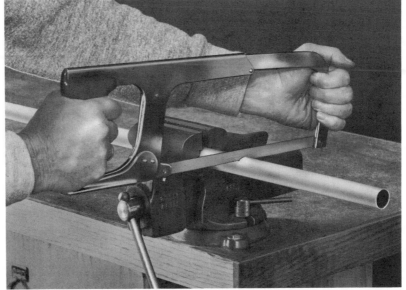

Débitez en tenant la scie à deux mains et appliquez à l'attaque la pression nécessaire. Pour les coupes inclinées, fixez la pièce dans un étau de telle sorte que la lame scie à la verticale. Pour couper rapidement, utilisez la lame la plus grossière recommandée pour le genre de métal; pour couper plus profondément que la dimension du cadre, tournez la lame dans son cadre et sciez à l'envers.

Si possible, employez, pour le métal mince, des lames à denture ondulée, et des lames à denture régulière pour le travail général. On choisira des lames de **14 dents au pouce** pour couper le bronze, l'aluminium,

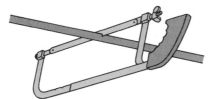

La lame et la scie sont tournées à l'envers.

le cuivre, le laiton, la fonte et l'acier de plus de 1" d'épaisseur; des lames de **18 dents** pour le cuivre, l'aluminium, le bronze, l'acier rapide, l'acier à outils, l'acier recuit de ¼" à 1" d'épaisseur; des lames de **24 dents** pour le fer de ⅛" à ¼" d'épaisseur, l'acier, le tuyau en fer forgé, en laiton ou en cuivre; des lames de **32 dents** pour ces métaux de ⅛" ou moins.

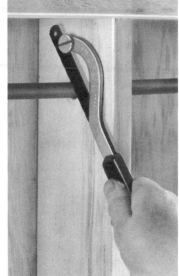

La mini-scie peut porter des lames standard qui se fixent à la monture avec une vis et dont une partie se glisse dans la monture. Commode pour certains travaux où l'on est à l'étroit.

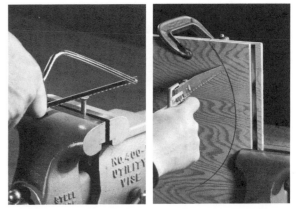

Des scies à métaux spéciales remplacent la scie à métaux ordinaire pour certaines besognes. C'est ainsi que la petite scie, à gauche, sert à nettoyer l'engagement d'une vis ou d'un boulon. La scie de droite sert de scie à guichet (pour tailler le métal mince). La feuille de métal est glissée entre deux morceaux de contreplaqué.

Aiguisage et avoyage des scies

Soins à donner aux scies

On aiguise les scies lorsque leur efficacité diminue. Un limage fait à temps élimine l'avoyage, dans la plupart des cas.

Avec une lime-fraise, égalisez les pointes des dents; c'est ainsi qu'on commence l'aiguisage.

Utilisez une lime triangulaire (tiers-point) pour limer les scies à tronçonner ou à refendre. Aiguisez les scies à tronçonner en les maintenant dans un étau entre deux pièces de bois placées à ⅛″ du creux des dents. Ceci élimine les vibrations.

L'aiguisage à la lime se fait en partant de la pointe de la lame, à gauche. Attaquez-vous à la première dent inclinée vers vous; appuyez le tiers-point au creux de celle-ci, à sa gauche. Déplacez le manche de la lime vers votre gauche jusqu'à ce qu'elle s'ajuste à l'angle du biseau de la dent. Tenez la lime d'équerre dans cet angle et limez en direction du creux de la dent jusqu'à ce que disparaisse de moitié l'usure de la pointe des dents.

Passez à la troisième dent en sautant la deuxième, puis à la cinquième en sautant la quatrième et ainsi de suite jusqu'au bout de la lame. Retournez alors

Aiguisage d'une scie à refendre

Aiguisage d'une scie à tronçonner

Sautez la dent suivante et passez à l'autre, et ainsi de suite, jusqu'à la poignée.

Les scies à refendre s'aiguisent de cette même façon, mais la position de la lime varie. On tient celle-ci à angle droit par rapport à la lame. Le travail ne se fait pas au complet si on ne s'attaque qu'à un seul côté de la lame. Tournez la lame dans l'étau afin d'uniformiser le limage; autrement, la scie coupera croche sans que vous sachiez pourquoi.

Après avoir aiguisé toutes les dents de votre scie, resserrez soigneusement chacun des boulons qui retiennent la poignée à la lame.

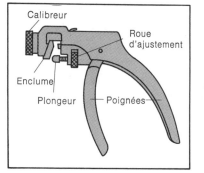

La pince à avoyer sert à incliner les dents d'une lame dans des directions opposées. Utile après plusieurs aiguisages.

Prête à l'aiguisage, la lame est serrée entre deux lattes de bois dur de même longueur qu'elle. La partie supérieure des lattes ne doit pas être à plus de ⅛ de pouce du creux des dents.

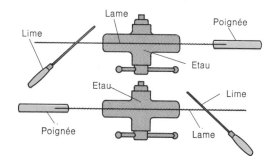

Montage de la scie à tronçonner dans l'étau

la scie dans l'étau pour que la poignée soit à gauche.

Partez de la pointe de la lame (à la droite), placez la lime dans le creux à la droite de la première dent inclinée vers vous. (Ceci est le premier creux sauté auparavant.)

Déplacez le manche de la lime vers la droite jusqu'à ce qu'elle soit confortablement installée sur le biseau de la dent et limez jusqu'à ce que vous ayez usé l'autre moitié de la pointe et fait disparaître la moitié au moins de l'usure de la pointe de chaque dent.

La lime triangulaire sert à aiguiser aussi bien les dents des scies à tronçonner que celles des scies à refendre. Tenez la lime au bon angle et au bon niveau avec l'une ou l'autre, mais ce qui importe, c'est le biseau. Tenez la lime à deux mains et appuyez fort durant le mouvement d'attaque.

La pince à avoyer sert à incliner les dents d'une lame à l'angle voulu. On peut utiliser la pince sur des lames de 4 à 16 dents au pouce.

L'emploi des tournevis

Ayez soin d'employer toujours un tournevis dont la lame s'adapte exactement à la fente de la vis. Une lame trop large entame le bois dans lequel la vis est enfoncée; trop petite ou arrondie, la lame du tournevis endommage la fente et arrache le métal.

Une bonne trousse d'outils renferme des tournevis Phillips d'au moins deux grosseurs.

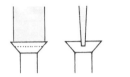

La lame doit bien s'adapter à la fente.

Les tournevis à cliquet facilitent le travail. Ces tournevis peuvent être utilisés pour desserrer les vis. On peut les bloquer et s'en servir ensuite comme de tournevis ordinaires.

Le tournevis coudé permet de visser dans les coins; le tournevis à tige carrée sert à enfoncer les grosses vis.

Certains tournevis à griffe de retenue retiennent les vis par la tête.

Pour enfoncer les petites vis, faites un trou de départ avec un perçoir. Pour les grosses, servez-vous d'une perceuse manuelle ou électrique.

Types de tournevis

A tige carrée

A lame standard, pour usage général

Court

Phillips

De bijoutier

A cliquet

Coudé

A griffe de retenue

Coudé à rochet

A spirale et à rochet

Départ de vissage

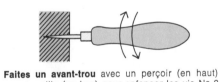

Faites un avant-trou avec un perçoir (en haut) ou une vrille (en bas) pour enfoncer les vis Nº 8 et les plus petites.

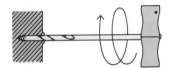

Les vrilles se vissent; il faut les dévisser, non les arracher pour les retirer. Comme la vis suit l'avant-trou, ce dernier doit être droit.

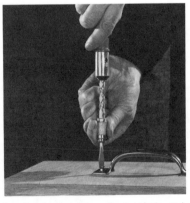

Les lames des tournevis à spirale et à rochet sont interchangeables. Une poussée les met en mouvement; un ressort les ramène. Utiles et rapides.

Le tournevis coudé donne plus de force de torsion que le tournevis à manche droit. Serre et desserre des vis difficiles d'accès.

Le tournevis à griffe de retenue retient la vis par la tête et facilite le vissage dans les endroits exigus. Se fabrique en différentes grandeurs.

Pinces

Types de pinces

La pince à jointure est ainsi nommée parce que ses mâchoires s'ouvrent comme des jointures, en deux positions: grande et petite. **La pince universelle** est munie de mâchoires qui coupent le fil de fort calibre. **La pince réglable** donne des ouvertures variables (jusqu'à 2"). Elle peut saisir des objets de formes variées. **La pince à long bec** se faufile dans les espaces étroits; utile pour boucler les fils électriques et pour couper. **La pince à coupe diagonale** ne possède pas de mâchoires à rayures et sert à couper seulement. Sert également à cette fin **la pince coupante sur bout** qui coupe fils, clous et broquettes.

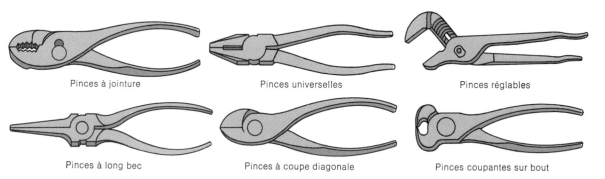

Pinces à jointure

Pinces universelles

Pinces réglables

Pinces à long bec

Pinces à coupe diagonale

Pinces coupantes sur bout

L'utilisation des pinces

La pince à coupe diagonale a des mâchoires coupantes qui sectionnent fils et broquettes.

La pince coupante sur bout sert aussi pour arracher des clous et couper des fils.

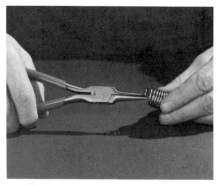

La pince à long bec permet de boucler les fils électriques et de manipuler les petites pièces.

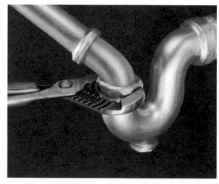

La pince réglable a des mâchoires qui s'ouvrent largement pour serrer divers objets.

La pince-étau

La pince-étau sert à la fois de pince, de clé et d'étau. Quand l'ouverture de ses mâchoires est ajustée, elle se verrouille et se déverrouille avec un levier spécial. Pour saisir des objets ronds, un tuyau, par exemple, les mâchoires dentées sont commodes.

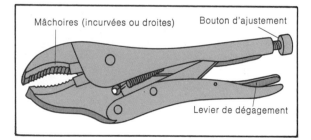

Mâchoires (incurvées ou droites)

Bouton d'ajustement

Levier de dégagement

La pince-étau s'ajuste approximativement à la dimension de la tête du boulon, puis se verrouille et se dégage grâce aux poignées.

La pince-étau maintient fermement une pièce pendant l'affûtage. Ajustez le support vers le centre de la meule. Portez des verres protecteurs.

Ce même outil protégera vos mains contre les vibrations si vous utilisez un foret en étoile. Tenez le foret le plus près possible de sa pointe.

Types de clés

Les clés ne servent pas uniquement à saisir les écrous et les boulons; certaines d'entre elles saisissent également des objets variés: tuyaux, bougies, etc. Dans les endroits où l'on ne peut utiliser une clé fermée, on emploie une clé ouverte. **La clé à mo-** lette convient à un grand nombre de dimensions d'écrous. Quand on peut atteindre l'écrou par le bout, on utilise une **clé à douille** ou une **clé fermée.** Ces clés sont particulièrement utiles dans les endroits exigus. **La clé hexagonale** est tout indiquée pour serrer ou desserrer des boulons ou des vis d'arrêt placés en retrait, tandis que **la clé à tuyau** s'adapte aux objets circulaires. La mâchoire supérieure de celle-ci est amovible et se resserre automatiquement quand on applique une pression sur le manche.

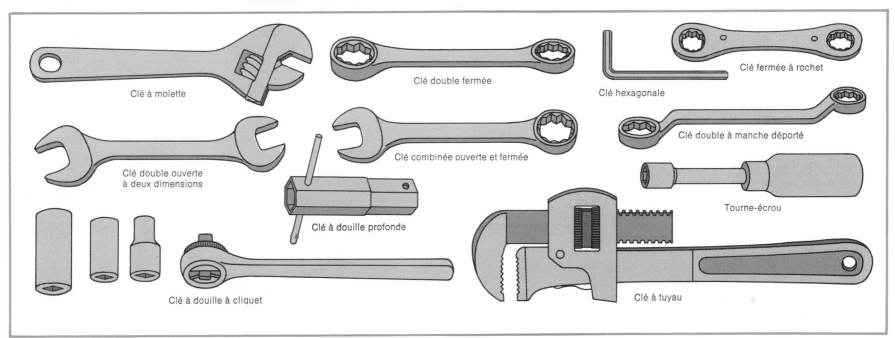

Clé à molette

Clé double fermée

Clé fermée à rochet

Clé hexagonale

Clé double à manche déporté

Clé combinée ouverte et fermée

Clé double ouverte à deux dimensions

Clé à douille profonde

Tourne-écrou

Clé à douille à cliquet

Clé à tuyau

Le tourne-écrou sert aux écrous de ¾₆″ à ½″. Certains sont auto-ajustables de ¼ à ⅞₆ de pouce. Cet outil s'utilise de la même façon que le tournevis.

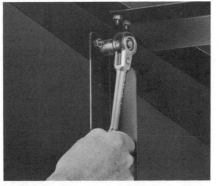

La clé à douille se vend en jeux de six pièces à 200 pièces. Grâce à sa rallonge et à sa broche, elle sert à de multiples usages, en particulier à la réparation d'automobiles.

La clé fermée est très forte. Elle s'utilise dans les endroits difficiles d'accès parce que son débattement est petit. Disponible en 4 modèles: ouverte ou fermée, double ou combinée.

Les mâchoires de **la clé à tuyau** sont ajustables. Elles se resserrent quand on applique une pression sur le manche. Comme son nom l'indique, elle sert surtout aux tuyaux.

Mesures et tracés

L'utilisation des règles et des rubans

On utilise, en général, **le pied-de-roi pliant** et **le ruban d'acier** là où il faut une mesure rigide. Le ruban d'acier est flexible; il permet donc de prendre la mesure d'objets de formes variées aussi bien que d'objets droits. Comme il occupe peu d'espace, il se transporte dans la poche et dans la boîte à outils.

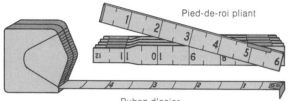

Pied-de-roi pliant

Ruban d'acier

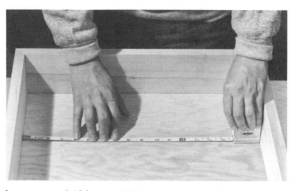

Les mesures intérieures s'obtiennent avec un ruban d'acier. On ajoute 2″ à la lecture du ruban (largeur du boîtier).

La règle extensible s'ouvre jusqu'à sa première section. La mesure se lit sur la glissière.

L'utilisation des équerres

L'équerre de menuisier sert à vérifier les angles droits. **L'équerre à combinaison** fait aussi ce travail et davantage, puisqu'elle sert à vérifier les angles de 45°.

L'équerre de charpente sert à faire des calculs: angles droits, chevrons, limons d'escalier, etc. **La fausse équerre** mesure les angles à l'aide d'un rapporteur.

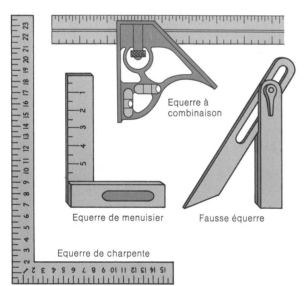

Equerre à combinaison

Equerre de menuisier

Fausse équerre

Equerre de charpente

L'équerre à combinaison donne des lectures de 45° et de 90°, selon qu'on l'emploie à l'endroit ou à l'envers.

Elle sert aussi à calculer la profondeur des trous; sa lame glisse le long de la tête pour donner une lecture.

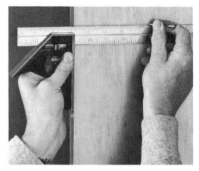

Elle sert également de niveau à bulle d'air, de pointe à tracer, de règle à mesurer et à dessiner.

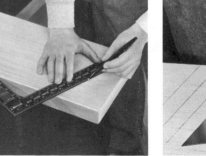

L'équerre de menuisier sert à vérifier la planéité du bois. Faites les corrections nécessaires avec un rabot.

Pour tracer les chevrons et les limons d'escalier, servez-vous des chiffres indiqués sur l'équerre de charpente.

Pour reporter un tracé d'angle, employez la fausse équerre. Sa lame se fixe à son bras avec un écrou à ailettes.

L'utilisation des niveaux

Les niveaux en bois, en aluminium ou en autres matériaux sont vendus en longueurs variées: le plus court est **le niveau de ligne** qu'on suspend à un cordeau pour établir l'horizontalité d'une grande surface (érection d'une clôture ou d'une fondation); le plus long est **le niveau de maçon** qui mesure 4'. **Le niveau de menuisier** mesure environ 2' de long.

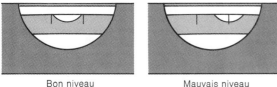

Bon niveau   Mauvais niveau

Lorsque vous désirez prendre une lecture pour vérifier la verticalité d'une surface, appuyez le niveau à la verticale et consultez **les tubes** des bouts.

Certains niveaux sont munis de **tubes calibrés** de 0° à 90°. D'autres comportent un **tube incliné à 90°**.

De préférence aux autres, procurez-vous le genre de niveau où les tubes sont visibles aisément sur les trois rives.

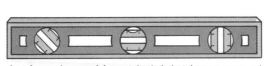

Le niveau de menuisier est équipé de tubes en verre qui donnent des lectures verticales et horizontales. Il peut mesurer jusqu'à 4'.

Le niveau "torpille" se glisse partout et possède des tubes qui permettent une lecture en plongée ou de face. Certains de ces niveaux ont des tubes à 45°.

Le niveau de ligne est très léger et mesure environ 3" de long. Il s'accroche à un cordeau pour établir l'horizontale d'une vaste surface.

Le niveau de maçon facilite, par sa longueur, l'enlignement des blocs de béton. Il peut mesurer jusqu'à 4'.

Le niveau "torpille" sert à vérifier les appuis de fenêtre, l'équilibre des outils fixes et des appareils électriques.

Les outils de traçage

Le trusquin est l'outil de base qui aide à tracer des lignes parallèles à un chant ou à une extrémité.

Pour faire un tracé au crayon, utilisez **une équerre à combinaison**; ajustez-la à la dimension désirée, faites glisser le bras le long du chant, tout en suivant le bout de la lame avec la pointe du crayon.

Le compas à secteur sert à tracer de petits cercles. Il est disponible en une ou deux pointes sèches. Pour tracer de grands cercles, utilisez **un tasseau** que vous munirez de **pointes à compas d'ellipse**. La pointe métallique sert de pivot; la pointe traceuse est munie d'un crayon. Tracez une longue droite avec un cordeau.

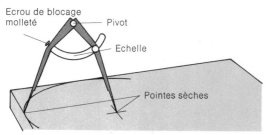

Ecrou de blocage molleté — Pivot — Echelle — Pointes sèches

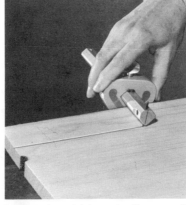

Le trusquin sert à tracer les lignes parallèles au chant d'une planche. La gradation est en fraction de pouce. La tête est bloquée sur la tige avec une vis à oreilles. La tête de certains trusquins est garnie de laiton pour réduire la friction. Inclinez le trusquin vers l'extérieur en l'éloignant de vous.

Les pointes à compas d'ellipse fixées à un tasseau peuvent être écartées à volonté et selon les besoins. Pour tracer à la pointe, utilisez des pointes en métal; l'une agit comme pivot, l'autre trace. Pour tracer au crayon, utilisez un compas avec porte-crayon: le crayon doit être bien aiguisé et solidement fixé à l'une des pointes.

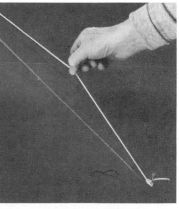

Utilisez un cordeau enduit de craie pour tracer une longue droite — dans la pose d'un revêtement de sol, en particulier. Certains cordeaux sont enduits automatiquement de craie. Tenez la corde le long de la surface à marquer et faites-la claquer où vous le désirez. La craie fait le tracé.

Perceuses à main et vilebrequins

L'utilisation du vilebrequin et de ses mèches

Le vilebrequin permet de percer des trous dans n'importe quel matériau, mais le travail est plus lent qu'à la perceuse électrique. On utilise le vilebrequin avec avantage là où l'électricité n'est pas disponible. Autre qualité: il est silencieux. Son mandrin compte deux mors creusés d'une rainure axiale en V. Les mèches sont hélicoïdales à queue conique, quoique certains mandrins universels peuvent recevoir des mèches à queue ronde ou carrée. Le vilebrequin à mandrin ordinaire suffit, d'habitude, au bricoleur.

Sa partie la plus importante, le rochet, transforme le mouvement de va-et-vient de l'outil en un mouvement vers la droite ou vers la gauche. Plus le diamètre du cercle décrit par la poignée du vilebrequin est grand (entre 8″ et 14″), plus l'outil est puissant, mais il est difficile à manier dans les espaces restreints. En général, on peut être satisfait d'un virage de 10″.

Pour percer correctement, vérifiez à l'équerre la position de la mèche. Lorsque vous percez un trou dans une planche, évitez de faire éclater le bois par le dessous. Cessez de percer dès que la pointe de la

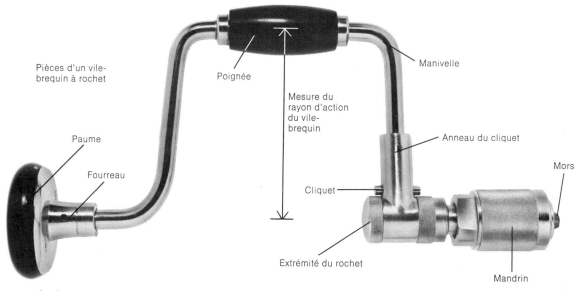

Pièces d'un vilebrequin à rochet · Poignée · Manivelle · Mesure du rayon d'action du vilebrequin · Anneau du cliquet · Paume · Mors · Fourreau · Cliquet · Extrémité du rochet · Mandrin

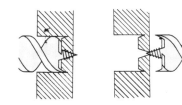

Percez de part et d'autre pour éviter de faire éclater le bois

flèche affleure la surface postérieure. Dégagez la mèche, tournez ensuite la planche de côté et percez de nouveau, en partant cette fois du dessous afin de traverser le bois dans toute son épaisseur, ou, encore, appuyez sur une planche de rebut la pièce qu'il vous faut percer.

Pour percer un trou borgne (c'est-à-dire un trou qui ne traverse pas la pièce de bois), évitez de percer trop loin. Vous limiterez la longueur de la mèche en fixant le long de la tige du foret ou de la mèche, à la hauteur voulue, soit un butoir, soit un bloc de bois que vous aurez, au préalable, percé dans l'axe.

Vous pouvez aussi enrouler du ruban isolant autour de la mèche, ne laissant libre que la fraction de celle-ci qui doit pénétrer dans la pièce de bois.

Les mèches

Les mèches hélicoïdales qu'on utilise dans les vilebrequins s'appellent mèches à bois. Les plus connues sont **les mèches à filet double** et **les mèches à filet unique**. Les mèches à filet double produisent une perforation plus propre. Les mèches à filet simple s'utilisent pour percer en profondeur. Les deux sortes se vendent en diamètres de ¼″ à 1″ et dans des longueurs de 7″ à 10″. Pour réussir des perforations de grand diamètre (jusqu'à 3″), utilisez **la mèche extensible**. Pour percer des trous plus profonds que la longueur de la mèche, utilisez **une rallonge. La mèche à griffe** coûte moins cher que **la mèche hélicoïdale** et se vend en grosseurs de ¼″ à 1″. Pour des trous peu profonds et à fond plat, utilisez **la mèche cylindrique à lamer.** Enfoncez légèrement la mèche dans le bois avant de commencer à percer. Pour les métaux, utilisez les forets en acier rapide vendus en grosseurs de 1/16″ et plus. **La mèche à fraiser** enfonce les vis à tête plate. **La lame-tournevis** enfonce les vis et est commode pour desserrer les vis sans tête.

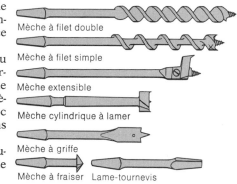

Mèche à filet double
Mèche à filet simple
Mèche extensible
Mèche cylindrique à lamer
Mèche à griffe
Mèche à fraiser   Lame-tournevis

Pour percer correctement, vérifiez à l'équerre la position de la mèche. Pour percer à l'horizontale, appuyez la paume de l'outil contre votre poitrine.

L'utilisation de la perceuse à main

La perceuse à main est actionnée par une manivelle placée sur une roue dentée. Cette roue actionne elle-même un pignon de transmission qui fait tourner le mandrin. La vitesse de cette perceuse suffit pour le perçage du bois, du métal et des matières plastiques quand on utilise des forets à tige droite. Les forets se vendent à l'unité ou en série. Leur diamètre va de 1/32″ à ¼″, par gradation de 1/64″. On peut évidemment acheter des forets plus petits, mais c'est très rare qu'on les utilise avec la perceuse à main.

Pour perforer à la verticale, tenez la poignée supérieure de la perceuse dans votre main gauche, le pouce sur le dessus. Appliquez la pression appropriée au foret que vous utilisez. Si vous employez un foret de faible diamètre, n'appliquez de pression sur la poignée de la manivelle qu'en descente et en remontée. N'appliquez aucune pression latérale; vous briseriez le foret. Pratiquez le trou de départ avec un poinçon ordinaire; si vous percez du métal, utilisez le poinçon à centrer qui empêche le foret

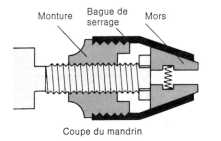

Monture   Bague de serrage   Mors

Coupe du mandrin

de patiner. Lorsque vous percez du métal, diminuez la pression que vous exercez sur la perceuse dès que le foret est sur le point de traverser la surface de part en part. Ceci vous évitera de briser le foret.

Quelques gouttes d'huile, à l'occasion, garderont l'outil en bon état.

Les perceuses à main de calibre plus robuste s'appellent des chignoles. Au lieu d'une poignée supérieure, elles possèdent un plateau incurvé qui en fait office. On obtient la pression nécessaire à l'outil pour le perçage du métal ou du bois dur en appuyant la poitrine sur ce plateau. La poignée de certaines perceuses à main est creuse et peut emmagasiner des forets. La perceuse à main peut recevoir des forets ayant jusqu'à 1″ de diamètre tandis que la chignole peut en recevoir ayant jusqu'à ⅜″ de diamètre.

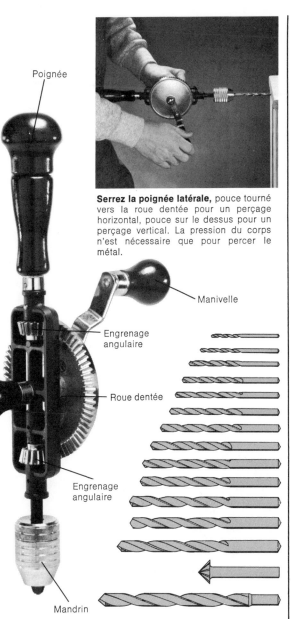

Poignée

Poignée latérale

Manivelle

Engrenage angulaire

Roue dentée

Engrenage angulaire

Mandrin

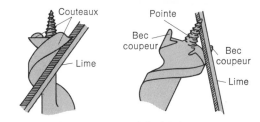

Serrez la poignée latérale, pouce tourné vers la roue dentée pour un perçage horizontal, pouce sur le dessus pour un perçage vertical. La pression du corps n'est nécessaire que pour percer le métal.

Les forets et les fraises dont le diamètre ne dépasse pas ¼″ peuvent être utilisés avec une perceuse à main.

Affûtage des mèches

L'outil idéal pour affûter les mèches, c'est **la lime spéciale à mèches** qui se vend chez la plupart des quincailliers. Limez les couteaux en suivant leur courbe intérieure (gravure de gauche). Comme les couteaux doivent être de même hauteur, prenez soin de ne pas en limer un plus que l'autre. N'affûtez que

Couteaux   Pointe

Bec coupeur

Lime   Bec coupeur

Lime

Aiguisage d'une mèche à bois

les extrémités des mèches et respectez l'inclinaison originale de la lame. Ne limez que très légèrement le dessus des bords d'attaque et n'enlevez que les bavures (gravure de droite).

La lime spéciale à mèche peut également servir à affûter la mèche extensible (voir vignette plus bas). N'affûtez que les surfaces en biseau. Si vous ne possédez pas la lime spéciale dont nous parlons ici, utilisez une lime plate d'horloger.

Les forets qu'on emploie pour le forage des métaux sont très durs; on doit les meuler plutôt que les limer. Pour ce faire, on aura avantage à utiliser

Aiguisage d'un couteau extensible

le gabarit qui empoigne le foret à l'angle voulu et le présente à la meule. Des gabarits de ce genre s'achètent chez le quincailler. Les forets à vilebrequins ont rarement besoin d'être affûtés, à moins qu'ils n'aient rouillé.

Facilitez le travail de la mèche et diminuez son usure en la lubrifiant avec de la cire, de temps en temps, et plus particulièrement pendant que vous vous en servez.

Rabots

Choix et utilisation

Les rabots s'utilisent pour dresser les faces des pièces de bois et leur donner les formes qu'elles doivent avoir: biseau, chanfrein, rainures, moulures. Ils changent de nom et de fonction selon l'usage qu'on en fait. **Le petit rabot** est le plus petit des rabots standards de l'atelier (il mesure 6″ de long). Son fer est monté de telle sorte que son biseau pointe vers le haut et que son fer a un angle très bas. Ce rabot se manie d'une seule main: la poignée s'encave dans la paume; l'index presse le bouton. C'est l'outil idéal pour le travail de finition.

Le rabot à parer n'a que 3½″ de long et possède une lame de 1″ de large. Il sert aux travaux délicats.

Le rabot de modeliste, dont la semelle est arrondie, permet de mettre en forme les coques des modèles réduits. On l'emploie pour les surfaces planes ou légèrement concaves. Il est de même longueur que le rabot à parer. **Le rabot à repasser** a de 7″ à 10″ de long. Sa lame de 1¾″ de large porte un biseau axé vers le bas. Le contre-fer brise les copeaux de bois et assure un rabotage régulier; on s'en sert pour le travail général de rabotage. **Le rabot à corroyer** a à peu près les mêmes dimensions, mais sa lame est plus étroite (1¼″) et a des bords arrondis. **La galère** mesure de 12″ à 15″ environ, et sa lame, 2″. Elle sert au travail général, comme le rabot, mais sa semelle longue la rend précieuse pour égaliser les chants. **La varlope** ressemble à la galère mais est plus longue qu'elle (de 18″ à 24″); elle sert à égaliser les chants.

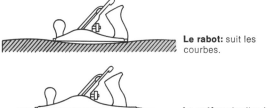

Le rabot: suit les courbes.

La galère: égalise les ondulations.

La varlope: aplanit les ondulations mieux que la galère.

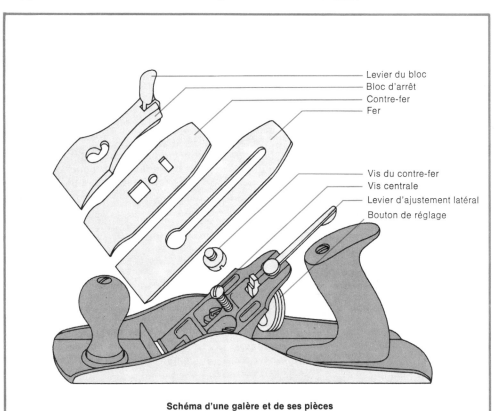

Levier du bloc
Bloc d'arrêt
Contre-fer
Fer

Vis du contre-fer
Vis centrale
Levier d'ajustement latéral
Bouton de réglage

Schéma d'une galère et de ses pièces

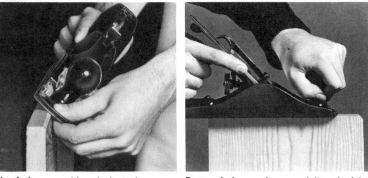

Rabotage en long: appuyez sur le nez du rabot pour entamer le bois et diminuez la pression en allant vers l'autre extrémité. La pression se porte alors sur le talon. Faites des copeaux longs comme des rubans. Diminuez la pression sur le nez vers la fin de la passe. Rabotez en flattant le fil du bois.

Chanfreinage: guidez de la main, pouce appuyé sur l'avant du rabot. Rabotez dans le sens du fil du bois.

Pour raboter en travers: évitez de faire éclater le bois raboté en bout; abattez d'abord les coins.

Le petit rabot

On décrit souvent et bizarrement les petits rabots comme des outils "qui s'ajustent ou ne s'ajustent pas".

Pourtant, il en existe deux sortes et les deux s'ajustent. La profondeur de coupe de ces rabots s'augmente ou se diminue avec un écrou de réglage qui relâche le fer et qu'on ajuste à la main. On resserre ensuite l'écrou. L'ajustement du tranchant du fer et de la semelle du rabot se fait quand la lame est relâchée.

Les rabots à lame non ajustable coûtent moins cher mais sont moins pratiques.

Pour raboter en bout, ajustez le fer et obtenez une coupe très mince.

Évitez l'éclatement du bois raboté en bout en abattant d'abord les coins. Biseautez en tenant le rabot à un angle de 45°.

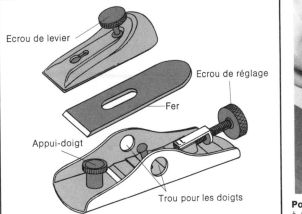

Ecrou de levier
Ecrou de réglage
Fer
Appui-doigt
Trou pour les doigts

Pour raboter à contre-grain et adoucir la coupe, inclinez le rabot à 15° par rapport à la direction de la passe.

Ajustement du fer

Ajustez le fer pour qu'il morde profondément dans le bois, puis relâchez-le vers la fin de la passe. Lorsque le fil du bois n'est pas visible, vérifiez l'état de la surface après la première passe: si elle est rugueuse, rabotez dans l'autre sens. Quand le fil du bois ondule, ajustez la lame pour faire une coupe mince, puis rabotez en angle. Pour le travail général, ajustez le bout du contre-fer à 1/16" du tranchant du fer; sur du bois ondulé, aussi près du tranchant que possible, sans le couvrir.

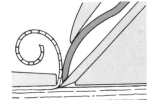

Un contre-fer bien ajusté brise les rabotures

Vissez le contre-fer fermement pour éviter ceci.

Pour ajuster le tranchant, regardez le long de la semelle du rabot. Ajustez le fer en pressant le levier d'ajustement latéral et le bouton de réglage.

Banc de rabotage

Fabriquez vous-même votre banc de rabotage. Collez deux planches sur deux piétements taillés en marches d'escalier. Vissez une cale au bout de la planche supérieure. Déposez la pièce à raboter sur cette planche puis tenez le rabot couché sur la planche inférieure. Rabotez les chants et les bouts des planches. Procédé utile pour la finition des petits travaux.

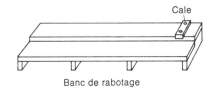

Cale

Banc de rabotage

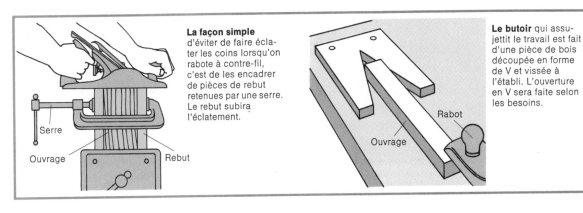

La façon simple d'éviter de faire éclater les coins lorsqu'on rabote à contre-fil, c'est de les encadrer de pièces de rebut retenues par une serre. Le rebut subira l'éclatement.

Serre
Ouvrage
Rebut

Le butoir qui assujettit le travail est fait d'une pièce de bois découpée en forme de V et vissée à l'établi. L'ouverture en V sera faite selon les besoins.

Ouvrage
Rabot

Rabots spéciaux

L'utilisation du guillaume

Le guillaume permet de pratiquer des entailles de la dimension de sa semelle. Guidé par un épaulement ou un tasseau, cet outil coupe une entaille dans la surface même d'une planche. Chaque passe ajoute à la profondeur de l'entaille. Lorsqu'on coupe à contre-fil, on utilise un accessoire à lèvres coupantes qui détermine les limites de la coupe et protège les fils du bois contre l'éclatement.

Jauge de profondeur

Emplacement du fer

Ajustement latéral

Guide latéral ajustable

Emplacement du fer pour endroits exigus

Feuillure-type

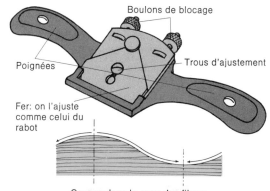

Le guillaume s'emploie pour feuillurer l'arête des planches. Le fer s'ajuste pour entailler une planche même si celle-ci est aboutée à un mur.

L'utilisation de la guimbarde

Cet outil polit les surfaces au fond des rainures ou des entailles. On s'en sert pour abouter une tablette à une planche entaillée, au préalable, avec une égoïne et un ciseau à bois. **La guimbarde à gorge ouverte**, illustrée ci-après, est munie d'un guide ajustable. **La petite guimbarde** se guide le long d'un tasseau fixé à l'ouvrage. L'entaille augmente d'une passe à l'autre.

Ajustement de profondeur

Boutons (tenir vissés)

Fer (tenir affûté)

Rainure-type

Le nettoyage du fond d'une entaille se fait à la guimbarde quand la plus grande partie du bois a été enlevée avec une égoïne. On y arrive en pratiquant plusieurs courtes passes.

L'utilisation de la wastringue

La wastringue sert à adoucir ou à chanfreiner les surfaces courbes, convexes ou concaves. La profondeur de coupe de son fer se règle à la main, sur certains modèles, et au bouton sur certains autres. Serrez l'ouvrage dans l'étau, saisissez l'outil par les poignées et poussez-le ou tirez-le à volonté. La wastringue ne coupant le bois que dans le sens du fil, on la pousse sur certaines sections et on la tire sur d'autres, ce qui évite de retourner la pièce dans l'étau.

Tenez le fer bien affûté. Il s'aiguise de la même façon qu'un fer de rabot (p. 31). Gardez le tranchant du fer bien huilé, pour éviter la rouille.

Boulons de blocage

Poignées

Trous d'ajustement

Fer: on l'ajuste comme celui du rabot

Coupez dans le sens des fibres

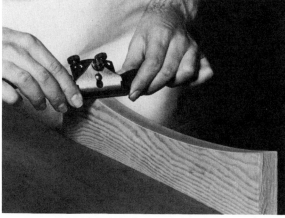

Pour façonner une surface concave avec la wastringue, travaillez en allant des bouts vers le centre. Coupez dans le sens des fibres et maintenez le fer oblique.

Le rabot Surform

Cet outil tient à la fois de la râpe et du rabot. On l'emploie pour façonner le bois, l'aluminium, le cuivre, le laiton, le plastique, les lamifiés, etc. On peut même s'en servir comme râpe à fromage.

La lame aux multiples tranchants du rabot Surform se remplace à volonté. Elle travaille bien à contre-fil et adoucit les surfaces convexes. Appliquez une pression légère ou modérée.

Rabot-râpe droit

Rabot-râpe incurvé

Petit rabot-râpe

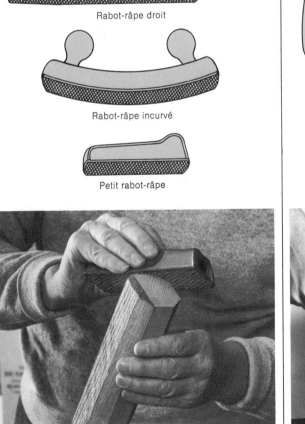

Le rabot-râpe Surform se vend en plusieurs styles et longueurs. Il se manipule comme le rabot, mais coûte moins cher que lui. Ses tranchants ne sont pas ajustables.

La plane (ou plaine)

Cet outil sert à dégrossir les pièces de bois, tout comme la wastringue, mais plus rapidement, ses coupes étant plus épaisses.

Maniez la plane en la tenant par les poignées et en tirant vers vous. Contrôlez la profondeur de sa coupe en changeant l'angle de la lame. La plane est particulièrement utile pour découper les grosses pièces, les madriers, entre autres. Sa lame a de 10″ à 12″.

Plane (ou plaine)

Biseau pointé vers le haut

Biseau pointé vers le bas

Utilisation de la plane. La pièce est serrée dans l'étau. La torsion des poignets contrôle l'angle de coupe de la lame qui est tirée vers soi et non poussée.

Le meulage et le morfilage des fers

Les ciseaux à bois et les fers de rabot sont meulés à un angle de 25° et morfilés à un angle de 30°. L'affûtage se fait à la meule et le morfilage à la pierre à l'huile. On meule seulement quand le tranchant est émoussé, mais on morfile les tranchants chaque fois qu'on se sert de l'outil. Pour morfiler, tenez la lame à 30° environ de la pierre et passez-la en un mouvement de va-et-vient.

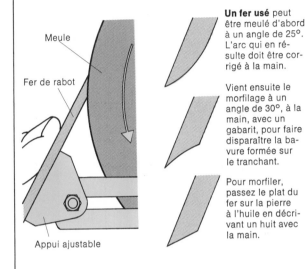

Meule

Fer de rabot

Appui ajustable

Un fer usé peut être meulé d'abord à un angle de 25°. L'arc qui en résulte doit être corrigé à la main.

Vient ensuite le morfilage à un angle de 30°, à la main, avec un gabarit, pour faire disparaître la bavure formée sur le tranchant.

Pour morfiler, passez le plat du fer sur la pierre à l'huile en décrivant un huit avec la main.

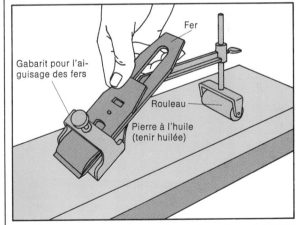

Fer

Gabarit pour l'aiguisage des fers

Rouleau

Pierre à l'huile (tenir huilée)

Le gabarit qu'on emploie pour morfiler un fer amène celui-ci sur la pierre à un angle de 30°. Gardez la pierre saturée d'huile légère à machine pendant tout le morfilage.

Ciseaux et gouges

Les types de ciseaux

La plupart des ciseaux modernes sont munis de manches en matière plastique qu'on frappe avec un marteau ou un maillet. Certains ciseaux à bois sont faits d'une seule pièce d'acier.

Le ciseau à charnières — le plus court — mesure de 7" à 9" de long. **Le ciseau à douille** mesure de 9" à 10½" de long et sert à l'ouvrage général de l'atelier. Le ciseau le plus long mesure 16" et est destiné aux besognes dures. On l'utilise peu dans l'atelier. Parmi les ciseaux spéciaux, mentionnons: **le riflard**, muni d'une lame mince dont le biseau est affûté à 25° et réaffûté à 15°; **le ciseau à lame droite** (ou queue-de-renard), qui possède une lame épaisse et qui sert aux durs travaux; **la gouge**, dont la lame est creuse. Ce ciseau peut avoir un tranchant intérieur ou un tranchant extérieur, selon le besoin.

La gouge longue n'a qu'un tranchant intérieur.

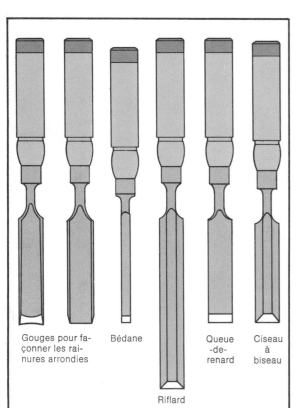

Gouges pour fa-çonner les rai-nures arrondies | Bédane | Queue -de-renard | Ciseau à biseau

Riflard

Utilisation des ciseaux

N'employez que des ciseaux bien affûtés et utilisez-les seulement pour enlever le bois superflu, besogne que les autres outils ne peuvent faire. Dans les assemblages à recouvrement, pratiquez, dans le bois, des traits de scie parallèles. Enlevez le rebut, entre les coupes, avec le ciseau long. Nettoyez avec celui-ci jusqu'à la profondeur désirée.

Quand vous faites une mortaise, creusez ses limites au couteau pour éviter l'éclatement du bois, puis percez une série de trous avec une mèche à bois. Prenez le ciseau pour nettoyer le rebut et creuser la mortaise. Pour les enfoncements peu profonds, pratiquez les incisions au ciseau puis adoucissez la coupe en vous servant du plat de l'outil.

Quand la mortaise est faite au bout d'une pièce, le ciseau repose à plat; coupez vers l'épaulement.

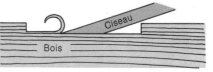

Quand on enlève le bois entre deux épaulements, on place le biseau face au bas.

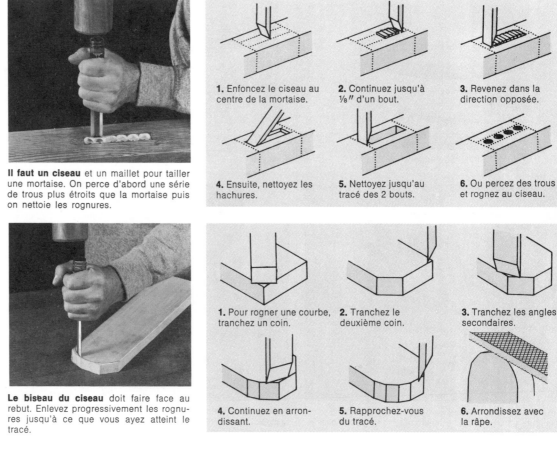

Il faut un ciseau et un maillet pour tailler une mortaise. On perce d'abord une série de trous plus étroits que la mortaise puis on nettoie les rognures.

Le biseau du ciseau doit faire face au rebut. Enlevez progressivement les rognures jusqu'à ce que vous ayez atteint le tracé.

1. Enfoncez le ciseau au centre de la mortaise.

2. Continuez jusqu'à ⅛" d'un bout.

3. Revenez dans la direction opposée.

4. Ensuite, nettoyez les hachures.

5. Nettoyez jusqu'au tracé des 2 bouts.

6. Ou percez des trous et rognez au ciseau.

1. Pour rogner une courbe, tranchez un coin.

2. Tranchez le deuxième coin.

3. Tranchez les angles secondaires.

4. Continuez en arron-dissant.

5. Rapprochez-vous du tracé.

6. Arrondissez avec la râpe.

Outils à coins

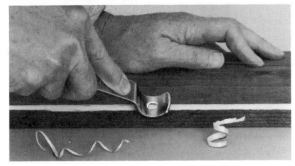

Les outils à coins servent à adoucir les arêtes. Leurs bouts sont différents. Grandeurs de ⅟₁₆″ à ⅜″.

Les ciseaux à froid et leur usage

Les quatre principaux types de ciseaux à froid sont: le burin plat, le bédane, le burin demi-rond et le ciseau à pointe de diamant (voir en bas, à gauche). Utilisez un marteau à panne ronde avec ces ciseaux et portez toujours des verres protecteurs lorsque vous vous employez à ce travail.

Utilisez un **burin plat** pour couper en V sur l'une de leurs surfaces (ou sur les deux) une tige de métal ou une chaîne, puis cassez la tige afin de séparer les morceaux. Vous pouvez utiliser le même ciseau lorsque vous coupez du métal en feuille retenu dans un étau; commencez par l'une des extrémités.

Coupe-chevilles

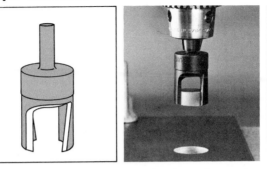
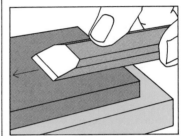

Cet outil, actionné par une perceuse à colonne, façonne les chevilles de bois pour boucher la lumière des têtes de vis.

Utilisez un **bédane** pour enlever la tête des rivets en pratiquant une incision au centre de celle-ci et en rognant ce qui reste. Ce ciseau sert à fausser le filage des boulons de façon à bloquer l'écrou. Le **burin demi-rond** arrondit le fond des rainures et creuse des pattes d'araignée dans les pièces portantes. Taillez les rainures en allant des bouts vers le centre. Employez le ciseau à pointe de diamant pour les arêtes aiguës et les coupes en V. N'importe quel ciseau à froid coupe blocs de béton, tuile ou brique. Quand la tête du ciseau s'écrase ou que le tranchant s'émousse, meulez-les à un angle de 65°.

Affûtage des ciseaux et des gouges

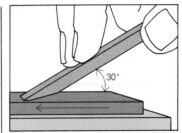

Les ciseaux doivent être passés à la pierre à un angle de 30° en un mouvement elliptique. Lubrifiez la pierre avec de l'huile légère et nettoyez-la, après usage, avec du kérosène.

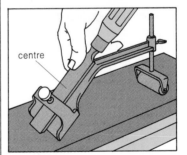

Le meulage produira une bavure sur le plat du ciseau. Pour faire disparaître cette bavure, passez le plat du ciseau sur la pierre en un mouvement elliptique.

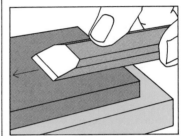

Passez le biseau sur la pierre à l'angle voulu, en utilisant un gabarit.

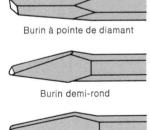

Burin à pointe de diamant

Burin demi-rond

Bédane

Burin plat

Utilisez un **burin plat** pour pratiquer une ouverture dans un bloc de béton.

Utilisez un **burin plat** et une petite masse pour couper un chaînon. Portez des verres.

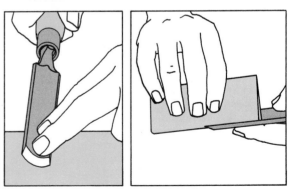

Parce que leurs surfaces sont arrondies, **les gouges** doivent être affûtées avec une pierre arrondie.

Limes et limage

Les différents types de limes et leur usage

Les limes sont classifiées selon leur coupe transversale, leur longueur et la grosseur de leurs dents. Elles sont **plates, demi-rondes, rondes, carrées** ou **triangulaires** (tiers-point). Les limes de formes spéciales sont classées selon leur usage: limes de scie à chaîne, limes à taille croisée, etc.; selon leur denture: à taille simple, double, de râpe, à denture courbe. Elles sont aussi classées selon la grosseur de leur denture: **grossière, bâtarde, demi-douce, douce** et **extra-douce.** La longueur d'une lime, mesurée de son épaulement jusqu'à sa pointe, est proportionnelle à la grosseur de ses dents. Plus celles-ci sont grossières, plus la lime est longue. Ainsi, la lime bâtarde de 12″ a les dents plus longues que celle de 6″; pourtant, les deux font partie de la même catégorie de grosseur.

Le choix d'une lime dépend du travail à accomplir. Pour obtenir une surface douce (sur la lame rotative de la tondeuse, par exemple), utilisez une lime à taille simple et appliquez peu de pression. Pour user rapidement le métal, quand la finition importe peu, utilisez une lime à taille double et appliquez plus de pression. Lorsque vous désirez rogner rapidement du bois, en menuiserie, utilisez une râpe et appliquez la pression qui convient à la densité du bois dont vous vous servez. Pour le limage en surface de l'aluminium ou de l'acier (une carrosserie d'automobile, par exemple), utilisez une lime à denture courbe.

Le travail délicat (les pièces d'horlogerie, entre autres) réclame une lime d'horloger. Demandez à votre marchand de vous conseiller; expliquez-lui quel travail vous projetez d'entreprendre: il y a des douzaines de types de limes.

Pour bien limer, imprimez à l'outil un mouvement rectiligne en le tenant par les deux bouts et en utilisant la surface entière de la lime. On peut aussi limer une surface en oblique. On lime en long, en tenant la lime par les deux bouts et à angle droit par rapport à la surface. Le mouvement de va-et-vient qu'on imprime à la lime produit une surface lisse sur une grande longueur.

Peu importe le matériau qu'on lime, celui-ci doit être serré dans un étau ou dans des serres placées à la hauteur des coudes. Évitez les vibrations et l'éclatement de rognures en rapprochant la surface à limer des mâchoires de l'étau ou des serres. Rangez vos limes dans un support ou des gaines pour leur éviter l'émoussage.

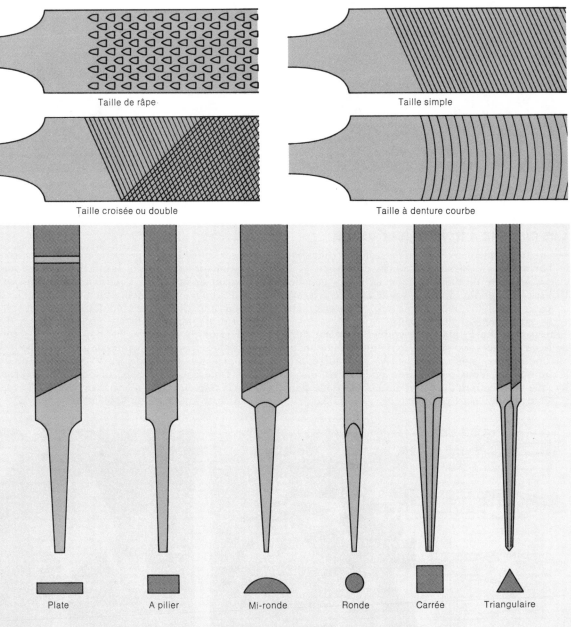

Taille de râpe

Taille simple

Taille croisée ou double

Taille à denture courbe

Plate — A pilier — Mi-ronde — Ronde — Carrée — Triangulaire

Six des limes les plus populaires de l'atelier (les dentures sont illustrées plus haut).

Limes spéciales

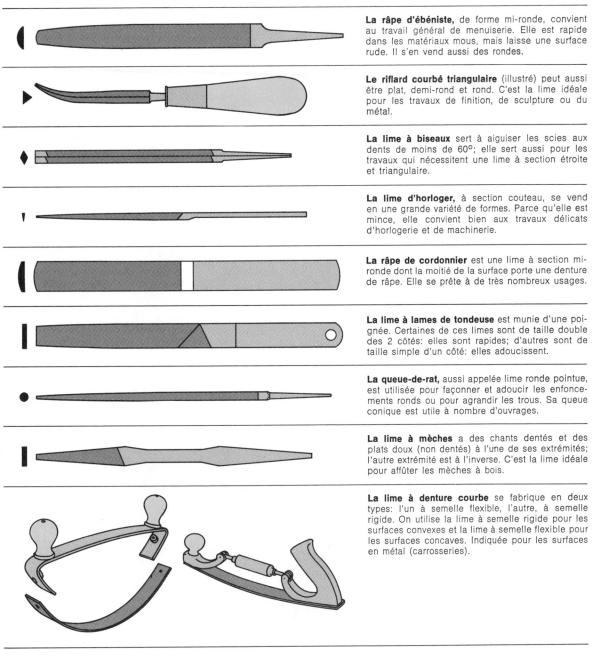

La râpe d'ébéniste, de forme mi-ronde, convient au travail général de menuiserie. Elle est rapide dans les matériaux mous, mais laisse une surface rude. Il s'en vend aussi des rondes.

Le riflard courbé triangulaire (illustré) peut aussi être plat, demi-rond et rond. C'est la lime idéale pour les travaux de finition, de sculpture ou du métal.

La lime à biseaux sert à aiguiser les scies aux dents de moins de 60°; elle sert aussi pour les travaux qui nécessitent une lime à section étroite et triangulaire.

La lime d'horloger, à section couteau, se vend en une grande variété de formes. Parce qu'elle est mince, elle convient bien aux travaux délicats d'horlogerie et de machinerie.

La râpe de cordonnier est une lime à section mi-ronde dont la moitié de la surface porte une denture de râpe. Elle se prête à de très nombreux usages.

La lime à lames de tondeuse est munie d'une poignée. Certaines de ces limes sont de taille double des 2 côtés: elles sont rapides; d'autres sont de taille simple d'un côté: elles adoucissent.

La queue-de-rat, aussi appelée lime ronde pointue, est utilisée pour façonner et adoucir les enfoncements ronds ou pour agrandir les trous. Sa queue conique est utile à nombre d'ouvrages.

La lime à mèches a des chants dentés et des plats doux (non dentés) à l'une de ses extrémités; l'autre extrémité est à l'inverse. C'est la lime idéale pour affûter les mèches à bois.

La lime à denture courbe se fabrique en deux types: l'un à semelle flexible, l'autre, à semelle rigide. On utilise la lime à semelle rigide pour les surfaces convexes et la lime à semelle flexible pour les surfaces concaves. Indiquée pour les surfaces en métal (carrosseries).

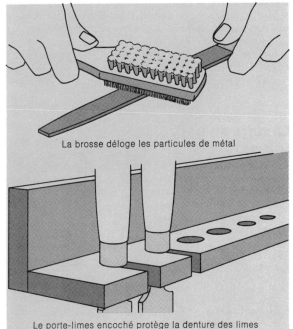

L'outil Surform s'utilise comme lime pour les métaux mous et pour le travail du bois et des matières plastiques. Il se vend avec manches droits ou poignées de rabot.

Entretien des limes

Utilisez une brosse-carde pour déloger des dents des limes les particules de métal qui s'y logent. Une brosse à poils doux en acier débarrassera les dents de la limaille. Rangez vos limes dans un porte-limes; ne les entassez pas pêle-mêle: elles s'émousseraient.

La brosse déloge les particules de métal

Le porte-limes encoché protège la denture des limes

Etaux et serres

Types d'étaux d'établi

Les étaux sont fabriqués en deux modèles: **boulonnés** ou **bridés à l'établi.** On utilise un étau bridé plutôt qu'un étau boulonné quand ce dernier risque de devenir encombrant. Pour les travaux courants, le bricoleur emploie l'étau boulonné et, en particulier, l'étau universel à mâchoires de 3½", étau qui sert aussi au menuisier et au mécanicien. On rencontre aussi deux sortes d'étaux spécialisés: le premier possède une **base-ventouse** qui se fixe à n'importe quelle surface unie; l'autre, appelé **multi-angles**, pivote horizontalement ou s'incline verticalement à n'importe quel angle.

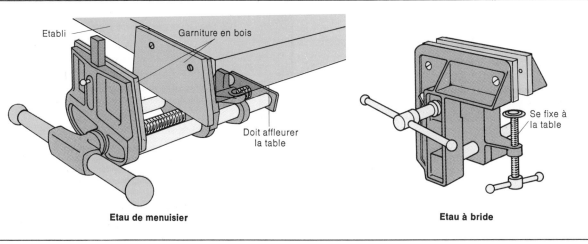

Mâchoires remplaçables

Levier à vide

Blocage du pivot

Trous pour boulons

Se fixe à la table

Etau à base pivotante

Etau à bride

Etau à base-ventouse

L'étau du menuisier

L'étau du menuisier ne se fixe pas sur la table de l'établi mais plutôt sur le devant du banc. La partie supérieure de sa mâchoire doit affleurer la table. De cette façon, l'outil n'encombre pas quand on travaille de grandes pièces.

Les mâchoires de ces étaux sont garnies de bois ou de panneaux de bois qui protègent l'article fixé entre leurs mors. Quelques-uns sont munis d'un dispositif qui déclenche la vis centrale de l'étau et permet un ajustement rapide du mors extérieur. Ce dernier est ensuite resserré à l'aide d'un levier.

Lorsqu'on doit fixer un étau de menuisier à un établi, on utilise de gros tire-fond qui peuvent être serrés avec une clé plutôt qu'avec un tournevis.

Etabli

Garniture en bois

Doit affleurer la table

Se fixe à la table

Etau de menuisier

Etau à bride

La serre en C

Les serres en C se vendent en tailles qui vont de 1" à 8" (la taille est basée sur l'ouverture maximale des bras de la serre). La profondeur de leurs gorges varie entre 1" et 4", selon l'importance de la serre. Quelques manufacturiers seulement fabriquent des serres à gorges profondes.

Interposez toujours une pièce de bois mince entre les mâchoires et le bois pour ne pas marquer ce dernier. Ces pièces de bois distribuent uniformément la pression sur l'ouvrage. La rotule qui chapeaute la vis de la serre est conçue pour s'ajuster en pivotant à une pièce irrégulière.

Procurez-vous les serres au fur et à mesure que vous en avez besoin: au bout de quelque temps, vous en posséderez un assortiment complet.

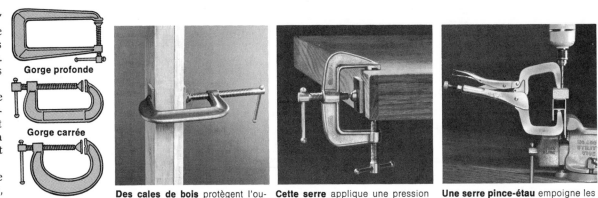

Gorge profonde

Gorge carrée

Serre robuste

Des cales de bois protègent l'ouvrage.

Cette serre applique une pression dans deux directions.

Une serre pince-étau empoigne les objets irréguliers.

Serres à main ajustables

Ces serres à main destinées au travail de menuiserie ont des mâchoires en érable qui ne requièrent pas de cales pour protéger l'ouvrage contre les marques. Leurs mors se déplacent sous l'action de deux vis qui font varier leur inclinaison.

Ces serres sont classées d'après la longueur de leurs mors (de 6″ à 14″) et de leur ouverture (de 3″ à 10″). Les marchands n'offrent pas tous la gamme complète de ces grandeurs.

Ouvrez ou fermez cette serre en plaçant le bout carré de ses mors face à vous; saisissez la poignée droite de la main droite, et la gauche, de la main gauche, puis faites tourner la serre entière dans la direction voulue, pour ouvrir ou fermer les mors à la grandeur nécessaire.

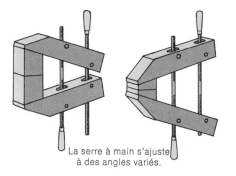
La serre à main s'ajuste à des angles variés.

Faites les derniers ajustements de serrage. Si le bois d'une nouvelle serre est fraîchement huilé, interposez un papier absorbant entre les mâchoires.

La serre à main procure la pression voulue quand on fait sécher un tiroir collé. N'en appliquez pas trop.

Serres à ressort

Les petites serres à ressort sont parmi les plus simples appareils de serrage qui soient. On les utilise pour les menus travaux, là où le serrage n'est pas essentiel. La longueur totale de ces serres varie entre 4″ et 8¼″, et l'ouverture de leurs mors, entre ⅞″ et 3″. Elles sont rapides à installer, surtout pour les ouvrages qui requièrent de la colle à séchage rapide. Les mâchoires de certaines de ces serres sont garnies de vinyle pour éviter qu'elles n'endommagent l'ouvrage. Ne sous-estimez pas la force de ces serres. Les plus grosses ont des ressorts très puissants: il faut les deux mains pour les ouvrir.

Les serres à ressort s'emploient pour des serrages "mous"

Serres à barre ou à coulisse

Les serres à barre, également appelées "serres à meubles", sont de deux types: mors montés sur tige plate en acier (longueur de 12″ à 48″) et mors montés sur tuyau de ½″ à ¾″. Avec ce dernier type, le tuyau peut être coupé à n'importe quelle longueur, pourvu qu'un de ses bouts soit fileté.

Ces serres ont des mors ajustables. L'un est muni d'une vis de serrage, l'autre glisse le long de la barre ou du tuyau pour s'ajuster particulièrement rapidement.

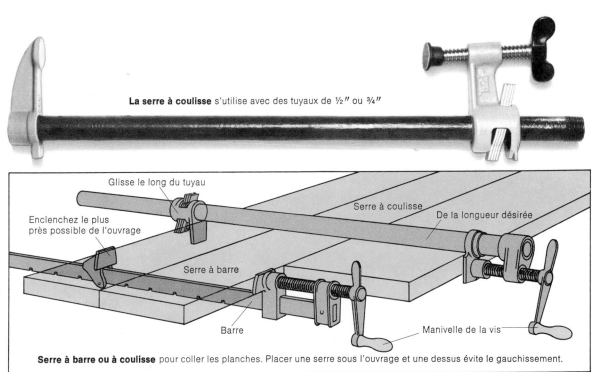
La serre à coulisse s'utilise avec des tuyaux de ½″ ou ¾″

Glisse le long du tuyau

Enclenchez le plus près possible de l'ouvrage

Serre à coulisse

De la longueur désirée

Serre à barre

Barre

Manivelle de la vis

Serre à barre ou à coulisse pour coller les planches. Placer une serre sous l'ouvrage et une dessus évite le gauchissement.

Etaux et serres

Serres à sangle

Les serres conçues pour bander une sangle (toile ou nylon) sont pratiques pour les ouvrages de formes irrégulières et pour assembler d'un seul coup plusieurs joints, comme dans le cas du collage des barreaux de chaise. La longueur des sangles varie entre 12' et 15'. La sangle est placée autour de l'ouvrage et bandée grâce à un mécanisme à manivelle ou à rochet (selon le fabricant).

La serre à sangle retient les pièces ensemble pendant que la colle sèche.

L'assemblage et le collage d'un tiroir sont simplifiés avec la serre à sangle.

On peut bander une sangle avec une clé, tel qu'indiqué.

Serres spéciales

La bride d'établi se fixe à l'établi avec un boulon noyé. Quand elle ne sert pas, on l'enlève du boulon, libérant la table. **La serre de bordure** est commode quand l'ouvrage est trop large ou long pour la serre en C ou la serre à coulisse. Attachez la serre à barre à l'ouvrage, puis la serre à bordure insérée dedans. **La serre à cadre** retient les joints pendant le séchage.

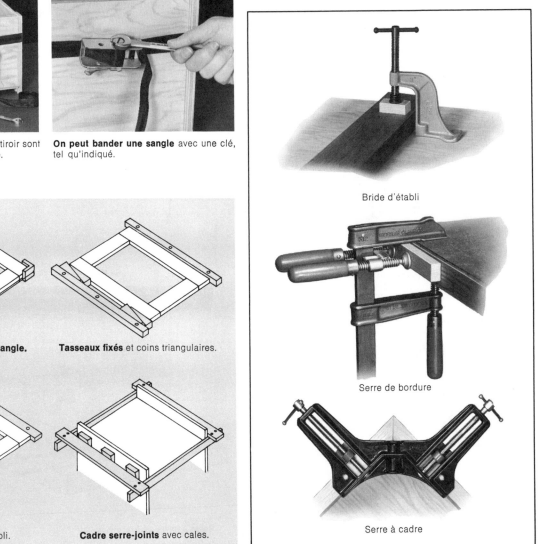

Bride d'établi

Serre de bordure

Serre à cadre

Les serre-joints du bricoleur

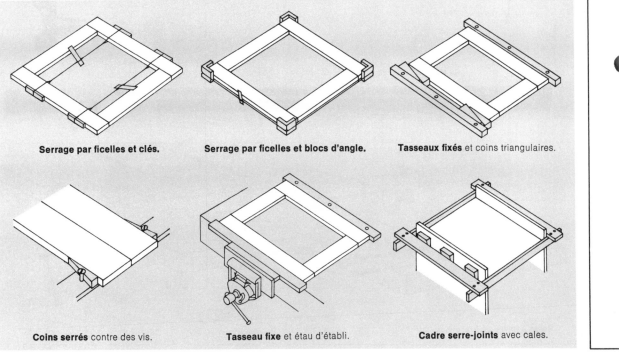

Serrage par ficelles et clés.

Serrage par ficelles et blocs d'angle.

Tasseaux fixés et coins triangulaires.

Coins serrés contre des vis.

Tasseau fixe et étau d'établi.

Cadre serre-joints avec cales.

Types et usages

Les fers à haute puissance servent aux grandes surfaces où la perte de chaleur est rapide. **Les pistolets à souder** chauffent vite mais retiennent mal la chaleur. Parfaits pour petits travaux (câblage ou façonnage du plastique). **La torche à gaz propane** produit une vive chaleur; elle est utile pour exécuter les connexions de plomberie. Tête spéciale pour l'extérieur.

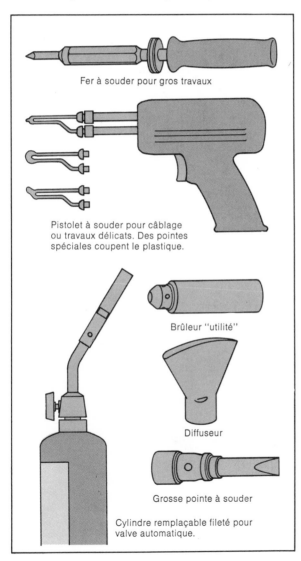

Fer à souder pour gros travaux

Pistolet à souder pour câblage ou travaux délicats. Des pointes spéciales coupent le plastique.

Brûleur "utilité"

Diffuseur

Grosse pointe à souder

Cylindre remplaçable fileté pour valve automatique.

L'utilisation du fer à souder

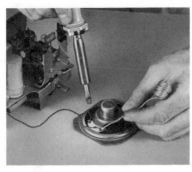

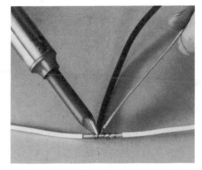

Le petit fer est utilisé pour le travail électronique (radio ou télévision).

Le fer moyen s'emploie pour souder de grosses connexions.

Les métaux bons conducteurs doivent être soudés avec de gros fers.

L'utilisation du pistolet à souder

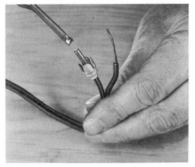

Le pistolet chauffe adéquatement en cinq secondes.

Une pointe spéciale est utilisée pour découper les carreaux de parquet.

Une pointe plate sert à réparer des objets en plastique ou à graver bois et cuivre.

L'utilisation de la torche à gaz propane

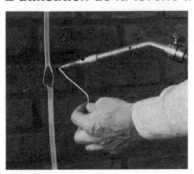

La torche munie d'un bec à souder est utile là où on n'a pas l'électricité.

Munie d'un diffuseur, la torche brûle la peinture.

La torche à gaz est pratique pour souder les tuyaux qui suintent.

Affûtage

Couteaux et outils tranchants

Les couteaux et les outils tranchants s'affûtent avec une meule, une lime ou une pierre. On peut aussi combiner ces méthodes. En général, quand un tranchant est émoussé ou ébréché, on le meule pour lui enlever ses brèches et lui redonner son biseau original, puis on le passe à la pierre.

Le truc, c'est de redonner à la lame son biseau et la forme originale de sa lame, les deux étant destinés à des fonctions spécifiques. Les couteaux de boucher ont une lame forte et coupante, à parois plates **aiguisées en V.** Les couteaux de table sont moins rigides. Un tranchant creux leur donnera une coupe vive. Les couteaux à dépecer de qualité ont **un tranchant concave.** Ces derniers sont semblables aux couteaux à tranchants creux, à ce détail près que leur lame est plus mince et qu'ils font leur chemin plus facilement. Les outils coupants robustes, comme les couperets et les haches, ont des **tranchants convexes** (le contraire des tranchants creux). Ce genre d'affûtage protège la lame contre l'ébréchage mieux que l'affûtage des tranchants creux ou concaves.

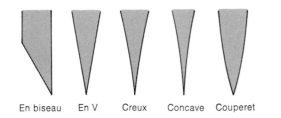

En biseau   En V   Creux   Concave   Couperet

Le biseau visible du tranchant d'un couteau à affûtage creux doit avoir 30° (15° de chaque côté). La largeur du biseau aura donc deux fois l'épaisseur de la lame à son biseau. C'est ainsi que le biseau visible de la hache a environ 20° (à peu près trois fois l'épaisseur de la lame à son biseau), mais cette dernière est beaucoup plus forte d'avoir subi un affûtage convexe inacceptable pour les couteaux.

La finition à la pierre donne au biseau un tranchant bien mince qui aura 5° de plus que le biseau lui-même, ce qui dote le tranchant d'un deuxième angle à peine visible. Pour affûter la lame d'un couteau sur toute sa longueur, on se sert de la pierre. On glisse la lame à reculons sur la pierre, tout en bougeant cette dernière en longueur. Aiguisez l'autre côté en tournant la lame. Si vous désirez une coupe ultra-fine, servez-vous d'une courroie en cuir et pro-

cédez de la même manière. Pour l'affûtage d'une hache ou d'un couperet, on emploie une ophite (ou pierre à hache) qu'on passe de chaque côté du tranchant en un mouvement circulaire. Le fer d'un rabot s'affûte d'un seul côté. Le biseau aura de 25° à 30° (un

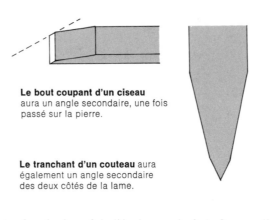

Le bout coupant d'un ciseau aura un angle secondaire, une fois passé sur la pierre.

Le tranchant d'un couteau aura également un angle secondaire des deux côtés de la lame.

peu plus de deux fois l'épaisseur du fer). On appelle morfilage l'action de passer le biseau sur une pierre à l'huile en un mouvement de va-et-vient, le fer étant maintenu à un angle de 30° à 35°. Une différence de quelques degrés importe peu, pourvu que le morfilage donne au moins 5° de plus au tranchant.

Les outils affûtés continuent de bien couper longtemps lorsqu'on les entretient en les passant souvent sur la pierre à l'huile. La meilleure pierre est celle

qui possède un côté rude et un côté doux. Les dimensions des pierres vont de ⅝″ x 1¾″ x 4″ à 1″ x 2″ x 8″. Conservez votre pierre dans un socle en bois (croquis plus bas); lubrifiez sa surface à l'huile légère quand vous l'utilisez. Nettoyez au dissolvant.

Les pierres à l'huile doivent être conservées dans un socle en bois fait d'une pièce de 2″ x 4″ creusée aux dimensions de la pierre. Couvrez-les quand elles ne sont pas en usage.

Les pierres à gouges affûtent les outils de formes spéciales. On les passe sur les biseaux pour affûter ceux-ci; avec les pierres à l'huile on passe les outils sur la pierre.

L'utilisation de la pierre à l'huile

Tenez la lame du canif à un angle de 30°. Poussez-la à angle incliné. Tournez-la de côté, pour le retour.

Même jeu pour les ciseaux. Tenez le biseau à plat sur la pierre; vous réussirez un meilleur affûtage.

Affûtez les poinçons sur la pierre. Pour obtenir une pointe bien effilée, faites tourner le manche.

L'utilisation des pierres à gouges

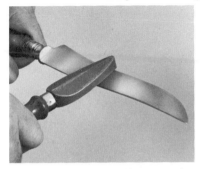

Affûtez les couteaux à dépecer en les tournant en cercle, tel qu'illustré.

Le tranchant courbe du **couteau à linoléum** s'affûte avec une pierre ronde.

Affûtez les haches en frottant la pierre en un mouvement circulaire.

L'utilisation des limes

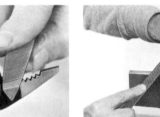

Retouchez avec un tiers-point **les mâchoires des pinces** et des coupe-fils.

Affûtez la lame d'une tondeuse et corrigez ses brèches avec une lime.

Corrigez la pointe arrondie d'un tournevis en la limant.

Meuleuses électriques

Affûtez le fer d'un rabot à 25°. Le biseau aura deux fois l'épaisseur du fer.

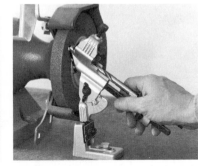

Ce support orientable place le foret à l'angle voulu pour l'affûtage.

Un gabarit-maison pour affûter les forets se fait avec un bloc fixé à angle.

L'affûtage des forets hélicoïdaux

Pour vérifier l'angle à 59° du tranchant d'un foret, des lèvres à la pointe, on tient le calibre à foret en acier plat sur le corps de ce foret. L'angle aura 12° de moins au talon du tranchant de la lèvre.

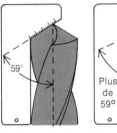

L'angle correct du tranchant, de la lèvre à la pointe.

La pointe est trop plate. Le foret patinera.

L'angle est trop aigu. Mauvais pour les métaux.

Affûtez le tranchant des lèvres des forets à l'angle voulu en fabriquant un gabarit d'affûtage. Fixez un bloc à 59° du côté plat de la meule. Les lignes se tracent à un angle d'incidence de 12° à l'intérieur du bloc.

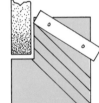

Pour affûter l'angle de la pointe du tranchant des lèvres, présentez le foret comme suit: le tranchant sur le côté de la meule, le corps du foret le long du bloc. Les lèvres doivent avoir les mêmes angles et les mêmes longueurs, sinon le foret percera des trous inégaux.

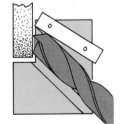

Faites tourner le foret pour affûter le talon du tranchant des lèvres, tout en le faisant pivoter aux angles indiqués sur le plateau. Grâce à ce procédé, seuls les tranchants viennent en contact avec le matériau à percer.

Ponçage et papiers abrasifs

Enduits abrasifs

Les enduits abrasifs modernes comprennent: le carbure de silicium (le plus efficace), l'oxyde d'aluminium, le grenat, le silex et l'émeri. Ils sont fabriqués avec endos de toile ou de papier et s'utilisent à sec ou humides. Les particules abrasives à grain serré servent au travail général; à grain écarté, aux matériaux qui encrassent le grain. Pour poncer-main les surfaces couvertes de bitume ou de plusieurs couches de peinture, utilisez des papiers au silex et jetez-les ensuite. Le ponçage-main du bois se fait aussi au papier grenat bon marché. Pour le ponçage du bois à la machine, l'abrasif à l'oxyde d'aluminium est rapide et résistant. Le carbure de silicium ponce métaux mous et plastiques et adoucit les arêtes de la vitre. Polissez les métaux à la toile d'émeri. Prenez le papier à très gros grain pour le rognage rapide et le papier à grain fin pour la finition.

Les papiers abrasifs offrent toute une série de grains plus ou moins fins, selon le travail à effectuer. Ils vont du No 4¼ (les plus grossiers) jusqu'à 10/0 (les plus fins). Ces papiers se classent aussi par numéros représentant le nombre d'ouvertures au pouce dans un tamis par lequel passeraient les grains d'abrasif. Les numéros vont de 12 (très grossier) à 600 (très fin).

Très fin
Ponçage du vernis, de la peinture et de la laque; finition très douce.

Fin
Ponçage avant l'apprêt ou le scelleur; enlève la rouille et les défauts du métal.

Moyen
Adoucit le bois, enlève la rouille et prépare les murs pour la peinture.

Grossier
Rogne le bois, adoucit les égratignures et les imperfections les plus sérieuses.

Très grossier
Enlève la peinture épaisse, l'émail, le vernis et les dépôts de rouille.

Un bloc à semelle de caoutchouc retient le repli du papier à chaque bout; moins fatiguant pour les doigts. La semelle élastique permet d'adoucir les arêtes.

Enroulez le papier autour **d'un bloc de bois.** Ne taillez pas la bande de papier avec des ciseaux; découpez-la plutôt en vous servant d'une arête vive.

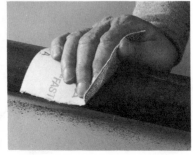

Humide ou sec, le papier de carbure de silicium possède un endos imperméable. Humide, il nettoie et adoucit le métal; sec, il ponce le bois.

Taillez des lisières de papier pour poncer les barreaux ou les pieds des chaises, comme l'indique la photo. Tenez un bout de la lisière dans chaque main.

Le tampon de fibres de nylon est légèrement abrasif. Utile pour préparer les surfaces à la finition ou entre les couches de peinture ou de vernis.

Protégez le bois lorsque vous poncez le bout d'une planche. Fixez un tasseau de bois de chaque côté de la planche avec des serres.

Le choix du papier abrasif

Pour le bois, les plastiques et la fibre de verre:
Utilisez le papier à l'oxyde d'aluminium. Cet abrasif manufacturé est résistant, durable et tout indiqué pour user les matériaux durs et leur donner une finition. Il vient à bout de n'importe quelle surface. C'est un papier rapide qui dure longtemps.

Le carbure de silicium est un abrasif encore plus dur que l'oxyde d'aluminium. Il sert au polissage du plastique, du verre et de la céramique.

Pour le ponçage des métaux:
Utilisez un abrasif à base de carbure de silicium ou d'oxyde d'aluminium. Les deux sont manufacturés et sont extrêmement résistants.

On a longtemps considéré le papier émeri comme l'abrasif idéal pour le métal. Toutefois, son action tranchante lente et sa tendance à s'user rapidement l'ont fait remplacer par des abrasifs modernes plus efficaces comme: l'oxyde d'aluminium, qui polit l'acier inoxydable et l'acier à haute teneur en carbone ainsi que le bronze, et le carbure de silicium, le plus coupant et le plus dur de tous les abrasifs, parfait pour le meulage et le polissage du laiton, du cuivre et de l'aluminium.

Le papier au carbure de silicium s'utilise sec ou humide. Sec, il abrase comme le papier grenat et le papier de silex; humide, il ponce la peinture qui recouvre le métal (les carrosseries d'automobiles), et il dure longtemps.

section 2: L'outillage électrique

Des perceuses, des scies électriques vous aideront à travailler plus vite et avec une précision sensiblement accrue. De tels outils permettent, en effet, d'entreprendre certains travaux qui, sans eux, seraient fastidieux ou trop délicats.

Vous pouvez d'ailleurs vous équiper petit à petit en outillage électrique, au fur et à mesure de vos disponibilités et en fonction des réalisations que vous projetez de faire. Vous saurez en lisant les pages qui suivent quand et comment utiliser tel outil électrique, quels services vous pouvez en attendre et comment l'entretenir pour qu'il vous fasse un long usage.

sommaire

44 Perceuses électriques
48 Scies circulaires portatives
52 La scie sauteuse
53 Scies électriques spéciales
54 La toupie
56 Rabots électriques
57 Ponceuses électriques
58 La meuleuse
59 La ponceuse à courroie
60 Le plateau de sciage
61 La scie radiale
62 La scie à découper et la toupie d'établi
63 La scie à ruban
64 La corroyeuse
65 Le tour à bois
66 La perceuse à colonne

Perceuses électriques

Le choix d'une perceuse

L'outil électrique le plus utile au bricoleur moyen est sans conteste la perceuse. En plus d'actionner de nombreux accessoires, elle peut percer le métal, le bois, les matières plastiques et le béton.

Les perceuses se classent généralement selon la grosseur des tiges que leurs mandrins peuvent accepter: ¼″, ⅜″, ½″ ou ¾″. La perceuse de ¼″ est la plus populaire. Le rendement d'une perceuse varie selon son calibre et sa marque de fabrication; il se situe entre ⅕ de chevaux-vapeur (capacité de ¼″) et 1½ (capacité de ¾″). La vitesse diminue avec l'importance de la révolution de l'arbre et va de 2000 tours par minute pour une perceuse de ¼″ à 1200 tr/mn pour une perceuse de ⅜″ et à 600 tr/mn pour une perceuse de ½″. La perceuse de ¾″ (professionnelle ou industrielle) se classe parmi les perceuses jaugées de 250 tr/mn à 475 tr/mn. Les grosses perceuses fonctionnent à vitesse réduite, ce qui leur confère un pouvoir accru pour actionner les forets ou les scies emporte-pièce de diamètre important. La vitesse rapide de la perceuse de ¼″ la rend capable non seulement de perforer le métal jusqu'à ¼″ et le bois jusqu'à ½″, mais également de poncer. D'autres modèles à vitesse variable sont disponibles (perceuses de ¼″ à ½″), assurant au bricoleur un choix de vitesses. Certaines perceuses de ⅜″ ou de ½″ font marche arrière à volonté; grâce à la renverse, on peut retirer les mèches des trous profonds.

Les perceuses robustes coûtent évidemment plus cher que les perceuses légères, à cause surtout des coussinets du câblage dont elles sont munies et de certaines autres particularités. Le bricoleur a rarement besoin de ce genre de perceuse.

La plupart des perceuses sont munies de fiches à trois lames qui protègent l'usager contre les chocs. Si l'outil que vous achetez possède une fiche à deux lames, assurez-vous qu'il soit à l'épreuve des chocs et protégé par une isolation double.

Les perceuses sont généralement vendues accompagnées de leurs accessoires, le tout rangé dans un coffre en polyéthylène. Vérifiez la garantie et le service à votre disposition pour cet outil. Votre meilleur guide est encore la réputation du manufacturier.

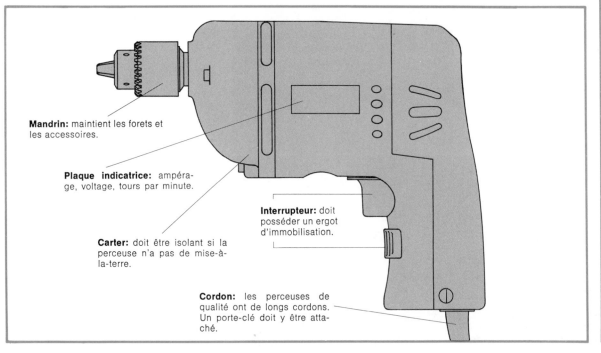

Mandrin: maintient les forets et les accessoires.

Plaque indicatrice: ampérage, voltage, tours par minute.

Carter: doit être isolant si la perceuse n'a pas de mise-à-la-terre.

Interrupteur: doit posséder un ergot d'immobilisation.

Cordon: les perceuses de qualité ont de longs cordons. Un porte-clé doit y être attaché.

Les mèches

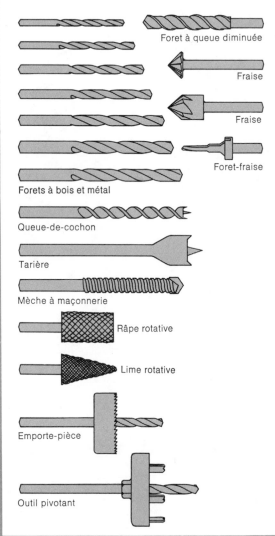

Voici un choix des forets les plus populaires. On se sert de ceux-ci pour percer le bois et le métal. Les pages suivantes vous renseigneront sur les accessoires des perceuses électriques et sur la façon de vous en servir.

Foret à queue diminuée

Fraise

Fraise

Foret-fraise

Forets à bois et métal

Queue-de-cochon

Tarière

Mèche à maçonnerie

Râpe rotative

Lime rotative

Emporte-pièce

Outil pivotant

Le perçage

Limitez la profondeur du guide en le bloquant à n'importe quelle distance sur la tige du foret.

L'arbre flexible, long de 40″, vous permet d'atteindre les endroits exigus avec n'importe quel foret.

Utilisez une rallonge de foret, au besoin. Ces rallonges se bloquent à la tige même du foret.

La perceuse de ½″

Parce que ces perceuses sont plus puissantes que les petites, elles peuvent forer des trous de plus grande importance sans que cela surcharge leur moteur. Elles tournent plus lentement que les perceuses à petit calibre mais sont moins pratiques que celles-ci. Utilisez une perceuse de ½″ pour le forage de trous à grand diamètre ou le forage du métal, de la maçonnerie ou du bois. Lorsque vous avez à percer des trous profonds dans un madrier ou que vous construisez un bateau, utilisez une perceuse à marche arrière. Ses cannelures hélicoïdales aideront à retirer la mèche. Parce qu'elles sont puissantes, les perceuses de ½″ ont une poignée supplémentaire sur le côté, poignée qu'on peut enlever pour percer dans les endroits exigus.

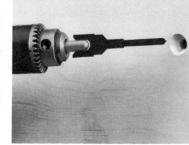

Le coude de 90° est commode dans les endroits exigus: pour passer le câblage dans les solives, par exemple.

Le foret-fraise perce des avant-trous et les fraise ensuite, le tout en une seule opération.

La queue-de-cochon perce des trous dans le sol et vous épargne du temps dans la plantation des bulbes.

La perceuse de ½″ est précieuse pour percer la maçonnerie. Si le départ est difficile, commencez avec un foret de calibre plus petit. Finissez avec un foret du calibre désiré.

Un support vertical spécial peut convertir une perceuse portative en perceuse à colonne. Il est facile de soustraire la perceuse de sa colonne. Quelques secondes suffisent.

Le meulage

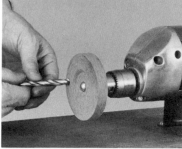

Il se fait avec un support. Ce support est commode pour l'affûtage des outils et des forets. Protégez vos yeux.

Le plateau à meuler décape bien la peinture sur bois ou métal, à cause de ses perforations aiguës.

Les pierres à aiguiser se vendent en plusieurs formes; leur tige s'adapte au mandrin des perceuses.

Perceuses électriques

Coupage

Le trépan fore jusqu'à 12″ de diamètre. Il perce des trous pour les chevilles et facilite le perçage de circonférences variées.

Le disque abrasif au carbure coupe le métal. La perceuse se fixe à un support horizontal. Portez des verres protecteurs.

La scie emporte-pièce facilite le découpage circulaire dans le bois de ¾″ d'épaisseur. Perce aussi jusqu'à 2½″ d'épaisseur.

L'accessoire qui scie les métaux convertit l'action rotative de la perceuse en une action alternative.

Ponçage

Le ponçage au tambour se fait avec des papiers de différentes grosseurs. On s'en sert sur les surfaces incurvées ou plates.

Le disque articulé à poncer s'emploie pour le ponçage rude et l'enlèvement de la peinture. Il s'adapte au bonnet en laine d'agneau.

La râpe circulaire a une tige de ¼″ qui convient au mandrin de la perceuse. Elle façonne les surfaces courbes.

Le disque à poncer s'emploie à main levée ou sur la perceuse installée sur un berceau. Portez des verres protecteurs.

Divers

La roue à piquer sert à décaper la peinture sur les planchers de béton. Ses roulettes ont des pointes en acier durci.

Le pistolet à peinture est actionné par le compresseur de la perceuse. Il se vend avec les accessoires: boyau de caoutchouc, etc.

L'agitateur de peinture mêle la peinture. Enfoncez-le dans le bidon avant de le faire fonctionner. Arrêtez après dix secondes.

L'accessoire-tournevis facilite le vissage. Surtout pratique quand on doit poser un grand nombre de vis.

Entretien des perceuses électriques

Les perceuses électriques dont on fait un usage normal ne requièrent que très peu d'entretien, si ce n'est une lubrification périodique et le changement des balais qui établissent le contact avec le collecteur. Cet entretien varie, d'ailleurs, d'une marque à l'autre et d'un modèle à l'autre. Le meilleur conseil à vous donner, c'est d'étudier le manuel fourni par le fabricant.

Si vous avez à démonter votre perceuse et que vous ne possédez pas ce précieux manuel, tracez un plan indiquant la place de chacune des pièces de l'outil, au fur et à mesure que vous les retirez.

Certains carters sont emboîtants. Soulevez leur boîtier supérieur, et les pièces du mouvement demeureront dans le boîtier inférieur.

La graisse du carter doit être enlevée et remplacée quand elle est sale. Il s'en vend en tubes chez le quincaillier. Le moteur et les coussinets d'engrenage doivent être lubrifiés avec de l'huile légère à moins d'avis contraire du manufacturier. Les coussinets à bille sont lubrifiés et scellés à l'usine même.

Votre perceuse vous préviendra quand elle aura besoin de graisse ou de lubrifiant. Elle deviendra soudain très bruyante. Il est préférable que vous la lubrifiiez avant qu'elle ne se plaigne.

Vous devrez enlever le carter avant de certaines perceuses pour avoir accès à la boîte d'engrenage et aux balais.

Certaines perceuses ont des bouchons à vis de chaque côté de leur boîtier, à l'arrière. Pour remplacer les balais à ressort de ces perceuses, dégagez les bouchons et retirez les balais à ressort; posez-en des neufs.

N'égarez pas les ressorts. Si vous ne possédez pas les indications nécessaires pour effectuer vous-même ce remplacement, demandez l'avis de votre concessionnaire.

Remplacez toujours les deux balais et pas seulement l'un des deux.

Les tournevis électriques

Le tournevis électrique simplifie de beaucoup le travail du vissage, surtout lorsqu'on a plusieurs vis à poser. Les modèles domestiques peuvent fixer la plupart des vis à fente et des vis Phillips grâce aux pointes interchangeables. L'interrupteur de marche arrière permet aussi de dévisser. Placez la vis à poser dans l'avant-trou, engagez la pointe du tournevis dans la fente et poussez l'interrupteur à "on". Le tournevis ne fera tourner la vis que lorsque vous appuierez sur la poignée.

Interrupteur pour marche arrière

Interrupteur

La pointe Phillips No 1

Pour petites vis à tête fendue

La pointe Phillips No 2

Pour grosses vis à tête fendue

Perçoir

Enfoncement des vis avec un tournevis électrique

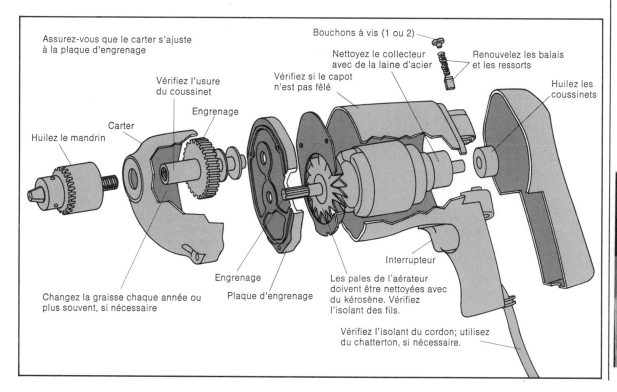

Assurez-vous que le carter s'ajuste à la plaque d'engrenage

Bouchons à vis (1 ou 2)

Nettoyez le collecteur avec de la laine d'acier

Renouvelez les balais et les ressorts

Vérifiez l'usure du coussinet

Vérifiez si le capot n'est pas fêlé

Huilez les coussinets

Engrenage

Carter

Huilez le mandrin

Engrenage

Plaque d'engrenage

Interrupteur

Changez la graisse chaque année ou plus souvent, si nécessaire

Les pales de l'aérateur doivent être nettoyées avec du kérosène. Vérifiez l'isolant des fils.

Vérifiez l'isolant du cordon; utilisez du chatterton, si nécessaire.

Scies circulaires portatives

Le choix d'une scie circulaire

La scie circulaire que se procure le bricoleur pour son atelier devrait pouvoir couper une pièce de 2" x 4" en biseau de 45°. Les scies munies d'une lame de 7" ou plus conviennent très bien.

Autre élément à considérer: la scie doit s'ajuster en profondeur et vous permettre de pratiquer, au besoin, des coupes peu marquées. Elle doit s'ajuster pour la coupe des onglets et des biseaux et être munie d'un guide de refend qui dirige l'outil quand on scie en longueur ou dans le sens du fil. Elle doit aussi posséder un protège-lame à ressort qui s'escamote automatiquement quand la lame pénètre dans le bois et qui revient de lui-même quand la coupe est terminée.

Comme la plupart des scies possèdent cet avantage, basez plutôt votre choix d'une scie sur sa commodité d'opération et sur sa facilité d'ajustement. Cet outil doit aussi posséder des écrous d'ajustement à ailettes ainsi qu'une poignée facile d'accès accompagnée d'un interrupteur à gâchette. Si l'avant de son carter est muni d'une poignée, tant mieux: elle vous servira dans les cas difficiles. Cette poignée n'est quand même pas essentielle aux scies de faible calibre.

Conseils de sécurité

Lorsque vous utilisez une scie circulaire portative, assurez-vous que l'ouvrage est suffisamment bien assujetti ou retenu solidement dans un étau. Mettez le moteur en marche avant d'entamer le bois, jamais en touchant le travail. Faites avancer la lame doucement pour ne pas ralentir le moteur. Un virage brusque de la scie peut causer un blocage et endommager le moteur. Ceci est important surtout lorsque vous utilisez une lame à maçonnerie, car la lame peut même se briser. Lorsque vous refendez une longue pièce de bois, demandez qu'on vous aide à la soutenir. Si la pièce est changée de direction, vous risquez de bloquer la lame.

Empoignez solidement la scie de la main droite et éloignez votre main gauche de la lame. Assurez-vous de ne pas couper le cordon; placez-le hors de portée

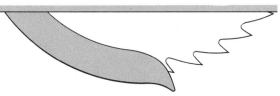

Branchez une fiche à trois lames sur une sortie mise à la terre.

Le protège-lame inférieur recouvre la partie inférieure de la lame; il se retire dès que la lame attaque le bois.

de la lame. Tenez fermement la poignée. Évitez que la scie bascule en avant, à la fin de la coupe.

Un accident est vite arrivé: ne prenez pas de risques; attendez que la lame soit immobile avant de pratiquer les ajustements nécessaires, et, surtout, débranchez le cordon chaque fois.

Lorsque vous remplacez une lame, assurez-vous que la nouvelle tourne dans le bon sens: une flèche indique généralement cette direction. Utilisez des lames bien affûtées. Une lame émoussée demande plus d'énergie au moteur, tend à brûler le bois et représente un danger, l'usager poussant davantage sur la scie et exigeant trop du moteur.

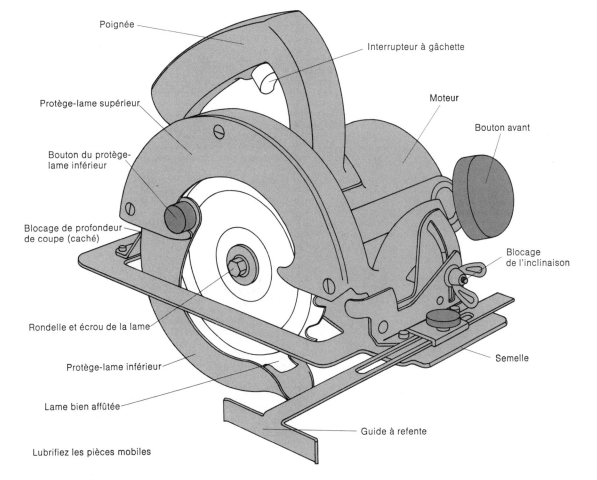

Poignée

Interrupteur à gâchette

Protège-lame supérieur

Moteur

Bouton avant

Bouton du protège-lame inférieur

Blocage de profondeur de coupe (caché)

Blocage de l'inclinaison

Rondelle et écrou de la lame

Protège-lame inférieur

Semelle

Lame bien affûtée

Lubrifiez les pièces mobiles

Guide à refente

Ajustage et réglage

Réglez toujours la profondeur de coupe de façon que les dents dépassent juste la surface inférieure de la pièce sciée. Cet ajustage se fait en relevant ou en baissant la semelle de la scie, qui est articulée ou se déplace sur glissières, suivant les modèles.

Si vous avez changé le réglage de la semelle de la scie pour exécuter un travail en angle, replacez-le à 90° avant de couper. Avant d'entamer un travail, essayez votre scie sur des pièces de rebut et vérifiez la coupe avec une équerre. Faites de même avant de procéder à la coupe finale si vous devez ajuster votre scie pour une coupe à onglet ou pour une coupe à angle ou encore si vous procédez à des ajustements pour des coupes peu profondes ou pour des coupes de refente.

Familiarisez-vous avec les ajustements de votre scie neuve en pratiquant plusieurs coupes d'essai. De cette façon, vous apprendrez comment faire des réglages précis. Les gradations inscrites sur la scie indiquent les angles; les lignes de coupe ne doivent être utilisées que comme guides approximatifs, jamais comme mesures précises.

Tenez compte de l'épaisseur de la lame quand vous établissez vos mesures. Cette épaisseur varie d'une lame à l'autre. Nettoyez les dents de vos lames à la térébenthine pour les débarrasser de la saleté et de la résine qui les encrassent.

Prenez l'habitude de cirer les lames; elles glisseront plus facilement dans le bois. Vérifiez également la gâchette de l'interrupteur.

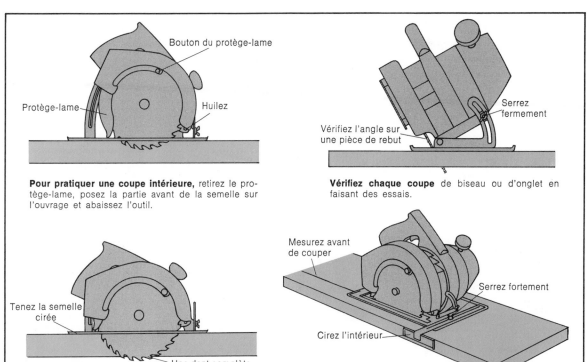

Pour pratiquer une coupe intérieure, retirez le protège-lame, posez la partie avant de la semelle sur l'ouvrage et abaissez l'outil.

Vérifiez chaque coupe de biseau ou d'onglet en faisant des essais.

Ajustez la lame pour qu'une dent complète pénètre le bois. Ne forcez pas l'outil.

Les coupes de refente se font avec le guide. Ajustez à la largeur désirée.

Le choix des lames

La lame à combinaison (à tronçonner et à refendre) est universelle. Très utile pour les bois durs ou mous, épais ou minces, pour le contreplaqué et les panneaux durs.

La lame à tronçonner a de petites dents. Idéale pour les coupes à contre-fil, les bois durs et mous ainsi que pour les contreplaqués, panneaux durs et pièces de 2" x 4".

La lame à refendre a de grosses dents; elle coupe de grandes quantités de bois dans le sens du fil. Une coupe précise exige un guide de refente ou un tasseau bien droit.

La lame à affûtage creux fait des coupes propres dans les matériaux épais ou minces et requiert très peu de ponçage. Gardez-la bien aiguisée pour éviter de brûler le bois.

Les lames abrasives servent à la maçonnerie, au métal, aux plastiques et autres matériaux durs. Choisissez le type qui convient le mieux au matériau que vous devez tailler.

Scies circulaires portatives

Usages variés

Le tronçonnage des 2″ x 4″ est chose facile pour la scie portative. Tenez les pièces de la main gauche et la scie de la droite.

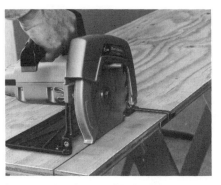

La coupe de refente se fait dans le sens du fil du bois. Si elle n'est pas trop large, utilisez le guide.

Quand la coupe est large et longue, servez-vous d'un tasseau pour guider la scie. Fixez-le selon les dimensions.

Interrompez **la coupe des limons d'escalier** avant la fin du tracé et terminez-la à l'égoïne. Aller au bout affaiblit le bois.

Avant d'exécuter une entaille, tracez-en les limites. Comptez l'épaisseur de la lame et ajustez la profondeur de coupe.

Pour guider la semelle de la scie dans l'exécution des coupes, fixez un tasseau à l'intérieur des tracés.

Pratiquez des traits de scie parallèles et rapprochés entre les coupes extérieures, et replacez le tasseau à chaque coupe.

Nettoyez l'entaille avec la scie ou avec un ciseau et un maillet. Les entailles se font dans le sens du fil ou à contre-fil.

Un tasseau fixé avec des serres peut servir de guide à onglet. Assurez-vous que les serres ne nuisent pas à la lame.

Le biseau: desserrez l'écrou à ailettes et inclinez la scie à l'angle désiré. Resserrez l'écrou. Faites un essai sur du bois de rebut.

Angle composé: coupe combinée onglet et biseau. Faites un essai dans du bois de rebut avant de pratiquer cette coupe.

Rainurage: pour exécuter des rainures décoratives dans un panneau, ajustez la scie à une profondeur de coupe de ⅛″.

Usages variés

Coupe du bois très épais: coupez un chant, tournez le bois et coupez l'autre chant.

Pour faire une coupe intérieure, posez l'avant de la semelle sur l'ouvrage et descendez la scie lentement.

La lame abrasive coupe la brique, le béton et le marbre. Pour ce dernier, faites plusieurs passes peu profondes.

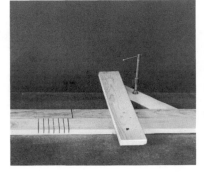

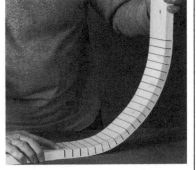

Pour plier le bois, faites plusieurs coupes parallèles, distantes de ½″ et égales aux trois quarts de l'épaisseur du bois.

Fabriquez un gabarit avec une pièce de bois et des serres en C pour guider la scie dans les coupes parallèles.

Le résultat dépend de la distance entre les traits de scie, leur profondeur et la souplesse du bois.

La scie à dresser de 4½″

La scie à dresser a une lame de 4½″. On peut lui confier presque tout ce que fait la grosse scie, mais elle est beaucoup plus légère (environ 7 livres) et facile à manier. Elle est, en fait, si légère qu'on la manie d'une seule main. Grâce à la pièce ajoutée à sa semelle, on peut couper du contreplaqué mince ou du stratifié sans faire éclater le bois. Les coupes en biseau de 45° ne se font que dans le bois de 1″ d'épais et à 90° dans le bois de 2″.

Cette petite scie est très commode pour le débitage à main levée des panneaux de 4′ x 8′ qu'on ramène ensuite à des dimensions plus précises sur un plateau de sciage.

L'entretien

Le manuel d'instructions fourni par le fabricant est le guide par excellence en ce qui a trait à l'entretien de votre scie. Les coussinets des scies de certains fabricants sont lubrifiés à l'usine; les engrenages de leurs carters ne réclament donc aucun soin. D'autres fabricants indiquent, sur les carters, les trous de huilage. Ces scies ont besoin de quelques gouttes d'huile légère de temps à autre. Le coussinet du protège-lame intérieur doit être huilé périodiquement pour fonctionner normalement. Une lame bien affûtée ne retarde pas indûment la vitesse d'un moteur et lui évite la surchauffe. Procurez-vous des lames jetables; elles ne réclament aucun affûtage, durent longtemps et ne coûtent pas cher.

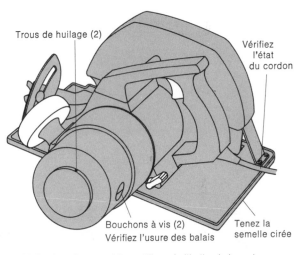

Trous de huilage (2)

Vérifiez l'état du cordon

Bouchons à vis (2)
Vérifiez l'usure des balais

Tenez la semelle cirée

Huilez les pièces mobiles: utilisez de l'huile, de la graisse ou le lubrifiant recommandé par le manufacturier.

Pour remplacer les balais, enlevez les bouchons à vis (pour certains modèles, on doit défaire une partie du carter). Si le marchand chez lequel vous avez acheté votre scie ne dispose d'aucun manuel d'instructions, réclamez-en un du manufacturier avant de faire vous-même les mises au point qui s'imposent. Si votre scie vous a été vendue dans un coffret, rangez-la toujours dans celui-ci et assurez-vous que le cordon y est bien placé et qu'il n'est ni tortillé ni noué. Ne rangez jamais la scie sans la nettoyer.

La scie sauteuse

Ses différents usages

Selon ses lames, cette scie, qu'on nomme aussi "scie à découper", coupe en lignes droites ou en lignes courbes le bois, le contreplaqué, les stratifiés, les panneaux durs, les métaux mous et même la céramique. Elle refend, tronçonne, taille en biseau, à onglet et perce même son propre trou de départ. Armée d'une lame coudée, elle coupe le long d'un mur quand on doit tailler des ouvertures pour les conduits de chaleur ou la tuyauterie. Sa profondeur de coupe est de 2".

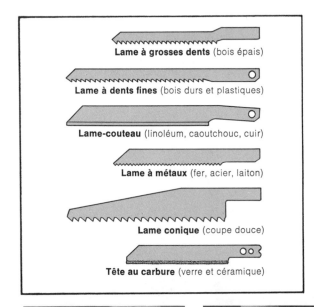

Lame à grosses dents (bois épais)

Lame à dents fines (bois durs et plastiques)

Lame-couteau (linoléum, caoutchouc, cuir)

Lame à métaux (fer, acier, laiton)

Lame conique (coupe douce)

Tête au carbure (verre et céramique)

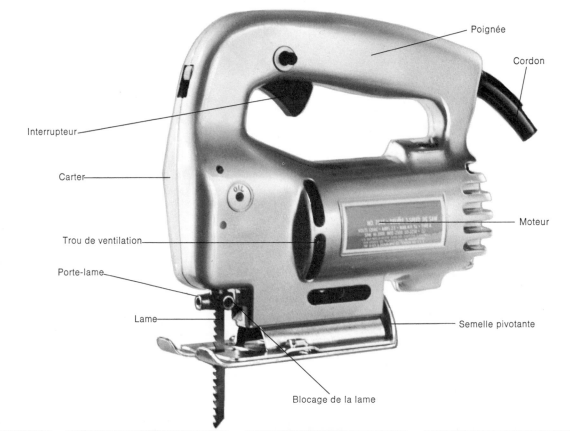

Poignée

Cordon

Interrupteur

Carter

Moteur

Trou de ventilation

Porte-lame

Lame

Semelle pivotante

Blocage de la lame

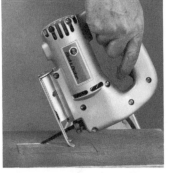

Coupe intérieure: penchez l'outil en appuyant l'avant de la semelle sur le bois. Descendez lentement jusqu'à ce que la lame l'ait traversé.

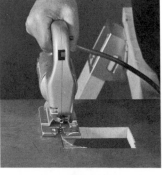

Coupez chaque tracé jusqu'à l'angle; ramenez la scie 1" en arrière et continuez jusqu'à l'autre latérale; corrigez les coins.

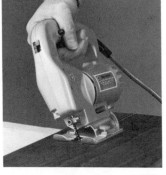

Coupe en biseau: inclinez la semelle pivotante en desserrant la vis d'ajustement. Resserrez à l'angle désiré. Sciez normalement.

Coupes courbes: utilisez une lame très étroite. Amorcez les coupes par les bords. Fixez l'ouvrage pour éviter de faire éclater le bois.

Coupe de refente: ces coupes se font avec l'accessoire illustré ici ou en guidant la scie le long d'un tasseau fixé sur le tracé.

La scie alternative

La scie alternative, adaptée de la scie sauteuse et de la scie à découper, sert aux durs travaux de construction. Les lames de ces scies sont interchangeables: on utilise indifféremment celles de n'importe quel fabricant. Elles se vendent en longueurs de 2½" à 12", sont plus robustes que les lames des scies sauteuses et coupent bois ou métal jusqu'à 6".

Certains modèles exécutent les coupes verticales ou horizontales; d'autres facilitent la coupe le long des murs. Dans les travaux de structure ou de rénovation, on utilise cette scie pour ouvrir les murs. Assurez-vous que les fils électriques et la plomberie ne soient pas menacés. Les lames peuvent couper les clous.

Les lames qui coupent le métal (tuyaux et barres d'acier) doivent être lubrifiées à l'huile légère au fur et à mesure qu'on s'en sert.

Certaines scies alternatives fonctionnent à une seule vitesse; certaines autres, à vitesses variables. Pour couper l'acier et les thermoplastiques, on actionne la scie à vitesse "lente".

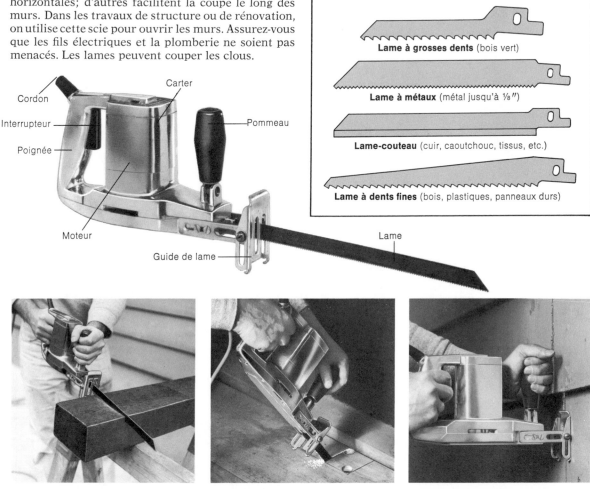

Cordon
Interrupteur
Poignée
Moteur
Carter
Pommeau
Guide de lame
Lame

Lame à grosses dents (bois vert)

Lame à métaux (métal jusqu'à ⅛")

Lame-couteau (cuir, caoutchouc, tissus, etc.)

Lame à dents fines (bois, plastiques, panneaux durs)

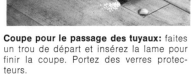

La scie alternative est tout indiquée pour le débitage ou le dégrossissage du bois de corde et pour le dressage sommaire quand la précision importe peu.

Coupe pour le passage des tuyaux: faites un trou de départ et insérez la lame pour finir la coupe. Portez des verres protecteurs.

Coupe de revêtement (pour installer un climatiseur). Délimitez les coins en perçant des trous, puis coupez les quatre côtés entre les trous.

La scie à chaîne

La scie à moteur ou à l'électricité dont la barre mesure de 12" à 16" s'emploie pour nombre d'usages. Elle sectionne une bille de 6" de diamètre en quelques secondes. Les scies à moteur ont un dispositif d'engagement qui immobilise la chaîne au ralenti. Le dispositif d'engagement la fait tourner quand la commande des gaz est ouverte.

Démarreur
Poignée
Commande
Chaîne
Bouchon
Barre
Ajustement de la chaîne

L'abattage d'un arbre. Le dégagement se fait du côté où l'arbre doit tomber. La coupe principale d'abattage se pratique du côté opposé: environ 2" plus haut que la coupe de dégagement.

Le débitage des bûches pour le foyer. Les coupes se font à la scie à moteur, en longueurs de 2'.

La toupie

Choix et utilisation des toupies

La toupie est, de nature, un outil portatif constitué d'un moteur à grande vitesse (24,000 tours par minute) monté à la verticale sur une plaque de base horizontale. Un mandrin placé à l'extrémité inférieure de son arbre tient les mèches qui descendent plus bas que la base et passent en travers de celle-ci pour l'exécution des rainures, des entailles, des moulures, des encavures, et pour le façonnage du bois.

La force du moteur (de ¼ à 1 cheval-vapeur et plus dans les modèles professionnels) détermine jusqu'à quelle profondeur et à quelle vitesse l'outil peut façonner le bois et à quel prix on le vendra. Une toupie à faible rendement exécute les mêmes travaux qu'une toupie à haute vitesse, mais il faut y mettre le temps et s'y reprendre à plusieurs fois pour faire une coupe profonde. Quand on commence la coupe par le bord de l'ouvrage, la mèche de la toupie doit être en position de coupe; quand on commence à l'intérieur, on abaisse la mèche dans l'ouvrage à la profondeur désirée et on la promène où on veut aller.

Lorsqu'on creuse l'enfoncement d'un large plateau (une assiette à hors-d'œuvre, par exemple), il faut donner à la plaque de base de la toupie, en la fixant à une pièce de contreplaqué, une dimension assez grande pour qu'elle couvre en tout temps l'ouverture du plateau à creuser. Il peut être plus simple de se procurer des accessoires et des gabarits qui répondent au besoin. Avec un peu d'expérience, on arrive même à graver son nom à main levée, avec une toupie.

L'arbre du moteur, le mandrin et la mèche tournent dans le sens des aiguilles d'une horloge: on devra donc travailler en allant de gauche à droite. Attention: souvenez-vous que le moteur tourne à très haute vitesse et coupe rapidement. La mèche doit être bien serrée dans le mandrin, et vos doigts hors de sa portée. Ne faites jamais d'ajustement à l'outil sans retirer le cordon de la prise. Le fait de pousser l'interrupteur à "off" ne suffit pas. Appliquez-vous à presser l'outil fermement sur l'ouvrage et à le conduire de gauche à droite.

Ne forcez pas vos mèches; un usage normal prolonge leur vie. Elles devraient couper facilement, sans trop ralentir la vitesse du moteur. Un mouvement trop lent de l'outil peut brûler le bois et détremper le couteau. Un mouvement trop rapide ralentit le moteur et le fait surchauffer. Pratiquez sur des pièces de rebut pour avoir le bon rythme. On juge du rythme au son de l'outil en marche. Au début, arrêtez l'outil fréquemment et vérifiez si la mèche brunit le bois. Quelques minutes d'essai vous rendront habile.

La toupie est particulièrement utile à l'installation des serrures et des pentures. On peut se procurer des pentures à coins ronds qui s'ajustent aux coins arrondis de la toupie, ce qui diminue le travail du ciseau à bois.

On toupille une pièce étroite en élargissant la plaque de base de la toupie ou en ajoutant des blocs de bois autour de l'ouvrage.

Moteur: coussinets (consultez le guide du fabricant)

Interrupteur: tenez l'outil pour y avoir accès

Poignées: servent à tenir l'outil fermement

Collier d'ajustage: ajustez à la profondeur voulue puis faites une coupe d'essai

Mandrin: tenir exempt de sciures

Base: cirer à l'occasion; elle fonctionnera mieux

Écrou du collet: il doit être constamment serré avec la clé fournie

Mèche: doit être affûtée et bien centrée

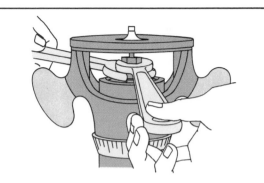

Ancrage des mèches: débranchez la toupie. Il vous faudra deux clés. Retenez l'écrou du bas avec l'une; avec l'autre, desserrez ou serrez l'écrou du haut, à moins que votre toupie ne soit munie d'une tige de blocage.

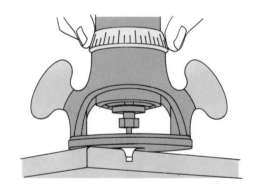

Profondeur de coupe: posez la toupie sur une surface plane. Desserrez l'écrou, tournez le collier jusqu'à ce que la mèche touche l'ouvrage. Soulevez la toupie, tournez le collier dans le sens contraire des aiguilles d'une montre.

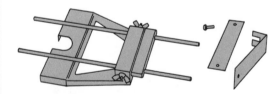

Le guide: sert à faire glisser la toupie à la distance voulue du bord de l'ouvrage. Il s'ajuste à compter de la base de la toupie, au moyen de vis, et peut glisser le long de la jante d'un tracé droit ou incurvé.

Les usages de la toupie

Rainures: utilisez une mèche droite et ajustez à la profondeur voulue. Ajustez le guide à la largeur désirée. Si l'ouvrage est étroit, élargissez-le en bridant du bois de chaque côté.

Entailles: on appelle entaille la rainure pratiquée à contre-fil. Utilisez les entailles comme joints de tablettes. Si la mèche est étroite, faites plusieurs passes.

Rainures circulaires: fixez le guide horizontal à la toupie. Ajustez-le à la largeur désirée. Percez un trou au centre du cercle. Insérez le goujon et faites pivoter la toupie vers la gauche.

Feuillures: si vous exécutez une passe dans le sens du fil du bois et une autre à contre-fil, faites d'abord celle-ci. Faites des feuillures larges en exécutant plusieurs passes.

Les mèches de toupie et leurs usages

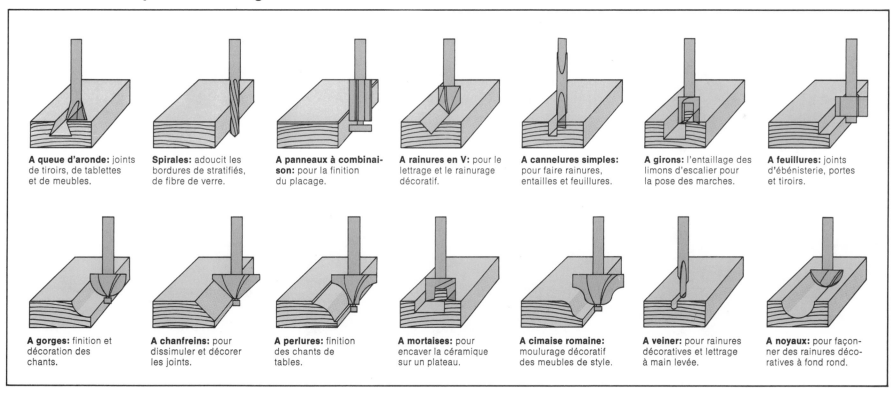

A queue d'aronde: joints de tiroirs, de tablettes et de meubles.

Spirales: adoucit les bordures de stratifiés, de fibre de verre.

A panneaux à combinaison: pour la finition du placage.

A rainures en V: pour le lettrage et le rainurage décoratif.

A cannelures simples: pour faire rainures, entailles et feuillures.

A girons: l'entaillage des limons d'escalier pour la pose des marches.

A feuillures: joints d'ébénisterie, portes et tiroirs.

A gorges: finition et décoration des chants.

A chanfreins: pour dissimuler et décorer les joints.

A perlures: finition des chants de tables.

A mortaises: pour encaver la céramique sur un plateau.

A cimaise romaine: moulurage décoratif des meubles de style.

A veiner: pour rainures décoratives et lettrage à main levée.

A noyaux: pour façonner des rainures décoratives à fond rond.

Rabots électriques

Le petit rabot

Le petit rabot électrique appartient à la famille des varlopes. Il est si léger et si facile à manipuler qu'il convient tout à fait pour le bricolage.

Tout comme le petit rabot manuel, le petit rabot électrique se tient d'une seule main, libérant l'autre qui, elle, tient l'ouvrage.

La première fois que vous vous servirez de cet outil, vous tremblerez, et avec raison: votre main, posée sur le rabot, se trouvera juste au-dessus des couteaux. Votre inquiétude s'envolera toutefois dès que vous vous rendrez compte que vous ne courez aucun danger. Tenez l'outil tel qu'illustré plus bas, l'index à proximité de l'interrupteur.

Cet outil aux usages multiples s'emploie pour raboter en surface les chambranles des portes et des châssis et pour raboter les chants. C'est à lui qu'on a recours quand portes et tiroirs se coincent: il les répare rapidement. On s'en sert aussi pour nettoyer ou pour agrandir les feuillures qui ne donnent pas assez de jeu.

On peut faire d'un panneau uni un panneau en saillie en chanfreinant ses bords. Le petit rabot peut aussi servir à adoucir les bordures en stratifié des tables de travail et des tablettes.

Cet outil peut couper à la perpendiculaire lorsqu'on le munit d'un guide. Autrement dit, la surface ainsi rabotée sera vraiment d'équerre avec la surface latérale.

La varlope

La varlope électrique accomplit sans effort le travail que fait la varlope manuelle et donne une surface plus douce que cette dernière sur les bois à nœuds ou à fils irréguliers. Son couteau tourne à

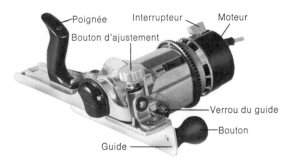

Poignée — Interrupteur — Moteur
Bouton d'ajustement
Verrou du guide
Bouton
Guide

une vitesse de 22,000 tours par minute. La varlope est munie d'un guide perpendiculaire à sa semelle.

Quand on varlope le chant d'une planche ou d'une porte, le guide suit le côté de l'ouvrage, de façon à produire une coupe d'équerre.

Le guide peut être placé pour varloper en surface ou pour raboter en biseau.

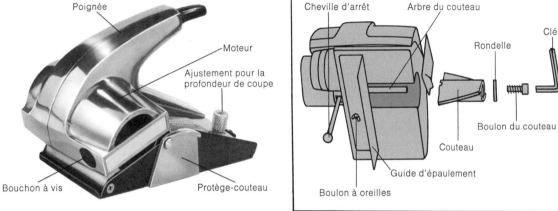

Poignée
Moteur
Ajustement pour la profondeur de coupe
Bouchon à vis
Protège-couteau

Cheville d'arrêt
Arbre du couteau
Clé
Rondelle
Boulon du couteau
Couteau
Guide d'épaulement
Boulon à oreilles

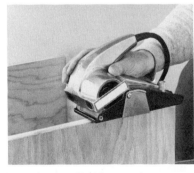

Le petit rabot électrique se tient comme ceci, l'index pointé vers l'interrupteur. Le rabot muni de son guide s'emploie pour feuillurer.

Pour "décoincer" un tiroir, rabotez les parties qui sont noircies ou usées. N'enlevez que le nécessaire et faites des essais répétés.

Pour raboter à contre-fil, allez des extrémités vers le centre et évitez de faire éclater le bois. Protégez les coins des petites pièces avec du bois.

Pour raboter une longue planche, assujettissez-la dans un étau. Imprimez à la varlope une pression verticale en même temps qu'horizontale.

Exécutez une coupe de biais à contre-fil en réglant l'outil à l'angle désiré et en suivant les indications données pour le varlopage d'une longue planche. Relâchez la pression verticale sur le bouton avant de la varlope pour éviter de faire éclater les fibres du bois du chant latéral.

La ponceuse à courroie

Les ponceuses à courroie rognent rapidement des surfaces plates et les aplanissent. Pour rogner rapidement le bois, dirigez la ponceuse à un angle incliné à 45° du fil du bois; utilisez une courroie rugueuse. Obtenez un fini doux en passant la ponceuse dans le sens du fil, d'abord avec un papier moyen puis avec un papier doux.

Le coût des courroies dépend de leur rendement, de leur force et de leur finesse. Les courroies les plus utilisées ont de 3″ à 4″ de large; la courroie la plus populaire mesure 3″. Quand la ponceuse est munie d'un interrupteur à deux vitesses, c'est un avantage précieux. Le système de récupération des poussières en est un autre, car la ponceuse à cour-roie rejette énormément de poussière que son système de récupération par aspiration contrôle en partie.

Si vous vous procurez ce genre de ponceuse, demandez celle dont l'interrupteur est d'accès facile. Les ponceuses dont les courroies et les poulies tendeuses s'ajustent aisément et qui offrent une technique facile de remplacement des balais sont les meilleures.

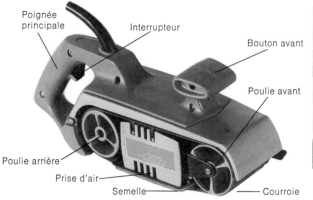

Poignée principale — Interrupteur — Bouton avant — Poulie avant — Poulie arrière — Prise d'air — Semelle — Courroie

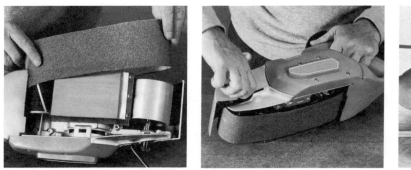
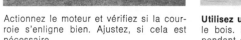

Changement de courroie: relâchez pour sortir la courroie usée et installer la neuve. Notez la flèche de direction.

Actionnez le moteur et vérifiez si la courroie s'enligne bien. Ajustez, si cela est nécessaire.

Utilisez une courroie grossière pour user le bois. Maintenez la ponceuse à angle pendant que le moteur fonctionne.

La ponceuse orbitale

Cette ponceuse n'a pas pour mission de rogner le bois. C'est un outil de finition. Sa semelle abrasive décrit un diamètre restreint: elle est donc particulièrement efficace pour poncer dans différentes directions, comme lorsque les fils du bois vont en directions contraires. Le mouvement orbital de plusieurs de ces ponceuses se change en mouvement rectiligne à la poussée d'un levier. La surface de leurs semelles va de 3″ x 7″ à 4″ x 9″. La plupart sont actionnées par des moteurs rotatifs; les ponceuses économiques ont des moteurs à vibration. Le bouton avant de toutes les ponceuses est escamotable, ce qui permet à l'outil de se rendre sans difficulté jusqu'au bord d'un mur.

Chaque manufacturier a sa méthode pour fixer le papier à la semelle de la ponceuse. Certains utilisent des serres, certains, des tiges moletées; d'autres, des agrafes. L'interrupteur se verrouille en place sans qu'on ait à le retenir.

Vérifiez l'état du papier abrasif, de temps à autre; le papier usé ne ponce pas.

Poignée arrière — Interrupteur — Poignée avant — Tige moletée — Papier abrasif

Le papier abrasif est placé sur la semelle et tendu avec un tournevis qui fait pivoter la tige d'enroulement.

La ponceuse orbitale devient une ponceuse rectiligne lorsqu'on pousse ce levier.

Le mouvement orbital abrase plus rapidement que le mouvement rectiligne. On se sert des deux pour bien finir.

La meuleuse

Usage et entretien

Les meules tournent à près de 3450 tours par minute. Soyez prudent; portez des verres protecteurs quand vous vous en servez, même si elles ont des châssis pare-éclats. N'utilisez jamais une meuleuse dont la roue n'est pas protégée par un capot anti-bris. Elle serait trop dangereuse.

Ajustez le support à ⅛" de la meule. Utilisez une meule à gros grain pour les matériaux mous (laiton, cuivre, aluminium, etc.) et une meule à grain fin pour les matériaux durs et friables. Vous obtiendrez une finition douce. Évitez de surchauffer les outils; faites-les refroidir souvent. Lorsque vous remplacez une meule, voyez à ce que la nouvelle fonctionne à la même vitesse que l'ancienne.

La meuleuse sert aussi à nettoyer et à polir. Les brosses métalliques enlèvent la rouille et la corrosion sur le métal et procurent un fini semi-lustré. Les brosses en fibre polissent très doucement. La meule à polir, qu'on appelle aussi meule en buffle, donne le fini le plus doux de tous lorsqu'on l'emploie avec une pâte à polir. Pour polir les métaux précieux (l'or ou l'argent), on enduit la meule en buffle de rouge à polir. Pour le nickel, le chrome, l'acier inoxydable et l'aluminium, on utilise le rouge. Pour le laiton, le cuivre et l'étain, on emploie le tripoli brun. **Lubrification:** Les meuleuses fonctionnent sur coussinets à bille qui ne demandent aucune lubrification.

Protège-meule

Moteur

Pare-éclats

Brosse métallique

Support d'outils

Interrupteur

Ajustement du support

Socle

Meule grossière

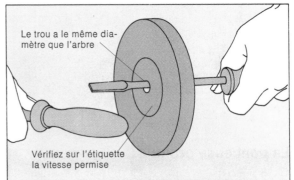

Le trou a le même diamètre que l'arbre

Vérifiez sur l'étiquette la vitesse permise

Supportez la meule tel qu'illustré et frappez son pourtour de chaque côté à un angle de 45° avec le manche d'un tournevis. Tournez de ¼ de tour et répétez. Le son doit être clair.

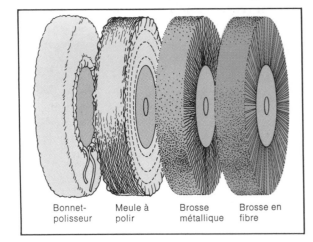

Bonnet-polisseur

Meule à polir

Brosse métallique

Brosse en fibre

Utilisez la meule à grain fin pour aiguiser une hache. Appuyez la tête de la hache sur le support. Portez des verres.

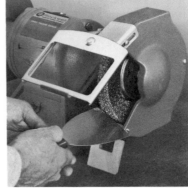

La brosse métallique à poils grossiers enlève rapidement la rouille des outils. Passez-les souvent à la brosse douce.

Le polissage se fait avec la meule à polir. Enduisez cette dernière de pâte à polir avant de commencer.

Ponceuse combinée à courroie et à disque

Cet outil rapide adoucit, façonne et forme. Le plateau adjacent au disque s'incline jusqu'à 45° et porte une rainure dans laquelle glisse le guide à onglets. Quand vous débitez le bois pour un travail d'ébénisterie, coupez-le plus grand que désiré et ramenez-le aux mesures précises en le ponçant avec le disque; commencez avec un papier grossier et continuez avec un papier doux. Les surfaces à contre-fil qu'on désire teindre ou laisser au naturel doivent être poncées avec le disque tandis que les surfaces parallèles au fil doivent l'être avec la courroie. La surface convexe du papier au-dessus des rouleaux ponce les courbes. Redressez la courroie ponceuse à la verticale pour le ponçage des objets encombrants.

Ponceuse-meuleuse

Muni de la courroie appropriée, cet outil ponce, meule, aiguise et polit n'importe quel matériau. Ses courroies usent rapidement et s'échauffent moins vite que les meules. Pour poncer les surfaces internes, enlevez la courroie et passez-la par l'ouverture.

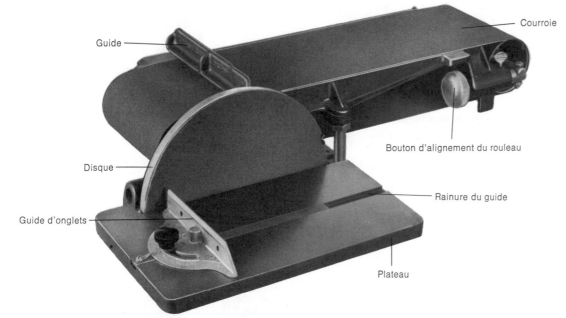

Guide — Courroie — Disque — Guide d'onglets — Bouton d'alignement du rouleau — Rainure du guide — Plateau

Bouton d'alignement de la poulie — Poulie à ressort — Poulie tendeuse — Plateau inclinable — Poulie tendeuse — Moteur — Poulie fixe

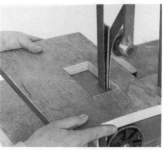

Le ponçage intérieur se fait en passant la courroie dans l'ouverture. Les poulies amovibles et les tendeurs rendent ce travail possible.

Les petites pièces se poncent facilement avec la ponceuse-meuleuse, la courroie de celle-ci n'ayant que 1″ de large. Sept types de courroies sont disponibles: de grossières à très fines.

Le ponçage sur disque se fait à main levée. Présentez l'ouvrage au disque de façon à presser l'ouvrage sur le plateau.

On ponce les courbes sur la partie de la courroie qui passe au-dessus des rouleaux. Tenez la pièce en mouvement.

Pour poncer les surfaces plates avec la courroie, tenez le bois à angle droit. Enlevez le guide pour les pièces larges.

Le plateau de sciage

Utilisation d'un plateau de sciage

Le plateau de sciage moderne (aussi appelé table de sciage ou scie circulaire) peut recevoir des lames de 7½″ à 10″ de diamètre, ce qui permet une profondeur de coupe de 1½″ à 3⅜″. Le diamètre normal est de 8″.

On peut refendre de très longues planches à n'importe quelle largeur en utilisant le guide de refend. On peut aussi tronçonner n'importe quel angle en utilisant le guide d'onglet et faire des coupes en biseau en inclinant la lame. Cette lame s'élève ou s'abaisse pour couper des rainures de différentes profondeurs. Une lame à entaille remplace la lame ordinaire pour la coupe en un seul coup de rainures allant jusqu'à ¾″ de largeur.

L'ouvrage est porté vers la lame par le devant du plateau. Retirez la fiche du réceptacle pour exécuter les ajustements de largeur, de profondeur, pour les biseaux et les onglets. Branchez le moteur et attendez qu'il tourne à plein régime avant de commencer à scier. Ne pressez pas l'ouvrage contre la scie: vous ralentiriez la vitesse de la lame.

Attention: Utilisez autant que possible le protège-lame. Vous pouvez vous en dispenser dans les travaux d'entailles, de moulures, de rainures et pour la coupe en biseau des grandes pièces. Dans les photos de cette page, il a été enlevé pour mieux illustrer la démonstration. Autres précautions: portez des verres protecteurs quand vous utilisez le plateau de sciage; tenez-vous en retrait de la lame et jamais face à elle. Ne portez ni cravate, ni manches longues, ni chemise lâche.

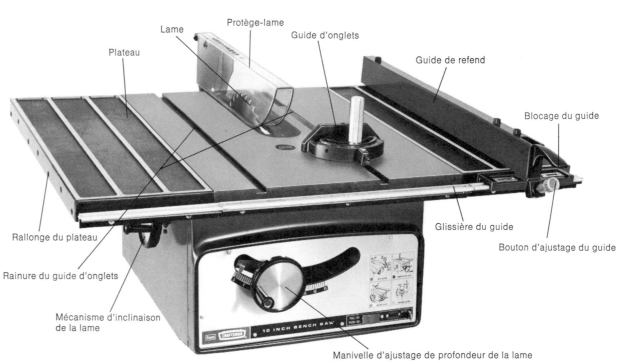

Plateau idéal pour ateliers spacieux. Cirez-le fréquemment: le bois y glissera aisément.

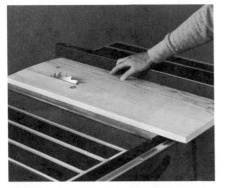

Refente: placez le guide à la largeur voulue; pressez l'ouvrage le long du guide en le poussant dans la lame. Ne poussez pas trop fort.

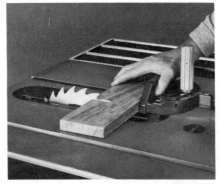

Tronçonnage: réglez le guide d'onglets à l'angle désiré (ici, 90°). Pressez l'ouvrage sur l'épaulement et faites une passe lente.

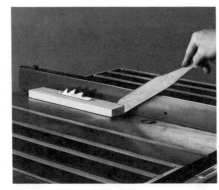

La refente d'une pièce étroite se fait avec un bâton-poussoir; ne risquez pas vos doigts inutilement.

La coupe en biseau se fait en inclinant la lame à l'angle désiré. Une gradation est indiquée sur le mécanisme d'inclinaison.

Utilisation d'une scie radiale

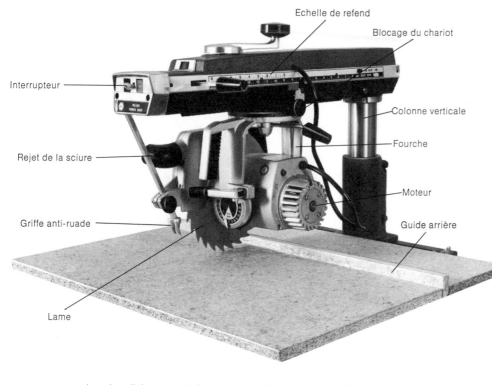

Echelle de refend

Blocage du chariot

Interrupteur

Colonne verticale

Fourche

Rejet de la sciure

Moteur

Griffe anti-ruade

Guide arrière

Lame

La scie radiale est tout indiquée pour l'atelier du bricoleur. Elle tronçonne et refend. La lame coupeuse peut être remplacée par des meules.

On tronçonne en passant la scie en travers de la pièce de bois. Cette pièce est retenue le long du guide en bois.

On refend en plaçant la scie parallèle au guide, à la distance voulue: le bois est poussé dans la scie.

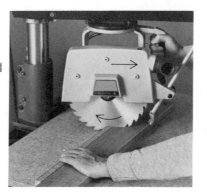

Pour la coupe en onglets, on place le bras à l'angle désiré et on maintient l'ouvrage le long du guide.

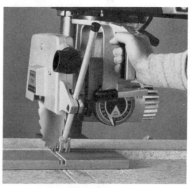

On fait une entaille décorative en donnant la profondeur de coupe désirée à la lame et en pratiquant plusieurs passes.

La scie radiale accomplit à peu près les mêmes travaux que le plateau de sciage, sauf que la lame coupe l'ouvrage par le dessus plutôt que par le dessous. Elle est supérieure au plateau de sciage pour les besognes de tronçonnage et simplifie celles-ci parce que l'ouvrage est stationnaire et que c'est la lame qui bouge. Le même principe s'applique pour les coupes à onglets ou en biseau. Pour la refente, le moteur est verrouillé et la lame est parallèle au guide. C'est l'ouvrage qui est poussé contre la lame, tout comme avec le plateau de sciage.

Attention: Passez le bois dans la direction indiquée sur le protège-lame, jamais dans le sens contraire.

Pour couper une pièce de bois de part en part, la lame doit s'enfoncer légèrement dans le plateau, ce qui est normal et ne brise pas la lame. Les plateaux trop endommagés peuvent être remplacés.

La scie avance ou recule le long du bras horizontal. Ce bras pivote à n'importe quelle position pour les coupes à onglets et/ou en biseau. La lame pousse le bois vers le guide du plateau, selon la direction de sa rotation. On remplace le guide en bois quand il est trop mal en point.

Comme la plupart des coupes que fait le bricoleur ont soit 90°, soit 45°, la lame passe toujours par la même ouverture du guide en bois. On n'a donc pas à remplacer celui-ci bien souvent.

Fabriquez-vous des guides de rechange en bois; ainsi, vous ne serez jamais pris au dépourvu.

La profondeur de coupe s'obtient en relevant ou en abaissant le bras, selon le cas. Pour pratiquer des entailles, on remplace la lame de la scie standard par une lame à entailles. Pour la coupe en biseau, on incline la scie et on la verrouille à l'angle voulu.

La scie radiale procure au bricoleur l'avantage de voir clairement le travail qu'il accomplit au fur et à mesure que la lame exécute entailles ou rainures; il n'en est pas ainsi avec le plateau de sciage. Peut-être est-ce pour cela que la scie radiale se vend plus cher.

La scie à découper et la toupie d'établi

Utilisation de la scie à découper

La scie à découper, également appelée scie sauteuse, possède une lame qui fonctionne en un mouvement alternatif: de haut en bas. Selon les lames qu'on utilise, cette scie coupe le bois, le métal léger et les matières plastiques. Ses lames étroites coupent en rayons très restreints et peuvent même couper en filigrane. La distance entre la lame et le plateau vertical détermine les dimensions des pièces de bois que la scie peut découper et leur diamètre.

Ne poussez pas trop le bois contre la lame. Placez celle-ci en direction de la coupe que vous voulez exécuter. Fixez le guide de refend à la largeur voulue. Si vous n'avez pas de guide de refend, vous pouvez en fabriquer un en bridant un tasseau au plateau. Pour faire du découpage à petits rayons, utilisez une lame étroite et mince. Pour les coupes moins raffinées, utilisez une lame grossière. Certaines de ces scies à découper s'utilisent avec des limes au lieu de lames. Pour faire des coupes en biseau, inclinez le plateau et fixez-le à l'angle désiré.

Utilisation de la toupie d'établi

La toupie d'établi exécute à peu près le même travail que la toupie portative avec cette différence qu'ici on passe l'ouvrage sur la toupie et non la toupie sur l'ouvrage. La toupie d'établi a plus de puissance et peut accomplir toutes sortes de coupes, y compris des coupes très compliquées. Avec elle, vous pouvez faire vos propres moulures, vos arrondissages, vos coupes décoratives, selon la quantité de couteaux dont vous disposez. C'est un outil extrêmement rapide. Son arbre tourne à 10,000 tr/mn. Soyez prudent en l'utilisant.

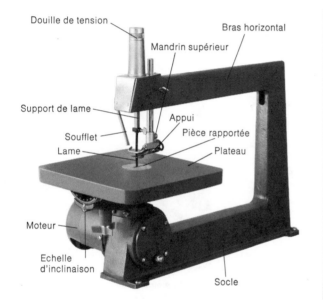

Légende: Douille de tension — Mandrin supérieur — Bras horizontal — Support de lame — Appui — Soufflet — Pièce rapportée — Lame — Plateau — Moteur — Echelle d'inclinaison — Socle

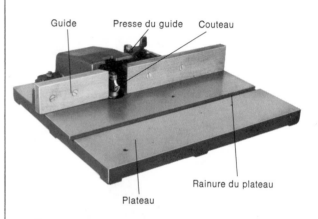

Légende: Guide — Presse du guide — Couteau — Rainure du plateau — Plateau

La lame fine et étroite est tendue entre les deux mandrins. Ses extrémités doivent être insérées dans les mâchoires plates des mandrins.

La lame bayonnette est retenue dans les mâchoires en V du mandrin inférieur qu'on tourne, tel qu'indiqué.

Pour exécuter une gorge sur le chant d'une planche, montez le couteau sur l'arbre et bloquez-le à la hauteur désirée. Le bois est poussé dans le sens contraire de la rotation du couteau et glissé le long du guide.

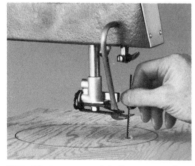

Pour découper un guichet, percez un trou de départ. Enlevez la lame par le trou et replacez-la dans le mandrin.

Le découpage des volutes est facile avec la scie à découper. Utilisez une lame étroite ou large selon les rayons.

Cette scie ne peut découper plus épais qu'**une pièce de 2″ x 4″,** mais coupe à plat ou en biseau.

Les pièces qu'on ne peut passer le long du guide pour les façonner peuvent l'être si on les glisse le long de collets placés au niveau des couteaux. Cette méthode a un inconvénient: le bois peut être brûlé ou éraflé, si la passe est trop lente.

Utilisation d'une scie à ruban

La scie à ruban utilise une lame flexible semblable à une boucle qui tourne autour de deux roues en caoutchouc. Le diamètre des roues détermine sa grosseur.

Cet outil coupe le matériau qu'on pousse dans le ruban là où ce dernier traverse le plateau. Une fente au centre du plateau facilite le remplacement du ruban. Pour réussir une coupe droite, utilisez un ruban large à grosses dents; pour une coupe courbe, un ruban étroit et plus ou moins large, selon le

rayon de coupe désiré. Un ruban de ⅜″ de large peut décrire une courbe de 1″ de rayon, mais le ruban de ¼″ laisse plus de jeu.

Avant de vous servir de cette scie, réglez le guide supérieur de la lame à environ ¼″ ou ½″ au-dessus de l'ouvrage. Le support coulissant guide le ruban au fur et à mesure qu'on progresse. Une simple pression des doigts suffit pour pousser l'ouvrage dans le ruban. Ce support sert également de protecteur. N'utilisez jamais de lames émoussées: votre main peut glisser en poussant la pièce et vous vous blesseriez. Les rubans ne coûtent pas cher et durent longtemps. Il vaut mieux les jeter quand ils sont

émoussés plutôt que de subir les ennuis d'un accident.

La plupart des scies à ruban sont munies d'un guide de refend et d'un plateau inclinable pour les coupes en biseau. N'utilisez le guide qu'avec une lame large: la lame étroite dévierait dans les veines tendres du bois. L'espace entre la lame et l'armature verticale vous imposera votre façon de découper. Il est quelquefois nécessaire de tourner l'ouvrage à l'envers pour exécuter certaines coupes. Si vous devez faire une longue coupe dans une direction et une courte dans une autre, exécutez d'abord la coupe courte. Débarrassez-vous du rebut et votre travail en sera plus précis.

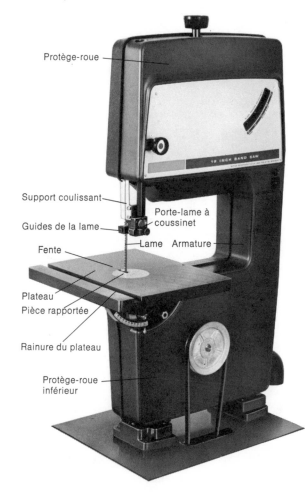

Protège-roue · Support coulissant · Guides de la lame · Porte-lame à coussinet · Fente · Lame Armature · Plateau · Pièce rapportée · Rainure du plateau · Protège-roue inférieur

Les coupes sont faites à main levée. Tronçonnage fait avec le guide d'onglets sur la scie à ruban.

Un trait de crayon sert à guider l'ouvrage **en refente.** Le guide n'est utilisé qu'avec une lame large.

Pour tailler des volutes, on fait d'abord les coupes courtes et on termine par les longues.

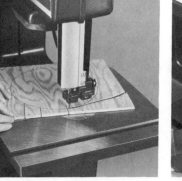

Pour découper une circonférence, partez d'un des côtés et dirigez-vous le long du tracé.

Avec une scie à ruban, on coupe du bois jusqu'à 6″ d'épaisseur. La table s'incline pour les biseaux de 45º.

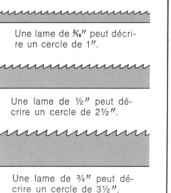

Une lame de ³⁄₁₆″ peut décrire un cercle de 1″.

Une lame de ½″ peut décrire un cercle de 2½″.

Une lame de ¾″ peut décrire un cercle de 3½″.

La corroyeuse

Ajustement et utilisation de la corroyeuse

La corroyeuse plane les chants et les faces du bois avec son cylindre à trois couteaux tournant à grande vitesse entre les plateaux avant et arrière. Les plateaux sont ajustables. Le plateau arrière doit être au même niveau que le dessus des couteaux quand ces derniers tournent, et ne doit pas être changé à moins qu'on exécute un travail spécial.

Établissez la profondeur de coupe en abaissant le plateau avant. Pour planer en biseau, inclinez le guide et verrouillez-le.

Pour planer un chant, pressez l'ouvrage des deux mains sur le plateau avant et le long du guide; gardez les mains au-dessus du plateau et non au-dessus des couteaux. Dès qu'une partie de la pièce a dépassé les couteaux, pressez l'ouvrage sur le plateau arrière de la main gauche pendant que la droite fait avancer la pièce vers la corroyeuse. Tenez l'ouvrage le long du guide. **Attention:** le protège-couteau a été repoussé pour les besoins de la photo.

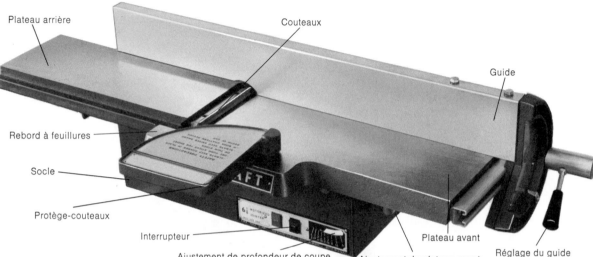

Plateau arrière — Couteaux — Guide — Rebord à feuillures — Socle — Protège-couteaux — Interrupteur — Ajustement de profondeur de coupe — Plateau avant — Ajustement du plateau avant — Réglage du guide

Alignement du plateau arrière:

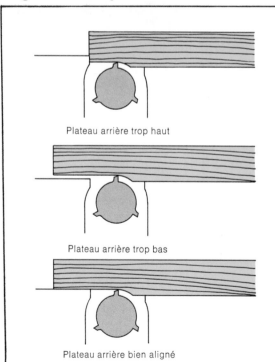

Plateau arrière trop haut

Plateau arrière trop bas

Plateau arrière bien aligné

Corroyage du chant d'une planche: la différence de niveau entre les plateaux équivaut à l'épaisseur du bois enlevé.

Corroyage à contre-fil: faites une passe courte (1″); le bois n'éclatera pas à l'extrémité du chant.

Pour faire une coupe en biseau, inclinez le guide et verrouillez-le. L'ouvrage suit le guide.

Pour tailler une feuillure profonde, pratiquez plusieurs passes dans les couteaux. Vous aurez la profondeur requise.

Corroyer en diminuant est une opération que la corroyeuse accomplit bien. Le plateau avant s'ajuste à la bonne profondeur.

Le bois étroit ou mince doit être poussé en avant avec un bâton-poussoir, jamais avec les doigts.

Ajustage et utilisation du tour

Le tour donne aux pièces de bois qu'on lui confie des formes arrondies en faisant tourner celles-ci entre ses pointes. L'opérateur façonne ces pièces avec des ciseaux et des gouges. L'espace libre entre les pointes de l'arbre et le banc du tour délimite le diamètre des pièces à façonner. Pour tourner une pièce très longue, montez la pointe à griffes au centre de l'une des extrémités de cette pièce. C'est le moteur de la poupée fixe, à la gauche du tour, qui met la pièce en mouvement. L'autre extrémité de l'ouvrage est supportée par une contre-pointe en soucoupe dont la pointe est enfoncée dans le bois par le volant de l'arbre. Huilez le coussinet avant de commencer le tournage. Fixez le porte-outil à ⅛″ de la pièce à dégrossir. Actionnez le tour au ralenti et servez-vous de la gouge. Allez de l'extrémité située sur le côté de la poupée mobile (à 2″ du bout) vers la poupée fixe. Le bois dégrossi, augmentez la vitesse jusqu'à 2,400 et même 2,800 tr/mn (pour des pièces d'un diamètre allant jusqu'à 2″) et complétez la finition avec le ciseau approprié. Les objets qui présentent une surface plane, tels que bols, soucoupes ou couvercles, sont tournés à l'aide d'un plateau vissé sur l'arbre de la poupée fixe. Aucune contre-pointe n'est nécessaire. Portez des verres protecteurs et des vêtements à manches courtes.

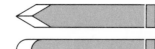

Grain d'orge pointu: Utilisez quand l'outil a la forme du profil à exécuter.

Grain d'orge rond: Utilisez pour dégorger si sa forme correspond au profil voulu.

Burin à couper: Pour couper tel que désiré et faire des encavures droites.

Gouge: Pour dégrossir l'ouvrage à la forme voulue et tailler des gorges.

Ciseau à épauler: Utilisez pour adoucir les cylindres et couper des épaulements.

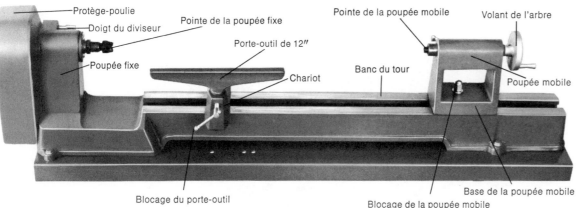

Protège-poulie
Doigt du diviseur
Poupée fixe
Pointe de la poupée fixe
Porte-outil de 12″
Chariot
Blocage du porte-outil
Pointe de la poupée mobile
Banc du tour
Volant de l'arbre
Poupée mobile
Base de la poupée mobile
Blocage de la poupée mobile

Guide de vitesse du tour (tr/mn)

Dimension du bois	Première coupe	Coupe du tournage	Coupe de finition
Jusqu'à 2″	900	2500	4200
2–4″	800	2300	3300
4–6″	650	1800	2300
6–8″	600	1200	1800
8–10″	400	900	1000
10″+	300	600	600

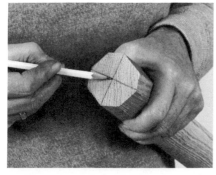

Trouvez le centre de l'ouvrage en traçant des lignes qui se croisent. Marquez-le avec un poinçon ou un pointeau.

Dégrossissage du centre d'un cylindre. Placez le porte-outil à ⅛″ en deçà de l'ouvrage et à ⅛″ au-dessus de la ligne médiane.

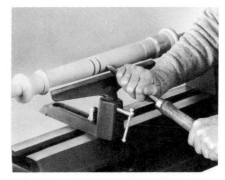

Le burin à couper est pressé contre le bois. Gardez le manche bas et relevez-le à mesure que le diamètre diminue.

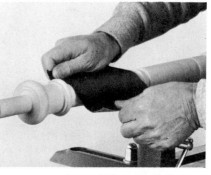

Poncer avec un tour est très amusant. Pressez le papier sur le bois pendant qu'il tourne; bougez-le en un va-et-vient régulier.

La perceuse à colonne

Utilisation de la perceuse à colonne

La perceuse à colonne est l'outil électrique fixe qui vient en second dans l'atelier du bricoleur (le premier, c'est le plateau de sciage ou la scie radiale). Cet outil perce des trous ronds ou carrés à n'importe quel angle et à des profondeurs prédéterminées, dans le bois, le métal et le plastique. La grosseur de la perceuse à colonne est déterminée par le diamètre du cercle dans lequel le foret pénètre quand il perce le trou central.

Protège-poulie

Moteur (roulement à billes)

Fourreau

Blocage de profondeur

Blocage du fourreau

Mandrin

Levier de commande

Colonne

Vis de serrage

Plateau

Base

Pour percer en angle, fixez l'ouvrage au plateau de la perceuse puis inclinez le plateau et bloquez-le à l'angle désiré. Interposez toujours un bloc de bois entre le bois à percer et le plateau, pour éviter d'endommager ce dernier et de faire éclater les fibres du bois. Relevez le plateau afin que l'ouvrage soit le plus près possible du foret. De cette façon, le foret est utile tout du long.

Disposez la courroie selon la vitesse désirée. Faites tourner lentement pour forer de grands trous dans le bois et le métal.

Pour forer le métal, bloquez l'ouvrage sur le plateau et supportez-le avec une pièce de bois de rebut.

Tournez lentement pour percer des trous de ½″ et plus. Bloquez l'ouvrage. Utilisez des forets sans pointe.

Accessoires et gabarits

L'outil pivotant est idéal pour percer de grands trous. Bloquez bien le couteau avant de mettre le contact.

L'étau de perceuse est commode pour assujettir les pièces rondes ou irrégulières. Faites un trou de départ.

Ce gabarit, fait de deux pièces de tuyau de ¾″, sert à assujettir les tuyaux qu'on doit percer.

La scie emporte-pièce découpe dans le bois et le métal des trous de ¾″ à 2½″. Profondeur de coupe: ¾″.

Le fraisage se fait avec un foret spécial. Bloquez le fourreau pour limiter la profondeur de la coupe.

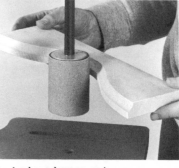

Le tambour à poncer: Assurez-vous que son arbre soit bien serré avant de faire tourner le moteur.

section 3:

Fixations, quincaillerie et adhésifs

La solidité des fixations est un des éléments essentiels de la réussite de vos travaux. Une fixation mal faite ou non appropriée provoquera immanquablement une détérioration, qu'il s'agisse d'éléments nouveaux ou de réparations. Nous énumérerons dans ce chapitre les pièces de quincaillerie et les types d'adhésifs qui vous permettront d'exécuter correctement fixations et assemblages, en précisant quand et comment vous les emploierez.

sommaire

68 Clous: types et utilisation
69 Le choix des clous
70 Trucs de clouage
71 Clous à maçonnerie
72 Vis
74 Assemblages avec des vis
75 Ecrous et boulons
76 Fixations pour cloisons creuses
77 Fixations pour surfaces pleines
78 Charnières
80 Quincaillerie de portes
81 Quincaillerie de portes et d'armoires
82 Quincaillerie de portes-moustiquaire et de contre-portes
84 Quincaillerie variée
86 Adhésifs

Clous: types et utilisation

Clous de menuiserie et d'usage général

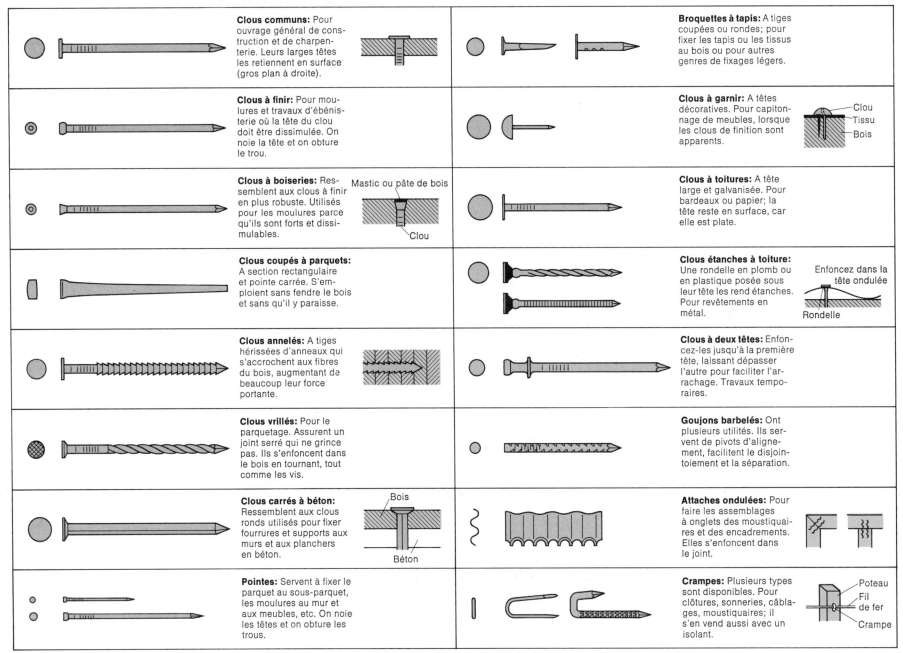

Clous communs: Pour ouvrage général de construction et de charpenterie. Leurs larges têtes les retiennent en surface (gros plan à droite).

Clous à finir: Pour moulures et travaux d'ébénisterie où la tête du clou doit être dissimulée. On noie la tête et on obture le trou.

Clous à boiseries: Ressemblent aux clous à finir en plus robuste. Utilisés pour les moulures parce qu'ils sont forts et dissimulables.

Mastic ou pâte de bois

Clou

Clous coupés à parquets: A section rectangulaire et pointe carrée. S'emploient sans fendre le bois et sans qu'il y paraisse.

Clous annelés: A tiges hérissées d'anneaux qui s'accrochent aux fibres du bois, augmentant de beaucoup leur force portante.

Clous vrillés: Pour le parquetage. Assurent un joint serré qui ne grince pas. Ils s'enfoncent dans le bois en tournant, tout comme les vis.

Clous carrés à béton: Ressemblent aux clous ronds utilisés pour fixer fourrures et supports aux murs et aux planchers en béton.

Bois

Béton

Pointes: Servent à fixer le parquet au sous-parquet, les moulures au mur et aux meubles, etc. On noie les têtes et on obture les trous.

Broquettes à tapis: A tiges coupées ou rondes; pour fixer les tapis ou les tissus au bois ou pour autres genres de fixages légers.

Clous à garnir: A têtes décoratives. Pour capitonnage de meubles, lorsque les clous de finition sont apparents.

Clou
Tissu
Bois

Clous à toitures: A tête large et galvanisée. Pour bardeaux ou papier; la tête reste en surface, car elle est plate.

Clous étanches à toiture: Une rondelle en plomb ou en plastique posée sous leur tête les rend étanches. Pour revêtements en métal.

Enfoncez dans la tête ondulée

Rondelle

Clous à deux têtes: Enfoncez-les jusqu'à la première tête, laissant dépasser l'autre pour faciliter l'arrachage. Travaux temporaires.

Goujons barbelés: Ont plusieurs utilités. Ils servent de pivots d'alignement, facilitent le disjointoiement et la séparation.

Attaches ondulées: Pour faire les assemblages à onglets des moustiquaires et des encadrements. Elles s'enfoncent dans le joint.

Crampes: Plusieurs types sont disponibles. Pour clôtures, sonneries, câblages, moustiquaires; il s'en vend aussi avec un isolant.

Poteau
Fil
de fer
Crampe

Dimensions des clous

La longueur des clous se compte en pouces et, parfois, en "penny" comme on qualifiait, autrefois, le cent de clous, terme qui, de nos jours, indique la longueur. Les clous sont fabriqués en une grande variété de longueurs et de types. Les clous communs, par exemple, sont disponibles en longueurs de 1″ ou 2 "penny" (abréviation: 2d) à 6″ ou 60 "penny".

Sauf dans quelques cas particuliers, le diamètre d'un clou augmente avec sa longueur. Un clou commun de 6″ a presque quatre fois le diamètre d'un clou de 1″. Certains clous spéciaux sont fabriqués en une seule dimension. Il en est ainsi des clous coupés à parquets et des clous à bardeaux, qu'on fait en plusieurs longueurs, mais en un seul diamètre.

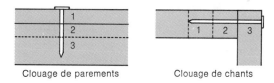

Clouage de parements   Clouage de chants

Clouage: On cloue le bois mince au bois épais; le clou doit être trois fois plus long que la pièce mince qu'il traverse, et ses deux-tiers s'enfonceront dans la pièce épaisse, donnant une force de retenue maximale.

Pour que les clous tiennent bien, on les enfonce de biais, le premier dans un sens, le second dans un autre, et ainsi de suite. De la sorte, ils ne peuvent être arrachés sans d'abord se crochir. Dans certains cas, on peut enfoncer les clous au travers de deux morceaux, puis on rive leur pointe à l'endos de l'ouvrage. La force de soutien des clous annelés ou vrillés se compare à celle des vis: ils sont souvent aussi efficaces qu'elles.

La tête des clous a aussi beaucoup d'importance. C'est ainsi que les clous à tête large tiennent mieux parce qu'ils distribuent la charge sur une grande surface, et que les clous à finir, eux, passent trop facilement au travers du bois. Ce défaut devient toutefois qualité quand on démantèle des moulures ou des pièces d'ébénisterie; on les arrache par la pointe, sans endommager la surface du bois.

Calibrage des clous

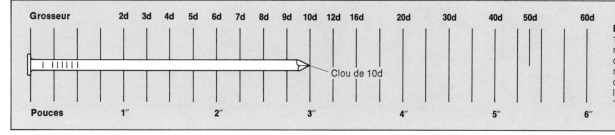

Grosseur	2d	3d	4d	5d	6d	7d	8d	9d	10d	12d	16d	20d	30d	40d	50d	60d

Clou de 10d

Pouces	1″	2″	3″	4″	5″	6″

L'expression "penny" désignait autrefois le prix de 100 clous. On s'en sert encore occasionnellement comme mesure de longueur (10d: clou de 3″). Autre curiosité, on abrège "penny" par "d", de "denarius", pièce de monnaie romaine. Plus le clou est long, plus il coûte cher. Son diamètre augmente généralement avec sa longueur. On désigne cette longueur en pouces ou en "penny", autrement dit, en calibre et en poids.

Combien de clous faut-il acheter?

Quand vous plantez des clous espacés également (pour un toit ou pour un parquet), il vous est facile d'évaluer la quantité de clous qui vous sera nécessaire, si vous savez combien de clous de telle ou telle grosseur on trouve dans une livre. Le tableau ci-contre vous indique cette quantité pour les types de clous les plus populaires. Demandez à votre quincaillier de compléter cette liste en y ajoutant les clous qu'il tient en magasin. Achetez toujours un dixième de plus que le résultat de vos calculs; les clous qui resteront enrichiront votre atelier.

Clous spéciaux: Il se vend des clous pour tous les besoins. Utilisez les clous en cuivre ou en aluminium là où il y a danger de rouille ou de corrosion. Les clous destinés aux toitures ou aux bateaux sont en plaqué, en cuivre, en laiton, en bronze ou en acier inoxydable. Tout dépend de l'usage que vous voulez en faire.

Quantité de clous par livre		*Grosseurs non standard — à commander														
Longueur en pouces	7⁄8	1	1¼	1½	1¾	2	2¼	2½	2¾	3	3¼	3½	4	4½	5	5½	6
Clou commun	—	847	543	294	254	167	150	101	92	66	61	47	30	23	17	14	11
Clou à finir	—	1,473*	880	630	535*	288	254*	196	178*	124	113*	93*	65*	—	—	—	—
Clou vrillé	—	—	—	—	—	177	158	142	—	—	—	—	—	—	—	—	—
Clou à toiture	246	223	189	164	145	—	—	—	—	—	—	—	—	—	—	—	—
Clou carré à béton	—	254	202	168	143	125	111	100	91	83	—	—	—	—	—	—	—
Crampes à clôture (polies)	122	106	87	72	61	—	—	—	—	—	—	—	—	—	—	—	—

Trucs de clouage

Procédés de base

Utilisez un marteau bien balancé pour enfoncer vos clous, surtout si vous en avez beaucoup à planter; conservez-le propre. Une face tachée salira le bois irrémédiablement. Pour arracher un clou plié, glissez une cale de bois sous la fente en V du marteau et tirez à petits coups successifs avant d'extraire le clou: le bois sera protégé. Un bloc plus épais fournira un meilleur appui et une meilleure protection.

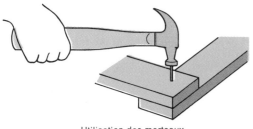

Utilisation des marteaux

Pour enfoncer correctement un clou, tenez-le debout sur sa pointe entre le pouce et l'index de la main gauche. Tenez le manche près de son extrémité, de la main droite, et tapez légèrement sur le clou pour qu'il s'enfonce légèrement. Enlevez les doigts et frappez un peu plus fort. Quand le clou aura été enfoncé de 1″ dans le bois, donnez de grands coups. Un coup donné de travers peut faire ricocher le clou et vous blesser.

Pour des travaux rudes comme le montage d'une charpente de maison, enfoncez les clous jusqu'à la tête sans vous préoccuper des marques laissées sur le bois par le marteau. Si vous enfoncez des clous à finir dans un ouvrage délicat, ne les enfoncez pas jusqu'à la tête; noyez celle-ci avec un chasse-clou (voyez la vignette). Quand vous utilisez des clous durcis (les clous à parquets, par exemple), portez des verres: ces clous éclatent quelquefois au lieu de crochir, et les verres protégeront vos yeux contre les éclats.

Quand on enfonce des clous dans le bout d'une pièce, on évite de fendre le bois en prenant l'une des précautions suivantes: percer des avant-trous dont le diamètre soit plus petit que celui du clou; aplatir la pointe du clou. Pour ce faire, on appuie sa tête sur une surface solide et on écrase la pointe avec le marteau. Un clou dont la pointe est émoussée écrase les fibres du bois plutôt que de les écarter, protégeant le bois contre l'éclatement.

Clouage bois sur bois

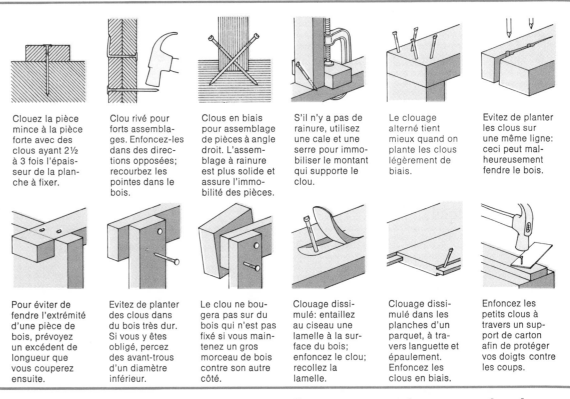

Clouez la pièce mince à la pièce forte avec des clous ayant 2½ à 3 fois l'épaisseur de la planche à fixer.

Clou rivé pour forts assemblages. Enfoncez-les dans des directions opposées; recourbez les pointes dans le bois.

Clous en biais pour assemblage de pièces à angle droit. L'assemblage à rainure est plus solide et assure l'immobilité des pièces.

S'il n'y a pas de rainure, utilisez une cale et une serre pour immobiliser le montant qui supporte le clou.

Le clouage alterné tient mieux quand on plante les clous légèrement de biais.

Evitez de planter les clous sur une même ligne: ceci peut malheureusement fendre le bois.

Pour éviter de fendre l'extrémité d'une pièce de bois, prévoyez un excédent de longueur que vous couperez ensuite.

Evitez de planter des clous dans du bois très dur. Si vous y êtes obligé, percez des avant-trous d'un diamètre inférieur.

Le clou ne bougera pas sur du bois qui n'est pas fixé si vous maintenez un gros morceau de bois contre son autre côté.

Clouage dissimulé: entaillez au ciseau une lamelle à la surface du bois; enfoncez le clou; recollez la lamelle.

Clouage dissimulé dans les planches d'un parquet, à travers languette et épaulement. Enfoncez les clous en biais.

Enfoncez les petits clous à travers un support de carton afin de protéger vos doigts contre les coups.

Utilisation des chasse-clous

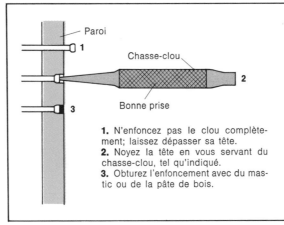

Paroi

Chasse-clou

Bonne prise

1. N'enfoncez pas le clou complètement; laissez dépasser sa tête.
2. Noyez la tête en vous servant du chasse-clou, tel qu'indiqué.
3. Obturez l'enfoncement avec du mastic ou de la pâte de bois.

Les nouveaux clous pour planches murales

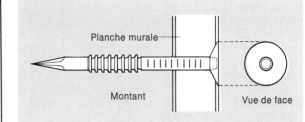

Planche murale

Montant

Vue de face

Les nouveaux clous pour murs secs ne sortent plus, une fois fixés. Les anneaux de leur tige mordent dans le montant du mur. Leur tête s'enfonce au ras de la surface. Leur diamètre est plus petit que celui des clous ordinaires pour les murs secs.

Le choix d'un clou

Les clous à maçonnerie ont des tiges rondes, carrées ou cannelées et sont faits d'acier durci et trempé. Ils servent à fixer à la maçonnerie et au béton des seuils, fourrures, encadrements, portes et fenêtres.

Ces clous peuvent être enfoncés dans des murs en blocs de béton ou dans des planchers en béton coulé, mais, lorsque le béton est très dur, il faut percer des avant-trous. Percez d'abord la pièce à fixer, puis la maçonnerie. Assurez-vous que les trous soient alignés. L'outil le plus commode, pour ce travail, c'est le foret à pointe au carbure placé dans le mandrin d'une perceuse électrique. Si vous ne possédez pas de foret du bon calibre, utilisez-en un plus petit que le clou. De cette façon, celui-ci s'agrippera fortement à la maçonnerie. Pour la maçonnerie et le béton, surtout s'il n'y a pas d'avant-trou, utilisez des clous robustes. Si vous devez enfoncer plusieurs clous de cette façon, utilisez le clou de caboche et un marteau de deux ou trois livres (la tête du marteau ordinaire s'ébrécherait au contact des clous très durs).

Utilisez des clous à maçonnerie quand la pièce à fixer n'est pas soumise à une forte charge. Le tableau plus bas vous aidera à choisir la longueur de ces clous. Enfoncez-les, mais ne frappez pas plus avant: vous les ébranleriez.

Enfoncer des clous dans la brique est difficile: percez d'abord un trou pilote avec un foret à pointe au carbure ou en étoile (p. 77).

Attention: Les clous à maçonnerie sont très durs et ont tendance à éclater plutôt qu'à se crochir. Portez toujours des verres protecteurs quand vous accomplissez ce genre de travail afin de ménager vos yeux.

Clouage du bois sur la maçonnerie

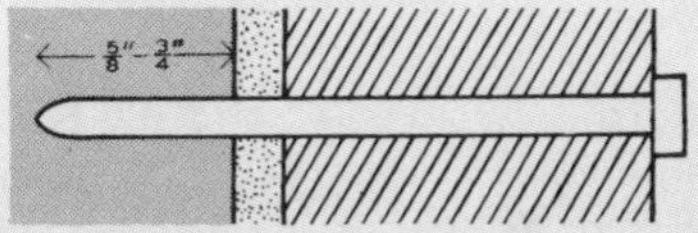
5/8"-3/4"

Comment choisir la longueur du clou pour obtenir le meilleur soutien

Epaisseur du bois	1/8-3/8	3/8-5/8	5/8-7/8	7/8-1 1/8	1 1/8-1 3/8	1 3/8-1 5/8	1 5/8-1 7/8	2-2 3/8	2 1/2-2 7/8	3-3 3/8
Longueur du clou	1	1 1/4	1 1/2	1 3/4	2	2 1/4	2 1/2	3	3 1/2	4

Nouvel outil de fixage

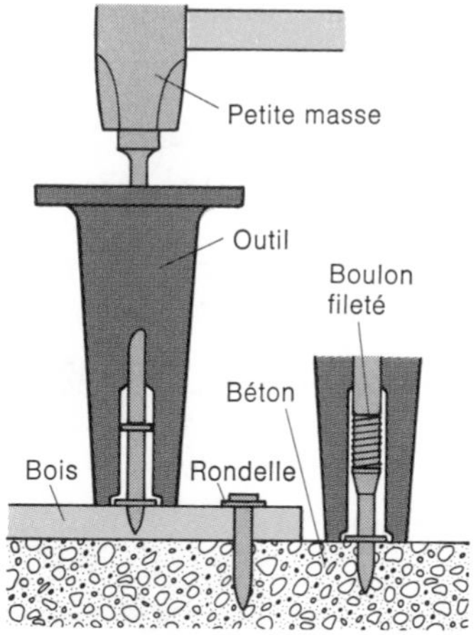
Petite masse
Outil
Boulon fileté
Béton
Bois
Rondelle

Ce nouvel outil qui enfonce les clous dans la maçonnerie et le béton est, en fait, un porte-clou pour clous spéciaux. Tenus bien droits pendant qu'on les enfonce, les clous ne plient pas. Choisissez la longueur de vos clous en additionnant l'épaisseur du matériau à fixer et la profondeur de pénétration désirée (de 1/2" à 1": le béton; de 3/4" à 1 1/4": les blocs de béton ou les joints de mortier).

Les attaches à béton, traitées à chaud, sont très résistantes. Elles ne plient pas, ne gauchissent pas et ne cassent pas. Elles peuvent supporter, chacune, des charges allant jusqu'à 200 lb. Une rondelle coulissante (voir à gauche) facilite la pénétration et évite l'arrachage.

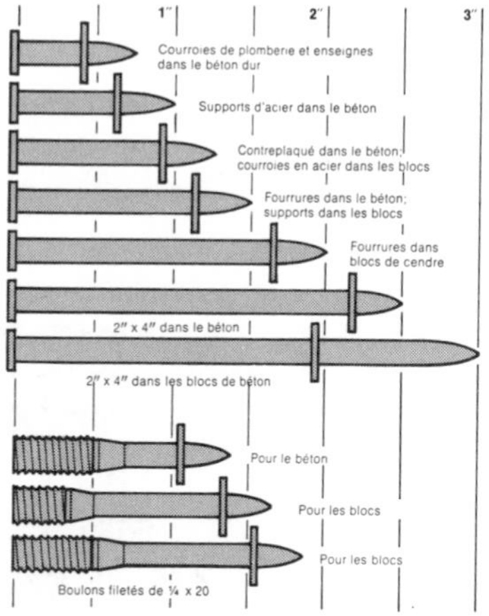
1"
2"
3"
Courroies de plomberie et enseignes dans le béton dur
Supports d'acier dans le béton
Contreplaqué dans le béton; courroies en acier dans les blocs
Fourrures dans le béton; supports dans les blocs
Fourrures dans blocs de cendre
2" x 4" dans le béton
2" x 4" dans les blocs de béton
Pour le béton
Pour les blocs
Pour les blocs
Boulons filetés de 1/4 x 20

Types de clous disponibles

Les clous à béton sont disponibles en trois types de tiges pour fixer, aux planchers de béton et aux murs de béton ou de brique, des lisses et fourrures, des moulures d'angle, chambranles de portes et tringles de tapis. Ils s'enfoncent bien droits et tiennent solidement sans qu'on ait à percer ou à obturer. Ils font économiser temps et argent.

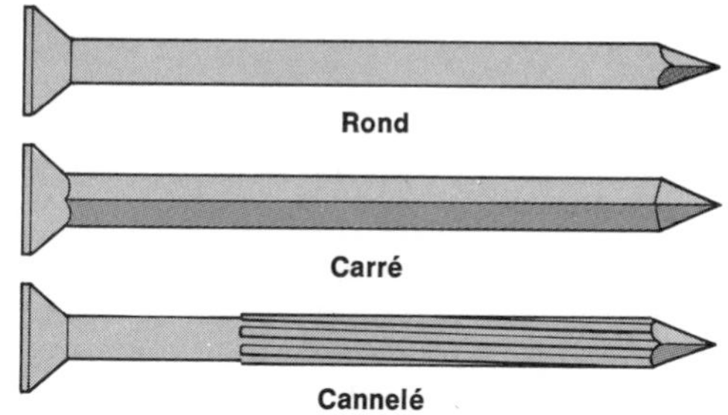
Rond
Carré
Cannelé

CALIBRES D'UTILITÉ COURANTE

Quantité par livre*

Longueur totale en pouces	Calibre No 5 (tête 1/2")	Calibre No 6 (tête 7/16")	Calibre No 7 (tête 3/8")	Calibre No 8 (tête 11/32")	Calibre No 9 (tête 21/64")	Calibre No 10 (tête 5/16")
1/2	188	244	332	390	437	522
5/8	154	195	258	304	346	412
3/4	130	163	211	249	285	342
7/8	113	139	178	211	243	292
1	99	121	154	186	211	254
1 1/8	89	108	136	161	187	225
1 1/4	80	97	121	144	168	202
1 1/2	67	81	100	119	139	168
1 3/4	58	70	85	102	119	143
2	51	61	74	88	104	125
2 1/4	46	54	66	78	92	111
2 1/2	41	49	59	70	83	100
2 3/4	37	44	54	64	75	91
3	34	41	49	58	69	83
3 3/4	—	—	—	—	64	—

Le clou cannelé n'est disponible qu'en calibre No 9

*Ces quantités s'appliquent aux clous à tige ronde seulement, avec un jeu de 10%. Enlevez de 20% à 30% sur la quantité des clous à tige carrée parce qu'ils comportent plus d'acier. Le style de la tête influe aussi sur la quantité. Les clous d'utilité courante ont des pointes en forme de diamant et des têtes plates fraisées. On peut aussi obtenir ces clous en longueurs spéciales, avec têtes coniques et longues pointes en diamant.

Vis

Quand emploie-t-on des vis?

On emploie des vis quand on a besoin d'une force de soutien plus grande que celle que donnent les clous ou quand les pièces qu'on fixe auront à être démantelées. La forme d'engagement de tête de vis la plus populaire, c'est **l'engagement rainuré** (à gauche).

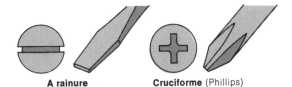

A rainure   **Cruciforme** (Phillips)

L'engagement cruciforme (Phillips, à droite) et **l'engagement carré (Robertson,** non illustré) sont pratiques parce qu'ils réduisent le danger que le tournevis glisse hors de la rainure et brise l'ouvrage. Deux calibres de chacun suffisent à la plupart des vis.

Vis fileteuses et taraudeuses

Les vis qui font leur propre filet sont de deux types: **à fileter,** pour le métal en feuille, et **à tarauder,** pour le métal plus épais. Ce dernier genre de vis ressemble beaucoup plus à un boulon qu'à une vis.

Les deux types de vis sont fabriqués en différents formats. Voyez plus bas quelles sont les variétés les plus populaires et choisissez le type qui convient au travail que vous avez à exécuter et au matériau que vous utilisez.

 A tête cylindrique (pointue): Utilisées dans le métal en feuille pré-troué et dans le métal plus épais mais assez malléable pour qu'elles y tracent leur propre filet.

 A tête cylindrique (pointe carrée): Utilisées dans du métal en feuille et du métal malléable où une vis pointue n'est pas nécessaire (fixations borgnes). Nécessitent un avant-trou.

 A tête ronde (fileteuses partielles): Souvent utilisées pour tarauder. Agissent comme les petites filières et s'emploie pour les trous profonds, dans les métaux mous ou durs.

A tête ronde (fileteuses): Mêmes usages que les précédentes, mais dans du stock plus épais. Fabriquées en diamètres allant jusqu'à ¼". Nécessitent toujours un avant-trou.

Types et utilisations

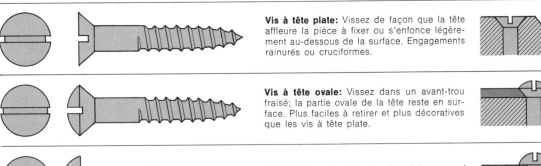

Vis à tête plate: Vissez de façon que la tête affleure la pièce à fixer ou s'enfonce légèrement au-dessous de la surface. Engagements rainurés ou cruciformes.

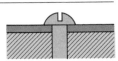

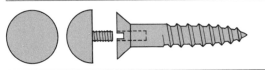

Vis à tête ovale: Vissez dans un avant-trou fraisé; la partie ovale de la tête reste en surface. Plus faciles à retirer et plus décoratives que les vis à tête plate.

Vis à tête ronde: Ces vis s'emploient quand la pièce à fixer est trop mince pour permettre le fraisage ou quand il lui faut une rondelle.

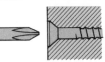

Vis à calotte: Ce sont des vis à tête plate surmontées d'une calotte. Cette dernière se fixe dans la tête de la vis, la rendant plus décorative.

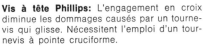

Vis à tête Phillips: L'engagement en croix diminue les dommages causés par un tournevis qui glisse. Nécessitent l'emploi d'un tournevis à pointe cruciforme.

Vis à sens unique: Conçues pour décourager le cambrioleur. Ces vis ne peuvent être retirées avec un tournevis: celui-ci glisse hors de l'engagement.

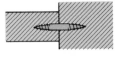

Vis-goujon: Servent pour abouter deux pièces de bois, là où les vis conventionnelles ne peuvent être utilisées. Disponibles chez les importants quincailliers.

Vis-boulon à tables: Une de leurs extrémités est filetée, comme une vis; on l'enfonce dans le bois. L'autre extrémité est filetée pour recevoir un écrou.

Ecrou

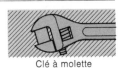

Tire-fond: Ces vis très robustes sont fabriquées en longueurs allant jusqu'à 6". La tête est carrée. On les enfonce avec une clé à molette, tel qu'illustré.

Clé à molette

Calibrage des vis

Les vis sont classées selon leur longueur (en pouces) et leur diamètre (le numéro du calibre). Elles sont habituellement disponibles en calibres allant de 0 (environ 1/16″) à 24 (environ ⅜″). Les longueurs varient de ¼″ à 6″.

Les vis les plus en demande sont numérotées de 2 à 16. Si le travail en cours nécessite des vis d'un calibre plus considérable, il vous faudra les commander.

Choisissez des vis assez longues pour qu'elles pénètrent aux deux-tiers dans la base sur laquelle le matériau est fixé. Facilitez-leur la tâche en perforant un avant-trou avec un perçoir (pour les vis allant jusqu'à 6) ou avec un foret plus petit de deux numéros que le diamètre du filet (pour les vis plus grosses). Quand vous vissez dans du bois dur, percez un avant-trou assez grand pour accueillir le filet et le fût de la vis. L'avant-trou qui servira au fût sera de même grosseur que lui et mesurera le tiers de la longueur de la vis.

Avant d'enfoncer la vis dans du bois neuf, lubrifiez son filet en le passant longuement sur un bloc de cire.

Une vis pour chaque usage

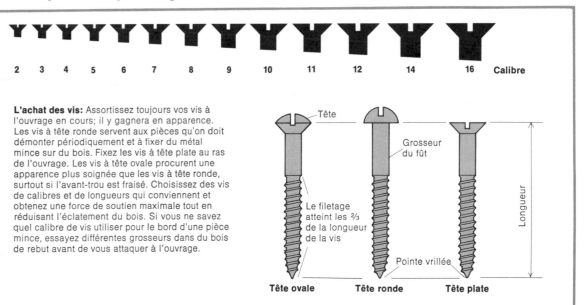

2 3 4 5 6 7 8 9 10 11 12 14 16 Calibre

L'achat des vis: Assortissez toujours vos vis à l'ouvrage en cours; il y gagnera en apparence. Les vis à tête ronde servent aux pièces qu'on doit démonter périodiquement et à fixer du métal mince sur du bois. Fixez les vis à tête plate au ras de l'ouvrage. Les vis à tête ovale procurent une apparence plus soignée que les vis à tête ronde, surtout si l'avant-trou est fraisé. Choisissez des vis de calibres et de longueurs qui conviennent et obtenez une force de soutien maximale tout en réduisant l'éclatement du bois. Si vous ne savez quel calibre de vis utiliser pour le bord d'une pièce mince, essayez différentes grosseurs dans du bois de rebut avant de vous attaquer à l'ouvrage.

Tête
Grosseur du fût
Le filetage atteint les ⅔ de la longueur de la vis
Longueur
Pointe vrillée
Tête ovale   **Tête ronde**   **Tête plate**

Rondelles de vis

Les rondelles donnent une prise plus forte aux vis et améliorent l'apparence de l'ouvrage. Elles sont surtout utiles aux pièces de menuiserie qu'on démonte périodiquement: les panneaux de meubles qui s'ouvrent pour qu'on ait accès au mécanisme, tel le meuble de l'appareil stéréophonique. Ces rondelles auront le même diamètre que la tête de la vis.

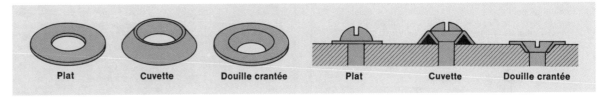

Plat   **Cuvette**   **Douille crantée**   **Plat**   **Cuvette**   **Douille crantée**

Gonds et pitons à vis

Il y a des pitons à vis pour tous les besoins. Ainsi, **le crochet à embase,** surmonté d'un collet, limite la profondeur du vissage. Grâce à lui, les crochets s'alignent plus facilement. **Le piton commun à crochet** facilite, lui, le vissage jusqu'à la profondeur voulue: on l'emploie pour suspendre outils ou ustensiles. **Le piton-anneau** facilite l'accrochage du mousqueton sur les lisses. **Le piton ordinaire à œil fermé** est fait d'une seule pièce. Les pitons en fer forgé ou en acier trempé sont plus forts. **Le piton d'angle** est souvent utilisé comme support pour tringles ou pour casseroles et ustensiles de cuisine.

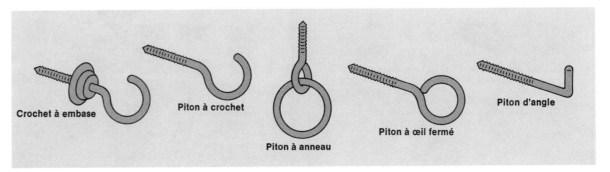

Crochet à embase   **Piton à crochet**   **Piton à anneau**   **Piton à œil fermé**   **Piton d'angle**

Assemblages avec des vis

Renseignements généraux

Préférez les vis aux clous pour les fixages dans le bois: elles donnent un joint plus fort, qui peut être démonté facilement. Si vous percez des avant-trous, vos vis ne fendront pas le bois comme le font souvent les clous. Quand on assemble deux pièces de bois avec une vis, l'avant-trou de la première pièce sert au fût de la vis, et celui-ci reste libre dans cet avant-trou. L'avant-trou doit être assez petit pour que les filets mordent fermement dans le bois, mais pas trop, car, autrement, la vis ne réunira pas les deux morceaux assez serrés.

Fixages par vis

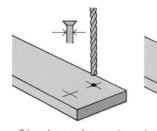

Situez les emplacements des vis par des croix et marquez-les. Percez des trous dont le diamètre correspond exactement à celui de la tige de la vis.

Lorsque vous utilisez des vis à tête plate, il vous faut fraiser l'ouverture de chaque trou. Le diamètre devra correspondre à la tête de la vis.

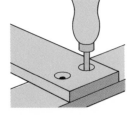

Mettez la pièce en position sur celle du dessous et passez le poinçon au travers des trous pour marquer l'emplacement. Bloquez l'ouvrage pendant le marquage.

La profondeur de l'avant-trou doit être égale à la moitié de la longueur de la vis si on la fixe dans du bois tendre. Elle sera un peu plus profonde pour le bois dur.

Trucs de fixage

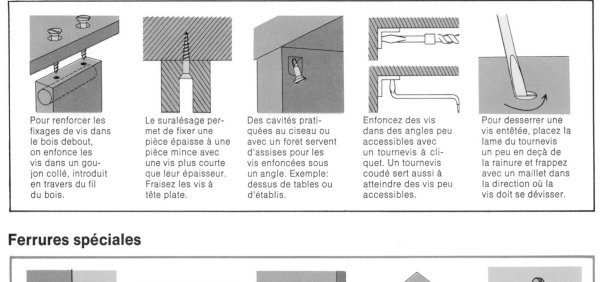

Pour renforcer les fixages de vis dans le bois debout, on enfonce les vis dans un goujon collé, introduit en travers du fil du bois.

Le suralésage permet de fixer une pièce épaisse à une pièce mince avec une vis plus courte que leur épaisseur. Fraisez les vis à tête plate.

Des cavités pratiquées au ciseau ou avec un foret servent d'assises pour les vis enfoncées sous un angle. Exemple: dessus de tables ou d'établis.

Enfoncez des vis dans des angles peu accessibles avec un tournevis à cliquet. Un tournevis coudé sert aussi à atteindre des vis peu accessibles.

Pour desserrer une vis entêtée, placez la lame du tournevis un peu en deçà de la rainure et frappez avec un maillet dans la direction où la vis doit se dévisser.

Ferrures spéciales

La contre-fiche donne un meilleur joint que la cornière. Les trous sont fraisés pour les vis à tête plate.

Les plaques de pied sont fixées au-dessous de la table avec des vis. On y visse ensuite les pieds.

Les deux parties de la ferrure s'emboîtent et donnent un ajustement serré. Utiles pour assemblages et démontages.

Les goussets de coins retiennent les traverses à 90° et sont boulonnés aux pieds dans goussets et traverses.

Une pièce rapportée est filetée à l'extérieur pour être enfoncée dans le bois et filetée à l'intérieur, puis boulonnée.

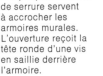

Le support pliant retient ouvert le couvercle d'un meuble sans danger qu'il se referme. S'emploie à gauche comme à droite.

Dispositif à came. Bloque ensemble en une union ferme les deux parties de la ferrure. Réunit deux moitiés de table.

L'ajusteur de pied à fermeture automatique à ressort s'utilise pour les pieds des tables légères et les tablettes escamotables.

Les plaques de trous de serrure servent à accrocher les armoires murales. L'ouverture reçoit la tête ronde d'une vis en saillie derrière l'armoire.

Des attaches servent à réunir le dessus d'un pupitre à ses tiroirs. Peuvent être démontées pour faciliter le transport, lors du déménagement.

Calibres et pas de filets des boulons

Un boulon, c'est un accessoire de fixage qui s'emploie avec un écrou et qu'on serre en tournant ce dernier. Les boulons mécaniques et les tiges en acier fileté se vendent à filetages grossiers ou fins (le grossier est plus en demande). Le filetage des boulons est déterminé par le nombre de pas et désigné par un chiffre inscrit à côté du diamètre du boulon. Ce diamètre est donné en fractions de pouce. Ainsi, un boulon de ¼ x 20 a ¼″ de diamètre et 20 filets au pouce.

Les calibres des boulons vont de ⅛ x 40 à ½ x 13, et leurs longueurs de ⅜″ à 6″. Les diamètres des boulons mécaniques vont de ¼″ à 2″, et les longueurs, de ½″ à 30″. Les quincailliers tiennent rarement en stock les plus gros boulons. Les boulons de carrosserie sont fabriqués à filets grossiers et sont disponibles en longueurs de ½″ à 10″ et en diamètres de 3/16″ à ¾″. Le collet carré sous leur tête se bloque dans le bois; de la sorte, le boulon ne tourne pas quand on serre l'écrou. Ce genre de boulon est très pratique quand on doit serrer l'écrou d'un boulon dont la tête n'est pas accessible. Avant de visser, n'oubliez pas d'interposer une rondelle entre l'écrou et le bois.

Rondelles et écrous

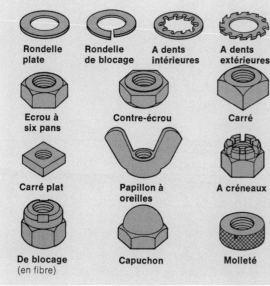

Rondelle plate · Rondelle de blocage · A dents intérieures · A dents extérieures

Ecrou à six pans · Contre-écrou · Carré

Carré plat · Papillon à oreilles · A créneaux

De blocage (en fibre) · Capuchon · Molleté

Types de boulons

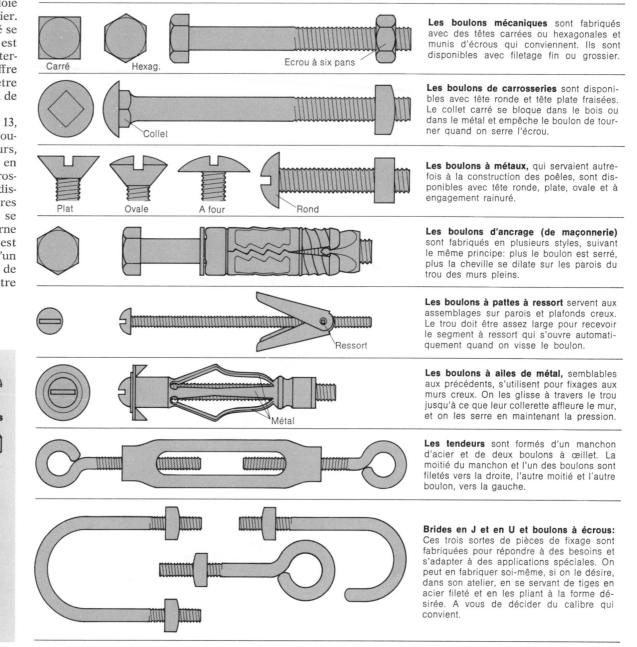

Carré · Hexag. · Ecrou à six pans

Les boulons mécaniques sont fabriqués avec des têtes carrées ou hexagonales et munis d'écrous qui conviennent. Ils sont disponibles avec filetage fin ou grossier.

Collet

Les boulons de carrosseries sont disponibles avec tête ronde et tête plate fraisées. Le collet carré se bloque dans le bois ou dans le métal et empêche le boulon de tourner quand on serre l'écrou.

Plat · Ovale · A four · Rond

Les boulons à métaux, qui servaient autrefois à la construction des poêles, sont disponibles avec tête ronde, plate, ovale et à engagement rainuré.

Les boulons d'ancrage (de maçonnerie) sont fabriqués en plusieurs styles, suivant le même principe: plus le boulon est serré, plus la cheville se dilate sur les parois du trou des murs pleins.

Ressort

Les boulons à pattes à ressort servent aux assemblages sur parois et plafonds creux. Le trou doit être assez large pour recevoir le segment à ressort qui s'ouvre automatiquement quand on visse le boulon.

Métal

Les boulons à ailes de métal, semblables aux précédents, s'utilisent pour fixages aux murs creux. On les glisse à travers le trou jusqu'à ce que leur collerette affleure le mur, et on les serre en maintenant la pression.

Les tendeurs sont formés d'un manchon d'acier et de deux boulons à œillet. La moitié du manchon et l'un des boulons sont filetés vers la droite, l'autre moitié et l'autre boulon, vers la gauche.

Brides en J et en U et boulons à écrous: Ces trois sortes de pièces de fixage sont fabriquées pour répondre à des besoins et s'adapter à des applications spéciales. On peut en fabriquer soi-même, si on le désire, dans son atelier, en se servant de tiges en acier fileté et en les pliant à la forme désirée. A vous de décider du calibre qui convient.

Fixations pour cloisons creuses

Les différentes sortes de fixations

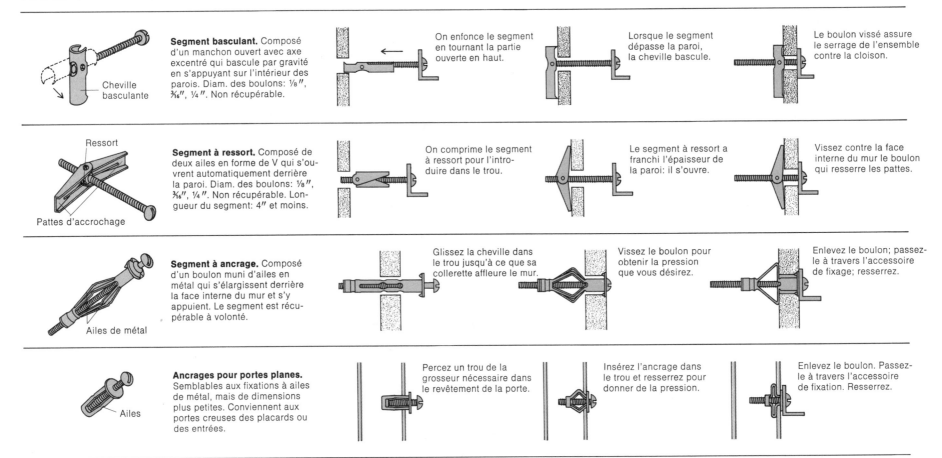

Segment basculant. Composé d'un manchon ouvert avec axe excentré qui bascule par gravité en s'appuyant sur l'intérieur des parois. Diam. des boulons: ⅛", ³⁄₁₆", ¼". Non récupérable.

Cheville basculante

On enfonce le segment en tournant la partie ouverte en haut.

Lorsque le segment dépasse la paroi, la cheville bascule.

Le boulon vissé assure le serrage de l'ensemble contre la cloison.

Segment à ressort. Composé de deux ailes en forme de V qui s'ouvrent automatiquement derrière la paroi. Diam. des boulons: ⅛", ³⁄₁₆", ¼". Non récupérable. Longueur du segment: 4" et moins.

Ressort

Pattes d'accrochage

On comprime le segment à ressort pour l'introduire dans le trou.

Le segment à ressort a franchi l'épaisseur de la paroi: il s'ouvre.

Vissez contre la face interne du mur le boulon qui resserre les pattes.

Segment à ancrage. Composé d'un boulon muni d'ailes en métal qui s'élargissent derrière la face interne du mur et s'y appuient. Le segment est récupérable à volonté.

Ailes de métal

Glissez la cheville dans le trou jusqu'à ce que sa collerette affleure le mur.

Vissez le boulon pour obtenir la pression que vous désirez.

Enlevez le boulon; passez-le à travers l'accessoire de fixage; resserrez.

Ancrages pour portes planes. Semblables aux fixations à ailes de métal, mais de dimensions plus petites. Conviennent aux portes creuses des placards ou des entrées.

Ailes

Percez un trou de la grosseur nécessaire dans le revêtement de la porte.

Insérez l'ancrage dans le trou et resserrez pour donner de la pression.

Enlevez le boulon. Passez-le à travers l'accessoire de fixation. Resserrez.

Fixage d'objets lourds

Les cadres lourds et les miroirs, de même que les tablettes de rangement sur lesquelles on posera des poids lourds (livres, magazines), doivent être renforcés par des supports attachés à la structure. Utilisez des vis N° 14 ou des tire-fonds pour fixer ces supports aux montants. Frappez le mur ou percez des trous de ⅛" pour localiser les montants. Ils sont habituellement placés à 16" (de centre en centre) les uns des autres.

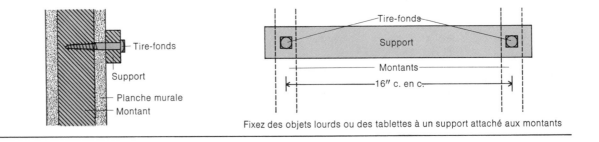

Tire-fonds

Support

Planche murale

Montant

Tire-fonds

Support

Montants

16" c. en c.

Fixez des objets lourds ou des tablettes à un support attaché aux montants

Outillage pour forer et percer

Pour percer des trous afin d'accrocher des fixations aux murs en béton ou en brique, on utilise une perceuse de ½" (p. 45) avec foret à pointe au carbure. La perceuse de ¼" tourne trop vite pour ce travail. Quand vous devez percer un trou de large diamètre, forez d'abord un avant-trou d'un diamètre plus petit, puis élargissez-le à la grandeur voulue. Le perçage s'exécute aussi à la main, avec une petite masse et un foret en étoile. Mettez des gants pour exécuter ce travail et saisissez le foret par le centre. Portez également des verres protecteurs.

Après chaque coup de masse, tournez légèrement le foret. Eliminez les poussières qui se sont accumulées et continuez à percer jusqu'à ce que vous ayez obtenu la profondeur désirée. (Tamponnoir et foret sont illustrés au haut de cette page.)

Tamponnoir et foret

Foret en étoile

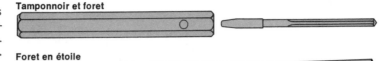

Perçage manuel: On emploie le tamponnoir pour percer des trous d'un diamètre inférieur à ¼" dans la brique, la pierre et le béton. Le foret en étoile est un foret manuel robuste qui sert aux trous plus importants.

Foret à pointe au carbure

Forage électrique: Les forets à pointe au carbure doivent être utilisés, en maçonnerie, avec une perceuse électrique de ½". Ils sont disponibles en diamètres allant jusqu'à 1".

Tournez le tamponnoir

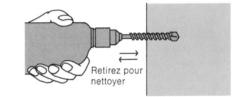

Retirez pour nettoyer

Accessoires de fixation

Un goujon sert d'ancrage. Forez à l'aide d'une mèche (à pointe au carbure).

Enfoncez le goujon graissé avec un marteau.

Percez au centre du goujon un trou légèrement plus petit que la vis.

Fixez l'accessoire au mur de maçonnerie avec une vis à tête ronde et une rondelle.

Les chevilles en fibre ou en plastique sont insérées dans des trous forés pour fournir aux vis une base d'accrochage. Elles se dilatent et s'agrippent aux parois quand les vis s'enfoncent.

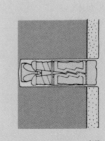

La cheville se dilate quand la vis l'envahit.

Les boulons d'ancrage à maçonnerie servent à fixer les objets lourds (meubles ou charpentes de construction) sur des murs pleins. La cheville de plastique, introduite dans un trou foré, se dilate quand le boulon est vissé en place. Il existe un grand choix de boulons de dimensions variées et aux nombreuses formes de têtes.

La cheville en plastique se dilate.

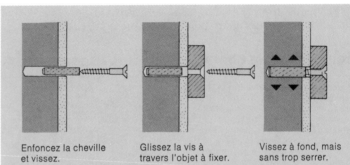

Enfoncez la cheville et vissez.

Glissez la vis à travers l'objet à fixer.

Vissez à fond, mais sans trop serrer.

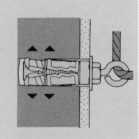

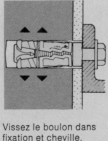

Creusez le trou au diamètre de l'ancrage.

Vissez le boulon dans fixation et cheville.

Certaines têtes comportent des œillets.

Charnières

Renseignements généraux

Les charnières qu'on utilise pour les armoires et les commodes sont réversibles: on peut les fixer tête en bas ou tête en haut. Les charnières de portes, elles, ne sont pas toutes réversibles: on dit qu'elles ont "une main". Les charnières à tige libre doivent être installées de telle sorte que leur tige s'enlève par le haut. Quelques portes peuvent s'enlever en étant soulevées de leurs gonds. Bien sûr, si les paumelles étaient fixées la tête en bas, les portes tomberaient à terre. C'est un peu pour cela qu'on doit spécifier si les charnières sont à main droite ou à main gauche. Pour déterminer la main d'une charnière, on trouve le côté extérieur de la porte. Sachez que le côté intérieur donne sur le corridor. Une porte à l'extérieur de laquelle vous vous tenez et qui pivote **à droite en s'éloignant de vous** nécessite des charnières "**main droite**"; si elle pivote **à gauche en s'éloignant de vous**, il lui faut des charnières "**main gauche**". Si la porte vient **vers vous à votre gauche**, il lui faut des charnières "**main droite**"; si elle vient **vers vous à votre droite**, il lui faut des charnières "**main gauche**".

La pose des charnières

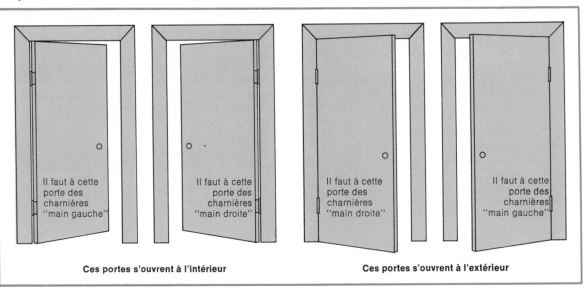

Il faut à cette porte des charnières "main gauche"

Il faut à cette porte des charnières "main droite"

Il faut à cette porte des charnières "main droite"

Il faut à cette porte des charnières "main gauche"

Ces portes s'ouvrent à l'intérieur   **Ces portes s'ouvrent à l'extérieur**

Différents types de charnières et leurs usages

Les charnières de portes ordinaires ne peuvent être démantelées. Elles s'utilisent aussi bien comme "main droite" que comme "main gauche".

Les charnières à tige libre s'utilisent selon la "main" de la porte. Enlevez la tige et soulevez la porte sans dévisser la charnière.

La paumelle s'utilise sur des portes qu'on démonte de temps à autre. Lorsqu'on les soulève, elles se détachent de leurs gonds.

La paumelle à soulèvement s'utilise là où du tapis épais nuit à l'ouverture des portes. Celles-ci se soulèvent légèrement quand on les ouvre, et n'usent pas le tapis.

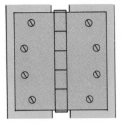

Charnière de porte

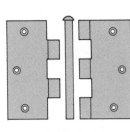

Charnière à tige libre

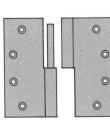

Paumelle

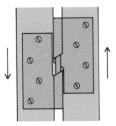

Paumelle à soulèvement

Les charnières à coussinet sont graissées en permanence. Elles conviennent aux portes lourdes qui pivotent à l'extérieur.

Les paumelles à charnon sont décoratives. Seul le charnon paraît, lorsque la porte est fermée.

Les charnières à portes planes conviennent aux portes de placards et d'armoires et plus particulièrement là où il est préférable qu'on n'aperçoive presque pas la charnière.

Les charnières renforcées à pivot conviennent aux portes planes, capitonnées ou enfoncées dans une embrasure. Avec ces charnières, on n'a nul besoin de jambage de porte.

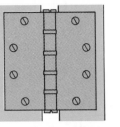

Charnière à coussinet

Paumelle à charnon

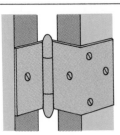

Charnière à porte plane

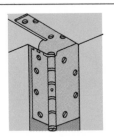

Charnière renforcée à pivot

Différents types de charnières et leurs usages

Les pivots s'utilisent pour la pose des persiennes ou des portes battantes des corridors. Certains sont munis d'un cran d'arrêt.

Les charnières à double effet se posent sur les portes pliantes, laissant celles-ci s'ouvrir d'un côté ou de l'autre.

Les charnières coudées borgnes sont utiles pour libérer le chambranle des contre-portes ou des portes-moustiquaire.

Les charnières à ressort referment automatiquement les portes-moustiquaire. On peut ajuster selon ses désirs la tension de la plupart de ces ressorts.

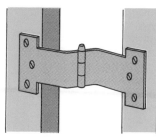

Pivot

Charnière à double effet

Charnière coudée borgne

Charnière à ressort

Les charnières ornementales ajoutent à la beauté des armoires et des meubles sur lesquels on les pose, tout en restant utilitaires.

Les charnières rustiques en H, en H-L ou semi-dissimulées sont disponibles en fer forgé noir mat ou en cuivre. Elles sont particulièrement décoratives, et se fixent avec des clous spéciaux qui ont l'apparence de clous forgés. On en fait très grand usage avec le pin noueux ou le bois de grange, dans les cuisines modernes et dans les salles de jeu.

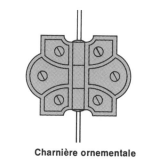

Charnière ornementale

Charnière rustique en H

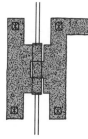

Charnière rustique en H-L

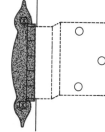

Charnière rustique semi-dissimulée

Les pentures à battants sont fabriquées en acier lustré et galvanisé. Leurs dimensions vont de 1″ à 12″ pour chaque aile. Les trous sont fraisés pour recevoir des vis à tête plate. Des pentures plus robustes servent à suspendre des portes lourdes à double battants.

Les pentures en T peuvent être fixées sur une porte où sont déjà posées des pentures à battants; ou, encore, on fixera une aile de la penture à un poteau ou au chambranle. Ces pentures ont les mêmes dimensions et les mêmes finis que les pentures à battants dont il a été question plus haut.

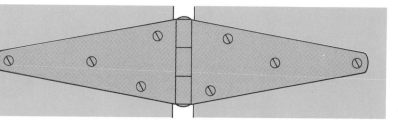

Penture à battants

Penture en T

La charnière à piano s'emploie quand les portes ou les couvercles des meubles doivent être supportés sur toute leur longueur, comme, par exemple, le couvercle des pianos, des coffres en cèdre et des cabinets pour appareils de stéréophonie. Les charnières à piano sont fabriquées en longueurs allant jusqu'à 84″, et faites d'acier, de laiton, de nickel ou d'aluminium. On espace les avant-trous de 2″ et on les fraise pour qu'ils reçoivent des vis à tête plate. On peut couper ces charnières à la longueur désirée en utilisant, pour ce faire, une scie à métaux.

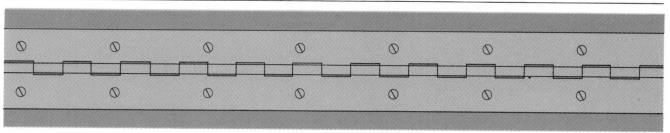

Charnière à piano

Quincaillerie de portes

Pentures, serrures, clenches, etc.

On classe parmi les articles de quincaillerie de portes, les pentures, charnières, serrures, clenches, butoirs, ferme-portes, arrêts, boutons, chaînes, judas, boîtes aux lettres et coupe-froid. Vous retrouverez à l'index d'autres articles non mentionnés ici.

Les verrous à baril sont utilisés pour verrouiller les portes par l'intérieur; **les chaînes de portes** permettent d'entrebâiller celles-ci; **les verrous à canne** s'emploient pour les portes de garage.

Les butoirs de porte sont de deux genres: rigides (munis de boutons en caoutchouc qui évitent d'endommager la porte), et à ressort (faciles à dégager). **Les clenches** sont utilisées quand le verrouillage à clé est inutile.

La quincaillerie en laiton et en bronze est souvent recouverte d'une couche de laque qui la protège contre l'oxydation. Ne l'astiquez pas; cela précipiterait l'oxydation. Méfiez-vous du plaqué de plastique.

Clenches

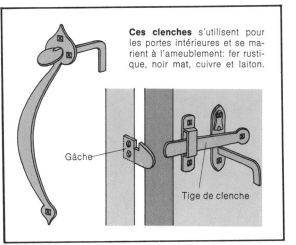

Ces clenches s'utilisent pour les portes intérieures et se marient à l'ameublement: fer rustique, noir mat, cuivre et laiton.

Gâche

Tige de clenche

Boulons et fixatifs

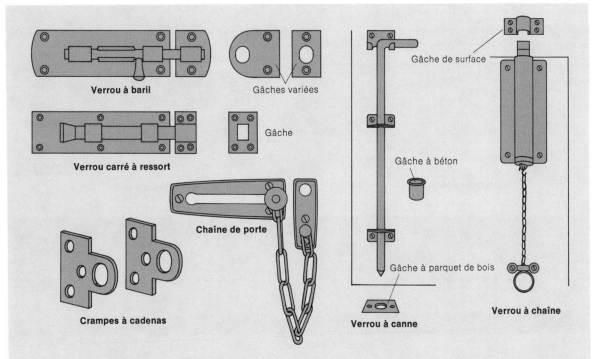

Verrou à baril

Gâches variées

Gâche

Verrou carré à ressort

Chaîne de porte

Crampes à cadenas

Gâche de surface

Gâche à béton

Gâche à parquet de bois

Verrou à canne

Verrou à chaîne

Butoirs et arrêts

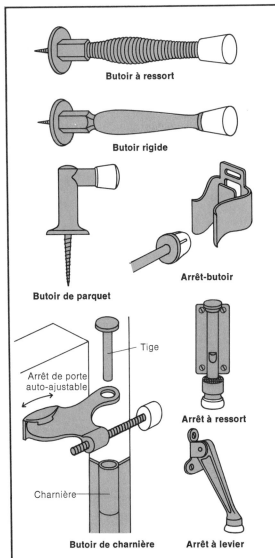

Butoir à ressort

Butoir rigide

Butoir de parquet

Arrêt-butoir

Tige

Arrêt de porte auto-ajustable

Charnière

Arrêt à ressort

Butoir de charnière

Arrêt à levier

Les butoirs et les arrêts de porte s'utilisent pour briser l'élan des portes qui s'ouvrent trop loin, endommageant les murs. Grâce à eux, on peut contrôler l'ouverture des portes. Quand on ne peut fixer le butoir au mur, on l'installe sur la porte. Tous les butoirs de porte sont munis de coussins en caoutchouc qui adoucissent le claquage.

Boutons et poignées

Les boutons et les poignées de tiroir sont fabriqués en une grande variété de matériaux et de couleurs: bronze, acier, aluminium, porcelaine, bois, plastique, argent solide et plaqué or. La meilleure façon d'enjoliver un vieux meuble, c'est de remplacer ses boutons et ses poignées. Les vieux boutons s'enlèvent avec un tournevis. Il faut aussi les enlever quand on repeint ou qu'on refinit les meubles. Les importants marchands de quincaillerie tout comme les marchands de matériaux gardent en stock un vaste assortiment de boutons et poignées.

Types de boutons

A vis   A boulon   Pour porte plane

Les poignées pour portes et tiroirs lourds se vendent en longueurs allant jusqu'à 7½", en noir ou en couleur. On les fixe avec des vis.

Porte

Vis

Les poignées de commodes se fixent par l'intérieur des tiroirs ou des portes. Elles mesurent 1⅛" ou moins d'épaisseur (pour les tiroirs).

Commode

Boulon et rondelle

Les poignées des portes planes sont fabriquées en acier ou en laiton et conviennent aux portes coulissantes dans lesquelles les poignées doivent être encastrées.

Mortaise

Porte plane

Les différents types de loquets et la façon de les utiliser

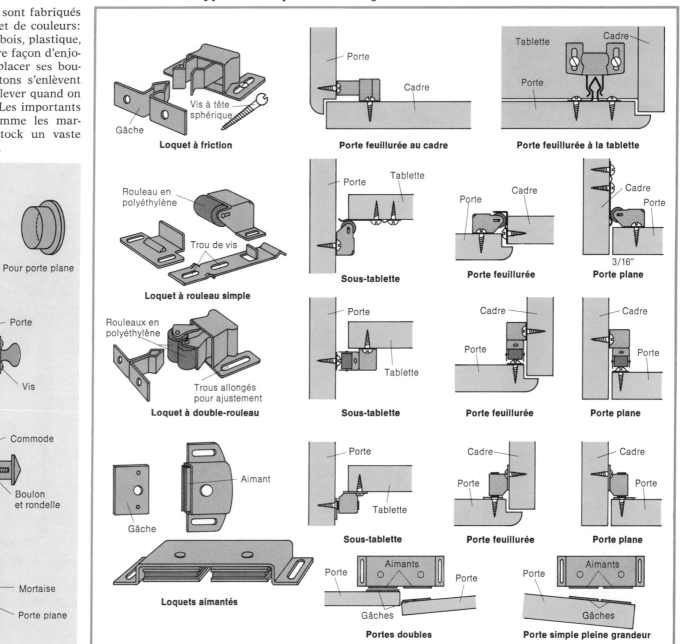

Vis à tête sphérique

Gâche

Loquet à friction

Porte

Cadre

Porte feuillurée au cadre

Tablette   Cadre

Porte

Porte feuillurée à la tablette

Rouleau en polyéthylène

Trou de vis

Loquet à rouleau simple

Porte   Tablette

Sous-tablette

Porte   Cadre

Porte feuillurée

Cadre   Porte

3/16"

Porte plane

Rouleaux en polyéthylène

Trous allongés pour ajustement

Loquet à double-rouleau

Porte

Tablette

Sous-tablette

Cadre

Porte

Porte feuillurée

Cadre

Porte

Porte plane

Aimant

Gâche

Loquets aimantés

Porte

Tablette

Sous-tablette

Cadre

Porte

Porte feuillurée

Cadre

Porte

Porte plane

Porte   Aimants   Porte

Gâches

Portes doubles

Porte   Aimants   Porte

Gâches

Porte simple pleine grandeur

Quincaillerie de portes-moustiquaire et de contre-portes

Portes-moustiquaire

La quincaillerie qui convient aux portes-moustiquaire se vend en ensembles contenant les charnières, la poignée ainsi que le crochet et piton qui tiennent la porte fermée. Ce sont là les pièces essentielles; on peut y ajouter un ferme-porte (ou un ressort à boudin) et un loquet à ressort. Le ferme-porte peut être remplacé par des charnières munies d'un ressort dont on ajuste la tension à sa guise. Procurez-vous aussi une barre transversale: elle protégera la moustiquaire dont le grillage, sans cette protection, pocherait rapidement et se déchirerait.

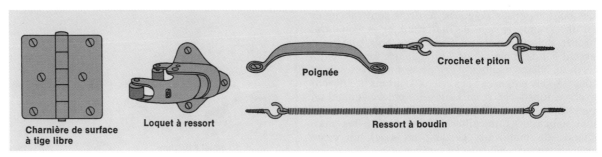

Charnière de surface à tige libre

Loquet à ressort

Poignée

Crochet et piton

Ressort à boudin

Contre-portes

La quincaillerie qui convient aux contre-portes ressemble beaucoup à celle des portes-moustiquaire. En fait, ces deux portes s'échangent, suivant les saisons, sans qu'on ait à changer leur quincaillerie: en automne, la moustiquaire fait place au carreau vitré, au printemps, c'est l'inverse. La porte combinée: moustiquaire et contre-porte, se vend habituellement dans son chambranle et s'installe à l'avant de la porte permanente. Un accessoire très commode, l'amortisseur — chaîne et ressort — empêche que la porte ne s'ouvre trop grand et ne s'endommage.

Charnières

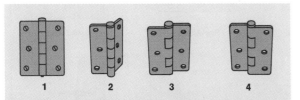

1   2   3   4

1. La charnière de surface convient aux installations ''main gauche'' ou ''main droite''.
2. La charnière de mi-surface s'utilise quand le chambranle est trop étroit pour recevoir une charnière de surface. Son aile intérieure sera mortaisée.
3. La charnière No 3 convient aux installations où les portes sont plus épaisses que les chambranles.
4. La charnière No 4 convient aux installations où les portes sont plus minces que les chambranles.

Les charnières des portes-moustiquaire s'installent souvent sans qu'on ait à mortaiser porte ou chambranle. Leur ajustement a moins d'importance que celui des portes extérieures. On vend des clenches se fixant sans mortaise.

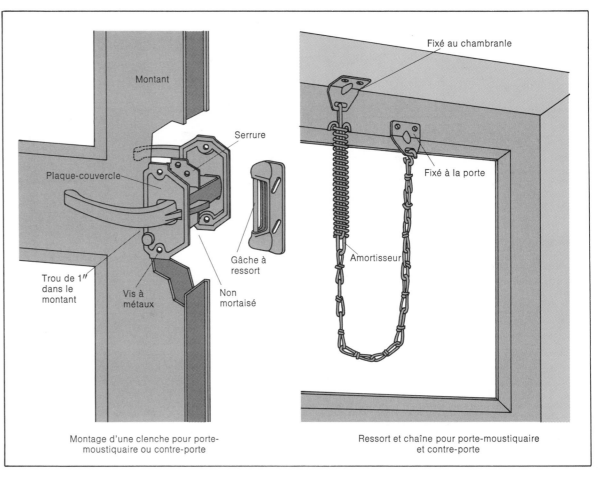

Montant

Serrure

Plaque-couvercle

Gâche à ressort

Trou de 1" dans le montant

Vis à métaux

Non mortaisé

Fixé au chambranle

Fixé à la porte

Amortisseur

Montage d'une clenche pour porte-moustiquaire ou contre-porte

Ressort et chaîne pour porte-moustiquaire et contre-porte

Quincaillerie de portes-moustiquaire et de contre-portes

Ferme-portes

Les ferme-portes servent à plusieurs fins. Ils referment la porte automatiquement, empêchent le vent de l'ouvrir, la retiennent de s'ouvrir trop grand, brisant les charnières, et lui évitent de se fermer avec fracas. Les ferme-portes pour résidences sont de deux genres: pneumatique et hydraulique. Toutes les portes extérieures devraient être munies d'un ferme-porte, même les portes-moustiquaire légères et les contre-portes.

Les portes intérieures, elles, n'en ont nul besoin, on le comprendra aisément.

Avant d'installer un ferme-porte, quel qu'en soit le genre, assurez-vous que votre porte ne se coince pas, qu'elle ouvre et ferme librement et que sa quincaillerie (serrure, charnières et chaîne), fixée solidement, ne nuira pas à sa fermeture automatique.

On ajuste le ferme-porte pneumatique illustré plus bas en tournant la vis à tête fendue au centre du bouchon. Un tour à gauche (en sens inverse des aiguilles d'une montre) et la porte se fermera plus rapidement. Un tour à droite et elle se fermera plus lentement. Ces ferme-portes ont un enclenchement rapide. La porte se ferme plus rapidement vers la fin (les trois derniers pouces). Vous êtes certain qu'elle ne reste pas entrebâillée. D'autre part, elle ne doit pas claquer. Ajustez l'enclenchement rapide à votre goût. Pour ce faire, ouvrez la porte d'environ 3″, tenez-la ouverte avec la rondelle d'arrêt, puis dévissez le support ajustable et avancez-le (l'éloignant du ferme-porte). Ceci enlève de la force au ferme-porte. Si, au contraire, vous désirez plus de force, rapprochez le support du ferme-porte, et vous l'obtiendrez.

Installation d'un ferme-porte pneumatique

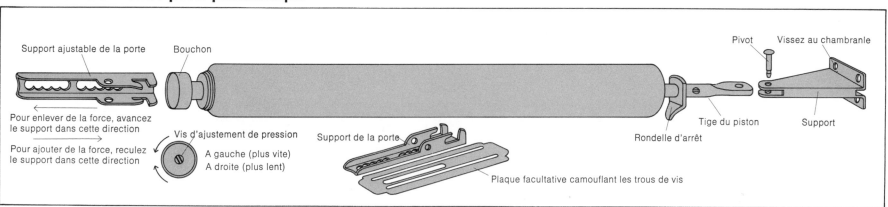

Installation d'un ferme-porte hydraulique

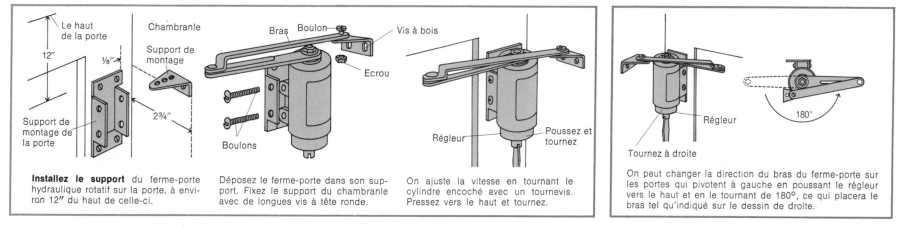

Installez le support du ferme-porte hydraulique rotatif sur la porte, à environ 12″ du haut de celle-ci.

Déposez le ferme-porte dans son support. Fixez le support du chambranle avec de longues vis à tête ronde.

On ajuste la vitesse en tournant le cylindre encoché avec un tournevis. Pressez vers le haut et tournez.

On peut changer la direction du bras du ferme-porte sur les portes qui pivotent à gauche en poussant le régleur vers le haut et en le tournant de 180°, ce qui placera le bras tel qu'indiqué sur le dessin de droite.

Quincaillerie variée

Quincaillerie de châssis

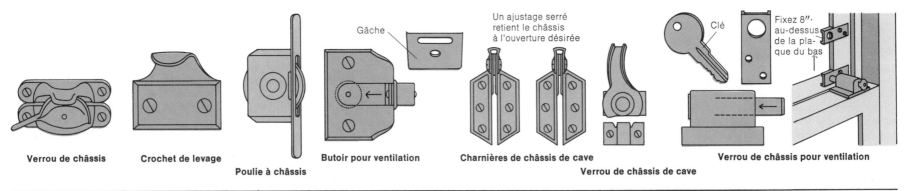

Gâche

Un ajustage serré retient le châssis à l'ouverture désirée

Clé

Fixez 8″, au-dessus de la plaque du bas

Verrou de châssis

Crochet de levage

Poulie à châssis

Butoir pour ventilation

Charnières de châssis de cave

Verrou de châssis de cave

Verrou de châssis pour ventilation

Moraillons et crampes

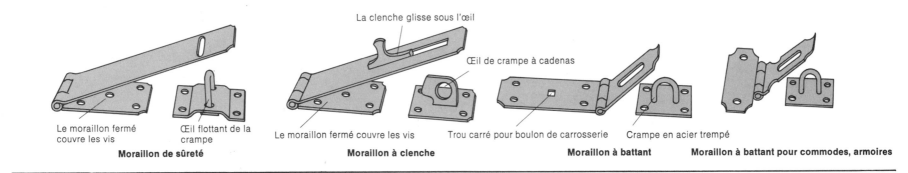

La clenche glisse sous l'œil

Œil de crampe à cadenas

Le moraillon fermé couvre les vis

Œil flottant de la crampe

Le moraillon fermé couvre les vis

Trou carré pour boulon de carrosserie

Crampe en acier trempé

Moraillon de sûreté

Moraillon à clenche

Moraillon à battant

Moraillon à battant pour commodes, armoires

Quincaillerie de barrière

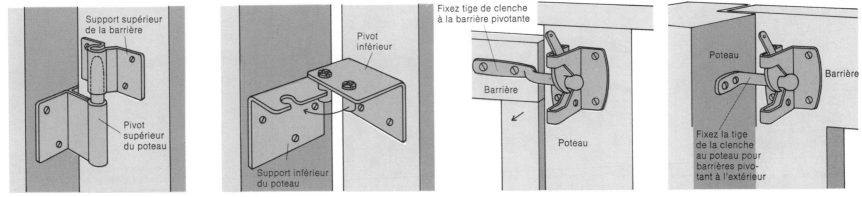

Support supérieur de la barrière

Pivot supérieur du poteau

Pivot inférieur

Support inférieur du poteau

Fixez tige de clenche à la barrière pivotante

Barrière

Poteau

Poteau

Barrière

Fixez la tige de la clenche au poteau pour barrières pivotant à l'extérieur

Charnières pour barrières battantes

Clenches pour barrières ouvrant d'un seul côté

Tablettes réglables

Les tablettes réglables s'installent dans les placards ou sur les murs. Elles se vendent en largeurs allant jusqu'à 12", sont soutenues par des consoles amovibles et se posent avec un tournevis. Une scie à fer suffit pour couper les crémaillères à la longueur désirée. Vissez celles-ci dans les montants du mur, les espaçant de 32" ou moins. Les tablettes dépassent les consoles de 2". Aboutez les crémaillères, si désiré.

Supports à taquets

Ces supports à tablettes s'utilisent dans les espaces restreints: penderies, bibliothèques et armoires. Les taquets s'ajustent à des encoches placées à 1" les unes des autres sur les crémaillères, et peuvent facilement être retirés et disposés autrement, selon les goûts. Chaque extrémité des tablettes compte deux taquets. Les tablettes doivent s'ajuster étroitement aux extrémités latérales et au dos.

Crémaillères autonomes et à tension

Ce genre de rayonnage peut s'installer sans l'appui d'un mur, n'importe où dans la maison, et servir de cloison de séparation. Les crémaillères vont du plancher au plafond. Leurs extrémités supérieures sont munies de ressorts qui les maintiennent en place. Elles peuvent servir dans les pièces allant jusqu'à 8' 2" de hauteur. Si votre plafond est plus élevé, des blocs hausseront la crémaillère de quelques pouces.

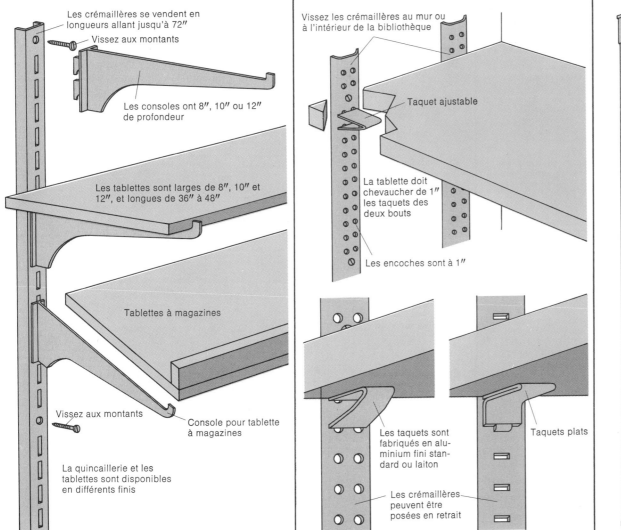

Les crémaillères se vendent en longueurs allant jusqu'à 72"

Vissez aux montants

Les consoles ont 8", 10" ou 12" de profondeur

Les tablettes sont larges de 8", 10" et 12", et longues de 36" à 48"

Tablettes à magazines

Vissez aux montants

Console pour tablette à magazines

La quincaillerie et les tablettes sont disponibles en différents finis

Vissez les crémaillères au mur ou à l'intérieur de la bibliothèque

Taquet ajustable

La tablette doit chevaucher de 1" les taquets des deux bouts

Les encoches sont à 1"

Les taquets sont fabriqués en aluminium fini standard ou laiton

Taquets plats

Les crémaillères peuvent être posées en retrait

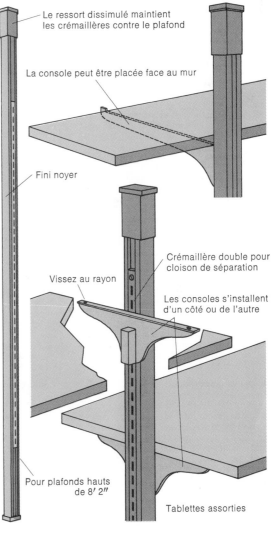

Le ressort dissimulé maintient les crémaillères contre le plafond

La console peut être placée face au mur

Fini noyer

Vissez au rayon

Crémaillère double pour cloison de séparation

Les consoles s'installent d'un côté ou de l'autre

Pour plafonds hauts de 8' 2"

Tablettes assorties

Adhésifs

Le choix d'un adhésif

Il se vend plusieurs sortes d'adhésifs, chacun adapté à des conditions particulières. Ainsi, si vous fabriquez des meubles de jardin, il vous faudra un adhésif imperméable; des meubles et articles de cuisine ou de salle de bains: un adhésif qui résiste à la moisissure. Vous bricolez dans un garage ou un sous-sol non chauffé? Utilisez une colle qui durcit à des températures inférieures à 64°F. Allez-y à coup sûr en suivant les conseils du manufacturier et assurez-vous que vos joints soient propres, secs et bien ajustés. Les tableaux ci-contre décrivent bien les adhésifs qui vous sont proposés pour vos travaux domestiques.

TYPES ET UTILISATIONS

1. Colles PVA: Ces colles blanches vendues en contenants compressibles conviennent aux travaux de menuiserie et aux réparations domestiques. Faites de résine de polyvinyle, elles deviennent transparentes en séchant. Les joints, quoique solides, ne résistent pas à une forte traction ou à l'humidité.

2. Colles contact. Utilisez-les pour coller les stratifiés (Formica, Arborite) aux tables de travail et pour unir aux bois mousses plastiques, bois durs et métaux. Elles sont à double encollage (application sur les deux surfaces) et on doit les laisser s'épaissir. Le serrage n'a pas à se prolonger, mais il faut presser fermement l'ouvrage au premier contact. Les bavures s'enlèvent à l'acétone ou au dissolvant de poli à ongles.

3. Colles à base de caoutchouc. Il en existe une grande variété. Elles lient bien le bois au béton, le papier aux panneaux muraux, le caoutchouc au caoutchouc et réparent à merveille la porcelaine. Enlevez les bavures avec de l'acétone ou du dissolvant de poli à ongles.

4. Colles époxydes: Ces colles à deux composantes: résine et durcisseur, mélangées à parties égales, conviennent à la plupart des collages et réparations (particulièrement aux objets en verre ou en porcelaine qu'on lave à l'eau chaude) ainsi qu'au collage du métal au métal. Elles sont très utiles, mais coûtent trop cher pour qu'on les emploie dans les travaux d'envergure. Certaines de ces colles durcissent lentement (jusqu'à 48 heures); d'autres durcissent en cinq minutes.

5. Cellulose. Les colles cellulosiques servent à réparer les objets domestiques. Elles sèchent vite, résistent à la chaleur et à l'humidité et procurent un liant puissant. Elles s'utilisent largement dans la construction de modèles réduits de bateaux, avions, etc., et servent à réparer les objets décoratifs, le verre et la porcelaine. Enlevez les bavures avec de l'acétone.

6. Colles au latex naturel. En canistres ou en tubes, elles collent tissus, tapis, papiers et cartons, et sèchent vite. Elles supportent le lavage à l'eau chaude, mais pas le nettoyage à sec. Avant durcissement, les bavures s'enlèvent au linge humide; après durcissement, avec de l'essence à briquet.

7. Colles aux résines latex et au latex synthétique. Servent pour les carreaux de sol et de plafond, les planches murales et autres matériaux de construction. Elles sont de deux sortes: le latex synthétique à base d'eau et la résine à base de solvants. Elles s'accrochent au béton, aux dalles de ciment, au carton, à l'asphalte, et peuvent aussi coller tissus, cuirs et carreaux de céramique. Elles se vendent en tubes et s'appliquent au pistolet à calfeutrer. Les bavures s'enlèvent au chiffon humide ou avec un dissolvant à base de pétrole.

8. Colles résorcines et formaldéhydes. Ces deux colles sont excellentes pour unir le bois des structures. La colle résorcine résiste à l'eau et s'utilise pour les travaux maritimes ou de plein air. Les colles formaldéhydes, très fortes, se prêtent au collage intérieur, mais résistent mal aux intempéries. Elles sont composées d'un élément liquide, durcisseur poudre (résorcine), et d'un élément poudre, durcisseur liquide (formaldéhyde). Maintenez les joints bien serrés, de trois à dix heures, et n'utilisez pas à des températures inférieures à 70°.

9. Colles-gommes et colles de pâte. On compte parmi elles les colles au caoutchouc ou à la farine, les dérivés des colles animales et végétales — amidon et dextrine. Ces colles ne conviennent qu'au papier, au carton et au cuir. Les colles à papiers-peints entrent dans cette catégorie. Nettoyez les bavures avec de l'eau.

10. Mastic adhésif élastique. Prêt à l'emploi, sous forme de crème. Recommandé pour les joints d'étanchéité des cuisines et des salles d'eau. Résiste à la chaleur et à l'eau.

E: Excellent; **B:** Bon; **P:** Passable; **M:** Médiocre; **INST:** Instantané; **FLX:** Flexible; **SR:** Semi rigide; **R:** Rigide

TYPES D'ADHÉSIFS	Résistance à l'arrachement	Résistance aux intempéries	Temps de prise (hres)	Durcissement (hres)	Temps de jeu (min.)	Flexibilité	Inflammabilité	MARQUES DE COMMERCE
❶ Colles PVA	B	M	4	24	10	SR	NON	Colle Bond-Fast de LePage Colle 3M White Resin Glue-All de Elmer
❷ Colles-contact	P	E	INST	24 à 48	30 à 60	FLX	OUI	Prestite de LePage 3M Ten Bond, 3M Thirty Bond Colle-contact de Dural
❸ Colles à base de caoutchouc	M	B	INST à 4	24 à 48	1 à 15	FLX	OUI	Ciment 3M Cove Pliobond de Goodyear Scotch Grip Adhésif Miracle
❹ Colles époxydes	E	E	¼ à 12	24	1 à 180	R SR	NON	Epoxy de LePage Epoxy clair de Devcon Epoxy de Elmer Epoxy 5-Minutes
❺ Cellulose	M	P	6	48	1	SR	OUI	Ciment Plastik de LePage Ciment Duco Adhésif Scotch Super-Strength Plastic Mender de Devco
❻ Colles au latex naturel	M	M	INST à 1	8 à 48	1 à 120	FLX	NON	Carousel latex de B.H. Latex de Dural Patch de Devcon
❼ Colles aux résines latex et au latex synthétique	P	B à E	INST à 1	48	10 à 45	FLX	OUI	Ciment à calfeutrer de Canadian Adhesive Stelco Putty Adhésif acoustique Webtex 200
❽ Colles résorcines et formaldéhydes	E	E M	6 à 10	24	15 à 60	R	NON	Résorcine de Weldwood Colle de résine plastique de Weldwood Colle résorcine imper. Sears Colle de résine plastique
❾ Colles-gommes et colles de pâte	M	M	¼	8	2	FLX	NON	Pâte pour papier de LePage Pâte liquide de Carters Colle-caoutchouc de Carters
❿ Mastic adhésif élastique	M	E	1	24	5	FLX	NON	Adhésif silicone de Dow Mastic pour baignoires de Devcon Mastic pour baignoires de G.E. Mastic adhésif silicone de Sears

Comment utiliser le tableau

1. Déterminez, parmi les matériaux à coller, ceux qui sont fixes et ceux qui sont amovibles. Suivez la colonne de gauche d'abord et localisez le matériau amovible. Trouvez ensuite le matériau fixe dans la colonne horizontale du haut. Si les deux matériaux à coller sont amovibles, peu importe quelle colonne vous choisirez en premier.

2. Notez le numéro du casier au centre duquel les deux colonnes se croisent. Les numéros correspondants (page 86) indiquent le ou les adhésifs qui conviennent.

3. Si plus d'un adhésif est recommandé, étudiez les propriétés de chacun pour déterminer lequel conviendra aux objets que vous collez, et les conditions dans lesquelles ces objets seront utilisés. Choisissez ensuite parmi les marques de commerce.

Les chiffres de ce tableau correspondent aux chiffres encerclés dans le tableau de la page 86. Trouvez sur ce tableau le numéro de l'adhésif recommandé et la marque correspondante. Les chiffres en caractères gras indiquent les adhésifs les plus recommandés pour tel ou tel genre de travail.

	Carreaux acoustiques	Briques et béton	Tapis	Carreaux de céramique	Liège (autre que carreaux)	Carreaux de liège	Textiles	Verre, porcelaine et poterie	Panneaux durs	Cuir	Vinyle	Métal	Papier et carton	Plâtre	Murs secs	Plastiques (doux, flexibles)	Plastiques (durs, rigides)	Plastiques stratifiés (Formica, Arborite)	Plastiques, carreaux et revêtements de sols	Carreaux de plastique	Mousse de polystyrène	Caoutchouc	Revêtements et carreaux en caoutchouc	Pierre	Bois
Carreaux acoustiques	7,2	7	—	7	2,6,7	2,6,7	6	—	7,2	7	—	2	1,2	7,2	7,2	3	—	—	3	—	7	2	2	7,2	7,2
Briques et béton	—	—	—	7,2	—	—	—	—	—	—	—	4	—	—	—	—	—	—	—	—	—	—	—	4	4,7
Tapis	—	6,2	6	6,2	6	6	6	—	1,2	6	6,2	2	6	1,2	1,2	3	3,2	2	—	—	1	2	2	6,2	1,2
Carreaux de céramique	7	7	—	2,1	2	2	7	2,5,1	7	2	2	2,1	7	7	7	3	2,1	2,1	3	—	7	2	2	7	7
Liège (autre que carreaux)	6,2	3,2	6	2	3,2	3,2	6,2	3	1,2	2	3,2	2	1	1,2	1,2	3	3	2	7,3	—	7	2	2	3,2	1,2
Carreaux et revêtements de liège	2	7	—	2	3,2	2	6	3	7	3,5	—	2	3	7	7	3	2	2	7	—	2	2	7	7	7
Textiles	6	6,2	6	7	6,2	6	6	1,3	1,2	6,2	6,2	3,2	6	1	1	3	2,4	2	3	—	6	2	2	6,2	1,8,2
Verre, porcelaine et poterie	—	3,4	—	2,4	3	3	3	3,5,4	—	3,5,4	3,5	3,5,4	3	3,4	3,4	3	3,5,4	2,4	3	—	2	3	3,4	—	—
Panneaux durs	2	1,2	—	2,4	1,2	2	1,2	—	1,4	2	1,2	2,4	1,2	2	2	3	2	2,4	3	—	1	2	2,4	—	1
Cuir	2	3	6	2	2	3	6,2	3,5,4	2	2	3	2,5	3	2	2	3	3,2	2	3	—	6	2	2	2	2
Vinyle	—	3	2,6	2	3,2	—	6,2	3,5	1,2	3,5	3	3,5	3	3,2	3,2	3	3,2	2	—	—	2	—	—	3	1,2
Métal	2	2,4	—	2,4	2	2	3,2	3,5,4	2,4	2	3	2,5,4	3,2	2,4	2,4	3	2,5,4	2,5,4	3	—	2	2	2,4	2,4	2,4
Papier et carton	1,9,2	1,9,2	6	1,3,2	1,9	3	6	3,5	1,9,2	3,5	3	3,5,2	1,9	1,9	1,9	3	3	2	3	—	1,9	2	3	3	1,9,2
Plâtre	—	—	—	1,2	2	1,2	3,5,4	2	2	3,2	2,4	1	1	1	3	2	2,4	3	—	2	2	—	—	—	1,4
Murs secs	—	2	—	1,2	2	1,2	3,5,4	2	2	3,2	2,4	1	1	1	3	2	2,4	3	—	2	2	2	—	—	1
Plastiques (doux, flexibles)	3	3	3	3	3	3	3	3,5	3	3,5	3	3,5	3,5	3	3	3,5	3,5	3	3	—	3	3	3	3	3,5
Plastiques (durs, rigides)	—	2,4	3,2	2,4	3	2	3,2	3,5,4	2,4	3,2	3,2	2,4	3,5	2,4	2,4	3,5	3,5,4	2,4	3	—	2	2	2,4	2,4	2,4
Plastiques stratifiés (Formica, Arborite)	2	2,4	—	2,4	2	2	2	2,4	2,4	—	2	2,4	2	2,4	2,4	3	2,4	2,4	3	—	1	2	2	2,4	2,4
Plastiques, carreaux et revêtements de sols	3	7	—	3	7	7	3	3	7	3	—	3	3	7	7	3	3	3	3	—	—	3	3	7	7
Carreaux de plastique	—	7	—	—	—	—	—	7	—	—	3	—	7	7	—	—	—	—	—	7	7	—	—	7	7
Mousse de polystyrène	7	7	—	—	7	—	6	—	7	6	—	—	1	7	7	—	—	—	—	7	7	—	—	7	7
Caoutchouc	2	2	—	2	2	2	2	2	2	2	2	2	2	2	2	3	—	2	3	—	2	2	2	2	2
Revêtements et carreaux en caoutchouc	2	7	—	2	2	2	2	3	7	2	—	2	7	7	7	3	2	2	3	—	2	7	7	7	7
Pierre	—	4	—	2	—	2	—	—	—	—	—	4	—	—	—	—	—	—	—	—	—	—	—	4	—
Bois	2,7	2,4	—	2,4,8	1,2	2	1,7,6	—	1,8	2,8	1,2	2,4	1,2	1,8	1,8	3	2,4	2,4	3	—	1	2	2	2,4	1,8

Adhésifs

Pour coller les plastiques

Avant de choisir un adhésif pour réparer le plastique, vous devez savoir de quel type de plastique il s'agit. Voyez les tableaux ci-bas: la colonne qui concerne l'identification des plastiques et leurs usages vous fournira les indices nécessaires. On assume que les articles bon marché sont faits de polyéthylène ou de polystyrène. Les produits de qualité ont pour base des acryliques, du nylon, de l'acétal ou du plastique renforcé de fibres de verre. Les colles-contact, les ciments plastiques et les époxies sont les adhésifs les plus populaires. Les mastics-colles à base de caoutchouc et les colles résorcines sont également très employés. Faites des essais sur un échantillon.

Les tableaux vous aideront à identifier les matières plastiques que vous collerez. Trouvez, dans la colonne de droite, le matériau sur lequel le plastique sera collé. Cherchez en page 86 le N° qui correspond au genre de colle que vous utiliserez.

TYPES DE PLASTIQUE	IDENTIFICATION ET USAGES	ADHÉSIFS POUR COLLER LES PLASTIQUES SUR:			
		Plastique	Céramique	Métal	Bois
Thermoplastiques de type bakelite	Durs, cassants, résistent à la chaleur et comprennent époxies, mélamines et phénoliques. Usages: Finis qui ne collent pas pour marmites et poêlons; agitateurs de lessiveuses; tuyaux, mousses.	2,4	4	4	4
Polystyrènes à haute résistance	Rigides, cassants, produisent un son métallique en tombant. Usages: Jouets; boîtiers de radio; gobelets; carreaux muraux; tableaux de bord d'autos.	2,4,5,3	4,10	4	4,1
Polystyrènes transparents	Transparents, vitrifiés, cassants. Produisent un son métallique en tombant. Usages: Cruches, gobelets; miniatures; cabarets; canistres; tasses et soucoupes.	2,4,5,3	4	4	4,1
ABS (Acrylonitrile Butadienne-Styrène)	Résistants, rigides; coulent dans l'eau savonneuse; produisent un son métallique en tombant. Usages: Pièces de réfrigérateurs; bagages; caméras; encadrements; poignées de portes.	2,4,3	4,10	4	4
Polyéthylènes et polypropylènes	Résistants et colorés. Produisent un son sourd en tombant et flottent dans l'eau savonneuse. Usages: Tasses; soucoupes; assiettes; poubelles; paniers à linge; bouteilles compressibles.	4,6	6	6	6
Acryliques	Transparents; produisent un bruit sourd en tombant. Usages: Feux d'arrière d'automobiles; châssis (Plexiglas, Acrylite); abat-jour transparents.	2,5,3	2	2	1,2
PVC rigides (chlorure de polyvinyle)	Durs, lustrés; résistent aux intempéries. De couleur claire. Usages: Carreaux de murs et de sols; encadrements; fiches électriques; jouets; tablettes; garde-boue de bicyclettes.	2,5	5	2	5

TYPES DE PLASTIQUE	IDENTIFICATION ET USAGES	ADHÉSIFS POUR COLLER LES PLASTIQUES SUR:			
		Plastique	Céramique	Métal	Bois
Nylon et acétal	Résistants; moulures rigides. Usages: Poignées de portes; engrenages; moulinets et lignes à pêche; cordages de raquettes de tennis; glissières à rideaux et tiroirs; tableaux de bord d'automobiles.	2,4,8	2,4,10	4	4,8
PVC, flexibles	Lustrés; résistent aux intempéries. Usages: Vêtements imperméables; jouets gonflables; rideaux; sacs à emplettes; boyaux d'arrosage; simili-cuirs; isolants.	2,5	5	2	5
Celluloses	Lustrées, très inflammables. Usages: Têtes de bâtons de golf; films, stylos, peignes; montures de lunettes; montures de montres et d'horloges; tuyaux de plastique.	2,5	2	2	2
Stratifiés décoratifs	Durs; résistent à la chaleur et à l'usure. Usages: Surfaces de travail; panneaux muraux de douche; panneaux décoratifs.	2	2	2	1,2
Plastiques renforcés aux fibres de verre (GRP)	Un côté doux, un rude. Les fibres de verre donnent du corps au plastique. Usages: Coques de bateaux; carrosserie d'autos; valises; meubles; panneaux ondulés.	2,4	2	2	2
Mousses de polyuréthane, flexibles	Brunes, spongieuses, alvéolées. Usages: Coussins; isolants, matelas; décorations de Noël de toutes sortes.	2,4	10	4	4
Mousses de polyuréthane, rigides	Légères mais fermes, habituellement brunâtres. Usages: Poutres décoratives.	2,4	10	4	4
Polystyrènes dilatés	Mousses blanches rigides. Facilement compressibles. Usages: Matériau pratique pour les emballages et l'isolation.	2,4,5,3	4,10	4	4,1

section 4:

Les réparations à l'intérieur de la maison

Une maison mal entretenue est une maison à l'abandon; elle perd de son confort, de son apparence, de sa valeur. Tout propriétaire sérieux et économe le sait. Il sait également ce que coûte la main-d'œuvre. Ce chapitre enseigne qu'on peut faire soi-même un grand nombre de réparations lorsqu'on sait comment s'y prendre. Une maison en parfait état est source de bénéfices non apparents: économies de chauffage découlant d'un bon calorifugeage; moins de dégâts causés par des agents nuisibles — insectes et rongeurs; moins de risques d'accidents dans les escaliers et autres endroits dangereux.

sommaire

90 Entretien de l'intérieur
91 Murs et plafonds
102 Plinthes et moulures
104 Escaliers
109 Planchers
118 Fenêtres à guillotine
122 Pose du coupe-bise sur les fenêtres
123 Châssis en bois
124 Châssis à battant
125 Châssis coulissants
126 Châssis basculants et jalousies
127 Installation du bâti (fenêtres à guillotine)
128 Fabrication des fenêtres en aluminium
130 Contrechâssis en bois
131 Moustiquaires
134 Stores
135 Stores à lamelles (stores vénitiens)
136 Quincaillerie à draperies
139 Portes
142 Coupe-bise de portes
144 Portes
150 Serrures de portes
154 Carrelages de céramique
156 Sous-sols
159 Les agents nuisibles dans votre maison

Entretien de l'intérieur

Liste de contrôle

Procédez à une inspection minutieuse à l'intérieur et à l'extérieur de la maison, une ou deux fois par an. De petites réparations, si elles sont négligées, peuvent provoquer de gros ennuis, onéreux en temps et en argent. Pour l'inspection à l'intérieur, voyez la liste suivante; pour l'extérieur, voyez page 164.

1. Grenier: Recherchez les fuites dans le toit; vérifiez les ouvertures par lesquelles des chauves-souris pourraient pénétrer; inspectez l'isolation, les chevrons, les évents, la cheminée et les murs.

2. Fenêtres: Assurez-vous que les châssis fonctionnent bien, que les carreaux, cordes et chaînes sont intacts, que les serrures fonctionnent, que les coupe-bise ne sont pas usés.

3. Salles de bains: Vérifiez si les robinets gouttent, si la pomme de douche coule, si la chasse d'eau fonctionne, si l'alimentation en eau chaude est normale.

4. Murs et plafonds: Examinez les peintures, le papier-peint et les rubans des panneaux-muraux; recherchez les fissures, trous ou bosses dans le plâtre.

5. Planchers: Recherchez les lames de parquet qui craquent, les plinthes et moulures fendues ou écornées, les carreaux abîmés ou manquants.

6. Escaliers: Assurez-vous que les marches, la rampe et les barreaux ne branlent pas et sont en bon état.

7. Radiateurs: Vérifiez si les robinets coulent; purgez l'air, au début de la saison de chauffe.

8. Conditionneurs d'air: Nettoyez les filtres avant l'été; recouvrez, en hiver, la partie à l'extérieur.

9. Portes: Vérifiez si elles se coincent ou s'affaissent; examinez serrures et chaînes et coupe-bise.

10. Foyers: Inspectez le régulateur de tirage, l'âtre, la grille, les chenets, le tamis, le manteau.

11. Cuisine: Vérifiez l'installation électrique des appareils ménagers; nettoyez le ventilateur et enlevez les dépôts de poussière et de graisse.

12. Sonnerie des portes: Faites l'essai des dispositifs sonores: carillons, vibreurs, système antivol.

13. Fournaise: Y a-t-il fuite dans les canalisations, les conduits de fumée, la chambre de combustion? Vérifiez régulateur de tirage, courroie et pales; (remplacez le filtre; huilez le moteur).

14. Installation électrique: Repérez à travers toute la maison les fils dénudés, les mauvaises connexions, les prises et les interrupteurs défectueux.

15. Plomberie: Inspectez drains, siphons, tuyaux de renvoi, conduit d'eau principal et robinets d'arrêt.

16. Caves et sous-sols: Recherchez les indices d'hu-midité, les fuites, les fissures ou le bris du plancher, les fissures dans les murs. Examinez les joints entre le plancher et les murs où les fuites se produisent.

17. Canalisation de sous-sol: Vérifiez les conduits d'eau froide du sous-sol; enveloppez-les d'un matériau isolant pour éviter la condensation qui amène des suintements en été et du gel possible en hiver.

18. Appuis des fenêtres: Ils souffrent des intempé-ries, surtout quand ils sont exposés au soleil du midi: poncez-les et repeignez-les. Recouverts de lamifié de plastique, ils ne nécessitent aucun entretien.

19. Fenêtre de cave: Regardez si les fenêtres au ras du sol n'ont pas été attaquées par les termites.

20. Solives: Assurez-vous que les charges sont réparties sur toutes les solives et qu'aucune n'a de jeu visible avec la poutre principale. Enfoncez des cales.

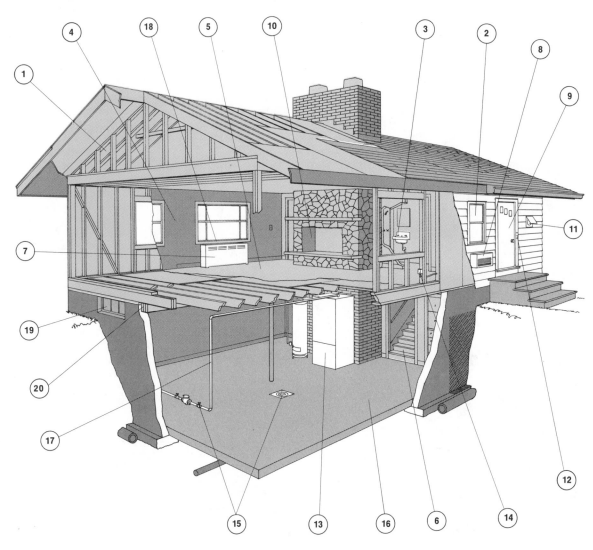

Réparations des fissures dans les murs de plâtre

Les fissures dans les murs de plâtre proviennent de tassements, vibrations ou conditions atmosphériques; parfois aussi de vices de construction. Les fissures de la largeur d'un cheveu, qui pourraient s'agrandir, sont peu visibles, surtout autour des portes, fenêtres, moulures et coins. Quelle que soit leur importance, il faut les reboucher avant de commencer les travaux.

Les méthodes de réparation varient suivant la dimension et l'origine des fissures. Le rebouchage des fissures causées par le tassement est généralement définitif. Celles qui proviennent des vibrations sont petites mais ont tendance à réapparaître après chaque réparation; celles qui proviennent d'un vice de construction disparaissent quand ce vice est corrigé.

Réparation des fissures très minces

Passez une lame mince le long de la fissure, pour l'élargir. Nettoyez. Faites pénétrer du bout des doigts, le plus profondément possible, plâtre, pâte de bois ou autre obturateur.

Laissez sécher à fond, poncez en nivelant avant d'appliquer l'apprêt. Recouvrez la zone réparée d'une couche de gomme laque ou d'impression pour empêcher l'absorption de la peinture.

Elargissez la lézarde avec la queue recourbée d'une lime, pour donner prise à la pâte de remplissage.

Mélangez suffisamment de pâte pour reboucher la fissure; quand elle atteint une consistance épaisse, elle est prête.

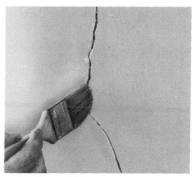

Mouillez au pinceau ou au vaporisateur (abondamment) l'intérieur et le pourtour de la fissure.

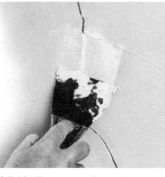

A l'aide d'un couteau à mastiquer, remplissez la lézarde. Enlevez l'excès de pâte et nivelez.

A l'aide d'un papier de verre fin entourant un bloc, poncez et affleurez le remplissage.

Quand la pâte a séché, appliquez sur toute la surface une généreuse couche d'apprêt.

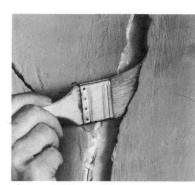

Si les fissures sont larges, coupez les bords en biseau; nettoyez la fissure et mouillez abondamment les bords.

Mélangez du plâtre et remplissez la cavité. Laissez sécher pendant 24 heures. Le plâtre rétrécira en séchant.

Si un rétrécissement se produit, mouillez et recouvrez de plâtre frais. Laissez sécher. Poncez et affleurez.

Murs et plafonds

Réparation des trous dans les murs de plâtre

On peut reboucher les petites cavités (les trous de clous et les bosselures causées par les meubles) avec du plâtre, de la pâte à joints ou d'autres obturateurs appropriés.

Auparavant, faites tomber les parties désagrégées sur le pourtour du trou et mouillez les bords de la cavité afin que le plâtre adhère parfaitement.

Obturez et laissez sécher plusieurs heures, puis poncez en nivelant d'un mouvement circulaire, afin de rendre la réparation tout à fait invisible. Appliquez l'apprêt avant de commencer la peinture.

Pour les grands trous, le plâtre reste le meilleur obturateur qui soit. Il nécessite cependant un support, que ce soit un treillis métallique, une latte de métal déployé ou un grillage métallique épais. Appliquez au moins deux couches de plâtre; enfoncez la première couche à travers le treillis pour servir d'ancrage au reste du produit. Remplissez ensuite la cavité d'une deuxième couche.

Lorsque le plâtre sera sec, poncez en affleurant avant de poser l'apprêt.

Le plâtre est préférable aux autres obturateurs pour les grandes cavités ou les grandes surfaces, mais des obturateurs du genre de la pâte à joints peuvent servir à reboucher des trous relativement petits.

On peut aussi mélanger le plâtre avec du plâtre de Paris avant de gâchage. Ce mélange réduit la durée du séchage.

Pour les grands trous, il est recommandé d'incorporer au mélange quelques fils de nylon résistants ou des crins qui serviront de liant au matériau et renforceront le plâtrage. Procédez ensuite comme on l'a indiqué plus haut pour finir proprement.

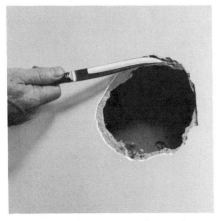

Faites tomber les débris de plâtre sur le pourtour de la cavité.

Découpez un morceau de treillis plus grand que le trou. Passez-y un fil de fer.

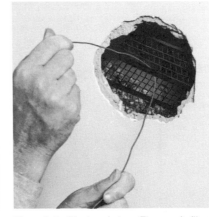

Placez le treillis dans le trou. Tirez sur le fil pour le faire adhérer à la sous-face.

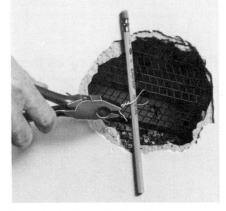

Nouez les bouts du fil autour d'un crayon pour faire tenir le treillis.

Mouillez l'intérieur et les bords du trou avec un vaporisateur ou un pinceau.

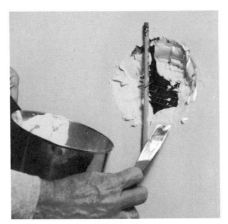

Faites pénétrer une première couche de plâtre dans le treillis, tel qu'illustré.

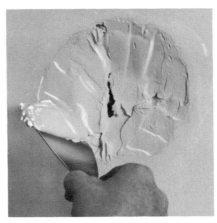

Laissez sécher. Coupez le fil et enlevez le crayon. Finissez d'obturer.

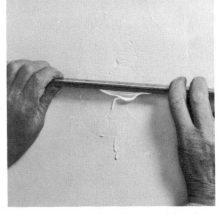

Enlevez l'excès de plâtre. Laissez sécher. Poncez. Appliquez une couche d'impression.

Pose de la planche murale

Les panneaux se composent d'une planche de placoplâtre ignifugé recouvert de papier fort des deux côtés. Les panneaux standard ont une épaisseur de ⅜", ½" et ⅝". Ils mesurent 4' de large et se présentent prêts à être peints, en différentes longueurs ne dépassant pas 12'. Le pourtour de la face externe est aminci pour permettre la pose de la pâte à joints et des rubans qui chevauchent les aboutements des panneaux afin que la surface murale soit unie et continue.

Les rives des panneaux adoptent des formes spéciales dans un but décoratif ou architectural. Deux couches de pâte par-dessus les rubans sont habituellement nécessaires. La pâte séchant lentement, n'appliquez la deuxième couche qu'une nuit après la première.

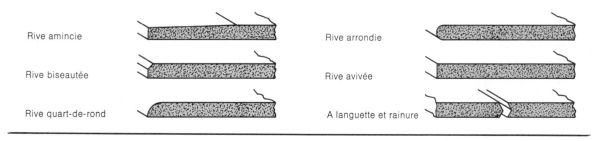

Rive amincie

Rive biseautée

Rive quart-de-rond

Rive arrondie

Rive avivée

A languette et rainure

Outillage et technique

Pour préparer les panneaux, il faut **une règle d'acier, une raclette** et **un couteau à araser** à lame amovible, lourde et tranchante qui entaille les traits de rupture des panneaux. Les outils nécessaires à la pose sont **un marteau à face bombée** pour enfoncer les clous et former un creux (voir photo du bas, à droite) dans le panneau; un récipient de plastique pour la pâte à joints; **un couteau** de 4"; **une truelle** de 10"; **du papier de verre à grain moyen; une scie à guichet** ou **une scie passe-partout; une scie à métaux** ou **des cisailles.** On peut mentionner aussi des outils à usages spéciaux ou qui facilitent le travail: **l'outil pivotant, le maillet de caoutchouc, l'outil d'angle, le té** et **le pistolet à calfeutrer.**

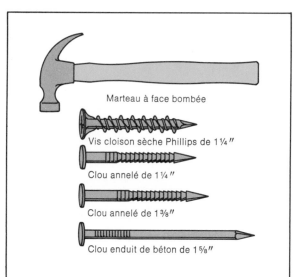

Marteau à face bombée

Vis cloison sèche Phillips de 1¼"

Clou annelé de 1¼"

Clou annelé de 1⅜"

Clou enduit de béton de 1⅝"

A l'aide du marteau à face bombée, enfoncez le clou au ras du panneau (à gauche). Ne perforez pas le panneau en enfonçant le clou. Formez un creux (à droite) avec le dernier coup.

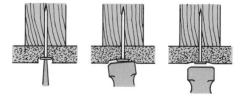

Surface perforée   Placoplâtre effrité   Creux parfait

Matériaux nécessaires

Dimension des panneaux	Longueur des clous	Quantité (par 1,000 pieds carrés)
⅜", ½"	1⅝"	5¼ lbs
⅝"	1⅞"	6¾ lbs

PÂTE ET RUBAN

Surface des panneaux	Adhésif	Quantité	Longueur des rubans
100-200 pi. ca.	1 gal. imp.	12 lbs.	120 pieds
300-400	2	24	180
500-600	2½	36	250
700-800	3	48	310
900-1,000	4	60	500

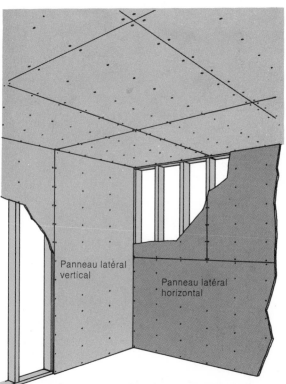

Panneau latéral vertical

Panneau latéral horizontal

Posez les panneaux d'abord sur le plafond puis sur les murs latéraux. Installez les panneaux latéraux verticalement, les rives parallèles aux poteaux de l'ossature murale; ou horizontalement, en travers des poteaux, pour former le moins de joints possible. Finition page 96.

Murs et plafonds

Découpage de la planche murale

Commencez par calculer les dimensions très exactement pour que les panneaux s'emboîtent parfaitement. La coupe de la face antérieure des panneaux se fait sur toute leur longueur ou leur largeur.

On peut utiliser une scie, mais un couteau à araser est préférable. Tenez la lame à angle droit et entaillez contre une règle suffisamment lourde pour ne pas se déplacer.

Coupez à travers le papier et une partie du plâtre. Cassez ou pliez le panneau du côté opposé à l'entaille pour achever la séparation du noyau par brisure. En tenant les deux parties pliées, découpez au couteau le papier de renfort, de haut en bas ou de bas en haut. Aplanissez les arêtes à la râpe avec un morceau de latte métallique ou de papier de verre grossier montés sur un bloc à poncer.

Du côté antérieur du panneau, déterminez exactement l'emplacement et la dimension des passages de prises de courant et autres ouvertures. Percez des trous aux coins des ouvertures. Découpez au couteau le contour des morceaux à enlever. Entaillez aussi des traits diagonaux. Faites tomber les morceaux en les frappant avec un marteau ou détachez-les avec une scie à guichet à dents fines.

Entaillez le panneau à travers le papier de la face antérieure et le noyau avec un couteau à araser glissant contre une règle.

Cassez ensuite le panneau en le pliant ou en séparant les pièces les unes des autres (côté papier).

Le panneau étant plié à la brisure partielle, coupez le papier de renfort d'un seul coup de couteau, de haut en bas ou de bas en haut.

La brisure est rugueuse: aplanissez-la à la râpe ou avec un morceau de latte métallique ou de papier de verre montés sur un bloc.

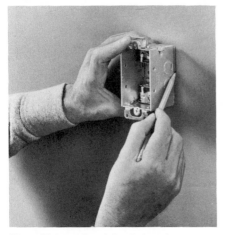

Placez l'interrupteur à l'endroit voulu et tracez son contour au crayon.

Percez des trous de ¼" aux quatre coins du rectangle, comme sur la photo.

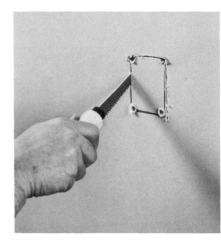

A l'aide d'une scie à guichet ou à panneaux, découpez le panneau d'un trou à l'autre.

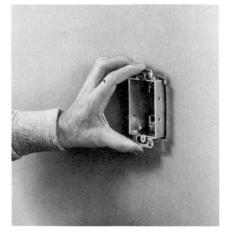

Déterminez l'emplacement des vis à l'aide de la boîte d'interrupteur décrite page 265.

Remplacement d'une planche murale

Il est parfois plus pratique de remplacer un panneau mural trop endommagé que de le réparer.

Assurez-vous d'abord que le panneau de remplacement a la même épaisseur que celui qui doit être enlevé. Ensuite, à l'aide d'un couteau à araser tranchant, découpez le ruban en son milieu et la pâte à joints entre le panneau endommagé et le panneau adjacent. Arrachez les clous et enlevez le panneau. Détachez les bandes décollées du panneau adjacent et poncez les parties rugueuses.

Mesurez exactement l'ouverture et découpez le nouveau panneau aux mêmes dimensions à l'aide d'un couteau à araser. Aplanissez les aboutements.

Un levier manœuvré au pied, composé de deux pièces de bois, sera utile pour soulever le nouveau panneau et le placer le long du mur. Une fois que celui-ci sera en place et bien ajusté, clouez-le en vous assurant qu'il s'aboute parfaitement en longueur et en largeur aux panneaux adjacents. Enfoncez des clous annelés en appuyant fortement du plat de la main sur le panneau pour le faire adhérer aux montants de l'ossature murale.

Clouez perpendiculairement aux panneaux et formez, d'un dernier coup de marteau, un creux autour de la tête des clous. Recouvrez ceux-ci entre les joints et posez le ruban (page 96). Quand la pâte aura séché, appliquez une seconde couche, et une troisième si nécessaire.

Élargissez chaque couche en l'amincissant sur les bords. Laissez sécher, poncez et donnez l'apprêt.

A l'aide d'un couteau à araser, découpez le ruban en son milieu et entaillez la pâte à joints.

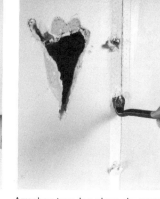

Arrachez tous les clous du panneau à enlever, sans endommager les panneaux adjacents.

Enlevez les rubans décollés et le papier qui dépasse des bords des panneaux; poncez leurs aboutements.

Fabriquez un levier au pied avec deux pièces de bois; placez le bout de l'une sous le panneau pour le soulever.

Pour clouer un panneau au plafond, faites-le adhérer fermement aux solives à l'aide de deux tés.

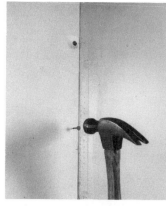

Plantez les clous à environ ⅜″ ou ½″ des bords des panneaux. Enfoncez-les perpendiculairement pour que leur tête soit au niveau de la surface.

Formez un creux en donnant un dernier coup de marteau. Recouvrez de plâtre la tête des clous, pour mieux les dissimuler.

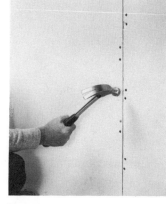

Posez les clous deux par deux, en chicane, comme sur la photo. Cette technique empêchera les clous de ressortir par la suite.

A l'aide d'un couteau à murs, appliquez la pâte à joints pour noyer la tête des clous dans le panneau. Enfoncez-les juste sous la surface.

Posez le ruban avant que la pâte n'ait séché complètement. Recouvrez-le d'une seconde couche (p. 96) que vous étalerez en l'amincissant.

Murs et plafonds

La pose du ruban sur un joint de planches murales

Si le ruban est posé convenablement, le joint se confondra avec le mur et sera invisible. La pose de la pâte et du ruban requiert cependant beaucoup de soins et de patience pour que le travail soit réussi.

La pâte s'achète pré-malaxée ou en poudre; on la mélange avec de l'eau pour former un enduit.

Les rubans des planches murales ordinaires sont faits de papier renforcé et perforé, de 2″ de largeur, vendus en rouleaux de 60′, 250′ et 500′. Quand le ruban est enfoncé dans la pâte qui remplit les espaces entre les rives amincies de deux panneaux adjacents, l'enduit s'infiltre à travers les perforations, renforçant l'adhérence.

Quand le ruban enrobé et la pâte ont séché, appliquez une seconde couche par-dessus la première. Elle sera de 6″ à 8″ plus large que la première et on l'étalera en l'amincissant, en partant du centre. Laisser sécher et appliquez une troisième couche. Cette troisième et dernière couche est étalée jusqu'à une distance de 12″ à 14″ du centre. Quand la dernière couche sera parfaitement sèche, poncez légèrement avec du papier de verre à grain moyen monté sur un bloc à poncer.

Pour réunir par joints d'about des panneaux non amincis, procédez de la même façon, mais en appliquant de légères multicouches au centre des joints. Il est recommandé, dans ce cas, d'étaler la pâte sur une distance de 2″ à 4″ au-delà de celle qui est suggérée pour les joints amincis.

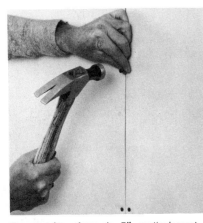

Espacez les clous de 7″, verticalement, au moins à 3/8″ des rives des panneaux adjacents, les uns à côté des autres.

Appliquez une couche épaisse de pâte à joints pour remplir la rainure que forment les rives amincies des panneaux.

Centrez le ruban perforé sur toute la longueur du joint et pressez-le dans la pâte à l'aide d'un couteau à murs (angle de 45°).

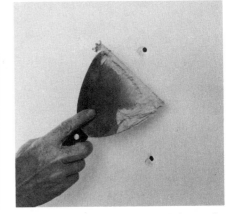

Pendant que la première couche sèche, appliquez une première couche de pâte par-dessus les autres clous entre les joints.

Quand la première couche est sèche, appliquez-en une seconde. Etalez-la en l'amincissant sur une largeur de 6″ à 8″.

Appliquez une troisième couche fine, étalée sur une distance de 12″ à 14″, ainsi que par-dessus les têtes des clous.

Quand l'enduit est sec, poncez légèrement avec du papier de verre à grain moyen pour rendre la surface lisse et unie.

Appliquez sur le joint une couche d'apprêt. Utilisez de la gomme laque si le mur doit être recouvert de papier. (Celui-ci s'enlèvera mieux.)

Pose du ruban sur un coin intérieur

Elle se fait comme pour les joints plats (p. 96) mais en pliant le ruban dans l'angle du coin. Remplissez le joint de pâte à la jonction des murs et appliquez-en suffisamment sur les murs pour enrober le ruban plié.

Pressez la pâte dans l'angle avec un couteau à enduire et étalez l'excès en l'amincissant vers les bords. Laissez sécher; appliquez une seconde puis une troisième couche. Celle-ci sèche, poncez et donnez l'apprêt.

Pose de ruban sur un coin extérieur

Renforcez les coins extérieurs avec des baguettes de métal appelées baguettes d'angle. Le modèle à brides de papier illustré ci-dessous se fixe à l'aide de pâte; d'autres modèles sont cloués sur l'ossature murale.

Remplissez la rainure de pâte, étalée sur 1½″ par-dessus les surfaces adjacentes.

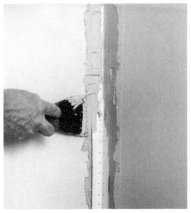

Pliez le ruban perforé sur la ligne médiane et posez-le en l'enrobant de pâte.

Appliquez une 2e et une 3e couche de pâte. Aplanissez à l'aide d'un outil d'angle.

Appliquez une couche de pâte sur le coin, avant de poser les baguettes d'angle métalliques à brides de papier. Noyez les têtes des clous des modèles tout métal.

Réparation des petits trous dans les panneaux

Bouchez un petit trou dans un panneau en introduisant une pièce dans l'ouverture. Agrandissez le trou pour corriger sa forme irrégulière, taillez une pièce dans une retaille. Une vis enfoncée au centre servira de prise. Recouvrez de pâte les rives de la pièce et fixez-la dans l'ouverture. Une fois l'enduit sec, enlevez la vis, recouvrez la surface entière de pâte avec une truelle et parfaites la finition comme à la page 98.

Fixez la baguette de métal. Appliquez la 1re couche de pâte par-dessus le ruban en l'étalant à 3″ ou 4″ au-delà. Amincissez sur les bords. Laissez sécher une nuit.

Elargissez l'ouverture autour du trou. Posez une pièce; recouvrez les rives de pâte.

Une vis fixée sur la pièce servira de prise pour la tenir en place.

Enlevez la vis; recouvrez la pièce de pâte avec une truelle; voyez p. 98.

Appliquez une 2e couche. Etalez-la en l'amincissant au-delà de la première. Laissez sécher une nuit, puis poncez le jour suivant. Essuyez complètement avant de donner l'apprêt.

Murs et plafonds

Trous importants dans les panneaux

Un trou important peut être bouché en y cimentant une pièce découpée dans une retaille que vous faites reposer sur une plaque fixée à l'intérieur. A l'aide d'une scie à guichet, corrigez la forme irrégulière du trou et agrandissez-le pour y faire pénétrer la plaque de soutien. Cimentez la plaque (contreplaqué ou planche murale mesurant 2″ de plus que l'ouverture) du côté intérieur du panneau endommagé. Dans une retaille, découpez une pièce mesurant ⅛″ de moins que l'ouverture et cimentez-la sur la plaque de soutien. Remplissez les interstices autour de la pièce, puis recouvrez-la entièrement de pâte Quand la pâte est sèche, poncez et terminez la finition.

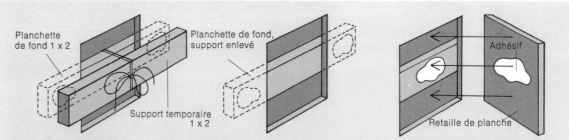

Pour poser une pièce sur un trou de grande dimension, cimentez une planchette de 1 x 2 en travers du trou, à l'intérieur du mur. Ficelez à la première une autre planchette 1 x 2 posée en travers du trou à l'extérieur; enlevez-la quand l'adhésif sera sec.

Planchette de fond 1 x 2

Planchette de fond, support enlevé

Support temporaire 1 x 2

Adhésif

Retaille de planche

Sciez un carré dans une retaille. Appliquez la pièce par-dessus le trou à boucher et dessinez le contour au crayon.

A l'aide d'une scie à guichet, découpez le long des traits de crayon une ouverture dans le mur autour de la déchirure.

Découpez une plaque plus grande que l'ouverture et percez au centre un trou pour le doigt. Recouvrez ses bords d'adhésif et posez-la.

Tenez la plaque par un doigt passé dans le trou central et faites-la adhérer à la sous-face du mur. Renforcez avec des vis.

La plaque de fond étant fixée, recouvrez de pâte les rives et le dos de la pièce, ainsi que la surface extérieure de la plaque.

Posez la pièce en pressant légèrement contre la plaque de fond jusqu'à ce que la pâte commence à sécher.

Remplissez généreusement les interstices autour de la pièce et recouvrez toute la surface de pâte. Laissez sécher.

La pâte sèche, terminez la finition en ponçant avec du papier abrasif monté sur bloc. Amincissez les bords.

Réparation d'un ruban déchiré

Une déchirure de ruban, sans cassure apparente du joint, est habituellement causée par le rétrécissement d'un des panneaux ou des deux. Détachez tous les morceaux de rubans déchirés, petits et grands, afin que la réparation ne présente pas de renflements. Faites bien attention de ne pas arracher de morceaux de pâte ou de sous-couche de panneau. Poncez la partie à réparer. Remplissez les fissures de pâte à joints, puis posez un nouveau ruban par-dessus celui qui est endommagé.

Laissez sécher, puis poncez avec un papier abrasif à grain moyen. Une seconde couche de pâte à joints est parfois nécessaire pour rendre la réparation absolument invisible.

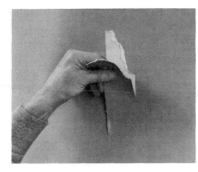

Détachez les morceaux de rubans endommagés dans la partie à réparer.

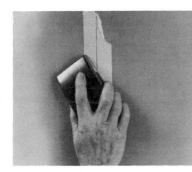

Poncez la surface d'où le ruban a été enlevé pour qu'il n'y ait pas de bosses.

Posez un nouveau ruban à l'aide de pâte. Amincissez aux extrémités.

Installation de panneaux doubles

Deux rangées de panneaux augmentent l'insonorisation des murs et empêchent les clous de ressortir. Posez la première rangée de panneaux réguliers de ³⁄₈" de la façon habituelle (p. 95). A l'aide d'une large truelle, appliquez, sur les panneaux de fond, des noix de pâte espacées de 8". Posez, par-dessus, les panneaux extérieurs. Les joints des deux rangées doivent être décalés d'au moins 10".

Pour étaler l'adhésif et renforcer l'adhérence, frappez sur une pièce de bois de 2 x 4 avec un marteau et cela sur toute la surface des panneaux. On peut enfoncer des clous dans les montants de l'ossature murale pour maintenir les deux rangées ensemble. L'adhésif sec, enlevez les clous et bouchez les trous.

Appliquez sur la première rangée de panneaux des noix de pâte.

Posez les panneaux extérieurs de façon que les joints ne soient pas superposés.

Frappez un bloc de bois avec un marteau pour rapprocher fermement les panneaux.

Brèche dans un panneau

Les dégâts que subissent les panneaux sont plus souvent des marques de coups que de véritables déchirures. Les brèches se réparent de la même façon que les grandes déchirures (p. 98), sauf que le panneau endommagé sert de plaque de fond. Passez la surface à réparer au papier de verre à gros grain pour la rendre rugueuse afin de donner une meilleure prise à la pâte à joints. Si la marque est large, appliquez une couche de pâte; laissez sécher et appliquez autant de couches qu'il est nécessaire pour boucher le trou.

Quand la pâte sera parfaitement sèche, poncez et parfaites la finition. Si la marque est petite, une seule application suffit pour la remplir. Terminez en ponçant la réparation pour la rendre unie et lisse.

Passez au papier abrasif la surface à réparer pour donner prise à la pâte.

Remplissez la cavité d'une ou de plusieurs couches de pâte à joints.

La pâte sèche, poncez la surface pour la rendre unie, et donnez l'apprêt.

Murs et plafonds

Clous qui ressortent des panneaux

Un clou noyé dans un panneau peut commencer un mouvement de poussée vers l'extérieur et causer sur la surface du panneau, normalement unie comme une feuille de papier, une protubérance ou un renflement.

Cette poussée du clou vers l'extérieur peut s'expliquer de plusieurs façons: il peut avoir été mal posé; le montant de l'ossature murale peut avoir rétréci ou gonflé, par suite de variations d'humidité; des vibrations ou des déplacements de matériaux peuvent être responsables de la lente sortie des clous.

Le moyen habituel pour corriger ce défaut consiste à poser un autre clou à 1½″ de celui qui ressort. Enfoncez le nouveau clou droit et juste, et formez un creux dans le panneau (p. 93). Pendant le clouage, maintenez fermement de la main le panneau contre l'ossature murale pour éviter le va-et-vient du panneau sur la tige du clou.

Si le clou qui dépasse s'enlève difficilement, enfoncez-le au-dessous de la surface de travail à l'aide d'un chasse-clou, au besoin. Enlevez débris, poussières et autres matériaux désagrégés, puis bouchez la surface endommagée et le creux du nouveau clou avec de la pâte à joints.

Si le clou qui ressort est petit et n'est pas placé dans un endroit visible, on peut le laisser tel quel.

S'il se trouve sur une surface lustrée ou très vivement éclairée, la réparation s'impose, cela va de soi.

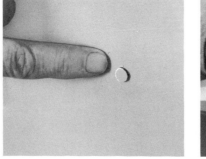

Un clou qui dépasse doit être fixé immédiatement pour éviter des dégâts plus graves.

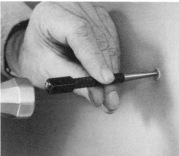

Enlevez et remplacez le clou qui dépasse ou noyez-le sous la surface. Utilisez un chasse-clou, au besoin.

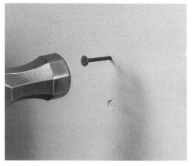

Si le clou s'obstine à ressortir, pesez sur le panneau et enfoncez un autre clou à 1½″ de celui qui dépasse.

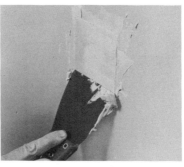

Recouvrez de pâte le creux du nouveau trou et la partie endommagée par l'ancien clou.

A l'aide de papier abrasif à grain moyen, monté sur un bloc, poncez la surface pour la rendre unie et lisse.

Donnez l'apprêt aux endroits recouverts de pâte avant d'entreprendre la peinture ou la pose du papier peint.

Remplacement d'un carreau de plafond

Pour enlever un carreau brisé, entaillez le pourtour avec un couteau ou une lame de scie.

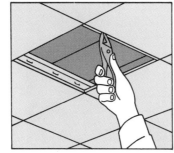

Arrachez les vieux clous ou agrafes. Enlevez aussi les parties du carreau qui restent.

Coupez au couteau les languettes sur les bords du carreau de remplacement.

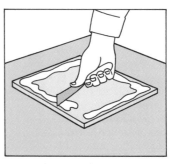

A l'aide d'une spatule, appliquez une couche d'adhésif sur la sous-face du carreau de remplacement.

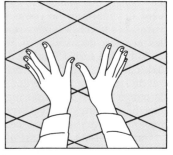

Posez le nouveau carreau dans le trou du plafond. Fixez-le de niveau en poussant des deux mains.

Remplacement d'un panneau de bois

Au cours de la rénovation d'une pièce, il est parfois nécessaire de remplacer un panneau de bois parce qu'il est endommagé, ou dans un but décoratif. En démontant le panneau, faites attention de ne pas endommager les corniches et les plinthes (p. 398); il peut être difficile d'harmoniser les teintes d'origine.

Détachez le panneau, d'abord avec un couteau à mastiquer, puis avec un ciseau à lame droite ou un levier-barre très mince. Faites attention de ne pas endommager les matériaux qui doivent resservir, ainsi que les panneaux adjacents. Les panneaux sont habituellement collés le long des montants, sauf sous les corniches et les plinthes. Il est souvent nécessaire de gratter les traces de colle sur les montants ou les murs avant de pouvoir poser le nouveau panneau.

Faites attention, en les démontant, de ne pas endommager les plinthes et les corniches qui devront resservir.

Arrachez les clous avec des pinces ou un arrache-clou. S'ils n'offrent pas assez de prise, noyez-les.

Pratiquez une fente près d'un bord du panneau avec un marteau et un ciseau pour décoller l'autre partie du montant.

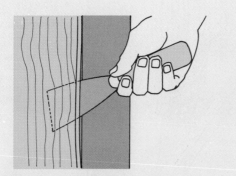

Pour enlever un panneau de bois, insérez un couteau à mastiquer entre le panneau et le montant.

Forcez avec une barre à démolition du côté fendu; endommagez le panneau le moins possible: il pourra servir.

A l'aide d'un couteau à mastiquer, faites sauter la colle entre panneau et montant (ou mur) et enlevez le panneau.

Grattez les traces de colle; posez le nouveau panneau pour vérifier l'ajustement; enlevez-le. Appliquez l'adhésif.

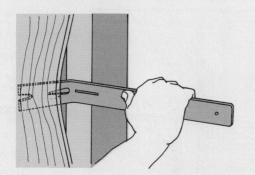

Un levier-barre mince donnera suffisamment de prise pour faire sauter la colle et les clous.

Installez le nouveau panneau. Martelez les surfaces en vous servant d'un bloc protecteur, puis enfoncez les clous.

A l'aide d'un chasse-clou, enfoncez les clous au ras ou au-dessous de la surface. Bouchez les trous au mastic.

Reposez corniches et plinthes. Si vous vous servez des trous percés par les premiers clous, prenez des clous plus gros.

Plinthes et moulures

Plinthes endommagées

Pour enlever une plinthe endommagée, insérez un levier-barre ou un ciseau entre le mur et la plinthe. Écartez la plinthe doucement et avec précaution pour éviter de fendre le bois. Interposez des cales pour maintenir la pression, au fur et à mesure que vous progressez le long de la plinthe.

Quand la plinthe est enlevée, placez une nouvelle pièce par-dessus et marquez la longueur et le profil à onglet. Coupez ensuite avec la boîte à onglets.

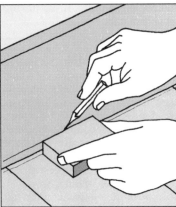

Mur — Plinthe
Quart-de-rond
Sous-plancher — Clou dans le montant

Pose sur un sol inégal

Mesurez le plus grand espacement entre plinthe et plancher. Découpez un bloc de bois plus épais que l'espacement. Posez sur le bloc un crayon et déplacez le bloc pour dessiner le profil du sol sur la plinthe.

Insérez l'extrémité d'un mince levier-barre ou d'un ciseau entre plinthe et mur; forcez vers l'extérieur légèrement.

Quand l'écartement entre le mur et la plinthe vous semblera suffisant, interposez une cale.

Continuez à écarter et à insérer des cales jusqu'à ce que la plinthe puisse se détacher facilement du mur.

Découpez la plinthe le long du trait de crayon. Sciez un peu en biais pour que la face extérieure de la plinthe soit légèrement plus grande que le dos. Une scie à ruban ou à découper rendra le travail plus facile et plus rapide.

Enlevez les clous restés sur le mur en vous servant d'un bloc de bois pour ne pas endommager sa surface.

Mesurez la plinthe de remplacement à l'aide de celle qui a été ôtée et marquez les angles des coins.

Découpez à l'aide d'une boîte à onglets. Posez la nouvelle plinthe et clouez-la. Noyez la tête des clous; bouchez les trous.

Placez la plinthe sur le plancher, contre le mur, en pressant fortement contre le sol. Clouez. Enfoncez le clou supérieur un peu en biais. Le clouage en biais maintient la plinthe en place et l'appuie plus fermement contre le sol.

Raccordement en angle des plinthes

Le mesurage et la découpe des plinthes que l'on doit remplacer dans les coins intérieurs doivent être faits avec grand soin. Les plinthes qui se raccordent à des coins intérieurs sont réunies au moyen de joints par superposition (p. 399). Les joints sont d'exécution plus difficile et plus longue que les onglets ordinaires, mais, bien réalisés, ils offrent un travail plus soigné et plus élégant. On confectionne un joint à onglet (p. 393) quand il faut couper et raccorder des plinthes à un coin extérieur.

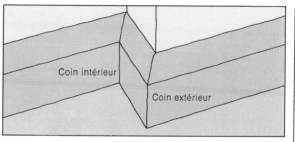

Coin intérieur

Coin extérieur

Pose de quarts-de-rond

Coupez les moulures à la longueur requise pour recouvrir la base des plinthes. Faites des découpes à onglet ou par superposition. Les clous doivent être assez longs pour pénétrer dans le sous-plancher et le plancher.

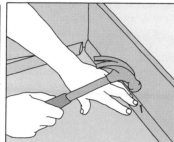

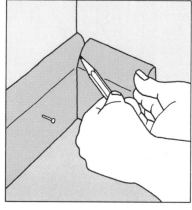

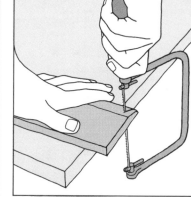

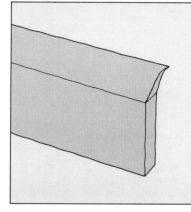

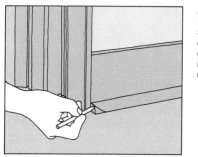

A l'endroit où la moulure atteint une porte, arrondissez le quart-de-rond. Une section courbe a une apparence plus soignée qu'une section droite.

Coin intérieur: Clouez temporairement la plinthe dans l'angle. Tracez dessus le profil d'une autre plinthe.

Déclouez la plinthe et découpez soigneusement à la scie à découper le long du trait de crayon.

Quand la découpe est terminée, la plinthe se superpose à la plinthe adjacente et en épouse le relief.

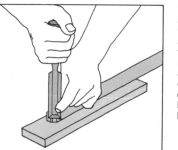

Placez la moulure sur une retaille et tranchez l'extrémité au ciseau suivant le tracé de la courbe. Finissez au papier abrasif à gros grain d'abord, à petit grain ensuite pour parfaire l'arrondi et le rendre lisse.

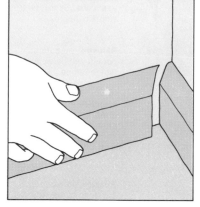

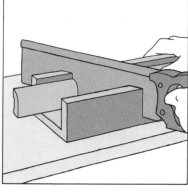

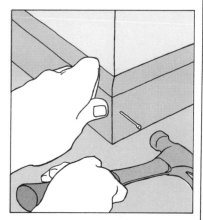

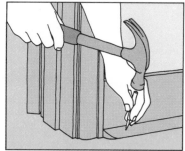

Finissez le travail en noyant les têtes des clous sous la surface des moulures avec un chasse-clou. Bouchez les trous avec un mastic assorti, essuyez et peignez.

Aboutez les deux plinthes en un joint par superposition. Clouez-les à la lisse. Noyez les têtes de clous et obturez.

Raccordement dans un coin extérieur: Mesurez les deux plinthes et découpez-les à un angle de 45° avec une boîte à onglets.

Raccordez les deux bouts pour former un joint à onglet. Clouez à la lisse. Enfoncez d'autres clous dans l'angle.

Escaliers

Description

L'escalier se compose fondamentalement de deux pièces de bois (limons) taillées en biais, reliant deux paliers successifs, et supportant les marches. Les deux types principaux de passages d'escalier sont celui **à limons découpés,** où le chant supérieur des limons est taillé en dents de scie sur lesquelles reposent les marches (girons horizontaux et contremarches verticales); et celui **à limons droits,** à chants rectilignes munis d'entailles dans lesquelles s'engagent les marches.

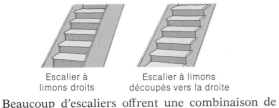

Escalier à
limons droits

Escalier à limons
découpés vers la droite

Beaucoup d'escaliers offrent une combinaison de types différents. Les marches peuvent être engagées dans un limon droit d'un côté, celui du mur par exemple, et, de l'autre, reposer sur les chants d'un limon découpé. Quand le limon d'un côté de l'escalier est découpé, les réparations des marches se font facilement par le dessus. Si les deux limons sont droits, les réparations doivent se faire par en dessous, ce qui peut nécessiter l'enlèvement de lattes et de plâtre, ou de panneaux muraux. Des difficultés surgissent quand l'escalier est renforcé de supports sous les marches. Il n'y a pas de problèmes si les limons sont découpés, mais, s'ils sont droits, le remplacement des marches représente un travail de charpente important.

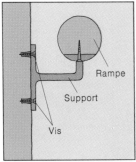

La rampe, en bois, mais parfois en métal recouvert de plastique, peut être fixée au mur par des supports.

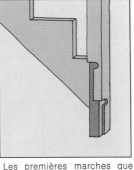

Les premières marches que l'on ne peut fixer sur les limons doivent être engagées dans les entailles du pilastre.

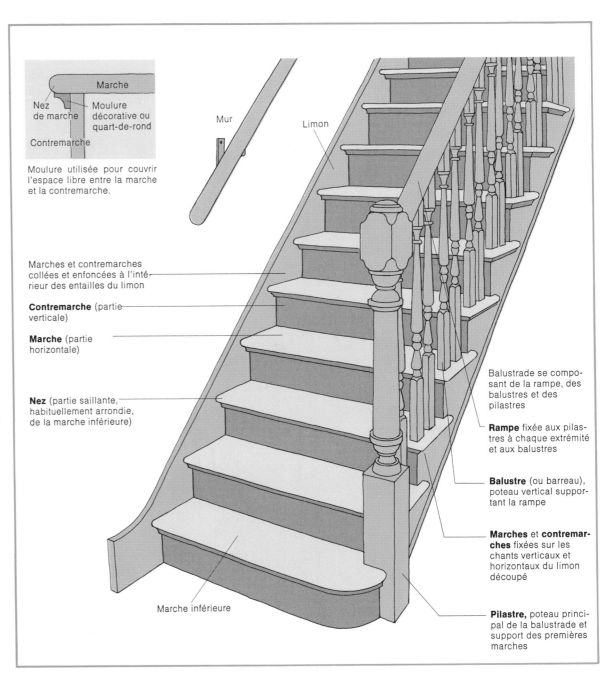

Moulure utilisée pour couvrir l'espace libre entre la marche et la contremarche.

Marches et contremarches collées et enfoncées à l'intérieur des entailles du limon

Contremarche (partie verticale)

Marche (partie horizontale)

Nez (partie saillante, habituellement arrondie, de la marche inférieure)

Marche inférieure

Balustrade se composant de la rampe, des balustres et des pilastres

Rampe fixée aux pilastres à chaque extrémité et aux balustres

Balustre (ou barreau), poteau vertical supportant la rampe

Marches et **contremarches** fixées sur les chants verticaux et horizontaux du limon découpé

Pilastre, poteau principal de la balustrade et support des premières marches

Elimination des craquements

La plupart des grincements proviennent du frottement d'une marche contre le haut ou le bas d'une contremarche, ou contre un limon, à l'une ou l'autre extrémité.

Les éléments visibles d'un escalier sont les marches, contremarches, limons et moulures. Les principaux éléments cachés sont les clous et la colle qui tiennent l'ensemble, les blocs d'angle triangulaires collés aux joints des marches et des contremarches, et les coins souvent collés à l'intérieur des entailles des limons droits pour renforcer la solidité et la stabilité de l'ouvrage.

Si l'origine du craquement est déterminée, on peut le supprimer de façon permanente. Si la sous-face de l'escalier est accessible, la réparation peut se faire de façon invisible. Du graphite en poudre ou d'autres lubrifiants secs supprimeront ou assourdiront considérablement certains craquements comme ceux provenant de la jonction des marches et des contremarches. Les lubrifiants secs: solution temporaire.

Consolidation d'un balustre branlant

Le tassement de la maison produit parfois l'affaissement d'une volée d'escalier. Les balustres, ou barreaux verticaux soutenant la rampe, peuvent alors se relâcher. On renforce les balustres en enfonçant de petites cales de bois dur entre eux et la rampe.

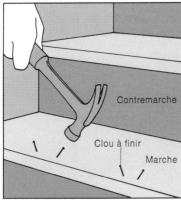

Pour supprimer un craquement provenant du devant d'une marche et du haut d'une contremarche, clouez la marche à la contremarche en enfonçant les clous à angles.

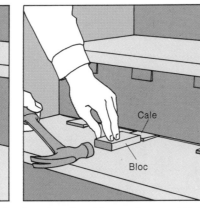

Supprimez les grincements provenant du haut ou du bas d'une contremarche en insérant de minces cales de bois encollées en haut ou en bas de la contremarche.

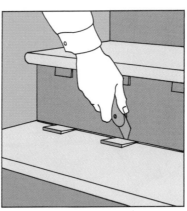

A l'aide d'un couteau bien affûté, découpez au ras des contremarches le bord des cales qui dépasse et recouvrez d'une moulure pour cacher la réparation.

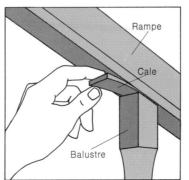

Consolidez un balustre branlant avec une languette de bois légèrement plus épaisse que l'interstice formé par l'affaissement de l'escalier. Donnez-lui, au papier abrasif, ou au rabot, la forme d'un coin, en suivant le fil du bois dans le sens de la longueur.

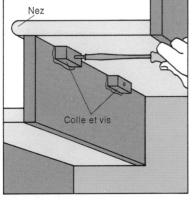

Un autre moyen de supprimer les craquements sur le dessous des marches et le dessus des contremarches: fixez, par-dessous, des blocs avec de la colle et des vis.

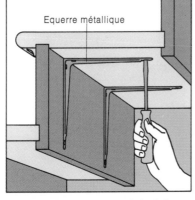

Corrigez les craquements généralisés en posant des équerres métalliques sur la sous-face des marches et le dos des contremarches.

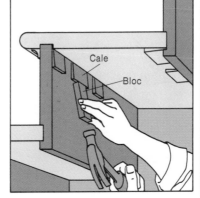

Pour raffermir et renforcer l'assemblage, enfoncez fermement les cales déjà en place et installez-en d'autres, le cas échéant.

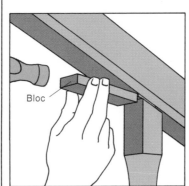

Insérez sur le haut du balustre la languette de bois encollée. Calez-la à petits coups de marteau et découpez le bord qui dépasse. Il est recommandé de faire ce travail le soir pour permettre à la colle de sécher au cours de la nuit, alors que personne n'utilise l'escalier.

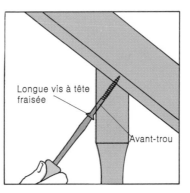

Une autre solution consiste à percer un trou en biais et à poser une vis qui pénètre dans la rampe à travers le balustre. Le trou dans le balustre doit être fraisé (p. 74) et assez large pour que la vis s'enfonce sans forcer.

Escaliers

Réparation des marches par le dessus

La plupart des escaliers nécessitent des réparations fréquentes, surtout dans les vieilles maisons. Tout l'ouvrage peut devenir branlant et doit être renforcé; il peut falloir raffermir la rampe et réajuster les balustres.

Le tassement d'un mur de la maison peut écarter le limon des marches. Il suffit alors de remettre le limon en place en enfonçant des cales entre celui-ci et le mur. Les cales, cependant, ne conviennent pas si l'écartement entre le limon et les marches dépasse ½", car le limon pourrait se fendre. Si l'écartement est trop large, la seule chose à faire est de remplacer toutes les marches.

Un problème fréquent est celui des marches délabrées et usées. Au lieu de remplacer les vieilles marches, il est plus facile de les retourner afin que la surface endommagée soit sur le dessous et que la surface en bon état repose, elle, sur le dessus.

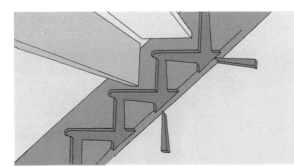

Assemblage par limon et cales montrant l'emplacement des cales et la façon de les poser entre le limon et les marches.

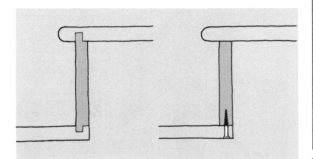

Dans les escaliers de bonne fabrication, l'assemblage des marches et des contremarches est à rainure (à gauche).

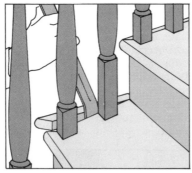

Démontez les balustres dont le bas est fixé dans des encoches et le haut dans des trous en enlevant la moulure.

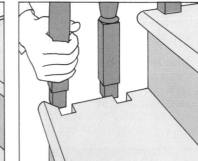

Faites glisser les balustres hors des encoches, puis tirez vers le bas pour les dégager de la rampe.

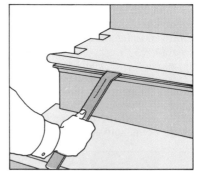

Les balustres démontés, détachez la moulure, qui se trouve sous le nez de la marche, avec un levier.

Soulevez la marche au-dessus de la contremarche, assez pour permettre le passage de la lame d'une scie à métaux.

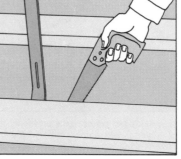

N'essayez pas de dégager la marche complètement. Coupez les clous enfoncés à travers la contremarche dans la marche.

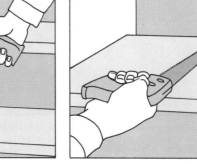

Si la marche et la contremarche sont assemblées par embrèvement, percez des trous à la base et sciez le long du joint.

Saisissez l'extrémité de la marche et soulevez-la. Faites-la pivoter pour dégager l'autre extrémité du limon.

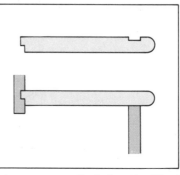

Retournez une marche usée pour utiliser sa sous-face. Découpez de nouvelles rainures. Poncez et donnez l'apprêt.

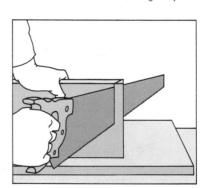

Pour installer une nouvelle contremarche sur un escalier à limons découpés, taillez des onglets aux extrémités.

Réparation des marches par le dessus

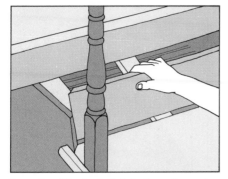

Posez le côté chanfreiné de la contremarche contre le limon extérieur. Rabotez la contremarche pour que l'assemblage soit parfait.

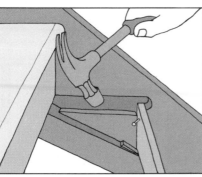

Collez la cale, puis la contremarche. Enfoncez les clous en biais, à travers la contremarche, dans le limon.

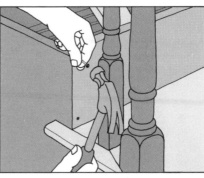

Collez et clouez l'assemblage à onglet de l'angle extérieur. Essuyez les bavures et noyez les têtes de clous avec un chasse-clou.

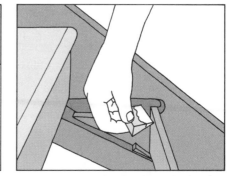

Si l'assemblage doit être renforcé, enfoncez une cale encollée entre la contremarche et l'entaille verticale du limon mural.

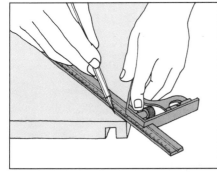

Retournez la marche et tracez sur le dessus un trait à l'onglet à 45° dans l'angle extérieur, là où les moulures extérieures s'emboîtent.

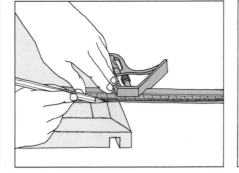

Mesurez sur la vieille marche l'emplacement des balustres et reportez ces mesures sur la sous-face de la nouvelle ligne à onglet.

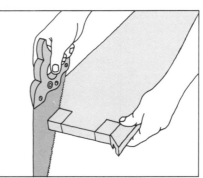

Découpez dans le joint à onglet l'emplacement de la moulure extérieure ainsi que les encoches des balustres.

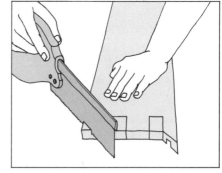

Sciez l'angle du coin intérieur du bord extérieur de la marche afin qu'elle épouse la forme du bord angulaire du limon.

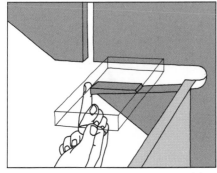

Posez une retaille de bois de la largeur et de l'épaisseur de la marche dans l'entaille du limon. Placez une cale dessous; retirez la retaille.

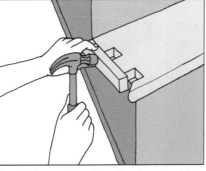

Encolez le bord intérieur de la marche et enfoncez-la à petits coups. Intercalez un bloc entre marteau et marche pour protéger celle-ci.

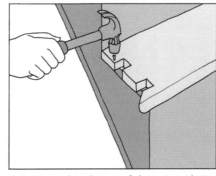

Clouez la marche sur le dessus du limon extérieur. Ne posez pas les clous trop près du bord: le bois fendillerait. Ne mettez pas de colle.

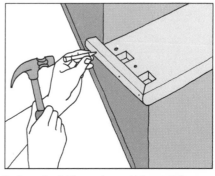

Replacez la vieille moulure extérieure. Enfoncez les clous sous la surface et bouchez les trous avec du mastic de la couleur du bois.

Escaliers

Réparation des marches par le dessous

Si l'escalier est entre deux murs, les marches et les contremarches doivent être retirées par en dessous. Ces travaux sont relativement faciles, si la sous-face de l'escalier est accessible par le palier inférieur. Si elle ne l'est pas, faites appel à un spécialiste.

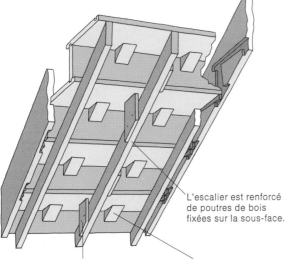

L'escalier est renforcé de poutres de bois fixées sur la sous-face.

Une pièce de bois dur clouée à la marche et à la poutre consolide l'ouvrage.

Les marches et les contremarches sont assujetties par des blocs d'angle collés et cloués ou vissés.

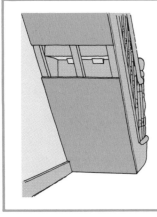

La sous-face de certains escaliers est recouverte de lattes et de plâtre, de panneaux muraux ou de planches. Pour vérifier l'existence de poutres de soutien, enlevez, sur toute la largeur de l'escalier, 6" de revêtement afin d'avoir une vue de la sous-face. Enlevez le plâtre avec un ciseau. S'il s'agit de panneaux muraux ou de planches, percez quelques petits trous et découpez un panneau de 6".

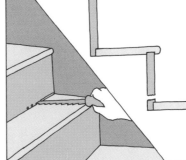

Si des cales sont interposées entre les marches et les limons, enlevez-les avec un ciseau, sans rien endommager.

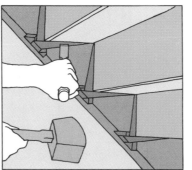

Si l'assemblage des marches et des contremarches est à rainure, percez un trou par-devant, insérez une lame et sciez.

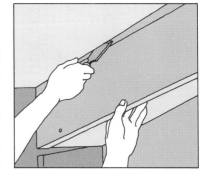

Si l'assemblage n'est pas à rainure, enlevez les vis ou les clous; séparez la marche de la contremarche avec un ciseau.

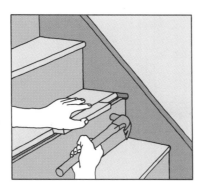

A l'aide d'un marteau et d'un bloc de bois, martelez la marche par le nez pour la repousser. Dégagez-la par-derrière.

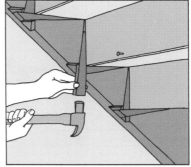

Posez une nouvelle marche et contremarche. Clouez temporairement le bas de celle-ci, puis enfoncez des cales verticales.

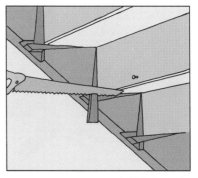

Enlevez les clous et sciez de biais la partie des cales qui dépasse de la nouvelle contremarche.

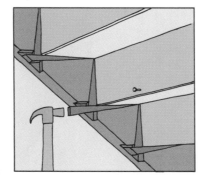

Encollez les cales horizontales et enfoncez-les le plus profondément possible dans les entailles sous la marche.

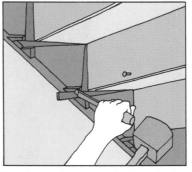

Tranchez au ciseau ou sciez la partie des cales qui dépasse le bord inférieur du limon.

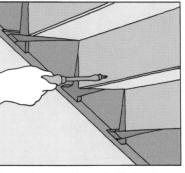

Percez des avant-trous à 6" de chaque bout et posez des vis à travers la contremarche au-dessus du milieu du chant.

Elimination des craquements

Le craquement d'un plancher peut provenir du frottement d'une lame qui bouge contre une autre ou contre un clou. Ce peut être la conséquence d'une construction fautive, de bois mal séché, ou de l'âge.

Déterminez avec précision l'endroit où se produit le craquement ou le grincement. Faites marcher quelqu'un sur le plancher, pour localiser ce craquement.

S'il se produit sur le plancher du rez-de-chaussée et si les solives du plafond du sous-sol sont apparentes, il est possible de faire la réparation par-dessous en consolidant les solives par de nouvelles entretoises. Clouez en biais une pièce d'un seul tenant de 2 x 8 ou deux pièces de 2 x 4 placées en chicane, afin de pouvoir clouer leurs extrémités du côté opposé des solives. On peut également poser des cales entre les solives et le plancher, à l'endroit du craquement.

Si le plafond du sous-sol est doublé, ou si le

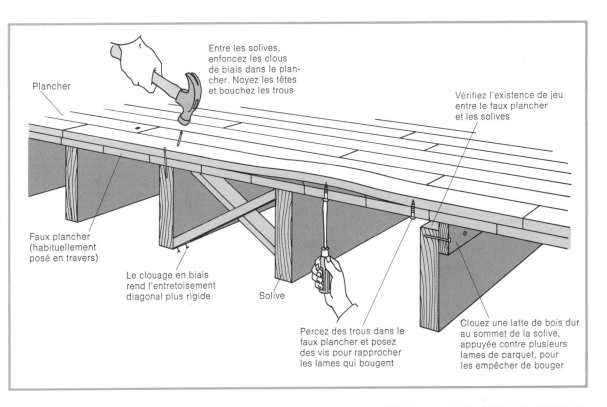

Entre les solives, enfoncez les clous de biais dans le plancher. Noyez les têtes et bouchez les trous

Plancher

Vérifiez l'existence de jeu entre le faux plancher et les solives

Faux plancher (habituellement posé en travers)

Le clouage en biais rend l'entretoisement diagonal plus rigide

Solive

Percez des trous dans le faux plancher et posez des vis pour rapprocher les lames qui bougent

Clouez une latte de bois dur au sommet de la solive, appuyée contre plusieurs lames de parquet, pour les empêcher de bouger

Clou de parquet de forme spéciale

craquement se produit sur le plancher d'un étage, la réparation doit se faire à la surface même du parquet. Enfoncez des clous torsadés de forme spéciale à travers le plancher, dans les solives, ou entre les solives dans le plancher.

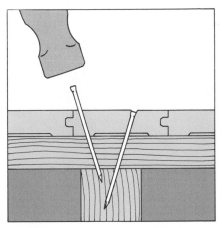

Localisez le craquement, puis percez de petits avant-trous avant d'enfoncer les clous annelés dans les solives. Noyez les têtes et bouchez.

Quand le plafond du sous-sol n'est pas doublé, on enfonce des cales de bardeau sous l'endroit où se produit le craquement.

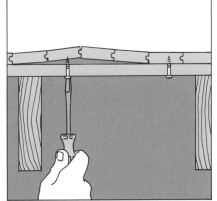

Si les lames bougent, percez des avant-trous dans le faux plancher; posez des vis à bois pour rapprocher les lames du faux plancher.

PÂTE DE BOIS

Si des lames ont bougé, lubrifiez les interstices entre les aboutements avec du graphite et bouchez avec du mastic ou de la pâte de bois.

Planchers

Elimination des craquements

Les craquements des planchers proviennent souvent de la déformation du bois. Le gauchissement longitudinal d'une solive produit une dépression affectant le support d'une partie du faux plancher disposé en diagonale. Cette partie du plancher étant ainsi affaiblie, il se produit des craquements provenant de diverses directions. On peut corriger ce défaut en appuyant contre le faux plancher une pièce de bois

dur dont la longueur dépasse celle de l'écartement. Avant de la clouer contre la solive, il est parfois nécessaire de la supporter avec un vérin.

Le gauchissement d'une lame de parquet est une autre manifestation de déformation, en particulier quand une des extrémités se soulève. Il faut alors percer des avant-trous dans la partie haute du gauchissement et enfoncer des clous torsadés dans la solive.

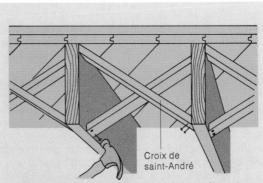

Croix de saint-André

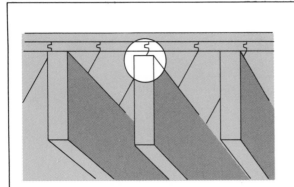

Ecartement: Le gauchissement ou l'affaissement longitudinal d'une solive affaiblit le support d'une partie du plancher, et un écartement se produit.

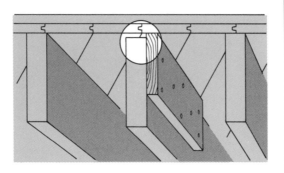

On corrige ce défaut de façon définitive en clouant contre la solive une pièce de bois dur dont la longueur dépasse celle de l'écartement.

Déplacement des solives: Le reclouage des entretoises qui bougent maintiendra les solives solidement en place.

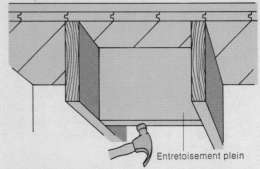

Entretoisement plein

Découpez des entretoises additionnelles (une par portée de 8″) aux dimensions exactes; forcez-les entre les solives.

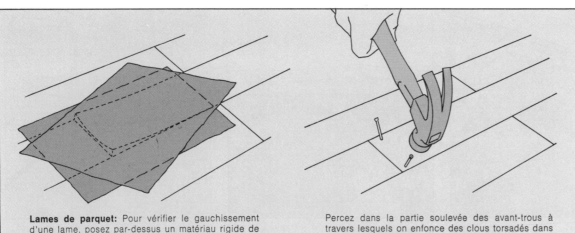

Lames de parquet: Pour vérifier le gauchissement d'une lame, posez par-dessus un matériau rigide de surface plane plus grande que celle de la lame.

Percez dans la partie soulevée des avant-trous à travers lesquels on enfonce des clous torsadés dans la solive pour supprimer le gauchissement.

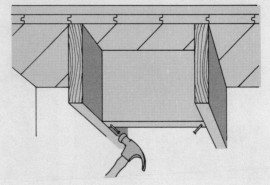

Clouez en biais les deux extrémités, en haut et en bas, de l'entretoise pleine aux solives adjacentes.

Redressement des planchers affaissés

Le fléchissement d'un plancher peut être directement responsable du blocage des portes et des fenêtres, des fissures dans les plafonds et les murs de plâtre, et même des fuites dans la toiture. Réparez un plancher affaissé avant d'entreprendre les travaux de rénovation. Le fléchissement du plancher du rez-de-chaussée provoquera celui des autres paliers et du toit. Il est dû à une insuffisance de soutien sous les solives du plancher. Le redressement pratiqué au sous-sol corrigera le fléchissement de tous les paliers.

Une méthode consiste à remonter à leur niveau primitif les solives affaissées à l'aide d'un petit vérin à vis surmonté d'une allonge 4 x 4 en bois. Posez sur le plancher en béton du sous-sol une lourde poutre qui servira de socle au vérin afin d'empêcher le béton de se désagréger sous la puissante poussée qu'il faut exercer pour soulever les solives. Une autre poutre est installée directement sous les solives, maintenue en place par la pression exercée par l'allonge 4 x 4 du vérin. Tournez le levier

du vérin: les solives affaissées se lèveront graduellement sous la poussée de la poutre horizontale. Il faut, à ce stade, prendre de grandes précautions et, dès qu'une résistance se fait sentir, arrêter le travail pendant au moins 24 heures. Continuer pourrait causer de considérables dommages à la maison.

Au bout de 24 heures, il serait peu prudent de donner plus d'un quart de tour au levier. En dépit de la facilité de montée du vérin et du temps que prend le redressement progressif du fléchissement, il ne faut en aucun cas donner plus d'un quart de tour toutes les 24 heures. On peut rendre la réparation permanente en installant une colonne en acier à chaque extrémité de la poutre de soutien. Chaque colonne repose sur une fondation de béton d'au moins 24" de côté et d'une épaisseur de 12". Des vérins télescopiques en acier sont plus faciles à installer, mais plus onéreux que ces colonnes. Certains règlements du bâtiment exigent qu'on soude le mécanisme de la vis pour le bloquer; d'autres, qu'il soit recouvert de 6" de béton.

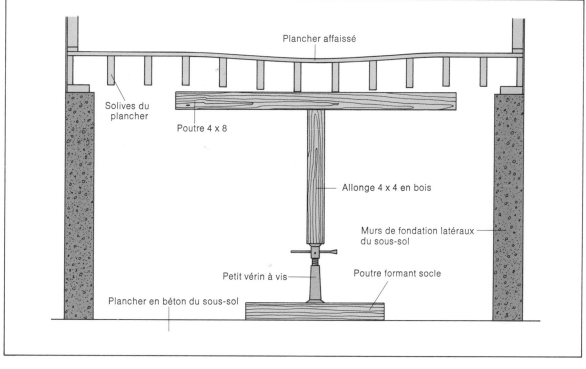

Plancher affaissé

Solives du plancher

Poutre 4 x 8

Allonge 4 x 4 en bois

Murs de fondation latéraux du sous-sol

Petit vérin à vis

Poutre formant socle

Plancher en béton du sous-sol

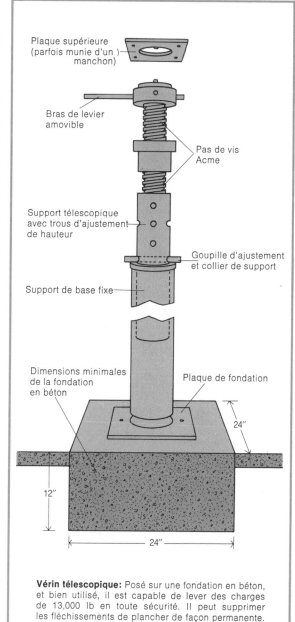

Plaque supérieure (parfois munie d'un manchon)

Bras de levier amovible

Pas de vis Acme

Support télescopique avec trous d'ajustement de hauteur

Goupille d'ajustement et collier de support

Support de base fixe

Dimensions minimales de la fondation en béton

Plaque de fondation

24"

12"

24"

Vérin télescopique: Posé sur une fondation en béton, et bien utilisé, il est capable de lever des charges de 13,000 lb en toute sécurité. Il peut supprimer les fléchissements de plancher de façon permanente.

Planchers

Remplacement des lames de parquets endommagées

Les raisons qui nécessitent le remplacement d'une partie du parquet sont nombreuses: lames endommagées, percement d'un passage pour effectuer des réparations de plomberie ou d'électricité, etc. La façon d'effectuer ce travail est toujours la même.

Percez une série de trous qui se chevauchent le long de la médiane transversale de la lame endommagée, en ayant soin de ne pas entamer le faux plancher trop profondément. S'il n'y a pas de faux plancher, les trous devront se trouver au-dessus des solives pour donner aux lames de remplacement un point d'appui.

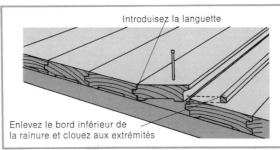

Introduisez la languette

Enlevez le bord inférieur de la rainure et clouez aux extrémités

Tranchez la languette au ciseau ou fendez la lame en son milieu. Equarrissez les bords dentelés des trous.

Découpez une nouvelle lame de même longueur pour qu'elle s'emboîte bien. Enlevez la partie inférieure de la rainure, faute de quoi il serait impossible d'introduire la lame dans l'ouverture. Encollez languette et rainure. Insérez la languette de la nouvelle lame dans la rainure adjacente et enfoncez à coups de marteau le côté rainuré dans le parquet. Percez des avant-trous aux deux bouts de la lame et le long du chant rainuré. Noyez la tête des clous.

Percez une série de grands trous le long de la médiane, à contrefil de la lame à enlever. Ne percez pas le faux plancher.

A l'aide d'un ciseau bien affûté, tranchez la languette de la lame à enlever. Retirez la lame et ébarbez les bords de l'ouverture.

Autre méthode de retirer la lame: fendez au ciseau la lame endommagée en son milieu, dans le sens du fil. Arrachez les morceaux.

Mesurez la longueur de l'ouverture et découpez la lame de remplacement. Essayez la nouvelle lame dans l'ouverture pour vérifier l'ajustement.

Retournez la lame et tranchez au ciseau le bord inférieur de la rainure; elle se posera sur la languette de la lame adjacente.

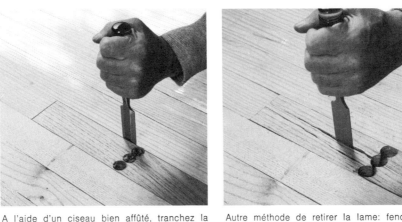

Encollez languette et rainure. Insérez la languette et enfoncez la lame en place à l'aide d'un maillet et d'un bloc de bois.

Percez des avant-trous aux deux bouts et le long du chant rainuré. Clouez et noyez la tête des clous.

Obturez les trous de clous et les joints avec du mastic et refinissez en fonction de l'harmonie du parquet.

Installation d'une sous-finition en panneaux durs

Des parquets usés peuvent être recouverts de carreaux ou de linoléum. Pour exécuter ce travail, posez une sous-finition par-dessus le parquet endommagé. Les panneaux durs conviennent parfaitement à cet usage. On peut acheter les panneaux destinés aux sous-finitions en carrés de 4' x 4' (la dimension la plus pratique). Ces panneaux ont une épaissseur de ¼" et sont poncés des deux côtés. On peut aussi prendre des feuilles de 4' x 8' et les découper en carrés de 4' de côté. Stockez les panneaux debout, dans la pièce où ils doivent être installés, 48 heures avant la pose. Réparez le sol en bouchant interstices et lézardes et en ponçant et reclouant les lames qui bougent. Posez les panneaux, la surface la plus lisse sur le dessous. Biseautez les bords.

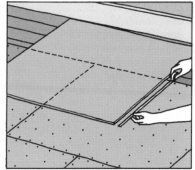

Posez le premier carré d'environ 4' de côté au centre et de façon qu'un côté soit parallèle à une solive.

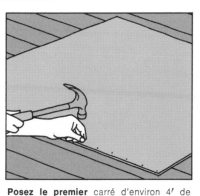

Pour découper les panneaux s'aboutant aux plinthes, posez un panneau à plat au sol et poussez-le contre la plinthe.

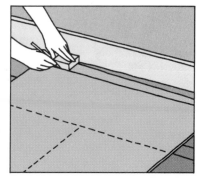

Appuyez un crayon contre un petit bloc de bois que vous faites glisser le long de la plinthe pour en dessiner la forme.

Découpez suivant ce tracé. Appuyez le panneau contre la plinthe. Marquez la partie qui recouvre le panneau du dessous.

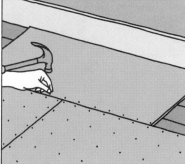

Découpez la partie qui dépasse et installez le morceau entre la plinthe et les panneaux posés. Répétez l'opération.

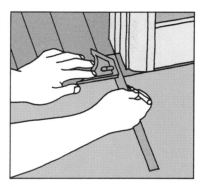

A l'entrée des portes, marquez à l'aide d'une équerre à combinaison la distance entre l'arrêt de porte et le panneau.

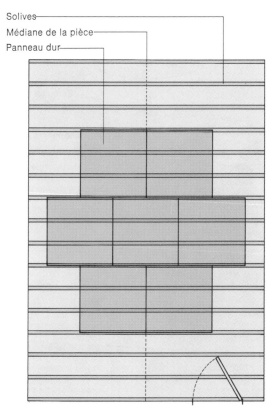

Pose de panneaux durs carrés: En installant une sous-finition en panneaux durs, posez le bord du premier carré sur le milieu d'une solive.

Solives —
Médiane de la pièce —
Panneau dur —

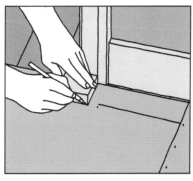

Reprenez bloc et crayon et marquez les points de repère du cadre de la porte sur le panneau.

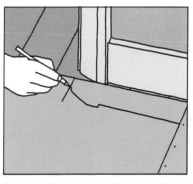

Réunissez à main levée les points de repère pour obtenir le contour de la porte. Coupez à la scie le long du trait.

Posez le panneau et marquez la partie qui recouvre le panneau adjacent. Découpez et clouez (espacement de 4").

Planchers

Ponceuse à tambour

La ponceuse à tambour se loue à bon compte et exécute la plupart des travaux de refinition des planchers. L'appareil se compose d'un tambour rotatif, recouvert de caoutchouc, monté sur un cadre basculant à roulettes pour permettre de soulever le tambour au-dessus du sol. Une feuille de papier abrasif est enroulée autour du tambour. Un sac recueille la poussière.

Le modèle usuel convenant aux besoins domestiques est muni d'un moteur de 1½ c.v. fonctionnant sur courant continu ou alternatif de 117 volts et de 25 à 60 cycles.

Faites basculer la machine vers l'arrière pour soulever le tambour au-dessus du sol. Mettez le moteur en marche et abaissez doucement l'appareil pour mettre le tambour en contact avec le sol. Si on rabaisse le tambour trop brusquement, le papier abrasif rayera le parquet. La ponceuse fonctionne dans les deux sens. Soulevez le tambour au début et à la fin de chaque balayage ou faites pivoter l'appareil. Poncez dans le sens des fils du bois, si possible. La machine a tendance à s'emballer; tenez-la fermement.

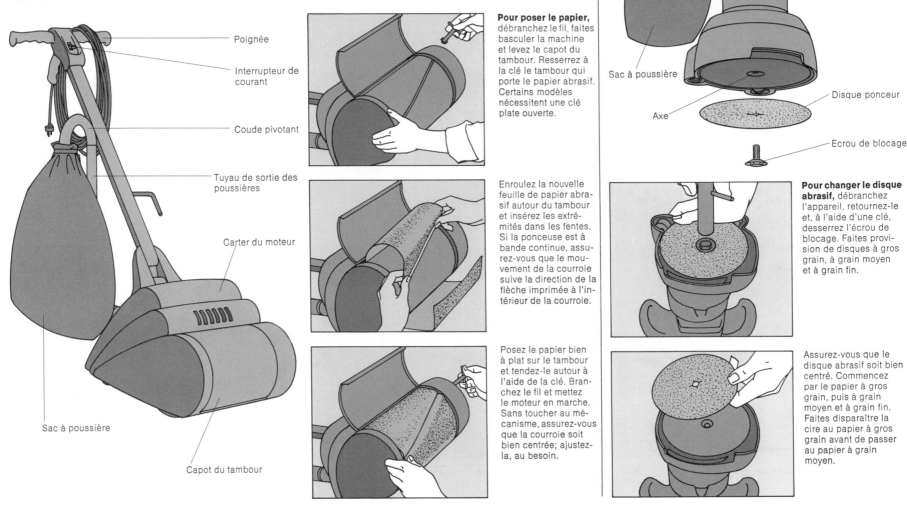

Pour poser le papier, débranchez le fil, faites basculer la machine et levez le capot du tambour. Resserrez à la clé le tambour qui porte le papier abrasif. Certains modèles nécessitent une clé plate ouverte.

Enroulez la nouvelle feuille de papier abrasif autour du tambour et insérez les extrémités dans les fentes. Si la ponceuse est à bande continue, assurez-vous que le mouvement de la courroie suive la direction de la flèche imprimée à l'intérieur de la courroie.

Posez le papier bien à plat sur le tambour et tendez-le autour à l'aide de la clé. Branchez le fil et mettez le moteur en marche. Sans toucher au mécanisme, assurez-vous que la courroie soit bien centrée; ajustez-la, au besoin.

Labels (ponceuse à tambour)
- Poignée
- Interrupteur de courant
- Coude pivotant
- Tuyau de sortie des poussières
- Carter du moteur
- Sac à poussière
- Capot du tambour

Ponceuse à disque

La ponceuse à disque sert à poncer les marches d'escalier, les parquets près des plinthes et des encoignures, l'intérieur des placards et autres endroits inaccessibles à la ponceuse à tambour.

Pour changer le disque abrasif, débranchez l'appareil, retournez-le et, à l'aide d'une clé, desserrez l'écrou de blocage. Faites provision de disques à gros grain, à grain moyen et à grain fin.

Assurez-vous que le disque abrasif soit bien centré. Commencez par le papier à gros grain, puis à grain moyen et à grain fin. Faites disparaître la cire au papier à gros grain avant de passer au papier à grain moyen.

Labels (ponceuse à disque)
- Poignées
- Carter du moteur
- Sac à poussière
- Axe
- Disque ponceur
- Écrou de blocage

Refinition des parquets en bois dur

Une partie importante du travail de refinition des parquets est la préparation. Sortez les meubles hors de la pièce et retirez les quarts-de-rond (qui seront remis en place plus tard). Le démontage des moulures rendra possible le ponçage des bordures, sans abîmer les plinthes. Les clous qui peuvent dépasser doivent être arrachés ou noyés et les lames qui bougent doivent être reclouées. Faites le premier ponçage à la machine à tambour dans le sens des fibres, de façon continue, d'un mur à l'autre. Pour ce premier ponçage, montez, sur le tambour, un papier à gros grain. Repassez la ponceuse autant de fois qu'il est nécessaire pour dénuder le bois. Quand vous abordez une nouvelle section non poncée, débordez le raccord sur les surfaces déjà dénudées. Continuez ainsi sur tout le parquet.

Remplacez le papier par un autre d'un grain plus fin pour le ponçage final. Ne vous servez pas de papier à gros grain usé à la place d'un papier à grain plus fin. L'opération suivante se fait à la ponceuse à disque.

Dans les endroits inaccessibles, utilisez une ponceuse à main. La finition du parquet se fait avec un scelleur (vernis, shellac, laque ou polyuréthane). Les produits à base de polyuréthane coûtent cher, mais résistent bien à l'humidité et aux éraflures. Appliquez trois couches, quel que soit le produit. A l'aide d'un chiffon doux, appliquez de la cire liquide ou en pâte pour bois dur. Faites briller à la polisseuse. Laissez sécher, appliquez une deuxième couche et polissez. Terminez le travail en replaçant les quarts-de-rond.

Noyez les clous ou arrachez-les. Arrachez toutes les broquettes qui pourraient déchirer les papiers et endommager la ponceuse.

Commencez le ponçage avec du papier à gros grain. Suivez le fil du bois. Le même papier doit servir au premier ponçage entier.

Le ponçage final à la machine à tambour se fait avec du papier à grain moyen. Allez d'une extrémité de la pièce à l'autre.

La ponceuse à disque est destinée au ponçage en bordure des plinthes, des cadres de portes et des endroits d'accès difficile.

Utilisez un bloc enveloppé de papier ou une raclette dans les endroits où la ponceuse a difficilement accès.

Nettoyez le plancher. La brosse de l'aspirateur ramassera la sciure de bois que la ponceuse aura laissée.

Appliquez une première couche de polyuréthane et une deuxième le lendemain. L'application se fait au pinceau ou au rouleau.

Laissez sécher pendant trois jours, puis appliquez de la cire en pâte et astiquez. Etendez une seconde couche et polissez.

Planchers

Remplacement des carreaux endommagés

La façon la plus simple d'enlever un carreau sans endommager les autres est de le chauffer avec une lampe à souder ou un fer à repasser. La chaleur ramollira l'adhésif, et le carreau se décollera facilement. Soulevez en commençant par un coin et progressez vers le centre. En cas d'impossibilité, on peut arracher le carreau au ciseau en partant du centre et en progressant vers les bords. Le carreau étant enlevé, grattez les traces d'adhésif qui subsistent. Posez le nouveau carreau en harmonisant le motif, le cas échéant. S'il s'emboîte mal, taillez ou poncez les bords. Dès qu'il s'ajuste, chauffez-le de la façon décrite ci-dessus pour le rendre flexible. Appliquez une couche d'adhésif. Posez le carreau et alourdissez-le d'un poids pendant le séchage.

Aplanir un carreau qui se soulève

Les carreaux ont tendance à se soulever dans les coins; c'est leur principal défaut. Pour y remédier, chauffez d'abord le carreau suffisamment pour amollir l'adhésif. Soulevez ensuite le carreau pour appliquer un peu d'adhésif sous l'endroit décollé. Rabattez et maintenez avec des poids, tant que la colle n'a pas séché.

A l'aide d'un fer à repasser électrique, chauffez légèrement la partie soulevée du carreau pour ramollir l'adhésif.

Appliquez sur la partie décollée une quantité suffisante d'adhésif. Rabattez le carreau et posez un poids dessus pendant la durée du séchage.

Chauffez le carreau endommagé avec un fer à repasser ou une lampe à souder, juste assez pour ramollir l'adhésif.

A l'aide d'un couteau à mastiquer, soulevez délicatement le carreau, sans endommager les carreaux voisins.

Il est aussi possible d'arracher le carreau avec un ciseau. Partez du centre et progressez vers les bords.

Grattez les traces d'adhésif qui subsistent pour dénuder complètement la sous-finition.

Faites un essai de pose en harmonisant le motif. Les carreaux standard ne présentent pas de problème.

Il est parfois nécessaire de tailler le nouveau carreau. Ce travail se fait au couteau ou au papier abrasif.

Appliquez la quantité et le type d'adhésif recommandés pour le genre de carreau que vous utilisez.

Posez le carreau après l'avoir suffisamment chauffé au fer ou à la lampe à souder pour l'assouplir.

Le nouveau carreau étant posé, alourdissez-le d'un poids. Laissez les poids pendant la durée du séchage.

Réparation des carreaux abîmés

Faites disparaître éraflures et marques de coups sur les carreaux en râpant une retaille du même matériau et en en faisant une poudre. Mélangez cette poudre avec de la laque incolore ou du vernis à séchage rapide. A l'aide d'une truelle, faites pénétrer cette pâte à l'intérieur des éraflures et des marques. Laissez sécher; égalisez avec laine d'acier et huile de lin.

Râpez une entaille du même matériau que les carreaux et versez cette poudre dans un récipient.

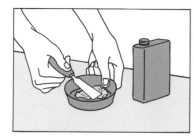

Ajoutez de la laque incolore et mélangez en pâte. Appliquez aux endroits du revêtement de sol qui doivent être réparés.

Nettoyage des taches sur les carreaux

Des taches non essuyées de nourriture ou de graisse sur un plancher peuvent s'enlever difficilement, au bout d'un certain temps. Les produits détachants dépendent de la nature des taches.

Les agents de nettoyage les plus efficaces sont des produits ménagers usuels: eau de javel, vinaigre blanc additionné d'eau, eau oxygénée, alcool à frictionner, ammoniaque ménagère, essence à briquet, dissolvant de vernis à ongles.

Essayez-les dans l'ordre ci-dessus: l'un d'eux agira éventuellement. Dans la plupart des cas, le premier, javel, sera suffisant.

Une tache gluante recouvrant tout le plancher peut provenir d'un excès de cire ou d'une accumulation de couches de cire. Une forte solution d'ammoniaque ou un produit de nettoyage commercial sont alors recommandés.

Réparation d'un revêtement de sol en rouleaux

Le remplacement d'une partie endommagée de revêtement de sol en rouleaux, comme le linoléum ou le vinyle en rouleau, peut se faire de façon efficace et assez facile. Procurez-vous un morceau du même matériau que celui qui recouvre le sol, de dimension plus grande que la surface à réparer. Placez ce morceau sur la surface abîmée en raccordant le motif et fixez-le avec un ruban adhésif. A l'aide d'un couteau à araser ou tout autre couteau aiguisé, découpez les deux épaisseurs en même temps. La pièce doit déborder la partie abîmée. Enlevez les deux morceaux et grattez à fond la surface mise à découvert. Faites un essai pour vérifier l'ajustement. Enlevez la pièce et appliquez l'adhésif au sol et au dos de la pièce.

Placez un morceau de même matériau, de dimension plus grande, par-dessus la surface à réparer. Raccordez le motif.

Fixez le morceau avec du ruban adhésif. Découpez le long d'une règle en acier à travers les deux épaisseurs.

Enlevez la nouvelle pièce et la partie abîmée. Grattez à fond la sous-finition mise à découvert.

Essayez la pièce pour vérifier l'ajustement. Taillez les bords avec un couteau aiguisé ou poncez-les.

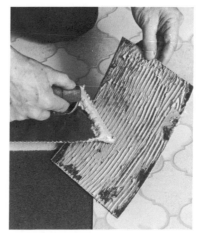

Appliquez de l'adhésif sur le dos de la pièce et posez-la. Essuyez les bavures d'adhésif avec un chiffon.

Ajustez la pièce et posez un poids par-dessus pendant toute la durée du séchage. Elle tiendra bien.

Fenêtres à guillotine

Eléments et fonctionnement

La fenêtre à guillotine se compose d'un châssis supérieur extérieur qui glisse vers le bas et d'un châssis inférieur intérieur qui glisse vers le haut. Le contrebalancement des châssis s'effectue par un dispositif à contrepoids, poulies et cordes, ou à ressorts, disposé à l'intérieur des montants du bâti. Certains châssis sont en aluminium, mais la plupart sont en bois. Ce type de fenêtre existe depuis des siècles et convient à de nombreux styles architecturaux.

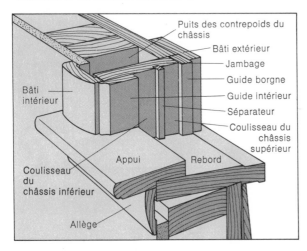

Puits des contrepoids du châssis
Bâti extérieur
Jambage
Guide borgne
Guide intérieur
Séparateur
Coulisseau du châssis supérieur
Bâti intérieur
Coulisseau du châssis inférieur
Appui
Rebord
Allège

Fixation de la corde ou de la chaîne

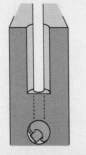 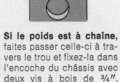

Faites un noeud à un bout de la corde; faites-la passer à travers le trou de fixation et l'encoche du châssis. Faites passer la corde sur la poulie.

Si le poids est à chaîne, faites passer celle-ci à travers le trou et fixez-la dans l'encoche du châssis avec deux vis à bois de ¾".

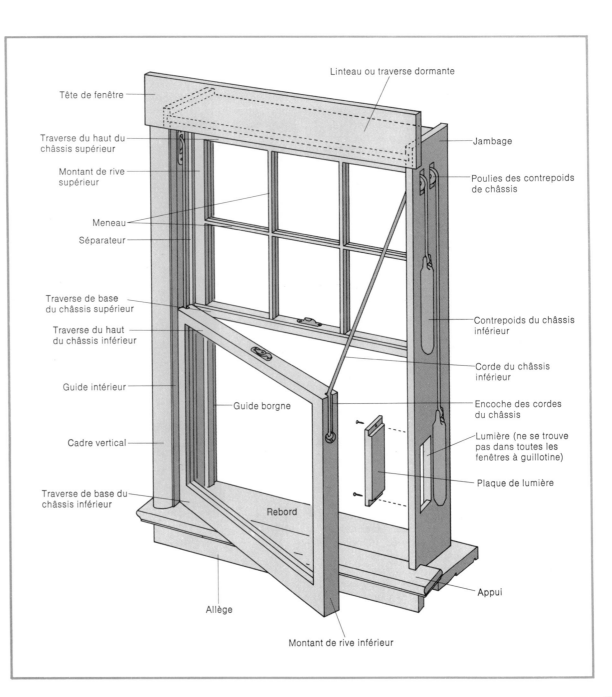

Tête de fenêtre
Linteau ou traverse dormante
Jambage
Traverse du haut du châssis supérieur
Poulies des contrepoids de châssis
Montant de rive supérieur
Meneau
Séparateur
Contrepoids du châssis inférieur
Traverse de base du châssis supérieur
Traverse du haut du châssis inférieur
Corde du châssis inférieur
Guide intérieur
Encoche des cordes du châssis
Guide borgne
Lumière (ne se trouve pas dans toutes les fenêtres à guillotine)
Cadre vertical
Plaque de lumière
Traverse de base du châssis inférieur
Rebord
Appui
Allège
Montant de rive inférieur

Décoinçage des fenêtres

Les fenêtres à guillotine se coincent habituellement pour l'une des trois raisons suivantes: (1) accumulation de peinture ou de saleté dans les rainures ou sur le bord des diverses moulures de guidage; (2) allongement ou gonflement des pièces de bois dus à l'humidité; (3) pression de coupe-bise trop ajusté.

Dans le premier cas, il suffit de poncer et de nettoyer la fenêtre sans en démonter les éléments. Dans les autres cas, on peut, d'habitude, résoudre le problème en graissant les coulisseaux ou en élargissant le bâti à petits coups de marteau sur un bloc de bois de la largeur des coulisseaux.

Si ces moyens s'avèrent inefficaces, sortez les châssis de leurs cadres et rabotez légèrement un côté latéral, ou les deux, afin de faciliter leur glissement.

Graissage des châssis

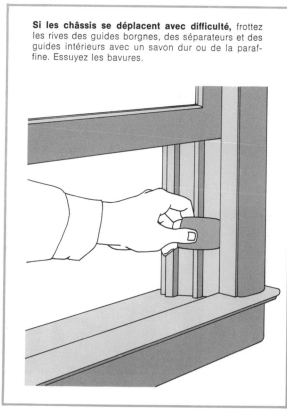

Si les châssis se déplacent avec difficulté, frottez les rives des guides borgnes, des séparateurs et des guides intérieurs avec un savon dur ou de la paraffine. Essuyez les bavures.

Pour faire sauter la peinture collée, passez un large couteau à mastiquer entre le séparateur et le châssis.

Forcez avec un levier glissé sous les coins de la traverse de base du châssis inférieur et au-dessus des coins de l'autre.

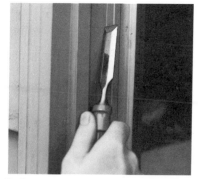

Grattez avec un vieux ciseau la peinture séchée sur les bords des séparateurs et des deux guides.

Poncez les arêtes des séparateurs du guide intérieur et du guide borgne dont la peinture a été grattée.

Si le châssis reste coincé, martelez les arêtes des rainures en utilisant un bloc pour repousser le bâti.

Si ces moyens sont inefficaces, enlevez le guide intérieur d'un côté pour démonter le châssis inférieur.

Rabotez et poncez le séparateur et le guide intérieur que vous avez démontés; redonnez-leur leurs dimensions primitives.

Tirez le châssis d'un côté pour le déboîter, dénouez les cordes des deux côtés et ôtez le châssis afin de le réparer.

Rabotez légèrement les rives latérales du châssis, vérifiez l'emboîtement, puis remontez tous les éléments.

Fenêtres à guillotine

Remplacement des cordes de châssis par des chaînes

A l'aide d'un ciseau large ou d'une spatule rigide, démontez le guide intérieur du côté du bâti où se trouve la corde cassée.

Tirez le châssis inférieur vers vous; soulevez-le au-dessus de la pièce d'appui et mettez-le de biais pour exposer le nœud de la corde.

Sortez la corde de son encoche. Le contrepoids entraînera la corde dont le nœud butera contre la poulie. Enlevez le châssis.

Pour remplacer les cordes de certaines fenêtres, il est nécessaire de démonter le bâti pour atteindre les contrepoids.

Si les fenêtres sont munies de lumières de contrepoids, dévissez la plaque de la lumière pour atteindre le contrepoids.

Soulevez le contrepoids par la lumière. Dénouez la corde à laquelle il est attaché. Préparez une chaîne de la même longueur.

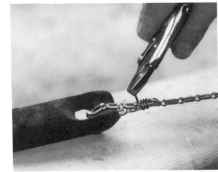

Fixez un bout de la chaîne à la fenêtre. Faites passer l'autre bout par-dessus la poulie et attachez-le au contrepoids avec un fil de fer.

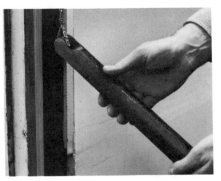

Procédez de la même façon si la fenêtre n'a pas de lumière. Attachez la chaîne au contrepoids et replacez ce dernier dans le puits.

Saisissez la chaîne par l'autre bout et tirez. Quand le contrepoids bute contre la poulie, calez la chaîne avec un clou.

Le contrepoids étant calé, couchez la chaîne dans l'encoche du châssis et vissez-la ou clouez-la. Procédez de même pour l'autre côté.

Pour remplacer les cordes du châssis supérieur, démontez le bas de la fenêtre et le séparateur avant de pouvoir enlever le châssis supérieur.

Pour remplacer les cordes du châssis inférieur, procédez de la même manière que pour le châssis supérieur.

Châssis à ressorts compensateurs

Les fenêtres à ressorts compensateurs se reconnaissent à un tube qui descend du caisson. Un mécanisme à ressort, à l'intérieur du tube, permet qu'on lève ou baisse les châssis avec un minimum d'efforts. Ce type de fenêtres est bon marché et ne nécessite pratiquement aucun entretien.

Il existe deux modèles de châssis à ressorts; celui à tube est le plus répandu. Un ressort à l'intérieur du tube est fixé à une tringle torsadée. La tringle tenant le ressort tendu, le châssis reste en équilibre en n'importe quelle position: la tension est juste suffisante pour permettre qu'on pousse le châssis vers le haut ou le bas d'une faible pression. La tension du ressort doit parfois être réglée pour faciliter le déplacement du châssis. Les photos ci-dessous illustrent la façon de remplacer un dispositif à ressort cassé.

Le second modèle de châssis à ressorts consiste en un ruban métallique dont un des bouts bouclés est fixé au châssis et l'autre au cadre. Ce modèle n'est pas ajustable. Remplacez-le, si son fonctionnement n'est pas satisfaisant.

Contrepoids de châssis

Ce dispositif, qui s'achète tout monté, permet qu'on se débarrasse des contrepoids ainsi que des cordes ou des chaînes qui risquent de se casser. Il se compose d'un ressort à l'intérieur d'un tambour et s'installe dans l'alvéole de la poulie qu'on a enlevée.

Le ressort se termine par un ruban métallique qui se fixe au châssis par un crochet installé au point de fixation de l'ancienne corde, face au jambage du bâti. Avec chaque dispositif, on obtient un tableau indiquant les ressorts requis pour les différentes dimensions des fenêtres.

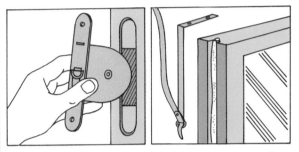

Vissez le dispositif à l'intérieur de l'alvéole de la poulie. Fixez la boucle du ruban sur le crochet de l'équerre de fixation.

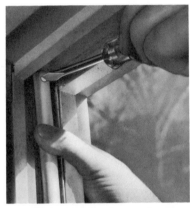

Pour ajuster la tension du ressort, appuyez du pouce sur le tube et enlevez la vis qui tient le tube en place.

Le ressort est trop serré si le châssis a tendance à remonter. Pressez la vis; déroulez le ressort de deux ou trois tours.

Si la fenêtre se lève difficilement, tendez le ressort de deux ou trois tours. Tenez le tube pendant l'opération.

Démontez le châssis, si le dispositif à ressort est cassé. Aplatissez la glissière à petits coups de marteau.

Enlevez la vis du tube et insérez un levier entre le châssis et le bâti pour retenir la glissière. Sortez le châssis.

Démontez la tringle du châssis et installez un nouveau dispositif. Ajustez la tension du ressort.

Posez l'équerre de fixation dans l'angle du châssis et fixez la branche horizontale à la traverse du haut avec des vis à tête fraisée. La tête des vis doit être au ras de l'équerre.

Pose du coupe-bise sur les fenêtres

Types principaux

Les coupe-bise servent à boucher les fissures et les interstices des fenêtres, surtout dans les vieilles maisons, pour réduire les pertes de chaleur et l'infiltration de l'air froid. Les coupe-bise s'achètent au pied; ils s'obtiennent, aussi, prêts à poser, munis de clous de fixation inoxydables.

Plusieurs types de coupe-bise se posent sur les fenêtres à guillotine, sans outils spéciaux: (1) rubans métalliques; (2) en vinyle, sous forme de tubes creux ou de cylindres remplis de tissus spongieux; (3) en caoutchouc-mousse, pré-encollés. Ils se fixent tous aux moulures et s'ajustent étroitement aux châssis.

Les fenêtres à cadrages métalliques à deux battants, auvent et jalousie, peuvent être garnies de coupe-bise en rubans de vinyle transparent qui se posent sur les bords, ou en mousse pré-encollée qui s'installe aux joints. Il existe aussi un ruban d'aluminium destiné exclusivement aux fenêtres à battants.

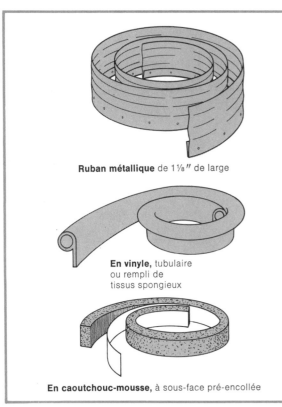

Ruban métallique de 1⅛″ de large

En vinyle, tubulaire ou rempli de tissus spongieux

En caoutchouc-mousse, à sous-face pré-encollée

Pose

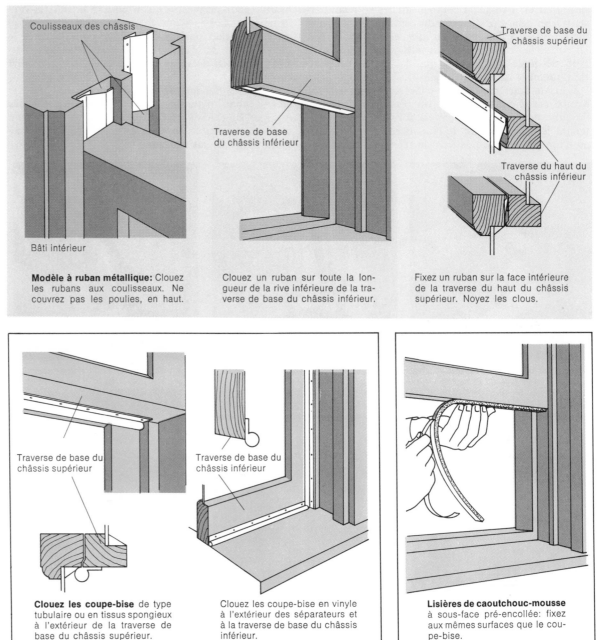

Coulisseaux des châssis

Bâti intérieur

Traverse de base du châssis inférieur

Traverse de base du châssis supérieur

Traverse du haut du châssis inférieur

Modèle à ruban métallique: Clouez les rubans aux coulisseaux. Ne couvrez pas les poulies, en haut.

Clouez un ruban sur toute la longueur de la rive inférieure de la traverse de base du châssis inférieur.

Fixez un ruban sur la face intérieure de la traverse du haut du châssis supérieur. Noyez les clous.

Traverse de base du châssis supérieur

Traverse de base du châssis inférieur

Clouez les coupe-bise de type tubulaire ou en tissus spongieux à l'extérieur de la traverse de base du châssis supérieur.

Clouez les coupe-bise en vinyle à l'extérieur des séparateurs et à la traverse de base du châssis inférieur.

Lisières de caoutchouc-mousse à sous-face pré-encollée: fixez aux mêmes surfaces que le coupe-bise.

Remplacement des carreaux

Enlevez les débris de verre cassé en portant des gants épais. Faites sauter le vieux mastic; ramollissez-le, le cas échéant, au fer à souder ou au chalumeau équipé d'une panne à souder. Arrachez les pointes de vitrier, puis grattez le mastic d'assise de la vitre en évitant d'entailler le bois des feuillures. Poncez les feuillures et badigeonnez-les d'huile de lin ou de peinture extérieure diluée pour les empêcher d'absorber les huiles que contient le mastic frais.

Découpez la nouvelle vitre, du verre double, de préférence, aux dimensions du cadre, en prévoyant un jeu de ⅛″ dans tous les sens. Posez une mince assise de mastic sur les feuillures et appuyez la vitre contre le mastic. Enfoncez, à mi-longueur, des pointes sur les quatre côtés, espacées de 4″ à 6″, à l'aide d'un ciseau, d'une spatule ou d'un tournevis. Faites des bandes de mastic de ⅜″ de diamètre que vous appliquerez tout autour de la vitre. A l'aide d'une spatule, égalisez le biseau et lissez le mastic. Laissez-le sécher une semaine ou deux avant de le peindre.

Gabarit pour couper le verre

Posez sur l'établi une feuille de contreplaqué de ¾″, plus grande que le verre à découper. Placez une réglette de bois dur près du bord inférieur du contreplaqué. Clouez-la à l'établi à travers le contreplaqué. Placez le verre à plat sur le contreplaqué, contre la réglette, en le faisant dépasser pour ne pas gêner le coupage. Nettoyez la ligne de coupage au pétrole ou à l'essence de térébenthine. Faites au coupe-verre un seul trait net le long d'une équerre plate en acier. Déplacez le verre pour que le trait affleure le bord du contreplaqué. Tapotez le verre pour le casser.

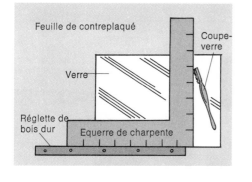

Feuille de contreplaqué
Coupe-verre
Verre
Réglette de bois dur
Equerre de charpente

Enlevez les morceaux de verre brisé. Faites sauter le vieux mastic, qu'il faut parfois ramollir.

Grattez le vieux mastic d'assise, arrachez les pointes de vitrier et poncez les feuillures des quatre côtés.

Badigeonnez d'huile de lin pour empêcher l'absorption des huiles contenues dans le mastic frais.

Découpez la nouvelle vitre aux dimensions du cadre avec un jeu de ⅛″ dans tous les sens.

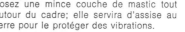

Posez une mince couche de mastic tout autour du cadre; elle servira d'assise au verre pour le protéger des vibrations.

Appuyez la vitre contre l'assise de mastic et posez des pointes de vitrier espacées de 4″ à 6″, enfoncées à demi.

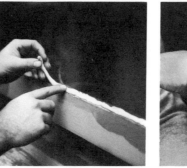

Faites des bandes de mastic de ⅜″ de diamètre et appliquez-les dans les feuillures tout autour de la vitre.

En tenant la spatule de biais, égalisez le biseau et lissez le mastic en forme de triangle.

Laissez le mastic sécher pendant une semaine ou deux avant de le peindre, en débordant sur le verre de 1/16″.

Châssis à battant

Fonctionnement et entretien

Les châssis à battant sont retenus à leurs cadres par des pentures; on les ouvre en tournant une manivelle. Mis à part les carreaux brisés qu'on remplace, ils ont rarement besoin de réparations; on n'a qu'à resserrer de temps à autre les pentures lâches et à nettoyer et lubrifier la manivelle et le bras réglable.

Mais, si ces fenêtres deviennent difficiles à ouvrir ou à fermer, examinez le mécanisme d'engrenage dissimulé. (Vous y aurez accès en desserrant les vis de la manivelle.) Si l'engrenage est usé, il faut remplacer le mécanisme entier. Un dépôt de vieille graisse durcie cause peut-être le problème: enlevez-le avec un dissolvant et graissez de nouveau.

Assurez-vous que le bras réglable glisse aisément dans ses rainures quand vous ouvrez ou fermez la fenêtre. S'il est récalcitrant, il peut y avoir accumulation de rouille ou de graisse durcie, à moins que le bras ne soit plié. Enlevez le mécanisme pour redresser le bras ou nettoyer les saletés. Appliquez une généreuse couche de graisse neuve: cela suffit habituellement à corriger la situation.

Lorsque l'air pénètre à l'intérieur, même quand la fenêtre est hermétiquement close, ajustez ou resserrez la manivelle de verrouillage; si les résultats ne vous satisfont pas, posez, en guise de coupe-bise, un mince ruban de mousse adhésive entre cadre et châssis.

Remplacement des carreaux

On remplace les carreaux de ces fenêtres de la même façon, à peu près, que ceux des fenêtres à guillotine, sauf que les carreaux sont retenus en place par des attaches à ressort plutôt que par des pointes de vitrier.

Enlevez le carreau brisé, les attaches à ressort et le vieux mastic. Une couche de peinture fera échec à la rouille.

Appliquez un mince ruban de mastic sur le cadre, et pressez doucement le carreau contre le mastic.

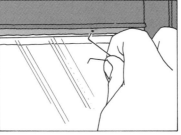

Insérez les attaches à ressort dans les trous du châssis prévus à cet effet et pressez-les-y.

Appliquez une nouvelle couche de mastic sur les bords du carreau et du cadre; égalisez le biseau à l'aide d'un couteau à mastiquer.

Pour retirer le mécanisme d'engrenage, ouvrez la fenêtre à demi et dévissez les boulons qui le retiennent au cadre.

Faites glisser le bras à gauche ou à droite (selon la fenêtre), jusqu'à ce qu'il quitte son rail; tirez tout droit.

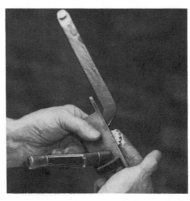

Examinez le mécanisme de la manivelle et du bras: les engrenages doivent bien s'enclencher.

A l'aide d'une brosse à poils d'acier, débarrassez châssis, cadre et rails de la graisse et la rouille accumulées.

Graissez bien le rail sous le châssis. Avec les doigts, appliquez de la graisse à carrosserie ou de la gelée de pétrole.

Huilez la manivelle d'engrenage et les pentures au moins une fois l'an: elles glisseront aisément et uniformément.

Fonctionnement et entretien

Quelques-uns de ces châssis sont en bois, mais la plupart sont en aluminium et glissent dans des coulisses fixées à leur sommet et à leur base. Les patins de nylon de la base facilitent le glissement des châssis. Les châssis s'enlèvent et se démontent, rendant aisé le remplacement des carreaux brisés: on n'a qu'à enlever les vis ou les clous qui relient les coulisseaux supérieur et inférieur aux montants latéraux. Le carreau est retenu dans son cadre par un cordon en matière plastique ou par une collerette qui le presse contre du mastic.

Les moustiquaires des châssis coulissants sont habituellement placées à l'extérieur, tandis que les double-châssis sont entre le châssis et la moustiquaire; moustiquaires et double-châssis restent posés en permanence, ce qui supprime l'entreposage annuel.

Les moustiquaires couvrent entièrement les fenêtres; les double-châssis, eux, sont en deux parties, qu'on repousse d'un côté, pendant l'été.

Entretien: enlevez les châssis et nettoyez le coupe-bise en métal et les rainures. Appliquez-y une couche de cire en pâte ou de la paraffine.

Les châssis en aluminium qui s'oxydent peuvent être nettoyés à l'aide d'un nettoyeur domestique, d'un savon doux ou de laine d'acier fine, puis recouverts d'une couche de cire à carrosserie, en pâte, qui les protégera pendant une période d'au moins une année.

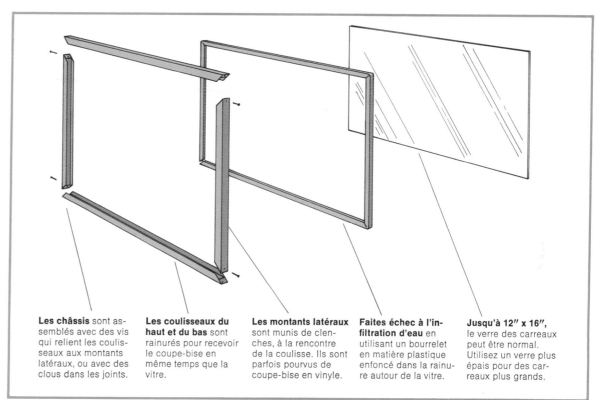

Les châssis sont assemblés avec des vis qui relient les coulisseaux aux montants latéraux, ou avec des clous dans les joints.

Les coulisseaux du haut et du bas sont rainurés pour recevoir le coupe-bise en même temps que la vitre.

Les montants latéraux sont munis de clenches, à la rencontre de la coulisse. Ils sont parfois pourvus de coupe-bise en vinyle.

Faites échec à l'infiltration d'eau en utilisant un bourrelet en matière plastique enfoncé dans la rainure autour de la vitre.

Jusqu'à 12″ x 16″, le verre des carreaux peut être normal. Utilisez un verre plus épais pour des carreaux plus grands.

Remplacement des carreaux des double-châssis

Les carreaux de certains châssis coulissants verticaux en aluminium sont retenus par une garniture. On l'enlève en la sortant du bâti.

Portez des gants pour retirer les carreaux brisés. Débarrassez le cadre des éclats de verre en y passant un tournevis.

Faites tailler le nouveau carreau plus petit de ½₂″ que le cadre. Posez-le délicatement. Portez des gants.

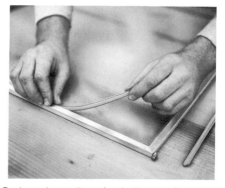

Replacez la garniture de plastique en la pressant sous le bâti avec le pouce. Partez d'un coin et progressez le long du cadre.

Châssis basculants et jalousies

Châssis basculants: emploi, fonctionnement, entretien

Les châssis basculants sont retenus, au sommet, par des pentures. Ils s'ouvrent à la base et possèdent parfois plus d'un cadre. Ce genre de fenêtre procure à l'usager le maximum d'aération et de protection contre les intempéries, quand le châssis est ouvert. La moustiquaire ou le double-châssis sont amovibles et peuvent s'enlever de l'intérieur de la maison. Les châssis basculants fonctionnent généralement à l'aide d'une manivelle ou d'un mécanisme de type ciseau. Les deux assurent une manœuvre rapide. La plupart des châssis basculants se dégagent en position horizontale, grâce à des charnières à fiche mobile.

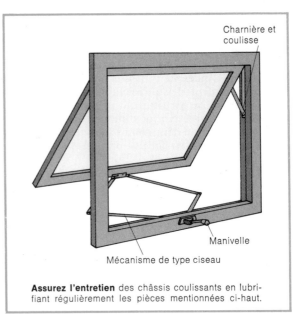

Charnière et coulisse

Manivelle

Mécanisme de type ciseau

Assurez l'entretien des châssis coulissants en lubrifiant régulièrement les pièces mentionnées ci-haut.

Démontez le châssis, pour l'entretien, en dévissant le mécanisme de la traverse inférieure.

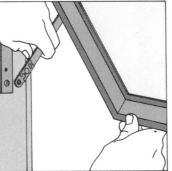

Les charnières sont maintenant libres. Séparez-les des côtés du chambranle, de façon à enlever le châssis complètement.

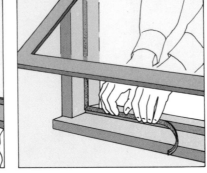

Sur la feuillure des cadres des châssis basculants de type ancien, posez un coupe-bise en mousse à dos encollé.

Châssis jalousies: emploi, fonctionnement, entretien

Les châssis jalousies sont faits de lames horizontales en verre, retenues en place, à chaque bout, par un cadre en métal. Les cadres sont reliés par des leviers. Ces châssis se manœuvrent comme les châssis basculants mais occupent moins d'espace; ils s'utilisent dans des espaces restreints. Ils ne ferment pas aussi hermétiquement que les châssis basculants: leurs lames sont trop nombreuses. On peut remédier à cet inconvénient en installant des coupe-bise, mais ce genre de châssis convient surtout aux pays chauds et s'utilise dans les pièces qui n'ont pas à être chauffées ou climatisées. La moustiquaire intérieure peut être remplacée, en hiver, par une vitre épaisse qui sert de double-châssis.

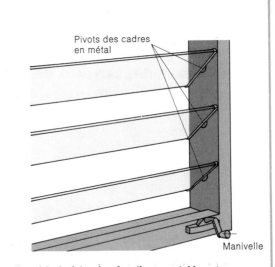

Pivots des cadres en métal

Manivelle

Les châssis jalousies fonctionneront bien si vous lubrifiez pivots et pièces amovibles régulièrement.

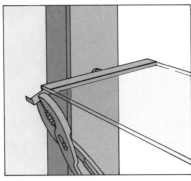

Pour remplacer une lame de verre, pliez d'abord les pattes d'attache suffisamment pour pouvoir dégager la vitre.

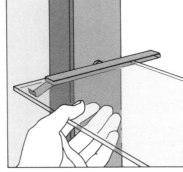

Placez le cadre de métal à l'horizontale et glissez délicatement la lame neuve en position.

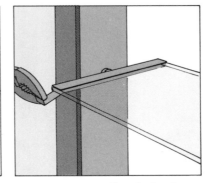

Redonnez aux pattes d'attache leur forme primitive. Elles retiendront les lames en place.

Façon de procéder

La pose d'un nouveau cadre de fenêtre s'effectue sans trop de difficulté lorsqu'il s'agit d'une réplique exacte du vieux cadre. Achetez le nouveau cadre aux mesures de l'ancien et, si possible, conservez le châssis. Enlevez le vieux cadre et posez le nouveau.

Peut-être préférerez-vous poser des fenêtres plus grandes ou plus nombreuses: les anciennes maisons manquent souvent d'accès à la lumière du jour. Dans l'un ou l'autre cas, choisissez des fenêtres pré-fabriquées de dimensions standard dont le style se marie à celui des autres fenêtres déjà en place.

Ne taillez pas d'ouvertures dans un mur qui renferme des conduits d'électricité, de plomberie ou de chauffage, à moins de pouvoir réinstaller ceux-ci ailleurs. Vérifiez leur présence en inspectant le mur par le sous-sol.

Le cadre doit être droit et d'équerre. Posez-le selon les normes. Il doit être assez solide pour supporter, sans arquer ou se tordre, le poids au-dessus de l'ouverture. Pour ce faire, utilisez des 2 x 4 pour le linteau et les montants latéraux.

Quand une ouverture mesure plus de 4' de large, on augmente les dimensions du linteau et on renforce celui-ci de telle sorte que le poids soit divisé entre ce dernier et les montants latéraux, jusqu'à la lisse.

Pour une portée de 5½' il faut deux 2 x 6; pour une portée de 7', il faut deux 2 x 8; pour plus de 7', il faut deux 2 x 10.

Coupe du bâti

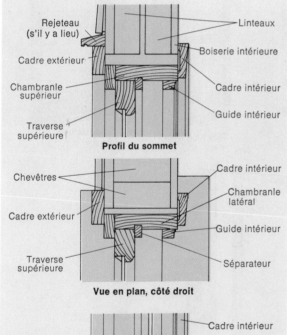

Profil du sommet

Rejeteau (s'il y a lieu) — Linteaux — Cadre extérieur — Boiserie intérieure — Chambranle supérieur — Cadre intérieur — Traverse supérieure — Guide intérieur

Profil du sommet

Chevêtres — Cadre intérieur — Chambranle latéral — Cadre extérieur — Guide intérieur — Traverse supérieure — Séparateur

Vue en plan, côté droit

Cadre extérieur — Cadre intérieur — Traverse de base — Rebord — Appui — Allège — Support inférieur

Profil de la base

Coupe de l'ouverture dans le mur extérieur: Forez des trous dans les coins. Terminez à la scie alternative.

Sciez les montants d'abord à la base, puis au sommet. Votre coupe doit être bien d'équerre.

Posez les pièces de 2 x 4 du linteau sur le chant. Clouez-les aux côtés de l'ouverture, renforçant ainsi le bâti.

Le support inférieur est fait de 2 x 4 doubles, placés en position et cloués aux montants verticaux.

Fixez les montants de support de 2 x 4, sur les côtés latéraux. Enfoncez solidement les clous dans le mur.

Placez le bâti dans l'ouverture; vérifiez l'ajustement. Posez des cales, si nécessaire, puis clouez le tout.

Fabrication des fenêtres en aluminium

Mesurage

Les doubles-châssis en aluminium peuvent être fabriqués à la maison pour beaucoup moins cher que ceux qu'on achète tout faits. Toutefois, peu de marchands vendent le châssis en aluminium muni des rainures à mastic qui protègent la vitre en la scellant.

Si l'ouverture à couvrir mesure 9' carrés ou moins, le double-châssis ne contiendra qu'une seule vitre de double épaisseur; si l'ouverture a plus de 9', on divisera le châssis en deux sections, ou même davantage.

Prenez les mesures des doubles-châssis en aluminium à l'extérieur de la butée, de telle sorte que le châssis s'y appuie lorsqu'on l'installe. Dans les mesures fournies plus bas, on tient compte des supports des réseaux de glissières et de légères erreurs de coupe.

Pour un seul contrechâssis, il faut quatre pièces d'aluminium (sections du châssis). Les coulisseaux du haut et du bas doivent être plus petits de ⅛" que la largeur de l'ouverture, et les deux coulisseaux latéraux verticaux, de ⅛" plus petits que la hauteur de l'ouverture.

Un contrechâssis en deux pièces possède huit sections en aluminium. Coupez les quatre pièces horizontales ¼" plus petites que la largeur de l'ouverture, et les quatre pièces verticales, ¼" plus petites que la hauteur de l'ouverture, divisée par deux.

Un contrechâssis en trois pièces sert aux fenêtres très hautes et possède 12 sections. Les pièces horizontales mesurent ¼" de moins que la largeur de l'ouverture, et les pièces verticales, ⅜" de moins que la hauteur de l'ouverture, divisée par trois.

Les cadres des châssis à battant sont généralement percés de trous le long des côtés et du centre, pour recevoir les vis et les clous qui retiennent moustiquaires et doubles-châssis à l'intérieur de la fenêtre. Mesurez la largeur juste entre ces trous, à l'intérieur; la longueur, de l'extrémité supérieure du mécanisme jusqu'à l'intérieur du cadre, et ajoutez ¼".

Les contrechâssis des fenêtres jalousies se fixent aussi à l'intérieur avec des vis placées dans le châssis et dans le guide borgne. Il vous faudra probablement fixer un tasseau percé d'un trou pour la manivelle à la base de l'ouverture. Hauteur: ¼" de moins que la distance entre le sommet du tasseau et celui de l'ouverture.

Les fenêtres du sous-sol peuvent recevoir des contrechâssis. On place ceux-ci soit à l'intérieur, soit à l'extérieur. Ceux dont le cadre est en métal s'ajustent de la même façon que les châssis à battant.

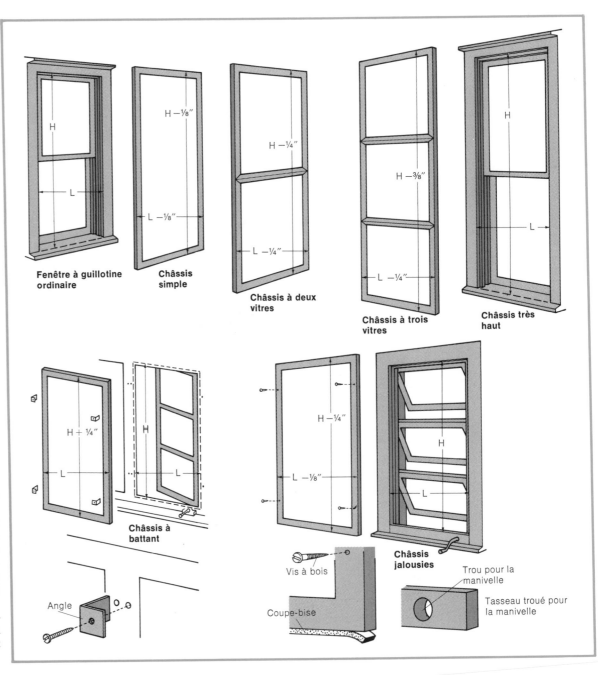

Fenêtre à guillotine ordinaire

Châssis simple

Châssis à deux vitres

Châssis à trois vitres

Châssis très haut

Châssis à battant

Angle

Châssis jalousies

Vis à bois

Coupe-bise

Trou pour la manivelle

Tasseau troué pour la manivelle

Assemblage

Avant de marquer ou de couper quoi que ce soit, vérifiez les mesures du contrechâssis en aluminium. Si vous devez assembler plusieurs fenêtres, procurez-vous une petite boîte à onglets pour scies à métaux.

Une vitre simple suffit pour les carreaux—jusqu'à 9' ca. de surface—mais une vitre double est recommandée, même sur des surfaces plus petites; elle ne coûte qu'un peu plus cher. Il faut couper la vitre avec précision, et les coins carrés, afin de bien assembler le cadre. Vous pouvez faire tailler la vitre suivant vos mesures, ou la tailler vous-même (p. 438).

Lorsque vous couperez la moulure pour les coins à onglets, ne la coupez qu'après avoir enlevé le ruban de calfeutrage. On se sert de coins à ajustage serré pour fixer les coins à onglets. Poussez-les en place ou frappez-les à l'aide d'un maillet en bois. N'employez pas de marteau: il endommagerait le cadre. Poinçonnez les coins des montants avec la pointe d'un clou de 3½". Prenez garde de les endommager: frappez juste assez pour marquer l'aluminium du cadre.

Tous les contrechâssis en aluminium doivent porter, sur leur pourtour, un calfeutrage de mousse à endos collant qui forme un joint étanche sur le cadre ou l'arrêt borgne. Même si le montage est précis, le contrechâssis ne fonctionnera pas bien sans un joint étanche.

Entretien: En plus de nettoyer les vitres, vous devez enlever l'oxydation ou les taches sur le métal. Employez un nettoyeur pour l'aluminium contenant un poli; ou, encore, une laine d'acier très fine; finissez avec une cire en pâte.

Avant de couper une section du cadre, enlevez et conservez le ruban.

Taillez les coins en onglets. Utilisez une équerre à combinaison pour tracer.

Coupez le tracé avec une scie à métaux à lame fine. Limez les bavures.

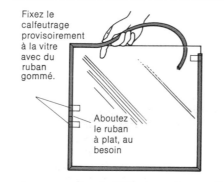

Fixez le calfeutrage provisoirement à la vitre avec du ruban gommé.

Aboutez le ruban à plat, au besoin

Posez une vitre de 1¼₆" plus petite que le périmètre extérieur du cadre.

Posez le ruban. Avec une lame de rasoir, taillez le coin à un angle de 45°.

Ajustez le ruban sur le dessus de la vitre; coupez en onglet le joint du coin.

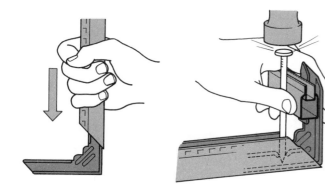

Poussez le coin dans chaque moulure du cadre coupée en onglet.

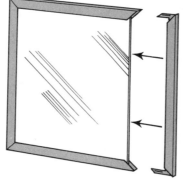

Poinçonnez les coins en place avec un clou de 3½".

Centrez sur la vitre le dessus et le dessous du cadre; posez les côtés.

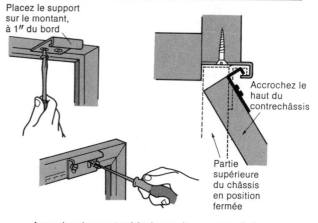

Placez le support sur le montant, à 1" du bord

Accrochez le haut du contrechâssis

Partie supérieure du châssis en position fermée

Accrochez les contrechâssis sur des supports fixés sur le dessus de la fenêtre.

Contrechâssis en bois

Entretien et réparation

Les contrechâssis arrêtent les courants d'air, réduisent la consommation de mazout et permettent un chauffage et une climatisation efficaces. Le contrechâssis doit s'ajuster parfaitement au chambranle; posez un coupe-bise pour améliorer l'étanchéité. Si les fenêtres intérieures et extérieures sont parfaitement étanches, il n'y aura pas de condensation. Une colonne d'air inerte entre les châssis empêchera la perte d'air chaud et la pénétration d'air froid, du-rant les temps froids; dans les maisons climatisées, cet espace d'air contribue à conserver l'air frais à l'intérieur et à laisser la chaleur à l'extérieur.

Enlevez les contrechâssis périodiquement pour les repeindre; la peinture les empêche de se gonfler et de se déformer à l'humidité. Vérifiez alors les crochets et les attaches; les vis branlantes, les joints et les crochets d'entrebâillement; le mastic qui manque ou s'effrite; les vitres brisées.

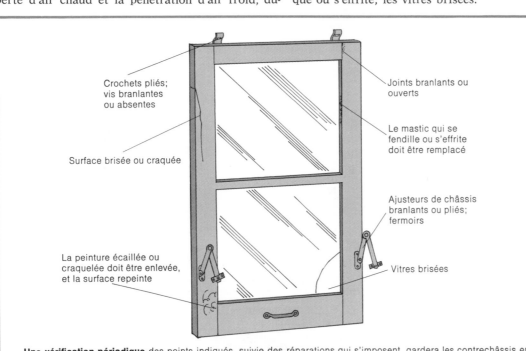

Crochets pliés; vis branlantes ou absentes

Surface brisée ou craquée

La peinture écaillée ou craquelée doit être enlevée, et la surface repeinte

Joints branlants ou ouverts

Le mastic qui se fendille ou s'effrite doit être remplacé

Ajusteurs de châssis branlants ou pliés; fermoirs

Vitres brisées

Une vérification périodique des points indiqués, suivie des réparations qui s'imposent, gardera les contrechâssis en état

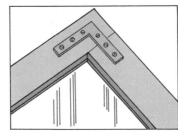

Ouvrez les assemblages branlants; recollez et posez une équerre plate.

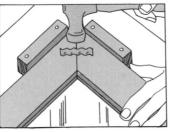

Clouez 2 tasseaux pour retenir le coin d'équerre pendant que vous renforcez.

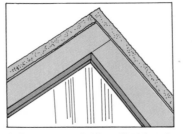

Collez un coupe-froid sur l'intérieur du châssis.

Condensation dans les châssis

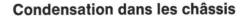

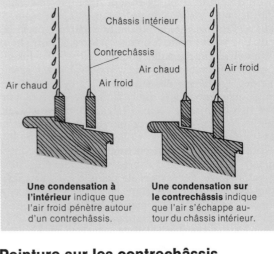

Châssis intérieur

Contrechâssis

Air chaud

Air froid

Air chaud

Air froid

Une condensation à l'intérieur indique que l'air froid pénètre autour d'un contrechâssis.

Une condensation sur le contrechâssis indique que l'air s'échappe autour du châssis intérieur.

Peinture sur les contrechâssis

Poids stabilisateur

Pour peindre les côtés en une seule opération, suspendez le châssis à une solive; stabilisez-le en y suspendant un poids.

Entretien et réparation

Le fil d'acier émaillé noir n'est plus employé pour les moustiquaires, et le fil d'acier galvanisé est presque complètement disparu dans le commerce. Ils sont remplacés par des moustiquaires inoxydables en bronze, en cuivre, en plastique et en aluminium, et même par un type en laiton ou en aluminium. Il en existe de nouveaux en fibre de verre, et un autre, fait d'aluminium anodisé.

Une moustiquaire retiendra à l'extérieur même les plus petits insectes si elle est fabriquée d'une toile métallique fine (18 x 16). Si l'on en prend soin, les moustiquaires durent plusieurs années. Il arrive cependant qu'on les perce accidentellement. Il est important de les réparer avant qu'il ne soit trop tard et qu'on doive les remplacer complètement. Les moustiquaires en plastique ou en fils métalliques se salissent; en outre, les fils métalliques se corrodent. Nettoyez-les périodiquement avec l'accessoire rond de l'aspirateur.

Appliquez de la peinture sur les cadres en bois, non seulement pour l'apparence, mais aussi pour empêcher le gonflement, la déformation et la pourriture par l'humidité. Les cadres en aluminium doivent être nettoyés et cirés de temps à autre, pour combattre l'oxydation.

Si les joints branlent, recollez-les et posez, pour effectuer une réparation durable, des équerres de fer, en T, des plaques de renforcement, des attaches ondulées ou en forme de chevron, des vis à bois ou des chevilles collées.

Vérifiez les crochets endommagés, les supports sur la maison et les attaches de la moustiquaire.

Bouchez un petit trou dans une moustiquaire de métal avec une colle hydrofuge. Sur le plastique: colle d'acétone.

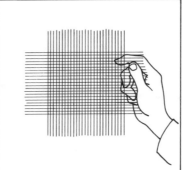

Sur un grand trou, rapportez une pièce, plus grande que le trou à réparer, coupée dans un grillage.

Pliez les bouts des fils de la pièce et faites-les passer entre les mailles. Dépliez-les. Appliquez du ciment plastique.

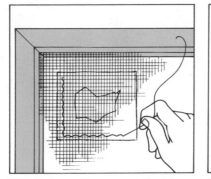

Réparez les petits trous en tissant ou reprisant avec des fils de moustiquaire ou du petit fil de fer.

Enlevez la rouille et la saleté en brossant des deux côtés avec une brosse d'acier, puis passez l'aspirateur.

Après le nettoyage, appliquez une fine couche de vernis des deux côtés avec un pinceau ou une pièce de tapis.

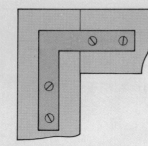

Sur des joints branlants recollés, posez une plaque de renforcement, du genre équerre plate.

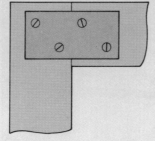

D'autres types de plaques de renforcement (T ou rectangles) donnent de bons résultats.

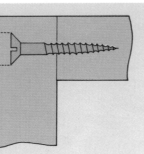

Renforcez le joint en noyant une longue vis à bois; remplissez le trou avec un goujon ou de la pâte.

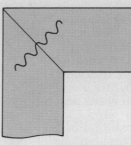

Renforcez les joints à onglets avec des attaches ondulées ou en forme de chevron.

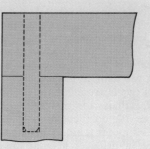

Renforcez un angle en collant un goujon dans un trou percé dans les deux pièces.

Moustiquaires

Remplacement d'un grillage à cadre de bois

Tous les genres de grillages doivent être changés, éventuellement; même ceux qu'on appelle "de longue durée" ne peuvent résister à un dur coup comme l'arrivée d'une balle solidement frappée. Quand un grillage en métal galvanisé commence à rouiller, il vaut mieux le remplacer immédiatement, non seulement à cause de l'apparence, mais aussi pour protéger de la rouille les surfaces environnantes.

Lorsque vous remplacez le grillage, enlevez délicatement la baguette de bois pour l'utiliser de nouveau. Choisissez un grillage du type inoxydable (p. 131). Achetez une pièce plus grande que la surface à couvrir; le surplus sur le bord servira de prise pour tendre le grillage afin de l'ajuster sur le cadre.

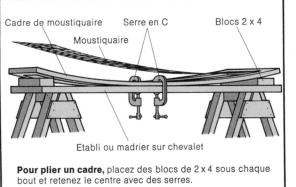

Pour plier un cadre, placez des blocs de 2 x 4 sous chaque bout et retenez le centre avec des serres.

Cadre de moustiquaire — Serre en C — Blocs 2 x 4 — Moustiquaire — Etabli ou madrier sur chevalet

Placez la moustiquaire sur des chevalets; levez les baguettes avec un ciseau. Allez du centre vers les bouts.

Découpez le grillage; agrafez-le à un bout du cadre seulement. Le grillage en plastique sera replié de 1½″ tout le tour.

Courbez le cadre (à gauche) et tendez le grillage. Agrafez l'autre bout. Retirez les serres et les blocs.

Agrafez les côtés, tendez le grillage. Allez du centre de chaque côté vers les bouts. Agrafez la traverse centrale.

Coupez le surplus du grillage avec un couteau robuste, des cisailles, des ciseaux, ou des lames de rasoir (le plastique).

Fixez la baguette. Noyez les têtes de clous, remplissez les trous, appliquez une couche d'apprêt et repeignez.

Remplacement d'une moitié de grillage

Si la moitié seulement d'un grillage est endommagée, vous pouvez remplacer seulement cette section plutôt que le grillage au complet. Servez-vous d'un matériau semblable, si possible, pour garder le même aspect.

Comme la méthode courbée illustrée plus haut ne sert pas pour la réparation d'une moitié seulement, voici une autre méthode. Premièrement, fixez le nouveau grillage à la traverse centrale. Puis clouez deux pièces de bois en guise de bride de serrage sur l'établi pour tenir le grillage. Deux cales plantées entre la bride et le bout du cadre fourniront une tension suffisante au nouveau grillage. Procédez ensuite de la même façon que lors du remplacement du grillage complet, tel qu'expliqué ci-haut.

Enlevez la moulure; avec des ciseaux, coupez la section endommagée depuis la traverse centrale.

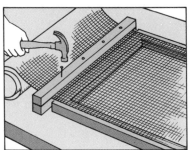

Agrafez le nouveau grillage à la traverse centrale; déroulez-le sur le cadre et bridez-le; clouez la bride à l'établi.

Plantez une cale à chaque bout entre la bride et le cadre pour donner de la tension; finissez comme sur le cadre entier.

Moustiquaires en aluminium

On peut acheter les pièces qui composent un cadre de moustiquaire en aluminium dans les magasins qui vendent les produits d'aluminium pour bricoleurs. Les cadres des moustiquaires, de même dimension que ceux des contrechâssis, ont aussi les mêmes coins et les mêmes attaches et peuvent s'installer sur des contrechâssis. La seule différence est que l'ouverture sur le cadre d'une moustiquaire est fixée sur la face avec une mince pièce d'aluminium appelée languette, plutôt qu'avec une bande de calfeutrage.

Les cadres des moustiquaires en aluminium se mesurent de la même façon que les contrechâssis décrits en page 128 et ont des points communs avec eux.

Etant donné qu'on n'ouvre qu'une section à la fois d'une fenêtre à guillotine, on épargnera temps, effort et argent en ne faisant que des demi-moustiquaires.

Les types de fenêtres autres que celles qui sont à guillotine exigent des moustiquaires pleine longueur; on les pose de la même façon que sur les contrechâssis.

La languette de métal dans la rainure d'aluminium fonctionnera très bien, au début; il peut en être autrement si vous remplacez le grillage.

Lors du remplacement, le grillage peut être fixé avec une languette de plastique qui se resserre un peu, après coup. Un rouleau spécial, peu coûteux, sert à cet usage.

Enfoncez la languette de plastique dans la rainure du cadre.

Retirez la languette avec un couteau à mastic. Ne la pliez pas.

Prenez les mesures comme pour les contrechâssis (p. 128); angles de 45°.

Taillez les coins en onglets avec une scie à fer à dents fines; limez la bavure.

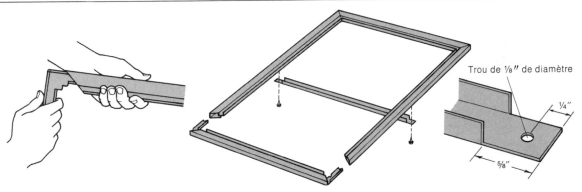

Insérez un coin dans les deux bouts des moulures du cadre.

Insérez les bouts libres des coins dans les côtés, pour former le cadre.

Trou de 1/8" de diamètre

Ajoutez une entretoise pour moustiquaires de plus de 6' ca.

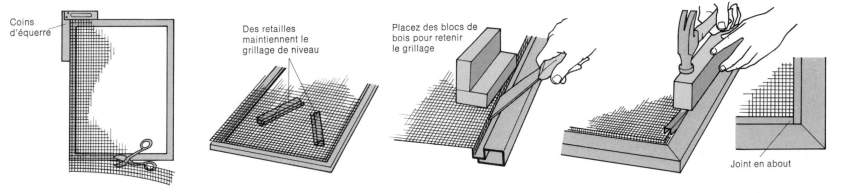

Coupez le grillage suivant les dimensions extérieures après assemblage.

Alignez le grillage dans la rainure sur un côté et sur un bout.

Avec un couteau à mastic, repliez les bords du grillage dans la rainure.

Faites pénétrer la languette dans la rainure avec un bloc de bois et un marteau. Aboutez dans les coins.

133

Stores

La réparation des stores

Enroulement incorrect: Si un store ne s'enroule pas bien, même s'il est bien installé, retirez-le des supports et augmentez la tension du ressort en enroulant le store à la main, puis replacez-le sur les supports. Recommencez si la tension n'est pas assez forte.

Si un store s'enroule violemment, retirez-le pour le dérouler en partie; replacez-le et vérifiez-le. Si la tension est encore trop forte, recommencez.

Ressort brisé: Si vous ne parvenez pas à corriger le manque de tension du ressort, remplacez le rouleau.

Coincement: Si un store se coince, le rouleau est trop serré entre les supports. Frappez-les légèrement avec un marteau pour les pousser un peu vers l'extérieur. Si ça ne va pas, éloignez les supports. Si c'est impossible parce qu'ils sont placés à l'intérieur du chambranle de la fenêtre, enlevez du rouleau la pointe ronde et le barillet et raccourcissez la pointe.

Chute: Si un store tombe souvent, ses supports sont trop éloignés. S'ils sont placés à l'extérieur du chambranle de la fenêtre, rapprochez-en un. S'ils sont montés dans le chambranle, placez une cale de carton sous l'un d'eux pour le rapprocher.

Zigzag: Une pointe courbée fera zigzaguer un store; redressez-la avec des pinces. Si elle est rouillée ou salie, nettoyez-la au papier abrasif.

Cliquet défectueux: Un store ne s'arrêtera pas quand on le déroule si les cliquets ne s'engagent pas dans les encoches du rochet. Nettoyez et lubrifiez avec du graphite. L'accumulation des fils du store empêchera aussi les cliquets de s'engager.

Toile usée: Un store n'est pas fini parce que le bas de la toile est usé. Coupez la partie usée; enlevez la toile du rouleau et remontez-la en agrafant au rouleau la partie coupée. Agrafez-la bien droite pour éviter que le store ne penche d'un côté.

Coupage d'un store: Si la cavité du ressort d'un rouleau n'est pas endommagée, on peut couper le store et l'installer dans une fenêtre plus étroite. Enlevez la toile et la latte de l'ourlet. Sciez le rouleau de la longueur marquée du côté de la pointe ronde. Posez le barillet sur la partie coupée et enfoncez la pointe avec un marteau. Elle doit être exactement au centre du rouleau. Etendez la toile et marquez la nouvelle largeur à plusieurs endroits. Tracez une ligne droite entre les points et taillez avec des ciseaux ou une lame de rasoir. Raccourcissez la latte suivant l'ourlet. Si le store porte une tirette, percez un trou pour la corde.

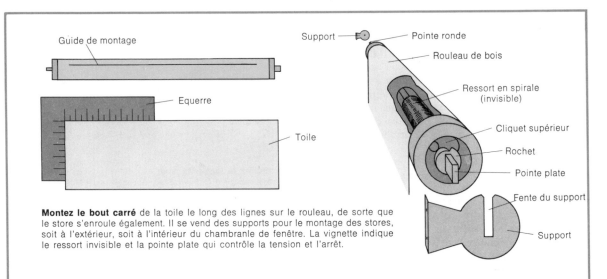

Montez le bout carré de la toile le long des lignes sur le rouleau, de sorte que le store s'enroule également. Il se vend des supports pour le montage des stores, soit à l'extérieur, soit à l'intérieur du chambranle de fenêtre. La vignette indique le ressort invisible et la pointe plate qui contrôle la tension et l'arrêt.

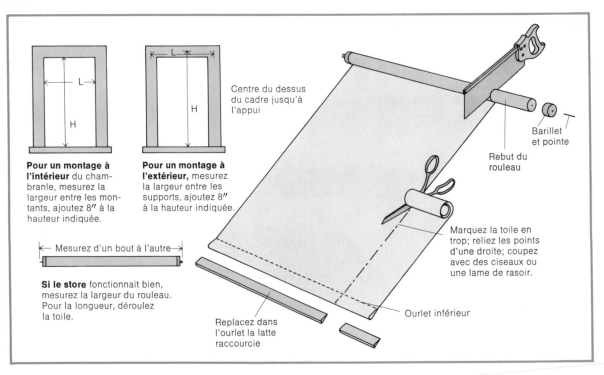

Pour un montage à l'intérieur du chambranle, mesurez la largeur entre les montants, ajoutez 8″ à la hauteur indiquée.

Pour un montage à l'extérieur, mesurez la largeur entre les supports, ajoutez 8″ à la hauteur indiquée.

Mesurez d'un bout à l'autre

Si le store fonctionnait bien, mesurez la largeur du rouleau. Pour la longueur, déroulez la toile.

Centre du dessus du cadre jusqu'à l'appui

Barillet et pointe

Rebut du rouleau

Marquez la toile en trop; reliez les points d'une droite; coupez avec des ciseaux ou une lame de rasoir

Ourlet inférieur

Replacez dans l'ourlet la latte raccourcie

Remplacement des cordes et des rubans

Vous voulez remplacer une corde de levée sur un store vénitien? D'abord, enlevez les bouchons dans les bouts et le couvercle de métal de la latte du bas. Un store en bois porte une latte très épaisse qui renferme la corde.

Déliez le nœud sur le côté de la corde d'inclinaison et aboutez la vieille corde à la neuve avec du ruban adhésif transparent. Enfilez la nouvelle corde dans les trous des lames et poursuivez le chemin de l'ancienne corde jusqu'au nœud, à l'autre extrémité. Il faut changer la corde d'inclinaison aussi; il suffit de la faire passer dans l'ouverture et de la placer sur la poulie.

Si vous devez remplacer les rubans usés ou fanés, enlevez les attaches du support, soulevez la boîte, s'il y en a une, et enlevez le store. Etendez-le sur une table ou sur le plancher et retirez le couvercle de métal sur la lame du bas. Dénouez les deux bouts de la corde et retirez-la; ainsi, les lames seront relâchées pour être lavées ou repeintes. Débarrassez-vous des vieux rubans après les avoir détachés des agrafes du haut et du bas.

Lorsque vous achetez de nouveaux rubans, assurez-vous qu'ils contiennent le même nombre d'échelons que les vieux et qu'ils s'ajustent sur les lames.

Installez les nouveaux rubans; attachez-les en haut et en bas et enfilez la corde de levée dans les échelons.

Important: Assurez-vous que vous enfilez la corde en alternant d'un côté et de l'autre de l'échelon, à l'intérieur des rubans. Remplacez les cordes de levée et d'inclinaison en même temps que les rubans.

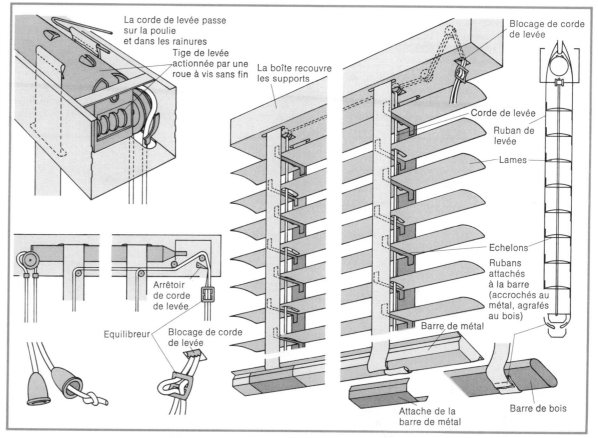

La corde de levée passe sur la poulie et dans les rainures

Tige de levée actionnée par une roue à vis sans fin

La boîte recouvre les supports

Blocage de corde de levée

Corde de levée

Ruban de levée

Lames

Echelons

Rubans attachés à la barre (accrochés au métal, agrafés au bois)

Arrêtoir de corde de levée

Equilibreur

Blocage de corde de levée

Barre de métal

Attache de la barre de métal

Barre de bois

Pour enlever le store métallique du support, tirez le levier et soulevez. Retirez la planche des stores de bois.

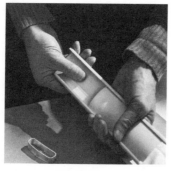

Retirez les bouchons et le couvercle de la barre inférieure pour découvrir les nœuds de la corde de levée.

Coupez ou déliez les deux nœuds. Tirez la corde jusqu'à la boîte. Tirez sur les lames ainsi dégagées.

Enlevez le ruban. Repliez et insérez les bouts du nouveau dans les agrafes des barres, en haut et en bas.

En enfilant la nouvelle corde de levée dans les lames, assurez-vous qu'elle alterne entre les échelons.

Quincaillerie à draperies

Installations fixes ou à coulisse

Les draperies de fenêtres plus ou moins fixes peuvent s'installer sur des tringles à rideaux. Cependant, lorsqu'on doit les manœuvrer fréquemment pour conserver son intimité, contrôler la lumière ou obtenir un effet de décoration, une tringle à coulisse est particulièrement utile. Ces tringles se règlent à la main ou sont télécommandées à l'électricité. Les draperies suspendues à une tringle à coulisse, quelle que soit la surface qu'elles recouvrent, peuvent s'ouvrir des deux côtés à la fois et se fermer aussi facilement, soit complètement, soit partiellement.

La tringle à coulisse se fixe à un chambranle de fenêtre, au mur ou au plafond, quel que soit l'appareil qui soutient les draperies. Quand une tringle à rideaux mesure plus de 48" de long, assurez-vous qu'elle soit bien soutenue au centre par des ferrures placées à égale distance. Si vous installez une tringle à coulisse, suivez les indications relatives à l'étendue qu'elle doit recouvrir. Les draperies ont cet avantage de changer l'apparence d'une fenêtre—de donner l'illusion de hauteur et de largeur. Vous voudriez, par exemple, suspendre des draperies au-delà de l'encadrement pour tirer profit de la largeur de la fenêtre et laisser pénétrer le plus de lumière possible. Vous y parviendrez avec des plaques de rallonge posées directement sur le chambranle, sans l'aide de monture sur le mur.

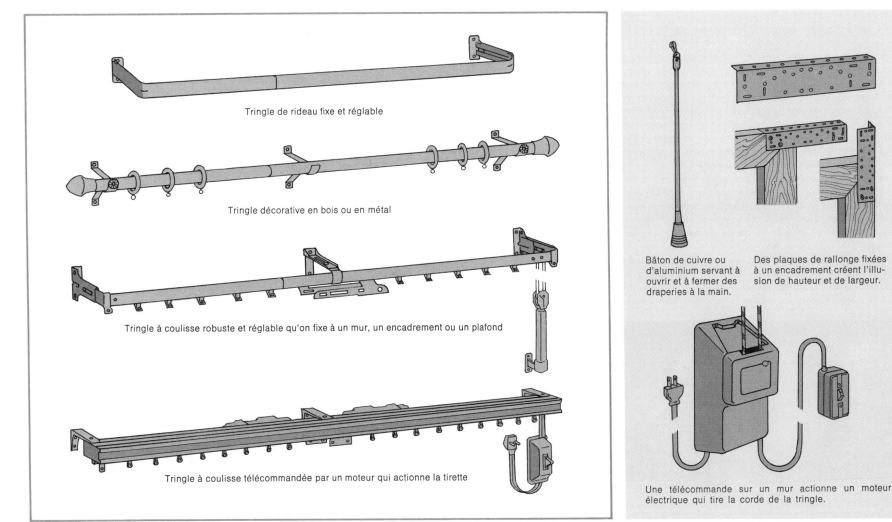

Tringle de rideau fixe et réglable

Tringle décorative en bois ou en métal

Tringle à coulisse robuste et réglable qu'on fixe à un mur, un encadrement ou un plafond

Tringle à coulisse télécommandée par un moteur qui actionne la tirette

Bâton de cuivre ou d'aluminium servant à ouvrir et à fermer des draperies à la main.

Des plaques de rallonge fixées à un encadrement créent l'illusion de hauteur et de largeur.

Une télécommande sur un mur actionne un moteur électrique qui tire la corde de la tringle.

Montage

Lorsque vous devez poser une tringle à rideaux—tringle fixe ou à coulisse—directement sur un chambranle de fenêtre, installez les ferrures sur les coins supérieurs de l'encadrement. Ajoutez un ou plusieurs supports si les tringles ont plus de 48″ de long.

Aux fenêtres qui n'ont pas d'encadrement, on installe les draperies habituellement à 4″ au-dessus de la fenêtre et de 6″ à 18″ de chaque côté, de sorte que, quand les draperies sont ouvertes, la lumière pénètre abondamment dans la pièce. Si la tringle est près du plafond, assurez-vous de la monter parallèlement à celui-ci. Servez-vous de crampons métalliques ou de boulons d'ancrage pour fixer une tringle à un mur creux (p. 76).

Les ferrures et supports pour les installations au plafond sont les mêmes que ceux des murs et sont placés à peu près de la même façon; vous n'avez pas besoin de ferrures là où les bouts des tringles arasent le mur. Une fois les ferrures en place, ajustez la tringle pour qu'elle s'ouvre et se ferme des deux côtés à la fois. Placez-la face contre terre et ajustez sa longueur selon l'espace disponible et pour qu'elle prenne place dans les ferrures. Tirez la corde extérieure et amenez la coulisse principale gauche le plus loin possible. Puis tendez la corde et amenez la coulisse principale droite à l'extrême-droite. Attachez bien la corde sous le crochet du devant de la coulisse de droite. Quand la tringle est sur sa ferrure, tendez la corde. Fixez la base de la poulie à ressort sur la plinthe, le mur ou le plancher. Soulevez la chape et insérez un clou dans l'ouverture, sur la tige de la poulie. Ouvrez la chape et passez la boucle de la corde sous la roue de la poulie; refermez la chape. Amenez le nœud de droite derrière la coulisse pour tendre la corde. Faites un nouveau nœud.

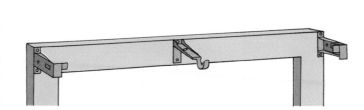

Montage d'une tringle à coulisse sur un chambranle: fixez les ferrures sur chaque coin supérieur avec les vis fournies lors de l'achat. Placez des ferrures de support au centre si les tringles ont plus de 48″ de long.

Ferrure terminale de la tringle à coulisse

La vis bloque la ferrure à la distance voulue

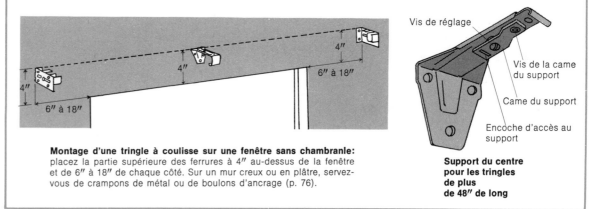

Montage d'une tringle à coulisse sur une fenêtre sans chambranle: placez la partie supérieure des ferrures à 4″ au-dessus de la fenêtre et de 6″ à 18″ de chaque côté. Sur un mur creux ou en plâtre, servez-vous de crampons de métal ou de boulons d'ancrage (p. 76).

Support du centre pour les tringles de plus de 48″ de long

Vis de réglage

Vis de la came du support

Came du support

Encoche d'accès au support

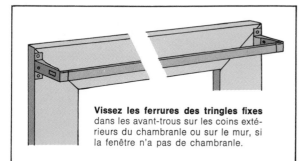

Vissez les ferrures des tringles fixes dans les avant-trous sur les coins extérieurs du chambranle ou sur le mur, si la fenêtre n'a pas de chambranle.

Ajustement d'une tringle à coulisse

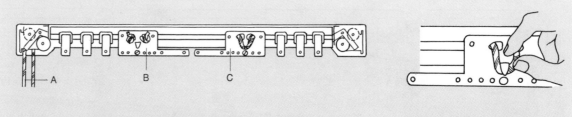

Placez la tringle face contre terre et allongez-la une fois qu'elle sera placée dans les ferrures. Tirez la corde (A) pour amener la coulisse principale (B) à l'extrême-gauche, puis tendez la corde et amenez la coulisse (C) à l'extrême-droite.

Passez la corde dans l'ouverture de la coulisse droite et fixez-la sous le crochet pour que les deux coulisses principales fonctionnent simultanément.

Quincaillerie à draperies

Montage

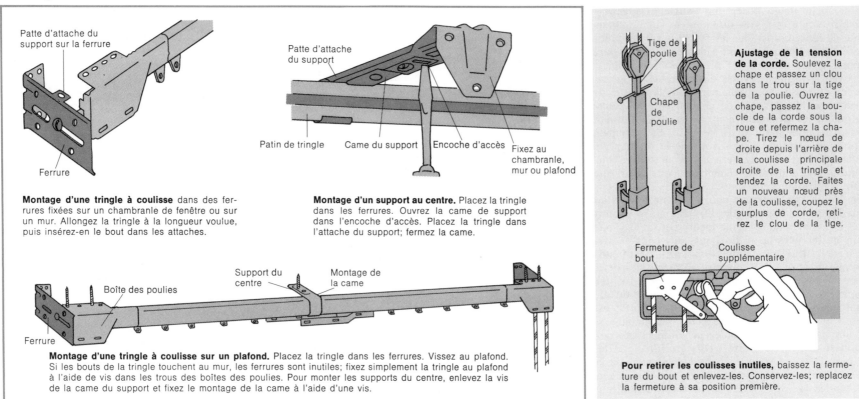

Patte d'attache du support sur la ferrure

Ferrure

Patte d'attache du support

Patin de tringle   Came du support   Encoche d'accès   Fixez au chambranle, mur ou plafond

Montage d'une tringle à coulisse dans des ferrures fixées sur un chambranle de fenêtre ou sur un mur. Allongez la tringle à la longueur voulue, puis insérez-en le bout dans les attaches.

Montage d'un support au centre. Placez la tringle dans les ferrures. Ouvrez la came de support dans l'encoche d'accès. Placez la tringle dans l'attache du support; fermez la came.

Boîte des poulies   Support du centre   Montage de la came

Ferrure

Montage d'une tringle à coulisse sur un plafond. Placez la tringle dans les ferrures. Vissez au plafond. Si les bouts de la tringle touchent au mur, les ferrures sont inutiles; fixez simplement la tringle au plafond à l'aide de vis dans les trous des boîtes des poulies. Pour monter les supports du centre, enlevez la vis de la came du support et fixez le montage de la came à l'aide d'une vis.

Ajustements

Tige de poulie

Chape de poulie

Ajustage de la tension de la corde. Soulevez la chape et passez un clou dans le trou sur la tige de la poulie. Ouvrez la chape, passez la boucle de la corde sous la roue et refermez la chape. Tirez le nœud de droite depuis l'arrière de la coulisse principale droite de la tringle et tendez la corde. Faites un nouveau nœud près de la coulisse, coupez le surplus de corde, retirez le clou de la tige.

Fermeture de bout   Coulisse supplémentaire

Pour retirer les coulisses inutiles, baissez la fermeture du bout et enlevez-les. Conservez-les; replacez la fermeture à sa position première.

Pose de la corde d'une tringle à coulisse

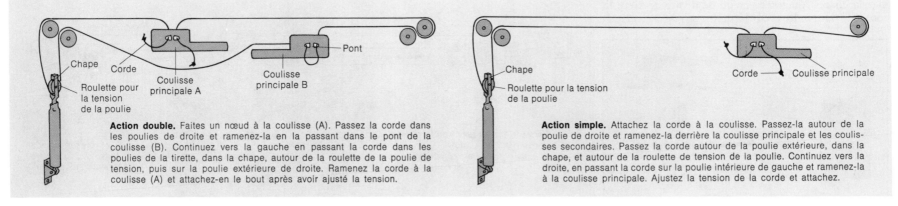

Chape

Corde

Roulette pour la tension de la poulie

Coulisse principale A

Coulisse principale B

Pont

Action double. Faites un nœud à la coulisse (A). Passez la corde dans les poulies de droite et ramenez-la en la passant dans le pont de la coulisse (B). Continuez vers la gauche en passant la corde dans les poulies de la tirette, dans la chape, autour de la roulette de la poulie de tension, puis sur la poulie extérieure de droite. Ramenez la corde à la coulisse (A) et attachez-en le bout après avoir ajusté la tension.

Chape

Roulette pour la tension de la poulie

Corde   Coulisse principale

Action simple. Attachez la corde à la coulisse. Passez-la autour de la poulie de droite et ramenez-la derrière la coulisse principale et les coulisses secondaires. Passez la corde autour de la poulie extérieure, dans la chape, et autour de la roulette de tension de la poulie. Continuez vers la droite, en passant la corde sur la poulie intérieure de gauche et ramenez-la à la coulisse principale. Ajustez la tension de la corde et attachez.

Coinçage et desserrage

Une porte peut se coincer à cause de charnières lâches ou mal ajustées, du renflement du bois ou même de l'affaissement de la maison. Corrigez la première difficulté en réajustant les charnières; corrigez les autres en ponçant ou en rabotant la porte. Après cette opération, finissez la partie poncée ou rabotée de la même couleur que la porte, ce qui mettra obstacle à l'humidité, cause du renflement.

Ouvrez la porte, vérifiez les charnières et la gâche, replacez les vis lâches. Si les vis sont lâches parce que les trous se sont agrandis, posez des vis plus longues ou remplissez les trous de pâte de bois ou de chevilles de bois enduites de colle et replacez les vis. Si la porte se coince encore, repérez les endroits de frottement en glissant un carton rigide entre la porte fermée et le jambage. Si la porte glisse bien du bas mais se coince du haut, du côté de la serrure, la charnière du bas peut être trop enfoncée. Ouvrez la porte et bloquez-la avec un coin. Desserrez les vis de la charnière du bas dans le chambranle, insérez une cale de carton sous la charnière et resserrez les vis. Cette opération fera ressortir du chambranle la partie inférieure de la porte et la replacera.

Si le bas de la porte se coince du côté de la serrure, insérez une cale sous la charnière supérieure du chambranle. Si la porte se coince encore un peu du haut et du bas après que vous avez posé une cale sous l'une ou l'autre charnière, poncez ou rabotez le bois à l'endroit du frottement. Il n'est pas nécessaire d'enlever la porte. Si la porte glisse bien du côté de la serrure mais se coince au haut, forcez-la avec un coin et poncez ou rabotez le bois. Si elle se coince au bas, enlevez la porte (p. 140). Si la porte se coince sur tout le côté de la serrure, enlevez-la et poncez ou rabotez le côté des charnières. Ce côté est plus facile à raboter que celui de la serrure puisqu'il n'y a pas de serrure à enlever. De plus, le côté des charnières est moins à la vue et peut se refinir plus facilement. Si la porte s'ouvre bien mais que la serrure, quoique bien placée, n'atteigne pas la gâche, posez une cale sous celle-ci pour la faire ressortir. Si la porte ne se ferme pas ou s'ouvre d'elle-même quand elle n'est pas verrouillée, placez une petite cale de carton sous la moitié de la patte de chaque charnière du chambranle, du côté du pivot seulement.

Corrigez le coincement du haut de la porte, côté serrure, en resserrant les vis de la charnière du haut ou calez la charnière du bas.

Corrigez le coincement côté charnière en calant la charnière du haut ou celle du bas, ou les deux, selon le cas.

Corrigez le coincement du bas, côté serrure, en serrant les vis de la charnière du bas ou calez la charnière du haut.

Vérifiez d'abord les charnières et la gâche, puis resserrez les vis lâches. Insérez un carton mince rigide entre la porte et le jambage, quand la porte sera fermée. La porte se coince là où le carton est retenu fixe.

Placez une cale sous la charnière du bas si la porte se coince du haut, côté serrure; sous celle du haut, si le bas se coince.

Resserrez les charnières en utilisant des vis plus longues, ou remplissez les trous de pâte de bois ou de chevilles encollées.

Si la porte ne se ferme pas, placez une cale étroite en carton entre le jambage et chaque patte des charnières.

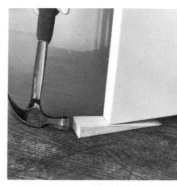

Placez un coin sous le bout extérieur d'une porte ouverte pour la retenir durant le ponçage ou le rabotage.

Utilisez un rabot pour enlever un peu de bois sur le dessus de la porte sans retirer celle-ci des charnières.

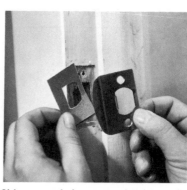

Si le verrou de la serrure n'atteint pas la gâche, insérez une cale sous la gâche pour la rapprocher de la porte.

Portes

Coinçage et desserrage

Il faut dépendre une porte pour en raboter le dessous ou le côté des charnières. Si une porte est retenue par des charnières à tige libre, retirez-les avec un marteau et un tournevis. Enlevez la tige de la charnière du bas en premier lieu, puis celle du haut en dernier, pour éviter la chute de la porte alors qu'une seule charnière la retient. Si les charnières n'ont pas de tige, enlevez les vis d'une patte de chaque charnière, côté jambage de la porte. Pour ce faire, ouvrez la porte toute grande et placez un coin sous le bout ouvert.

Rabotage, côté charnière: Avant de dépendre une porte, marquez le ou les endroits où elle se coince. Rabotez ces endroits avec précaution; il est facile d'enlever trop de bois. En certains cas, vous devrez creuser les mortaises des charnières pour conserver à la porte la même position dans le chambranle.

Rabotage du dessous: Soutenez la porte pour qu'elle se maintienne sur un de ses longs côtés. Rabotez le champ depuis le coin vers le centre; puis tournez la porte pour qu'elle repose sur l'autre long côté et rabotez depuis l'autre coin vers le centre.

Relogement de la gâche: Une porte ne restera pas fermée si le verrou de la serrure ne pénètre pas dans la gâche. Corrigez cette situation en limant la gâche pour agrandir l'ouverture légèrement. Il faudra déplacer la gâche si elle est trop loin. Dans ce cas, enlevez la gâche, prolongez la mortaise et remplissez la partie libre de pâte de bois. Bouchez les vieux trous de vis.

Enlevez les charnières à tige libre avec un marteau et un tournevis. Retirez la tige du bas en premier, puis celle du haut.

Rabotez selon les repères sur la porte pour enlever seulement le nécessaire aux endroits surélevés.

Pour éloigner une porte de sa gâche, creusez les mortaises des charnières avec un marteau et un ciseau.

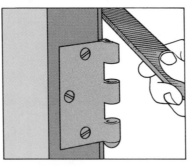

Avant de réinstaller une porte, limez le dessus de la charnière pour faciliter l'enlèvement de la tige.

Corrigez le défaut d'alignement du verrou de serrure et de l'ouverture de la gâche en limant l'ouverture.

Si la gâche et le verrou sont trop éloignés l'un de l'autre ou si la porte branle, replacez la gâche dans une nouvelle mortaise.

Correction du gauchissement

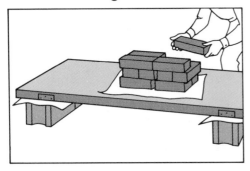

Redressez une porte gauchie en posant des poids lourds sur les parties bombées, pendant 24 heures. Déposez la porte sur un appui à chaque bout.

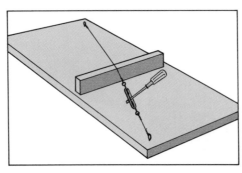

Redressez une porte gauchie ou gondolée en serrant un tendeur à vis sur un fil métallique relié à des vis à œil sur chaque bout et formant pont au centre.

Si une porte est gauchie du côté des charnières, redressez-la en installant une 3e charnière entre les deux.

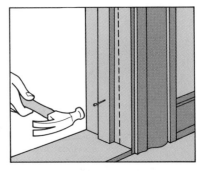

Si une porte est gauchie du côté de la serrure, enlevez le butoir, fermez la porte, tracez une ligne sur le jambage. Reclouez.

Pose d'une nouvelle porte

Lorsque vous posez une nouvelle porte, sciez d'abord ce qui excède au bout des montants. Mesurez la hauteur et la largeur et sciez la porte en conséquence; puis rabotez les bords des montants de la serrure et des charnières, ainsi que la traverse inférieure.

Placez la porte dans l'encadrement et posez des coins sous la traverse inférieure pour la soulever de ¼" et lui donner du jeu. Si la porte ouvre sur une moquette, enlevez ⅞" au lieu de ¼". Sur la partie supérieure et sur les côtés, laissez ⅛" de jeu. Posez les charnières à 6 ou 7" du haut et à 10 ou 11" du bas. Marquez l'emplacement au ciseau sur la porte et le jambage. Coupez les mortaises pour les charnières.

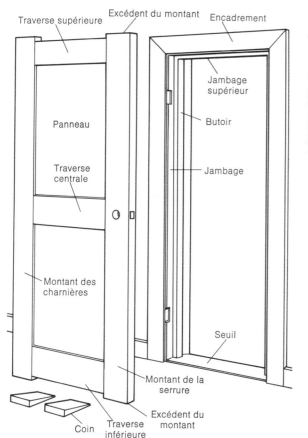

Traverse supérieure
Excédent du montant
Encadrement
Jambage supérieur
Panneau
Butoir
Traverse centrale
Jambage
Montant des charnières
Seuil
Montant de la serrure
Excédent du montant
Coin
Traverse inférieure

Placez la porte sur un chevalet et sciez les bouts des montants qui excèdent.

Rabotez la traverse inférieure et les deux montants; chanfreinez le côté.

Soutenez la porte dans l'ouverture et insérez des coins pour laisser du jeu.

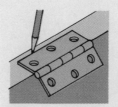

Enfoncez des coins sur les 4 côtés de la nouvelle porte pour la tenir en place.

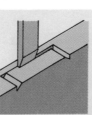

Marquez l'endroit des charnières sur la porte et le jambage simultanément.

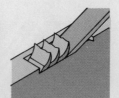

Enlevez la porte. Projetez les marques des charnières sur le jambage avec une équerre.

Pose des charnières

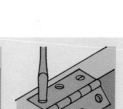

Tracez la mortaise au crayon; la patte de la charnière sert de guide. Placez la charnière côté tige à l'extérieur de la porte. Marquez l'épaisseur de la charnière sur la face intérieure de la porte.

Entaillez au ciseau le tracé de la charnière à l'intérieur de la marque. Tenez le ciseau verticalement et enfoncez-le selon l'épaisseur de la charnière, le côté biseauté en direction de l'ouverture.

Creusez la mortaise en soulevant le bois. Tournez vers le bas le biseau du ciseau. Faites plutôt plusieurs petites entailles que quelques grandes.

Tenez le ciseau à plat dans la mortaise et enlevez les morceaux de bois en frappant légèrement le ciseau. Le biseau du ciseau doit être dirigé vers le haut.

Forez des avant-trous pour les vis, puis enfoncez-les. Voyez à ce que l'épaisseur de la charnière soit à ras de la porte. Si la charnière est trop enfoncée, calez-la avec un coin de carton.

Calfeutrage des portes

Coupe-bise sur l'extérieur du jambage

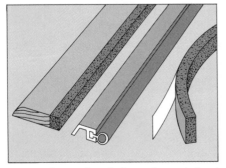

Il en existe trois principaux types: bois et caoutchouc mousse, aluminium-vinyle; mousse de caoutchouc adhésive.

Clouez les coupe-bise bois et caoutchouc contre la porte fermée. Coupez avec une scie à dos. Clouez à tous les 8 ou 12″.

Coupez le coupe-bise aluminium-vinyle avec une scie à métaux. Clouez-le au jambage contre la porte fermée.

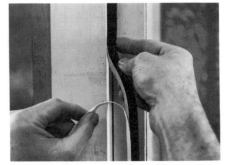

La mousse de caoutchouc adhésive se place à l'intérieur du jambage, contre une porte fermée. En se tassant, elle assure l'étanchéité.

Coupe-bise au seuil d'une porte

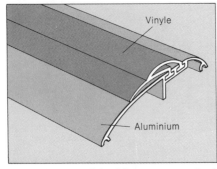

Le bas de porte d'aluminium avec son rebord de vinyle robuste ferme les interstices entre la porte et le seuil.

Coupez l'aluminium avec une scie à métaux et ajustez-le contre les 2 côtés du jambage. Placez le rebord vers l'extérieur. Vissez.

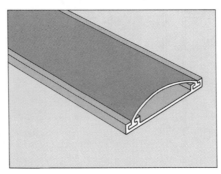

Le bas de porte aluminium-vinyle s'ajuste sur le seuil, sous la porte, et assure une bonne étanchéité.

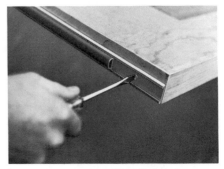

Enlevez la porte avant l'installation. Avec une scie à métaux, coupez la moulure de la largeur désirée.

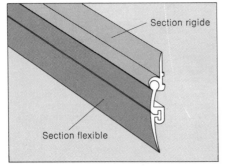

La languette de vinyle se rabat quand la porte se ferme et elle se relève quand la porte s'ouvre.

Avec une scie à métaux, coupez la moulure ⅙″ plus courte que l'intérieur du jambage. Allez-y délicatement.

Placez la moulure sur l'extérieur de la porte à 1¹³⁄₁₆″ au-dessus du seuil. Prenez les mesures la porte fermée.

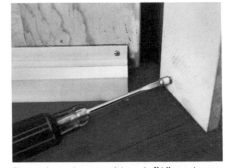

Placez le rouleau supérieur à ¹¹⁄₁₆″ au-dessus du seuil sur le jambage. Le rouleau s'ajuste sur le côté penture de la porte.

A l'intérieur du jambage (nouvelles portes)

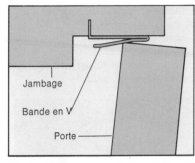

Une feuillure avec bande de métal en V ferme l'ouverture lorsque la porte fermée comprime la pièce de métal.

Pour l'installer, taillez une rainure dans le jambage. La lèvre de métal de la bande en V s'emboîte dans la rainure.

Sur la porte, côté-charnières, installez les charnières avant les bandes en V. Posez des broquettes le long de la bande.

A l'intérieur du jambage (vieilles portes)

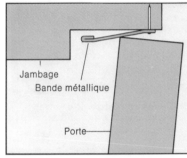

Une bande métallique sur les vieilles ou les nouvelles portes isole comme une bande en V quand la porte est fermée.

Pour l'installer, il n'est pas nécessaire de faire des rainures dans le jambage. Fixez avec des broquettes.

Pour améliorer l'isolation, soulevez, après l'avoir fixé, le bord extérieur de la bande avec un tournevis.

Calfeutrage emboîtant

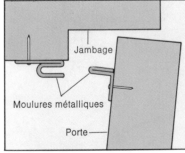

Les moulures métalliques qui s'emboîtent isolent bien. Les moulures mâles se posent sur la porte; les femelles, sur le jambage.

Coupez et ajustez la bande sur le haut de la porte. Porte battant vers l'intérieur: à l'extérieur, et vice versa.

Installation sur une porte côté-charnières: la bande mâle sur le jambage; la femelle sur la porte. Côté-serrure, l'inverse.

Moulures en J

Le coupe-bise de porte le plus sûr consiste en moulures d'aluminium qui s'emboîtent et qu'on ajuste sur les champs de la porte. La moulure en J se fixe dans une feuillure pratiquée sur le dessus et le côté-serrure d'une porte et s'emboîte dans la moulure correspondante, dans une feuillure ménagée sur l'encadrement. Une lisière à dos caoutchouté est fixée dans une feuillure sous la porte. Elle s'ajuste sur la rainure d'un seuil de métal. Une autre bande plate est fixée dans une feuillure sur la porte côté-charnières et placée de telle sorte qu'elle pénètre de ¼" dans une rainure pratiquée sur l'encadrement. On ne peut utiliser cette méthode lorsque la porte est fortement gauchie. Cette installation exigeant des outils spéciaux, il est préférable de faire appel à des gens du métier.

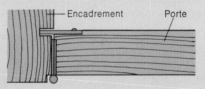

Les moulures en J fixées dans la feuillure d'une porte et dans la feuillure de l'encadrement s'emboîtent pour couper l'air.

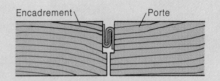

Le côté-penture est protégé par un assemblage à feuillure qui s'avance de ¼" vers l'extérieur pour s'ajuster dans la rainure de l'encadrement.

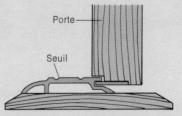

La lisière à dos caoutchouté s'engage dans une feuillure sous la porte. Elle s'ajuste dans une rainure sur un seuil d'aluminium.

Portes

Remplacement d'un seuil

C'est le seuil d'une porte qui s'use le plus rapidement. Pour enlever un seuil usé, ouvrez la porte toute grande; si vous avez besoin de plus d'espace, enlevez-la. Au besoin, enlevez les butoirs du jambage. Soulevez le vieux seuil avec une barre-levier ou la panne d'un marteau. Si le seuil est très usé, il serait plus facile de couper le bois au ciseau et de l'enlever pièce par pièce. S'il se prolonge sous le jambage, tâchez de le retirer intact; sinon, coupez-le en trois sections avec une scie à dos. Enlevez la partie du centre, puis les bouts.

Si possible, utilisez le vieux seuil comme modèle.

Si c'est impossible, mesurez soigneusement et coupez le nouveau seuil en conséquence.

Taillez-le de telle sorte que les bouts saillants s'ajustent sur l'encadrement. Forez des trous et noyez les clous (ou les vis) pour fixer le nouveau seuil au plancher. Remplissez les trous de pâte de bois.

Si le seuil pénètre sous le jambage, il faudra peut-être enlever le butoir. Attention aux clous ou vis, au centre du seuil.

Un autre moyen d'enlever un seuil consiste à le fendre avec un ciseau et un marteau, et à en retirer les morceaux.

Si vous ne pouvez enlever le vieux seuil intact et l'utiliser comme modèle, coupez-le en trois sections avec une scie à dos.

Si le vieux seuil ne peut servir de modèle au neuf, prenez les mesures et taillez en conséquence.

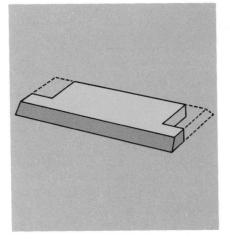

Un seuil prêt à poser doit être taillé comme celui-ci. Fraisez un trou afin de pouvoir noyer les têtes.

Nettoyez l'emplacement du nouveau seuil et posez-le en le frappant délicatement; ne le forcez pas. S'il est trop juste, taillez-le.

Comme les seuils sont en bois dur, il est recommandé de percer des avant-trous afin d'éviter l'éclatement du bois.

Enfoncez des clous à finir de 2½″ dans les avant-trous. Noyez les têtes avec un chasse-clou; remplissez les trous, séchez, poncez.

144

Installation d'une poignée

Une poignée décorative améliore l'apparence d'une porte et la rend plus facile à ouvrir et à fermer. On trouve ces poignées en différents finis; certaines se posent sur le bouton existant sans qu'on ait à retirer celui-ci ou la rosette.

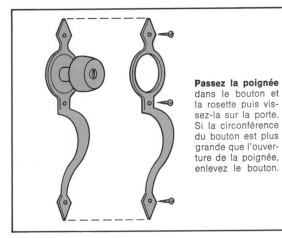

Passez la poignée dans le bouton et la rosette puis vissez-la sur la porte. Si la circonférence du bouton est plus grande que l'ouverture de la poignée, enlevez le bouton.

Moulure décorative

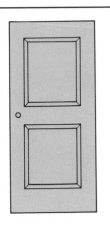

Coupe transversale d'une moulure

Donnez un style à une porte plane grâce à des moulures de cadre. Taillez les joints du panneau à onglet. Collez-les à chaque coin. Clouez la moulure sur la porte; noyez les clous avec un chasse-clou et remplissez les trous de pâte de bois; laissez sécher et poncez, puis donnez le fini désiré.

Installation d'un judas

Un judas permet de voir la personne qui se présente à la porte sans qu'on ouvre celle-ci. Certains judas ne sont que de simples couvercles à bascule placés sur un trou dans la porte, mais les judas de qualité portent des lentilles donnant un grand angulaire.

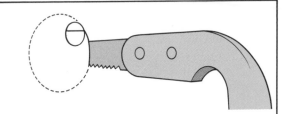

Faites une marque sur la porte à la hauteur de l'œil du plus petit adulte. Percez un trou au centre de la porte pour recevoir le judas. Utilisez une scie passe-partout ou une scie emporte-pièce sur une perceuse électrique.

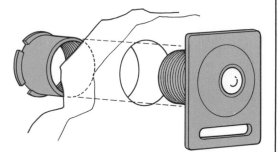

Pour l'installer sur une porte de plus de 1⅛″ d'épaisseur, insérez le judas dans le trou; enfilez le grand anneau à bride dans le trou de la porte et serrez-le; puis vissez le couvercle.

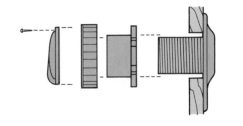

Pour l'installer sur une porte de moins de 1⅛″ d'épaisseur, inversez le grand anneau à bride pour qu'il occupe l'espace entre le tube du judas et la porte; fixez le judas avec le plus petit anneau strié; vissez le couvercle.

Installation d'une entrée à courrier

L'ouverture doit avoir au moins 1½″ de largeur et 7″ de longueur et se trouver à 30″ au plus du sol, sur la partie épaisse de la porte, jamais sur son panneau. Sur une porte au centre creux, placez un conduit métallique entre les plaques intérieures et extérieures.

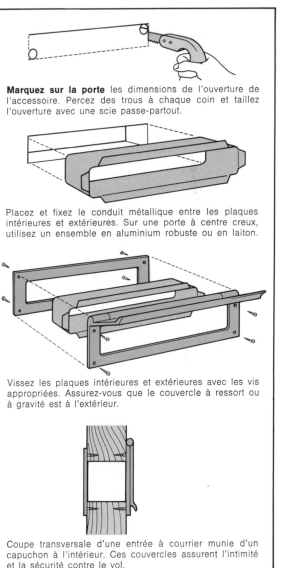

Marquez sur la porte les dimensions de l'ouverture de l'accessoire. Percez des trous à chaque coin et taillez l'ouverture avec une scie passe-partout.

Placez et fixez le conduit métallique entre les plaques intérieures et extérieures. Sur une porte à centre creux, utilisez un ensemble en aluminium robuste ou en laiton.

Vissez les plaques intérieures et extérieures avec les vis appropriées. Assurez-vous que le couvercle à ressort ou à gravité est à l'extérieur.

Coupe transversale d'une entrée à courrier munie d'un capuchon à l'intérieur. Ces couvercles assurent l'intimité et la sécurité contre le vol.

Portes

Installation des carreaux

Lorsque vous changez un ou plusieurs panneaux de porte pour de la vitre, afin de laisser pénétrer la lumière, dépendez tout d'abord la porte et placez-la sur des chevalets matelassés ou sur une table. Enlevez la moulure délicatement pour la réutiliser, puis retirez le panneau et débarrassez la feuillure de la saleté et de la colle qui l'encombrent. Appliquez de la peinture pour l'extérieur sur la feuillure, puis étendez une mince couche de mastic à l'intérieur avant la pose.

Une fois le carreau en place, pressez-le légèrement pour faire remonter le mastic sur les bords. Etendez une autre couche de mastic le long du carreau. Utilisez la vieille moulure, ou une neuve, au besoin, pour tenir le carreau en place; clouez la moulure dans les montants ou traverses. Rependez la porte. Appliquez au moins deux couches de peinture sur le mastic des carreaux extérieurs afin de les protéger contre les intempéries.

Avec un couteau à mastiquer rigide, soulevez délicatement la moulure autour du panneau pour pouvoir la réutiliser.

Enlevez le panneau et nettoyez la feuillure. Sablez les éclats de bois pour obtenir une feuillure très propre.

Appliquez de la peinture extérieure sur toute la feuillure. Etendez dans le fond une mince couche de mastic.

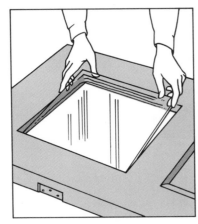

Taillez la vitre double ⅛″ plus petite que l'ouverture. Pressez-la en place pour faire remonter le mastic sur les bords.

Etendez une autre couche de mastic autour du carreau. Replacez la moulure; plantez et noyez les clous.

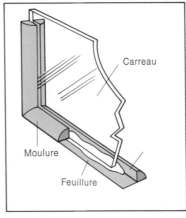

Carreau

Moulure

Feuillure

Coupe transversale d'un carreau posé sur une porte extérieure. La moulure extérieure doit être protégée contre les intempéries.

Installation d'un larmier

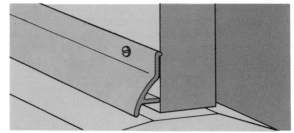

Un larmier en bois ou en métal, placé à l'extérieur d'une porte, au-dessus du seuil, empêche la pluie de couler et de s'infiltrer sous la porte. Le type en métal, illustré ici, se monte sur la porte seulement.

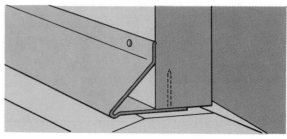

Un autre type de larmier en métal pénètre sous la porte. comme l'indique la vignette.

Installation d'une plaque à pieds

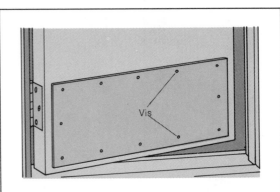

Vis

Une plaque à pieds en plastique ou en métal peut se poser sur la base d'une porte, pour la protéger. La plaque est biseautée sur trois côtés et mesure 2″ de moins que la largeur de la porte, pour ne pas gêner les butoirs.

Addition de panneaux unis

Transformez une ancienne porte en porte plane à la mode en couvrant ses deux côtés d'un revêtement mince en contreplaqué, en placage, en bois dur ou en stratifié.

Utilisez la vieille quincaillerie. Vous aurez néanmoins besoin d'une tige de bouton de porte plus longue que l'ancienne, puisque la porte sera plus épaisse. Retirez d'abord les boutons de la porte, puis la serrure ou le loquet. Enlevez la porte du jambage après avoir retiré les tiges des charnières. Enlevez toutes les pattes des charnières vissées à la porte pour que rien ne vous gêne lorsque vous placerez celle-ci sur la table ou sur les chevalets.

Tous les clous, vis et garnitures doivent être enlevés. Avec un grattoir ou une ponceuse munie de papier abrasif à gros grain, enlevez la vieille peinture ou le vieux vernis; poncez la porte pour que la colle prenne mieux.

Poncez les moulures que vous pouvez enlever; faites attention aux clous. Recouvrez les sections creuses d'un contreplaqué ou d'un panneau collé ou cloué. Vous offrirez ainsi une surface unie au nouveau revêtement; de plus, si le panneau est grand, le risque de gauchissement sera presque nul. Au lieu de colle et d'un serre-joints, servez-vous de colle-contact. Appliquez de la colle sur la porte et sur le panneau. Attendez que les deux surfaces soient sèches au toucher, puis recouvrez la surface collée de la porte avec une grande feuille de papier d'emballage. Placez le panneau sur le papier. Assurez-vous qu'il soit exactement à l'endroit choisi. Priez quelqu'un de peser sur un bout pendant que vous soulèverez l'autre et que vous déchirerez une partie du papier. Baissez le panneau pour faire adhérer ce bout. Puis soulevez l'extrémité opposée; déchirez le reste du papier et baissez en place cette section du panneau.

Si le revêtement que vous avez choisi doit recouvrir la porte entièrement, coupez-le un peu plus long au début et taillez-le ensuite selon les dimensions de la porte. Si le revêtement doit être un panneau soulevé laissant voir une petite bande de la vieille porte tout autour, équarrissez-le et finissez-en les bords avec soin.

Utilisez une colle blanche pour les portes intérieures et une colle hydrofuge, comme la résine résorcinol ou la résine de plastique en poudre, pour les portes extérieures. Dès que la colle aura été appliquée et que le revêtement sera en place, recouvrez le tout d'une feuille de contreplaqué de ¾" assez grande pour couvrir le revêtement et pressez avec des serre-joints ou des poids placés tous les 6". Laissez reposer une nuit entière ou même plus longtemps. Ne revêtez qu'un côté de la porte à la fois. Après avoir retiré les serre-joints ou les poids du premier côté, percez les trous pour la serrure et le bouton avant de coller et serrer le second côté. Le collage terminé, les trous percés et la quincaillerie replacée, posez la porte dans les charnières. Si le nouveau revêtement est un panneau soulevé, il n'est pas nécessaire d'ajuster les charnières ou les butoirs. Sur une porte plane, compensez pour le surplus d'épaisseur du nouveau revêtement en déplaçant les charnières et les butoirs. Si le revêtement est mince vous n'aurez pas à déplacer les charnières et les butoirs.

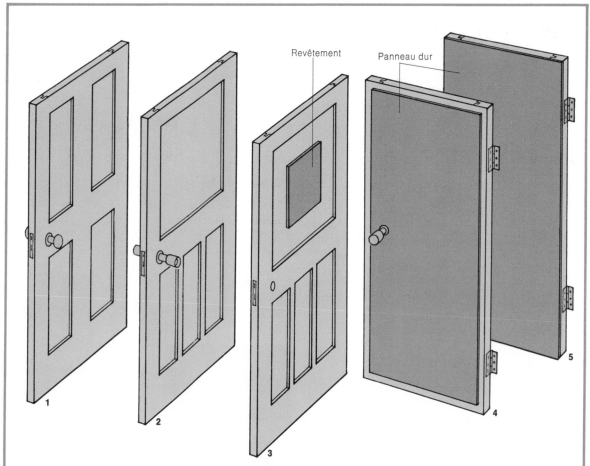

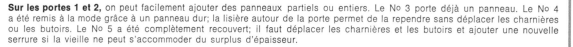

Sur les portes 1 et 2, on peut facilement ajouter des panneaux partiels ou entiers. Le No 3 porte déjà un panneau. Le No 4 a été remis à la mode grâce à un panneau dur; la lisière autour de la porte permet de la rependre sans déplacer les charnières ou les butoirs. Le No 5 a été complètement recouvert; il faut déplacer les charnières et les butoirs et ajouter une nouvelle serrure si la vieille ne peut s'accommoder du surplus d'épaisseur.

Portes

Perçage d'une nouvelle entrée de porte

Déterminez l'endroit approximatif de la porte à percer, sondez le mur ou percez des trous de ⅛″ pour localiser les montants. Vérifiez aussi depuis le sous-sol pour vous assurer que les conduits de chauffage ou les tuyaux ne passent pas à cet endroit. On peut déplacer les fils électriques facilement. Si possible, placez un côté de la nouvelle entrée de porte près d'un montant. L'endroit de l'autre montant varie se-lon les dimensions de la porte; l'ouverture doit me-surer 5″ (largeur) et 5½″ (hauteur) de plus que la porte nouvelle. Coupez le plâtre ou le placo-plâtre avec un ciseau et un marteau. Vous pouvez couper les lattes de bois avec un passe-partout robuste, les lattes de métal avec des cisailles ou une scie à mé-taux. Enlevez le montant du centre, puis la lisse du plancher. Les montants serviront à nouveau comme linteau double. L'ouverture pour l'encadrement doit laisser assez de jeu pour les ajustements, les char-nières et les cales de la serrure. Quand l'encadrement est bien fixé au moyen de cales, on le cloue aux mon-tants et au linteau avec des clous placés à tous les 16″, à ¾″ à l'intérieur des bords. Enfin, placez les moulures de l'encadrement. Posez la porte (p. 141), installez la gâche de la serrure et le butoir.

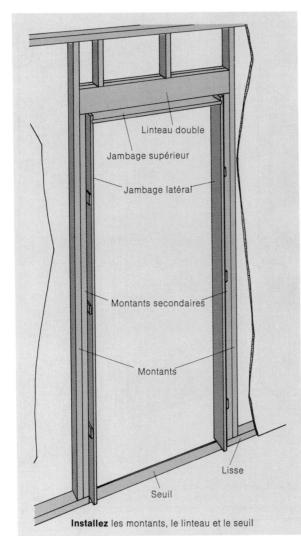

Installez les montants, le linteau et le seuil

Linteau double
Jambage supérieur
Jambage latéral
Montants secondaires
Montants
Lisse
Seuil

Placez un côté de la porte près d'un mon-tant. Tracez l'ouverture 5″ plus large et 5½″ plus haut que la porte. Brisez le plâtre, enlevez lattes et planche murale.

Sciez le bas, puis le haut des montants. Marquez à l'équerre leur haut et sciez-les. Coupez les parties inférieures à 2″ au-des-sus de la lisse pour éviter les clous.

Un linteau fait de deux 2 x 4 se trouve toujours au-dessus de l'entrée d'une porte. Clouez-le aux montants pour en augmenter la solidité.

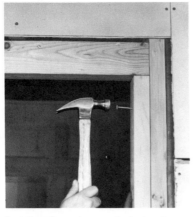

Installez un autre montant de chaque côté de l'ouverture. Ces montants secon-daires sous le linteau servent à le sup-porter et à recevoir les clous.

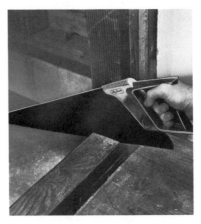

Après l'installation des jambages ou de l'encadrement pré-fabriqué, sciez la lisse et installez le seuil. Servez-vous de cales pour ajuster l'encadrement.

Posez des cales entre l'encadrement et les montants, pour les charnières et la serrure. Avec un niveau, ajustez l'encadrement. Posez le chambranle.

Murage d'une porte

Pour murer une porte, enlevez-la avec sa quincaillerie. Soulevez délicatement l'encadrement afin de ne pas briser le mur tout autour. Dégagez les jambages latéraux avec une pince à démolir, en commençant par le bas. Retirez les parties inférieures des jambages latéraux, ce qui dégagera le jambage supérieur et permettra d'enlever l'encadrement en une seule pièce. Retirez les clous des montants, soit avec un arrache-clou, soit en les coupant à ras. Enlevez le seuil (p. 144). Clouez un 2 x 4 au-dessus de l'ouverture, un autre sur le plancher, un de chaque côté et un au centre. Servez-vous d'un revêtement mural semblable à celui qui est là. Utilisez une planche murale (p. 93) dans un mur de plâtre. Posez une plinthe et une moulure. Pour murer une porte extérieure, remplissez les cavités avec un isolant que vous brocherez sur les montants.

Après avoir enlevé la porte et sa quincaillerie, soulevez l'encadrement avec une barre-levier ou un large ciseau plat. N'endommagez ni l'encadrement ni le mur.

Soulevez les jambages latéraux avec une barre-levier, en commençant par le bas. Enlevez les clous avec la barre ou coupez-les à ras.

Enlevez les clous des jambages latéraux et retirez ceux-ci depuis la partie inférieure. Le jambage supérieur dégagé, l'encadrement s'enlèvera facilement.

Enlevez le seuil. Coupez-le en trois sections et retirez-les l'une après l'autre. Attention de ne pas endommager le plancher.

Sur le plancher, le linteau, les côtés latéraux et au centre, clouez des pièces de 2 x 4, de niveau avec les montants déjà en place.

Murez une ouverture extérieure en brochant l'isolant dans la cavité. Posez des plinthes et des moulures et décorez le mur comme ceux d'alentour.

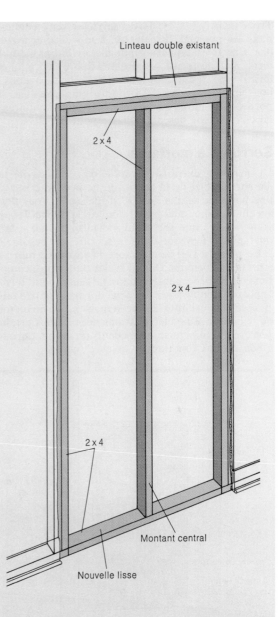

Installez des montants, une lisse et un linteau supplémentaire lorsque vous murez une ouverture (voir vignette).

Serrures de portes

Types de base

Trois principaux types de serrures sont employés dans les maisons: à palastre, à mortaise et à cylindre. Ces trois types portent des cylindres pour les clefs, mais le terme serrure à cylindre ne s'applique qu'au type muni d'une entrée de serrure dans le bouton. Les serrures à cylindre employées sur les portes intérieures s'appellent serrures tubulaires et ne contiennent pas de cylindre pour les clefs.

Serrures à mortaise

La serrure à mortaise s'installe dans une cavité taillée sur le bord de la porte; on ne peut la poser sur une porte de moins de 1⅜″ d'épaisseur. Vous devez spécifier dans quel sens s'ouvre la porte lorsque vous achetez une serrure à mortaise, même si le loquet peut s'inverser dans la serrure, au besoin.

En plus du verrou à ressort, la serrure à mortaise a un pêne dormant. Quand la clef est tournée complètement, le pêne pénètre dans la gâche pour fermer la porte à double tour. Le pêne dormant se tire ou se pousse depuis l'intérieur de la maison, lorsqu'on tourne le bouton. Une clef n'est pas nécessaire. Certaines serrures à mortaise possèdent un pêne dormant qu'on ne fait fonctionner qu'avec une clef.

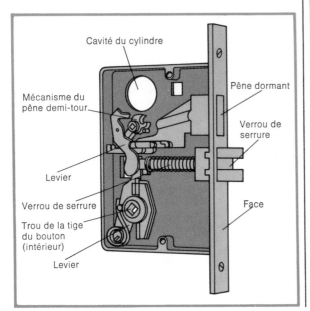

Cavité du cylindre

Pêne dormant

Mécanisme du pêne demi-tour

Verrou de serrure

Levier

Verrou de serrure

Trou de la tige du bouton (intérieur)

Levier

Face

Remplacement d'une serrure à mortaise

On peut remplacer une ancienne serrure à mortaise par une serrure à cylindre moderne, grâce à un nécessaire spécial. On trouve des serrures de rechange de différents styles et de différents finis. On peut les installer sur presque toutes les portes. Les nécessaires contiennent des patrons qui facilitent l'installation, des rosettes décoratives ou garnitures assez grandes pour couvrir les trous laissés par les vieilles serrures.

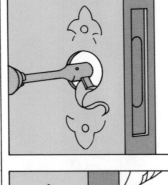

Après avoir enlevé les boutons et la quincaillerie, sortez la vieille serrure de la mortaise. Servez-vous du patron pour savoir où percer le trou du cylindre. Utilisez une mèche extensible ou une scie rotative.

Posez la nouvelle serrure. Pour la placer correctement, il faudra peut-être agrandir la mortaise au ciseau ou reboucher un coin avec de la pâte de bois. Placez la gâche sur le jambage.

Placez la rosette décorative sur la porte pour cacher les trous et les défauts. Faites glisser le cylindre en place. Assurez-vous que le mécanisme de la serrure s'engage et fonctionne bien.

Entretien d'une serrure à mortaise

Nettoyez les serrures à mortaise en les lavant à fond avec du diluant à peinture ou du dissolvant à graisse; lubrifiez-les ensuite avec de la poudre de graphite, un jet de silicone, de l'huile légère ou de la graisse légère. Lubrifiez les pivots de l'arrêt et l'entrée de serrure du cylindre en y soufflant du graphite. Mettez du graphite sur la clef. Ne huilez jamais le cylindre; les arrêts deviendraient gommés.

Correction des défauts de serrure

PROBLÈME	SOLUTION
Serrure gelée: la clef n'entre pas dans le cylindre	Brisez la glace sur l'ouverture du cylindre; insérez partiellement la clef chaude dans le cylindre. Retirez la clef et recommencez jusqu'à pénétration complète. De l'alcool sur la clef peut être utile. Tournez la clef graduellement pour libérer les arrêts, s'ils sont gelés.
Pêne coincé: la clef tourne partiellement dans le cylindre sans faire bouger le pêne	Vérifiez le centrage de la porte et voyez si le pêne est vis-à-vis la gâche. Sinon, ajustez la porte, si possible. Il faudra peut-être déplacer la gâche ou agrandir l'ouverture. Si le pêne est collé de peinture, grattez celle-ci et lubrifiez le pêne.
Clef retenue: la clef entre dans le cylindre mais ne tourne pas	Le cylindre peut s'être tourné quelque peu dans la serrure, de sorte que la came n'actionne plus le pêne. Dévissez la vis d'arrêt et replacez le cylindre à sa position première. Si c'est une copie de clef, elle peut être défectueuse: vérifiez sur l'originale. Si la serrure a été crochetée ou si on a utilisé une clef défectueuse, les arrêts peuvent être endommagés; il faut remplacer le cylindre.
Clef brisée: la clef s'est brisée et une partie reste dans l'entrée de serrure.	Desserrez la vis d'arrêt et dévissez le cylindre de la plaque de la serrure. Tournez-le vers le bas et tapez pour déloger la partie brisée. Si ça ne va pas, insérez un fil métallique fin et rigide dans la came pour faire sortir la pièce, ou un mince crochet le long du dessus de l'entrée de serrure.

Serrures à palastre

Les serrures à palastre ou serrures ou verrous de sûreté se posent sur l'intérieur de la porte, souvent comme complément à une serrure à mortaise. Certaines ont un verrou à ressort qui se verrouille automatiquement lorsque la porte se ferme; d'autres ont des pênes dormants. Pour installer la serrure illustrée ici, déterminez l'endroit où placer le cylindre de la clef et percez un trou. Fixez la plaque de montage sur la porte. Puis vissez le cylindre à la plaque de montage avec les vis d'assemblage conçues pour convenir à l'épaisseur de la porte. Ajustez la boîte de la serrure sur la plaque de montage; assurez-vous que les tiges d'assemblage pénètrent dans le mécanisme de la serrure. Coupez les tiges d'assemblage, si nécessaire. Certaines serrures n'ont pas de plaque de montage: elles sont montées directement sur la porte. Placez la gâche sur le jambage. Taillez une mortaise pour la gâche.

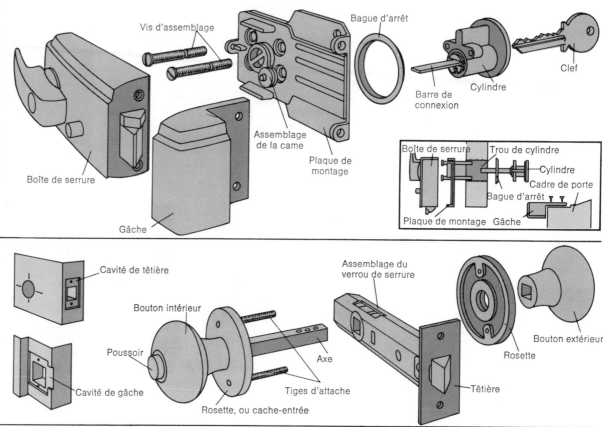

Serrures tubulaires

On emploie les serrures tubulaires sur les portes intérieures. Leur installation n'exige que deux trous: un grand qui traverse complètement la porte et loge l'axe et les tiges d'attache; un petit, sur le côté de la porte, qui loge le verrou. Certains modèles ont un bouton poussoir ou une manette sur la rosette, du côté intérieur. Ce dispositif bloquant le verrou, la porte ne s'ouvre pas de l'extérieur; on le dégage en tournant le bouton intérieur ou en introduisant un clou dans un trou sur le bouton extérieur.

Serrures à cylindre

Les serrures à cylindre sont plus grosses et plus robustes que les serrures tubulaires; elles offrent davantage de sécurité sur une porte extérieure. Elles se verrouillent de l'extérieur grâce à une clef, et de l'intérieur en tournant le bouton ou en appuyant sur le poussoir au centre du bouton intérieur. Lorsqu'on insère la clef dans l'entrée de serrure, elle actionne les arrêts du pivot qui font tourner le cylindre et dégagent le verrou. Les boutons de ces serrures ont un axe creux; ils sont fixés par un fermoir à ressort. Les rosettes extérieures sont fixées depuis l'intérieur pour éviter que la serrure ne soit faussée par l'extérieur.

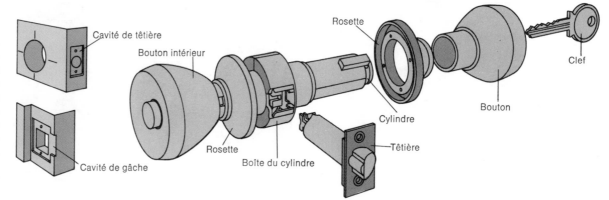

Serrures de portes

Installation d'une serrure à cylindre

L'installation d'une serrure à cylindre ou tubulaire est une tâche facile. Il faut cependant surveiller les détails et suivre à la lettre les instructions du fabricant fournies avec chaque serrure.

L'installation exige le perçage de deux trous. Un grand trou à travers la porte logera la boîte du cylindre ou l'axe et les tiges, et un plus petit trou, sur le champ de la porte, logera le verrou de serrure. Les mortaises ne sont nécessaires que pour les plaques des verrous sur la porte et pour la gâche sur le jambage.

Les serrures à cylindre ou tubulaires se posent habituellement à 36" du sol.

Serrure à pêne dormant

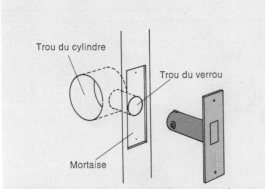

Installation d'un pêne dormant. Servez-vous du patron pour déterminer l'endroit, puis percez deux trous dans la porte: un pour le cylindre, l'autre pour le pêne.

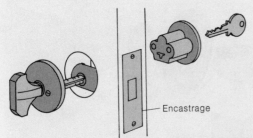

Insérez le cylindre et la gâche. Le pêne illustré ici a un bouton intérieur. Certains pênes dormants ont un double cylindre et peuvent être actionnés avec une clef.

1. Servez-vous du patron fourni avec la serrure pour marquer le centre du trou de la serrure sur la porte et le champ.

2. Percez un trou de 2⅛" sur la porte avec une mèche extensible ou une scie emporte-pièce. Percez des 2 côtés.

3. Percez, pour le pêne, un trou de 15/16" dans le champ jusqu'au grand trou, la mèche à 90° avec le champ de la porte.

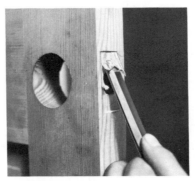

4. Insérez le verrou; marquez l'endroit de la têtière sur la porte. Retirez le verrou et taillez un trou au ciseau.

5. Replacez le verrou dans le petit trou sur le champ de la porte et fixez la têtière sur le bord avec les vis.

6. Appuyez sur le verrou et posez le bouton extérieur; les tiges doivent arriver juste dans les trous de la serrure.

7. Posez le bouton intérieur et la rosette; centrez les vis et les tiges. Placez la rosette à ras de la porte.

8. Placez la gâche sur le jambage à l'aide du patron. Ouvrez la porte; percez un trou de 15/16" de large pour le verrou.

9. Marquez l'endroit de la gâche sur le jambage. Entaillez avec un ciseau. Ajustez la gâche à ras et vissez.

Installation d'une nouvelle serrure à mortaise

Les serrures à mortaise, de modèle standard ou robuste, sont supérieures aux serrures à cylindre. Pour cette raison et à cause de leur aspect décoratif, on remplace souvent des serrures à cylindre par des serrures à mortaise. On les trouve à un ou deux cylindres qui contiennent jusqu'à six pivots d'arrêt. Certaines portent un pêne dormant en acier durci afin d'augmenter la sécurité. Lorsqu'on remplace une serrure à cylindre par une serrure à mortaise moderne, il est souvent nécessaire de remplir les trous laissés

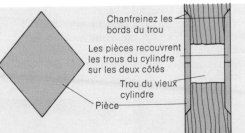

Chanfreinez les bords du trou

Les pièces recouvrent les trous du cylindre sur les deux côtés

Trou du vieux cylindre

Pièce

par la vieille serrure. Quand les trous sont bien obturés, poncés et repeints, la réparation est imperceptible. Si la réparation est importante, comme recouvrir le trou d'un cylindre, taillez une pièce de bois en losange pour couvrir chaque côté de la porte. Chanfreinez les côtés de la pièce et les côtés de la plaie sur la porte pour que la pièce s'ajuste. Collez les pièces en place; bridez-les jusqu'à ce qu'elles soient sèches. Remplissez les espaces; quand la pâte aura séché, poncez. Peignez le tout avant de poser la serrure.

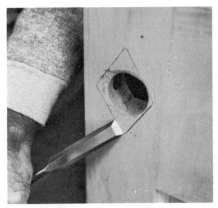

1. Taillez deux pièces de bois en forme de losange. Chanfreinez les bords comme sur la vignette. Tracez le contour de la pièce sur la porte. Taillez les cavités au ciseau.

2. Ajustez les pièces pour qu'elles n'excèdent pas la porte de plus de ½". Recouvrez de colle la cavité et les bords de la pièce. Bridez pendant 24 heures après avoir posé.

3. Remplissez les cavités de pâte de bois. Après le séchage, rabotez et poncez à fond jusqu'à l'obtention d'une surface absolument unie et douce.

4. Utilisez le patron ou la serrure pour marquer l'emplacement de (1) l'axe, à 36" du sol, et (2) le centre du trou du cylindre. Percez les deux trous en suivant les indications.

5. Quand les trous de l'axe et du cylindre seront percés, forez une rangée de trous plus large de ¹⁄₁₆" que la serrure, dans le champ de la porte, selon la profondeur de la serrure.

6. Avec un ciseau, taillez le bois entre les trous sur le champ de la porte et insérez la serrure dans la cavité. Marquez le contour de la têtière sur le champ. Enlevez la serrure.

7. Mortaisez. Replacez la serrure dans la cavité et vissez la têtière sur le champ de la porte. Posez le bouton sur l'intérieur de la porte et la poignée sur l'extérieur.

8. Marquez l'emplacement de la gâche sur le jambage. Elle doit s'ajuster sur le pêne; puis mortaisez selon les mesures. Taillez au ciseau les trous du verrou et du pêne dormant.

Carrelages de céramique

Remplacement de carreaux sur le plancher et sur le mur

Les carreaux de céramique sont si durs qu'ils sont rarement endommagés, mais parfois ils se décollent. La réparation consiste simplement à les recoller avec un adhésif hydrofuge qu'on trouve dans les quincailleries. Il faut toujours enlever complètement toute la vieille colle avant d'en poser de la neuve. Nettoyez parfaitement, au balai ou à l'aspirateur. On peut remplacer les carreaux décollés du mur avec la même colle employée pour les carreaux du plancher. Le bris des carreaux sur le mur peut être causé par le déplacement du support d'un mur, par le gauchissement des montants, par un déplacement de la fondation ou par une préparation et installation défectueuses.

Il faut parfois enlever un carreau sur le mur et le remplacer s'il se produit des fissures capillaires sur la surface émaillée. Si l'entrepreneur n'a pas laissé quelques carreaux de rechange, il faudra peut-être chercher longtemps pour trouver un carreau assorti.

1. Retirez le carreau défectueux en enlevant le vieux coulis dans les joints. Ensuite, brisez-le avec un ciseau et un marteau.

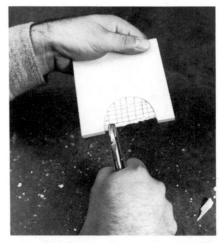

2. S'il faut tailler le nouveau carreau, tracez le contour de la partie à enlever et des lignes entrecroisées avec un coupe-verre.

3. Avec des pinces, détachez la partie taillée du carreau, pièce par pièce. Adoucissez à la lime le bord non émaillé.

4. Appliquez de la colle avec un couteau à mastiquer sur le dos de la nouvelle tuile, jusqu'à ½″ du bord.

5. Tenez le carreau par les côtés et posez-le dans un emplacement bien propre. Voyez à ce qu'il soit au niveau des autres.

6. Remplissez les espaces entre les carreaux avec du coulis. Faites-le pénétrer avec vos doigts entre les joints.

7. Laissez sécher le coulis 15 minutes avant d'enlever le surplus. S'il se produit un vide, remplissez-le avec du coulis.

8. Avec un linge humide ou une éponge, enlevez le surplus. Un diluant à peinture enlèvera la colle restée sur les carreaux.

Calfeutrage

Il est inévitable qu'une fissure se produise entre la baignoire et les carreaux du mur. Cet ennui provient du remplissage et de la vidange de la baignoire plusieurs fois par semaine. Ce changement constant de poids finit par briser le plâtre ou le coulis sur les joints. La solution consiste à calfeutrer le joint tout autour de la baignoire avec une pâte à calfeutrer flexible.

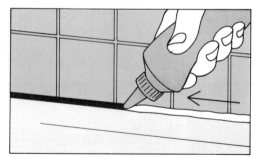

Coupez le bec du tube à calfeutrer et pressez sur le tube pour faire sortir la pâte, comme sur la vignette.

Avec une ouverture plus petite, le tube peut servir à boucher les interstices entre les carreaux du mur.

Remplacement d'un porte-savon en céramique

Les porte-savons et porte-brosses à dents sont les articles de céramique qu'il faut réparer ou remplacer le plus souvent. Si l'article est brisé, retirez-le avec un ciseau et un marteau; prenez garde d'endommager les carreaux voisins. Choisissez un porte-savon de rechange qui occupe le même espace que le vieux.

Sa face peut être juste au niveau des autres carreaux ou les chevaucher, même si la base occupe le même espace que le vieil article. Si vous ne pouvez en trouver un exactement de la même couleur, un porte-savon d'une couleur contrastante pourrait faire l'affaire, pourvu que cette couleur s'harmonise avec le décor.

Avec un ciseau et un marteau, brisez et enlevez le porte-savon endommagé, sur le mur de la salle de bains. Prenez soin de ne pas briser les carreaux voisins. Assurez-vous d'enlever tout le vieux coulis ou adhésif de la cavité.

Appliquez une couche généreuse de mortier, fait de ciment Portland blanc et d'eau, sur l'arrière du nouveau porte-savon. Etendez-la avec un couteau à mastiquer jusqu'à ½″ du bord du porte-savon.

Poussez le porte-savon dans la cavité du mur et centrez-le pour que les joints soient égaux. S'il est de type débordant, placez-le pour que ses bords soient d'aplomb et à plat sur les carreaux voisins.

Servez-vous de papier-cache pour bien tenir le porte-savon en place jusqu'après séchage. S'il est lourd, posez un soutien durant le séchage. Ensuite, remplissez de coulis les espaces et les joints.

Sous-sols

Enraiement de l'humidité

Les murs extérieurs de la fondation d'un sous-sol doivent être imperméabilisés lors de la construction, mais ce n'est pas toujours le cas. Des tuiles de drainage au niveau du plancher du sous-sol devraient être parallèles à tout mur qui reçoit la pente du terrain. Le tuyau doit aboutir à un puits sec ou, mieux encore, à un égout pluvial. Les murs en béton coulé, et plus particulièrement les murs en blocs de béton, devraient être imperméabilisés avec de la poix ou un enduit bitumineux. Un remblayage de gravier procure un égouttement rapide et complet; il doit occuper l'espace jusqu'à un pied de la surface du sol.

Si l'infiltration provient de murs poreux, la meilleure réparation consiste à imperméabiliser depuis l'extérieur. Commencez par corriger la situation en posant un des nombreux matériaux imperméables conçus pour les murs en maçonnerie. On les pose à la truelle ou au pinceau selon les indications du fabricant. Quand ils pénètrent les pores des blocs de béton ou de cendre, ils se dilatent et se durcissent en une couche imperméable. Si, malgré vos efforts pour imperméabiliser le mur depuis l'intérieur, l'eau s'infiltre encore, il ne vous reste plus qu'à imperméabiliser le mur depuis l'extérieur. Trois méthodes vous sont proposées: aménager un talus dont la pente s'éloigne du mur ou des murs; creuser la terre près du mur et installer un système de tuiles d'égouttement; faire accomplir le travail par des experts en imperméabilisation. Cette dernière solution peut s'avérer la moins coûteuse. Les professionnels bouchent toutes les fissures depuis l'intérieur avec un époxy épais et pompent un produit scelleur spécial dans la terre à quelques pouces du mur problème. Ce scelleur se répand en direction du mur, en suivant la route que l'eau a prise pour entrer. Lorsqu'il atteint le mur, il se solidifie et imperméabilise celui-ci contre toute fuite d'eau.

Quand il fait chaud et humide, une maison peut être si saturée d'air chargé d'humidité qu'une condensation se produit sur le réservoir des toilettes et que les tuyaux d'eau froide suintent et gouttent. C'est le résultat du contact de l'air chaud et humide avec un objet froid, tout comme l'air chaud forme des gouttes d'eau sur l'extérieur d'un verre rempli d'eau glacée.

La condensation se développe plus rapidement dans un sous-sol frais ou froid qu'ailleurs parce que la différence de température est plus grande entre l'air frais du sous-sol et l'air chaud de l'extérieur.

On réduit la condensation qui se produit dans un sous-sol en posant des contre-fenêtres et en laissant les portes fermées pour empêcher que l'air chaud de l'extérieur ne pénètre à l'intérieur; ou, encore, en ouvrant portes et fenêtres pour maintenir une température moyenne. On peut résoudre les problèmes de condensation en recouvrant d'isolant les tuyaux d'eau froide et en employant un déshumidificateur.

Placé dans le sous-sol, le déshumidificateur extirpera une grande partie de l'humidité. Un bon appareil peut retirer plus d'un gallon d'eau de l'atmosphère en 24 heures.

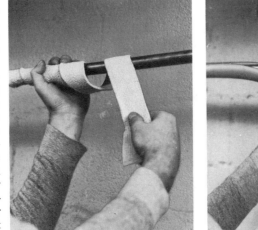

Enroulez un isolant en fibre de verre autour d'un tuyau d'eau froide pour l'empêcher de goutter par temps humide.

Ou employez des manchons en mousse-plastique; fendez-les (s'ils ne le sont déjà) et refermez au ruban adhésif.

Une épaisse couche de mastic peut isoler un réservoir et arrêter la condensation; appliquez ¼" à la fois.

Vaporisez de l'eau sur les murs du sous-sol avant de poser un matériau imperméable à base de ciment.

Appliquez le mélange avec une brosse raide en suivant le mode d'emploi. Faites-le pénétrer dans les fissures.

Appliquez une deuxième couche de mélange dans les 24 heures. Humectez le mur à nouveau avant la seconde couche.

Réparation d'une fuite dans un mur

L'eau peut pénétrer dans le sous-sol par des fissures dans le mur, les joints du mortier ou le plancher. Si la fissure persiste à s'agrandir, il faut la faire voir par un expert; des réparations majeures peuvent s'imposer. Une fissure latente doit être réparée au plus tôt, de préférence par temps sec et avant que le gel ne la détériore. Taillez au ciseau, en forme de V, une fissure de plus de ⅛", plus large au fond, pour empêcher que le matériau ne sorte. Enlevez la poussière et les particules de béton au balai ou à l'aspi-

rateur. Les réparations à sec se font avec un mélange épais de 1 partie de ciment à mortier et de 3 parties de sable liant fin. La fissure sera humidifiée plutôt que mouillée, et remplie complètement. Pour obtenir de bons résultats, gardez le rapiéçage humide pendant plusieurs jours. Employez l'époxy à deux composants pour réparer les fissures murales. Il coûte un peu plus cher que le mortier ordinaire, mais il est meilleur. Posez le mélange à la truelle et adoucissez-le, après une demi-heure, avec un doigt mouillé.

Obturation d'un trou

Pendant la saison des pluies, comme en période d'inondation, l'eau peut pénétrer dans le sous-sol par une fissure ou par une ouverture. On corrige cette situation en creusant le trou davantage et en le remplissant de ciment hydraulique à séchage rapide. Mélangez le ciment selon les indications du fabricant; faites-en un bouchon en forme de carotte. Juste au moment où il commence à durcir, insérez-le à la manière d'un bouchon qui bloque l'eau. Tenez-le en place durant quelques minutes, jusqu'à durcissement.

Taillez au ciseau l'ouverture du trou qui laisse passer l'eau, soit goutte à goutte, soit à flots. Nettoyez avec une brosse raide.

Agrandissez la fissure avec un ciseau et une petite masse. Le fond de la fissure doit être plus grand que l'entrée. Nettoyez les débris avec un balai ou un aspirateur.

Mêlez l'époxy en deux parties égales jusqu'à ce que vous obteniez une couleur uniforme. Appliquez le mélange moins d'une demi-heure après l'avoir préparé.

Mettez des gants de caoutchouc et faites un bouchon en forme de carotte, assez grand pour remplir le trou. Préparez ce bouchon selon les instructions données pour le genre de ciment employé.

Appliquez le mélange à la truelle en le poussant jusqu'au fond de la fissure. L'époxy est efficace sur de petites surfaces mais coûte plus cher que le mortier.

Une demi-heure au moins après avoir posé l'époxy, vous pouvez égaliser la surface. Mouillez la truelle pour éviter que le mélange n'y adhère.

Quand le bouchon commence à durcir, plantez-le dans le trou. Tenez-le en place avec la main ou la truelle, jusqu'au séchage. Egalisez la surface à la truelle avant durcissement complet.

Sous-sols

Joint étanche entre mur et plancher

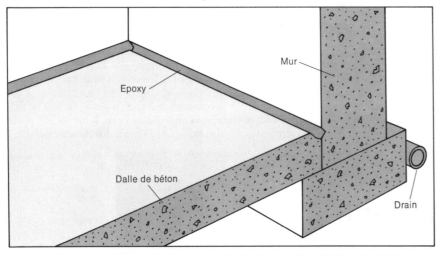

Quand une fondation n'est pas absolument étanche, il arrive que l'eau s'infiltre dans le joint entre le mur et le plancher. Corrigez cette situation en dégageant le joint avec un ciseau à froid et en obturant la cavité avec un composé de calfeutrage de deux parties d'époxy. Ce travail doit être exécuté pendant une saison sèche.

Armé d'un ciseau, fouillez le joint entre le mur et le plancher. Le fond doit être plus large que le bord. Enlevez le béton effrité avec une brosse raide et passez l'aspirateur.

Préparez l'époxy selon les indications du fabricant. Posez le mélange dans la cavité avec une truelle. Adoucissez avec le dos humide d'une cuiller. L'époxy mûrit en 24 heures.

Nivelage d'un plancher de sous-sol

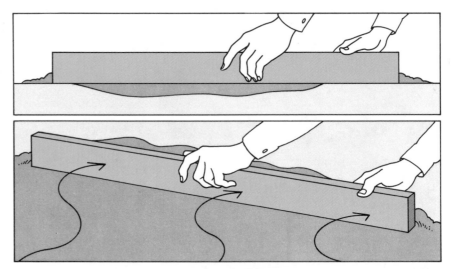

Pour niveler un abaissement dans un plancher de béton, rendez la surface rugueuse à l'aide d'un marteau et d'un ciseau à froid. Nettoyez les éclats; dépoussiérez avec l'aspirateur.

Mouillez la partie rugueuse et remplissez l'abaissement avec un mélange de 1 partie de mortier et 3 parties de sable fin et propre, et assez d'eau pour former une pâte.

Nivelez la surface à l'aide d'une pièce de bois appelée cueillie. Obturez les endroits bas et passez de nouveau la cueillie comme si vous étiez en train de scier. Répétez jusqu'à ce que la surface soit nivelée. Vérifiez souvent. Quand le béton sera presque sec, finissez avec une truelle en acier ou une taloche; gardez la réparation humide une semaine.

Les insectes

Mesures préventives: Assurez-vous que vos moustiquaires s'ajustent aux châssis et qu'elles n'aient pas de trous. Nettoyez à fond, surtout les recoins, les armoires et les penderies, autour des tuyaux et des garnitures de la salle de bains et sous les éviers. Rangez la nourriture dans des contenants étanches. Gardez les déchets dans des poubelles sanitaires, à l'extérieur. Obturez les ouvertures avec du composé de calfeutrage, surtout là où les tuyaux entrent dans la maison. Comme les insectes logent souvent dans les boîtes en carton, débarrassez-vous des contenants dès qu'ils sont vides. Lavez les vêtements ou faites-les nettoyer avant de les ranger.

Elimination: Détruisez les insectes de maison avec des insecticides. Ces derniers sont disponibles sous quatre formes: **jet vaporisé en surface, jet vaporisé dans l'air, poudres** et **plaquettes répulsives.** Les jets vaporisés en surface, ou résiduels, s'appliquent au pulvérisateur avec aérosol ou au pinceau, sur les surfaces où les insectes voyagent ou se reproduisent. Le liquide contenu dans les jets laisse sur les surfaces une mince pellicule qui tue les insectes au contact, même après des semaines. Les jets vaporisés dans l'air n'ont pas d'effet durable. Les poudres insecticides sont saupoudrées là où les insectes vont manger et pondre.

Soyez prudents: Avant d'appliquer un insecticide, lisez les recommandations du fabricant et ses mises en garde. N'employez ces produits que suivant ces recommandations: autrement, vous pourriez déplorer des accidents. Ne dirigez jamais le jet d'insecticide sur la nourriture ou sur les ustensiles et casseroles, même par inadvertance. N'en laissez pas séjourner sur votre peau ou dans vos yeux, et n'en aspirez pas. Lavez-vous les mains et la figure après avoir fait usage de ces produits. N'employez jamais d'aérosols près d'une flamme, d'une lampe-témoin ou d'une fournaise. Quittez aussitôt la pièce dans laquelle vous avez vaporisé un insecticide: gardez-la close et n'y entrez pas avant une demi-heure. Aérez ensuite. Ne laissez pas les enfants toucher les surfaces aspergées. Rangez les insecticides dans un endroit frais et sec, et jamais près de la nourriture. Débarrassez-vous-en sans polluer les environs. Ne les videz pas dans les éviers ou les égouts. Si vous en respirez ou avalez, appelez immédiatement le médecin. Ne suspendez pas de plaquettes répulsives dans une pièce habitée en permanence par des enfants ou des vieillards.

INSECTE	HABITAT	MESURES PRÉVENTIVES
Fourmis	Vivent en colonies; trouvez la route qu'elles empruntent, de la fourmilière à votre garde-manger.	Vaporisez un insecticide sur les routes de la fourmilière; utilisez un jet résiduel à base d'huile, contenant 2% de chlordane. Le baygon, le diazinon et le malathion sont efficaces. Appliquez autour des éviers, sur les appuis des fenêtres, plinthes, etc. A l'extérieur, poudre contenant 5% de chlordane.
Punaises	Infestent matelas et sommiers. Pondent leurs œufs dans les fentes du parquet, les meubles, le papier-peint. Sucent le sang humain.	Employez le jet résiduel contenant .2% de pyrèthre ou 1% de malathion. Pulvérisez leurs cachettes, surtout les crevasses des matelas, et laissez les lits défaits pendant 2 heures. Pour les maisons infestées, faites appel à une entreprise spécialisée.
Anthrènes **Mites**	Ces deux insectes pondent leurs œufs et développent leurs larves dans les tapis, les fourrures, les lainages, qu'ils dévorent. L'anthrène est le plus actif des deux insectes.	Appliquez des insecticides résiduels, qui ne tachent pas, le long des tapis, derrière les radiateurs et dans les penderies; enlevez les vêtements pour vaporiser plus à l'aise. Rangez les vêtements non mités dans des placards fermés contenant du paradichlorobenzène. Nettoyez souvent les tapis, le rembourrage et les housses. Jetez la poussière de l'aspirateur aussitôt après usage.
Cancrelats	Se cachent dans les endroits noirs. De couleur brune. Mesurent ½″ à 1″ de long. Sortent la nuit. Mangent la colle, l'amidon, la nourriture et les déchets.	Employez un jet résiduel là où les cancrelats vivent. La plupart s'habituent au chlordane. Si l'insecticide que vous employez n'est pas efficace, préférez la solution à .5% d'huile ou à l'eau avec diazinon.
Mouches de maison	Se nourrissent de matières animales et végétales en décomposition et transmettent aux humains les éléments toxiques.	Posez des moustiquaires à toutes les portes et fenêtres. Tuez les mouches dans la maison avec un jet ou une plaquette répulsive. Débarrassez-vous des restes d'aliments dans des poubelles hermétiques. Pulvérisez celles-ci régulièrement.
Maringouins	Proviennent de larves qui se développent sur l'eau stagnante. Se nourrissent de sang humain et animal. Transmettent des virus.	A l'intérieur, vaporisez un insecticide dans les pièces closes, libres d'animaux et d'humains pour une demi-heure. A l'extérieur, drainez les eaux stagnantes ou répandez-y une mince couche d'huile.
Lépismes (poissons d'argent)	Vivent dans les endroits frais. Mangent l'amidon, les protéines, le sucre et les matériaux encollés. Actifs la nuit.	Usez d'insecticides en aérosols contenant du chlordane ou du malathion. Après la pulvérisation, saupoudrez les endroits infestés avec de la poudre de pyrèthre.
Araignées	Sauf la veuve noire, la plupart des araignées qu'on trouve en Amérique sont sans danger. Tissent leur toile dans les coins et les crevasses.	Pulvérisez celles que vous voyez avec un jet. Détruisez les toiles et vaporisez les crevasses et les coins. La propreté est leur plus grande ennemie.

Les agents nuisibles dans votre maison

Les termites

Les termites ne vivent pas dans le climat du Québec, mais il peut arriver cependant qu'il s'en trouve dans des objets rapportés de régions plus au sud. Il s'en trouve dans le sud de l'Ontario, et, parmi la quarantaine d'espèces qu'on rencontre en Amérique du Nord, la plus dévastatrice est le termite souterrain de l'Ontario.

On appelle souvent fourmis blanches ces insectes voraces. A tort, car les termites ont peu en commun avec les fourmis. Le corps du termite est droit et d'égale épaisseur sur toute sa longueur, alors que la fourmi possède une taille mince et son corps ressemble à un sablier. Le termite ailé a des ailes de même longueur alors que les ailes avant de la fourmi sont plus courtes que ses ailes arrière.

Les termites se nourrissent de la cellulose des arbres morts, des plantes qui pourrissent dans le sol et des objets de bois tels que piquets de clôture, charpentes des maisons et meubles. Dans les pays froids, le termite souterrain habite sous la ligne de gel et peut vivre jusqu'à dix mois sans ronger de cellulose; sous les climats tempérés qui ne connaissent pas de gel, ils se nourrissent constamment. Bien que ce genre de termite soit friand de bois mou—le pin, par exemple—il ronge à peu près n'importe quel bois.

Les termites pratiquent des galeries en respectant toujours la surface extérieure du bois, qui peut être réduite à l'épaisseur d'une feuille de papier. Ils vivent en communauté et sont à l'origine de dégâts importants, menés pendant une longue période de temps. On en a trouvé jusqu'à 4,000 dans un seul pied cube de bois.

Le termite souterrain a besoin d'humidité pour survivre. Il vit en communauté, là où il trouve du bois dans le sol. Ces communautés se composent de trois groupes: les reproducteurs, les soldats et les ouvriers.

Les reproducteurs sont foncés et ont des ailes qu'ils perdent quand ils quittent le nid pour s'accoupler et former une nouvelle communauté.

Les soldats n'ont pas d'ailes et sont aveugles; leurs mâchoires sont particulièrement fortes. Ils ont pour mission de défendre la communauté, surtout contre les fourmis. Ce sont les ouvriers qui causent des dommages. Ils sont aveugles, blancs et dépourvus d'ailes. Chargés de voir au ravitaillement de la communauté, ils pratiquent des galeries dans le sol pour arriver aux bâtiments.

Où trouve-t-on les termites?

Les maisons situées dans un voisinage exposé à l'invasion des termites devraient être inspectées deux fois l'an. Servez-vous de la liste qui suit comme guide, quand vous passerez l'inspection, ou, encore, faites appel à un spécialiste qui le fera pour vous.

1. Au printemps ou tôt en été, à la saison de l'accouplement, ayez l'œil aux insectes qui volent en groupes nombreux: ce sont peut-être des termites reproducteurs qui quittent le nid pour fonder une nouvelle communauté.

2. Cherchez aussi, dans le même temps, les ailes jetées par les termites reproducteurs. Elles sont blanches et opaques; elles indiquent qu'une nouvelle communauté s'est installée tout près de chez vous. Regardez surtout dans les sous-sols et les espaces sanitaires et près de la fondation de la maison.

3. Cherchez si vous ne verriez pas les galeries aux parois recouvertes d'un enduit terreux qui relient les communautés souterraines au bois qui les nourrit. Ces galeries mesurent ¼″ à ½″ de large et sont demi-rondes. On en trouve sur les fondations en maçonnerie, les murs en béton des caves, les quais et même à la surface des tuyaux. On a vu des galeries s'élever dans les espaces sanitaires, du sol jusqu'au bois du plancher, sans aucun support.

Vérifiez les ouvertures par lesquelles les tuyaux pénètrent dans la fondation ou dans les murs d'une maison; examinez également les tuyaux.

Obturez les trous avec du composé de calfeutrage.

4. Vérifiez par l'intérieur et par l'extérieur s'il n'y a pas de fissures ou de mortier effrité dans les murs de la fondation. Examinez surtout le joint entre murs et planchers. Voyez aussi dans les garages, le patio ou le porche s'il y a espace entre le mur et la dalle de béton.

5. Jetez un œil aux treillis en bois et aux clôtures attachées à la maison ou non loin d'elle. Egalement, aux piles de caisses ou de bois de foyer, de même qu'au bois de construction remisé et aux structures de bois près du sol.

6. Vérifiez les appuis des fenêtres du sous-sol.

7. Vérifiez les appuis, seuils et escaliers en bois, surtout les contremarches. La peinture craquelée ou boursouflée recouvrant un bois non loin du sol est un indice à ne pas négliger.

8. Examinez l'espace sanitaire et les autres pièces à plancher de terre battue. Enlevez le bois de rebut remisé dans l'espace sanitaire.

9. Utilisez un outil pointu (pic à glace, canif, poinçon) pour sonder le bois dont vous doutez. Quand l'outil pénètre facilement à une profondeur de ½″ ou plus dans le bois, c'est que ce dernier est rongé par les termites ou qu'il est en train de se décomposer.

10. Lors de nouvelles constructions, assurez-vous qu'aucun débris ou rebut de bois n'est enterré près de la maison.

Le termite reproducteur a un corps droit et des ailes d'égale longueur. La fourmi a une taille mince.

Les termites ouvriers construisent des galeries mi-rondes, larges de ¼″ à ½″, allant du sol humide au bois.

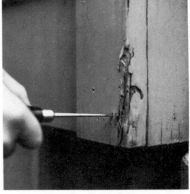

Si un outil pointu pénètre facilement dans le bois à ½″ de profondeur, c'est que ce bois est rongé par les termites.

Comment exterminer les termites

Pour exterminer les termites, il faut utiliser du fluorosilicate de sodium en poudre. Cette poudre blanche très fine absorbe la cire qui recouvre la carapace des termites; les fluides de leurs corps s'évaporent et les termites meurent. On souffle cette poudre dans le grenier, entre les murs et sous la maison; elle reste efficace quelles que soient les conditions atmosphériques qui prévalent là où on la souffle.

Le meilleur moyen d'exterminer les termites, c'est d'empoisonner le sol sous la maison et tout autour du mur de fondation en maçonnerie avec un produit chimique appelé chlordane. N'employez ce produit qu'avec beaucoup de précaution car il est toxique pour les humains et pour les animaux domestiques. Il est disponible sous forme de liquide concentré et doit être dilué dans de l'eau. Donnez à la solution la force voulue, selon le nombre de termites à exterminer.

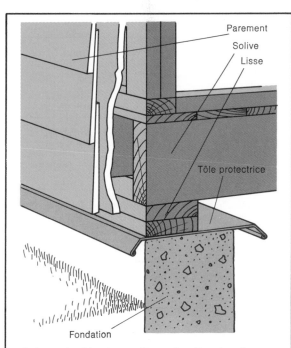

Prévenez la visite des termites en installant des tôles protectrices en cuivre lors de la construction. Ces boucliers dépasseront de 3″ à 4″ chacune des surfaces de la fondation et seront fixés à 3′ de son sommet.

La solution de chlordane s'applique avec un arrosoir dont on enlève la tête perforée et se dépose dans une petite rigole creusée autour de la fondation ou autour de la maison. On peut aussi répandre une solution de chlordane à l'intérieur de la maison, le long du mur de fondation du vide sanitaire ou, encore, dans les maisons où le plancher du sous-sol est en terre. Toute lézarde entre un plancher de béton et un mur de fondation doit aussi être imprégnée de chlordane.

Ce produit toxique doit être appliqué dans les endroits bien ventilés, dont les humains et les animaux domestiques devront d'abord être éloignés. Ils ne pourront y revenir que quelques jours plus tard. Le chlordane est reconnu pour son efficacité. La plupart des termites qui traversent son sillon en meurent; les autres transportent le poison dans le nid.

Traitez chimiquement le sol: creusez autour de la fondation une tranchée de 6″ de large par 2′ de profondeur.

Versez une partie de la solution de chlordane dans cette tranchée puis mêlez le reste à la terre de remplissage.

Pourriture humide ou sèche

La pourriture humide est causée par une sorte de champignon qui attaque le bois humide. Elle atteint plus particulièrement les poteaux enfouis dans la terre ou les madriers des caves humides et peut se propager aux madriers voisins. Le bois devient foncé et tourne au noir; l'humidité le rend spongieux; la sécheresse l'effrite. Sa peinture s'écaille et laisse apparaître un bois pourri et foncé. Remédiez à cet ennui en faisant disparaître la source d'humidité et en augmentant la ventilation. Remplacez le bois pourri par du bois traité au pentachlorophénol.

La pourriture humide fend le bois le long du fil ou en travers.

La pourriture sèche est un champignon microscopique propagé par l'air ou par le contact (chaussures, vêtements). Le champignon se développe sur le bois humide et mal aéré et se propage par plaques, le détériorant rapidement. Il ressemble à des cordons qui s'infiltrent partout, s'étendant par plaques reconnaissables sous forme de poussière rouge.

Soyez aux aguets: la pourriture sèche attaque les charpentes du toit, des escaliers, des sous-sols et des vides sanitaires. Les dégâts causés par elle ressemblent à ceux que font les termites.

Le bois spongieux ou mou doit être enlevé et remplacé par du neuf.

Utilisez alors du madrier que vous aurez, au préalable, enduit d'un préservatif. Le pentachlorophénol convient particulièrement à cet usage.

La pourriture sèche: les spores attaquent le bois en l'effritant.

Les agents nuisibles dans la maison

Les animaux

Les animaux décrits plus bas ne sont pas tous des rongeurs; la plupart d'entre eux causent cependant des dégâts souvent considérables en rongeant. On les retrouve soit à l'intérieur de la maison, soit dans les bâtiments extérieurs, et leur voracité y est particulièrement destructice.

Des quatre principales méthodes d'extermination, trois s'appliquent à tous les rongeurs; la quatrième sert à ceux qui entrent dans la maison.

1. Exterminez l'animal lui-même. Le poison est le moyen le plus efficace. Les trappes sont utiles, mais on ne peut être sûr de leur efficacité.

2. Détruisez le nid et tout ce qui peut servir à la construction d'un nouveau nid.

3. Supprimez les sources d'approvisionnement. Les rongeurs chercheront ailleurs leur nourriture.

4. Scellez les trous d'entrée (cheminées, égouts, évents, etc.).

ANIMAL	CARACTÉRISTIQUES	METHODES D'EXTERMINATION
Chauve-souris	La chauve-souris détruit les insectes qui nuisent à l'homme. Toutefois, si elle trouve un moyen de pénétrer dans votre maison, elle peut y causer de graves dommages. Elle est dangereuse car elle peut transmettre le virus de la rage; en cas de morsure, voyez un médecin sans délai. C'est la nuit qu'elle travaille, mais on l'aperçoit aussi le jour, au repos.	La chauve-souris déteste l'odeur de la naphtaline. Servez-vous-en pour la chasser de chez vous. On l'attire à l'extérieur le soir, en éclairant violemment l'intérieur et en ouvrant sur la nuit portes et fenêtres. Quand la chauve-souris loge au grenier, on la chasse et scelle les ouvertures par lesquelles elle entre.
Tamias rayé	Petit animal au pelage brun-roux rayé sur le museau et le dos, le tamias préfère vivre sous terre; il hiberne. Chaque couple de tamias produit de trois à cinq rejetons par année. Le tamias est un rongeur de la famille de l'écureuil.	Utilisez une cage appâtée de grains d'avoine, de maïs ou d'arachides pour attraper le tamias (qu'on appelle souvent "suisse", ici); relâchez-le dans la forêt et assurez-vous que les ouvertures par lesquelles il pénètre chez vous sont closes. Il n'aime pas les cristaux de naphtaline.
Taupe	La taupe est un animal aveugle de la taille d'un rat; son odorat est très développé. Elle n'entre pas dans la maison, mais peut endommager la pelouse et le jardin. La taupe vit sous terre et y cherche sa nourriture.	La taupe étant un animal très difficile à exterminer, on l'attrape à l'aide d'une trappe spéciale. Le meilleur moyen de l'éloigner est de détruire les vers dont elle se nourrit en empoisonnant le sol avec une solution de chlordane. Répétez l'opération tous les deux ans.
Souris	On trouve la souris là où habite l'homme. Elle construit son nid entre les murs ou dans des trous. Elle se reproduit toute l'année. Les souris s'accouplent quand la femelle n'a que quarante jours. Elle met bas de quatre à sept petits à chaque portée.	On extermine en partie les souris avec des souricières appâtées d'avoine, de beurre d'arachides, de bacon ou de fromage. N'utilisez le poison que hors de la portée des enfants et des animaux familiers et n'employez que le genre qui force la souris à quitter son repaire pour s'abreuver.
Lapin	Le lapin n'entre à peu près jamais dans la maison, mais, à l'extérieur, il peut endommager le potager et le jardin. Il tue les arbres en mangeant leur écorce.	Le lapin peut être chassé, trappé ou empoisonné. On l'éloigne en répandant du poison près des endroits qu'il détériore ou on le capture dans une trappe appâtée avec des carottes ou des pommes. Dans ce dernier cas, on le relâche ensuite dans les bois. Protégez vos arbres en les entourant d'une clôture de canevas ou d'un treillis d'au moins 1'.
Rat	Les rats envahissent les maisons à la recherche d'eau et de nourriture; ils grugent même le bois pour atteindre les aliments. Ils mordent. Ne déposez jamais d'appâts empoisonnés ou de rats morts empoisonnés dans une poubelle où d'autres animaux vont manger.	Utilisez des pièges assez grands; lavez-vous les mains avant d'appâter — les rats se méfient de l'odeur humaine. Préférez les poisons aux trappes. Utilisez ANTU (alpha-naphthylthioures), **warfarin** ou **red squill:** ces poisons sont sans danger pour les humains. Bloquez tous les points d'entrée.
Ecureuil	Les écureuils vivent dans les trous d'arbres ou dans des amas de feuilles, mais pénètrent dans les greniers ou dans les maisons inoccupées, à la recherche de nourriture. Ils aiment détruire, et déchireront draperies et coussins pour s'échapper. La cheminée est leur entrée particulière, mais d'autres trous leur donnent accès chez vous.	Appâtez un piège avec des noix décortiquées ou des arachides; relâchez l'écureuil capturé dans les bois. Pour chasser les écureuils d'une maison, éparpillez des boules à mites ou des cristaux de naphtaline là où ils vivent. Bloquez les points d'entrée quand vous serez sûr qu'il n'y a plus d'écureuils dans la maison.

Les réparations majeures et mineures à l'extérieur

Votre maison, c'est, en quelque sorte, votre univers; c'est aussi votre abri. Elle doit être protégée contre les intempéries, l'usure et le poids des ans. Ayez à l'œil ses points faibles. Cette section vous vient en aide de deux façons: elle vous signale les causes possibles d'ennuis et vous explique la façon de régler vos problèmes. Faites avec nous le tour du propriétaire, de la cave au grenier, puis allez vers l'extérieur où les clôtures, les barrières, le garage et les allées ont peut-être besoin de vos bons soins.

sommaire

- **164** Entretien de l'extérieur
- **165** Réparations à la toiture
- **166** Bardeaux d'asphalte
- **167** Bardeaux d'ardoise
- **168** Toits plats
- **169** Gouttières et descentes
- **172** Installation de nouvelles gouttières
- **173** Système d'écoulement des eaux du toit
- **174** Cheminées
- **178** Solins de noues et de lucarnes
- **179** Construction d'un toit-terrasse
- **180** Réparation des planches à déclin
- **181** Réparation des bardeaux de revêtement endommagés
- **182** Calfeutrage
- **183** Réparation des appuis de fenêtre pourris
- **184** Imperméabilisation des murs du sous-sol
- **185** Réparation d'une barrière
- **186** Réparation des poteaux de clôture
- **188** Réparation d'une clôture en bois
- **189** Portes de garage à charnières
- **190** Portes de garage basculantes
- **192** Ouvre-portes électriques de garage
- **194** Rapiéçage d'une allée en asphalte

Entretien de l'extérieur

Liste de contrôle

Entretenir l'extérieur de la maison, c'est, en somme, prendre les mesures préventives qui s'imposent pour mettre celle-ci à l'abri des intempéries. La meilleure façon d'assurer cette étanchéité, c'est de ne pas négliger les problèmes qui surgissent et de porter attention aux détails d'entretien décrits plus bas. Si vous suivez ces recommandations et si vous effectuez les réparations qui s'imposent, votre maison sera confortable par tous les temps.

1. Toit: Enduisez les bardeaux lâches de goudron à toiture; remplacez les bardeaux brisés (p. 166).

2. Solin: S'il y a du jeu entre la cheminée, le toit et le solin, bouchez avec de la pâte à calfeutrage ou avec du ciment à toiture (p. 175).

3. Gouttières: Retirez l'accumulation de débris; vérifiez si la pente est bonne; reclouez au besoin. Vérifiez l'étanchéité des joints (p. 170).

4. Tuyaux de descente: Nettoyez la crépine s'il y en a une; vérifiez les joints lâches (p. 170).

5. Évents à lames: Ils devraient être ouverts pour la ventilation, munis d'un grillage contre les insectes. Retirez les feuilles; vérifiez le calfeutrage (p. 182).

6. Noue du toit: Vérifiez la noue et le solin en cas de jeu (p. 175).

7. Parement: Reclouez au besoin; remplacez les pièces pourries; repeignez. Vérifiez s'il y a des fourmis ou des nids de guêpes (p. 181).

8. Déflecteur de pluie: Voyez à ce qu'il soit bien placé; il est préférable de faire écouler l'eau des descentes dans un puits sec (p. 173).

9. Porte de garage: Huilez les charnières et les ferrures. Vérifiez l'état du mastic des châssis; peignez la porte, au besoin (p. 189).

10. Allée: Remplissez les fissures; appliquez du bouche-pores; ajoutez du gravier; alignez le bord (p. 194).

11. Fondation: Vérifiez le larmier et le protecteur contre les termites; cherchez leurs couloirs (p. 160).

12. Fenêtres: Retirez le mastic effrité; posez-en du neuf; repeignez; huilez les charnières (p. 123).

13. Portes: Resserrez les charnières lâches; raccrochez les portes, au besoin; voyez au coupe-bise; mettez du graphite dans la serrure (p. 139).

14. Calfeutrage: Enlevez la pâte séchée; nettoyez et posez de la nouvelle pâte là où portes et fenêtres rencontrent parement ou brique (p. 182).

15. Cheminée: Remplacez le mortier lâche; enlevez les nids d'oiseaux; vérifiez l'état du déflecteur de tirage; couvrez une cheminée non utilisée (p. 174).

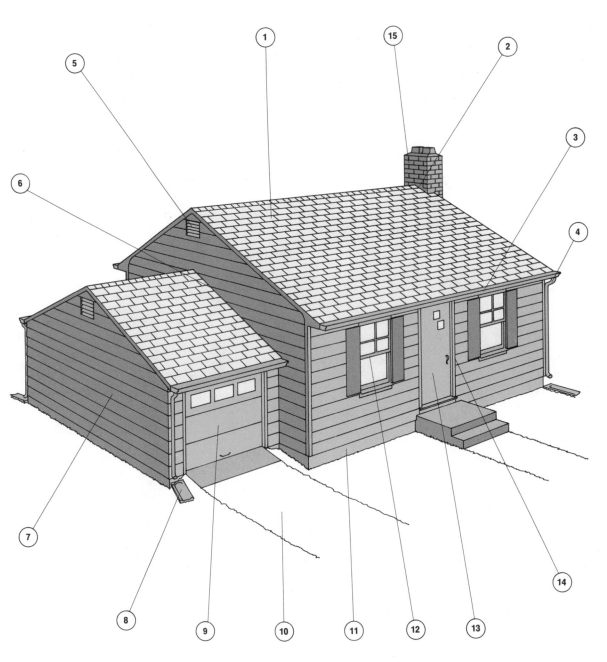

Utilisation d'une échelle extensible

Avant d'utiliser une échelle, vérifiez l'état des échelons et des montants. Installez-la où vous voulez puis tirez la corde pour la monter à la hauteur désirée.

La distance entre le pied de l'échelle et la fondation doit être égale au quart de la longueur de l'échelle. Assurez-vous qu'elle repose sur un terrain ferme.

Gardez vos hanches entre les montants, durant le travail. Gardez une main sur l'échelle, l'autre libre, pour peindre. L'échelle doit dépasser de 2′ le point le plus haut que vous devez atteindre.

Repérage des fuites

Il n'est pas toujours facile de trouver l'endroit précis par lequel l'eau s'infiltre, surtout si la tache du plafond ne s'étend pas sous la fuite. Un solin en mauvais état, autour de la cheminée ou de l'avant-toit, peut causer cette fuite. L'infiltration apparaît là où la cheminée se colle au mur ou au joint du toit.

Si l'entretoit est ouvert et vous permet d'atteindre la sous-face du toit, le travail de repérage en sera facilité. Au cours d'une averse, montez jusqu'à l'entretoit et examinez la sous-face juste au-dessus de la tache du plafond. Vous découvrirez sans doute que le toit est sec à cet endroit. Cherchez plus loin avec une forte lampe: du côté du faîte. Vous verrez l'eau s'infiltrer dans le toit, couler le long des chevrons ou des planches et tomber sur le plancher du grenier.

L'endroit repéré, tracez un cercle au crayon autour du trou. Ce cercle vous aidera à retrouver l'infiltration quand la pluie aura cessé. Plantez des clous au travers du toit; vous retracerez mieux les infiltrations une fois monté là-haut.

Effectuez une réparation temporaire avec de la pâte à calfeutrage. Bouchez le trou et étendez-en tout autour du point faible. L'eau ne s'infiltrera plus dans la maison et vous pourrez, plus tard, effectuer une réparation permanente.

Si l'intérieur du toit contient un isolant entre les chevrons, enlevez les nattes une à la fois, jusqu'à ce que vous ayez trouvé l'infiltration. Examinez bien l'isolant quand vous retirez les nattes. S'il est humide et décoloré, la fuite est toute proche. Toutefois, si un plafond recouvre le grenier, il vous sera impossible d'inspecter la partie intérieure du toit. Dans ce cas, il faut mesurer avec soin et transposer les dimensions sur l'extérieur du toit. Par exemple comptez les solives ou chevrons depuis la partie humide jusqu'à la cheminée, le bout de la maison ou quelque autre repère. Multipliez le nombre par 16″, divisez par 12, et vous obtenez le nombre de pieds qu'il faut compter pour arriver à l'endroit de l'infiltration. Très probablement, vous trouverez un bardeau brisé ou disparu. Un puits de lumière mal ajusté, la surface usée autour d'un tuyau d'évent, d'égout ou d'une cheminée sont des causes possibles d'infiltration.

Dans les pages qui suivent, vous trouverez des solutions à vos problèmes de toitures.

Lorsque vous grimpez sur un toit, portez des souliers à semelles de caoutchouc pour ne pas glisser; des semelles trop dures pourraient d'ailleurs endommager gravement les bardeaux fragiles.

Assurez-vous que votre échelle est fixée solidement. Le meilleur moyen de la faire tenir est d'installer un dispositif semblable à celui que vous voyez plus bas. Ou, encore, priez un ami de tenir l'échelle, quand vous y montez.

Soyez toujours très prudents; ne grimpez jamais sur le toit pour y effectuer des réparations par mauvais temps.

Sur un versant à pic, l'échelle doit être affermie avec un bâti.

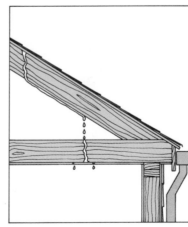

L'infiltration peut être plus haut. Examinez les chevrons; trouvez les fuites.

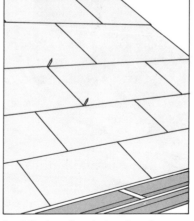

La fuite trouvée, plantez des clous par l'intérieur du toit, comme repères.

Bardeaux d'asphalte

Réparation et remplacement

Les bardeaux endommagés ou disparus se remplacent facilement, sans qu'on ait à refaire le toit. On les pose en allant de la base au faîte, de telle sorte qu'ils se chevauchent. Soulevez les bardeaux encore bons par-dessus ceux qui sont endommagés et faites glisser les bardeaux neufs dessous, conservant au motif son uniformité.

Attention: Ne travaillez jamais sur un toit par mauvais temps et portez des souliers à semelles en caoutchouc. Posez l'échelle fermement. Si le versant est à pic, utilisez un bâti avec échelle auxiliaire, comme sur la vignette en page 165. Travaillez accroupi.

Réparation: Les bardeaux soulevés se réparent par temps chaud, alors qu'ils sont flexibles. Réparez les fissures avec du ciment à toiture, une truelle, un marteau et des clous à large tête.

Les bardeaux faîtiers

Les bardeaux brisés se réparent avec de la peinture asphaltée à toiture. Si les fissures sont grandes ou les bardeaux en mauvais état, prenez du ciment à toiture.

Remplacement: Soulevez les bardeaux au-dessus de ceux qui sont brisés. Allez-y doucement. Retirez les clous avec une barre-levier ou un ciseau.

Placez le nouveau bardeau sous l'autre. S'il ne peut pénétrer, coupez-en les coins. Prenez soin de ne pas déchirer le papier à toiture.

Soutenez le bardeau du dessus et clouez le nouveau. Employez des clous à bardeaux à large tête. Appliquez du ciment à toiture sur les têtes de clous.

Les nouveaux bardeaux du faîte doivent chevaucher les autres d'au moins 3″. Clouez aux quatre coins le bardeau placé sous le chevauchement. Appliquez du ciment à toiture sur les têtes de clous.

Réparations: Réparez les bardeaux soulevés en appliquant du ciment à toiture par le dessous, de préférence par temps chaud, pour éviter de les briser.

Réparez les bardeaux déchirés ou endommagés en en badigeonnant le dessous avec du ciment à toiture. Pressez; clouez les coins; recouvrez les têtes de clous.

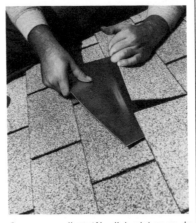

Servez-vous d'une tôle d'aluminium ou de cuivre pour réparer. Enduisez-en le dessous de ciment à toiture; faites pénétrer loin sous le bardeau endommagé.

Appliquez une couche de ciment à toiture ou de peinture d'asphalte sous le nouveau bardeau faîtier avant de le poser. Clouez et appliquez du ciment sur les têtes de clous.

Remplacement des bardeaux d'ardoise

Fabriquez un pied-de-biche avec un feuillard. Limez deux encoches. Repliez un bout pour pouvoir le frapper.

Accrochez le clou avec le pied-de-biche et sortez-le en frappant avec le marteau, comme l'indique la vignette.

Coupez l'ardoise en entaillant chacun de ses côtés avec un ciseau ou une pointe. Les marques doivent concorder.

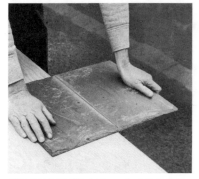

Frappez l'entaille le long du tracé; brisez l'ardoise le long d'une règle ou d'un coin droit.

Equarrissez les bords en les martelant. Pratiquez auparavant, car l'ardoise se brise facilement.

Mettez l'ardoise en place et marquez les endroits où vous percerez les trous de clous. Il en faut deux.

On peut percer les trous avec un chasse-clou. Il est préférable d'utiliser une perceuse électrique.

Répandez du ciment à toiture sur la surface à réparer et au dos du bardeau. Glissez le nouveau sous l'autre.

Plantez deux clous à toiture dans les trous percés. Couvrez les têtes de clous de ciment à toiture.

Autre technique

Une autre façon de remplacer un bardeau d'ardoise, c'est d'utiliser deux languettes de cuivre. Clouez-les selon la vignette, en laissant 2″ pour le chevauchement. Donnez un solide coup de marteau: le clou ne fendra pas le bardeau.

Recouvrez les têtes de clous de ciment à toiture; préférez les clous à toiture galvanisés ou en cuivre. N'enlevez pas le surplus de ciment: il retiendra en place le nouveau bardeau.

Poussez le nouveau bardeau d'ardoise aussi loin que possible et repliez chaque languette pour retenir l'ardoise. Ces languettes doivent affleurer la nouvelle ardoise.

Réparation des bardeaux d'ardoise

Un bardeau d'ardoise brisé, déjà en place, doit être recouvert d'une couche généreuse de ciment à toiture. Etendez le ciment avec un couteau à mastiquer.

Toits plats

Réparation des toits plats

Les toits plats se réparent beaucoup plus facilement que les toits inclinés. L'eau qui s'infiltre sous les toits plats laisse une tache sur le plafond juste au-dessous. Ces infiltrations se forment habituellement près de la cheminée et dans les creux où l'eau s'accumule. Si le toit est recouvert de gravier ou de cailloux (on emploie ceux-ci pour le protéger contre le soleil), vous devez d'abord les enlever avec un balai à poils rudes jusqu'à ce que le toit soit propre et à découvert. Ne vous servez pas d'une pelle: son tranchant pourrait déchirer le toit.

Si le toit entier est en mauvais état, il vaut mieux le couvrir de peinture d'asphalte à toiture de couleur noire plutôt que de ciment à toiture. La peinture se vend en contenants de cinq gallons, ne coûte pas cher et couvre environ 120' carrés au gallon.

Appliquez-la avec une brosse à long manche faite spécialement pour la peinture à toiture. Couvrez une surface de 5' carrés à la fois. Assurez-vous qu'il ne reste aucune saleté ou aucun caillou. La plupart des nouveaux toits n'ont pas de gravier: un problème de moins. Tous les toits plats ont une légère pente pour l'écoulement de l'eau vers les gouttières ou descentes. Examinez le sens de la pente et appliquez la peinture à partir de la partie la plus élevée. Gardez-vous un espace pour sortir et couvrez-le quand le toit sera assez sec pour que vous y marchiez (deux jours).

Les cloques: Ouvrez-les dans le centre avec un couteau aiguisé. Ne coupez pas le papier du dessous.

Par temps chaud, insérez avec un couteau à mastiquer du ciment à toiture sous les deux parties de l'incision.

Clouez les deux côtés de l'incision avec des clous à toiture à large tête. Servez-vous de clous de cuivre ou galvanisés.

Couvrez l'incision et les clous de ciment à toiture et clouez une pièce (papier goudronné ou bardeau) pour recouvrir le ciment.

Pour réparer une grande surface, coupez la section endommagée et retirez-la. Coupez, de préférence, en carré ou en rectangle.

Appliquez du ciment à toiture sur la surface ainsi dégagée et sur les quatre côtés de la sous-face. Levez délicatement.

Clouez une pièce de feutre asphalté sur la partie cimentée. Cette pièce doit avoir les mêmes dimensions que la section enlevée.

Placez une seconde pièce, qui chevauchera la première de 2" tout autour. Clouez-la; cimentez les clous et les bords.

Nettoyage et entretien

Les gouttières des toits doivent être nettoyées au moins deux fois par année: avant le début de l'hiver et à la fin du printemps. Si votre maison est située sur un terrain boisé, il faudra des nettoyages plus fréquents: les feuilles, les brindilles et les écailles de graines sont des causes d'obstruction. Si on les laisse s'accumuler jusqu'à boucher la gouttière ou la descente, l'eau, empêchée de s'écouler, tombera en cascade dévastatrice sur le terreau et la végétation. Avec les années, l'humidité fera pourrir la bordure du toit, sous la gouttière, vous obligeant à en poser une nouvelle.

Pour nettoyer les gouttières, servez-vous d'une échelle assez longue pour atteindre la gouttière la plus élevée. Nettoyez à gauche et à droite de l'échelle, aussi loin que possible; environ deux pieds de chaque côté. Ne cherchez pas à atteindre un point hors de votre portée. Déplacez plutôt l'échelle.

Les gouttières tombantes: Une gouttière qui s'affaisse n'est pas étanche. Les gouttières doivent avoir un degré de pente vers la descente pluviale d'environ un pouce au pied. Important: Souvent une longue gouttière est inclinée vers les descentes; le centre constitue le point le plus élevé.

On enlève les débris d'une gouttière avec les mains (gantées). Lavez au boyau les débris qui restent.

Une crépine doit être en cuivre ou en acier inoxydable. Posez-la de manière à arrêter les feuilles et non l'eau.

Les passoires se posent entre les bouts des bardeaux et le rebord de la gouttière. Elles laissent passer l'eau seule.

Vérifiez les attaches des gouttières. Reclouez avec des clous galvanisés. Recouvrez les têtes (ciment à toiture).

Plusieurs gouttières sont soutenues par un crampon de cuivre qui traverse une gaine métallique et pénètre dans le bois.

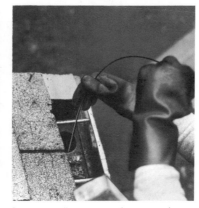

Des obstructions se produisent souvent dans le coude entre la gouttière et la descente. Dégagez avec un fil de fer.

Comment attacher les gouttières

Trois façons sont illustrées ci-dessous. Chaque attache soutient une partie de la gouttière. Placez une attache à tous les 30″, et une attache à chaque bout de l'installation.

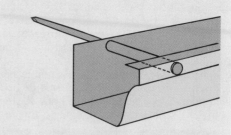

Attache avec crampon et gaine. La gaine traverse la gouttière, et le crampon pénètre dans le bois.

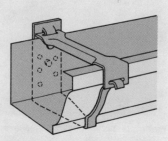

Attache avec ferrure: La ferrure est clouée ou vissée à la bordure du toit, immédiatement sous celui-ci.

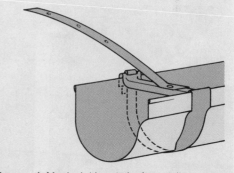

Attache avec bride: La bride est clouée au toit sous le bardeau. Couvrez les têtes de clou avec du ciment.

Gouttières et descentes

Comment les réparer

Les gouttières et descentes sont en acier, en cuivre, en plastique, en aluminium ou en bois. Les gouttières en bois sont rares aujourd'hui, mais si vous en avez chez vous, recouvrez-les d'une couche de peinture tous les trois ans. La peinture asphaltée à toiture est recommandée pour l'intérieur de la gouttière; appliquez-la au pinceau après l'avoir diluée comme suit: une partie de diluant pour quatre parties de peinture. Effectuez le travail après plusieurs journées ensoleillées afin que les gouttières soient sèches. Deux couches minces valent mieux qu'une seule couche épaisse. La peinture d'asphalte pénètre dans les petites crevasses du bois et sert de bouche-pores. N'appliquez pas cette peinture sur l'extérieur de la gouttière; elle traverse n'importe quelle peinture.

La meilleure façon de réparer les petites et les grandes fuites dans les gouttières, c'est d'employer le ciment asphalté à toiture tel qu'indiqué ci-dessous. On peut aussi appliquer de la fibre de verre combinée à un mélange d'époxy à deux composants. Si les gouttières et descentes exigent des réparations importantes, il vaut mieux les remplacer que de vous entêter à les réparer.

Les fuites des gouttières et descentes se produisent souvent dans les joints. Toutefois, l'eau peut provenir d'une fuite dans un joint sous le fond de la gouttière et tomber à une certaine distance. Le repérage ressemble à celui d'une fuite sur le toit. Vérifiez la sous-face de la gouttière. Vous verrez l'eau couler puis tomber quand la goutte devient trop lourde.

La réparation d'une gouttière en bois

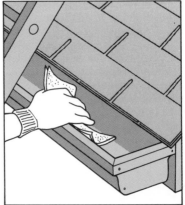

Les gouttières en bois doivent être repeintes tous les trois ans. Après plusieurs jours ensoleillés, nettoyez l'intérieur et poncez.

Essuyez l'intérieur avec du diluant à peinture. Posez une couche mince de peinture d'asphalte à toiture. Posez une seconde couche quand la première sera sèche, deux jours plus tard.

Sablez l'extérieur pour enlever les boursouflures de peinture. Essuyez au solvant et posez de la peinture pour l'extérieur; deux couches, de préférence.

Frottez la partie endommagée avec du papier de verre ou une brosse d'acier et nettoyez la section à réparer.

Essuyez les grains abrasifs avec un linge trempé dans du diluant à peinture; posez une couche de ciment asphalté.

Recouvrez une fissure de plus de ¾" avec de la tôle ou du canevas avant d'appliquer du ciment à toiture.

Sur un très grand trou, posez une pièce découpée dans de la tôle. Tracez d'abord le patron sur du papier.

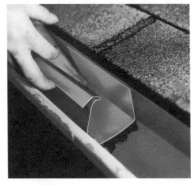

Pressez la pièce sur le trou. Elle doit chevaucher la partie endommagée de ½" tout autour.

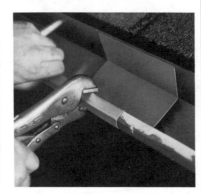

Ondulez avec des pinces les rebords extérieurs de la pièce. Appliquez une couche de ciment dessus et dessous.

Choix des gouttières et connaissance des besoins

Votre choix, quand il s'agit de remplacer une partie de vos gouttières et descentes, vous est souvent dicté par le type déjà posé sur la maison, surtout si vous devez réunir une nouvelle gouttière à une vieille. Ne réunissez jamais de l'aluminium à de l'acier ou à du cuivre, à cause de l'action électrolytique corrosive que ces métaux exercent les uns sur les autres. Si vous voulez remplacer toutes les gouttières ou en installer des neuves sur une nouvelle maison, libre à vous, alors, de choisir à votre guise.

Les gouttières d'acier se vendent galvanisées et finies à l'émail blanc. Les gouttières et descentes émaillées coûtent un peu plus cher. L'acier est le matériau le moins cher que vous puissiez acheter. Son seul désavantage est sa courte durée, si on le compare aux autres matériaux. La peinture prolonge la vie de l'acier. Ne peignez pas les gouttières et descentes galvanisées avant qu'elles ne vous aient servi au moins un an. La peinture s'écaillera sur l'acier galvanisé qu'on n'aura pas recouvert d'un apprêt spécial.

Les gouttières et descentes en cuivre sont habituellement installées par des couvreurs professionnels, puisque les joints doivent être soudés et non simplement attachés les uns aux autres. **Les gouttières de cuivre** résistent à la corrosion même si des fuites se produisent dans leurs joints soudés. Avec les années, le cuivre se patinera: il vaut mieux ne pas le peindre.

Les gouttières et descentes en aluminium se vendent émaillées blanc ou non finies. Elles se coupent sur mesure avec une scie à métaux à dents fines. Plus légères que l'acier et le cuivre, elles se manipulent beaucoup plus facilement. Elles résistent mieux que l'acier à la corrosion mais n'ont pas la même force. Une échelle appuyée contre elles peut les bosseler.

Les gouttières en plastique n'ont besoin d'aucun soin. Lorsque vous les installez, laissez du jeu pour qu'elles se dilatent sans se déformer. Un mastic spécial sert à relier leurs joints. Elles n'ont de métal que dans les joints.

Les architectes réclament souvent **des gouttières en bois** pour des raisons d'esthétique ou parce qu'elles peuvent être installées par un menuisier plutôt que par un couvreur. Vous trouverez, en page suivante, des conseils relatifs à l'entretien des gouttières en bois.

Que vous faudra-t-il? Si vous ne remplacez qu'une section de gouttière, mesurez les vieilles pièces d'un joint à l'autre, et établissez le nombre de longueurs nécessaires. Les gouttières se vendent en longueurs de 10'; certains fabricants en font de plus longues. Mesurez aussi la dimension de chaque raccord et comptez le nombre d'attaches ou de chevilles et de bagues qu'il vous faudra. Apportez chez le fournisseur de matériaux une section de l'ancienne gouttière pour en obtenir une autre du même genre.

Avant d'installer la nouvelle gouttière, faites un croquis du toit. Établissez combien de longueurs de 10' et de raccords il vous faudra. Gardez en mémoire que vous devez poser un dispositif d'assemblage à chaque joint de jonction des sections et là où il y a un tuyau de décharge et des coins, et que vous devez installer une attache ou une bague à chaque 3' de gouttière. Quelle qu'ait été votre vieille installation, voyez à poser une descente à tous les 35' de gouttière. Des coudes de retrait sont nécessaires pour installer les descentes affleurant la maison. Il vous faut aussi un coude pour la base de la gouttière, afin d'éloigner l'eau de la maison (à moins que les descentes ne conduisent celle-ci à un puits sec).

Si vous planifiez bien votre travail, vous vous éviterez des pertes de matériaux, d'argent, et de nombreuses courses chez le fournisseur.

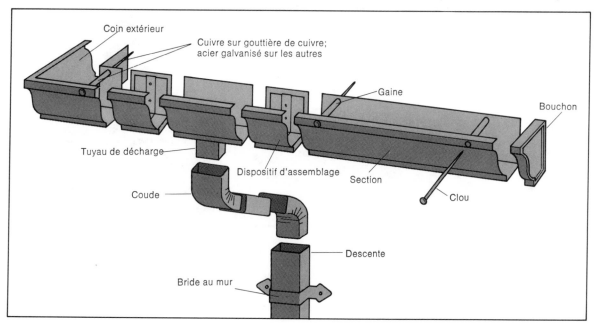

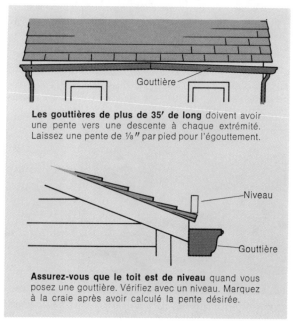

Les gouttières de plus de 35' de long doivent avoir une pente vers une descente à chaque extrémité. Laissez une pente de 1/8″ par pied pour l'égouttement.

Assurez-vous que le toit est de niveau quand vous posez une gouttière. Vérifiez avec un niveau. Marquez à la craie après avoir calculé la pente désirée.

Installation de nouvelles gouttières

Comment couper et ajuster les gouttières

Appuyez l'intérieur de la gouttière sur un 2" x 4" et coupez avec une scie à métaux.

Limez les barbes pour faciliter l'installation des dispositifs d'assemblage.

Si vous utilisez des clous, percez des trous dans la gouttière, près des rebords.

Posez les bouchons à chaque bout après avoir appliqué une pâte à calfeutrage étanche.

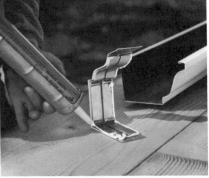

Posez une pâte à calfeutrage sur les dispositifs d'assemblage, pour assurer l'étanchéité.

Les dispositifs d'assemblage réunissent les sections qui doivent bien s'ajuster.

Les pièces insérées, pliez avec des pinces le rebord du dispositif sur la gouttière.

Plantez le clou dans la gouttière, la gaine et la planche jusque dans le chevron.

Renforcez les joints des coins en clouant un clou sur chaque côté du coin.

Si vous employez des attaches avec bride, levez les bardeaux et clouez tel qu'indiqué.

Posez un bouchon sur la gouttière près de la descente. Obturez avec de la pâte à calfeutrage.

Reliez la descente en la faisant glisser sur le bas du dispositif d'assemblage.

Déflecteurs de pluie

L'eau qui jaillit à torrent des descentes et se répand sur le sol peut s'infiltrer le long du mur de fondation jusque dans le sous-sol. Pour y faire obstacle, placez, au pied des descentes, des déflecteurs qui recevront cette eau. Ils empêcheront l'érosion du sol sous la descente et éloigneront l'eau des fondations.

Il existe d'autres moyens plus efficaces que la pose des déflecteurs: le manchon de tissu perforé qu'on attache au bec de la descente est l'un de ceux-là. Grâce à ce manchon, l'eau s'écoule doucement plutôt qu'en cascade. L'un de ces manchons porte un ressort qui l'enroule entre les averses; le poids de l'eau le déroule.

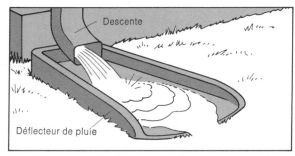

Des déflecteurs préfabriqués se vendent chez les marchands de matériaux. On les utilise pour chasser les eaux de pluie.

Puits secs

Une autre façon de faciliter l'écoulement des eaux du toit sans rien endommager, c'est de relier les descentes à un égout ou puits sec. Pour faire ce puits, on installe des tuyaux ou tuiles d'égouttement à environ 1' sous terre près de la descente et on leur donne une pente d'environ ½" au pied, de la maison à l'égout.

Un puits sec est un vaste espace souterrain rempli de pierres et recouvert d'un madrier ou d'une dalle de béton qui retient la terre. On fabrique un puits sec en retirant les deux extrémités d'un baril de 45 gallons, en pratiquant une ouverture sur un côté pour recevoir le tuyau de vidange et en perçant au hasard

une vingtaine de trous dans le métal pour l'écoulement de l'eau. Enfouissez le baril dans le sol à environ 18" et remplissez-le de pierres ou de cailloux. Recouvrez-le d'un madrier pour que la terre ne vienne pas remplir les espaces libres entre les pierres.

On peut aussi fabriquer un puits sec avec des blocs de béton couchés sur le côté et séparés les uns des autres par quelques pouces pour former un carré creux au centre. Le minimum du carré est de 3'; le carré idéal aura de 3' x 6' à 3' x 8'.

Tous les puits secs devraient être placés à au moins 10' des murs de fondation.

La formation de la glace

En hiver, les infiltrations d'eau proviennent souvent des bancs de glace qui se forment sur le toit quand il neige à une température près du point de congélation. Ces infiltrations temporaires n'indiquent nullement que le toit est endommagé: la chaleur de la maison fait simplement fondre la neige; l'eau coule dans les gouttières et débords du toit où elle regèle et produit une retenue. Refoulée sous les bardeaux, elle s'infiltre sous l'isolant et dans le plafond.

De larges débords, de larges solins étanches, au-dessus des gouttières, apportent une solution. Ajoutez plusieurs épaisseurs de papier à toiture sous les bardeaux du débord. Ou, encore, enlevez plusieurs rangées de bardeaux du débord et posez un revêtement en métal galvanisé de 4' qui chevauche les bardeaux.

Des protecteurs contre la neige, placés sur les avant-toits, empêcheront celle-ci de glisser, mais ils peuvent causer des formations de glace et ne sont pas à conseiller, sauf dans les régions plus chaudes.

Câbles chauffants électriques

Des câbles chauffants, vendus en longueurs de 30' et de 60', se posent sur le bord du toit pour y empêcher l'accumulation de neige et de glace. Posez le câble en zigzag et retenez-le avec des agrafes spéciales. Durant les tempêtes, branchez-le dans la prise la plus rapprochée — la lumière de la porte, par exemple; ou, encore, passez-le par une fenêtre et branchez-le à l'intérieur.

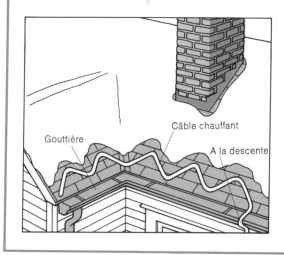

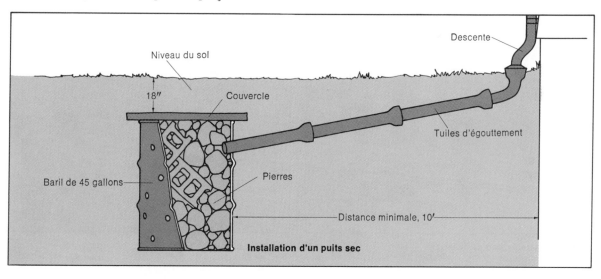

Niveau du sol

18"

Couvercle

Baril de 45 gallons

Pierres

Descente

Tuiles d'égouttement

Distance minimale, 10'

Installation d'un puits sec

Cheminées

Entretien et améliorations

Examinez votre cheminée chaque année et nettoyez-la, au besoin. La saleté et la suie en réduisent le rendement et augmentent les risques d'incendie. Si votre cheminée est facile d'accès, examinez-en l'intérieur par le sommet avec une lampe de poche ou en réfléchissant la lumière avec un miroir. Si elle est difficile d'accès, examinez-la avec un miroir et une lampe de poche mais à partir de la bouche de l'âtre ou par la porte de ramonage.

Si vous découvrez d'épais dépôts de suie, la cheminée doit être nettoyée. Pour nettoyer un conduit de fumée, attachez à une solide corde de nylon un sac alourdi d'un poids et chargé de paille, de papier ou de tissus. Laissez-le descendre et remonter plusieurs fois pour faire tomber les saletés et la suie du conduit de fumée. Assurez-vous, cependant, que le registre du foyer est fermé et que l'ouverture est recouverte pour éviter que la suie ne se répande dans la pièce. Les gens du métier se servent d'un aspirateur pour enlever la suie. La cheminée propre, voyez s'il y a des fissures dans les conduits et des fuites près de la jonction de la cheminée. Bouchez-les avec un mélange fait de 1 partie de ciment à maçonnerie et de 3 parties de sable. Réparez les lézardes de la cheminée (p. 462).

Installation des pare-étincelles et des chapeaux: Les conduits de fumée sont parfois recouverts d'un grillage galvanisé qui arrête les étincelles et la braise, causes possibles d'incendies. Pour fabriquer ce genre de panier, coupez une pièce de grillage (treillis métallique) de la dimension nécessaire et pliez-la pour qu'elle s'ajuste au conduit de fumée (voir la vignette du haut, à gauche). Il faut nettoyer ou remplacer le grillage de temps en temps pour enlever la suie qui gêne le tirage.

On emploie aussi des chapeaux pour faire obstacle à la dispersion des étincelles et à l'infiltration de l'eau dans la cheminée. Ce peut être une table de béton renforcé ou une grande pierre plate, soulevées de 6″ à 12″ au-dessus de la cheminée (vignette du haut, à droite).

Si l'eau pénètre toujours dans la cheminée, recouvrez-la d'un chapeau conique. Ces chapeaux se vendent sous différentes formes: cabanes surmontées d'un capuchon métallique, girouettes munies d'une turbine que le vent actionne. Ils font tous échec à l'eau et aux courants d'air descendants. Ces chapeaux s'ajustent à presque tous les conduits de fumée.

Vous pouvez aussi fabriquer le vôtre vous-même en vous inspirant de la vignette de droite.

Pare-étincelles et chapeaux

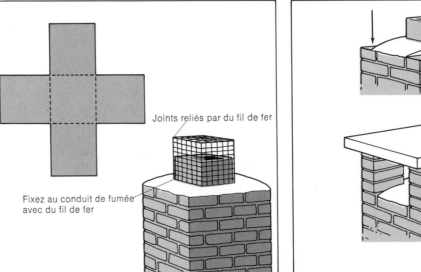

Joints reliés par du fil de fer

Fixez au conduit de fumée avec du fil de fer

Fabriquez un pare-étincelles: c'est facile. Mesurez l'ouverture de la cheminée et coupez le grillage avec des cisailles. Formez un panier; attachez avec du fil de fer.

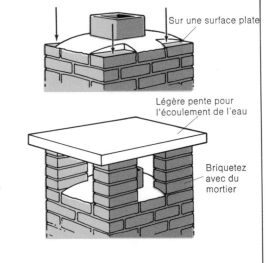

Sur une surface plate

Légère pente pour l'écoulement de l'eau

Briquetez avec du mortier

Contre le vent et la pluie, posez une table en béton ou une pierre plate, soutenues par des briques à 6″ ou 12″ au-dessus de la cheminée. Egalisez le mortier au ciseau.

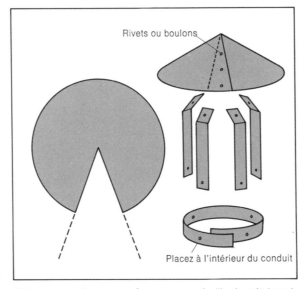

Rivets ou boulons

Placez à l'intérieur du conduit

Fabriquez un chapeau conique avec une feuille de métal ronde encochée et réunie comme ci-dessus. Le diamètre varie selon l'ouverture à couvrir.

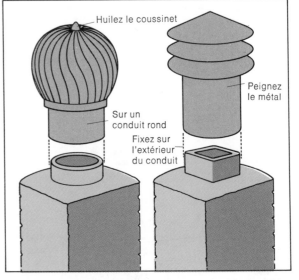

Huilez le coussinet

Sur un conduit rond

Peignez le métal

Fixez sur l'extérieur du conduit

Ces deux dispositifs servent contre le vent et la pluie. La turbine de gauche tourne au moindre vent; celle de droite est employée dans les régions où le vent souffle en rafales.

Entretien et réparation d'un solin

On se sert d'un solin là où deux surfaces se rencontrent: toit, mur, cheminée. On place des solins autour des cheminées, des tuyaux d'évent, dans les noues du toit et autour des lucarnes. Les solins sont fabriqués de divers matériaux: acier galvanisé, cuivre, plomb, aluminium, plastique, carton asphalté et caoutchouc.

Les joints sont ordinairement bouchés avec du ciment à toiture; après quelques années, les joints ont tendance à se fissurer. Une ouverture est bien visible, mais non les petits trous. Conséquemment, vous devez examiner les solins attentivement au moins une fois l'an. Si leur état vous inspire des inquiétudes, recouvrez-les de peinture asphaltée à toiture ou de ciment à toiture. Les ouvertures importantes doivent être bouchées avec du carton asphalté et recouvertes de ciment.

Il arrive que le solin de la cheminée se sépare du mortier où il est enfoncé. Il doit être réparé: ainsi séparé du mortier, il devient un auget pour l'eau venue de la saillie, qui s'infiltre sous les bardeaux, sous le papier et jusque dans les chambres. Il faut alors retirer le mortier brisé, nettoyer et replacer le solin. Appliquez du nouveau mortier à rapiéçage.

Le solin de la cheminée peut laisser l'eau s'infiltrer par les joints. Couvrez généreusement de ciment noir à toiture.

Les tuyaux d'évent laissent l'eau s'infiltrer autour du calfeutrage. Tassez le plomb sur le tuyau avec un tournevis.

Posez une couche épaisse de ciment asphalté à toiture autour du solin et en amont du tuyau d'évent.

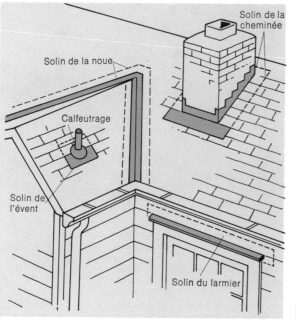

Nouveau solin autour d'un évent

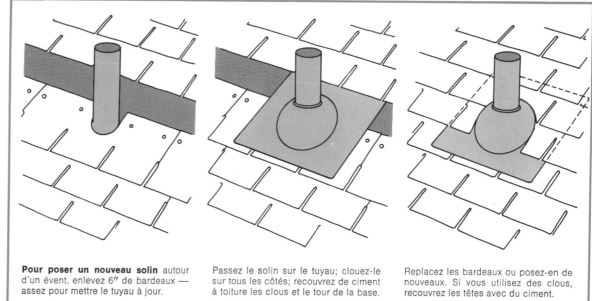

Pour poser un nouveau solin autour d'un évent, enlevez 6″ de bardeaux — assez pour mettre le tuyau à jour.

Passez le solin sur le tuyau; clouez-le sur tous les côtés; recouvrez de ciment à toiture les clous et le tour de la base.

Replacez les bardeaux ou posez-en de nouveaux. Si vous utilisez des clous, recouvrez les têtes avec du ciment.

Cheminées

Comment poser les solins

Poser des bardeaux contre la cheminée de telle sorte que l'eau ne s'infiltre pas dans le joint entre celle-ci et le toit est presque impossible: les cheminées sont faites de maçonnerie, et les toits, de bois, d'amiante ou d'ardoise, matériaux qui se fixent mal à la maçonnerie. Le solin apporte la solution; c'est lui qui assure l'étanchéité du joint entre la cheminée et le toit.

Un bon solin de cheminée comprend deux sections de métal en feuille, généralement en cuivre. Les deux sections recouvrent les quatre côtés de la base — y compris les rebords d'attache, dans les coins. Une section comprend le solin de pied ou de base. Elle est repliée selon la pente du toit et placée à fleur de cheminée; elle en recouvre partiellement le côté ainsi que le toit où les bardeaux se chevauchent.

La deuxième section comprend le solin de couverture. Il recouvre le solin de base, mais ne se prolonge que très peu sur le toit. La partie appuyée au côté de la cheminée dépasse le solin de base; le rebord du dessus est plié à 90° et pénètre directement dans le mortier de la cheminée.

Ainsi, tous les joints entre la cheminée et le toit sont protégés par un solin.

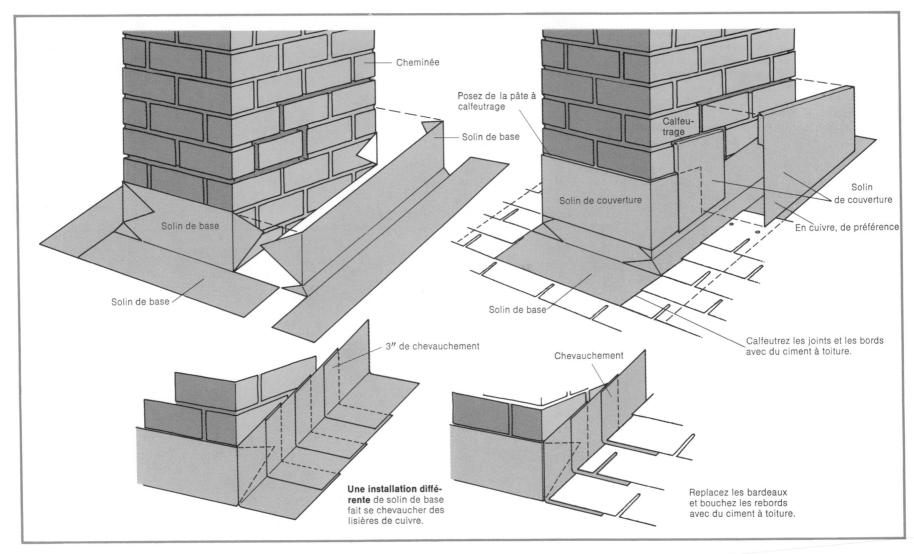

Cheminée

Posez de la pâte à calfeutrage

Solin de base

Solin de base

Solin de base

Calfeu-trage

Solin de couverture

Solin de base

Solin de couverture

En cuivre, de préférence

Calfeutrez les joints et les bords avec du ciment à toiture.

3″ de chevauchement

Une installation différente de solin de base fait se chevaucher des lisières de cuivre.

Chevauchement

Replacez les bardeaux et bouchez les rebords avec du ciment à toiture.

Comment remplacer un solin de cheminée

Les solins de couverture peuvent subir des infiltrations d'eau dans les coins et là où ils pénètrent dans la cheminée. Dans ces cas, le rapiéçage n'est qu'une mesure temporaire. Il est préférable de retirer les vieux solins et d'en installer de nouveaux.

Vérifiez soigneusement le mortier. Si le solin de couverture s'est retiré du joint ou vous semble douteux pour quelque raison que ce soit, enlevez le vieux mortier, retirez le solin usé et jetez-le. Pour bien réussir, vous devrez peut-être enlever les bardeaux qui entourent la cheminée.

Servez-vous des vieux solins comme patrons ou fabriquez-en de nouveaux comme ci-dessous. Coupez des pièces dans une feuille de cuivre et faites les courbures nécessaires. Ensuite, avec du ciment asphalté à toiture, fixez en place le solin de base (ou de pied) de l'avant, puis placez les pièces du côté. Le solin de base derrière la cheminée est posé en dernier lieu.

Coupez le solin de couverture à la dimension désirée. Recourbez les bords en forme de J. Poussez-le profondément jusque dans les joints de brique et bouchez avec du mortier ou du ciment noir à toiture. Le solin sur le devant de la cheminée peut être d'une seule pièce; les côtés doivent être en sections.

Retirez le mortier et le calfeutrage qui retiennent le solin de couverture. Enlevez le solin autour de la cheminée.

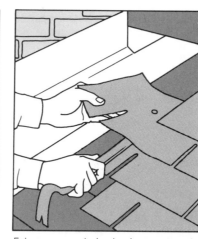

Enlevez avec soin les bardeaux autour de la cheminée. Utilisez une barre-levier ou un pied-de-biche.

Enlevez le vieux solin de base avec une barre-levier. Ne déchirez pas le papier à toiture sous le solin.

Taillez un nouveau solin de base et posez-le autour de la cheminée. Fixez en place les sections avec du ciment.

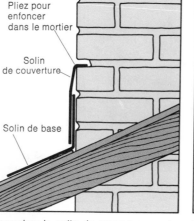

Recourbez le solin de couverture sur le solin de base; enfoncez-le de 1½" à 3" dans les joints du mortier.

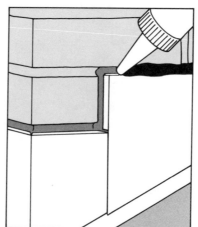

Servez-vous de mortier ou de ciment noir à toiture pour imperméabiliser et fixer en place le solin de couverture.

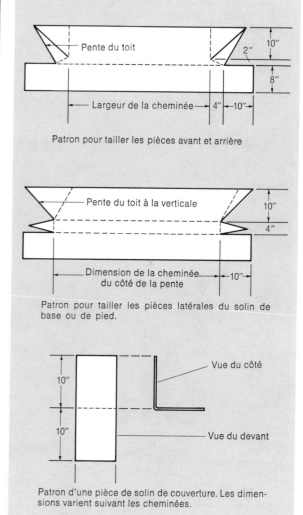

Patron pour tailler les pièces avant et arrière

Patron pour tailler les pièces latérales du solin de base ou de pied.

Patron d'une pièce de solin de couverture. Les dimensions varient suivant les cheminées.

Solins de noues et de lucarnes

Solins de toits et de fenêtres

Les solins de noues sont de deux types: **noue ouverte** et **noue fermée.** Les bardeaux d'une noue ouverte arrêtent juste avant la noue, laissant un espace libre. Sur une noue fermée, les bardeaux se chevauchent au centre de la noue. Les noues ouvertes sont plus faciles à installer et meilleures que les noues fermées; elles résistent mieux aux ravages de l'eau. En fait, on n'emploie les noues fermées que pour leur apparence; les bardeaux recouvrant les solins confèrent une agréable uniformité.

On répare facilement les trous et coupures du solin d'une noue ouverte sans avoir à changer le solin. Taillez une pièce de métal assez grande pour recouvrir le trou et dépasser de 1″ sur les côtés. Appliquez du ciment à toiture sur le trou et tout autour. Posez la pièce dans le ciment et tenez-la fermement.

Quand une infiltration d'eau survient dans un solin de noue fermée, il faut enlever les bardeaux de cette section et remplacer le solin. Cependant, on peut interrompre les infiltrations avec des carreaux de cuivre ou d'aluminium pliés suivant l'angle de la noue. Le métal plié franchit facilement les clous. Si ces derniers gênent vraiment, coupez-les sous les bardeaux ou enlevez-les avec l'outil illustré en page 181. Remplacez-les par des nouveaux. Le diamètre des carreaux varie selon la pente du toit et l'exposition des bardeaux aux intempéries, mais ils doivent être assez grands pour pénétrer d'au moins 2″ sous le second bardeau.

Poussez les carreaux pliés sous les bardeaux et sur le vieux solin. Commencez au bas de la noue et allez jusqu'en haut ou jusqu'à ce que tous les solins endommagés aient été recouverts.

Solins de lucarnes: Les solins posés autour des lucarnes, entre le toit et le parement ou entre le mur et le toit, doivent pénétrer sous le parement et être posés par-dessus les bardeaux. En d'autres termes, les feuilles doivent toutes se chevaucher les unes les autres. Quand le parement est déjà en place, on plie le solin et on le pousse sous le parement. On pose les bardeaux. Le solin doit les chevaucher de façon à former un joint étanche entre toutes les pièces.

Les solins ne se posent pas que sur les toits. On s'en sert aussi pour les montants des portes et des fenêtres qu'on veut protéger contre les intempéries. Rappelez-vous que les joints autour des portes et des fenêtres sont particulièrement sensibles aux infiltrations d'eau.

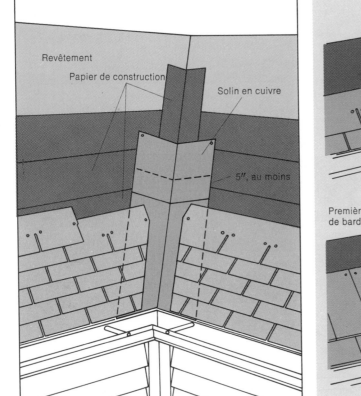

Solin de noue ouverte — ordinairement en cuivre

Revêtement

Papier de construction

Solin en cuivre

5″, au moins

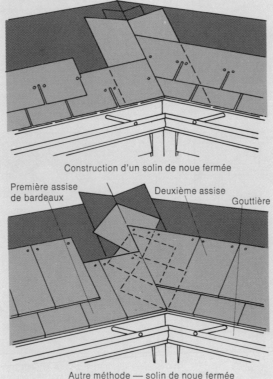

Construction d'un solin de noue fermée

Première assise de bardeaux

Deuxième assise

Gouttière

Autre méthode — solin de noue fermée

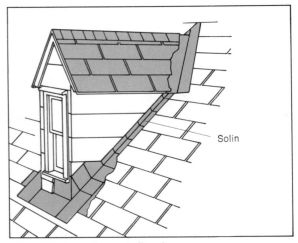

Solin

Installation d'un solin autour d'une lucarne

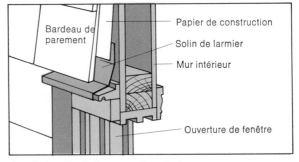

Bardeau de parement

Papier de construction

Solin de larmier

Mur intérieur

Ouverture de fenêtre

Installation d'un solin autour d'une fenêtre

Matériaux et construction

Le toit est la partie de la maison qui coûte le plus cher au pied carré; il est donc raisonnable d'utiliser une partie de sa surface comme terrasse ou comme patio. Avant d'effectuer des réparations, cependant, on doit voir à bien protéger le toit plat qui n'est habituellement couvert que d'un papier-toiture dont on ne doit pas abuser.

Tous les toits plats ont une certaine pente (tel que mentionné en page 168). Tenez-en compte en faisant vos plans. La pente minimale requise pour l'égouttement est de ¼″ au pied; si la vôtre est plus prononcée, mettez la terrasse de niveau avec des lambourdes—des solives placées sur le toit. Ces lambourdes varient selon la pente et vont de pièces de 1″ x 2″ (avec cales ici et là) à des pièces de 2″ x 10″ coupées en diagonale et formant de longs coins. Elles sont placées vis-à-vis des solives, à 16″ c.c. Avant de placer les lambourdes, assurez-vous que les tuyaux de renvoi ne seront pas obstrués. Le plancher de la terrasse sera cloué aux lambourdes.

On peut employer divers matériaux pour faire les planchers: le contreplaqué d'extérieur, le bois dur, les planches et les matériaux prévus spécifiquement à cet effet. Si vous vous servez de planches, faites un caillebotis formé de plates-formes de 3′ x 3′ placées les unes à côté des autres sur toute la surface du toit.

Si les lambourdes sont coupées en coin, ajustez les caillebotis suivant les pentes du toit.

Protégez votre famille et vos visiteurs en installant un garde-fou autour de la terrasse.

Convertissez en porte une des fenêtres qui ouvrent sur le toit, pour vous en faciliter l'accès.

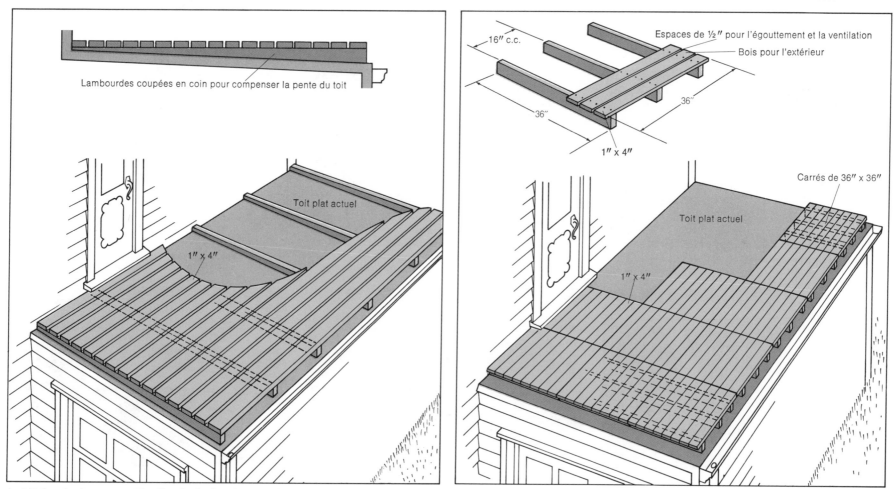

Installation simple, en une seule pièce; les lambourdes sont placées vis-à-vis des solives.

Le caillebotis est à conseiller. On le lève pour le nettoyage.

Réparation de planches à déclin

Comment réparer une planche à déclin

Lorsque vous découvrez une planche gauchie ou brisée, réparez-la immédiatement. L'humidité qui pénètre dans le mur sous la planche ou dans les fissures fera, à la longue, pourrir l'intérieur du mur sans qu'il y paraisse à l'extérieur. Soyez sur vos gardes quand la peinture s'écaille sur le mur intérieur vis-à-vis de la partie endommagée.

Les planches à déclin se chevauchent et sont clouées les unes sur les autres; on imagine donc qu'enlever une planche forcera à enlever aussi la suivante et toutes les autres jusqu'en haut. Il n'en est rien; on peut soulever ou retirer une planche ou même une partie de planche et la réparer sans défaire le mur.

Pour réparer une planche brisée, soulevez la partie branlante et enduisez les deux côtés de colle imperméable.

Retenez les parties ensemble en plantant des clous sous la planche et en les recourbant. Retirez après séchage.

Pour reclouer une planche à déclin gauchie, forez un trou de guidage. Plantez des clous et noyez-en les têtes.

Comment remplacer les planches à déclin

Coupez la partie endommagée avec une scie à dos. Evitez de briser le bois du dessous en finissant avec la pointe de la scie.

Enlevez les morceaux coupés avec un ciseau et un marteau. Ne coupez pas le papier isolant ou le feutre asphalté en dessous.

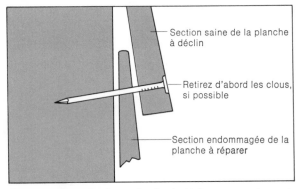

Section saine de la planche à déclin

Retirez d'abord les clous, si possible

Section endommagée de la planche à réparer

Coupe transversale d'une planche à déclin montrant la partie pourrie à enlever et les clous qui la retiennent.

Insérez des coins ou un tournevis sous la planche du haut; coupez, avec une scie à métaux, les clous qui retiennent la planche.

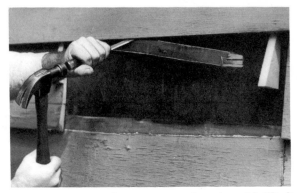

Laissez les coins en place; coupez au ciseau les extrémités de la planche taillée. Remplacez le papier pourri.

Clouez une planche neuve avec des clous galvanisés ou en aluminium. Noyez les têtes; remplissez les trous de mastic.

Réparation des bardeaux de revêtement endommagés

Bardeaux de bois et d'amiante

Les bardeaux de bois se réparent plus facilement que la planche à déclin. On répare habituellement les bardeaux fendus ou gauchis en les clouant avec des clous galvanisés ou avec des clous en aluminium. Cependant, si le bardeau se trouve du côté de la maison exposé au vent et à la pluie, taillez une pièce de papier à toiture de la dimension d'un bardeau et glissez-la sous le bardeau avant de clouer celui-ci. Grâce à cette précaution, la pièce sera imperméabilisée.

Les bardeaux d'amiante réclament peu d'entretien, car ils résistent bien à la pourriture et aux intempéries. Ils sont cependant faciles à casser; de plus, les assises du bas se détériorent rapidement et doivent alors être remplacées. Si plus de 10% des bardeaux d'un mur doivent être remplacés, il vaut mieux remplacer le mur tout entier.

Conservez alors les vieux bardeaux d'amiante sains: ils pourront encore servir.

S'il s'agit de bardeaux de bois, laissez les vieux en place et servez-vous de sous-assises pour le nouveau mur.

Remplacement des bardeaux de bois

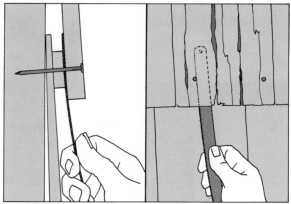

Glissez une scie à métaux sous le bas du bardeau sain et coupez les clous retenant le haut du bardeau endommagé. Sciez les clous du bas du bardeau endommagé.

Pour retirer le bardeau endommagé, il faut le briser en éclats. Avec des pinces ou un marteau à panne fendue, enlevez les pointes des clous coupés.

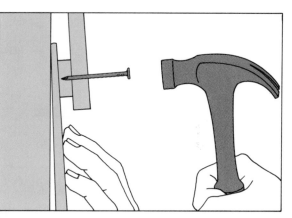

Glissez un bardeau neuf de mêmes dimensions que le vieux dans l'ouverture. Le haut du bardeau neuf sera chevauché par l'assise du bardeau précédent; sa base chevauchera le suivant.

Remplacement des bardeaux d'amiante

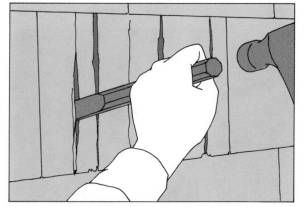

Pour enlever un bardeau d'amiante, brisez-le en pièces avec un ciseau et un marteau. N'endommagez pas les autres bardeaux. Retirez les clous avec des pinces et un marteau à panne fendue.

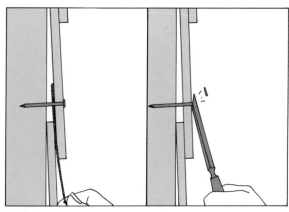

On enlève aussi les bardeaux en sciant les clous avec une scie à métaux ou en les soulevant avec un tournevis ou, encore, en forant les têtes des clous ou en les coupant au ciseau.

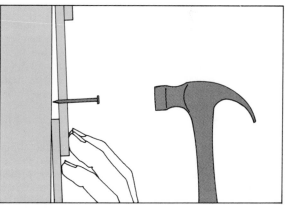

Les bardeaux d'amiante ne sont pas cloués au haut; le bardeau neuf est glissé dessous, mis en place, puis cloué dans les trous forés à sa base.

Calfeutrage

Achat de la pâte à calfeutrage

Calfeutrer une maison est particulièrement important: cela la rend étanche à l'air et à l'eau là où portes et fenêtres touchent le mur.

La pâte à calfeutrage qu'on emploie dans ce but est composée d'une substance semi-solide et d'un liant fait d'huiles naturelles et synthétiques qui lui conservent son élasticité. On achète les produits de calfeutrage en vrac à la pinte, au gallon, aux cinq

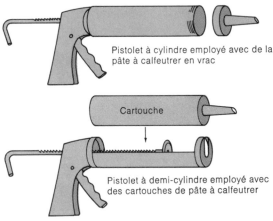

Pistolet à cylindre employé avec de la pâte à calfeutrer en vrac

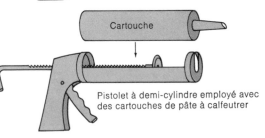

Cartouche

Pistolet à demi-cylindre employé avec des cartouches de pâte à calfeutrer

Deux types de pistolets: le plus répandu s'emploie avec cartouche

gallons ainsi qu'en cartouches qu'on jette après usage et qu'on emploie avec un pistolet à calfeutrer. **Les pistolets à calfeutrer** sont de deux types: **à cylindre**, qu'on charge à même un contenant en vrac, et **à demi-cylindre,** qu'on emploie avec des cartouches qu'on jette. Certaines pâtes à calfeutrer se vendent en tubes semblables aux tubes de pâte dentifrice. On compte cinq types de **pâtes à calfeutrage:**

1. **À base d'huile;** c'est la plus répandue et celle qui adhère à presque toutes les surfaces: bois, maçonnerie et métal.

2. **À base de latex;** pâte diluée avec de l'eau. Elle sèche rapidement et reçoit bien la peinture.

3. **À base de caoutchouc butyl;** elle résiste longtemps et est conçue pour les joints métal-maçonnerie.

4. **À base d'acétate de polyvinyle;** elle résiste bien et adhère à toutes les surfaces, même à la peinture.

5. **À base de silicone;** c'est la plus résistante de toutes les pâtes; elle adhère à toutes les surfaces, sauf à la peinture.

Toutes ces pâtes se vendent en blanc, gris et noir.

Où et quand l'employer

La pâte à calfeutrer s'utilise là où deux matériaux différents ou deux sections de la maison se rejoignent:
1. Là où la cheminée touche aux bardeaux du toit.
2. Entre les montants d'une lucarne et les bardeaux.
3. Sur tous les solins du toit.
4. Entre le dessous des gouttières et le rejet d'eau du pignon.
5. En dessous des appuis des fenêtres.
6. Entre les marches de béton, le porche, les patios et la maison elle-même.
7. Sur tous les coins du parement.
8. Entre parement, fenêtre et larmiers de porte.
9. Sur les joints entre le parement et les chambranles des portes et fenêtres.
10. Entre le parement et le toit du vestibule ou de l'entrée, ou toute saillie de la maison.

Comment obtenir un bon trait

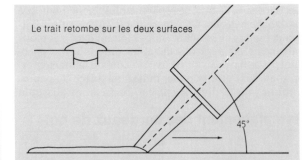

Le trait retombe sur les deux surfaces

45°

Tenez le pistolet à un angle de 45°; inclinez dans le sens désiré

Chargez un pistolet demi-cylindrique en coupant le bout du bec, en perforant le couvercle et en insérant la cartouche.

Enlevez la vieille pâte à calfeutrage; nettoyez avec un linge imbibé de dissolvant. Choisissez une journée chaude.

La pâte à calfeutrage doit adhérer aux deux parties du joint qu'on ferme; il faut parfois un large trait.

Remplissez d'étoupe les fissures très larges; appliquez un ou deux traits de pâte, selon le cas.

Tenez le pistolet à un angle de 45° et inclinez la pointe dans le sens du mouvement désiré.

La pâte à calfeutrer se vend aussi en ruban. Déroulez celui-ci et faites-le pénétrer dans les fissures avec les doigts.

Remplacement d'un appui de fenêtre

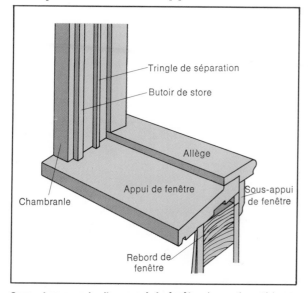

Tringle de séparation

Butoir de store

Allège

Appui de fenêtre

Sous-appui de fenêtre

Chambranle

Rebord de fenêtre

Coupe transversale d'un appui de fenêtre. La partie extérieure doit toujours être en pente vers l'extérieur de la maison pour que le rebord s'égoutte.

Enlevez le vieil appui. Levez la fenêtre et coupez l'appui pourri à plusieurs endroits (voir vignette). Ne coupez pas le rebord intérieur.

Si vous ne pouvez enlever les morceaux coupés, émiettez-les avec un ciseau. Voyez si des clous ne retiennent pas indûment l'appui.

Utilisez le vieil appui comme patron pour tailler le nouveau. Biseautez légèrement les bouts pour faciliter l'installation. Sablez le nouvel appui avant de l'installer.

Clouez le nouvel appui au jambage de la fenêtre. Noyez les têtes de clous; remplissez les cavités de mastic ou de pâte de bois, puis appliquez de la gomme-laque.

Posez de la pâte à calfeutrage sur les bords des appuis de fenêtres, à la jonction du jambage. Peignez l'extérieur de l'appui avec de la peinture pour l'extérieur.

Imperméabilisation des murs du sous-sol

Réparation par l'extérieur

L'humidité au sous-sol provient de l'infiltration des eaux superficielles ou des eaux souterraines. **Les eaux superficielles** produisent des taches sur les murs à partir du niveau du terrain, taches qui s'atténuent là où le mur rejoint le plancher. Les eaux superficielles proviennent de petites mares, ruisseaux, gouttières, eaux de pluie ou de neige fondante. Si l'infiltration d'eau se produit après une averse, elle provient d'eaux superficielles.

L'égouttement défectueux des eaux du toit cause fréquemment une infiltration des eaux superficielles. Un puits sec (p. 173) mettra fin à ce problème. Si votre maison est placée sur une voie d'égouttement naturel, la seule façon de lui éviter les infiltrations, c'est de creuser des fossés ou d'installer des murs de soutènement ou, encore, de réaménager le terrain. Dans ce dernier cas, il faut l'aide d'un spécialiste. **L'eau souterraine** qui s'infiltre dans le sous-sol laisse des taches à la base du mur. Elle suinte au travers du plancher ou pénètre dans le joint entre le plancher et le mur. Une infiltration continue est due à l'eau souterraine et non à l'eau superficielle. On arrête l'infiltration de l'eau souterraine: (1) en plaçant des tuiles d'égouttement autour de la cave; (2) en imperméabilisant le mur extérieur ou (3) en traitant le mur intérieur (p. 158). L'imperméabilisation d'un mur par l'extérieur, quoique difficile, donne de meilleurs résultats que le traitement par l'intérieur; elle détourne la pression de l'eau plutôt que de la laisser s'exercer sur l'intérieur. Un traitement par l'extérieur s'impose là où il y a forte pression d'eau — dans un sol de glaise humide.

Si la fissure est petite, utilisez un scelleur liquide ou une pâte à rapiécer; sur une grande fissure, une couche de ciment asphalté à toiture ou de matière plastique. Un papier bitumé ou de vinyle posé sur l'extérieur de la fondation protège davantage, mais enlevez la terre tout autour. Les gens de métier font pénétrer par pression une pâte à sceller sur la base du mur; elle referme fissures et crevasses. Ce travail s'effectue sans creusage. Demandez une estimation.

Creusez pour mettre le mur à nu et le réparer. Vous devrez creuser jusqu'à la fondation pour pouvoir poser des tuiles d'égouttement.

Grattez la terre qui s'attache au mur. Placez une bâche sur le terrain afin de protéger la pelouse. Vous verrez facilement les fissures.

Nettoyez la fondation avec une brosse raide et de l'eau chaude. Ouvrez les crevasses au ciseau et nettoyez les joints. Remplissez de mortier (p. 447).

Scelleur liquide

Si vous utilisez un scelleur liquide pour imperméabiliser, creusez une tranchée peu profonde près de la fondation et au-dessus de la fuite; versez le scelleur dans la tranchée; deux applications suffisent, ordinairement.

Appliquez une couche épaisse de ciment asphalté à toiture ou de peinture asphaltée à toiture sur le mur sec; il faut deux couches à un mur endommagé.

Faites dériver l'eau souterraine avec des tuyaux et tuiles d'égouttement. Les tuyaux (pente de ½″ au pied) doivent mener à un égout.

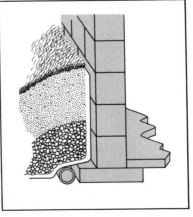

Coupe transversale indiquant le rapport entre les tuiles et l'empattement. Le papier asphalté protège le mur; le gravier facilite l'égouttement.

Pentures branlantes

Si les vis ne tiennent plus ou ne peuvent être serrées davantage, enlevez-les et remplissez les trous d'éclats de bois et de colle hydrofuge, puis replacez les vis. Posez des vis plus longues ou replacez les pentures dans du bois sain. Sinon, percez des trous dans le poteau et fixez les pentures avec des écrous et boulons.

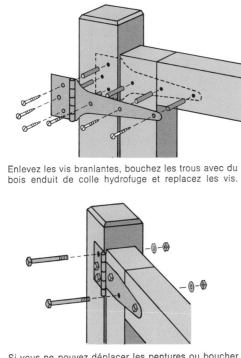

Enlevez les vis branlantes, bouchez les trous avec du bois enduit de colle hydrofuge et replacez les vis.

Si vous ne pouvez déplacer les pentures ou boucher les trous, essayez de boulonner les pentures.

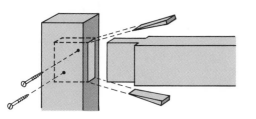

Serrez les joints branlants de la clôture avec des cales de bois dur et de la colle hydrofuge.

Cadre branlant

Si le cadre de la barrière n'est pas d'aplomb sans être brisé, servez-vous d'un fil de fer et d'un tendeur à vis pour lui redonner sa forme. Ou, encore, installez une entretoise (1" x 4") entre les traverses de la porte. Si la barrière est grande, fabriquez une entretoise en X avec joint à mi-bois au centre (p. 394).

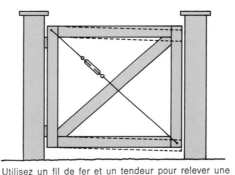

Utilisez un fil de fer et un tendeur pour relever une barrière qui s'affaisse. (Une vis à œil à chaque bout.)

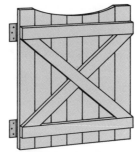

Une entretoise en X renforce une grande barrière. Servez-vous de 1" x 4". Taillez les bouts à onglets.

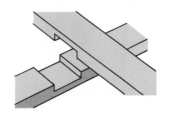

Faites un joint à mi-bois au centre du X. Posez une vis pour assujettir les pièces.

Poteau qui s'affaisse

Un poteau qui s'affaisse empêche une barrière de bien fonctionner. Si le poteau planté dans le béton s'est contracté, placez une cale de bois dur entre le poteau et le béton; couvrez de peinture asphaltée ou de ciment à toiture. S'il branle dans le mur de maçonnerie, posez des chevilles de plomb.

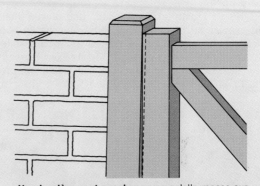

Une barrière peut pencher parce qu'elle repose sur une fondation en béton qui s'affaisse. Enlevez la barrière, rabotez le côté (voir la vignette) et replacez les pentures.

Installation d'un butoir

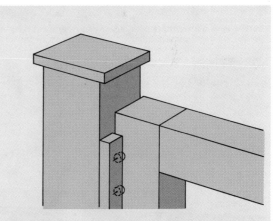

Pour renforcer une porte qu'on claque, placer sur le montant, du côté de la clenche, un butoir muni de pièces de caoutchouc en haut et en bas.

Réparation des poteaux de clôture

Installation d'un poteau

Épargnez-vous des ennuis en plantant vos poteaux de la bonne façon et en les protégeant contre la pourriture. Enfouissez un tiers de leur longueur dans la terre après les avoir enduits d'un préservatif pour le bois comme la créosote ou le pentachlorophénol (penta), deux produits très populaires. Laissez tremper les poteaux une nuit dans le préservatif. Le grain du bois absorbera la solution.

Lors de l'installation, déposez une pierre plate ou du gravier au fond du trou, puis placez-y le poteau. Il n'est pas nécessaire d'ajouter du béton si le sol est solide et bien égoutté, si la terre est bien tassée sur la base et si le poteau a été traité au préservatif. Si la terre est meuble, délayez du ciment (p. 469); versez-en dans le trou en le tassant bien. Le fond du trou doit être légèrement plus large que son sommet. Plantez le poteau et tassez la terre jusqu'au niveau du sol, en forme de capuchon, avec un angle de 45° vers le sol. Quand le ciment sera sec, appliquez de la peinture à toiture ou du ciment asphalté sur les fissures entre poteau et béton. Les poteaux d'acier doivent être plantés de la même façon, sauf qu'il faut leur appliquer une couche généreuse de peinture asphaltée pour prévenir la rouille.

Bridez la base ou passez une barre transversale au travers du poteau. De la sorte, les poteaux ne tourneront pas dans le béton, après quelques jours ou quelques mois.

Servez-vous d'une tarière pour creuser les trous sans déranger le terrain.

Enduisez les poteaux d'un préservatif à bois contre insectes et pourriture.

Versez du gravier dans le fond du trou pour l'égouttement.

Plantez les poteaux à la verticale et vérifiez avec un niveau.

Démêlez du béton (p. 469) et versez-le dans le trou autour du poteau.

Tassez-le pour enlever les bulles d'air; une pente facilitera l'égouttement.

Poteaux branlants et soulevés

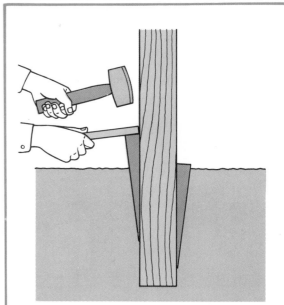
Posez un soutien temporaire à un poteau de bois branlant en plantant des coins de 2″ x 2″ de chaque côté. Attachez au poteau avec du fil de fer.

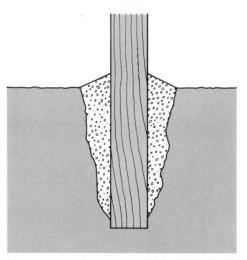
Les poteaux soulevés par le gel doivent être plantés tel que décrit à gauche; le béton doit être sous la ligne de gel pour éviter que les poteaux ne se soulèvent.

Réparation des poteaux de bois et de métal

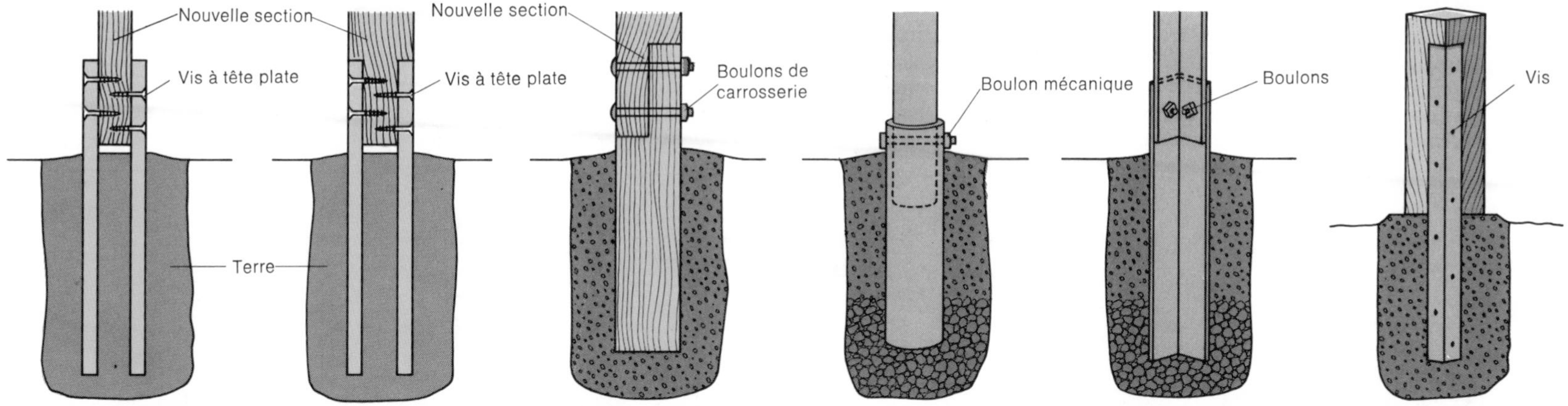
Nouvelle section
Vis à tête plate
Terre
Nouvelle section
Vis à tête plate
Nouvelle section
Boulons de carrosserie
Boulon mécanique
Boulons
Vis

On peut sauver la partie souterraine d'un poteau en fixant, avec des vis galvanisées, une longue planche de chaque côté. Traitez d'abord les planches à la créosote ou au penta.

Si la partie supérieure est pourrie, boulonnez une nouvelle section à la base avec un assemblage à mi-bois.

Pour réparer un poteau en tuyau, coupez la section rouillée et insérez un tuyau neuf.

Réparez les poteaux de cornière en boulonnant une nouvelle section à celle qui existe déjà.

Sur un poteau en bois, fixez une ferrure d'angle dans le béton et boulonnez-la au poteau comme ci-haut.

Poteaux enfoncés dans le béton

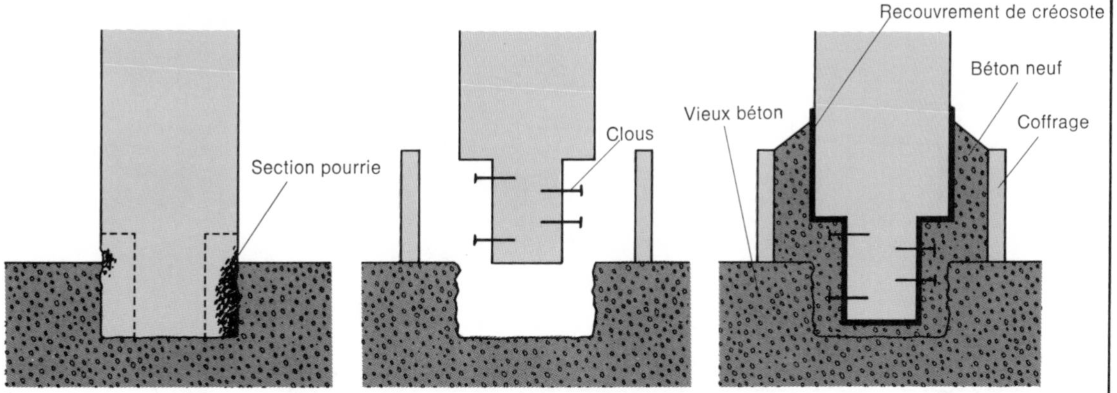
Section pourrie
Clous
Recouvrement de créosote
Béton neuf
Vieux béton
Coffrage

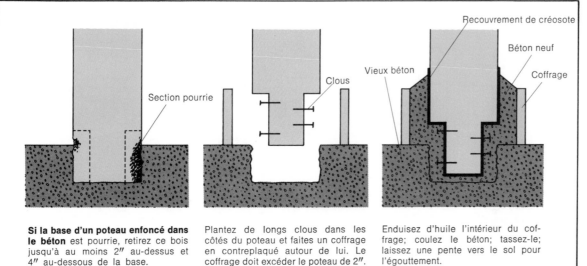

Si la base d'un poteau enfoncé dans le béton est pourrie, retirez ce bois jusqu'à au moins 2″ au-dessus et 4″ au-dessous de la base.

Plantez de longs clous dans les côtés du poteau et faites un coffrage en contreplaqué autour de lui. Le coffrage doit excéder le poteau de 2″.

Enduisez d'huile l'intérieur du coffrage; coulez le béton; tassez-le; laissez une pente vers le sol pour l'égouttement.

Poteau amovible

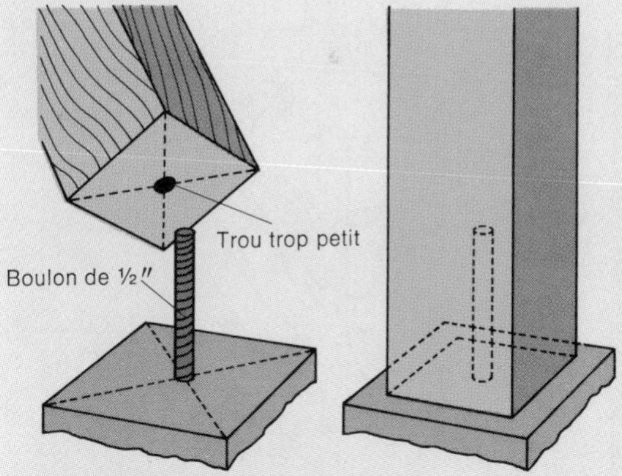
Trou trop petit
Boulon de ½″

Fabriquez un poteau amovible en posant un boulon de ½″ dans le béton avant la prise. Forez un trou légèrement plus petit dans la base du poteau et vissez-le sur le boulon jusqu'au bout.

Réparation d'une clôture en bois

Remplacement d'une traverse ou d'un piquet endommagé

Un piquet de clôture pourri se remplace par un nouveau piquet planté dans le béton (p. 186). Cependant, on peut remplacer les traverses de la clôture sans toucher aux piquets. C'est le bout de la traverse qui pourrit en premier. Les clous rouillent, puis l'eau pénètre dans les bouts par les ouvertures. Si les dommages ne s'étendent que sur un pouce ou deux, on

peut sauver la traverse en coupant la section pourrie et en clouant un 2″ x 4″ sur ce qui en reste et sur le poteau. D'autres méthodes sont illustrées ci-après.

On peut aussi remplacer les piquets brisés ou pourris. Un vieux piquet sert de patron pour les nouveaux. Le marchand de matériaux de construction peut vous tailler ces piquets. Clouez-les sur les tra-

verses du haut et du bas avec des clous qui résistent à la rouille et que vous noyez légèrement; remplissez les cavités de pâte de bois ou de bran de scie imprégné de colle hydrofuge. Les têtes de clous rouillent facilement, même recouvertes de peinture; aussi devrait-on les enduire de gomme-laque, et peindre les nouveaux piquets avec une peinture d'extérieur.

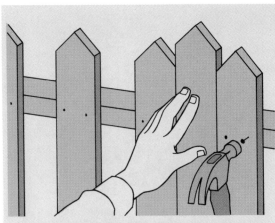

Pour remplacer une traverse entière, retirez d'abord les planches avec soin. Remplacez celles qui manquent en vous servant des vieilles comme patron.

L'espacement des piquets

La meilleure façon d'espacer les piquets est d'utiliser un piquet comme mesure. Vous obtiendrez l'uniformité indispensable à ce genre de clôture.

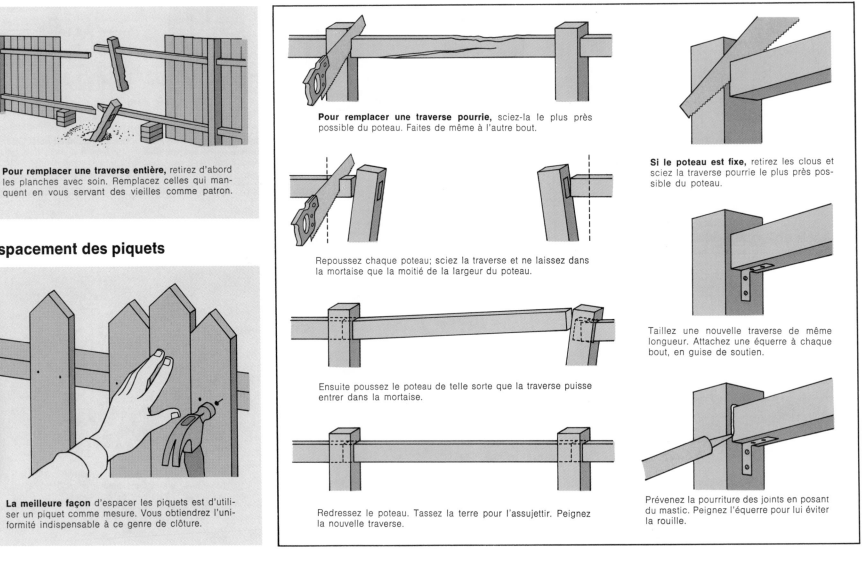

Pour remplacer une traverse pourrie, sciez-la le plus près possible du poteau. Faites de même à l'autre bout.

Repoussez chaque poteau; sciez la traverse et ne laissez dans la mortaise que la moitié de la largeur du poteau.

Ensuite poussez le poteau de telle sorte que la traverse puisse entrer dans la mortaise.

Redressez le poteau. Tassez la terre pour l'assujettir. Peignez la nouvelle traverse.

Si le poteau est fixe, retirez les clous et sciez la traverse pourrie le plus près possible du poteau.

Taillez une nouvelle traverse de même longueur. Attachez une équerre à chaque bout, en guise de soutien.

Prévenez la pourriture des joints en posant du mastic. Peignez l'équerre pour lui éviter la rouille.

Porte tombante

Les portes à charnières ont tendance à tomber et sont parfois difficiles à manœuvrer. Vous remédierez à ce problème en posant des cales de bois sous le coin extérieur de la porte, jusqu'à ce qu'elle soit redressée. Quand elle est d'aplomb, vissez toutes les vis des charnières. Si les vis ne mordent plus dans le bois, posez-en de plus longues ou déplacez les pentures afin de fixer les vis dans un bois solide.

Si les vis ne tiennent plus parce que le bois est pourri, enlevez-les. Percez un trou au travers du bois et fixez les pentures avec des boulons et des écrous qui résistent à la rouille.

Remplacez les pentures qui sont endommagées ou tordues.

Chambranle tombant

Si une porte battante de garage tombe et que ses pentures sont serrées, c'est qu'elle n'est pas d'équerre. Pour la remettre d'aplomb, placez des cales sous sa base jusqu'à ce qu'elle soit d'équerre. Renforcez les coins avec des plaques en acier. Fixez ensuite un tendeur avec des vis.

Lors de l'installation, voyez à ce que le tendeur soit étiré à sa pleine longueur. Vissez un bout au bas de la porte qui tombe et l'autre le plus haut possible du côté de la charnière. Resserrez le tendeur à vis jusqu'à ce que le coin soit relevé. Vous pouvez aussi utiliser une planche (pièce de 1″ x 4″) que vous placerez entre le coin inférieur-extérieur et le coin supérieur-intérieur, comme sur la vignette.

Entretien

Les pentures des portes de garage doivent être lubrifiées. De plus, on doit peindre les portes (surtout leur extrémité inférieure) pour les protéger contre les intempéries. Si le bas de la porte n'est pas pourri au point qu'on doive le changer, coupez la section endommagée et remplacez-la par du bois neuf. Enduisez toute la section de préservatif à bois. Taillez ensuite une bande d'aluminium assez large pour couvrir les deux côtés du bas de la porte. Clouez-la avec des clous qui résistent à la rouille et scellez-les pour éviter l'infiltration de l'eau entre le métal et la porte.

Si un panneau est rouillé, enlevez-le, taillez-en un neuf dans du contreplaqué de ¼″ pour l'extérieur.

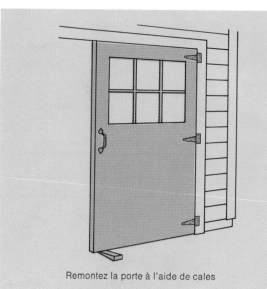

Remontez la porte à l'aide de cales

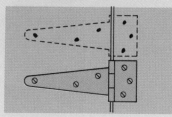

Déplacer les pentures peut résoudre le problème

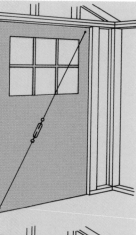

Utilisez un fil de fer avec un tendeur à vis pour redresser une porte battante de garage. Installez-le depuis le haut du côté des pentures en diagonale jusqu'au coin inférieur opposé.

Une planche (une pièce de 1″ x 4″) fera l'affaire, mais ne pourra être ajustée. Servez-vous de vis à tête plate pour visser la planche à la porte.

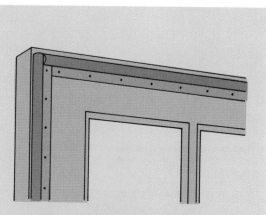

Un coupe-bise est à conseiller sur le haut et les côtés de l'intérieur de la porte de garage.

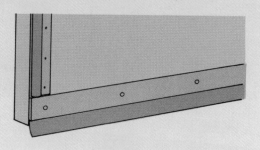

Sur le bas de la porte, posez un coupe-bise spécialement conçu pour les portes de garage.

Portes de garage basculantes

Portes roulantes

Le coincement des portes de garage basculantes est dû à un alignement défectueux ou au manque de lubrifiant. Les rails verticaux doivent être d'aplomb, et les sections recourbées, de même hauteur. Les supports du rail sont munis d'encoches d'ajustement; desserrez les vis ou tire-fond. Lors de la vérification, assurez-vous que le rail du plafond penche légèrement vers l'arrière du garage et maintient la porte en position élevée.

Un rail courbé ou tordu doit être immédiatement remplacé.

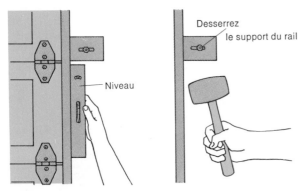

Vérifiez avec un niveau si la porte est d'aplomb. Ajustez, au besoin, en desserrant les supports et en frappant le rail avec un maillet ou un bloc de bois.

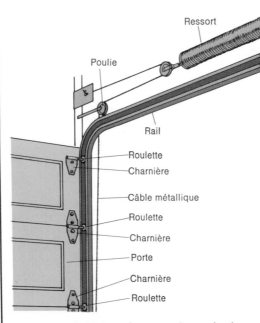

Ce type de porte a deux ressorts, un de chaque côté. L'intérieur du rail et les roulettes doivent être lubrifiés.

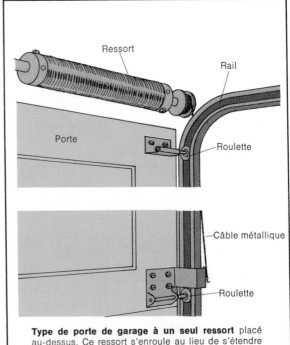

Type de porte de garage à un seul ressort placé au-dessus. Ce ressort s'enroule au lieu de s'étendre et de se contracter.

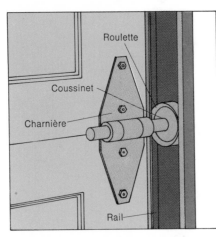

Les pentures branlantes ou pliées causent le coincement des roulettes sur le rail, ou l'arbre brisé de la roulette. Lubrifiez les roulettes.

Les roulettes doivent être ajustées dans le rail. Un ajustement trop serré les coincera et brisera le moteur d'une porte mue électriquement.

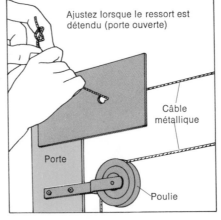

Ajustez la tension du ressort de la porte en raccourcissant le câble ou en lui enlevant du jeu. Le bout du câble doit être bien retenu.

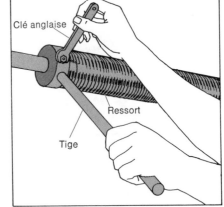

Ajustez la tension du ressort de ce type de porte en desserrant l'écrou et en bandant le ressort; placez une tige dans le collier.

Portes monopièce

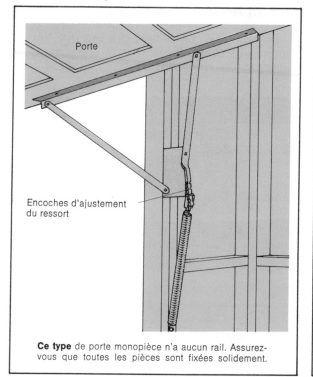

Porte

Encoches d'ajustement du ressort

Ce type de porte monopièce n'a aucun rail. Assurez-vous que toutes les pièces sont fixées solidement.

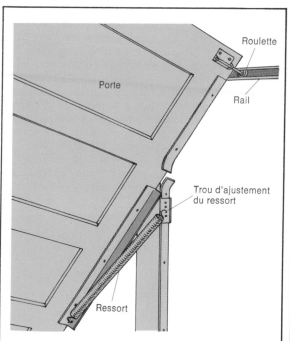

Roulette

Porte

Rail

Trou d'ajustement du ressort

Ressort

Porte d'une seule pièce avec rail. Assurez-vous que le rail est bien boulonné au plafond et au chambranle.

Entretien des portes

Les portes de garage monopièce ne demandent que peu d'entretien; il faut lubrifier les pièces mobiles ou mettre du graphite en poudre. Lubrifiez les charnières et les roulettes quand la porte est fermée. Occasionnellement, enlevez, avec un linge imbibé de diluant à peinture, la saleté qui se colle à l'huile, dans les rails. Réparez les brèches des rails, au besoin.

Voyez à ce que la porte de garage basculante soit peinte, surtout son extrémité inférieure; c'est une protection indispensable contre la pluie, la neige et le soleil.

Coupe-bise

Les portes de garage doivent être munies d'un coupe-bise, tout comme les autres portes donnant sur l'extérieur. Le type de coupe-bise illustré ici s'ajuste très bien; le poids de la porte le presse fortement contre le plancher de béton, créant un joint étanche.

Levez la porte. Poncez et enduisez le bas de préservatif à bois avant de poser le coupe-bise.

Posez le coupe-bise avec des clous galvanisés. Alternez les clous. Utilisez des clous à toiture à large tête, de préférence.

Serrures et loquets de portes de garage

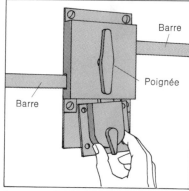

Barre

Poignée

Barre

Ce genre de serrure est fait de deux barres et d'un ressort qu'une clé ouvre de l'extérieur. Enlevez les vis pour atteindre et lubrifier la serrure.

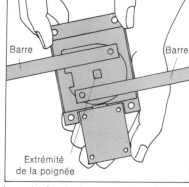

Barre

Barre

Extrémité de la poignée

La poignée de la serrure introduit les barres dans les rails de la porte. Lubrifiez les pièces une fois l'an avec du graphite plutôt qu'avec de l'huile.

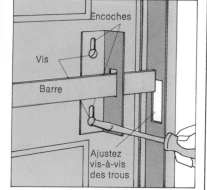

Encoches

Vis

Barre

Ajustez vis-à-vis des trous

Des pièces de guidage sur le bord de chaque côté de la porte servent à l'ajustement, permettant aux barres de glisser dans les ouvertures. Serrez les vis.

Ouvre-portes électriques de garage

Préparation avant l'installation

Les ouvre-portes électriques s'installent sur des portes qui basculent sur rails. La plupart de ces appareils fonctionnent soit sur des portes à panneaux glissant sur des rails recourbés, soit sur des portes d'une seule pièce glissant sur des rails droits. Avant d'acheter un ouvre-porte électrique, vérifiez de quel genre est votre porte.

Mesurez la hauteur et la largeur de la porte; les appareils de commande varient selon les dimensions de la porte. Vérifiez l'espace entre le plafond du garage et l'arc le plus élevé décrit par la porte dans sa course. L'espace normal est de 2″.

Avant l'installation, vérifiez l'état de toutes les pièces. Lubrifiez les roulettes et graissez généreusement les rails. Assurez-vous que la porte est d'a-plomb. Bloquez la serrure en position ouverte ou sciez les bouts des pênes. L'ouvre-porte électrique pourrait s'endommager gravement si la porte était fermée à clé. Il n'est pas nécessaire de pouvoir fermer la porte à clé: une porte munie d'un ouvre-porte électrique ne peut s'ouvrir à la main de l'extérieur du garage. En cas de panne de courant, cependant, on peut facilement détacher le bras de raccordement du support mobile pour opération manuelle.

Quand vous achetez un appareil de commande, recherchez celui qui comprend un interrupteur de retour automatique. Ce dispositif fait remonter la porte automatiquement, si un obstacle freine sa descente. C'est une mesure de sécurité dont vous aurez souvent à vous louer.

Ajustements

Ajustez l'ouvre-porte électrique sitôt qu'il sera installé pour régler sa descente (qui doit être douce) et son ouverture. Si la porte descend mal, ajustez l'embrayage de la courroie de transmission qui la fait glisser. Ce glissement, autre facteur de sécurité, se produit avant le retour automatique.

Ajustement de l'ouverture (porte fermée). Tournez l'écrou du bas à gauche pour ouvrir moins grand; à droite pour ouvrir plus grand.

Ajustement de fermeture (porte ouverte). Tournez l'écrou du haut à gauche pour fermer la porte plus juste; à droite pour la fermer moins juste.

Ajustement du retour automatique (pour un retour des portes avec poussée minimale); serrez l'écrou près de l'interrupteur jusqu'à ce qu'il y ait ⅛″ entre les serpentins du ressort. Vérifiez la porte. Desserrez l'écrou du ressort du bas pour réduire la poussée.

Ajustez l'embrayage avec une clé; serrez l'écrou de la roue afin que l'embrayage soit assez ferme pour permettre à la roue de faire son cycle, mais puisse glisser s'il y a obstacle. Serrez l'écrou de la roue de ¼ de tour.

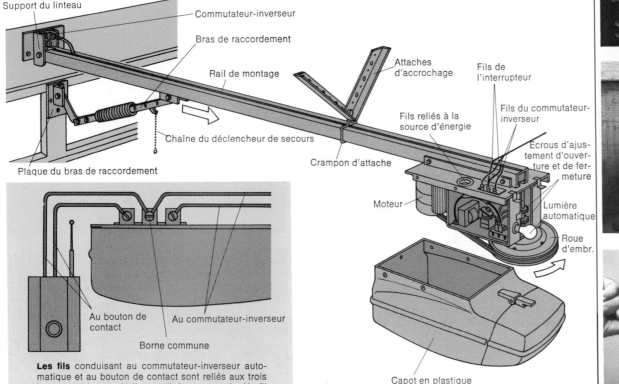

Support du linteau
Commutateur-inverseur
Bras de raccordement
Rail de montage
Attaches d'accrochage
Fils de l'interrupteur
Fils reliés à la source d'énergie
Fils du commutateur-inverseur
Chaîne du déclencheur de secours
Crampon d'attache
Écrous d'ajustement d'ouverture et de fermeture
Plaque du bras de raccordement
Moteur
Lumière automatique
Roue d'embr.
Capot en plastique
Au bouton de contact
Au commutateur-inverseur
Borne commune

Les fils conduisant au commutateur-inverseur automatique et au bouton de contact sont reliés aux trois bornes au-dessus de l'appareil de commande. Un fil du commutateur-inverseur et un fil du bouton-poussoir doivent se rencontrer à la borne du centre.

Installation

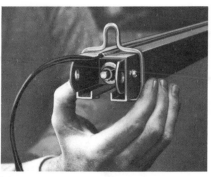

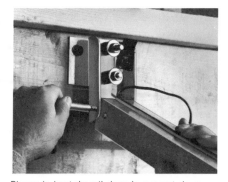

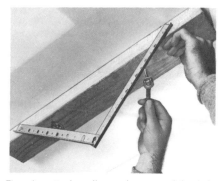

Vissez l'inverseur et le support de montage exactement au centre du linteau de la porte. Placez-les à au moins 2″ du plafond.

Faites glisser la pince de suspension sur le rail, la boucle vers le haut. La pince sera fixée ensuite aux attaches.

Placez le bout du rail dans le support de montage. Posez le boulon de retenue, sans le visser trop.

Fixez les attaches d'accrochage au plafond, à 2′ en avant du déclencheur. Si le plafond ne s'y prête pas, clouez un 2″ x 4″ à la solive.

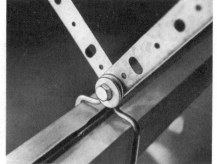

Sur un plafond ouvert, vissez les attaches sur le côté de la poutre. Dans les deux cas, servez-vous de tire-fond de 1½″.

Soulevez le déclencheur jusqu'aux attaches et boulonnez les crampons aux attaches. Demandez qu'on vous aide: c'est un travail délicat.

Placez la plaque de support de la porte au centre de celle-ci et boulonnez-la; vissez le boulon du rail dans le support de montage.

Placez le bras de raccord sur la plaque de la porte. Tournez l'appareil à la main jusqu'à ce que le bras rencontre le support.

Reliez les fils de l'inverseur et les fils de la commande à bouton aux bornes appropriées, comme l'indique la vignette (page ci-contre).

Ouvrez la boîte de commande à bouton pour atteindre les bornes. Amenez les fils depuis l'appareil jusqu'à la commande.

Faites le raccord électrique en amenant le câble BX depuis la boîte de jonction. Certains appareils portent une corde et une fiche.

Installez l'antenne dans la boîte de commande. Placez des batteries dans l'émetteur manuel. Vérifiez si la porte fonctionne correctement.

Le rapiéçage d'une allée en asphalte

La réparation d'un trou

Débarrassez la surface à réparer de tous les débris qui l'encombrent: cailloux, morceaux d'asphalte et saletés. Emplissez en partie les trous profonds avec du gros gravier.

Pour le remplissage, servez-vous d'un mélange d'asphalte froid qu'on achète en sacs de 50 et de 80 livres. Ce matériau doit être posé lorsqu'il est granuleux; s'il a durci, réchauffez-le à l'intérieur quelques heures et même pendant la nuit entière. Apportez-le au lieu de travail quand il sera friable.

Remplissez la cavité jusqu'à un pouce du bord. Évitez la formation de poches d'air en hachant l'asphalte avec une truelle, puis pilonnez à l'aide d'un 4″ x 4″. Finissez le remplissage en formant une butte d'asphalte.

Égalisez cette butte au ras du terrain en vous servant d'un rouleau ou du dos d'une pelle.

Répandez une légère couche de sable sur le rapiéçage; grâce à ce sable, l'asphalte frais ne collera pas aux semelles.

Le revêtement bitumineux

Les marchands de matériaux de construction offrent des scelleurs d'asphalte qui protègent les allées contre les effets du soleil, de la neige et de l'eau. Ces scelleurs se vendent en contenants de cinq gallons; ceci couvre entre 250′ et 400′ carrés, selon la porosité de la surface. Appliquez le scelleur avec une brosse d'étable, après avoir débarrassé l'allée de ses débris. Deux couches donnent de meilleurs résultats qu'une; appliquez la seconde couche en deçà de 48 heures.

Enlevez les morceaux brisés et effrités; retirez tous les débris. Les parois de la cavité doivent être solides.

Si le trou est profond, remplissez-le de gros gravier jusqu'à 3″ ou 4″ du bord. Pilonnez solidement.

Remplissez la cavité d'asphalte jusqu'à 1″ du bord. Hachez avec une truelle pour éviter les poches d'air.

Réparez les fissures et lézardes avec un scelleur spécial. Remplissez-les en partie de sable, puis versez le scelleur; de préférence, durant une journée chaude.

Pilonnez à l'aide d'un 4″ x 4″. Voyez à ce que l'asphalte adhère solidement aux parois de la cavité.

Versez assez d'asphalte dans le trou pour former une butte excédant de ½″ la surface de l'allée.

Pilonnez la butte jusqu'au niveau environnant. Faites rouler la voiture sur la réparation pour la tasser.

Réparez les grandes lézardes avec un mélange de sable et de scelleur lissé à la truelle, comme l'indique la photo, jusqu'au ras de la surface.

S'il vous faut faire l'allée entière, versez assez de scelleur pour couvrir une section à la fois; étendez avec une brosse. Nettoyez bien vos pieds, autrement vous salirez la maison.

Les meubles: réparation et rénovation

Bien des gens mettent de côté des meubles endommagés sans se douter qu'ils pourraient les réparer eux-mêmes et y prendre plaisir. Ce chapitre propose des solutions pratiques à ce gaspillage coûteux. Quel que soit votre problème: égratignures, éraflures ou taches; portes ou tiroirs qui se coincent; joints lâches; pieds brisés; ressorts détendus, vous trouverez ici la solution qu'il vous faut. Certaines rénovations — capitonnage ou rembourrage de chaises et de fauteuils — sont étonnamment simples.

sommaire

196 Le nettoyage et l'entretien des tissus
197 La réparation du bois
198 La réparation du placage
199 Tiroirs
200 Pieds de meubles
201 Réparations de pieds de meubles et de tablettes
202 Réparations de portes
203 Le bois gauchi
204 Le rembourrage
205 La confection des coussins
206 Les sièges cannés
207 Le rempaillage des chaises
208 Les chaises de cuisine et de salle à manger
209 L'ameublement de la salle à manger
210 Les chaises de patio et de parterre

Le nettoyage et l'entretien des tissus

Les tissus

La façon de nettoyer un tissu varie selon la nature de ce tissu. Les cotons et les tissus synthétiques sont souvent lavables. La plupart des autres tissus exigent un nettoyage à sec, mais plusieurs d'entre eux se nettoient aisément avec une éponge et une mousse de savon doux ou une solution d'un produit nettoyant. **N'utilisez que la mousse** et essuyez-la aussitôt — le tissu ne doit pas être imbibé. Faites un essai sur une surface cachée pour savoir si la couleur pâlit.

Détachage des tissus

Les taches	Tissus lavables	Tissus nettoyés à sec seulement
Boissons alcooliques	Epongez aussitôt, rincez à l'eau froide et lavez.	Epongez. Appliquez une solution faite d'une cuillerée à thé de vinaigre blanc pour une chopine d'eau.
Boissons: cacao, thé, lait, café, eaux gazeuses	Epongez, puis lavez dans une solution composée d'une once de borax dans une chopine d'eau chaude. Rincez et lavez.	Epongez, puis appliquez un détachant avec une serviette.
Sang, oeufs	Rincez aussitôt à l'eau froide et lavez. Pour des tissus blancs, ajoutez à l'eau quelques gouttes d'ammoniaque.	Mouillez avec une solution d'eau froide et d'ammoniaque (1 ou 2 gouttes par tasse). Si la tache demeure, faites une pâte avec de l'amidon et de l'eau froide; laissez sur la tache et brossez.
Brûlures et taches de roussi	Trempez dans de la glycérine ou épongez avec une solution (1 once de borax dans 1 chopine d'eau).	Faites une pâte de borax et de glycérine; laissez sécher. Brossez. Epongez avec un linge humide.
Matières grasses	Frottez légèrement avec un produit détachant. (Voir la note **Attention** au bas de la page.)	Procédez comme sur un tissu lavable.
Fruits	Epongez aussitôt. Lavez. Si la tache demeure, voir "boissons alcooliques".	Essuyez avec de l'alcool. Appliquez un détachant.
Colle	Faites tremper dans de l'eau plus ou moins chaude, selon la résistance du tissu. Si la tache demeure, trempez dans du vinaigre blanc chaud (1 minute); rincez et lavez. Employez un dissolvant de vernis à ongles pour colles de résine.	Epongez avec de la mousse de savon et imprégnez la tache de détersif liquide. Frottez. Epongez avec de l'eau froide.
Encre	Encre fraîche: épongez aussitôt avec une mousse de détersif. Aspergez les tissus de coton blanc avec jus de citron et sel; laissez reposer 1 heure et lavez. Encre de stylo à bille: pressez sur la tache un linge imbibé d'alcool. Lavez.	Toutes les encres: procédez comme sur un tissu lavable. Puis nettoyez à sec.
Moisissure	Appliquez du jus de citron sur la tache et laissez sécher.	Humectez de jus de citron, aspergez de sel et laissez sécher au soleil si possible. Epongez légèrement.
Huile, graisse, goudron	Epongez avec un peu de térébenthine. Rincez et lavez.	Procédez comme sur les tissus lavables, mais épongez au lieu de laver.
Peinture	A l'huile: tamponnez avec de la térébenthine et lavez. Au latex: trempez dans de l'eau froide. A la laque: tamponnez avec un dissolvant de vernis ou de l'acétone (sauf sur synthétiques).	Procédez comme sur les tissus lavables, mais épongez au lieu de laver.

Attention: Plusieurs produits nettoyants contiennent des hydrocarbures chlorés ou de l'ammoniaque. Les vapeurs qui se dégagent de ces produits chimiques étant dangereuses, on ne doit utiliser ceux-ci qu'en des endroits bien aérés. Portez des gants protecteurs en polyvinyle car les hydrocarbures chlorés, absorbés par la peau, peuvent provoquer le cancer.

Le cuir et le vinyle

Les taches sur le cuir naturel ou artificiel doivent être nettoyées avec soin si on veut conserver à celui-ci son lustre et sa souplesse. Le savon pour le cuir est excellent, de même que les cires fabriquées spécialement pour ce travail. On les applique avec un chiffon ou une éponge humide, puis on les polit avec un chiffon doux et sec. Les crèmes pour le cuir des chaussures donnent de bons résultats. Nettoyez les taches avec un détersif doux, rincez et polissez à fond.

Les marques et les taches sur le bois

Les marques laissées sur le bois par la chaleur prennent la forme de ronds blancs ou de taches; les marques laissées par l'eau sont sombres. Dans la plupart des cas, les nettoyeurs commerciaux corrigent la situation. Si les taches persistent, frottez avec un chiffon sec imbibé d'essence à briquet.

Si les taches d'eau résistent encore, on en vient souvent à bout en enlevant une mince couche du fini même: frottez avec de la cendre de cigarette et du jus de citron; puis, si nécessaire, avec de la pierre pourrie dans de l'huile légère. Essuyez souvent pour voir si la tache part. Si elle est profonde, vous aurez peut-être à refinir.

Pour les petites brûlures de cigarette: nettoyeur commercial ou encore pierre pourrie et huile. Pour les brûlures profondes, il faut décaper et refinir. A recommander pour un fini uniforme: les peintures à l'huile d'artistes. Faites un mélange de couleurs, puis essayez-le du bout du doigt sur la surface. Si ça va, une couche **mince** séchera et durcira mieux. Allez-y donc doucement (et ne diluez pas avec de la térébenthine). Une fois sec, appliquez de la laque d'artiste, laissez sécher et relaquez pour égaliser le lustre. Frottez ensuite avec de la laine d'acier 000 et cirez.

Enlevez une tache superficielle d'encre ou d'acide en frottant légèrement avec de la laine d'acier 000, du papier abrasif, une pierre ponce ou de la pierre pourrie. Mais auparavant essayez d'enlever le fini à la profondeur de la tache avec la pierre ponce et de l'huile. Et s'il faut frotter jusqu'au bois avec du papier abrasif, n'allez pas jusqu'à le couper; uniformiser les tons n'en sera que plus difficile. **Avertissements:** pour les meubles de prix, mieux vaut en général voir un professionnel; et pour un fini de luxe, toujours faire un essai préalable sur une surface qui ne paraît pas.

Le détachage du marbre

On peut enlever la plupart des taches qui déparent le marbre à l'aide d'une pâte épaisse composée de peroxyde d'hydrogène et de blanc d'Espagne en poudre. Étendez la pâte sur la tache, ajoutez quelques gouttes d'ammoniaque et couvrez de plastique pour garder la pâte humide. Laissez reposer la pâte sur la surface quelques minutes, puis lavez (voir p. 459).

La correction des défauts mineurs

On peut réparer les petites éraflures sur le bois sans avoir à refaire toute la surface d'un meuble. Si le bois est verni, appliquez, au pinceau, de la térébenthine autour de l'endroit à réparer. La térébenthine liquéfie le vernis, et celui-ci coule au fond de la fissure et y durcit. Faites de même sur une surface laquée, mais employez un diluant à laque.

Il n'est pas rare de voir du bois verni couvert d'un réseau de craquelures. Pour remédier à cet inconvénient, frottez la surface avec une brosse rude et un détersif doux. Laissez sécher et appliquez une solution composée de 2 parties de térébenthine, 3 de vernis et 4 d'huile de lin bouillie. Frottez pour faire pénétrer le mélange. Si, après séchage, les craquelures ne sont pas disparues, recommencez le procédé.

Les petites éraflures sur les finis de bois dur se camouflent avec un bâton de retouche de la même couleur.

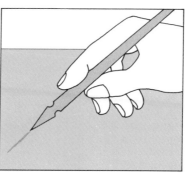

Appliquez de la teinture d'iode pour camoufler éraflures ou imperfections légères sur une surface foncée.

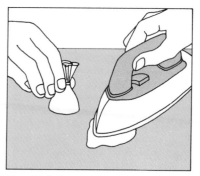

L'humidité (un peu d'eau ou la vapeur d'un fer sur un linge) peut dilater les fibres du bois et remplir une cavité.

Eraflures et rayures profondes

On peut réparer vite et bien les éraflures et rayures profondes qui strient le bois avec de la gomme laque en bâton. Ces bâtons se vendent en différentes couleurs dans les quincailleries. Si vous ne trouvez pas la couleur qu'il vous faut, mélangez plusieurs bâtons ensemble jusqu'à ce que vous obteniez la nuance désirée. Pour ce faire, chauffez les bâtons au-dessus d'une flamme au gaz ou à l'alcool jusqu'à ce que la laque liquéfiée puisse se mélanger.

Une fois la couleur mélangée, chauffez la gomme laque solide au fer à souder jusqu'à ce qu'elle puisse s'infiltrer dans la fissure. Égalisez avec une spatule préalablement chauffée sur une flamme d'alcool. Enlevez l'excédent et égalisez la surface en la frottant avec un feutre imbibé de pierre pourrie.

Si l'entaille est profonde, nettoyez la surface et remplissez la cavité de pâte de bois de la couleur appropriée.

Laissez sécher la pâte et appliquez une couche de gomme laque en bâton de la couleur appropriée.

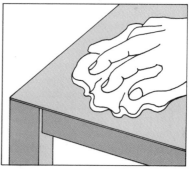

Adoucissez la partie réparée avec un feutre ou une laine d'acier fine jusqu'à ce que le niveau soit reconstitué.

Rapiéçage du bois massif

Le bois endommagé — une poutre, par exemple — se rapièce aisément. Dessinez le patron de la pièce et tracez-en le périmètre sur la surface à réparer. Avec un ciseau, creusez le bois pour y poser la pièce (même forme, même épaisseur). Collez dans la cavité la pièce que vous aurez taillée à la scie à découper; bridez le tout jusqu'après séchage.

Pièce

Les pièces de forme irrégulière se dissimulent aisément et se marient bien à la surface. Découpez de longs rectangles; les lignes se verront moins à contre-fil.

L'emploi d'un patron permet de découper la pièce à la forme voulue.

La réparation du placage

Le placage égratigné, décollé, cloqué

Les meubles plaqués sont fragiles et plus exposés que les meubles solides aux égratignures et aux blessures. De plus, il arrive souvent que le placage se décolle de sa base et qu'il se forme, à sa surface, des cloques du plus mauvais effet. On peut remédier soi-même à ces ennuis, pourvu qu'on effectue la réparation le plus tôt possible et avant que la situation ne se soit trop détériorée. Les menus problèmes qu'on néglige deviennent vite des problèmes importants et quelquefois même irréparables. C'est ainsi qu'un placage décollé sera plus exposé à se fendre et à se briser en éclats qu'un placage solidement fixé.

Les petites égratignures ou légères éraflures sont faciles à réparer; servez-vous des trucs reproduits en page 197 pour corriger les défauts de surface sur les bois massifs.

Quant au placage décollé, souvenez-vous que ce matériau est mince et fragile et qu'il doit être traité avec précaution. Posez un linge humide sur la surface endommagée et un fer chaud sur le linge. L'humidité pénétrera dans le placage, le protégeant contre le cassage en cours de travail en le rendant plus flexible et plus résistant.

Pour réparer un placage décollé, enlevez d'abord la vieille colle de la base avec un petit couteau aiguisé; nettoyez bien le fond. Assurez-vous que vous retirez toute la colle en pressant une éponge imbibée d'eau chaude sous le placage décollé. L'eau fera fondre la colle qui s'enlèvera au couteau. Recollez le placage à sa base avec de la colle blanche et recouvrez-le d'une feuille de plastique pour éviter que l'excès de colle n'adhère au serre-joints pendant le séchage. Après le séchage, lavez à l'eau chaude pour enlever l'excès de colle. Si vous ne pouvez utiliser un serre-joints pour retenir les pièces, attachez-les avec du ruban adhésif. Utilisez un poids — un sac de sable, par exemple — en guise de serre-joints ou de ruban. Laissez sécher au moins 12 heures avant de retirer serre-joints, ruban ou sac de sable.

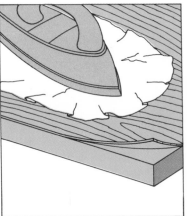

Un fer chaud posé sur un linge humide humecte le placage décollé et le rend flexible. On le soulève sans le briser.

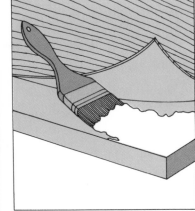

Après avoir gratté la vieille colle, appliquez une couche de colle neuve sur la base et le dessous du placage décollé.

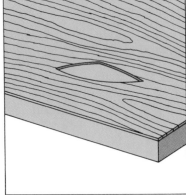

Placez des blocs de bois entre les mâchoires des serres et la surface pour éviter les marques disgracieuses.

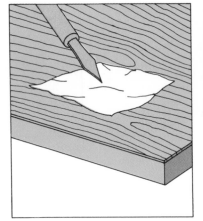

Pour faire disparaître une bulle, recouvrez-la d'un linge humide puis crevez-la à l'aide d'un couteau pointu.

Mettez de la colle blanche dans la fissure et sous le placage décollé. Pressez le placage en place.

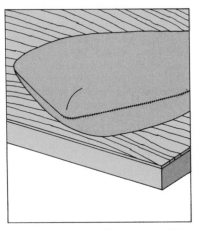

Si vous ne pouvez utiliser de serre-joints ou de ruban adhésif, posez un sac de sable sur le placage (12 heures).

La réparation du stratifié

De légères roussissures, taches de rouille ou marques sombres laissées par des ustensiles sur du stratifié s'enlèvent souvent avec des poudres à récurer. Quand le dommage est important, il faut rapiécer. Sur du stratifié au dessin ou à la couleur uniforme, la pièce se pose facilement. Faites dissoudre la vieille colle avec un diluant à laque ou quelque autre diluant approprié afin de faciliter le grattage. Soulevez le stratifié avec un petit couteau pointu pour faire pénétrer le diluant. Taillez une nouvelle pièce en gravant sur le stratifié le périmètre de la vieille et coupez-la avec une scie à métaux à dents fines. Coupez-la un peu plus grande, puis limez-la à la grandeur désirée. Dessinez le patron sur la surface à réparer, grattez l'excès de colle, puis taillez au couteau l'emplacement de la pièce. Collez les deux surfaces. Bridez le joint et couvrez d'une feuille de papier ciré pour éviter l'adhérence de l'excès de colle.

Les tiroirs coincés

Un tiroir se coince lorsqu'il est surchargé ou que ses coulisseaux sont rudes. On adoucit ceux-ci en enlevant le tiroir et en lubrifiant à la cire ou au savon non seulement les coulisseaux mais aussi les côtés du tiroir. L'humidité peut dilater le bois des tiroirs; si vous avez ce problème, enlevez les tiroirs, trouvez l'endroit qui bloque et rabotez la partie défectueuse.

Des joints ou des coulisseaux trop lâches peuvent aussi nuire au bon fonctionnement des tiroirs. Replacez-les et recollez-les.

Si le fond du tiroir sort de sa rainure, retirez le tiroir du dessous et replacez le fond en le poussant vers le haut pour dégager le tiroir complet. Réparez le fond du tiroir comme l'indique l'illustration.

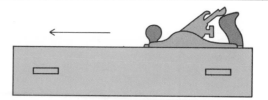

Examinez la commode pour trouver la cause du coincement. Ouvrez les tiroirs et vérifiez les joints.

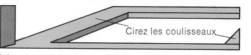

Rabotez le chant supérieur du devant du tiroir.

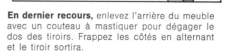

Cirez les coulisseaux

Adoucissez rainures et glissières en appliquant du savon ou de la cire sur les coulisseaux et côtés.

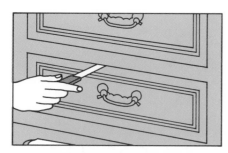

Si le tiroir est surchargé, introduisez une pièce de métal mince ou une lame de couteau dans l'ouverture et faites-la bouger pour abaisser le contenu.

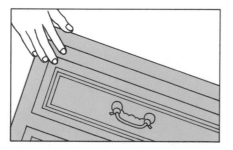

Enlevez les tiroirs au-dessus et au-dessous du tiroir rebelle. Replacez et recollez les joints et les coulisseaux lâches. Retirez le tiroir et recollez le joint endommagé.

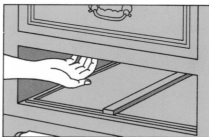

Certaines commodes n'ont pas de séparations entre les tiroirs. Si un tiroir se coince à cause d'une surcharge, enlevez celui du dessous et frappez le fond du tiroir coincé.

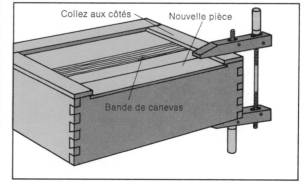

En dernier recours, enlevez l'arrière du meuble avec un couteau à mastiquer pour dégager le dos des tiroirs. Frappez les côtés en alternant et le tiroir sortira.

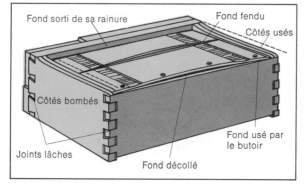

Fond sorti de sa rainure   Fond fendu   Côtés usés   Côtés bombés   Fond usé par le butoir   Joints lâches   Fond décollé

Ce tiroir est fatigué pour plusieurs raisons. Le fond se décolle de son cadre, la rainure du devant est brisée, les joints sont lâches. Pour fournir un bon usage, ce tiroir doit être complètement démantelé et recollé.

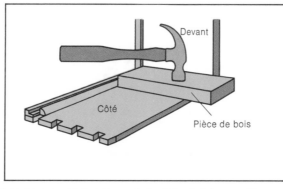

Devant   Côté   Pièce de bois

Lorsque vous démantelez un tiroir, évitez de briser ou d'écorner les pièces. Autant que possible, séparez les joints à la main. Si vous devez utiliser un marteau, frappez sur une pièce de bois placée entre le marteau et le tiroir.

Collez aux côtés   Nouvelle pièce   Bande de canevas

Le fond du tiroir peut se briser. Collez une bande de canevas sur la fente pour renforcer le fond. Utilisez de la colle blanche sur le cadre du fond — et non des clous — puis bridez l'ouvrage pour obtenir un bon assemblage.

Pieds de meubles

Le renforcement des joints

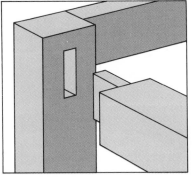

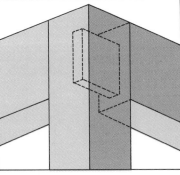

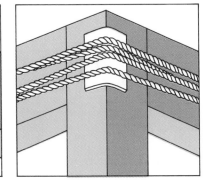

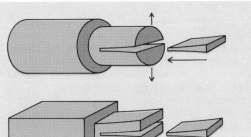

Pour réparer les joints lâches des chaises, dégagez les éléments — pieds, barreaux, etc. — de leur mortaise.

Débarrassez la mortaise et le tenon de la vieille colle et appliquez une nouvelle couche sur les deux pièces.

Assemblez les pièces et enroulez une corde autour d'elles en guise de serre-joints.

Pour renforcer les tenons, fendez-les et insérez-y une cale mince qui débordera. Quand le tenon aura pénétré dans la mortaise, la cale l'élargira.

La réparation des fissures et cassures

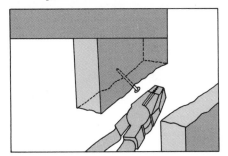

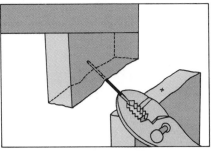

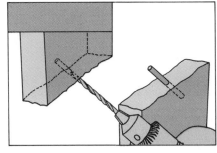

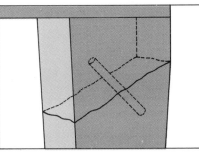

Pour réparer un pied de chaise brisé, enfoncez un clou au centre d'une des pièces. Coupez le clou; laissez dépasser ⅟₁₆″.

Ajustez les deux pièces ensemble soigneusement et pressez. Puis dégagez les pièces et retirez le clou.

Les marques laissées sur chaque pièce par le clou indiquent les endroits où le goujon doit être posé.

Enduisez le trou de colle et insérez-y le goujon. Enduisez aussi l'autre trou et enfoncez la pièce sur le goujon.

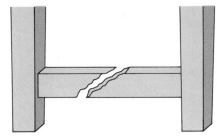

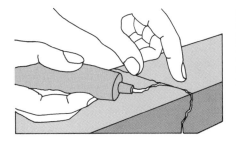

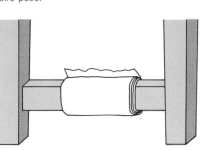

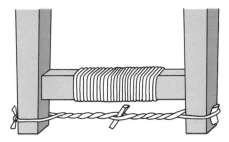

Une pièce non portante peut se réparer sans goujon. Séparez les pièces brisées; assurez-vous, en les réassemblant, qu'aucun morceau important ne manque.

Enduisez les deux pièces de colle et pressez-les l'une contre l'autre. Grattez tout excédent de colle, mais évitez, ce faisant, de séparer les pièces.

Enroulez autour de la partie réparée du papier ciré ou une pellicule de plastique pour éviter qu'un surplus de colle sur le bois n'adhère au serre-joints.

Enroulez une corde autour de la partie réparée pour la tenir en place. Faites un tourniquet avec une corde et un morceau de bois, comme sur la vignette. Protégez les pieds.

Le renforcement des tablettes

La façon de réparer un rayon de bibliothèque ou une étagère qui s'affaissent dépend surtout de l'article lui-même. S'il s'agit d'une étagère de l'atelier sur laquelle vous rangez vos outils (l'apparence, alors, importe peu), ou d'une tablette d'armoire de cuisine où le joint entre tablette et montant reste caché, posez simplement une cornière de renforcement, sans chercher à la camoufler. Les étagères d'une salle de séjour, chambre à coucher ou salle à manger doivent être renforcées de façon invisible ou, à tout le moins, d'une façon qui ne jure pas avec le reste de la décoration de la pièce.

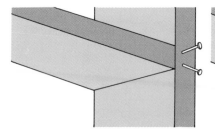

La méthode de renforcement la plus simple consiste à planter deux clous en V dans le montant de la tablette.

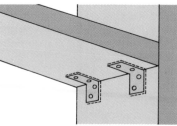

Renforcez solidement avec des angles en métal posés dans des encoches creusées au ciseau et emplies de bouche-pores.

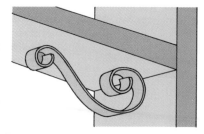

Des supports en fer forgé vissés aux tablettes et montants décorent agréablement les étagères.

Roulettes, patins et niveleurs

Pour les meubles légers — chaises de salle à manger, table de service — des patins de caoutchouc coussiné suffisent. L'installation est facile: enfoncez le clou dans le pied de la chaise ou de la table.

Une roulette pivotante avec plaque sert surtout aux diables et aux chariots. On la visse sous la base. Les roues sont à semelles d'acier ou de caoutchouc et peuvent porter de lourdes charges.

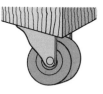

Les patins à rotule conviennent aux meubles modernes à pieds coniques. Ils sont de différents diamètres et s'adaptent aux pieds des tables ou chaises modernes.

Cette roulette d'usage général s'emploie sur les meubles légers ou mi-lourds, les berceaux et les lits. La roulette porte une fourche à griffes fichée dans la base du pied.

Les niveleurs réglables apportent une solution aux problèmes des tables et chaises qui branlent sur un plancher dénivelé ou sur des pieds inégaux. Pour ajuster, tournez l'anneau.

Les roulettes réglables s'emploient sur des meubles aux pieds tubulaires métalliques. Elles s'ajustent là où le plancher ou les pieds ne sont pas de niveau.

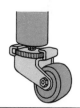

Les patins à large base pivotent quand les pieds ne sont pas perpendiculaires au plancher. Une base large distribue le poids sans marquer les tapis.

Les roulettes à billes conviennent aux meubles qu'on déplace souvent sur les tapis, les tables à café, par exemple. Il s'en vend avec plaque trouée (la vignette) ou à douille.

Réparations de portes

Le coincement (portes à charnières)

Quand vos portes ferment mal, c'est souvent l'humidité qui en est responsable, car elle dilate les fibres du bois. Pour réparer, enlevez la porte et les charnières. Rabotez le chant de la charnière, une passe ou deux à la fois, et vérifiez souvent. Creusez les mortaises des charnières pour compenser.

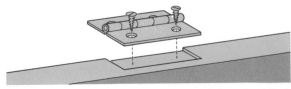

1. Pour réparer une porte coincée parce que le bois s'est dilaté, enlevez celle-ci et enlevez également ses charnières.

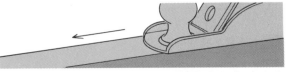

2. Rabotez dans le sens du fil l'excédent du bois sur le chant de la charnière. Vérifiez souvent.

3. Creusez jusqu'au point désiré avant de replacer la charnière.

Le coincement (portes coulissantes)

Les portes d'armoires aussi se coincent à cause de la dilatation du bois. Corrigez ce défaut en retirant la porte et en rabotant les chants du côté de la glissière. Si la porte a du jeu, posez des cales en bois sur les glissières du haut et du bas.

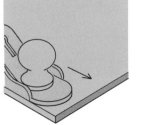
Rabotez les chants coincés

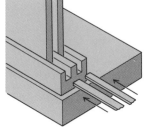
Posez une cale sur les chants

Le coincement (dans les coins)

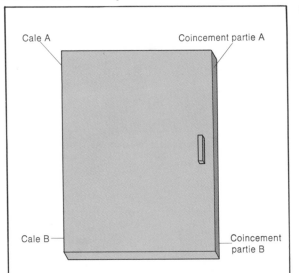

Cale A · Coincement partie A · Cale B · Coincement partie B

Corrigez le coincement de la partie B d'une porte en plaçant une cale A sous la charnière du haut. Si le coincement est sur la partie A, posez une cale B sous la charnière du bas. Vérifiez si les charnières sont bien vissées. Posez des vis plus longues ou placez des éclats de bois enduits de colle dans les trous des vis. Quand la colle est sèche, vissez les charnières.

Les portes gauchies d'un meuble

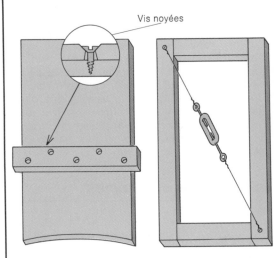

Vis noyées

Pour réparer la porte gauchie d'un meuble, vissez un tasseau en travers de l'intérieur de la porte. Une autre méthode est celle qui consiste à attacher un câble et un tendeur en diagonale entre les coins opposés. Serrez bien jusqu'au redressement de la courbure. Mouillez le bois pour le rendre plus flexible. Laissez le câble fixé à l'intérieur de la porte.

Les joints des portes sont lâches

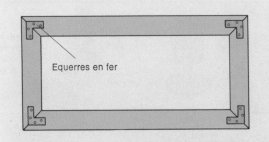
Equerres en fer

Une méthode simple et propre de réparer les joints lâches des portes consiste à visser des équerres plates sur la surface intérieure de la porte, tel qu'illustré.

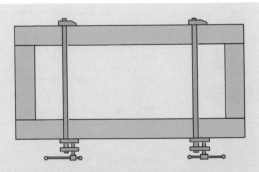

Une excellente façon de réparer des joints lâches consiste à démonter la porte, à nettoyer la vieille colle et à recoller. Bridez les pièces durant le séchage pour obtenir un assemblage solide.

Comment corriger le gauchissement

Le bois non renforcé — dessus de table ou abattant — possède une tendance naturelle au gauchissement causée par la dilatation et la contraction dues à l'humidité et à la chaleur. Sources d'ennuis, la chaleur et l'humidité deviennent cependant bénéfiques, car elles peuvent servir à dégauchir et à redresser le bois.

Si vous devez refinir complètement un dessus de table, enlevez d'abord tout le vieux fini, puis trempez le bois en l'enveloppant, pendant 24 heures environ, dans des chiffons, de la sciure de bois ou tout autre matériau retenant l'humidité. Vous pouvez gagner cependant une douzaine d'heures en faisant pénétrer plusieurs fois la vapeur d'un fer à repasser dans l'enveloppement humide. Une fois bien imbibé, le bois sera assez flexible pour être dégauchi à l'aide de serres. Si vous ne désirez pas refinir le bois complètement, n'imbibez que le dessus.

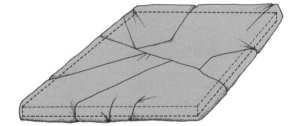

Imbibez un dessus de table gauchi en l'enveloppant dans des chiffons, de la sciure de bois humide ou des journaux pendant 12 à 24 heures. L'humidité dilatera les fibres du bois, le rendant assez flexible pour recevoir une serre sans se fendre.

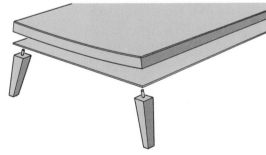

Une table à café en bois plaqué peut gauchir si le dessus seul est plaqué. Comme remède, collez une autre lamelle sur le dessous; ce peut être une pièce désassortie.

Serre-maison contre le gauchissement

Il faut poser une serre à tous les 10" environ sur une surface gauchie; il en faudra plusieurs pour dégauchir un dessus de table ou un abattant. Une serre simple consiste en deux 2" x 4" grossiers, de même longueur (et de plusieurs pouces plus longs que la largeur de la surface à réparer). Placez les 2" x 4" ensemble dans un étau et percez, aux bouts des deux pièces, un trou assez grand pour recevoir un boulon de ¼".

Les serres en place, posez les boulons et serrez les écrous à la main; placez des rondelles sous les écrous et les têtes des boulons. Resserrez avec une clé. Répartissez la pression pendant le serrage en tournant un boulon de deux ou trois tours, puis le suivant, et ainsi de suite jusqu'à ce qu'ils soient tous serrés. Les serres fixées, placez le tout quelques temps dans un endroit chaud et sec. Pendant ce temps, desserrez et resserrez les boulons plusieurs fois par jour pour prévenir les fentes de retrait. Refinissez la surface réparée le plus tôt possible, afin de la rendre étanche à l'humidité.

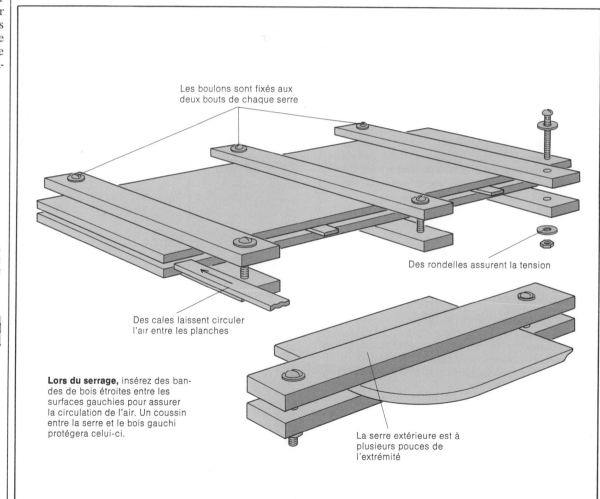

Les boulons sont fixés aux deux bouts de chaque serre

Des rondelles assurent la tension

Des cales laissent circuler l'air entre les planches

Lors du serrage, insérez des bandes de bois étroites entre les surfaces gauchies pour assurer la circulation de l'air. Un coussin entre la serre et le bois gauchi protégera celui-ci.

La serre extérieure est à plusieurs pouces de l'extrémité

Le rembourrage

Ressorts et tressage

Rattacher des ressorts est une besogne facile qui vaut la peine d'être faite. C'est l'état des ressorts qui détermine la forme d'un fauteuil et son confort. Pour rattacher les ressorts d'une chaise ou d'un fauteuil, renversez-les et enlevez le cache-poussière. Avec une lampe de poche, voyez sous les sangles si les attaches sont lâches ou brisées. Coupez les cordes pendantes et rattachez les ressorts avec de la corde de tapissier. Les gens de métier se servent de nœuds spéciaux, mais n'importe quel nœud bien fait — même un nœud droit — conviendra. **La pose des sangles** est également facile. Comme elles ne coûtent pas cher, achetez les meilleures, celles qui portent une rayure tissée en rouge; prenez aussi une aiguille de tapissier.

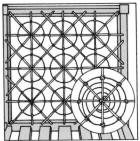  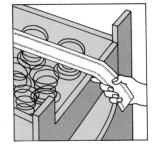 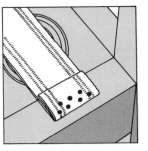

Chaque corde est attachée à des broquettes sur le châssis et à deux points sur chaque ressort d'une même rangée.

Pour poser des sangles neuves, enlevez les vieilles. Coupez les neuves assez longues pour que leurs bouts se replient.

Clouez au châssis un bout de bande replié. Raidissez-la avec un tire-sangle. Clouez-la au châssis opposé.

Pliez et clouez solidement l'autre bout de la bande. Attachez la sangle aux ressorts avec de la corde.

Remplacement des sangles lâches

Prolongez la vie des ressorts qui s'affaissent en leur posant des supports en contreplaqué. Pour ce faire, retirez d'abord les sangles usées, puis coupez des lames de 2" de large dans du contreplaqué de ¼", lames un peu plus courtes que le fond de la chaise ou du fauteuil. Il faut une lame par rangée de ressorts. Vissez chaque lame en travers du fond, de telle sorte qu'elle cache une rangée de ressorts. Attachez les ressorts à leur lame avec de la corde pour les empêcher de se déplacer sous la pression. Taillez les bouts des lames en biseau pour les camoufler. Si les meubles ont une jupe, le biseau ne sera pas nécessaire, puisque les bouts seront cachés.

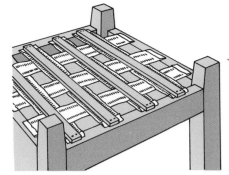

Vissez les lames au châssis avec deux vis à tête plate à chaque bout. Percez des avant-trous dans les lames et dans le châssis.

Renforcez un siège rembourré avec un panneau de contreplaqué retenu sur les sangles par des tasseaux de bois franc vissés au châssis très solidement.

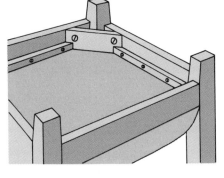

Lames et ressorts en spirale

La meilleure installation est faite de ressorts en spirale qui retiennent les lames à plat. Les ressorts s'étirent, sous la pression, puis reprennent leur place quand la pression est retirée. L'important, c'est qu'on effectue un bon mesurage préliminaire. Quand le diamètre du châssis est de 24", que les ressorts mesurent 3" et que chaque piton excède le châssis de ¼", les lames doivent avoir 17½" de long. Sur un cadre plat, vissez les pitons au centre, entre le haut et le bas. Sur un châssis encoché ou en saillie, l'installation est différente (voir les vignettes). Installez les ressorts et les lames à tous les 4" ou 5", de l'avant vers l'arrière d'abord, puis sur les côtés, en entrelaçant les lames. Fixez ensuite un tissu robuste pour les couvrir et protéger les coussins.

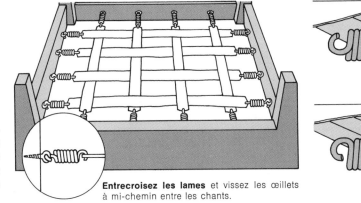

Entrecroisez les lames et vissez les œillets à mi-chemin entre les chants.

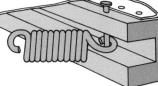

Sur un châssis en saillie, servez-vous de plaques de montage au lieu d'œillets pour installer les ressorts et les lames. Les plaques ont un rebord pour recevoir les crochets.

Sur un châssis encoché, plantez un clou pour accrocher le ressort. Lorsque vous prendrez les mesures, souvenez-vous que la distance est plus grande sur ce montage.

Le mode d'emploi de diverses bourres

Autrefois, les coussins étaient remplis de duvet et de plumes d'oie ou de canard. Aujourd'hui, on se sert de matériaux synthétiques. Le caoutchouc mousse et la mousse de plastique sont les plus populaires. Ils sont mous mais reprennent leur forme après usage. Il s'en vend en feuilles ou en vrac. Les deux sortes ne coûtent pas cher.

La mousse en feuille: tracez un patron en carton de la forme désirée et taillez-le d'environ ¾" plus grand que ses dimensions finies. Tracez au crayon à bille le patron sur deux pièces de 2" d'épaisseur de caoutchouc mousse alvéolé ou de mousse de plastique. Tournez le patron à l'envers pour couper la seconde partie, de sorte que les pièces soient identiques, posées l'une sur l'autre, côtés alvéolés face à face. Effilez les côtés pour les rendre coniques. Collez les

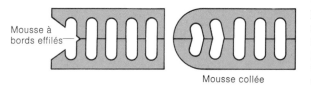

Mousse à bords effilés

Mousse collée

côtés coniques (p. 86) et pressez-les ensemble. Si vous désirez un coussin plus épais, collez une autre pièce de mousse pleine de ½", 2½" plus petite sur les côtés et collez-la entre les deux.

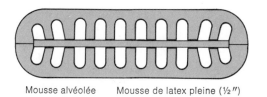

Mousse alvéolée   Mousse de latex pleine (½")

Remplissage en vrac: la forme des coussins remplis de matériaux en vrac — duvet ou caoutchouc mousse — est déterminée par la housse en cotonnade. Faites une housse de batiste résistante pour le duvet et les plumes. Coupez deux pièces de tissu de la dimension désirée, laissant ½" sur le périmètre pour les coutures. Piquez autour des pièces, endroit sur endroit, en couture double, laissant une ouverture pour la bourre. (La housse finale se confectionne de la même façon, sauf qu'un des côtés reste ouvert.)

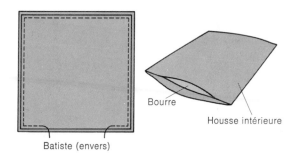

Batiste (envers)

Bourre

Housse intérieure

Faites un petit trou dans un coin du sac en plastique, introduisez ce coin dans l'ouverture de la housse et faites passer le duvet ou la mousse en miettes d'une enveloppe à l'autre.

Les coussins imperméables

Pour ce genre de coussin, vous aurez besoin de mousse de plastique, de vinyle simili-cuir (une verge linéaire couvre un coussin de 21" carré), de colle imperméable et de ruban adhésif. Coupez une pièce de vinyle plus grande de 5" que les dimensions du coussin. Placez le côté lisse du vinyle en dessous et la mousse au centre. Repliez les excédents et faites les coins. Collez les bouts et les surplus des plis; 15 secondes plus tard, pressez les surfaces l'une contre l'autre. Collez (p. 86) un carré de vinyle sur la mousse.

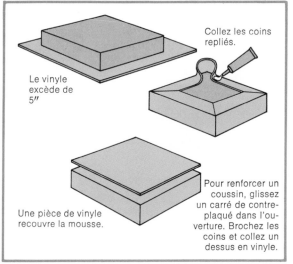

Collez les coins repliés.

Le vinyle excède de 5"

Une pièce de vinyle recouvre la mousse.

Pour renforcer un coussin, glissez un carré de contre-plaqué dans l'ouverture. Brochez les coins et collez un dessus en vinyle.

Les coutures avec passepoil

Pour faire un passepoil (une corde de coton recouverte de tissu) coupez et attachez des bandes de tissu taillées en biais; pliez les bandes sur la corde et cousez à la machine avec le pied à passepoil. Placez le passepoil sur le bord extérieur des panneaux, le bout au centre. Cousez à la machine jusqu'au coin. Entaillez le coin comme sur l'illustration. Lorsque le passepoil aura été piqué presque complètement, coupez-le en laissant ¾" aux bouts. Ouvrez les bouts et coupez l'excédent de corde. Glissez un bout "vide" de la bande dans l'autre puis finissez en piquant sur la

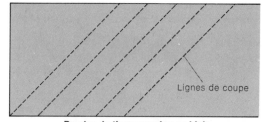

Lignes de coupe

Bandes de tissu coupées en biais

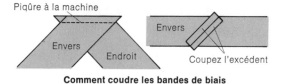

Piqûre à la machine

Envers

Envers   Endroit

Coupez l'excédent

Comment coudre les bandes de biais

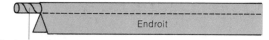

Endroit

Corde de coton   **Comment recouvrir la corde**

housse. Les côtés face à face (endroit) glissez le passepoil entre les deux et cousez les panneaux, laissant une ouverture pour le remplissage. Retournez la housse, introduisez le coussin et cousez l'ouverture.

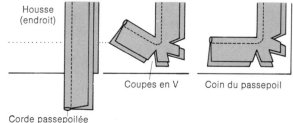

Housse (endroit)

Coupes en V   Coin du passepoil

Corde passepoilée

Les sièges cannés

Entretien, nettoyage, restauration

Le jonc (l'écorce mince d'une branche de rotin coupée en brins étroits) sert à fabriquer des sièges qui résistent longtemps à l'usage, si l'on sait en prendre soin. Quoiqu'elles soient très légères (le jonc d'une chaise ordinaire pèse à peine 2½ onces) les chaises cannées durent des années sans qu'on ait à les remplacer.

Conservez au jonc sa couleur caractéristique et son aspect moelleux par des nettoyages fréquents, selon la technique expliquée sur les vignettes ci-contre. Pour lui conserver sa résistance et son élasticité, appliquez, dès le premier signe de relâchement, la technique du rétrécissement expliquée à l'extrême droite.

Malgré sa résistance, le jonc reste délicat et s'endommage plus facilement que bien d'autres matériaux.

Voyez à ce que les enfants ne se servent pas de vos belles chaises cannées pour leurs jeux ou en guise d'escabeaux de fortune pour atteindre les objets hors de leur portée.

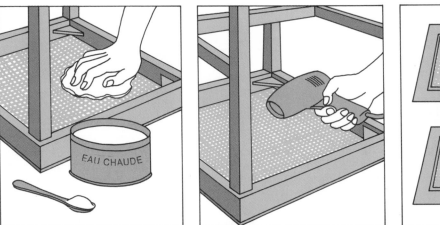

Nettoyez le jonc en le frottant vigoureusement avec une solution faite de 1 cuil. à soupe de sel dans 1 pinte d'eau chaude. Utilisez une brosse douce.

Après le brossage, enlevez le surplus d'humidité avec un linge propre; asséchez le paillage à l'air chaud d'un séchoir ou d'un aspirateur.

Le rétrécissement redonnera au paillage étiré sa tension initiale. Placez le siège dans l'eau chaude pendant plusieurs minutes; laissez sécher.

Remplacement d'un siège brisé

Les sièges sont habituellement fabriqués de paillage pré-tressé à l'atelier, mais on peut changer celui-ci soi-même en suivant le procédé illustré ci-contre.

Le paillage de rechange se vend en deux modèles dans les ateliers de rembourrage et les grands magasins: tressage-panier et tressage octogonal. Cher-

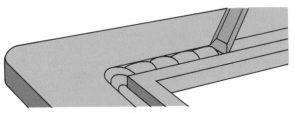

Nettoyez la vieille rainure avec un ciseau

chez aussi dans les pages jaunes de l'annuaire téléphonique, à "chaises—cannage".

Les joncs se vendent habituellement en longueurs de 18", mais on en trouve aussi de 8" à 36", si on préfère. Ils s'achètent à la verge, comme le tissu.

Avant d'installer le paillage pré-tissé, faites-le tremper quelques minutes dans l'eau chaude; ceci le rendra beaucoup plus facile à manier et l'empêchera de craquer.

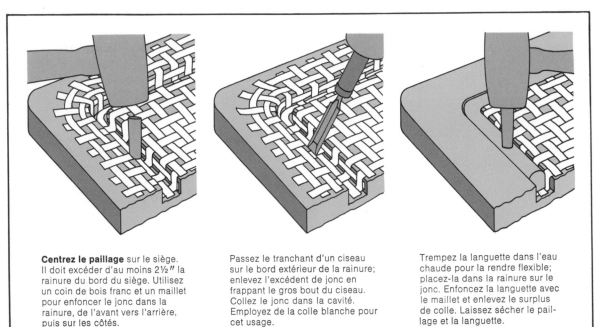

Centrez le paillage sur le siège. Il doit excéder d'au moins 2½" la rainure du bord du siège. Utilisez un coin de bois franc et un maillet pour enfoncer le jonc dans la rainure, de l'avant vers l'arrière, puis sur les côtés.

Passez le tranchant d'un ciseau sur le bord extérieur de la rainure; enlevez l'excédent de jonc en frappant le gros bout du ciseau. Collez le jonc dans la cavité. Employez de la colle blanche pour cet usage.

Trempez la languette dans l'eau chaude pour la rendre flexible; placez-la dans la rainure sur le jonc. Enfoncez la languette avec le maillet et enlevez le surplus de colle. Laissez sécher le paillage et la languette.

Outillage et matériaux

Les brins de jonc qui servent à faire les sièges et les dossiers des chaises se vendent en diverses largeurs: de très fin (environ .065″) à ordinaire (.130″). Si vous rempaillez des chaises pour la première fois, choisissez du jonc de longueur moyenne (.115″): il se manie mieux. Le rempaillage d'une chaise moderne vous coûtera environ $15. Si l'atelier de rembourrage de votre localité ne tient pas de brins de jonc, informez-vous à cet endroit où vous pouvez vous en procurer.

Vous aurez besoin aussi, pour réussir un paillage neuf ou une réparation, d'un perçoir, pour fraiser les trous d'un vieux siège, ou d'une perceuse et d'un foret de 3/16″, pour percer des trous sur le pourtour d'un siège neuf. Il vous faudra aussi du jonc de fixation épais, pour couvrir les trous et deux passe-lacets, un pour séparer les brins déjà en place, l'autre pour passer les brins de jonc.

L'installation du cannage

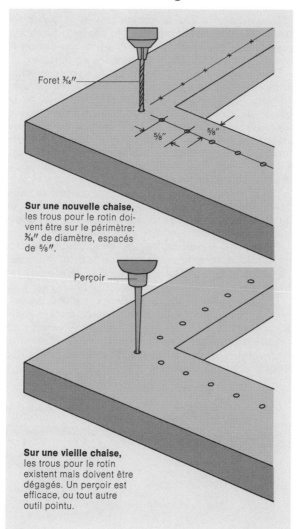

Foret ³⁄₁₆″

⁵⁄₈″ ⁵⁄₈″

Sur une nouvelle chaise, les trous pour le rotin doivent être sur le périmètre: ³⁄₁₆″ de diamètre, espacés de ⁵⁄₈″.

Perçoir

Sur une vieille chaise, les trous pour le rotin existent mais doivent être dégagés. Un perçoir est efficace, ou tout autre outil pointu.

Faites tremper le rotin dans l'eau chaude pour le rendre maniable. Repérez le trou du milieu à l'avant et à l'arrière du siège. Introduisez un brin par le trou central à l'avant jusqu'à mi-longueur puis revenez par le trou suivant à gauche.

Passez les deux bouts du brin par les trous correspondants à l'arrière.

Calez le brin du trou central de l'avant avec une cheville et continuez de passer l'autre bout par-dessous, à travers le trou suivant et vers le côté opposé. Gardez les brins parallèles, le côté brillant vers l'extérieur.

Laissez un peu de jeu; le cannage sera tendu quand le travail progressera.

Attachez le bout d'un brin terminé ou d'un brin nouveau en le passant deux fois autour du brin qui se trouve entre les trous sur l'envers du siège, et en le tirant fermement. Quand la moitié gauche du siège sera terminée, retirez la cale du premier brin et faites la partie droite. Enfilez le brin d'un côté à l'autre du siège, à angle droit par rapport aux brins allant de l'avant à l'arrière, et par-dessus ces brins. Posez un jeu de brins de l'avant à l'arrière, par-dessus les deux premiers; puis un autre jeu, de gauche à droite, mais, cette fois, entrelacez-les au-dessus et au-dessous des brins entrecroisés. Tressez en diagonale au-dessus des paires gauche-droite et sous les paires avant-arrière.

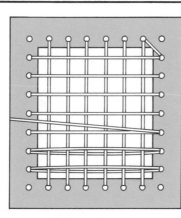

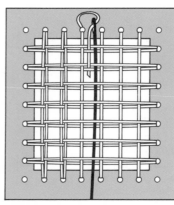

Les premiers jeux de brins vont de l'avant vers l'arrière et de gauche à droite, formant un quadrillage. Le premier jeu va de l'avant vers l'arrière; le second, gauche-droite, passe au-dessus. Un second jeu avant-arrière passe au-dessus des brins gauche-droite.

Ensuite, tressez le second jeu gauche-droite au-dessus et au-dessous des brins avant-arrière, suivant la vignette. Utilisez un passe-lacet pour séparer les brins afin qu'il y ait assez d'espace pour tresser le nouveau paillage.

Depuis un trou dans un coin, tressez les brins diagonaux au-dessous des gauche-droite et au-dessus des avant-arrière. Puis tressez dans le sens opposé, au-dessus des brins gauche-droite et au-dessous des brins avant-arrière.

Les chaises de cuisine et de salle à manger

Réfection des sièges à rembourrage fixe

Les chaises de cuisine et de salle à manger dont les sangles et le rembourrage sont fixés au châssis sont des sièges à rembourrage fixe. Pour réparer ce genre de chaises, il faut les dégarnir complètement et remplacer leur rembourrage.

Matériel nécessaire: sangles de tapissier ou sangles en caoutchouc; toile de chanvre (pour les sangles de tapissier); caoutchouc-mousse ou mousse de plastique de 1½" à 2" d'épaisseur; bandes de calicot de 3" de large; broquettes, colle et tissu de garniture.

Enlevez le rembourrage, les sangles, les vieilles broquettes et mettez le châssis à nu. Attachez les sangles neuves au châssis en les entrelaçant et en les espaçant régulièrement, de sorte que les vides ne soient pas plus larges que la sangle.

Si vous utilisez des sangles de tapissier, tendez-les au maximum avec un tire-sangle (1) et fixez les bouts avec trois broquettes. Coupez les bouts en laissant une marge d'un pouce ou plus qui sera repliée et fixée avec deux broquettes.

Les sangles de caoutchouc ne sont pas repliées comme les sangles de tapissier, mais sont étirées à la main de 5% à 10% de leur longueur normale.

Les sangles de tapissier doivent être recouvertes d'un morceau de toile de chanvre.

Découpez un patron du siège dans un papier fort, en laissant une marge de ½" tout autour. Posez ce patron sur la surface lisse de la mousse (si vous utilisez une mousse alvéolée) et tracez le contour au crayon à bille (2). Si vous désirez un coussin plus épais, collez une pièce de mousse de caoutchouc ou de plastique de ½" d'épaisseur et de 2½" plus petite que le tour, sur le fond de la mousse. Découpez la mousse au couteau ou avec des ciseaux de cuisine trempés dans l'eau; assurez-vous que la coupe soit verticale et non déchiquetée.

Formez des bordures de coussin bien fermes en collant des bandes de calicot sur les bords extérieurs de la mousse (3) et en laissant sur chaque bande au moins 1" pour le clouage sur les traverses du cadre.

Posez la mousse sur le siège et laissez déborder de ½" aux quatre coins. Tirez les bandes de calicot vers le bas et clouez-les au cadre avec des broquettes de ⅜" (4). Lorsque le contour sera lisse et régulier, enfoncez les broquettes à fond.

Posez le tissu de garniture en utilisant des broquettes de ⅜" ou de ½". Le tissu doit déborder du siège d'au moins 1½" afin de laisser une marge pour

les broquettes et le repli. Posez la housse sur le siège et fixez-la provisoirement avec une broquette au milieu de la sous-face des traverses avant et arrière. Faites de même pour les traverses latérales. La housse doit être alors correctement placée et légèrement tendue.

Clouez de façon définitive depuis l'axe de face vers l'extérieur. Les broquettes s'arrêteront à 2" des pieds avant. Faites de même à l'arrière et sur les côtés. Relevez les angles du tissu près des pieds arrière et découpez en V (5). Rentrez le bord de coupe et passez-le autour des pieds arrière en plaçant le bout replié sous le siège. Pointez les broquettes. Finissez les angles de devant en pliant le tissu. (6)

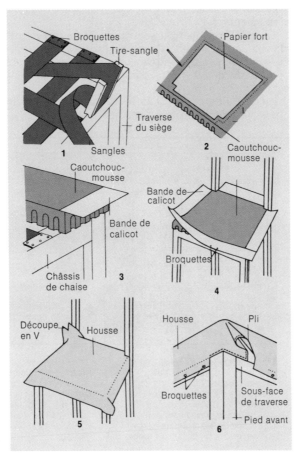

Réfection d'un siège amovible

Vous pouvez réparer un siège amovible avec de la mousse de latex. Utilisez, de préférence, un tissu de même épaisseur que l'ancien, sinon le siège entrera mal dans le cadre. Si le nouveau tissu est plus épais que l'ancien, rabotez les bords du châssis.

Matériel nécessaire: sangles de tapissier ou sangles de caoutchouc; caoutchouc-mousse alvéolé de 1" ou 1½" d'épaisseur; toile de chanvre; bandes de calicot de 3" de large; broquettes; colle; tissu de garniture.

Dégarnissez la chaise complètement et posez les nouvelles sangles comme pour la chaise à rembourrage fixe. Clouez une toile de chanvre par-dessus le sanglage si vous utilisez des sangles de tapissier.

Découpez la mousse aux dimensions voulues, selon le modèle du siège, mais avec une marge de ½" tout autour. Renforcez les bords de la mousse avec la bande de calicot. Posez la mousse sur le châssis, côté alvéolé en dessous, en laissant, tout autour, une marge régulière de ½". En partant du centre de la face, rabattez le calicot et clouez-le provisoirement à la sous-face du châssis, afin qu'il soit tendu également. Enfoncez définitivement les broquettes.

Posez ensuite le tissu de garniture coupé avec une marge de 1½" sur tout le pourtour pour le repli et les broquettes. Le tissu étant posé sur le siège, maintenez le tout et retournez-le.

Clouez le tissu provisoirement en le tendant légèrement pour assurer une compression de la mousse mais pas assez pour en diminuer l'élasticité. Enfoncez les broquettes comme pour le siège à rembourrage fixe.

Le tissu qui chevauche le tout est cloué en dernier. Clouez d'abord l'angle du tissu, pliez ensuite les côtés puis clouez-les.

Si le tissu est très épais, il pourra être nécessaire d'en couper un peu ici et là avant la pose définitive des dernières broquettes.

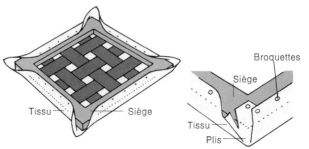

Réparations invisibles

Parce que l'ameublement de la salle à manger coûte habituellement assez cher à cause de son style et de la beauté de son bois, on doit s'efforcer d'effectuer soi-même les réparations qui s'imposent, et ces réparations doivent être plus élaborées et moins apparentes que celles des meubles de cuisine. Ce n'est pas une mince tâche, mais elle en vaut la peine, car il est souvent difficile de remplacer telle ou telle pièce d'un ameublement et c'est généralement à prix d'or.

Les traverses lâches, les pieds et les bras de chaises brisés, les oreilles de pieds galbés qui se décollent comptent parmi les problèmes les plus courants.

Vous trouverez, plus bas, des suggestions pour réparer et pour restaurer vos meubles tout en leur conservant leur belle apparence.

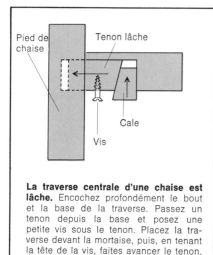

La traverse centrale d'une chaise est lâche. Encochez profondément le bout et la base de la traverse. Passez un tenon depuis la base et posez une petite vis sous le tenon. Placez la traverse devant la mortaise, puis, en tenant la tête de la vis, faites avancer le tenon. Fixez-le, posez une cale et retirez la vis.

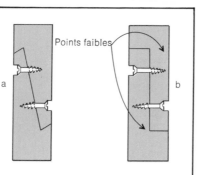

Pour réparer un pied de chaise carré, faites un joint conique (a). Une pression normale sur des joints droits (b) peut briser ceux-ci. Collez la nouvelle pièce sur l'ancienne et renforcez les joints avec des vis. Fraisez les trous des vis et noyez les têtes. Recouvrez de pâte de bois et teignez.

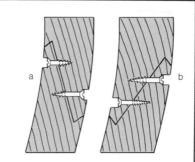

On répare des pieds arrière courbés en posant un joint dans le sens du fil (a), sinon, comme sur la vignette (b), l'enture sera faible. Renforcez avec des vis (comme pour le pied avant), fraisez les trous et noyez les têtes; remplissez de pâte de bois puis teignez cette pâte de la couleur du meuble.

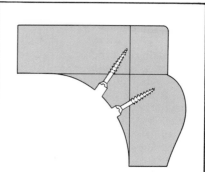

Quand une oreille de renfort du pied galbé d'une table ou d'une chaise se décolle, enlevez la vieille colle et recollez la pièce. Servez-vous d'une serre à sangle pour tenir les pièces en place pendant le séchage. Fraisez des trous, noyez les vis et recouvrez les cavités de pâte de bois.

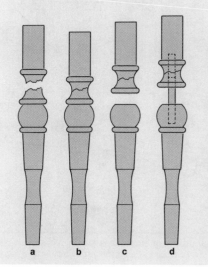

Pour réparer un pied tourné brisé à son extrémité supérieure, servez-vous d'un goujon. La vignette (a) montre le pied brisé. Collez les pièces ensemble (b), pressez-les pendant le séchage. Sciez le pied sous la cassure (c). Enfoncez une pointe au centre du sommet de la pièce inférieure. Coupez la pointe en n'en laissant dépasser que ½". Placez les deux parties l'une sur l'autre, puis retirez-les; la pointe marquera l'endroit où vous devrez percer le trou. Forez les deux pièces pour insérer le goujon. Mettez de la colle dans les trous et réunissez les pièces (d). Laissez sécher une nuit.

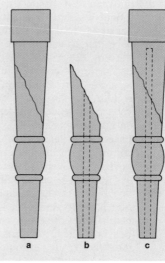

Pour réparer un pied tourné fissuré, servez-vous d'un goujon. La vignette (a) montre le pied fissuré. Séparez les pièces, appliquez de la colle sur les deux parties et unissez-les. Enroulez de la corde solidement autour de l'assemblage et laissez sécher plusieurs heures. Percez un trou pour le goujon dans le centre de l'extrémité inférieure du pied, depuis la base jusqu'en haut. Versez de la colle généreusement dans le trou et sur le goujon. Insérez celui-ci (c). Laissez sécher au moins une nuit, puis coupez l'excédent du goujon à la base du pied.

Les chaises de patio et de parterre

La réparation d'une chaise de bord

Pour rénover cette chaise, tout ce qu'il vous faut, c'est un pinceau, de la peinture pour le bois et du canevas pour le siège et le dossier. Enlevez d'abord les vis reliant les bras et le dossier à la base et retirez la partie supérieure. Enlevez soigneusement les broquettes qui attachent la bande du siège à la base et retirez la bande du dos. Défaites les coutures des bandes et servez-vous de celles-ci comme patron.

La bande du siège étant faite d'une unique pièce de canevas, bordez-la pour éviter qu'elle ne s'effiloche. La bande du dos est presque aussi simple; vous faites un bord, puis vous cousez deux cylindres, un à chaque bout, qui s'ajustent aux poteaux du dos. Mesurez les coutures sur les anciennes bandes pour vous guider. Repeignez la chaise et laissez sécher, puis installez les bandes. Faites glisser celle du dos sur les poteaux et fixez celle du siège sur la base.

Remontez les deux pièces l'une sur l'autre et serrez les vis convenablement.

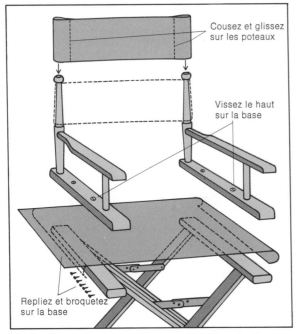

Cousez et glissez sur les poteaux

Vissez le haut sur la base

Repliez et broquetez sur la base

Utilisez les vieilles bandes comme patron et confectionnez-en des neuves. Le canevas est robuste et peu coûteux. On en trouve de couleurs et de dessins variés. Le bois peut se peindre.

Chaises de balcon et de patio

Coussins: il est facile d'augmenter le confort d'une chaise de balcon ou de patio, d'un divan ou d'une chaise longue: on les recouvre de coussins. Le canevas léger ou la toile à voile font de bonnes enveloppes. Si vos coussins sont exposés aux intempéries, recouvrez-les plutôt de vinyle imperméable (sur intérieur de mousse). Le kapok convient aussi comme bourre pour les coussins destinés à l'extérieur (p. 205).

Sur les coussins des chaises longues, on peut ajouter des boutons pour donner un effet de capitonnage: un en dessus, un en dessous. Tirez fermement le fil qui les réunit pour obtenir la profondeur désirée.

Finissez en attachant le fil au bouton de la sous-face ou en dissimulant le nœud si le coussin est reversible.

Le ruban à sangles en plastique pour les chaises de patio et de balcon se vend dans la plupart des quincailleries. Comme ces rubans durent rarement plus d'un an, recherchez ceux qui portent une garantie de qualité, même s'ils coûtent plus cher. Attachez ces sangles comme à la page 204. N'employez pas de tire-sangles garni de pointes, car le plastique se déchire facilement. Des tire-sangles d'un autre type peuvent vous être utiles pour tendre les bandes, mais vous pouvez aussi, si vous préférez, étirer celles-ci à la main.

La corde de plastique est un produit relativement nouveau et d'emploi très facile. Elle sert à recouvrir à neuf les chaises de jardin et de patio. On n'a qu'à l'enrouler tout autour du cadre de la chaise. La plupart des chaises faites pour recevoir ce matériau portent des rivets sur la sous-face de leur cadre. La corde est enroulée autour du rivet puis traverse le cadre vers un autre rivet, et ainsi de suite. Ne coupez pas la corde pendant l'opération. Quand vous commencez, gardez un peu de la vieille corde en guise de patron.

La corde et le canevas offrent une autre possibilité comme garniture des chaises de patio. Tendez le canevas en travers du cadre et attachez-le aux traverses avec de la corde robuste. Pour rajeunir ce genre de chaise, taillez le canevas quelque peu plus petit que le cadre et bordez-le. Installez ensuite des anneaux ou faites des boutonnières renforcées près des bords, à 2" les uns des autres. Passez la corde dans les trous; enroulez-la solidement sur les traverses et resserrez-la souvent en cours de travail.

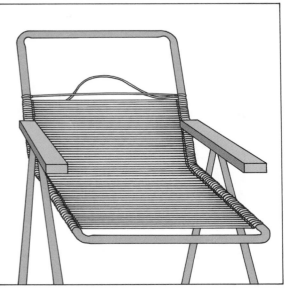

Tendez la corde de plastique d'un côté à l'autre du cadre de la chaise. Votre chaise sera confortable, durable, et résistera aux intempéries.

Canevas et corde: passez la corde dans les trous et enroulez-la autour du cadre de la chaise. Faites un nœud solide à chaque bout pour l'attacher.

La plomberie: comment la garder en bon état

Une tuyauterie en bon état est l'un des charmes les plus appréciables du foyer. Il est plus facile que vous ne le croyez de maintenir la vôtre en excellent état de marche. La section qui suit s'attache aux réparations et aux améliorations que vous pouvez apporter aux canalisations de votre domicile, soit que vous les exécutiez vous-même — en économisant — soit que vous en chargiez des spécialistes en la matière.

sommaire

212 Problèmes de plomberie
213 Tuyauterie domestique
214 Approvisionnement d'eau et système d'égout
215 Plomberie de base
216 Egouts bouchés
218 Tuyau d'écoulement principal obstrué
219 Les robinets
222 Les toilettes
224 Les bruits dans la tuyauterie
225 Tuyaux gelés ou crevés
226 Réparations et installations de plomberie
227 Raccords de tuyaux
228 Tuyauterie de fonte
229 Tuyauterie de laiton et d'acier
230 Tuyauterie de cuivre rigide
231 Tuyauterie de cuivre flexible
232 Tuyauterie de plastique rigide
233 Tuyauterie de plastique flexible
234 Disposition des tuyaux
237 Installation des toilettes
238 Installation d'un évier
240 Baignoires et douches
241 Les chauffe-eau
242 Les lessiveuses
243 Les machines à laver la vaisselle
244 Pompes de puisard
245 Solutions à certains problèmes
246 Le traitement de l'eau domestique
248 La dispersion des eaux d'égout

Problèmes de plomberie

Recommandations générales

Une canalisation de plomberie conçue et installée selon les normes ne cause presque pas d'ennuis dans une maison. S'il survient un problème, on le règle aussitôt. Il ne faut pas oublier qu'une fuite d'eau dans un mur, sur le plancher ou au plafond, peut causer de graves dommages, si on la néglige.

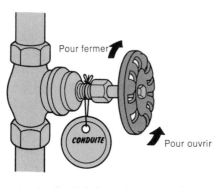

Marquez la valve d'arrêt de la conduite principale

La plupart des systèmes contiennent plusieurs valves d'arrêt pour contrôler le débit d'approvisionnement d'eau. On peut couper l'eau chaude et l'eau froide dans chaque évier ou lavabo comptant deux valves. Les toilettes n'en ont qu'une. Quand un appareil fait défaut, la première chose à faire, c'est de couper l'eau. La valve est presque toujours placée sous l'appareil, au sous-sol, ou dans un réduit.

On peut généralement fermer l'eau chaude de toute la maison en coupant l'eau au chauffe-eau.

S'il n'y a pas de contrôle de débit pour chaque installation, il y aura toujours un arrêt pour la canalisation principale près du compteur à eau ou sur le mur près de l'entrée d'eau principale. Si l'on ne peut arrêter les fuites ou les débordements à l'endroit même où ils se produisent, on peut toujours couper l'eau par la valve en tournant la poignée dans le sens des aiguilles d'une montre.

Vous devez connaître les valves d'arrêt de votre maison, surtout la canalisation principale, pour être en mesure d'agir promptement en cas de besoin. Les maisons possédant une entrée d'eau principale ont aussi un arrêt souterrain près du trottoir ou de la pelouse. Il faut toujours une clé spéciale pour tourner la valve.

Mesures à prendre en cas d'urgence

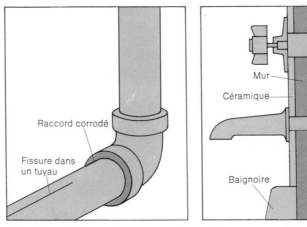

Fuite d'eau d'un tuyau: La corrosion des raccords et le gel des tuyaux causent des fuites. On peut y remédier en resserrant le raccord ou en soudant de nouveau. Sur un tuyau crevé, on installe une bride protectrice. Sinon, il faut changer le tuyau. On fabrique une bride avec du caoutchouc et une serre.

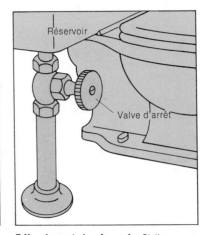

Fuite dans un mur: Un tuyau vertical défectueux conduisant à une douche ou à des installations à l'étage en est la cause. Le plombier dira s'il peut réparer — poser un tuyau neuf — sans briser le mur. Certaines municipalités exigent un panneau dans le mur pour faciliter l'accès aux tuyaux.

Débordement du réservoir: Si l'eau continue à couler longtemps dans la cuvette après qu'on a actionné la chasse, coupez l'eau en fermant la valve d'arrêt. Voir p. 222 les conseils concernant cette réparation. Enlevez délicatement le couvercle fragile et posez-le sur une serviette ou sur des journaux.

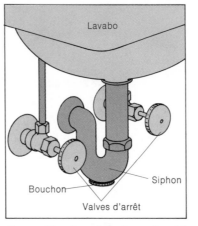

Tuyau d'écoulement lent ou bouché: Essayez avec un débouchoir. Sinon, utilisez un produit chimique en suivant le mode d'emploi. Ou placez un seau sous le siphon et enlevez le bouchon. Servez-vous d'un fil de fer pour enlever les détritus; faites couler de l'eau bouillante pour nettoyer le tuyau et surveillez-le par la suite.

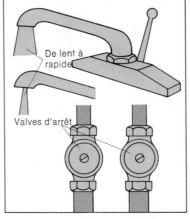

Dépôts calcaires dans les tuyaux: Voilà un problème qu'ont les vieilles maisons et les endroits où l'eau est dure. Faites couler l'eau à pleine capacité, les valves étant ouvertes. Si l'eau coule vite et ralentit ensuite, c'est que le débit est limité. La solution? Changez les tuyaux défectueux. Préférez le cuivre aux tuyaux galvanisés.

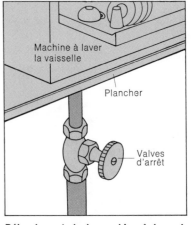

Débordement de la machine à laver la vaisselle: Coupez d'abord l'entrée d'eau de la machine. Puis vérifiez le filtre du tuyau de vidange: un chiffon ou de la graisse peuvent le bloquer. Si l'eau continue à pénétrer, il se peut que le contrôle électrique fasse défaut. Coupez le courant ou enlevez la fiche si votre appareil est mobile.

Son fonctionnement

La tuyauterie d'une maison n'a rien de compliqué. Elle consiste en un approvisionnement d'eau, en tuyaux d'écoulement et en appareils sanitaires et électriques. Les toilettes, lavabos, baignoires, douches, éviers de cuisine et cuves à lessive sont des appareils sanitaires. Les lessiveuses, machines à laver la vaisselle, broyeuses de rebuts, chauffe-eau, etc., sont des appareils électriques. Ajoutez à ceci les robinets extérieurs pour les boyaux d'arrosage.

L'eau arrive sous pression aux différents appareils, venant du service d'approvisionnement (ou pompée du puits, dans les systèmes privés). Les tuyaux d'arrivée sont relativement petits: leur diamètre intérieur est de ⅜″ à 1″.

Rendu au chauffe-eau, le tuyau d'approvisionnement se divise en deux systèmes: eau chaude, eau froide. Ordinairement, les tuyaux pour chacun sont parallèles dans toute la maison. Le système d'égout est tout à fait séparé. Les tuyaux de renvoi sont plus gros que ceux d'arrivée, variant de 1¼″ à 4″ de diamètre intérieur. À chaque appareil, les tuyaux d'égout sont en forme de U ou de S et appelés **siphons**. Le siphon retient l'eau qui bloque le passage aux gaz, aux bactéries et à la vermine.

Le système d'égout comprend le renvoi des eaux usées et des rebuts ainsi que le tuyau d'aération. On l'appelle le système DWV (**Drain-waste-vent**).

Chaque appareil possède des renvois qui emportent, par gravité, les rebuts vers de plus grands tuyaux qui entraînent le tout vers l'égout.

Les tuyaux d'aération libèrent les tuyaux des gaz et gardent le système d'égout et d'aération à une pression atmosphérique nécessaire pour maintenir la colonne d'eau dans chaque siphon. Sans aération, la pression des gaz accumulés en n'importe quel point du système DWV pourrait chasser l'eau du siphon.

Les évents principaux servent aux toilettes; les évents secondaires aux autres appareils et s'ouvrent au grand air sur le toit. Certains systèmes ont des canaux d'aération qui relient les appareils à un évent principal ou secondaire plutôt que d'arriver directement au toit.

Les tuyaux desservant les égouts de toilettes s'appellent **tuyaux d'égout** et ont 3″ ou plus de diamètre. Chaque système DWV comprend des ouvertures avec bouchons de vidange, une au bout de chaque canalisation horizontale. Elles donnent accès à l'intérieur du système DWV pour enlever toute obstruction.

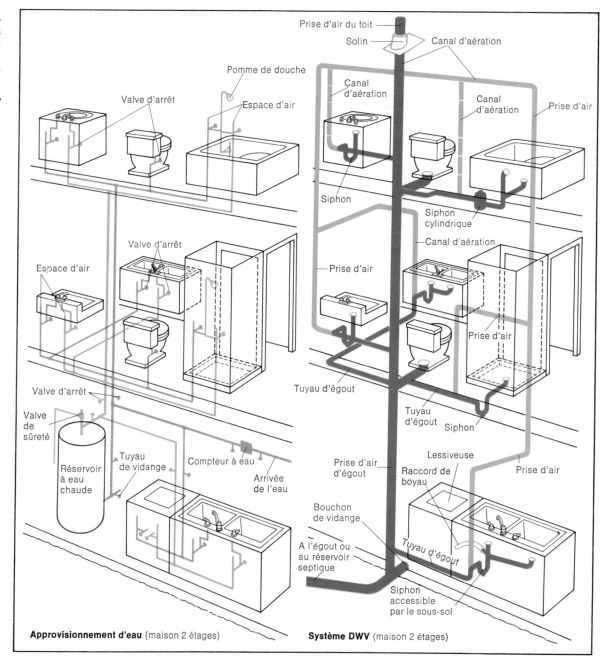

Approvisionnement d'eau (maison 2 étages)

Valve d'arrêt
Pomme de douche
Espace d'air
Valve d'arrêt
Espace d'air
Valve d'arrêt
Valve de sûreté
Réservoir à eau chaude
Tuyau de vidange
Compteur à eau
Arrivée de l'eau

Système DWV (maison 2 étages)

Prise d'air du toit
Solin
Canal d'aération
Canal d'aération
Canal d'aération
Prise d'air
Siphon
Siphon cylindrique
Canal d'aération
Prise d'air
Prise d'air
Tuyau d'égout
Tuyau d'égout
Siphon
Prise d'air d'égout
Lessiveuse
Raccord de boyau
Prise d'air
Bouchon de vidange
A l'égout ou au réservoir septique
Tuyau d'égout
Siphon accessible par le sous-sol

Approvisionnement d'eau et système d'égout

Système d'approvisionnement d'eau

Provenance de l'eau. La plupart des maisons reçoivent l'eau des systèmes privés, publics ou municipaux; certaines maisons possèdent leur propre système. L'eau vient de la pluie. Elle peut être recueillie directement dans des réservoirs ou citernes. On la trouve à la surface de la terre comme dans les lacs et rivières; dans les sources ou les puits, soit artésiens, soit de surface. Après l'avoir recueillie, on la distribue aux maisons par des tuyaux.

L'eau de pluie, comme l'eau de surface, porte presque toujours des matières polluantes qu'il faut éliminer pour la rendre potable. On y ajoute ordinairement du chlore.

L'eau provenant de la terre est potable et assez pure pour la consommation à moins qu'elle ne sorte d'un puits peu profond contaminé par des eaux de surface polluées. Toutefois, cette eau provenant de la terre contient souvent de grandes quantités de matières dissoutes ou en suspension — des minéraux — qui la rendent "dure". On la traite avec des agents déminéralisants qui changent la composition des minéraux ou les suppriment. On se sert d'adoucisseurs qu'on trouve dans le commerce (p. 247).

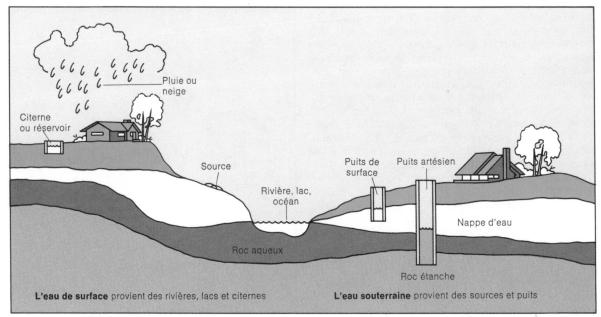

Pluie ou neige

Citerne ou réservoir

Source

Rivière, lac, océan

Puits de surface

Puits artésien

Nappe d'eau

Roc aqueux

Roc étanche

L'eau de surface provient des rivières, lacs et citernes

L'eau souterraine provient des sources et puits

Systèmes d'égouts

On peut disposer des eaux usées collectivement ou privément. Le traitement des eaux par une collectivité donne davantage de résultats. Dans un système d'égout collecteur, les eaux et déchets de chaque maison coulent ordinairement par gravité dans un réseau de tuyaux jusqu'à une usine d'épuration.

Les usines d'épuration modernes activent par l'aération l'action bactériologique et la décomposition des égouts, retirent les corps solides, font sécher les résidus et les vendent comme engrais. Le liquide est de nouveau aéré, filtré et javellisé, ce qui détruit les bactéries qui restent. Après cette opération, l'eau, devenue potable, se déverse dans un cours d'eau.

La plupart des systèmes privés ne servent qu'une famille; ils consistent en un réservoir septique et un champ de dispersion. Le réservoir septique décompose les déchets en liquides et solides par l'action bactériologique. Les solides restent au fond du réservoir qui doit être nettoyé périodiquement. Les liquides s'écoulent hors du réservoir dans un système de fossés souterrains où ils s'infiltrent dans le sol. Après un certain temps, toutes les tranchées deviennent saturées et doivent être agrandies. La meilleure solution — plus coûteuse, cependant — est d'opter pour un système d'égout privé fonctionnant comme une usine d'épuration de collectivité, mais sur une moindre échelle.

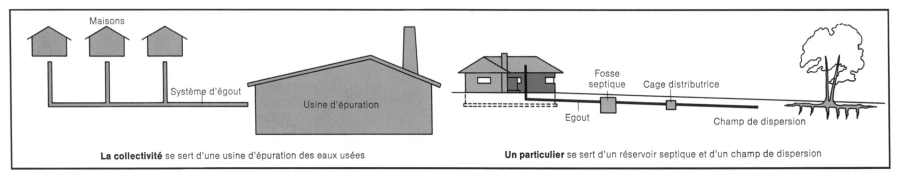

Maisons

Système d'égout

Usine d'épuration

Fosse septique

Cage distributrice

Egout

Champ de dispersion

La collectivité se sert d'une usine d'épuration des eaux usées

Un particulier se sert d'un réservoir septique et d'un champ de dispersion

La tuyauterie

Les diamètres de presque tous les tuyaux et tubes sont exprimés en grandeurs nominales qui n'ont souvent aucune relation avec le diamètre réel, intérieur ou extérieur. Par exemple, un tuyau d'acier de ⅛" a un diamètre intérieur de plus de ¼" et un diamètre extérieur d'un peu moins de ½"; un tuyau de ¾" a un diamètre extérieur de plus de 1". Il ne faut pas s'arrêter à ces différences quand on achète et emploie les tuyaux selon les grandeurs nominales. Les diamètres extérieurs réels ne sont importants que lorsqu'on veut pratiquer une ouverture de dimension exacte dans un poteau ou une solive.

Les raccords de tuyaux (p. 227) sont faits pour s'ajuster à tous les tuyaux et tubes fabriqués au Canada et aux États-Unis. Si vous ne savez comment faire une connexion dans un cas précis, et s'il ne semble pas exister de raccord, essayez une combinaison de deux ou trois. (Il y a des chances de régler le problème ainsi.) En plomberie, un des plus importants raccords est une "union". Elle permet de remplacer ou d'installer une section de tuyau sans toucher aux deux bouts. Quand un tuyau est dévissé d'après un raccord, l'autre bout se visse davantage à l'extrémité; de là l'importance des "unions".

Les tuyaux d'approvisionnement d'eau peuvent être d'acier, de cuivre, de plastique et — là où l'eau cause des problèmes — de laiton. La tuyauterie pour les égouts et l'aération peut être de fonte, de cuivre, de plastique et même d'acier. La plupart des vieilles maisons ont des tuyaux d'approvisionnement en acier, et des tuyaux d'égout et d'aération en fonte; les maisons modernes peuvent avoir n'importe quelle combinaison. Toute la tuyauterie consiste en

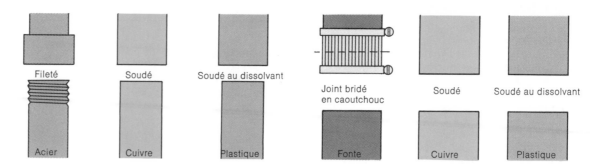

Types de tuyaux d'approvisionnement d'eau

Fileté — Soudé — Soudé au dissolvant

Acier — Cuivre — Plastique

Joint bridé en caoutchouc — Soudé — Soudé au dissolvant

Fonte — Cuivre — Plastique

Tuyaux de vidange

tuyaux et raccords pour créer une ligne droite, des angles, des embranchements de toutes sortes. Les tuyaux d'approvisionnement de cuivre peuvent être recourbés sans raccords. On utilise aussi un nouveau matériau — le polyéthylène — pour l'eau froide, dans certains cas, mais d'ordinaire pas à l'intérieur d'une maison. On joint aussi ces tuyaux par des raccords.

L'assemblage: Les tuyaux d'approvisionnement d'eau en acier et ceux des égouts et ventilation sont reliés aux raccords par des joints filetés. Les filets extérieurs du tuyau se vissent aux filets intérieurs des raccords. Les filets du tuyau sont coniques pour former un joint serré. Du mastic à joints sur les filets les rendra étanches. C'est une soudure à l'étain qui unit les tuyaux d'approvisionnement et ceux de renvoi. Le joint absorbe la soudure fondue qui se durcit en un joint serré. Des installations d'approvisionnement en cuivre ont des joints évasés (p. 231).

Les tuyaux DWV en plastique sont reliés aux raccords par fusion grâce à un ciment dissolvant. Les

tuyaux d'égout et de ventilation en fonte sont raccordés par des manchons de caoutchouc néoprène ou des joints de plomb (p. 227).

Le code: Un code de plomberie régit le genre de matériaux qu'on peut employer et la façon dont le système doit être conçu et installé. Avant d'entreprendre des travaux, il est recommandé de se renseigner sur le code régional.

Un raccord en croix est un raccord entre l'eau potable (dans un système d'approvisionnement) et l'eau qui ne l'est pas. Presque toutes les maisons en ont. La vôtre aussi.

Quand le bec d'un robinet est immergé dans un bassin débordant d'eau usée, il peut se produire un retour de cette eau dans le tuyau de l'eau potable, ce qui constitue un raccord en croix.

Un boyau d'arrosage dont le bout est placé dans une piscine devient un raccord en croix. Si le robinet d'alimentation est plus bas que le niveau de l'eau, installez une valve d'arrêt à vide.

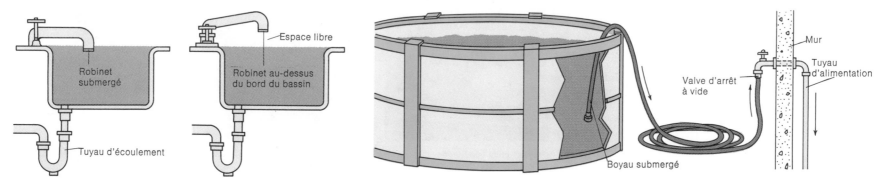

Robinet submergé — Tuyau d'écoulement
Raccord en croix d'ancienne installation

Espace libre — Robinet au-dessus du bord du bassin
Espace libre d'installation moderne

Boyau submergé
On évite un raccord en croix en installant une valve d'arrêt à vide

Mur — Valve d'arrêt à vide — Tuyau d'alimentation

Egouts bouchés

Débouchage d'un égout

Façon de procéder: Quand un évier, un lavabo, une douche ou une baignoire s'égouttent lentement ou pas du tout, la cause en est une d'accumulation de cheveux, de graisse ou autres détritus logés dans le renvoi.

Essayez d'abord de réparer avec un débouchoir — qu'on appelle aussi ventouse et "l'ami du plombier". Le meilleur type est celui qui a une embouchure large et plate et s'ajuste facilement au fond presque plat des appareils.

Remplissez la cuvette d'un pouce ou deux d'eau. Enlevez le bouchon, s'il y en a un. Masquez l'ouverture du déversoir avec un chiffon humide ou bouchez-le avec la main: ceci augmentera la pression du

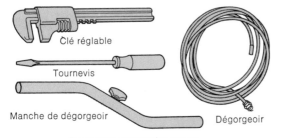

Clé réglable

Tournevis

Manche de dégorgeoir

Dégorgeoir

Outils pour nettoyer les tuyaux

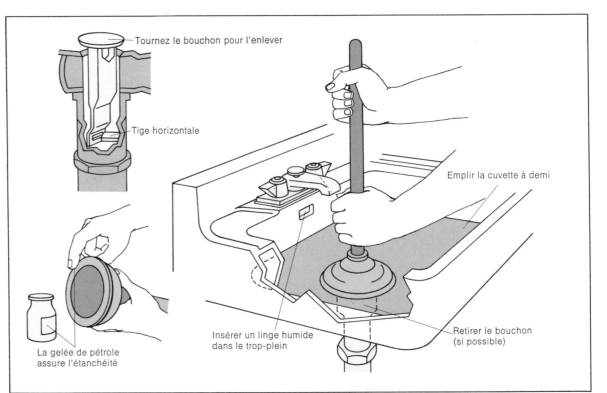

Tournez le bouchon pour l'enlever

Tige horizontale

Emplir la cuvette à demi

Insérer un linge humide dans le trop-plein

Retirer le bouchon (si possible)

La gelée de pétrole assure l'étanchéité

débouchoir et empêchera le retour par le déversoir. Soulevez le débouchoir pour retirer l'air et placez-le juste sur le renvoi. Actionnez fermement, de bas en haut et de haut en bas. Essayez aussi avec un débouchoir à air comprimé du même principe qu'une pompe (p. 217).

Si, après quelque temps, le débouchoir ne réussit pas, on peut utiliser un produit chimique liquide. Si le blocage résiste toujours, il reste le dégorgeoir, appelé aussi "serpent de plombier". Son action rotative dans le drain peut souvent réussir là où le reste a échoué. Un boyau d'arrosage peut également s'avérer utile.

Si on n'obtient pas de résultat, il reste à enlever l'écrou sous le siphon et à nettoyer. Quand le siphon n'a pas d'écrou, on peut le changer. Certaines baignoires et douches ont des siphons avec bouchon vissé sous le plancher pour faire pénétrer le dégorgeoir qui délogera les saletés accumulées.

En dernier recours, il vous restera à enlever le siphon, à le nettoyer à fond et à le remettre en place. Profitez-en pour choisir un type de siphon avec bouchon, plus facile à garder en bon état.

Le nettoyeur chimique liquide, plus lourd que l'eau, atteindra l'obstruction. Suivre le mode d'emploi indiqué sur le contenant. Ne pas éclabousser; ce produit est très corrosif.

L'action rotative atteindra l'obstruction du tuyau. Le débouchoir pénétrera dans les coudes. Certains types de débouchoirs permettent le rangement du câble dans le bâti.

Le bouchon du siphon s'enlève pour faciliter le nettoyage à la main ou au débouchoir. Posez un bassin sous le siphon. S'il n'y a pas de bouchon, il faut parfois changer le siphon.

Débouchage des toilettes

Les toilettes ont des siphons qui peuvent se boucher et où les nettoyeurs chimiques peuvent difficilement pénétrer. Il vaudrait mieux employer plutôt un débouchoir de type ventouse qui possède un rebord assez large pour couvrir le drain de la cuvette.

Si l'obstruction résiste, il reste le débouchoir à tuyaux. Le manche est recourbé pour donner accès au siphon des toilettes. Placez le débouchoir dans le siphon et tournez la poignée de la manivelle pour le faire avancer jusqu'à l'obstruction. Il est préférable d'accrocher l'obstruction et de la retirer vers soi ou de la briser plutôt que de la pousser plus avant. Une fois l'obstruction brisée, les débris sont emportés par l'eau de la chasse.

À défaut de débouchoir de tuyaux, un débouchoir en caoutchouc fera l'affaire, mais il sera plus diffi-cile de l'installer dans le siphon. La main envelop-pée d'un sac de plastique, placez le débouchoir dans le siphon. Faites ensuite avancer le câble dans le siphon jusqu'à l'obstruction, en tâchant de l'accro-cher pour la retirer.

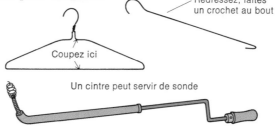

Redressez; faites un crochet au bout

Coupez ici

Un cintre peut servir de sonde

Débouchoir de cuvette

Un cintre peut servir de sonde et d'accrochoir d'obstruction. Un jouet ou une brosse à dents s'en-lèvent difficilement. Lorsque l'obstruction résiste toujours, il ne reste plus qu'à enlever la cuvette de son socle, à la retourner et à en retirer l'obs-truction par le dessous (p. 237).

Une cuvette qui se bouche souvent peut avoir une obstruction partielle. Il faut faire passer le débou-choir dans les tuyaux pendant que la chasse d'eau fonctionne. S'il ne s'agit pas d'une obstruction par-tielle et que la cuvette est du type "siphon inversé", il faut remplacer l'appareil par un des modèles "si-phon à jet". Ces derniers coûtent plus cher, mais ils possèdent une ouverture de $5/8''$ à l'arrière du ré-servoir, ouverture située à plusieurs pouces sous le niveau de l'eau.

Pompe à air comprimé

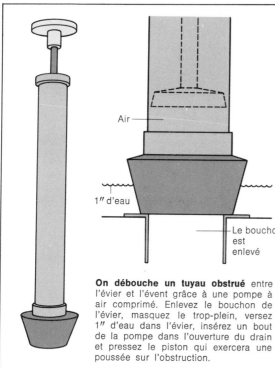

Air

1″ d'eau

Le bouchon est enlevé

On débouche un tuyau obstrué entre l'évier et l'évent grâce à une pompe à air comprimé. Enlevez le bouchon de l'évier, masquez le trop-plein, versez 1″ d'eau dans l'évier, insérez un bout de la pompe dans l'ouverture du drain et pressez le piston qui exercera une poussée sur l'obstruction.

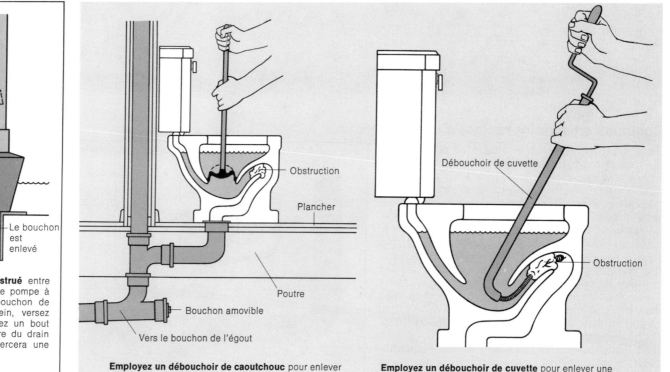

Obstruction

Plancher

Poutre

Bouchon amovible

Vers le bouchon de l'égout

Employez un débouchoir de caoutchouc pour enlever l'obstruction

Débouchoir de cuvette

Obstruction

Employez un débouchoir de cuvette pour enlever une obstruction solide

Tuyau d'écoulement principal obstrué

Comment déboucher un tuyau d'écoulement principal

Il arrive parfois que l'eau ne s'écoule plus à cause d'une obstruction dans un des tuyaux d'égout plutôt que dans une installation. Découvrez-en la raison en desserrant le bouchon d'égout le plus rapproché de l'installation. Si l'eau s'écoule autour du bouchon, c'est que l'obstruction est plus loin.

Dans ce cas, desserrez le bouchon suivant pour vider le système d'approvisionnement et de ventilation — DWV. Dévissez le bouchon et laissez couler l'eau dans un seau. Si l'obstruction se trouve près du bouchon, nettoyez avec un fil d'acier ou un boyau d'arrosage — en injectant l'eau graduellement. (On ne doit pas boire de l'eau de ce boyau avant qu'il ne soit bien nettoyé.)

Si vous possédez un débouchoir ou serpent de plombier, insérez-le dans le tuyau jusqu'à ce qu'il rencontre une faible résistance; puis, tournez la manivelle en tirant et poussant pour retirer l'obstruction.

Une forte résistance indique la présence d'un coude ou d'un joint de tuyau qu'il faut passer. Pour aller au-delà de la portée du débouchoir ou du serpent, louez un débouchoir robuste de 25, 50 ou 100 pieds.

Utilisez un débouchoir électrique pour nettoyer un tuyau qui va de la maison à l'égout collecteur.

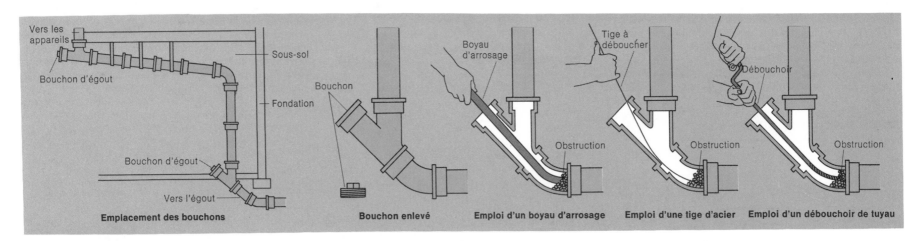

Emplacement des bouchons   **Bouchon enlevé**   **Emploi d'un boyau d'arrosage**   **Emploi d'une tige d'acier**   **Emploi d'un débouchoir de tuyau**

Comment enlever les racines d'un tuyau

On se sert d'un débouchoir électrique pour enlever les racines d'arbres dans les tuyaux et égouts souterrains. Ces appareils, loués des sociétés de location, ont une tête munie de couteaux à racines.

Localisez d'abord l'obstruction et enlevez le bouchon d'égout le plus rapproché — au sous-sol, dans un réduit et même à l'extérieur. Faites pénétrer le câble du débouchoir dans le tuyau, peu à la fois, jusqu'à ce que le couteau rencontre une résistance. Puis laissez pénétrer plus tranquillement encore afin que les couteaux agissent sans arrêt.

Une fois le passage clair, faites couler de l'eau d'un boyau d'arrosage pour enlever les débris, tout en faisant fonctionner le débouchoir. Quand il touche un objet solide, infranchissable, vous avez atteint l'égout collecteur. Ramenez le tout tranquillement, vérifiez le tuyau en replaçant le bouchon et en actionnant la chasse plusieurs fois avant de nettoyer le câble et de retourner la machine.

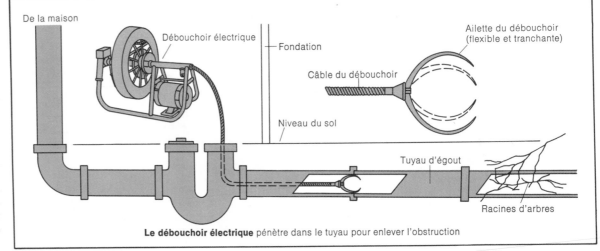

Le débouchoir électrique pénètre dans le tuyau pour enlever l'obstruction

Réparation d'un robinet à rondelle

Les robinets coulent quand la rondelle du siège et la garniture autour de la tige sont usées. L'eau qui dégoutte du bec indique que la rondelle ou le siège, ou les deux à la fois, sont usés. Une fuite autour de la tige de la poignée indique que la garniture est usée.

Les robinets modernes portent des anneaux en plastique plutôt que des garnitures. Ayez toujours à portée de la main un assortiment de rondelles, d'anneaux, de boulons en cuivre et de garnitures. Ils vous serviront, à l'occasion. Pour réparer, retirez d'abord la poignée du robinet. Parfois, la vis est cachée sous un couvercle — vissé ou agrafé — qui doit être enlevé. Ensuite, suivez les directives illustrées.

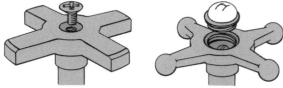

La vis est sous le couvercle vissé ou agrafé

Les robinets peuvent être différents: la méthode est la même pour les éviers, lavabos, cuves, etc. Réparation des robinets sans rondelle, page suivante.

Outil à roder un siège de valve

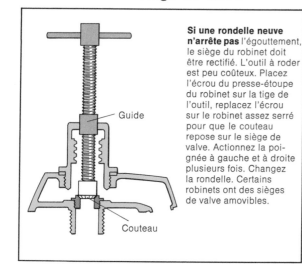

Si une rondelle neuve n'arrête pas l'égouttement, le siège du robinet doit être rectifié. L'outil à roder est peu coûteux. Placez l'écrou du presse-étoupe du robinet sur la tige de l'outil, replacez l'écrou sur le robinet assez serré pour que le couteau repose sur le siège de valve. Actionnez la poignée à gauche et à droite plusieurs fois. Changez la rondelle. Certains robinets ont des sièges de valve amovibles.

Guide
Couteau

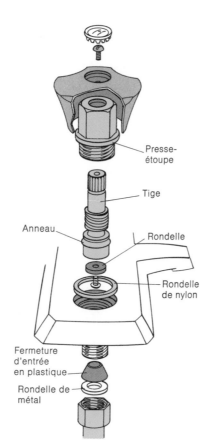

Tige
Presse-étoupe
Rondelle de nylon
Anneau
Siège amovible
Rondelle

Presse-étoupe
Tige
Anneau
Rondelle
Rondelle de nylon
Fermeture d'entrée en plastique
Rondelle de métal

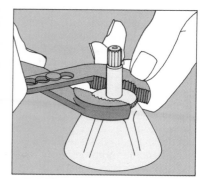

1. Arrêtez l'eau et enlevez la poignée du robinet. Laissez-la si elle ne couvre pas l'écrou presse-étoupe.

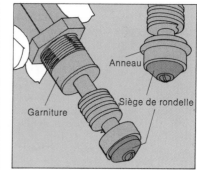

2. Enlevez le chapeau pour atteindre l'écrou. Du ruban gommé empêchera les égratignures.

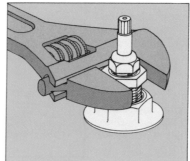

3. Enlevez l'écrou — en tournant vers la gauche — avec une clé, puis la tige et le montage de la rondelle.

Anneau
Garniture
Siège de rondelle

4. Les parties du montage de la tige varient. Elles ont des rondelles, des anneaux ou des garnitures.

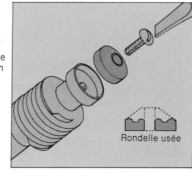

Rondelle usée

5. Les rondelles usées sont plates, déformées ou dures. Changez-les en les tournant de côté. Employez une vis en cuivre sur une rondelle.

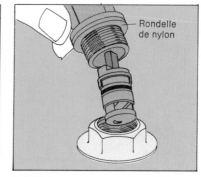

Rondelle de nylon

6. Certains montages de tiges sont dans un manchon qui contient le siège de valve facilement remplaçable s'il est endommagé.

Les robinets

Réparation des robinets sans rondelle

Les robinets modernes dépourvus de rondelle sont différents de ceux qui en ont. Ils causent moins d'ennuis et sont faciles à réparer. Enlevez la vis Phillips, cachée dans la poignée. Elle est au centre, sous un couvercle que vous soulevez du doigt ou que vous dévissez.

Ces robinets possèdent rarement un écrou presse-étoupe; l'écrou de la tige unit les pièces entre elles. Au lieu d'une rondelle, ils ont un diaphragme de caoutchouc ou deux pièces de métal sur métal qui arrêtent l'eau. Dévissez l'écrou de la tige avec une clé, sortez le montage. Si le diaphragme ne sort pas, repêchez-le avec un petit tournevis. Apportez le tout chez le fournisseur en plomberie et procurez-vous un nécessaire à réparer les robinets. Posez les pièces, le montage et la poignée, et vous avez un robinet neuf.

Il faut parfois user de force pour sortir **les montages de valves métal sur métal** des joints des anneaux; au besoin, replacez la poignée temporairement pour obtenir une bonne prise sans avoir recours aux pinces ou à une clé. Si un robinet cause des ennuis, changez tout le montage de valve.

Comme la tige des robinets sans rondelle est toujours sèche quand on la démonte, lubrifiez-la avec de la gelée de pétrole ou avec de la graisse, mais n'oubliez pas qu'il ne faut jamais lubrifier les pièces de caoutchouc.

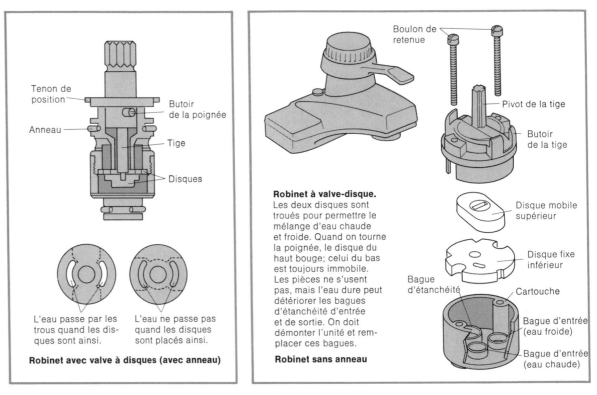

Tenon de position

Anneau

Butoir de la poignée

Tige

Disques

L'eau passe par les trous quand les disques sont ainsi.

L'eau ne passe pas quand les disques sont placés ainsi.

Robinet avec valve à disques (avec anneau)

Boulon de retenue

Pivot de la tige

Butoir de la tige

Robinet à valve-disque. Les deux disques sont troués pour permettre le mélange d'eau chaude et froide. Quand on tourne la poignée, le disque du haut bouge; celui du bas est toujours immobile. Les pièces ne s'usent pas, mais l'eau dure peut détériorer les bagues d'étanchéité d'entrée et de sortie. On doit démonter l'unité et remplacer ces bagues.

Disque mobile supérieur

Disque fixe inférieur

Bague d'étanchéité

Cartouche

Bague d'entrée (eau froide)

Bague d'entrée (eau chaude)

Robinet sans anneau

Manette de commande de baignoire et de douche

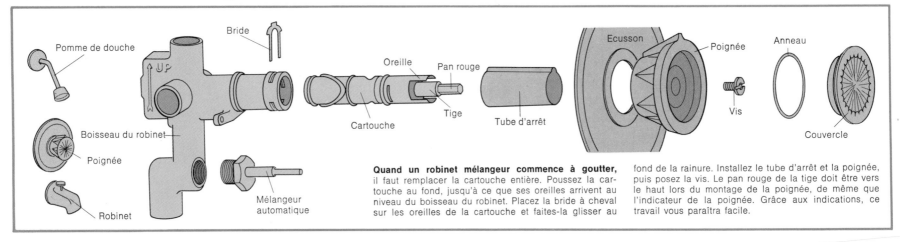

Pomme de douche

Bride

Oreille

Pan rouge

Ecusson

Poignée

Anneau

Boisseau du robinet

Cartouche

Tige

Tube d'arrêt

Vis

Couvercle

Poignée

Robinet

Mélangeur automatique

Quand un robinet mélangeur commence à goutter, il faut remplacer la cartouche entière. Poussez la cartouche au fond, jusqu'à ce que ses oreilles arrivent au niveau du boisseau du robinet. Placez la bride à cheval sur les oreilles de la cartouche et faites-la glisser au fond de la rainure. Installez le tube d'arrêt et la poignée, puis posez la vis. Le pan rouge de la tige doit être vers le haut lors du montage de la poignée, de même que l'indicateur de la poignée. Grâce aux indications, ce travail vous paraîtra facile.

Robinet mélangeur et gicleur d'évier

Réparation d'un gicleur d'évier: Vous pouvez réparer les valves d'un boyau à jet automatique qui n'amène plus l'eau du robinet dans le boyau quand on appuie sur le bouton. Cependant, il est normal qu'un filet d'eau coule du robinet quand on se sert du gicleur.

Si vous avez des ennuis, assurez-vous que le robinet et la tête du gicleur sont propres. Vous pouvez acheter les pièces pour remplacer celles qu'on ne peut nettoyer.

Si le problème persiste, regardez sous l'évier si le boyau s'est noué. Vous doutez du boyau? Fermez le robinet et débranchez le boyau en desserrant l'écrou à six pans sous le robinet et remplacez le boyau par un autre identique. Le dernier endroit à vérifier est la valve du mélangeur. On la retire en enlevant le bec du robinet; alors, on peut enlever ou dévisser les pièces de la valve et remplacer la valve du mélangeur.

Installation et réparation du robinet mélangeur: On peut moderniser les anciens éviers, lavabos, baignoires et douches en installant des robinets mélangeurs. Une seule manette contrôle l'eau chaude et l'eau froide en les mélangeant d'un coup à la température voulue.

D'abord, coupez l'eau à l'appareil; puis enlevez les vieux robinets en les détachant des tuyaux d'arrivée sous l'évier. Mesurez la distance entre le centre des trous de l'accessoire — ordinairement, 4, 6 ou 8 pouces — et achetez un robinet mélangeur selon les mesures. Le fournisseur doit être informé du type et des dimensions des tuyaux de raccord pour fournir les adaptateurs appropriés si les nouvelles pièces du robinet sont d'un diamètre différent de celles déjà en place.

Glissez le nouveau robinet dans les trous de la table, en disposant les pièces selon les indications, et posez la base sur du mastic pour parer aux fuites. Bridez solidement le robinet à la table en resserrant les écrous de blocage.

Le seul entretien qu'exige ce robinet est le nettoyage des filtres quand le débit commence à ralentir. Le fabricant explique la façon de procéder. Pour avoir accès aux filtres, enlevez le bec du robinet, puis le cache-entrée, et dévissez les bouchons de chaque côté du bâti du robinet (voir la vignette).

Si l'anneau du bec est usé, posez-en un nouveau. Il faut tenir serrée la vis d'ajustement de la poignée pour éviter un dérèglement de la température.

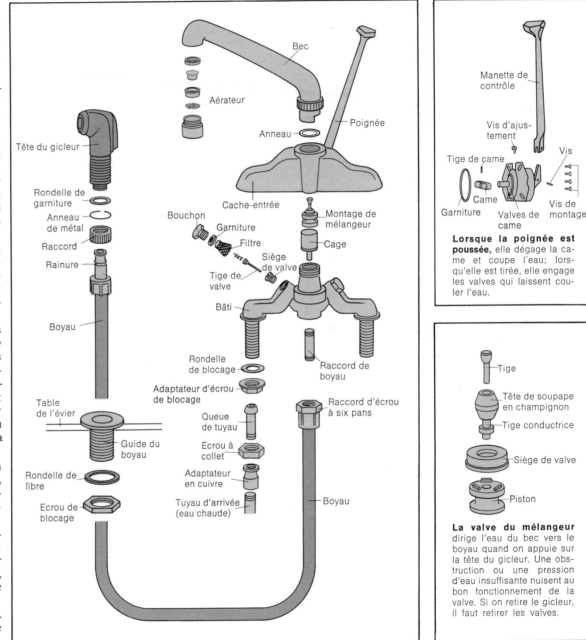

Tête du gicleur
Rondelle de garniture
Anneau de métal
Raccord
Rainure
Boyau
Table de l'évier
Guide du boyau
Rondelle de fibre
Ecrou de blocage

Bec
Aérateur
Anneau
Poignée
Cache-entrée
Bouchon
Garniture
Filtre
Siège de valve
Tige de valve
Bâti
Montage de mélangeur
Cage

Rondelle de blocage
Adaptateur d'écrou de blocage
Queue de tuyau
Ecrou à collet
Adaptateur en cuivre
Tuyau d'arrivée (eau chaude)
Raccord de boyau
Raccord d'écrou à six pans
Boyau

Manette de contrôle
Vis d'ajustement
Tige de came
Vis
Garniture
Came
Valves de came
Vis de montage

Lorsque la poignée est poussée, elle dégage la came et coupe l'eau; lorsqu'elle est tirée, elle engage les valves qui laissent couler l'eau.

Tige
Tête de soupape en champignon
Tige conductrice
Siège de valve
Piston

La valve du mélangeur dirige l'eau du bec vers le boyau quand on appuie sur la tête du gicleur. Une obstruction ou une pression d'eau insuffisante nuisent au bon fonctionnement de la valve. Si on retire le gicleur, il faut retirer les valves.

Les toilettes

Fonctionnement du réservoir de chasse

Tous les réservoirs fonctionnent selon le même principe. Quand on actionne la chasse, le levier soulève la poire de la soupape ou le clapet en caoutchouc, selon le cas, et laisse l'eau emplir la cuvette. Quand le réservoir est presque vide, la poire retombe à sa place sur l'ouverture: Le flotteur baisse avec le niveau de l'eau. Puisque la sortie d'eau est fermée, le réservoir se remplit par le tuyau de remplissage. L'eau monte aussi par le tuyau de remplissage de la cuvette jusque dans le tuyau de trop-plein. Quand le niveau d'eau arrive à l'embouchure du tuyau de trop-plein, le flotteur ferme la valve d'entrée, et le cycle est complet.

La plupart des problèmes du réservoir proviennent du flotteur ou des tiges. La meilleure chose à faire, c'est de remplacer la tige, le guide et la poire par un clapet en caoutchouc qu'on glisse le long du tuyau et qui est actionné par une chaîne en acier inoxydable reliée au levier de bascule.

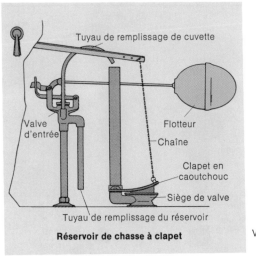

Réservoir de chasse à clapet

Panne et dépannage

PROBLÈME	SOLUTION
L'eau continue de couler; le réservoir ne se remplit pas	Vérifiez les joints de la manette, du levier, les tiges de levée et la poire. Repliez les morceaux courbés ou remplacez-les. Vérifiez si la poire est bien au centre du siège de valve. Sinon, tournez le guide sur le tuyau de trop-plein pour aligner la poire.
Le réservoir se remplit, mais l'eau continue de couler	Soulevez le flotteur. Si l'eau s'arrête, pliez la tige du flotteur pour abaisser celui-ci légèrement. Si l'eau ne s'arrête pas, retirez les vis des leviers de la valve d'entrée et le robinet flotteur. Changez la rondelle de la valve d'entrée. Si le siège de cette valve est corrodé, remplacez-le. S'il n'est pas remplaçable, changez la valve au complet. Le tuyau de remplissage de la cuvette ne doit pas être sous le niveau de l'eau du réservoir. Un siège de valve entartré cause des fuites. Nettoyez le vôtre, si nécessaire.
Le niveau de l'eau est trop haut ou trop bas	Le niveau doit être à ¾″ sous le bout du tuyau de trop-plein. Recourbez la tige du flotteur vers le bas pour faire baisser le niveau, vers le haut pour l'élever. Si le niveau est trop haut, l'eau débordera; s'il est trop bas, la chasse sera incomplète.
La chasse est incomplète	La poire ne s'élève probablement pas suffisamment. Raccourcissez la tige de levée supérieure pour que la poire s'élève plus haut.
L'eau éclabousse l'intérieur du réservoir durant le remplissage	Dirigez le tuyau de remplissage dans le tuyau de trop-plein ou, encore, remplacez la rondelle ou l'anneau en plastique.
Le réservoir suinte (l'humidité de l'air se condense sur sa surface en porcelaine)	1. La méthode la plus simple est de couvrir l'extérieur du réservoir de ratine. Ce tissu absorbe les gouttelettes d'eau qui se condensent sur le réservoir. 2. La garniture intérieure en mousse de plastique est plus efficace encore. Elle se vend en nécessaires ou *kits*. Chassez l'eau, asséchez l'intérieur du réservoir et appliquez la feuille de mousse, tel qu'indiqué. 3. La méthode la plus permanente qui se puisse recommander, c'est la pose d'une valve qui combine l'entrée de l'eau chaude et celle de l'eau froide. Cette valve amène de l'eau chaude avec de l'eau froide dans le réservoir, en tempérant le contenu et en y coupant la condensation. Insérez la valve dans le conduit d'amenée d'eau froide qui mène à l'entrée du réservoir, puis attachez le conduit d'eau chaude à la valve.

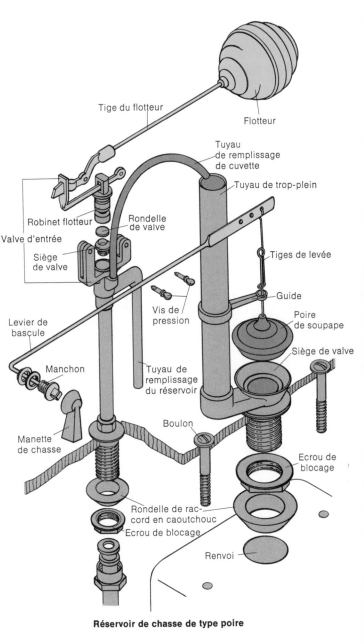

Réservoir de chasse de type poire

Réparation d'une valve de renvoi

Une valve de renvoi est une valve automatique de comptage qui, une fois actionnée, complète son cycle et s'arrête d'elle-même.

Ces valves sont de deux types: à diaphragme et à piston. Elles durent longtemps et réclament peu de soins. Elles devraient être ajustées, lors de la pose, pour n'employer que le minimum d'eau de chasse. On règle le débit en tournant une vis; à gauche, on augmente; à droite, on diminue.

Si la valve ne se ferme pas complètement, démontez-la en enlevant le capot, le dessus et le piston (la valve de sûreté également). Nettoyez bien les pièces, surtout la valve de sûreté, le piston et le siège. Nettoyez le filtre et remontez le tout.

Quand la chasse fournit insuffisamment d'eau lorsqu'on l'actionne, c'est qu'il y a défectuosité dans la valve ou qu'une vis est mal ajustée. D'abord, assurez-vous que la valve de contrôle est ouverte au complet. Si elle est défectueuse, démontez-la et vérifiez si le diaphragme et le piston sont serrés dans le guide et si les orifices de dérivation n'ont pas été agrandis.

On peut se procurer diaphragmes, piston et valves pour remplacer les pièces usées.

Réservoir de toilette nouveau-genre

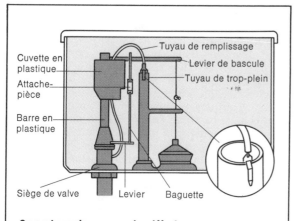

Cuvette en plastique — Attache-pièce — Barre en plastique — Siège de valve — Levier — Baguette — Tuyau de remplissage — Levier de bascule — Tuyau de trop-plein

On peut remplacer une valve défectueuse par un nouveau type de renvoi: le Fluidmaster en plastique sans flotteur. La pression de l'eau contrôle la valve d'alimentation, assurant au réservoir un niveau d'eau uniforme sans glouglou ou sifflement.

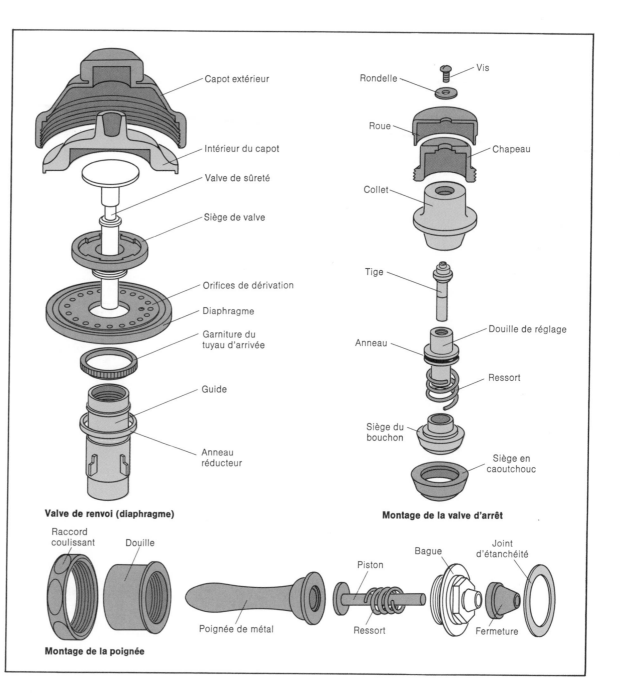

Capot extérieur — Intérieur du capot — Valve de sûreté — Siège de valve — Orifices de dérivation — Diaphragme — Garniture du tuyau d'arrivée — Guide — Anneau réducteur

Valve de renvoi (diaphragme)

Vis — Rondelle — Roue — Chapeau — Collet — Tige — Douille de réglage — Anneau — Ressort — Siège du bouchon — Siège en caoutchouc

Montage de la valve d'arrêt

Raccord coulissant — Douille — Poignée de métal — Piston — Ressort — Bague — Fermeture — Joint d'étanchéité

Montage de la poignée

Les bruits dans la tuyauterie

Causes et remèdes

Tic-tac dans les tuyaux: Quand l'eau chaude circule dans des tuyaux froids, ceux-ci prennent de l'expansion et émettent un son semblable au tic-tac d'une horloge. Éliminez cette musique en vous assurant que vos tuyaux ont le jeu qui leur est nécessaire dans leurs supports.

Glouglous dans les tuyaux: Ces bruits sont causés, en général, par une ventilation inappropriée, une obstruction partielle ou, encore, par des tuyaux de mauvaises dimensions. Posez un tuyau anti-siphon: vous guérirez le bobo.

Sifflement dans les tuyaux: Sous forte pression, l'eau peut émettre un sifflement aigu lorsqu'elle franchit un réducteur. Souvent, c'est la valve d'alimentation des toilettes qui siffle, parce qu'une vis d'ajustement réduit le débit d'eau. S'il n'y a pas de vis, tournez la valve d'arrêt du réservoir pour réduire le débit et arrêter le sifflement. Vérifiez toutes les valves du système d'alimentation et n'en laissez aucune entrouverte.

Écoulement d'eau: Évitez les fuites d'eau inutiles dans les tuyaux quand les robinets sont fermés, et tâchez de les localiser. Un robinet mal fermé ou un réservoir qui coule (p. 222) produisent ce résultat. On empêche un tuyau de vibrer en l'enveloppant de feutre ou en posant des supports.

Certains humidificateurs de chaudière reliés aux tuyaux d'eau froide font entendre un bruit de fuite. Un adoucisseur d'eau automatique produit un fort bruit en refoulant et peut perdre beaucoup d'eau, s'il est mal réglé.

Cherchez la cause du mal: c'est ou la valve, ou la minuterie.

Fixation des tuyaux aux montants et solives

Fixation de tuyaux avec supports et blocs

Echec aux coups de bélier

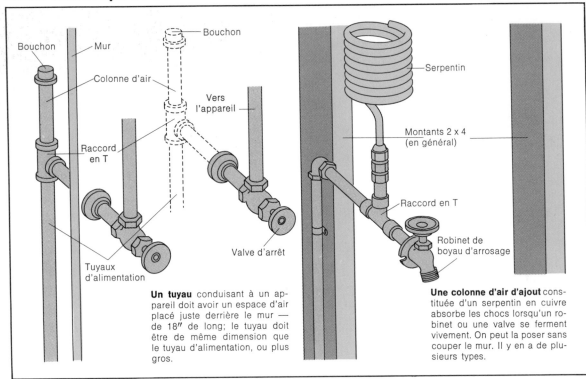

Un tuyau conduisant à un appareil doit avoir un espace d'air placé juste derrière le mur — de 18″ de long; le tuyau doit être de même dimension que le tuyau d'alimentation, ou plus gros.

Une colonne d'air d'ajout constituée d'un serpentin en cuivre absorbe les chocs lorsqu'un robinet ou une valve se ferment vivement. On peut la poser sans couper le mur. Il y en a de plusieurs types.

Un coup de bélier est un martèlement dans les tuyaux quand un robinet ou une valve se ferment rapidement. L'eau qui circule dans les tuyaux lorsque la valve est ouverte s'arrête brusquement quand on ferme le robinet, accumulant une forte pression dans tout le système. Un tuyau ou un raccord peuvent alors éclater et causer des dommages.

Ce problème est causé par un défaut de la colonne d'air. Celle-ci fait rebondir l'eau sur un coussin d'air quand on ferme la valve.

Les chambres d'air courantes — appelées aussi coussins d'air ou stop aux coups de bélier — sont de plusieurs types. La plus populaire est le tuyau de cuivre flexible, en serpentin, fermé à un bout et relié, à l'autre bout, par un raccord, au tuyau d'eau chaude ou d'eau froide. Une seconde est faite d'un sac de caoutchouc inséré dans un manchon de métal. Une troisième ressemble à une énorme poignée de porte. Toutes fonctionnent selon le principe du coussin d'air.

Un coussin d'air peut s'emplir d'eau. Pour le vider de son contenu, arrêtez la valve principale et videz complètement le système d'approvisionnement d'eau. Ouvrez tous les robinets pour faire entrer l'air. Puis fermez les robinets et ouvrez l'eau.

Si les coups de bélier persistent, installez un espace d'air à chaque appareil ou, encore, un gros espace d'air à l'entrée d'approvisionnement d'eau.

Dégel des tuyaux

L'eau peut geler dans les tuyaux qui passent dans des endroits froids — les espaces découverts des caves non chauffées, par exemple. L'eau se dilate en gelant; si le tuyau ne se dilate pas aussi, il fend. L'isolation protège contre une basse température, mais n'empêche pas le gel. Pour l'éviter, enveloppez le tuyau d'un fil électrique chauffant — un tour à tous les 2', puis couvrez-le d'isolant pour lui conserver sa chaleur. Branchez le fil quand la température descend sous le point de congélation. On se sert aussi de ce fil pour dégeler les tuyaux.

Il existe d'autres méthodes. L'une des meilleures consiste à verser de l'eau bouillante sur des serviettes enroulées autour du tuyau gelé. On peut aussi dégeler au chalumeau, mais il faut prendre garde que la pression de la vapeur ne fasse éclater le tuyau. Ne chauffez pas un tuyau plus que la main ne peut endurer.

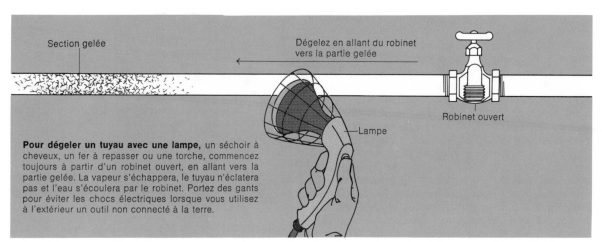

Section gelée

Dégelez en allant du robinet vers la partie gelée

Robinet ouvert

Lampe

Pour dégeler un tuyau avec une lampe, un séchoir à cheveux, un fer à repasser ou une torche, commencez toujours à partir d'un robinet ouvert, en allant vers la partie gelée. La vapeur s'échappera, le tuyau n'éclatera pas et l'eau s'écoulera par le robinet. Portez des gants pour éviter les chocs électriques lorsque vous utilisez à l'extérieur un outil non connecté à la terre.

Isolation des tuyaux

L'isolation protège de deux façons: elle empêche les tuyaux d'eau froide de suinter quand il fait chaud et elle réduit les pertes de chaleur des tuyaux d'eau chaude. Il y en a plusieurs types. Le plus simple, pour les tuyaux d'eau froide, est un liquide qui contient du liège moulu fin. Avec un pinceau, on en applique une ou plusieurs couches, jusqu'à ce qu'on obtienne l'épaisseur désirée.

La meilleure façon d'isoler un tuyau est de le recouvrir d'un ruban gommé isolant semblable à du mastic. On enroule le ruban en spirale autour des tuyaux et des raccords (voir vignette). Une autre méthode efficace consiste à enrouler du ruban gommé autour des tuyaux recouverts de pâte plastique. Pour les raccords, on trempe le ruban dans la pâte et on le moule en place. On obtient une excellente isolation avec des manchons de mousse plastique, de feutre ou de fibre de verre de 3' de long qui s'emboîtent aux tuyaux. Les morceaux d'isolant épais sont fendus pour s'ajuster facilement sur une longueur de tuyau. On peut les couper en sections avec une égoïne à dents fines comme une scie à métaux, par exemple.

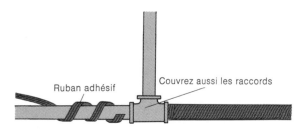

Ruban adhésif

Couvrez aussi les raccords

Tuyau enveloppé de ruban adhésif

Tuyaux crevés

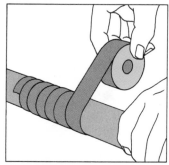

Réparation temporaire d'une fuite mineure avec du ruban gommé.

Une pâte d'époxy arrête les fuites des raccords. Coupez l'eau.

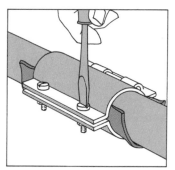

Une bride de tuyau boulonnée sur caoutchouc arrête une grosse fuite.

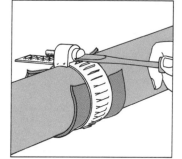

Une bride de boyau sur caoutchouc arrête une fuite légère.

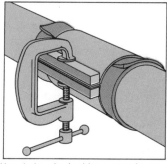

Une boîte de fer-blanc coupée en deux et serrée entre 2 pièces de bois.

Réparations et installations de plomberie

Elaboration d'un programme de travail

La plupart des travaux de plomberie requièrent plus de travail pénible que d'adresse. La connaissance des matériaux requis et des principes de plomberie vous permettra d'effectuer réparations et améliorations sans l'aide d'experts.

Avec des outils ordinaires et un peu de temps, on peut accomplir des travaux d'apparence compliquée, tels que: installer un évier ou une cuvette de toilette, installer une nouvelle canalisation ou remplacer un bout de tuyau brisé. Les diagrammes des pages suivantes vous guideront pour faire les réparations de base et vous apprendront le nécessaire pour les travaux importants. Informez-vous toujours auprès du bureau régional de la construction pour savoir si le travail projeté est légal. Lisez le mode d'emploi fourni avec l'appareil. Rassemblez tous les outils et matériaux et si, en fin de compte, vous ne réussissez pas, appelez un plombier à la rescousse.

Puisque vous bricolez, vous possédez déjà la plupart des outils nécessaires: galon à mesurer, tournevis, pinces, marteau, scie à métaux, perceuse électrique et ciseaux. Vous pouvez louer ou acheter des outils spécialisés. Un entrepreneur en plomberie peut vous prêter ou louer des outils si vous achetez vos matériaux chez lui.

Usages et dimensions des clés: Les dimensions des clés sont calculées selon la longueur totale: du bout du manche jusqu'au bout de la mâchoire. On se sert d'une clé de 10 pouces pour les tuyaux d'au plus un pouce de diamètre et d'une clé de 18 pouces pour les tuyaux d'au plus 2 pouces de diamètre. Ceux de 2½ pouces ou plus de diamètre exigent une clé de 24 pouces. N'exigez pas d'une clé plus qu'elle ne peut donner en insérant un tuyau sur le manche en guise de levier. Vous risquez de briser les deux.

N'employez jamais une clé à tuyaux ou une clé à mors sur un tuyau plaqué ou lustré — elles endommagent la surface. C'est une erreur de trop serrer les mâchoires d'une clé sur un tuyau; en tournant, les mâchoires se resserrent et peuvent aplatir le tuyau. Placez et tournez toujours la clé de sorte que la force de tournage soit dirigée vers le côté ouvert — ceci resserrera la clé sur le tuyau. Ne tournez jamais une clé de côté. Quand on emploie deux clés pour tenir un raccord et un tuyau, on place la clé de gauche en avant pour desserrer le joint et la clé de droite en avant pour le resserrer.

Outils de base pour la plomberie

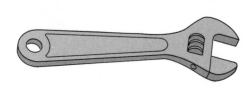

La clé à molette est utile pour enlever écrous et raccords des robinets et autres appareils.

La clé à gros écrous est employée pour les éviers et toilettes. Il existe des clés réglables, également.

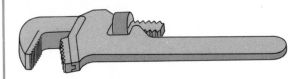

Les clés à tuyaux sont employées deux par deux, une sur le tuyau fileté, l'autre sur le raccord du tuyau.

On tourne **le coupe-tubes** autour des tuyaux pour les sectionner.

L'alésoir enlève les bavures.

La clé anglaise a des mâchoires lisses qui s'ajustent à divers écrous, ceux des siphons, par exemple.

La clé à douille sert à enlever des pièces du robinet.

L'évaseur agrandit les raccords des tuyaux de cuivre.

La scie à métaux possède une lame de 24 ou 32 dents au pouce et coupe les tuyaux de métal ou de plastique.

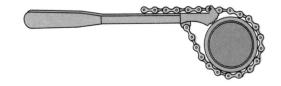

La clé à courroie s'emploie pour les tuyaux chromés; elle ne les endommage pas.

La clé coudée à tuyaux est utile pour les tuyaux difficiles d'accès et les robinets derrière éviers et lavabos.

La clé à chaîne sert pour les tuyaux et raccords situés dans des endroits étroits.

Un raccord pour chaque usage

Les tuyaux d'alimentation et les tuyaux de renvoi ont des raccords différents. Les seconds ont des parois lisses qui facilitent l'écoulement des corps solides. Dans un système d'égout et de ventilation, les raccords ordinaires ne sont employés que pour la ventilation, les raccords en fonte, que pour les

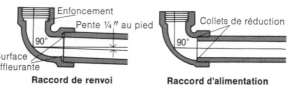

Raccord de renvoi   **Raccord d'alimentation**

égouts. Les raccords en acier galvanisé, en cuivre et en plastique servent pour l'alimentation et le renvoi. Les raccords et tuyaux en fer noir servent aux conduits de gaz, les raccords de laiton (type évasé), de bronze et de plastique servent pour l'alimentation d'eau seulement. Vérifiez auprès des autorités.

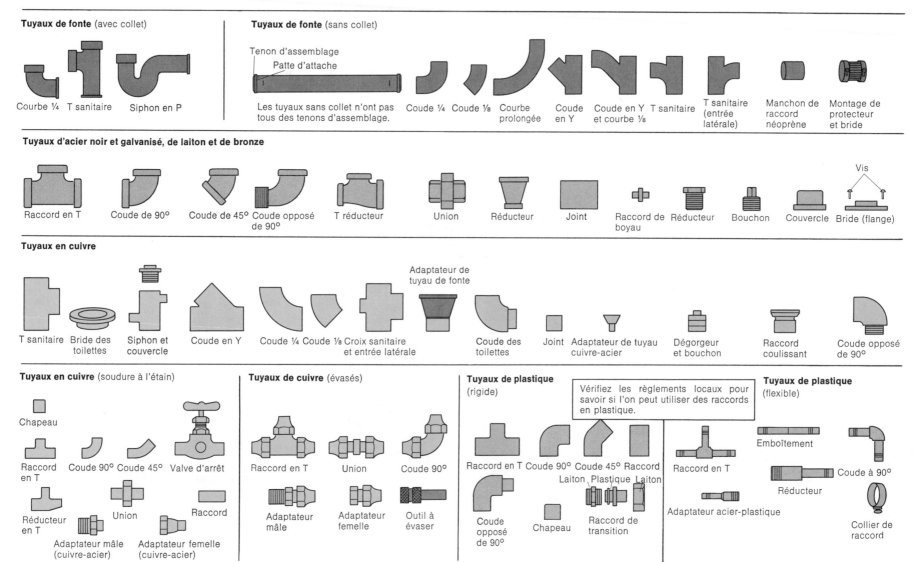

Tuyauterie de fonte

Utilisation du tuyau de fonte

Le tuyau de fonte est le tuyau le plus employé comme renvoi; il en existe deux sortes: le tuyau ordinaire et le tuyau robuste. Le tuyau ordinaire se coupe avec une scie à métaux. Faites une incision de 1/16" autour du tuyau; posez celui-ci sur un bloc de 2" x 4". Frappez avec un marteau sur l'excédent du tuyau, près de l'incision. Vous pouvez aussi couper le tuyau complètement avec la scie. Le tuyau robuste se coupe avec un ciseau à froid et un marteau, après qu'on ait fait des incisions autour de l'endroit désiré. Si vous organisez bien votre travail, très peu de coupes seront nécessaires. Les tuyaux se vendent en longueurs de cinq pieds.

Le tuyau de fonte porte un collet en forme de cloche à une extrémité et, à l'autre, une arête appelée tenon, qui s'adapte à un collet de même diamètre. Du bourrage assurera l'étanchéité.

On emplit l'espace libre du tuyau avec de l'étoupe (matière fibreuse) ou on tasse cette dernière jusqu'à un pouce du bord du collet. Puis on verse du plomb fondu sur l'étoupe, dans le collet. Détail d'importance, installez toujours le collet d'un tuyau vers le haut, jamais vers le bas, pour éviter l'obstruction des raccords par des corps solides.

L'installation des tuyaux sans collet ni raccord est plus simple. Des joints d'étanchéité de néoprène remplacent l'étoupe et font obstacle aux fuites, en dépit de l'excentration des tuyaux et raccords. En outre, l'emploi de tuyaux sans collet évite un gaspillage de pièces. On peut employer des retailles, démonter, réparer, ajouter, simplement en dévissant les vis de serrage. Pour démonter un tuyau avec collet, on fait fondre le plomb au chalumeau ou on coupe le tuyau de chaque côté du raccord. Quand un système à collet a été ouvert, les tuyaux sans collet peuvent être utilisés à la condition que les règlements soient respectés. Les tuyaux sans collet ont 2", 3" et 4" de diamètre et 5' et 10' de long.

L'écoulement peut se faire dans les deux sens, contrairement aux tuyaux avec collet. Toutefois, les raccords doivent être placés de façon à faciliter l'écoulement.

Raccordement des tuyaux de fonte

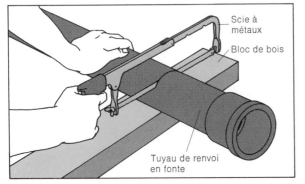

1. Mesurez le tuyau. Marquez tout autour au crayon ou à la craie et faites une incision de ⅟₁₆".

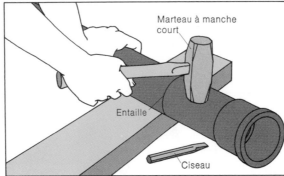

2. Placez le tuyau sur un bloc de bois et frappez près des entailles jusqu'au bois. Employez le ciseau pour les tuyaux robustes.

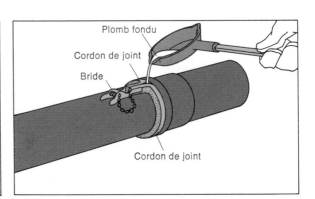

3. Une fois l'étoupe bien tassée, on verse du plomb fondu sur le cordon de joint en amiante pour le sceller.

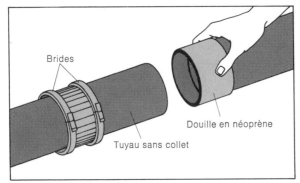

1. Les tuyaux sans collet sont réunis grâce à des brides et des douilles en néoprène. Il n'est pas nécessaire de laisser du jeu.

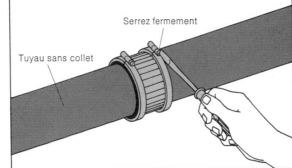

2. Les douilles et brides sont centrées sur les joints des tuyaux. La douille laisse une légère excentration.

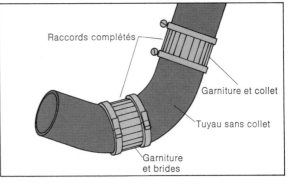

3. Raccord complété. Grâce à des adaptateurs, on peut réunir des tuyaux de types et dimensions différents. Voyez le code.

Utilisation des tuyaux

Dans le but de faciliter vos travaux, vous pouvez commander chez votre fournisseur les tuyaux filetés et coupés sur mesure. Les tuyaux ordinaires — filetés aux deux bouts — ont de 1″ à 12″ de long. Le tableau ci-dessous indique la façon de calculer la longueur nécessaire.

Lorsqu'on coupe un tuyau fileté, soit pour le remplacer, soit pour ajuster un embranchement, on se sert d'une union.

Un plombier prévoyant installera des unions aux endroits où il pense avoir souvent des réparations à effectuer: au chauffe-eau ou à l'adoucisseur d'eau, par exemple, ou, encore, près de la sortie d'une canalisation extérieure.

Calcul de la longueur des tuyaux

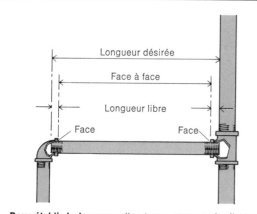

Pour établir la longueur d'un tuyau, mesurez la distance de la face d'un joint à l'autre face. Ajoutez-y la longueur du tuyau fileté qui entrera dans les raccords de chaque bout.

Diamètre (pouces)	Longueur libre (en pouces)	
	Raccords standards	Raccords de renvoi
½	½	aucun
¾	½	aucun
1	⅝	⅝
1¼	⅝	⅝
1½	⅝	⅝
2	¾	⅞
3	aucun	1
4	aucun	aucun

La coupe et le filetage des tuyaux de laiton et d'acier

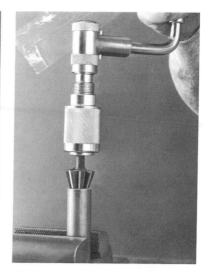

1. Si vous employez un coupe-tube, placez le tuyau dans l'étau, resserrez le couteau sur le tuyau; la roulette doit être sur la ligne indiquée. Serrez et coupez jusqu'au bout.

2. Pour fileter un tuyau, placez la matrice dans le porte-filière. Poussez et tournez jusqu'à ce qu'elle morde dans le tuyau. Huilez, puis dégagez pour enlever la limaille.

3. Pendant que le tuyau est dans l'étau, ajustez la pointe de l'alésoir sur le bout et tournez avec une pression moyenne. Arrêtez quand les bavures à l'intérieur auront été enlevées.

4. On applique de la pâte à joints sur les filets pour assurer l'étanchéité et faciliter le démontage. On peut utiliser du ruban de teflon au lieu de pâte; l'un et l'autre conviennent bien.

5. Vissez le raccord sur le tuyau (ou le tuyau sur le raccord) à la main, le plus serré possible, puis vissez avec une clé à tube. Ordinairement, deux ou trois filets dépassent.

6. Pour éviter de forcer un tuyau, employez deux clés en sens inverse pour tenir et serrer ce tuyau ou pour desserrer un raccord. Tournez les clés chaque fois dans le sens de leur ouverture.

Tuyauterie de cuivre rigide

Utilisation du tuyau de cuivre

Le tuyau de cuivre rigide, même s'il coûte cher, est d'emploi facile. On peut ajouter et réparer presque sans perte. Il résiste à la corrosion et au tartrage. Les petits tuyaux servent aux systèmes d'approvisionnement et les gros aux systèmes de renvoi et d'aération. Les joints soudés à l'étain sont les mêmes dans les deux cas.

Les tuyaux ont 12' et 20' de long et sont de trois catégories: minces (type M), moyens (type L), épais (type K). Selon les règlements, le type M avec joints soudés est suffisant pour une plomberie domestique. Les tuyaux enfouis dans le sol ou sujets à être endommagés doivent être du type K.

Le diamètre extérieur d'un tuyau de cuivre est de ⅛" plus grand que sa dimension nominale — ½", ¾", 1", 1¼", 2" et 3". Comme pour le tuyau d'acier, on tient compte de l'espace que le tuyau occupe dans les raccords. Quand on mesure le tuyau de cuivre, on détermine la distance libre entre les raccords, puis on ajoute le double de la longueur qui a pénétré dans chaque raccord.

Un bon moyen de monter une tuyauterie consiste à tout assembler à sec — faire les ajustements, puis tout démonter — et à faire la soudure à l'étain. S'il

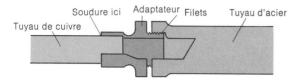

Adaptateur pour cuivre-acier
(types diélectriques disponibles)

s'agit d'une grande longueur de tuyauterie, préparez et soudez quatre ou cinq joints à la fois, si possible. Lorsque vous devez souder un joint après qu'un autre joint sur le même raccord ait refroidi, enveloppez le joint refroidi dans des linges humides. Pour chauffer les gros tuyaux de renvoi et de ventilation, on utilise une grosse pointe de chalumeau. Séparez des joints soudés en les chauffant — après avoir retiré l'eau des tuyaux — et en les démontant quand la soudure a fondu. Les tuyaux de renvoi et de ventilation ont tous une pente vers l'égout. De même, toute tuyauterie d'approvisionnement devrait avoir une pente vers un égout pour lui éviter le gel dans une maison sans chauffage.

Soudage à l'étain

1. On coupe un tuyau de cuivre avec une scie à métaux et une boîte à onglets. Ne mettez pas d'huile sur la scie. On peut utiliser un coupe-tube.

2. Avec une lime demi-ronde, enlevez les barbures. Il y en a davantage si l'on se sert d'un coupe-tube plutôt que d'utiliser une scie.

3. Polissez le bout du tuyau à la laine d'acier ou au papier abrasif jusqu'à ce qu'il brille. Le bout doit être rond — ni ébréché, ni aplati.

4. Nettoyez l'intérieur du raccord jusqu'à l'épaulement à la laine d'acier ou au papier abrasif. Le raccord doit être rond et sans brèche.

5. Etendez une légère couche de flux à souder sur la partie extérieure du tuyau avec le doigt ou avec une vieille brosse à dents.

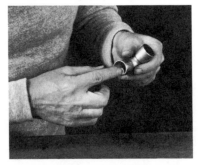

6. Etendez du flux sur la partie intérieure du raccord. Le flux empêchera l'oxydation du cuivre par la chaleur. N'employez pas d'acide en guise de flux.

7. Assemblez en poussant le tuyau jusqu'à l'épaulement du raccord. Ajustez l'orientation du raccord avant de souder celui-ci.

8. Chauffez le raccord au chalumeau à la température requise. Si le raccord est gros, chauffez les deux bouts. Ne surchauffez pas.

9. Quand le joint sera assez chaud, la soudure pénétrera à l'intérieur par capillarité. La soudure doit faire un filet autour du raccord.

Utilisation du tuyau de cuivre

Le tuyau de cuivre à trempe douce est flexible: c'est là son principal avantage. Grâce à lui, on peut monter une tuyauterie complète en ne plaçant de raccords qu'aux extrémités. Les coudes seront distancés pour permettre à l'eau de circuler librement. Le tuyau de cuivre flexible, avec joints soudés, se manipule, se mesure et se coupe de la même façon que le tuyau rigide.

Le tuyau de cuivre se vend en longueurs de 60' et 66'; ordinairement de type L (pour la plupart des usages) et de type K (pour les tuyaux souterrains), il est particulièrement utile en redécoration, car on peut le glisser derrière les murs et dans des orifices restreints.

Le tuyau flexible n'a pas le fini du tuyau rigide, avec ses lignes droites et ses angles précis. C'est pourquoi le tuyau flexible s'emploie dans des endroits moins à la vue.

On peut relier des tuyaux de cuivre flexible à des raccords soudés ou à des raccords évasés et comprimés. Les raccords comprimés ressemblent aux raccords évasés, mais sans l'évasement. Les deux se scellent d'eux-mêmes. L'avantage des raccords par évasement et compression, c'est qu'on peut démonter un joint en aucun temps avec une clé ouverte. Leur coût est élevé, toutefois, si on le compare à celui des raccords soudés. Cet inconvénient excepté, les raccords par évasement et compression sont pratiques et faciles à réparer ou à transformer: par conséquent, on devrait les utiliser plus souvent dans les installations de plomberie domiciliaire.

On indique sur cette page comment faire les joints par évasement. Si ces joints ne sont pas bien faits, il y a risque de fuites. Vérifiez bien les joints sous pression. Si l'extrémité du tuyau est ébréchée, l'évasoir lui redonnera sa forme première. Avant d'évaser un tuyau, enlevez toujours l'écrou à collet du raccord et glissez-le sur le tuyau. Servez-vous de deux clés pour faire un joint. Si un joint a une fuite, coupez le bout du tuyau et évasez-le de nouveau. Le tuyau de cuivre se courbe à la main ou se redresse quand on le déroule. Plus le tuyau est gros, moins on doit le courber. Pour courber une petite longueur, remplissez le tuyau de sable. Ou, encore mieux, utilisez une cintreuse à tuyaux.

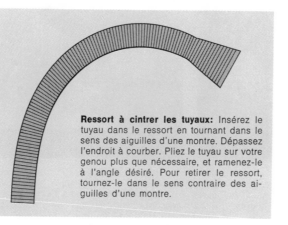

Ressort à cintrer les tuyaux: Insérez le tuyau dans le ressort en tournant dans le sens des aiguilles d'une montre. Dépassez l'endroit à courber. Pliez le tuyau sur votre genou plus que nécessaire, et ramenez-le à l'angle désiré. Pour retirer le ressort, tournez-le dans le sens contraire des aiguilles d'une montre.

Façon de faire un raccord évasé

Procédez aux étapes 1 à 3 (à droite). Bridez le tuyau dans la matrice. Le bout devrait dépasser. Serrez.

Bridez sur l'évasoir et serrez la poignée. La partie conique évasera le tuyau. Procédez ensuite aux étapes 5 et 6.

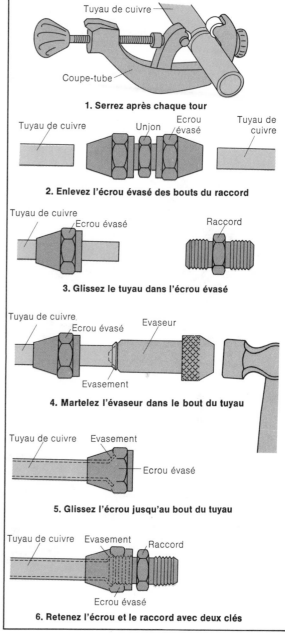

1. Serrez après chaque tour

2. Enlevez l'écrou évasé des bouts du raccord

3. Glissez le tuyau dans l'écrou évasé

4. Martelez l'évaseur dans le bout du tuyau

5. Glissez l'écrou jusqu'au bout du tuyau

6. Retenez l'écrou et le raccord avec deux clés

Tuyauterie de plastique rigide

Utilisation du tuyau rigide

Il y a trois types de tuyaux de plastique rigide pour usage domestique: le PVC (chlorure de polyvinyle), l'ABS (acrylique-butadiène-styrène) et le CPVC (chlorure de polyvinyle chloruré). Les règlements régionaux interdisent d'ordinaire qu'on les installe à l'arrière ou à l'intérieur des murs, même si les tuyaux de plastique sont permis sous terre pour l'arrosage des pelouses.

Les trois types de tuyaux servent aux systèmes d'approvisionnement d'eau froide et de renvoi. Seul le CPVC, pouvant recevoir 100 livres de pression d'eau au pouce carré à une température de 180°, peut être utilisé dans la tuyauterie d'eau chaude et d'eau froide, à la condition que les règlements de construction le permettent. Certains chauffe-eau sont munis de soupapes de sûreté (p. 241) qui sont réglées à 125 livres de pression au pouce carré, à 210°. Si l'on emploie le tuyau CPVC dans un tel système, on doit remplacer la soupape de sûreté par une autre pouvant recevoir 100 livres à 180° (tel que la soupape l'indique).

De plus, le CPVC doit être raccordé au chauffe-eau par un raccord de transition (p. 227) qui absorbe la chaleur du réservoir. Puisque certains tuyaux de plastique se dilatent et se contractent plus que d'autres, on doit, pour éviter des dommages aux murs voisins, poser des supports spécialement faits pour les tuyaux de plastique. Installez-les à 32" de distance ou sur toutes les deux solives.

Assemblage des tuyaux: Tous les types de tuyaux de plastique peuvent être réunis à des raccords de plastique grâce à un **dissolvant à ciment spécial** (soudure au dissolvant). Auparavant, faites pénétrer le tuyau dans le raccord jusqu'à ce qu'il bute sur l'épaulement intérieur. Cet essai est à recommander puisque le solvant soude les parties si vite qu'on ne peut plus ensuite les bouger. Ne soudez pas par dissolvant à des températures inférieures à 40°. Si le dissolvant s'est décoloré ou a épaissi dans la canistre, ne l'utilisez pas.

Soudage de joints

1. Coupez le tuyau de plastique dans une boîte à onglets avec une scie à métaux de 24 dents. Une scie ordinaire donne une coupe plus grossière.

2. Enlevez les ébarbures à l'intérieur avec un couteau, une lime ou du papier abrasif. Nettoyez aussi les ébarbures extérieures du tuyau.

3. On réunit les tuyaux CPVC avec deux dissolvants: le no 1 nettoie. Etendez-le sur l'extérieur du tuyau et sur l'intérieur du raccord.

4. Etendez le no 2 sur l'extérieur du tuyau. Sur les tuyaux PVC et ABS, employez le dissolvant approprié: couvrez les parties qui se réunissent.

5. Enfoncez sans tarder le tuyau dans le raccord jusqu'au fond, sans tourner plus d'un quart de tour. Puis placez-le à la position désirée.

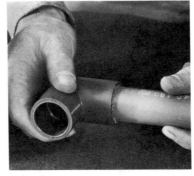

6. Un joint correctement soudé portera un bourrelet de dissolvant. S'il y a une fuite, il faut couper le joint et le remplacer par un nouveau raccord.

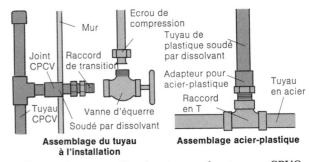

Assemblage du tuyau à l'installation

Assemblage acier-plastique

La soudure par dissolvant pour les tuyaux CPVC est contenue dans deux canistres (l'une contient un nettoyeur); pour les tuyaux ABS et PVC, un seul contenant. Employez seulement des pinceaux aux soies non synthétiques pour étendre le dissolvant (pour le CPVC, un pinceau par canistre). Laissez durcir trois minutes avant de bouger les joints. Attendez 16 heures avant de mettre la pression.

Réunissez un tuyau de plastique rigide et un tuyau de cuivre par des raccords évasés (p. 227). Chauffez l'extrémité du tuyau de plastique avant de l'évaser. On assemble des tuyaux de plastique et d'acier grâce à des adaptateurs filetés à un bout pour recevoir un tuyau d'acier, de laiton ou de cuivre. L'autre bout se cimente au tuyau de plastique. Ne mélangez pas des éléments PVC, ABS ou CPVC dans un même système de canalisation (ex.: adduction d'eau ou égout). Cela peut causer des fuites.

Utilisation du tuyau flexible

Le tuyau de plastique flexible en polyéthylène est noir et offert en rouleaux de 100 pieds. Il est employé à l'extérieur pour les puits, les systèmes d'arrosage et d'approvisionnement, mais jamais pour l'eau chaude. Il en existe trois sortes. La meilleure peut recevoir une pression de 125 livres au pouce carré. Elle est utilisée dans les puits allant jusqu'à 200 pieds de profondeur. La qualité moyenne, la plus populaire, supporte une pression allant jusqu'à 100 livres et peut être employée dans les puits allant jusqu'à 80 pieds, qui n'ont pas de pompe submersible. La troisième sorte ne devrait pas être utilisée pour la haute pression, ni pour l'eau potable. Elle sert plutôt dans les systèmes d'arrosage souterrains.

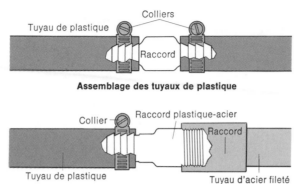

Assemblage des tuyaux de plastique

Assemblage plastique-acier

Le tuyau de polyéthylène est léger et d'emploi facile. Parce qu'il est long, il nécessite peu de joints et l'écoulement de l'eau rencontre peu de résistance.

Il peut être relié à un tuyau de polyéthylène ou d'acier grâce à des raccords et manchons en polystyrène. Ne serrez pas les adapteurs de plastique dans le raccord fileté plus d'un tour après l'avoir serré à la main. Utilisez une clé ouverte et non une clé à tuyaux.

Employez des colliers en acier inoxydable avec commande par vis sans fin pour fixer le tuyau à des raccords non filetés. On peut relâcher, démonter, remonter les joints à volonté. Si on verse de l'eau chaude sur les joints, le tuyau s'enlève facilement.

Système souterrain d'arrosage

Vous pouvez installer un système d'arrosage simple ou complexe, selon votre fantaisie et la dimension de votre pelouse. Le système le plus simple consiste à fixer un raccord en T sur un robinet extérieur. Il porte une demi-douzaine de gicleurs qui couvrent 900 pieds carrés de pelouse.

Des systèmes plus complexes (comme celui qui est décrit ici) pompent l'eau sous pression et l'expédient à des douzaines de gicleurs. Un système d'horlogerie minute l'arrosage dans chaque zone, selon un plan pré-établi.

Des systèmes aussi complexes que celui-ci doivent être munis d'une valve anti-siphon qui empêche les gicleurs souterrains de fournir de l'eau contaminée au système d'approvisionnement de la maison, au cas où un vide se créerait dans sa plomberie.

Dans la plupart des systèmes d'arrosage modernes, les tuyaux flexibles sont enfouis sous la pelouse, mais peu profondément.

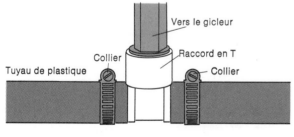

Raccord d'arrosoir élémentaire

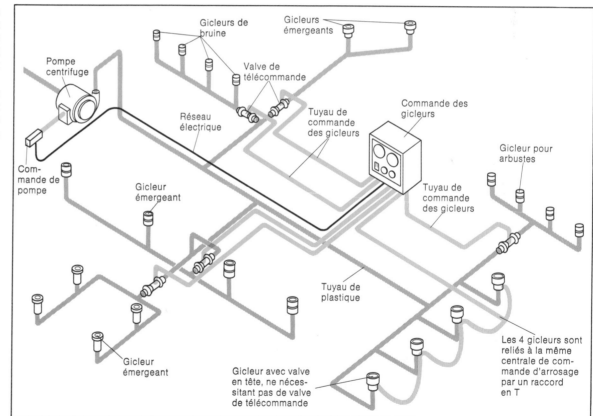

Disposition des tuyaux

Plan de l'installation

L'installation de nouveaux conduits ou la conversion d'une pièce en salle de bains exige de nouveaux tuyaux d'approvisionnement, de renvoi et de ventilation dans les murs, les planchers et le plafond. C'est le **plan de base.**

Le tuyau d'approvisionnement ordinaire est de ¾″ ou de 1″; les tuyaux d'eau chaude et d'eau froide des chambres, de ¾″; les embranchements aux éviers, cuves, douches et machines à laver, de ½″; ceux des lavabos et des toilettes (sauf les toilettes à soupape de chasse), de ⅜″. Les tuyaux d'égout et de ventilation sont de 4″; ceux qui desservent les toilettes et les appareils sont de 3″ ou 4″; les renvois des toilettes, de 3″ ou 4″; ceux des douches, de 2″; ceux des éviers et cuves de lessiveuses, de 1½″; ceux des éviers, de 1¼″.

Tracez toujours vos plans pour que la tuyauterie soit en ligne droite, et évitez les obstacles, autant que faire se peut. Le système d'égout et de ventilation, plus gros et plus coûteux que les autres, est installé en premier lieu, avant les tuyaux d'alimentation. Les tuyaux plus petits sont placés tout à côté.

La canalisation dans le plancher doit être parallèle aux solives, si possible. Dans le grenier, les tuyaux peuvent passer au travers des solives. Les tuyaux sous le premier étage peuvent passer sous les solives du premier étage. Les solives dans le plancher doivent être encochées ou trouées pour recevoir les tuyaux.

Lors d'une rénovation de plomberie, vous n'avez pas le choix de l'emplacement des tuyaux, comme dans une maison neuve. Ajoutez une canalisation en posant un T et une union dans celle qui existe déjà. Les prises d'air des toilettes, éviers, cuvettes, s'accrochent à celles qui sont en place au moyen de prises secondaires (p. 235). Consultez les règlements locaux. Certains spécifient la distance entre l'appareil et la prise d'air. Pour être plombier, vous devez être un peu menuisier: il faudra couper murs, solives, montants, planchers. En plus de vos outils manuels, une perceuse électrique vous sera précieuse pour forer les gros trous facilement et proprement. Elle percera des trous plus réguliers que la scie passe-partout.

Un chalumeau vous permettra de percer des trous dans les poutres d'acier que vous n'aurez pas, de la sorte, à contourner. Demandez de l'aide aux gens du métier en consultant les pages jaunes.

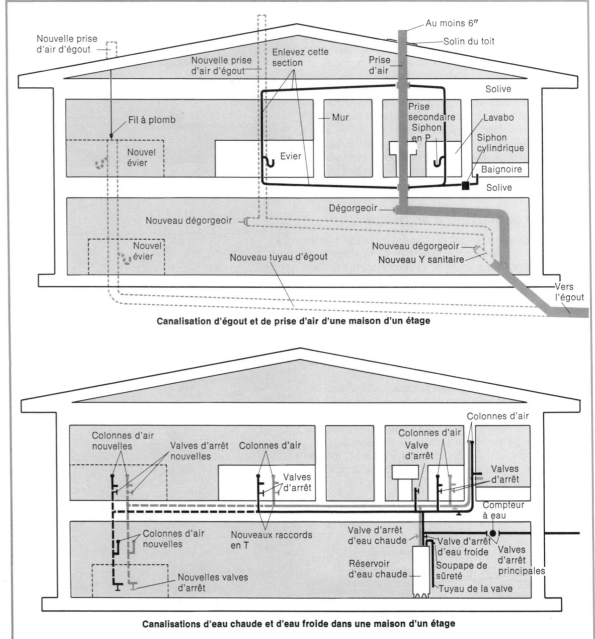

Canalisation d'égout et de prise d'air d'une maison d'un étage

Canalisations d'eau chaude et d'eau froide dans une maison d'un étage

Encochage des solives et des montants

Procédez de la façon suivante: entaillez les solives près des extrémités seulement; jamais près du centre. N'entaillez jamais plus d'un quart de la profondeur de la solive. Clouez une attache d'acier ou un morceau de bois de 2″ x 2″ en travers de chaque entaille, en avant et en arrière.

Vous pouvez percer des trous dans la solive si vous suivez ces règles: centrez les trous entre le haut et le bas, à pas moins de 2″ du bord. Le diamètre du trou ne doit pas excéder de ¼ la profondeur de la solive.

On doit respecter certaines normes quand on pratique des encoches dans les montants pour y faire passer les tuyaux: l'entaille ne doit pas excéder les deux-tiers de la solive (2½″ sur un montant de 2″ x 4″). N'excédez jamais le tiers de la partie inférieure de la solive sans fixer une bande d'acier ou une attache en bois en travers de l'entaille. Dans un mur non-portant — ce qui exclut les murs extérieurs et les murs du centre — vous pouvez entailler la partie supérieure de la solive jusqu'à sa moitié, pourvu qu'il vous reste deux montants non entaillés.

Il va sans dire que pour encocher un montant, on doit défaire le revêtement mural. Pour entailler une solive ou un montant, sciez à deux endroits et enlevez le rebut avec un ciseau à bois.

Les tuyaux sous les solives sont soutenus par un ruban de métal perforé coupé en longueur et cloué à la solive. Les tuyaux qui passent entre les solives peuvent être retenus par des attaches de bois clouées en travers des solives. Une canalisation verticale, une prise d'air, par exemple, est soutenue par une pièce de bois clouée en place.

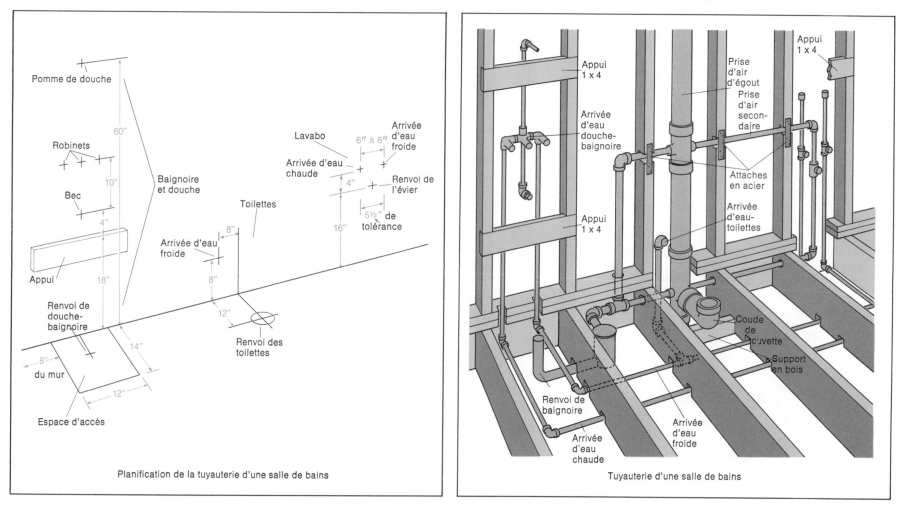

Planification de la tuyauterie d'une salle de bains

Tuyauterie d'une salle de bains

Disposition des tuyaux

Installation des tuyaux

Le coude de la cuvette qui relie celle-ci au tuyau de renvoi cause parfois des problèmes. Si vous ne pouvez passer entre deux solives, taillez l'une d'elles, mais pas plus que nécessaire, puis clouez des supports de bois de 2″ d'épaisseur sur les deux côtés des entailles. Plutôt que de faire une entaille profonde, coupez une partie de la solive et installez deux **chevêtres** (morceaux de bois de même hauteur et de même épaisseur que les solives).

Les tuyaux dans les murs ont besoin d'espace libre. Les tuyaux de renvoi de 3″, en acier, en plastique ou en fonte, tiennent dans un mur standard fait de 2 x 4. On doit se garder de l'espace pour serrer les tuyaux filetés.

Le montage des tuyaux de renvoi et de prise d'air se fait en premier lieu, en commençant par ceux des toilettes. Coupez et posez le coude de la cuvette et le T sanitaire. Ensuite, en partant de l'égout de la maison, remontez jusqu'aux toilettes. Installez des dégorgeurs faciles d'accès au bout de chaque canalisation horizontale.

Si on doit tasser une partie de la canalisation pour éviter un obstacle, on se sert de deux coudes de ⅛. S'il s'agit du système de ventilation, on emploie deux coudes de ¼.

A cause de l'espace réduit où s'installe le coude de la cuvette, les plombiers se servent du tuyau de plomb pour relier cette dernière au renvoi. On peut le plier légèrement, une fois le coude de la cuvette installé. On l'emploie aussi pour le montage de deux

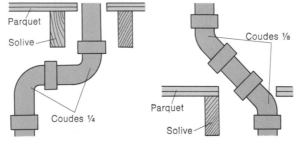

Tassage d'un renvoi

toilettes dos-à-dos dans des salles de bains voisines. On soude au plomb le joint du tuyau de plomb et du tuyau de fonte du renvoi. A partir des toilettes, faites monter une prise d'air jusqu'au toit. Les règlements locaux peuvent exiger une prise plus grosse. Installez un solin autour de la prise d'air et calfeutrez avec du ciment à toiture.

Posez un embranchement de renvoi et de ventilation à partir de la prise d'air. Au besoin, fabriquez une seconde prise d'air. Placez tous les tuyaux de renvoi des appareils selon leur dimension, comme l'indique la vignette en page 238. Sortez les tuyaux du mur et posez-leur un bouchon temporaire. Vous les couperez ou les filèterez plus tard et vous leur fixerez des raccords.

Lors de l'assemblage des tuyaux d'approvisionnement, prolongez les canalisations principales d'eau chaude et d'eau froide. Installez des T réducteurs pour les embranchements, les conduits vers les embranchements et les appareils. Selon votre choix, faites sortir les tuyaux du mur ou du plancher (p. 235).

Pour avoir des conduits d'entrée d'eau dans une pièce, installez un T dont l'embranchement sera placé en direction de cette pièce. L'embranchement porte un petit tuyau avec bouchon qui n'avance que d'un pouce dans la pièce. Sur le dessus du T, en guise d'espace d'air, placez un tuyau de 18″ avec bouchon de même diamètre que le tuyau d'entrée.

Lorsque vous installerez les tuyaux, souvenez-vous que ceux d'eau chaude sont à gauche et ceux d'eau froide, à droite de l'appareil. N'oubliez pas de placer des valves d'arrêt sous les éviers et sous les lavabos.

Fixez les robinets de la baignoire sur des appuis de bois de 2 x 4; faites de même pour la douche, et vos appareils seront silencieux. Un lavabo fixé au mur devrait être supporté par un appui.

Vérifiez les systèmes d'approvisionnement et d'égout avant de repeindre. Voici comment vous y prendre: louez et installez des bouchons de caoutchouc dans le coude de la cuvette et dans le tuyau de renvoi. Ouvrez l'eau et cherchez les fuites. Attendez plusieurs heures et vérifiez encore; à l'aide d'un boyau d'arrosage, remplissez la prise d'air principale. Attendez vingt minutes et cherchez les fuites dans la canalisation de ventilation. S'il n'y en a pas, enlevez les bouchons et redécorez la pièce avec l'assurance que votre plomberie est en bon état.

Support du coude de la cuvette

Si le coude de la cuvette est parallèle aux solives, posez un appui entre les solives. Placez une cale d'épaisseur, si cela semble nécessaire.

Si vous devez couper une solive pour placer le coude de la cuvette, renforcez la solive à chaque extrémité avec des chevêtres.

Enlever et installer des toilettes

Les toilettes neuves doivent être de mêmes dimensions que les vieilles, c'est-à-dire que la distance entre le mur derrière la cuvette et le centre de la rondelle du plancher qui la retient ne doit pas changer. (Voir croquis.) Par chance, ces appareils sanitaires modernes gardent la même distance que les anciens: 12 pouces.

Coupez d'abord l'eau. Actionnez la chasse d'eau et videz l'eau du réservoir et de la cuvette. Enlevez le tuyau d'approvisionnement du réservoir entre le plancher ou le mur et le réservoir. Si le tuyau ne porte pas de valve d'arrêt, ne laissez que le manchon ou un bout de tuyau pour recevoir les nouvelles pièces.

Enlevez les bagues du tuyau reliant le réservoir à la cuvette. Si elles sont rongées, sciez-les. Enlevez les deux vis qui retiennent le réservoir au mur. Soutenez le réservoir en l'enlevant.

Enlevez les capuchons sur les boulons qui retiennent la cuvette au plancher et dévissez-les.

Balancez la cuvette de gauche à droite, puis soulevez-la.

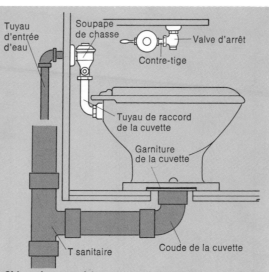

Si la maison possède un tuyau d'alimentation de 1¼″ ou plus, posez une installation sans soupape de chasse.

Placez la nouvelle cuvette à l'envers sur une pile de journaux pour éviter les égratignures. Enlevez l'ancienne rondelle sur le plancher. Posez la nouvelle garniture autour de l'orifice de la cuvette, le côté uni vers elle. Mettez du mastic de plomberie autour de l'anneau de la base de la cuvette. Installez les nouveaux écrous dans les trous du rebord. La plupart des toilettes modernes n'ont que deux écrous. Si votre vieille cuvette en avait quatre, enlevez les deux en trop. Tournez la cuvette à l'endroit et centrez-la sur la couronne. Appuyez et tournez légèrement de gauche à droite pour étaler également la garniture. Evitez de lever la cuvette après l'avoir fixée en place. Vérifiez si elle est bien de niveau. Placez des cales d'épaisseur si le plancher n'est pas égal. Attachez le réservoir à la cuvette, s'il y a lieu, à l'aide de joints d'étanchéité et d'écrous. Alignez le réservoir sur le mur en bougeant la cuvette sans la soulever. Serrez les écrous. Reliez le tuyau d'entrée d'eau et les raccords de compression au tuyau d'approvisionnement flexible. Ouvrez l'eau, actionnez la chasse et vérifiez les fuites.

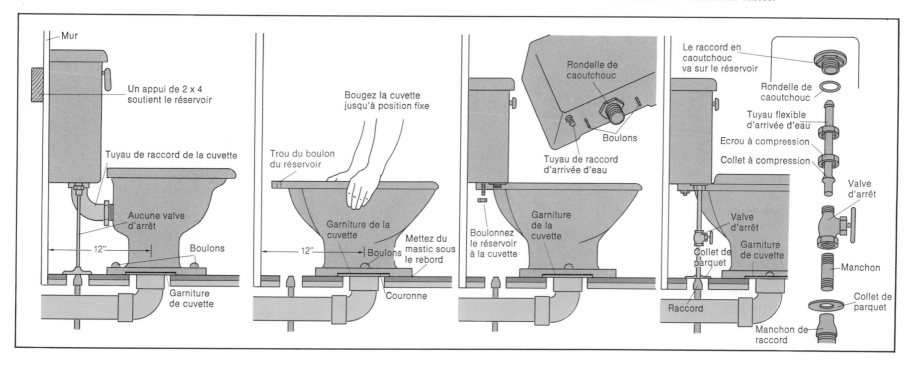

Installation d'un évier

Façon de prolonger la tuyauterie

L'installation d'un nouvel appareil tel que: cuvette, évier ou lavabo, devrait se faire tout près d'une prise d'air pour faciliter l'égouttement et la ventilation.

La distance maximale permise par la plupart des codes provinciaux entre le siphon et la prise d'air est la suivante: tuyau de 2″, 5 pieds; de 1½″, 3½ pieds; de 1¼″, 3½ pieds. Si vous dépassez ces normes, on peut exiger une reventilation de l'appareil ou l'installation d'une nouvelle prise d'air, travail assez coûteux.

Placez le nouvel appareil en ne fixant que légèrement les tuyaux au siphon. Faites passer le tuyau de renvoi en lui donnant une pente de un pouce à tous les quatre pieds, pour favoriser l'égouttement.

Si la prise d'air est en fonte, coupez-la, comme l'indique la vignette, pour faire place aux nouvelles pièces. Faites de même dans le cas d'une prise d'air en cuivre. Posez un nouveau T avec une bague coulissante spéciale, si les règlements le permettent.

Ne coupez pas une prise d'air en plastique; pratiquez plutôt une ouverture dans celle-ci et soudez un siège au dissolvant. Ce sera de beaucoup préférable.

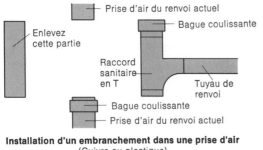

Installation d'un embranchement dans une prise d'air
(Cuivre ou plastique)

Les tuyaux des nouveaux appareils (½″ pour un évier ou une cuvette et ⅜″ pour un lavabo), sont taraudés aux tuyaux d'eau chaude et d'eau froide. Vous pouvez employer des tés, des mamelons et des unions, comme l'indique l'illustration; ou, encore, vous pouvez installer des tés à taraudage sur les tuyaux actuels. Vérifiez les règlements avant de procéder. Les tés à taraudage sont des garnitures de caoutchouc bridées autour d'ouvertures pratiquées dans le tuyau. Leur filetage peut recevoir un tuyau de ½″.

Voyez en page suivante comment se fait le branchement d'arrivée d'eau, du siphon et des drains.

Raccordement des tuyaux

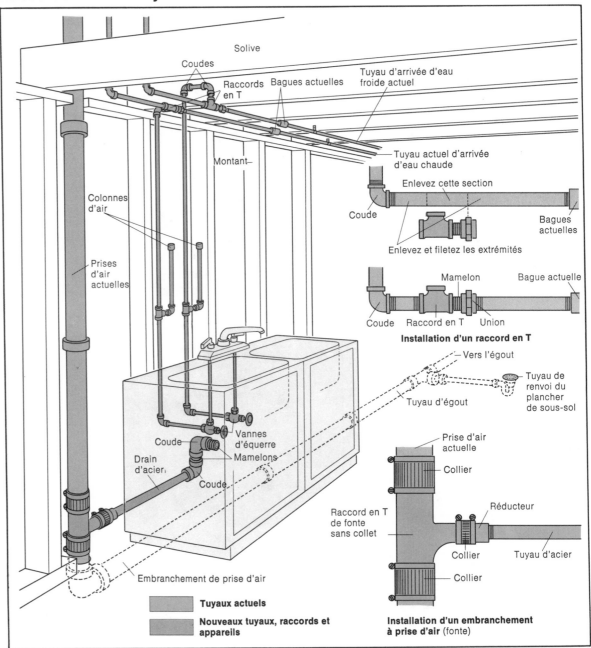

Façon de raccorder un nouvel évier

Les raccordements d'arrivée d'eau et de renvoi sont semblables, que ce soit pour une nouvelle installation ou un remplacement d'évier. Les éviers et lavabos peuvent être suspendus au mur, soutenus par des pieds, montés sur cabinet ou supportés à la fois par le mur et par des pieds réglables qui, en plus de porter le poids, corrigent les inégalités du plancher. Un évier est suspendu au mur à une planche horizontale de 1" x 8" vissée à au moins deux montants et de niveau avec le mur. Vissez sur la planche l'attache fournie avec l'évier et suspendez celui-ci à l'attache. Ensuite, posez les tuyaux de renvoi. Suivez le mode d'installation recommandé par le fabricant. Serrez les gros écrous de la couronne de la crapaudine placée sous l'évier à l'aide d'une clé à gros écrous (p. 226). Mettez aussi du mastic de plomberie entre le tuyau de renvoi et le fond de l'évier.

Si l'appareil est muni d'un about avec filets fins à un bout, enduisez les filets de pâte à joints et vissez l'about sur le fond du renvoi par le dessous. Ajoutez un écrou coulissant et une rondelle de caoutchouc puis fixez le siphon. Placez un écrou coulissant sur l'about du siphon, puis une rondelle de caoutchouc et faites glisser le siphon dans l'extrémité du tuyau de renvoi qui sort du mur. Si le tuyau a 1½" et le siphon 1¼" (dimension pour lavabo), il faut un écrou coulissant réducteur avec une très grosse rondelle de caoutchouc pour faire le joint. Assemblez les deux bouts du siphon en laissant du jeu. Placez une rondelle de caoutchouc entre les pièces et faites-les tenir par un écrou coulissant. Le siphon est conçu pour être employé quelle que soit la position du tuyau de renvoi. Ajustez les pièces du siphon pour qu'elles aient du jeu. Serrez les écrous coulissants avec une clé anglaise.

Si c'est une nouvelle installation, il serait sage de poser deux valves d'arrêt pour l'eau chaude et l'eau froide. Sinon, il faudra couper l'eau au sous-sol pour remplacer une rondelle.

Installez le robinet (comme en page 221) en plaçant du mastic de plomberie autour de la base. Voyez la vignette et remarquez comment les tuyaux d'arrivée sont reliés à l'évier ou au lavabo. Servez-vous de pâte à joints sur tous les filets. Ouvrez l'eau et vérifiez les fuites.

Raccords de tuyaux

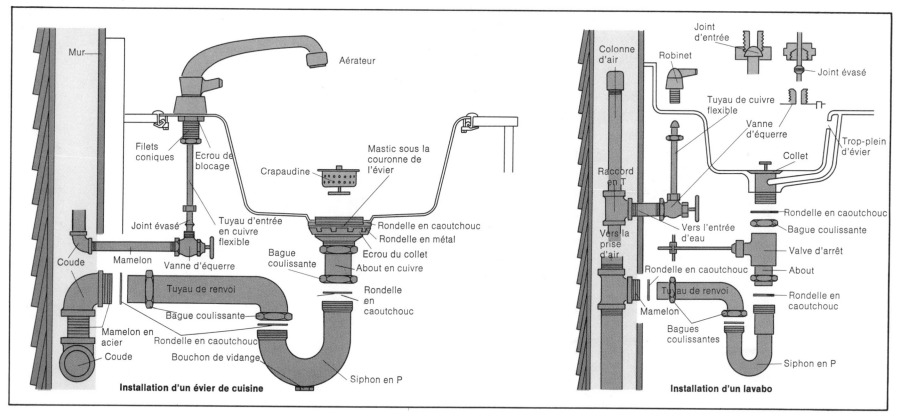

Installation d'un évier de cuisine

Installation d'un lavabo

Baignoires et douches

Façon d'installer une baignoire/douche

Vous pouvez rajeunir une salle de bains en y installant une baignoire avec douche. Les tuyaux d'approvisionnement et de renvoi actuels vous faciliteront la tâche.

Assurez-vous d'abord que vous avez l'espace suffisant pour la nouvelle baignoire. La plupart de celles-ci ont 5′ de long (il en existe de plus courtes) et sont conçues pour s'encastrer dans un mur. Si l'espace dont vous disposez est restreint, vous devrez déplacer un mur (p. 404), mais ce ne doit pas être un mur de soutien. Si l'espace libre est trop vaste, faites un rebord au ras de la baignoire.

La baignoire que vous remplacez n'était pas encastrée? (illustration de droite). Erigez un nouveau mur à sa tête en utilisant des pièces de 2″ x 4″ et des montants.

Entaillez ces pièces pour laisser accès aux tuyaux. Clouez des supports de 1″ x 4″ sur les trois murs et voyez à ce qu'ils soient de niveau et à la hauteur requise pour tenir le rebord de la baignoire (on ne pose pas de support pour les baignoires de fonte).

Installez la tuyauterie. Les tuyaux d'alimentation sont montés et fixés à 32″ du plancher. Le bec de la baignoire est centré à 22″ du sol. Montez le tuyau de la douche jusqu'à cinq pieds et centrez-le sur le milieu de la largeur de la baignoire. Employez un appui de 2″ x 4″ pour soutenir la robinetterie.

Posez la baignoire sur les supports prévus à cet effet et vissez-la. Vous pouvez maintenant refaire les murs de la salle de bains.

Il ne vous reste plus qu'à fabriquer un panneau d'accès dans le mur derrière la tête de la baignoire ou à employer des raccords de renvoi permanents. Les robinets à large base permettent d'effectuer des réparations dans le mur. Si vous disposez d'une installation sans accès, munissez-la d'un siphon que vous nettoierez avec un débouchoir, par le renvoi, le cas échéant. Grâce au panneau d'accès, vous pourrez vous servir du siphon de l'ancienne baignoire et de raccords ordinaires. Le tuyau de renvoi de 1½″ s'ajuste au tuyau fileté de la même dimension à l'aide d'un écrou coulissant. Il ne vous reste plus qu'à poser le tuyau de renvoi, les robinets et le bras de la douche. Installez une commande de débit à la tête de celle-ci: c'est plus économique. Une fois l'installation terminée, ouvrez l'eau et vérifiez les fuites. Calfeutrez le tour de la baignoire; l'eau ne pénétrera pas dans le mur. Posez la tringle du rideau.

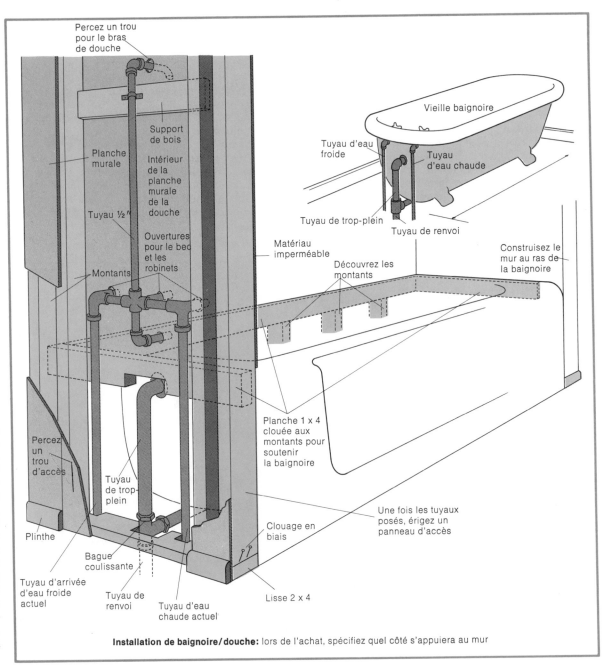

Percez un trou pour le bras de douche

Support de bois

Planche murale

Intérieur de la planche murale de la douche

Tuyau ½″

Ouvertures pour le bec et les robinets

Montants

Percez un trou d'accès

Tuyau de trop-plein

Plinthe

Tuyau d'arrivée d'eau froide actuel

Bague coulissante

Tuyau de renvoi

Tuyau d'eau chaude actuel

Vieille baignoire

Tuyau d'eau froide

Tuyau d'eau chaude

Tuyau de trop-plein

Tuyau de renvoi

Matériau imperméable

Découvrez les montants

Construisez le mur au ras de la baignoire

Planche 1 x 4 clouée aux montants pour soutenir la baignoire

Une fois les tuyaux posés, érigez un panneau d'accès

Clouage en biais

Lisse 2 x 4

Installation de baignoire/douche: lors de l'achat, spécifiez quel côté s'appuiera au mur

Façon d'installer un chauffe-eau

C'est la corrosion qui cause la panne du chauffe-eau. Son réservoir se perce alors et coule. Rien d'autre à faire que de le renouveler. Remplacez-le par un chauffe-eau neuf de mêmes dimensions et qui fonctionne au même fuel. Vous pouvez toutefois choisir un chauffe-eau plus gros et fonctionnant à un fuel différent. Certains d'entre eux, reliés au système d'eau chaude de la maison, ne sont que des réservoirs d'une eau réchauffée par son voyage le long d'un serpentin. Les chauffe-eau doivent toujours être remplis d'eau. Leur température est contrôlée par un thermostat (120° à 180°). L'eau chaude qui sort est remplacée par l'eau froide qui arrive par le fond du réservoir.

Avant de mettre votre chauffe-eau au rancart, coupez son approvisionnement d'eau et de fuel. Retirez le tuyau d'huile (ou les fils électriques) et le tuyau de cheminée. Démontez les unions des tuyaux d'eau chaude et froide. Si votre réservoir n'en a pas, coupez les tuyaux, enlevez-en les extrémités et remplacez par des unions. Puis videz le réservoir dans le renvoi à l'aide d'un boyau. Si la soupape de sûreté est en bon état, enlevez-la et réutilisez-la. Mettez le nouveau chauffe-eau en place. S'il n'est pas de même hauteur que l'ancien, ajustez les tuyaux d'arrivée pour les relier aux unions. Installez le dériveur de tirage (au gaz) ou le régulateur de tirage (à l'huile) fourni avec le chauffe-eau. Replacez le tuyau de cheminée, le tuyau d'huile ou les fils électriques.

Emplissez d'eau avant d'allumer le brûleur ou de mettre le contact. Vous n'avez qu'à ouvrir l'eau et à ouvrir aussi un robinet d'eau chaude. Quand l'eau commence à couler régulièrement, fermez ce robinet et faites démarrer le chauffe-eau. Placez le thermostat à environ 140°. Si vous manquez d'eau chaude, haussez le degré de température.

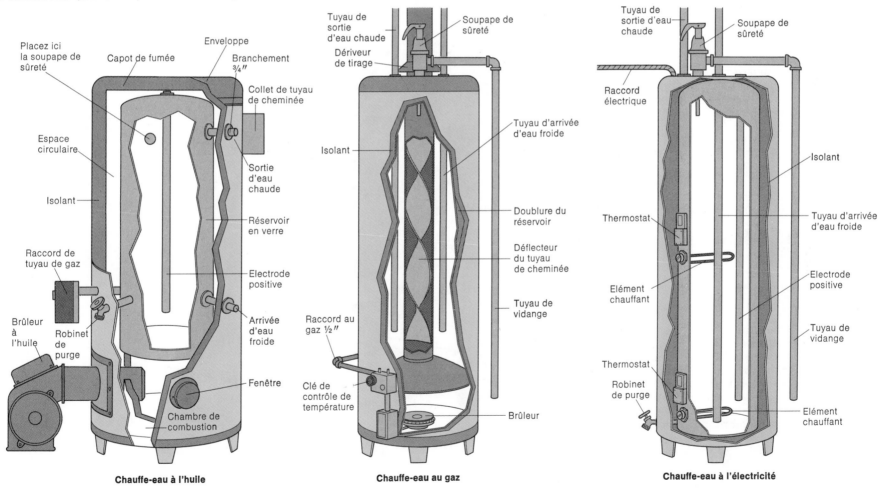

Chauffe-eau à l'huile　　　**Chauffe-eau au gaz**　　　**Chauffe-eau à l'électricité**

Les lessiveuses

Façon d'installer une lessiveuse

Les tuyaux d'entrée d'eau chaude et d'eau froide des lessiveuses automatiques doivent avoir ½″, et le raccord du système de renvoi, 1½″. S'il s'agit d'un renvoi au plancher, ce dernier doit se déverser dans un égout ou dans une fosse septique. Le courant doit être de 117 volts, les fusibles de 15 ampères ou munis d'un coupe-circuit (p. 252).

Les tuyaux d'approvisionnement d'eau doivent être munis de colonnes d'air si vous voulez éviter que des coups de bélier ne les agitent quand les valves se ferment après un cycle de remplissage ou de rinçage.

Les colonnes d'air des lessiveuses ont un tuyau un peu plus gros que les tuyaux d'arrivée et sont longs de 24″, ce qui offre un bon coussin.

Les tuyaux d'approvisionnement d'eau doivent comporter des robinets d'arrêt. On ferme ceux-ci après usage pour soulager la lessiveuse de la pression. De plus, on peut effectuer des réparations à la lessiveuse sans avoir à couper l'eau complètement.

La lessiveuse doit être munie d'une mise à la terre. La plupart des fiches des lessiveuses ont une troisième dérivation. Certains fabricants vous recommanderont d'employer un adaptateur (voir vignette)

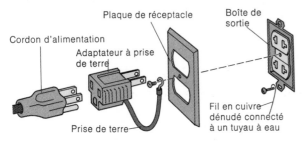

Cordon d'alimentation

Adaptateur à prise de terre

Prise de terre

Plaque de réceptacle

Boîte de sortie

Fil en cuivre dénudé connecté à un tuyau à eau

Adaptateur pour cordon à trois fils

si votre douille ne peut recevoir une fiche à trois dérivations. Ces adaptateurs sont vendus partout, même s'ils ne sont pas reconnus officiellement (p. 257).

Après avoir raccordé tous les tuyaux, serrez les écrous de blocage des boulons aux quatre coins de la lessiveuse afin qu'elle soit bien d'aplomb. Mettez des cales de caoutchouc entre la tête des écrous et le plancher. Certains fabricants vendent des roulettes amovibles qui sont très utiles pour déplacer la machine. Ces roulettes se vendent en sus et sont très pratiques pour permettre un déplacement facile quand il faut nettoyer ou réparer l'appareil.

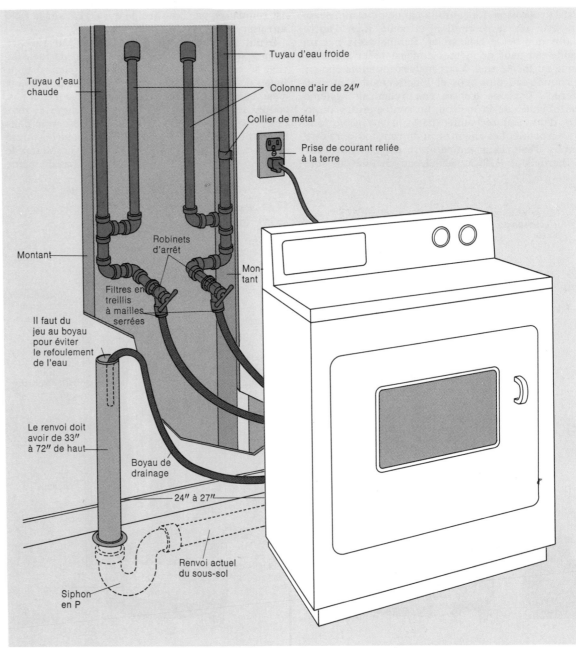

Tuyau d'eau chaude

Tuyau d'eau froide

Colonne d'air de 24″

Collier de métal

Prise de courant reliée à la terre

Montant

Robinets d'arrêt

Montant

Filtres en treillis à mailles serrées

Il faut du jeu au boyau pour éviter le refoulement de l'eau

Le renvoi doit avoir de 33″ à 72″ de haut

Boyau de drainage

24″ à 27″

Renvoi actuel du sous-sol

Siphon en P

Réparations et entretien

Ce dont se plaignent le plus les personnes qui utilisent les machines à laver la vaisselle, c'est que leur vaisselle n'est pas propre et reste terne après le lavage. Si vous êtes de ce groupe, lisez les indications relatives au rinçage et au chargement que vous trouverez plus bas avant d'avoir recours aux services d'un spécialiste en la matière.

L'eau de l'appareil devrait être entre 140° et 160°. Peut-être la vôtre est-elle trop froide. Vérifiez sur le réservoir d'eau chaude si l'indicateur est bien placé.

De temps à autre, il faut nettoyer le filtre du renvoi. Si de gros morceaux de nourriture restent collés aux assiettes après le lavage, c'est que le filtre est probablement bouché. Rincez-le sous le robinet.

Les gens se plaignent aussi des fuites d'eau qui se font autour de la porte, pendant le lavage. Ce problème sans importance est ordinairement le fait d'appareils démodés. A la longue, le joint d'étanchéité qui encercle la porte s'use et perd de sa souplesse. Il est facile de le remplacer, il suffit d'en acheter un chez le marchand qui distribue la même marque et de poser le nouveau joint en faisant l'inverse des gestes posés pour enlever l'ancien.

Si la machine ne part pas, vérifiez le fusible ou le coupe-circuit. Si le nouveau fusible saute, appelez l'expert.

Une minuterie défectueuse peut causer une panne. Cet interrupteur commande les différents cycles de lavage et règle automatiquement la durée de chacun.

Vous découvrirez, aux indices suivants, que la minuterie de votre appareil est défectueuse: l'appareil ne fonctionne pas, bien que les fusibles et les coupe-circuits soient en bon état; l'appareil accomplit un cycle ou deux puis s'arrête ou, encore, n'accomplit qu'un cycle sans passer au suivant.

Il est facile de remplacer une minuterie. Notez le nom et le numéro de votre appareil; le marchand vous en vendra une toute pareille, mais en bon état.

La minuterie comprend plusieurs fils, tous aussi importants les uns que les autres. Vous les relierez facilement si vous avez eu la précaution de tracer un diagramme illustrant la position de chacun d'eux avant de les retirer de l'ancienne minuterie.

Si la minuterie n'est pas coupable des ennuis que vous cause l'appareil et que le problème dépasse vos connaissances, ayez recours à un spécialiste en la matière.

Pour retirer la minuterie, enlevez d'abord le bouton de commande; enlevez les vis en retenant le panneau du devant.

Débranchez avant de toucher à la minuterie. Posez les fils un à un, de l'ancienne à la nouvelle, pour éviter les erreurs.

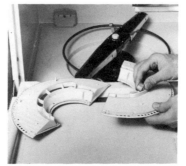

Les filtres bouchés s'enlèvent facilement. Ils sont en plastique ou en métal et on les lave très facilement sous le robinet.

Quelques problèmes et leurs remèdes

PROBLÈME	CAUSE POSSIBLE	REMÈDE
L'appareil ne fonctionne pas	Porte entrouverte	Appuyez davantage sur la porte
	Interrupteur ou minuterie	Changez-les
	Correcteur emmêlé	Ajustez, si nécessaire
	Circuit ouvert	Vérifiez fusibles et coupe-circuits
La vaisselle est mal lavée	Mauvais savon	Utilisez un savon approprié
	Chargement incorrect	Suivez les indications
	Rinçage incorrect	Rincez d'abord
	Eau trop froide	Réglez le chauffe-eau
	Manque d'eau	Libérez l'arrivée d'eau
	Filtre bouché	Enlevez et nettoyez
	Minuterie défectueuse	Changez-la
	Solénoïde	Remplacez ou appelez le dépanneur
	Bobine de mesurage défectueuse ou mal ajustée	Remplacez ou appelez le dépanneur
Le réservoir coule	Fuite dans la valve de purge	Resserrez la couronne de la valve
	Valve d'entrée qui ne s'ouvre pas	Vérifiez le raccord; réparez ou changez le solénoïde
L'appareil est bruyant	Solénoïde mal centré	Replacez la tige centrale
	Moteur désaligné	Réalignez-le ou appelez le dépanneur
	Vibrations	Assujettissez l'appareil
	La pale de l'hélice touche au grillage	Vérifiez et ajustez, au besoin
La porte ou le couvercle ne ferment pas	Garniture du couvercle coincée	Desserrez les vis et ajustez
Le remplissage est insuffisant	Basse pression d'eau	Vérifiez la pression du robinet et de l'entrée
La purge est lente	Solénoïde de purge défectueux	Vérifiez; changez le solénoïde
Séchage inadéquat	Température de l'eau	Placez le thermostat à 150°
	Valve d'entrée d'eau	Remplacez la rondelle du siège
	Elément chauffant qui ne fonctionne pas	Placez la minuterie au cycle de chauffage; voyez si l'élément fonctionne comme il le doit. Si non, changez.
L'argenterie ternit	Eau impropre au lavage	Mettez moins de détergent. Si l'eau est dure, posez un adoucisseur d'eau ou un filtre à minéraux.

Pompes de puisard

Installation d'une pompe de puisard

La pompe de puisard aspire l'eau de pluie ou des renvois qui s'accumule dans une fosse — autour de la fondation, sous le plancher du sous-sol ou dans les renvois du sous-sol. On se sert d'une pompe quand le niveau de l'égout est au-dessus du plancher du sous-sol. La fosse et la pompe protègent le sous-sol des inondations. Les fosses sont faites de dalles de 24″ de large posées à la verticale sur un lit de gravier, sous le plancher du sous-sol.

En s'accumulant, l'eau atteint un flotteur qui actionne le moteur de la pompe; en se retirant, elle libère la flotte qui descend et coupe le moteur. Cette flotte est réglable et peut s'ajuster à différents niveaux. Toutes les pompes de puisard possèdent un interrupteur avec flotteur. Des filtres munis de grillage empêchent les corps solides de boucher la pompe. Lorsque vous installez une pompe de puisard, faites partir du renvoi de celle-ci un tuyau de plastique flexible de 1¼″ et amenez-le à l'égout du sous-sol. Parfois une pompe se déverse dans un bassin; les pompes des sous-sols et des fondations peuvent se déverser dans une fosse ou sur un terrain. Dans le tuyau, installez une soupape d'arrêt en laiton de 1¼″, sa flèche dirigée vers l'extérieur pour empêcher le retour de l'eau dans la pompe. Ajustez le niveau du flotteur. Faites un couvercle avec du contre-plaqué d'extérieur de ¾″. Branchez sur le 117 volts avec une fiche à trois fils.

Pompe de puisard portative

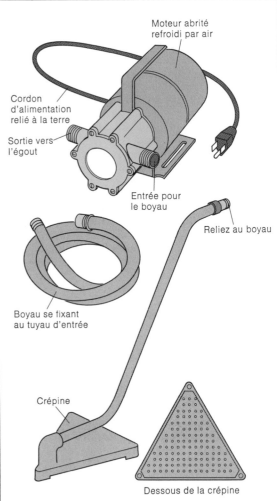

Dessous de la crépine

Le pompage de l'eau dans les sous-sols, réservoirs, étangs, fossés, bateaux, etc., devient facile grâce à une pompe électrique. La plus pratique est celle qui s'amorce d'elle-même et qui pompe même l'eau sale. Il faut deux boyaux: un qui aspire, un qui déverse. Pour la suction, la hauteur entre l'eau et la pompe ne doit pas excéder 20′. Pour le déversement, elle peut être de 30′ ou plus au-dessus de la pompe. Le boyau aspirant doit posséder un filtre. On peut ajouter un accessoire qui suce l'eau à la manière d'un aspirateur domestique.

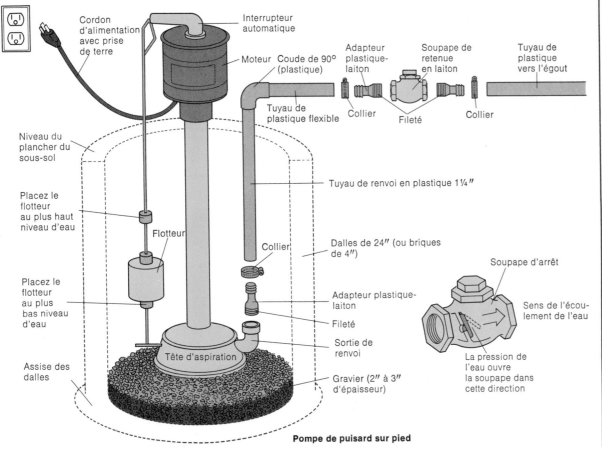

Pompe de puisard sur pied

Détendeur de pression

Lorsque la pression d'eau d'une maison dépasse 60 livres au pouce carré, il faut installer un détendeur de pression. Une pression d'eau élevée fait goutter les robinets, augmente les bruits dans la tuyauterie et cause des fuites d'eau. Cet excès de pression peut endommager la tuyauterie en multipliant les coups de bélier (p. 224).

Pour éviter cet ennui, installez un manomètre sur un robinet afin de vérifier la pression de l'eau (il est plus économique d'acheter un manomètre que d'appeler le plombier) puis, si la chose s'avère nécessaire, posez un détendeur de pression. Ce détendeur est une valve, plus petite qu'un compteur à eau, qui se place près de l'entrée d'eau, après la valve d'arrêt. Il porte une union qui facilite le raccordement. Réglez ensuite la pression à 50 livres par pouce carré, ou selon vos désirs.

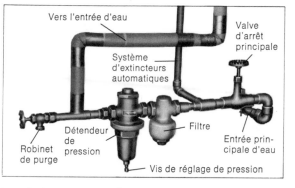

Les régulateurs de pression stabilisent une pression souvent élevée et erratique. La plupart sont réglés en usine à 50 livres au pouce carré. Posez-les derrière la valve d'arrêt principale. Le raccord vers les gicleurs s'enlève avant la régulation.

Evier à égout surélevé

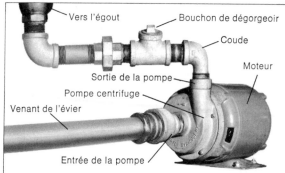

Un évier situé sous le niveau de l'égout doit posséder une pompe qui déverse les eaux usées dans l'égout. Les pompes à moteur sont conçues à cette fin. On lance le moteur chaque fois qu'on utilise l'évier.

Toilettes à égout surélevé

Vous pouvez installer des toilettes à égout surélevé dans un sous-sol, même si l'égout est au-dessus du niveau du plancher. Vous n'avez besoin d'aucun tuyau sous le plancher. L'eau pénètre dans le système de chasse par une valve à double action, alimentée par un tuyau d'eau froide de ½" ou plus de diamètre. Une soupape d'arrêt sur la valve coupe le retour des eaux usées. Quand on actionne la chasse, la valve expédie l'eau par un petit tuyau flexible, vers un jet désintégrant placé sur le raccord en T, derrière la cuvette de porcelaine blanche. Les corps solides sont défaits. Ensuite, la valve de chasse lance l'eau vers un jet de chasse qui pousse les déchets liquéfiés hors de la cuvette et les refoule par un tuyau de montée vers un tuyau d'évacuation agissant par gravité. La pression d'eau doit être de 40 livres au pouce carré pour une hauteur de levée maximale de 10 pieds.

La tuyauterie est facile à trouver. Toutes les instructions sont fournies avec l'appareil: montez la valve de chasse à 6 pouces ou plus au-dessus de la cuvette et raccordez-la par une union au tuyau d'arrivée d'eau. Placez le tuyau de montée et raccordez-le au tuyau d'évacuation supérieur.

Vous pourrez vous procurer des toilettes à égout surélevé chez les principales compagnies de fournitures de plomberie.

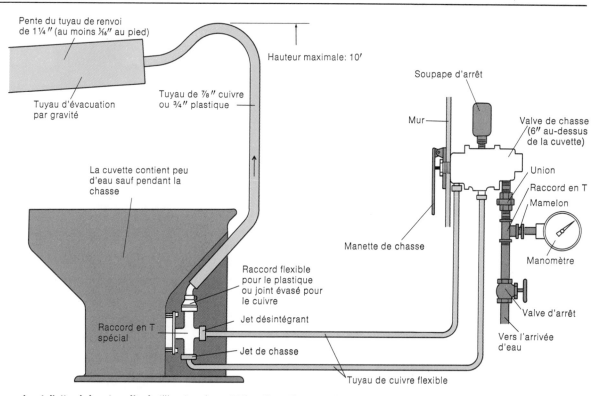

Les toilettes à égout surélevé utilisent seulement 2½ gallons d'eau par chasse. Aucun tuyau n'est nécessaire sous le plancher.

Traitement des eaux domestiques

Façon d'adoucir l'eau

L'eau de pluie est l'eau naturelle la plus pure qui soit. Lorsqu'elle s'infiltre dans la terre, elle absorbe du calcium, du magnésium et d'autres minéraux. Quand ces corps ne sont pas en suspension dans l'eau mais y sont dissous, ils forment l'eau dure.

On mesure souvent la dureté en grains de carbonate de calcium par gallon, comme suit:

Moins de 1 .... douce
de 1 à 3.5 .... moyennement douce
de 3.5 à 7.0 .... dure
de 7.0 à 10.5 .... très dure
plus de 10.5 .... extrêmement dure

Au Canada, les eaux se situent entre 3 et 30 grains au gallon. L'eau dure exige davantage de savon et de détergent, cause des cernes à la baignoire, laisse le linge d'un blanc douteux et obstrue les tuyaux. Les légumes cuits dans cette eau durcissent.

Eau du robinet

Eau distillée

Vérifiez si l'eau est dure en la comparant à de l'eau distillée en bouteille. Versez de l'eau distillée et de l'eau du robinet dans deux verres. Versez 10 gouttes de détergent à laver la vaisselle dans chaque verre et agitez pour faire une mousse. Si l'eau est dure, elle moussera moins que l'eau distillée. Versez dix autres gouttes de détergent dans l'eau du robinet et agitez les verres. Si le niveau de mousse est égal dans les verres, votre eau est deux fois plus dure que l'eau pure. Si vous versez 40 gouttes pour arriver au même niveau, votre eau est quatre fois plus dure, et ainsi de suite.

Parmi les autres effets secondaires, mentionnons: le fer rouge (visible), le fer coloïdal (invisible), le manganèse (dépôts noirs), l'hydrogène sulfuré (odeur d'œufs pourris), l'eau corrosive (contenant de l'acide, de l'oxygène), la turbidité, la fluorure (cette dernière est quelquefois avantageuse) et des nitrates (poisons).

On peut résoudre la plupart des problèmes grâce à des mesures appropriées. Les fabricants d'adoucisseurs d'eau se chargent habituellement des tests gratuitement.

L'adoucisseur d'eau qui répond le mieux aux attentes est l'appareil à filtrer l'eau. Cette dernière passe au travers d'un composé de résine minérale ou synthétique qui change les ions de magnésium et de calcium (particules chargées d'électricité) en ions de sodium. Le composé est régénéré lorsqu'on le filtre à l'eau salée. La forte concentration de sodium dans l'eau salée expulse les ions de calcium et de magnésium qui sont chassés, et l'adoucisseur est rénové. On achète ou on loue un adoucisseur d'eau avec le service. L'appareil loué est changé régulièrement et régénéré à l'usine. Le propriétaire d'un appareil doit régénérer celui-ci lui-même, par l'addition de sel.

Certains adoucisseurs ont un indicateur et font la régénération automatiquement. Les semi-automatiques fonctionnent par une minuterie. Seulement une partie de l'eau d'une maison nécessite l'adoucissement. L'eau des boyaux et celle des toilettes n'en ont pas besoin. Parfois, seule l'eau chaude est adoucie. Si toute l'eau l'était, les personnes qui ne doivent pas boire d'eau adoucie (à cause d'un régime) devraient utiliser une canalisation indépendante. L'installation de l'adoucisseur d'eau est facilitée par le tuyau flexible. Reliez au tuyau de service la valve d'arrêt principale et les embranchements des robinets extérieurs. Si toute l'eau de la maison doit être adoucie, reliez avant le chauffe-eau; si seule l'eau chaude doit l'être, reliez au tuyau d'eau froide allant au chauffe-eau. Posez des coudes aux deux bouts du raccord et des adaptateurs appropriés. Reliez un tuyau depuis le tuyau d'arrivée jusqu'à l'entrée de l'adoucisseur et un autre depuis le tuyau d'arrivée jusqu'à la sortie de l'adoucisseur. Ouvrez l'eau, et votre eau sera adoucie. L'écoulement de l'eau du régénérateur peut se faire sur le terrain ou dans l'égout, sans dommage pour la cuve septique.

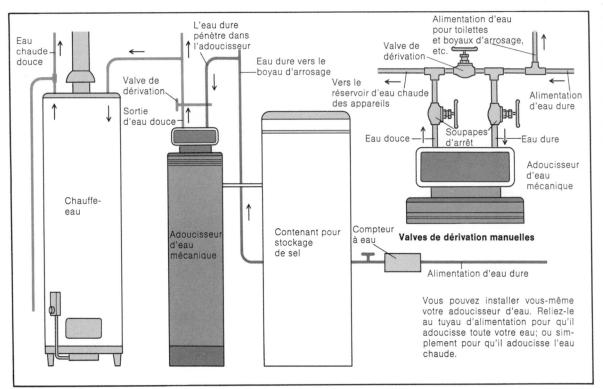

Eau chaude douce

L'eau dure pénètre dans l'adoucisseur

Eau dure vers le boyau d'arrosage

Valve de dérivation

Sortie d'eau douce

Chauffe-eau

Adoucisseur d'eau mécanique

Contenant pour stockage de sel

Compteur à eau

Alimentation d'eau pour toilettes et boyaux d'arrosage, etc.

Valve de dérivation

Vers le réservoir d'eau chaude des appareils

Eau douce

Soupapes d'arrêt

Alimentation d'eau dure

Eau dure

Adoucisseur d'eau mécanique

Valves de dérivation manuelles

Alimentation d'eau dure

Vous pouvez installer vous-même votre adoucisseur d'eau. Reliez-le au tuyau d'alimentation pour qu'il adoucisse toute votre eau; ou simplement pour qu'il adoucisse l'eau chaude.

Façon d'enlever les impuretés de l'eau

Les adoucisseurs d'eau retirent une certaine quantité de fer, mais, pour en retirer de plus grandes, il faut un filtre qui retienne à la fois le fer dissout et le fer en suspension. Ce filtre contient un minerai qui remplit cette fonction. Il doit être régénéré périodiquement par un lavage pour que soit expulsé le fer oxydé qui s'y est amassé. La plupart de ces filtres sont automatiques. Si l'eau contient peu d'oxygène, on nettoie le filtre avec du permanganate de potasse. Ce poison doit être expulsé complètement du filtre avant qu'on le réutilise.

On se sert d'un filtre à fer combiné à un filtre à charbon activé pour retirer des eaux de puits le sulfure qu'elles contiennent. On fixe ce filtre au tuyau de l'évier ou au robinet de la cuisine.

On peut traiter l'eau légèrement contaminée à l'aide d'un injecteur automatique de chlore qui répand, dans le tuyau d'alimentation, du chlore qui tue les bactéries et précipite les particules solides indésirables. Un injecteur de chlore employé avec un filtre à sédiments enlève très bien le fer. Le filtre à sédiments est muni de sable et de gravier ou d'une cartouche remplaçable qui retire, de l'eau, les particules en suspension. Un injecteur de chlore combiné à un filtre à charbon traite bien l'eau sulfureuse.

On traite l'eau corrosive en ajoutant un filtre neutralisant et un canal d'alimentation de polyphosphate à la canalisation principale. Le filtre neutralisant injecte, dans l'eau, des agents qui réduisent la corrosion. Il faut nettoyer et regarnir le filtre, de temps à autre. Un canal d'alimentation de phosphate laisse fondre lentement dans l'eau des cristaux de phosphate qui forment une couche protectrice sur les tuyaux et le chauffe-eau, ralentissant la corrosion. Il faut remplacer ces cristaux périodiquement.

Un adoucisseur d'eau peut parfois clarifier l'eau trouble. On obtient de meilleurs résultats en combinant un filtre à sédiments avec un filtre à charbon. Si l'eau est vraiment trouble, il faut un canal d'alimentation chimique en plus d'un filtre à sédiments.

L'eau qui a un mauvais goût doit passer par un filtre à charbon. L'eau salée saumâtre présente un problème de traitement spécial, de même que l'eau qui doit être débarrassée de sodium ou d'autres minéraux. Il existe deux bons traitements: l'osmose inversée et la désionisation.

Séparer l'eau des impuretés qu'elle contient par une membrane d'acétate de cellulose, c'est cela,

l'osmose inversée. Les impuretés se logent d'un côté de la membrane et sont chassées. L'eau qui passe de l'autre côté est pure.

Un appareil d'osmose inversée coûte relativement cher et peut traiter suffisamment d'eau pour les besoins d'une famille moyenne en eau potable, eau de cuisson, eau pour le fer à vapeur et pour la batterie de la voiture. Il ne contient pas de pièces mobiles et n'a pas à être régénéré. La pression d'eau ordinaire suffit à l'actionner. Sa membrane résiste environ deux ans. L'appareil se relie au tuyau d'eau froide, sous l'évier.

La désionisation de l'eau peut enlever de celle-ci presque tous les solides qui s'y dissolvent et la rend propre à presque tous les usages. L'action s'effectue en deux étapes, au moyen de deux résines d'échange d'ions déposées dans deux contenants ou dans un seul. Le premier minéral est celui-là même qu'on emploie pour adoucir l'eau, sauf qu'il est chargé d'ions d'hydrogène plutôt que d'ions de sodium. Quand l'eau le traverse, les ions positifs d'hydrogène qu'il contient se dégagent dans l'eau et les ions minéraux positifs (fer, carbonates, etc.,) sont retenus. Puis l'eau passe immédiatement dans un autre bain de résine chargé d'ions négatifs d'hydroxide. Ces ions se dégagent dans l'eau et les ions minéraux négatifs (chlorides, bicarbonates, etc.) sont recueillis et retenus. Les ions d'hydrogène et d'hydroxide dégagés dans l'eau se réunissent alors pour former de l'eau pure.

Ces résines, comme celles employées pour l'adoucissement, s'épuisent, et leurs ions ne peuvent être régénérés que par un procédé d'usine: un acide puissant sert à régénérer le premier minéral; un alcali régénère le deuxième.

La désionisation de l'eau, inestimable, en certains cas, coûte cher. Les appareils de désionisation, appelés aussi déminéralisateurs, sont conçus pour être raccordés à la tuyauterie ou reliés à un robinet. On jette ces derniers modèles quand ils sont épuisés.

Après avoir identifié le problème causé par votre eau, vous pouvez compter que l'une ou l'autre de ces méthodes de conditionnement vous apportera une solution.

Vous pouvez installer vous-même votre adoucisseur d'eau et vos filtres, mais les canaux d'alimentation doivent être mis en place par des spécialistes.

Filtre à charbon activé

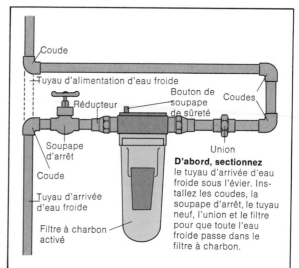

D'abord, sectionnez le tuyau d'arrivée d'eau froide sous l'évier. Installez les coudes, la soupape d'arrêt, le tuyau neuf, l'union et le filtre pour que toute l'eau froide passe dans le filtre à charbon.

Appareil d'osmose inversée

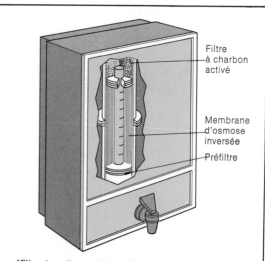

Le préfiltre dans l'appareil moulé de trois gallons empêche les corps étrangers d'atteindre la membrane d'osmose inversée qui est tournée en spirale autour d'une tige centrale et ne laisse passer que l'eau purifiée. Le filtre enlève tout goût ou toute odeur à l'eau.

Dispersion des eaux d'égout

Système de dispersion privé

Il est peu probable que vous ayez l'intention de construire votre propre système de dispersion des eaux d'égout, étant donné le travail de creusage exigé. Il faut une canalisation, une fosse septique et un terrain approprié. Nous vous donnons les renseignements; libre à vous de planifier votre système et d'en discuter avec les autorités locales qui doivent l'approuver.

Vous devrez vérifier, par des tests, la qualité d'absorption du terrain, si vous ne la connaissez déjà. Dans le terrain choisi, creusez, avec une tarière à poteaux, six trous de 18″ à 36″ de profondeur et rem-

plissez-les d'eau; après 24 heures, voyez à ce que chaque trou contienne environ 6″ d'eau. Plantez une règle et chronométrez en combien de minutes l'eau baissera d'un pouce. Le tableau indique le minimum de pieds carrés de terrain nécessaires pour chaque chambre à coucher. La loi exige que les fosses septiques et les champs d'épandage soient à une certaine distance des maisons, des puits, des immeubles et des arbres. Une canalisation étanche relie la maison à la fosse septique. Cette canalisation peut être en fonte, en plastique soudé au dissolvant, en tuiles d'argile vitrifié autoscellantes, en tuyaux de fibre à

Minutes au pouce	Surface d'absorption en pieds carrés requise pour chaque chambre à coucher
2 (ou moins)	85
3	100
4	115
5	125
10	165
15	190
30	250
60	330
Plus de 60	Impropre pour une fosse

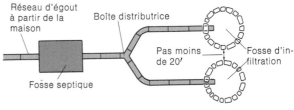

Fosses d'infiltration pour les surfaces trop petites pour un champ d'épandage

joint conique ou en tuyaux d'amiante et ciment autoscellants. Le tuyau est ordinairement de 4″; la pente de ¼″ au pied. On exige parfois du tuyau en fonte pour les derniers cinq pieds près de la maison. La fosse peut être en béton précoulé, en acier enduit d'asphalte, en blocs de béton, en séquoia, en tuiles d'argile ou en briques de plastique avec fibre de verre. Les déchets reposent au fond de la fosse et se décomposent. La sortie est plus basse que l'entrée, pour éviter le retour des déchets. Toute la fosse est enfouie sous terre. Lors du nettoyage, on creuse un trou jusqu'à la porte d'accès qu'on retire. Placez la fosse de telle sorte qu'un camion puisse y accéder facilement. La fosse doit être d'une dimension appropriée aux besoins d'une famille, comme l'indique le tableau qui tient compte de l'emploi des broyeuses, lessiveuses et machines à laver la vaisselle.

Les lois varient quant aux déchets acheminés vers une fosse. Parfois, il faut un collecteur pour les graisses de cuisine. Il arrive qu'il faille une canalisation des eaux des toilettes vers une fosse et une autre des déchets dans un champ d'épandage, mais, habituellement, tous les égouts se déchargent dans la fosse septique.

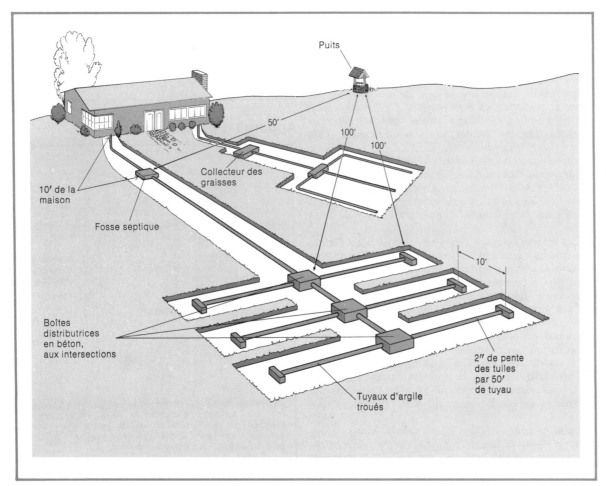

Façon d'installer une fosse septique

Demandez à un entrepreneur de creuser à la machine le trou de la fosse septique et les fossés de drainage qui y conduisent. Le lit de ces fossés sera ensuite couvert de gravier ou de pierre concassée. Une canalisation étanche, reliée à la fosse, se rendra à une **boîte distributrice** en béton enfouie sous terre. C'est cette distributrice qui dirige l'écoulement vers deux ou vers plusieurs tuyaux posés sur du gravier, soit de niveau, soit en une pente de pas plus de six pouces aux 100 pieds.

La canalisation peut être faite en tuiles d'argile ou de béton mesurant 4″ ou en tuyaux de fibre ou de plastique perforé. On peut poser des tuiles d'un pied de long mais, lorsqu'on le fait, on laisse un espace entre elles pour l'infiltration.

Les tuyaux perforés dont disposent les magasins ont dix pieds de long. Rappelez-vous que les canalisations d'égout ne doivent pas être étanches.

Une fois en place, les tuiles sont recouvertes de gravier, et le gravier lui-même, de papier goudronné. De la sorte, le sol de remplissage n'obstrue pas la canalisation de terre. Quand le système aura été inspecté, on recouvrira la canalisation de terre et de gazon.

Nombre de chambres à coucher	Capacité minimale de la fosse
2 ou moins	750 gallons
3	900 gallons
4	1000 gallons
5	1250 gallons

Sur un terrain incliné ou montagneux, on construit un autre type d'égout: **le champ d'épandage en série.** Il s'agit de creuser des fossés qui soient de niveau tout autour du terrain, chaque fossé étant plus bas que le suivant. Une tranchée ne se déverse dans une tranchée inférieure que quand la profondeur des dépôts de la tranchée supérieure atteint le dessus du lit de gravier. Ainsi, la première tranchée doit déborder avant de se déverser dans la seconde. La boîte distributrice est éliminée.

On n'a pas à se préoccuper du gel de la fosse septique ou des tuyaux. L'eau chaude de la maison et l'action des bactéries procurent de la chaleur.

Dans une fosse septique neuve, aucun traitement spécial n'est nécessaire pour entamer une action bactérienne. Chaque année, on doit vérifier la hauteur des ordures. Pour ce faire, on enlève le couvercle de la porte d'accès, on enfonce un bâton jusqu'au

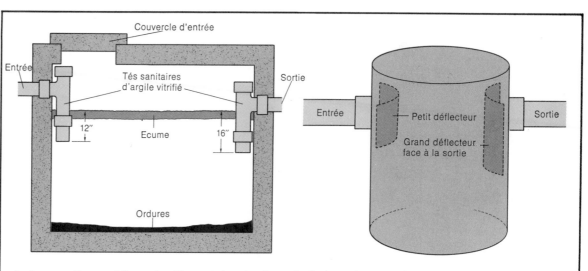

La fosse septique en béton précoulé se nettoie grâce à un couvercle d'accès. Le té d'entrée aère et empêche les éclaboussures; le té de sortie empêche l'écume de déborder.

La fosse septique en acier est enduite d'asphalte, ce qui la protège de la corrosion. Elle peut durer plusieurs années dans un sol non corrosif.

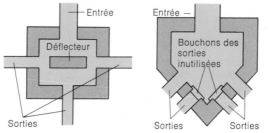

Boîte distributrice (3 sorties) **Boîte distributrice** (4 sorties)

fond de la fosse et on le retire. Si on a préalablement enveloppé le bout du bâton d'un tissu pâle, on verra clairement la profondeur des ordures. Le tableau ci-contre indique le degré d'accumulation toléré.

Quand ces niveaux sont atteints, il faut vider la fosse à la pompe. Il est préférable d'appeler un spécialiste dans le nettoyage des fosses septiques.

Parfois, on se sert de produits chimiques pour hâter la précipitation. Il y a différents produits pour différentes conditions. Les plus employés sont la chaux et le sulfate d'alumine.

On ajoute parfois de la levure pour activer l'action des bactéries. Mélangez la levure à l'eau chaude dans

un seau et versez-la dans la cuvette de la toilette. Une demi-livre de levure suffit pour faire le travail.

Fosses d'aisance: La principale différence entre une fosse d'aisance et une fosse septique est que la fosse d'aisance ne décompose pas et ne traite pas les eaux des égouts. Ce n'est qu'un réservoir qui laisse les eaux s'infiltrer dans la terre. Les fosses d'aisance sont loin d'être hygiéniques et peuvent devenir une menace à la santé.

Une fosse d'aisance située près d'une source d'eau souterraine polluera l'eau, à la longue, et celle-ci ne sera plus potable. De plus, les matières polluées

DISTANCE ENTRE LE FOND DE LA FOSSE ET LE DESSUS DES ORDURES			
Contenance de la fosse (gallons)	Profondeur du liquide (pieds)		
	3	4	5
500	11″	16″	21″
750	6″	10″	13″
900	4″	7″	10″
1000	4″	6″	8″

remonteront à la surface où elles se décomposeront en émettant des odeurs nauséabondes.

Pour ces raisons, ces fosses sont prohibées en plusieurs endroits.

Dispersion des eaux d'égout

Installation d'une fosse d'infiltration

On ne peut installer une fosse septique sur un terrain trop petit, trop accidenté ou trop montagneux. Mieux vaut une fosse d'infiltration. Celle-ci est faite d'une série de trous dans le sol dont les parois sont tapissées de pierre, de brique ou de blocs de béton. L'infiltration se fait par le fond en terre et par les parois poreuses. On remplit de gravier les fosses dont les murs sont faibles. Un couvercle amovible permet le nettoyage, au besoin. Les tuyaux en T servent à l'aération des canalisations et empêchent les éclaboussures. La canalisation de ces fosses est faite de tuiles aux joints ouverts et comporte une boîte distributrice semblable à celles des tranchées des champs d'épandage.

Ces fosses peuvent être de toutes dimensions et ne sont pas nécessairement rondes. L'excavation est faite au bélier mécanique puis remplie de pierres et, enfin, recouverte d'une couche de remblayage.

L'infiltration se fait surtout par les murs, dans les petites fosses; ceci les rend plus efficaces au pouce carré que les grandes. Par conséquent, une grande fosse doit couvrir une surface beaucoup plus grande que l'ensemble de plusieurs petites.

On peut construire une fosse même dans une pente raide. Les arbres dont les racines pénètrent dans une fosse absorbent les résidus. On facilite la pénétration des racines en construisant des fosses sans mur ou remplies de pierres. Quelquefois, la canalisation d'un champ d'épandage se termine dans une fosse d'infiltration qui accepte le trop-plein.

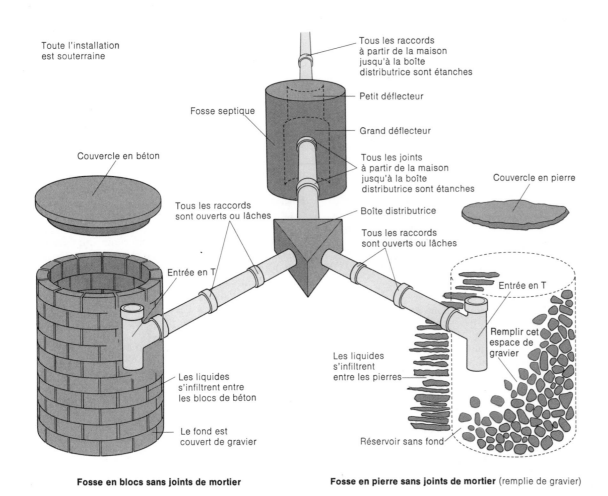

Fosse en blocs sans joints de mortier

Fosse en pierre sans joints de mortier (remplie de gravier)

Champs d'épandage en pente

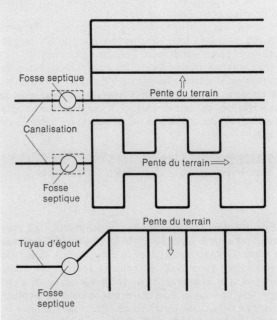

On peut ériger des champs d'épandage relativement de niveau sur un espace dont la pente est inférieure à 6″ aux 100 pieds. Sur un espace montagneux ou escarpé, on construit des champs en série. Il sont composés de plusieurs fosses de niveau autour du terrain, chacune plus basse que la précédente. Les liquides ne se déversent dans la fosse inférieure que lorsque la profondeur du liquide dans la fosse supérieure atteint le dessus du lit de gravier. Ainsi, chaque fosse se déverse dans la fosse inférieure. Il n'y a pas de boîte distributrice. Dans ces genres de champs, la sortie de la fosse septique doit être au moins 4″ plus bas que l'entrée.

section 8:

L'électricité: problèmes et solutions

L'électricité fait partie de notre vie quotidienne et constitue l'un des éléments essentiels de notre confort.

Tout le monde l'utilise, mais, quand il s'agit de la maîtriser, pour quelque réparation ou installation, il convient de connaître au moins les rudiments de sa technique et les règles indispensables de sécurité. Le but de ce chapitre est de vous aider à acquérir les connaissances techniques simples mais essentielles qui vous permettront d'effectuer, ou de faire effectuer par un spécialiste, les travaux nécessaires à la réalisation de vos projets dans ce domaine.

sommaire

252 Fusibles et coupe-circuits

253 La connaissance de l'électricité

254 Vos besoins en électricité

255 Circuits supplémentaires

256 Amélioration du service d'électricité

257 L'électricité et la sécurité

258 Conseils sur les réparations

259 La réparation des fils et des fiches

260 Les boîtes de sorties et accessoires électriques

261 Les fils et la canalisation électrique

262 Interrupteurs et prises de courant

263 Interrupteur spécial et canalisation métallique

264 Le câblage de nouveaux circuits

265 L'installation des boîtes

266 Câblage du plancher et du plafond

267 Les lustres

268 Câblage des interrupteurs, des prises et des appareils

270 Quincaillerie spéciale

271 Eclairage extérieur

272 Câblage extérieur

273 La réparation d'une lampe

274 Les appareils fluorescents

276 Carillons, sonnettes et avertisseurs

Fusibles et coupe-circuits

Leur fonction

Les fusibles et les coupe-circuits sont les gardiens de votre système électrique. Quand un fusible saute ou qu'un coupe-circuit se déclenche, c'est un signal d'alarme. Quand deux fils électriques se touchent parce que leur isolant est usé, quand un moteur est surchargé ou qu'un circuit dessert de trop nombreux appareils électriques, le fusible vous en prévient en sautant. Il est inutile de remplacer ce fusible ou de replacer le coupe-circuit tant que vous ne connaîtrez pas la cause de l'interruption et que vous n'y aurez pas apporté de remède. Autrement, vous brûlerez un autre fusible ou déclencherez un autre court-circuit.

Tel qu'indiqué plus haut, les fusibles sautent quand trop d'appareils sont branchés sur le même circuit. Si un fusible saute quand vous utilisez le grille-pain, rappelez-vous que votre poêlon électrique et votre fer à repasser sont sur le même circuit et que l'un ou l'autre est branché. Débranchez l'appareil en usage et remplacez le fusible ou replacez le coupe-circuit.

Les courts-circuits font sauter les fusibles. Vous vous en rendez compte quand le mica est noirci ou décoloré. Lorsque le mica reste clair mais que le ruban métallique est brisé, il y a eu surcharge.

Il est bon de munir son système d'un coupe-circuit qui se déclenchera dès qu'il y aura surcharge ou court-circuit. Gardez des fusibles de rechange près de la boîte. Quand vous en changez un, remplacez-le par un autre de même capacité, un 15 ampères par un 15 et non par un 20.

Tableau des fusibles avec fusibles sectionneurs

Tableau de coupe-circuit avec fusible sectionneur

Types de fusibles et de coupe-circuits

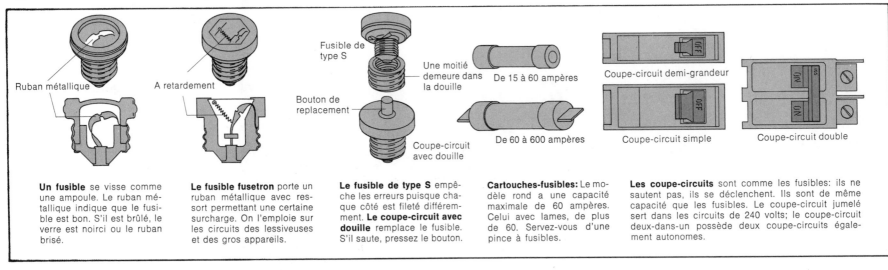

Fusible de type S

Une moitié demeure dans la douille

De 15 à 60 ampères

Bouton de replacement

Coupe-circuit avec douille

De 60 à 600 ampères

Coupe-circuit demi-grandeur

Coupe-circuit simple

Coupe-circuit double

Ruban métallique

A retardement

Un fusible se visse comme une ampoule. Le ruban métallique indique que le fusible est bon. S'il est brûlé, le verre est noirci ou le ruban brisé.

Le fusible fusetron porte un ruban métallique avec ressort permettant une certaine surcharge. On l'emploie sur les circuits des lessiveuses et des gros appareils.

Le fusible de type S empêche les erreurs puisque chaque côté est fileté différemment. **Le coupe-circuit avec douille** remplace le fusible. S'il saute, pressez le bouton.

Cartouches-fusibles: Le modèle rond a une capacité maximale de 60 ampères. Celui avec lames, de plus de 60. Servez-vous d'une pince à fusibles.

Les coupe-circuits sont comme les fusibles: ils ne sautent pas, ils se déclenchent. Ils sont de même capacité que les fusibles. Le coupe-circuit jumelé sert dans les circuits de 240 volts; le coupe-circuit deux-dans-un possède deux coupe-circuits également autonomes.

Remplacement d'un fusible brûlé

Dévissez le fusible après avoir coupé le courant. Si le fusible est de 15 ampères, remplacez-le par un autre de 15 ampères. S'il est de type " à cartouche ", tirez-le. Servez-vous d'une pince à fusibles pour les gros fusibles.

Poussez en position "reset" ou "on" un coupe-circuit qui s'est déclenché. Assurez-vous que vos pieds sont sur une surface sèche et gardez une main libre.

Enlevez un fusible brûlé en le dévissant. Remplacez par un autre de même capacité.

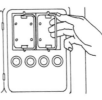

Si le tableau porte un sectionneur comme ci-haut, tirez-le pour dégager les fusibles.

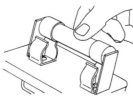

Tirez vers vous. Remplacez par des fusibles semblables, de même capacité.

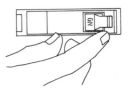

Un coupe-circuit déclenché: poussez le bouton en position "reset" ou "on".

Les termes et leur signification

L'électricité circule dans les fils grâce à une pression, un peu comme l'eau circule dans les tuyaux. Cette pression électrique se calcule en **volts**, ou **voltage.** Les maisons modernes reçoivent 120/240 volts par un tableau d'entrée. Le courant passe par un compteur qui le mesure et le distribue ensuite à travers la maison.

La plupart des appareils utilisent un courant de 120 volts; les gros appareils, comme les cuisinières, les fours, et quelquefois les lessiveuses et les sécheuses, exigent 240 volts.

C'est le diamètre du fil qui détermine la quantité d'électricité transmise à un appareil ou à un groupe d'appareils. Cette mesure est **l'ampère.**

Tout comme un gros tuyau transporte davantage d'eau qu'un petit, un gros fil conduit davantage d'électricité, là où elle est requise. Si le fil est trop petit pour la charge d'électricité qu'il porte, il chauffera et pourra causer un incendie.

La canalisation électrique dans les murs et les plafonds est divisée en **circuits.** Chaque circuit est relié à des prises de courant murales et à des interrupteurs. Les gros appareils possèdent leur propre circuit. Chacun de ces circuits est protégé par un fusible ou par un **coupe-circuit** qui se déclenche s'il y a surcharge.

Le nombre de circuits électriques d'une maison détermine le nombre d'appareils électriques qu'on peut y employer sans danger.

Si votre maison a plus de vingt ans, sa canalisation a sûrement besoin d'être rajeunie ou, du moins, d'être soigneusement examinée par un électricien compétent.

Indices utiles

A l'achat d'une maison neuve: Vérifiez le diamètre des fils électriques et le tableau de service. Un service idéal a de 100 à 200 ampères, à trois fils (n° 2 ou de calibre 3/0). Une maison munie d'une cuisinière électrique, d'un chauffe-eau, d'une sécheuse, d'air climatisé et d'accessoires exige au moins 150 ampères.

A l'achat d'une ancienne maison: Vérifiez la capacité du tableau de service. La maison aura une valeur accrue si son câblage est de trois fils plutôt que de deux. Les renseignements contenus dans ces pages vous aideront à calculer l'électricité qui vous est nécessaire. Ainsi éclairé, vous prendrez de bonnes décisions.

Lors de l'estimation de la canalisation électrique: La plupart des maisons du Canada (environ 90 % d'entre elles) ont besoin d'une nouvelle canalisation. Faites examiner la vôtre par un entrepreneur électricien — surtout si votre câblage n'a que deux fils — et décidez avec lui des améliorations indispensables à apporter. Les pages suivantes vous serviront de guide.

La façon de lire un compteur

Lorsque l'aiguille est placée entre deux chiffres, tenez compte du plus bas des deux. Les cadrans de cette illustration donnent, comme lecture, 8187. L'aiguille de chaque cadran doit avoir dépassé un chiffre pour que celui-ci puisse être compté. Ainsi, l'aiguille du second cadran a dépassé le chiffre 1 mais n'a pas atteint le chiffre 2.

Connexion à la ligne d'énergie

Ne vous aventurez jamais à toucher à la connexion électrique qui alimente votre maison. Elle renferme des fils à haute tension très dangereux. S'ils sont endommagés, faites appel à la compagnie d'électricité.

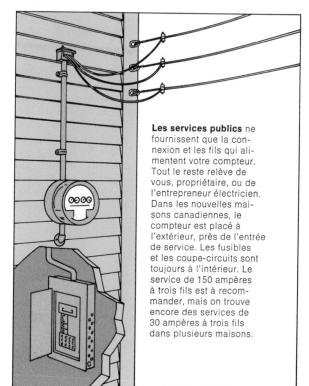

Les services publics ne fournissent que la connexion et les fils qui alimentent votre compteur. Tout le reste relève de vous, propriétaire, ou de l'entrepreneur électricien. Dans les nouvelles maisons canadiennes, le compteur est placé à l'extérieur, près de l'entrée de service. Les fusibles et les coupe-circuits sont toujours à l'intérieur. Le service de 150 ampères à trois fils est à recommander, mais on trouve encore des services de 30 ampères à trois fils dans plusieurs maisons.

Comment couper le courant

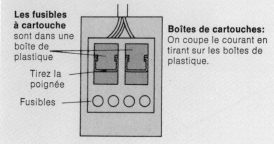

Les fusibles à cartouche sont dans une boîte de plastique

Tirez la poignée

Fusibles

Boîtes de cartouches: On coupe le courant en tirant sur les boîtes de plastique.

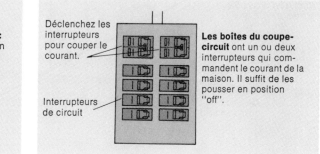

Déclenchez les interrupteurs pour couper le courant.

Interrupteurs de circuit

Les boîtes du coupe-circuit ont un ou deux interrupteurs qui commandent le courant de la maison. Il suffit de les pousser en position ''off''.

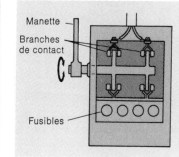

Manette

Branches de contact

Fusibles

Les interrupteurs à manette servent d'interrupteurs principaux dans les anciennes canalisations électriques. On lève la manette en position ''off'' pour couper le courant.

Vos besoins en électricité

Votre canalisation électrique suffit-elle?

Votre canalisation est insuffisante si elle présente un des symptômes suivants: **les fusibles** sautent ou les coupe-circuits se déclenchent; **les lumières** vacillent quand les appareils entrent en opération; **les appareils** ne donnent pas leur rendement; **l'image du téléviseur** se rétrécit quand un gros appareil fonctionne; vous utilisez trop de **rallonges.** Peut-être n'êtes-vous satisfait de votre canalisation que parce que vous n'avez jamais utilisé tous les circuits en même temps. Calculez le nombre de watts qu'utiliseraient tous vos appareils, s'ils fonctionnaient en même temps. Une plaquette, placée sur chaque appareil, vous en indique le wattage. Si elle est absente ou illisible, consultez le tableau de cette page.

Comptez aussi les ampoules et les tubes fluorescents. Additionnez le wattage des ampoules et appareils de chaque circuit de 120 volts. Si le résultat est supérieur à 1650 pour un fusible de 15 ampères, ou à 2200 pour un fusible de 20 ampères, les fusibles sauteront lorsque tous les appareils fonctionneront en même temps. Branchez alors des ampoules ou appareils sur un autre circuit (disponible).

ESTIMATION DU WATTAGE

Article	Wattage	Article	Wattage
Aérateur	100	Lampes	60-150
Air climatisé		Lave-vaisselle	1 800
(central)	5 000	Lessiveuse	350
Aspirateur	400	Malaxeur	250
Baladeuse		Mixeur	150
(extérieure)	100	Ouvre-boîte	150
Broyeur (à ordures)	900	Perceuse	300
Cafetière	600	Poêle à frire	1 320
Chauffe-eau	2 500	Pompe de puisard	300
Chauffe-plat	500	Radio	50
Chaufferette		Rasoir	10
(de chambre)	1 600	Réchaud	
Climatiseur		(2 éléments)	1 650
(de chambre)	1 350	Réfrigérateur	250
Congélateur	350	Repasseuse	1 650
Cuisinière élect.	8 000	Rôtisserie	1 400
	à 16 000	Rôtissoire	1 380
Eventail	75	Scie portative	570
Fer à repasser	1 000	Sécheuse	6 000
Fournaise	250	Stéréo h.f.	300
Gril	1 300	Téléviseur	300
Grille-pain	1 100	Torchère (intérieur)	300
Lampe solaire	275	Tour	300

Pour obtenir l'ampérage, divisez le wattage par le voltage. Celui-ci est généralement de 120, et, pour certains appareils, de 240.

Importance des circuits équilibrés

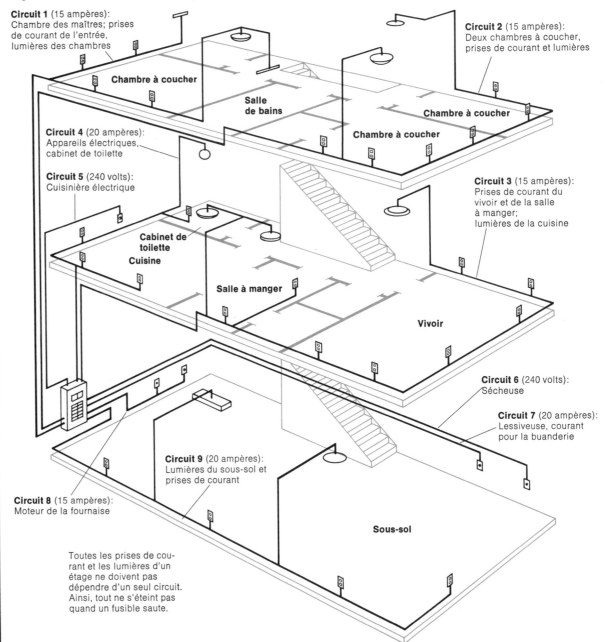

Circuit 1 (15 ampères): Chambre des maîtres; prises de courant de l'entrée, lumières des chambres

Circuit 2 (15 ampères): Deux chambres à coucher, prises de courant et lumières

Circuit 4 (20 ampères): Appareils électriques, cabinet de toilette

Circuit 5 (240 volts): Cuisinière électrique

Circuit 3 (15 ampères): Prises de courant du vivoir et de la salle à manger; lumières de la cuisine

Circuit 6 (240 volts): Sécheuse

Circuit 7 (20 ampères): Lessiveuse, courant pour la buanderie

Circuit 9 (20 ampères): Lumières du sous-sol et prises de courant

Circuit 8 (15 ampères): Moteur de la fournaise

Chambre à coucher
Salle de bains
Chambre à coucher
Chambre à coucher
Cabinet de toilette
Cuisine
Salle à manger
Vivoir
Sous-sol

Toutes les prises de courant et les lumières d'un étage ne doivent pas dépendre d'un seul circuit. Ainsi, tout ne s'éteint pas quand un fusible saute.

Trucs de départ

Il n'est pas nécessaire de changer complètement la canalisation électrique et le tableau de contrôle si votre maison manque de puissance. L'addition de nouveaux circuits peut régler le problème. C'est l'électricien qui installe les nouvelles canalisations, mais vous-même pouvez augmenter la puissance dans votre maison à l'aide des renseignements contenus dans cette section.

Prenez connaissance des règlements provinciaux et municipaux dans ce domaine. Informez-vous pour savoir si vous avez le droit d'installer des fils. Dans certaines villes, vous pouvez installer de nouveaux circuits jusqu'à la boîte de service, mais un électricien diplômé doit effectuer la dernière connexion, après vérification du travail. Ce sera une économie pour vous, puisque le gros du travail consiste à acheminer les fils vers leur destination. La plupart des électriciens se feront un plaisir de vérifier votre travail, puisque vous leur confiez la finition.

Selon les règlements, on emploie dans certains endroits du fil « Romex » (gainé d'un revêtement non métallique), dans d'autres du « BX » (câble armé flexible). Le diamètre des fils est important. Ils sont classés par numéros: plus le numéro du fil est petit, plus gros est son diamètre (p. 261). Le fil de cuivre numéro 12 est recommandé pour toute la maison. Le fil de cuivre numéro 14 sert aux circuits de 15 ampères.

Informez-vous auprès des autorités de votre région pour savoir si les fils qui alimentent votre boîte de service ont la capacité de fournir davantage de courant pour alimenter les nouveaux circuits.

Le tableau de contrôle reproduit ci-contre vous aidera à établir a) les circuits qui alimenteront les différents appareils; b) vos besoins en éclairage. Pensez à diviser vos circuits; l'un servira à l'éclairage; l'autre, aux gros appareils de la cuisine et de la buanderie. Un circuit de cuisine doit accommoder plusieurs prises de courant, au moins une à tous les quatre pieds de surface de la table de travail.

Chaque prise doit posséder son propre circuit, si l'on veut éviter les surcharges. Les prises de courant qui servent à l'éclairage et à l'usage ordinaire, sauf celles de la cuisine et celles de la buanderie, doivent posséder un circuit de 15 ampères 120 volts pour 375 pieds carrés de plancher. Les prises murales se posent à tous les douze pieds, dans chaque pièce.

Circuits destinés à l'éclairage et aux appareils

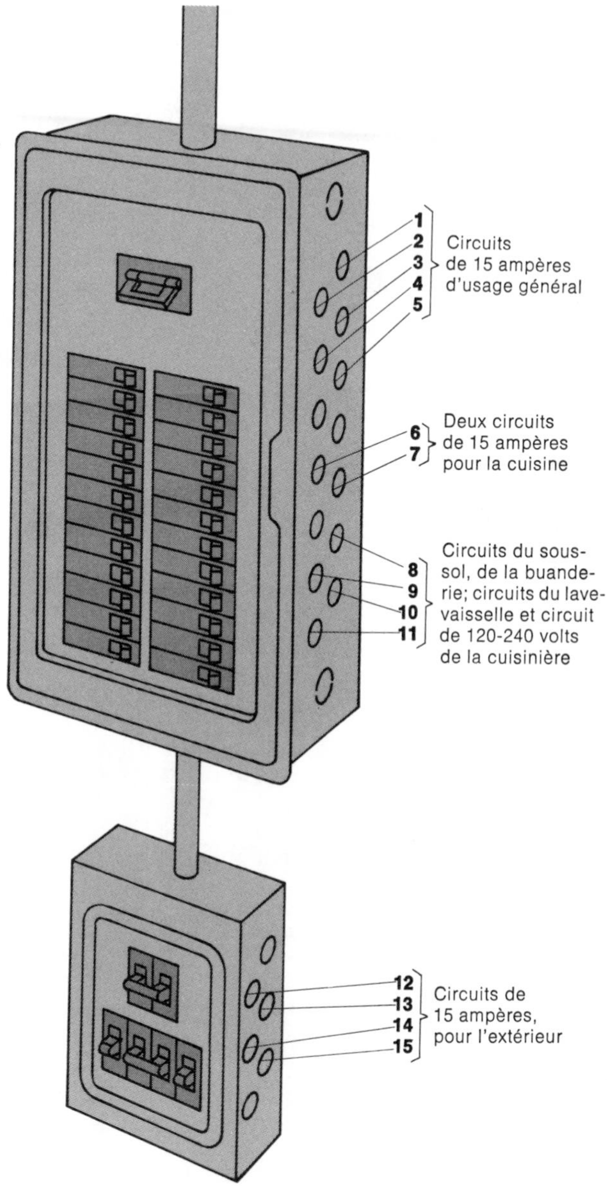

1
2 Circuits
3 de 15 ampères
4 d'usage général
5

6 Deux circuits
7 de 15 ampères pour la cuisine

8 Circuits du sous-
9 sol, de la buande-
10 rie; circuits du lave-
11 vaisselle et circuit de 120-240 volts de la cuisinière

12
13 Circuits de
14 15 ampères,
15 pour l'extérieur

Les circuits d'usage général alimentent toutes les lampes (au plafond, au mur, de chevet, de bureau, suspension, etc.), la radio, le téléviseur, les prises des aspirateurs et des petits appareils. Ils utilisent simultanément près de 1750 watts pour un fusible de 15 ampères. Si une pièce n'a pas de lumière fixe au plafond, au moins une sortie murale doit être reliée à l'interrupteur.

Deux circuits ou plus de 15 ampères desservent la poêle à frire, le gril, le fer à repasser, le grille-pain, le mixeur, le malaxeur et les autres appareils. Puisqu'on utilise rarement plus de deux appareils simultanément, chacun n'a pas besoin d'un circuit distinct (sauf le réfrigérateur).

Les circuits de 20 ampères du sous-sol alimentent les appareils de la buanderie et les outils de bricolage. La fournaise possède toujours un circuit distinct. Les climatiseurs de plus de 1500 watts, le chauffe-eau, la cuisinière et la sécheuse exigent des circuits distincts de 240 volts.

Le service qui alimente une bâtisse près de la maison (remise, cabanon ou grange) doit relever d'une sortie distincte depuis le tableau de contrôle et posséder son propre sectionneur. Ordinairement, quatre circuits de 15 ampères suffisent.

Amélioration du service d'électricité

Dégagement des circuits surchargés

Les circuits souffrent de surcharge quand trop d'appareils fonctionnent en même temps. Lorsque les prises de courant de la cuisine relèvent du même circuit que les lumières, le réfrigérateur, l'aérateur et la radio, vous risquez de faire sauter les fusibles si vous branchez une poêle à frire ou un grille-pain en même temps que ces appareils.

Eliminez cette surcharge en n'utilisant qu'un appareil électrique à la fois. Si, par contre, vous trouvez cette méthode peu pratique, faites installer un nouveau circuit (voir Câblage de nouveaux circuits, p. 264).

Pour installer un nouveau circuit, les câbles doivent êtres raccordés aux disjoncteurs ou aux fusibles du tableau de contrôle central tel qu'indiqué sur l'illustration à droite. Pour un circuit de 120 volts, vous avez besoin d'un disjoncteur pour le fil thermique noir, un emplacement sur la barre neutre et de terre pour le fil neutre blanc et une borne de mise à la terre pour le fil de terre en cuivre nu sur la même barre. Si vous n'avez pas au moins une borne libre additionnelle, n'hésitez pas à faire installer un tableau secondaire.

Installation d'un tableau secondaire: Cet ajout permet de régler vos problèmes tout en vous donnant des bornes additionnelles pour de nouveaux circuits.

Plusieurs tableaux de service ont deux cosses situées entre les deux fusibles de droite et les deux fusibles de gauche. Les deux fils noirs thermiques sont raccordés aux cosses, tel qu'indiqué sur le dessin, à droite. Les fils blancs et neutres sont raccordés à leurs bornes sur la barre neutre et de terre.

Le tableau à droite représente ce qui pourrait se trouver dans les anciennes maisons. Votre tableau peut être d'un modèle différent.

Evitez le danger

Vous devez observer à la lettre les règles de sécurité essentielles pour manipuler fils électriques et tableaux. Coupez toujours le courant avant de toucher aux fils. Si vous effectuez une réparation à l'entrée de service, ne vous tenez pas sur un plancher humide. Portez des souliers à semelle de caoutchouc et des gants de caoutchouc. Tenez-vous sur un tapis de caoutchouc ou sur un morceau de bois sec. Si vous ne savez comment effectuer un travail, faites appel à un électricien. La loi vous défend de faire certains travaux. Renseignez-vous.

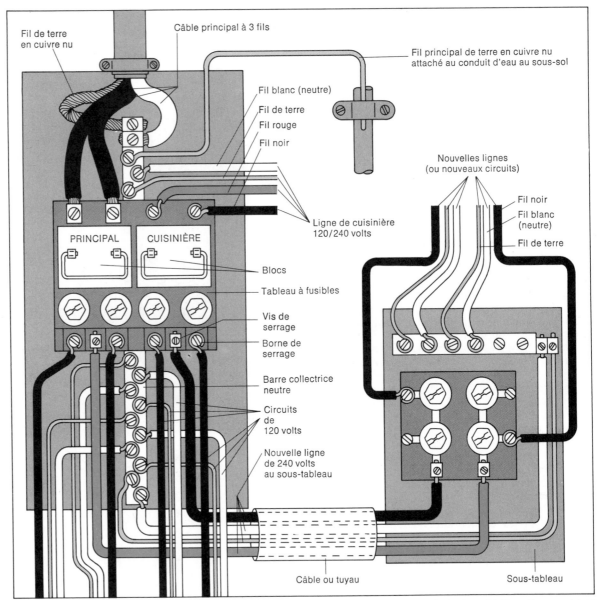

Câble principal à 3 fils

Fil de terre en cuivre nu

Fil principal de terre en cuivre nu attaché au conduit d'eau au sous-sol

Fil blanc (neutre)
Fil de terre
Fil rouge
Fil noir

Nouvelles lignes (ou nouveaux circuits)

Fil noir
Fil blanc (neutre)
Fil de terre

PRINCIPAL   CUISINIÈRE

Ligne de cuisinière 120/240 volts

Blocs

Tableau à fusibles

Vis de serrage

Borne de serrage

Barre collectrice neutre

Circuits de 120 volts

Nouvelle ligne de 240 volts au sous-tableau

Câble ou tuyau   Sous-tableau

Le tableau de service principal est alimenté par un câble à 3 fils de la société d'électricité. Le courant est distribué par les bornes des disjoncteurs sur le tableau principal. Les anciens tableaux, comme ci-dessus, à gauche, ont peu de bornes. Le tableau a deux blocs, que vous retirez pour couper soit le courant principal soit celui de la cuisinière. Dans certaines maisons plus anciennes, vous trouvez encore un interrupteur à manette à la place des blocs et probablement des câbles sans fils neutres qui sont requis à présent par le code de l'électricité.

Les fils de mise à la terre

La couleur des fils électriques d'une maison est classée selon un code. Sur le circuit de 120 volts, le fil neutre est blanc; le fil vivant est noir ou d'une autre couleur, mais jamais blanc. Les deux fils sont chargés. Sur les circuits de 240 volts seulement, un fil est ordinairement noir et l'autre d'une autre couleur, mais aucun ne devrait être blanc. Sur les circuits à trois fils qui portent les deux voltages, un fil est blanc, les deux autres noirs ou d'une autre couleur. Vous obtenez 120 volts en reliant le fil blanc et un fil de couleur à une sortie; 240 volts, en reliant les deux fils de couleur à une sortie.

Le tableau des fusibles ou coupe-circuits de votre maison est **mis à la terre,** c'est-à-dire qu'un fil relie le tableau de contrôle à une tige qui s'enfonce dans le sol. Dans les quartiers résidentiels, le fil de mise à la terre est fixé au tuyau d'approvisionnement d'eau qui pénètre dans le sol. Les fils neutres blancs des différents circuits dérivés de la maison sont reliés aussi aux bornes de terre du tableau, et ceci, pour plusieurs raisons, entre autres, la réduction des effets des éclairs.

Dans **les conduits électriques avec mise à la terre,** toutes les prises métalliques et boîtes des interrupteurs, la gaine du câble et les pièces de métal retournent à des bornes de mise à la terre dans le fusible ou le coupe-circuit. Dans les prises mises à la terre, ces bornes sont reliées à la boîte par un fil ou un autre moyen. Les appareils ou outils dont le cordon d'alimentation se termine par une prise à trois branches profitent de cette mise à la terre. (Si, par exemple, un fil exposé touche au logement d'un tel appareil ou outil, le fil de mise à la terre va protéger l'utilisateur contre un choc et fera peut-être sauter un fusible ou déclenchera un coupe-circuit.) Les appareils ou outils qui ne sont pas munis d'un tel cordon peuvent être dangereux.

Vérifiez la mise à la terre de votre système et connaissez le type de conduite d'électricité de votre maison.

Dans l'éventualité où un câble ne serait pas revêtu d'une gaine de métal, il devrait alors être muni d'un troisième fil (sans enveloppe de plastique) relié directement aux boîtes de sorties électriques.

S'il s'agit d'un câble blindé (BX), vous avez une mise à la terre, puisque l'enveloppe du câble BX conduit à la terre. Une conduite en métal donne le même résultat. En guise de protection supplémentaire, installez partout dans la maison des sorties électriques à trois branches. Assurez-vous que le troisième des trois fils (le fil dénudé) est fixé à la borne de terre. **Attention:** On trouve sur le marché des adaptateurs de raccord pour les cordes des appareils à trois branches. L'emploi de ces adaptateurs n'est pas accepté au Canada et n'est recommandé en aucun cas.

Les outils électriques à double isolant sont protégés par une couche supplémentaire d'isolant, de sorte que si une épaisseur se brise, le fil ne touche pas au métal. Le capot de ces outils est en plastique, ce qui réduit les risques de secousses électriques.

De tels outils ne nécessitent pas une fiche à trois branches ou une rallonge à trois fils avec mise à la terre, mais tous les outils qui portent une fiche à 3 branches doivent être reliés à des prises de mise à la terre.

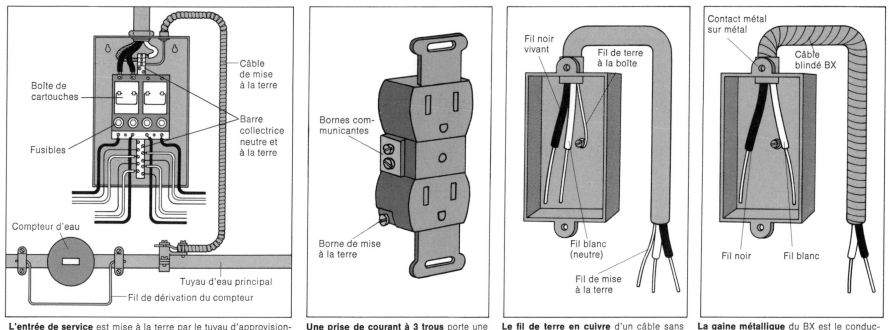

L'entrée de service est mise à la terre par le tuyau d'approvisionnement d'eau. Une tige dans le sol met aussi à la terre.

Une prise de courant à 3 trous porte une borne verte pour le fil de mise à la terre.

Le fil de terre en cuivre d'un câble sans gaine est relié à la boîte.

La gaine métallique du BX est le conducteur de terre dans les vieilles maisons.

Conseils sur les réparations

Conseils pour faciliter les réparations

Si vous pouvez suivre les instructions relatives au fonctionnement d'une machine à laver la vaisselle, d'une sécheuse ou d'une cuisinière électrique, vous pouvez également apprendre les techniques de la réparation de douzaines de petits appareils. Plusieurs travaux peuvent être effectués facilement avec de simples outils et un peu d'adresse; entre autres, pour n'en nommer que quelques-uns, le remplacement d'un interrupteur par un nouveau type silencieux, l'installation d'un interrupteur à gradation de lumière, la réparation de l'interrupteur d'une lampe ou la pose d'un plafonnier.

Les tâches d'apparence difficile, comme l'installation d'une prise de courant ou d'un nouveau circuit, deviennent un jeu si vous suivez fidèlement les instructions contenues dans cette section.

Important: Débranchez l'appareil que vous réparez. Lorsque vous enlevez un interrupteur ou des fils, retirez les fusibles ou les coupe-circuits qui alimentent les fils que vous touchez.

Vous possédez probablement déjà la plupart des outils nécessaires aux réparations: tournevis, règle, marteau, scie, ciseau, vilebrequin, pince d'électricien, cisailles et tenailles.

On peut exécuter un grand nombre de travaux avec des outils spéciaux et peu coûteux. Certains **tournevis** possèdent un dispositif retenant les petites vis qu'on pose dans des endroits exigus. Les **tournevis de type Phillips** servent aux vis à tête étoilée. Les **tourne-écrous** retirent les écrous des endroits où la clé ne peut accéder.

Un article vous sera particulièrement nécessaire: le **vérificateur de ligne.** Cet outil est constitué d'une ampoule au néon et de deux fils qu'on insère dans la prise lorsqu'on désire vérifier s'il y a du courant. De plus, le **vérificateur d'uniformité** à piles vous aide à déterminer le bon fonctionnement d'un fusible ou d'une rallonge.

Les **pinces à long bec** servent à retenir les vis, les écrous et les autres petits objets qu'on veut placer dans les endroits difficiles d'accès et d'où on veut les retirer. Elles ont un coupe-fil oblique sur le côté.

Les **pinces à dénuder les fils** coupent l'isolant et mettent le fil à nu sans le détériorer. Il faut toujours dénuder un fil avant de le relier à un autre.

Un **outil à usages multiples** coupe et dénude les fils et peut sertir les attaches des bouts; il unit sans soudure.

Les outils et leurs usages

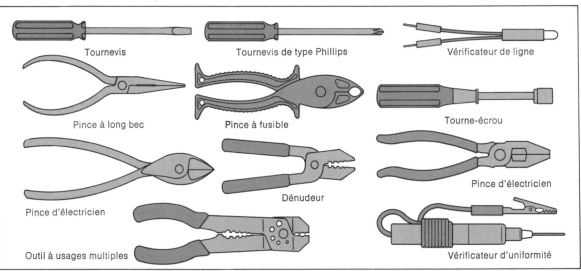

Tournevis — Tournevis de type Phillips — Vérificateur de ligne — Pince à long bec — Pince à fusible — Tourne-écrou — Pince d'électricien — Dénudeur — Pince d'électricien — Outil à usages multiples — Vérificateur d'uniformité

Les pinces coupantes obliques coupent le fil et servent à le dénuder.

Le sertissage des fils les relie sans soudage.

Le dénudeur enlève l'isolant d'un fil sans détériorer celui-ci.

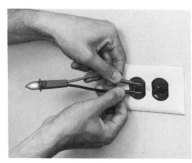

Le vérificateur de ligne s'allume s'il y a du courant.

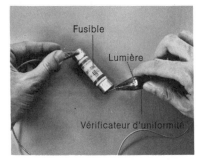

Fusible — Lumière — Vérificateur d'uniformité

Le vérificateur d'uniformité s'allume quand le fusible est bon.

Le tourne-écrou accède à des écrous dans les endroits exigus.

Les rallonges

Les rallonges ordinaires ne sont constituées que de deux fils et ne suffisent au fonctionnement que d'un ou de deux petits appareils. Plus la corde est fine, moins elle conduit d'électricité. Un trop grand nombre d'appareils ou de lampes branchés sur une même corde la feront surchauffer et créeront un risque d'incendie. La longueur a aussi son importance. Une longue corde cause une perte de courant; une corde trop longue réduit le rendement de l'appareil. Le tableau ci-dessous recommande les longueurs et diamètres des rallonges selon les charges électriques. Retirez les rallonges de la prise en tirant sur la fiche; autrement, les fils peuvent se relâcher et causer une secousse électrique ou un court-circuit.

Les rallonges à trois fils sont utilisées pour les outils électriques et les appareils extérieurs. Une corde pour usage " extérieur " alimente la tondeuse et les autres appareils extérieurs. Le troisième fil en est un de mise à la terre. Branchez ce type de rallonge dans une sortie avec mise à la terre ou faites la mise de terre avec une prise de courant à fiche appropriée (p. 48). N'utilisez que des rallonges à trois fils sur les outils et appareils qui portent trois fils. Les rallonges gainées de caoutchouc sont flexibles et se rangent facilement.

Choisissez la longueur appropriée

Longueur	Jusqu'à 7 amp.	7-10 amp.	10-15 amp.
Jusqu'à 25′	No 18	No 16	No 14
Jusqu'à 50′	No 16	No 14	No 12
Jusqu'à 100′	No 14	No 12	No 10

Pour connaître le diamètre approprié, voir p. 261

L'épissage des fils et des rallonges

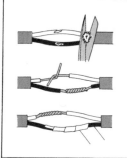

1. Coupez l'isolant détérioré avec des ciseaux, et les deux fils avec des pinces coupantes. Retirez l'isolant (1″) des fils avec un dénudeur ou un couteau coupant. **2.** Tordez ensemble les extrémités de chaque fil. **3.** Enveloppez chaque épissure de chatterton, puis les deux ensemble et un bout de la corde. Cette réparation temporaire n'est pas recommandée par le code canadien de l'électricité. **N'épissez pas les canalisations.**

Remplacement des prises avariées

Types de fiches

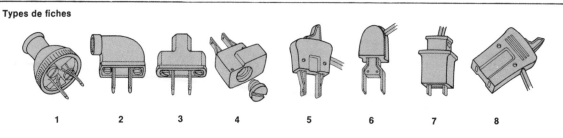

Le remplacement est facilité par les nouvelles fiches que l'on peut se procurer aisément. Il vous faudra aussi des pinces coupantes, un petit tournevis et un couteau coupant. Les fiches de remplacement à fils ronds (Nos 1-3) et à fils plats (Nos 5-8) sont illustrées ici. Pour la fiche No 4, desserrez la vis, glissez le fil dans l'ouverture et serrez la vis.

Les fiches à fils plats

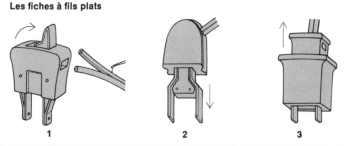

1. Relevez la pince du dessus. Séparez les fils (¼″ de long) et insérez la corde dans la fiche; fermez la pince. **2.** Tenez les branches et tirez pour les sortir de la fiche. Ecartez les branches. Insérez les fils dans la fiche et dans les bornes. Refermez les branches et poussez-les dans la fiche. **3. Les fiches à fils plats sont les plus faciles à remplacer; il n'y a aucun fil à dénuder.**

Les fiches à fils ronds

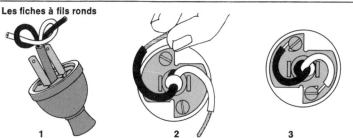

1. Bouclez solidement les deux fils et faites un noeud d'électricien, comme sur la vignette. Tirez le noeud dans la fiche entre les branches. Ce noeud est important; il protège les fils contre la tension, au cas où on tirerait le fil de la prise. **2.** Dénudez les fils (½″) de leur isolant. Tordez les fils dans le sens des aiguilles d'une montre. **3.** Enroulez les fils autour des vis dans le même sens. Resserrez les vis et coupez le surplus de fil. Assurez-vous qu'aucun brin du fil noir ne touche à ceux du fil blanc.

Les fiches à trois branches

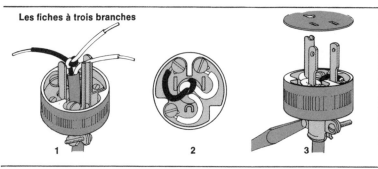

1. Bouclez les trois fils ensemble, si possible. Sinon, nouez les fils noirs et blancs en un noeud d'électricien (comme ci-contre); le troisième fil est libre. **2.** Dénudez le bout des trois fils. Tordez les brins d'un fil dans le sens des aiguilles d'une montre. Enroulez les fils autour des vis. Les fils ne doivent pas se toucher. **3.** Resserrez les deux vis extérieures reliant la corde à la fiche. Placez le couvercle protecteur sur les branches et faites-le glisser pour qu'il couvre les fils, en guise de sécurité.

Les boîtes de sorties et accessoires électriques

Les boîtes murales

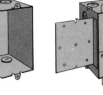 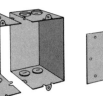  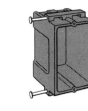

1. Les boîtes de sorties en métal sont à fleur du mur. Il s'en vend d'autres sortes.

2. On peut joindre plusieurs boîtes soi-même en retirant leurs côtés.

3. La boîte avec plaque se cloue au montant (en avant ou en arrière).

4. La plaque de cette boîte se visse sur le côté d'un montant du mur.

5. Les plaques de côté en plastique se clouent sur le côté d'un montant de mur.

Accessoires d'une boîte murale

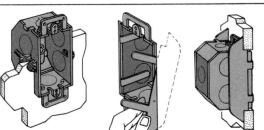

Placez la boîte entre les montants; (à gauche), les attaches la retiennent au panneau; (à droite) des supports de métal glissent dans le trou; les pattes en saillie se plient dans la boîte.

Boîtes pour endroits humides

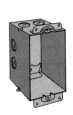 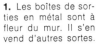 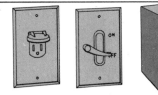

A l'extérieur on pose des sorties, des interrupteurs et des **boîtes étanches.** Les sorties simples ou multiples ont des couvercles à bascule.

Les boîtes au mur ou au plafond en **bakélite** ne peuvent être jumelées.

Boîtes et accessoires de plafond

 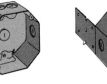 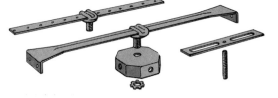

Les **boîtes de plafond** sont de forme carrée, octogonale ou encore ronde.

Leurs plaques se clouent ou se vissent aux solives du plafond.

Des supports réglables (à gauche) permettent de poser les boîtes entre les poutres du plafond. Des supports plats (à droite) sont posés sur les lattes.

Le câblage d'une boîte murale

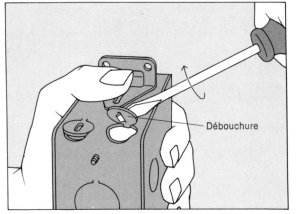

Débouchure

Pour introduire le câble dans une boîte métallique, soulevez avec un tournevis la pastille d'une débouchure près d'un serre-fils. Ôtez la pastille d'une torsion du tournevis. Insérez le câble.

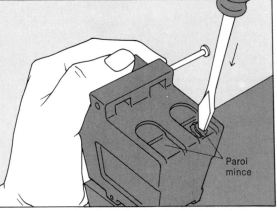

Paroi mince

Percez un trou dans la boîte, si celle-ci est en plastique, en pressant avec un tournevis sur la partie mince de la paroi. Introduisez le câble à travers ce trou.

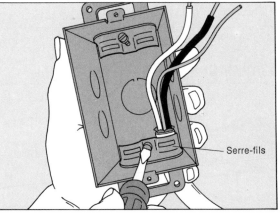

Serre-fils

Serrez à fond le serre-fils de la boîte métallique une fois que vous aurez passé le câble en arrière. Avec une boîte en plastique, il faut agrafer le câble au montant, près de la boîte.

Types et usages

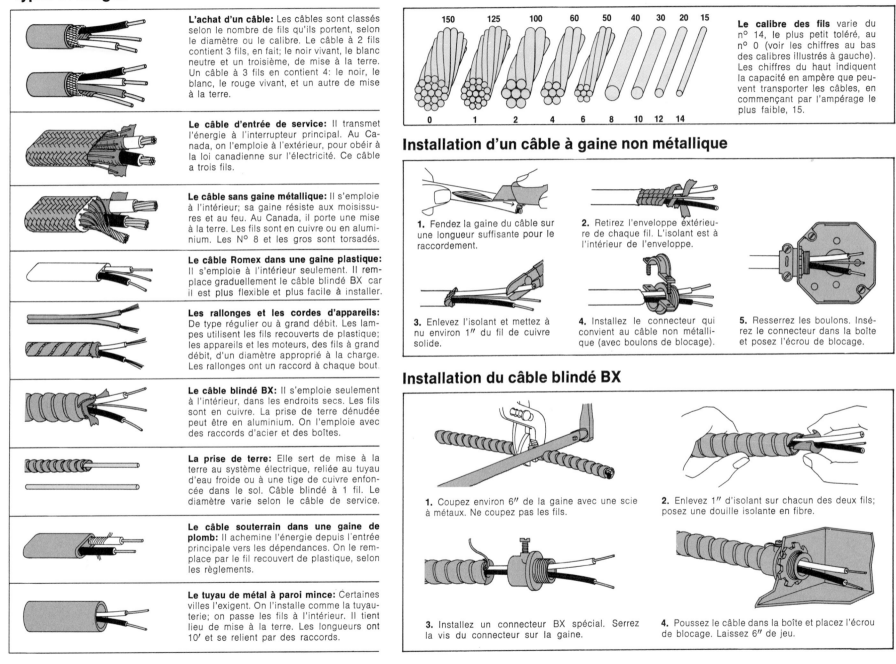

L'achat d'un câble: Les câbles sont classés selon le nombre de fils qu'ils portent, selon le diamètre ou le calibre. Le câble à 2 fils contient 3 fils, en fait; le noir vivant, le blanc neutre et un troisième, de mise à la terre. Un câble à 3 fils en contient 4: le noir, le blanc, le rouge vivant, et un autre de mise à la terre.

Le câble d'entrée de service: Il transmet l'énergie à l'interrupteur principal. Au Canada, on l'emploie à l'extérieur, pour obéir à la loi canadienne sur l'électricité. Ce câble a trois fils.

Le câble sans gaine métallique: Il s'emploie à l'intérieur; sa gaine résiste aux moisissures et au feu. Au Canada, il porte une mise à la terre. Les fils sont en cuivre ou en aluminium. Les N° 8 et les gros sont torsadés.

Le câble Romex dans une gaine plastique: Il s'emploie à l'intérieur seulement. Il remplace graduellement le câble blindé BX car il est plus flexible et plus facile à installer.

Les rallonges et les cordes d'appareils: De type régulier ou à grand débit. Les lampes utilisent les fils recouverts de plastique; les appareils et les moteurs, des fils à grand débit, d'un diamètre approprié à la charge. Les rallonges ont un raccord à chaque bout.

Le câble blindé BX: Il s'emploie seulement à l'intérieur, dans les endroits secs. Les fils sont en cuivre. La prise de terre dénudée peut être en aluminium. On l'emploie avec des raccords d'acier et des boîtes.

La prise de terre: Elle sert de mise à la terre au système électrique, reliée au tuyau d'eau froide ou à une tige de cuivre enfoncée dans le sol. Câble blindé à 1 fil. Le diamètre varie selon le câble de service.

Le câble souterrain dans une gaine de plomb: Il achemine l'énergie depuis l'entrée principale vers les dépendances. On le remplace par le fil recouvert de plastique, selon les règlements.

Le tuyau de métal à paroi mince: Certaines villes l'exigent. On l'installe comme la tuyauterie; on passe les fils à l'intérieur. Il tient lieu de mise à la terre. Les longueurs ont 10′ et se relient par des raccords.

Le calibre des fils

150	125	100	60	50	40	30	20	15
0	1	2	4	6	8	10	12	14

Le calibre des fils varie du n° 14, le plus petit toléré, au n° 0 (voir les chiffres au bas des calibres illustrés à gauche). Les chiffres du haut indiquent la capacité en ampère que peuvent transporter les câbles, en commençant par l'ampérage le plus faible, 15.

Installation d'un câble à gaine non métallique

1. Fendez la gaine du câble sur une longueur suffisante pour le raccordement.

2. Retirez l'enveloppe extérieure de chaque fil. L'isolant est à l'intérieur de l'enveloppe.

3. Enlevez l'isolant et mettez à nu environ 1″ du fil de cuivre solide.

4. Installez le connecteur qui convient au câble non métallique (avec boulons de blocage).

5. Resserrez les boulons. Insérez le connecteur dans la boîte et posez l'écrou de blocage.

Installation du câble blindé BX

1. Coupez environ 6″ de la gaine avec une scie à métaux. Ne coupez pas les fils.

2. Enlevez 1″ d'isolant sur chacun des deux fils; posez une douille isolante en fibre.

3. Installez un connecteur BX spécial. Serrez la vis du connecteur sur la gaine.

4. Poussez le câble dans la boîte et placez l'écrou de blocage. Laissez 6″ de jeu.

Interrupteur spécial et canalisation métallique

Remplacement d'un interrupteur

Les interrupteurs se trouvent toujours du côté vivant (fil noir) du circuit, jamais du côté neutre (fil blanc). Ils ne se branchent qu'au fil noir, sauf dans les cas d'interrupteurs-boucles (à droite et en page 270) ou d'interrupteurs à fils multiples.

Lors du remplacement, retirez d'abord le fusible (ou déclenchez le coupe-circuit) qui alimente l'interrupteur (p. 252). Enlevez la plaque de l'interrupteur et les vis qui retiennent celui-ci dans la boîte. Sortez l'interrupteur de la boîte pour avoir accès aux fils. Dégagez les fils de chaque connecteur et replacez-les dans la même position sur le nouvel interrupteur. Resserrez les connexions, replacez les fils et l'interrupteur dans la boîte. Replacez la plaque.

Remplacement d'une prise de courant

Pour vérifier le bon état d'une prise, branchez une lampe qui fonctionne bien. Si elle ne s'allume pas, bien que son circuit soit bon, c'est que la prise de courant fait défaut. Lorsque vous changez une prise, coupez le courant de ce circuit (p. 253). Retirez la plaque et les deux vis qui la retiennent et sortez le tout de la boîte. Enlevez les fils de chaque connecteur et posez-les dans la même position sur la nouvelle prise. Si cette prise porte trois fils avec mise à la terre, attachez un bout de fil depuis la borne jusqu'à la prise et un autre de la boîte au tuyau d'eau froide. De toute façon, vous devez raccorder les fils selon le code de couleurs illustré ci-dessous. S'il vous faut utiliser du fil blanc à la place du fil noir, marquez-le d'un bout de ruban noir. Respectez les règlements locaux.

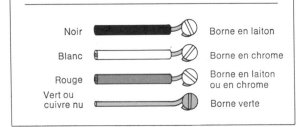

LA COULEUR DES FILS
Raccordez les fils aux bornes selon la couleur du fil et celle de la borne. Les fils thermiques sont le rouge et le noir. Le blanc est neutre. La mise à la terre est soit verte, soit de cuivre nu.

Noir	Borne en laiton
Blanc	Borne en chrome
Rouge	Borne en laiton ou en chrome
Vert ou cuivre nu	Borne verte

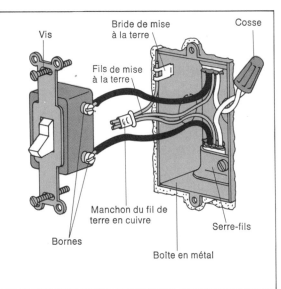

Un interrupteur installé le long d'un câble est raccordé à deux fils noirs. La boîte ci-haut est en métal.

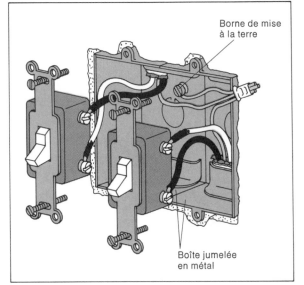

Deux interrupteurs placés en bout de câble sont raccordés chacun à un fil noir et un fil blanc.

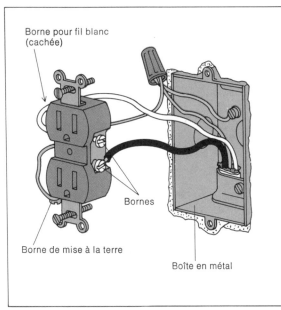

Sortie de prise pour une fiche à trois broches. Elle est mise à la terre par le fil nu raccordé à la borne verte.

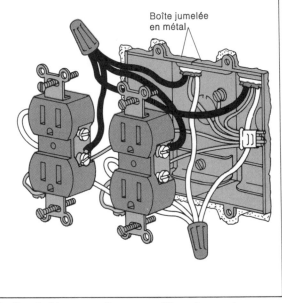

Sorties doubles raccordées en parallèle soit avec des cosses, comme ci-dessus, soit avec un fil de liaison, d'une sortie à l'autre.

Câblage des fils

Repliez le fil vers la droite avec une pince à long bec pour en faire un crochet. Pour le fixer à sa borne, glissez-le autour et vissez la borne.

Bon

Mauvais

Insérez les fils à assembler dans une cosse et vissez. Il est recommandé par certains fabricants de torsader les fils avant de visser la cosse par-dessus.

Cosse

Passez le fil de mise à la terre dans la bride afin de la raccorder à une boîte en métal. Appuyez ensuite fortement sur la bride afin de la serrer contre la paroi de la boîte.

Bride de mise à la terre

Fil de mise à la terre

Les fils au mur

Le moyen le plus facile et le plus économique d'augmenter le service électrique d'une pièce, c'est de poser des fils au mur. Pour ce faire, vous n'aurez aucun mur à ouvrir afin d'y installer des boîtes, aucun montant à forer, aucun fil à repêcher. Ces fils au mur se vendent sous plusieurs formes:

1. Le ruban-réceptacle: Ce ruban est fait de fils de plastique rigide et se fixe sur les murs et sur les plinthes. Une fiche les relie à une prise de courant. Le ruban devient réceptacle quand on y insère une sortie en plastique moulé.

2. Le ruban à sorties multiples: Ce ruban de plastique flexible contient des fils sur chacun de ses côtés sous une saillie de plastique. Il se relie directement à la canalisation électrique, à l'intérieur d'une boîte. Lorsque ce ruban est installé au mur, on peut y agrafer une ou plusieurs sorties.

3. La canalisation métallique: Elle est formée de canaux métalliques fixés aux murs ou aux plinthes. Certains de ces canaux tiennent lieu de plinthe. On peut brancher des sorties, des interrupteurs et des petits appareils sur ces canaux métalliques. Ils sont mis à la terre par le métal qui les recouvre (et qui recouvre le câble BX, tel qu'illustré ci-dessous). Avec un câble Romex, un troisième fil (mise à la terre) sera raccordé à la plinthe.

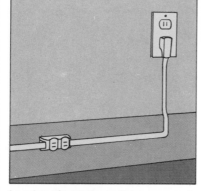

Le ruban-réceptacle est fixé au mur ou à la plinthe; les prises sont placées selon les besoins du montage.

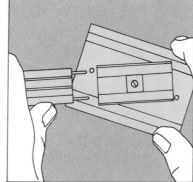

Le ruban à sorties multiples se visse au mur ou à une plinthe et est relié à une boîte de sortie.

Ce ruban peut recevoir des prises de courant sur tout son parcours. On les enfonce en tournant dans les canaux.

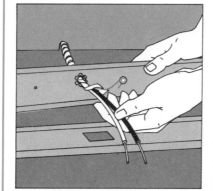

La canalisation métallique est alimentée par un câble BX depuis la canalisation de la maison. Se pose au mur.

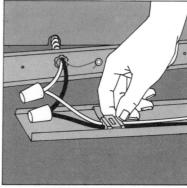

Les fils du câble BX et ceux de la canalisation sont reliés par des écrous; les prises, retenues par des agrafes.

On peut poser, sur les canalisations, des rallonges reliant des canaux à deux fils à des prises au mur.

Le câblage des nouveaux circuits

Le câblage d'une vieille maison

L'installation des conduits électriques dans une maison en construction est relativement facile: les solives et les montants sont à découvert et d'accès aisé. Dans une maison déjà construite, c'est plus difficile: il faut pratiquer de larges ouvertures dans les murs et les plafonds pour y faire passer les fils. Ces murs et plafonds doivent ensuite être replâtrés. L'installation d'un câblage de surface simplifierait de beaucoup la tâche, dans ce dernier cas (p. 263).

Dans les constructions à murs secs, on passe les fils dans les murs et dans le plafond grâce au ruban de tirage, fil dont l'un des bouts est muni d'un crochet. On passe ce ruban dans les trous percés au plafond, dans les murs ou dans les planchers. On attache le fil au crochet et on le retire.

Si cela vous est possible, posez les fils dans le plancher du grenier ou dans le plafond du sous-sol: la tâche du repêchage de fil en sera facilitée.

Le repêchage d'un fil

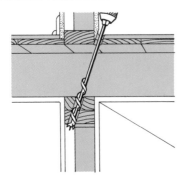

Là où il y a des pièces à l'étage supérieur, enlevez la plinthe; percez la poutre en diagonale avec une mèche de 18″ jusqu'à la cavité du mur.

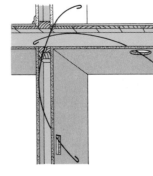

Faites descendre un ruban de 12′, de cette pièce jusqu'au trou de la boîte de sortie. Passez un second ruban par le plafond pour accrocher le premier.

Retirez les rubans par le trou du plafond. Attachez le fil au crochet. Attention: le noeud doit être plus petit que le trou percé.

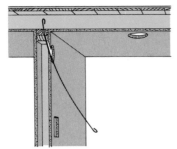

Si vous n'avez pas accès à l'étage, percez un trou dans le mur, à 5″ du plafond. Forez la poutre en diagonale. Insérez le ruban de tirage.

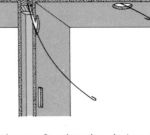

Insérez un 2e ruban dans le trou du plafond. Faites s'entrelacer les 2 rubans et retirez-les par le trou jusqu'à ce que vous teniez le crochet.

Attachez le câble au crochet du ruban; retirez ruban et câble en les passant par le trou du mur. Sortez le bout libre par la boîte.

Comment faire courir un fil

Autour du chambranle d'une porte: Enlevez la plinthe et l'encadrement de la porte. Encochez le mur et les entretoises entre le cadre et le montant. Percez linteaux et jambages.

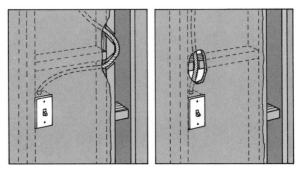

Autour des linteaux: Faites deux encoches dans le jambage et passez-y les fils; ou percez le mur, encochez le linteau et passez le fil dans cette encoche. Replâtrez (p. 92).

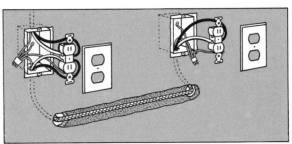

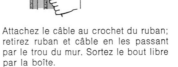

D'une sortie à une autre dans un mur de plâtre: Percez le plâtre sous les boîtes et creusez un canal superficiel entre celles-ci. Passez le fil dans ce canal, puis dans les boîtes.

Murs de lattes et de plâtre

La location idéale des boîtes d'interrupteurs est à 4' du sol; celle des sorties, de 12" à 18" du sol. Les sorties murales desservant les appareils d'éclairage devraient être à 60" ou 70" du sol. Placez toujours les interrupteurs du côté de la poignée d'une porte plutôt que du côté de ses pentures. Utilisez des boîtes de 2½" de profondeur de préférence aux boîtes peu profondes, à moins, évidemment, de cas particuliers. Sur un mur de lattes et de plâtre, vous pouvez poser des boîtes à peu près partout. Le lattage supporte ces boîtes commodément: il est assez fort pour remplir ce rôle.

Localisation des montants

On peut localiser les montants de plusieurs façons. L'une des suivantes pourra vous être utile.

1. Frappez le mur à divers endroits au-dessus des clous de la plinthe. Un son creux indique l'absence de montant. Un son plein indique la présence d'un montant. Vérifiez en perçant le mur avec une petite mèche de ⅛", juste au-dessus de la plinthe. Percez plusieurs trous côte à côte jusqu'à ce que vous atteigniez le montant.

2. Enlevez la plinthe pour trouver le point de rencontre des panneaux. Ce point indiquera le centre du montant. Servez-vous de cette méthode pour tous les types de panneaux.

3. Mesurez à partir du coin. La distance entre les montants est de 16" ou de 24", selon les règlements régionaux. Mesurez à partir du coin de la pièce pour trouver le montant, puis percez de petits trous, tel qu'indiqué plus haut, pour trouver l'endroit exact où repose ce montant.

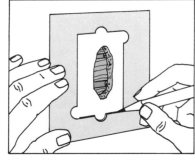

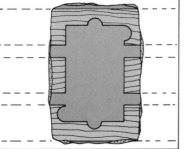

Fil de mise à la terre

Trouvez le montant: Dans le plâtre, à 5" du montant, pratiquez une ouverture pour mettre les lattes à nu. Servez-vous du modèle pour tracer l'ouverture.

Enlevez le plâtre. Percez des trous pour passer la scie. Tenez le mur pour prévenir les lézardes. Dégagez le centre. Coupez les lattes inutiles.

Enlevez les débouchures de la boîte. Passez les fils par les trous. Posez les serre-fils et les écrous. Placez la boîte et vissez-la aux lattes.

Murs secs

Sur des murs secs et des murs à revêtement de bois, on peut poser des boîtes entre les montants grâce à des attaches (p. 260) qui se fixent à l'intérieur de ces murs creux. Le montant est le point le plus solide de ce type de construction. Procurez-vous des boîtes munies de plaques qui se clouent ou se vissent directement sur le colombage. Localisez d'abord le montant puis pratiquez, dans le panneau, une encoche assez vaste pour recevoir la plaque de l'attache. Reliez les fils à la boîte avant de placer celle-ci dans l'ouverture. L'installation terminée, obturez cette ouverture (p. 99).

Trou de vis

Trou pour la scie

Traçage de l'ouverture à pratiquer pour la boîte: Tracez ce patron sur un carton; il vous servira de modèle. Posez-le sur le mur et tracez le contour et la position des clous. Taillez l'ouverture le plus proprement possible.

Trou pour la scie

Trou de vis

Patron de boîte de sortie

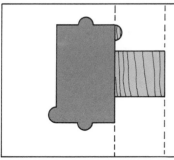

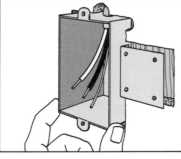

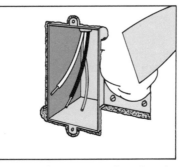

Localisez le montant. Encochez le panneau pour découvrir le montant. Tracez-en le contour à l'aide de la planchette. Percez des trous pour la scie. Sciez.

Enlevez les débouchures de la boîte. Passez les fils par le trou. Posez les serre-fils et les écrous. Ajustez l'attache sur le montant. Placez la boîte.

Vissez l'attache au montant. Remplissez le trou de la boîte et les orifices de plâtre pour les rendre au même niveau que le mur.

Câblage du plancher et du plafond

Le montage d'une boîte de plafond

Si vous souhaitez installer une source d'éclairage au plafond, chez vous, et que l'espace au-dessus de celui-ci soit restreint, vous devrez pratiquer l'ouverture nécessaire par le dessous. Coupez le revêtement du plafond pour y placer une boîte plate. Pêchez le câble BX par l'ouverture. Installez un support en travers de cette dernière. Glissez le câble dans l'un des trous de la boîte; serrez l'écrou. Au centre se trouve un trou par lequel faire passer le goujon du support. Fixez la boîte solidement. (La boîte plate est recommandée.) Les garnitures des lustres sont rarement assez grandes pour couvrir une grosse boîte.

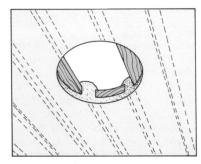

Tracez le contour de la boîte. Enlevez le plâtre ou autre revêtement du plafond ainsi que les pièces du montage qui pourraient vous gêner.

Pêchez le câble BX par l'ouverture. Placez un support en travers. Le goujon de support doit être assez long pour traverser la boîte.

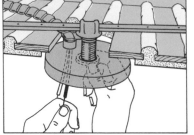

Passez le câble par un trou de la boîte et serrez l'écrou. Soulevez la boîte pour laisser passer le goujon dans l'ouverture du centre. Serrez les écrous.

Plafonnier encastré

Pour installer un plafonnier encastré, il faut d'abord localiser les solives — au toucher ou au son — ou, s'il le faut, en perçant des trous avec une mèche fine. Tracez le contour de la boîte entre les solives. Ces dernières sont ordinairement placées à tous les 16".

Découpez à la scie passe-partout. Vissez des languettes de bois entre les solives pour soutenir la boîte. Certains fabricants fournissent des plaques de métal et des boîtes de jonction. Amenez le câble à la boîte de jonction et serrez l'écrou. Laissez 4" de fil derrière l'écrou pour la mise en circuit.

Voyez à ce que l'extrémité du câble porte une gaine isolante. Reliez le fil blanc à la borne nickelée, et le fil noir à la borne de laiton. Placez l'appareil dans l'ouverture et serrez avec des vis à tête ronde.

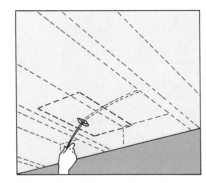

Trouvez les solives en frappant, ou en perçant des trous. Sondez avec un fil.

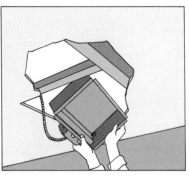

Pratiquez une ouverture pour l'appareil entre les solives.

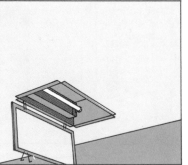

Placez l'appareil et vissez-le sur les languettes de bois.

L'installation d'une prise au plancher

Les prises de courant au plancher sont faciles à poser car vous n'avez pas à repêcher les fils. C'est l'installation au-dessus d'un sous-sol qui est la plus aisée. L'énergie provient d'un câble qui court le long des solives ou entre celles-ci. Trouvez d'abord les solives (afin de les éviter) en perçant un trou de chaque côté de celles-ci, dans le plafond du sous-sol et dans le plancher. Les trous en indiquent la largeur.

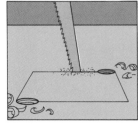

Tracez le contour de la boîte entre les solives du plancher. Trouez chaque coin et sciez une ouverture.

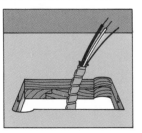

Passez le câble BX dans l'ouverture et fixez-le au plafond en dessous. Dénudez 4" de fil (enlevez le blindage).

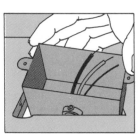

Passez le câble dans une débouchure de la boîte et serrez l'écrou. Utilisez un manchon isolant au bout du câble.

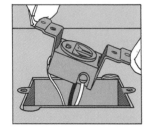

Fixez la boîte au plancher avec des vis à tête plate. Fil noir relié à borne de laiton, fil blanc à borne nickelée.

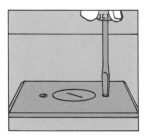

Installez la plaque après avoir boulonné la prise à la boîte. Notez que la prise est munie d'un couvercle.

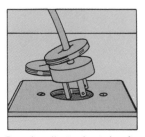

Branchez l'autre bout du câble à la source d'énergie. Relevez le couvercle et placez la fiche appropriée.

L'installation d'un lustre ou d'un plafonnier

Tout d'abord, assurez-vous que vous pouvez exécuter le travail vous-même, sans l'aide d'un électricien diplômé, ou faites approuver votre travail, celui-ci terminé. Utilisez une échelle robuste.

Avant de commencer, coupez le courant principal ou le circuit alimentant le lustre (p. 253). Utilisez un vérificateur de ligne pour savoir si le fil est vivant.

Si le vieux support de l'appareil est du même type que celui qu'on vous a fourni avec l'appareil neuf, employez le vieux, de préférence.

Pour soutenir le lustre, en cours de travail, accrochez-le à la boîte avec un morceau de fil de fer ou avec une ficelle solide.

Reliez le fil noir de la boîte du plafond au fil noir de

l'appareil, et le fil blanc au fil blanc. Voyez à ce que les fils ne frottent pas contre une surface capable d'user l'isolant. Enroulez de chatterton les endroits vulnérables. Fixez les connecteurs solidement. Si vous préférez des connexions soudées, avivez les fils puis soudez-les et enveloppez-les d'assez de chatterton pour qu'ils aient l'épaisseur de l'isolant.

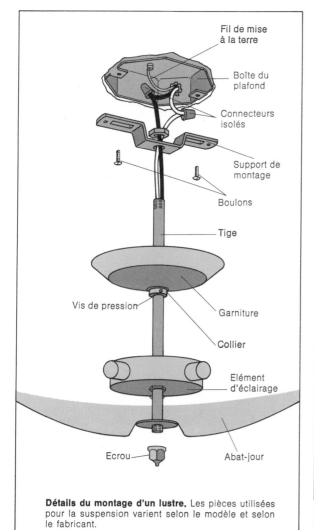

Détails du montage d'un lustre. Les pièces utilisées pour la suspension varient selon le modèle et selon le fabricant.

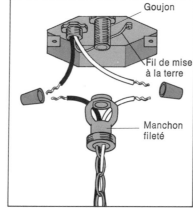

1. Coupez le courant. Dégagez et enlevez les chaînes. Tenez la garniture d'une main. Desserrez la vis de pression ou l'écrou sous la garniture.

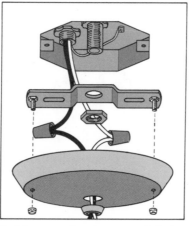

Certains appareils ont un support d'acier fixé sur un goujon au centre de la boîte, et l'appareil est boulonné au support. Ils se posent aisément.

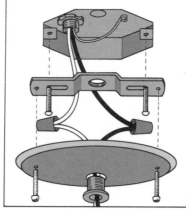

2. Soutenez l'appareil; tirez les fils. Enlevez les connecteurs ou coupez les connexions. Enlevez le manchon fileté du goujon dans la boîte du plafond.

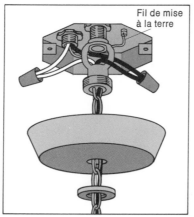

Ou encore: le support est boulonné aux oreilles de la boîte. L'appareil est aussi boulonné au support, comme l'indique la vignette.

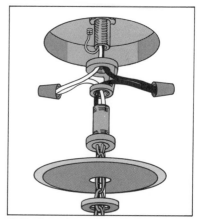

3. Replacez le manchon fileté sur le goujon de la boîte. Reliez les fils de l'appareil et ceux du plafond, noirs ensemble, blancs ensemble.

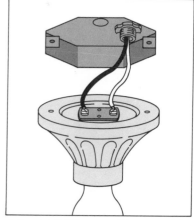

Autre possibilité: une unité en porcelaine qui se raccorde directement à la boîte du plafond par deux boulons. Ces appareils ont des bornes à vis.

Câblage des interrupteurs, des prises et des appareils

Câblage simple

Les vignettes de cette page et de la page suivante montrent les façons les plus simples de câblage. Immédiatement à droite, vous avez le câblage d'un plafonnier à un interrupteur, et, en dessous, deux façons de câbler une série de prises murales. À la page suivante, vous trouverez trois méthodes de câblage d'un plafonnier: à deux interrupteurs tripolaires ainsi qu'à deux interrupteurs tripolaires et à un quadripolaire. Avec ces circuits, vous pouvez commander un appareil par chacun des interrupteurs.

Si le circuit que vous voulez installer ne ressemble à aucune de ces illustrations, vous pouvez tout de même vous faire une idée de la façon de procéder. Ainsi, le courant arrive au plafonnier illustré à droite par l'interrupteur mural; si vous préférez que le courant arrive directement au plafonnier, imaginez le dessin à l'extrême droite sans l'interrupteur mural et son câblage, et gardez le reste.

Vous pouvez choisir soit le câble BX, soit le Romex; le Romex est plus flexible et plus facile à installer. Des fils de mise à la terre sont inclus dans toutes les illustrations; vous pouvez ne pas en avoir si votre maison est ancienne. Pensez à installer un fil de mise à la terre si vous comptez refaire le câblage ou installer un nouveau circuit.

Les prises divisées: Les prises divisées sont pratiques quand on veut que la prise inférieure fonctionne comme une prise ordinaire alors que celle du haut soit branchée ou débranchée par un interrupteur mural. La façon de procéder est indiquée ci-dessous. Ces prises sont surtout utilisées dans les salles de séjour quand on veut commander plusieurs appareils électriques par un même interrupteur.

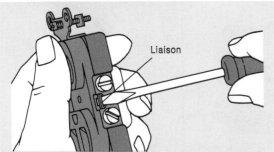

Pour convertir une prise ordinaire en prise à circuit divisé, brisez la liaison électrique entre les deux bornes en laiton. Soulevez avec un tournevis et coupez avec une pince.

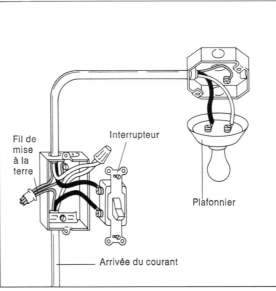

Interrupteur mural pour un plafonnier: Le courant arrive par l'interrupteur. Les boîtes illustrées ici sont métalliques.

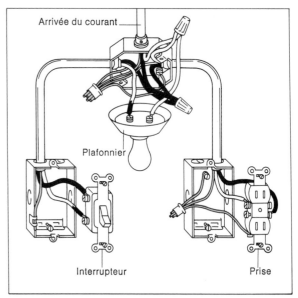

Plafonnier contrôlé par un interrupteur, avec prise additionnelle: Le courant arrive directement au plafonnier.

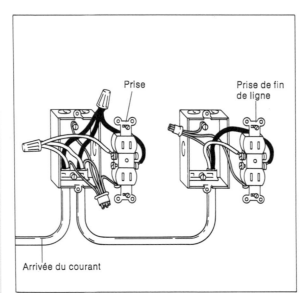

Câblage de prises montées en série: Pour raccorder plus de deux prises, procédez comme pour celle illustrée à gauche.

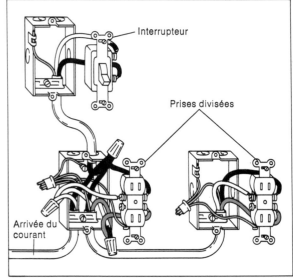

Prises à circuit divisé (prises inférieures contrôlées par un interrupteur): Pour convertir, voir l'illustration à l'extrême gauche.

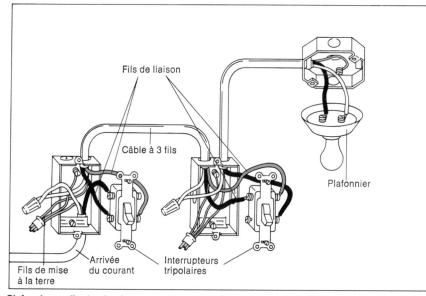

Fils de liaison

Câble à 3 fils

Plafonnier

Fils de mise à la terre

Arrivée du courant

Interrupteurs tripolaires

Plafonnier en fin de circuit commandé par deux interrupteurs. Tous les circuits décrits dans cette page requièrent des interrupteurs tripolaires et des câbles à 3 fils pour les liaisons.

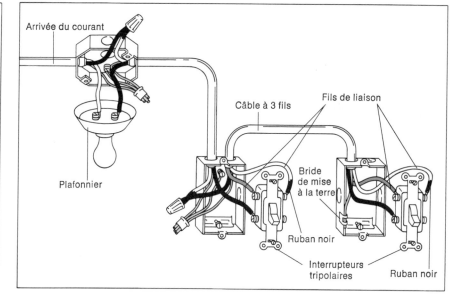

Arrivée du courant

Câble à 3 fils

Fils de liaison

Plafonnier

Bride de mise à la terre

Ruban noir

Interrupteurs tripolaires

Ruban noir

Plafonnier en début de circuit contrôlé par deux interrupteurs tripolaires: La particularité ici est que certains fils blancs sont substitués à des fils noirs.

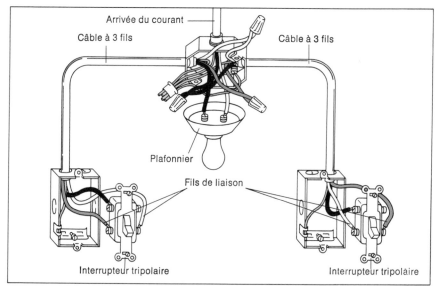

Arrivée du courant

Câble à 3 fils

Câble à 3 fils

Plafonnier

Fils de liaison

Interrupteur tripolaire

Interrupteur tripolaire

Plafonnier au centre d'un circuit, contrôlé par deux interrupteurs tripolaires: Les fils de liaison doivent ici passer par le plafonnier.

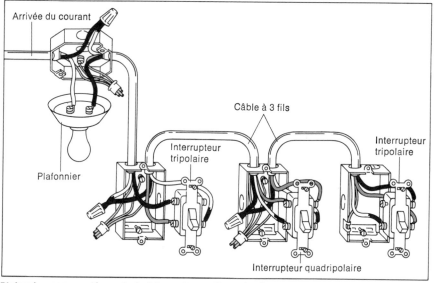

Arrivée du courant

Câble à 3 fils

Interrupteur tripolaire

Interrupteur tripolaire

Plafonnier

Interrupteur quadripolaire

Plafonnier commandé par trois interrupteurs. Deux des interrupteurs sont tripolaires, celui du centre est quadripolaire; tous sont connectés par un câble à 3 fils.

Quincaillerie spéciale

Prises de forte puissance

Tout appareil électrique quel qu'il soit nécessitant un gros appel de courant ou encore fonctionnant sur le 240 volts exige un circuit indépendant. Une cuisinière électrique est, par exemple, branchée seule sur un circuit de 50 ampères. L'illustration ci-contre représente un circuit de sécheuse comportant une prise spéciale et un cordon étalonné 30 ampères. Cordon et prise de ce type sont parfois fournis par le fabricant de la sécheuse au moment de l'achat. Autrement, on peut se les procurer séparément dans une quincaillerie. Il est également possible de connecter l'appareil à un câble dans le mur, surtout si on n'a pas à le déplacer par la suite.

Disjoncteur de fuite de terre

La présence d'un disjoncteur de fuite de terre (GFCI) est requise, par la plupart des codes en vigueur, dans les salles de bains ou à l'extérieur, à proximité des piscines, par exemple. Les types courants de fusibles ou de disjoncteurs préviennent les surcharges, c'est-à-dire les cas relativement courants où plusieurs appareils sont branchés sur le même circuit, dépassant sa capacité totale en watts. De toute façon, ces dispositifs ne protègent pas pour autant des chocs électriques. Ces risques sont évidents dans les pièces fortement humides comme une salle de bains, ce qui impose l'installation de disjoncteurs spéciaux.

Ce dispositif est efficace dans le cas d'une personne qui, se tenant debout dans une flaque d'eau ou sous la douche, toucherait par mégarde un appareil électrique branché. Il ne protège pas toutefois dans le cas d'un enfant qui enfoncerait, par exemple, un objet métallique dans les trous de la prise.

Un disjoncteur de fuite de terre GFCI peut être aussi bien installé dans le tableau de contrôle (p. 252) que dans la pièce elle-même. Certains types sont munis d'une prise à couvercle et comportent des boutons d'essai et de déclenchement, comme le montre bien l'illustration ci-contre.

On peut en principe monter des GFCI à travers toute la maison, mais ces dispositifs coûtent cher. On pourrait encore en poser quelques-uns dans la boîte de contrôle, puisqu'ils commandent les circuits en aval. Toutefois, en raison de leur très grande sensibilité, un rien peut les déclencher inutilement, surtout si plusieurs circuits en dérivent à la fois, ce qui en limite considérablement la portée pratique.

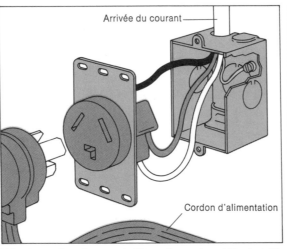

Arrivée du courant

Cordon d'alimentation

Prise à grande puissance de 30 ampères qui peut être installée dans une boîte murale. Ce genre de prise nécessite une fiche de forme spéciale.

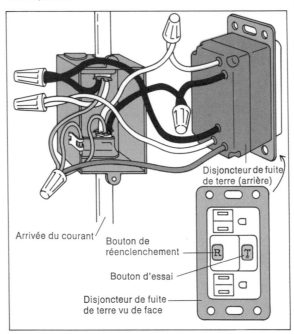

Arrivée du courant

Disjoncteur de fuite de terre (arrière)

Bouton de réenclenchement

R   T

Bouton d'essai

Disjoncteur de fuite de terre vu de face

Un disjoncteur de fuite de terre (GFCI) de ce type protège des chocs électriques vos appareils ménagers ainsi que les circuits en aval.

Prises de courant et rhéostats

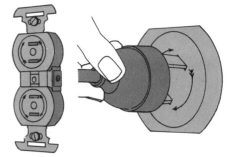

La prise de sécurité dispose de disques de protection en plastique qui commandent l'ouverture du socle. Pour les faire tourner, il faut la force des doigts d'un adulte.

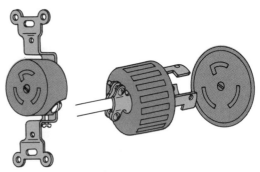

Prise bloquante à fiche spéciale à trois broches. Insérez la fiche et tournez dans le sens des aiguilles d'une montre pour la bloquer. Pour débloquer, pressez dessus en tournant en sens contraire des aiguilles d'une montre.

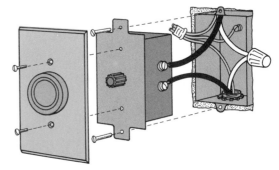

Le rhéostat se substitue à un disjoncteur ordinaire. Les fils se montent de la même façon. L'interrupteur doit avoir toutefois une capacité de wattage supérieure au total du wattage de l'éclairage requis.

L'installation et ses exigences

Les prises extérieures de courant doivent être étanches. Elles sont ordinairement recouvertes d'un couvercle à ressort. Le joint entre le mur et cette plaque-couvercle doit aussi être étanche et enduit de composé de calfeutrage.

Les prises de courant sont logées dans une boîte étanche qui excède le mur plutôt que d'y affleurer. Les fils arrivent à la boîte dans un tuyau fileté (p. 272). Les fils qui alimentent les prises extérieures doivent être protégés par un détecteur de mise à la terre défectueuse. Les connexions des fils et des mises de terre sont les mêmes que pour l'intérieur.

N'employez que les fils et les appareils recommandés pour usage extérieur. Les ampoules électriques doivent être à l'épreuve des intempéries, autrement, elles éclateraient au contact de la pluie ou de la neige.

Un type d'appareil extérieur d'éclairage s'accommode d'une petite boîte où se joignent les fils d'amenée et ceux de l'appareil. Cette boîte est munie d'un couvercle et d'un joint d'étanchéité qui protègent les connexions contre la pluie.

Les fils traversent le mur dans un tuyau (rigide et fileté) vissé au dos de la boîte. Ce tuyau sert de mise à la terre aux appareils extérieurs s'il est connecté à la boîte de jonction avec mise de terre à l'intérieur de la maison et s'il est relié de la bonne façon. Si le tuyau ne fait que traverser le mur en guise de canal, le câble doit porter une mise à la terre.

Les outils ou appareils branchés à une sortie extérieure doivent porter une mise de terre ou un isolant double. Voyez à ce que leurs cordes ne soient pas effilochées. Les rallonges doivent porter le courant à l'outil sans faire tomber le voltage (p. 259).

On peut connecter un projecteur de soffite (voir la vignette à droite) à une cellule photo-électrique: la lumière s'allume au crépuscule et s'éteint à l'aube. L'ampoule est vissée dans l'adaptateur photo-électrique qui est lui-même vissé dans la douille. Aucun autre câblage électrique n'est nécessaire. Ces appareils connaissent une popularité croissante et méritée: ils protègent contre les voleurs.

Avertissement: Avant de toucher aux fils, assurez-vous que le courant est coupé et obéissez aux lois de votre code régional.

La prise de courant extérieure

  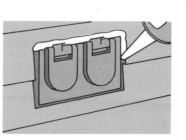

Reliez la prise extérieure à la boîte de jonction la plus rapprochée. Un interrupteur commande la prise.

Pratiquez une ouverture dans le mur selon les dimensions de la prise. Fixez le câble. Laissez 4″ de fil.

Installez la prise avec sa plaque étanche. Calfeutrez le contour pour éviter que l'eau n'y pénètre.

Le projecteur de soffite

Reliez le câble à une prise de l'intérieur et passez-le par un trou de 1″ percé dans le soffite.

Fixez le bout du câble à une boîte pour l'extérieur avec un écrou. Laissez 4″ de fil pour le raccord.

Reliez le fil blanc au fil blanc et le noir au noir. Fixez la douille avec des boulons.

Les accessoires

L'interrupteur pour l'extérieur est conçu contre les intempéries.

Les prises étanches ont un couvercle vissé ou à ressort pour protéger les ouvertures contre les éléments.

Des boîtes extérieures spéciales doivent être utilisées.

La prise amovible extérieure porte une corde à 3 fils avec mise de terre.

Câblage extérieur

L'installation

Chaque circuit des fils extérieurs doit être protégé par son propre fusible ou coupe-circuit. Reliez les fils directement à l'entrée de service ou à un tableau additionnel (p. 256). Il est préférable de faire passer les fils dans un tuyau (p. 260), mais on peut employer un câble souterrain avec mise à la terre. Consultez les codes d'électricité et de construction avant de commencer les travaux.

Evitez l'emploi de rallonges en calculant le nombre de prises de courant et de luminaires qui vous seront nécessaires. Ajoutez de 10' à 20' à la distance séparant votre maison des prises et appareils pour savoir le nombre de pieds de fil à acheter. Employez le n° 14 ou un fil plus robuste.

Coupez ou forez des trous sur le côté de la maison, près de la boîte des fusibles ou coupe-circuits. Si votre maison est en bois, percez les trous entre les montants. Dans les murs de béton ou de pierre, on peut se servir d'un foret en étoile (p. 77). Remplissez de composé de calfeutrage les espaces autour des trous, aux deux bouts du tuyau, après l'installation du câble ou des fils.

Quand vous creuserez la tranchée entre la maison et les appareils, coupez le gazon par blocs avec une bêche à long manche et posez-les sur un canevas. Placez les boîtes électriques et les appareils à 18" du sol, au moins, et fixez-les dans le béton. Enfouissez le câble à au moins 18" dans le sol pour le protéger contre les outils de jardinage. Si le câble est protégé ou, mieux encore, s'il court dans un tuyau galvanisé, vous pouvez l'enfouir à 6" seulement.

Assurez-vous que la canalisation est terminée et que les serre-fils sont reliés avant de brancher les fils à la boîte des fusibles ou des coupe-circuits.

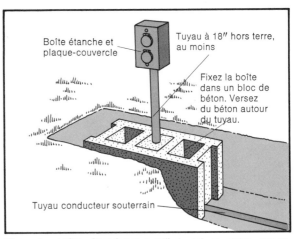

Placez les boîtes électriques à 18" du sol, au moins, sur un tuyau galvanisé, lui-même installé dans une cavité du bloc de béton.

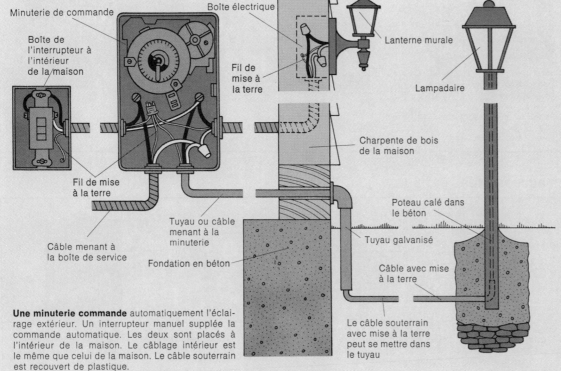

Une minuterie commande automatiquement l'éclairage extérieur. Un interrupteur manuel supplée à la commande automatique. Les deux sont placés à l'intérieur de la maison. Le câblage intérieur est le même que celui de la maison. Le câble souterrain est recouvert de plastique.

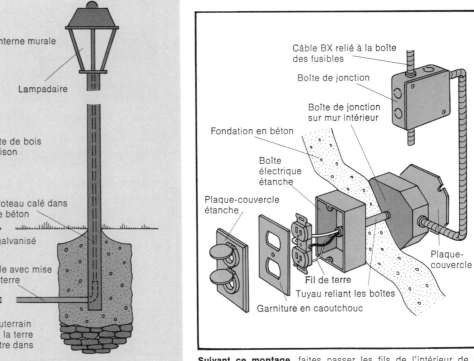

Suivant ce montage, faites passer les fils de l'intérieur de la maison à la boîte étanche sur le mur extérieur. Placez le câble de raccord dans le tuyau.

Causes d'ennuis

Lorsqu'une lampe clignote ou ne s'allume pas, véri-fiez si l'ampoule est en bon état, si elle est bien vis-sée, si la fiche est en place dans la prise de courant et si la douille fonctionne. Lorsque le problème ne tient à aucune de ces causes mais persiste, débran-chez la lampe afin de voir si son fil électrique ne serait pas éraillé, craquelé, dénudé ou détaché de la fiche. Si le fil est avarié, remplacez-le selon les indications fournies ci-dessous. Si le fil est sain, véri-fiez l'interrupteur. Si ce dernier doit être changé, examinez-le attentivement avant de défaire les fils, puis montez le nouveau comme l'autre.

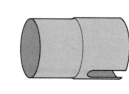
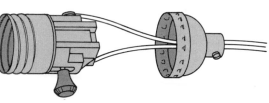

L'enveloppe extérieure est en laiton ou aluminium.

Une gaine isolante sépare l'enveloppe de la douille.

La douille porte deux bor-nes pour le raccord.

Le capuchon contient une garniture isolante.

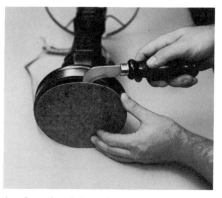

La réparation. Débranchez la lampe de la prise de courant. Avec un couteau, dégagez le feu-tre de la base et vous atteindrez ainsi facile-ment les fils.

Employez une clé ou des pinces pour retirer l'écrou retenant le tube fileté à la base de la lampe. Certaines lampes ont un poids à leur base qu'il faut également enlever.

Sortez légèrement le tube par le dessus de la lampe. Dévissez la douille. Si vous changez le fil, coupez le vieux fil pour vous faciliter la tâche du démantèlement.

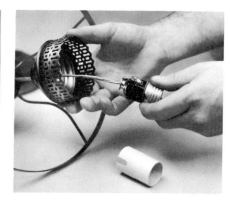

Enlevez l'enveloppe de la douille en pressant à l'endroit indiqué. Enlevez la gaine isolante en carton fibre pour atteindre aisément les bor-nes de la douille.

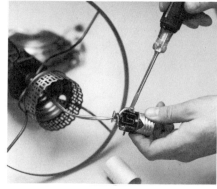

Retirez les fils des bornes. Si vous remplacez l'interrupteur ou la douille, fixez les fils dans la même position que sur l'appareil en réparation, et tout ira bien.

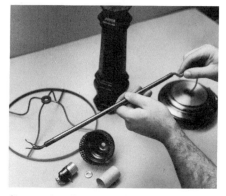

Si vous installez une fiche ou un fil neufs, passez le fil dans la base de la lampe et dans le tube fileté. Reliez les fils à l'interrupteur ou à la douille. Remontez la lampe.

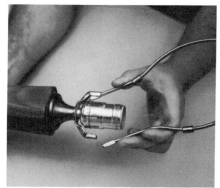

Certaines lampes ont un support d'abat-jour qu'on enlève en pressant ensemble les deux bras inférieurs. Quelques-unes de ces lampes ont des supports fixés avec des écrous.

Certaines douilles et certains interrupteurs ont des enveloppes de métal qu'on enlève en pres-sant leur base. Les interrupteurs et les douilles se remplacent de la même façon.

Les appareils fluorescents

Avec démarreur; à démarrage rapide

Les tubes fluorescents doivent être munis de supports spéciaux pour fonctionner convenablement. Les supports pour tubes droits sont munis, à chaque extrémité, d'une douille qui reçoit les tenons. Les tenons du tube circulaire pénètrent dans la douille et restent en place grâce à des attaches à ressorts. Tous les appareils fluorescents sont munis d'un régulateur par tube. La plupart des appareils contiennent un démarreur, sauf en ce qui a trait aux tubes à démarrage rapide.

Le fil de mise à la terre des appareils fluorescents à démarrage rapide (droits ou circulaires) devrait être relié soit au fil de terre de l'appareil, soit à un montage mis à la terre situé au plafond.

Installez un démarreur en l'introduisant dans la douille, en le poussant au fond et en le tournant d'un demi-tour pour le fixer. Posez le tube droit en alignant les tenons sur les rainures de la douille à l'un ou l'autre bout de l'appareil, puis poussez le tube et fixez-le en le faisant pivoter d'un quart de tour.

Les nouveaux tubes, démarreurs et régulateurs doivent être exactement de même type et de même puissance que les précédents. Les tubes fluorescents sont conçus pour usage à une température de 50° ou plus. (Reliés au courant continu, ils exigent un adaptateur.) Vos tubes fluorescents dureront plus longtemps si vous les laissez allumés que si vous les allumez et les éteignez constamment. La durée d'un tube fluorescent de 40 watts, allumé trois heures d'affilée, est d'environ 12,000 heures. Elle varie selon le nombre d'allumages.

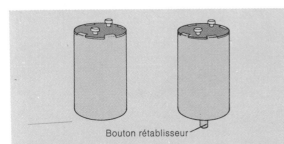

Les démarreurs de tubes fluorescents: Le démarrage d'allumage (à gauche) est le plus répandu. Il doit être remplacé lorsqu'il brûle à cause d'un défaut du tube ou de l'appareil. Le démarreur avec bouton rétablisseur manuel (à droite) se replace en pressant le bouton.

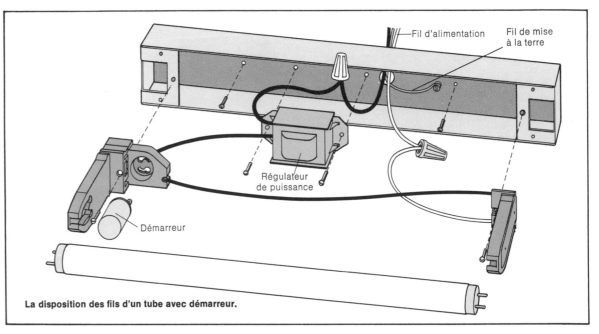

La disposition des fils d'un tube avec démarreur.

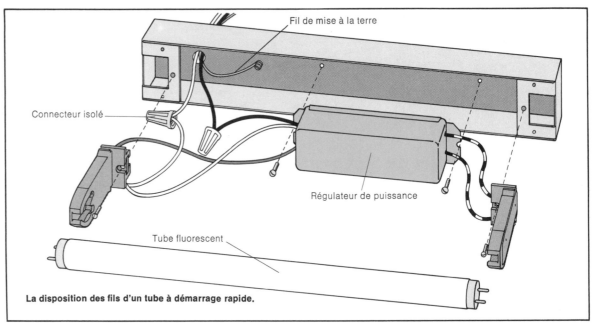

La disposition des fils d'un tube à démarrage rapide.

Problèmes et solutions

Coupez le courant avant toute réparation

Problème	Solution
Le tube ne s'allume pas	**(1)** Voyez si **le tube** est brûlé ou **le coupe-circuit** déclenché (p. 252). **(2)** Sinon, remplacez **le démarreur. (3)** Si le problème persiste, remplacez le tube. **(4)** En dernier recours, remplacez **le régulateur.**
La lumière clignote et tournoie à l'intérieur	**(1)** Si le tube est neuf, l'ennui disparaîtra. **(2)** Si le tube a servi quelque temps, remplacez **le démarreur. (3)** Si le même état persiste, remplacez **le régulateur.**
La lumière papillote, s'allume et s'éteint	**(1)** Le tube est mal assujetti dans la douille. **(2)** Retirez le tube et examinez les tenons. S'ils sont pliés, redressez-les avec des pinces à long bec. Replacez le tube dans **la douille. (3)** Si la lumière papillote encore, enlevez le tube et poncez les tenons. **(4)** Coupez le courant menant à l'appareil. Redressez **les contacts** de la douille avec des pinces à long bec et poncez-les. Enlevez le résidu avec une brosse à dents. **(5)** Retirez le tube et le couvercle de l'appareil. Resserrez **les raccords lâches. (6)** Replacez le tube. **(6)** Replacez **le démarreur. (7)** Replacez **le régulateur. (8)** Si l'appareil est au froid, remplacez le tube par un tube à chemise. **(9)** Remplacez **le démarreur** par un autre à basse température. **(10)** Remplacez **le régulateur** par un autre à basse température, ou **(11)** remplacez **l'appareil** pour un autre à basse température.
L'appareil bourdonne mais fonctionne bien	**(1)** Voyez si **les raccords** du régulateur sont lâches. **(2)** Remplacez le régulateur actuel par un régulateur silencieux spécial.
Les tubes sont décolorés aux extrémités	**(1)** Une décoloration brune est normale. **(2)** Si elle est noire sur un tube neuf, remplacez **le démarreur. (3)** Si le tube est vieux, remplacez-le. **(4)** Voyez si **le régulateur** est en bon état et si ses raccords sont solides. **(5)** Si la décoloration est à un bout, retournez **le tube** sur lui-même et replacez-le. **(6)** Si un tube neuf noircit à un bout, changez-le bout pour bout dans la douille. **(7)** Vérifiez **le courant.** Remplacez le tube.
Le tube brûle trop vite	**(1)** Il a été allumé et éteint trop souvent. **Remplacez-le,** et laissez l'autre allumé longtemps. **(2)** Remplacez **le démarreur. (3)** Remplacez **le régulateur. (4)** Voyez si les raccords sont solides.

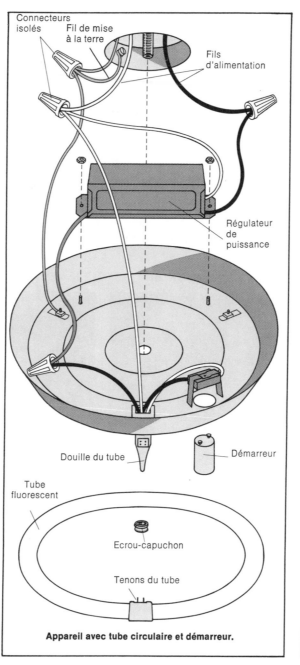

Appareil avec tube circulaire et démarreur.

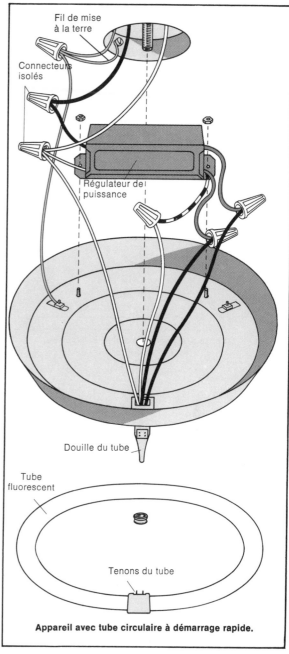

Appareil avec tube circulaire à démarrage rapide.

Carillons, sonnettes et avertisseurs

Problèmes et solutions

Les carillons et sonnettes utilisent un courant à très basse tension. Un transformateur réduit le courant domestique de 120 volts au voltage voulu. Un voltage réduit ne cause pas de secousse électrique; vous pouvez toucher aux fils des carillons et sonnettes sans avoir à couper le courant.

Panne des carillons et sonnettes: Vérifiez d'abord les fils entre le bouton et le transformateur. Le fil mince peut être brisé ou court-circuité. Dans ce cas, reliez les fils ou enveloppez-les de chatterton.

Si les fils sont intacts, le bouton de la sonnette s'est peut-être oxydé. Si les points de contact sont faciles d'accès, passez-les au papier abrasif. Sinon, remplacez le bouton. Si la cause est ailleurs, examinez les raccords du carillon ou de la sonnette que les vibrations peuvent avoir relâchés. Il est peu pro-bable que le défaut soit dans le dispositif du carillon ou de la sonnette. De toute façon, il est plus facile de remplacer ces articles que de les réparer.

L'installation d'un nouveau carillon: Localisez le transformateur, reliez les fils au carillon et ensuite au bouton. Si le voltage produit par votre ancien transformateur est insuffisant pour le nouveau carillon, achetez-en un plus fort. Les transformateurs à plusieurs bornes donnent un choix de voltages pour obtenir le carillon voulu.

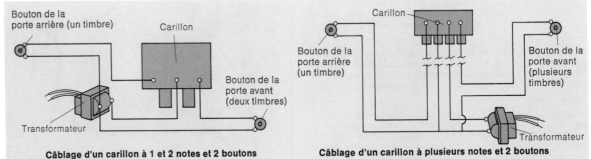

Câblage d'un carillon à 1 et 2 notes et 2 boutons

Câblage d'un carillon à plusieurs notes et 2 boutons

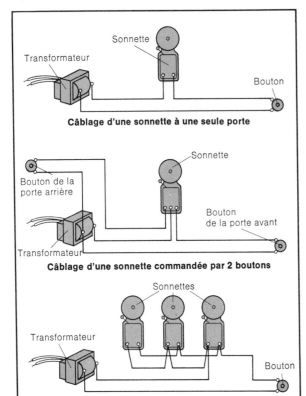

Câblage d'une sonnette à une seule porte

Câblage d'une sonnette commandée par 2 boutons

Câblage de 3 sonnettes commandées par 1 bouton

La pose des carillons

Installez le transformateur dans une boîte de jonction. Le courant coupé, enlevez les débouchures; placez les fils.

Fixez le transformateur avec un écrou. Certains se montent à l'extérieur de la boîte, mais les fils vont à l'intérieur.

A l'aide de connecteurs isolés, reliez les fils du transformateur à ceux de la maison: noir avec noir, blanc avec blanc.

Reliez les fils à basse tension de la son-nette aux bornes du transformateur. Faites courir les fils jusqu'au carillon.

Les fils du bouton passent à l'intérieur ou à l'extérieur du chambranle. Percez la moulure et reliez-les au bouton.

Reliez tous les fils aux bornes appropriées sur le carillon. Le fabricant indique celles-ci, d'habitude.

section 9:

Chauffage et climatisation des habitations

Le chauffage et la climatisation ne se limitent pas qu'à chauffer ou à rafraîchir les habitations. Les systèmes modernes les plus perfectionnés conditionnent l'humidité et gardent l'air frais et pur. Une installation défectueuse peut nuire à la santé et grever un budget. Quels que soient les projets — nouvelle installation, conversion, amélioration du système actuel — lisez ce chapitre avant de prendre une décision.

sommaire

278 Chauffage et climatisation
279 Installations à air chaud
280 Installations à eau chaude
281 Disposition des canalisations
282 Chauffage par rayonnement
284 Installations à la vapeur
285 Cheminées
286 La distribution de la chaleur
288 Entretien des systèmes
290 Brûleurs à mazout
291 Brûleurs à gaz
292 Entretien
294 Fournaises à chargement mécanique
295 Foyers ouverts
296 Chauffage à l'électricité
297 Chaudières électriques
298 Fournaises électriques
299 Pompes de chauffage
300 Isolation thermique
304 Conditionnement d'air
305 Conditionneurs d'air
306 Installation des appareils
308 Conditionnement d'air central
310 Purificateurs d'air électroniques
311 Humidificateurs à moteur
312 La déshumidification
313 La ventilation
314 Commandes des systèmes de chauffage et de rafraîchissement

Chauffage et climatisation

Considérations générales

Tous les systèmes de chauffage et de climatisation sont destinés à conditionner l'air pour maintenir des niveaux confortables de température et d'humidité. Autrefois, le chauffage était assuré par des foyers ouverts ou des poêles, et on aérait en ouvrant portes et fenêtres. Depuis, on s'est intéressé au maintien, dans les maisons, d'une température convenable, et, dans l'air, d'une teneur en humidité appropriée, facteurs dont on reconnaît de plus en plus l'importance pour la santé et le confort.

Il est nécessaire de connaître la propriété qu'a la chaleur de se déplacer d'une des façons suivantes:

Conduction: La chaleur passe d'un corps chaud dans un corps moins chaud et se dirige toujours dans la direction du corps froid.

Quand la chaleur traverse les murs et le toit des maisons, on dit qu'elle se transmet par " conduction ".

Convection: L'air chaud d'une pièce monte vers le plafond tandis que l'air froid descend. Le flux que forme l'air chaud par sa tendance à s'élever s'appelle " convection ".

Rayonnement: L'écoulement ou transmission de chaleur de l'intérieur d'un corps directement dans l'air est connu sous le nom de " rayonnement ".

Tous nos systèmes actuels de chauffage et de climatisation des maisons sont, à divers degrés, basés sur ces trois caractéristiques de la chaleur.

Systèmes de chauffage central: Ces systèmes généraux produisent, par un foyer unique, le chauffage nécessaire à tout un édifice et distribuent la chaleur à tous les locaux.

Les deux groupes de systèmes de chauffage central les plus importants sont ceux à échange **indirect** ou **à air chaud** et ceux **à la vapeur** ou **à l'eau chaude**, acheminées aux radiateurs par des tuyaux.

Combustibles: La plupart des systèmes de chauffage central consomment du charbon, du mazout, du gaz ou de l'électricité. Le charbon, le gaz et l'électricité sont brûlés ou consommés directement. Le mazout est pulvérisé puis mélangé à l'air comburant. La régulation de température automatique de la plupart des systèmes modernes se fait par thermostat. Lorsque la température descend au-dessous d'un certain point, le thermostat déclenche un dispositif d'allumage électrique qui met le brûleur ou le radiateur en marche. Quand la température monte, le thermostat arrête. **Le conditionnement d'air** contrôle la température, l'humidité, la pureté de l'atmosphère. Il refroidit l'air en périodes de chaleur et le réchauffe en périodes de froid. Le conditionnement d'air supprime ou augmente l'humidité selon les besoins, enlève les impuretés et les poussières et renouvelle l'air vicié.

Conseils d'économie: Pour que ces systèmes donnent le maximum de rendement, il faut calorifuger les maisons. L'isolation est une barrière thermique qui garde la chaleur à l'intérieur en périodes de froid et à l'extérieur en périodes de chaleur. D'autres moyens permettent de réaliser des économies: (1) **Prendre la bonne habitude de conserver la chaleur.** Fermer les fenêtres au loquet. Fermer les régulateurs de tirage du foyer. Fermer les draperies la nuit, les ouvrir quand il fait soleil. (2) **Poser des contre-châssis ou des vitrages isolants.** (3) Poser des **contre-portes.** Les tenir hermétiquement fermées. (4) Poser des **coupe-bise** sur les portes et les fenêtres pour empêcher l'infiltration de l'air extérieur et la fuite de la chaleur. (5) **Calfeutrer les fentes** des cadres des fenêtres et des portes. (6) Faire faire par un **technicien en chauffage** le nettoyage et le réglage de la chaudière ainsi que la vérification du système de distribution pour éviter la surchauffe de certaines pièces. (7) Nettoyer ou remplacer les **filtres.** (8) Baisser le **thermostat** d'au plus 10 degrés la nuit et chaque fois que vous partez en week-end ou en voyage. (9) **Couper le chauffage** des locaux inoccupés. Si le réglage de chauffage se fait par thermostats autonomes, réduisez le chauffage des chambres à coucher, pendant le jour. (10) Installer un **humidificateur.** Les basses températures sont plus supportables quand l'humidité relative est élevée, et vous vous en porterez mieux.

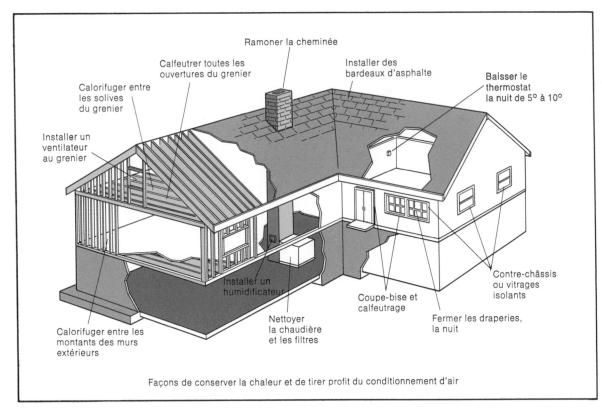

Ramoner la cheminée

Calfeutrer toutes les ouvertures du grenier

Installer des bardeaux d'asphalte

Baisser le thermostat la nuit de 5° à 10°

Calorifuger entre les solives du grenier

Installer un ventilateur au grenier

Installer un humidificateur

Calorifuger entre les montants des murs extérieurs

Nettoyer la chaudière et les filtres

Coupe-bise et calfeutrage

Fermer les draperies, la nuit

Contre-châssis ou vitrages isolants

Façons de conserver la chaleur et de tirer profit du conditionnement d'air

Types et fonctionnement

Air chaud par gravité: Ce mode de chauffage utilise le principe que l'air chaud est plus léger que l'air froid et que, par conséquent, l'air chaud s'élève et l'air froid descend. L'air chaud généré par la chambre de combustion monte dans les conduits qui mènent aux bouches de chaleur des pièces à chauffer. Il remplace l'air refroidi qui descend à travers les conduits de retour jusqu'au bas de la chambre de combustion où il est réchauffé et où le cycle recommence.

Le principe de la gravité de l'air chaud est utilisé non seulement dans les calorifères de chauffage central, mais aussi dans les poêles et autres appareils individuels. Dans ces cas, un ensemble de petits foyers indépendants est installé au sous-sol ou le long des murs des pièces à chauffer, chaque appareil n'étant destiné qu'à réchauffer l'air dans son voisinage. L'air chauffé par le calorifère s'élève et circule dans la pièce; l'air refroidi au ras du sol est ramené au générateur pour être réchauffé. La plupart des appareils individuels sont munis d'un ventilateur qui augmente la circulation d'air et d'un registre automatique pour le réglage de la quantité de chaleur générée.

Le principal inconvénient du système est qu'une bonne circulation d'air et une répartition uniforme de la chaleur à travers toute la maison ne peuvent exister que si la différence entre les températures de l'air chaud ascendant et de l'air froid descendant est considérable.

Air chaud propulsé: Ce système est supérieur au premier et plus rapide que lui car il est muni d'une soufflerie qui pousse l'air en direction des bouches de chaleur. Il permet de diriger la chaleur uniquement vers les locaux à chauffer. On parvient à ce résultat en divisant la maison en sections munies chacune d'un thermostat à action locale et d'un ventilateur autonome ou de volets mobiles qui permettent l'orientation du jet de chaleur.

Il y a quatre types fondamentaux de foyers à air propulsé dont le choix dépend de l'emplacement disponible: (1) **chaudière haute à distribution par en dessus,** avec expulsion d'air sur le haut et retour par-derrière, convenant aux grands sous-sols; (2) **modèle à distribution par en dessous,** avec retour d'air sur le haut et expulsion à la base, le chauffage d'étage habituel; (3) **calorifère bas à distribution par en dessous,** avec expulsion et retour d'air sur le haut, destiné aux sous-sols dont l'espace disponible

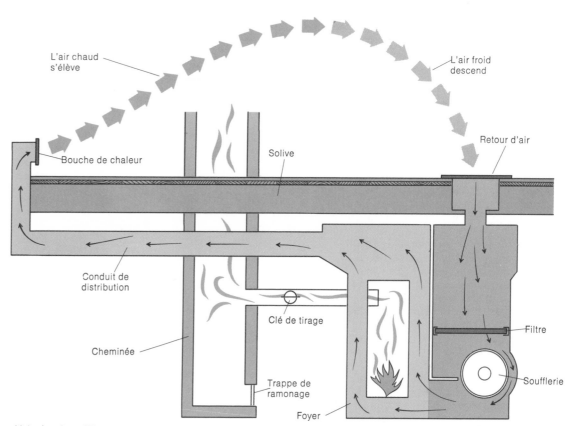

L'air chaud, soufflé par les bouches de chaleur, s'élève jusqu'au plafond; l'air froid pénètre dans les prises au ras du sol

est restreint; (4) **calorifère horizontal,** admettant l'air d'un côté et l'expulsant de l'autre, destiné aux espaces d'accès ou aux greniers.

La soufflerie d'un calorifère à air chaud propulsé peut servir à rafraîchir les locaux en été. Une manette sert habituellement à mettre le ventilateur en marche pour la circulation de l'air. On peut souvent adapter facilement un système moderne de conditionnement d'air central à ce genre de calorifère.

La plupart des foyers à air chaud propulsé sont équipés d'un filtre pour la purification de l'air, filtre se composant généralement d'un coussinet de laine de verre qui retient les poussières et les empêche de retourner dans les locaux. Les filtres permanents

sont lavables. Certains foyers sont équipés d'humidificateurs à plateaux d'évaporation; d'autres, d'humidificateurs à moteur.

Régulation de chauffage: Le régulateur des systèmes à circulation naturelle et à air propulsé est habituellement le thermostat. La plupart des calorifères sont en outre équipés d'un thermostat qui éteint le brûleur si la température de l'air dans le plenum (chambre de distribution d'air chaud) dépasse la limite établie par le fabricant. Quand la température revient à la normale, le dispositif s'arrête et le brûleur se rallume. Dans le système à air chaud propulsé, le régulateur peut être aussi muni d'un détecteur de chaleur qui commande la soufflerie.

Installation à eau chaude

Types et fonctionnement

Dans ce mode de chauffage, l'eau est utilisée comme fluide pour véhiculer la chaleur. Il existe deux systèmes, l'un par gravité, l'autre à circulation accélérée.

Le système à circulation naturelle repose sur le principe que l'eau réchauffée se dilate; il se produit une différence volumique entre l'eau froide et l'eau chaude qui devient plus légère et s'élève. L'eau provenant de la chaudière s'élève dans les canalisations jusqu'aux radiateurs. Elle est remplacée par l'eau refroidie, plus lourde, amenée par les canalisations de retour. Ayant transmis une partie de sa chaleur aux radiateurs — et au local — l'eau refroidie retourne à la chaudière à travers un circuit séparé de tubes de retour. Toute l'eau est ainsi mise en circulation quand le chauffage est en marche. La vitesse de circulation est en fonction de la différence des températures de la chaudière et de l'eau de retour. Plus la différence est grande, plus l'eau circule vite. La température de l'eau à la sortie de la chaudière est d'environ 180°; au retour, d'environ 140°.

Les installations des systèmes par gravité peuvent être soit ouvertes, soit fermées. Dans les installations ouvertes, l'eau dilatée par le chauffage se déverse dans des vases d'expansion situés à la partie haute des installations, souvent dans les combles. Les vases d'expansion ouverts sont munis d'un déchargeoir: si le vase déborde, le trop-plein s'écoule à travers cette tuyauterie et non le long des parois. Les vases d'expansion du système à circulation fermée sont installés près des chaudières. Ils n'ont pas de déchargeoir, mais sont fermés hermétiquement. Lorsque l'eau se dilate, elle comprime l'air dans le vase, et l'eau du système est mise sous pression, permettant de la maintenir à une température élevée. Une soupape de sécurité diminue la pression en cas de besoin.

Le système par pompe est un système par gravité qui accélère la circulation de l'eau à travers les tuyaux et les radiateurs. Cette pompe, habituellement montée sur le retour, règle le débit de l'eau à travers l'installation et se met en marche à l'appel du thermostat. Il fonctionne de la même façon que la soufflerie du système à air propulsé pour accélérer la circulation nécessaire vers les points requis. Un clapet de retenue sur la circulation principale interrompt la circulation de l'eau, en cas d'arrêt de la pompe. Si le clapet était défectueux, l'eau continuerait de s'élever, comme dans le système par gra-

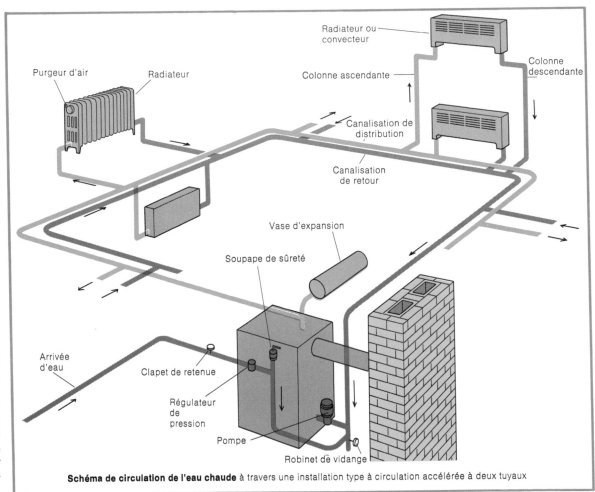

Schéma de circulation de l'eau chaude à travers une installation type à circulation accélérée à deux tuyaux

vité, surchauffant les locaux. Le système par pompe amène l'eau chaude non seulement aux radiateurs, mais aussi aux robinets d'eau chaude de la maison, que le système soit en marche ou pas.

L'eau chaude des robinets ne provient pas de la chaudière, mais d'un serpentin dans la chaudière. Quel que soit le combustible, le brûleur se met en marche pour amener l'eau de la chaudière à la température requise. La chaleur de l'eau dans la chaudière est transmise par conduction à l'intérieur du serpentin qui distribue l'eau chaude aux éviers, bai-

gnoires et douches. La chaudière d'une installation est munie d'un régulateur de sûreté ou aquastat, souvent branché sur les commandes de la pompe. Ce régulateur de sûreté met le système à l'arrêt dès que la pression ou la température de l'installation dépasse la limite de sécurité.

Le système à circulation accélérée à deux tuyaux possède deux canalisations d'eau; l'une conduit l'eau chaude aux radiateurs, l'autre ramène l'eau refroidie à la chaudière pour qu'elle la réchauffe de nouveau (voir dessin).

Montage en série

L'ancêtre des chauffages à circulation accélérée dans les maisons utilisait la disposition à deux tuyaux comme dans les installations à eau chaude par gravité. Il est toujours considéré comme convenant le mieux aux grandes maisons à corridors et à recoins. Dans les maisons modernes, deux autres systèmes de canalisation sont également utilisés.

Le montage en série est le plus simple de tous les systèmes à circulation accélérée. L'eau chaude part du dessus de la chaudière, passe à travers la colonne de départ, traverse en direct chaque radiateur et retourne à la base de la chaudière.

Par suite de leur disposition dans le système, les radiateurs font évidemment partie intégrante de la canalisation de distribution. Cette installation, qui a le mérite de ne nécessiter qu'un minimum d'accessoires et de tuyauterie, présente un inconvénient qu'il ne faut pas négliger: on ne peut fermer aucun des radiateurs du circuit.

Chaque radiateur fait partie du réseau de distribution; la fermeture d'un seul d'entre eux interrompt la circulation de tout le circuit. C'est pour cette raison que le montage en série n'est, en règle générale, utilisé que dans les petites maisons où la régulation du chauffage n'est pas nécessaire (dessin).

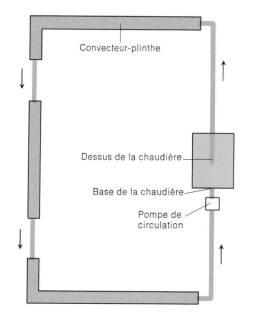

Convecteur-plinthe

Dessus de la chaudière

Base de la chaudière

Pompe de circulation

Montage en parallèle

Comme dans le montage en série, l'eau part du dessus de la chaudière et complète le circuit en retournant à la base de celle-ci. Cependant, les radiateurs ne font plus partie intégrante des canalisations de distribution. Dans ce système, les deux extrémités des radiateurs sont raccordées aux colonnes par des branchements, et un robinet de réglage de chaleur est installé sur la tuyauterie d'alimentation des radiateurs. La fermeture d'un radiateur n'empêche pas l'eau chaude de continuer à circuler dans les tuyaux.

Pour détourner l'eau de la colonne principale vers le radiateur dont on ouvre le robinet, un T ou un manchon régulateur est installé au point de raccord de la tuyauterie de retour du radiateur et de la canalisation de distribution.

Il faut opposer coûts d'installation et avantages. Le montage en parallèle permet une régulation individuelle de la chaleur d'une pièce à une autre; son installation est plus onéreuse que celle du montage en série, moins cependant que l'installation à deux tuyaux. Autre point de comparaison: la différence de température entre le premier et le dernier radiateur est considérablement plus grande dans le montage en parallèle que dans celui à deux tuyaux (voir page précédente).

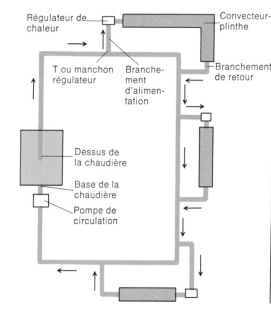

Régulateur de chaleur

Convecteur-plinthe

T ou manchon régulateur

Branchement d'alimentation

Branchement de retour

Dessus de la chaudière

Base de la chaudière

Pompe de circulation

Chauffage par circuits indépendants

Un système de chauffage à eau chaude peut être installé avec des régulateurs de température à action locale par sections, ou même par chambres, mais le mode de chauffage à circulation accélérée par circuits indépendants est le plus pratique et le plus économique. Il se compose d'au moins deux circuits séparés de canalisations des radiateurs et fonctionne avec la plupart des modèles de tuyaux. La maison peut être divisée en sections, chacune munie d'un thermostat ainsi que d'une valve électro-mécanique située sur le conduit du radiateur et dont le thermostat est la commande, c'est-à-dire que la valve s'ouvre sur appel du thermostat.

Le système par circuits indépendants ne nécessite qu'une seule chaudière et généralement qu'un seul accélérateur, sauf dans les installations importantes où chaque circuit dispose de son propre circulateur pour éviter que l'eau ne se refroidisse avant d'atteindre les locaux éloignés de la chaudière et ne les chauffe insuffisamment. Il est plus facile de ne faire circuler l'eau qu'à travers quelques radiateurs qu'à travers toute la maison. La régulation du chauffage par circuits indépendants (chambres, salle de séjour) est assurée par des thermostats, avec circulation réduite dans les chambres à coucher.

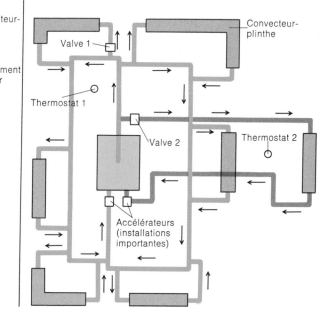

Convecteur-plinthe

Valve 1

Thermostat 1

Valve 2

Thermostat 2

Accélérateurs (installations importantes)

Chauffage par rayonnement

Principe et avantages

Il s'agit ici d'un mode d'émission de chaleur par énergie de rayonnement à régulation automatique. On utilise pour la production de la chaleur les chaudières habituelles des installations à eau chaude; des conduits à eau chaude transportent ensuite cette chaleur à des surfaces, appelées panneaux, établies dans les pièces.

En général, des batteries de tuyaux parallèles, réunis par des coudes, sont enrobées soit au sol dans une dalle en béton, soit dans l'enduit d'un plafond ou d'un mur. Une pompe de circulation propulse l'eau à travers la tuyauterie. La chaleur de l'eau est transmise au local à travers les panneaux enrobés; la chaleur par rayonnement n'est donc pas transmise par la tuyauterie enrobée, mais par la surface des panneaux.

Deux avantages du système: sources de chaleur invisibles; absence de radiateurs, boîtes de convecteurs, registres, grillages; pas d'encombrement des corps de chauffe. Quand le système est en marche, l'air n'est chauffé qu'au contact des surfaces chaudes; la température de l'atmosphère des locaux est donc inférieure à celle des systèmes conventionnels.

Le chauffage par rayonnement est recommandé surtout pour les maisons sans sous-sol où d'autres modes de chauffage sont incapables de chauffer les planchers convenablement. Les rayons calorifiques émis par les panneaux frappent les parois du local dont la température est inférieure à celle des panneaux, ce qui réchauffe les planchers même si les panneaux sont au plafond. L'emplacement des panneaux importe peu. Il y a d'autres facteurs qu'il faut cependant considérer: des meubles volumineux forment écran à un rayonnement venu du sol et réduisent l'efficacité des panneaux; les tapis et moquettes interceptent aussi la chaleur.

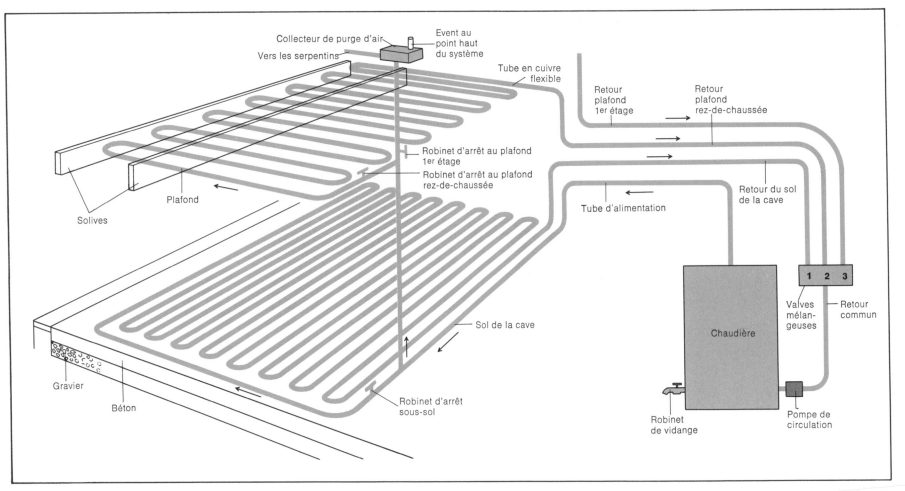

Systèmes et installations

Murs chauffants: Les panneaux de chauffe sont rarement utilisés dans les murs extérieurs, en raison des grandes pertes de chaleur. On peut diminuer ces pertes par une isolation renforcée, mais cela augmente les coûts d'installation. Pour les murs intérieurs, les éléments chauffants sont placés dans le revêtement. Bien que ce soit réalisable en théorie, il n'est pas possible de chauffer convenablement les deux faces d'un mur mitoyen avec le même élément. Il faudrait placer le serpentin exactement au milieu du mur, ce qui entraînerait des frais de main-d'œuvre et ne serait possible que si la disposition et les besoins en chaleur des locaux contigus étaient identiques.

Plafonds chauffants: Ce mode d'installation convient surtout aux maisons à deux étages. En raison de la quantité de chaleur qu'il transmet au pouce carré, ce système se rapproche le plus du véritable chauffage par rayonnement. Les rayons calorifiques peuvent être orientés dans toutes les directions, chauffant murs et planchers.

Comme pour le chauffage des pièces contiguës par murs chauffants, il est peu pratique de chauffer deux étages avec le même panneau. Comme on le voit sur le schéma, près de 25% seulement de la chaleur des serpentins chauffera la pièce du dessus, la plus grande partie de la chaleur étant dirigée vers la pièce du dessous. Il est préférable de placer les tuyaux chauffants dans le revêtement du plafond. Les panneaux du plafond doivent être bien calorifugés pour diriger les rayons de chaleur vers la pièce qu'ils doivent chauffer.

Sols chauffants: Le mode le plus usuel de chauffage par rayonnement est celui par sols ou dalles chauffants. Les tubes sont enfouis dans le béton (au moins 1″ au-dessus des serpentins, jamais moins de

Panneaux muraux

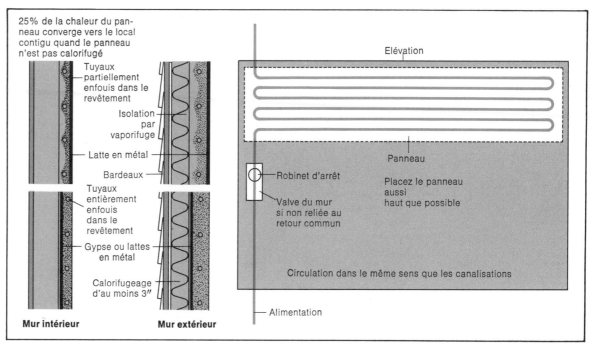

25% de la chaleur du panneau converge vers le local contigu quand le panneau n'est pas calorifugé

Tuyaux partiellement enfouis dans le revêtement

Isolation par vaporifuge

Latte en métal

Bardeaux

Tuyaux entièrement enfouis dans le revêtement

Gypse ou lattes en métal

Calorifugeage d'au moins 3″

Mur intérieur **Mur extérieur**

Elévation

Panneau

Robinet d'arrêt

Valve du mur si non reliée au retour commun

Placez le panneau aussi haut que possible

Circulation dans le même sens que les canalisations

Alimentation

½″ au-dessous). On commence par poser une assise de gravier qu'on recouvre d'un isolant imperméable d'au moins ¾″ d'épaisseur sur lequel on fait couler le ciment. Pour éviter que la chaleur ne se perde dans le sol, il est recommandé d'isoler la dalle en posant sur son périmètre des bandes isolantes de 1″ à 1½″ d'épaisseur. Avant de faire couler le béton, il vous faudra faire analyser l'humidité du sol; au contact du béton, l'eau absorberait la chaleur venue

des panneaux et vous en priverait. Le béton se réchauffant extrêmement lentement, il est préférable que vous placiez le thermostat à l'extérieur. Un changement de la température externe (refroidissement subit ou hausse de chaleur solaire) commandera la remise en marche de votre système de chauffage bien plus rapidement et plus efficacement qu'un thermostat d'ambiance ne saurait le faire. Ainsi placé, il "préviendra" la fournaise à l'avance.

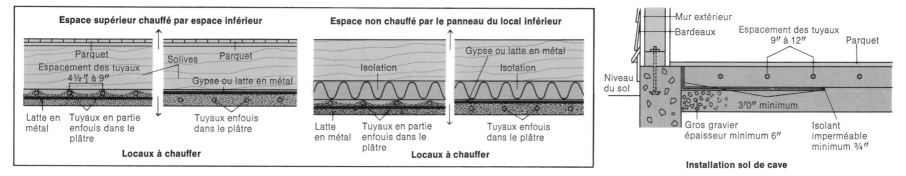

Espace supérieur chauffé par espace inférieur

Parquet

Espacement des tuyaux 4½″ à 9″

Solives   Parquet

Gypse ou latte en métal

Latte en métal

Tuyaux en partie enfouis dans le plâtre

Tuyaux enfouis dans le plâtre

Locaux à chauffer

Espace non chauffé par le panneau du local inférieur

Gypse ou latte en métal

Isolation   Isolation

Latte en métal

Tuyaux en partie enfouis dans le plâtre

Tuyaux enfouis dans le plâtre

Locaux à chauffer

Mur extérieur

Bardeaux

Espacement des tuyaux 9″ à 12″   Parquet

Niveau du sol

3'0″ minimum

Gros gravier épaisseur minimum 6″

Isolant imperméable minimum ¾″

Installation sol de cave

Installations à la vapeur

Principe

Dans ce mode de chauffage, l'eau, chauffée dans la chaudière au point d'ébullition, se transforme en vapeur qui s'élève jusqu'aux radiateurs. L'eau condensée au contact du froid des radiateurs en métal revient à la chaudière où elle est réchauffée. Le système à deux tuyaux a ceci de semblable au système à eau chaude que la vapeur emprunte une canalisation pour se rendre au radiateur et que l'eau revient à la chaudière par une autre. Dans le système monotube, la vapeur qui va au radiateur et l'eau qui en revient empruntent la même canalisation. Ces systèmes présentent de grandes différences. Dans le système à eau chaude, la température de l'eau dépasse rarement 180°; la vapeur s'échappe de la chaudière au point d'ébullition de l'eau (environ 212°). Les radiateurs à vapeur—plus petits—diffusent la même quantité de chaleur. La vapeur circulant plus vite que l'eau, les radiateurs chauffent plus vite.

Valves et hydromètre

Soupape de sécurité: L'eau chaude qui se transforme en vapeur crée de fortes pressions à l'intérieur de la chaudière. Pour éviter que cette pression ne dépasse la limite que l'installation est capable de supporter, la chaudière est munie d'une soupape qui laisse s'échapper l'excédent de vapeur avant que la marge de sécurité ne soit atteinte. Dans les installations domestiques, la soupape est réglée de façon à s'ouvrir ou à sauter à une pression de 15 livres. Elle restera ouverte tant qu'une pression plus basse prédéterminée ne soit atteinte.

Hydromètre: Le niveau d'eau en verre permet de vérifier facilement le niveau de l'eau dans la chaudière. Le niveau normal se situe à mi-hauteur entre les robinets du haut et du bas. Si l'eau n'est plus visible, fermez la chaudière et laissez-la se refroidir pendant une demi-heure, puis rajoutez de l'eau.

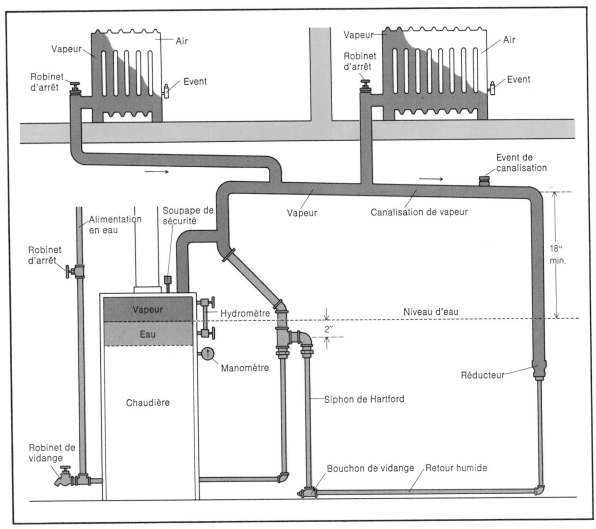

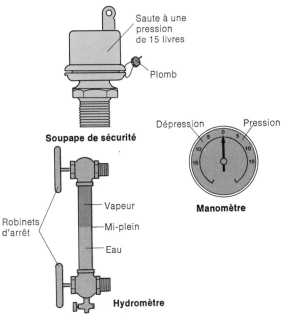

Manomètre: Cet instrument mesure en livres par pouce carré (lpc) la pression de vapeur sur le dessus de la chaudière. Il est gradué de 2 à 10 lpc, mais plus l'installation est importante, plus la graduation s'élève. La limite de sécurité est de 12 lpc. Certains manomètres ont une graduation à rebours indiquant s'il y a un vide dans le haut de la chaudière.

Modèles, spécifications, entretien

La cheminée de tout système de chauffage central à combustion sert à évacuer les gaz et à provoquer le tirage nécessaire au bon fonctionnement des foyers et des chaudières. Se dilatant et se contractant à la chaleur, elle doit être solidement assise.

Les cheminées peuvent s'élever à l'intérieur ou à l'extérieur des maisons. Les cheminées intérieures sont préférables car elles transmettent à la maison la chaleur qu'elles dégagent des quatre côtés. L'épaisseur des parois des cheminées extérieures en brique est généralement d'au moins 8", celle des cheminées intérieures de 4". Les cheminées en maçonnerie doivent avoir 4" à 6" de plus. Le tirage doit se faire librement; le faîte des cheminées doit dépasser d'au moins quatre pieds les toits plats et d'au moins deux pieds les toits à pignon.

Les cheminées de la plupart des maisons modernes comprennent deux conduits de fumée, celui du calorifère et celui du foyer. La section des conduits des petites maisons doit être d'au moins 8" x 12", ou 100 pouces carrés, si elle n'est pas rectangulaire. Les conduits doivent être étanches sur toute leur hauteur et, de préférence, recouverts à l'intérieur d'un tuyau en argile réfractaire.

Les conduits de fumée doivent être bien entretenus et les cheminées en bon état. Faites les ramoner régulièrement, ou, si vous vous en sentez capable, faites-le vous-même. Il faudra évidemment monter sur le toit après avoir préalablement bouché l'entrée du foyer. Remplissez un sac de grosse toile avec des copeaux ou de vieux chiffons. Alourdissez-le avec des briques.

Quand le sac épousera la forme du conduit de fumée, attachez-le à une corde solide et faites-le monter et descendre à l'intérieur du conduit.

Des trous et des fissures diminuent l'efficacité d'une cheminée et permettent l'infiltration de l'eau qui, en gelant, provoque des crevasses dans la maçonnerie. S'il est impossible de localiser une crevasse existante, allumez, au pied de la cheminée, un feu que vous alimenterez avec des produits fumigènes comme des chiffons humides.

La crevasse étant localisée, réparez-la avec un mélange de ciment et de sable dans un rapport de un à trois.

Enlevez le mortier décrépi et mouillez les joints avant de poser le nouveau mortier. Pointez les joints dès que le mortier aura commencé à prendre.

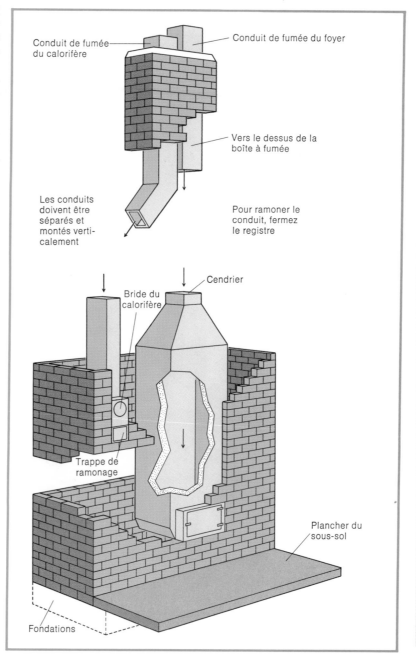

Conduit de fumée du calorifère

Conduit de fumée du foyer

Vers le dessus de la boîte à fumée

Les conduits doivent être séparés et montés verticalement

Pour ramoner le conduit, fermez le registre

Bride du calorifère

Cendrier

Trappe de ramonage

Plancher du sous-sol

Fondations

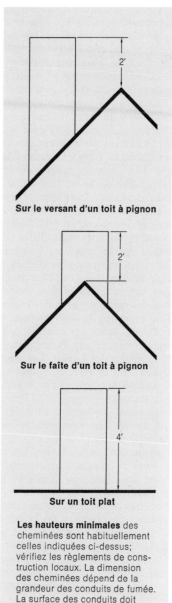

Sur le versant d'un toit à pignon

2'

Sur le faîte d'un toit à pignon

2'

Sur un toit plat

4'

Les hauteurs minimales des cheminées sont habituellement celles indiquées ci-dessus; vérifiez les règlements de construction locaux. La dimension des cheminées dépend de la grandeur des conduits de fumée. La surface des conduits doit être assez grande pour permettre un tirage efficace.

La distribution de la chaleur

Installation à air chaud

Les seuls éléments visibles de la plupart des modes de chauffage sont les bouches de chaleur dans les systèmes à air chaud et les radiateurs dans les systèmes à eau chaude.

Bouches de chaleur: Utilisées dans les systèmes à circulation naturelle et à air chaud propulsé. Dans les systèmes à circulation naturelle, les bouches de chaleur sont situées dans les plinthes ou à l'intérieur des murs. Le joint entre le cadre de la bouche de chaleur et le mur doit être étanche pour empêcher la formation de traînées noires sur les boiseries et les murs. La plupart des bouches de chaleur de qualité sont munies d'un joint flexible assurant une étanchéité parfaite. Les grilles au plancher, situées près des murs extérieurs, servent de reprises d'air.

Dans le système à air chaud propulsé, on recommande les bouches distribuant l'air uniformément et sans courants d'air. Elles doivent être situées de façon que les jets d'air ne gênent pas les occupants. Dans les systèmes modernes, les bouches peuvent être situées sur n'importe quel mur. Si elles ne sont pas sur la plinthe, elles doivent être ménagées au bas des murs ou près des plafonds.

Les conduits de distribution sont une partie essentielle de toute installation à air chaud. Leur tracé est déterminé par l'emplacement du calorifère et la disposition des locaux. Les deux types principaux en usage sont le **système radial** et celui **à plenum.**

Dans le système radial, les bouches de chaleur sont situées sur le périmètre de la maison, le long des murs extérieurs des locaux. Chaque conduit, dont le tracé est aussi court que possible, s'étend du plenum du calorifère aux bouches de chaleur. Le retour se fait habituellement à travers les reprises murales.

Dans le système à plenum, un conduit rectangulaire très large prolonge le plenum. De ses côtés partent des conduits plus étroits en direction des bouches de chaleur. Cette installation, plus coûteuse, permet de disposer les bouches d'air de façon plus judicieuse, et la grande section du conduit de départ offre moins de résistance au passage de l'air.

Les conduits peuvent être ronds ou rectangulaires. Les conduits ronds (semblables aux tuyaux de poêle) sont plus faciles à installer, mais leur utilisation est limitée. Les conduits rectangulaires sont préférables pour les installations importantes ou si l'on prévoit ajouter quelque jour un système de conditionnement d'air.

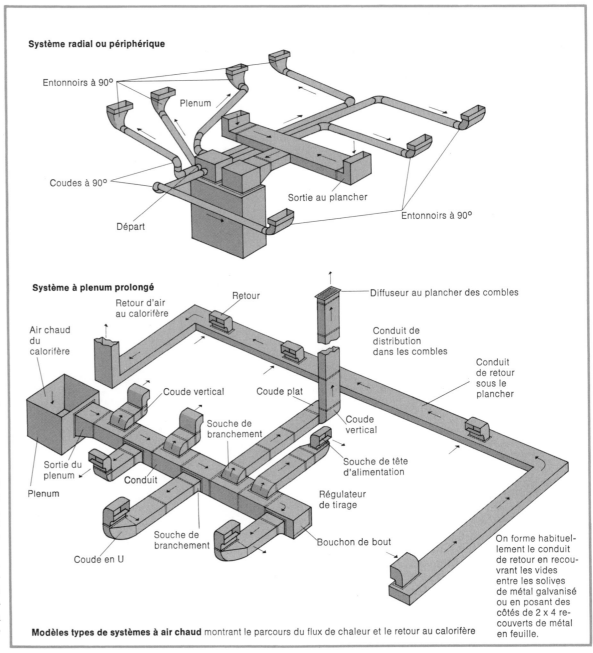

Système radial ou périphérique

Entonnoirs à 90°
Plenum
Coudes à 90°
Sortie au plancher
Départ
Entonnoirs à 90°

Système à plenum prolongé

Retour d'air au calorifère
Retour
Diffuseur au plancher des combles
Air chaud du calorifère
Conduit de distribution dans les combles
Conduit de retour sous le plancher
Coude vertical
Coude plat
Coude vertical
Souche de branchement
Souche de tête d'alimentation
Sortie du plenum
Conduit
Régulateur de tirage
Plenum
Souche de branchement
Bouchon de bout
Coude en U

On forme habituellement le conduit de retour en recouvrant les vides entre les solives de métal galvanisé ou en posant des côtés de 2 x 4 recouverts de métal en feuille.

Modèles types de systèmes à air chaud montrant le parcours du flux de chaleur et le retour au calorifère

Radiateurs

Les trois types de radiateurs: en fonte, convecteurs, plinthes chauffantes, fonctionnent aussi bien à l'eau qu'à la vapeur.

Les radiateurs en fonte distribuent la chaleur (1) **par convection:** l'air chauffé au contact du métal chaud s'élève, se mélange à l'atmosphère plus froide et est remplacé par l'air en provenance du sol; (2) **par rayonnement:** les corps du voisinage sont réchauffés par le flux de chaleur émis par le métal chaud; 10% à 30% de la chaleur émise par un radiateur en fonte sera diffusée par rayonnement. La quantité de chaleur diffusée étant directement proportionnelle à la surface exposée du métal, les tuyaux à ailettes de fabrication récente ont un meilleur rendement que les anciens modèles et occupent 40% moins de place. Un radiateur allongé et bas donne plus de chaleur qu'un radiateur court et haut.

Le meilleur emplacement pour un radiateur est près d'un mur froid, sous une fenêtre. Les radiateurs recouverts ou encastrés sont moins visibles que les radiateurs sur pied, mais moins efficaces. Pour qu'ils donnent un bon rendement, l'air doit se déplacer continuellement de bas en haut, et il faut placer un déflecteur à l'arrière du renfoncement pour diriger la chaleur vers la pièce.

Dans **les convecteurs** ou radiateurs "encastrés", l'eau chaude ou la vapeur circule à travers un tuyau à ailettes en métal installé dans une niche. L'air froid pénètre par le dessous, s'élève à travers les ailettes, monte par l'ouverture supérieure et se diffuse dans la pièce par le mouvement d'air créé. Le convecteur peut être placé dans une niche du mur.

Les plinthes chauffantes ont un très bon rendement, car elles diffusent la chaleur à hauteur du sol, contrairement à la circulation naturelle où l'air s'élève et réchauffe les murs froids. Peintes, elles peuvent être partiellement camouflées. Elles peuvent être en fonte ou à tuyaux à ailettes.

Règle générale, les plinthes chauffantes sont installées le long des murs froids. Dans le montage en série, la canalisation d'alimentation principale peut courir le long des murs froids, ne nécessitant pas de radiateurs et elle peut être recouverte de plinthes en métal.

Tous les radiateurs sont munis de purgeurs pour l'évacuation de l'air. Les installations à vapeur possèdent également des soupapes de sécurité près des chaudières.

Radiateurs en fonte à eau ou à vapeur

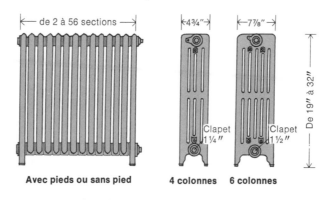

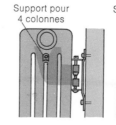

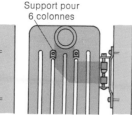

Avec pieds ou sans pied   4 colonnes   6 colonnes

de 2 à 56 sections — 4¾" — 7⅞" — De 19" à 32"

Clapet 1¼"   Clapet 1½"

Support pour 4 colonnes   Support pour 6 colonnes

Les radiateurs muraux sont accrochés par des supports, au nombre de deux pour les radiateurs de moins de 29 éléments et au nombre de 3 pour ceux de 30 à 45 éléments. L'espacement ne doit pas dépasser 42".

Convecteurs en métal non ferreux à eau chaude ou à vapeur

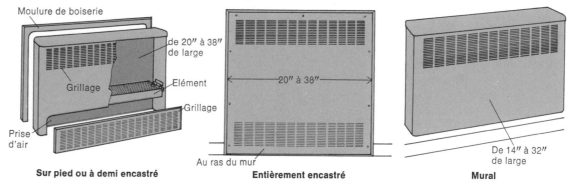

Moulure de boiserie — de 20" à 38" de large — Grillage — Elément — Grillage — Prise d'air

20" à 38"

De 14" à 32" de large

Sur pied ou à demi encastré   Au ras du mur   Entièrement encastré   Mural

Plinthe chauffante en fonte à eau chaude ou à vapeur   **Plinthe chauffante à eau chaude en métal non ferreux**

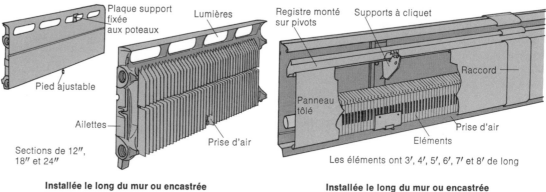

Plaque support fixée aux poteaux   Lumières   Registre monté sur pivots   Supports à cliquet   Raccord   Panneau tôlé   Prise d'air   Eléments

Pied ajustable

Ailettes   Prise d'air

Sections de 12", 18" et 24"

Les éléments ont 3', 4', 5', 6', 7' et 8' de long

Installée le long du mur ou encastrée   Installée le long du mur ou encastrée

Entretien des systèmes

Installations à air chaud

Les filtres des systèmes de chauffage à air chaud propulsé servent à purifier l'air. Il faut parfois laver les filtres permanents ou remplacer les filtres jetables. Un filtre encrassé diminue la circulation de l'air et, par voie de conséquence, le rendement du système de chauffage.

Accumulation de poussière

Filtre en fibre de verre

Remplacez ou nettoyez les filtres

Grilles: Les grilles ou prises d'air au plancher doivent être souvent nettoyées, de préférence à l'aspirateur, car la poussière et les petits objets s'y amassent facilement. Pour retirer des objets plus importants qui peuvent se loger à l'intérieur de la canalisation de distribution, il est parfois nécessaire de démonter les conduits. Les grilles ou prises d'air murales attirent moins de saletés et de poussières que celles qui sont au plancher; il faut cependant les démonter pour les nettoyer si elles s'encrassent.

Nettoyage de la soufflerie: Il faut garder les pales propres. Elles ont tendance à amasser les charpies; cela les alourdit, les empêche de pousser l'air et diminue leur rendement. Les pales des soufflets se nettoient avec une petite brosse si elles sont accessibles. Si elles ne le sont pas, faites appel, tous les

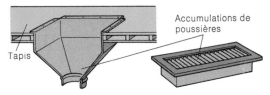

Tapis

Accumulations de poussières

Nettoyage des conduits, des bouches et des prises d'air

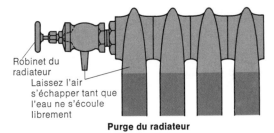

Vérifiez la tension de la courroie

Lubrifiez le moteur et la soufflerie

Pales de turbine

Nettoyage du ventilateur

deux ans, à un spécialiste qui démontera, nettoiera et réglera le soufflet. La courroie qui commande le mouvement des pales doit être bien ajustée et présenter un jeu de ½″ à ¾″. Remplacez les courroies usées.

Installation à eau chaude

Pour la vidange périodique des vases d'expansion, fermez le robinet d'admission de l'eau en provenance de la chaudière, puis ouvrez le robinet de vidange situé à la base du vase. Pour rendre le travail plus

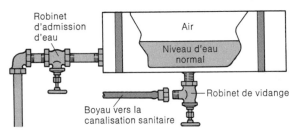

Robinet d'admission d'eau

Air

Niveau d'eau normal

Robinet de vidange

Boyau vers la canalisation sanitaire

facile, branchez au vase un tuyau flexible qui se déversera dans un seau ou un renvoi.

Rinçage à grande eau de la chaudière: L'accumulation de saletés à l'intérieur de la chaudière dépend de l'alimentation en eau. Pour vidanger la chaudière: (1) Fermez le brûleur. (2) Fermez le conduit d'alimentation d'eau. Branchez au robinet de vidange (situé au bas de l'installation) un boyau que vous faites aboutir au renvoi de la cave. Ouvrez le robinet de vidange. (3) Dès que l'eau commence à couler dans le boyau, ouvrez les purgeurs d'air des radia-

teurs de l'étage le plus élevé. (4) Dès que les sédiments ont été évacués, ouvrez le robinet d'admission d'eau de la chaudière et rincez-la à grande eau. (5) Pour le remplissage, laissez le robinet d'admission d'eau ouvert, mais fermez le robinet de vidange au bas de la chaudière. Rallumez le brûleur. Gardez ouverts les purgeurs d'air des radiateurs de l'étage le plus élevé: fermez-les dès qu'on entend l'eau remplir les tuyaux.

Purge des radiateurs: L'air que libère la nouvelle eau de remplissage, chauffé pour la première fois, s'élève et s'accumule dans les radiateurs; une purge est nécessaire pour éliminer ces poches d'air. On purge un radiateur en dévissant la vis qui se trouve à l'extré-

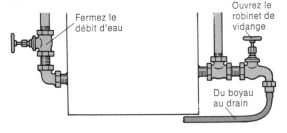

Fermez le débit d'eau

Ouvrez le robinet de vidange

Du boyau au drain

Rinçage de la chaudière

mité du purgeur qu'on laisse ouvert jusqu'à ce que l'eau commence à jaillir. L'installation de purgeurs d'air automatiques est conseillée; ils sont bon marché, faciles à installer et dispensent de la corvée de

Robinet du radiateur

Laissez l'air s'échapper tant que l'eau ne s'écoule librement

Purge du radiateur

la purge à la main sur chacun de vos radiateurs.

Calorifugeage des tuyauteries: Il faut calorifuger les canalisations de distribution pour réduire les pertes de chaleur des tuyaux. Recouvrez les tuyaux d'eau chaude avec des manchons de mousse autocollants ou des bandes isolantes à recouvrement en fibre de verre.

Les clapets d'arrêt d'eau chaude, entrouverts ou fermés, peuvent servir de régulateur de la chaleur de chaque radiateur, permettant d'équilibrer le système en favorisant les radiateurs trop froids et en réduisant la chaleur des radiateurs trop chauds.

Installation à vapeur

Les chaudières à vapeur en marche doivent être remplies d'eau au moins jusqu'à mi-hauteur ou jusqu'au niveau prévu.

Bruits à l'intérieur du système: Plusieurs anomalies peuvent rendre les installations à vapeur bruyantes, à cause d'une mauvaise inclinaison des tuyaux. S'il se produit un fléchissement de tuyau, l'eau s'amasse à ce point bas et fait obstacle au passage de la vapeur. Le martèlement est produit par la rencontre de la vapeur et de l'eau emprisonnée. Il faut alors fermer le radiateur et placer de petites cales sous les pieds du radiateur.

En augmentant l'inclinaison du radiateur et de sa tuyauterie, on facilite le retour de l'eau vers la

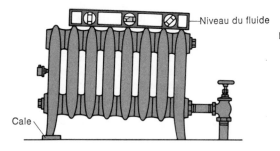

Inclinez le radiateur pour faciliter l'écoulement

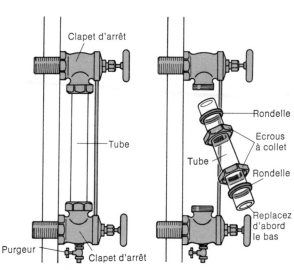

Remplacement du tube en verre du niveau d'eau

chaudière. Si le martèlement recommence dans un autre endroit, vérifiez si un autre tuyau n'a pas fléchi.

Le cognement peut aussi provenir de la position du robinet de vapeur qui se trouve entre le radiateur et la canalisation. Ce robinet ne peut comporter que les positions "ouvert" ou "fermé".

Hydromètre encrassé: L'accumulation de saletés à l'intérieur du tube en verre de la chaudière rend impossible toute lecture précise. Il faut alors le démonter et le nettoyer. Fermez les robinets du haut et du bas, desserrez les écrous et les rondelles aux deux extrémités, soulevez le tube et retirez-le par le bas.

Fuites du robinet: Des fuites de vapeur autour de la tige proviennent d'un relâchement de la garniture. Il suffit souvent de resserrer l'écrou sur la tige.

Si les fuites continuent de plus belle, il faut changer la garniture. Ouvrez le robinet, dévissez l'écrou du presse-étoupe et changez les rondelles ou la garniture selon le cas, ou les deux, si cela s'avère nécessaire.

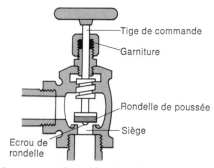

Vue en coupe d'un robinet de radiateur

Réglage de l'aquastat de surface

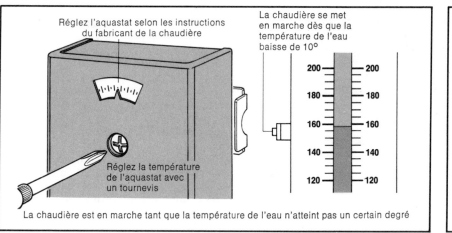

La chaudière est en marche tant que la température de l'eau n'atteint pas un certain degré

Fonctionnement de l'hydromètre

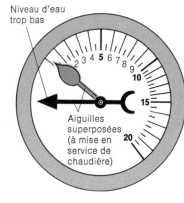

L'hydromètre indique la hauteur de l'eau d'une chaudière à eau chaude par rapport au remplissage normal. Il est muni de deux aiguilles qui indiquent, l'une, habituellement rouge, le niveau d'eau prescrit pour les radiateurs de l'étage le plus élevé, l'autre, noire, la hauteur réelle de l'eau à l'intérieur du système. Cette dernière se déplace suivant les variations de niveaux. Le remplissage est normal lorsque les deux aiguilles sont superposées. Dans les systèmes à pression, une soupape assure le contrôle automatique du niveau d'eau. L'examen de la position des aiguilles indique le bon fonctionnement de la soupape. Si, pour une raison quelconque, l'écart entre les deux aiguilles est trop grand, faire vérifier la soupape et corriger le défaut.

Brûleurs à mazout (huile à chauffage)

Types et fonctionnements

Ils injectent, dans une chambre de combustion, du mazout qui brûle pour produire la chaleur. Il existe de nombreux modèles sur le marché, dont deux types principaux: à pulvérisation par pression (ou à éjecteur) et à vaporisation (ou à creuset). Les brûleurs rotatifs, autrefois populaires, ne sont plus utilisés que pour les installations commerciales importantes.

Brûleurs à pulvérisation par pression: C'est le modèle le plus utilisé de nos jours. Le mazout, comprimé à haute pression par une pompe, est dirigé à travers le brûleur vers un éjecteur qui le pulvérise en gouttelettes qu'un ventilateur mélange à l'air. L'allumage du mélange est réalisé par une étincelle électrique. Le système d'allumage ressemble à celui d'une auto: il comprend un transformateur du circuit électrique en haut voltage qui produit une étincelle entre deux électrodes situées sur le passage du jet du carburant. Les brûleurs à basse pression utilisent une pompe à basse pression, et l'air se mélange au combustible avant de parvenir à l'éjecteur. Le mélange est projeté en gouttelettes à travers un orifice plus large que celui des brûleurs à haute pression. L'allumage se fait à l'intérieur de la chambre de combustion de la même façon que dans les modèles à haute pression. Les brûleurs par pression ne fonctionnent pas de façon continue, mais sur appel du thermostat. Ils sont montés à l'extérieur du foyer.

Brûleurs à vaporisation ou à creuset: Utilisés surtout dans les petites installations de chauffage central et les chaufferettes, et caractérisés par un creuset qui contient une nappe de mazout et un régulateur de débit. Allumage manuel ou par étincelle électrique.

La chaleur vaporise le mazout. L'air comburant est amené par tirage naturel ou par un petit ventilateur. Une flamme pilote entretient le feu après l'allumage. L'alimentation en mazout se fait selon les besoins. Le brûleur ayant peu de pièces mobiles, son fonctionnement est silencieux. Le dosage de carburant et d'air doit être fait par un technicien spécialisé, pour éviter la formation de fumées noires.

Tous les brûleurs, de quelque type qu'ils soient, doivent subir un examen annuel de teneur en CO_2 pour assurer une bonne combustion. Toutes les installations de brûleurs nécessitent un petit apport d'air régulier qu'assure un régulateur de tirage automatique monté dans le tuyau d'évent.

Alimentation en carburant: L'estampille de l'Underwriters' Laboratories of Canada sur le brûleur indique la qualité de mazout recommandée, c'est-à-dire la plus lourde et la meilleur marché que le brûleur puisse consommer sans danger. Les réservoirs de stockage de mazout sont installés suivant les instructions de l'Association Canadienne des Assureurs et les autorités locales. Les petits réservoirs sont habituellement installés au sous-sol, à au moins 7' de la fournaise. La capacité nominale des réservoirs ne doit pas dépasser 250 gallons; on ne peut en installer plus de deux. Des réservoirs de plus grande contenance doivent être souterrains et munis chacun d'un tube d'aération et d'un conduit de remplissage extérieur.

Appareils de sécurité: À part le thermostat, les brûleurs sont munis d'un relais de commande qui arrête le moteur de la pompe si le comburant ne s'enflamme pas au bout d'un moment. Sans ce relais, la pompe continuerait de fonctionner et ferait déborder le mazout. S'il n'y a pas de gaz chauds qui circulent à proximité du relais, c'est qu'il n'y a pas de combustion et le relais arrête le moteur de la pompe. En cas d'arrêt, ne remettez en marche qu'une seule fois. Si le système se met en marche et s'arrête, faites appel à un spécialiste. Certains brûleurs sont munis d'une cellule photo-électrique au lieu d'un relais. Conformez-vous alors aux instructions du fabricant.

Transformation: Les fournaises au charbon peuvent s'adapter au mazout par le montage d'un brûleur du type à pulvérisation par pression. Une transformation peut donner de bons résultats bien que le rendement ne sera peut-être pas celui d'une véritable fournaise au mazout.

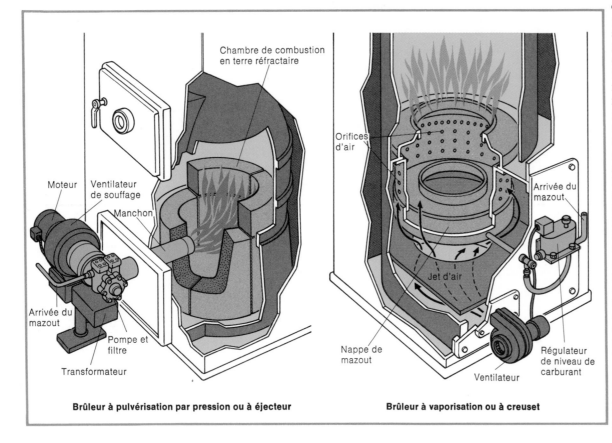

Chambre de combustion en terre réfractaire

Moteur

Ventilateur de soufflage

Manchon

Arrivée du mazout

Pompe et filtre

Transformateur

Brûleur à pulvérisation par pression ou à éjecteur

Orifices d'air

Arrivée du mazout

Jet d'air

Nappe de mazout

Ventilateur

Régulateur de niveau de carburant

Brûleur à vaporisation ou à creuset

Principes fondamentaux

Les brûleurs à gaz ressemblent aux brûleurs à mazout, mais ils sont plus simples et ne nécessitent qu'un dispositif de brûleurs et un robinet automatique qui remplace la pompe et le réservoir de stockage. Un brûleur à gaz peut n'avoir qu'un seul injecteur qui projette une flamme contre une surface de déviation, la répartissant sur toute la surface de chauffe, ou un dispositif de trous de sortie multiples, similaire au brûleur des cuisinières à gaz. D'autres brûleurs en serpentin sont installés sur des fournaises conçues exclusivement pour le gaz. Ils utilisent tous, soit le gaz naturel ou manufacturé, soit le gaz de pétrole liquéfié. L'allumage de l'injecteur ou des brûleurs de tous les systèmes à gaz se fait à l'aide d'une veilleuse dont la flamme chauffe un dispositif spécial, le thermocouple, qui transforme sa chaleur en un minuscule courant électrique. Ce courant tient ouverte une soupape électrique montée sur le conduit d'arrivée du gaz du brûleur. Si la flamme de la veilleuse s'éteint, le thermocouple se refroidit; le courant s'arrête et la soupape d'admission de gaz se ferme. Elle restera fermée tant que la veilleuse ne sera pas rallumée.

Pour qu'un appareil de chauffage à allumage au gaz fonctionne convenablement, le gaz doit être admis sous basse pression dans la tête du brûleur où il se mélange à l'air comburant. Les gaz chauds provenant de la combustion traversent la fournaise ou le poêle et s'échappent dans la cheminée par le conduit de fumée. Une soupape de régulation contrôle le débit d'admission du gaz du brûleur; la pression est réglée par un régulateur automatique. Un capuchon de tirage installé sur le conduit de fumée maintient un faible tirage et empêche le refoulement de l'air de la cheminée. La veilleuse empêche la condensation de l'humidité à l'intérieur de la cheminée et retient les sous-produits acides de la combustion du gaz. Le danger est grand surtout dans les vieilles maisons où les conduits de fumée dans les cheminées n'ont pas de gaines. Les fournaises et les chaudières conçues pour le gaz donnent le meilleur rendement, mais de bons résultats sont obtenus par l'adaptation au gaz d'installations utilisant d'autres combustibles sur lesquelles on installe un brûleur à gaz. Cette transformation doit être faite par un technicien à l'emploi de la compagnie du gaz. Les appareils doivent porter l'estampille de l'Association canadienne du Gaz.

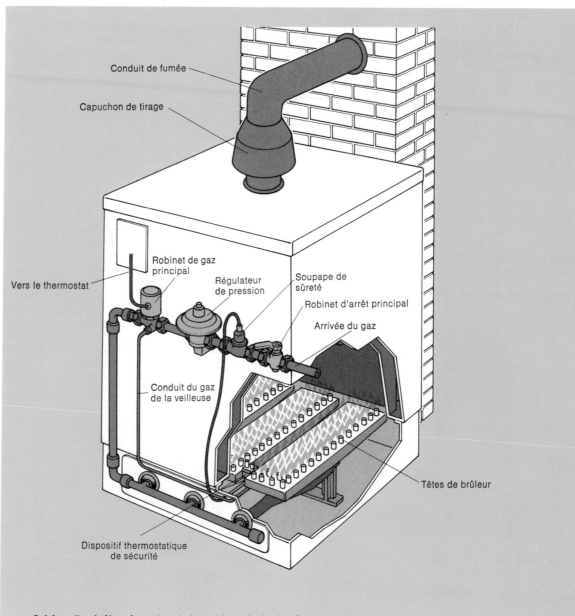

Schéma d'un brûleur à gaz type indiquant le cycle de chauffage et de ventilation ainsi que les dispositifs de régulation, d'admission et de pression du gaz

Conduit de fumée

Capuchon de tirage

Vers le thermostat

Robinet de gaz principal

Régulateur de pression

Soupape de sûreté

Robinet d'arrêt principal

Arrivée du gaz

Conduit du gaz de la veilleuse

Têtes de brûleur

Dispositif thermostatique de sécurité

Brûleurs à mazout (huile à chauffage) et commandes

La fournaise ne fonctionne pas: Avant de faire appel à un spécialiste, voyez à ce qui suit:

1. Vérifiez si l'interrupteur de sécurité n'a pas été fermé par mégarde. Fixé près de la fournaise, il se trouve habituellement dans une boîte d'environ 6" x 6", peinte en gris, avec une manette du côté droit.

2. Remplacez le fusible de la fournaise s'il a sauté. Dans le cas de disjoncteurs, fermez tout commutateur ouvert. Si le fusible saute de nouveau ou si le coupe-circuit du disjoncteur s'ouvre, faites venir un spécialiste.

3. Si les fusibles et les disjoncteurs sont en bon état, vérifiez le réservoir d'huile. Souvent, l'indicateur se bloque.

4. Essayez d'ajuster le thermostat pour faire monter la température de quelques degrés. S'il est muni d'un contrôle pour le jour et la nuit, enlevez le couvercle et vérifiez le cadran pour voir si une panne de courant n'aurait pas rompu le cycle du chronométrage. Quand le couvercle est enlevé, vérifiez les points de contact du thermostat; des contacts encrassés ou corrodés peuvent empêcher la mise en marche de la fournaise.

5. Essayez de rétablir le courant à l'aide de l'interrupteur du relais de la fournaise. Cette commande de sécurité, habituellement située sur la fournaise ou le raccord à la cheminée, arrête la fournaise si l'allumage fait défaut. Ne poussez le bouton qu'une fois; si la fournaise se remet en marche et s'arrête de nouveau, faites venir un spécialiste en la matière.

La fournaise fonctionne au ralenti: Cela provient en général d'un défaut du système de distribution de la chaleur et non du brûleur. L'entretien des divers modes de distribution de la chaleur est décrit page 288. **Dans les installations à eau chaude,** vérifiez la pompe qui fait circuler l'eau chaude de la fournaise vers les radiateurs. Si la pompe ne fonctionne pas quand la fournaise est en marche, poussez le bouton de mise en marche que l'on trouve sur certaines pompes. Le manque de chaleur **dans les systèmes à air chaud pulsé** provient souvent de l'arrêt de la soufflerie. Il suffit de remplacer la courroie qui relie le ventilateur au moteur électrique. Si la courroie est en bon état, poussez le bouton de mise en marche situé sur le côté du moteur. Si le ventilateur ne démarre pas, appelez un spécialiste. Si la fournaise est reliée à une installation de distribution de **chaleur à la vapeur,** vérifiez le niveau de l'eau dans la chaudière. Quand il est trop bas, la fournaise s'arrête si elle est munie d'un interrupteur de niveau. Laissez refroidir la chaudière avant de la remplir; la fournaise repartira. Si elle ne repart pas, faites venir le spécialiste.

Fonctionnement intermittent: Si la fournaise crache ou fonctionne par à-coups et s'arrête, il se peut que les filtres à huile soient encrassés. La saleté peut amener l'arrêt complet du chauffage. Faites nettoyer les filtres par un spécialiste, ou nettoyez-les vous-même en suivant les instructions du schéma ci-dessous. Ce travail requiert cependant de grandes précautions.

Bruits et gargouillements insolites: Ils sont habituellement causés par l'air emprisonné dans les radiateurs ou les canalisations. Purgez l'air en ouvrant ou en dévissant les purgeurs d'un système à eau chaude jusqu'à échappement de l'eau. Si la pompe fonctionne en faisant du bruit, l'arbre d'accouplement du moteur à la pompe peut être cassé: appelez un spécialiste. Nettoyez cheminée et fournaise une fois l'an, au moins.

Nettoyage des contacts du thermostat

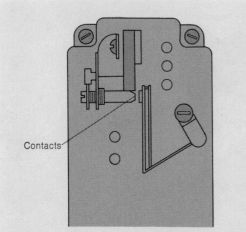

Des contacts thermostatiques encrassés à l'usage peuvent influer sur le bon fonctionnement de tout le système de chauffage. Enlevez le couvercle et nettoyez les contacts en faisant glisser entre eux une carte de visite. N'utilisez jamais un abrasif; il rayerait et endommagerait les contacts. Il n'est pas nécessaire de nettoyer les thermostats à ampoule de mercure; ils sont soudés par le fabricant.

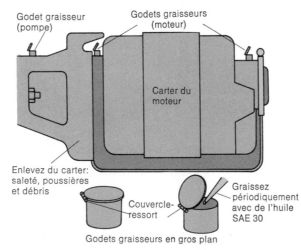

Godet graisseur (pompe)

Godets graisseurs (moteur)

Carter du moteur

Enlevez du carter: saleté, poussières et débris

Couvercle-ressort

Graissez périodiquement avec de l'huile SAE 30

Godets graisseurs en gros plan

Entretien périodique des moteurs de pompe. Versez quelques gouttes d'huile dans les godets; enlevez les saletés.

Nettoyage des filtres

Les filtres sont situés à l'extrémité du moteur de la fournaise, à l'intérieur du carter de pompe. Le couvercle du carter est fixé par six ou huit boulons. Fermez le courant, dévissez les boulons et enlevez le couvercle du carter en prenant soin de ne pas endommager la garniture. Sortez les filtres et nettoyez-les au kérosène.

Brûleurs à gaz

Un système au gaz ne nécessite pas d'entretien annuel par un spécialiste. La plupart des compagnies de gaz inspectent les systèmes de chauffage au gaz tous les trois ans, surtout pour s'assurer que les conduites de gaz et les raccords de fumées sont propres. De plus, leurs techniciens répondent rapidement aux appels des clients qui éprouvent des difficultés avec leur système de chauffage. Ces services sont gratuits, pour la plupart. Bien que les systèmes au gaz ne nécessitent pas d'entretien périodique, des difficultés peuvent surgir. La plupart proviennent du coincement de la plonge de la vanne maîtresse, de l'accumulation de cambouis dans le régulateur de pression et de l'extinction de la veilleuse. Ces réparations de la vanne et du régulateur ne peuvent être faites que par des agents de la compagnie de gaz. On peut rallumer soi-même la veilleuse après s'être assuré que la chambre de combustion a été bien aérée et que le robinet d'arrivée principale de gaz est fermé. Suivez les instructions sur l'étiquette ou la plaque apposée sur l'appareil. N'entreprenez rien sans savoir.

Pour éviter tout ennui, demandez à la compagnie de gaz qu'un de ses agents vous montre la façon de procéder. Si la veilleuse s'éteint, observez soigneusement le fonctionnement du système pendant quelque temps après le rallumage pour déterminer s'il faut réparer.

Le mauvais réglage de l'étrangleur d'air primaire est une autre source d'ennui. Pour régler l'arrivée d'air, laissez chauffer les brûleurs pendant cinq minutes, ouvrez l'obturateur d'air jusqu'à ce que la flamme se détache du brûleur (indice qu'il y a trop d'air), puis renfermez-le jusqu'à ce que la flamme se pose sur le brûleur. La flamme ne doit pas comporter de partie orange.

Fonctionnement manuel: Des fournaises à gaz peuvent fonctionner manuellement durant des pannes de courant, ce qui est fort pratique pour leurs propriétaires quand les pannes se prolongent. Il faut déplacer la poignée de la commande de relais limite en position "manuelle" et ouvrir tous les robinets de circulation du système.

Les conditions de fonctionnement étant anormales, la fournaise doit être sous contrôle constant durant toute la durée du fonctionnement manuel.

Quand le courant est rétabli, remettre la **poignée** en position "automatique" et régler les robinets de circulation à leur débit d'origine. Faire une vérification immédiate.

Flammes

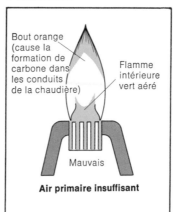

Bout orange (cause la formation de carbone dans les conduits de la chaudière)

Flamme intérieure vert aéré

Mauvais

Air primaire insuffisant

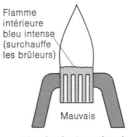

Flamme intérieure bleu intense (surchauffe les brûleurs)

Mauvais

Air primaire trop abondant

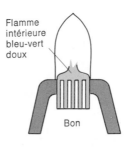

Flamme intérieure bleu-vert doux

Bon

La flamme des brûleurs à gaz doit être ajustée convenablement pour éviter la surchauffe des brûleurs. Ajustez l'étrangleur d'air de façon que la flamme intérieure soit bleu-vert, sans reflets orange.

Rallumage de la veilleuse

1. Réglez le thermostat de la pièce à la plus basse température.

2. Interrompez le courant de la fournaise à gaz.

3. Fermez le gaz à la fournaise; laissez-le ouvert à la veilleuse.

4. Allumez veilleuse; remettez courant, ouvrez arrivée de gaz, réglez thermostat.

Pour le fonctionnement manuel, placez la poignée de commande à "manuelle".

Ouvrez le robinet d'arrivée d'eau, habituellement situé au-dessus de la fournaise.

Fournaises à chargement mécanique

Types, fonctions et entretien

La vis sans fin sert à entraîner mécaniquement le charbon vers le foyer. De plus, certains appareils évacuent automatiquement les cendres vers des poubelles couvertes; on garde ainsi la chaufferie propre.

Il existe différents modèles de ces fournaises, mais il n'y a que deux types de base: à trémie ou à réservoir. Tous deux utilisent une vis pour véhiculer le charbon concassé du réservoir vers la chambre de combustion. Dans le modèle à trémie, le charbon qui s'écoule par le bas de la trémie est poussé; dans l'autre, il est tiré du réservoir. Il faut remplir la trémie au moins une fois par jour; avec l'autre système, il n'y a pas de travail de chargement. L'air nécessaire à la combustion est soufflé par un ventilateur à travers les orifices de la cuve. Après l'allu-

mage, qui peut se faire avec du petit bois, l'allure de combustion est réglée par un dispositif qui fait fonctionner la vis quelques minutes par jour. Un thermostat d'appartement commande le mouvement de la vis quand un besoin de chaleur se fait sentir. Le dispositif peut parfois faire avancer le charbon trop lentement, et le feu s'éteint. D'autres fois, il avancera trop vite, causant une surchauffe par temps doux.

Le réglage de l'allure de combustion ne peut être fait que par un technicien familier avec l'installation et entraîné par le fabricant.

Entretien: Le charbon utilisé dans les fournaises équipées de chargeurs doit être traité pour éliminer la poussière, et son diamètre ne doit pas dépasser un pouce. Une goupille de cisaillement est habituel-

lement montée sur l'arbre de la vis pour protéger les autres pièces du mécanisme lorsque la vis se trouve coincée par un gros morceau de charbon ou tout autre objet dur mélangé au combustible. Si la vis se coince, retirez l'obstruction et remplacez la goupille. Certains chargeurs sans goupille sont munis d'un dispositif de désengrenage, si la vis se coince.

À la fin de la saison de chauffage, nettoyez à fond le foyer et le chargeur de tout charbon, cendre et mâchefer. Au cours du nettoyage, lubrifiez l'intérieur de la vis sans fin et de la trémie pour prévenir la rouille.

Avant la remise en marche, faites inspecter et, si nécessaire, faites réparer et ajuster le chargeur par un spécialiste.

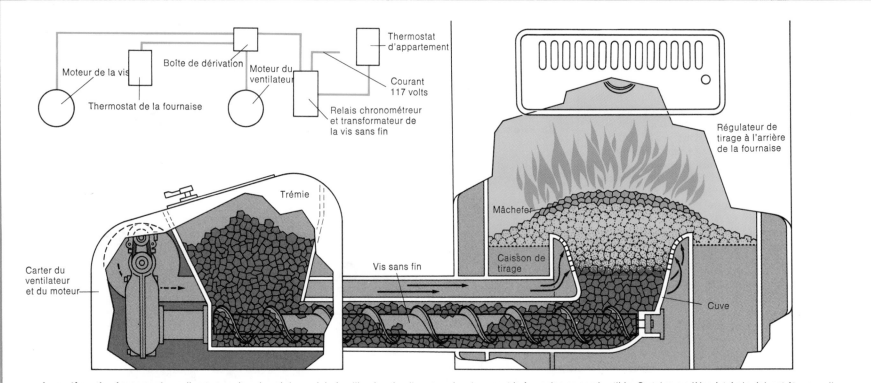

Le système de chargement que l'on trouve dans les régions où la houille abonde alimente mécaniquement la fournaise en combustible. Certains modèles à trémie doivent être remplis tous les jours; d'autres sont équipés de chargeurs automatiques qui amènent le charbon à la trémie. Il existe aussi des systèmes à vis pour l'enlèvement automatique des cendres.

Conception de base et fonctionnement

Le foyer ouvert, autrefois source principale de chaleur, n'est plus utilisé, la plupart du temps, que comme chauffage d'appoint et pour la décoration.

Le foyer ouvert conventionnel, une niche dans l'épaisseur du mur, est revêtu de briques réfractaires, habituellement des trois côtés et sur le sol, ouvert sur le devant et surmonté d'une cheminée. Un registre de tirage à la gorge du foyer ferme la cheminée quand le foyer n'est pas en service, afin d'éviter les pertes de chaleur en hiver et l'intrusion de petits animaux en été. La tablette à fumée empêche les courants d'air descendants d'atteindre le foyer et de rabattre la fumée dans la pièce. Le cendrier est muni d'une petite trappe qui, en basculant, déverse les cendres dans un bac sous le foyer. L'âtre, en briques ou en tuiles, doit reposer sur de solides fondations qui l'empêchent de s'affaisser et de se détacher du plancher.

Pour donner un bon rendement, tout foyer doit répondre à quelques simples principes de construction. Ses dimensions doivent correspondre à celles de la pièce où il est situé, tant du point de vue de son fonctionnement que de l'esthétique. L'ouverture du foyer doit être 10 à 12 fois plus grande que l'aire du conduit de fumée. Pour un conduit de 8" x 12", l'ouverture doit mesurer 960" carrés environ. La largeur de l'ouverture doit être plus grande que sa hauteur. La profondeur, d'après les mêmes calculs, doit avoir au moins 2'.

La construction des foyers devant répondre à des normes très précises, les foyers préfabriqués en métal deviennent de plus en plus populaires. Les montants latéraux et les pièces du dessus permettent à l'air, aspiré par le bas, d'être expulsé par des bouches d'air sur le dessus. L'air circulant entre les parois, réchauffé par le feu, est expulsé de la même façon que dans le système à air chaud par gravité.
Entretien: Avant d'allumer le feu, assurez-vous que le registre de fumée est ouvert. On doit voir le jour à travers la cheminée, même en dépit du retrait. Si la cheminée est bouchée, par un nid d'oiseau, par exemple, il faut la ramoner (p. 174). Enlevez les cendres souvent si l'âtre est muni d'une trappe à cendres.
Nettoyage des taches et de la suie: Les taches sur les briques et les pierres peuvent être enlevées avec de l'eau et du détergent. Pour les taches rebelles, utilisez une solution moitié acide chlorhydrique moitié eau. Portez des gants et des verres.

Foyer en maçonnerie

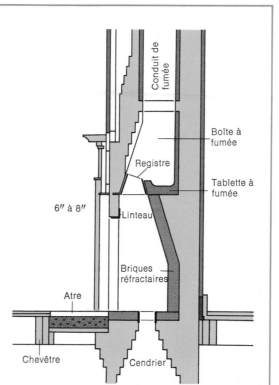

Foyer ouvert au rez-de-chaussée avec cendrier en sous-sol

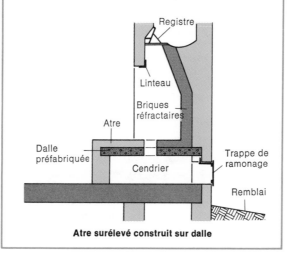

Âtre surélevé construit sur dalle

Foyer en métal

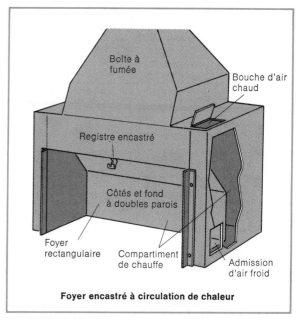

Foyer encastré à circulation de chaleur

Foyer sur pied

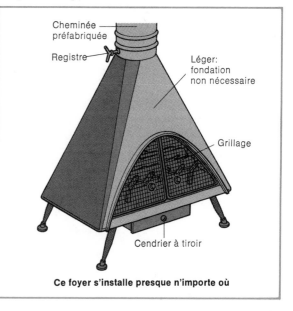

Ce foyer s'installe presque n'importe où

Chauffage à l'électricité

Types d'installations

Un conducteur électrique présentant une résistance à l'électricité s'échauffe au passage du courant. Tous les systèmes de chauffage à résistance électrique sont basés sur ce principe. La plupart de ces installations n'ont pas de pièces mobiles pouvant s'user ou engendrer des problèmes de fonctionnement. Les frais d'entretien sont minimes et l'alimentation en combustible est constante. Il n'y a pas de combustion, donc aucun besoin de cheminée, et l'installation est aussi peu chère que celle de n'importe quel autre système. Le prix du courant électrique est cependant élevé.

Pour qu'un chauffage à l'électricité donne un bon rendement, l'habitation doit être convenablement calorifugée.

Plafonds chauffants: Les plafonds à rayonnement électrique, que l'on peut comparer aux systèmes à eau chaude à rayonnement, fonctionnent par câbles ou panneaux chauffants. Les installations par câbles se composent d'un quadrillage de fils électriques ténus enrobés dans l'enduit ou intercalés entre des panneaux d'enduit. Les panneaux chauffants ne sont que de simples panneaux muraux munis d'éléments. Les deux types de plafonds chauffants peuvent être peints pour s'harmoniser avec le décor. Pour les travaux de transformation, les panneaux chauffants sont souvent recommandés en raison de leur facilité d'installation sur les plafonds existants. En cours de construction, on préfère les installations par câbles.

Radiateurs muraux: Ces appareils à résistance électrique sont utilisés pour donner une chaleur d'appoint aux locaux présentant des problèmes de chauffage ou ayant des besoins spécifiques, tels les salles de bains, débarras, caves et entrées. Ce sont de petits panneaux chauffants munis d'un ventilateur qui fait circuler l'air à travers les éléments de chauffe et le diffuse à travers la pièce.

Plinthes chauffantes: Ce sont les appareils de chauffage électrique les plus courants. Il suffit, en principe, de brancher les radiateurs le long des murs extérieurs de la maison. Ils se composent d'un élément de chauffage électrique recouvert d'un cache-radiateur de métal fixé le long des murs à la place des plinthes de bois. Chaque pièce est branchée sur un thermostat individuel, permettant le réglage de la température de chaque pièce. Les pièces communes, cuisine, salle de séjour, peuvent être maintenues à une température modérée, le degré de chauffage des autres pièces étant laissé à la convenance de chacun.

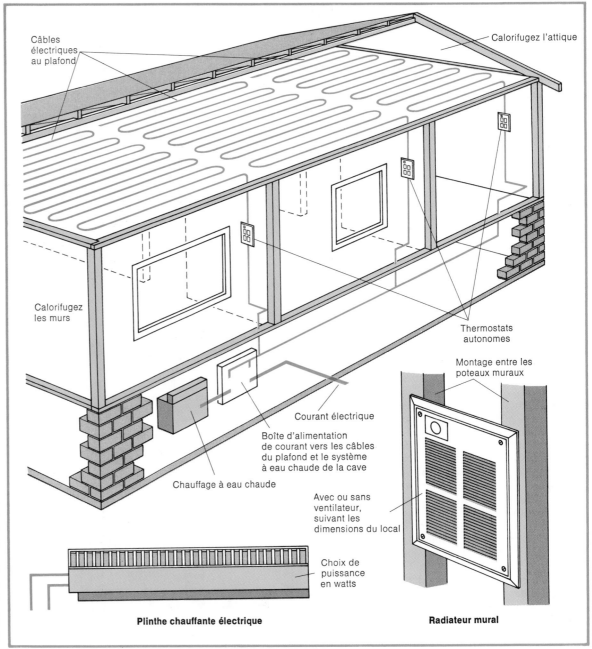

Câbles électriques au plafond

Calorifugez l'attique

Calorifugez les murs

Thermostats autonomes

Courant électrique

Boîte d'alimentation de courant vers les câbles du plafond et le système à eau chaude de la cave

Chauffage à eau chaude

Montage entre les poteaux muraux

Avec ou sans ventilateur, suivant les dimensions du local

Choix de puissance en watts

Plinthe chauffante électrique

Radiateur mural

Système de chauffage à eau chaude

Un autre mode de chauffage électrique par plinthes, moins usuel mais aussi efficace, est celui par pompe ou à circulateur. Il se compose habituellement d'une chaudière centrale électrique qui chauffe un liquide, l'eau, qui circule à travers les plinthes. Dans un autre système, les plinthes contiennent un bouilleur ne nécessitant aucune plomberie: comme dans les plinthes à résistance électrique, une pose de fils électriques suffit. Les chaudières électriques centrales sont très compactes — les modèles domestiques de taille moyenne n'occupent qu'un espace de 3' cu. — les éléments de chauffe étant immergés dans l'eau. Toute la chaleur générée par les éléments est transmise à l'eau de la chaudière. Cette eau est ensuite propulsée directement vers les radiateurs ou les convecteurs. Les organes de contrôle d'une chaudière électrique ressemblent à ceux des autres chaudières: thermostat individuel, relais et circulateur. On y trouve de plus un organe de sécurité immergé à action rapide ainsi qu'une soupape automatique de pression et de température pour empêcher la surchauffe et les projections de vapeur. On peut remplacer la chaudière électrique par un grand bac permettant de chauffer l'eau pendant les périodes "creuses". Sur appel du thermostat, une pompe fait circuler l'eau chaude de ce réservoir vers les appareils de distribution de chaleur. Les chaudières à circulation accélérée conviennent bien à la rénovation des systèmes des vieilles maisons. Il n'est pas nécessaire de changer les dispositifs de distribution de chaleur: pompe de circulation, tuyauterie et radiateurs. En d'autres mots, on remplace l'ancienne chaudière à charbon ou à mazout par une chaudière électrique de la dimension d'un téléviseur portatif. Cette facilité d'adaptation rend le chauffage électrique par plinthes chauffantes particulièrement attrayant pour les nouvelles constructions.

On peut peindre les appareils pour l'harmonie du décor et ils ne nécessitent aucun entretien sinon de les épousseter et de les passer à l'aspirateur occasionnellement. Il ne faut pas oublier cependant que l'installation d'un système central de climatisation exigera la pose d'un réseau de conduits de distribution.

Notons également que les installations électriques à circulateur s'adaptent facilement au chauffage à circuits indépendants, et qu'elles prennent peu de place dans une pièce, étant fixées très commodément le long des murs.

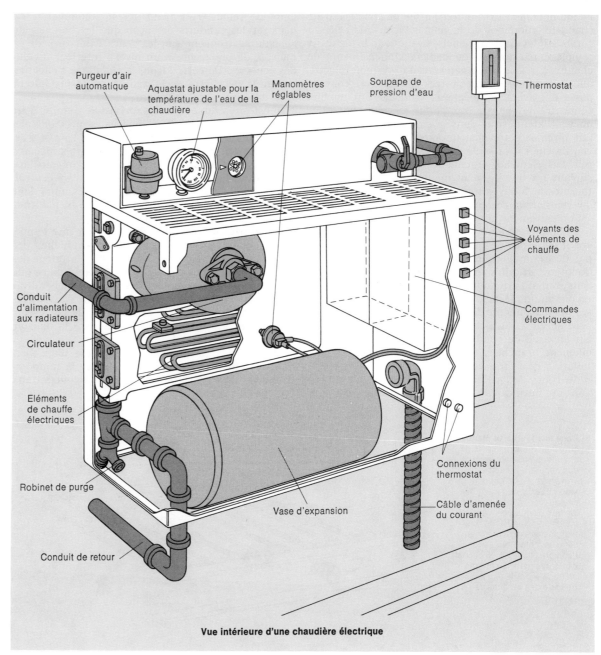

Purgeur d'air automatique

Aquastat ajustable pour la température de l'eau de la chaudière

Manomètres réglables

Soupape de pression d'eau

Thermostat

Conduit d'alimentation aux radiateurs

Circulateur

Eléments de chauffe électriques

Robinet de purge

Conduit de retour

Vase d'expansion

Voyants des éléments de chauffe

Commandes électriques

Connexions du thermostat

Câble d'amenée du courant

Vue intérieure d'une chaudière électrique

Fournaises électriques

Installation et fonctionnement

Fondamentalement, les fournaises électriques à air chaud fonctionnent de la même façon que celles à combustibles conventionnels, sauf que le brûleur est remplacé par un jeu de deux à cinq éléments de chauffe à résistance électrique. Le système électrique fonctionne de façon très simple: un courant passe à travers les éléments qui dégagent un flux concentré de chaleur comme les fers électriques, et un ventilateur, situé dans le carter de la fournaise, fait circuler cette chaleur à travers la maison. Ce ventilateur est la seule pièce mobile de tout l'appareil. Les éléments de chauffe fonctionnent en série suivant les besoins d'augmentation de chaleur. Un thermostat à bas voltage, un relais et un régulateur du ventilateur règlent la limite de température.

Contrairement aux systèmes à air chaud pulsé, la fournaise électrique ne nécessite pas de cheminée, car il n'y a pas de combustibles et, par conséquent, pas de gaz à évacuer. Une fournaise électrique peut donc être installée presque n'importe où. Ces appareils sont si petits qu'ils peuvent être placés dans un recoin ou un placard, suspendus aux solives ou posés sur le plancher de la cave. Le réseau de conduits peut servir à rafraîchir les locaux ou à les chauffer. Un appareil de conditionnement d'air peut être facilement branché à ce réseau au moment de l'installation de la fournaise, ou plus tard.

Au cours de l'installation, il est préférable de prévoir un purificateur d'air électrique dans les conduits de retour d'air froid. Il est recommandé de disposer les conduits de façon que les bouches de chaleur se trouvent sur les murs extérieurs de la maison, de préférence à un niveau inférieur à celui des fenêtres. De cette façon, le chauffage s'effectuera sur le périmètre de la maison où se produisent 75% des pertes de chaleur.

Il est préférable que les prises de retour d'air soient situées sur les murs intérieurs, près des plafonds, afin de faciliter la circulation de l'air et d'assurer une température uniforme à tous les niveaux. Cette disposition est importante si l'on prévoit l'installation future d'un conditionnement d'air central. Les prises d'air étant situées au haut des murs, l'air frais et refroidi qui pénètre à hauteur du plancher déplace rapidement l'air chaud vicié.

Chaufferettes de conduits: Pour obtenir une température d'ambiance à régulation individuelle, des chaufferettes peuvent être installées à l'intérieur des conduits. Ce sont de petits appareils à résistance que l'on peut facilement monter à n'importe quel endroit du réseau de conduits de distribution d'air pulsé, sans changer la disposition existante de ce réseau. Ils peuvent servir au chauffage de toute la maison, ou comme appoint à la fournaise.

Chaque chaufferette peut être munie d'un thermostat individuel permettant d'ajuster la température de chaque pièce de la maison aux goûts et aux besoins des occupants.

Dans une fournaise électrique, 2 à 5 gros éléments de chauffe remplacent le brûleur des appareils à combustion. Traversés par un courant électrique, ils dégagent une chaleur concentrée comme les fers électriques. Les éléments commandés par un thermostat et des relais en série se mettent en marche l'un après l'autre à 30 secondes d'intervalle. Le chronométrage en série élimine les pertes et les à-coups de courants.

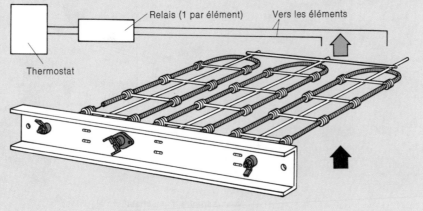

Relais (1 par élément)

Vers les éléments

Thermostat

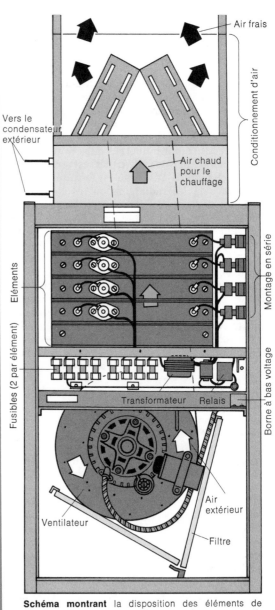

Air frais

Conditionnement d'air

Vers le condensateur extérieur

Air chaud pour le chauffage

Éléments

Montage en série

Fusibles (2 par élément)

Borne à bas voltage

Transformateur   Relais

Ventilateur

Air extérieur

Filtre

Schéma montrant la disposition des éléments de chauffe par rapport au système de relais et au ventilateur.

Principes fondamentaux de fonctionnement

Le chauffage par pompe est un système de chauffage à l'électricité très particulier. En hiver, la chaleur, extraite de l'air (ou de l'eau) extérieur, est pulsée à l'intérieur. En été, le cycle est inversé: la chaleur intérieure est expulsée dans l'air (ou l'eau) de l'extérieur. En d'autres mots, le même appareil sert à chauffer les maisons en hiver et à les rafraîchir en été. Il suffit de régler le thermostat à une certaine température qui restera constante toute l'année. La pompe s'inverse d'elle-même à rafraîchissement ou chauffage suivant les changements de la température.

Fondamentalement, une pompe de chauffage se compose de deux bobines, l'une extérieure, l'autre intérieure, et d'un compresseur. Par temps chaud, la bobine intérieure absorbe la chaleur de l'air intérieur qu'un échangeur réfrigérant amène à un compresseur pour qu'il l'expulse vers l'extérieur. Par temps froid, l'inverse se produit: une soupape d'inversion automatique change la direction du flux réfrigérant et la chaleur extérieure est pulsée à l'intérieur. Un ventilateur fait circuler l'air dans toute la maison à travers un réseau de conduits comme dans tout système de chauffage à air chaud pulsé classique. Dans les régions froides où la température descend souvent sous zéro en hiver, il est nécessaire de monter en supplément des bobines à grande résistance. La pompe est capable de fournir la chaleur nécessaire 85% du temps au cours de la saison de chauffage; quand la température extérieure descend à zéro ou au-dessous, les bobines supplémentaires fournissent un appoint de chaleur suffisant pour le confort. Par temps particulièrement froid, un chauffage d'appoint peut être nécessaire; cet inconvénient est compensé par les économies réalisées à la fin de l'automne ou au début du printemps. Dans la plupart des systèmes de chauffage, il faut alors régler le thermostat très souvent; une pompe de chauffage maintiendra une température uniforme sans ajustement spécial. Si la température du matin est de 40°, la maison sera chauffée; si l'après-midi elle monte à près de 80°, la maison sera refroidie, sans que les occupants réalisent les changements de température extérieure. L'adjonction d'un humidificateur à moteur pour compenser la sécheresse en hiver et d'un purificateur d'air électronique pour garder l'air intérieur constamment pur rendra le chauffage par pompe l'un des plus efficaces de tous les systèmes de conditionnement d'air disponibles. Comme dans tous les systèmes de chauffage à l'électricité, le calorifugeage de la maison est nécessaire au bon fonctionnement du chauffage par pompe. On doit installer un isolant d'au moins 6" d'épaisseur (ou en superposer plusieurs couches pour former 6") au-dessus du plafond, sous les combles. Les murs extérieurs doivent contenir 4" de matériau isolant, et tous les planchers au moins 2". Les contrechâssis et les contre-portes sont nécessaires. Ayez des vitres Thermopane.

Appareil de chauffage et de rafraîchissement individuel

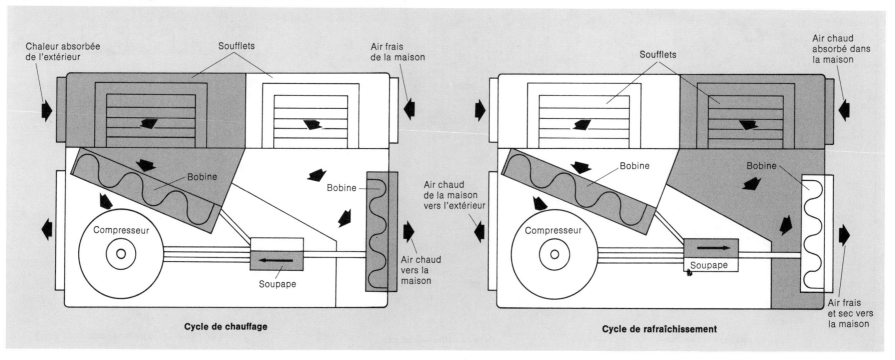

Cycle de chauffage

Cycle de rafraîchissement

Isolation thermique (calorifugeage)

Utilité et procédés

Le calorifugeage total peut réduire jusqu'à 75% les pertes de chaleur d'une habitation. Dans une maison déjà construite, l'isolation totale n'est pas toujours possible ou pratique, mais même une isolation partielle peut permettre de réaliser jusqu'à 30% d'économies. Les frais d'isolation sont donc couverts en un laps de temps très court par les économies de combustible.

Dans les habitations climatisées, le calorifugeage permettra aussi des économies d'énergie (électricité, huile, gaz) en été. Même un petit appareil de conditionnement d'air, nécessitant peu d'énergie, remplira de bonnes fonctions si l'isolation est adéquate. Dans les habitations non climatisées, l'isolation empêchera la chaleur d'entrer.

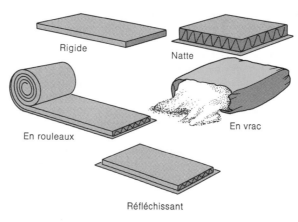

Rigide

Natte

En rouleaux

En vrac

Réfléchissant

Types d'isolant: Il existe une grande variété de matériaux isolants que l'on peut diviser en quatre groupes: feuilles rigides, nattes ou rouleaux flexibles, isolant en vrac, isolant réfléchissant. À l'exception du type réfléchissant, tous les groupes emprisonnent l'air dans des milliers d'alvéoles minuscules, empêchant le passage de la chaleur d'un côté comme de l'autre. La surface des isolants réfléchissants est revêtue d'une feuille métallique qui réfléchit la chaleur. Certains matériaux combinent réfléchissement et emprisonnement, comme les nattes doublées de feuilles métalliques. Pour les nouvelles maisons, le choix de l'isolant importe peu. Si la maison est déjà construite, l'isolant en vrac est plus facile à poser. Il est soufflé à la machine par des ouvriers spécialisés.

Pose d'isolants en rouleaux ou en nattes sur les murs et les plafonds

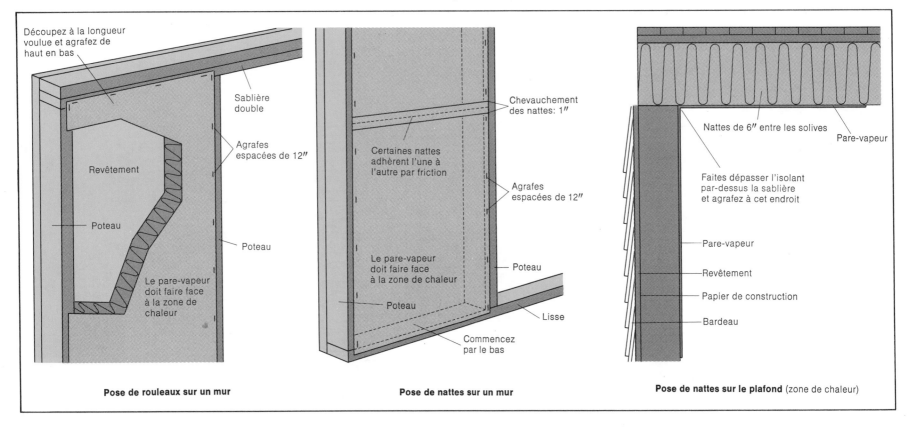

Découpez à la longueur voulue et agrafez de haut en bas

Sablière double

Agrafes espacées de 12″

Revêtement

Poteau

Poteau

Le pare-vapeur doit faire face à la zone de chaleur

Pose de rouleaux sur un mur

Chevauchement des nattes: 1″

Certaines nattes adhèrent l'une à l'autre par friction

Agrafes espacées de 12″

Le pare-vapeur doit faire face à la zone de chaleur

Poteau

Poteau

Lisse

Commencez par le bas

Pose de nattes sur un mur

Nattes de 6″ entre les solives

Pare-vapeur

Faites dépasser l'isolant par-dessus la sablière et agrafez à cet endroit

Pare-vapeur

Revêtement

Papier de construction

Bardeau

Pose de nattes sur le plafond (zone de chaleur)

Vaporifuge

L'isolant comme moyen de réduction des pertes de chaleur ne tarda pas à démontrer à l'usage que sans vaporifuge il se saturait d'eau et perdait la plupart de ses propriétés caloriques. Un vaporifuge est un matériau qui n'absorbe pas l'humidité et même qui lui fait échec. Il se compose habituellement d'une membrane de plastique, d'une feuille métallique, ou d'asphalte interposé entre des couches de papier brun. Il sert à empêcher l'humidification de l'isolation et à conserver l'humidité des locaux.

Le pare-vapeur peut recouvrir entièrement le calorifugeage, comme l'isolant en rouleaux, ou n'être

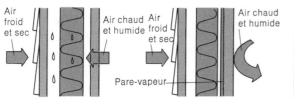

Air froid et sec — Air chaud et humide — Air froid et sec — Air chaud et humide

Pare-vapeur

Le vaporifuge protège les murs contre la condensation

appliqué que d'un seul côté des nattes face à l'intérieur, même si le conditionnement de l'air est prévu. Une autre méthode consiste à poser un isolant en rouleaux ou d'autres matériaux similaires entre les membres de la charpente et de recouvrir les surfaces intérieures de pare-vapeur avant d'exécuter la finition murale. Il est important de ne pas endommager le vaporifuge pendant et après l'installation et de bien réparer toute déchirure ou perforation.

Isolation des combles aménagés: Pour n'isoler que la partie habitée du grenier, agrafez l'isolant entre les traversières jusqu'aux chevrons et les poteaux des murs nains, le long des solives du plafond jusqu'aux sablières. Il est aussi recommandé d'isoler les murs et le dessous des cages d'escaliers conduisant aux combles non chauffés. Ne pas essayer d'étendre un isolant en rouleaux continus par-dessus les traversières jusqu'aux chevrons et les poteaux des murs nains. Faites déborder les pare-vapeur aux jointures. Prévoyez un espace pour la ventilation entre l'isolant et le revêtement du toit au cours de la pose de l'isolant sur les chevrons.

Ne couvrez pas les suspensions et les ventilateurs encastrés dans le plafond. Agrafez à intervalles de 8″ et assurez-vous qu'il n'y ait pas d'interstices le long des brides d'agrafage.

Combles aménagés ou non

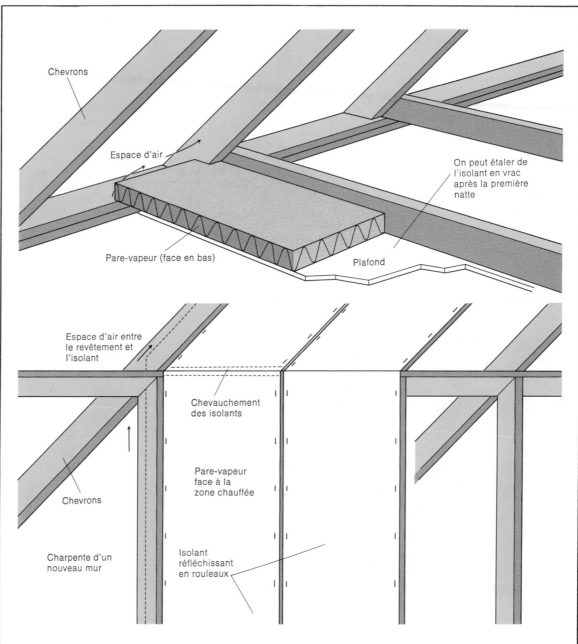

Chevrons

Espace d'air

On peut étaler de l'isolant en vrac après la première natte

Pare-vapeur (face en bas)

Plafond

Espace d'air entre le revêtement et l'isolant

Chevauchement des isolants

Pare-vapeur face à la zone chauffée

Chevrons

Isolant réfléchissant en rouleaux

Charpente d'un nouveau mur

Isolation thermique

Plafonds, murs, planchers

Isolation des plafonds: En partant de la sablière extérieure, décollez 1″ ou 2″ de vaporifuge à l'extrémité de l'isolant et, vous en servant comme bride d'attache, agrafez le pare-vapeur à la sablière. L'isolant doit reposer sur le haut de la sablière, vous évitant les infiltrations d'air. L'extrémité de l'isolant étant fixée à la sablière, agrafez les languettes de l'isolant aux solives. Dans le cas de l'isolation réfléchissante, pour qu'elle soit pleinement efficace, prévoyez un espace d'air d'au moins ¾″.

Si le plafond est fini, posez l'isolant par le dessus, le vaporifuge face en bas. L'isolant doit recouvrir la sablière extérieure sans boucher les évents des débords du toit. Aux échappées, comprimez l'isolant sous l'entretoise ou découpez le matériau et agrafez le vaporifuge que vous faites courir sous les entretoises, puis bourrez le matériau dans l'entretoisement. Vous pouvez ajouter sous l'entretoise un morceau de vaporifuge. Colmatez d'isolant les vides à l'intérieur et autour des entretoises.

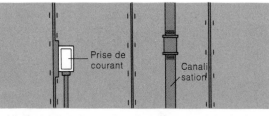

L'isolant doit contourner les prises de courant et la plomberie

Isolation des murs: Agrafez le haut de l'isolant pour qu'il tombe en suivant les bords extérieurs du revêtement. Les extrémités de l'isolant en rouleaux doivent s'ajuster sur les sablières. En l'agrafant sur la charpente, décollez du matériau un pouce de vaporifuge qui servira de bride d'agrafage.

Passez la natte d'isolant en rouleaux derrière la plomberie et les conduits ou pratiquez une fente dans l'isolant (c'est facile) pour en placer le plus possible derrière l'obstacle (ne pas poser d'isolant du côté chauffé). En placer derrière les prises de courant, interrupteurs et saillies du mur en découpant le vaporifuge de façon qu'il encadre parfaitement les obstacles afin d'éviter les déperditions de chaleur. Bourrez d'isolant tous les orifices entre les cadres et les traverses, les chambranles et les seuils de fenêtres et de portes. Recouvrez ces derniers de petites lamelles de vaporifuge.

Isolation des planchers: Posez l'isolant, le vaporifuge par-dessus. Si vous remplacez le papier de construction sur les sous-planchers par du vaporifuge, placez-le par-dessous. Au-dessus des vides sanitaires, posez autant d'isolant que sur les murs et recouvrez de vaporifuge le dessus des solives ainsi que les vides entre les solives et le sous-plancher.

Tapissez les parois des vides sanitaires d'au moins deux pouces d'isolant pour empêcher que l'air froid ne s'infiltre à travers les planchers et les murs, aux points de contact, détruisant en partie l'effet de l'isolation.

Installation des nattes sous les entretoises

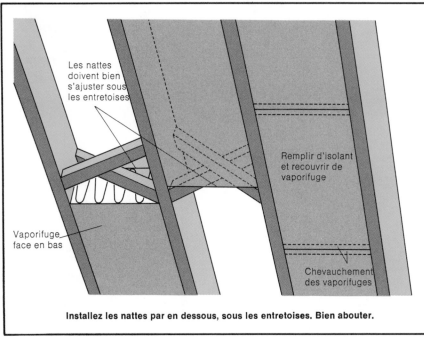

Les nattes doivent bien s'ajuster sous les entretoises

Remplir d'isolant et recouvrir de vaporifuge

Vaporifuge face en bas

Chevauchement des vaporifuges

Installez les nattes par en dessous, sous les entretoises. Bien abouter.

Isolation des fenêtres et des portes

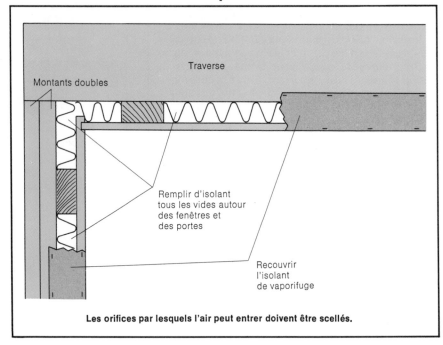

Traverse

Montants doubles

Remplir d'isolant tous les vides autour des fenêtres et des portes

Recouvrir l'isolant de vaporifuge

Les orifices par lesquels l'air peut entrer doivent être scellés.

La condensation

Dans ce contexte, la condensation est le changement de la vapeur d'eau de l'état gazeux à l'état liquide ou solide. Cela peut créer des problèmes même dans les maisons les mieux isolées, surtout dans les vides sanitaires des combles et des sous-sols.

Condensation dans les combles: Les planchers des combles inutilisés de la plupart des habitations sont recouverts par-dessus ou par-dessous d'une couche d'isolant destinée à conserver la chaleur des locaux. Il en résulte une baisse de température dans les combles et, de plus, la toiture est généralement plus froide en hiver qu'en aucune autre saison. Quand l'air chaud et humide s'élève et s'infiltre au grenier par des fissures ou autres orifices ou par la cage d'escalier, l'humidité se condense en eau au contact de la toiture froide. Cette eau s'écoule à travers le plafond ou les murs; des taches se forment et, si l'on ne remédie pas à la situation, la maison se détériore à d'autres endroits. Pour résoudre ce problème, installez des évents au bout des pignons et sous les débords du toit. Une surface totale d'ouvertures représentant 1/300e de celle du plancher du grenier est suffisante pour ventiler les combles et laisser l'air s'échapper avec son humidité, sans créer de pertes indues de chaleur. Si le grenier mesure 20' x 30', soit 600' ca., la surface totale des évents doit être d'au moins 2' ca. Les évents protégés par des grillages doivent être au moins 1½ fois plus grands. Si les combles sont utilisés, posez un isolant recouvert de vaporifuge entre les chevrons. Laissez un espace d'air entre le vaporifuge et la toiture et prévoyez des évents sur les pignons.

Condensation dans les vides sanitaires: Rapports de ventilation à observer: 1) avec membrane étanche: 1' ca. d'évents par 1,500' ca. de plancher; 2) sans membrane: 1' ca. d'évents par 150' ca. de plancher. La pose d'une membrane sur le sol nu permet de garder l'humidité du vide sanitaire à un niveau normal. Du papier-toiture (55 lb) ou des feuilles de polyéthylène (d'au moins 4 mil.), avec un recouvrement d'au moins 3", forment une membrane satisfaisante.

La ventilation des combles et des vides sanitaires est aussi nécessaire en hiver qu'en été. Laissez les évents ouverts en hiver. Ayez deux évents, si possible, disposés de façon que l'air entre par l'un, passe par-dessus les zones d'isolation et sorte par l'autre. Installez un ventilateur aux endroits difficiles à ventiler.

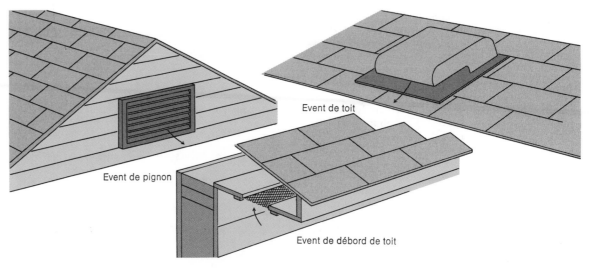

Event de toit

Event de pignon

Event de débord de toit

Isolation et ventilation des vides sanitaires

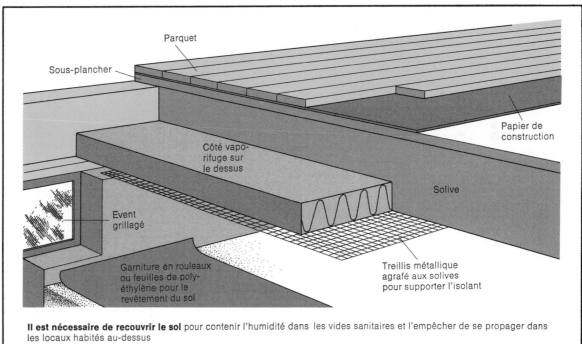

Parquet

Sous-plancher

Papier de construction

Côté vaporifuge sur le dessus

Solive

Event grillagé

Treillis métallique agrafé aux solives pour supporter l'isolant

Garniture en rouleaux ou feuilles de polyéthylène pour le revêtement du sol

Il est nécessaire de recouvrir le sol pour contenir l'humidité dans les vides sanitaires et l'empêcher de se propager dans les locaux habités au-dessus

Le conditionnement de l'air

Capacité de l'appareil

Les systèmes de conditionnement de l'air sont de deux types: **le conditionneur central,** qui rafraîchit toute la maison, et **les conditionneurs individuels des pièces,** qui ne rafraîchissent que les pièces dans lesquelles ils sont installés. Les deux systèmes ont des possibilités et des limitations différentes: vous devrez donc choisir lequel vous convient.

Les termes du métier. Retenez les trois termes suivants: ils vous aideront à faire un choix judicieux: (1) **BTU** (British Thermal Unit), qui se traduit par Unité thermique britannique; (2) **rendement;** (3) **puissance.**

Une unité BTU représente la quantité de chaleur requise pour élever de 1° F. la température d'une livre d'eau. L'efficacité en BTU d'un conditionneur représente la quantité de chaleur qu'il peut éliminer.

On classifie les appareils selon leur rendement, surtout en ce qui a trait aux conditionneurs individuels. C'est ce rendement qui établit leur capacité de rafraîchissement: ainsi, une tonne de rafraîchissement représenterait ce qu'il faut d'énergie pour faire fondre une tonne de glace en une heure. Grâce à ce procédé, on peut établir le rapport suivant: un conditionneur d'air produira 12,000 BTUs de rafraîchissement en une heure pour chaque tonne de rendement.

Même si on utilise encore la puissance en chevaux-vapeur comme barème sur certains modèles, on se sert de moins en moins de cette méthode dépassée; en conséquence, ne choisissez pas les modèles classés de cette façon. La puissance en C.V. s'applique au moteur du compresseur. Un appareil de 1 C.V., par exemple, peut varier entre 8,000 et 10,000 BTUs.

Capacité de rafraîchissement: Avant d'installer un appareil de conditionnement d'air chez vous, déterminez quel genre convient à vos besoins. Obtenez une estimation d'un fournisseur de bonne réputation.

Si vous optez pour un système central, demandez des soumissions de différents spécialistes. Assurez-vous que chaque soumissionnaire donne dans ses recommandations le nombre de BTUs de l'appareil qu'il vous propose, puis comparez les soumissions en fonction de ces BTUs. Méfiez-vous des soumissionnaires qui font des offres trop hautes ou trop basses. Il y aura peu de différence entre les propositions des spécialistes sérieux. Il vous est loisible d'établir vous-même une estimation assez juste, si vous utilisez le tableau ci-contre. Evitez les embûches qui guettent l'estimateur novice. Nos conclusions vous serviront de guide.

SUPERFICIE EN PIEDS CARRÉS

Longueur

Largeur	10	12	14	16	18	20	22	24	26	28	30	32	34	36	38	40	42	44	46	48	50
10	100	120	140	160	180	200	220	240	260	280	300	320	340	360	380	400	420	440	460	480	500
14	140	168	196	224	252	280	308	336	364	392	420	448	476	504	532	560	588	616	644	672	700
18	180	216	252	288	324	360	396	432	468	504	540	576	612	648	684	720	756	792	828	864	900
22	220	264	308	352	396	440	484	528	572	616	660	704	748	792	836	880	924	968	1012	1056	1100
26	260	312	364	416	468	520	572	624	676	728	780	832	884	936	988	1040	1092	1144	1196	1248	1300
30	300	360	420	480	540	600	660	720	780	840	900	960	1020	1080	1140	1200	1260	1320	1380	1440	1500
34	340	408	476	544	612	680	748	816	884	952	1020	1088	1156	1224	1292	1360	1428	1496	1564	1632	1700
38	380	456	532	608	684	760	836	912	988	1064	1140	1216	1292	1368	1444	1520	1596	1672	1748	1824	1900

Pour calculer le nombre de BTUs requis pour rafraîchir un espace donné, vous devez vous arrêter à plusieurs éléments (cette estimation n'est toutefois qu'un guide approximatif). Règle générale, calculez qu'il faut une tonne de rafraîchissement (12,000 BTUs) par 500' ca. de plancher. Vous trouverez plus bas la façon de calculer la superficie d'un plancher, mais peut-être le tableau ci-haut vous convient-il? Retrouvez-y la longueur et la largeur de vos pièces: au joint des colonnes horizontales et verticales, vous obtiendrez le nombre de pieds carrés de ces pièces. Le tableau de droite indique la relation entre les BTUs et la surface d'un plancher. Jusqu'à 400' ca., un petit appareil suffit. Au-delà de 400' ca., il faut un gros appareil (doté d'un circuit de 230-240 volts). Ces gros appareils exigent souvent un câblage coûteux. N'achetez pas d'appareils trop puissants. D'autres facteurs entrent en ligne de compte quand vous choisissez un appareil: le genre de construction de votre maison, son isolation thermique, les ouvertures, le genre de toiture, et même votre mode de vie. Si l'installation projetée est importante, demandez l'aide des spécialistes.

	BTUs	Pi. ca.
A faible rendement 115/120 volts (doit posséder son propre circuit)	3600	150
	4800	200
	6000	250
	7200	300
	8400	350
	9600	400
	10,800	450
	12,000 *	500
	13,200	550
	14,400	600
	15,600	650
	16,800	700
	18,000	750
	19,200	800
	20,400	850
A grand rendement 230/240 volts	21,600	900
	22,800	950
	24,000	1000
	25,200	1050
	26,400	1100
	27,600	1150
	28,800	1200
	30,000	1250
	31,200	1300
	32,400	1350
	33,600	1400
	34,800	1450
	36,000	1500

Exemple:

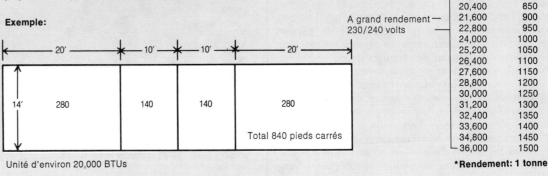

Unité d'environ 20,000 BTUs

Total 840 pieds carrés

*Rendement: 1 tonne

Rôle et caractéristiques des appareils individuels

Le rôle principal d'un conditionneur d'air est d'apporter du confort aux gens en rafraîchissant, déshumidifiant, filtrant ou nettoyant l'air ambiant. Les appareils s'installent dans une fenêtre ou dans un mur. Ce dernier type se glisse au fond d'une ouverture pratiquée dans le mur. Les deux types chassent l'air chaud à l'extérieur. La plupart des modèles amènent l'air de l'extérieur vers l'intérieur tout en le filtrant et en le refroidissant. Les conditionneurs en meuble sont également conçus pour fournir de la chaleur en inversant le cycle de l'opération (pompes de chauffage, p. 299); ils utilisent les serpentins à vapeur ou à eau chaude ou les éléments électriques.

Lorsque le conditionneur d'air individuel fonctionne, l'air réchauffé d'une pièce circule autour du serpentin de refroidissement, la débarrassant de sa chaleur. L'air rafraîchi est ensuite mis en circulation par une soufflerie. La chaleur qui provient de l'air chaud de la pièce provoque l'évaporation du liquide réfrigérant froid circulant dans l'évaporateur. Chargé en gaz, le liquide réfrigérant renvoie la chaleur au compresseur qui comprime ce gaz et augmente sa température au-delà de celle de l'extérieur. Dans le condenseur, les gaz chauds se liquéfient et expulsent la chaleur de la pièce à l'extérieur. Le réfrigérant comprimé passe maintenant par un réducteur qui en abaisse la pression et la température. Le liquide refroidi retourne ensuite à l'évaporateur, et le cycle recommence.

Fonctionnement: Les conditionneurs individuels sont simples à manœuvrer. Une commande les fait fonctionner; une autre en règle la température. Les autres boutons ou leviers sont prévus pour le fonctionnement des lames, des déflecteurs, du ventilateur, des registres d'échappement et des autres éléments.

Types de conditionneurs individuels: Le modèle à cadre fixe est recouvert d'un capot permanent et pourvu d'éléments faciles d'accès pour l'entretien. On y a accès en démontant le panneau de contrôle sans retirer l'appareil de son cadre. Le modèle à cadre coulissant a ceci de différent qu'on peut sortir le mécanisme de son cadre tout en laissant l'enveloppe en place.

Particularités à rechercher: En voici quelques-unes: **Un thermostat** qui veille sur les fluctuations de la température; **un ventilateur à vitesse variable** qui souffle l'air frais dans la pièce et le fait circuler (en général, ces appareils fonctionnent à deux vitesses, mais les modèles économiques n'en ont qu'une et les modèles de luxe, plus de deux); **une commande automatique** qui régularise la vitesse du ventilateur de façon à mettre en mouvement suffisamment d'air frais pour maintenir un degré de température normal; un **rejet de l'eau de condensation; un déflecteur d'air,** qui dirige l'air frais selon les désirs des occupants (les goûts varient; on peut diriger l'air vers le plafond, la droite ou la gauche, ou combiner les deux directions). Certains conditionneurs d'air sont automatiques et possèdent des mécanismes qui actionnent les lames ou l'oscillateur de l'appareil; **un protecteur contre les surcharges,** dispositif qui interrompt l'action du compresseur, évitant au moteur la dangereuse surcharge; **un déshumidificateur** qui extrait l'humidité excessive d'une pièce; **des filtres** qui extraient la poussière et nettoient l'air (ils sont faits de grillages métalliques ou de plastique et ré-utilisables, ou de fibre de verre, et remplaçables, au besoin); **une prise d'air frais** qui expulse l'air vicié ou aspire l'air frais (ou les deux). Cet avantage fait du conditionneur d'air un appareil utile toute l'année. Il est important de vérifier quel type de ventilation un modèle spécifique de conditionneur procure, en ce qui a trait à l'air vicié et à la prise d'air frais.

On doit tenir compte, aussi, d'autres particularités, comme le bruit que produit un appareil, surtout si on installe celui-ci dans une chambre à coucher. Il est normal qu'un climatiseur produise un certain bruit, à cause de l'air qu'il déplace et du fonctionnement du compresseur. Par contre, un appareil de qualité n'est pas très bruyant et vibre peu.

Les conditionneurs d'air individuels doivent bénéficier d'un fini durable, surtout leurs pièces extérieures, exposées aux éléments en toute saison. Les appareils de qualité ont un fini à la peinture cuite sur base galvanisée à l'épreuve de la rouille. Ou, encore, ils sont fabriqués en matières plastiques, en aluminium ou en acier inoxydable.

La qualité coûte cher, mais rien ne la remplace. Souvenez-vous que des produits vendus en solde ne valent souvent guère plus que leur prix; conséquemment, ne vous laissez pas éblouir par le clinquant et faites un choix judicieux.

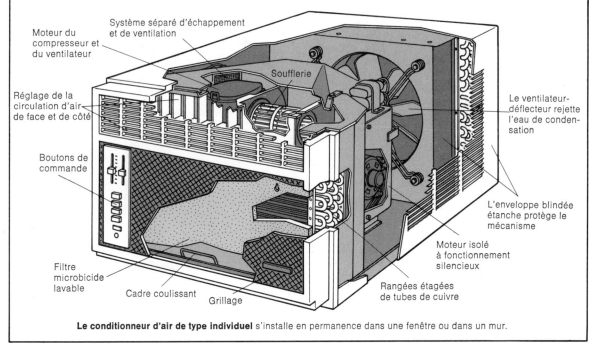

Moteur du compresseur et du ventilateur

Système séparé d'échappement et de ventilation

Soufflerie

Réglage de la circulation d'air de face et de côté

Le ventilateur-déflecteur rejette l'eau de condensation

Boutons de commande

L'enveloppe blindée étanche protège le mécanisme

Moteur isolé à fonctionnement silencieux

Filtre microbicide lavable

Cadre coulissant

Grillage

Rangées étagées de tubes de cuivre

Le conditionneur d'air de type individuel s'installe en permanence dans une fenêtre ou dans un mur.

Installation des appareils individuels

Méthodes de montage

Plusieurs de ces appareils légers et de faible rendement qui s'installent dans les fenêtres sont vendus avec un nécessaire d'installation, ce qui facilite le montage: garnitures, panneaux et calfeutrage, tout est là. Les renseignements que ces nécessaires contiennent sur la méthode de montage doivent être suivis à la lettre.

Le montage d'appareils de gros calibre nécessite l'aide d'un expert. Confiez ce travail à votre marchand; il vous donnera une garantie de bon fonctionnement. Les installations murales et les gros appareils individuels ont des boîtiers permanents; les petits appareils peuvent être enlevés et rangés pour l'hiver.

Les méthodes de montage diffèrent d'un appareil à l'autre. Il importe de choisir celle qui convient à vos locaux et qui respecte le code local de construction. Voici quelles sont les méthodes populaires:

1. Le montage extérieur affleurant; la face extérieure de l'appareil est au niveau du mur extérieur ou à peu près.

2. Le montage intérieur affleurant: la face intérieure de l'appareil est au niveau du mur intérieur ou à peu près.

3. Le montage balancé. L'appareil est installé à mi-chemin entre l'intérieur et l'extérieur de la fenêtre.

4. Le montage intérieur; l'appareil est monté entièrement à l'intérieur de la pièce. La fenêtre peut s'ouvrir et se fermer.

5. Le montage sur le dormant supérieur. L'appareil est installé au haut de la fenêtre.

6. Le montage spécial. L'appareil convient aux châssis à battants et aux châssis coulissants horizontaux.

Pour installer des appareils de fenêtre ou des appareils en meuble, servez-vous de montages muraux ou de boîtiers. Les appareils à serpentins à eau chaude ou à vapeur se fixent en permanence avec des câbles blindés. Un câblage à fiche facilite le branchement de la partie réfrigérante et ne nuit pas au système de chauffage.

Emplacement de l'appareil: Installez-le le plus loin possible des portes extérieures pour lui éviter les courants d'air et la contre-ventilation. Assurez-vous qu'aucun objet — chaise, draperies, — ne nuise à la circulation de l'air de l'appareil. Dirigez les lames vers le haut: l'air frais ira au plafond et redescendra vers le parquet. Les portes et les châssis doivent être bien calfeutrés.

Montage-type dans une fenêtre à guillotine

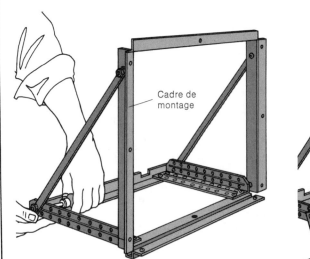

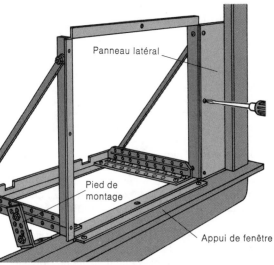

1. Pour installer un appareil individuel, assemblez d'abord le cadre de montage. Ce cadre est conçu pour supporter le poids de l'appareil.

2. Le cadre de montage est centré dans la fenêtre. Des pieds sont vissés à l'appui. Une pente vers l'extérieur permet à l'eau de condensation de s'échapper.

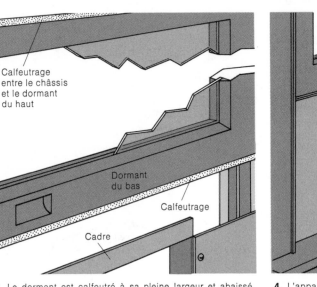

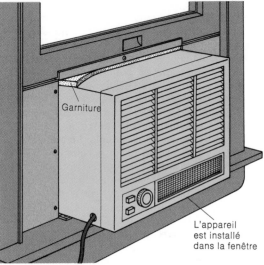

3. Le dormant est calfeutré à sa pleine largeur et abaissé sur le haut du cadre. Ajoutez du calfeutrage sur le dormant supérieur du châssis inférieur.

4. L'appareil est installé dans la fenêtre et poussé jusqu'au niveau de celle-ci. Une garniture en caoutchouc scelle le pourtour.

Source d'alimentation

Source de tension: Quand l'appareil est en marche, la tension doit être maintenue à 10% de plus ou de moins que le voltage nominal. Vérifiez quand le compresseur fonctionne.

Mise à la terre: Les appareils sont vendus avec les cordons et fiches de mise à la terre. Les prises de courant doivent posséder un contact de mise à la terre qui corresponde à la fiche.

Fusibles: Utilisez les fusibles à relais temporisé du calibre recommandé. Ils compensent pour la surcharge à la mise en marche de l'appareil.

A la terre

15 amp., 120 volts   Fusible à relais

Service: Vérifiez si l'appareil est bien branché et si les fusibles sont bons avant d'appeler le spécialiste. Faites nettoyer et vérifier l'appareil une fois l'an.

Soin et entretien

Grillage: Nettoyez avec un chiffon, du savon doux et de l'eau chaude. Évitez cires, nettoyeurs et insecticides qui contiennent des dissolvants néfastes.

Filtres: Enlevez-les et nettoyez-les souvent avec l'aspirateur; lavez-les à l'eau chaude. Secouez-les, asséchez-les et replacez-les. Replacez le grillage.

La condensation sur le grillage: Au départ, le grillage se couvre quelquefois de condensation à cause du degré d'humidité de la pièce. Fermez portes et fenêtres: la condensation s'évaporera.

Montage à même un mur

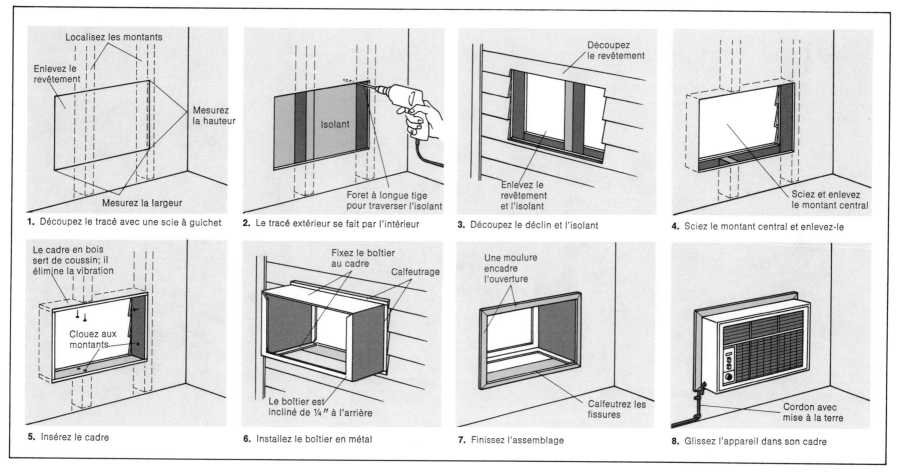

Localisez les montants
Enlevez le revêtement
Mesurez la hauteur
Mesurez la largeur

1. Découpez le tracé avec une scie à guichet

Isolant
Foret à longue tige pour traverser l'isolant

2. Le tracé extérieur se fait par l'intérieur

Découpez le revêtement
Enlevez le revêtement et l'isolant

3. Découpez le déclin et l'isolant

Sciez et enlevez le montant central

4. Sciez le montant central et enlevez-le

Le cadre en bois sert de coussin; il élimine la vibration
Clouez aux montants

5. Insérez le cadre

Fixez le boîtier au cadre
Calfeutrage
Le boîtier est incliné de ¼" à l'arrière

6. Installez le boîtier en métal

Une moulure encadre l'ouverture
Calfeutrez les fissures

7. Finissez l'assemblage

Cordon avec mise à la terre

8. Glissez l'appareil dans son cadre

Conditionnement d'air central

Installation

Tel qu'expliqué précédemment, le conditionnement d'air central distribue l'air climatisé à toute la maison, 24 heures par jour, tous les jours de l'année, à travers un réseau de conduits déjà en place ou qu'on installe à cet effet. De fonctionnement économique, il est plus efficace et silencieux que la plupart des autres installations. Vous avez tout avantage à installer un système central plutôt que des appareils individuels dans chaque pièce. À confort égal, le système central coûte toutefois plus cher à installer s'il n'y a, chez vous, aucun conduit en place, car il faudra ouvrir murs et plafonds. Par contre, si votre maison d'un étage est surmontée d'un grenier et munie d'un sous-sol, on peut facilement y installer un système central avec ses conduits sans qu'il en coûte trop cher. Dans une maison habitable à l'année où le système de chauffage doit servir en partie au conditionnement de l'air, l'adaptation se fait indifférem-ment avec une fournaise à l'huile, au gaz ou à l'électricité. Les systèmes centraux modernes, moins volumineux que ceux d'autrefois, s'installent n'importe où: dans le sous-sol, le vide sanitaire, le grenier, le couloir, dans un placard ou même dans le garage.

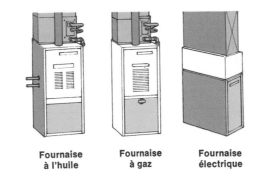

Fournaise à l'huile **Fournaise à gaz** **Fournaise électrique**

Appareils autonomes

Il existe deux types de conditionneurs centraux: les appareils autonomes et les appareils à éléments séparés. Le conditionneur autonome est complet: toutes les parties qui le composent sont réunies sous un capot unique. C'est l'appareil le moins coûteux. Par contre, le bruit que fait son compresseur est désagréable. Dans le système à éléments séparés, le serpentin de refroidissement s'installe à l'intérieur de la maison tandis que le condenseur et le compresseur sont à l'extérieur. De la sorte, bruits et vibrations n'ennuient personne à l'intérieur.

Quand le conditionneur autonome est jumelé au système de chauffage, il est connecté à la fournaise et utilise les mêmes conduits que cette dernière; quand il est utilisé sans elle, à titre d'unité de rafraîchissement seulement, on doit le pourvoir d'un système de distribution (conduits et soufflerie). Pour une installation à l'extérieur, ajoutez un conduit.

Elément indépendant de refroidissement

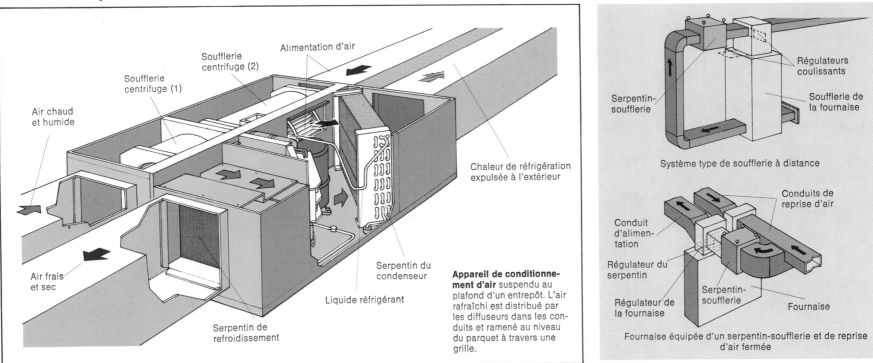

Alimentation d'air

Soufflerie centrifuge (2)

Soufflerie centrifuge (1)

Air chaud et humide

Chaleur de réfrigération expulsée à l'extérieur

Air frais et sec

Serpentin du condenseur

Liquide réfrigérant

Serpentin de refroidissement

Appareil de conditionne-ment d'air suspendu au plafond d'un entrepôt. L'air rafraîchi est distribué par les diffuseurs dans les conduits et ramené au niveau du parquet à travers une grille.

Régulateurs coulissants

Serpentin-soufflerie

Soufflerie de la fournaise

Système type de soufflerie à distance

Conduits de reprise d'air

Conduit d'alimentation

Régulateur du serpentin

Régulateur de la fournaise

Serpentin-soufflerie

Fournaise

Fournaise équipée d'un serpentin-soufflerie et de reprise d'air fermée

Le conditionneur à éléments séparés

Ce type d'appareil central s'adapte à n'importe quel genre de chauffage et de domicile. Le condenseur est installé à l'extérieur, à un endroit commode, et connecté au serpentin de refroidissement de la fournaise par un tube en cuivre de faible diamètre. De cette façon, la soufflerie et les conduits de la fournaise servent, pendant l'été, à la distribution de l'air frais. L'évaporateur vertical ou serpentin de refroidissement est logé au haut du débouché d'air d'une fournaise verticale à débit ascendant. L'évaporateur peut aussi être horizontal et s'installer au débouché d'air d'une fournaise horizontale. Ce genre d'installation est idéal pour les greniers ou les espaces d'accès. L'évaporateur descendant est placé sous la fournaise à débit descendant, genre pratique dans les constructions sur dalle, les maisons sans sous-sol et les maisons construites au-dessus d'espaces d'accès.

Dans les maisons dont le système de chauffage n'est pas accompagné d'une canalisation de conduits, on utilise un système à soufflerie muni de son propre réseau de conduits ou qui pulse l'air frais par un grillage orientable là où on l'installe. Ce genre de conditionneur s'accommode d'un corridor, d'un grenier ou d'un placard. Muni d'un élément de chauffe, il s'utilise hiver comme été.

Plus coûteux que le conditionneur autonome, le système à éléments séparés fonctionne sans bruit à l'intérieur de la maison et s'installe sans qu'on ait à pratiquer des ouvertures dans les murs extérieurs de la maison.

DÉTAILS DE L'INSTALLATION

1. Dans la plupart des appareils, le condenseur est refroidi par un jet d'air poussé au travers des serpentins par un ventilateur. D'autres modèles nécessitent des canalisations spéciales pour l'eau froide et un drain ou une tour extérieure pour l'évaporation de l'eau. Dans ce système, l'eau froide circule autour des serpentins et dissipe la chaleur produite par les gaz comprimés. Vérifiez auprès des autorités locales; ce système peut être prohibé, car il requiert une grande quantité d'eau.

2. On isole les conduits qui passent au travers d'aires non climatisées pour éviter les problèmes de condensation et la perte de fraîcheur. Si les conduits de la fournaise doivent servir à l'air froid, vérifiez-en la dimension. L'air froid requiert de grands conduits isolés.

3. Certains conditionneurs d'air exigent un voltage supérieur à celui dont on dispose généralement dans les maisons. On installe un circuit spécial à partir de la boîte de fusibles, quelles que soient les exigences en voltage de l'appareil. Ceci évite une surcharge aux autres circuits de la maison.

4. L'appareil doit être installé, si possible, dans un endroit à l'abri du soleil. Il devrait y avoir au moins 10′ entre le condenseur du débouché d'air et un mur ou un obstacle susceptible de retourner l'air chaud usé à la bouche d'arrivée d'air. Cette bouche d'air devrait être à au moins 12″ de toute obstruction.

5. Le câblage électrique et les tubes de cuivre connectés aux serpentins de refroidissement doivent être protégés contre la circulation ou le bris.

6. On emploiera la soufflerie-serpentin quand il ne sera pas possible d'utiliser la soufflerie de la fournaise pour le conditionnement de l'air ou le chauffage. Elle est montée dans son propre conduit et connectée au conduit principal du système de chauffage. Un régulateur (du type coulissant) ferme le système de distribution pour l'hiver.

7. Assurez-vous que l'installation projetée est en accord avec le code local de construction.

8. Vérifiez si le drainage de l'eau de condensation ne cause pas de problèmes.

9. Portez une attention spéciale au choix de l'endroit où le condenseur sera installé; ses vibrations, si faibles soient-elles, ne doivent pas être amplifiées par le mécanisme du montage.

10. Si l'appareil est installé dans la fournaise, le serpentin de refroidissement sera placé en direction descendante. S'il est placé autrement, l'air froid se heurtera à l'air chaud de la fournaise avant d'atteindre les conduits. Cette rencontre causera de la condensation à l'intérieur de la fournaise, occasionnant rouille et corrosion. Quand le jet d'air froid circule en direction du sol, le serpentin de refroidissement est généralement adossé à l'échangeur de chaleur de la fournaise: l'air froid passe dans l'échangeur et dans les conduits, évitant l'air chaud de la fournaise.

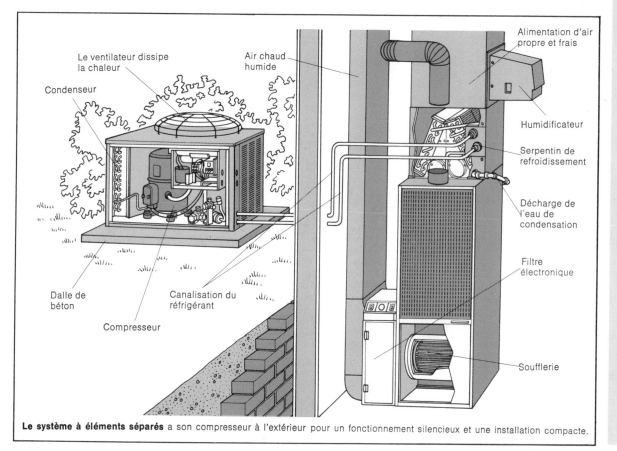

Le système à éléments séparés a son compresseur à l'extérieur pour un fonctionnement silencieux et une installation compacte.

Purificateurs d'air électroniques

Types, fonctionnement et entretien

Les purificateurs d'air électroniques extirpent de l'air non seulement les particules de poussière mais aussi la fumée et le pollen. Ils sont disponibles en **appareils autonomes,** pour utilisation dans une pièce et en **systèmes centraux,** jumelés au système de chauffage à air chaud. Puisque la plupart des purificateurs extraient de l'air jusqu'à 95% de ses déchets (les filtres ordinaires d'une fournaise à air chaud en extraient à peine 10%), ils aident à garder propres les pièces de la maison, rendent l'air plus salubre et facilitent la respiration des personnes souffrant de la fièvre des foins et d'autres allergies.

Fonctionnement: Un terme scientifique décrit le procédé par lequel le purificateur retient les particules indésirables de l'air: c'est la "précipitation électrostatique". Quand ces particules traversent l'appareil, elles passent par un champ électrique puissant et reçoivent une charge positive intense: de là, elles entrent dans un second champ électrique composé d'une série de plaques ou de grillages métalliques.

C'est, en quelque sorte, une attraction magnétique qui joue, semblable à celle qu'exerce l'aimant sur la limaille de fer. Le processus est continu. Au fur et à mesure que l'air est remis en circulation dans les locaux, il retourne au purificateur qui le nettoie et le débarrasse de nouveau des scories qui s'y sont infiltrées.

Appareils autonomes: Ils sont mobiles et s'installent là où l'on désire purifier l'air. Ces appareils utilisent des ventilateurs électriques pour faire circuler l'air

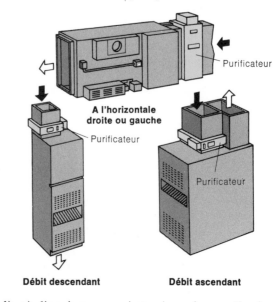

A l'horizontale droite ou gauche

Purificateur

Purificateur

Débit descendant　　　**Débit ascendant**

là où l'on juge que c'est nécessaire ou là où une installation centrale n'est pas pratique.

Appareils centraux: Ces appareils sont montés d'une façon permanente dans le réseau de conduits d'un système de chauffage à air pulsé, à air climatisé ou à pompe de chauffage. La soufflerie du système établit la circulation de l'air au travers du purificateur d'air.

Entretien: Le seul entretien prévu est le nettoyage occasionnel des plaques collectrices. Pour ce faire, retirez les plaques coulissantes et lavez-les. Les plaques de certains modèles se lavent sur place, sans qu'on ait à les enlever du boîtier. D'autres appareils sont munis d'une lumière qui signale qu'un nettoyage des plaques s'impose. Ne remettez pas cette besogne au lendemain: elle est importante.

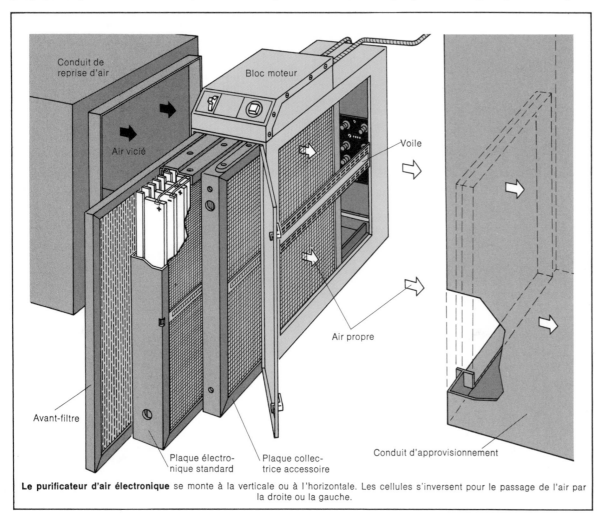

Conduit de reprise d'air

Bloc moteur

Air vicié

Voile

Air propre

Avant-filtre

Plaque électronique standard

Plaque collectrice accessoire

Conduit d'approvisionnement

Le purificateur d'air électronique se monte à la verticale ou à l'horizontale. Les cellules s'inversent pour le passage de l'air par la droite ou la gauche.

Comment remédier à la sécheresse de l'air

Les physiciens définissent l'humidité relative comme la proportion de vapeur d'eau que contient l'air à une certaine température. Cette proportion est indiquée en pourcentage.

Quand l'air ambiant est refroidi, il s'assèche parce que la capacité qu'il a de retenir l'humidité diminue avec la baisse de la température. On sent la chaleur et le froid plus ou moins intensément selon le taux d'humidité que notre corps évapore. La température et le contenu en humidité de l'air ainsi que le taux d'évaporation de l'humidité sont des facteurs de confort ou d'inconfort. En hiver, le chauffage assèche l'air, drainant l'humidité du corps. Pour se sentir à l'aise, on doit maintenir la température de l'air ambiant entre 75° et 80°. En ajoutant de l'humidité à l'air, on se sent confortable à des températures aussi basses que 70°. En hiver, l'humidité relative devrait se situer entre 30% et 50%. On peut se procurer un hygromètre pour connaître le pourcentage d'humidité de l'air ambiant.

Conservez un niveau d'humidité normal en installant chez vous un humidificateur à moteur. Un air trop sec procure aux microbes un terrain de choix; il peut aussi causer des dommages aux meubles et à l'habitation. Un hydrostat automatique permet de choisir le niveau d'humidité désiré, que l'appareil maintient ensuite.

Types d'humidificateurs: Les humidificateurs à moteur sont de deux sortes: **l'évaporateur** (l'air circule au-dessus d'une nappe d'eau qui ramasse l'humidité par évaporation), et **le pulvérisateur,** qui fait gicler de fines particules d'eau entraînées ensuite par la circulation de l'air.

Parmi les genres d'humidificateurs-évaporateurs, mentionnons **le type à tampon fixe,** qui possède un montage moteur-ventilateur aspirant l'air chaud du conduit d'alimentation pour le transmettre par le tampon d'évaporation et le retourner, humidifié, dans les conduits. Cet appareil fournit un débit constant d'air humidifié aux conduits de la maison, chaque fois que la fournaise à air chaud fonctionne.

Mentionnons aussi l'humidificateur "trempé-séché", fait d'une roue qui plonge une substance évaporatrice (tampons ou courroie) dans l'eau pour, ensuite, exposer ces surfaces humides au jet d'air chaud.

Quoique conçus pour les maisons chauffées à l'air pulsé, les appareils à évaporation peuvent également être utilisés avec une soufflerie, dans les maisons à systèmes de chauffage d'un autre genre. L'évaporation se fait grâce à l'eau chaude plutôt qu'à l'air chaud. L'air humidifié est pulsé dans un conduit, jusqu'à une grille centrale.

Notons enfin **le pulvérisateur,** qui fonctionne selon un principe totalement différent: l'eau, pulvérisée en fines particules, est absorbée par l'air ambiant. Cet appareil, qui n'a rien à voir avec la circulation de l'air chaud, se place dans le conduit de reprise d'air. Certains modèles peuvent être installés dans une garde-robe, sur une armoire, un peu partout où l'eau et la connexion électrique sont disponibles. Tout ce qui paraîtra, c'est un petit registre diffuseur. S'il y a une bonne circulation d'air entre les pièces, il est possible d'humidifier l'air ambiant à partir du pulvérisateur, puisque la vapeur d'eau tend à se répandre uniformément dans l'air. Les pulvérisateurs et les évaporateurs se vendent en modèles portatifs.

Notez, cependant, que certaines fournaises à air chaud sont équipées d'humidificateurs à plaques évaporatrices. Ces appareils ont rarement un rendement adéquat, toutefois, parce qu'ils fonctionnent selon le principe de capillarité et sont sujets à s'encrasser de dépôts minéraux.

L'appareil à moteur reste le mieux désigné pour procurer au domicile le niveau d'humidification le plus constant et le plus adéquat.

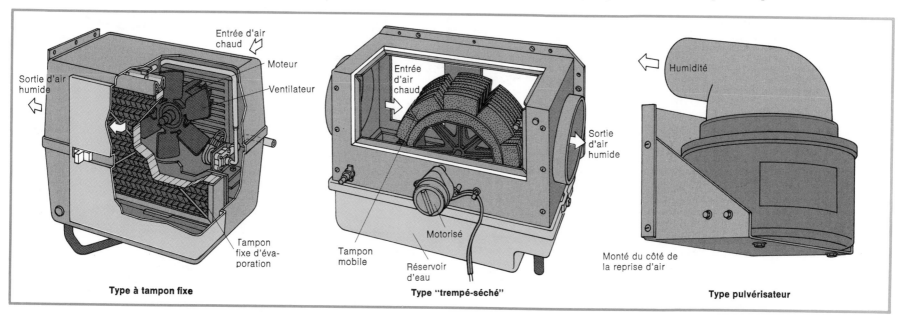

Type à tampon fixe — Entrée d'air chaud, Moteur, Ventilateur, Sortie d'air humide, Tampon fixe d'évaporation

Type "trempé-séché" — Entrée d'air chaud, Sortie d'air humide, Motorisé, Tampon mobile, Réservoir d'eau

Type pulvérisateur — Humidité, Monté du côté de la reprise d'air

La déshumidification

Les déshumidificateurs réduisent le pourcentage d'humidité

Dans une maison, si étanche soit-elle, on peut absorber, certaines saisons, un pourcentage très élevé d'humidité, et ceci, pour différentes raisons: douches fréquentes, serviettes humides, linge qui sèche, cuisson, lavage du plancher ou humidité du sol. Deux appareils peuvent vous aider à réduire l'humidité ambiante: 1) le déshumidificateur mécanique; 2) le ventilateur de toit qui remplace l'air chaud et humide de l'intérieur par l'air frais et sec de l'extérieur.

Les déshumidificateurs comportent une surface réfrigérée (souvent appelée serpentin), un condenseur, un ventilateur, un humidistat et un cabinet qui renferme ces pièces.

Fonctionnement du déshumidificateur: L'air chargé d'humidité est poussé par le ventilateur vers les serpentins froids. Au contact de l'air humide et de la surface froide, l'humidité se condense et tombe en gouttelettes dans un seau ou coule dans un boyau relié à un plateau. La plupart des déshumidificateurs ont un raccord ordinaire auquel on peut adapter un boyau. Prenez-en un assez long pour se rendre jusqu'à l'égout le plus rapproché; ou, encore, placez le déshumidificateur au-dessus d'un évier ou d'un bassin.

La circulation de l'air de la pièce réduit graduellement l'humidité relative. En ajoutant au système un contrôle par humidistat, on maintient l'humidité relative au pourcentage désiré. On peut obtenir de 30% à 80% d'humidité relative avec ce contrôle qui peut aussi maintenir la circulation d'air à 3% près de l'humidité désirée.

Capacité et rendement: Les humidificateurs sont classés selon le nombre de chopines d'eau qu'ils retirent de l'air par 24 heures, c'est-à-dire à 60% d'humidité relative et à une température de 80°. La plupart des déshumidificateurs de maison ont une capacité de 10 à 30 chopines. On évalue généralement le rendement en termes de chopines d'eau de condensation par kilowatt-heure. Dans un sous-sol d'une seule pièce, un appareil est suffisant; selon le déplacement d'air dans une maison, il en faudra un dans chaque grande pièce.

La surface réfrigérée ou asséchante peut avoir la forme d'un tuyau en serpentin ou en ailette à la verticale ou à l'horizontale. Les tuyaux verticaux recueillent de plus petites gouttes d'eau que les modèles à l'horizontale; ils sont sujets à des arrêts rapides et diminuent la ré-évaporation.

Les tubes d'évaporation en spirale peuvent être un moyen terme, étant donné le coût élevé de fabrica-

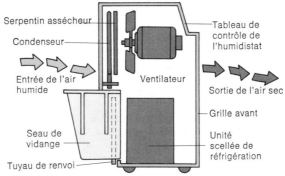

Fonctionnement d'un déshumidificateur

Labels: Serpentin assécheur / Condenseur / Entrée de l'air humide / Ventilateur / Tableau de contrôle de l'humidistat / Sortie de l'air sec / Grille avant / Unité scellée de réfrigération / Seau de vidange / Tuyau de renvoi

tion des raccords des tuyaux verticaux placés en rangs serrés. Ces serpentins sont souvent étagés de manière à être exposés le plus possible au passage de l'air humide. Quel que soit l'appareil que vous choisissiez, assurez-vous que les serpentins soient assez bien fixés pour permettre un bon écoulement et pour éliminer les tremblements et les vibrations.

Le fonctionnement: On emploie les déshumidificateurs l'été et l'hiver dans certaines parties du pays. On en obtient un meilleur rendement quand les portes et les fenêtres sont fermées, peu importe la saison. Le pourcentage d'humidité varie selon la température. Plus il fait chaud, plus l'eau s'écoule vite. Le seul entretien nécessaire, avec cet appareil, c'est d'enlever la saleté sur les serpentins, le condenseur, les ventilateurs.

Particularités à rechercher

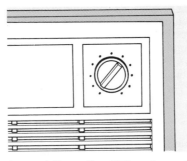

Le contrôleur d'humidité: actionne le déshumidificateur qui part et s'arrête, tout en maintenant le degré d'humidité qu'on désire.

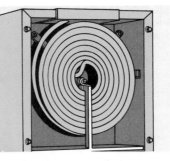

Serpentins assécheurs d'air: Ils sont souvent laissés à découvert, se nettoient facilement, sont économiques et donnent un maximum de rendement.

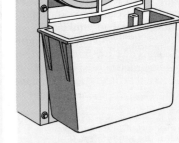

Seau: Il contient au moins 10 pintes: on doit le disposer de telle sorte qu'il facilite la vidange et s'enlève aisément sans se renverser.

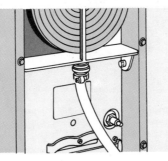

Raccord fileté: Il se connecte au boyau d'arrosage du jardin par un raccord fileté et déverse l'eau dans l'égout le plus rapproché.

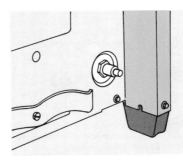

Contrôleur automatique de trop-plein d'eau: Plusieurs types ont un disjoncteur qui met un frein au trop-plein d'eau. Une lumière-pilote s'allume, le seau plein.

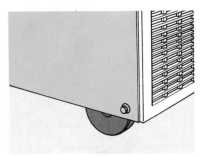

Roues encastrées: Elles assurent une mobilité complète et une grande stabilité. Normalement, deux roues encastrées sont suffisantes.

Ventilateurs de greniers

Même si un ventilateur de grenier n'abaisse pas la température, le déplacement d'air qu'il cause rafraîchit le corps par l'évaporation de la transpiration, créant plus qu'une illusion de bien-être. De plus, le ventilateur abaisse la température et l'humidité en remplaçant l'air chaud de l'intérieur par l'air frais de l'extérieur. En ajustant portes et fenêtres selon ses besoins, on dirige la circulation de l'air vers n'importe quelle pièce de la maison.

Types: Il existe deux types de base. L'un se place dans l'extrémité du pignon (le reste du grenier est ensuite fermé, mais on laisse un évent à lame dans le plafond). L'autre se place au plafond du grenier et aspire l'air de la pièce vers le haut. L'air du grenier sort par les évents à lames des pignons, assez grands pour laisser passer ce qu'envoie le ventilateur.

Dimensions: Les ventilateurs se vendent en différentes grandeurs. La vitesse et les dimensions de leurs pales déterminent le nombre de pieds cubes d'air que le ventilateur peut pousser à la minute. Pour établir la grandeur qu'il vous faut — les dimensions doivent être prises en pieds — multipliez la longueur de la maison par sa largeur, par la hauteur de la pièce et par le nombre d'étages d'espace habitable. Ne comptez pas le sous-sol comme étage. De votre réponse, déduisez 10% (pour les espaces de rangement que le ventilateur n'aura pas à atteindre). La réponse finale donne le nombre de pieds cubes d'air que le ventilateur doit pousser.

Dans le sud de l'Ontario, le ventilateur devrait faire circuler le volume d'air en une minute. Ailleurs au Canada, les deux-tiers de ce volume. Par exemple: voici une maison ordinaire de deux étages et sous-sol, à Windsor, Ont.; elle mesure 35′ de long, 22′ de large, et les plafonds ont 8′ de haut. En multipliant 35 par 22 par 8 par 2 (deux étages), on obtient 12,320′ cu. Il faut déduire 10%, et l'on obtient 11,088, soit le nombre de pieds cubes d'air à la minute que le ventilateur devrait pouvoir pousser. Dans une maison identique, à Edmonton, le ventilateur n'aurait besoin que des deux-tiers de cette force, soit 7,392 pieds cubes.

Montage d'un ventilateur: Il varie selon son type, sa dimension et l'usage qu'on en fait. Un ventilateur monté sur une ouverture doit reposer sur des amortisseurs ou sur un tapis de feutre qui réduisent les sons et les vibrations. Un ventilateur monté devant l'évent à lames doit reposer sur des ressorts.

Système d'assemblage d'installation

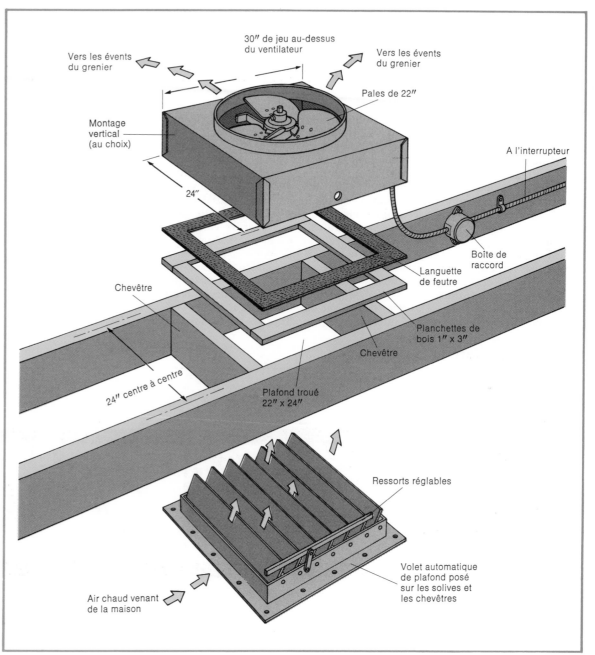

30″ de jeu au-dessus du ventilateur

Vers les évents du grenier

Vers les évents du grenier

Pales de 22″

Montage vertical (au choix)

24″

A l'interrupteur

Boîte de raccord

Chevêtre

Languette de feutre

24″ centre à centre

Chevêtre

Planchettes de bois 1″ x 3″

Plafond troué 22″ x 24″

Ressorts réglables

Air chaud venant de la maison

Volet automatique de plafond posé sur les solives et les chevêtres

Commandes des systèmes de chauffage et de rafraîchissement

Thermostats et humidistats

Si l'élément de chauffe, le climatiseur et la pompe de chauffage sont le cœur des systèmes de chauffage et de rafraîchissement, leurs commandes en sont le cerveau et les nerfs.

Thermostats d'intérieur: La commande la plus importante des systèmes de chauffage et de rafraîchissement est le thermostat d'intérieur. Il en existe plusieurs types: la plupart fonctionnent selon le principe de l'expansion et de la contraction des métaux exposés aux changements de température. Les métaux réagissent de façon différente à la chaleur et au froid. Conséquemment, si deux métaux différents sont assemblés pour former une lame bimétallique, ils se courberont selon les fluctuations de la température. On utilise ce phénomène pour ouvrir ou fermer le courant électrique qui déclenche l'élément de chauffe ou de rafraîchissement.

Il est important de bien placer un thermostat. Il ne doit pas être dans un courant d'air frais ou chaud mais plutôt là où l'air ambiant atteint la moyenne de la température désirée pour la maison. Ne placez jamais un thermostat près d'un foyer ou près d'une bouche de chaleur: il interrompra trop rapidement la demande de chaleur moyenne de la maison. Ne le placez pas non plus dans un hall d'entrée où, chaque fois que la porte s'ouvre, l'afflux d'air frais qui s'y engouffre déclenche le système de chauffage.

Thermostats à commandes zonées: La commande à poste unique ne suffit généralement pas pour doter une maison d'un climat égal: la température fluctue, refroidissant certaines pièces plus fréquemment que certaines autres: il fait ou trop froid, ou trop chaud. Réglez ce problème en installant des commandes zonées qui agiront à la fois sur le système de chauffage et sur le système de rafraîchissement.

Thermostats semi-automatiques: Ce type de thermostat est utile aux gens qui s'absentent de leur maison une partie de la journée, et dont l'horaire de repos est irrégulier. Une minuterie mécanique adaptée au thermostat leur permet de baisser la demande pour économiser le combustible pendant leur absence ou durant leur sommeil. Après ces périodes, le thermostat déclenche automatiquement le système, procurant au domicile une température plus élevée.

Thermostats automatiques: C'est l'idéal. Leur contrôle automatique laisse le propriétaire libre de tout souci et procure à la maison, grâce à sa minuterie, la température égale choisie pour chaque pièce selon un plan pré-établi: baisse pour la nuit, hausse pour le matin. Si l'occupant désire veiller plus tard, un soir, il n'a qu'à fixer la minuterie au niveau du jour. Le thermostat lui-même est très décoratif, sur un mur.

Thermostats combinés: Des modèles variés sont disponibles, manuels, automatiques (du chauffage au rafraîchissement et vice versa), à ventilateur manuel ou automatique, avec commande à deux temps.

Une commande automatique pour le jour et la nuit est aussi disponible pour ces thermostats.

Thermostats/humidistats: Des commandes combinent les deux systèmes, régissant du même coup l'humidité et la température. Quelques maisons sont munies de purificateurs d'air à signaux lumineux et de contrôles des mauvaises odeurs. Ce dernier système, installé dans les conduits d'air des fournaises à air pulsé et dans les systèmes à air climatisé, neutralise les odeurs désagréables, pour le plus grand bonheur des gens de la maison (odeurs de cuisson, de lessives, d'animaux, etc.).

Ajoutez au confort de la maison

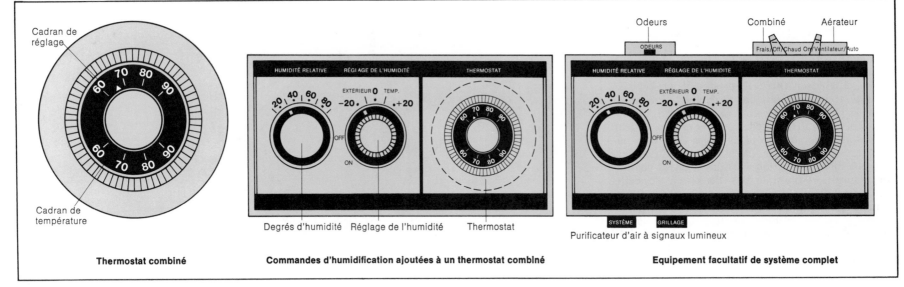

Cadran de réglage
Cadran de température
Thermostat combiné

Degrés d'humidité   Réglage de l'humidité   Thermostat
Commandes d'humidification ajoutées à un thermostat combiné

Purificateur d'air à signaux lumineux
Equipement facultatif de système complet

section 10: La peinture et la décoration des murs, plafonds et planchers

sommaire

316 Les pinceaux
318 Les rouleaux
319 Rouleaux à peinture et tampons
320 La peinture au pistolet
322 Préparation
325 Echelles et escabeaux
326 La peinture d'intérieur
331 Peinture des portes et fenêtres
332 La peinture du béton
333 Problèmes de peinture
334 Peinture d'extérieur
340 Le papier peint
347 Les plafonds
350 Le revêtement des murs
352 Carrelage des murs en céramique
355 Revêtements de sol

Si vous souhaitez voir vos efforts couronnés d'un succès rapide, pensez à rajeunir murs, plafonds et planchers. Rien de plus réconfortant: non seulement leur apparence s'améliorera-t-elle, mais leur entretien en sera facilité et leur vie prolongée. Des techniques faciles vous assurent de beaux résultats si vous procédez à une bonne préparation et ne brûlez pas les étapes. Cette section touche tous les revêtements: peinture, carreaux, panneaux de mur et de sol, tapis et moquettes.

Les pinceaux

Le choix d'un pinceau

Ce qui importe, surtout, quand on choisit un pinceau—quels que soient son genre et sa grosseur—c'est sa qualité. Un bon pinceau retient plus de peinture qu'un autre et vous facilite la tâche.

Les soies des bons pinceaux ont des bouts dédoublés. Plus ces soies dédoublées sont nombreuses, plus elles retiennent de peinture. Les soies de porc sont dédoublées au naturel; les soies synthétiques le sont artificiellement. À peu près 75% des pinceaux vendus de nos jours ont des soies synthétiques.

Vérifiez la souplesse du pinceau en rebroussant ses soies sur l'endos de votre main. Les bonnes soies sont souples, élastiques et ne s'étendent pas trop. Étudiez aussi la monture. Les soies doivent être solidement fixées, sans quoi elles s'arracheront en cours de travail. Secouez le pinceau et écrasez les soies en éventail — vous en verrez mieux les défauts. La virole (bande de métal qui enserre les soies) est faite d'acier inoxydable ou d'aluminium.

La dimension du pinceau dépend de la surface à peindre et de la peinture. Les pinceaux aux soies longues, dures et élastiques sont recommandés pour l'application en grandes surfaces des peintures à l'eau. Les pinceaux pour la peinture à l'huile, l'émail et le vernis, plats de forme et aux soies taillées en angle, conviennent aux résines alkydes et aux laques. La longueur et la forme de leurs soies assurent une application lisse et régulière. Pour peindre le béton ou le stuc rugueux, on emploie un pinceau spécial (fibres dures ou poils de nylon) de 4″ à 6″ de large.

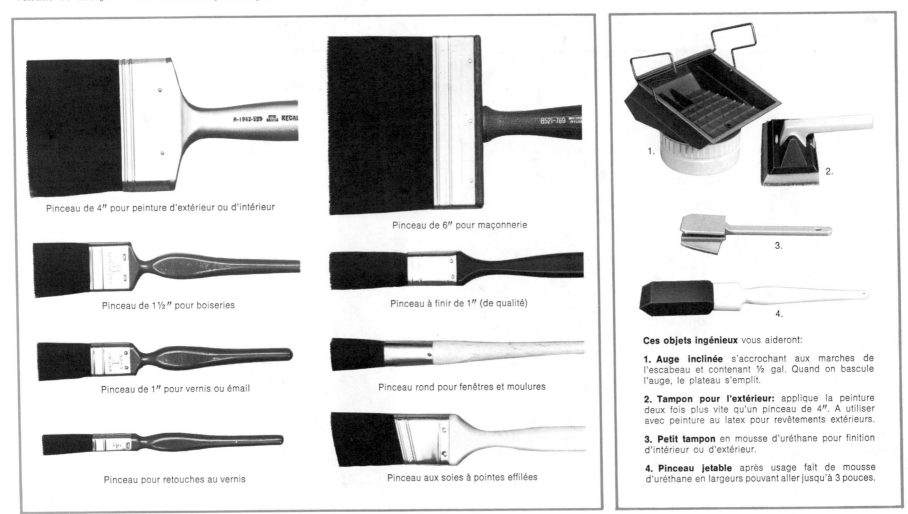

Pinceau de 4″ pour peinture d'extérieur ou d'intérieur

Pinceau de 6″ pour maçonnerie

Pinceau de 1½″ pour boiseries

Pinceau à finir de 1″ (de qualité)

Pinceau de 1″ pour vernis ou émail

Pinceau rond pour fenêtres et moulures

Pinceau pour retouches au vernis

Pinceau aux soies à pointes effilées

Ces objets ingénieux vous aideront:

1. Auge inclinée s'accrochant aux marches de l'escabeau et contenant ½ gal. Quand on bascule l'auge, le plateau s'emplit.

2. Tampon pour l'extérieur: applique la peinture deux fois plus vite qu'un pinceau de 4″. A utiliser avec peinture au latex pour revêtements extérieurs.

3. Petit tampon en mousse d'uréthane pour finition d'intérieur ou d'extérieur.

4. Pinceau jetable après usage fait de mousse d'uréthane en largeurs pouvant aller jusqu'à 3 pouces.

Le soin des pinceaux

Nettoyez toujours le pinceau, après usage, avec le solvant ou le diluant approprié. Exemple: on nettoie un pinceau imprégné de peinture à l'huile avec de la térébenthine; on nettoie un pinceau qui a appliqué de la laque ou une peinture à base d'alcool avec le diluant de la laque. On lave ensuite à l'eau chaude savonneuse. Les peintures au latex ou à base d'eau sont faciles à nettoyer: l'eau du robinet suffit.

Il importe de ranger soigneusement les pinceaux si on veut les conserver longtemps. Pour garder un pinceau en état pendant une nuit, suspendez-le dans de l'eau (passez un clou ou un fil de fer à travers un trou préalablement percé dans le manche). Le bout des soies ne doit pas toucher le fond du récipient, autrement, elles s'étaleraient.

Enveloppez dans du papier brun épais ou dans du papier d'aluminium les pinceaux que vous rangez pour plus longtemps.

   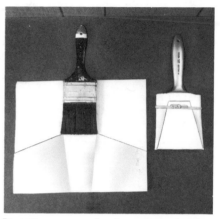

Pour nettoyer un pinceau, plongez les soies, après usage, dans le solvant approprié. Les peintures-émulsion se lavent à l'eau.

Pressez les soies entre vos doigts jusqu'à la virole. Il est recommandé de porter des gants avec certains types de solvants.

Rincez dans le solvant à plusieurs reprises, secouez, puis peignez soigneusement les soies, ce qui les redressera et les assouplira.

Pour entreposage prolongé, enveloppez les pinceaux dans du papier d'aluminium ou de journal après les avoir séchés à fond.

Comment remettre les vieux pinceaux

Vos pinceaux s'empâteront de peinture si vous négligez de les nettoyer. Pour les rajeunir, faites-les tremper dans un bon décapant. Vous réussirez à assouplir les pinceaux peu engorgés de peinture et pas trop secs. Si nécessaire, peignez les soies et faites tremper le pinceau de nouveau.

Ranger les pinceaux sans les envelopper déforme les soies

Peinture séchée sur base inférieure du pinceau

Peinture séchée près de la virole du pinceau

Pour ramollir la peinture séchée, trempez les soies du pinceau dans le décapant. Suspendez-le par un fil de fer inséré dans un trou percé dans le manche. Laissez reposer plus ou moins longtemps, selon l'état du pinceau.

Détachez la peinture qui adhère aux soies avec un couteau à mastic. Le dos d'une lame de couteau débarrassera les soies intérieures de peinture séchée. Enlevez ce qui reste avec un peigne de métal et faites tremper les soies.

S'il reste de la peinture, lavez le pinceau dans une eau savonneuse à laquelle vous aurez ajouté de la térébenthine — une tasse par pinte. Rincez à l'eau, redressez les soies et laissez sécher à fond avant de ranger.

Les rouleaux

Le choix d'un rouleau

Employez toujours le rouleau approprié à la besogne en cours. Il s'en fabrique de plusieurs grandeurs, avec manches de différentes longueurs. On peut ajouter des extensions pour peindre des plafonds ou des cages d'escalier ou pour peindre un plancher sans se pencher.

La largeur du manchon dépend de celle des surfaces à couvrir. Les manchons de 7" ou de 9" conviennent aux grandes surfaces et aux plafonds; ceux de 3", aux boiseries, aux portes et aux découpages. On en trouve de plus petits pour les coins, pour les encadrements de fenêtres et pour les moulures.

Parmi les rouleaux spéciaux, on compte le beignet, qui peint les coins intérieurs, le profilé, qui peint un mur sans tacher le plafond; on compte aussi le tampon plat (quelques-uns d'entre eux sont équipés de roues-guide), qui sert pour les clôtures et autres surfaces difficiles d'accès.

La garniture d'un rouleau doit convenir à la sorte de peinture qu'on emploie. La peau de mouton, parfaite pour les peintures au latex ou alkydes, ne doit pas être employée avec l'émail, qui la feutrerait.

Les rouleaux de mohair conviennent à tous les types de peinture d'intérieur mate, mais plus particulièrement à l'émail: ils donnent un fini lisse. Les rouleaux faits de fibres synthétiques s'utilisent aussi avec tous les types de peinture mate pour l'intérieur et l'extérieur.

Pour obtenir un fini grené, on emploie un manchon-tapis.

On peut acheter des rouleaux dont l'épaisseur de la garniture va de 1/16" à 1½". Plus le poil est court, plus la surface est lisse, et vice versa. Donc, employez un rouleau à poils courts pour les murs, les plafonds et le béton doux, et un rouleau à poils longs pour la brique, le stuc, les clôtures de métal et les autres surfaces inégales.

Assurez-vous que le rouleau se détache du manche et se change aisément. Si vous devez faire usage de peinture à l'eau et de peinture à l'huile simultanément, ayez un rouleau pour chacune de ces peintures. Assurez-vous également que ni l'eau ni l'huile ne ramolliront le rouleau (souvent fait de carton) sur lequel la garniture s'enroule. Préférez le rouleau à base de plastique au rouleau de carton.

Ayez toujours à portée de la main un petit pinceau qui se glissera là où le rouleau ne pourra aller.

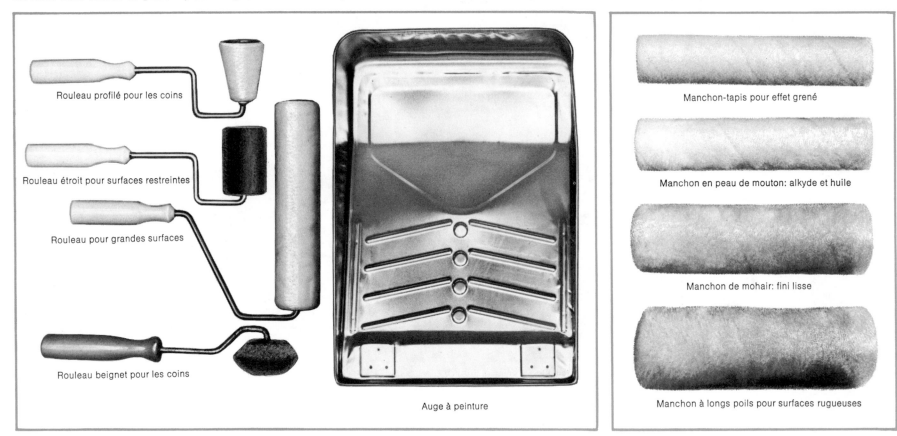

Rouleau profilé pour les coins

Rouleau étroit pour surfaces restreintes

Rouleau pour grandes surfaces

Rouleau beignet pour les coins

Auge à peinture

Manchon-tapis pour effet grené

Manchon en peau de mouton: alkyde et huile

Manchon de mohair: fini lisse

Manchon à longs poils pour surfaces rugueuses

Le soin des rouleaux

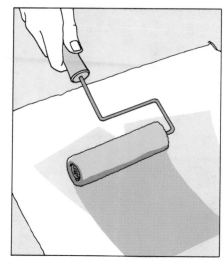   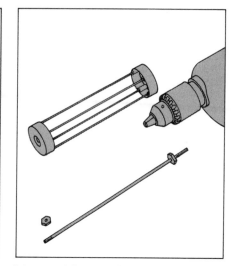

Le rouleau — comme le pinceau — doit être nettoyé après emploi. Enlevez-en le plus de peinture possible en le roulant à plusieurs reprises sur un papier journal. Puis retirez le rouleau de son support.

Lavez le manchon dans le solvant ou le diluant, suivant le type de peinture employé. Pour les peintures au latex, utilisez de l'eau. Pressez la garniture entre vos doigts pour en extirper la peinture encroûtée.

Enlevez tout le liquide de la garniture après l'avoir lavée à fond puis asséchez-la en frottant vigoureusement sa surface avec un linge absorbant. Enveloppez dans du papier d'aluminium pour ranger.

Faites un séchoir à rouleaux avec le squelette d'un vieux rouleau et deux écrous. Placez le séchoir recouvert du manchon dans le mandrin d'une perceuse et faites tourner à l'intérieur d'un sac.

Le soin des tampons

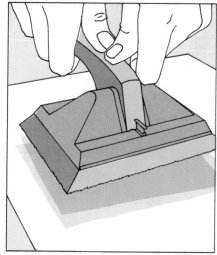 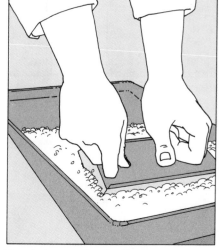  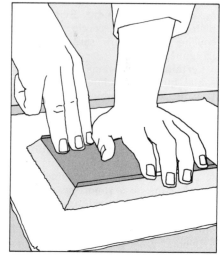

Nettoyez les tampons en en extrayant le plus de peinture possible sur du papier journal. Retirez le tampon en le séparant délicatement du manche.

Lavez le tampon dans le diluant ou le solvant approprié; dans l'eau, pour la peinture au latex; dans la térébenthine pour les huiles et les alkydes.

Le gros de la peinture enlevé, lavez de nouveau le tampon dans une eau additionnée de savon. Rincez à l'eau claire pour enlever toute trace de peinture.

Lorsque le tampon est propre, extrayez-en l'eau et laissez-le sécher. Enveloppez-le dans du papier d'aluminium ou dans du gros papier brun avant de le ranger.

La peinture au pistolet

Le choix d'un équipement

L'équipement qui convient à la peinture au pistolet est très varié: il va de l'accessoire de l'aspirateur électrique au compresseur.

Le premier suffit à mener à bien la plupart des besognes domestiques. N'utilisez un pistolet que pour peindre une grande surface, un mur ou un plafond, par exemple. Pour de petites surfaces, les préparatifs nécessaires seraient disproportionnés par rapport aux résultats.

La largeur du jet du pistolet devra être appropriée à la dimension de l'article à peindre. Un jet étroit convient à un petit article; un jet large, à un gros.

Il importe de faire des essais quant à la consistance de la peinture, à l'espace à peindre et au mouvement à adopter ainsi qu'à la distance à conserver.

Une peinture trop épaisse donnera une surface ondulée. Sur des surfaces verticales ou sur des plans inclinés, la peinture trop mince coulera.

Tenez le pistolet perpendiculairement à la surface à peindre; pressez la gâchette en pointant le pistolet, au départ, à l'extérieur de la surface à peindre. De la sorte, le jet sera égal et ininterrompu quand vous atteindrez cette surface.

Couvrez d'abord les bords et les coins de la pièce ou de l'objet à peindre. Évitez de faire décrire au pistolet un arc de cercle, d'un côté à l'autre. La couche de peinture serait alors d'une épaisseur irrégulière.

Certaines précautions élémentaires sont indispensables quand on peint au pistolet. La pièce où l'on travaille doit être bien aérée, les liquides inflammables gardés dans des bidons fermés, et un extincteur chimique placé à proximité.

Portez un masque filtrant lorsque vous utilisez un pistolet dans un espace réduit.

Nettoyez le pistolet dont vous vous servez dès que le travail en cours est terminé. La méthode la plus simple consiste à vaporiser, avec le pistolet, le solvant approprié à la peinture utilisée, au lieu d'ajouter d'autre peinture. Ce travail se fait, évidemment, sur du papier de rebut.

Débouchez le gicleur avec une branche de balai; n'utilisez jamais de broches ou de clous pour effectuer cette besogne: ces objets pointus endommageraient les délicats orifices, les rendant hors d'usage.

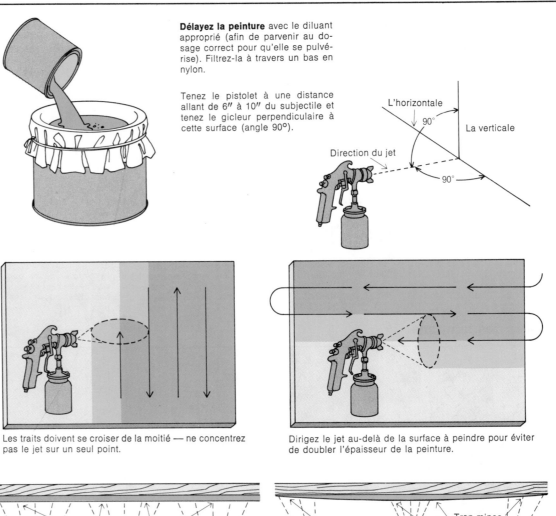

Délayez la peinture avec le diluant approprié (afin de parvenir au dosage correct pour qu'elle se pulvérise). Filtrez-la à travers un bas en nylon.

Tenez le pistolet à une distance allant de 6″ à 10″ du subjectile et tenez le gicleur perpendiculaire à cette surface (angle 90°).

L'horizontale

La verticale

Direction du jet

Les traits doivent se croiser de la moitié — ne concentrez pas le jet sur un seul point.

Dirigez le jet au-delà de la surface à peindre pour éviter de doubler l'épaisseur de la peinture.

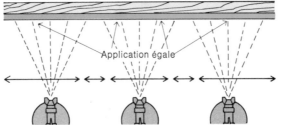

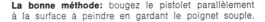

Application égale

La bonne méthode: bougez le pistolet parallèlement à la surface à peindre en gardant le poignet souple.

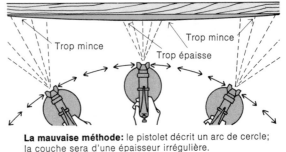

Trop mince

Trop mince

Trop épaisse

La mauvaise méthode: le pistolet décrit un arc de cercle; la couche sera d'une épaisseur irrégulière.

Le bon usage des bombes aérosols

Les bombes aérosols à peinture se composent de quatre éléments: le contenant, la valve, le propulseur à pression et la peinture. Elles ont un fonctionnement simple. L'injection du propulseur rend la pression à l'intérieur du contenant plus forte que la pression de l'atmosphère; quand la valve est ouverte, cette pression produit un fin jet de peinture.

La plupart des peintures en bombes aérosols se mélangent, lorsqu'on agite le contenant, grâce au jeu d'une petite boule intérieure. Il ne faut pas négliger d'agiter le contenant; autrement, on risque que la pression ne fasse défaut alors qu'il reste de la peinture à l'intérieur ou que la couche de peinture ne soit trop mince.

Tenez le contenant à 10″ ou 12″ de la surface à peindre. Gardez le gicleur parallèle à cette surface. Pressez le bouton jusqu'au fond et bougez la canette d'un mouvement égal le long de la surface. Relâchez la pression avant la fin de chaque trait. Le truc, c'est d'aller et venir en commençant au-delà de la gauche de la surface à peindre pour terminer au-delà de la droite. Croisez le premier trait avec au moins un tiers du second.

Procédez par traits rapides et lisses. Aller trop lentement ou vous arrêter causerait des bariolages. Ne couvrez pas trop longtemps une surface; vous auriez des bavures. Deux couches très minces — qu'on laisse sécher à fond — valent mieux qu'une seule plus épaisse. Pour obtenir un fini vraiment

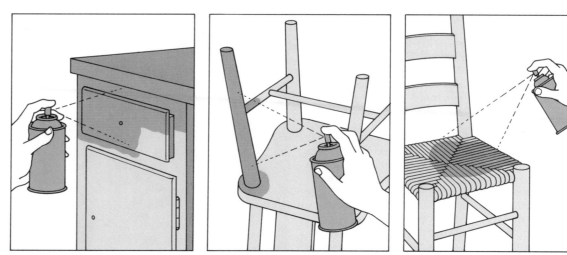

Pour peindre les tiroirs, ouvrez-les de ¼″; de la sorte le jet couvrira les bords par la même occasion.

Pour peindre les chaises, tournez-les sens dessus dessous et faites d'abord les pieds et les barreaux.

Quand les surfaces ne sont pas pleines, inclinez la canette à 45° pour ne pas perdre trop de peinture à travers les trous.

lisse, sablez entre les couches avec un papier abrasif à grain fin.

Les peintures en bombes aérosols sont inflammables: gardez-les et utilisez-les loin du feu. Gardez les canettes dans un endroit frais, loin des tuyaux à eau chaude. Si le gicleur s'empâte, nettoyez-le avec un fil de cuivre très fin (l'un des brins de cuivre d'un fil de lampe, par exemple). Avant de jeter un contenant aérosol vide, enlevez-en le bec: il remplacera, si nécessaire, le bec bouché d'une autre canette. Ne perforez jamais les bombes aérosols et ne les jetez pas dans les incinérateurs: elles exploseraient.

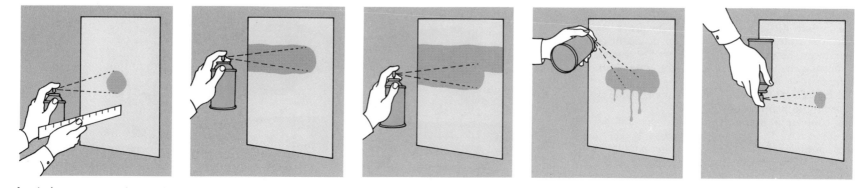

Avant de commencer le travail, apprenez à quelle distance de l'objet vous devez tenir la bombe en vous exerçant sur un carton.

Appliquez de gauche à droite, en dépassant un peu les deux bords. Tenez toujours la bombe à la même distance de l'objet à peindre.

Croisez le premier trait avec un tiers du second. Maintenez un jet rapide et régulier pour éviter les bavures.

Tenez la bombe perpendiculairement à la surface. Si vous l'inclinez, vous risquez d'en changer la distance et l'angle du jet.

Le travail fini, tournez la bombe sens dessus dessous et pressez le bouton tant qu'il reste de la peinture. Cela nettoie le gicleur.

Préparation

Avant de commencer un intérieur

Avant de commencer à repeindre une pièce, inspectez murs et plafond. Enlevez les clous et les crochets. Vérifiez les fissures, cloques, etc. Rebouchez les craquelures avec un obturateur et un couteau à mastiquer, un couteau de cuisine ou vos doigts. Les fissures plus considérables seront obturées avec du rempli à joints ou un produit à base de cellulose, le Polyfilla, préparé selon les indications du fabricant.

Dégagez la fissure et élargissez-la pour qu'elle soit étroite en surface et large au fond. Remplissez la fissure de plâtre. Lorsque la partie rebouchée sera complètement sèche, poncez-la au papier abrasif fin et recouvrez-la d'une sous-couche ou d'une couche d'apprêt appropriées.

Vérifiez les lézardes entre les moulures des murs, des portes, des fenêtres; clouez les moulures branlantes et remplissez les fissures.

Enlevez la quincaillerie des portes et des fenêtres; dégagez les lustres du plafond, enlevez les plaques de réceptacles et les autres accessoires fixés au mur, ou recouvrez-les de ruban gommé, de papier ou de tissu, facilitant ainsi le nettoyage.

Epoussetez les murs, sauf ceux de la salle de bains et de la cuisine où la graisse tend à s'accumuler. Ces murs seront lavés avec un détergent ou avec un nettoyeur domestique avant d'être repeints.

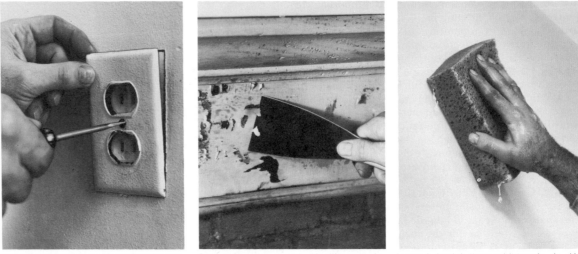

Avant de commencer, enlevez les plaques, prises de courant ou toute autre pièce de quincaillerie.

Grattez la peinture qui s'écaille avec le couteau à mastiquer ou avec le grattoir. Poncez les abords.

Lavez à fond à l'eau additionnée de détergent. Laissez sécher à fond avant de peindre.

Quant aux boiseries, on les essuie avec un chiffon enduit de diluant si on projette d'utiliser des peintures à l'huile ou des alkydes. Sauf dans ces deux pièces, où l'émail est désirable, on utilise généralement une peinture mate pour les murs. Pour les boiseries et les portes, choisissez une peinture lustrée ou semi-lustrée. Avant de commencer, rassemblez les outils dont vous aurez besoin.

Grattoirs et couteaux

Quatre couteaux et grattoirs universels devraient se trouver chez tous les peintres.

1. Le racloir. Utile pour gratter la peinture sur des surfaces rudes. S'emploie avec un décapant ou un chalumeau. Le racloir a une lame d'acier retenue dans son manche par un crochet. Cette lame est reversible.

2. Le grattoir. Outil dont le tranchant en lame de rasoir enlève la peinture sur la vitre.

3. Le couteau à murs. Pour usage général sur grandes surfaces. Disponible en largeurs de 1¼" à 5", avec lame flexible ou rigide. Les plus populaires ont de 2" à 4" de largeur et une lame rigide.

4. Le couteau à mastiquer. Ce couteau possède une lame d'acier flexible et sert à appliquer et à niveler le mastic. Il sert également à obturer et à gratter. Ayez aussi à portée de la main une provision de papiers abrasifs de toutes les sortes et de tous les calibres: grossiers, moyens et fins.

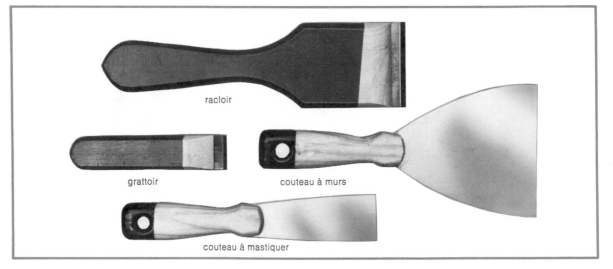

racloir

grattoir

couteau à murs

couteau à mastiquer

Pour faire disparaître les vieilles peintures

Il faut quelquefois se débarrasser du vieux fini pour obtenir une surface régulière. Servez-vous d'un décapant: c'est la méthode la plus facile.

Appliquez une bonne couche de ce décapant avec un pinceau assez large pour en tenir beaucoup. Allez toujours dans la même direction. Ne couvrez qu'un carré de 2 pieds de côté à la fois. Laissez reposer quelques instants, puis, avec un couteau à mastiquer, vérifiez si le fini s'est ramolli jusqu'au bois. Si oui, enlevez-le. Si non, remettez d'autre décapant et recommencez. Ce test vous donnera une idée du temps qu'il faut pour compléter votre travail. Si le fini n'est pas trop vieux et la surface à décaper pas trop considérable, deux applications de décapant et une heure de labeur devraient vous permettre d'en venir à bout.

Quand vous aurez enlevé toute la vieille peinture, ôtez le résidu et nettoyez la surface à la laine d'acier grossière. Laissez sécher au moins 4 heures avant d'aller plus loin.

Pour les grandes surfaces planes, les portes par exemple, une ponceuse électrique peut être utilisée; elle donnera un fini lisse, idéal pour recevoir la peinture.

Gratter les moulures intérieures prendra beaucoup de temps, cela va de soi; de plus, il vous faudra protéger les surfaces avoisinantes soigneusement; il faudra aussi recouvrir ou éloigner les meubles. N'enduisez pas une trop grande surface à la fois, surtout s'il y a beaucoup de fioritures. Dès que le vieux fini se ramollit, enlevez-le au grattoir. Laissez sécher quatre heures. Avant de peindre de frais, essuyez la surface avec un chiffon que vous aurez, au préalable, imbibé de diluant à peinture.

Appliquez à petits coups, et toujours dans le même sens, une bonne couche de décapant sur une surface réduite.

Laissez reposer 20 minutes et vérifiez si le fini s'est ramolli. Si oui, enlevez-le avec un grattoir. Sinon, vite, une autre couche.

Quand toute la surface est débarrassée de son vieux fini, enlevez le résidu et nettoyez avec de la laine d'acier.

L'usage d'une ponceuse-finisseuse après celui de la ponceuse à courroie hâte le travail sur les grandes surfaces plates.

Brûlage

Brûler la vieille peinture est le moyen le plus rapide d'enlever celle-ci sur les grandes surfaces — l'extérieur des maisons, par exemple. On utilise, pour cela, un chalumeau à gaz ou une lampe à souder.

La flamme est promenée d'avant en arrière, sur la peinture durcie, assez rapidement pour ne pas brûler le bois. Ne vous inquiétez pas s'il est un peu bruni.

A mesure que la couche se ramollit en se ratatinant, il faut la gratter avec le couteau à mastiquer. Attention de ne pas carboniser le bois et, surtout, de ne pas causer d'incendie.

Pour ceux que les chalumeaux effraient, on vend des ramollisseurs de peinture électriques munis d'un grattoir à même. Ils soulèvent la peinture chauffée quand on les promène sur la surface. Plus leur ampérage est élevé, plus ils sont rapides. Après grattage, poncez la surface avant de la repeindre.

La torche à gaz est utile pour les grandes surfaces. Grattez la peinture en suivant la flamme. Soyez prudent.

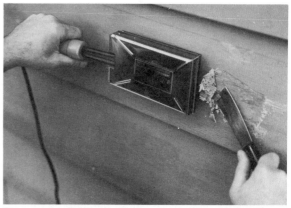
Ceux que le chalumeau effraie peuvent utiliser un ramollisseur électrique à peinture. Grattez la peinture dès qu'elle se ramollit.

Préparation

Pour peindre une surface déjà peinte

Le plâtre doit être propre et lisse avant d'être peint, et les fissures obturées avec du rempli à joints. La peinture craquelée doit être complètement enlevée. Sablez les boursouflures, rayures et bavures.

Le plâtre frais sera recouvert de deux couches de peinture au latex dès qu'il sera terminé. Si on doit utiliser un émail, il faut laisser sécher les murs 90 jours avant de les peindre et appliquer trois couches de peinture. Les gens peuvent rarement attendre si longtemps avant d'appliquer la peinture. Ils auront donc intérêt à enduire le plâtre d'une solution spéciale: 2 livres de sulfate de zinc dans un gallon d'eau.

N'appliquez de peinture sur le papier peint que si sa texture ne risque pas de paraître au travers. Assurez-vous que le papier est bien collé partout et que ses couleurs ne déteignent pas. Employez la peinture au latex.

Les contre-plaqués et les agglomérés se peignent comme le plâtre. Ceux qui sont poreux requièrent une couche d'impression. Votre marchand de peinture vous indiquera la sorte qu'il vous faut pour le genre de surface que vous voulez couvrir.

Selon l'état de la surface, le passage d'une couleur à une autre et le type de peinture employé, vous appliquerez une ou deux couches de peinture. La peinture moderne couvre bien et tient plus longtemps que celle d'autrefois; si vous couvrez un mur d'une peinture de la même couleur que l'ancien revêtement, une couche suffira. Par contre, si vous changez radicalement la couleur de celui-ci ou que l'ancien enduit s'effrite et craque, il vous faudra sans doute deux couches de peinture, quoi qu'en disent les manufacturiers. Appliquez la sous-couche qui convient, et deux couches d'une bonne peinture.

Pour savoir la quantité de peinture qu'il vous faudra, mesurez en pieds carrés la surface à rajeunir et comparez le chiffre obtenu au nombre de pieds carrés que couvre votre enduit. D'habitude, l'étiquette collée sur le bidon vous renseigne sans qu'il vous soit besoin de faire plus de démarches. Le gallon impérial couvre, souvenez-vous-en, la même surface que couvre le gallon américain, plus le quart de cette dernière.

Les plafonds et les murs étant rectangulaires, les mesures du plafond s'obtiennent en multipliant sa longueur par sa largeur. Pour les murs, multipliez le périmètre de la pièce par sa hauteur, et vous obtiendrez, en pieds carrés, la surface murale qu'il

Quand vous poncez une surface plate, facilitez-vous la tâche avec un bloc à poncer.

Le papier abrasif se manie plus aisément quand on le plie en quatre.

Pour poncer les moulures et autres endroits difficiles d'accès, pliez ainsi.

Si les plinthes doivent être enlevées, éloignez-les du mur avant de peindre.

Obturez les trous de clous et les joints disjoints avec de la pâte de bois.

Poncez la rouille des surfaces métalliques; utilisez la brosse à poils de métal.

vous faudra couvrir. Ne soustrayez pas les fenêtres, à moins qu'elles ne mesurent, dans l'ensemble, plus de 100 pieds carrés.

Divisez les pieds carrés à peindre par le nombre de pieds carrés couverts par un gallon, et vous obtiendrez le nombre de gallons qu'il vous faut. Même jeu pour le plafond.

Faites brasser la peinture par le marchand; cela vous simplifiera la besogne. Agitez la peinture dans le récipient avec une palette de bois, afin de déloger les particules colorantes qui ont tendance à adhérer au fond. Certaines peintures à consistance crémeuse – les peintures thixotropiques, par exemple, – restent homogènes et n'ont nul besoin d'être brassées. Tenez compte des instructions données par le fabricant.

Votre travail de peintre vous paraîtra plus facile si vous procédez dans l'ordre suivant: d'abord les plafonds, puis les murs et les boiseries (portes, fenêtres et garnitures).

Si vous peignez aussi vos planchers, faites-le lorsque tout le reste est mené à bien; si les planchers doivent être refinis, sablés et grattés au complet, faites-les d'abord et recouvrez-les de papier ou de toiles afin de mieux les protéger.

Interdisez aux membres de votre famille d'entrer dans la pièce quand vous peignez la base des boiseries et, surtout, les tringles. Et ce, jusqu'à ce que la peinture soit sèche. Autrement, les particules de poussière soulevées par les chaussures adhéreraient à la peinture.

Échafaudages solides

Un escabeau solide à trois ou quatre marches et pourvu d'une tablette pliante est indispensable au bricoleur pour la plupart de ses travaux de peinture et, plus particulièrement, pour ceux des murs et des plafonds. Ne vous contentez pas de n'importe quel escabeau branlant prêté par le voisin: achetez-en un neuf, si nécessaire. De la sorte, vous ne risquerez pas de vous casser le cou.

Ne grimpez pas jusqu'au sommet: contentez-vous d'atteindre la deuxième marche. N'oubliez pas non plus qu'un escabeau n'est bien ancré que lorsque son extenseur est complètement ouvert et bloqué.

Quand vous peignez près d'une porte, assurez-vous qu'elle soit bien ouverte, ou fermée et verrouillée. Autrement, si quelqu'un l'ouvre, belle culbute en perspective pour vous! Quand vous devez peindre à une certaine hauteur—des plafonds, par exemple— utilisez deux escabeaux semblables entre lesquels

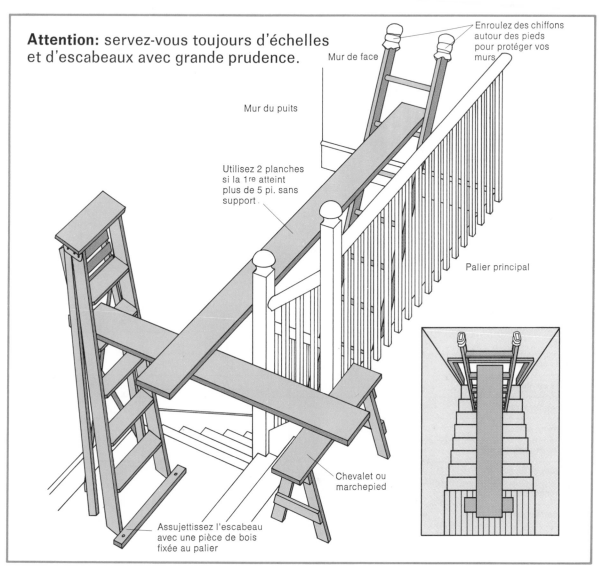

Attention: servez-vous toujours d'échelles et d'escabeaux avec grande prudence.

Mur de face

Enroulez des chiffons autour des pieds pour protéger vos murs

Mur du puits

Utilisez 2 planches si la 1re atteint plus de 5 pi. sans support

Palier principal

Chevalet ou marchepied

Assujettissez l'escabeau avec une pièce de bois fixée au palier

Echafaudage fait d'un chevalet et d'un escabeau

vous étendrez une grosse planche appuyée sur les marches qui se font vis-à-vis. Des chevalets surmontés d'un madrier rendent le même service et vous évitent d'avoir à monter et à descendre constamment d'un escabeau. Voyez à ce que, dans les deux cas, le madrier dépasse les marches des escabeaux ou le sommet des chevalets d'au moins un pouce. On vend des planches pour échafaudages dans les magasins de matériaux de construction, et on en loue. Une planche de 10 pi. convient à la plupart des travaux. Si elle était plus longue, il faudrait la soutenir en son milieu, ce qui compliquerait inutilement le système d'échafaudage. Ce dispositif vaut pour la peinture des murs, les madriers reposant sur les premières marches de l'escabeau.

Pour peindre un puits d'escalier, improvisez un échafaudage avec des escabeaux et des planches afin d'avoir accès facilement au mur du puits et au mur de face (voir illustration à gauche). Si le madrier couvre plus de 5 pi. d'un support à l'autre, ajoutez-en un deuxième pour plus de sécurité. Protégez la moquette, les marches de l'escalier et le plancher contre les taches et les éclaboussures. Quand le mur du puits sera peint, enlevez l'échafaudage et complétez le mur de face.

La peinture d'intérieur

Types de peinture

Il existe maintenant dans le commerce une telle variété de peintures que le peintre amateur ne sait laquelle choisir pour le genre de surface qu'il veut couvrir. Une nouveauté de taille, au service du bricoleur, c'est la peinture au latex soluble à l'eau.

On croit à tort que le terme « latex » signifie: à base de caoutchouc. Ces peintures n'en contiennent aucun. Elles sont plutôt, tel que l'indique le dictionnaire, des émulsions. Toutes les peintures au latex (1) se diluent à l'eau; (2) sèchent rapidement: en une heure environ; (3) s'appliquent aisément et, (4) n'ont pas ou presque pas d'odeur. De plus, les pinceaux se lavent à l'eau et au savon, après usage.

La plupart des fabricants indiquent sur les étiquettes la façon d'utiliser leurs produits et la préparation préalable. Les peintures qui conviennent à presque toutes les surfaces sont pratiques, mais ne peuvent procurer les avantages qu'offrent les peintures spécialisées. Les finis mats, même lavables, ne peuvent être frottés comme les peintures à l'huile brillantes ou satinées. Les peintures à l'émail brillant sont lavables, bien sûr, si on les compare à celles d'autrefois, mais ne peuvent être brossées aussi fort et aussi souvent, il faut le répéter, que les peintures à l'huile brillantes ou satinées.

On distingue deux grands types de peintures: celles qui servent à l'intérieur et celles qui servent à l'extérieur. Vous retrouverez ces dernières à la page 336; nous nous occupons, ici, des peintures d'intérieur.

Trois types de peinture conviennent à l'intérieur: les peintures mates pour plafonds et murs, les peintures à l'huile satinées ou brillantes pour les boiseries, les meubles, les murs de la cuisine et ceux de la salle de bains; l'émail pour les planchers.

Il existe deux types de peintures mates: alkydes et au latex. (On n'utilise presque plus les peintures mates à base d'huile.) Ces deux variétés sèchent vite sans dégager d'odeur; les résines alkydes couvrent mieux et se diluent à la térébenthine ou au diluant à peinture.

En plus des finis brillants et satinés, la peinture à l'huile se vend en un fini mat appelé **coquille d'œuf.** L'émail se frotte mieux que le fini mat; on en trouve à base d'alkydes et à base d'huile, mais l'émail au latex se vend seulement en semi-lustré. Les peintures pour planchers sont du type émail et s'emploient sur les planchers intérieurs et les escaliers. Les plus populaires sont à base de vernis; elles brillent en séchant.

Indications sur les types d'enduits les plus appropriés aux surfaces mentionnées dans la colonne de gauche. Le carré coloré signifie que le produit qui le coiffe est recommandé. Exemple: pour murs de cuisines et de salles de bains, suivez le trait jusqu'aux blocs colorés, voyez l'en-tête, et vous savez quoi mettre.

	Latex semi-lustré	Latex mat	Alkyde mat	Alkyde semi-lustré	Alkyde-émail lustré	Base caoutchouc (non latex)	Vernis d'intérieur	Gomme laque	Cire liquide ou en pâte	Cire préparée	Teinture	Scelleur pour bois	Vernis à plancher	Peinture ou émail à plancher	Peinture d'aluminium	Apprêt ou sous-couche	Apprêt à métaux	Peinture à base de béton	Polyuréthane transparent	Email catalysé
Murs secs	●	●	●	●	●															●
Murs et plafonds en plâtre	●	●	●	●	●															●
Planches murales	●	●	●	●																●
Panneautage	●		●	●																
Murs de cuisine et de salle de bains	●			●	●															
Planchers en bois									●	●			●	●						
Planchers en béton									●	●										
Carreaux de vinyle et de caoutchouc																				
Carreaux d'asphalte																				
Linoléum																				
Marches d'escalier																				
Contremarches			●	●	●															
Boiseries	●		●	●	●															
Fenêtres en acier	●		●	●	●															
Fenêtres en aluminium	●		●	●	●															
Appuis de fenêtres	●				●															
Armoires en acier			●	●	●															
Conduits de chauffage	●		●	●	●															
Radiateurs et tuyaux			●	●	●															
Vieille maçonnerie																				
Maçonnerie neuve	●	●	●	●	●															●

● Le point noir signale qu'on doit appliquer un scelleur ou apprêt avant la couche de finition (sauf pour une surface préparée).

La couleur: comment l'utiliser

La couleur est l'un des éléments de décoration les plus efficaces et les moins coûteux qui soient.

Apprenez à vous en servir à bon escient; pour ce faire, étudiez, à droite, les quatre "roues" dans lesquelles les couleurs du spectre ont été disposées et agencées. Coloriez l'intérieur des cercles, tel qu'indiqué, et vous aurez là un outil de décoration très pratique.

Vous reconnaîtrez les trois couleurs **primaires:** le jaune, le bleu et le rouge, et les coloris **secondaires** nés du mariage de deux couleurs primaires: l'orange, le violet et le vert. Les autres proviennent de mélanges entre les primaires et les secondaires: ce sont les **tertiaires.** En utilisant les nuances, les teintes et les tons de ces douze couleurs de base, vous créerez des merveilles.

Si vous combinez les couleurs de la roue comme l'indique la flèche, vous obtiendrez plusieurs harmonies de couleurs. Fiez-vous à ce guide ou modifiez-le selon vos désirs: il vous évitera les fautes de goût, grâce à sa gamme limitée d'harmonieuses combinaisons de couleurs.

Règle générale, le plafond sera plus clair que le reste de la pièce, et les murs un peu plus foncés que le plafond. Les planchers et les boiseries (surtout les plinthes) seront les plus foncés. Les cuisines doivent être peintes de couleurs claires et gaies. Évitez les couleurs chaudes: cette pièce se "réchauffe" assez par elle-même sans cela. Préférez les teintes fraîches comme le blanc, le bleu pâle, le jaune pâle, le vert pâle et le beige.

Mettez en valeur les bons points d'une pièce, d'une maison ou d'un meuble et minimisez ses défauts en créant des illusions d'optique. En voici un exemple type: si deux maisons identiques, construites côte à côte, sont peintes, l'une en pâle, l'autre en foncé, la première paraîtra plus grande que la seconde.

Même jeu pour l'intérieur. Si vous couvrez les plafonds et les murs de couleurs claires, les pièces sembleront plus vastes qu'avec des couleurs foncées. C'est le jaune qui "agrandit" le plus, suivi du rouge, du vert, du bleu et, enfin, du noir.

Ces trucs peuvent également vous aider à solutionner d'autres problèmes, à l'intérieur comme à l'extérieur des domiciles. Tout comme une peinture claire "agrandit" une pièce, une peinture foncée, appliquée sur les murs d'une pièce trop grande, réduit en apparence les dimensions de celle-ci.

Pour faire paraître plus large une pièce particulièrement étroite, appliquez une peinture foncée sur les deux murs du bout et une plus claire, plus discrète, sur les murs de côté. "Rabaissez" un plafond trop haut en le couvrant d'une peinture plus foncée que celle des murs ou "élevez"-le en le peignant soit blanc, soit plus pâle que les murs. Les pièces carrées gagnent en piquant si on enduit l'un de leurs murs d'une teinte très vive, faisant ainsi de celui-ci un point d'intérêt. Le même effet s'obtient sur les toitures. Des bardeaux foncés sembleront rabaisser une toiture que sa couleur claire faisait paraître trop haute pour sa largeur.

Enfin, la couleur donne à une maison son unité. Si, par exemple, des matériaux très différents ont servi à sa construction, l'emploi d'une seule couleur de peinture unira ces matériaux disparates en un tout harmonieux.

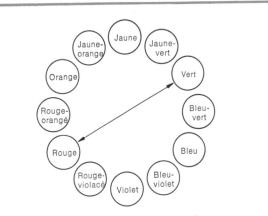

Pour former les couleurs **complémentaires,** prenez deux couleurs qui se font face sur le disque. Elles forment d'heureux contrastes.

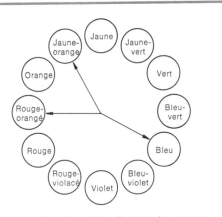

Pour obtenir, sans risque d'erreur, des nuances **tricolores,** tournez la pointe du Y à 180° jusqu'aux complémentaires.

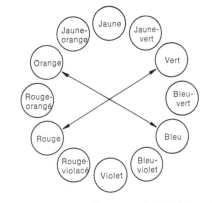

Pour des couleurs qui se **complètent doublement,** vous donnant un choix de quatre, combinez deux paires de couleurs.

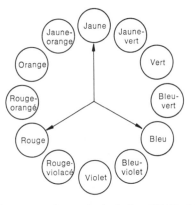

Obtenez une harmonie de **trois couleurs** avec trois des couleurs situées à égale distance les unes des autres.

Peinture d'intérieur

La peinture des plafonds

Au pinceau: Si vous employez une peinture aux résines alkydes, peignez le plafond sur la largeur plutôt que sur la longueur. De cette manière, la deuxième bande s'appliquera avant que la première n'ait séché. Ne couvrez pas de peinture, et ce, pour la même raison, des bandes qui auraient plus de 2 pi. de largeur.

Il vous faudra bouger souvent les escabeaux, mais ça vaut mieux que d'obtenir des bandes dont les bords séchés déparent l'ensemble. Les peintures au latex s'emploient volontiers pour les plafonds, car leurs bandes se fondent les unes dans les autres, ce qui donne un meilleur effet.

Au rouleau: On peut utiliser le rouleau pour peindre les plafonds en se servant d'un long manche qu'on insère dans la poignée. Ce manche est surtout utile quand les murs doivent être peints plus tard.

Commencez par tracer, à partir du coin et au bord du plafond, un trait de 2 ou 3 pi. de largeur, avec le plat du pinceau. Passez le reste au rouleau, en commençant par le côté étroit (si vous utilisez les résines alkydes). Puis, avec le rouleau, couvrez une bande de la même largeur (2 ou 3 pi.) allant de la surface non peinte au trait encore humide le long du mur. Maniez le rouleau parallèlement à l'un des murs de la pièce et croisez les couches successives. Si votre plafond est exceptionnellement grand, achetez ou louez un rouleau troué; cela vous évitera d'avoir à le charger constamment dans l'auge.

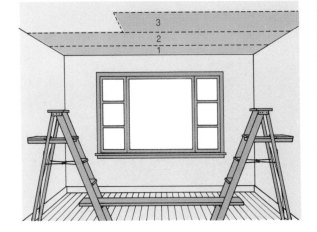

Ne montez pas sur un escabeau pour peindre un plafond. Improvisez un **échafaudage** de ce genre.

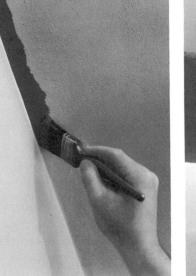

Utilisez le pinceau à plat pour tracer une ligne droite le long de l'angle que font le plafond et le mur.

Pour imbiber votre pinceau comme il convient, trempez dans la peinture un tiers de la longueur de ses soies.

Arrêtez votre couche à environ 4 pi. de longueur en l'égalisant sans recharger le pinceau de peinture.

Commencez par peindre au pinceau (pour les peintures au latex) les coins qu'il vous est difficile d'atteindre autrement.

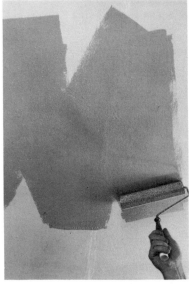

Couvrez l'essentiel de la surface en alternant les coups de rouleau. Attention aux éclaboussures.

Roulez tantôt dans un sens, tantôt perpendiculairement, en allant de la surface non peinte à la surface peinte.

La peinture des murs

Au pinceau: Pour que la peinture s'applique également, commencez au haut du mur — si vous employez les résines alkydes — et peignez une bande de 3 pi. de largeur en descendant jusqu'au plancher. Puis recommencez au sommet et peignez une autre bande de 3 pi. De la sorte, vous vous attaquerez à la deuxième bande avant que la première n'ait séché.

Toute peinture doit être "tirée" lorsqu'elle est appliquée — c'est-à-dire qu'elle doit être lissée tant que la couche est humide, et sans retremper le pinceau dans la peinture. Gardez tout près un chiffon imbibé d'eau (pour les peintures au latex) ou de térébenthine (pour les alkydes) avec lequel vous essuierez les éclaboussures.

Au rouleau: Avant de peindre au rouleau, peignez les angles et les coins au pinceau ou, encore, avec un petit rouleau de forme spéciale.

Donnez le premier coup de rouleau en remontant, le second par-dessus le premier, mais en descendant, et continuez en travers pour bien couvrir.

Procédez toujours de la surface non peinte à la surface peinte, en alternant les coups de rouleau pour qu'ils se croisent.

Ne roulez pas trop rapidement et ne faites pas tournoyer le rouleau, une fois la travée peinte: vous éclabousseriez. Arrêtez le rouleau avant de le soulever du mur. Adoucissez la couche finale en n'appliquant qu'une légère pression sur le rouleau.

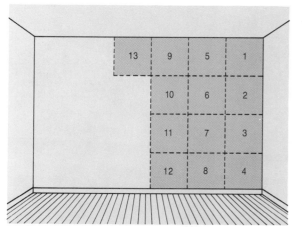

Appliquez les **peintures lustrées** ou **semi-lustrées** par bandes verticales de 2 pi. x 3 pi., selon l'ordre ci-haut indiqué.

Appliquez la peinture à petits coups, en soulevant le pinceau à la fin de chaque coup. Allez de côté et d'autre.

La peinture appliquée, faites disparaître les marques de pinceau en lissant avec le bout des soies.

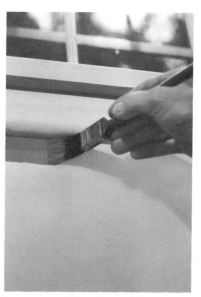

Autour des fenêtres, attaquez-vous d'abord aux espaces réduits, puis aux sections plus vastes.

Roulez d'abord vers le haut, puis vers le bas et de nouveau vers le haut, en augmentant la pression sur le rouleau.

Puis adoucissez en roulant à l'horizontale dans les deux directions, mais jamais uniformément. Pôssez bien partout.

Les angles se peignent difficilement au rouleau ordinaire. Utilisez un rouleau plus petit, de forme spéciale.

Peinture d'intérieur

La peinture des boiseries

On enduit habituellement les murs d'une pièce de peinture mate, et les boiseries d'émail lustré ou semi-lustré (l'émail lustré retient moins la saleté que la peinture mate). On peut, cependant, si on le préfère, employer cette dernière pour les boiseries ou appliquer de l'émail sur les murs comme sur les boiseries. C'est une question de goût.

Certaines peintures à l'huile réclament un apprêt: vérifiez lesquelles et prêtez-vous à leur fantaisie.

On prépare les boiseries tel qu'indiqué à la page 324, et on les peint selon la méthode utilisée pour les murs et les plafonds (p. 328). Un problème peut surgir, cependant: certaines teintures déteignent au travers de la peinture et la décolorent. Avant de peindre un bois teint, essayez votre peinture sur une petite surface et laissez sécher plusieurs jours. Vous saurez à quoi vous en tenir. Quand la peinture se décolore, cela signifie qu'une de ses composantes a fait dissoudre les pigments de la teinture. Évitez cet ennui en appliquant deux couches de gomme laque blanche au bois, avant de le peindre.

Pour imbiber votre pinceau comme il convient, trempez dans la peinture un tiers de la longueur de ses soies, puis pressez-le contre le bord du bidon pour l'essorer.

Tenez le pinceau à la base du manche en exerçant une pression des doigts suffisante pour que le bout fléchisse quelque peu. Lissez les bavures et les " larmes " au fur et à mesure que le travail progresse.

Si vous utilisez une peinture à l'huile, croisez les traits de pinceau — autrement dit, procédez dans un sens, puis revenez sur le trait dans le sens opposé, pour l'égaliser. Allez-y à coups lents pour peindre le bois. Si vous vous hâtez trop, la peinture n'aura pas le temps d'atteindre le fond des légères dépressions, et il y aura des " manques ", alors qu'au contraire, si vous y allez posément, les soies pourront rendre la peinture partout où elle doit aller, vous donnant de bons résultats à moins d'efforts.

Les plinthes se font après le plafond et les murs, puis les montants et traverses des fenêtres, les portes de la pièce et celles des armoires. On termine par les tablettes, les boiseries des armoires encastrées, etc.

Si votre peinture semi-lustrée est trop brillante, mélangez-la à parties égales avec une peinture mate du même type. Procédez à des essais avec la peinture mate, la semi-mate et le mélange, pour voir lequel de ces trois enduits paraît le mieux.

Il vous restera à peindre les radiateurs. S'ils n'ont jamais été peints, nettoyez-les à fond pour les débarrasser de poussière grasse et de rouille. La rouille, surtout, doit disparaître, autrement la peinture ne tiendra pas. Le meilleur apprêt à radiateurs est une peinture à l'oxyde rouge de plomb. Cette couche appliquée, utilisez comme finition la peinture d'intérieur qui vous plaît. Ne couvrez que les surfaces apparentes, laissant les autres nues: le chauffage y gagnera. Une peinture d'aluminium brillante, à l'arrière des radiateurs, diminuera la déperdition de la chaleur à travers le mur.

Si vos radiateurs sont déjà peints et que leur surface craque ou pèle, il vous faudra enlever le vieux fini avec un décapant de peinture ou une brosse à poils métalliques. Essuyez ensuite la surface avec de la térébenthine ou un diluant de peinture avant d'appliquer la nouvelle couche. S'il vous reste de la peinture, conservez-la pour les retouches inévitables. Versez une mince couche de diluant à peinture sur la surface peinte, afin d'éviter qu'elle pèle. Lorsqu'une peinture est emmagasinée longtemps, une peau se forme à la surface. Elle s'enlève aisément. Pour mettre un terme à cet inconvénient, recouvrez le bidon d'un morceau de plastique qui ne laisse pas passer l'air, et appuyez sur le couvercle.

Servez-vous de ruban gommé ou d'une tôle pour protéger les vitres.

Utilisez un pinceau effilé pour couvrir les espaces restreints.

Les couvercles de bidon font de bonnes palettes improvisées, qui se tiennent aisément.

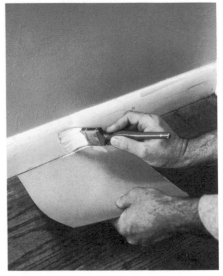

Couvrez le haut des plinthes, puis leur base. Protégez le plancher avec du carton.

Marche à suivre

Les portes: Les portes à panneaux de type classique doivent être peintes en une seule fois, si l'on ne veut pas voir des inégalités se produire. Assurez-vous, en peignant les parties moulurées, que votre pinceau n'est pas trop chargé: le moindre excès de peinture s'accumulera le long des saillies pour former des bavures. Peignez les panneaux en partant de chaque extrémité et en allant vers le milieu. Pour les portes pleines, commencez par le haut et allez en descendant, par bandes parallèles. Travaillez vite pour que la peinture ne sèche pas entre les bandes.

Les fenêtres: Comme les portes, elles doivent être peintes dans l'ordre suivant: (1) les traverses au-dessus du larmier; (2) les traverses horizontales du haut; (3) les montants; (4) les soffites; (5) le bâti. Pour peindre les fenêtres à guillotine, remontez le châssis du haut et baissez le châssis du bas afin d'atteindre la traverse principale, puis faites: (1) les meneaux; (2) les montants; (3) les traverses; (4) les cadres et boîtiers; (5) le bâti; (6) les faces intérieures. Procédez de la même manière pour l'extérieur, puis (7) peignez le dessous de la glissière intérieure et (8) l'autre bout des faces à demi peintes. Plantez un clou sous le châssis du bas et sous celui du haut — vous bougerez les fenêtres sans gâcher la peinture. Laissez sécher une nuit et bougez souvent les fenêtres.

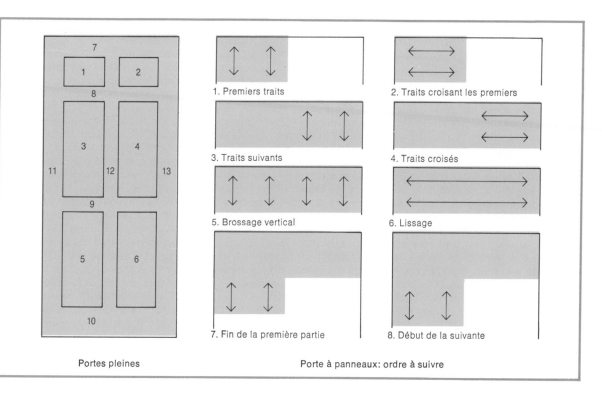

1. Premiers traits
2. Traits croisant les premiers
3. Traits suivants
4. Traits croisés
5. Brossage vertical
6. Lissage
7. Fin de la première partie
8. Début de la suivante

Portes pleines

Porte à panneaux: ordre à suivre

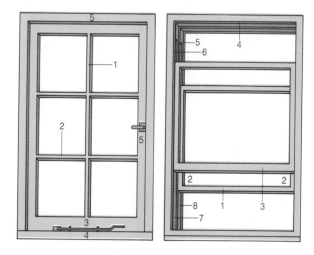

Fenêtre à battants et fenêtre à guillotine: ordre à suivre

Peinture d'intérieur: résumé des opérations

1. Choisissez votre harmonie de couleurs, le type de fini désiré et déterminez la quantité nécessaire.
2. Enlevez les meubles légers.
3. Groupez les meubles lourds au centre de la pièce.
4. Couvrez le plancher et les meubles de draps protecteurs ou de polyéthylène.
5. Assemblez les outils nécessaires.
6. Enlevez la quincaillerie: poignées de portes, tringles à rideaux et ce qui ne doit pas être peint.
7. Enlevez les plaques d'interrupteurs et de réceptacles. Couvrez les trous de ruban gommé.
8. Nettoyez le plafond de son badigeon à la colle ou de la peinture à l'eau; enlevez le papier peint.
9. Poncez les murs; lavez-en la peinture; enlevez le papier.
10. Avec du papier sablé rude, poncez la peinture séchée sur les boiseries, portes et murs. Terminez au papier fin.
11. Si le papier peint doit être repeint, faites un essai

à l'avance pour vous assurer que rien ne déteindra.
12. Grattez la peinture séchée sur les boiseries ou lavez les surfaces peintes encore en bon état avec une solution d'ammoniaque ou un nettoyeur.
13. Clouez les planchers qui craquent (p. 109) et noyez les têtes des clous.
14. Poncez les planchers, si nécessaire, ou enlevez-en le vieux fini (p. 408).
15. Réparez le plâtre des murs et du plafond.
16. Obturez les trous des boiseries.
17. Obturez les trous du plancher.
18. Peignez le plafond.
19. Peignez les murs.
20. Peignez les boiseries.
21. Peignez les fenêtres.
22. Refinissez les planchers ou lavez-les (p. 115).
23. Nettoyez les pinceaux à l'eau savonneuse (pour peintures au latex), au diluant de peinture (pour l'émail ou les alkydes).

La peinture du béton

Planchers et murs

Plusieurs types de peinture conviennent aux murs de béton. Les peintures au latex sont les plus faciles à appliquer, car elles se lavent à l'eau et s'appliquent sur des surfaces humides. Les enduits à béton Portland, les peintures à piscines et les peintures à maçonnerie sont également appréciées, mais ce sont les peintures epoxy qui résistent le mieux à l'humidité, aux lavages fréquents et aux réactions chimiques.

Après avoir choisi la couleur et le type de votre peinture, préparez la surface à peindre. Enlevez-en la terre et les particules lâches avec une brosse à poils métalliques. La graisse et l'huile doivent être frottées au détergent. Obturez les trous et les fissures. Si vous employez une peinture au latex, couvrez le métal nu d'un apprêt anticorrosif.

Les peintures à ciment Portland s'emploient volontiers, car elles sont durables et résistent aux alcalis. Toutefois, aucune peinture ne tient totalement l'humidité en échec. Localisez les endroits humides et réglez le problème avant de peindre (p. 184).

Les peintures à ciment Portland ne peuvent servir sur les surfaces déjà enduites de quelque autre peinture que ce soit. Gardez les murs humides pendant que la peinture mûrit. Une fois sèche, elle donnera une surface résistante qui se liera au béton.

Les peintures epoxy à base de résine adhèrent à merveille. Elles sont renommées pour leur durabilité. On ajoute à leur base résineuse un durcisseur spécial au moment de l'emploi. Elles durcissent rapidement et donnent une surface semblable à la céramique. L'uréthane, le polyester et les peintures epoxy conviennent aux murs souvent lavés et aux planchers beaucoup utilisés. L'application des peintures epoxy réclame des soins spéciaux: les surfaces à peindre doivent être soigneusement préparées afin que l'enduit s'y lie bien. On obtient une surface plus lisse en appliquant un bouche-pores avant de peindre. Suivez les directives inscrites sur le contenant par le fabricant.

Pour les planchers de béton, vous pouvez employer une peinture chlorurée à base de caoutchouc. Elle se vend en un grand choix de couleurs et adhère bien, même aux planchers de béton neufs. Les peintures au latex, plus faciles d'emploi, résistent moins à l'usure que les alkydes ou l'epoxy. Quelque peinture que vous employiez, ne négligez jamais la préparation. Passez l'aspirateur sur les planchers avant de les peindre. Et procédez par sections : c'est la meilleure façon de peindre un grand sous-sol. Divisez de mémoire la surface en carrés de 3 pi. x 3 pi. Préparez une section, peignez-la, puis passez au carré suivant.

Peignez au rouleau les grandes surfaces en béton; planchers et murs. Appliquez l'enduit à larges coups réguliers, dans tous les sens. Ne roulez pas trop vite.

Marches d'escalier et murs en béton

Enlevez la graisse et l'huile en lavant la surface avec du nettoyeur TSP et de l'eau chaude. Rincez à l'eau claire.

Appliquez la peinture libéralement et faites-la pénétrer dans les lézardes; ajoutez une 2e couche après un séchage de 24 heures.

Les rouleaux à longs poils sont requis pour peindre les surfaces rudes. On les utilise comme les rouleaux ordinaires.

Employez un pinceau à poils raides pour les murs rugueux (blocs de cendre, blocs de béton et béton coulé).

Causes et remèdes

Les défauts qui apparaissent une fois qu'un travail de peinture est terminé tiennent, pour la plupart, aux causes suivantes:

1. De mauvaises techniques d'application ou l'oubli systématique des indications relatives à la préparation.

2. Une protection inadéquate des murs extérieurs contre l'humidité.

3. L'emploi du mauvais type de peinture pour une surface donnée.

4. L'emploi d'une peinture de qualité inférieure.

5. Des applications de peinture trop fréquentes.

6. Des applications de peinture trop rares.

7. L'usage d'un diluant inapproprié.

8. Le mélange de peintures inconciliables.

9. Une peinture indûment diluée.

10. La peinture appliquée à une surface grasse ou rouillée.

Et voici la liste des défauts les plus courants ainsi que leurs causes.

Peau de crapaud. Ces fissures qui se manifestent sur la couche de peinture résultent de la mauvaise adhérence d'une couche finale sur une couche précédente ou d'une application irrégulière de la couche finale. Trop d'huile ou des pigments inconciliables produisent également la peau de crapaud.

Craquelures. Elles ressemblent à la peau de crapaud, sauf que les craquelures sont plus petites et moins apparentes. Les causes sont les mêmes.

Écaillage. Là où la peau de crapaud et les craquelures affectent seulement la couche de finition, le fendillement du film de peinture va jusqu'au bois et laisse pénétrer l'humidité.

La peinture qui s'écaille de la sorte manque d'élasticité. Le bois se dilate et se contracte, mais la peinture n'obéit pas à ces phénomènes. La seule façon de réparer une peinture qui s'écaille, c'est de poncer le vieux fini et de redécorer avec une peinture plus élastique.

Boursouflures. Ce défaut est causé par l'application de peinture sur une surface encore humide ou mouillée. L'eau emprisonnée sous la couche de peinture empêche cette dernière d'adhérer à la surface. Laissez sécher à fond puis appliquez une couche d'apprêt avant la couche de finition.

Rides. La couche de peinture est trop épaisse. Quand une peinture sèche en surface plutôt qu'en profondeur, elle est striée de rides. Le remède consiste à employer une peinture plus fluide et de la

faire pénétrer soigneusement. Séchez, puis poncez avant d'appliquer une autre couche, si vous désirez obtenir une surface lisse.

Dans les cas graves, il pourra être nécessaire de décaper et de recommencer.

Viscosité et séchage trop long. Ces défauts ont de nombreuses causes: pas assez de siccatif, couche d'apprêt insuffisamment sèche, surface grasse. Les mêmes inconvénients peuvent se produire si la couche de peinture est trop épaisse ou si vous appliquez la peinture par temps froid ou humide. Dans ce dernier cas, le seul remède est de patienter. Toutefois, il est possible qu'une peinture de mauvaise qualité ne sèche jamais. Le seul remède, c'est de décaper et de recommencer après nettoyage.

Bavures. Ce défaut se manifeste presque infailliblement lorsqu'on applique trop épais de peinture. Cela peut aussi dépendre de la manière dont on appli-

que celle-ci: il faut s'assurer que les soies ne soient pas trop chargées. Attention aux traits de pinceau: il faut lisser la surface soigneusement. Pour corriger ces bavures, poncez après séchage complet et repeignez.

Farinage. Si votre peinture d'extérieur produit ce dépôt blanchâtre, faites attention aux coulures: elles tacheraient la maçonnerie ou les boiseries.

Important: N'appliquez jamais de vernis-laque sur une surface peinte. Ce vernis décapera la peinture qu'il recouvre. Par contre, on peut enduire de peinture une surface passée à la gomme laque.

En ce qui concerne l'émail à planchers, il est possible qu'il pèle, appliqué sur le béton, à cause des alcalis contenus dans ce dernier. Protégez votre peinture en ayant la précaution de frotter le béton avec une solution d'acide muriatique et d'eau: 1 partie d'acide pour 2 parties d'eau. Rincez à l'eau claire et laissez sécher à fond avant de peindre.

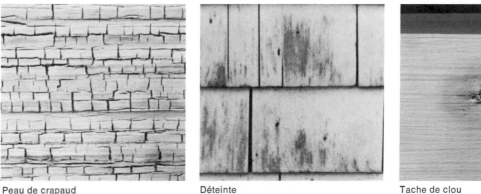

Peau de crapaud

Déteinte

Tache de clou

Boursouflures et écaillage

Rides

Farinage

Peinture d'extérieur

La préparation du revêtement à clin

Brossez la surface avec une brosse à poils d'acier pour enlever la peinture pelée. Utilisez un couteau à mastiquer pour débarrasser le bois des particules de peinture. Nettoyez les fissures et obturez-les.

Grattez la peinture qui pèle et mettez le bois à nu. Puis, avec de la laine d'acier ou du papier abrasif, adoucissez les abords de la bonne peinture. Terminez en ponçant avec du papier fin.

Enlevez la peinture à la torche ou au décapant là où elle pèle sur de grandes surfaces. Sur les surfaces verticales, utilisez un décapant en pâte et couvrez-en de petites sections à la fois; puis grattez.

Recouvrez d'un apprêt les espaces de bois nus avant de les peindre, non sans vous être assuré que cet enduit et la couche finale ne sont pas incompatibles. Si vous utilisez une peinture au latex, peignez le mur lorsqu'il est à l'ombre.

Clouez les planches lâches. Fraisez les têtes de clous et obturez les trous avec de la pâte de bois afin d'éviter que les taches de rouille ne déparent les surfaces fraîchement peintes.

Poncez au papier sablé grossier les surfaces luisantes. Rappelez-vous que la peinture adhère mal aux surfaces lisses et lustrées. Poncez au papier fin pour terminer.

Enlevez le mastic ou le composé de calfeutrage craquelés. Dégagez la fissure et obturez-la à neuf, suivant les techniques indiquées à la page 182.

Calfeutrez (voir page 182) les joints de portes, de fenêtres et de cheminée. Appliquez un large ruban de composé que vous adoucirez au couteau à mastiquer avant qu'il ne sèche.

Préparation

La peinture que vous appliquez durera plus ou moins longtemps selon que la surface sur laquelle elle est posée est ou non en bon état. Le bois à clin et les moulures offrent une base excellente à la peinture, s'ils sont bien secs. Il faut éliminer les causes d'humidité avant d'appliquer la peinture, autrement cette dernière, au contact de l'eau, pèlera et se désagrégera.

Votre fini durera plus longtemps si la surface qu'il recouvre est libre de poussière et de saleté. Le bois neuf doit être épousseté avant qu'on l'enduise de son apprêt. Les nœuds du bois de revêtement doivent être badigeonnés au shellac, sinon la résine qu'ils contiennent décolore la peinture.

Fraisez les têtes de clous sous la surface et obturez les trous avec de la pâte de bois. Ce travail est inutile si vous employez des clous galvanisés qui affleurent à la surface. Le fer et l'acier ont besoin d'un apprêt antirouille.

Si la vieille peinture est fanée ou farineuse, époussetez la surface avant de la peindre. Si elle est très sèche ou très sale, lavez-la avec un détergent doux ou un nettoyeur commercial et rincez à l'eau claire. Laissez sécher à fond. Enlevez la rouille des clous au papier sablé ou à la laine d'acier, fraisez, couvrez d'un apprêt et de rempli à joints.

Débarrassez la peinture de ses particules lâches avec une brosse à poils d'acier, un couteau à mastiquer ou un grattoir. Là où les dommages sont plus considérables, décapez jusqu'au bois, en adoucissant les abords de la peinture encore bonne avec du papier abrasif ou de la laine d'acier. Appliquez un apprêt sur le bois neuf avant de mettre le fini.

Ne peignez à l'extérieur que par temps sec et chaud (au moins 40°). Ne commencez pas vos travaux de peinture avant que la rosée se soit évaporée et cessez-les dès que commence à tomber l'humidité du soir. Si la planche à clin a été mouillée par la pluie, attendez deux ou trois jours avant de la peindre. La peinture au latex est moins capricieuse que les autres: on peut l'appliquer sur du bois humide. Le bois neuf doit être peint le plus tôt possible.

Pour couvrir les surfaces neuves, trois couches sont recommandées — un apprêt, une sous-couche et une couche de finition. Ne croyez pas qu'avec plus de trois couches vous obtiendrez un fini supérieur. Il n'en est rien. Quelquefois une seule couche suffit. Deux sont recommandées quand la peinture est mince et vieille.

Une peinture normale couvre généralement 600 pi. ca. de surface par gallon, ou 500 pi. ca. (gallon américain). Ceci étant posé, il est facile de calculer la quantité de peinture (ou d'apprêt) qu'il faut en se basant sur les indications suivantes:

1. La hauteur moyenne de la maison = la distance entre la fondation et l'avant-toit (pour les maisons à toit plat); ajoutez 2 pi. pour les toits pointus.

2. La hauteur moyenne x par le pourtour de la fondation = la surface en pieds carrés.

3. $\dfrac{\text{La surface}}{600}$ = le nombre de gallons nécessaires pour chaque couche.

Inutile de calculer la peinture nécessaire aux boiseries. Il en faut un gallon pour une maison ordinaire de six à huit pièces.

Ayez à portée de la main les articles nécessaires à votre travail (p. 316) — pinceaux, diluants, grattoirs, papiers abrasifs, échelle, chiffons — et de vieux vêtements.

Portez, si possible, des chaussures à talons aux semelles non caoutchoutées plutôt que des espadrilles. Les échelons vous paraîtront moins durs à gravir.

Vous voilà prêt. Par où commencerez-vous, maintenant? Dressez l'échelle et attaquez-vous à l'endroit le plus élevé de la maison. Ne vous penchez pas trop: juste ce qu'il faut, et gardez les hanches à l'intérieur des montants. Vous retenant à l'échelle d'une main, tenez le pinceau de l'autre. Fabriquez-vous un crochet en S avec un cintre: vous y suspendrez le bidon de peinture de telle sorte qu'il se balance à l'extérieur de l'échelle, à votre droite, si vous êtes droitier. De la sorte, vous n'aurez pas à passer le bras entre les barreaux chaque fois que vous voudrez puiser dans le bidon. Si vous voulez peindre certaines moulures près du toit en même temps que vos autres surfaces, munissez-vous d'un pinceau étroit en plus du pinceau régulier. Vous éviterez de grimper deux fois à l'échelle. Apportez également avec vous un chiffon imbibé de diluant pour essuyer les éclaboussures au fur et à mesure qu'elles se produiront. Étendez un film de polyéthylène là où vous travaillez: vous protégerez les arbustes et les plantes.

Quand vous en serez rendu aux boiseries, employez une peinture prévue à cet effet ou un émail pour l'extérieur. La peinture qui sert au corps de la maison ne doit jamais être appliquée sur les boiseries.

Pour rajeunir les marches qui mènent au balcon sans interrompre la circulation, peignez d'abord toutes les deux marches; le lendemain ou quand la peinture sera sèche, peignez les autres marches. Autre technique: peignez seulement une moitié des marches et des contremarches (la droite), laissant l'autre moitié ouverte à la circulation. Une fois l'enduit sec, peignez l'autre moitié.

Les rampes de balcons se décorent en dernier. On se sert, dans ce but, d'un émail noir. Enlevez d'abord les parcelles de peinture qui se détachent de la rampe, poncez, recouvrez d'un apprêt à métal puis d'une couche de peinture.

Attachez une attention particulière aux dessous des barreaux: les spécialistes les oublient trop souvent et c'est là que la rouille s'installe. Une brosse à poils métalliques enlèvera la rouille. Vérifiez la perfection de votre travail en plaçant un miroir sous la rampe.

A vérifier avant de commencer

1. Réparez les gouttières et les tuyaux de descente (p. 170). Lorsqu'on les néglige, l'eau déborde à chaque pluie et détériore la peinture.

2. Voyez au bon état du calfeutrage des portes, des fenêtres, des solins et des autres joints de la structure (pp. 178 et 182).

3. Assurez-vous que le mastic des fenêtres et des portes n'est ni craquelé ni décollé (p. 123). S'il l'est, refaites le masticage avant de peindre.

4. Clouez les planches lâches.

5. Obturez les fissures et les trous de clous avec de la pâte de bois et sablez les surfaces rudes.

6. Vérifiez la vieille couche de peinture; enlevez-en les particules qui pèlent ou qui s'effritent avec un grattoir, une brosse à poils d'acier ou un couteau. Si nécessaire, mettez le bois à nu et adoucissez les abords de la peinture qui reste avec un papier abrasif.

7. Recouvrez l'acier et le fer d'un apprêt antirouille.

8. Assurez-vous que la surface à peindre est propre et sèche.

Peinture d'extérieur

Le choix de la peinture qui convient

C'est la surface à peindre — le subjectile — qui détermine le type de peinture nécessaire. Pour le bois blanc neuf, employez une peinture à l'huile lustrée, une peinture alkyde ou un latex; pour les bardeaux ordinaires et les bardeaux de fente: une teinture à bardeaux; pour le revêtement asphalté: une peinture extérieure au latex (l'asphalte ne déteindra pas au travers de celle-ci). Pour couvrir les maisons en maçonnerie, choisissez une peinture qui résiste aux substances alcalines de la maçonnerie, comme, par exemple, la peinture au latex pour usage extérieur, les émulsions à maçonnerie, la peinture au silicone (imperméable et sans couleur) et la peinture à ciment Portland (sur béton neuf seulement).

Pour les boiseries extérieures, on utilise les finis à l'huile lustrés: leur base au vernis et aux résines alkydes les rend extrêmement résistants. Les peintures à balcons sont des finis à l'huile et s'emploient pour les patios, terrasses, marches d'escaliers et planchers de balcons. Les plus populaires sont les vernis latex au fini dur et opaque.

Pour le béton, prenez des peintures au latex ou des peintures chlorinées.

Les peintures au latex s'appliquent aisément, même sur une surface humide. Elles sèchent rapidement, ne retiennent ni les moustiques ni les mouches et on peut en appliquer une seconde couche très peu de temps après la première. Elles résistent à l'écaillage parce qu'elles respirent; donc, elles laissent échapper l'humidité sans cloquage.

Plusieurs des peintures nouvelles sont auto-nettoyantes. C'est une qualité dont bénéficient ceux qui ont des maisons toutes blanches, mais il ne faut pas employer ces peintures pour en recouvrir une boiserie au-dessus de la brique ou un beau revêtement de bois foncé, car elles risquent de fariner les surfaces lorsqu'il pleuvra.

Si votre maison est située près d'un centre industriel et qu'il y a beaucoup de fumée dans l'air, utilisez, pour la peindre, un enduit qui résiste à la fumée: la décoloration sera réduite au minimum.

Là où les conditions atmosphériques sont propices à la moisissure (le mildiou), employez une peinture additionnée de produits qui résistent aux effets de la moisissure. Il est important d'utiliser des produits compatibles comme, par exemple, un apprêt pour émail, une sous-couche pour émail et un émail. Votre marchand vous aidera à faire un bon choix.

Consultez ce tableau pour connaître les meilleurs enduits à appliquer sur les surfaces extérieures, tel qu'indiqué ci-dessous. Si, par exemple, vous voulez peindre des volets, suivez la ligne jusqu'aux blocs solides et regardez au sommet des points de rencontre.

	Peinture-latex à maçonnerie (extérieure)	Peinture-latex à maison	Peinture à l'huile	Scelleur transparent	Peinture à base de ciment	Fini clair pour extérieur	Peinture d'aluminium pour extérieur	Teinture pour bois	Enduit à toiture	Ciment à toiture	Emulsion d'asphalte	Peinture à boiseries	Peinture à auvents	Vernis Spar	Email à plancher de balcon	Apprêt ou sous-couche	Apprêt à métal	Latex	Imperméabilisateur
Revêtement de bois			•															•	
Brique			•																
Blocs de béton	•		•																
Ciment-amiante			•																
Stuc			•																
Bois nu et boiseries																			
Revêtement métallique			•				•					•						•	
Cadres de châssis en bois		•	•									•					•		
Fenêtres en métal		•	•				•											•	
Fenêtres en aluminium		•																	
Volets et autres parements		•	•									•						•	
Auvents en toile																			
Toiture en bardeaux de bois																			
Toiture en métal		•	•															•	
Toiture en papier-feutre goudronné																			
Plancher de véranda en bois																			
Plancher de véranda en béton																			
Surfaces de cuivre																			
Surfaces galvanisées		•	•				•					•						•	
Surfaces de fer		•	•				•					•					•	•	

• Le point noir signale qu'on doit appliquer un scelleur ou apprêt avant la couche de finition (sauf pour une surface préparée).

Marche à suivre

Quand vous peignez à l'extérieur, commencez par les grandes surfaces de la maison: les bardeaux, le recouvrement, etc., puis faites les boiseries: fenêtres, portes, corniches, etc. Puis passez aux planchers de balcons et aux patios. Conservez pour la fin les volets, les doubles fenêtres et les moustiquaires. Ils peuvent être terminés dans le garage ou dans le sous-sol, un jour de pluie.

Commencez par le sommet de la maison et couvrez à larges traits les surfaces horizontales, et ceci, jusqu'à la base.

Peignez les pignons d'abord, puis les parties inférieures. Protégez la toiture contre les éclaboussures en la recouvrant d'un grand drap propre. Assurez-vous qu'il n'y a pas de "manques" ou d'endroits oubliés avant de descendre de l'échelle: vous gagnerez du temps.

Humidité, chaleur et gel sont à craindre pour les travaux extérieurs pendant que la peinture sèche. L'humidité provoque des craquelures, un soleil trop chaud, des cloques, et le gel rend mate une couche lustrée. Ne peignez donc à l'extérieur qu'au printemps ou à l'automne, quand ces inconvénients ne sont plus à craindre et que les arbustes n'ont pas de feuilles.

Si vous êtes obligé de peindre au soleil, vous travaillerez du côté de l'ombre et ferez ainsi le tour de la maison.

Apprêt: Le bois neuf a besoin d'une couche d'apprêt. Utilisez celle que vous recommande le manufacturier du fini d'extérieur que vous aurez choisi. Même jeu quand vous appliquez un émail ou que la vieille peinture déjà en place est très endommagée. Autrement, ne recouvrez d'apprêt que les espaces nus et appliquez sur toute la surface une peinture d'extérieur de qualité.

L'apprêt posé, remplacez par du neuf le mastic des fenêtres enlevé lors de la préparation des surfaces et obturez les trous de clous.

Obturez les lézardes autour de la cheminée et les joints des portes et des fenêtres seulement quand vous aurez mis l'apprêt nécessaire: le composé n'en adhérera que mieux à ces surfaces. La plupart des composés à calfeutrage ne déteignent pas au travers de la peinture.

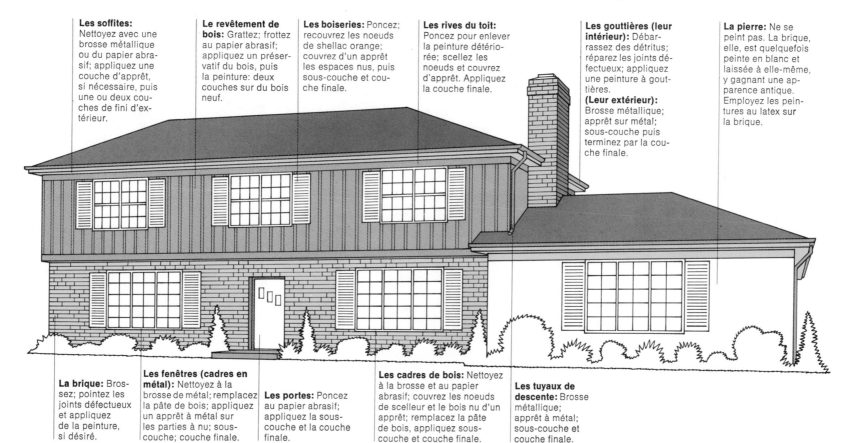

Les soffites: Nettoyez avec une brosse métallique ou du papier abrasif; appliquez une couche d'apprêt, si nécessaire, puis une ou deux couches de fini d'extérieur.

Le revêtement de bois: Grattez; frottez au papier abrasif; appliquez un préservatif du bois, puis la peinture: deux couches sur du bois neuf.

Les boiseries: Poncez; recouvrez les noeuds de shellac orange; couvrez d'un apprêt les espaces nus, puis sous-couche et couche finale.

Les rives du toit: Poncez pour enlever la peinture détériorée; scellez les noeuds et couvrez d'apprêt. Appliquez la couche finale.

Les gouttières (leur intérieur): Débarrassez des détritus; réparez les joints défectueux; appliquez une peinture à gouttières.
(Leur extérieur): Brosse métallique; apprêt sur métal; sous-couche puis terminez par la couche finale.

La pierre: Ne se peint pas. La brique, elle, est quelquefois peinte en blanc et laissée à elle-même, y gagnant une apparence antique. Employez les peintures au latex sur la brique.

La brique: Brossez; pointez les joints défectueux et appliquez de la peinture, si désiré.

Les fenêtres (cadres en métal): Nettoyez à la brosse de métal; remplacez la pâte de bois; appliquez un apprêt à métal sur les parties à nu; sous-couche; couche finale.

Les portes: Poncez au papier abrasif; appliquez la sous-couche et la couche finale.

Les cadres de bois: Nettoyez à la brosse et au papier abrasif; couvrez les noeuds de scelleur et le bois nu d'un apprêt; remplacez la pâte de bois, appliquez sous-couche et couche finale.

Les tuyaux de descente: Brosse métallique; apprêt à métal; sous-couche et couche finale.

Peinture d'extérieur

Comment appliquer la peinture

Assurez-vous que votre peinture est bien brassée, même si le marchand y a vu mécaniquement. Versez-en dans une canistre. Agitez la peinture qui reste avec une baguette de bois jusqu'à ce que tous les pigments soient mêlés. Puis remettez dans le bidon la peinture que vous en avez enlevée et agitez de nouveau. Transvasez-la ensuite d'un contenant à l'autre à plusieurs reprises. Travaillez avec un bidon à moitié plein. Trempez la moitié des soies du pinceau dans la peinture et tapotez délicatement le plat des soies sur la paroi intérieure du seau. De cette façon, il restera juste assez de peinture dans le pinceau pour faire un bon travail.

Dans le cas des planches à clin, appliquez d'abord la peinture en couvrant le champ, puis le parement. Faites cinq planches à la fois. Ne chargez pas trop le pinceau: le moindre excès de peinture s'accumulera le long des saillies ou aux angles pour former des coulures du plus mauvais effet.

Puis couvrez la surface des planches en tenant le pinceau un peu penché et en le redressant à la verticale en un mouvement de droite à gauche puis de gauche à droite. Si le bois est rugueux, de petits coups appuyés seront nécessaires. Terminez à l'horizontale sur une surface horizontale. Couvrez les trous de clous en écrasant le pinceau et en enlevant l'excès de peinture.

Travaillez vite pour ne pas donner à la peinture le temps de sécher: une fois le travail commencé, il ne faut pas l'interrompre: la ligne de reprise restera visible lorsque l'ensemble aura séché. Cependant, la peinture au latex ne présente pas cet inconvénient.

Quand vous peindrez l'extérieur des portes et des fenêtres, suivez l'ordre indiqué à la page 331, sauf pour les fenêtres françaises dont vous peindrez d'abord le sommet, les côtés et le dessous pour terminer par les meneaux, les traverses, les cadres, les chambranles et les lisses. Protégez les vitres avec une pièce de métal. Essuyez les éclaboussures avec un chiffon imbibé du solvant approprié. Les taches oubliées s'enlèvent à la lame de rasoir, une fois la peinture séchée. Si la porte ouvre à l'extérieur, couvrez le bord de la serrure avec de la peinture d'extérieur; si elle ouvre à l'intérieur, couvrez-en le bord des pentures.

Utilisez un rouleau pour peindre la brique, le béton, les blocs de cendre et le stuc. On peut aussi s'en servir pour les balcons, les escaliers et les patios. Couvrez d'abord la bordure au pinceau. Limitez au minimum le croisement du pinceau et du rouleau, car leurs textures sont différentes. Roulez la peinture à coups légers et réguliers, en croisant les couches successives.

Si votre porte d'en avant est finie au Spar, ce vernis pour usage extérieur et qui donne une apparence de bois naturel, rajeunissez-la en ponçant le vieux fini, époussetez avec un chiffon légèrement imbibé de diluant à peinture et appliquez le nouveau vernis à coups lents et longs. **(Petits trucs:** Pour éviter de souiller l'extérieur du bidon de peinture, faites des trous dans la rainure avec un clou. La peinture retournera dans le bidon et, lorsque vous replacerez la couvercle, la rainure sera ainsi scellée. Si vous vous salissez les mains en peignant, savonnez-les avant de commencer et laissez-les sécher sans les rincer. Ajoutez 2 cul. à table d'huile de citronnelle à la peinture; les insectes ne s'y colleront pas.)

Peignez d'abord le dessous des saillies sur les revêtements extérieurs.

Peignez par petits coups, en travers, ou de bas en haut (planches verticales).

Etendez la peinture à coups réguliers pour compléter une section.

N'oubliez pas les surfaces cachées; le dessus des portes et des fenêtres.

Escaliers: couvrez une marche sur deux afin de pouvoir monter durant séchage.

Finissez l'intérieur des gouttières à l'asphalte; l'extérieur à la peinture.

Comment rajeunir les bardeaux ordinaires et les bardeaux de fente

Si vos bardeaux sont déjà peints, la seule chose à faire, c'est de les repeindre. S'ils sont teints, utilisez une teinture ou un préservatif. Ce qui distingue les teintures des peintures, c'est leur pigmentation. La peinture est opaque et dissimule le bois qu'elle couvre; la teinture lui donne de la couleur sans cacher son grain. Procédez comme vous l'avez fait pour le bois, si vous rajeunissez vos bardeaux ordinaires et vos bardeaux de fente. Enlevez les particules lâches. Si l'humidité s'est infiltrée, appliquez les produits prévus à cet effet.

La plupart du temps, les bardeaux de cèdre et les bardeaux de fente sont laissés à nu sans inconvénient, mais si vous désirez en accentuer ou en changer la couleur, servez-vous d'une teinture à faible pigmentation.

Si un préservatif spécial doit être utilisé, appliquez une solution de 5% à 10% de pentachlorophénol ou tout autre préservatif commercial populaire. Ce traitement détruit les bactéries qui s'attaquent au bois. Ce produit est toxique; évitez tout contact avec la peau et protégez les pelouses et les haies. Les bardeaux peuvent aussi être peints. Vérifiez si la teinture que vous avez appliquée déteint à travers la peinture. Faites un essai sur des bardeaux dissimulés; attendez quelques semaines. Si elle déteint, tenez-vous-en à la peinture; sinon, vous pouvez peindre.

Les teintures à bardeaux s'appliquent aisément au rouleau ou au pinceau. Agitez de temps à autre pour obtenir une couleur uniforme.

Les tampons à la mousse de plastique facilitent l'application des teintures. Procédez dans le sens du grain.

Les tampons peuvent servir aussi à la décoration du revêtement à clin. Couvrez d'abord le dessous des saillies.

Appliquez la peinture sur les surfaces horizontales en y poussant doucement le tampon et en repassant s'il est plus étroit que celles-ci.

Les échelles

Vous peignez dans les hauteurs? Il vous faut une échelle extensible. Mais attention: avant d'y monter, assurez-vous que cette dernière soit solidement assise. Testez-la en montant sur le premier barreau. Sur une surface molle, installez l'échelle sur une planche. Grimpez à l'échelle en y faisant face, mais pas plus haut que le 3e barreau du haut. Ne vous penchez pas trop loin. Les pieds à plat sur le barreau, rendez-vous aussi loin que possible, mais pas trop, à gauche ou à droite de l'échelle. Si vous avez besoin de vos deux mains, passez une jambe autour d'un barreau et accrochez celui de dessous avec le talon de votre chaussure. Il vaut mieux peindre au-dessus de l'échelle: cela vous permet des mouvements plus libres. N'appuyez jamais une échelle contre un cadre de fenêtre ou devant une porte non verrouillée.

Dressez une échelle sans aide en l'appuyant contre la maison et en "descendant" les barreaux avec vos mains.

La base de l'échelle sera solide si vous l'attachez fermement à un piquet enfoncé dans la terre.

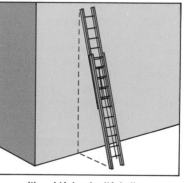

La position idéale de l'échelle est un éloignement du quart de sa hauteur du bas du mur. Vérifiez la solidité de la corde.

Le papier peint

Ce dont vous aurez besoin

Pour poser du papier peint, il vous faudra:

Une brosse de tapissier pour lisser le papier sur le mur. Les bonnes brosses ont des soies de porc qui n'égratignent pas le papier.

Un fil à plomb et de la craie. Improvisez-en un en attachant un poids à une ficelle enduite de craie de couleur.

Des ciseaux pour couper le papier.

Une roulette d'angle pour aplanir les joints.

Une éponge et un bol pour essuyer les lisières de papier peint.

Un couteau à araser pour enlever le surplus autour des fenêtres et au bord des tringles.

De la colle de tapissier pour fixer le papier au mur.

Un apprêt pour le mur.

Un seau à colle et une brosse à encoller, pour appliquer l'apprêt et la colle. Tendez en travers du seau une corde nouée aux anses et posez-y le pinceau.

Une mesure de trois pieds.

Un obturateur pour réparer les fissures du mur et du plafond.

Du papier sablé pour poncer les endroits obturés.

Une roulette coupe-papier pour tailler les retailles.

Un escabeau pour atteindre les hauteurs.

Des chiffons doux pour enlever le surplus de colle.

Une table à encoller. Si vous ne désirez pas acheter ou louer une table de tapissier, improvisez-en une en mettant 2 tables à cartes côte à côte ou prenez la table de cuisine. Ou, encore, déposez un panneau de contre-plaqué sur des chevalets. Couvrez la surface de papier brun; l'encre du papier journal salirait votre travail.

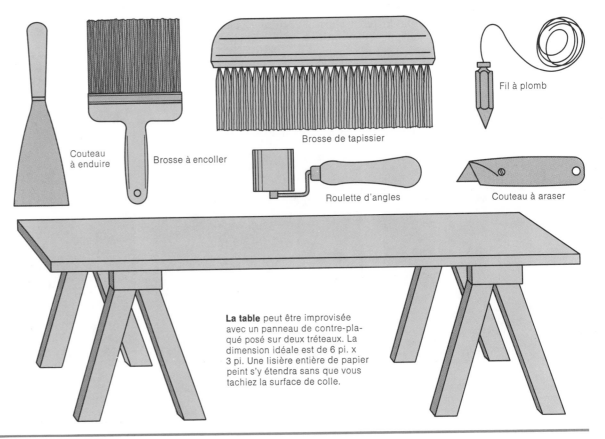

Couteau à enduire

Brosse à encoller

Brosse de tapissier

Fil à plomb

Roulette d'angles

Couteau à araser

La table peut être improvisée avec un panneau de contre-plaqué posé sur deux tréteaux. La dimension idéale est de 6 pi. x 3 pi. Une lisière entière de papier peint s'y étendra sans que vous tachiez la surface de colle.

Le papier pré-encollé

Plusieurs sortes de papiers peints et de revêtements muraux sont pré-encollés et, souvent même, déjà émargés. Si les marges sont là, il faut les enlever et raccorder les motifs comme avec le papier non encollé (p. 343).

Préparez le papier pour la pose en le faisant tremper dans une auge remplie d'eau, le temps indiqué par le fabricant, puis appliquez-le sur le mur. Il se vend dans le commerce des auges en carton ciré prévues à cet effet. A défaut de cela, une baignoire ou un évier feront l'affaire.

Les techniques de pose sont les mêmes que pour le papier non encollé. Étendez le papier peint sur le mur avec une brosse ou une éponge. Voyez à ce qu'il y adhère fermement.

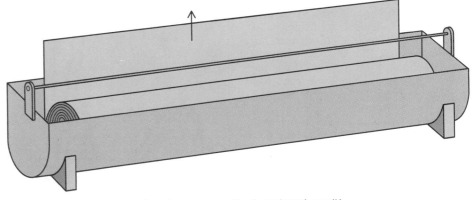

Auge à eau pour mouiller le papier pré-encollé

Types de papier peint

On peut acheter, de nos jours, du papier peint lavable, lessivable, pré-encollé, pré-émargé et même du papier réutilisable qu'il nous est loisible de décoller et d'employer ailleurs.

Curieusement, plusieurs de ces "papiers" peints ne sont pas faits de papier mais plutôt de vinyle, de canevas, de tissu, de liège et même de bois. Voilà sans doute pourquoi les fabricants parlent de revêtements muraux plutôt que de papiers peints quand ils se réfèrent à leurs nouveaux produits. Les plus populaires parmi ceux-ci sont les revêtements à base de vinyle. La pellicule de résine synthétique qui les recouvre les rend lavables et leur conserve des couleurs presque inaltérables. Leur endos est de papier ou de tissu: le vinyle à endos de tissu coûte plus cher que le vinyle à endos de papier, mais il est plus résistant.

Certains des revêtements vinyliques ont la couleur et l'apparence du bois, du tissé-main, du gros canevas, et servent abondamment à la décoration de grand style. Pour la salle de bains et pour le cabinet de toilette, choisissez le papier-velours ou le papier doublé d'une feuille métallique mince: ils résistent à l'humidité.

Les revêtements vinyliques, tout comme les papiers peints, se vendent en rouleaux de 27 po. de largeur. On en trouve du plus épais de qualité supérieure en rouleaux de 54 po. de largeur, mais ils sont plus difficiles à manier et ils nécessitent la présence d'un assistant. Ils ont moins de raccords, bien sûr, et s'enlèvent mieux quand vient le temps de redécorer. On n'a qu'à en décoller le coin avec l'ongle et à tirer dessus: chaque lé s'arrache du mur, intact, sans trempage ou grattage. Un autre avantage des vinyles et des papiers de 54 po., en particulier, c'est qu'ils dissimulent les imperfections des murs et les lézardes qui se formeront plus tard.

Le choix du papier dépend des goûts de chacun; toutefois, rappelez-vous que les papiers clairs font paraître les pièces plus grandes que nature et que les papiers foncés les font paraître plus petites. Ils semblent d'ailleurs rapprocher les murs. Les rayures verticales augmentent (du moins en apparence) la hauteur du plafond alors que les rayures horizontales font paraître la pièce plus large.

Le choix des adhésifs: Plusieurs papiers-vinyle et papiers peints se vendent pré-encollés. Le papier-vinyle léger se pose avec de la colle ordinaire de tapissier, mais le vinyle, surtout le plus épais et le plus lourd exige un adhésif spécial, plus fort que les colles ordinaires. Il faut également que cet adhésif résiste bien à l'humidité.

Combien de rouleaux? Avant de compter combien de rouleaux il vous faudra pour mener à bien votre besogne, rappelez-vous que le rouleau est l'unité de mesure dans le monde du papier peint. Il y a les rouleaux simples, les rouleaux doubles et les rouleaux triples. Le rouleau simple contient environ 36 pi. ca. de papier, le double: 72 pi. ca. et le triple: 108 pi. ca.

Il y aura de la perte pour le raccord des motifs, sans compter les "chutes" inévitables dues à la longueur des lés et aux émargements. Calculez que vous tirerez 30 pi. ca. d'usage d'un rouleau de 36 pi. ca.

Pour préciser le nombre de rouleaux nécessaires pour tapisser une pièce, calculez le périmètre de celle-ci. Il faudra diminuer de la longueur totale à laquelle vous serez arrivé les vides représentés par les portes et les fenêtres, toujours en tenant compte du rebut. Ainsi, une pièce de 10 pi. x 12 pi. a un périmètre de 44 pi. Pour connaître le nombre de pieds carrés des murs, multipliez le périmètre par la hauteur. Les murs ont 8 pi. de haut? La pièce compte donc 352 pi. ca. sans les portes et les fenêtres. Divisez par 30 pi. (ce qui reste du rouleau de 36 pi.); il vous faudra donc douze rouleaux pour tapisser cette pièce.

De ceci, soustrayez un rouleau de papier par deux ouvertures normales (fenêtre, porte, foyer, etc.). Si la pièce dont il est question compte quatre ouvertures, déduisez deux rouleaux du total auquel vous êtes arrivé. Il vous faut donc finalement dix rouleaux.

Le tableau de droite vous facilitera le calcul du nombre de rouleaux requis pour toute pièce de dimensions réglementaires.

Les bordures: Peut-être souhaitez-vous compléter votre tapissage par la pose, au sommet des murs, d'une bordure décorative? Ces bordures se vendent à la verge linéaire et non au rouleau. Il y en a de plusieurs largeurs. Pour savoir combien de verges de bordure il vous faut acheter, additionnez en pieds le périmètre des murs, divisez par trois, et vous y êtes.

Plafonds: Pour connaître la quantité de papier nécessaire pour couvrir le plafond d'une pièce, multipliez sa longueur par sa largeur (en pieds) et divisez par 30. Réponse: le nombre de rouleaux qu'il vous faut.

TABLEAU DES QUANTITÉS

Distance autour de la pièce en pieds	Rouleaux simples pour murs Hauteur du plafond			Nombre de verges pour les bordures	Rouleaux simples pour les plafonds
	8 pi.	9 pi.	10 pi.		
28	8	8	10	11	2
30	8	9	10	11	2
32	9	10	11	12	2
34	10	11	12	13	4
36	10	11	12	13	4
38	11	12	13	14	4
40	11	12	14	15	4
42	12	13	14	15	4
44	12	14	15	16	4
46	13	14	16	17	6
48	13	15	16	17	6
50	14	15	16	18	6
52	14	16	17	19	6
54	15	17	18	19	6
56	15	17	19	20	8
58	16	18	20	21	8
60	16	18	20	21	8
62	17	19	21	22	8
64	18	20	22	23	8
66	18	20	22	23	10
68	18	21	23	24	10
70	19	21	24	25	10
72	19	22	24	25	12
74	20	23	25	26	12
76	21	23	26	27	12
78	21	24	26	27	14
80	22	24	27	28	14
82	22	25	28	29	14
84	23	26	28	30	16
86	23	26	29	30	16
88	24	27	29	31	16
90	24	27	30	32	18

Ceci, en comptant qu'un rouleau simple couvre 30 pi. ca. de murs. Déduisez un rouleau simple pour deux ouvertures.

Le papier peint

Traitement des murs

Vous pouvez tapisser un mur déjà couvert de papier si ce dernier tient encore bien. Enlevez les parties décollées et poncez les abords. S'il y en a trop, enlevez le tout. Même jeu s'il y a plus d'une couche de papier. Ne couvrez pas de papier vinyle un mur déjà tapissé; le vinyle arrachera le vieux papier, en séchant.

Lorsque vous décollez de grandes surfaces, utilisez une machine à vapeur: il s'en loue dans toutes les régions. Il existe aussi des produits qui facilitent le décollage et qu'on applique avec une éponge. Arrachez le papier avec un couteau à lame large.

Si vos murs de plâtre sont neufs, assurez-vous qu'ils soient bien secs, puis appliquez un apprêt vendu pour cet emploi chez le marchand de papier peint. De toute façon, rebouchez les surfaces avant de commencer la pose du papier. Les surfaces non tapissées se préparent tel qu'expliqué à la page 322, puis sont enduites d'une couche d'apprêt à base de colle.

Enlevez le vieux papier avec une machine à décoller ou imbibez-le d'un mélange d'eau et d'un produit qui facilite le décollage.

Quand le papier a trempé assez longtemps pour se ramollir, enlevez-le avec un couteau à mastiquer. Attention au plâtre.

Planifiez le travail

On colle habituellement le premier lé à la gauche ou à la droite d'une porte, d'une fenêtre ou du bout d'un mur, en allant vers la surface la moins coupée d'ouvertures. Toutefois, si votre papier s'orne de larges dessins, il sera préférable de commencer sa pose au-dessus d'un centre d'intérêt: la cheminée, par exemple, ou le divan principal.

Coupez les rouleaux en lés de la longueur désirée, plus 4 pouces pour permettre d'araser, après collage, les extrémités des lés qui dépasseront le long des plinthes et des cimaises.

S'il s'agit de papier à motifs, il faudra que ces motifs soient alignés sur toute la longueur. Par conséquent, les lés devront être coupés de façon que les motifs se raccordent. Pour cela, le premier lé étant coupé, le rouleau sera posé contre ce lé, étalé sur la table, et on ne coupera le second qu'après avoir raccordé les motifs. Les lés suivants seront coupés de la même façon, après alignement.

On peut joindre les lés de deux façons: les aligner ou les rabouter. Les tapissiers préfèrent cette dernière méthode.

Si le papier n'est pas émargé, il vous faudra enlever les bordures des deux côtés du rouleau. De nos jours, le papier peint qu'on nous offre en magasin est pré-émargé.

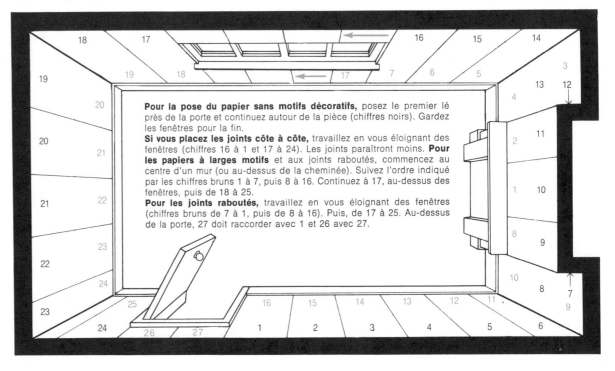

Pour la pose du papier sans motifs décoratifs, posez le premier lé près de la porte et continuez autour de la pièce (chiffres noirs). Gardez les fenêtres pour la fin.
Si vous placez les joints côte à côte, travaillez en vous éloignant des fenêtres (chiffres 16 à 1 et 17 à 24). Les joints paraîtront moins. **Pour les papiers à larges motifs** et aux joints raboutés, commencez au centre d'un mur (ou au-dessus de la cheminée). Suivez l'ordre indiqué par les chiffres bruns 1 à 7, puis 8 à 16. Continuez à 17, au-dessus des fenêtres, puis de 18 à 25.
Pour les joints raboutés, travaillez en vous éloignant des fenêtres (chiffres bruns de 7 à 1, puis de 8 à 16). Puis, de 17 à 25. Au-dessus de la porte, 27 doit raccorder avec 1 et 26 avec 27.

Raccorder, aligner et coller

Pour vous assurer de la verticalité des lés posés, vous aurez besoin du fil à plomb. Les encadrements de fenêtres ne doivent pas servir de lignes verticales pour l'alignement des lés; comme les cadres de portes, ces encadrements peuvent ne pas être absolument verticaux.

Fixez le fil par une épingle ou un clou le long d'un encadrement; enduisez la ficelle de craie, tendez-la et faites-la claquer contre le mur. Agissez de même pour chaque mur.

Posez la liasse des lés taillés à l'endroit sur la table. Trempez votre pinceau dans la colle et encol-lez chaque lé juste avant de le suspendre. Étendez la colle également (les espaces oubliés gondoleront). Allez du haut du lé vers le bas en commençant par le centre de celui-ci. Laissez une bande d'un pouce libre au sommet et couvrez bien les bords verticaux. Repliez et encollez.

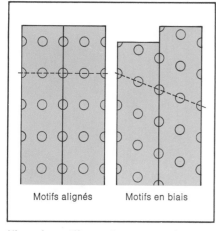

Alignez les motifs quand vous coupez le papier peint. Il existe deux types de motifs, tel qu'illustré: alignés et en biais; ces derniers sont plus difficiles à poser.

Motifs alignés   Motifs en biais

Pour obtenir la verticale, suspendez au bord du plafond un fil à plomb marqué de craie et tendez-le. Laissez-le claquer contre le mur: sa marque sera la vraie verticale.

Placez les lés émargés mais non collés sur une grande table en vous assurant que les motifs sont alignés. Coupez assez de lés pour un mur, puis tournez-les sur leur endroit.

Appliquez la colle en partant du haut du lé (c'est inscrit sur les marges) et en commençant par le milieu. Laissez un ou deux pouces libres en haut.

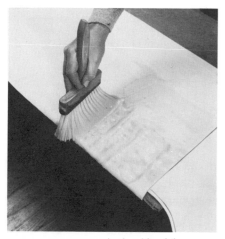

Encollez ensuite la bande la plus éloignée de vous en couvrant bien le bord. Le papier doit être bien supporté des deux côtés pour ne pas se froisser.

Puis encollez la bande la plus rapprochée. Assurez-vous qu'il n'y a pas de "manques". Les espaces non couverts gondoleront quand le papier sera sec.

Encollez la moitié du lé puis repliez-le en deux sur lui-même et encollez l'autre partie. Ne pressez pas le papier sur le repli: cela paraîtrait inévitablement.

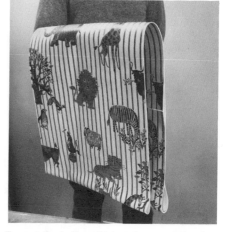

Transportez le lé replié jusqu'au mur, sur votre bras, tel que l'indique la photo, le haut du lé, sur le dessus, prêt à être installé à partir de la ligne du plafond.

Le papier peint

Poser, araser et tourner les angles

Posez le haut du lé à l'alignement du plafond, en le laissant dépasser un peu pour pouvoir araser par la suite en alignant sur le trait vertical. Passez la brosse à coller sur le lé pour le maintenir en place, puis dépliez l'autre moitié et recommencez avec la brosse jusqu'à ce que le papier soit bien lissé.

Passez la brosse du plafond au plancher, au milieu du lé, pour chasser les bulles d'air. Marquez le haut et le bas du lé avec les ciseaux et arasez. Dans les angles, ne posez pas toute une longueur de lé. Coupez-le de façon à ce qu'une bande de ½" tourne le coin.

Les angles sont souvent irréguliers. Si vous es-sayez de poser tout un lé autour d'un coin, le papier se froissera. Pour éviter cela, mesurez la distance entre le dernier lé collé et l'angle du mur, à plusieurs hauteurs; ajoutez ½" à la mesure la plus grande et découpez un lé de cette largeur. Encollez-le et lissez-le, le ½" en excédent tournant l'angle.

Dépliez la moitié supérieure du premier lé en la tenant par la section non encollée. Positionnez le papier en le laissant un peu dépasser de la cimaise et en l'alignant sur le trait vertical.

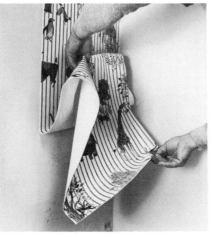

Passez la brosse le long du centre en allant vers les bords pour chasser les bulles d'air, les plis et le surplus de colle. Assurez-vous que le papier adhère bien.

Dépliez le bas du lé et appliquez-le contre la paroi de la même façon que vous vous y êtes pris pour le haut. Puis lissez le lé entier avec la brosse.

Vous servant d'un couteau à mastiquer comme guide et d'une lame de rasoir, enlevez l'excédent de papier au plafond et le long de la tringle. Ajoutez de la colle, si nécessaire.

On peut aussi, après l'avoir marqué avec le dos des ciseaux, détacher légèrement le papier pour en couper l'excédent avant de le recoller à la brosse, en lissant.

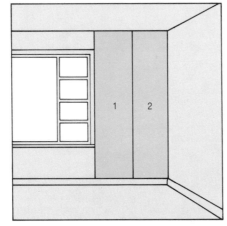

Posez le deuxième lé contre le premier, et ainsi de suite, suivant l'ordre dans lequel ils ont été taillés. Pour aligner les lés, glissez le bord de l'un sur l'autre.

Après dix à quinze minutes, pressez les joints légèrement avec une roulette d'angle — sauf s'il s'agit de papier gaufré, car celui-ci ne se roule pas.

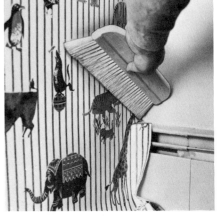

A moins qu'un angle ne soit parfaitement droit — ce qui est rare — on obtient difficilement un raboutage parfait. Toutefois, le défaut paraîtra à peine.

Cheminées, fenêtres et portes

Les motifs de votre papier peint ne pourront pas toujours être parfaitement alignés dans la pièce que vous tapissez. C'est inévitable, à cause des portes, des fenêtres et même de la cheminée. En ce qui concerne les portes et les fenêtres, le problème est de conserver aux lés qui les entourent une continuité de motifs avec les lés qui couvrent les murs voisins. Pour cela, il faudra tailler des lés qui vont du plafond au plancher, tout comme s'il n'y avait pas d'ouvertures, même si l'on n'utilise qu'un pouce ou deux du lé sur une partie de sa hauteur. Ensuite, on découpe au-dessus de la porte ou de la fenêtre. C'est une façon de procéder qui fait malheureusement gaspiller du bon papier.

Autrement, vous pouvez essayer, dans les coins peu éclairés ou moins en évidence, des alignements de lés qui, pour n'être pas absolument parfaits, n'en sont quand même pas trop disgracieux.

Si vous avez un foyer dans la pièce que vous tapissez et que vous utilisez un papier à grands motifs, posez le premier lé au centre du manteau de la cheminée. Il tirera l'oeil.

Marquez la ligne suivant laquelle le papier devra être arasé sur l'entablement, sans tirer sur le papier qui pourrait céder aux points de rencontre du foyer.

Enlevez le plus possible du papier de rebut avant d'ajuster le lé contre les angles. Puis coupez-le et ajustez-le sous la tablette de l'entablement.

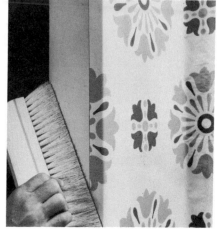

Laissez une bande de 1 po. dépasser aux angles, puis lissez à la brosse. La colle qui souillera la brosse devra être nettoyée. Enlevez la colle sur le lé avec une éponge.

Enlevez les plaques d'interrupteurs et de réceptacles avant de commencer le travail. Tapissez par-dessus l'ouverture, puis taillez le papier autour des orifices.

Ceci fait, replacez les plaques d'interrupteurs et de réceptacles. Agissez de même pour un travail de peinture. Vous obtiendrez des résultats professionnels.

Marquez le papier autour des encadrements de porte avec la pointe arrondie des ciseaux. Après l'avoir coupé, lissez-le à la brosse en pressant bien aux angles.

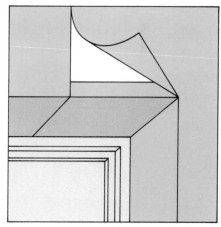

Pour les fenêtres en alcôve, tapissez d'abord l'intérieur. Appliquez le papier dans les recoins, puis collez le lé extérieur par recouvrement pour masquer le joint.

Le papier peint

Comment tapisser un plafond

Comme les lés courts se manœuvrent plus aisément que les longs, coupez vos lisières pour le plafond sur le sens de la largeur plutôt que sur la longueur. Tapissez le plafond d'abord, les murs ensuite. Tracez une ligne au plafond afin que le premier lé soit parallèle au mur de départ. Taillez, encollez et pliez comme pour les murs, en ajoutant 2″ aux mesures du plafond. Dépliez le bout du lé et montez-le au plafond tout en supportant l'autre bout toujours plié avec un rouleau. Allouez 1 po. supplémentaire au bout. Arasez le surplus selon que le lé s'arrête ou non à une moulure. C'est avantageux d'employer un papier du même motif pour murs et plafond quand le côté étroit de la pièce à tapisser fait face à l'entrée. Le motif continu donne de la hauteur. Certains papiers peuvent couvrir un mur et un plafond, mais ne peuvent redescendre l'autre mur, leur imprimé se trouvant alors tête en bas.

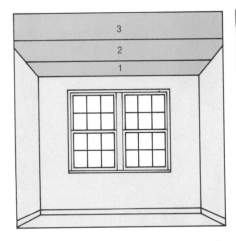

Posez les lés sur la largeur plutôt que sur la longueur en tapissant un plafond. Commencez près d'une fenêtre et allez vers le fond de la pièce. Tracez une ligne-guide à la craie.

Taillez vos lés en allouant, à chaque bout, une marge de 1 ou 2 po. pour l'arasage. Encollez comme pour les murs et pliez le papier en accordéon.

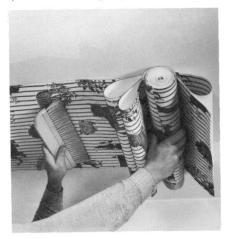

Montez le premier lé au plafond en le soutenant avec un rouleau. Défaites un pli à la fois en le lissant avec une brosse au fur et à mesure que vous l'étendez au plafond.

Découpez le papier comme ceci autour des lustres du plafond. Fixez-le en place soigneusement. Quand le lé entier est posé, enlevez le rebut à la lame de rasoir.

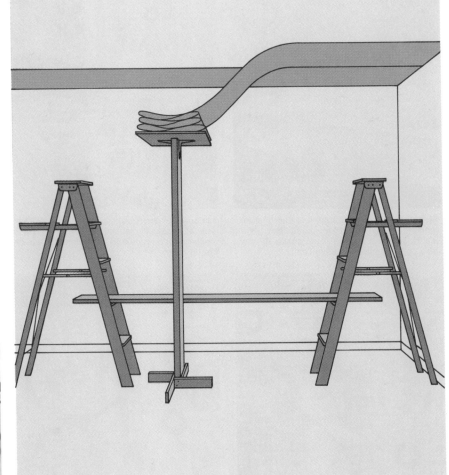

Pour tapisser un plafond, improvisez une plate-forme à l'aide de deux escabeaux et d'un madrier. De la sorte, vous pourrez poser les lés entiers sans redescendre. Votre tête doit être à 6″ du plafond. Fabriquez-vous aussi un support à papier, tel qu'indiqué, avec des 1 x 3. Ce support remplacera l'assistant qui vous serait indispensable autrement.

La pose des carreaux

Rien de plus facile, pour transformer un plafond, que de lui faire un chapeau neuf avec des carreaux. Les dimensions de ces carreaux sont de 12 x 12, 12 x 24, 24 x 24 et 24 x 48. Plus grands que cela, les panneaux, comme on les appelle alors, servent à des usages commerciaux. La plupart des carreaux de plafond sont faits de fibre de bois et traités pour résister au feu. Certains sont même complètement incombustibles.

Les carreaux de plafond se posent de deux manières:

1. Par application directe. Le revêtement se fixe aux fourrures avec des agrafes ou du ciment spécial.

2. Avec un grillage métallique suspendu dans lequel les carreaux s'emboîtent sans adhésif ou agrafes. On peut retirer les carreaux pour les laver, les remplacer ou pour avoir accès à la tuyauterie et aux fils électriques. C'est l'idéal pour qui possède des tuyaux, fils ou conduits d'air apparents ou des plafonds endommagés.

Avant de commencer, faites un plan à l'échelle sur papier. Indiquez les ouvertures, lustres et autres obstructions. Il faudra effectuer un calcul pour que la pose soit symétrique. Les carreaux adjacents aux murs doivent être identiques tout autour de la pièce; si vous arrivez à une fraction, mettez des demi-carreaux en bordure.

Les motifs des carreaux importent beaucoup: pensez-y en les achetant. Certains, à patrons continus, s'alignent les uns à côté des autres, tandis que d'autres se placent en damier, un carreau à l'horizontale, un à la verticale. Il en existe aussi qu'on peut installer à sa guise, dans un sens ou dans l'autre. L'important, c'est de ne pas choquer l'oeil en posant des parties de carreaux inférieures à la moitié du carreau lui-même.

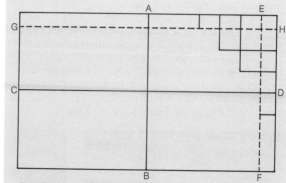

Des lignes tracées au plafond vous guideront. Posez le premier carreau dans un coin. Assurez-vous que les lignes E-F et G-H sont parallèles à A-B et C-D dont le point de rencontre est le centre de la pièce.

Plan de pose

Si le plafond est inexistant — comme dans un sous-sol non fini — ou si le plafond que vous avez est gravement avarié, il faudra poser des fourrures de 1 x 3 à angle droit sur les solives et les chevrons. La première fourrure sera clouée le long du mur, au plafond. La seconde? Tout dépend de la largeur du carreau de bordure. Placez-la de telle sorte que la languette du carreau arrive au centre de la fourrure. Continuez en travers du plafond, à compter du deuxième carreau, en installant des fourrures parallèles à 12 po. centre à centre (pour carreaux de 12 po. x 24 po.). Une planchette d'espacement vous serait très utile pour ce travail. L'avant-dernière fourrure doit être à la même distance du mur que la seconde; la dernière est clouée au mur.

Commencez la pose dans un coin. Taillez les carreaux aux dimensions déterminées précédemment. Assurez-vous que les languettes soient toutes placées dans la direction opposée au point de départ. Posez le premier carreau en l'agrafant du côté de la languette. Du côté du mur, clouez. Laissez un léger espace entre le carreau et le mur; cela vous donnera du jeu, et la moulure le dissimulera. Les rainures et languettes doivent s'assembler étroitement, mais ne les forcez pas. Placez deux carreaux de bordure à la fois, puis les carreaux complets. Si le plafond est solide, collez-y les carreaux à même.

1. Pour clouer également les fourrures, utilisez une planchette d'espacement.

2. Clouez les fourrures à 12 pouces, de centre en centre.

3. Agrafez les carreaux sur les fourrures à chaque coin de la languette.

4. Glissez les languettes des carreaux dans les rainures correspondantes.

5. Utilisez une règle et un couteau pour couper les carreaux.

6. Terminez en posant une moulure de finition au joint du plafond et des murs.

Les plafonds

La pose d'un plafond suspendu

Les plafonds suspendus, qu'on appelle aussi plafonds surbaissés, servent à moderniser et à "rabaisser" un plafond déjà existant, à couvrir un plafond endommagé, à dissimuler la plomberie, les fils électriques et les entretoises des solives.

Avant de commencer la pose, dessinez sur papier le diagramme du plafond en indiquant l'endroit de chaque panneau et les lustres. Sur votre papier quadrillé, un carreau équivaut à un pied carré.

Les panneaux des plafonds suspendus se vendent en deux dimensions pour la construction domiciliaire: 2 pi. x 2 pi. et 2 pi. x 4 pi., et en plusieurs modèles. Ils servent à merveille les projets de décoration: une pièce étroite et longue paraît plus large si vous couvrez son plafond de panneaux rectangulaires placés sur la longueur.

Indiquez sur le croquis les sorties des lustres. Si votre pièce est large de 15 pi., prévoyez de placer trois panneaux de 2 x 4 et un panneau de 1½ po. de chaque côté, comme bordure. Les panneaux de bordure doivent toujours être égaux des deux côtés si vous voulez que votre plafond soit agréable à l'œil et symétrique. Les grillages des panneaux sont blancs, mais peuvent être peints.

Grâce aux plafonds surbaissés, vous avez accès à la tuyauterie et au filetage électrique sans démolir le plafond, car les panneaux se glissent hors du grillage.

1. Claquez sur le mur un fil enduit de craie à la hauteur où vous voulez le plafond. Retenez qu'il faut 4 po. de jeu pour installer les panneaux.

2. Fixez les angles en L fournis avec les panneaux sur la ligne marquée à la craie. Utilisez des clous pour commencer. Par la suite, posez des vis à tous les 2 pi.

3. Tirez des ficelles en travers de la pièce entre les angles des murs; elles vous serviront de guide pour monter les coulisseaux et les traverses du système de grillage.

4. Insérez ensuite un piton aux intersections où les ficelles se croisent. Passez un fil de fer dans chaque piton et tordez-en le bout pour qu'il tienne.

5. Les rails principaux sont suspendus à ces fils. Ajustez la hauteur des rails, soit grâce aux fils ou en tournant les pitons. C'est une façon ingénieuse de s'en tirer.

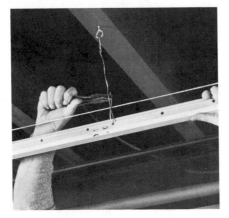

6. Posez d'autres pitons et d'autres fils de fer sous chaque 2e poutre comme support pour la traverse principale. Les rails peuvent être joints bout à bout si le plafond est long.

7. Insérez les rails transversaux dans le rail principal à tous les 2 pi. Ils sont munis de pattes qui s'ajustent dans les encoches du rail principal. Vérifiez l'alignement.

8. Installez maintenant les panneaux en les inclinant légèrement pour les glisser en place entre les rails, puis abaissez-les là où ils doivent aller.

L'installation des plafonniers

Un des avantages des plafonds suspendus, c'est la facilité avec laquelle, grâce à eux, on peut installer soi-même ses plafonniers. Si vous posez des panneaux translucides dans quelques-unes des ouvertures, ils laisseront passer la lumière et illumineront agréablement la pièce. Vous pouvez placer ces panneaux là où vous le désirez. Les modèles sont variés et jolis: à lames, en alvéoles ou blanc givré. Placez l'éclairage où cela vous chante ou là où vous en avez besoin: vous rendrez votre maison fonctionnelle et très personnelle. Vous pouvez, à votre guise, illuminer le plafond entier de la salle de bains ou des petites pièces.

L'éclairage fluorescent convient parfaitement aux plafonds suspendus. Les unités d'enfoncement sont de la même grandeur que les carreaux ordinaires et s'installent facilement. Mettez-en où il en faut. N'employez jamais d'ampoules plus fortes que celles que recommande le fabricant de ces unités. Les tubes fluorescents ordinaires répandent une lumière trop crue. Préférez-leur les tubes du type "blanc de luxe" dont l'éclat ressemble à celui des lampes à incandescence.

L'appareillage électrique doit être fixé aux grillages et non au plafond lui-même, vous évitant les problèmes d'interférence causés par la tuyauterie et par les conduits d'air. Les plafonniers sont montés sous les panneaux ou à ras du bord.

L'accessoire plafonnier qu'on vous vend quand vous achetez les matériaux du plafond suspendu a les mêmes dimensions (12 po. x 12 po.) que les carreaux de plafond.

Placez la boîte de jonction sur le châssis-adaptateur et raccordez les fils à la ligne électrique (p. 266). N'oubliez pas de laisser un espace pour l'interrupteur.

Posez le dôme réflecteur. Sa surface polie amplifie la lumière de l'ampoule. Frottez-le avec un chiffon doux pour en enlever les marques de doigts.

Vissez en place une ampoule de 100 watts et glissez les attaches à ressorts du diffuseur dans les fentes prévues à cet effet. Le plafonnier excédera le plafond de 3 po.

Pour installer une lampe fluorescente dans un plafond suspendu, attachez les supports de montage aux brides des rails et assujettissez-les avec des vis.

Puis fixez le tout aux supports de montage, en faisant glisser les deux empattements de chaque bout dans les fentes des supports auxquelles ils correspondent.

Posez les panneaux réflecteurs. Branchez l'appareil au courant qui convient. Prévoyez la pose d'un interrupteur et mettez en place les lampes fluorescentes.

Dernière étape: glissez le panneau de défilement qui dissimule les lampes fluorescentes et qui laisse filtrer la lumière. Il s'en vend des translucents à lames et à alvéoles.

Le revêtement des murs

Choix du revêtement

Les propriétaires sont gâtés, de nos jours: ils bénéficient, pour couvrir leurs murs, d'un choix considérable de revêtements qui vont du très mince (une fraction de pouce) — le papier peint — au très épais (jusqu'à un pouce) — les panneaux de bois. Le choix est si vaste que l'imagination peut s'en donner à cœur joie. En plus des revêtements muraux traditionnels: panneaux de bois, de gypse, contre-plaqués, bois pressé, carreaux de céramique et plâtre, les commerçants vous proposent, entre autres, des lamellés de plastique, des panneaux de fibre de verre, de plastique ondulé et de polystyrène, des maçonneries de parement de pierre et brique, du métal en feuille, des reproductions en vinyle de motifs décoratifs, etc. Nous vous avons décrit, en page 341, les papiers peints et autres revêtements du même type. Nous nous attaquons maintenant à ce qu'il est convenu d'appeler les revêtements rigides.

Le panneautage de bois: Ce matériau est populaire à plusieurs titres: il vieillit bien et isole mieux que nombre d'autres revêtements contre le bruit et la chaleur. Il se vend en une étonnante variété de grains de bois allant du pin naturel aux bois durs des essences feuillues. En plus des panneaux prévus pour l'intérieur, à rainure et languette, vous pouvez utiliser également certains panneaux conçus pour l'extérieur. Même le parement à clin trouve place dans la maison où il fait bonne figure dans une pièce aux murs peints ou tapissés. Les revêtements intérieurs ont de ⅜" à ¾" d'épaisseur, de 3" à 12" de largeur et jusqu'à 8' de hauteur. Leur seul défaut, c'est leur coût élevé. La plupart des bois durs: noyer, chêne, cerisier, acajou, coûtent cher, surtout préfinis. Les panneaux de bois mous tels que le séquoia, le pin noueux et le cèdre rouge de l'ouest coûtent moins cher.

Le contre-plaqué: En plus de se vendre en un grand choix de placages et de textures, les panneaux de contre-plaqué sont faciles à poser; ils gauchissent peu et se fendillent encore moins. Règle générale, ils semblent agrandir la pièce où ils sont posés et ils l'embellissent en l'isolant contre le bruit et la chaleur.

Les panneaux décoratifs en contre-plaqué ont une face en essence de bois rares, durs ou mous. Ils sont, pour la plupart, préfinis à l'usine et mesurent de 16" à 4' de largeur. Les plus populaires ont ¼" d'épaisseur et s'installent, au choix, selon l'une ou l'autre des quatre méthodes suivantes:

1. Avec du ciment contact: les panneaux sont collés, sans être cloués. C'est la méthode recommandée pour la pose des panneaux préfinis.

2. Avec des agrafes, on peut assujettir les panneaux tout en dissimulant les têtes de clous derrière les panneaux.

3. Avec des clous qu'on enfonce dans les montants ou dans les fourrures. Recommandé pour le bois texturé, mais déconseillé pour les panneaux préfinis dont la surface sera gâchée.

4. Avec les panneaux en V. Les rainures fantaisistes de ces panneaux sont placées de telle sorte qu'on en compte une à tous les 16" du centre. Le clouage dans la rainure ne gâche pas le fini des panneaux et les têtes de clous sont aisément dissimulables.

Les bois durs préfinis: Ces panneaux préfabriqués sont durs et résistent à l'humidité; ils ne craquent pas et ne se fendillent pas. On les obtient en plusieurs couleurs et motifs — certains simulent le marbre ou le bois naturel — en finis cuits ou à face de vinyle. La plupart des panneaux de bois durs fabriqués en usine se vendent en grandeurs régulières de 4 pi. x 8 pi. et de ¼" d'épaisseur. Plusieurs marques s'obtiennent en longueurs de 6 à 10 pi.; quelques-unes, en planches de 16 pi. On pose le panneautage avec de l'adhésif ou encore avec de l'adhésif et des clous (ou des vis) qu'on enfonce dans un fond de clouage solide, dans des poteaux d'ossature murale ou dans des fourrures.

Les panneaux perforés dont on se sert pour l'étalage, ou comme support à outils, font de magnifiques revêtements muraux. Si vous les utilisez, espacez les panneaux à 16" de distance les uns des autres. Là où les trous arrivent sur des supports solides, les poteaux peuvent être peints en noir pour simuler un espace vide. On peut aussi rainurer les supports pour y insérer les grappins.

Les panneaux isolants: Les panneaux isolants ne coûtent pas cher et sont (à cause de leur légèreté) faciles à manœuvrer. Leur surface est texturée et ils se vendent en plusieurs couleurs. On les utilise à maints usages à cause de leurs propriétés isolantes: ils remplacent même, au besoin, d'autres isolants. Bien sûr, ces revêtements sont fragiles; mais les murs sont rarement exposés aux coups. Lorsqu'il y a lieu de craindre ce danger, on pose les panneaux sur une surface solide. Les panneaux isolants se posent, règle générale, sur des fourrures ou sur une charpente rudimentaire; les panneaux sont fixés aux languettes avec des clous ou des agrafes.

Les planches de gypse: Ce matériau très en vogue est fait d'un noyau de gypse placé entre des couches de carton traité. Il procure une surface parfaite pour l'application de papier peint, de peinture ou de revêtement en rouleaux. Il s'obtient en vinyle coloré et en imitation de bois, surfaces qui ne nécessitent aucune autre décoration.

Les stratifiés: Grâce à eux, vous obtiendrez la même surface résistante que celle de vos placards de cuisine. Les stratifiés se vendent en une grande variété de textures: imitation de bois, couleurs uniformes ou motifs spéciaux. Comme ils résistent à tout, on peut les placer n'importe où, mais plus spécialement là où on risque d'en faire un rude usage. Ils se vendent en largeurs de 24" à 60" et en longueurs de 6' à 12'. Leur épaisseur de 1/32" les rend assez durs pour les murs, mais ils doivent alors être appliqués avec du ciment contact sur un renforcement de contre-plaqué, de planche murale ou de planche de gypse.

Les panneaux en fibre de verre: Ils se vendent en plusieurs couleurs sous forme de feuilles plates ou de feuilles ondulées comme le métal en feuilles. Ils se vendent surtout pour usage extérieur, mais on peut aussi s'en servir à l'intérieur, comme parement ou comme revêtement mural, élément de séparation ou cloison. Le seul support qu'ils nécessitent, c'est à la base et au sommet.

Les panneaux de polystyrène ont beaucoup en commun avec les panneaux en fibre de verre, mais ils sont prévus spécialement pour l'intérieur où, grâce à leurs dessins variés, ils créent un effet de verre teint.

Le liège: Les panneaux de liège pour revêtements mesurent 1 pi. x 3 pi. et ont 1", 1½" et 2" d'épaisseur. Ils se vendent aussi en carreaux de 12" x 12" et de ¼", ⅜" et ½" d'épaisseur, en brun pâle et brun foncé, qui se collent au mur.

Autres revêtements: On peut couvrir un mur de haut en bas avec des miroirs — en carreaux ou en panneaux. Les feuilles de métal, qui s'obtiennent en motifs et en finis variés, s'emploient également en décoration. Il se vend aussi des panneaux nouveau genre, faits de bois pressé. Les particules de bois qui les composent sont retenues ensemble par une résine synthétique, et compressées. Ces panneaux mesurent 4 pi. x 8 pi. et sont épais de ⅜" à ¾". On les fixe comme les autres revêtements rigides, et on peut ensuite les peindre aisément.

Le placage de brique

Le placage de brique et la brique de plastique se posent à peu près de la même manière. Appliquez l'adhésif sur le mur avec une truelle, en commençant par le haut. Laissez-le sécher quelques minutes: la brique y adhérera mieux. Humectez l'arrière de la brique et, avec vos deux mains, pressez celle-ci fermement dans l'adhésif, en la bougeant de côté et d'autre. Ce mouvement l'incruste dans l'adhésif et étale celui-ci autour d'elle, formant le joint. Laissez un espace de 3/8″ à 1/2″ entre les briques. Mouillez la baguette d'espacement et égalisez l'adhésif autour des briques. Coupez les briques avec une scie à métaux. Placez-les à l'envers sur l'établi et cassez d'un coup sec.

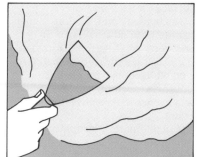
Couvrez à la truelle des carrés de 3 pieds de côté avec l'adhésif recommandé.

Ralentissez le durcissement en mouillant l'arrière des briques avec de l'eau.

Pressez la brique dans l'adhésif en un mouvement de balancier. Joint de 3/8″.

Le placage de pierre

La pierre véritable embellit n'importe quelle pièce d'une maison. On obtient presque le même effet quand on installe, à sa place, du placage de pierre. Ce dernier se pose comme le placage de brique (voir plus haut). Il se vend aussi du placage de pierre qui s'applique au mur avec des agrafes de métal et des vis. Les agrafes servent à espacer les pierres en même temps qu'elles les fixent. On remplit les joints d'un mastic composé d'une partie de béton et de 2 parties de sable mordant et d'assez d'eau pour former une pâte molle. Mouillez le bord des pierres avec un pinceau avant de poser le mortier. Quand ce dernier commence à durcir, travaillez les joints avec un goujon.

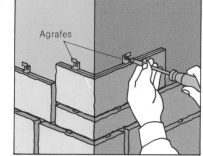
Agrafes
Fixez la pierre avec des agrafes de métal. Elles assurent l'espacement.

Appliquez un mortier spécial dans les joints avec un fusil de calfeutrage.

Travaillez le mortier avec un goujon dès qu'il commence à durcir.

Le revêtement en plastique

Un autre revêtement de murs très populaire, c'est le plastique épais qui se vend en rouleaux de 54 pouces. Ne pas confondre avec le papier peint recouvert d'une pellicule de vinyle: le revêtement en plastique est plus épais que l'autre et se pose différemment (voir à droite): il ressemblerait plutôt à un tissu d'ameublement en vinyle. On l'a d'abord utilisé pour les magasins et les bureaux, mais on s'en sert maintenant pour les habitations. Merveilleux pour dissimuler du plâtre craqué ou pour recouvrir un mur peint (enlever le papier peint auparavant, cependant). Ce matériau résiste aux lessivages répétés qui n'affectent ni sa texture ni sa couleur. Il requiert un adhésif spécial.

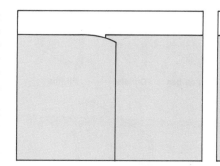
Obtenez un joint bien ajusté en appliquant les deux panneaux l'un sur l'autre pour environ un pouce.

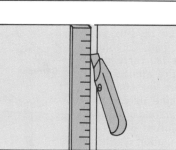
Coupez au travers des deux panneaux avec un couteau. Une règle de métal vous servira de guide.

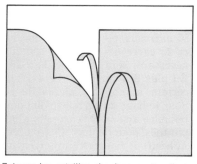
Enlevez les retailles du dessus et celles du dessous. Pressez en place. Enlevez l'adhésif en trop.

Carrelage de murs en céramique

Préparation des surfaces

Une préparation soignée des surfaces à recouvrir est indispensable pour la réussite de la pose d'un carrelage. Vérifiez d'abord si le vieux carrelage est monté sur un mur solide (contre-plaqué, stratifié) ou sur du plâtre (on l'appelle alors " bousillage ") particulièrement solide. Vous posez alors vos carreaux à même.

Si vous recouvrez du contre-plaqué ou des stratifiés (planche murale ou planche dure), assurez-vous qu'ils soient à l'épreuve de l'eau. Voici comment procéder selon les surfaces à préparer:

Plâtre: Une surface fraîchement plâtrée doit sécher au moins un mois avant la pose du carrelage. Si l'enduit est vieux, assurez-vous qu'il soit parfaitement sain. Faites sauter au grattoir les endroits défectueux, rebouchez au plâtre et badigeonnez au shellac.

Peinture: Décapez toute la surface ou, au moins, poncez-la sur le dessus avec une ponceuse-finisseuse, pour donner du mordant.

Planche murale: (latté, aggloméré, placoplâtre). Ces matériaux fournissent des surfaces idéales pour le carrelage, à condition qu'ils soient très solidement fixés sur des armatures. Vissez ce genre de panneaux avec espacements de 12" sur des pièces de bois de ⅜" d'épaisseur et espacements de 16" sur des pièces de ½".

Contre-plaqué: Tel que mentionné plus haut, on peut poser des carreaux de céramique sur du contre-plaqué, à condition que ce dernier soit prévu pour usage extérieur.

Outils de carreleur

Voici quels outils vous seront nécessaires pour cette besogne:

Une truelle grattoir. Achetez-en une dentée d'un côté et lisse de l'autre si vous carrelez de larges surfaces.

Un coupe-verre peut servir, mais sa pointe s'émousse vite. Préférez-lui le coupe-céramique au carbure de tungstène, l'outil le plus efficace pour la coupe des carreaux.

Des tenailles. Il s'en vend à pointe au carbure pour couper les carreaux: des pinces ordinaires suffisent.

Une truelle à face caoutchoutée. Utilisez cet outil pour le jointoiement. Vous aurez aussi besoin d'une pierre à aiguiser au carborundum, d'une éponge, d'un marteau, d'un fil à plomb, d'un niveau de charpentier et d'une truelle à mortier.

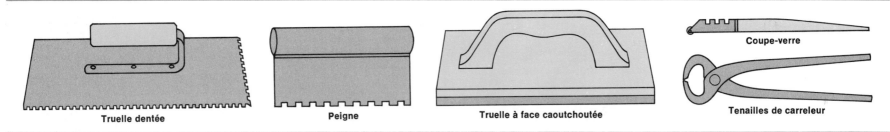

Truelle dentée   Peigne   Truelle à face caoutchoutée   Coupe-verre   Tenailles de carreleur

Evaluation des matériaux nécessaires

Carreaux: Consultez le tableau de droite pour déterminer le nombre de carreaux qui vous sont nécessaires pour couvrir la longueur et la hauteur de vos surfaces et multipliez par deux. Exemple: il faut 30 carreaux pour couvrir une longueur de 10½ pi. et 26 carreaux pour une hauteur de 9 pi. Le total nécessaire sera donc de 30 x 26, soit 780 carreaux. En plus des carreaux (de 4¼") il faudra ajouter un certain nombre de pièces de bordure ou cimaise pour le haut du carrelage ou pour un côté, de gorges pour les angles, de carreaux à bords arrondis ou de plinthes pour le bas. Ces pièces mesurent 6".

Adhésif: Il faudra compter environ 1 gallon d'adhésif par 50 pieds carrés.

Coulis de ciment: Une livre du mélange couvrira environ 18 pieds carrés.

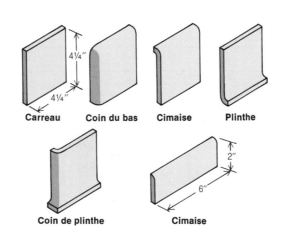

Carreau   Coin du bas   Cimaise   Plinthe

Coin de plinthe   Cimaise

Pieds	Carreaux	Pieds	Carreaux
5	15	10½	30
5½	16	11	32
6	17	11½	33
6½	18	12	34
7	20	12½	36
7½	22	13	37
8	23	13½	39
8½	24	14	40
9	26	14½	41
9½	27	15	43
10	29		

Les carreaux indiqués mesurent 4¼" x 4¼". Si l'une de vos mesures est entre deux des dimensions du tableau, utilisez la plus grande dans vos calculs.

Préparation avant la pose

Votre travail aura l'air exécuté par un expert si vous commencez la pose de vos carreaux de céramique sur une surface d'équerre. Il est rare que les pièces aient des angles parfaitement droits: le diagramme ci-bas l'indique, en exagérant les défauts du mur. Le secret d'un travail élégant, c'est de tracer une surface carrée: les portions de carreaux posées sur les côtés auront ainsi à peu près la même dimension.

Pour tracer cette surface, trouvez d'abord le point le moins élevé du mur. Le croquis illustre l'endroit le plus bas au-dessus de la baignoire. Tracez, à partir de ce coin, une ligne horizontale de la hauteur d'un carreau, le long de la baignoire. Utilisez un tasseau de 36″ à 48″ de long en guise de jauge pour tracer la ligne (voir la photo). Appuyez ce tasseau sur le mur;

déplacez-le de gauche à droite pour trouver l'emplacement du premier carreau. Les fractions des carreaux des extrémités de chaque rang doivent avoir les mêmes dimensions.

A chaque bout de ce tasseau, élevez des lignes verticales d'aplomb pour former un carré parfait. Cette étape se franchira aisément si vous clouez des lisières de bois sur le mur, à l'extérieur des tracés.

Etalez l'adhésif avec une truelle sur des surfaces carrées de 3′ de côté. Striez l'adhésif en vous servant du côté denté. Pressez fortement l'outil contre la surface afin que les sillons aient la même hauteur que les dents de la truelle. Commencez la pose à partir d'une des lignes verticales et carrelez la moitié du mur à la fois, en rangées horizontales. Pressez

chaque carreau dans l'adhésif sans le glisser, car l'adhésif déborderait sur les bords du carreau. Vérifiez l'alignement au niveau avant d'ajouter d'autre adhésif. Lorsqu'une rangée est croche, enlevez tous les carreaux de cette dernière et posez-en de nouveaux. N'utilisez pas les carreaux enlevés sans les nettoyer. Terminez les surfaces délimitées avant d'appliquer les portions de carreaux des extrémités.

Le jointoiement: Laissez l'adhésif durcir pendant 24 heures avant d'appliquer le coulis. Tenez compte des instructions pour faire le mélange. Servez-vous d'une raclette pour faire pénétrer le coulis dans les joints en un mouvement en forme d'arc, et en la tenant inclinée. Quand le coulis commencera à sécher, enlevez l'excédent avec un chiffon humide. Rincez le mur sec.

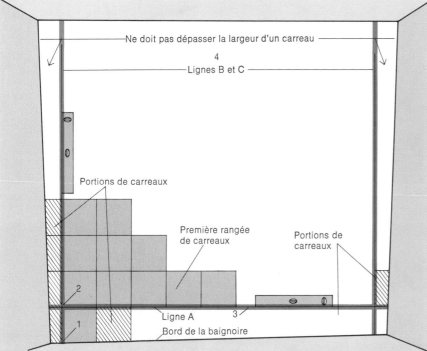

Ne doit pas dépasser la largeur d'un carreau

4

Lignes B et C

Portions de carreaux

Première rangée de carreaux

Portions de carreaux

2

1

Ligne A 3

Bord de la baignoire

Equerrage du mur pour le carrelage: 1. Trouvez le coin le plus bas du bord de la baignoire. **2.** Mesurez la hauteur d'un carreau complet à partir du point le plus bas. Tracez la ligne horizontale A. Elle doit être de niveau. **3.** Utilisez une jauge pour déterminer l'emplacement des carreaux complets; les portions des côtés doivent être de même dimension. **4.** Tracez les lignes verticales B et C perpendiculaires à A. Posez les carreaux, taillez et posez les portions.

Tracez sur une jauge une série de lignes de la largeur des carreaux.

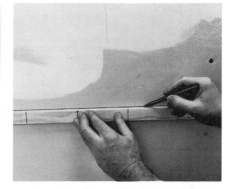

Continuez le tracé horizontal d'un bout à l'autre du mur.

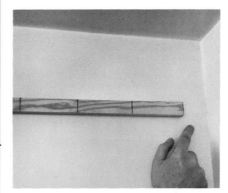

Faites glisser la jauge de façon à conserver une marge égale à droite comme à gauche.

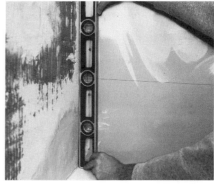

Utilisez le niveau pour tracer une perpendiculaire à la ligne horizontale du départ.

Carrelage des murs en céramique

La pose des carreaux

1. Appliquez l'adhésif sur un mur propre et bien préparé.

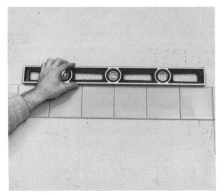

2. Posez la première rangée le long du tracé horizontal au-dessus de la baignoire.

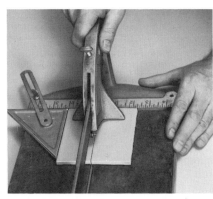

3. Vous pouvez louer un coupe-carreau pour faciliter votre travail de coupe.

4. La surface vitrifiée peut aussi se rayer avec un coupe-verre.

5. Cassez le carreau en pressant la rayure sur un clou ou sur un goujon.

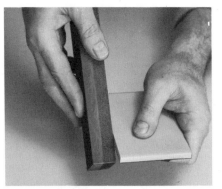

6. Si les bords coupés sont rugueux, ébarbez-les avec une pierre à aiguiser humide.

7. Pour découper des carreaux autour des accessoires, sectionnez-les d'abord.

8. Taillez les carreaux avec une pince coupante spéciale pour qu'ils s'ajustent parfaitement.

9. Ajustez les deux parties du carreau autour de l'accessoire après avoir appliqué l'adhésif.

10. Appliquez le coulis avec une raclette, après 24 heures.

11. Nettoyez les joints avec le manche d'une brosse à dents.

12. Enlevez l'excédent de coulis avec une éponge humide.

Carrelages en mosaïque

Les mosaïques pour carrelages sont vendues en feuilles de 1' x 1' collées sur un filet. Les carreaux à motifs sont faits de telle sorte que chacun d'eux reproduise une section du dessin; ils ont environ 1' de côté.

Avant de poser vos carreaux, assurez-vous que le sol est de niveau; obturez les fissures. Si votre plancher est en bois dur rugueux, poncez-le. S'il est très gauchi, recouvrez-le d'un faux plancher en contre-plaqué ou en carton-fibre afin de procurer une base solide à la mosaïque.

Vérifiez l'équerrage du plancher, tel qu'indiqué à la page 361. Appliquez l'adhésif avec une truelle dentée sur des surfaces de 3' carrés. Déposez les carreaux délicatement dans l'adhésif. Placez-les en position et pressez-les fermement.

Assurez-vous que les espaces entre les feuilles sont de même largeur que les espaces entre les mosaïques individuelles. Quand vous aurez posé trois ou quatre feuilles, tapez-les avec la truelle jusqu'à ce que l'adhésif déborde entre les mosaïques.

Lorsque vous aurez fini de recouvrir la surface générale, coupez les largeurs voulues de mosaïque pour remplir les vides des bords du carrelage, le long des murs. Si la mosaïque est à motifs, respec-

Pose du carrelage sur un vieux plancher

Posez une assise si vous désirez un parquet solide. Clouez des panneaux de carton-fibre en observant les recommandations suivantes: (1) N'aboutez jamais deux panneaux. Laissez un espace libre de ½₂″ pour l'expansion. (2) Placez les panneaux en quinconce afin d'éviter que quatre panneaux se croisent en un seul point. (3) Employez des clous enduits de béton ou des clous annelés pour fixer l'assise au plancher.

tez ceux-ci. Les très petits interstices autour des accessoires de la baignoire seront comblés avec des mosaïques individuelles. Coupez-les à la pince, si nécessaire.

Si les carreaux sont recouverts de papier, humectez-les à l'eau chaude. Pelez le papier; essuyez le surplus d'eau et laissez reposer pendant 24 heures.
Coulis: Obturez les joints entre les carreaux avec un mélange fait de 3 parties de ciment Portland et de 1 partie d'eau. Ajoutez de l'eau jusqu'à consistance crémeuse. Etendez le mélange sur la mosaïque avec une raclette, en le forçant entre les joints.

Laissez sécher le coulis au moins 12 heures avant de marcher sur le parquet.

Essuyez l'excédent de coulis avec une éponge humide. Lorsque le parquet sera complètement sec, il aura une apparence mate ou brumeuse. Redonnez-lui son éclat en le frottant avec un mélange d'acide chlorhydrique et d'eau (1 partie d'acide pour 10 parties d'eau).

Appliquez la solution avec un chiffon. Essuyez bien et asséchez avec un linge sec. Portez des gants de caoutchouc pour appliquer la solution. Deux applications peuvent être nécessaires.

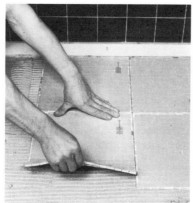

1. La distance entre les feuilles doit être la même qu'entre les mosaïques.

2. Tapez les carreaux pour que la mosaïque s'enfonce dans l'adhésif.

3. Marquez le bord à couper en posant la feuille à plat sur une surface libre.

4. Etalez l'adhésif sur l'envers de la feuille retaillée avant la pose.

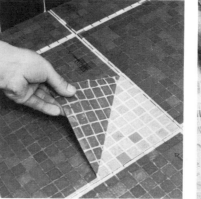

5. Imbibez à l'eau chaude les feuilles recouvertes de papier. Enlevez-le.

6. Utilisez une raclette pour étaler le coulis.

Revêtements de sol

Pose des carreaux de céramique

Posez les carreaux de céramique de telle sorte qu'on aperçoive, en ouvrant la porte, des rangées allant droit vers le fond. Ceci importe particulièrement dans les pièces de formes irrégulières.

Tracez une ligne sur le plancher, à angle droit avec l'entrée et allant du centre de celle-ci jusqu'au fond de la pièce. Divisez une jauge de longueur, tout comme pour le carrelage mural (p. 353). Les carreaux de parquet ne possèdent pas de pattes d'espacement; allouez des distances de 1/16" entre chacun. Servez-vous de la jauge pour mesurer ces distances.

Placez le premier carreau complet au bord du chambranle et divisez la ligne centrale en longueurs de carreaux, à l'aide de la jauge. (Vous devrez peut-être couper des carreaux près du mur du fond; il est rare qu'on puisse compléter les rangées avec des carreaux entiers.) Indiquez le point où le dernier carreau entier finit. Clouez un tasseau à cet endroit, sur le travers de la pièce: il doit former, avec la ligne centrale, un angle droit parfait. Clouez un autre tasseau à gauche du premier et vous obtiendrez un coin parfaitement d'équerre. Puis commencez le carrelage.

La coupe des carreaux

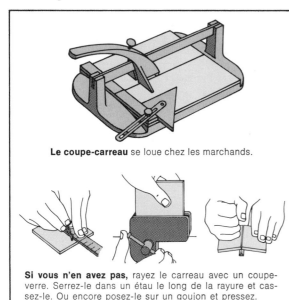

Le coupe-carreau se loue chez les marchands.

Si vous n'en avez pas, rayez le carreau avec un coupe-verre. Serrez-le dans un étau le long de la rayure et cassez-le. Ou encore posez-le sur un goujon et pressez.

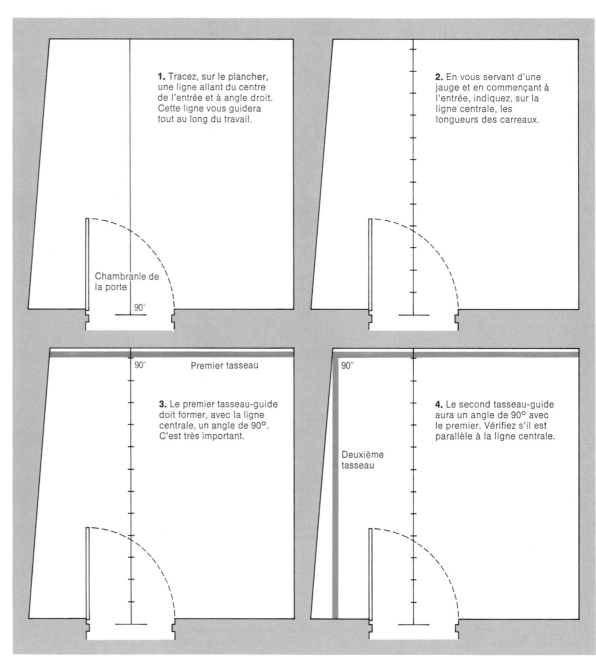

1. Tracez, sur le plancher, une ligne allant du centre de l'entrée et à angle droit. Cette ligne vous guidera tout au long du travail.

Chambranle de la porte   90°

2. En vous servant d'une jauge et en commençant à l'entrée, indiquez, sur la ligne centrale, les longueurs des carreaux.

90°   Premier tasseau

3. Le premier tasseau-guide doit former, avec la ligne centrale, un angle de 90°. C'est très important.

90°

Deuxième tasseau

4. Le second tasseau-guide aura un angle de 90° avec le premier. Vérifiez s'il est parallèle à la ligne centrale.

La pose d'un parquet en céramique

Les carreaux de parquet en céramique mesurent 4″ de côté (⅜″ d'épaisseur) ou 6″ de côté (½″ d'épaisseur). Ils sont mats ou lustrés et ne possèdent pas de pattes d'espacement, comme les carreaux des murs. La surface qui leur convient le mieux est le plancher en bois. Les planchers en béton ou en brique conviennent moins bien car ils sont rarement plans et doivent être nivelés par des spécialistes avant qu'on y applique le carrelage.

Assurez-vous que le plancher est parfaitement plan et ferme. Clouez les planches branlantes et poncez la surface, s'il y a lieu. Recouvrez les planchers particulièrement inégaux et rudes d'une assise en carton-fibre. Il vous faudra ajuster les portes en compensant pour l'épaisseur des carreaux.

Employez l'adhésif qui convient. Grâce à cet adhésif à base de caoutchouc, vous pouvez déplacer les carreaux avant qu'ils n'aient séché. Appliquez-le selon les directives du fabricant. Utilisez une truelle dentée pour l'étaler sur une surface de 3′ x 3′, dans l'angle où vous avez posé votre premier tasseau. Pressez les carreaux dans l'adhésif. Mettez des cales d'espacement de 1/16″ entre les carreaux.

Lorsque la première section sera carrelée, nettoyez l'excédent d'adhésif autour des carreaux et encollez la deuxième section, puis toutes les autres, jusqu'à ce que la partie principale du parquet soit couverte.

Si vous vous rendez compte, à mesure que le travail avance, que les carreaux sont ou plus éloignés ou plus rapprochés qu'ils ne devraient l'être, cela signifie que vos tasseaux n'avaient pas l'angle de 90° qui leur était nécessaire. Essayez de les replacer (grâce à la flexibilité de l'adhésif, c'est possible). Si vous n'y arrivez pas, enlevez-les tous et recommencez la pose après avoir mieux placé vos tasseaux.

Quand la presque totalité du parquet sera carrelée, enlevez les tasseaux et coupez les carreaux pour qu'ils s'ajustent aux espaces libres. Placez un carreau à l'envers sur l'espace à couvrir et marquez, au moins à deux endroits, où il doit être coupé (allouez 1/16″ pour l'espacement). Transposez ces tracés sur l'endroit du carreau et rayez-le avec soin avec un coupe-carreau.

Pour casser le carreau à l'endroit du tracé, agenouillez-vous sur le parquet et agrippez un carreau libre entre vos genoux. Tenez le carreau que vous voulez casser de chaque côté de la rayure et frappez celle-ci sur le bord de la tuile, entre vos genoux. Le carreau se cassera proprement. Ebarbez la découpe avec une pierre à aiguiser en frottant le long du bord et non en travers de celui-ci. Enduisez d'adhésif l'envers du carreau et posez-le, avec les cales d'espacement, le côté coupé au bord du mur.

Laissez durcir pendant 24 heures avant d'enlever les cales et de faire pénétrer du coulis dans les joints. Appliquez le coulis comme sur les murs (p. 354), mais servez-vous d'une raclette en caoutchouc et non d'une éponge pour que le coulis pénètre dans les joints. Complétez le travail en essuyant l'excédent de coulis et pointez les joints. Appliquez une deuxième couche de coulis pour obturer les petits trous. Laissez reposer pendant 24 heures.

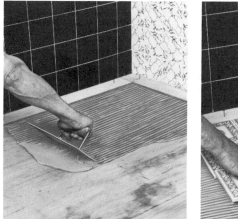

Appliquez l'adhésif spécial sur une surface de 3′ x 3′ avec une truelle dentée. Etalez-le bien.

Pressez les carreaux en place. Evitez de les glisser; l'adhésif se déplacera et remontera le long des joints.

Espacez également les carreaux en plaçant entre les joints des cales de bois ou de carton de 1/16″ d'épaisseur.

Lorsque vous marquez un carreau à couper pour la pose sur les bords, ajoutez 1/16″ pour l'espacement.

Obtenez une coupe parfaite en tenant le carreau à deux mains pour en frapper la rayure sur le bord d'un autre carreau.

Le bord coupé du carreau sera posé le long du mur; l'ajustement sera parfait lorsque vous aurez inséré les cales.

Revêtements de sol

Revêtements rebondissants

Les revêtements de sol rebondissants se vendent en **rouleaux:** linoléum, vinyle,—et en **carreaux:** asphalte, vinyle, vinyle-amiante et liège. Si l'on excepte le linoléum et les carreaux de liège, tous ces revêtements s'installent n'importe où, même au sous-sol.

Les carreaux de vinyle-amiante remplacent avantageusement les carreaux d'asphalte que maintenant on ne fabrique plus; ils coûtent moins cher, ont de meilleures couleurs, résistent à l'usure et aux graisses, et sont faciles d'entretien. On vend plus de ces carreaux que de n'importe quel autre revêtement. Rien d'étonnant à cela: ils se posent sur tous les sols et n'ont pas besoin de cire: un simple polissage suffit. Ces carreaux sont faits d'un mélange de résines vinyliques et de fibres d'amiante. Leurs teintes et leur éclat sont moins vifs que ceux du vinyle pur; par contre, les égratignures et la saleté y sont moins apparentes. On les entretient comme le vinyle. Certains carreaux de vinyle-amiante tiennent leurs caractéristiques d'un heureux mélange des formules suivantes: surface de vinyle, base de vinyle-amiante.

Le vinyle en rouleau connaît actuellement une très grande vogue. De couleurs variées et comportant des motifs décoratifs, il est vendu en rouleaux et convient à tous les sols secs, lisses et fermes. Il s'entretient aisément. Le fini du vinyle brillant d'autrefois révélait davantage taches et égratignures. Le fini en relief de maintenant dissimule l'usure. Les couvre-planchers à effets grenés, gravés ou fissurés ne sont pas qu'élégants: ils s'entretiennent bien, la saleté reposant dans les encavures; les parquets blancs unis en deviennent presque pratiques. La texture du matériau dissimule les joints, les irrégularités du plancher et les marques laissées par les meubles.

Les carreaux de liège—matériau naturel—sont parmi les revêtements rebondissants, ceux dont l'élégance et la beauté donnent le plus de cachet à une décoration. Doux et chauds aux pieds, ils assourdissent le bruit des pas. Recouverts de vinyle, ils s'entretiennent aisément.

Les "carreaux de bois" sont faits d'une mince couche de beau bois préfini à l'usine, sur une base de mousse. Ils se posent comme les carreaux de vinyle mais avec un adhésif spécial.

Plan de pose et évaluation

Les carreaux en vinyle ou vinyle-amiante, dont les dimensions courantes sont de 12" de côté,—on en vend aussi de 9"—se vendent en plusieurs couleurs. Ils sont épais de ⅛", pour les établissements commerciaux, de .080, pour les résidences, et de 1/16"—les plus minces et les moins chers. Les couleurs unies, les noirs et les blancs sont difficiles à entretenir. Les carreaux marbrés dissimulent mieux la saleté, les joints et les irrégularités du plancher. Les teintes claires, très exposées au soleil, ont tendance à pâlir.

Pour évaluer le nombre de carreaux de 12" qu'il vous faut, mesurez en pieds la longueur et la largeur de la pièce à couvrir et multipliez ces chiffres. Pour des carreaux de 9", trouvez, sur le tableau à droite, la longueur et la largeur de votre pièce et posez le doigt à la rencontre des lignes horizontale et verticale. Il vous faut 252 carreaux de 9" pour une pièce de 13' x 10'. Si la pièce compte un foyer ou quelque autre structure, mesurez cet obstacle séparément et soustrayez le nombre approprié de carreaux. Si la pièce est de forme irrégulière, divisez-la en deux ou plusieurs rectangles, comptez les carreaux nécessaires pour couvrir chacun de ces rectangles, puis additionnez les chiffres obtenus. Si vous utilisez deux couleurs en damier, achetez égale quantité des deux couleurs. Pour des motifs plus élaborés, servez-vous de papier quadrillé et de crayons de couleur pour vous rendre compte de l'effet—chaque carré représentant un carreau—et comptez le nombre qui vous est nécessaire en chaque couleur.

Pieds	1	2	3	4	5	6	7	8	9	10	11	12	13	14	15	16	17	18	19	20	21	22	23	24
1	2	3	4	5	6	7	8	9	10	11	12	13	14	15	16	17	18	19	20	21	22	23	24
2	4	6	8	10	12	14	16	18	20	22	24	26	28	30	32	34	36	38	40	42	44	46	48
3	6	9	12	15	18	21	24	27	30	33	36	39	42	45	48	51	54	57	60	63	66	69	72
4	8	12	16	20	24	28	32	36	40	44	48	52	56	60	64	68	72	76	80	84	88	92	96
5	10	15	20	25	30	35	40	45	50	55	60	65	70	75	80	85	90	95	100	105	110	115	120
6	12	18	24	30	36	42	48	54	60	66	72	78	84	90	96	102	108	114	120	126	132	138	144
7	14	21	28	35	42	49	56	63	70	77	84	91	98	105	112	119	126	133	140	147	154	161	168
8	16	24	32	40	48	56	64	72	80	88	96	104	112	120	128	136	144	152	160	168	176	184	192
9	18	27	36	45	54	63	72	81	90	99	108	117	126	135	144	153	162	171	180	189	198	207	216
10	20	30	40	50	60	70	80	90	100	110	120	130	140	150	160	170	180	190	200	210	220	230	240
11	22	33	44	55	66	77	88	99	110	121	132	143	154	165	176	187	198	209	220	231	242	253	264
12	24	36	48	60	72	84	96	108	120	132	144	156	168	180	192	204	216	228	240	252	264	276	288
13	26	39	52	65	78	91	104	117	130	143	156	169	182	195	208	221	234	247	260	273	286	299	312
14	28	42	56	70	84	98	112	126	140	154	168	182	196	210	224	238	252	266	280	294	308	322	336
15	30	45	60	75	90	105	120	135	150	165	180	195	210	225	240	255	270	285	300	315	330	345	360
16	32	48	64	80	96	112	128	144	160	176	192	208	224	240	256	272	288	304	320	336	352	368	384
17	34	51	68	85	102	119	136	153	170	187	204	221	238	255	272	289	306	323	340	357	374	391	408
18	36	54	72	90	108	126	144	162	180	198	216	234	252	270	288	306	324	342	360	378	396	414	432
19	38	57	76	95	114	133	152	171	190	209	228	247	266	285	304	323	342	361	380	399	418	437	456
20	40	60	80	100	120	140	160	180	200	220	240	260	280	300	320	340	360	380	400	420	440	460	480
21	42	63	84	105	126	147	168	189	210	231	252	273	294	315	336	357	378	399	420	441	462	483	504
22	44	66	88	110	132	154	176	198	220	242	264	286	308	330	352	374	396	418	440	462	484	506	528
23	46	69	92	115	138	161	184	207	230	253	276	299	322	345	368	391	414	437	460	483	506	529	552
24	48	72	96	120	144	168	192	216	240	264	288	312	336	360	384	408	432	456	480	504	528	552	576

Combien de carreaux? La perte est prévue dans les totaux indiqués sur le tableau.

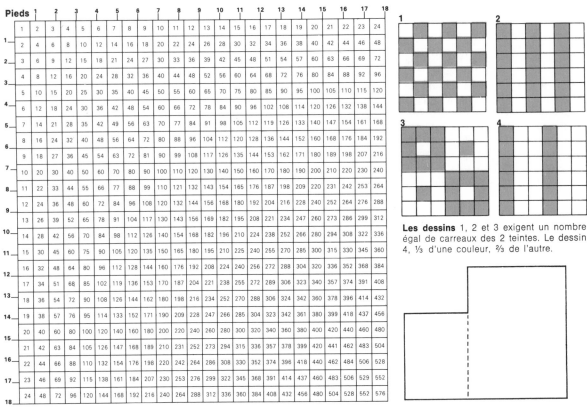

Les dessins 1, 2 et 3 exigent un nombre égal de carreaux des 2 teintes. Le dessin 4, ⅓ d'une couleur, ⅔ de l'autre.

Les pièces irrégulières: en rectangles.

Pose du revêtement rebondissant

Pour obtenir de bons résultats, votre parquet doit être doux et sec, libre de poussière, de graisse, de cire et d'autres finitions. Sur les parquets peints, la peinture doit être en bon état. Les vieux revêtements doivent être fermement retenus au sol. Enlevez tous les genres de revêtements sur les planchers des sous-sols, sauf les carreaux d'asphalte ou de vinyle. Remplacez les planches usées des parquets de bois et reclouez celles qui bougent. Recouvrez d'un contreplaqué ou d'un carton-fibre les planchers sans assises ou faux planchers et les planches larges de plus de 3¼".

Utilisez l'adhésif qui s'applique au pinceau ou celui qu'on étale à la truelle. Le premier est préférable pour le bricoleur qui ne risque pas d'appliquer trop ou trop peu d'adhésif. Le carreleur amateur en met généralement trop et se retrouve avec des carreaux tachés par l'adhésif qui déborde entre les joints. Appliquez le deuxième type avec une truelle dentée.

Mesurez la distance entre le dernier carreau d'une rangée posée à sec et le mur pour connaître la largeur de la bordure.

Pour avoir une bordure large, déplacez la rangée de carreaux de 6" vers le centre de la pièce, en l'éloignant du mur.

Le tracé à la craie: Sur les grandes surfaces, faites claquer une moitié de la corde à la fois.

Tracé et encollage

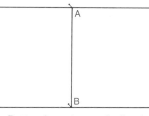

1. Frottez de craie une ficelle plus longue que la largeur de la pièce. Attachez-la à 2 clous placés face à face aux 2 bouts de la pièce. Les clous doivent dépasser de 1".

2. Vérifiez si la ficelle est tendue. Pincez-la au milieu de sa longueur et lâchez-la brusquement pour qu'elle laisse une ligne blanche sur le parquet.

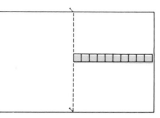

3. Marquez le milieu de la ligne à la craie et déposez à sec sur le sol une rangée de carreaux allant de cette ligne à un des murs, en partant du centre.

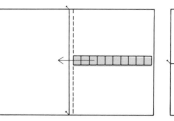

4. Si l'écart entre le dernier carreau et le mur est de 3" ou moins (pour les carreaux de 9"), reculez toute la rangée de 4½".

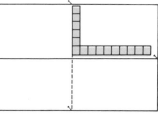

5. Si l'espace est de plus de 3", ne touchez pas aux carreaux et posez la seconde rangée à angle droit de la première. Moins de 3": dessin 4.

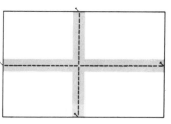

6. Vous avez établi les lignes à partir desquelles vous collerez les carreaux. Les clous et la corde restent en place et servent de guides.

Revêtements de sol

Pose des carreaux

Couvrez la pièce par moitiés, en étendant l'adhésif sur le sol, sur une verge de largeur, de part et d'autre de la ligne médiane. Posez les deux premiers carreaux dans les angles droits formés par le croisement des deux lignes à la craie; continuez le collage de part et d'autre des carreaux, de façon à progresser en pyramide. Posez, sans le faire glisser, le carreau sur l'adhésif: autrement, ce dernier déborderait dans les joints. Placez les carreaux marbrés ou grenés de telle sorte que le motif de deux carreaux adjacents aille dans des sens opposés. Poursuivez le collage jusqu'à la bordure. Pour celle-ci, placez un carreau à sec sur le dernier collé, en faisant coïncider leurs bords; posez dessus un second carreau, en appuyant son côté extérieur contre le mur. Mar-

quez le premier en suivant le côté intérieur du second. La portion coupée du premier sera collée au bord.

Coupez de la même façon un carreau qui doit s'ajuster contre le chambranle. Marquez-le. Déplacez-le latéralement sans le retourner, jusqu'à l'autre côté du chambranle, et tracez une ligne qui coupe le premier trait de crayon. Découpez le carreau au couteau.

Pour des formes plus compliquées, opérez selon le même principe, mais en prenant plusieurs mesures. Dans l'exemple du bas, à droite, le carreau étant posé en une première position, tracez des traits à la largeur d'un carreau, à partir des surfaces A, B, C et D. Déplacez le carreau en suivant la courbe et en tenant la pointe du crayon contre l'angle inférieur du carreau déplacé. Faites un gabarit avec de la soudure en fil.

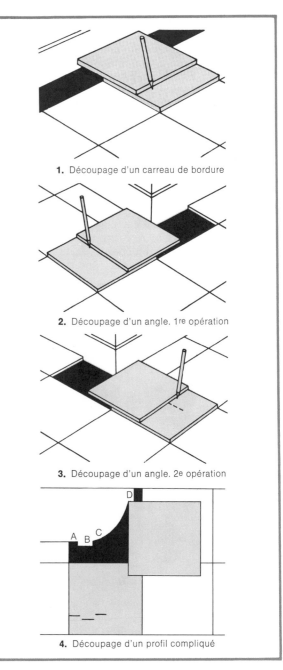

1. Découpage d'un carreau de bordure

2. Découpage d'un angle. 1re opération

3. Découpage d'un angle. 2e opération

4. Découpage d'un profil compliqué

1. Posez les carreaux en pyramide de part et d'autre des lignes de départ, en commençant par 1 et 2.

2. Tassez bien chaque carreau contre les carreaux adjacents.

3. Utilisez un couteau pour entailler les carreaux de bordure; pliez et cassez.

La pose du vinyle en rouleaux

Le vinyle en rouleaux qui se pose avec de l'adhésif d'une façon permanente est d'application difficile pour les bricoleurs. Par contre, le vinyle non collé est sûrement à leur portée.

La plupart des vinyles coussinés se vendent en largeurs de 6', 9' et 12'. Le recouvrement des joints n'est nécessaire que dans les pièces de plus de 12' de large et s'effectue comme suit: on coupe le recouvrement d'une bande sur l'autre pour que les motifs s'ajustent. (Achetez assez de vinyle pour couvrir les pertes occasionnées par l'ajustement des motifs.) Ceci fait, retenez provisoirement les lés ensemble avec des poids ou du ruban gommé. Coupez en ajustant au mur et laissez dépasser ⅛" ou ¼" sur les bords.

Servez-vous d'une règle de métal et coupez les deux pièces superposées avec un couteau coupant. Tenez le couteau verticalement, sans pencher à droite ou à gauche. Enlevez le rebut.

Le lendemain, retroussez, au joint, une des pièces du recouvrement. Tracez une ligne au crayon sur le plancher, le long du bord du deuxième lé. Repliez ce lé et étalez une bande d'adhésif de 6" de large sous le joint, en le centrant sur le trait. Si l'envers du vinyle a été ciré, poncez légèrement cette section. Utilisez l'adhésif recommandé par le fabricant et étalez-le à l'aide d'une truelle dentée. Posez le vinyle sur l'adhésif frais et essuyez avec un chiffon humide afin d'établir le contact.

Il est important de ménager, au bord des murs, un espace de ⅛" pour permettre l'expansion du vinyle et en prévision de la contraction possible du plancher. La moulure dissimulera cet espace.

Un espace doit aussi être ménagé entre le vinyle et la moulure pour permettre un jeu sans affecter le revêtement.

Les moulures que vous enlevez doivent être recclouées à la plinthe plutôt qu'au plancher.

Insérez une bande de carton entre la moulure et le plancher. Quand vous enlèverez ce carton, l'espace libéré suffira à l'expansion du matériau.

Si vous posez une plinthe en caoutchouc ou en vinyle, collez-la au mur.

Posez des seuils en métal aux entrées en les fixant au plancher, mais sans faire pénétrer les clous dans le vinyle.

1. Pour poser du vinyle en rouleaux, enlevez d'abord la moulure en bois entre la plinthe et le plancher en la retirant délicatement du plancher et du mur.

2. Mesurez la pièce que vous voulez recouvrir. Déroulez le vinyle à l'intérieur un jour ou deux avant la pose. Transcrivez les mesures sur sa surface.

3. Claquez le fil enrobé de craie et faites un tracé sur le vinyle déroulé pour marquer le bord latéral de la pièce. Indiquez l'emplacement des tuyaux, etc., sur le vinyle.

4. A l'aide de gros ciseaux, taillez le vinyle sur les tracés. Roulez le matériau à l'envers et transportez-le dans la pièce où il doit être posé.

5. Aboutez-le au mur le plus long et le plus plan de la pièce et déroulez-le parallèlement à ce mur, laissant le surplus remonter sur les murs des bouts.

6. Pressez doucement le matériau en position et coupez l'excédent au couteau ou avec des ciseaux. Laissez un espace libre de ⅛" sur tous les bords.

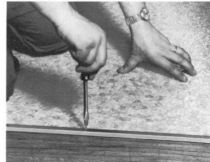

7. Protégez le vinyle avec un seuil en métal dans les entrées. Vissez le seuil au plancher, mais pas au travers du vinyle. Employez des vis à tête ronde ou ovale.

8. Replacez les moulures. Glissez une bande de carton entre moulure et vinyle pour assurer l'espace nécessaire à l'expansion. Après le clouage, enlevez le carton.

Revêtements de sol

La pose d'un parquet en bois

Les parquets en bois peuvent s'installer sur les solives ou sur le béton. On ajoute généralement un sous-plancher pour assurer la solidité du parquet. Certains de ces sous-planchers se composent de contreplaqué cloué perpendiculairement aux solives et recouvert d'un feutre asphalté de 15 lb dont les joints se chevauchent de 3″ et sont retenus en place par le parquet. Le planchéiage à rainure et languette est le plus populaire. Il se vend fini ou non fini et se pose sur la longueur de la pièce. Prenez soin, lors de la pose, de ne pas briser le bois avec la tête du marteau. Clouez dans la languette à un angle de 45° et jusque dans le sous-plancher.

Employez des clous coupés à parquets de 2″ à 2½″, selon l'épaisseur du parquet de finition et enfoncez-les au ras des languettes. Evitez de briser celles-ci en noyant, d'au moins ¼″, les clous avec un chasse-clou. S'il y a sous-plancher, les clous n'ont pas à atteindre les solives. Laissez un espace d'au moins ¼″ à chaque mur de la pièce.

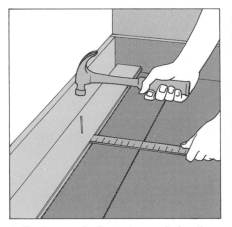

1. Tendez une ficelle au travers de la pièce, comme guide pour la première planche. Laissez un jeu de ¼″ entre cette planche et le mur: la moulure le couvrira.

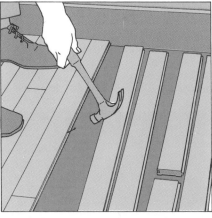

2. Evitez de poser les planches de telle sorte que les joints se retrouvent trop près les uns des autres. Ce n'est pas joli. Pratiquez à sec pour éviter cette erreur.

3. Servez-vous d'un morceau de rebut de planche pour resserrer les planches. Plantez les clous en diagonale dans les languettes et noyez les têtes.

4. Façon de mesurer la planche pour compléter une rangée: mesurez-la dans la position qu'elle aura une fois qu'elle sera posée.

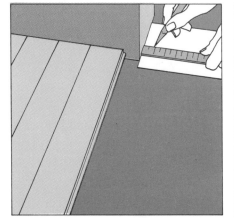

5. Ajustez le parquet autour d'une entrée en traçant le patron sur un carton et en vous servant du carton en guise de gabarit pour couper les planches.

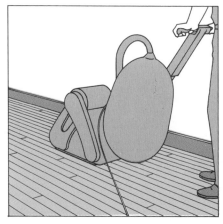

6. Comme la dernière rangée ne peut être clouée sur la languette, clouez-la sur la face. Resserrez-la avec un pied-de-biche et noyez les clous.

7. Le parquet doit être poncé au moins deux fois; la première, avec un papier rude, la seconde, avec un papier fin. Voyez, en page 114, comment utiliser la ponceuse.

8. Fixez les plinthes et les quarts-de-rond, puis appliquez deux couches de vernis, de polyuréthane ou de gomme-laque. Polissez avec une laine d'acier et cirez.

Pose d'un parquet de bois sur le béton

On peut poser un parquet de bois sur le béton en le clouant sur des pièces de 2″ x 4″. Fixez des longueurs de 2″ x 6″ ou de 2″ x 8″, allant de 18″ à 48″, le long du mur. Les pièces de structure sont installées dans une couche d'adhésif de ⅛″ d'épaisseur étalée sur tout le plancher de béton. Si vous n'en mettez que sous la structure, appliquez-en ¼″ d'épaisseur. Sur une telle base, n'appliquez que des planches de bois à rainure et languette. Entreposez vos planches à l'intérieur, au moins une semaine avant la pose; des lames humides rétrécissent considérablement, laissant des fentes qu'on doit ensuite obturer. Les planches courtes peuvent être utilisées, mais chacune doit reposer sur au moins deux pièces de la structure. Posez un clou à chaque endroit où une lame de parquet croise la structure. Consolidez l'infrastructure en clouant les lames dans la structure.

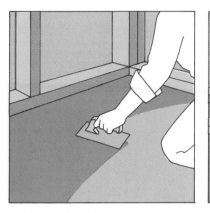

Enduisez tout le plancher d'une couche d'adhésif (⅛″) avec une truelle dentée.

Posez ici et là des supports en 2″ x 4″ dont les extrémités se chevauchent.

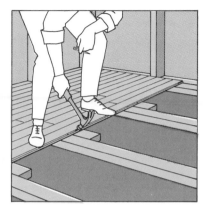

Appliquez les lames sur les supports. Clouez-les à travers la languette.

La pose des carreaux en bois

Qu'on choisisse les lames ou les carreaux pour le plancher en bois, on les obtient prêts à la pose, en différentes épaisseurs et largeurs, la plupart du temps en chêne ou en d'autres essences de bois. Les carreaux sont des panneaux carrés faits de lames de bois de surface assemblés avec de l'adhésif; certains sont faits, comme le contreplaqué, de plusieurs épaisseurs de bois pressées ensemble. Laissez vos carreaux déballés dans la pièce où ils seront posés pendant 72 heures au moins avant la pose.

Les carreaux en bois peuvent se poser sur la plupart des sous-planchers. S'il y a le moindre risque d'humidité—dans les sous-sols, par exemple—étendez un film de polyéthylène avant de poser le bois. Et si le sous-plancher est exposé à la moisissure, ne le recouvrez pas d'un parquet en bois. Les carreaux peuvent être alignés contre l'un des murs ou placés en diagonale. Arrangez-vous pour que l'entrée de la pièce soit couverte de carreaux entiers: on y circule beaucoup. Pour y arriver, commencez la pose au centre du mur où est la porte et posez les carreaux à sec sur 4′ de profondeur. Mesurez la distance de cet endroit jusqu'au mur opposé. Claquez la ligne de craie au centre de vos frontières de départ. Etalez l'adhésif sur la section du tracé faisant face à l'entrée.

Le premier carreau ira à angle droit de la ligne médiane et les autres seront étalés en pyramide (comme les carreaux de vinyle, p. 360).

1. Si le plancher est très gauchi ou inégal, recouvrez-le d'un panneau dur. S'il s'agit de carreaux descellés, enlevez-les et obturez avec du rempli.

2. Etendez un film de polyéthylène sur les planchers de béton. L'humidité ferait gauchir le parquet. Appliquez l'adhésif et déroulez le polyéthylène.

3. Placez les carreaux du parquet tel qu'indiqué. Couvrez la moitié de la pièce. Servez-vous d'un cordeau pour diviser la pièce en segments d'équerre.

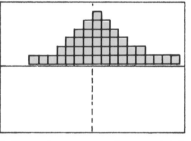

4. Etalez l'adhésif avec une truelle dentée inclinée de telle sorte qu'elle laisse des sillons dans l'adhésif. La couche aura ⅛″ d'épaisseur.

5. Posez les carreaux en place sans trop les glisser. Pressez-les les uns contre les autres pour qu'ils s'emboîtent. Tapez les bords avec un bloc.

6. Laissez un jeu d'au moins ¼″ entre le mur et le parquet. La moulure le couvrira. Ne clouez pas celle-ci au plancher.

Revêtements de sol

La pose des carreaux d'ardoise

Les carreaux d'ardoise conviennent tout spécialement aux vestibules car ils s'entretiennent facilement. L'eau et la saleté ne les affectent pas et on a rarement à les nettoyer, ce qu'on fait avec un linge humide, tout simplement. L'ardoise est parfaite, également, pour les allées de jardin et les trottoirs d'entrée.

On peut la poser sur le bois en bon état, le béton, les agglomérés. On aura la précaution de reclouer les planches lâches et de débarrasser la surface à daller de la peinture, la cire et la graisse qui l'encrassent. Les carreaux pour l'extérieur sont posés sur une assise de béton d'au moins 4″ d'épaisseur.

Faites un essai à sec avant de poser les carreaux. Sur une surface adjacente de même dimension que l'allée projetée, placez les carreaux à votre goût, le côté doux sur le dessous. Numérotez-les; vous les replacerez plus aisément.

Si certains de vos carreaux vous arrivent brisés, ne désespérez pas: recollez-les. La fissure naturelle fera effet de fente, dissimulant la brisure.

Les carreaux d'ardoise se vendent chez les marchands de matériaux de maçonnerie, à la pièce, ou en paquets contenant la quantité nécessaire pour couvrir 10′ de côté, en dallage irrégulier ou en rectangles.

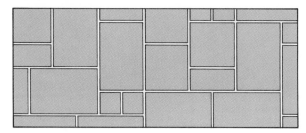
Dallage tout-venant

Carreaux posés en motif pierre de taille

Claquez une ligne à la craie au centre du plancher, sur sa plus longue dimension.

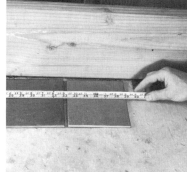
Faites un essai à sec, laissant un espace de ⅜″ entre les carreaux pour le coulis.

Etalez l'adhésif sur une surface de 2′ carrés avec une truelle dentée.

On peut louer un coupe-carreau avec lequel on sectionne les pièces irrégulières.

Le coupe-carreau sert aussi à ébarber les carreaux pour les ouvertures.

Frappez sur une pièce de bois placée sur les carreaux pour les enfoncer.

Obtenez des joints uniformes en plaçant un tasseau de ⅜″ entre les carreaux.

Laissez reposer les carreaux pendant une nuit; remplissez les joints de coulis.

Essuyez l'excédent de coulis avec une éponge humide. Polissez au linge sec.

Les moquettes

La pose d'une moquette agrandit visuellement une pièce de dimensions réduites; elle apporte, en outre, une bonne isolation thermique et phonique. Ce genre de tapis n'est pas trop difficile à installer; un bricoleur en est capable.

Le poil qui forme la surface de la moquette peut être en nylon, en polyester, en polypropylène, en acrylique, en laine ou en coton. Chacun de ces matériaux a ses qualités et ses défauts; choisissez selon vos besoins et votre portefeuille. La moquette se vend en largeurs de 15', 12' et 9'.

Estimation: Mesurez la pièce dans le sens de la pose de la moquette. Des pièces longues et étroites paraîtront mieux proportionnées si les lés de moquette à motifs ou à rayures sont placés dans le sens de la largeur. Par contre, pour les pièces rectangulaires, la pose se fera dans la grande dimension. Incluez la pleine largeur des cadres de portes pour que la moquette pénètre légèrement dans la pièce adjacente.

Le prix de la moquette est calculé à la verge carrée. Obtenez la quantité qui vous est nécessaire en multipliant, en pieds, la longueur de la pièce par sa largeur et divisez le résultat obtenu par 9.

Choix d'une thibaude: Un bon support, posé sous la

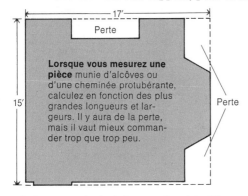

Lorsque vous mesurez une pièce munie d'alcôves ou d'une cheminée protubérante, calculez en fonction des plus grandes longueurs et largeurs. Il y aura de la perte, mais il vaut mieux commander trop que trop peu.

La largeur maximale de la moquette est de 15'

moquette, améliore l'isolation phonique, prolonge sa longévité et ajoute à son confort. Seules les moquettes à dos coussiné peuvent s'en passer.

Les thibaudes les plus populaires sont faites en latex (caoutchouc), en mousse de caoutchouc éponge, en feutre avec dos de vinyle mou ou dur, et en coussins feutrés de poils d'animaux ou d'un mélange de poil et de jute. Les mousses de latex et celles de

vinyle sont les plus pratiques. Leur surface gaufrée retient la moquette en place. Les thibaudes se vendent, pour la plupart, en largeurs de 4½'. La popularité des moquettes à dos coussiné va en augmentant, chez les bricoleurs. Cet endos en latex de haute densité, fixé en permanence au tapis, élimine l'achat de la thibaude. Il est antidérapant et assez lourd pour retenir la moquette en place sans l'aide de broquettes. De plus, l'endos en caoutchouc-mousse empêche les bords de s'enrouler et élimine la bordure. Le caoutchouc-mousse résiste au mildiou et à l'eau: il est donc tout indiqué pour les sous-sols où on peut le poser à même le béton non fini.

Le meilleur atout de ces endos, c'est encore d'assurer une "stabilité dimensionnelle" au tapis qu'ils empêchent de s'étendre ou de se contracter selon les fluctuations de la température. Ces moquettes se posent donc aisément, sans l'aide d'adhésifs ou de broquettes.

Préparation du sol: Les sols en bois doivent être plans; il faut enfoncer toutes les têtes des clous ou, mieux, arracher ceux-ci, refixer les lames et raboter les arêtes des lames gauchies. Rebouchez les fentes entre les lames avec des lamelles de bois ou avec de la pâte de bois. Un sol en très mauvais état, dont la réparation est impossible, devra être recouvert d'un revêtement en panneaux de fibre ou en contreplaqué.

Un sol en pierre ou en béton présentant des arêtes et des fissures doit être traité avec un mastic spécial; ceci réduit l'usure de la moquette. Des produits liquides peuvent aussi servir pour sceller la surface d'un sol poussiéreux. Appliquez une mince couche de ces produits sur toute la surface du sol pour empêcher la poussière de remonter à travers la thibaude jusque dans la moquette.

La meilleure moquette pour les surfaces de béton et de carreaux durs est la nouvelle moquette qu'on utilise aussi bien à l'extérieur qu'à l'intérieur. Son endos est fait d'un genre de latex à pores fermés ou de mousse de vinyle qui font obstacle à l'humidité. Ne posez pas une thibaude standard sur un sol revêtu de carreaux, à moins que la pièce ne soit bien aérée et à l'abri de toute condensation. Les carreaux de vinyle-amiante accumulent l'humidité quand ils sont recouverts de moquette: cette condensation attaque la thibaude et la moquette elle-même, causant des

taches et une odeur de moisissure très désagréable.

Pose de la moquette: Les moquettes peuvent être clouées ou posées sur bandes à griffes. Elles peuvent être également volantes, fixées seulement par quelques clous, près des portes. On utilise des clous de ¾" ou de 1". Les premiers sont assez longs pour passer au travers d'un bord replié et s'ancrer dans le plancher; les seconds s'emploient dans les coins, là où les remplis forment trois épaisseurs.

Les bandes à griffes sont très pratiques. Ce sont des bandes en bois de 4' traversées par des pointes à un angle de 60°. Clouez ces bandes au sol sur tout le périmètre de la pièce, bout à bout, à ¼" de distance de la plinthe, les pointes vers le mur. La

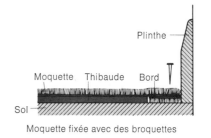

Moquette fixée avec des broquettes

moquette sera ancrée et maintenue par les pointes. Sur un sol en pierre ou en béton, les bandes seront collées avec une colle spéciale.

Bien que les moquettes à dos coussiné tiennent sans agrafes, il est préférable de les ancrer avec un ruban gommé-deux-faces. On peut aussi les ancrer avec une bande **Velcro,** ce qui facilite leur enlève-

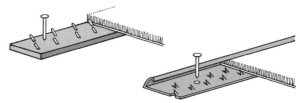

Bandes de raccord pour joints et portes (à droite)

ment pour le nettoyage. Les bandes Velcro consistent en deux rubans dont l'un est muni de milliers de petites boucles en nylon, et l'autre, de petits crochets qui se collent aux boucles quand on les presse ensemble.

Revêtements de sol

Méthode de pose de la moquette

Pour poser une moquette, l'outillage nécessaire comprend: un marteau, de gros ciseaux, un couteau bien aiguisé, une règle de 3', une aiguille et du gros fil, de la craie, un cordeau, une colle à base de latex et du ruban à tapis. Le seul outil spécial est un tendeur de moquette que vous pouvez louer.

Une moquette neuve est généralement coupée aux dimensions de la pièce et cousue par le fournisseur avant la livraison. Si vous vous chargez de la coupe, étalez la moquette sur une surface suffisamment grande et tracez le plan exact de la pièce sur la moquette, côté endroit. Prenez des ciseaux ou un couteau tranchant pour couper le long du tracé. Avant de commencer, enlevez tous les meubles et démontez les portes qui ouvrent vers l'intérieur. Pour assembler les lés, placez-en deux face à face, endroit sur endroit. Faites attention aux raccords pour les moquettes à dessins. Pour des moquettes unies, le poil de tous les lés doit être dans le même sens. Assemblez les deux lés par une couture avec du fil de tapissier, les points étant faits tous les 18". Tendez bien la moquette à chaque point. Cousez les intervalles entre ces points en repoussant les poils qui dépassent. L'assemblage peut aussi se faire en collant sur l'endos de la moquette un ruban de tapissier. Utilisez une colle à base de latex. Déroulez la moquette sur la longueur de la pièce et mettez-la en place avant de poser la thibaude. Le sens du poil doit aller de la fenêtre vers l'intérieur de la pièce. Repliez une moitié de la moquette sur l'autre et posez la thibaude sur le sol ainsi dégagé. Répétez l'opération pour l'autre moitié. Vous éviterez ainsi les faux plis causés par le déplacement de la thibaude.

Si la moquette est fixée avec des broquettes, partez d'un angle sans trop d'obstructions, posez la moquette contre le mur et remontez d'environ 1½" sur la plinthe, le long des deux murs. Avec le tendeur, étirez la moquette dans le sens de la longueur, puis dans le sens de la largeur. Partez du milieu du mur et tendez en alternant vers les deux coins. Fixez la moquette ainsi tendue avec quelques broquettes provisoires.

Faites les entailles nécessaires pour le passage éventuel de tuyaux, pour une cheminée ou des radiateurs. Retirez environ 2" de la thibaude le long du mur, laissant un creux pour le rempli. Repliez la moquette et fixez-la avec une broquette à tous les 5" dans le rempli.
Si la moquette est ancrée sur bandes à griffes, posez moquette et thibaude puis découpez les bords de cette dernière afin qu'elle bute au bord de la bande. Fixez la moquette le long de deux murs avec des broquettes provisoires et tendez-la par-dessus les pointes de la bande à griffes. Retirez le clouage provisoire et tendez la moquette de nouveau avec une marge de ⅜" pour le rempli. Celui-ci fait, enfoncez-le solidement dans le creux entre la plinthe et la bande à griffes. Recouvrez le bord de la moquette, à la limite d'une porte, par une barre de seuil en métal, clouée au sol dans l'ouverture de cette porte. Le bord de la moquette est glissé sous la lèvre.

A défaut de barre de seuil, utilisez des broquettes. Auparavant, recouvrez le bord d'un ruban à tapis pour l'empêcher de s'effilocher si la lisière a été coupée. Collez le ruban au dos de la moquette avec une colle à base de latex.

Une moquette non tissée ou à dos de latex ne risque pas de s'effilocher, mais la bande servira néanmoins à renforcer les bords exposés. Avant de replacer les portes, assurez-vous que l'épaisseur de la moquette n'empêche pas leur fermeture, sans quoi il faudra couper le bas de ces portes.

Clouez les bandes à griffes au sol sur tout le périmètre de la pièce, à ¼" de la plinthe. Enlevez la moulure et sortez les meubles.

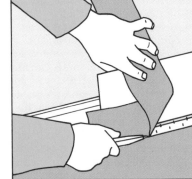
Posez la thibaude, clouez-la et découpez l'excédent, de sorte que son bord bute contre le bord de la bande à griffes.

Servez-vous du tendeur pour étirer la moquette par-dessus les pointes de la bande à griffes. Abaissez le nez du tendeur pour accrocher la moquette.

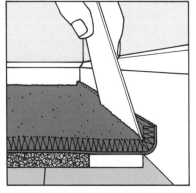
Découpez l'excédent de moquette en laissant un rempli de ⅜". Servez-vous d'un outil pointu pour enfoncer le rempli dans le creux entre bande et mur.

Décrochez la moquette de la bande à griffes si vous en avez trop enlevé et servez-vous du tendeur pour faire buter la moquette contre le mur.

Sous une porte, fixez la moquette par une barre de seuil. Glissez le bord de la moquette sous la lèvre de la bande de seuil et tamponnez celle-ci.

Tapis d'escalier

On peut recouvrir totalement les marches d'un escalier avec un tapis, ce qui nécessite les soins d'un professionnel, ou, plus simplement, poser un lé, solution plus économique et plus facile à réaliser.

Mesurage: Les lés d'escalier sont vendus à la verge en largeurs de 27″ et 36″.

Escaliers droits: Calculez en pouces la longueur nécessaire en additionnant une marche et une contremarche. Le total sera multiplié par le nombre de marches et divisé par 36 (nombre de verges nécessaire).

Escaliers tournants: Calculez la longueur de tapis nécessaire pour les marches droites et les paliers. Mesurez chaque marche tournante séparément, à l'endroit le plus large. Ajoutez ces chiffres aux premiers et divisez le total par 36: vous saurez le nombre de verges requises. Ajoutez quelques pieds pour le rempli: vous replierez le surplus au palier supérieur ou inférieur pour pouvoir déplacer le tapis, au besoin.

Support: Choisissez un support en caoutchouc ou en feutre, soit en longueur continue, soit en pièces pour chaque marche. Les supports d'une seule pièce ne seront cloués que sur le palier supérieur; les supports de marches seront cloués séparément. Ils doivent être suffisamment larges pour buter à la contremarche et déborder de 2″ sur le nez de la marche.

Fixations: Broquettes, bandes à griffes, ruban de tapissier, tringles (barres de métal qu'on glisse dans des œillets fixés à la base de chaque contremarche). Les rubans sont placés dans le coin de la contremarche et de la marche et sur le nez de la marche. Les bandes à griffes sont des bandes métalliques clouées dans l'angle de la marche et de la contremarche; leurs griffes s'enfoncent dans le tapis, le maintenant en place. On peut retenir le tapis d'escalier avec des broquettes, mais cette solution peu esthétique oblige à retirer les broquettes chaque fois qu'on déplace le tapis.

Pose du tapis: Le sens du poil doit aller vers le bas de l'escalier; ainsi, le tapis s'usera moins vite. Pour trouver le sens, passez la main sur le tapis: celui dans lequel le poil se couche est le bon.

Si le tapis est maintenu par des tringles, commencez par le palier supérieur. Drapez le tapis sur la contremarche de la marche inférieure et clouez provisoirement en place. Laissez tomber le tapis sur la marche suivante. Vissez un œillet de chaque côté de la contremarche, au fond de la marche et à ½″ environ au-delà du lé. Glissez une tringle dans les œillets, enle-

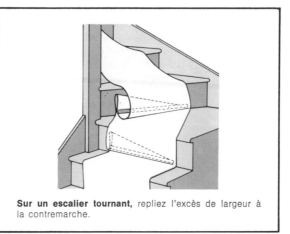

Sur un escalier tournant, repliez l'excès de largeur à la contremarche.

vez les clous et continuez ainsi, marche par marche.

Une longueur de tapis, repliée au palier supérieur ou inférieur, sert de réserve pour l'instant où vous voudrez déplacer le tapis. Pour le glisser, retirez les tringles, remontez-le ou redescendez-le: il sera comme neuf.

Le ruban de tapissier s'installe au joint—marche-contremarche—et sur le nez. Laissez le papier protecteur en place. Vous l'enlèverez à mesure que vous descendrez l'escalier. Enlevez-le des deux premières marches, levez le tapis au-dessus du nez et glissez-le à l'angle de la première marche. Tendez le tapis au-

dessus du nez et continuez ainsi jusqu'au palier inférieur.

Si vous employez les bandes à griffes, clouez une bande en équerre dans le joint. Ajoutez un support sous chaque bande métallique. Fixez le bout du tapis contre le fond de la première marche. Tendez-le sur les deux premiers nez des marches. Le tapis toujours tendu, faites une autre marche, et ainsi de suite.

Pour un escalier tournant, il est nécessaire de faire des plis dans le tapis afin d'en résorber l'excès dans la partie la plus étroite des marches.

Si le tapis est maintenu par des tringles, faites des plis en partant de la première marche en spirale. Repliez l'excédent vers la tringle de la marche précédente et retenez le pli par trois broquettes, allant de la partie large vers la partie étroite de la marche. Tendez de nouveau le tapis, mettez-le en place sur la contremarche suivante et répétez l'opération.

Si le tapis est posé sur bandes à griffes, clouez une bande métallique plate sur la première marche en spirale. Tendez le tapis sur la marche en suivant le mouvement tournant. Repliez l'excès vers le bas, tout contre la bande plate. Faites une marque au dos du tapis, à la base du pli, des deux côtés.

Retournez le tapis vers le bas de l'escalier en maintenant les deux marques tracées à l'intersection de la marche et de la contremarche.

Retenez le pli par une deuxième bande plate clouée sur la contremarche, à travers les deux épaisseurs de tapis.

Clouez des bandes à griffes de façon à maintenir les bords arrière des supports. Pliez ceux-ci sur le nez.

Au lieu de supports en pièces, utilisez un support continu. Par-dessus, clouez les bandes à griffes à la contremarche.

Tendez le tapis par-dessus le nez des marches. Maintenez-le tendu et accrochez-le sur les griffes de la marche.

Revêtements de sol

Moquettes à dos coussiné

Les moquettes à dos coussiné se posent plus facilement que les autres: avec elles, pas besoin de bandes à griffes ni de thibaudes. Les recommandations qui suivent s'appliquent à la plupart des moquettes: tenez compte quand même des recommandations du fabricant.

Pour poser cette moquette, étendez, sur le sol, au ras du mur, un ruban de tapissier, et, ceci, sur le périmètre entier de la pièce. Enlevez le papier protecteur et pressez doucement la moquette sur le ruban. Posez un seuil en métal dans les entrées. La plupart des moquettes à dos coussiné se vendent en largeurs de 12' et 15'; si votre pièce est plus large, ajoutez un lé. Pour réunir les lés, il vous faudra un ruban de 5" de large, un activateur et une longue règle métallique. Ces articles se vendent chez le marchand de tapis.

Sur les planchers en bois, posez le ruban perpendiculairement aux lames. Respectez le sens du poil en posant les lés, et coupez les bords irréguliers de la moquette avant l'encollage. Une règle métallique sert de guide. Faites un tracé sur le sol en vous servant du

bord du ruban. Repliez les deux longueurs et centrez le ruban le long du tracé. Déroulez-le en longueurs de 3' (ne le coupez pas); n'enlevez pas le papier protecteur. Abaissez la première longueur de moquette au-dessus du ruban. Abaissez la seconde en formant une légère élévation à la rencontre des deux lés. Repliez les deux longueurs de 18" et enlevez le papier. Appliquez l'activateur sur le ruban et étalez-le avec une retaille de moquette jusqu'à ce qu'il soit glissant.

Etendez une lisière de colle au niveau du poil de la moquette, tout le long du bord du premier lé, en faisant attention de ne pas tacher le poil.

Posez le second lé et formez le joint en l'éloignant doucement du premier, jusqu'à ce qu'il tombe sur le ruban de tapissier.

Il suffira ensuite de le glisser devant, jusqu'à ce que le joint se soit complètement et très proprement refermé.

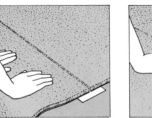

1. Collez un ruban de 2" sur le sol, au ras du mur, le long du périmètre de la pièce. N'enlevez pas le papier.

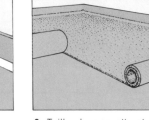

2. Taillez la moquette et déroulez-la. Attention au sens du poil. Ceci est un essai à sec, pour vérification.

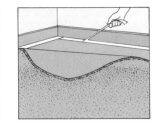

3. Repliez la moquette vers le centre de la pièce. Enlevez le papier qui recouvre le ruban de tapissier.

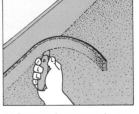

4. Pressez fermement la moquette sur le ruban et enlevez l'excès avec un couteau bien aiguisé.

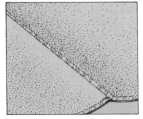

5. Pour faire le joint (nécessaire pour les moquettes), ajustez les bords en formant une légère élévation.

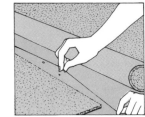

6. Repliez un bord et claquez une ligne de craie (ou faites un tracé au crayon) le long du bord du deuxième lé.

7. Collez le ruban de 5" de large au centre du tracé. Pressez-le à mesure que vous le déroulez.

8. Enlevez le papier protecteur et activez le ruban avec une retaille de moquette imbibée du liquide.

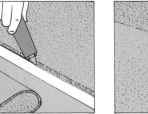

9. Abaissez un des bords sur le ruban. Appliquez la colle à joints sur le côté de ce lé.

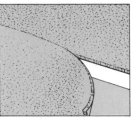

10. Abaissez le second lé (attention de ne pas déplacer le tapis). Ce lé chevauchera le premier, tel qu'illustré.

11. Eloignez légèrement le second lé jusqu'à ce que son bord se place et que l'élévation disparaisse.

12. Réunissez le joint au rouleau ou à la main. Assurez-vous qu'il soit parfait. Corrigez les bâillements.

13. Enlevez l'excès de colle avec un dissolvant. Celui-ci, le ruban et la colle s'achètent chez le marchand de tapis.

14. Recouvrez les bords de la moquette, dans les entrées, avec une bande à griffes ou avec un seuil en métal.

15. Faites des entailles dans la moquette pour atteindre les tuyaux. Ajustez-la bien autour de ces tuyaux.

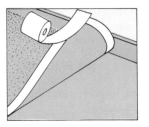

16. Pour enlever ainsi une moquette, retirez-la avec les rubans. Etendez du papier de toilette sur ceux-ci.

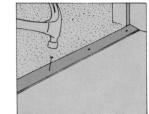

section 11:

Le travail du bois

Le bois reste le matériau par excellence du bricoleur, qui apprécie à la fois ses qualités esthétiques et sa solidité. Nous avons réuni dans ce chapitre l'essentiel de ce que vous devez connaître de ce matériau, tant en ce qui concerne ses caractéristiques que sa mise en œuvre. Vous y trouverez de nombreux conseils pour le choix, l'achat et le travail du bois, aussi bien sous son aspect traditionnel que sous forme de contreplaqués, panneaux de fibres et agglomérés.

sommaire

370 La connaissance du bois
371 Types de bois
372 Achat du bois
374 Le contreplaqué
376 Les panneaux de fibres
377 Charpenterie
378 Les panneaux muraux
380 Pose du stratifié
381 Le placage
382 Mesurage et traçage
384 Assemblages
385 Assemblages à recouvrement
386 Assemblages à entaille
387 Assemblages à mortaise et tenon
389 Assemblages à queue-d'aronde et en L
390 Variété d'assemblages à queue-d'aronde
392 Assemblages d'angles
394 Assemblages en croix
395 Assemblages chant sur chant
396 Assemblages d'allongement
397 Assemblages triples
398 Usage des moulures
400 Niveaux verticaux et horizontaux
401 Structures de base
402 Construction de tiroirs
404 Construction d'intérieur
407 Finition du bois
411 Produits de finition
414 Finis spéciaux
415 Antiquage
416 Effets spéciaux

La connaissance du bois

Les origines du bois

Les bois sont composés de 60% de cellulose et de 28% de lignine. Ces substances forment les cellules de bois et de fibres des parois des plantes et des arbres, ainsi que l'élément qui les unit. Les 12% qui restent représentent les éléments qui confèrent à chaque essence ses qualités individuelles: la riche couleur de l'acajou (ébénisterie), l'arôme parfumé du cèdre (coffres de rangement) et la résistance au pourrissement du séquoia (ameublements de jardin). Les autres caractéristiques du bois tiennent à la façon de le débiter, à partir de la bille, de même qu'au séchage. C'est à vous, ensuite, et à vos outils, d'ouvrer ce bois, de lui donner des formes, de l'assembler et le finir pour en fabriquer les objets dont vous avez besoin. Les pages suivantes vous aideront dans ce travail.

L'écorce, partie extérieure d'un arbre, a peu de valeur commerciale, sauf comme combustible. On l'utilise en guise d'humus pour les plantes. Immédiatement sous l'écorce, et seule partie vivante de l'arbre, le cambium s'étend des bouts des racines jusqu'aux extrémités des branches. Les cellules à l'extérieur de la couche de cambium forment l'écorce. Les autres cellules forment l'aubier.

Les bords arrondis d'une bille s'appellent dosses. Le dessin montre comment la bille complète est utilisée, à l'exception de la dosse qu'on passe à la déchiqueteuse. Cette machine la broie en copeaux et en éclats pour en fabriquer les planches murales à gros grain. Au fur et à mesure que le bois est débité, d'autres pièces non désirables (les bords) sont également broyées.

Le bois de l'aubier contient généralement peu de nœuds. C'est dans cette partie qu'on coupe les planches ou les madriers de 1″ à 3″ d'épaisseur.

Au centre de la bille, la plus vieille partie de l'arbre, les nœuds sont plus abondants: ils proviennent du bris ou de la coupe des branches ou d'une maladie de l'écorce ou, encore, de la déprédation des rongeurs. Le bois de cette section est impropre à la fabrication des planches: il est plutôt découpé en gros madriers ou en poutres carrées ou rectangulaires. Ces poutres et ces madriers servent aux travaux de construction. Les nœuds affaiblissent le bois de petites dimensions, mais ne nuisent en rien aux madriers.

Les bois durs

Ces bois proviennent des arbres à feuilles larges et à feuillage caduc, tels que le chêne, le noyer, l'érable, le bouleau et l'acajou. Les bois de ce groupe coûtent plus cher que les bois mous, mais ils sont plus forts et durent plus longtemps.

Ne craignez pas d'utiliser des bois durs. Si vos outils sont bien aiguisés, ces bois peuvent être coupés, façonnés, assemblés, aussi bien que les bois mous.

Les bois durs servent davantage que les bois mous, en décoration, parce que leur surface est facile à finir.

La qualité du bois dur dépend de la façon dont on le sèche et l'entrepose. Le séchage au four selon les méthodes modernes et le séchage à l'air sont satisfaisants, mais on doit laisser au bois le temps d'absorber, selon l'usage qu'on en fera, l'humidité qui lui est nécessaire. Quand le bois a mal séché à l'air ou a été mal entreposé, l'eau peut s'accumuler autour des baguettes d'empilage, le tachant en profondeur.

Puisque le bois sèche plus rapidement dans les bouts qu'au centre, on badigeonnera les bouts de peinture ou de poix pour les protéger durant le séchage à l'air.

ESSENCES	CARACTÉRISTIQUES	USAGES
Acajou:	A grain fin; brun rouge; durable; résiste au renflement, au gauchissement et à la contraction; s'ouvre bien	Ebénisterie, construction de bateaux, placages, meubles de luxe
Noyer:	Fort; à texture fine; résiste au gauchissement et à la contraction; d'emploi et de fini faciles	Meubles massifs et plaqués; fûts de fusils; panneautage; tournage; nouveautés; ébénisterie
Chêne:	Fort; durable; se plie et se finit bien; résiste à l'humidité	Meubles; garnitures d'intérieur; boiseries de bateaux; pupitres; parquets; pieux
Erable:	Fort; dur; se façonne aisément; résiste aux chocs; à texture fine; se retire peu	Parquets; beaux meubles; objets d'art; allées de quilles; instruments aratoires
Cerisier:	A grain serré; résiste au gauchissement et au retrait; vieillit bien; rougit au soleil	Ebénisterie; boiseries de bateaux; nouveautés; meubles robustes; poignées; objets tournés
Bois de rose:	Très dur; brun rouge foncé; à grain serré; odoriférant; se travaille difficilement; se polit bien	Instruments de musique; caisses de pianos; objets d'art; meubles; niveaux; placages
Teck:	Dur; durable; résiste à la moisissure et au pourrissement, au gauchissement et au fendillement	Beaux meubles; panneautage; boiseries de bateaux; portes; cadres de châssis.

Les bois mous

Le bois mou provient des conifères tels que le pin, le cèdre, le sapin, la pruche, le séquoia, l'épinette, le cyprès et le tilleul. A la sortie des moulins, le bois est rude, mais on le vend blanchi. Une fois dégauchies et blanchies, les pièces que l'on trouve dans le commerce ont des épaisseurs inférieures aux épaisseurs des pièces brutes de sciage. Exemple: des pièces de 1″ x 6″ mesurent ¾″ x 5½″. Si vous désirez du bois de dimensions spéciales, il faudra le spécifier en donnant votre commande. On partira alors de bois dont les dimensions brutes sont plus grandes. Puisqu'il vous faudra payer pour des dimensions plus grandes, le coût sera plus élevé.

Les bois mous ne réagissent pas tous de la même façon aux intempéries. Les essences servant à l'érection des charpentes—le pin, entre autres—doivent être protégées par des préservatifs ou de la peinture. D'autres essences, parmi lesquelles on compte le séquoia, résistent naturellement. Les poteaux qu'on enfouit dans le sol doivent être imprégnés d'un préservatif contre le pourrissement et les insectes. Le bois mou qui sert à la construction des planchers, des murs et des plafonds doit être protégé contre la saleté. Il existe des finis à cet effet. Certains bois noueux produisent de la résine qu'on peut nettoyer avec de la térébenthine. On scelle les nœuds avec de la gomme blanche. Ceux qui se détachent sont ensuite scellés. Les bois mous se fendent aisément dans les bouts. Commandez-en plus long.

ESSENCES	CARACTÉRISTIQUES	USAGES
Pin:	Texture unie; se travaille et se finit bien; se retire peu; résiste au gauchissement	Construction; panneautage; boiseries; meubles; caisses; usinage; gabarits; moulures
Pruche:	Léger; de texture unie; se façonne bien; résiste mal au pourrissement; non résineux	Bois de construction; revêtements; portes; madriers; planches; panneautage; sous-planchers
Sapin:	Se travaille et se finit bien; de texture unie; non résineux; résiste mal au pourrissement	Meubles; portes; encadrements; châssis; contre-plaqués; usinage; moulures intérieures
Séquoia:	Léger; durable; se travaille bien; résiste au pourrissement	Meubles de jardin; clôtures; parements; finitions intérieures; placages; panneautage
Epinette:	Fort; durable; résiste mal au pourrissement; se finit bien; se retire modérément; résiste au rétrécissement	Mâts et espars de bateaux; avions; caisses; boîtes; usinage; échelles
Cèdre:	Odoriférant; brun rouge; facile à travailler; de texture unie; résiste au pourrissement	Coffres; revêtements de placards; bardeaux; poteaux; planches de quais; nouveautés

Achat du bois

Conseils pour l'achat du bois

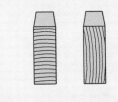

Le bois scié sur quartier, coupé perpendiculairement aux couches annuelles, a un grain aux deux bouts. Le bois scié ordinairement ou à plat est coupé en travers de la bille. Populaire et peu coûteux.

Gauchissement: Dû, en partie, au mauvais séchage. Se produit de différentes façons. Un coup d'œil en longueur décélera le défaut. Un humectage prolongé du côté concave l'améliorera peut-être. A éviter.

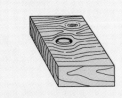

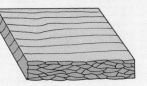

Nœuds sains. Bois acceptable pour la charpenterie, si les nœuds, conformes à la catégorie, ne l'affaiblissent pas. Pour les meubles, n'acceptez que de petits nœuds.

Flache: C'est souvent le cas pour les bois durs. Le bord présente écorce et aubier, qu'il faut enlever. L'aubier apparaît comme une bande plus pâle.

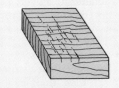

Les gerçures résultent d'une compression ou de l'abattage et sont des fentes dans le bois. Ce bois s'utilise en ébénisterie, pour les endroits dissimulés.

Fentes en bout: Causées par un séchage plus rapide des bouts des planches. On les trouve presque toujours dans le bois débité. Sciez la partie atteinte.

Retrait et gauchissement

Le bois débité contient beaucoup d'humidité. On peut le débarrasser d'une bonne partie de cette humidité, avant qu'il ne soit livré au marchand, grâce à certains procédés de séchage. Tous les bois rétré-

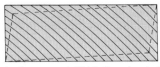

La ligne en pointillé indique le retrait

cissent ou travaillent pendant le séchage. Le retrait le plus important se produit à la circonférence des anneaux. La longueur dans le sens du grain se rac-

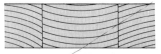

Les fils alternés équilibrent le mouvement

courcit de ⅛″ par 12′. En assemblant une série de planches bord à bord, faites alterner le grain du chant des planches. C'est le meilleur moyen d'équilibrer le bois et de lui conserver une surface plane.

Le bois massif ne réagit pas de la même manière que les panneaux en fibres, les lattes et les agglomérés. Evitez, par exemple, d'assembler, dans un endroit

humide, des côtés de tiroir en bois dur avec une face de tiroir en bois massif. Le bois se fendra.

En revanche, il n'y a pas d'inconvénient à fixer un fond en contreplaqué sur un tiroir fait de bois massif, puisque les côtés travailleront à peine. De même, on peut très bien poser une bande de recouvrement en bois massif à longues fibres sur un matériau qui ne bouge pas: le mouvement du bois dans le sens de la longueur sera presque nul.

Si vous avez des doutes quant à la déformation du bois massif, examinez attentivement un meuble ancien et la façon dont il est assemblé. (Ceci s'applique également aux joints d'assemblage dans le design de pièces d'ameublement.)

Les méthodes employées pour redresser un bois gauchi ne peuvent avoir qu'un succès limité. Tentez néanmoins votre chance en procédant comme suit:

Empilage du bois: neutralise le gauchissement

empilez le bois un rang dans un sens, le rang suivant dans un autre (à angle droit du premier), et ainsi de suite. On entrepose de la même manière du bois acheté en grande quantité.

Pour redresser une planche courbée, humectez-la d'abord, puis posez ses deux extrémités sur des briques et mettez un poids léger sur la surface convexe. Au bout de quelques jours, la surface redeviendra plane.

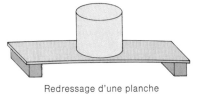

Redressage d'une planche

On redresse deux planches gauchies en les joignant ensemble, côtés convexes vers l'extérieur, et en les pressant par le centre à l'aide de serres. (Interposez des pièces de bois mou entre les mâchoires des serres et les planches pour éviter de marquer le bois.) Un humectage généreux du bois avant le serrage hâtera le redressement des planches.

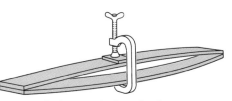

Redressage de deux planches

Classification du bois

Il existe deux classes de base pour le bois: (1) **Bois de qualité**—excellent—à utiliser là où l'apparence et la finition importent beaucoup; (2) **Bois commun**—comporte certaines imperfections—employé tout-usage en construction.

On compte trois catégories dans le bois de qualité: **B et Meilleur** (ou 1 et 2, clair)—légères taches; **C et choisi**—quelques légères imperfections, petits nœuds; **Choisi D**—un certain nombre d'imperfections que la peinture dissimule.

Les catégories correspondantes de pin blanc Idaho sont désignées: Supreme, Choisi et de Qualité.

Les catégories de bois commun sont: **Nº 1**—quelques nœuds sains, peu de taches—utilisé comme bois noueux ou peint; **Nº 2**—taches et nœuds apparents—utilisé en planchéiage et panneautage ou comme bois noueux; **Nº 3**—nœuds lâches, trous de nœuds et autres défauts apparents—utilisé pour rayonnage, revêtements, clôtures; **Nº 4**—basse qualité—utilisé pour revêtements, faux planchers, caisses et coffrages; **Nº 5**—qualité la plus basse—usage limité, là où la solidité et l'apparence ne sont pas essentielles au produit fini.

Les catégories correspondantes de pin blanc Idaho sont: Colonial, Sterling, Standard, Utility et Industrial.

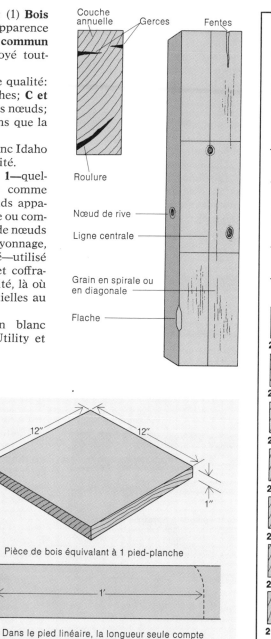

Couche annuelle — Gerces — Fentes

Roulure

Nœud de rive

Ligne centrale

Grain en spirale ou en diagonale

Flache

Comment commander

Le pied-planche, unité d'achat du bois, équivaut à la quantité de bois que compte une pièce de 1′ de long, 1″ d'épais et 12″ de large. Pour calculer le nombre de pieds-planche, multipliez la longueur en pieds par l'épaisseur **nominale** et la largeur en pouces et divisez par 12. Une pièce de bois de 6′ de long, 2″ d'épais et 6″ de large compte:

$$\frac{6 \text{ pi.} \times 2 \text{ po.} \times 6 \text{ pi.}}{12} = \frac{72}{12} = 6 \text{ pieds-planche}$$

Le pied linéaire est l'unité d'achat des moulures, goujons, fourrures, poteaux et, quelquefois, 2 x 4. La longueur seule est considérée. Les bardeaux et la latte se vendent en paquets; le contreplaqué et la planche murale, en panneaux.

12″   12″

1″

Pièce de bois équivalant à 1 pied-planche

1′

Dans le pied linéaire, la longueur seule compte

Dimensions standard

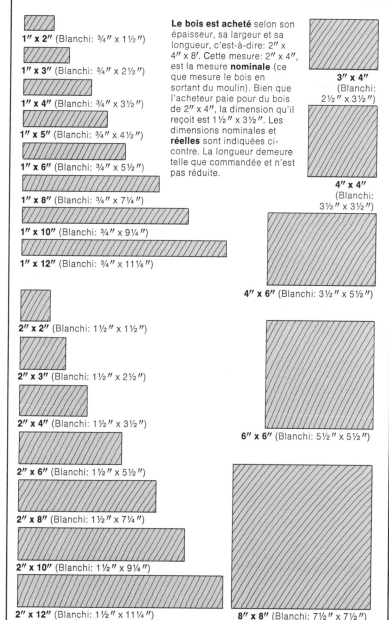

1″ x 2″ (Blanchi: ¾″ x 1½″)

1″ x 3″ (Blanchi: ¾″ x 2½″)

1″ x 4″ (Blanchi: ¾″ x 3½″)

1″ x 5″ (Blanchi: ¾″ x 4½″)

1″ x 6″ (Blanchi: ¾″ x 5½″)

1″ x 8″ (Blanchi: ¾″ x 7¼″)

1″ x 10″ (Blanchi: ¾″ x 9¼″)

1″ x 12″ (Blanchi: ¾″ x 11¼″)

2″ x 2″ (Blanchi: 1½″ x 1½″)

2″ x 3″ (Blanchi: 1½″ x 2½″)

2″ x 4″ (Blanchi: 1½″ x 3½″)

2″ x 6″ (Blanchi: 1½″ x 5½″)

2″ x 8″ (Blanchi: 1½″ x 7¼″)

2″ x 10″ (Blanchi: 1½″ x 9¼″)

2″ x 12″ (Blanchi: 1½″ x 11¼″)

Le bois est acheté selon son épaisseur, sa largeur et sa longueur, c'est-à-dire: 2″ x 4″ x 8′. Cette mesure: 2″ x 4″, est la mesure **nominale** (ce que mesure le bois en sortant du moulin). Bien que l'acheteur paie pour du bois de 2″ x 4″, la dimension qu'il reçoit est 1½″ x 3½″. Les dimensions nominales et **réelles** sont indiquées ci-contre. La longueur demeure telle que commandée et n'est pas réduite.

3″ x 4″ (Blanchi: 2½″ x 3½″)

4″ x 4″ (Blanchi: 3½″ x 3½″)

4″ x 6″ (Blanchi: 3½″ x 5½″)

6″ x 6″ (Blanchi: 5½″ x 5½″)

8″ x 8″ (Blanchi: 7½″ x 7½″)

Le contreplaqué

Fabrication du contreplaqué

Le contreplaqué est constitué de minces feuilles (bois ou placages) collées les unes aux autres de façon que le fil d'un pli soit perpendiculaire au fil du pli précédent. Le contreplaqué à noyau de bois a un pli central solide. Des lamelles minces sont entrecroisées et collées sur ses deux faces. Les plis sont toujours en nombre impair; ceci stabilise le contreplaqué; quand deux feuilles sont assemblées, les tensions créées par la ligne de colle produisent un gauchissement. En utilisant des feuilles collées, respectivement, sur chaque face du pli central, on compense les tensions: c'est le contreplaqué trois-plis.

D'autres paires de feuilles peuvent être ajoutées. Le contreplaqué ne peut pas être garanti indéformable parce que deux feuilles de placage ne sont jamais parfaitement identiques et que les tensions ne peuvent jamais être totalement équilibrées. L'humidification ou l'échauffement d'une des faces du pli peut aussi provoquer une dilatation ou une contraction qui déforme la feuille. Il se fabrique des contreplaqués pour usages particuliers, par exemple pour les coffrages pour béton (disponibles avec faces huilées), etc. Selon la finition désirée, un des côtés est poncé, ou les deux.

Les contreplaqués les plus populaires sont faits de bois tendres: sapin, pin et autres espèces classés selon la qualité de leur pli extérieur. Les contreplaqués en bois dur (chêne, noyer, acajou) comprennent ceux qui sont fabriqués entièrement de placages de bois durs ou de bois dur pour pli extérieur et de bois tendre pour pli intérieur. Ils sont utilisés seulement là où l'apparence compte.

Catégories de placages

La plupart des contreplaqués en bois tendre vendus de nos jours sont classés par le Conseil des industries forestières de Colombie-Britannique d'après les spécifications de la Société canadienne de normalisation, qui réglemente la fabrication du contreplaqué.

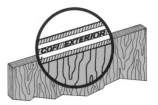

On retrouve l'étampe COFI sur les rives et la face du contreplaqué tandis que la classe de qualité est étampée sur les bords.

Les bois tendres — épinette blanche de l'Ouest, pruche de l'Ouest ou de la côte du Pacifique, épinette Sitka et pin — appartiennent à deux groupes: poncés ou rugueux. Une colle imperméable, chauffée dans une presse sous haute pression, est utilisée entre les plis de toutes les catégories de panneaux. Les panneaux sont classés d'après les qualités du placage utilisé sur leur face et leur dos, qualités désignées comme suit: **A** (la plus haute qualité): lisse et sain, pas de nœuds ou défauts ouverts; **B** (surface exempte de défauts ouverts): nœuds acceptables, grain assez rugueux; **B amélioré** (surface comportant un certain nombre de défauts mineurs); **C** (qualité inférieure): peut présenter des défauts mineurs n'affectant pas sa solidité et son utilité.

La face et le dos des placages A sont poncés en un fini lisse et doux. Les deux catégories B et C (utilisées comme revêtement de toits, de murs ou de sous-planchers) ne sont pas poncées.

Les cinq types les plus populaires sont étiquetés comme suit: G2S (bon des deux côtés) ou A-A; G1S (bon d'un seul côté) ou A-C; SEL TF (Select-Tight Face ou select-plein) ou B-C et SELECT (B-C) qui a quelques fissures. Le SHG (C-C) est surtout utilisé pour le coffrage.

Les plis centraux de ces panneaux sont de catégorie C.

Il existe sept autres catégories dont les usages vont de la construction de bateaux, de coffrages, de revêtements et de recouvrements à la finition des meubles.

La plupart des placages sont coupés en plaçant la bille dans un tour géant. A mesure que la bille tourne, une lame coupe un ruban de bois continu tout comme lorsqu'on pèle une pomme. Les contreplaqués sont classés et portent une estampille sur les chants.

Noyau   Face   Plis transversaux

Face

Le contreplaqué à noyau central est composé de feuilles de placage collées ou laminées à une section centrale en bois massif. Pour meubles de qualité.

Face   Noyau de 3 à 9 plis

Face

Le contreplaqué à noyau de placage possède une section centrale de 3 à 9 feuilles dont le grain est perpendiculaire à celui des feuilles qui précèdent ou suivent.

Placage de dos
Pli transversal ou noyau
Noyau central
Pli transversal
Placage de face

Le travail avec le contreplaqué

Le contreplaqué se vend généralement en feuilles de 4' x 8' et en épaisseurs allant de ¼" à ¾". Toutefois, les marchands de bois importants peuvent fournir, sur demande, des feuilles de dimensions variables. Les coins des panneaux sont souvent ébréchés ou brisés: prévoyez une perte possible lorsque vous prenez vos mesures et commandez.

Le contreplaqué de sapin Douglas est le plus couramment employé et le moins cher. Exposé à l'air, son fil prend une teinte plus sombre. On s'en sert surtout là où il n'est pas en évidence, de même que là où il sera recouvert d'un autre matériau. Exemple: coffrages, dos de meubles, structures temporaires, tablettes et ouvrages similaires.

Le contreplaqué se travaille comme le bois massif, à condition qu'il soit suffisamment épais. On peut le mortaiser, l'assembler en queue-d'aronde, le tailler en biseau. Evitez cependant de l'employer pour les côtés des tiroirs; la tranche aurait tendance à gratter les glissières.

Sciage: Utilisez une scie à lame finement dentée. Marquez toujours au couteau la ligne de sciage, afin de scier perpendiculairement au fil pour éviter les brisures.

Si vous sciez un panneau sur une table de sciage ou avec une scie radiale, placez le bon côté du panneau face en haut. Si vous le sciez avec une scie

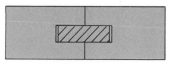

Laissez du jeu entre le fond des rainures et les languettes

électrique portative, le bon côté sera placé face en bas. Marquez au couteau une des deux faces des contreplaqués qui ont deux bonnes faces, ou collez-y du papier-cache le long du tracé.

Vissage: Percez toujours des avant-trous avant de poser les vis. Les clous et les vis tiennent moins bien dans la tranche du contreplaqué qu'en surface.

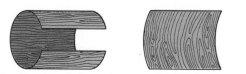

En raison du grain, la courbure sera plus forte à gauche

Si vous assemblez du contreplaqué pas très dur avec des vis, vous risquez que leurs têtes pénètrent trop profondément dans le placage. Utilisez des cuvettes coniques pour réduire ce risque.

Collage: Pour assurer une bonne adhérence de la colle à un contreplaqué, enfoncez quelques clous à bois le long des jointures. Vous pouvez également exercer une forte pression à l'aide d'une serre. Pour le collage de contreplaqué marin et les usages extérieurs, choisissez une colle qui résiste à l'eau.

Assemblage: Le contreplaqué de plus de ¼" se travaille comme le bois ordinaire. Assemblez bout à bout (méthode des fausses languettes, p. 395), mais ne courbez pas les feuilles après assemblage.

Réparation: Si, pendant le travail, de petites parties du placage se soulèvent, recollez-les et posez une serre en utilisant une cale ou du papier.

Protection: Autant que possible, veillez à ce que les bords du contreplaqué aient des supports. Un coup brutal contre la tranche peut provoquer des déchirures ou un éclatement des plis. Si les bords risquent d'être heurtés, protégez-les avec des moulures, ou chanfreinez les arêtes vives.

Courbures: Plus un contreplaqué est mince, plus il peut être courbé. Le bouleau est le bois qui se courbe le mieux. Une courbure assez simple et régulière se maintiendra si vous courbez deux feuilles ou davantage et les collez ensemble en vous servant d'un gabarit. Humectez le contreplaqué avant de le courber, mais laissez sécher à fond avant d'étaler la colle et de placer les serres. Il se courbe mieux quand le grain est perpendiculaire à la courbe (vignette plus bas).

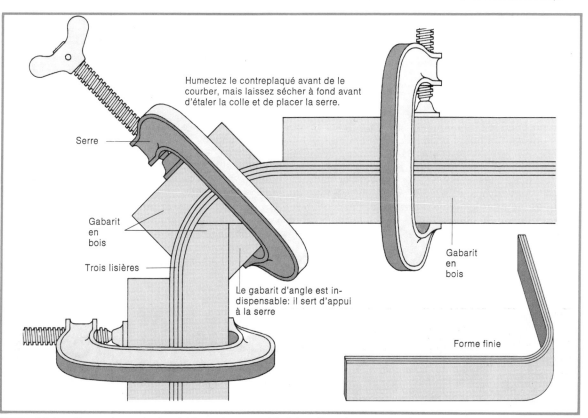

Humectez le contreplaqué avant de le courber, mais laissez sécher à fond avant d'étaler la colle et de placer la serre.

Serre

Gabarit en bois

Trois lisières

Le gabarit d'angle est indispensable: il sert d'appui à la serre

Gabarit en bois

Forme finie

Formes courbes. Des courbures simples s'obtiennent en assemblant des pièces de contreplaqué entre des gabarits maintenus.

Les panneaux de fibres

Qualités et usages

Ce matériau à usages multiples est fait de fibres de bois tendre, traitées sous une forte pression et transformées en panneaux; il en existe plusieurs qualités.

Les panneaux de fibres se vendent traités ou non. Le premier type, traité aux huiles et à la résine, est plus dur et résiste à l'humidité; il est également d'une teinte plus foncée que le dernier.

Les panneaux de fibres sont adoucis sur une face (S1S) ou sur les deux (S2S). Ils peuvent s'obtenir perforés—les plus populaires sont les panneaux d'affichage. Les épaisseurs les plus courantes (⅛″ et ¼″) sont vendues en panneaux de 4′ de large et de 8′, 10′ et 12′ de long. Comme le contreplaqué, ces panneaux se vendent au pied carré.

La plupart des marchands de bois coupent les panneaux aux dimensions demandées avec une scie à panneaux pour que la ligne de coupe soit juste et d'équerre. Si vous devez faire plusieurs longues coupes sur un grand panneau, ajoutez à la mesure l'épaisseur de la lame sur chaque coupe. Les panneaux tout prêts, non coupés, conviennent à la construction de modules.

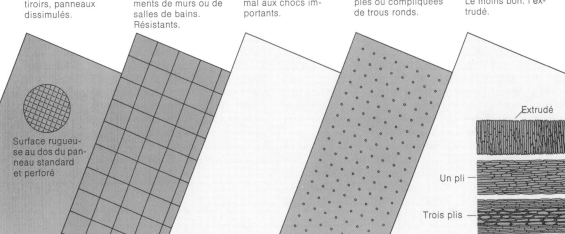

Standard: une face finie, l'autre rugueuse. Utilisés en ébénisterie; pour fonds de tiroirs, panneaux dissimulés.

Emaillés: Face prépeinte traitée "façon carrelage" ou "façon bois". Pour revêtements de murs ou de salles de bains. Résistants.

Lamifiés: Utilisés pour portes coulissantes. Décoratifs. D'entretien facile. Résistent mal aux chocs importants.

Perforés: Panneaux à face simple ou double. Les perforations sont des rangées simples ou compliquées de trous ronds.

Agglomérés: Pour extérieur ou intérieur. Durables. Légers. Le plus fort est le 3-plis. Le moins bon: l'extrudé.

Surface rugueuse au dos du panneau standard et perforé

Extrudé

Un pli

Trois plis

Comment travailler les panneaux de fibres

Entreposez-les à plat pour protéger leurs tranches et leurs angles. Les outils ordinaires propres au travail du bois servent pour couper, façonner et finir les tranches. Evitez d'endommager la surface; sa couche une fois brisée, aucun ponçage ne réparera le mal.

Coupe: Servez-vous d'une égoïne à denture fine, et attaquez toujours le panneau du côté de l'endroit. Sur les panneaux prépeints ou lamifiés, incisez au couteau la ligne de coupe avant de scier, ce qui empêchera l'éclatement de la pellicule. Pour éviter les déchirures, posez les deux extrémités du panneau sur un support.

Des tasseaux retenus avec une serre le long de la ligne de coupe empêchent la scie de dévier du tracé.

Collage: Toutes les colles à bois donnent satisfaction sur les panneaux traités. Si vous devez coller quelque chose sur l'endroit du panneau, rendez-en la surface mordante.

Assemblage: Ne vissez jamais dans le panneau, mais faites passer les vis à travers. Pour clouer, utilisez des clous spéciaux à panneaux de fibres, qui pénètrent tout entiers dans la couche dure et ne laissent qu'un petit creux, facile à reboucher.

Le panneau de fibres s'emploie pour les sous-planchers

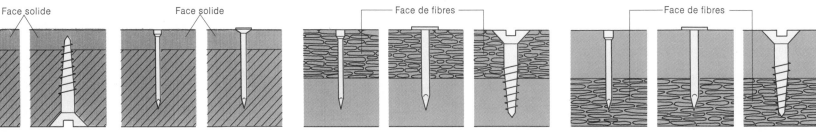

Face solide

Face solide

Face de fibres

Face de fibres

Posez les vis dans le panneau tel qu'indiqué à gauche et non à droite.

Posez des clous sans tête (à gauche) de préférence aux autres.

Posez les vis ou les clous en traversant les fibres, pour plus de solidité.

Cette façon de fixer clous et vis n'offre pas la même solidité.

Charpente d'une maison

Revêtement composé: Ces panneaux de ½″ d'épaisseur se vendent en quatre dimensions: 4′ x 8′, 4′ x 9′, 4′ x 10′ et 4′ x 12′. Ils servent à plusieurs fins dans la construction d'une maison; en particulier, à l'isolation.

Solives: Membres horizontaux de charpente allant d'un mur à l'autre pour supporter le plancher et les charges de plafond.

Chevrons du toit: Membres parallèles de charpente se présentant en séries dans un toit. Leur dimension, selon les empans, est inscrite dans le code local de construction.

Montants: Pièces en 2″ x 4″ utilisées à la verticale dans les charpentes, comme appui pour les murs et les cloisons et sur lesquelles seront posés les revêtements.

Fourrures: Tasseaux de bois posés au mur ou au plafond comme fond de clouage pour le matériau de finition; panneaux, carreaux, etc.

Sous-plancher: Planches ou matériau en panneaux cloués directement sur les solives, sous la finition du plancher, en guise de support.

Contreplaqué de construction: Contreplaqué de qualité inférieure qui s'emploie là où l'apparence n'entre pas en ligne de compte: sous-planchers, planchers de charpente, etc. Se vend non poncé. Classé en rapport avec son adaptation à divers emplois.

Panneaux isolants: Matériau fait de fibres ou de pulpe, formant des panneaux légers et rigides destinés aux murs et aux cloisons.

Papier de construction: Papier de revêtement peu coûteux employé habituellement en construction pour "sceller" les murs ou pour être posé entre le sous-plancher d'une maison et son parquet.

Planche à clin: Revêtement fait de planches dont un chant est plus mince que l'autre. Se cloue à recouvrement, pour couvrir une maison.

Planche de gypse: Panneau mural formé d'un noyau de gypse, dont la face est faite de papier fort très résistant. Se vend en panneaux standard de 4′ de large et de 8′ à 14′ de long.

Ces panneaux se clouent aux solives et chevrons. Ils sont économiques et ignifuges et peuvent être recouverts de peinture ou de papier peint, après que les joints ont été dissimulés sous un ruban adhésif. Leur fini-papier imite le bois et supprime la nécessité d'une autre finition.

Grâce à ce lexique, vous pourrez employer les termes du métier quand vous monterez des charpentes.

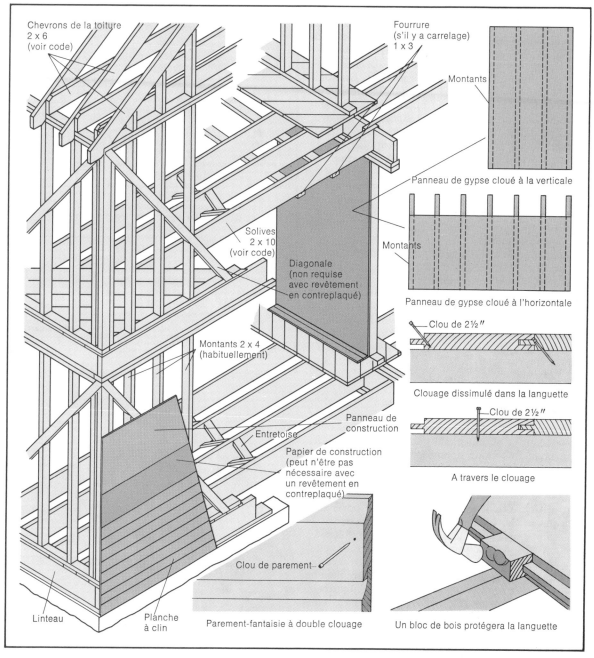

Chevrons de la toiture 2 x 6 (voir code)

Fourrure (s'il y a carrelage) 1 x 3

Montants

Panneau de gypse cloué à la verticale

Solives 2 x 10 (voir code)

Montants

Diagonale (non requise avec revêtement en contreplaqué)

Panneau de gypse cloué à l'horizontale

Montants 2 x 4 (habituellement)

Clou de 2½″

Clouage dissimulé dans la languette

Clou de 2½″

Panneau de construction

Entretoise

A travers le clouage

Papier de construction (peut n'être pas nécessaire avec un revêtement en contreplaqué)

Clou de parement

Linteau

Planche à clin

Parement-fantaisie à double clouage

Un bloc de bois protégera la languette

Les panneaux muraux

Plan de travail

L'un de vos problèmes, quand vous recouvrez vos murs de panneaux, est de choisir, parmi les nombreux styles et finis actuellement disponibles, celui qui vous convient le mieux. Vous trouverez, entre autres, une cinquantaine de variétés de grains de bois en finis plaqués, lithographiés ou imprimés, sur des panneaux de bois. Ces imitations d'acajou, de pin noueux, de cerisier, de chêne et de noyer sont si habilement faites que seul un œil exercé ne les confond pas avec le bois véritable. Certains de ces panneaux sont teints en rouge foncé, en bleu ou en vert exotique.

Si vous préférez autre chose que les imitations de bois, pourquoi ne pas opter pour les panneaux semblables à un marbre aux veines délicates ou à la pierre grossièrement taillée? Ou, encore, pour ces reproductions de gravures anciennes ou ces vastes peintures murales? (Voyez, à la page 350, d'autres intéressantes suggestions.)

Votre choix arrêté, calculez combien de panneaux il vous faut. Vous pourrez établir ces chiffres en consultant le tableau ci-contre.

Faites livrer les panneaux chez vous plusieurs jours avant la date de pose. Laissez-les dans la pièce à couvrir afin qu'ils s'habituent à son degré d'humidité.

Quand vous empilez les panneaux, séparez-les en glissant des tasseaux entre les rangées, pour que l'air y circule.

Combien de panneaux vous faudra-t-il?

Une façon simple d'établir votre évaluation, c'est de faire un plan réduit de la pièce sur du papier quadrillé. Disons que le plancher mesure 16' x 20'. Dessinez un rectangle le représentant, en maintenant les équivalences suivantes: 1 carré = 2' carrés.

Votre rectangle aura 8 carrés de large par 10 de long. Indiquez la hauteur du plafond. Dessinez les murs comme s'ils étaient les côtés tombés d'une boîte. Ajoutez les portes et les fenêtres là où elles sont, et leurs dimensions. Les panneaux muraux mesurent habituellement 4' x 8'. S'il n'y avait les portes et les fenêtres, vous pourriez vous en tenir au périmètre — ici, 72' — et diviser par 4 (largeur d'un panneau). Résultat: 18 (nombre de panneaux nécessaires pour couvrir vos murs). Soustrayez environ ½ panneau par fenêtre et cheminée, ⅔ par porte. La pièce a 3 fenêtres (1½ panneau) et 3 portes (2 panneaux). Soustrayez le total de ces deux chiffres: 3½, de 18. Il vous faut 14½ panneaux. Achetez des panneaux entiers, même si vous arrivez à une fraction. Le rebut (fenêtres et portes) sera utilisé ailleurs.

Fenêtre

Fenêtre

Plancher 16' x 20'

Fenêtre

Porte coulissante double

Porte

Chaque carré = 2' ca.

Les panneaux en bois massif

Si vous préférez l'original à l'imitation, procurez-vous les panneaux entièrement faits de bois. On en trouve une grande variété en bois durs ou mous; et si, en plus, vous aimez les couleurs vives, certains de ces panneaux sont teints. Quel que soit le genre de panneautage que vous choisissiez, celui-ci s'installe aisément et s'entretient bien. Vous pouvez le poser à la verticale, à l'horizontale, ou des deux façons à la fois, selon vos goûts. Les panneaux de différentes largeurs, posés à la verticale, produisent un effet saisissant. On va même jusqu'à imiter, sur certains d'entre eux, des assemblages à tasseau sur planche et à faire, sur d'autres, des rainures et languettes. Si votre pièce est humide ou si vous posez vos panneaux sur du béton, enduisez les murs d'un produit imperméabilisateur avant de commencer le travail.

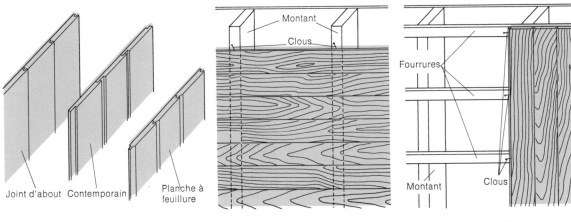

Joint d'about   Contemporain   Planche à feuillure

Montant

Clous

Fourrures

Montant   Clous

Genres de panneaux disponibles   **A l'horizontale**   **A la verticale**

Boiseries et moulures

Beaucoup de manufacturiers de panneaux préfinis fabriquent des moulures et des boiseries en bois dur dont le fini et le style s'adaptent à ceux des panneaux. C'est ce qui permet au bricoleur de terminer lui-même sa finition, en posant boiseries et moulures autour des portes et des fenêtres ainsi que dans les coins.

Il se fabrique maintenant, pour simplifier la pose des panneaux, des moulures en aluminium dont la face non finie est un placage de fibres lié à la base de métal.

Ces moulures se fixent aux montants ou aux fourrures et on glisse les panneaux sous leur lèvre.

Couronne ½" x 1¾"

Contre-chambranle ½" x 1¾"

Base 7/16" x 2½"

Doucine 5/8" x 5/8"

Angle ¾" x ¾"

Tringle biseautée ½" x 1"

Arrêt 5/16" x 1⅛"

Quart-de-rond 3/8" x 9/16"

Base 9/16" x 3"

Contre-chambranle ou barreau de chaise 9/16" x 2"

Arrêt 7/16" x 1⅛"

Couronne 23/32" x 1¾"

Doucine ¾" x ¾"

Baguette d'angle 7/8" x 7/8"

Quart-de-rond ½" x ¾"

Coin intérieur

Lèvre

Coin extérieur

Rebord de fenêtre ¾" x 3"

Couvre-joint

Doucine en contreplaqué moulé

Petites moulures (bois)   **Dimensions standard**   **Aluminium (imitation bois)**

La pose des panneaux

1. Fixez des fourrures (1" x 2" ou 1" x 3") à la verticale, à 16" les unes des autres pour les panneaux complets, et à l'horizontale à 16" sur les 2 x 4 pour la pose tout-venant.

2. Transcrivez sur les panneaux les mesures (prises avec soin) des ouvertures pour les interrupteurs, etc. Percez des avant-trous dans chaque coin; taillez avec une scie à bayonnette.

3. Faites un essai avant d'appliquer l'adhésif. Si le panneau se fixe directement au mur, étalez cet adhésif à tous les 16", horizontalement et verticalement.

4. Appliquez des rubans d'adhésif sur les fourrures qui recevront les panneaux. Au besoin, posez des tasseaux entre les fourrures pour que les grands panneaux soient supportés.

5. Placez le panneau sur les fourrures. Enfoncez de petits clous, à mi-chemin, au sommet; ils feront office de pentures. Pressez le panneau contre la structure.

6. Eloignez la base du panneau à 10" des fourrures et retenez avec un bloc qui maintiendra panneau et fourrures séparés pendant que la colle sèchera.

7. Après 8 ou 10 minutes, enlevez le bloc et poussez le panneau en place, non sans en avoir vérifié l'alignement. Frappez avec un marteau dont la panne est recouverte d'un linge.

8. Laissez les clous posés au sommet jusqu'à ce que la colle soit prise, puis enfoncez-les ou retirez-les. Obturez les trous avec de la pâte de bois. Clouez le panneau à la base (facultatif).

Pose du stratifié

Utilisation du stratifié

Les stratifiés sont constitués de couches de papier (imprégné de résine) reliées à haute température et sous pression pour former des panneaux rigides.

Les stratifiés décoratifs pour les résidences se vendent en feuilles standard allant de 2' x 5' à 5' x 12'. Ils sont épais de 1/16", pour usage sur les surfaces horizontales et de 1/32" pour les verticales.

La gamme des effets décoratifs comprend des coloris unis, des motifs, des imitations de bois et des dessins abstraits, le tout avec une finition mate ou lustrée. Les stratifiés peuvent être employés sur toute surface plane et sèche. Les panneaux de fibres et contreplaqués sont les matériaux qui conviennent le mieux. Décapez les surfaces peintes et vernies jusqu'à la mise à nu du bois avant de coller le stratifié.

Le bois couvert de stratifié doit être revêtu, sur l'envers, pour l'empêcher d'absorber l'humidité qui le déformerait. En fait, toutes les surfaces recouvertes de stratifié devraient être renforcées au dos, mais ceci est moins indispensable pour les planches fixées sur une base massive. Les meilleurs adhésifs pour les travaux courants d'intérieur sont les colles-contact (p. 86). La chaleur excessive peut endommager les stratifiés. Ne posez pas, sur une surface stratifiée, des plats sortant du four: elle s'en trouverait cloquée ou roussie.

Certains produits chimiques tels que le peroxyde d'hydrogène et certains produits de nettoyage contenant du chlore font des taches sur la surface. Essuyez immédiatement toute éclaboussure.

Comment poser le stratifié

Pour les tables de travail, le stratifié peut être coupé sur mesure, mais il est plus économique de le couper soi-même, le bon côté sur le dessus, avec une égoïne à denture fine.

Vous pouvez aussi utiliser un couteau spécial (ou une lame spéciale). En faisant glisser la lame contre une règle, rayez la surface. Appuyez une pièce de bois contre la rayure, soulevez le côté libre du stratifié; rompez.

Nettoyez la surface (ici, un dessus de table) avec du papier abrasif. Versez de la colle-contact au dos du stratifié en l'étalant sur toute la surface. Faites de même pour la table. Séchez 15 minutes.

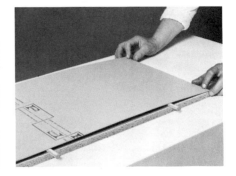

Les surfaces encollées adhèrent aussitôt: placez le stratifié correctement du premier coup. Posez des baguettes de bois sur la table et placez le stratifié sur ces baguettes. Abaissez-le d'un bout; repoussez les baguettes.

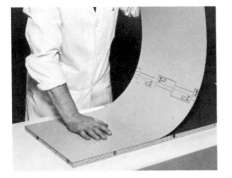

Un autre procédé consiste à piquer des punaises dans les chants de la table, en guise de guides. Glissez une feuille de papier brun entre les surfaces encollées et retirez-la en abaissant le stratifié.

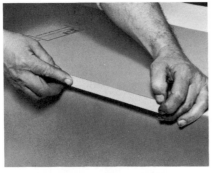

Servez-vous d'une bande de stratifié pour garnir les côtés. Encollez les bords de la table et la bande de la même façon que vous avez encollé le stratifié. Posez celui-ci. Laissez sécher pendant 15 minutes.

Si les bords sont trop larges pour les bandes toutes faites, coupez des bandes de stratifié en calculant une marge de sécurité. Encollez-les et procédez comme pour un panneau. Coupez le rebut.

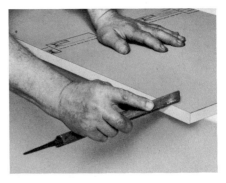

Aplanissez les bords avec une lime inclinée à 45° par rapport à la table pour n'endommager ni celle-ci ni le stratifié. Un rabot ou une toupie peuvent également être utiles.

Types de placages

Les placages sont de minces feuilles de bois provenant des billes de bois. Leur principal mérite, aux yeux des bricoleurs, c'est de doter le bois le plus ordinaire d'une surface attrayante.

Il en existe deux catégories principales: **les placages de construction,** assez épais, utilisés pour les contreplaqués, et **les panneaux lamellés,** fabriqués en usine. Les placages de surface, plus minces—1/28″ d'épaisseur—sont employés dans la décoration.

Diverses méthodes s'utilisent pour la fabrication du placage: le sciage, le tranchage et le déroulage. Pour cette dernière coupe, la bille est montée sur un tour géant, et un couteau la découpe en un ruban continu. Le placage tranché est découpé transversalement par un outil qui agit à la manière d'un immense rabot. Les rabotures qu'il produit sont du placage.

Dans chaque cas, le grain du placage est différent, ce qui donne des effets et des motifs particuliers.

Une feuille de placage est dite un "pli". Plusieurs plis réunis forment un paquet. Le prix des placages est calculé au pied carré. Les panneaux lamellés sont composés en réunissant plusieurs feuilles de placage sur une forme. Ces placages ne sont pas à fils croisés comme le contreplaqué.

Il existe une vaste gamme de feuilles de placage prêtes à découper, parmi lesquelles on trouve des incrustations telles que damiers, emblèmes et autres fantaisies.

Pose du placage

Pour poser le placage, il vous faut un marteau spécial (ou un rouleau), un couteau à tracer, une règle, un rabot à dents (pour gratter le bois afin de lui donner du mordant), du gros papier abrasif, un bloc, de la colle et un pinceau. Coupez les feuilles de placage plus grandes que les surfaces à couvrir (en prévoyant un chevauchement de ½″ à chaque joint). Aspergez d'eau chaque côté des placages, s'ils gauchissent; empilez-les entre des planches. Au bout de quelques heures, les feuilles seront assez flexibles pour être posées avec une colle soluble à l'eau. (Pour la colle-contact, les feuilles doivent être bien sèches.) Etalez sur les deux surfaces à joindre une mince couche de colle et laissez sécher. Placez les feuilles de placage bien à plat dans l'ordre où elles seront posées. Etalez la colle suivant une bande de la largeur de la première feuille. Etendez de la colle sur l'envers de cette feuille. Mettez le placage en place sur la surface enduite de colle en croisant les joints de ½″. Tassez le placage au moyen du marteau spécial ou du rouleau, jusqu'à ce qu'il adhère solidement. Faites disparaître les bulles en les repoussant vers le chant le plus proche. En posant chaque nouvelle feuille, assurez-vous que l'un de ses bords chevauche la feuille précédente d'environ ¾″. Servez-vous d'un couteau et d'une règle pour couper en plein centre du chevauchement. Retirez la partie en excédent et refermez le joint en poussant énergiquement avec le marteau ou le rouleau, dans un mouvement de va-et-vient, jusqu'à ce que les feuilles se joignent. Si vous employez de la colle à placage, l'ouvrage devrait être serré dans une presse jusqu'à la fin du séchage. Fabriquez vous-même cette presse avec du madrier et des serres spéciales. Avec la colle-contact, procédez comme pour les stratifiés; les serres sont inutiles.

Travaillez au marteau les feuilles de placage. Repoussez les bulles vers les chants. Des tracés servent de guides.

Posez la deuxième feuille, l'un des bords chevauchant la première d'environ ¾″.

Coupez d'abord les deux épaisseurs de placage au joint, puis enlevez le rebut.

Pesez énergiquement sur le joint. Poussez le marteau vers le joint, s'il reste un interstice.

Collez du papier adhésif sur le joint pour le maintenir pendant le séchage de la colle.

Pour réparer un placage, mettez une pièce en forme de barquette et posez des serres jusqu'au séchage.

Mesurage et traçage

Les termes du métier

Pour presque tous les travaux de menuiserie, le bricoleur a besoin d'une certaine connaissance des mathématiques afin que ses mesures soient justes et ses outils employés à bon escient. Vous trouverez, un peu plus bas, la définition de quelques termes que vous devriez connaître pour effectuer vos calculs, et qui font partie du vocabulaire du bricolage.

Circonférence: Limite extérieure d'un cercle; la longueur du diamètre multipliée par 3.1416 (pi).

Diamètre: Ligne droite qui passe par le centre d'un cercle ou d'une sphère: il égale deux fois la longueur du rayon.

Rayon: Ligne droite partant du centre d'un cercle pour atteindre un point de la circonférence.

Arc: Portion d'une ligne courbe (d'un cercle).

Comment tracer des cercles

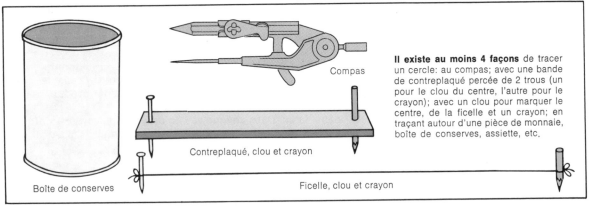

Compas

Contreplaqué, clou et crayon

Boîte de conserves

Ficelle, clou et crayon

Il existe au moins 4 façons de tracer un cercle: au compas; avec une bande de contreplaqué percée de 2 trous (un pour le clou du centre, l'autre pour le crayon); avec un clou pour marquer le centre, de la ficelle et un crayon; en traçant autour d'une pièce de monnaie, boîte de conserves, assiette, etc.

Formes régulières et irrégulières

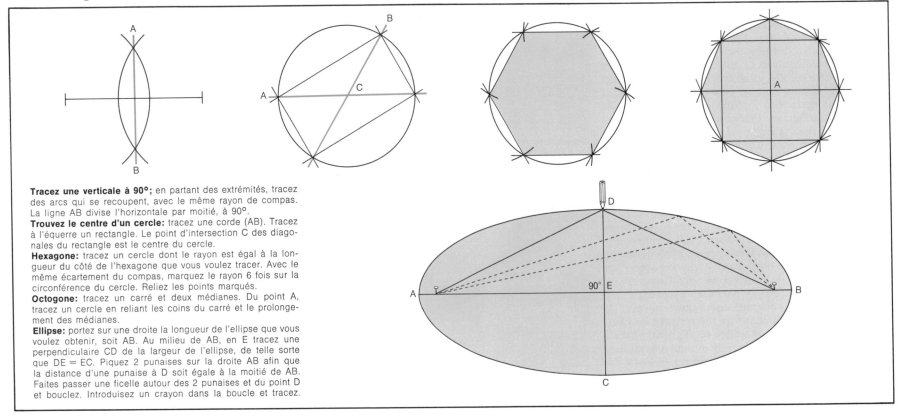

Tracez une verticale à 90°; en partant des extrémités, tracez des arcs qui se recoupent, avec le même rayon de compas. La ligne AB divise l'horizontale par moitié, à 90°.

Trouvez le centre d'un cercle: tracez une corde (AB). Tracez à l'équerre un rectangle. Le point d'intersection C des diagonales du rectangle est le centre du cercle.

Hexagone: tracez un cercle dont le rayon est égal à la longueur du côté de l'hexagone que vous voulez tracer. Avec le même écartement du compas, marquez le rayon 6 fois sur la circonférence du cercle. Reliez les points marqués.

Octogone: tracez un carré et deux médianes. Du point A, tracez un cercle en reliant les coins du carré et le prolongement des médianes.

Ellipse: portez sur une droite la longueur de l'ellipse que vous voulez obtenir, soit AB. Au milieu de AB, en E tracez une perpendiculaire CD de la largeur de l'ellipse, de telle sorte que DE = EC. Piquez 2 punaises sur la droite AB afin que la distance d'une punaise à D soit égale à la moitié de AB. Faites passer une ficelle autour des 2 punaises et du point D et bouclez. Introduisez un crayon dans la boucle et tracez.

Procédés pour tracer des angles

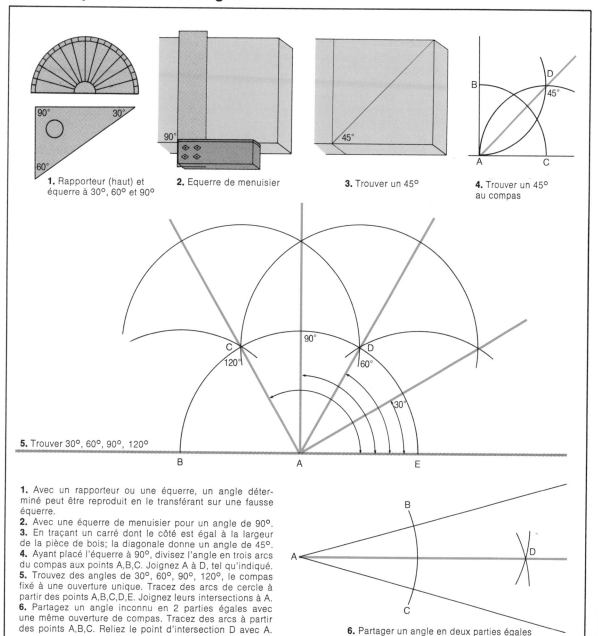

1. Rapporteur (haut) et équerre à 30°, 60° et 90°

2. Equerre de menuisier

3. Trouver un 45°

4. Trouver un 45° au compas

5. Trouver 30°, 60°, 90°, 120°

1. Avec un rapporteur ou une équerre, un angle déterminé peut être reproduit en le transférant sur une fausse équerre.

2. Avec une équerre de menuisier pour un angle de 90°.

3. En traçant un carré dont le côté est égal à la largeur de la pièce de bois; la diagonale donne un angle de 45°.

4. Ayant placé l'équerre à 90°, divisez l'angle en trois arcs du compas aux points A,B,C. Joignez A à D, tel qu'indiqué.

5. Trouvez des angles de 30°, 60°, 90°, 120°, le compas fixé à une ouverture unique. Tracez des arcs de cercle à partir des points A,B,C,D,E. Joignez leurs intersections à A.

6. Partagez un angle inconnu en 2 parties égales avec une même ouverture de compas. Tracez des arcs à partir des points A,B,C. Reliez le point d'intersection D avec A.

6. Partager un angle en deux parties égales

Pour faire des coins arrondis

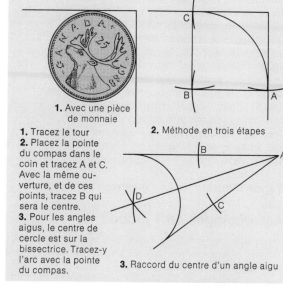

1. Avec une pièce de monnaie

1. Tracez le tour

2. Placez la pointe du compas dans le coin et tracez A et C. Avec la même ouverture, et de ces points, tracez B qui sera le centre.

3. Pour les angles aigus, le centre de cercle est sur la bissectrice. Tracez-y l'arc avec la pointe du compas.

2. Méthode en trois étapes

3. Raccord du centre d'un angle aigu

Pour tracer un triangle équilatéral

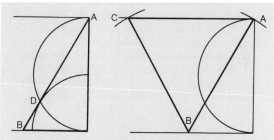

1. Pour ajuster le triangle équilatéral aux côtés donnés

1. Trouvez le milieu du plus petit côté; tracez un demi-cercle; joignez AD par une droite que vous prolongez jusqu'au bord inférieur de la pièce pour déterminer B. Réglez le compas à AB et tracez un arc de cercle tel qu'illustré. Joignez C à B.

2. Tracez, de A et B, des arcs de cercle se coupant en C et reliez AC et BC.

2. Triangle équilatéral (côté donné)

Assemblages

Types d'assemblages

Ce chapitre traite des différentes méthodes d'assemblage, des faciles aux difficiles. Les assemblages en T, par exemple, vont des simples assemblages cloués aux assemblages à tenon et mortaise et à queue-d'aronde. On peut diviser les assemblages en six catégories:

En T: une pièce est assemblée à angle droit avec la face ou le chant d'une autre, formant un T.

En L: deux pièces sont assemblées en angle.

En X: deux pièces sont superposées ou ajustées l'une dans l'autre et forment une croix.

Côte à côte: des chants sont assemblés pour former une surface plus large.

About: deux pièces sont assemblées dans le sens de la longueur.

A trois éléments: trois pièces sont assemblées.

Assemblages en T cloués

Un simple assemblage cloué est suffisant pour des châssis légers, où les côtés et les pièces transversales se rencontrent en équerre. Les pièces transversales doivent être équarries, sinon l'assemblage ne formera pas un véritable angle droit. Utilisez trois clous: enfoncez celui du milieu en premier, pour maintenir le bois en position, puis enfoncez les deux autres, de part et d'autre, en les inclinant vers l'intérieur de 20 ou 30°. Ces clous forment une queue-d'aronde.

Clouer un châssis par l'intérieur demande plus de soin. Travaillez au marteau en alternance d'un côté et de l'autre et en corrigeant l'alignement des pièces au fur et à mesure que les clous pénètrent dans la pièce latérale. Enfoncez les clous en suivant le sens

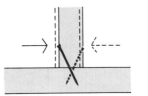

Méfiez-vous des déplacements du bois sous les coups de marteau

du fil, mais décalez-les pour éviter les éclatements du bois. Chassez les têtes à l'intérieur pour solidifier l'assemblage. Bouchez les trous au mastic. Employez des clous à finir pour les garnitures, et des clous communs pour la structure. La longueur du clou doit être le triple de l'épaisseur du bois.

Equerres et agrafes

Des équerres métalliques et des plaques de renforcement sont très utiles pour les assemblages en T. Il en existe de quatre sortes: **l'équerre d'angle intérieur**, bande métallique perforée et coudée qui forme un L; **l'équerre en T**, que l'on visse à plat sur l'assemblage; **l'équerre plate de coin**, qui ressemble à cette dernière, mais forme un L; **la plaque de renforcement**, qui est droite et sert pour les renforcements en ligne droite. Utilisez-les dans tous les cas où l'aspect ou l'épaisseur des équerres n'a pas une grande importance, comme, par exemple, pour les châssis légers qu'il faut rendre plus solides. Bien entendu, plus l'équerre est forte, plus l'assemblage sera solide. Il faut parfois utiliser les équerres des deux côtés de l'angle pour éviter qu'une seule ne plie et se brise. Les vis doivent être bien ajustées aux trous. Percez des avant-trous dans le bois pour éviter les fissures. Faites entrer les vis à fleur de la surface de l'équerre.

Une façon très rapide de réaliser des assemblages en T—lorsque la solidité importe peu—consiste à utiliser des agrafes métalliques ondulées que l'on enfonce au marteau directement dans les pièces de bois. Les agrafes ont un bord affûté. On s'en sert pour les petits travaux d'intérieur et la confection de caisses.

Assurez la solidité de l'assemblage avant de faire entrer les agrafes. Pour éviter les fissures, posez les agrafes loin des chants de la pièce transversale. Après avoir tamponné doucement, enfoncez les agrafes jusqu'à ce qu'elles affleurent la surface.

Deux équerres d'angle ne se plieront pas

Vissez les équerres en T à plat

Clouez les agrafes

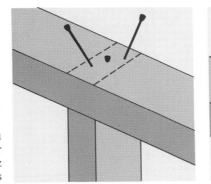

Clous posés de l'extérieur: les ⅔ du clou doivent pénétrer l'assemblage

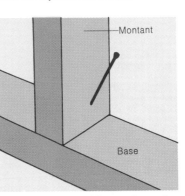

Clous posés de l'intérieur: enfoncez-les face à face, à angle de 30°

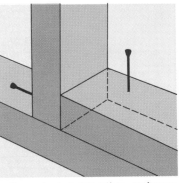

Un bloc, cloué à une pièce, renforcera l'assemblage

Assemblages à recouvrement en T

On emploie l'assemblage à recouvrement pour des travaux divers. On se sert de vis, de clous ou de boulons et aussi de colle pour augmenter la solidité de l'ouvrage.

Pour un assemblage vissé, serrez les deux pièces de bois dans une serre (p. 36). Percez un trou traversant la pièce supérieure et un avant-trou dans la pièce inférieure avec un foret hélicoïdal assez petit pour donner une bonne prise au filetage de la vis. Fraisez les trous de la pièce supérieure, enduisez de colle, ajustez les pièces et vissez.

Un simple assemblage en T, collé et vissé avec pièces d'appui, permet de réaliser des rayonnages de bibliothèque. Collez et vissez les pièces d'appui.

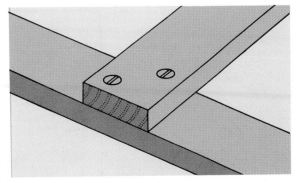 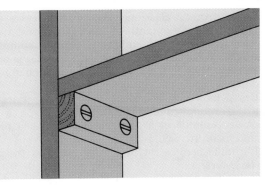

Assemblage à recouvrement en T: placez les vis en diagonale   **Pièce d'appui:** vissez-la au montant; vissez les rayonnages

En T: à plein recouvrement et à mi-bois

Les assemblages en T sont plus solides et plus nets que la construction à recouvrement. Utilisez-les pour ajuster des traverses à fleur de châssis. Dans ces assemblages, la traverse latérale est découpée pour recevoir l'épaisseur de la traverse transversale. Tracez la forme de la découpe sur les deux faces et sur le champ supérieur de la traverse latérale. Découpez le rebut graduellement de chaque côté avec une scie à dos et un ciseau jusqu'à ce que la base de l'entaille soit plane. Vérifiez l'ajustage, collez les surfaces à assembler et complétez le travail par des clous ou des vis.

Dans un **assemblage à mi-bois,** les deux traverses sont entaillées pour donner un assemblage affleuré. Tracez la largeur de la traverse transversale sur la face et à mi-hauteur des champs de la traverse latérale.

Au dos de la traverse transversale, tracez une ligne d'épaulement en travers, à une distance de l'extrémité qui sera légèrement supérieure à la largeur de la traverse latérale. Continuez de tracer cette ligne jusqu'à mi-hauteur des champs. Réglez un trusquin à mi-épaisseur du bois et tirez des lignes sur la face des deux pièces.

Faites un trait de scie dans la traverse transversale, en laissant la ligne du trusquin du côté du rebut. Sciez à travers la ligne d'épaulement et retirez le rebut.

Placez la scie en deçà des lignes indiquant l'entaille de la traverse latérale. Faites, au milieu, un trait de scie supplémentaire pour retirer le rebut plus facilement. Faites sauter les copeaux des deux côtés, vérifiez l'ajustage et terminez le travail.

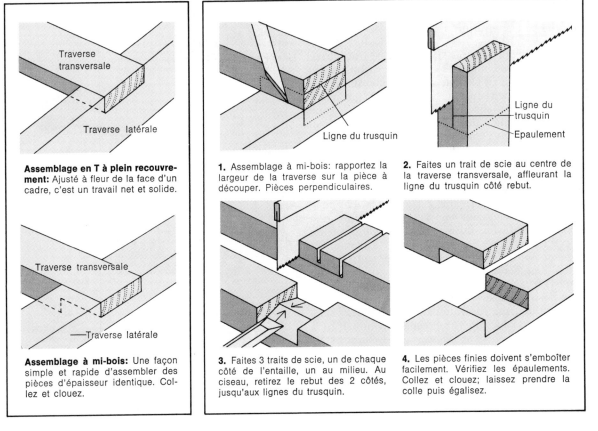

Assemblage en T à plein recouvrement: Ajusté à fleur de la face d'un cadre, c'est un travail net et solide.

Assemblage à mi-bois: Une façon simple et rapide d'assembler des pièces d'épaisseur identique. Collez et clouez.

1. Assemblage à mi-bois: rapportez la largeur de la traverse sur la pièce à découper. Pièces perpendiculaires.

2. Faites un trait de scie au centre de la traverse transversale, affleurant la ligne du trusquin côté rebut.

3. Faites 3 traits de scie, un de chaque côté de l'entaille, un au milieu. Au ciseau, retirez le rebut des 2 côtés, jusqu'aux lignes du trusquin.

4. Les pièces finies doivent s'emboîter facilement. Vérifiez les épaulements. Collez et clouez; laissez prendre la colle puis égalisez.

Assemblages à entaille

Entaille complète ou arrêtée

C'est le procédé classique d'assemblage entre une planche et un montant. On distingue deux types principaux de ces assemblages: **entaille complète** (faite sur toute la face du montant) et **entaille arrêtée** ou partielle (qui n'apparaît pas sur le champ du montant).

Ces deux types d'entailles peuvent être faits en queue-d'aronde en donnant une inclinaison à un côté de l'entaille et à l'un des champs de la pièce transversale (p. 389).

L'entaille arrêtée est préférable pour les travaux d'ébénisterie.

Entaille complète: Tracez une ligne à travers la face intérieure du montant, posez la pièce transversale contre ce tracé et marquez une deuxième ligne pour indiquer la largeur exacte de l'entaille.

Continuez ces deux tracés sur les deux champs du montant. Réglez un trusquin à la profondeur de l'entaille—généralement un tiers de l'épaisseur du montant—et tracez la profondeur des deux côtés, à partir de la face.

Entaillez soigneusement, en suivant ce tracé, avec une scie à dos ou une scie à découper. Retirez les rebuts au ciseau, en partant de chaque bord, par petits coups à angle réduit progressivement, jusqu'à ce que le centre soit dégagé. Finissez l'entaille avec une guimbarde. A défaut de guimbarde, faites très attention en dégageant l'entaille et vérifiez la rectitude à plusieurs reprises. Cet assemblage peut aussi être coupé avec une scie radiale avec, en guise de couteau, une lame à entailles fixée à la largeur et à la profondeur de la coupe (c'est le moyen le plus facile).

Entaille arrêtée: Le principe est le même que pour l'entaille complète, sauf que l'entaille s'arrête non loin du champ avant du montant. L'angle avant de la pièce transversale est découpé pour s'adapter au montant. Sur celui-ci, faites le tracé au trusquin comme pour l'entaille complète, sauf sur le champ avant. Tracez la ligne d'arrêt de l'entaille au trusquin à partir du champ avant.

Vous ne pourrez pas entailler en profondeur sans avoir, au préalable, libéré un espace pour faire entrer la scie: il faut donc dégager au ciseau à partir de l'arrêt, presque jusqu'à la profondeur totale. Découpez la profondeur des deux côtés en partant du champ arrière et en vous servant d'un guide pour les traits de scie assez longs. Faites sauter le rebut et nettoyez à la scie à dos.

Entaille complète. Assemblage net et solide. La pièce transversale peut supporter une lourde charge (rayonnages).

Entaille arrêtée. Employez-la pour les travaux où l'aspect esthétique compte. L'entaille est dissimulée par le recouvrement.

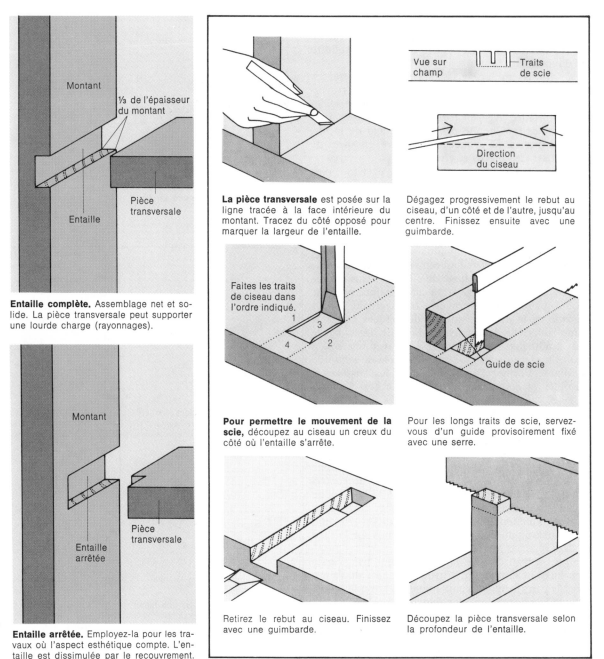

La pièce transversale est posée sur la ligne tracée à la face intérieure du montant. Tracez du côté opposé pour marquer la largeur de l'entaille.

Dégagez progressivement le rebut au ciseau, d'un côté et de l'autre, jusqu'au centre. Finissez ensuite avec une guimbarde.

Faites les traits de ciseau dans l'ordre indiqué.

Pour permettre le mouvement de la scie, découpez au ciseau un creux du côté où l'entaille s'arrête.

Pour les longs traits de scie, servez-vous d'un guide provisoirement fixé avec une serre.

Retirez le rebut au ciseau. Finissez avec une guimbarde.

Découpez la pièce transversale selon la profondeur de l'entaille.

Le joint de base

C'est le plus solide de tous les assemblages en T. Choisissez-le pour la fabrication de châssis lourds et pour la construction de divers meubles. L'épaisseur du tenon, taillé sur **la traverse**, ne doit pas dépasser un tiers de l'épaisseur **du montant**.

Pour faire l'assemblage, tracez la largeur du tenon **(traverse)** sur la pièce qui doit être mortaisée **(montant)** et continuez tout autour du montant. A chaque bout du tracé de la mortaise, tracez des marques pour les cales, à environ ⅛″ à l'extérieur du premier tracé, si vous devez utiliser des cales. Tracez ensuite une ligne d'épaulement autour de la traverse, en donnant au tenon une largeur dépassant celle du montant.

Choisissez votre ciseau: un bédane à mortaise est ce qu'il y a de mieux. Centrez les pointes sur le champ,

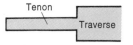

Epaisseur du tenon: un tiers du bois

puis rapportez les mesures (p. 382). Découpez la mortaise. Accélérez le travail en perçant des trous et en enlevant le rebut avec un ciseau. Sciez les joues du tenon en faisant attention aux tracés d'épaulement.

Collez, assemblez et serrez puis enfoncez les cales au marteau. Quand la colle aura pris, égalisez le bout du tenon.

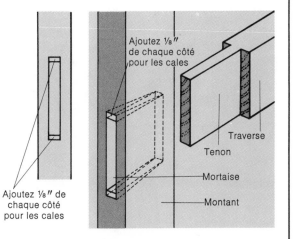

Ajoutez ⅛″ de chaque côté pour les cales

Assemblage à tenon et mortaise: le tenon doit dépasser la mortaise.

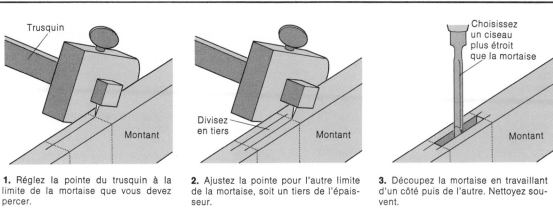
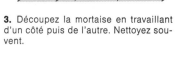

1. Réglez la pointe du trusquin à la limite de la mortaise que vous devez percer.

2. Ajustez la pointe pour l'autre limite de la mortaise, soit un tiers de l'épaisseur.

3. Découpez la mortaise en travaillant d'un côté puis de l'autre. Nettoyez souvent.

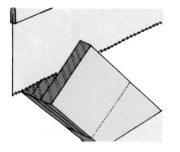
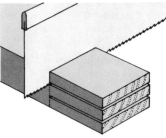

4. Sciez en oblique le long des deux tracés du tenon, en alternant. Affleurez les tracés du côté du rebut.

5. Serrez la traverse, verticalement, dans l'étau, puis sciez droit jusqu'aux tracés d'épaulement.

6. Sciez à travers le tracé d'épaulement pour compléter le tenon en maintenant la scie bien verticale.

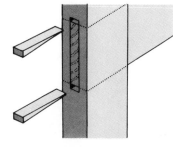
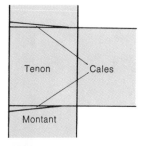
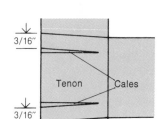
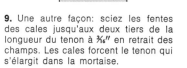

7. Enduisez de colle le tenon et l'intérieur de la mortaise. Essayez le joint. Coupez des cales effilées pour pénétrer dans les fentes de ⅛″ sur les côtés de la mortaise.

8. Enduisez les cales de colle et poussez-les dans les fentes. Donnez alternativement des coups de marteau sur une cale, puis sur l'autre, pour conserver la bonne position. Serrez.

9. Une autre façon: sciez les fentes des cales jusqu'aux deux tiers de la longueur du tenon à ³⁄₁₆″ en retrait des champs. Les cales forcent le tenon qui s'élargit dans la mortaise.

Assemblages à mortaise et tenon

Variantes

Les variantes de ces assemblages répondent à deux exigences: accroître leur solidité et dissimuler les éléments. La plus répandue consiste à tailler des épaulements supplémentaires qui réduisent la largeur du tenon de ⅛″ à ½″ en haut et en bas, dissimulant les bouts de la mortaise et le tenon lui-même.

Tenon à feuillure: C'est l'assemblage le plus solide pour les châssis, les portes et les meubles. Il peut former un L dans les angles ou un T. L'épaulement

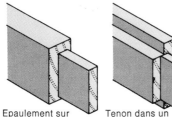

Epaulement sur tous les côtés

Tenon dans un assemblage à double feuillure

peut être oblique, au lieu d'être droit comme celui du croquis. Il résiste à la déformation, sans affaiblir le montant.

Les proportions sont très importantes. La mortaise et le tenon ne doivent pas dépasser un tiers de l'épaisseur du bois, sinon l'assemblage sera affaibli.

La longueur de l'épaulement ne doit pas dépasser un tiers de celle du tenon. Sa profondeur doit être inférieure au quart de la largeur du montant et ne jamais dépasser ½″. Souvent la profondeur se trouve déterminée par une rainure faite dans le châssis. Prévoyez à l'extrémité du montant au moins ½″ de rebut, pour éviter les fissures pendant l'ajustage de l'assemblage.

Double tenon: Donnez la préférence au double tenon dans le cas où la largeur d'un tenon simple serait si importante que le montant en serait affaibli. Ce type d'assemblage offre une bonne résistance à la déformation quand il s'agit de fixer sur les montants des traverses particulièrement larges. Tracez et taillez le double tenon comme un tenon simple.

Tenon tronqué: Cet assemblage convient aux mêmes usages que le simple assemblage à tenon et mortaise, mais le tenon, raccourci, n'apparaît pas à l'extérieur. La profondeur des mortaises doit être les deux tiers de celle du bois. Coupez le tenon plus court de ⅛″

que cette mesure. Cela lui évitera de toucher le fond.

Tenon à moulure: Ce tenon est employé quand les pièces d'assemblage ont des moulures sur un champ ou sur les deux, comme, par exemple, dans les bâtis des châssis. Tracez et découpez les deux épaulements du tenon conformément à la profondeur de la moulure. Avec un ciseau, découpez dans l'un des épaulements un contour correspondant à la moulure.

Double mortaise et tenon: Cet assemblage est principalement employé pour le montage de la traverse intermédiaire sur un bâti de porte. Les tenons séparés contournent la serrure mortaisée de l'extérieur.

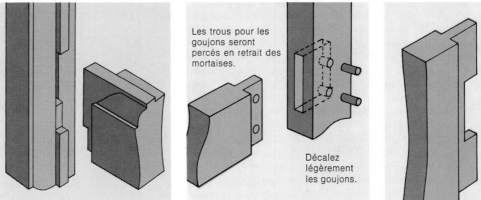

Collez et retenez avec des serres. Poncez après séchage.

Assemblage à tenon et mortaise. Fort et d'exécution facile, avec colles de résine.

Languette, ⅓ de l'épaisseur du bois

Coupe à onglet à 45°

Faites un assemblage à onglet en plaçant une languette carrée dans le coin extérieur.

Double tenon. Les tenons doivent être de même largeur que l'intervalle qui les sépare.

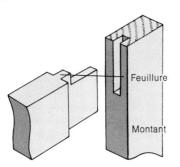

Donnez au renfort un tiers de la longueur du tenon

Feuillure

Montant

Tenon à moulure. Utile pour réparer les bâtis des fenêtres à guillotine.

Les trous pour les goujons seront percés en retrait des mortaises.

Décalez légèrement les goujons.

Tenon tronqué. Les trous décalés permettent de cheviller le tenon dans la mortaise.

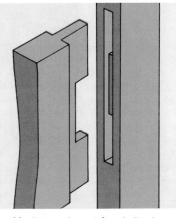

Double tenon et mortaise. Indiqué pour les traverses intermédiaires de portes.

Queue-d'aronde unique

Cet assemblage offre une bonne résistance mécanique dans le cas où les traverses doivent supporter des charges. Tracez et coupez la queue-d'aronde avec une scie à dos (2). L'inclinaison latérale sera de 1:6 pour le bois tendre (1) et de 1:8 pour le bois dur.

Rapportez sur la pièce de la structure la forme découpée en queue-d'aronde en traçant au crayon ou au canif. Sciez les épaulements de la découpe en queue-d'aronde et faites un trait de scie supplémentaire au centre du rebut pour faciliter le dégagement au ciseau (4). Assurez-vous que l'ajustage est correct (5). Collez et retenez dans une serre (6); essuyez l'excédent de colle pour diminuer le ponçage.

Ce genre d'assemblage à queue-d'aronde peut aussi être découpé rapidement avec une scie à découper munie d'un accessoire à inclinaison. Tenez la lame de la scie à la verticale pour couper la queue-d'aronde. Rapportez la forme de la queue sur la seconde pièce. Coupez cette partie de l'assemblage en ajustant l'inclinaison du plateau à l'angle indiqué et en coupant à l'intérieur du champ. Enlevez le rebut au ciseau entre les coupes.

Les petits assemblages à queue-d'aronde et les assemblages multiples, tels que les angles de tiroir, se coupent rapidement avec une toupie munie d'un couteau à queue-d'aronde. Un angle de tiroir se coupe en moins d'une minute, grâce à cet accessoire que plusieurs toupies possèdent. Le couteau taille les deux parties en même temps.

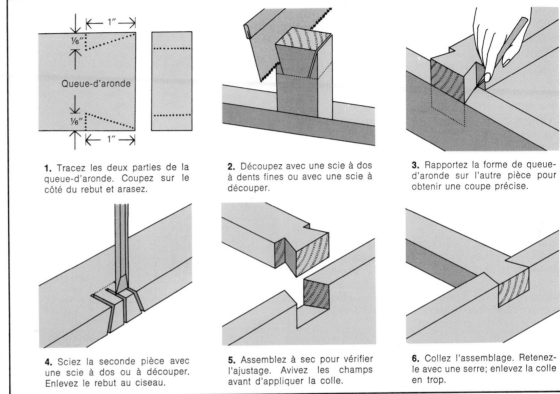

1. Tracez les deux parties de la queue-d'aronde. Coupez sur le côté du rebut et arasez.

2. Découpez avec une scie à dos à dents fines ou avec une scie à découper.

3. Rapportez la forme de queue-d'aronde sur l'autre pièce pour obtenir une coupe précise.

4. Sciez la seconde pièce avec une scie à dos ou à découper. Enlevez le rebut au ciseau.

5. Assemblez à sec pour vérifier l'ajustage. Avivez les champs avant d'appliquer la colle.

6. Collez l'assemblage. Retenez-le avec une serre; enlevez la colle en trop.

En L: six façons de faire des coins

Six assemblages de coins sont reproduits à droite. Les coins d'angles en bois peuvent être de section carrée ou triangulaire. La forme triangulaire (1) est plus esthétique. La solidité de ces assemblages dépend essentiellement de la colle; il faut les renforcer par des équerres, des vis ou des goussets. Décalez les vis (p. 70) afin d'éviter les fissures. Assurez-vous que les vis ne butent pas, au milieu, les unes sur les autres. Les équerres métalliques sont vissées à plat sur les angles (4) ou sur les faces intérieures (5). La première méthode est la plus solide. Des goussets en contreplaqué (6), fixés à plat sur les deux côtés de l'angle, sont collés et cloués. Arasez les bords lorsque la colle aura séché.

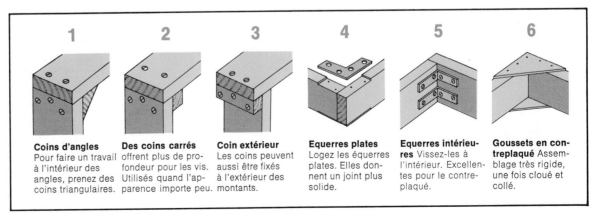

1	2	3	4	5	6

Coins d'angles Pour faire un travail à l'intérieur des angles, prenez des coins triangulaires.

Des coins carrés offrent plus de profondeur pour les vis. Utilisés quand l'apparence importe peu.

Coin extérieur Les coins peuvent aussi être fixés à l'extérieur des montants.

Equerres plates Logez les équerres plates. Elles donnent un joint plus solide.

Equerres intérieures Vissez-les à l'intérieur. Excellentes pour le contreplaqué.

Goussets en contreplaqué Assemblage très rigide, une fois cloué et collé.

Variété d'assemblages à queue-d'aronde

Queue-d'aronde traversante

Ce genre d'assemblage est l'un des plus solides pour les coins de tiroirs. On s'en sert surtout pour l'arrière des tiroirs, et en ébénisterie.

Assemblez les pièces de bois et indiquez celles qui formeront les coins. Coupez les bouts d'équerre, en allouant 1/16" de plus pour la perte. Placez le trusquin à l'épaisseur du bois, plus 1/32" (le rebut de chaque côté). Rapportez le tracé du trusquin (a) sur tous les champs et sur tous les côtés.

Servez-vous d'un patron de queue-d'aronde (angles 1:6 pour bois mous; 1:8 pour bois durs) pour marquer ces assemblages. Equarrissez près des extrémités. Coupez les queues-d'aronde avec une scie à dos (1); enlevez le rebut avec une scie à découper (2); arasez au ciseau (3).

Servez-vous des queues-d'aronde en guise de patron pour marquer les trous sur les bouts des pièces latérales (4). Sciez le long des tracés (5); enlevez le rebut avec une scie à découper; arasez au ciseau.

Si vous avez plusieurs assemblages à faire, gagnez du temps en taillant toutes les queues-d'aronde d'un seul coup, les pièces maintenues dans un étau.

Vérifiez l'ajustage des assemblages (6). Faites-le à sec, au cas où il vous faudrait araser davantage; si tout est bien, collez et serrez.

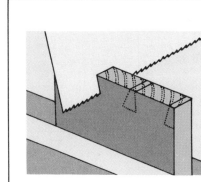

Tracez les quatre coins

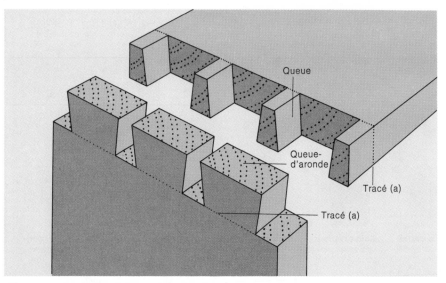

Marquage des queues-d'aronde: Cet assemblage est particulièrement solide quand les coupes à queues-d'aronde sont faites sur les deux côtés des tiroirs, des caisses ou des structures.

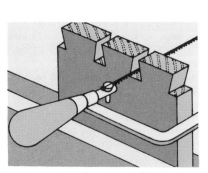

1. Coupez les queues-d'aronde dans l'étau avec une scie à dos. Sciez dans le rebut.

2. Enlevez le plus gros du rebut avec la scie à découper. Attention aux queues-d'aronde. Gardez la lame en ligne.

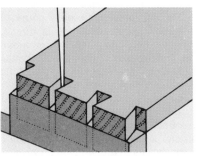

3. Nettoyez l'évasement avec un ciseau étroit. Assujettissez la pièce avec une serre.

4. Marquez les tracés des queues avec un crayon pointu ou la première dent de la scie.

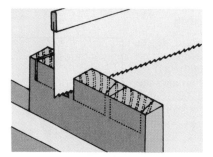
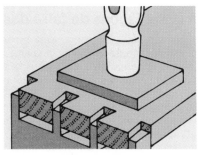

5. Sciez le long du tracé puis enlevez le rebut avec une scie à découper. Nettoyez avec un gros ciseau.

6. L'assemblage doit s'ajuster fermement quand on le tape au marteau. Servez-vous d'un bloc afin de ne pas endommager la surface. Les queues doivent être placées au sommet et à la base.

Assemblages par chevauchement

L'assemblage par chevauchement s'emploie lorsque les extrémités de la queue-d'aronde dépareraient l'ouvrage.

Taillez et équarrissez les côtés à la longueur des tiroirs, moins l'épaisseur du chevauchement (⅛" pour le bois de ¾"—proportion de 1:6). Equarrissez le devant à la grandeur de l'ouverture dans laquelle il s'emboîte. Faites un tracé (a) sur le bout du devant, à l'intérieur et tout le tour (b) du bout du côté, en gardant le trusquin au même espacement. Tracez la queue-d'aronde par chevauchement comme la queue-d'aronde ordinaire, et coupez de la même manière.

Aboutez les queues au tracé (a) sur le devant et dessinez la forme des queues. Indiquez la profondeur des queues sur l'intérieur du devant. Coupez les queues à un angle de 45° en maintenant le bois à la verticale dans un étau. Enlevez le rebut en retenant le ciseau à l'intérieur du tracé (a) jusqu'à ce que le plus gros du rebut soit enlevé.

La forme des queues rend difficile la coupe dans les coins. Enlevez le rebut du fond avec un ciseau étroit. Ebarbez les faces latérales des queues avec un ciseau. Pour finir, taillez, à travers la queue-d'aronde, une rainure pour le fond de telle sorte qu'il soit caché par le chevauchement. Les variétés de cet assemblage sont: **les queues-d'aronde par chevauchement double** et **les assemblages à onglet, ou borgnes.** Pour les assemblages par chevauchement double et à onglet, taillez d'abord les queues.

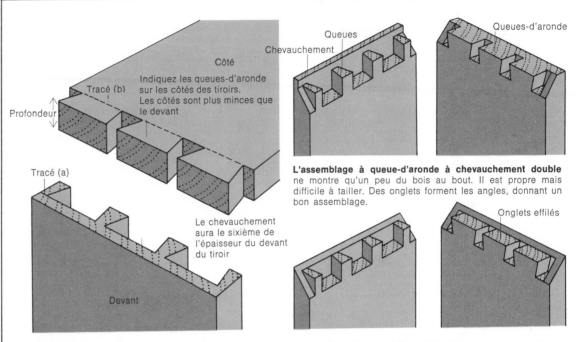

L'assemblage à queue-d'aronde à chevauchement double ne montre qu'un peu du bois au bout. Il est propre mais difficile à tailler. Des onglets forment les angles, donnant un bon assemblage.

L'assemblage à queue-d'aronde par chevauchement est idéal pour les devants de tiroir et les coins de bibliothèques. Taillez les queues dans les côtés, les trous dans les devants.

L'assemblage à queue-d'aronde borgne s'emploie peu; il sert surtout pour les travaux d'ébénisterie. Il faut de l'expérience pour réussir des onglets parfaits qui s'ajustent bien.

La coupe des queues de l'assemblage par chevauchement se fait en plaçant la pièce dans laquelle les queues-d'aronde sont coupées sur le dessus du devant.

Serrez le devant à la verticale dans l'étau et sciez les queues à 45° aussi loin que possible. Ne sciez pas dans le chevauchement. Le rebut doit être clairement indiqué.

L'étape suivante consiste à enlever le rebut. Prenez bien soin de tenir le ciseau loin du tracé au trusquin jusqu'à ce que le gros du rebut soit enlevé.

Servez-vous d'un ciseau étroit pour araser les angles recouverts des queues. Retenez le bois dans un valet pour accomplir cette partie du travail.

Assemblages d'angles

Assemblage à feuillure et entaille

Simplifiez la construction des tiroirs ou d'autres objets exigeant des assemblages d'angles à queue-d'aronde en leur substituant des assemblages à feuillure et entaille. Ces derniers offrent l'avantage d'une exécution rapide, et leur solidité est suffisante pour la plupart des travaux.

Prévoyez une longueur supplémentaire sur le devant, ce qui vous permet d'obtenir une feuillure plus large que l'épaisseur de la pièce qu'elle doit recevoir. Le nettoyage final en sera facilité. La profondeur de la feuillure ne doit pas dépasser les trois quarts de l'épaisseur du bois. Entaillez-la avec une scie à dos ou avec un outil électrique muni d'une lame à entailles. Clouez et collez l'assemblage en enfonçant les clous obliquement. Employez cet assemblage pour les coins des devants, la feuillure recouvrant les côtés. Pour les devants qui débordent sur les côtés, faites un assemblage à entaille et feuillure. Taillez l'entaille sur l'envers du devant, et la feuillure sur le bout des côtés. Elles peuvent être taillées en queue-d'aronde.

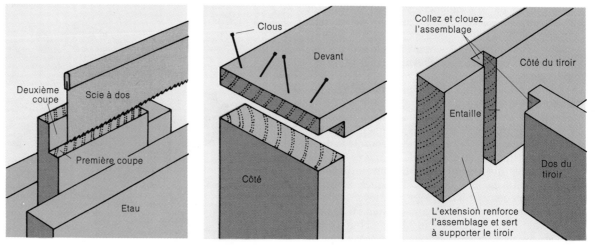

Assemblage à feuillure. Faites d'abord la coupe horizontale, puis la verticale.

En collant, enfoncez les clous en position oblique pour renforcer la tenue.

L'assemblage à entaille et feuillure est indiqué pour un tiroir à face débordante.

Assemblage à enfourchement

L'assemblage à enfourchement est très solide, mais il exige beaucoup de soin, si l'on veut obtenir un aspect satisfaisant. C'est le système idéal pour l'assemblage des pieds et des accoudoirs d'un siège.

Faites cet assemblage sur un coin—il s'agit pratiquement d'un tenon entrant dans une mortaise ouverte—ou pour un joint en T, où il sera plus décoratif qu'un simple assemblage à mi-bois. Dans les deux cas, divisez l'épaisseur de la pièce en trois. Tracez les lignes d'épaulement sur les deux pièces; marquez le tracé de la découpe en partant des faces.

Marquez le rebut clairement avec des X pour éviter les erreurs de sciage. Découpez à la scie en effleurant les tracés du côté du rebut. Dégagez le plus gros du rebut, près du fond, avec une scie à découper. Equarrissez la ligne d'épaulement avec un ciseau étroit. Faites la première pièce de l'assemblage comme vous feriez un tenon. Pour l'assemblage traversant, exécutez selon le découpage à mi-bois, avec la scie sur les tracés, et au ciseau pour dégager le rebut. Ces deux types d'assemblage peuvent être renforcés par des chevilles. Pour renforcer encore davantage, décentrez légèrement les trous des chevilles. La cheville exercera une action qui tendra à pousser l'enfourchement contre le fond de la découpe.

Le joint emboîtant se fait habituellement à la machine, mais on peut aussi l'exécuter à la main comme variante de l'assemblage à queue-d'aronde, pour la construction de caisses ou de mobilier léger. L'une des deux pièces doit comporter les deux queues externes: le nombre total des queues sera donc impair.

Faites le tracé au couteau et au crayon pour bien faire ressortir le tracé et marquez le rebut. Vérifiez la précision des deux pièces avant de les découper. Il faut apporter le plus grand soin au traçage: une erreur se corrige plus facilement sur papier que sur le bois. Tous ces assemblages seront renforcés avec des clous et de la colle blanche.

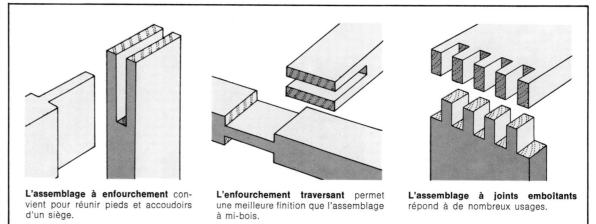

L'assemblage à enfourchement convient pour réunir pieds et accoudoirs d'un siège.

L'enfourchement traversant permet une meilleure finition que l'assemblage à mi-bois.

L'assemblage à joints emboîtants répond à de nombreux usages.

Assemblages à onglet

Les assemblages à onglet sont employés pour l'encadrement des tableaux et pour des travaux importants tels que la construction d'une bibliothèque. La coupe d'onglet à 45° doit être faite et ajustée avec précision. Il convient alors de renforcer l'assemblage, ce qui peut se faire de différentes manières.

Le renforcement le plus simple consiste en un collage doublé d'un clouage. Collez les deux surfaces puis serrez l'angle à l'étau entre deux couches d'un matériau de protection. Cela empêchera les coups de marteau de désemboîter l'assemblage. Enfoncez les clous obliquement et obturez les trous. Un moyen plus efficace est de scier des fentes obliques sur l'extérieur du coin, les deux pièces étant maintenues dans l'étau. Introduisez des morceaux de placage ou

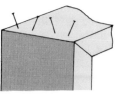   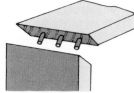

| Clouage d'un onglet | Morceaux de placage | Onglet avec languette | Onglet chevillé |

de contreplaqué et arasez quand la colle sera sèche. Les onglets avec languette sont encore plus solides. Evitez d'endommager le bord de l'onglet en vous servant d'un bloc à 45° de la même largeur que la pièce. Serrez ensemble le bloc et la pièce dans un étau et faites la rainure en prenant le bloc comme guide. Coupez la languette dans du contreplaqué ri-

gide. L'emploi des goujons est également efficace, mais le perçage des trous exige beaucoup d'habileté. Placez les trous plus près de la face intérieure de la pièce pour disposer d'une bonne longueur de goujon. Une boîte à onglets bien construite et une scie à dos vous seront nécessaires pour réaliser facilement des assemblages à onglets bien faits.

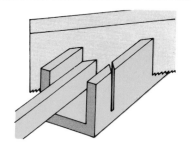

1. Avec une scie à dos et dans une boîte à onglets découpez l'onglet. Assurez-vous que la moulure se trouve dans le bon sens.

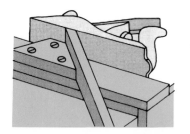

2. L'ajustage au rabot raccourcit légèrement la pièce. Prévoyez une marge d'environ ½" en sciant l'onglet. Ajustez à la longueur exacte avec un rabot bien affûté.

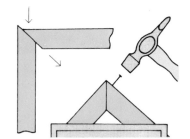

3. Clouez un coin sur l'autre, tout en maintenant la pièce dans un étau pour éviter que le marteau ne la déplace.

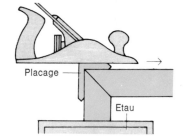

4. Poussez le rabot vers le centre de la pièce si vous devez adoucir le placage inséré dans les fentes.

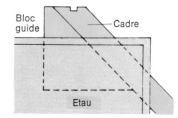

5. Servez-vous d'un bloc à 45°, de la largeur de la pièce, si vous devez découper une entaille pour la languette d'un onglet.

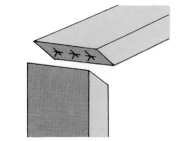

6. Indiquez la position des goujons en enfonçant des clous provisoirement dans l'une des faces. Affûtez l'autre extrémité des clous en pointe et imprimez leurs marques sur l'autre pièce. Retirez les clous, et percez.

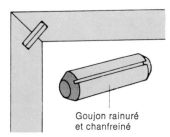

7. Faites une rainure le long des goujons pour que l'excédent de colle puisse s'échapper. Chanfreinez leurs extrémités pour faciliter l'introduction dans leur logement. Trempez-les dans la colle.

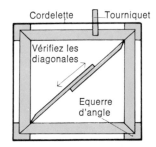

8. Une cordelette passant autour des coins et serrée avec un tourniquet maintiendra l'assemblage. Vérifiez la longueur des diagonales, qui doivent être égales.

Assemblages en croix

Cinq façons de les faire

L'assemblage élémentaire en croix consiste en un simple recouvrement que vous collez et vissez pour le rendre le plus solide possible. Mais vous pouvez aussi vous servir de boulons, de rivets ou de clous.

L'assemblage en croix, l'un des plus simples et des plus utiles, est un assemblage à mi-bois. Faites-le à plat ou sur le champ; la construction est la même dans les deux cas. Collez et serrez les pièces.

Avivez l'assemblage quand la colle est sèche. On peut réduire la profondeur des entailles, mais les traverses assemblées ne sont pas alors sur le même plan.

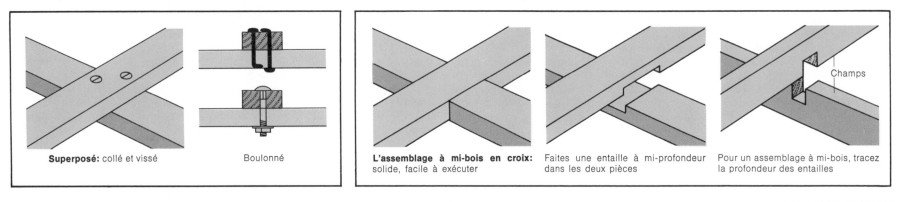

Superposé: collé et vissé

Boulonné

L'assemblage à mi-bois en croix: solide, facile à exécuter

Faites une entaille à mi-profondeur dans les deux pièces

Pour un assemblage à mi-bois, tracez la profondeur des entailles

Champs

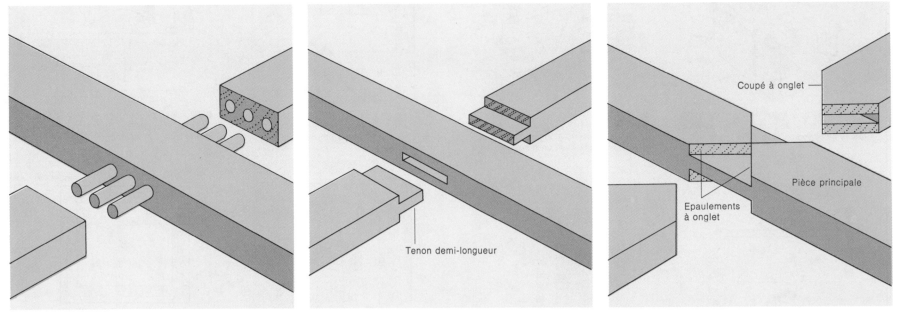

Tenon demi-longueur

Coupé à onglet

Pièce principale

Epaulements à onglet

Assemblage à goujons: Avec des goujons, assemblez deux pièces se croisant sur un cadre robuste, après avoir percé les trous en vous servant d'un gabarit. Cet assemblage possède plusieurs avantages: il est fort, propre, facile.

Assemblage à mortaise et tenon: Vous pouvez aussi découper une mortaise sur la pièce principale et des tenons de demi-longueur sur les traverses. Collez et serrez ensuite les pièces assemblées.

Assemblage à enfourchement: Tracez les champs comme pour l'assemblage à tenon et mortaise, puis des lignes d'onglet sur toutes les faces. Pour obtenir une pointe fine au centre de la pièce principale, découpez chaque épaulement séparément.

Façons de les exécuter

Les assemblages champ sur champ servent à augmenter la largeur des panneaux de bois, que ce soit pour des plateaux de table ou des rayonnages larges. On les réalise de trois façons: collés, à goujons ou à fausses languettes.

Avant d'être assemblées, les planches doivent présenter des champs parfaitement arasés: serrez les deux pièces dans un serre-joints, les champs à assembler étant placés côte à côte. Aplanissez avec une varlope (p. 28) jusqu'à ce que les deux champs soient parfaitement égalisés.

Vérifiez le travail en posant les planches l'une sur l'autre, champ sur champ. Il ne doit filtrer aucun rai de lumière entre les planches.

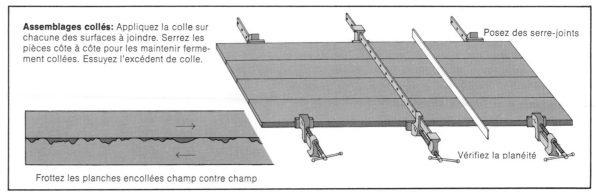

Assemblages collés: Appliquez la colle sur chacune des surfaces à joindre. Serrez les pièces côte à côte pour les maintenir fermement collées. Essuyez l'excédent de colle.

Posez des serre-joints

Vérifiez la planéité

Frottez les planches encollées champ contre champ

Assemblages à goujons

Cet assemblage demande beaucoup de soin dans le traçage et le perçage des trous. Un gabarit permet de travailler avec précision. Pour le traçage des trous, bloquez les deux planches dans une serre, dos à dos, et tracez des lignes perpendiculaires pour indiquer la position des goujons tous les 6" ou 9". Faites des intersections sur ces lignes en traçant des médianes sur les champs (1). Percez les trous, vérifiant bien leur perpendicularité. La profondeur du trou doit être supérieure à la demi-longueur des goujons (2). Chanfreinez-les aux deux bouts. Sciez une rainure sur la longueur de chacun. Collez et introduisez-les dans la première planche; posez la deuxième et placez le tout dans les serres.

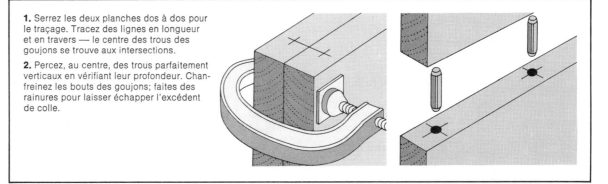

1. Serrez les deux planches dos à dos pour le traçage. Tracez des lignes en longueur et en travers — le centre des trous des goujons se trouve aux intersections.

2. Percez, au centre, des trous parfaitement verticaux en vérifiant leur profondeur. Chanfreinez les bouts des goujons; faites des rainures pour laisser échapper l'excédent de colle.

Assemblages à fausse languette

Cet assemblage convient pour les pièces longues; il se prête mieux à une exécution précise que l'assemblage à goujons.

Découpez la languette dans du contreplaqué à fil transversal et choisissez une lame de bouvet qui corresponde exactement à son épaisseur ou exécutez les rainures sur une table de sciage.

Taillez une rainure dans les deux champs séparés. La profondeur totale des deux rainures dépasse tout juste la largeur de la languette (1).

Collez, assemblez (2) et serrez. Vérifiez la rectitude une dernière fois, puis éliminez l'excédent de colle. Ne coupez et ne finissez aux dimensions voulues que lorsque la colle aura pris.

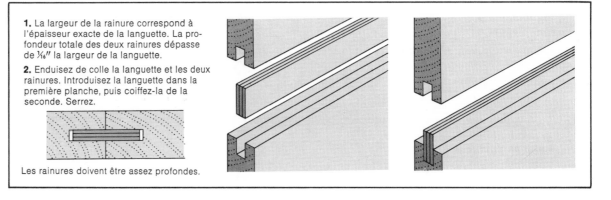

1. La largeur de la rainure correspond à l'épaisseur exacte de la languette. La profondeur totale des deux rainures dépasse de ⅙6″ la largeur de la languette.

2. Enduisez de colle la languette et les deux rainures. Introduisez la languette dans la première planche, puis coiffez-la de la seconde. Serrez.

Les rainures doivent être assez profondes.

Assemblages d'allongement

Le choix de l'assemblage qui convient

Il est souvent nécessaire d'assembler des pièces de bois dans le sens de la longueur pour des travaux importants: garage, abri pour voiture ou rénovation de plancher. Même des travaux de moindre importance (réparation de meubles ou bricolages divers) exigent parfois la pose de "greffes" sur la longueur.

Assemblage à mi-bois: C'est le plus simple des assemblages d'allongement; il convient aux structures légè-res. Donnez au recouvrement la moitié de l'épaisseur du bois et assurez-vous que les deux épaulements butent exactement contre le bout des pièces à joindre, sans quoi l'assemblage sera sérieusement affaibli.

Collez et vissez en décalant la position des vis pour éviter les fissures dans le sens du fil.

Assemblage à mi-bois en biseau: C'est une variante de l'assemblage à mi-bois. Au lieu d'être taillé dans la largeur, le recouvrement est taillé dans l'épais-seur. Ce système est employé quand l'assemblage est lui-même supporté par une poutre ou par un mur. Il permet d'aligner les pièces de bois (comme les poutres décoratives non portantes) et est utile lors-qu'on doit disposer d'une ligne centrale droite pour clouer des matériaux comme les panneaux.

Taillez le biseau dans le sens du fil pour éviter toute dislocation de l'assemblage. La longueur de l'assemblage doit être égale à la largeur de la poutre.

Enfoncez en diagonale un clou coupé, à travers la partie inférieure, dans la poutre ou le bois qui est placé le long du mur de support. Mettez en place la pièce supérieure et fixez-la avec un deuxième clou enfoncé en diagonale depuis le sommet de l'ouvrage.

Assemblage boulonné: Des boulons de carrosserie combinés avec des rondelles à dents extérieures per-mettent de faire des assemblages face à face très solides pour les toitures de fermes.

Enfilez les rondelles métalliques dentées sur les boulons entre les deux faces à assembler. Serrez les écrous, et les rondelles "mordront" dans le bois, renforçant la résistance au cisaillement. Intercalez des rondelles sous les écrous.

Assemblage avec plaques: L'assemblage en sand-wich de pièces réunies bout à bout est considérable-ment renforcé grâce aux plaques d'assemblage. Il faut que ces dernières soient quatre fois plus lon-gues que la largeur du bois, leur épaisseur étant égale à celle du bois. Collez toutes les surfaces; vissez en décalant la position des clous ou assem-blez avec des boulons.

Assemblage en sifflet: Celui-ci est taillé en fausse coupe et utilisé surtout en ébénisterie et en me-nuiserie. En général, cet assemblage est seulement collé, mais les faces à assembler doivent être rabo-tées avec une grande précision. Correctement exé-cuté, il a la même solidité qu'une pièce sans joint.

La longueur idéale du sifflet est celle qui a une proportion de 8:1. Des vis ne sont pas nécessaires si une colle à base de résine est employée. Serrez fortement pendant que la colle sèche.

Assemblage à enture en V: Il est principalement utilisé pour la réparation de meubles et pour tous les travaux où l'aspect compte. Découpez l'enture en V avec une scie à denture fine. Coupez et rabotez l'autre pièce pour qu'elle s'ajuste. Collez, joignez et serrez.

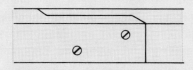

Mi-bois: Taillez l'épaulement avec pré-cision. Décalez la position des vis. Peignez les assemblages faits pour l'extérieur.

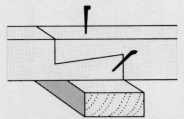

Mi-bois en biseau: L'assemblage est supporté par une poutre. Employez-le quand les pièces de bois doivent rece-voir des panneaux.

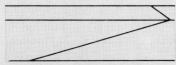

Assemblage en sifflet: Les pièces doi-vent être coupées et aplanies avec le plus grand soin pour qu'on obtienne une parfaite liaison.

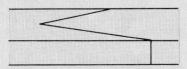

Enture en V: Le V sera parfaitement ajusté à la surface finie, si le travail est soigné et le bois bien assorti.

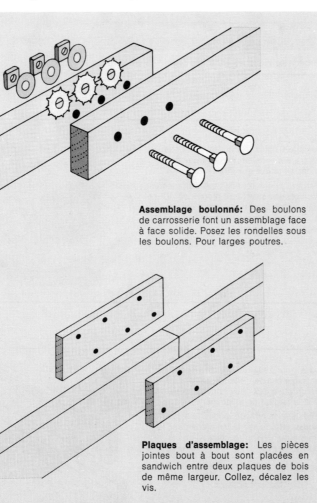

Assemblage boulonné: Des boulons de carrosserie font un assemblage face à face solide. Posez les rondelles sous les boulons. Pour larges poutres.

Plaques d'assemblage: Les pièces jointes bout à bout sont placées en sandwich entre deux plaques de bois de même largeur. Collez, décalez les vis.

Assemblage des pieds aux coins

Les assemblages réunissant trois pièces s'utilisent dans la construction de tables, sièges et de certains types de cadres. Les procédés de fixation sont divers: la colle, les vis, les goujons ou les tenons.

Une façon simple d'assembler un pied et deux traverses consiste à utiliser les plaques d'angle que l'on trouve dans le commerce en différentes dimensions et qui sont ajustées dans les fentes pratiquées dans les traverses (1). L'assemblage est maintenu par une

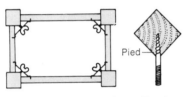

Cadre assemblé par plaque d'angle

vis qui traverse la plaque et pénètre dans le pied. Certaines plaques portent des trous pour les vis.

Marquez la position des pieds et des traverses sur le dessous de la chaise ou du plateau de table. Coupez les traverses aux dimensions voulues. Dans les coins, posez les plaques à 45° sur le tracé fait au crayon et marquez l'emplacement des fentes qui doivent être faites dans les traverses pour loger les plaques. Rapportez ces positions sur le bois et entaillez les fentes. Indiquez, sur le coin intérieur de chaque pied, l'emplacement de la vis de fixation et percez un trou assez profond pour donner une bonne prise à la vis. Ajustez les traverses au plateau de la table à l'aide de colle ou de petites équerres métalliques, puis insérez les plaques d'angle dans les fentes; ensuite, enfoncez la vis de fixation dans chaque pied; introduisez l'autre bout de la vis dans la plaque d'angle et serrez l'écrou à oreilles.

Les goujons d'assemblage de coin (2) doivent être décalés pour éviter qu'ils ne se rencontrent à l'intérieur du pied. Posez au moins trois goujons sur chaque traverse et espacez-les régulièrement. L'épaisseur des goujons doit correspondre à un tiers de l'épaisseur des traverses. Des coins collés et vissés sont vite faits et solides. La position du pied sera soit à l'intérieur (3) soit à l'extérieur (4) des traverses. Le plus solide des assemblages de coin est celui qui comporte un tenon et une mortaise (5 et 6). En principe, il s'agit de deux tenons tronqués à renfort qui se rejoignent

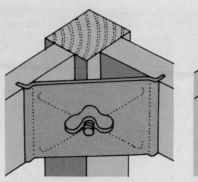

1. La plaque d'angle, que l'on trouve en différentes grandeurs, maintient le coin au moyen de la vis centrale. La plaque pénètre dans les fentes.

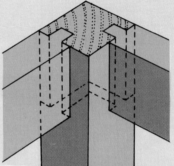

2. Les goujons doivent être décalés pour qu'ils ne se rencontrent pas au centre du pied. Espacez-les à raison de trois goujons par traverse.

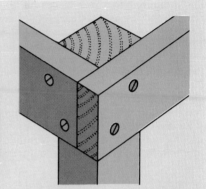

3. Collez et vissez les traverses au pied pour obtenir un assemblage d'angle solide. Décalez les vis pour éviter des fissures. Fraisez.

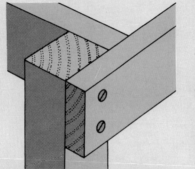

4. Le même genre d'assemblage peut être réalisé en plaçant le pied à l'extérieur. Dans les deux cas, la solidité dépend de la colle et des vis.

5. Tenon et mortaise à renfort et à onglet donnent l'assemblage le plus solide. Laissez un excès de ½″ au sommet du pied; arasez.

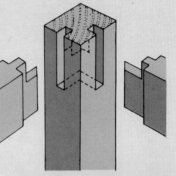

6. Une vue de l'assemblage, montrant la coupe d'onglet aux bouts des tenons. Coupez les onglets de manière qu'il reste un interstice pour la colle.

à angle droit au centre du pied. Tracez et découpez les traverses et les deux faces intérieures du pied. Ajustez chaque traverse, puis taillez le bout du tenon à onglet, de telle sorte qu'il reste un interstice quand les éléments sont assemblés. Laissez une marge d'environ ½″ au sommet du pied et arasez-la une fois l'assemblage achevé, ceci pour éviter les fissures.

Assemblage de cadres de meubles: Assemblez par rainures et languettes les panneaux aux pièces de coin massives. La languette aura un tiers de l'épais-

seur du panneau. Les languettes massives peuvent être taillées sur un champ ou au milieu de la traverse; ou bien les rainures seront faites dans les panneaux, et les languettes, dans les pièces de coin.

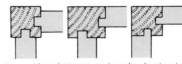

La position du tenon varie selon la structure

Usage des moulures

Boiseries de fenêtres et plinthes

Les moulures sont des pièces en bois qui ornent et recouvrent les assemblages et les joints. Elles sont de plusieurs genres, et conviennent à différents usages. Les moulures illustrées plus bas encadrent les chambranles intérieurs des fenêtres. On pose d'abord **l'appui,** pièce horizontale surplombant et dépassant l'allège, puis on ajoute **la moulure latérale** à la gauche et à la droite des châssis. **Une traverse médiane** recouvre la pièce verticale qui réunit deux fenêtres.

La moulure supérieure dont les bouts sont taillés en onglet recouvre l'extrémité supérieure et s'ajuste aux angles supérieurs des moulures latérales. (Pour les coins assemblés en onglet, choisissez des moulures supérieures et latérales identiques.) Complétez la boiserie en clouant **l'allège** sous l'appui, ce qui élimine tout interstice entre l'allège et le mur intérieur.

Parmi les illustrations à droite, vous trouverez également **la plinthe** et **le quart-de-rond** qu'on emploie pour recouvrir le joint entre le mur et le parquet. Le quart-de-rond couvre le joint entre la plinthe et le sol. Clouez-le au plancher plutôt qu'à la plinthe, diminuant ainsi les interstices entre le plancher et la plinthe, si le bois rétrécit.

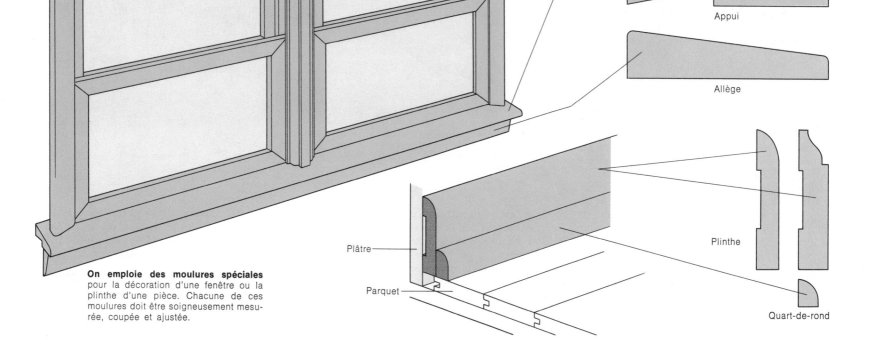

Moulure supérieure

Moulure latérale

Traverse médiane

Appui

Allège

Plâtre

Parquet

Plinthe

Quart-de-rond

On emploie des moulures spéciales pour la décoration d'une fenêtre ou la plinthe d'une pièce. Chacune de ces moulures doit être soigneusement mesurée, coupée et ajustée.

Deux façons d'utiliser l'assemblage profilé

Le joint profilé s'emploie là où les moulures se joignent aux coins intérieurs. Il est préférable à l'assemblage à onglets car il dissimule mieux les défauts.

Pour exécuter ce genre d'assemblage, taillez la moulure aux mesures des deux murs les plus longs de la pièce—ceux qui se font face. Leurs extrémités planes s'abouteront aux autres murs. Les longueurs des deux autres côtés seront profilées en conséquence. Sur l'endos des grandes moulures, profilez un patron avec un morceau de moulure. Tracez le profil sur ce côté plat, recouvrez la face avec du ruban gommé et découpez à travers la moulure, le long du tracé, avec une scie à découper. Si la moulure arrière est irrégulière, vous obtiendrez de bons résultats en coupant un onglet à 45° et en enlevant le rebut.

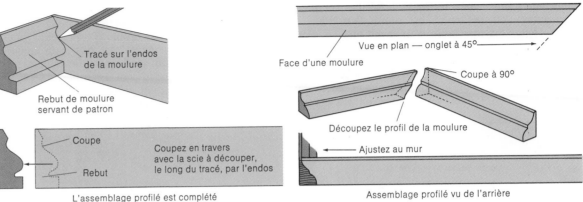

Tracé sur l'endos de la moulure

Rebut de moulure servant de patron

Coupe

Rebut

Coupez en travers avec la scie à découper, le long du tracé, par l'endos

L'assemblage profilé est complété

Vue en plan — onglet à 45°

Face d'une moulure

Coupe à 90°

Découpez le profil de la moulure

Ajustez au mur

Assemblage profilé vu de l'arrière

Comment mesurer les onglets; onglets correspondants

Mesurez la longueur du cadre intérieur

Onglet de gauche à 45°

Mesurez la longueur du cadre intérieur

Onglet de droite à 45°

Onglet de gauche à 45°

Assemblage à onglets complété

Le rebord intérieur du chambranle d'une fenêtre arase le rebord intérieur du châssis. Coupez les onglets supérieurs en mesurant tel qu'indiqué sur le croquis du haut, à gauche. Coupez la moulure supérieure (croquis du bas, à gauche) pour qu'elle s'ajuste entre les onglets latéraux. Coupez cette pièce légèrement plus grande: les onglets s'ajusteront mieux après le ponçage.

Autres genres de moulures

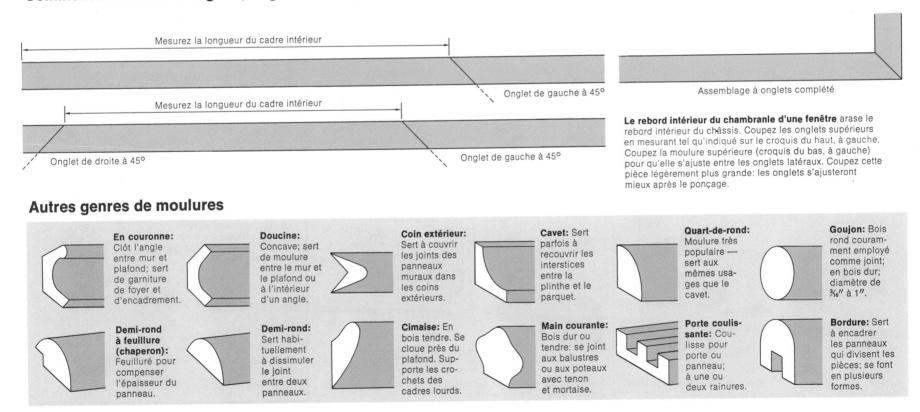

En couronne: Clôt l'angle entre mur et plafond; sert de garniture de foyer et d'encadrement.

Doucine: Concave; sert de moulure entre le mur et le plafond ou à l'intérieur d'un angle.

Coin extérieur: Sert à couvrir les joints des panneaux muraux dans les coins extérieurs.

Cavet: Sert parfois à recouvrir les interstices entre la plinthe et le parquet.

Quart-de-rond: Moulure très populaire — sert aux mêmes usages que le cavet.

Goujon: Bois rond couramment employé comme joint; en bois dur; diamètre de ³⁄₁₆″ à 1″.

Demi-rond à feuillure (chaperon): Feuilluré pour compenser l'épaisseur du panneau.

Demi-rond: Sert habituellement à dissimuler le joint entre deux panneaux.

Cimaise: En bois tendre. Se cloue près du plafond. Supporte les crochets des cadres lourds.

Main courante: Bois dur ou tendre: se joint aux balustres ou aux poteaux avec tenon et mortaise.

Porte coulissante: Coulisse pour porte ou panneau; à une ou deux rainures.

Bordure: Sert à encadrer les panneaux qui divisent les pièces; se font en plusieurs formes.

Niveaux verticaux et horizontaux

Comment trouver la verticale

Le niveau à bulle d'air, utilisé pour vérifier les plans horizontaux ou verticaux, est muni d'un tube en verre contenant une bulle d'air, avec **une** ou **deux lignes de repère.** Une surface est horizontale ou verticale (niveau à une seule ligne) lorsque la bulle est centrée sur cette ligne; de même (niveau à deux lignes) lorsque la bulle est exactement entre les deux lignes. Les tubes sont placés en travers du

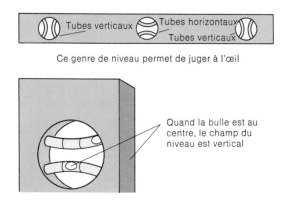

Ce genre de niveau permet de juger à l'œil

Quand la bulle est au centre, le champ du niveau est vertical

niveau, tel qu'illustré dans le croquis à l'extrême gauche et à l'extrême droite, pour donner un niveau vertical. **En attachant un fil à plomb** à une pièce de bois, vous pouvez tracer une verticale donnée par le bord du panneau et la reproduire au crayon. Dans une pièce de bois de 5′ ou 6′ de long et de 4″ x 4″, percez un trou (1) ½″ plus long et 2″ plus large que le plomb (2) et tracez une ligne centrale sur la pièce (3). Enfoncez un clou sur cette ligne, au sommet de la pièce (4). Faites un tracé le long du bord.

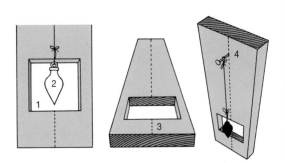

Lorsque vous utilisez un fil à plomb et une pièce de bois pour trouver une verticale, assurez-vous que le fil bat librement.

Comment trouver l'horizontale

Le niveau à bulle d'air permet de vérifier si une surface est horizontale grâce au tube à bulle d'air parallèle à la longueur du niveau. Ces niveaux possèdent des tubes supplémentaires fixés à un angle de 45°, grâce auxquels on vérifie certains vilebrequins angulaires. D'autres possèdent des tubes rapporteurs ajustables qui permettent des lectures d'angles de 0° à 90°. Un plomb est suspendu à un cordeau rigide qui

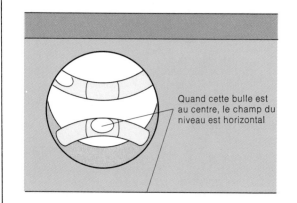

Quand cette bulle est au centre, le champ du niveau est horizontal

sert de niveau dans les travaux de maçonnerie ou de structures. L'équerre à combinaison, illustrée à droite, a aussi son utilité. **Pour établir une ligne horizontale sans l'aide d'un niveau,** exécutez un indicateur en contreplaqué avec un trou de clou au sommet et à la pointe inférieure, tous deux centrés. Fixez un montant plus large que l'indicateur à une règle droite et tracez une ligne médiane à un angle de 90° de la règle. Clouez légèrement l'indicateur au montant, à travers la ligne centrale.

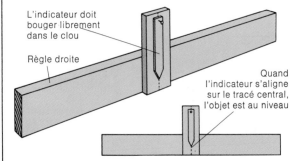

L'indicateur doit bouger librement dans le clou

Règle droite

Quand l'indicateur s'aligne sur le tracé central, l'objet est au niveau

Niveau facile à bricoler: indicateur en contreplaqué suspendu à un tasseau fixé sur une règle droite.

Fabrication d'une règle droite

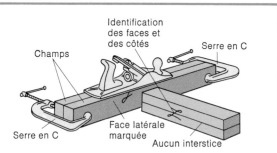

Identification des faces et des côtés

Champs

Serre en C

Serre en C

Face latérale marquée

Aucun interstice

Pour faire une règle droite, il vous faut deux pièces de bois planes de 1″ x 3″, rabotées sur la longueur, à grain identique, et mesurant toutes deux 4′ de long. Maintenez-les ensemble avec une paire de serres en C. Rabotez les champs visibles jusqu'à ce que vous obteniez des rabotures fines et égales. Desserrez les pièces, rapprochez les faces rabotées et exposez-les devant une lumière. Si la lumière passe à travers le joint, les côtés ne sont pas plans et doivent être rabotés de nouveau. Recommencez.

L'équerre à combinaison

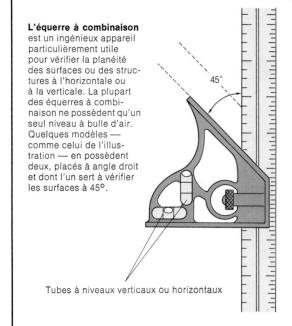

L'équerre à combinaison est un ingénieux appareil particulièrement utile pour vérifier la planéité des surfaces ou des structures à l'horizontale ou à la verticale. La plupart des équerres à combinaison ne possèdent qu'un seul niveau à bulle d'air. Quelques modèles — comme celui de l'illustration — en possèdent deux, placés à angle droit et dont l'un sert à vérifier les surfaces à 45°.

45°

Tubes à niveaux verticaux ou horizontaux

Fabrication d'une boîte simple

Apprenez à construire cette boîte simple et vous n'aurez aucune difficulté à réussir des ouvrages plus complexes. Suivez ces indications faciles:

1. Assemblez les quatre pièces de la boîte, préalablement équarries.

2. Avant de fixer la partie du dos (ou le fond, selon le cas), clouez deux tasseaux de bois en diagonale sur le devant de la boîte pour en assurer bien l'équerrage.

3. Clouez ou collez le dos de la boîte; enlevez les tasseaux. Si vous désirez transformer cette boîte en rayonnage ou en bibliothèque, faites-la reposer sur un de ses bouts et ajoutez des tablettes.

4. Pour ce faire, fixez des glissières en plastique ou des moulures aux montants de la boîte et glissez les tablettes aux positions désirées. (Les tablettes peuvent être clouées aux moulures.)

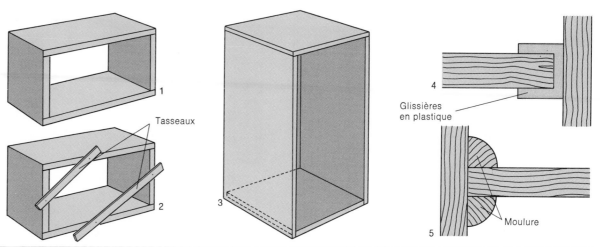

Tasseaux

Glissières en plastique

Moulure

Fabrication d'un tiroir ordinaire

Un tiroir est, en somme, une boîte: il possède quatre côtés et un fond (1). Il peut s'exécuter de plusieurs façons. Le croquis 2 montre les côtés fixés dans des feuillures du devant (clouage dans deux directions (3) pour plus de rigidité). En plaçant le fond du tiroir dans les rainures des côtés (4), on obtient une surface de clouage entre les côtés et le dos. Celui-ci se glisse dans des entailles pratiquées dans les côtés. Le fond se glisse dans la rainure intérieure du devant. Il est alors facile de clouer le fond, le dos et le devant par le dessous. Un autre type (5) de tiroir comporte des rainures pratiquées dans les côtés extérieurs, rainures agissant comme glissières pour des tasseaux fixés aux montants du meuble (6). Dans le croquis 7, les faces sont plus profondes que les tiroirs, ce qui camoufle les joints. Deux tasseaux de bois peuvent être cloués sur chaque côté et tiennent lieu de rainures (8). Ou on peut clouer un tasseau unique sur chaque côté pour servir de coulisse (9) glissée dans les rainures des montants du meuble (10). On peut aussi clouer deux tasseaux espacés à chaque montant du meuble; ils agissent comme glissières (11). Le plus simple de tout: des glissières en plastique (12). Suspendez le tiroir sous un pupitre ou une table avec une moulure en forme de L (13) ou des glissières en plastique sur un tasseau en bois. Fixez l'une ou les autres aux montants (14).

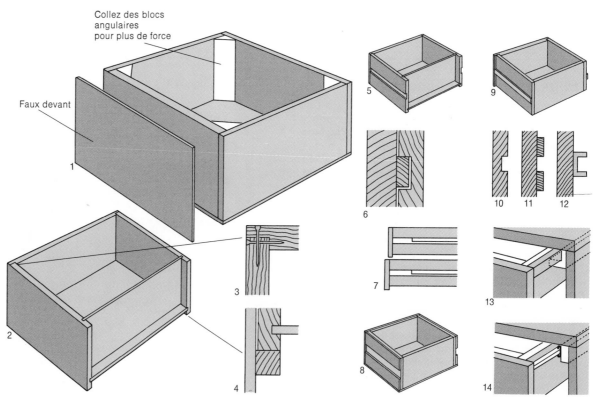

Collez des blocs angulaires pour plus de force

Faux devant

Construction de tiroirs

Tiroirs à devant feuilluré

Les tiroirs à devant feuilluré tels qu'illustrés à droite se réalisent rapidement à l'aide d'une scie circulaire ou d'une scie radiale avec lame à entailles ou, encore, en passant à plusieurs reprises sur (ou sous) la lame de la scie, en ajustant la profondeur de coupe selon les besoins. L'envers de la face du tiroir, tout comme les côtés et le dos, sera rainuré pour recevoir le fond en contreplaqué. Si le tiroir doit glisser latéralement, les côtés seront rainurés avant l'assemblage, pour loger les coulisseaux, tel qu'indiqué sur le croquis. Emboîtez les éléments, collez, ajustez et clouez. Glissez le fond dans les rainures après avoir recouvert de colle bords et rainures. Enduisez ensuite de colle la rainure inférieure et les feuillures des champs de la face du tiroir, ainsi que le champ avant du fond et les champs avant des côtés, et assemblez le tout. Le clouage en biais des côtés et de la face (tel qu'indiqué) maintient l'assemblage pendant que la colle sèche. Si vos entailles sont faites avec une scie électrique, arrêtez la coupe avant le bout et terminez au ciseau. Fixez la poignée quand la colle sera sèche.

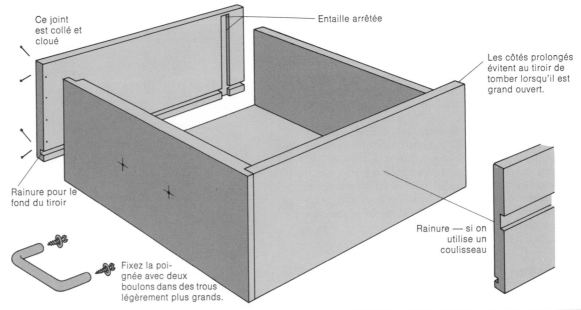

Ce joint est collé et cloué

Entaille arrêtée

Les côtés prolongés évitent au tiroir de tomber lorsqu'il est grand ouvert.

Rainure pour le fond du tiroir

Fixez la poignée avec deux boulons dans des trous légèrement plus grands.

Rainure — si on utilise un coulisseau

Tiroirs à face avant débordante

Si la face avant du tiroir déborde sur les côtés (tel que montré sur le croquis de droite) afin de camoufler ceux-ci, l'assemblage entre les côtés et la face peut être un joint à entaille combiné avec une queue-d'aronde pour plus de stabilité. Le même type de joint (ou simplement un joint à entaille) peut être utilisé là où les côtés rencontrent le dos. Dans tous les cas, l'entaille est arrêtée avant le champ supérieur. Si cette coupe est faite à la scie électrique, elle sera finie au ciseau à bois. Le fond du tiroir (en plaqué) est glissé dans les rainures sur tout le périmètre, comme dans l'illustration du haut.

Si vous optez pour une rainure entaille et queue-d'aronde, facilitez le travail en fixant la profondeur de coupe que vous désirez et en penchant la lame de la scie à l'angle de la queue-d'aronde. Gardez la même inclinaison pour tailler la pièce correspondante. Pratiquez sur du bois de rebut pour acquérir le tour de main. Les rainures simples qui reçoivent le fond du tiroir sont faciles à faire: fixez la lame à la profondeur de coupe et le guide à la bonne largeur. Arasez la coupe et enlevez le rebut avec d'autres passes.

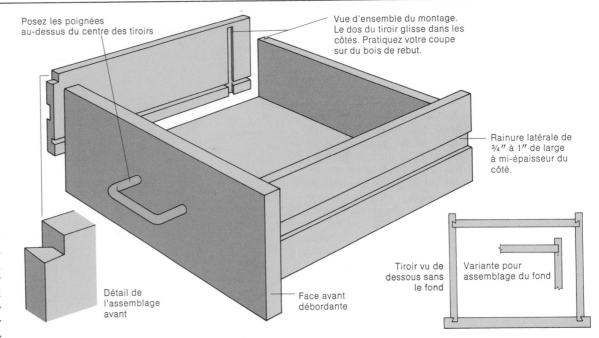

Posez les poignées au-dessus du centre des tiroirs

Vue d'ensemble du montage. Le dos du tiroir glisse dans les côtés. Pratiquez votre coupe sur du bois de rebut.

Rainure latérale de ¾″ à 1″ de large à mi-épaisseur du côté.

Détail de l'assemblage avant

Face avant débordante

Tiroir vu de dessous sans le fond

Variante pour assemblage du fond

Guides de tiroirs

Vos tiroirs s'ouvriront et se fermeront sans se coincer si vous les faites glisser sur des guides. **Les guides des coins** s'ajustent à la partie inférieure extérieure des côtés des tiroirs. La surface horizontale du guide sert de rail de support, tandis que la surface verticale dirige le tiroir dans le bon angle. Un tasseau de bois fixé au plafond du meuble, au-dessus de chaque côté du tiroir, empêche celui-ci de basculer quand on l'ouvre.

Les guides latéraux sont des rainures dans la surface extérieure des côtés du tiroir; ils glissent sur des coulisseaux fixés sur la structure du meuble. Puisque ces guides suffisent comme supports, les séparations horizontales entre les tiroirs peuvent être réduites en épaisseur ou même éliminées, ce qui permet de donner plus de profondeur au tiroir.

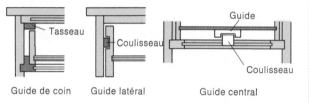

Guide de coin   Guide latéral   Guide central

Les guides centraux sont des tasseaux rainurés ou des rails doubles fixés sous le tiroir et glissant sur un coulisseau fixé au centre de la séparation horizontale. Grâce à ces guides, le tiroir s'ouvre et se ferme en ligne droite sans se coincer sur les côtés. Le poids du tiroir peut être supporté par les champs inférieurs des côtés qui glissent sur des rails plats. Aucun besoin, alors, des guides de coin.

Les guides bois-sur-bois fonctionnent bien quand on les lubrifie avec de la cire ou un lubrifiant en aérosol. De toute façon, on devrait enduire ces surfaces d'une couche de scelleur et laisser sécher à fond. Il existe sur le marché des glissières de plusieurs styles, aussi efficaces que les guides centraux ou latéraux, et qui offrent, entre autres, l'avantage de réduire la friction au moyen de roulettes.

Les tiroirs munis de guides extensibles avec rails télescopiques se tirent presque complètement sans basculer. Si vous posez des guides manufacturés, tenez compte de l'espace requis, tant sur les côtés que sur l'épaisseur, par le modèle que vous aurez choisi; ainsi, allouez 1" de jeu pour les rails sous les tiroirs; allouez également ½" pour les guides latéraux.

La quincaillerie

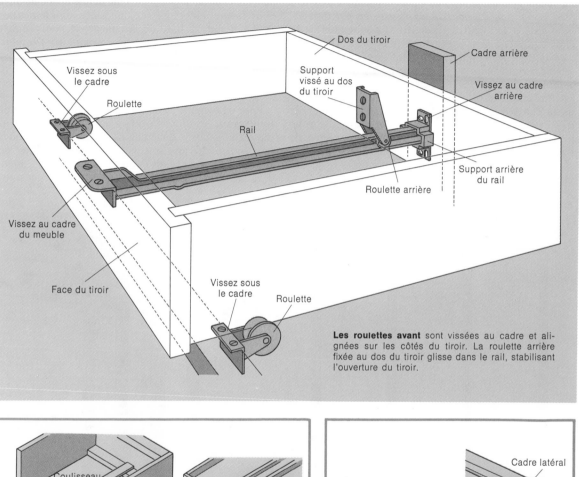

Les roulettes avant sont vissées au cadre et alignées sur les côtés du tiroir. La roulette arrière fixée au dos du tiroir glisse dans le rail, stabilisant l'ouverture du tiroir.

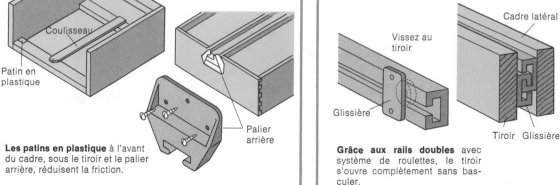

Les patins en plastique à l'avant du cadre, sous le tiroir et le palier arrière, réduisent la friction.

Grâce aux rails doubles avec système de roulettes, le tiroir s'ouvre complètement sans basculer.

Construction d'intérieur

Erection d'une cloison

La façon la plus simple de bâtir une cloison, c'est à plat sur le sol. Etendez la charpente en mettant les montants à 16″ centre en centre. La longueur de la cloison dépend des dimensions de la pièce. Il va sans dire que le dernier montant d'un des bouts ne sera pas nécessairement à 16″ du précédent. La charpente complète, incluant les montants, la sablière et la lisse, est fabriquée en pièces de 2 x 4. La hauteur complète de la charpente aura 1½″ de moins que la hauteur de la pièce. N'utilisez qu'un seul 2 x 4, comme pour la sablière. De la sorte, la charpente complétée ne s'accrochera pas au plafond. La sablière et la lisse sont clouées dans les bouts des montants avec des clous communs de 3½″. Le clouage en biais n'est donc

pas nécessaire. Relevez la charpente en position en vous faisant aider; glissez une pièce supplémentaire de 2 x 4 sous la lisse de la charpente pour appuyer celle-ci au plafond. Tracez sur le plancher l'emplacement du 2 x 4 supplémentaire, puis enlevez provisoirement la charpente et clouez cette pièce au plancher. Relevez de nouveau la charpente et clouez sa lisse à ce 2 x 4.

Pour déterminer l'emplacement de la cloison au plafond ou sur les solives, utilisez un niveau à bulle d'air. Clouez la sablière dans chaque solive si la cloison est perpendiculaire aux solives. (Si elle est parallèle aux solives, installez-la sous l'une d'elles. On a rarement à déranger une cloison de plus de quelques pouces, puis-

que les solives sont placées à 16″ de distance les unes des autres—voyez le détail dans les dessins plus bas.)

Appliquez le revêtement—panneaux ou planches murales—une fois que la charpente sera clouée. Les extrémités de la charpente peuvent être clouées en travers des montants des bouts dans les murs adjacents avant que le revêtement ne soit appliqué, puisque les montants de ces murs sont généralement placés directement sous les solives. Commencez le panneautage au bout de la charpente où les montants sont distancés de 16″; le dernier panneau sera découpé pour couvrir l'espace disponible. Des moulures et des boiseries teintes ou finies de la couleur des panneaux formeront la finition.

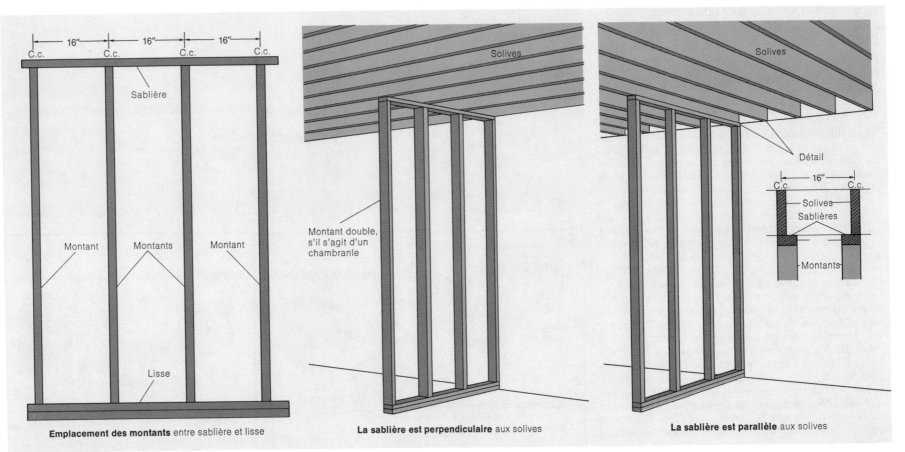

Emplacement des montants entre sablière et lisse

La sablière est perpendiculaire aux solives

La sablière est parallèle aux solives

Charpente de portes

Le genre de charpente requis pour l'installation d'une porte dépend de la nature et de la fonction de la cloison. Si la cloison n'est pas portante, deux pièces de 2 x 4 placées sur le champ suffisent comme linteau. Si la cloison fait partie d'une rallonge à la maison et qu'elle supporte le plancher de l'étage ou le toit, un linteau beaucoup plus robuste sera installé (peut-être deux pièces de 2 x 8), tel qu'indiqué dans la vignette de droite.

Le code local du bâtiment vous indiquera les dimensions à respecter en ce qui a trait aux linteaux. On emploie les jambages jumelés à chaque bout du linteau pour assurer à ce dernier un support convenable, car le plancher de l'étage ou le toit doivent être supportés par ces petits montants.

Le jambage jumelé est également utilisé de chaque côté d'une porte pour diminuer la vibration de celle-ci, lorsqu'on la ferme.

La lisse doit être interrompue au plancher entre les jambages. Basez la grandeur de l'ouverture d'une porte sur les dimensions de celle-ci et sur les boiseries qui seront utilisées, tout en allouant le jeu recommandé par le manufacturier de la porte.

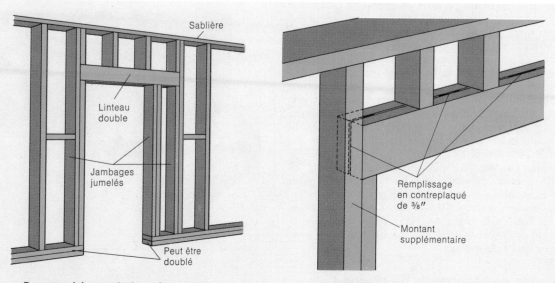

Dans une cloison portante, renforcez le linteau

Le double montant donne un support suffisant au linteau

Charpente de fenêtres

La construction d'une charpente de fenêtre est à peu près la même que celle d'une porte. Puisque la plupart des fenêtres (excepté le passe-plat de la cuisine) sont situées dans les murs extérieurs, on doit se préoccuper de supporter la structure au-dessus d'elles.

Règle générale, les murs parallèles au faîte du toit sont des murs portants. Les autres (perpendiculaires au faîte) ne le sont généralement pas. Si toutefois l'ouverture de la fenêtre est particulièrement large, il vous faudra utiliser un linteau plus solide même dans une cloison non portante, afin de lui donner la robustesse nécessaire et éviter les lézardes dans le plâtre ou la planche murale, surtout dans les coins. Les dimensions de l'ouverture d'une fenêtre sont basées sur celles de la fenêtre qui y sera installée: les styles et les dimensions des nouvelles fenêtres varient énormément. Si la fenêtre donne sur un beau décor, placez-la assez bas pour qu'on ne perde rien du paysage, même assis dans la pièce. L'appui aura environ 30" de haut. (Des appuis installés plus haut nuiront à la vue du jardin.)

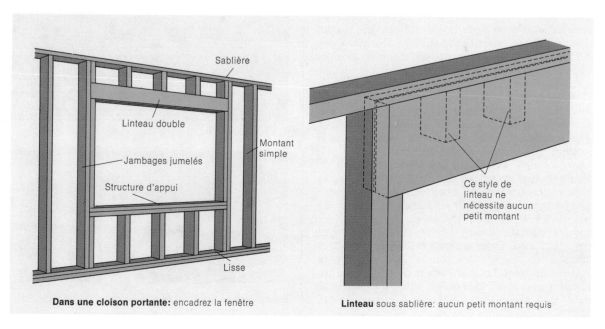

Dans une cloison portante: encadrez la fenêtre

Linteau sous sablière: aucun petit montant requis

405

Construction d'intérieur

La pose d'un parquet

Avant d'installer un parquet en planches, balayez le faux plancher ou passez-y l'aspirateur et recouvrez-le, d'un mur à l'autre, de papier de construction.

Le parquet en planches se pose perpendiculairement aux solives. Si le faux plancher est posé en diagonale ou s'il est fait en contreplaqué, on peut disposer les planches dans n'importe quelle direction, sauf parallèlement au faux plancher. Placez la première planche parallèle à un mur, le champ rainuré le long du mur. Laissez un espace d'expansion de ½" entre la planche et le mur (la plinthe et la moulure le recouvriront).

Clouez la première planche en place à tous les 10". Enfoncez les clous près du bord rainuré pour que la moulure les recouvre. Les clous doivent être enfoncés à travers la planche dans le faux plancher. Sur le côté de la languette, faites un clouage borgne à angle de 50°. Il se loue des machines pour accomplir ce genre de travail.

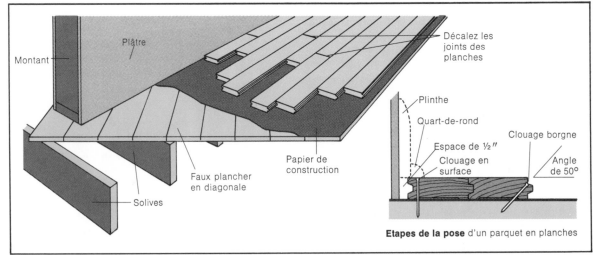

Etapes de la pose d'un parquet en planches

La pose des fourrures du plafond

On appelle fourrures les bandes de bois de 1" d'épaisseur qu'on fixe au plafond ou au mur afin qu'elles servent de base de clouage plane pour les carreaux ou les panneaux. Les fourrures illustrées ici sont clouées à angle droit à travers les solives. (Les bandes peuvent aussi se poser sur la surface d'un vieux plafond.) Espacez les fourrures selon les dimensions des carreaux afin que leurs bords se rencontrent au centre des fourrures. (Si vous employez des carreaux de 16" de large, placez les fourrures à 16" de distance, centre en centre.) Utilisez des clous de 2½" pour fixer les fourrures aux solives: deux par croisement.

Les fourrures se posent de deux façons. Dans la première, commencez au centre du plafond et progressez vers les côtés, afin que les carreaux des extrémités soient égaux des deux côtés. Dans la seconde façon, commencez au bord d'un mur et rendez-vous jusqu'au mur d'en face; taillez le dernier carreau selon l'espace qui reste. Servez-vous d'un niveau pour vérifier l'alignement des fourrures (à toutes les deux fourrures). Calez de minces bardeaux de bois entre les fourrures et les solives, là où des ajustements s'imposent. Les carreaux peuvent se fixer aux fourrures avec des clous ou un adhésif, mais on les broche plus volontiers. Les bords à rainure et languette font des joints élégants.

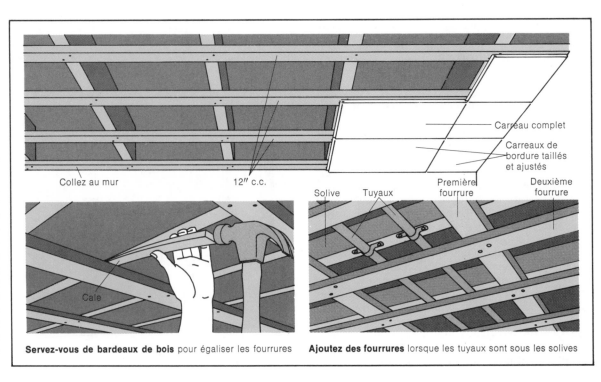

Servez-vous de bardeaux de bois pour égaliser les fourrures

Ajoutez des fourrures lorsque les tuyaux sont sous les solives

La préparation

Une bonne préparation est un facteur essentiel pour toute finition du bois, surtout si on souhaite mettre son grain en valeur, le colorer et lui procurer une surface durable. Déterminez d'abord si le bois est à grain ouvert ou fermé. Selon la réponse, utilisez ou non un bouche-pores avant d'appliquer le fini définitif. Parmi les bois à grain ouvert, mentionnons l'acajou, le noyer, le chêne, le bois de rose, le teck. Le pin, l'érable, le bouleau, le cerisier et les bois résineux sont des bois non poreux, dits à grain serré. Ces bois ne requièrent habituellement aucun bouche-pores.

Il faut considérer également la façon dont le bois absorbe les produits de finition. Les bois mous tels que le pin sont plus absorbants que les bois durs. Il faut donc utiliser un scelleur entre la couche de teinture et la finition.

Le ponçage est indispensable au succès d'une belle finition de meuble. Une ponceuse électrique accomplit le plus gros du travail, mais elle exige une grande expérience et il faut terminer à la main et soigneusement pour obtenir un fini professionnel.

Employez successivement trois sortes de papier abrasif (p. 42); commencez par un papier assez grossier, n° 80; prenez ensuite un papier à grain moyen, n° 120 et, pour finir, servez-vous d'un papier à grain fin, n° 220, en ponçant dans le sens du fil. Sur les bois durs, on utilise des papiers allant jusqu'au n° 280. Après le ponçage, dépoussiérez avec l'aspirateur puis essuyez avec un chiffon imbibé de térébenthine ou de diluant à peinture. Obturez les imperfections telles que trous de clous et fissures avec de la pâte de bois ou de la gomme-laque en bâton. Ces produits existent dans plusieurs teintes et peuvent être assortis à la plupart des bois. On fait fondre la gomme-laque en bâton dans les trous ou les fissures. La pâte de bois s'applique au couteau à mastiquer. Lorsque ces produits auront séché à fond, selon les recommandations du manufacturier, poncez la surface obturée avec un papier n° 120.

Les conditions atmosphériques doivent également entrer en ligne de compte quand on entreprend un travail de finition. Un sous-sol trop froid ou particulièrement humide n'est pas propice à ce genre de travail. (Seul le polyuréthane n'est pas affecté par l'humidité.) Il est bon de teindre un meuble dans la lumière où il sera utilisé. Ceci vaut surtout quand vous ne refinissez qu'une partie du meuble et que le nouveau fini doit ressembler à l'autre.

Le ponçage

La ponceuse électrique peut exécuter la plupart des ponçages. On doit généralement terminer à la main, selon le fini qu'on désire obtenir. Pour poncer, enveloppez de papier abrasif un bloc de bois lisse; exercez une pression ferme mais modérée.

Les grandes surfaces rugueuses: Poncez à l'aide d'une ponceuse à courroie (p. 57) ou d'une ponceuse à disque (p. 46). Faites glisser la première en diagonale au fil du bois, d'abord dans un sens puis dans l'autre. Il importe de commencer avec du papier grossier (p. 42), et de continuer avec du papier moyen, en ne sautant jamais plus d'un degré à la fois. Quand la surface est adoucie et plane après le ponçage en diagonale, allez dans le sens du fil avec du papier moyen, puis avec du papier fin. N'employez pas de ponceuse à courroie pour les placages (p. 381). Elle couperait trop profondément le placage et l'endommagerait. Poncez plutôt à la main.

Ponceuses à disque: Utilisez les papiers abrasifs dans le même ordre qu'avec la ponceuse à courroie. Allez et venez le long du fil avec le papier fin jusqu'à ce que la surface soit adoucie. Terminez à la main, le long du fil, effaçant les traces du disque de ponçage.

Surfaces semi-douces: La ponceuse orbitale ou vibrante (p. 57) est utile sur les surfaces peintes ainsi que dans les coins intérieurs. Pour enlever la peinture et pour les besognes rudes, commencez avec un papier grossier et terminez avec un papier fin. Le ponçage à la main n'est pas toujours nécessaire, surtout si vous recouvrez la surface de peinture. Si elle doit être teinte, ou vernie, poncez à la main.

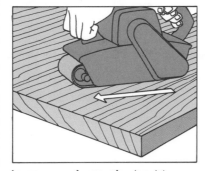

La ponceuse à courroie s'emploie pour dégrossir le bois. Tenez-la diagonalement au fil. N'appliquez pas de pression: le poids de l'outil suffit.

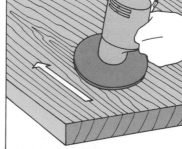

Avec la ponceuse à disque, n'appliquez qu'une légère pression: inclinez-la pour que la moitié du disque soit en contact avec l'ouvrage. Bougez-la sans arrêt.

Les surfaces concaves se poncent à la main, dans le sens du fil. Utilisez des papiers de plus en plus fins à mesure que le travail progresse.

Quand vous poncez un bord — à la main ou à la machine — allez vers le centre pour éviter l'éclatement du bois. Chanfreinez les bords avant le ponçage.

Le chalumeau est utile pour enlever les vieux finis récalcitrants. Suivez la flamme avec un couteau à mastiquer. Travaillez vite, sans laisser tiédir.

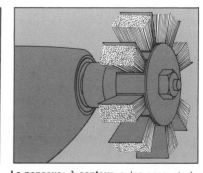

La ponceuse à contour, qu'on accouple à la perceuse électrique, sert à poncer les sections aux formes compliquées, difficiles à atteindre autrement.

Finition du bois

Pour enlever les vieux finis

Les vieux finis peuvent être poncés et grattés jusqu'à ce qu'il ne reste plus rien de la peinture ou du vernis, mais la méthode la plus rapide, c'est l'application d'un décapant. Ces liquides et ces crèmes ramollissent presque tous les finis sans endommager le bois. (Le ponçage peut laisser des égratignures, surtout sur le placage.)

La meilleure façon d'appliquer un décapant, c'est d'en badigeonner la surface d'une généreuse couche. Appliquez-le sur une surface horizontale. Avec un pinceau aux soies naturelles, couvrez deux pieds carrés à la fois. En moins de cinq minutes, le vieux fini se boursouflera. Certaines surfaces deviennent tout simplement collantes. Grattez le résidu avec un couteau à mastiquer. Allez dans le sens du fil, si possible. Si le fini est vieux et durci et qu'il y en ait plusieurs couches, il vous faudra répéter.

Utilisez le décapant en crème pour les surfaces verticales. Sa couche gélatineuse s'accroche au vieux fini assez longtemps pour le soulever. Servez-vous-en aussi pour les pieds moulurés des tables et des chaises. Frottez avec une brosse rude et de la laine d'acier grossière pour enlever le résidu. Faites pénétrer la crème dans les interstices et les crevasses jusqu'à ce que tout le fini initial ait disparu. Essuyez le surplus avec de vieux chiffons.

Dans les bois à grain ouvert (p. 371), on doit enlever le vieux fini le plus possible. Vous y arriverez avec une laine d'acier à grain moyen trempée dans le décapant, avec laquelle vous frotterez la surface à coups longs et appuyés. Le fini enlevé, neutralisez le décapant que le bois a absorbé avec de l'essence de térébenthine ou un diluant de laque, et de la laine d'acier, avec lesquels vous laverez la surface entière. Frottez dans le sens du fil, autant que possible. Si le résultat vous satisfait, commencez le travail de refinissage décrit aux pages suivantes. Si vous n'aimez pas la couleur du bois mis à nu, vous devrez le teindre ou encore accentuer ou foncer cette couleur. Vous pouvez aussi enlever la vieille teinture en ponçant ou en blanchissant le bois. Si vous vous rendez compte, lors du ponçage, que la surface semble tachetée et que les taches ne veulent pas s'enlever, c'est qu'elle est recouverte d'une teinture à l'huile pénétrante. Ce genre de fini est très difficile à enlever. Essayez le blanchiment (p. 409). Si vous n'avez pas de succès, peignez la surface ou teignez-la en plus foncé.

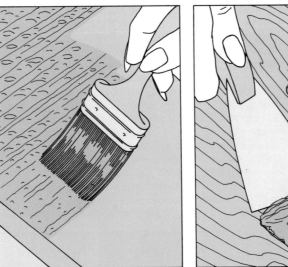

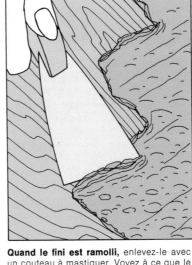

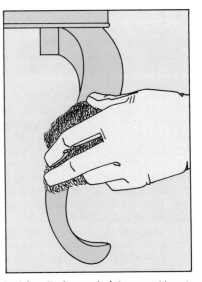

Versez une couche épaisse de décapant sur la surface et faites pénétrer dans le fil du bois. Etendez au pinceau, sans amincir la couche. Ne laissez pas sécher le décapant.

Quand le fini est ramolli, enlevez-le avec un couteau à mastiquer. Voyez à ce que le couteau n'attaque pas le bois. Sur les grandes surfaces planes, utilisez plutôt un grattoir.

La laine d'acier ou du jute vous aideront à enlever le vieux fini des endroits arrondis que le couteau ou le grattoir n'atteignent pas. Etendez un journal sous le meuble.

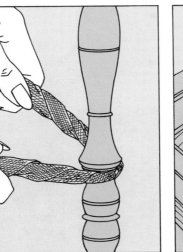

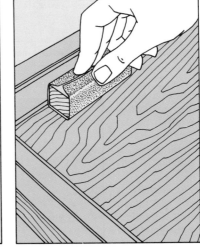

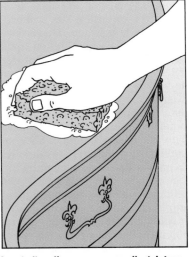

Utilisez aussi le jute en l'enroulant et en le tordant, tel qu'indiqué, pour enlever le fini des creux de pieds et des colonnes. Une ficelle atteindra les petits interstices.

Enveloppez un bloc de bois de papier abrasif, tel qu'indiqué, pour arracher un fini incrusté dans les coins. Poncez dans le sens du fil, mais légèrement, pour éviter d'endommager le bois.

Avant d'appliquer une nouvelle teinture, ou quelque autre fini, nettoyez toute la surface à la térébenthine ou au diluant de laque. Ceci neutralisera l'effet du décapant.

Les couleurs et le blanchiment

Avant de procéder à la finition du bois, teignez ce dernier, si vous en avez décidé ainsi. Vous obtiendrez un fini assorti à celui des autres meubles en faisant des essais. Il se vend des nécessaires contenant de petites quantités de plusieurs teintes de base. S'il vous reste, d'expériences précédentes, des teintures encore utilisables, essayez-les également. Faites vos essais sur une pièce de bois du même type que celui que vous voulez teindre, de préférence sur le côté ou le dos du meuble. Poncez soigneusement le bois et appliquez la teinture sur des surfaces de 2′ carrés à la fois. Déposez les mélanges dans un compte-gouttes ou une cuiller à thé. Notez les résultats de vos mélanges. Laissez sécher la teinture puis appliquez une couche de scelleur, ce qui intensifiera le fini. Appliquez trois couches de laque ou de vernis (selon votre choix pour la couche finale) sur une pièce de verre clair. Posez ce verre sur vos échantillons pour juger de leur couleur véritable.

Blanchiment: Chaque application d'un fini fonce la surface du bois. Si vous désirez un bois blond ou de teinte claire, vous devrez blanchir le bois nu pour en pâlir la couleur. Les produits commerciaux de blanchiment sont recommandés pour ce travail. La plupart sont formés de deux solutions que vous mélangez et appliquez en couches successives. Il se vend aussi des produits formés d'une seule solution.

La plupart des produits de blanchiment sont classés comme suit: A (solution active) et B (solution passive); comme il existe des variantes, selon les fabricants, parmi les différentes techniques d'application, lisez attentivement les recommandations inscrites sur le contenant. Le bois qu'on blanchit doit être libre d'huile et de finis gras ou huileux. Appliquez la solution au pinceau ou à l'aide d'un chiffon propre. Laissez sécher. Si une première application ne rend pas le bois aussi blanc que vous le désirez, répétez. Vous saurez, par les recommandations du fabricant, s'il vaut mieux neutraliser ou rincer le produit. Le blanchiment terminé, laissez sécher le bois. Ce produit étant soluble à l'eau, il fera gonfler les fibres du bois; il faudra donc poncer légèrement avec un papier abrasif no 200 avant d'appliquer la couche de scelleur. Ne poncez pas plus profondément que là où le produit a pénétré.

Attention: Portez les gants que recommande le manufacturier pour appliquer les produits de blanchiment, et travaillez dans une pièce bien aérée.

Bouche-pores et scelleurs

Ces produits bouchent les pores du bois, de sorte qu'après la finition, sa surface présente un aspect plat et brillant. Ils se vendent en pâtes ou en liquides. On allonge le bouche-pores en pâte avec de la térébenthine ou des essences minérales (à odeur légère). La térébenthine est préférable pour le novice, car elle sèche lentement, ce qui donne plus de temps. Les bouche-pores se vendent en plusieurs couleurs; on peut les foncer ou les pâlir avec des colorants (p. 410).

Appliquez le produit au pinceau ou avec un chiffon sur une surface de 2′ carrés. Faites-le pénétrer en un mouvement circulaire, d'abord, et perpendiculaire au fil, ensuite. Quand il devient grisâtre ou mat (après 10 à 15 minutes), essuyez l'excédent avec un chiffon rude, en travers du fil, ce qui le fait pénétrer davantage dans les pores. Essuyez de nouveau, mais légèrement, le long du fil. Consultez le mode d'emploi:

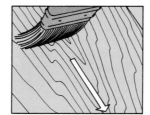

Appliquez teintures et bouche-pores dans les deux sens.

Essuyez-les avec un chiffon sec avant séchage.

Protégez la quincaillerie

si vous essuyez prématurément, le bouche-pores s'enlève; si vous attendez trop, il ne s'enlève pas.

Attendez au lendemain pour appliquer la couche de finition. La plupart des bouche-pores semblent secs après quelques heures; ne vous y laissez pas tromper. L'application prématurée d'une couche de finition scellera le liquide dans les interstices; plus tard, on verra des taches grises, ici et là.

Les scelleurs servent de tampon entre les couleurs, les teintures, les bouche-pores et les couches de finition. Le scelleur obture les pores du bois, réduisant ainsi le nombre d'applications nécessaires à un beau fini. Si une teinture à base d'huile a été utilisée, grâce au scelleur, elle ne déteindra pas au travers du fini. La gomme-laque est le meilleur scelleur. On peut la mélanger à 5% ou 10% d'alcool dénaturé. La plupart des gommes-laques sont jaunes ou orangées; utilisées seules, comme scelleurs, elles changent la couleur du fini. Faites un essai sur une pièce de verre que vous recouvrirez de gomme-laque et placerez sur le fini. La gomme-laque a quelques inconvénients. Elle se détériore en moins de quatre ou cinq mois, sur les tablettes. Quand elle a vieilli, elle ne sèche plus. Elle est aussi très dure et cassante. A l'humidité, elle se boursoufle. Il se vend des scelleurs excellents qui ont la vie plus dure. On les allonge avec un diluant à laque et on les applique au pinceau ou en bonbonne aérosol. Quelques-unes des teintures préparées contiennent un scelleur qui élimine le besoin de bouche-pores.

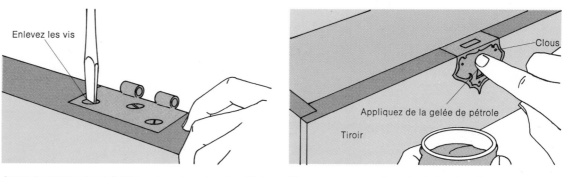

Avant d'entreprendre la finition, enlevez toute la quincaillerie possible. Cela vous facilitera la tâche.

Si vous ne pouvez enlever toute la quincaillerie, protégez-la contre les taches.

Enlevez les vis

Clous

Appliquez de la gelée de pétrole

Tiroir

Finition du bois

La teinture

La teinture a deux fonctions: elle donne au bois la couleur désirée et elle fait ressortir la beauté de son fil. Si vous préférez l'aspect naturel du bois, utilisez un fini transparent qui n'en changera pas la couleur, mais qui soulignera la texture ou, encore, n'appliquez aucune teinture.

Grâce à la teinture, vous pouvez assortir la pièce que vous finissez à celles que vous possédez déjà. N'oubliez pas, lors du choix de votre teinture, qu'elle foncera un peu votre bois.

Il existe plusieurs types de teintures: les teintures à l'huile et les teintures à l'eau (ou solubles à l'alcool) sont les plus populaires.

Les teintures pigmentées ou à l'huile sont faites de poudres, moulues très fin, qu'on utilise sous forme de pâte, mélangées avec de la térébenthine ou de la benzine et qu'on peut appliquer au pinceau ou avec un chiffon. Les teintures pigmentées, mélangées à la térébenthine, sont assez épaisses pour bien couvrir le bois; les teintures à l'huile s'appliquent au pinceau ou avec un chiffon, dans le sens du fil et à contrefil. Laissez sécher 10 ou 15 minutes et essuyez avec un chiffon propre. Si la couche de teinture est trop mince, n'allez pas en ajouter aussitôt une plus épaisse et la laisser sécher. Essuyez plutôt la première couche en deçà de 20 minutes et appliquez une seconde couche le lendemain. Les taches doivent être enlevées immédiatement; si vous tardez, elles décoloreront le fil du bois et le dissimuleront, comme

n'importe quelle peinture. S'il vous arrivait d'en oublier, tout n'est pas perdu: imbibez un chiffon de térébenthine et essuyez la tache. Appuyez fortement, car la teinture séchée s'enlève difficilement.

Les teintures à l'eau s'appliquent sous forme de liquide très fluide que le bois absorbe aussitôt et qui en souligne le fil. Ces teintures se vendent en poudre; on ajoute de l'eau presque bouillante. On les applique au pinceau ou avec un chiffon ou une éponge, mais les vaporiser va beaucoup mieux. Vous pouvez foncer une teinture trop pâle en ajoutant de la poudre, et en pâlir une trop foncée en ajoutant de l'eau chaude ou froide. Appliquez une teinture plus pâle que le résultat escompté; une deuxième application donnera à votre bois la nuance que vous désirez. Il faut préparer en une seule fois la quantité de mélange nécessaire pour achever le travail, car il est très difficile de faire deux applications parfaitement identiques. Rangez les teintures inutilisées dans des contenants en verre. Si vous avez appliqué trop de teinture, essuyez immédiatement la surface avec un chiffon imbibé d'eau froide. Les teintures à l'eau gonflent les fils du bois; laissez-les sécher toute une nuit, puis poncez légèrement le bois avec un papier abrasif fin. Ces teintures causent parfois un gauchissement du bois.

Les teintures solubles à l'alcool: On les appelle aussi teinture N.G.R., N.B. (non-grain-raising, non-bleeding, c'est-à-dire qui ne soulèvent pas le grain

du bois et ne déteignent pas au travers de celui-ci). Elles possèdent toutes les qualités des autres teintures, mais n'ont pas aussi bon teint que les teintures à l'eau. Elles se vendent prêtes à appliquer, en huit couleurs de base que vous pouvez entremêler pour obtenir la nuance exacte que vous désirez. Réduisez leur intensité avec un dissolvant à l'alcool.

Ces teintures s'appliquent au pinceau, au vaporisateur ou avec un chiffon. Les novices devraient se servir de la méthode du chiffon, la plus facile. Utilisez le pinceau si vous mélangez une partie de teinture à trois ou quatre parties d'alcool. Nettoyez vos pinceaux en les rinçant à fond dans l'eau chaude savonneuse.

Si la teinture est trop foncée à votre goût, essuyez le bois immédiatement avec un chiffon imbibé de dissolvant; il deviendra plus clair. Sinon, il vous faudra poncer et recommencer. Portez des gants pour appliquer ces teintures. Lavez-vous à l'eau savonneuse s'il en reste sur votre peau. Ne fumez pas losque vous employez les teintures à base d'alcool.

Colorants universels: Depuis qu'existent les nouvelles peintures au latex, de nouvelles couleurs de teinture ont été fabriquées pour que les deux se marient bien. On appelle ces couleurs des colorants universels, car elles sont, pour la plupart, compatibles avec les peintures à l'huile et au latex. (Les couleurs-huile ne s'utilisent qu'avec les peintures à l'huile ou diluées au dissolvant.) Les colorants universels sont faits de pigments dispersés dans un liquide organique qui se mélange à la peinture à l'eau ou à l'huile. Ce sont surtout les professionnels qui les emploient; ils teignent plusieurs sortes de finis: intérieurs et extérieurs, à l'eau ou à l'huile, lustrent les vernis clairs et colorent les teintures employées pour les mélanges et les nuancements.

On mêle au colorant une petite quantité de peinture, on brasse vigoureusement et on ajoute le reste de la peinture. Il faut mélanger à fond le colorant et la peinture pour éviter les bariolages. Suivez les recommandations du manufacturier et n'ajoutez pas plus de colorant qu'il n'en faut.

Comme le colorant ne s'évapore pas, la peinture ne séchera pas si vous en ajoutez trop.

Respectez les recommandations concernant l'usage des colorants à l'extérieur.

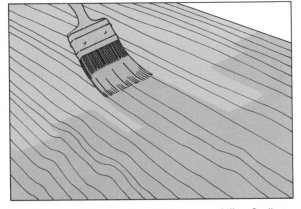

La teinture s'applique au pinceau ou avec un chiffon. Quelle que soit la méthode employée, faites pénétrer la teinture dans le sens du fil et à contrefil.

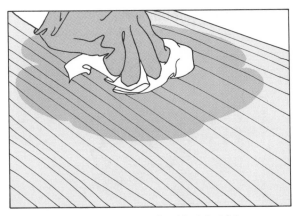

Après 10 à 15 minutes, essuyez l'excédent de teinture avec un chiffon propre. Ne laissez pas sécher la teinture car, alors, elle formera une croûte.

Vernis et gomme-laque

Les finitions ont pour objet de protéger la surface des bois et de la rendre telle qu'elle reflète le plus possible la lumière, selon l'effet désiré: lustré, satiné ou mat.

Le vernis se vend en plusieurs qualités et en plusieurs couleurs. Les vernis de qualité obéissent au mouvement d'expansion et de retrait du bois; ils ne craquent pas et deviennent si durs, une fois secs, qu'il faut les frotter pour leur donner leur fini. Ils se vendent en nuances allant du très clair au brun foncé. Quelques vernis sont enrichis d'additifs qui augmentent leur résistance à l'eau salée. On les appelle vernis spar. Plus leur résistance est grande, plus ils sont doux et, donc, plus il est difficile de les frotter pour leur donner un fini. On dilue le vernis avec de la térébenthine; on le nettoie également avec de la térébenthine.

Avant d'appliquer le vernis, on époussette la surface soigneusement. Les grains de poussière causent de petits picots dans le fini, tout comme la poussière tombant sur une surface encore humide.

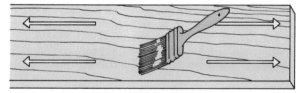

Appliquez le vernis dans le sens du fil, allant des surfaces humides aux sèches. Etendez au pinceau. Supprimez les bulles d'air.

Voyez à ce qu'il y ait peu de déplacement d'air là où vous travaillez, et gardez l'endroit propre.

Si vous appliquez le vernis sur un bois nu, il vaut mieux le diluer comme suit, pour la première couche: 1 partie de térébenthine pour 4 parties de vernis. Appliquez ce mélange en guise de scelleur (p. 409). Laissez sécher, poncez légèrement et appliquez plusieurs couches uniformes en ponçant entre celles-ci. La surface s'adoucira graduellement au fur et à mesure que les particules de poussière et les bulles disparaîtront. Allouez beaucoup de temps pour le séchage. Il vaut mieux attendre un peu que de précipiter la besogne. Plus la couche aura durci, mieux elle se poncera. Nettoyez la surface, après le ponçage.

Employez le vernis tel qu'il est dans le contenant, mais surveillez son épaisseur. Une couche liquide s'étendra d'elle-même; trop épaisse, elle mettra longtemps à sécher et sera exposée à l'accumulation des particules de poussière. Si vous en versez trop peu, il restera des espaces nus et vous devrez poncer pour obtenir un fini uniforme. Pratiquez sur du bois de rebut pour savoir comment charger le pinceau. Si possible, tournez l'ouvrage à mesure que vous progressez, pour étendre le vernis sur une surface constamment horizontale et éliminer les rides et coulures difficiles à enlever après coup.

La gomme-laque (shellac) est un produit de finition facile à appliquer. Elle sèche en moins de 30 minutes et peut être poncée en moins d'une heure, sauf dans une atmosphère humide. Ce produit se conserve mal; on ne peut le garder intact plus de quatre à six mois; après ce temps, il se détériore et met un temps fou à sécher. Lors de l'achat, informez-vous de l'âge de la gomme-laque. On coupe celle-ci avec de l'alcool dénaturé de la "force" appropriée. Le terme "force" désigne la proportion de gomme-laque dissoute dans l'alcool. Ces choses se savent par expérience, mais certaines règles de base sont immuables et vous indiquent quelle épaisseur la gomme-laque doit avoir selon l'usage qu'on en fait. Pour les parquets, une force de trois livres; pour les surfaces de meubles ou de panneaux muraux, une force moindre. Plus la couche est mince, plus doux est le fini.

Plusieurs couches minces sont préférables à quelques couches épaisses. La gomme-laque est disponible en deux couleurs: blanc et orange. Cette dernière donne au bois une teinte plus foncée que la blanche: ambrée. La gomme-laque blanche peut être teintée à la nuance de bois désirée avec des produits résistants aux acides (colorants azoïques solubles à l'alcool), grâce auxquels on obtient des effets modernes ou des nuances qui se marient à celles du vieux fini. Cette qualité est précieuse quand on refait des vieux meubles et qu'on désire qu'il n'y ait aucune coupure entre le nouveau fini et l'ancien.

Appliquez libéralement afin que la surface soit complètement couverte. Allez vers la section couverte en ne vous préoccupant pas des joints entre les recouvrements. Vous vous rendrez compte que la gomme-laque se lie bien. La première couche fait lever les fibres libérées par le ponçage; ces fibres disparaissent au second ponçage. (Une couche légère de gomme-laque coupée s'emploie sous les autres finis afin d'enlever ces fibres avant l'application de finis séchant lentement.) Cette couche équilibre l'absorption entre les fils durs et les mous de certains plaqués. Gardez le pinceau souple, entre les applications, en le plongeant dans l'alcool dénaturé. La gomme-laque s'applique également avec un tampon de coton.

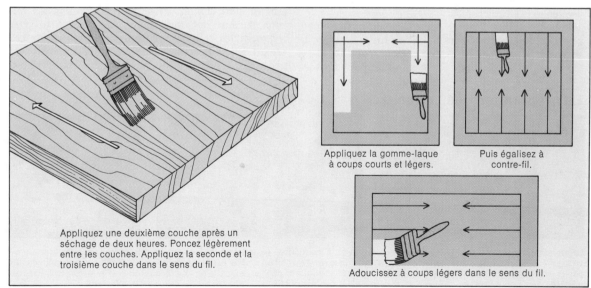

Appliquez une deuxième couche après un séchage de deux heures. Poncez légèrement entre les couches. Appliquez la seconde et la troisième couche dans le sens du fil.

Appliquez la gomme-laque à coups courts et légers.

Puis égalisez à contre-fil.

Adoucissez à coups légers dans le sens du fil.

Produits de finition

Application de la laque

La laque, qu'on reconnaît de loin à son odeur de banane, plaît particulièrement aux ébénistes parce qu'elle sèche rapidement et ne dissimule pas le grain du bois. Cette dernière qualité tient au fait qu'on étend la laque en couches minces (elle est très fluide) soit au pinceau, soit au pistolet. Précaution importante: on n'applique jamais ce produit sur des surfaces peintes: la peinture lève, la laque agissant comme décapant. La laque se vend sous deux formes: applicable au pinceau et vaporisable. Appliquée au pinceau, elle sèche plus lentement que vaporisée. N'appliquez toutefois jamais au pinceau une laque de type vaporisable: elle séchera trop vite pour que vous ayez le temps de l'étendre. Les deux types de laque se vendent en finis mats ou lustrés. Quand la laque est sèche, impossible de savoir si elle a été appliquée au pinceau ou au vaporisateur. La dernière méthode est, évidemment, la plus rapide.

L'ouvrage poncé (et teint, si on le désire), on applique la première couche de laque au pinceau ou au vaporisateur. On emploie un pistolet à mélange externe et on applique au moins deux ou trois couches. N'en mettez pas trop, car il y aurait des coulures, plus difficiles à égaliser qu'au pinceau. Si vous employez dans le pistolet une laque applicable au pinceau, diluez celle-ci avec un diluant de laque. N'employez aucune autre sorte de diluant pour cet usage.

Pour appliquer la laque, employez un pinceau propre qui n'a jamais servi à la peinture. Etendez la première couche aussi également que possible, dans le sens du fil du bois. Laissez sécher pendant 24 heures, puis appliquez la deuxième couche. Il n'est pas nécessaire de poncer entre les applications car les couches successives de laque semblent se fondre les unes dans les autres. Gardez le pinceau dans le récipient pendant le travail car la laque sèche rapidement; les soies durciraient, autrement.

Après avoir appliqué la laque—au pinceau ou au vaporisateur—vous apercevrez peut-être de petites dénivellations, des particules de poussière ou des couches inégales. Eliminez ces imperfections et embellissez la surface en frottant celle-ci avec de la laine d'acier très fine et de la cire. Auparavant, laissez sécher la surface pendant au moins 48 heures.

Faites un tampon de 3″ carrés et frottez-le sur la cire en pâte jusqu'à ce qu'il en soit bien imprégné. Puis passez-le à longs mouvements sur le bois, dans le sens du fil. Ne faites qu'une section à la fois: pas plus de 10″ x 20″. Essuyez la cire vigoureusement avec une serviette de ratine ou de tissu rude. Polissez avant que la cire n'ait complètement séché. Passez le bout des doigts le long de la surface pour déceler les manques.

Les laques polyuréthanes claires sont appelées vernis par certains manufacturiers, laques par d'autres. Elles résistent à la chaleur, sont durables et sèchent rapidement. Bien qu'on trouve ce produit en deux éléments pour usage industriel, le type à un élément (en un seul contenant) sert surtout dans les maisons. A cause des nombreuses variantes, lisez attentivement les recommandations inscrites sur le contenant avant de commencer le travail, après avoir préparé la surface. (Le polyuréthane peut s'appliquer sur un fini déjà existant, si ce dernier est en bon état.) Laissez sécher à fond les teintures ou obturateurs avant d'appliquer le polyuréthane sur du bois neuf, au pinceau, au rouleau ou au vaporisateur. Dans la plupart des cas, il ne nécessite aucun ponçage entre les couches si ces dernières sont appliquées dans les limites de temps spécifiées par le fabricant. Ces limites sont importantes: elles permettent aux différentes couches de se fusionner chimiquement. Si vous attendez trop, il faudra poncer pour donner du mordant à la surface. La première couche sert de scelleur. Au contraire des vernis traditionnels qu'on ne peut appliquer par temps humide, le polyuréthane durcit plus rapidement dans une atmosphère humide. Choisissez le type—mat ou luisant—en fonction des résultats que vous en attendez.

Les finis au polyuréthane coloré et transparent ont les mêmes caractéristiques que le vernis clair mais offrent plus de choix décoratifs. Tentez des essais sur des pièces de bois de rebut pour trouver la nuance désirée. Chaque couche successive fonce la teinte du bois, à la manière de plaques de verre coloré empilées les unes sur les autres. Si vous arrivez à la couleur voulue avant d'avoir appliqué le nombre de couches nécessaires, servez-vous du polyuréthane clair pour terminer le travail: il ne foncera que légèrement la couleur. Vendu en différentes couleurs, en finis mats ou lustrés, le polyuréthane coloré peut servir de base à plusieurs combinaisons décoratives. Employez une couleur pour les grandes surfaces et une autre pour les moulures. Comme les polyuréthanes clairs, les colorés résistent à l'eau.

La préparation des surfaces

La première étape dans la préparation des surfaces en bois, c'est le ponçage. Enroulez le papier abrasif sur un bloc de bois; le ponçage en sera grandement facilité.

Après avoir poncé, essuyez soigneusement la surface avec un chiffon propre. Passez les doigts partout afin de déceler si certains endroits n'ont pas été oubliés.

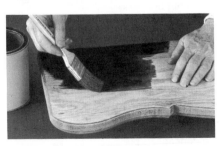

Ensuite, appliquez la teinture (après l'avoir bien brassée dans son contenant) dans le sens du fil du bois et à contrefil. Essuyez l'excédent après 20 minutes.

Appliquez la laque ou n'importe quel fini au polyuréthane en longs mouvements souples, toujours dans le sens du fil. Laissez sécher pendant 24 heures et ajoutez une autre couche.

L'huile de lin

C'est la moins chère des huiles. Elle s'applique aisément, quoique vigoureusement, donne un fini résistant et s'entretient bien. Utilisez l'huile de lin bouillie diluée à la térébenthine dans des proportions allant de 1 part d'huile, 1 part de térébenthine à 2 parts d'huile et 1 de térébenthine. Adaptez la formule à vos besoins. Ce fini est parfait pour le noyer. Les antiquaires l'emploient volontiers.

Enlevez le fini initial et mettez le bois à nu: ses pores doivent être libres d'absorber l'huile. Le bois neuf n'a besoin que d'un ponçage et d'un époussetage. L'huile fonce le bois; faites des essais sous la surface que vous travaillez pour juger s'il vous faut teindre le bois avant de le huiler. Appliquez généreusement le mélange et laissez-le pénétrer. S'il reste des plaques mates, ajoutez de l'huile afin d'obtenir un fini uniforme. Quand le bois refuse d'en absorber davantage, éliminez l'excédent avec un linge doux, sec et propre. Faites briller en frottant énergiquement avec un tampon de vieille toile.

Le secret, c'est de frotter assez fort pour produire de la chaleur. Une pression exercée par la paume de la main est excellente. On peut également utiliser le bonnet de feutre de la ponceuse orbitale. Laissez reposer pendant au moins deux jours dans une atmosphère chaude et sèche et recommencez cinq fois le même manège pour obtenir un fini parfait.

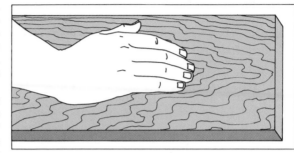

L'important, dans l'application de l'huile de lin bouillie, c'est le vigoureux frottage qu'on lui donne. Une pression avec la paume de la main génère la chaleur nécessaire pour que le fini s'incruste.

Le poli français

Ces méthodes de polissage ressemblent, à quelques détails près, aux applications de gomme-laque frottées. L'applicateur traditionnel est fait d'un tampon d'ouate enveloppé de toile, tampon dont on se sert pour polir à la main. On verse, sur ce tampon dont on a ouvert l'enveloppe, de la gomme-laque coupée à une livre. L'enveloppe refermée, on bouge délicatement le tampon dans le sens du fil, sur la surface à finir. La gomme-laque pénètre le bois à travers la toile. Après l'avoir laissé sécher brièvement, on recommence le même jeu jusqu'à ce qu'on ait atteint l'épaisseur désirée. Pour éviter que le tampon ne s'attache à la surface et n'arrache le fini des dernières couches (frottées en faisant une motion en forme de huit), on ajoute quelques gouttes d'huile de lin en guise de lubrifiant. Evitez d'en mettre trop, car un huilage trop abondant peut affecter le poli.

On obtient un effet similaire avec ce type de poli

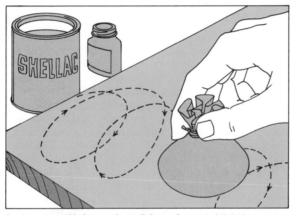

Le tampon utilisé pour le poli français est imbibé de gomme-laque et lubrifié au cours des dernières étapes avec quelques gouttes d'huile de lin. N'en mettez pas trop — un excès d'huile encrasse le fini. Motion recommandée: en forme de 8.

grâce à une méthode plus simple, en appliquant la gomme-laque avec un tampon de tissu doux. On laisse sécher chaque application à fond, puis on ponce légèrement avec du papier abrasif fin, et on répète l'opération jusqu'à ce qu'on ait obtenu l'effet souhaité. En laissant sécher la gomme-laque à fond et en appliquant une pression très légère lorsqu'on enlève l'excédent du fini, on évite d'avoir à lubrifier celui-ci. On peut donner un haut lustre au fini, si on le désire, ou le frotter avec de la pierre pourrie (p. 196) et de l'huile après le dernier séchage. Cette façon d'appliquer le fini élimine, bien sûr, les marques faites par le pinceau.

On peut employer de la gomme-laque blanche ou orange, selon la teinte définitive qu'on désire. Il faut teindre le bois ou l'obturer avant d'appliquer la gomme-laque, et laisser sécher complètement. On utilise, pour cet usage, une teinture alcoolisée ou N.G.R. qui ne soulève pas le grain du bois.

La cire

Une cire en pâte de qualité ajoute du lustre au fini à l'huile, en facilite l'entretien et recouvre d'une couche protectrice les surfaces vulnérables. Suivez les indications du fabricant; certains préfèrent qu'on humecte l'applicateur et qu'on le torde avant usage. Recouvrez de cire un espace de deux ou trois pieds carrés à la fois. Puis, si vous avez utilisé un linge humide, enlevez toute trace d'humidité et égalisez la pâte avant de la polir. Pour obtenir une

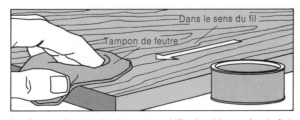

Dans le sens du fil

Tampon de feutre

La cire en pâte, appliquée avec un chiffon humide, protège le fini.

surface très brillante, utilisez le bonnet en laine sur le disque de caoutchouc de la ponceuse à disque. Quand la première section aura atteint le lustre désiré, polissez la suivante en prenant soin de lier le fini entier afin qu'il n'y ait aucun espace mat ou nu. Certaines cires en pâte sont colorées: on les emploie sur les finis foncés. La cire colorée fonce un peu la surface, ce qui améliore des teintures inégales ou trop claires.

Finis spéciaux

Aérosol

Obtenez un fini professionnel sans traces de pinceau en appliquant sur le bois naturel ou teint une laque en aérosol qui résiste à l'eau ou une gomme-laque également en aérosol qui donne une teinte plus chaude. Préparez la surface et époussetez-la. Pour éviter de tacher les objets voisins, faites le vide autour de vous et éloignez-vous des murs. Protégez les sections qui n'ont pas à être vaporisées avec du papier journal ou du ruban adhésif. Les obturations et la teinture doivent être sèches avant qu'on vaporise le fini. Suivez les recommandations inscrites sur le contenant: on recommande une température entre 70° et 90°. Tenez-vous à 10″ ou 12″ de l'objet à finir. Gardez le contenant en mouvement et évitez les coulures en appliquant plusieurs couches minces plutôt qu'une seule couche épaisse. Poncez entre les couches.

Finition "ébène"

A l'aide de teinture ébène (noire) vendue chez le marchand de peinture, beaucoup de bois peu coûteux peuvent être finis avec l'apparence de l'ébène tout en conservant leur grain. (Le fil relativement simple et droit de l'ébène réel existe également dans d'autres essences.) Par contre, pour reproduire le ton désiré (les finis ébène diffèrent), basez votre teinture et votre fini sur un échantillon que vous aimez. Les tons foncés requièrent plusieurs applications de teinture, surtout si le bois est de teinte pâle. Si le meuble doit être simplement décoratif, les bois mous comme les durs peuvent servir. Essuyez après un certain temps de séchage. Terminez avec de la laque transparente ou du vernis (polyuréthane compris). Obtenez un fini mat ou satiné en frottant à la laine d'acier fine et à la cire en pâte.

Patinage

Il s'agit là d'une finition particulière au chêne. On fonce la teinte du bois par une exposition aux vapeurs d'ammoniaque. Le résultat varie selon les espèces de chêne et selon la portion de la bille dans laquelle la pièce "patinée" était prise. Le cœur du chêne blanc et celui du chêne rouge sont bruns (brun rouge pour le chêne rouge), alors que leur aubier est presque blanc. Ce traitement est généralement plus efficace que la teinture et il donne au chêne une profondeur et une patine irréalisables par d'autres moyens. Basez votre choix sur un modèle qui vous plaît. Contrôlez l'intensité de la teinte en laissant pénétrer la teinture dans le bois plus ou moins longtemps avant de l'essuyer, et par le nombre d'applications que vous faites. Un fini mat est préférable au fini satiné.

Traitement à la chaux

C'est un traitement traditionnel pour le chêne. Le procédé consiste à boucher le grain avec une pâte blanche qu'on essuie ensuite. Après qu'elle a bien séché, appliquez une mince couche de peinture blanche et essuyez-la pendant qu'elle est encore humide; le grain du bois paraîtra sous cette délicate coloration. Laissez sécher et appliquez plusieurs couches d'un fini clair compatible avec ce traitement. Autre méthode: appliquez sur le bois une couche mince de gomme-laque (une livre au gallon, p. 411). Faites sécher et appliquez un bouche-pores blanc que vous essuierez ensuite. On procède dans cet ordre pour éviter que le produit de finition ne provoque une décoloration du rebouchage. Enfin, appliquez une couche de fini clair. Sur les surfaces à grain texturé, appliquez une peinture blanche diluée. Faites pénétrer dans le grain ouvert et essuyez pour laisser une coloration blanchâtre. Ce bois peut aussi être traité à la gomme-laque qui lui laisse sa couleur sauf dans le grain ouvert. Un fini clair recouvrira l'un ou l'autre bois. On peut teindre le bois avant de le blanchir, ce qui lui donne chaleur et couleur. Préparez vous-même des finis nouveau-genre, selon ces méthodes. Utilisez des bouche-pores pigmentés et de la peinture diluée dans des couleurs autres que le blanc. Faites des essais avant d'entreprendre le travail. Vous pouvez encore changer la teinte de l'ouvrage en recouvrant son fini clair d'une couche de polyuréthane coloré et transparent. Le fini mat adoucit la couleur.

Rainurage

Les dessus rayés de nombre de tables modernes sont faits aisément avec un contreplaqué, si possible à face en placage, d'un bois léger à grain fin tel que le merisier. Dissimulez les bords du contreplaqué avec des moulures ou des lisières de placage prévues pour cet usage. Planifiez la largeur des rayures de manière à en obtenir un nombre impair: la même nuance, foncée ou pâle, apparaîtra aux deux bouts, et la rayure du centre sera de ton opposé. Comme les dessus de tables sont généralement taillés dans un panneau de 4′ de large, prévoyez que le vôtre ait une largeur qui se divise par 5 ou 7. Ainsi, une table ordinaire pourrait mesurer 35″ de large (sans le bord mouluré), et avoir 7 rayures mesurant, chacune, 5″, ou 5 rayures de 7″. Des rainures étroites (de l'épaisseur de la lame de la scie) doivent être creusées entre les rayures pour éviter que la teinture ne coule des foncées vers les pâles. Ce travail s'accomplit aisément sur une table de sciage à laquelle on a ajouté des extensions. Placez la lame pour qu'elle coupe à une profondeur de ⅛″ ou, au moins, à travers la surface en placage, et fixez, aux extensions de la table, un guide en bois que vous replacerez à chaque nouvelle coupe. Si vous n'avez pas de table de sciage, coupez les rainures avec une égoïne, en la faisant aller et venir entre des planches de 1″ x 2″ fixées au contreplaqué avec des serres, tel qu'illustré. Utilisez une égoïne à tronçonner ou une scie à dos pour cette besogne.

Les rainures étroites empêchent la teinture de couler.

Appliquez la teinture sur les rayures en alternant; laissez sécher à fond, puis appliquez une couche très mince de gomme-laque sur les rayures teintes et non teintes afin d'en sceller les pores. Remplissez les rainures avec du plâtre à reboucher, nivelez avec un couteau à mastiquer et essuyez l'excédent sur les surfaces adjacentes. Quand le plâtre aura durci, appliquez plusieurs couches de vernis ou de laque compatibles sur le dessus de table; laissez sécher entre les couches.

Etapes du travail

On applique à différents aspects de l'ébénisterie le terme d'antiquage. Quand on traite de finition à la peinture, il représente un effet deux-tons obtenu en recouvrant d'une glaçure une sous-couche de couleur contrastante et en essuyant ensuite cette glaçure. Sur les panneaux bordés de moulures, la glaçure est appliquée le plus souvent sur la surface entière lorsque la couche de fond est sèche. On essuie alors le centre de l'objet pour enlever la glaçure (il en reste toujours un léger film) en soulevant graduellement le chiffon, au fur et à mesure qu'on approche des bords, afin que les teintes se fondent. On peut aussi faire tournoyer du papier froissé, une éponge en cellulose ou de la laine d'acier dans une glaçure fraîche pour former, sur toute la surface, des vagues rapprochées les unes des autres.

Enlevez la glaçure sur les parties élevées des moulures et laissez-en dans les rainures en essuyant avec un tampon de tissu assez rude. Faites de même pour les parties sculptées. Comme la plupart des glaçures ne sèchent pas rapidement, vous avez tout le temps qu'il faut pour les retravailler, si vous n'obtenez pas du premier coup l'effet désiré.

On "antique" aussi le bois d'une autre manière (on dit qu'on le "vieillit") en simulant, par des moyens mécaniques, les effets de l'âge et de l'usure sur les meubles. Sur les bancs de cordonniers ou les chiffonniers, meubles destinés à un dur usage, on donne des coups de chaîne sur le bois pour bosseler celui-ci sans briser les fibres. Ces plaies et bosses donnent, sans en diminuer la valeur, l'illusion que le meuble a servi longtemps.

On ponce les coins pointus des meubles non finis pour laisser croire que des années d'usure les ont arrondis. On donne aussi aux surfaces rabotées à la machine des creux légers qui simulent à la fois l'usure et les irrégularités du bois blanchi selon les méthodes d'autrefois.

Un papier abrasif moyen est passé d'abord à contrefil, puis dans le sens du fil. La dépression est ensuite adoucie avec un papier fin, le point de contact du disque allant dans le sens du fil.

Il vaut mieux ne pas employer ces méthodes là où elles enlèveraient la patine donnée à un meuble par le temps. Avant d'utiliser quelque méthode que ce soit qui donne à des meubles contemporains l'apparence de vieux meubles, allez examiner un modèle authentique du même type: vous reproduirez mieux sa texture.

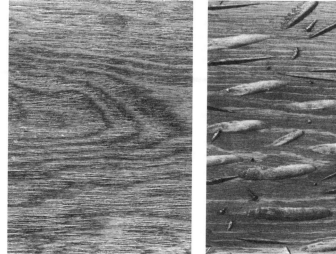
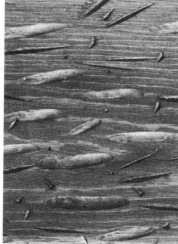

Panneau de sapin "antiqué", brûlé légèrement avec une torche puis strié le long du fil avec une brosse en fil de fer. Teinture brun foncé, scelleur, puis fini à la laque claire.

Pin "vieilli" avec une chaîne à chien et un marteau. Blessures supplémentaires faites au ciseau et à la gouge. Teinture, scelleur. Ce fini est excellent pour les poutres.

Contreplaqué en sapin couvert d'un scelleur et de laque blanche. Laissez sécher 3 minutes. Striez avec une brosse à fil de fer. Le lendemain, appliquez de la peinture grise dans les rainures.

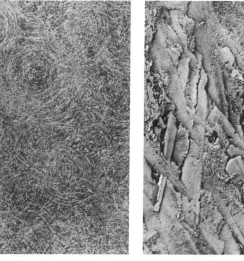
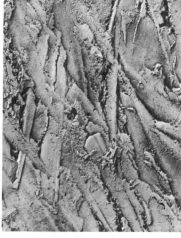

Panneau en merisier "vieilli" à l'aide de quelques clous retenus par une bande élastique et piqués au hasard. Poncez à la main, mettez un scelleur, une teinture et, enfin, un vernis.

Plâtre, eau et adhésif blanc: ¼" d'épaisseur. Dessins à l'éponge et au couteau. Laissez durcir; appliquez une teinture noyer; essuyez; une teinture verte au pinceau sur parties hautes. Laque.

Givrage fait comme suit: couche de fond de peinture pâle, couche contrastante. Dessins à l'éponge et à la laine d'acier ou au pinceau avant que la peinture sèche.

Effets spéciaux

Texture "confetti"

On peut obtenir des finis à texture colorée en une grande variété de combinaisons de couleurs grâce aux produits à base d'époxy primitivement destinés aux parquets et qui servent maintenant pour les dessus de tables et d'armoires. Appliquez au rouleau, sur une surface préparée, la couche de base époxy faite de deux parties. Dans les types à base d'eau, on vaporise plutôt la couche de base en bruine comme avec un boyau d'arrosage. Les flocons sont alors disséminés comme des confettis et, de nouveau, on vaporise. On laisse sécher toute la nuit, puis on enlève avec un balai les flocons lâches et on donne une couche de scelleur. Cette couche sèche, on applique les couches finales. Résultat: des éclats de couleurs vives incrustés dans un plastique semblable à du verre.

Marbrures

On peut obtenir, sur certaines surfaces, une texture semblable à du marbre grâce à des produits spéciaux. L'un des plus faciles à utiliser s'applique avec l'aspirateur, à l'aide d'un accessoire qui vaporise des stries de couleurs contrastantes, semblables à des marbrures sur une couche de fond. (L'accessoire est fourni avec le nécessaire à marbrer.) Ce genre de fini, disponible en sept combinaisons de couleurs, s'utilise depuis plusieurs années. Il servait d'abord aux surfaces murales. Un fini transparent protège la surface marbrée, au besoin. Prenez garde d'asperger les objets avoisinants.

Sapin à effets contrastants

Le grain du contreplaqué de sapin devient un atout décoratif quand on l'accentue. Saturez d'abord la surface avec une teinture aniline d'une couleur brillante qui contraste avec les veines foncées du grain. La teinture s'imbibera dans les fibres plus poreuses (la pousse de l'été). Essuyez le contreplaqué après quelques minutes pour enlever le surplus de teinture des surfaces moins poreuses. Quand le contreplaqué aura séché, poncez-le avec un papier fin afin d'extirper les teintures de surface du grain dur. Le contraste sera plus prononcé, car les fibres poreuses seront teintes en profondeur.

Dépoussiérez avec un chiffon et appliquez un fini transparent. Employez deux couches ou davantage pour obtenir un beau lustre.

Les teintures à tissus

Coordonnez les couleurs de vos draperies et de vos tissus d'ameublement avec celles de vos meubles modernes, en vous servant de teintures anilines à tissus en guise de teintures pour le bois. La couleur définitive variant selon les types de bois et certains genres de tissus, il faut faire des essais avant de se lancer. Contrôlez l'intensité de la couleur du bois selon le nombre d'applications et la concentration de la teinture dans l'eau. Suivez les instructions du fabricant de teinture. Faites le mélange à l'eau très chaude; appliquez-le avec un pinceau ou un tampon. Portez des gants de caoutchouc avec le tampon afin de ne pas tacher vos mains. Quand la teinture sera sèche, adoucissez le grain soulevé en ponçant avec un papier fin et appliquez un fini à bois transparent.

Peintures multicolores

Les peintures multicolores qui créent l'illusion d'une couleur uniforme piquée de couleurs contrastantes se vendent en une douzaine de combinaisons. Elles s'appliquent en une seule fois, au vaporisateur ou avec un rouleau spécial, selon la marque, et vous évitent les problèmes de décoration, surtout lorsque vous voulez marier de nouvelles unités à une pièce déjà décorée dont vous ne pouvez reproduire la couleur. Leur effet de camouflage dissimule les légers défauts de surface. Préparez la surface avant de commencer. Les accessoires pour aspirateurs sont disponibles chez les manufacturiers.

Les surfaces texturées

Lorsqu'on désire une surface texturée comme effet décoratif ou pour dissimuler certains défauts de la surface, on emploie la peinture-sable, qui contient de fines particules minérales. Elle s'applique comme les peintures conventionnelles, mais on doit la brasser souvent pour garder les particules en suspension. Plusieurs peintures au latex peuvent avoir une telle texture: on y ajoute de la farine de maïs qu'on brasse vigoureusement. Préparez un échantillon; appliquez-le sur du bois de rebut et laissez sécher. Pour obtenir des motifs audacieux ou dissimuler au maximum les défauts de la surface, pressez une éponge en cellulose contre celle-ci en un mouvement de rotation afin d'obtenir des vagues rapprochées. La grosseur de l'éponge détermine la grosseur des vagues.

Tons métalliques

Les meubles peints peuvent s'orner de motifs à fini métallique grâce à plusieurs méthodes. Les plus faciles consistent à employer les peintures métalliques: or, bronze, argent et même chrome. Tracez au crayon, avec un pochoir, le motif à décorer et appliquez la peinture avec un pinceau d'artiste. Obtenez certains effets avec du métal en poudre et un sac en velours rempli de sable. Appliquez du vernis sur la surface à décorer; laissez-le devenir collant; pressez-y un pochoir en papier ciré. Plongez le sac dans la poudre et secouez-le au-dessus de la surface collante, dans les espaces libres du pochoir, pour y déposer la poudre. Enlevez le surplus de poudre du pochoir et retirez-le. Quand le vernis aura durci, recouvrez la surface entière du dessin d'une autre couche de vernis.

Pépites scintillantes

Les particules scintillantes qui ornent les décorations des fêtes et les supports à instruments de musique peuvent également orner certains accessoires de la salle de jeu, les meubles d'enfants et les jouets. La façon la plus simple d'appliquer ce produit, c'est de le saupoudrer sur la surface encore collante d'un fini de couleur contrastante. Une salière dont les trous conviennent aux particules permettra de saupoudrer de façon égale. Tenez-la à quelques pieds au-dessus de la surface collante, si celle-ci est horizontale. Lancez les particules sur les surfaces verticales avec un accessoire de l'aspirateur.

Imitations de bois

On peut simuler artificiellement le grain du bois sur des surfaces en bois ou en métal en suivant une méthode à deux étapes très simples. Le matériel vendu sous forme de nécessaire comprend une couche de base de glaçure du grain et des pinceaux et, quelquefois, un tampon spécial. Il comprend un choix varié de couleurs et de nuances de bois. Appliquez la couche de fond sur la surface (peinte ou vernie) et laissez sécher. Puis appliquez la glaçure. Utilisez un pinceau assez raide ou un tampon, selon le nécessaire, pour former les stries qui caractérisent le grain du bois. Vous pouvez, au choix, laisser ou non la base transparaître. Les motifs droits ou ondulés du grain s'imitent aisément. Pratiquez sur une pièce de rebut avant de commencer le travail.

Les métaux: leur emploi dans les réparations à la maison

sommaire

418 L'emploi des métaux
419 Mesurage et traçage
420 Limes
421 Limes, ciseaux, retrempage des outils
422 Coupage du métal
423 Perçage du métal
424 Tarauds
425 Filières
426 Rivetage
428 Autres façons d'assembler le métal
429 Soudage
432 Métal en feuilles
435 Bandes de métal
436 Tuyaux et barres de métal

Le métal est le matériau le plus employé après le bois. Il faut savoir l'aiguiser, le scier et le percer. Pour réussir un travail fait avec un métal, on doit connaître sa fragilité, sa ductilité et sa malléabilité, la façon et le moment de le détremper, de le tremper, de le souder. Cette section vous renseigne sur les métaux en général et sur ceux qu'on utilise pour les réparations à la maison.

L'emploi des métaux

Termes relatifs aux métaux

Alliage: Combinaison de deux ou plusieurs métaux, ordinairement un métal fin et un vil métal. L'acier chromé, l'acier nickelé et l'acier au tungstène sont des exemples d'alliages ferreux; le laiton, le bronze, l'étain, d'alliages non ferreux.

Recuit: Chauffage et refroidissement graduels du métal afin de réduire sa fragilité.

Fragilité: Tendance à être fragile ou cassant. Par exemple: le verre, certaines fontes, l'acier trempé.

Brasage: Assemblage de deux ou plusieurs pièces de métal, grâce à un alliage, ou zinc et chaleur.

Trempe (cémentation): Durcissement de la surface d'un acier de cémentation.

Repoussage: Ornementation d'un métal en découpant le contour d'un dessin. (Voir **Repoussé.**)

Coloration: Emploi de la chaleur et/ou de produits chimiques pour changer la couleur des métaux.

Conductibilité: Propriété de conduire la chaleur ou le courant.

Résistance à la corrosion: Qualité de supporter l'oxydation, ainsi que l'action chimique des métaux causée par le contact et l'union chimique avec l'oxygène et l'humidité.

Ductilité: Qualité pour un métal d'être allongé en fil mince.

Elasticité: Propriété d'un métal de reprendre sa forme première après avoir été plié ou tordu.

Gravure: Cisaillement par un acide dans des lignes tracées à l'aiguille sur une surface cirée.

Métaux ferreux: Composés principalement de fer et de faibles quantités d'autres métaux ou substances. La fonte, le fer forgé, l'acier doux, l'acier au carbone sont des exemples. Les métaux non ferreux contiennent peu ou pas de fer: aluminium, laiton, bronze, cuivre, or, plomb, nickel, étain, zinc, fer-blanc.

Fusibilité: Propriété de s'allier à d'autres métaux après fusion par la chaleur.

Galvanisation: Application d'une couche de zinc sur fer ou acier.

Dureté: Résistance au bosselement ou au perçage.

Traitement thermique: Chauffage ou refroidissement des métaux ferreux, comme l'acier, en vue d'un rendement maximum.

Rodage: Finissage à la main ou à la machine des surfaces extérieures ou intérieures.

Magnétisme: Teneur des forces d'attraction et de répulsion.

Malléabilité: Résistance au martellement, roulage ou pliage, sans brisure ou fissure.

Planage: Martellement ou roulage du métal afin d'en adoucir la surface.

Repoussé: Exécution d'un dessin sur l'envers d'un métal mince (Voir **Repoussage.**)

Découpage à la scie: Découpage d'un dessin sur l'intérieur d'une feuille de métal avec une scie de bijoutier.

Soudage: Assemblage de deux pièces de métal grâce à un autre métal ou alliage; généralement une combinaison de plomb et de fer-blanc. Il faut une flamme ou un fer à souder.

Repoussage (au tour): Pression appliquée sur une tôle mince pendant sa rotation pour obtenir des articles cratériformes.

Soudage à l'étain: Méthode de chauffage et d'assemblage de deux pièces de métal, sans l'emploi de fer à souder.

Ténacité: Résistance d'un matériau à la traction longitudinale.

Dureté: Résistance d'un matériau aux forces tendant à le briser, le plier, l'étirer ou le fendre.

Soudure: Métaux réunis par la chaleur et la pression pour les fondre et les allier.

Types de métaux

FER

Fer pur: Métal blanc argenté, un des éléments chimiques; très malléable, très ductile et très tenace; trop tendre pour la plupart des usages dans l'industrie.

Fer en gueuse: Quand le minerai de fer est purifié de ses impuretés dans un haut-fourneau, le fer fondu est coulé dans des moules pour former des barres d'environ 100 livres chacune.

Fonte: Fer en gueuse refondu et versé dans des moules de formes variées pour obtenir des pièces de machinerie ou autres articles comme des radiateurs ou bornes d'incendie. Il contient de 3.0 à 5.0% de carbure; cassant, il se brise aisément.

Fonte malléable: Fonte débarrassée d'une partie de son carbone dont la texture est devenue fibreuse, de granuleuse qu'elle était; non seulement malléable mais forte, solide et douce, elle sert dans les pièces susceptibles de recevoir des coups, comme les outils de la ferme ou l'équipement ferroviaire.

Fer forgé: Fer en gueuse purifié dont on a retiré la plus grande partie du carbone et des corps étrangers. (Les meubles modernes en fer forgé sont habituellement faits d'acier doux.)

ACIER AU CARBONE

Acier de cémentation: Contient de .05 à .30% de carbone; appelé aussi acier doux ou acier pour machinerie; ses qualités de douceur, solidité, malléabilité et ductilité sont avantageuses dans la fabrication de rivets, chaînes, vis, clous et pièces de machinerie; il remplace le fer forgé, supporte la soudure.

Acier demi-dur au carbone: Contient de .30 à .70% de carbone; légèrement plus solide que l'acier de cémentation; employé dans les boulons, arbres coudés, essieux, marteaux et tournevis.

Acier à haute teneur en carbone: Contient de .70 à 1.55% de carbone; appelé aussi acier à outils ou acier à outils au carbone; on peut le tremper à le rendre cassant en le chauffant au rouge et en le refroidissant à l'eau ou à l'huile (plus il contient de carbone, plus vite il refroidit et plus il devient solide); employé dans les mèches, filières, matrices, limes, ciseaux à froid, ressorts, billes de roulement et rasoirs.

Tige à foret: Qualité supérieure d'acier au carbone fabriquée en petites longueurs et meulée avec précision selon des mesures standard pour la fabrication de petits outils tranchants, poinçons et tout article exigeant solidité et dureté. On peut aussi fabriquer ces articles en acier rapide.

ACIER ALLIÉ

(La classification ''acier allié'' comprend les aciers auxquels on a ajouté un ou plusieurs métaux pour leur donner, s'ils ont reçu un traitement thermique approprié, les qualités nécessaires à certaines fins.)

Acier au manganèse: Très dur, ordinairement coulé dans les pièces servant à briser la pierre ou le minerai.

Acier au nickel: Très solide et possédant un haut degré d'élasticité et de ductilité; employé pour plaques de blindage, arbres de transmission de bateaux, essieux et câbles métalliques.

Acier au vanadium: Résistant aux coups; employé dans les ressorts, les essieux de voitures et les engrenages.

Acier chrome-vanadium: S'emploie pour les pièces qui doivent être résistantes et non cassantes.

Acier nickel-chrome: Possède beaucoup de solidité, dureté, et ductilité; employé pour plaques de blindage et d'automobiles.

Acier au tungstène: Durcit de lui-même; employé dans les outils à couper les métaux à hautes vitesses.

Carbure de tungstène: Presque aussi dur que le diamant; coupe quatre fois plus vite que l'acier rapide.

Acier au molybdène (Molly): Résiste à la chaleur et aux coups; employé pour roulettes, billes et fils métalliques fins.

Acier au chrome: Employé dans les coffres-forts; sert aussi de base à l'acier inoxydable.

MÉTAUX NON FERREUX

Aluminium: Métal provenant du minerai de bauxite; trop tendre à l'état pur pour être employé dans le commerce, mais sert avantageusement, sous forme d'alliage, avec d'autres métaux dans de nombreux produits.

Cuivre: Un des métaux les plus utiles: résistant, malléable et ductile; excellent conducteur de chaleur et d'électricité; quand il est martelé à froid, on peut le tremper en le chauffant et en le plongeant subitement dans l'eau.

Or: Métal jaune précieux, lourd, brillant; plus dur que le plomb mais plus tendre que l'argent ou le cuivre; généralement mêlé au cuivre, à l'argent ou à d'autres métaux dans les bijoux et articles où l'or pur ne serait pas pratique.

Plomb: On le trouve sous forme de minerai; métal tendre employé surtout comme base de plomb (dans les peintures), aussi dans les batteries, tuyaux et tôles à toitures.

Magnésium: A l'état pur, se consume facilement; doit être manié avec précaution; ce problème est résolu quand on l'allie à l'aluminium, au cuivre ou à d'autres métaux.

Nickel: Métal inoxydable, très magnétique (après le cobalt et le fer); employé pour nickeler le fer et le cuivre et aussi sous un chromage.

Argent: Le meilleur conducteur de la chaleur et de l'électricité; métal blanc très tendre et malléable; provient du minerai.

Fer-blanc: Employé surtout dans la tôle chaude recouverte d'étain fondu; utilisé aussi dans plusieurs alliages.

Zinc: Employé dans la fabrication de la peinture et de plusieurs alliages; protège de la rouille le fer et l'acier.

ALLIAGES

Un alliage d'aluminium peut renfermer un ou plusieurs autres métaux afin d'augmenter ses propriétés physiques. Le premier chiffre de son numéro de code indique l'élément dominant. 1, aluminium pur; 2, cuivre; 3, manganèse; 4, silicone; 5, magnésium; 6, magnésium et silicone; 7, zinc; 8, autres; 9, spécial.

Régule: Remarquable par ses qualités d'antifriction; contient fer-blanc, antimoine et cuivre, parfois plomb.

Laiton: Contient du cuivre et du zinc; on le durcit en ajoutant du fer-blanc.

Bronze: Plus dur que le laiton; se compose de cuivre et de fer-blanc; peut aussi contenir du zinc.

Argent d'Allemagne (ou nickelé): Contient cuivre, zinc, nickel.

Or vert: Composé d'or, d'argent, de cuivre.

Métal monel: Composé surtout de nickel et de cuivre.

Etain (Métal blanc anglais): contient fer-blanc, cuivre, antimoine.

Sterling: Argent allié à un peu de cuivre pour en augmenter la solidité.

Or blanc: Or contenant de quinze à vingt pour cent de nickel.

Les outils de traçage et leur usage

Le traçage consiste à tirer des lignes, des cercles, des arcs et des centres sur une surface métallique, en guise de repères. On enduit habituellement la surface d'une solution qui fait ressortir davantage les lignes tracées.

Des règles d'acier de diverses dimensions servent à mesurer les longueurs, à vérifier les surfaces planes et à tracer des lignes droites. Ces repères

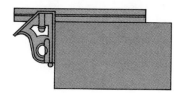

L'équerre vérifie la forme carrée d'une pièce

sont tracés ou rayés avec une **pointe à tracer** (appelée aussi crayon à métaux), instrument en acier dont un des bouts est pointu et l'autre, plié à angle droit. Le bout courbé sert à tracer des lignes là où le bout pointu n'a pas accès.

Pour tracer des lignes à un angle de 90°, on se sert **d'une équerre** (employée aussi pour la vérification). **Une équerre combinée** sert aussi à tracer et à mesurer des angles (comme **un rapporteur**) et à pointer le centre d'un cercle. On peut aussi tracer ces lignes correctement à l'aide **d'une fausse équerre** après

avoir trouvé l'angle. Le **compas à ressort,** celui qu'on emploie le plus, est un instrument à deux branches dont les extrémités sont trempées. Il sert à mesurer ou à tracer de courts espaces et à rayer de petits cercles ou des sections de cercle.

Pour fixer la branche d'un compas, on emploie un **pointeau de traçage** qu'on frappe légèrement avec un marteau de machiniste. On agrandit au pointeau les trous qui doivent être percés. Sur un traçage plus élaboré, il faut parfois employer d'autres outils tels que l'équerre d'angle, le compas à calibrer, le serre-joints, des cales, un niveau à bulle d'air, un trusquin, un établi ou plateau de dressage, un com-

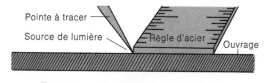

Pointe à tracer
Source de lumière
Règle d'acier
Ouvrage

Tracez avec précision en tenant la pointe contre la règle

pas d'ellipse ou bloc en V. On se sert du compas d'ellipse pour tracer et mesurer les cercles trop grands pour les petits compas, ou pour les compas à ressort dont la portée est limitée.

Le compas d'ellipse peut aussi être utilisé sur les poutres de longueur indéfinie.

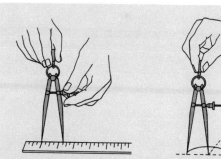

Ajustez le compas en plaçant une branche sur la ligne de 1″, puis posez l'autre pour mesurer la distance depuis ce point.

Pour tracer un cercle ou un arc, tenez la tige du compas; servez-vous d'une branche comme pivot et tournez l'autre à gauche ou à droite.

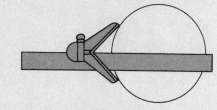

Le centreur sert à déterminer le centre d'un cercle

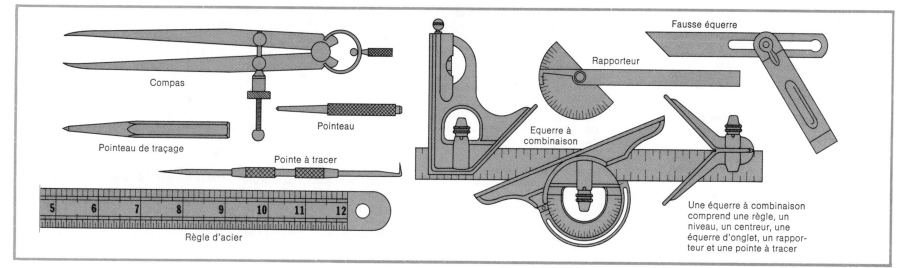

Compas

Pointeau de traçage

Pointeau

Pointe à tracer

Règle d'acier

Fausse équerre

Rapporteur

Équerre à combinaison

Une équerre à combinaison comprend une règle, un niveau, un centreur, une équerre d'onglet, un rapporteur et une pointe à tracer

Limes

Techniques d'utilisation

En général, les limes ont des dents taillées en diagonale. Les limes à simples rangées de dentures sont les meilleures pour limer les métaux durs; les limes à doubles rangées conviennent mieux aux métaux mous. Plus il y a de dents au pouce, plus le limage est fin. Les limes doivent être pourvues d'un manche (qui protège le bricoleur contre les blessures), sauf les petites limes, dites "d'horloger", les limes à mèches et les limes d'allumage.

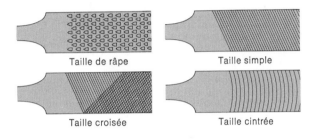

Taille de râpe   Taille simple

Taille croisée   Taille cintrée

Retenez solidement la pièce à limer dans un étau; de la sorte, elle ne vibrera pas. Si la surface de la pièce possède un fini, protégez celui-ci avec des mordaches. Autant que possible, la pièce doit être tenue à la hauteur des coudes et excéder légèrement les mâchoires de l'étau.

Tenez le manche de la lime de la main droite, la paume vers le bas et le pouce le long du manche.

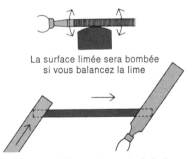

La surface limée sera bombée
si vous balancez la lime

Limez en oblique, de gauche à droite

Placez le pouce sur le dessus de la pointe et les deux doigts de la main gauche sous la pointe; pour plus de force, placez toute la paume sur le dessus de la lime. Seuls les bras et les mains dirigent la lime; le corps doit être en même position que lors du sciage. La pression sur la lime ne s'exerce qu'au

Tenez la lime des deux mains. Exercez une pression à l'aller et relâchez au retour.

Sur l'aluminium et les métaux doux, utilisez une lime rude, à taille simple. Exercez peu de pression.

Vérifiez souvent le limage avec une règle à araser et une équerre que vous appuyez le long de la surface.

Le limage en long laisse une surface lisse après un limage à traits croisés. Passez la lime dans le sens de la longueur.

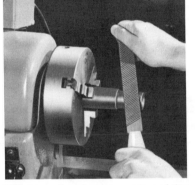

Utilisez une lime douce sur un tour; réglez le tour à vitesse moyenne. Tenez la lime dans la position illustrée.

Nettoyez souvent les limes avec une carde à limes. Brossez dans le sens des dents pour retirer la limaille.

cours du mouvement en avant. N'exercez pas de pression au cours du mouvement de retour ou, encore, levez la lime. Ne bougez pas le corps en limant; la lime se déplacerait et causerait un défaut au lieu de rendre la surface lisse.

Servez-vous de grosses limes rudes pour le premier limage, de limes douces pour la finition. Lorsque vous limez une grande surface plane, il est à conseiller que vous commenciez à gauche et que vous teniez la lime à un angle de 30° environ. Parcourez toute la largeur de l'ouvrage, puis changez d'angle et croisez les traits en limant de droite à gauche. Vérifiez les résultats à l'aide d'une règle et d'une équerre.

Le limage en long avec une **lime à tailler** simple (lime à parer) produit une surface très douce. On obtient une coupe cisaillée en tenant la lime à plat, avec peu d'angle et en gardant une main de chaque côté et tout près de l'ouvrage. Le mouvement avant-arrière fera disparaître les marques du limage à traits croisés. On se sert d'une lime plate pour le limage en long sur les surfaces planes et les courbes extérieures, mais sur les courbes intérieures, on emploie une lime ronde ou demi-ronde. Nettoyez la lime de toute limaille avec une brosse métallique (carde à limes) et un fil métallique pointu. Gardez-la propre en frottant les dents à la craie avant de vous en servir.

Procédés d'aiguisage

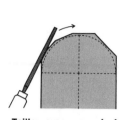

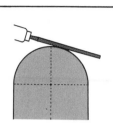

Taillez avec une scie à métaux jusqu'au tracé. Passez à la lime.

Servez-vous d'une lime douce pour le finissage sur les bords ronds.

Faites une coupe en V avec une scie à métaux; arrondissez à la lime.

Terminez à la lime douce avec un mouvement avant.

Finissage des métaux

Il est à conseiller de polir le métal et de lui donner un fini luisant qui fasse disparaître ses petits défauts. On se sert, en premier lieu, d'une lime douce, puis on termine avec une toile abrasive ou un papier d'émeri fin. Employez une meule à polir électrique ou polissez à la main.

La matière abrasive peut être de l'émeri naturel ou artificiel, comme du carbure silicieux ou de l'oxyde d'aluminium. Polissez d'abord avec un abrasif assez gros pour qu'il affecte le métal, puis continuez avec un papier plus fin pour enlever les marques laissées par le précédent. Servez-vous d'abrasifs de plus en plus fins, jusqu'à ce que vous ayez obtenu le fini désiré.

Finissez à la main; déchirez une pièce du papier abrasif assez grande pour couvrir un outil, une lime, par exemple. Pliez un coin sur le bout de la lime et passez celle-ci en va-et-vient sur l'ouvrage.

Quand vous changez de numéro d'abrasif, polissez à angle droit par rapport au précédent polissage.

Pour polir de grandes surfaces planes, servez-vous d'un bloc à poncer recouvert de toile abrasive.

Ciseaux

Les ciseaux à froid sont forgés avec de l'acier à outil et servent à couper ou à tailler le métal. Les principaux types sont: **le ciseau à froid plat,** qui coupe et cisaille le métal, les tiges et les rivets; **le bédane,** qui pratique de petites rainures (rainures de clavettes) dans les poulies et les arbres de transmission; **la pointe de diamant,** qui nettoie les angles droits; **le burin grain d'orge,** qui pratique des rainures.

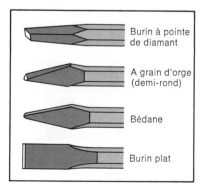

Burin à pointe de diamant

A grain d'orge (demi-rond)

Bédane

Burin plat

On coupe un dessin à l'intérieur en plaçant le taillant du ciseau sur le métal, à l'intérieur du tracé; on polit à la lime.

Un métal en feuilles trop épais pour les cisailles se coupe sur le tracé avec un ciseau; placez le métal dans un étau.

Comment durcir et tremper les outils

Lorsque l'arête tranchante d'un outil a perdu sa trempe à la suite de fréquents aiguisages ou parce qu'il a surchauffé, on doit le redurcir et le retremper. On redurcit l'acier en le chauffant (de 1350 à 1500° F.). A cette température, il se produit des changements physiques et chimiques qui sont figés en place si on refroidit rapidement l'acier chauffé dans l'huile ou l'eau; le grain de l'acier se resserre et devient très dur. Un tel acier est trop cassant pour usage général et doit être trempé, c'est-à-dire réchauffé et trempé de nouveau.

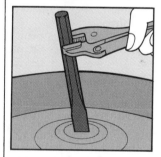

Pour durcir des outils comme les ciseaux à froid, ciseaux à bois ou tournevis, chauffez 1″ du bout avec une torche jusqu'à ce que le métal devienne rouge vif. Plongez-en alors 2″ dans de l'eau froide, jusqu'à ce qu'il soit froid au toucher. Retirez-le, polissez le bout avec une toile d'émeri et essuyez avec un linge imbibé d'huile.

Les outils durcis deviennent fragiles; il faut alors les tremper. Chauffez l'outil jusqu'à la température appropriée; le métal change alors de couleur. La légende ci-dessous indique la couleur à surveiller, selon les outils. Lorsque la couleur atteint ce point, plongez l'outil dans l'eau.

GUIDE DE TREMPAGE

Couleur	Temp. (°F)	Outils
Jaune pâle	420	Couteaux, marteaux
Jaune clair	440	Outils de tour, grattoirs
Jaune paille	460	Matrices, poinçons, forets, fraises
Brun clair	480	Forets, filières
Brun foncé	500	Haches, ciseaux à bois, alésoirs
Pourpre	540	Ciseaux à froid, pointeaux
Bleu	560	Tournevis, ressorts, engrenages
Bleu foncé	600	Grattoirs, wastringues

Repérez l'outil à tremper dans le tableau ci-haut. Réchauffez le tranchant à la couleur indiquée après l'avoir durci et plongez-le pour obtenir la trempe désirée. Si l'outil n'apparaît pas ici, suivez les indications pour un outil identique.

Coupage du métal

Outils et techniques

La scie à métaux est l'outil qu'on emploie ordinairement pour couper le métal. Sa monture peut être fixe ou réglable (de 8″ à 12″) et son manche est droit ou à poignée-pistolet. Les lames mesurent 8″, 10″ ou 12″ de long et ont des dents ordinaires ou ondulées (18, 24 ou 32 au pouce). Les lames dont les dents seules sont durcies sont soit incassables, soit flexibles. La scie à métaux peut couper en tous sens, en bas, en haut, à droite ou à gauche, suivant la position de la lame sur la monture. Quelle que soit la position de la lame, les dents doivent pointer vers l'avant, de façon à ce que la coupe se fasse durant le mouvement avant.

Les scies à guichet pour les métaux servent à faire des coupes intérieures. On atteint des endroits difficiles d'accès avec une simple lame dont on a enroulé une extrémité dans du ruban gommé.

Lorsque vous choisissez une lame, prenez comme principe qu'il faut toujours que la surface à scier soit mordue par deux dents. Un métal mince ou un tuyau exigent une lame fine. S'il est impossible d'appliquer ce principe, par exemple pour couper un métal très mince, placez le métal entre deux planches bridées. Vous scierez le bois et le métal du même trait sans plier ou déchirer le métal.

Une pièce ouvrée dans des métaux minces peut se scier à la main avec une scie de bijoutier ou une scie à chantourner munies de lames pour les métaux. Les lames sont aussi conçues pour couper le métal avec une scie sauteuse.

Des trous ronds peuvent se découper dans une tôle mince avec une scie emporte-pièce ou un outil pivotant. Prenez garde: ces outils peuvent être dangereux. L'outil pivotant ressemble à la scie rotative. Il perce un trou avec un outil qui ressemble à un foret de tour fixé dans une tige. On peut l'ajuster pour percer des trous ayant jusqu'à 8″ de diamètre.

La tôle de calibre 20 (ou plus mince) se coupe aussi avec des cisailles de ferblantier. Ces cisailles ne doivent jamais servir à couper le fil métallique, les clous ou l'acier durci.

Les cisailles droites ordinaires ont de 8″ à 15″ de long et possèdent un tranchant de 2″ à 5″. Ces cisailles peuvent suivre une ligne droite ou courbe et couperont mieux encore si on les ouvre le plus grand possible. On coupera les lignes courbes avec plus de précision en enlevant le rebut jusqu'à ¼″ du tracé avant la coupe finale.

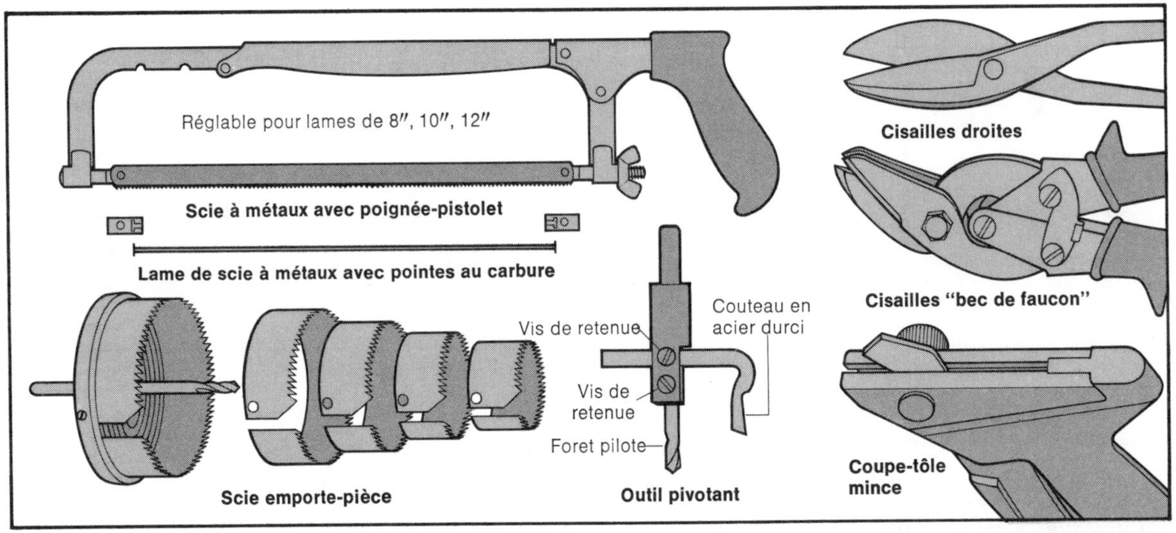
Réglable pour lames de 8″, 10″, 12″
Scie à métaux avec poignée-pistolet
Lame de scie à métaux avec pointes au carbure
Scie emporte-pièce
Vis de retenue
Couteau en acier durci
Vis de retenue
Foret pilote
Outil pivotant
Cisailles droites
Cisailles "bec de faucon"
Coupe-tôle mince

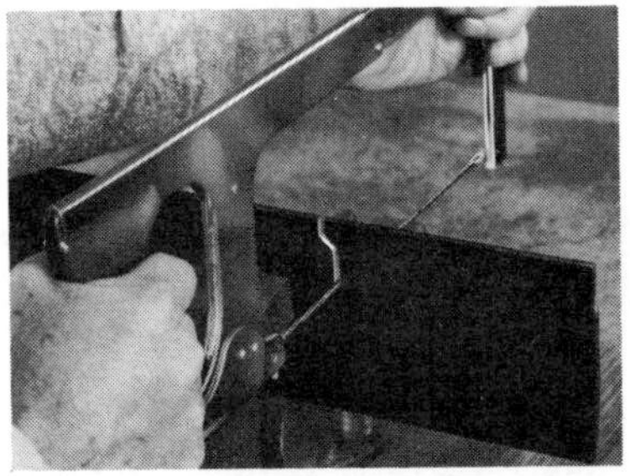

Une lame de tungstène avec pointes au carbure, montée sur une scie à métaux, coupe verre, acier durci et céramique.

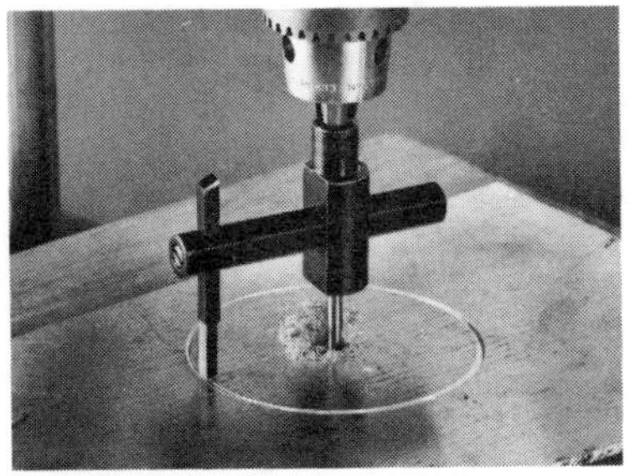

L'outil pivotant perce le métal mince; il peut percer des trous ayant jusqu'à 8″ de diamètre.

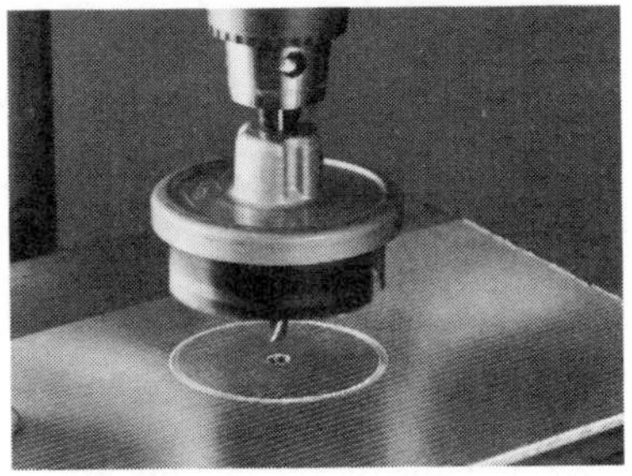

La scie emporte-pièce, dont le diamètre va de ¾″ à 2½″, peut servir sur des perceuses à colonne.

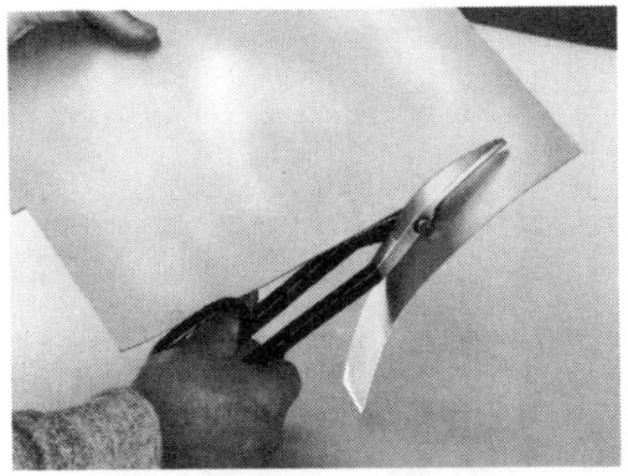

La lame supérieure d'une cisaille droite se place au-dessus du tracé; ouvrez grand les mâchoires pour faciliter la coupe.

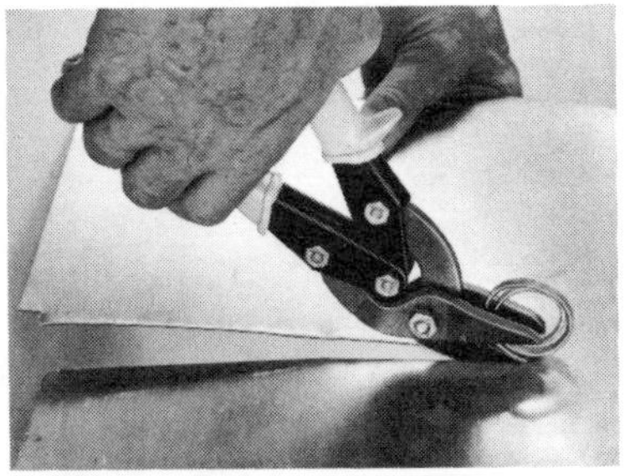

Les cisailles "bec de faucon" découpent la tôle, les carreaux de vinyle et les conduits d'air climatisé.

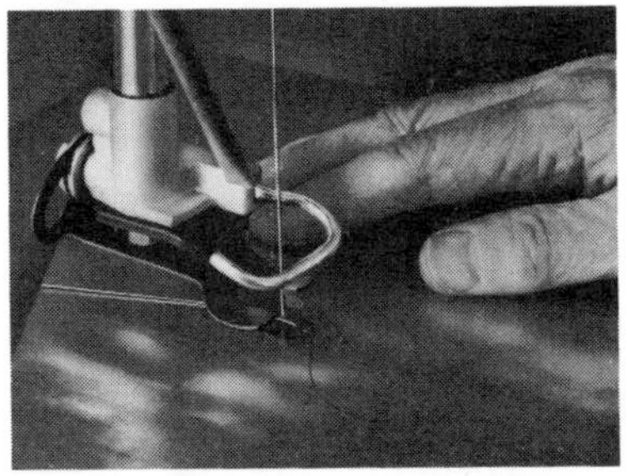

La scie à découper munie d'une lame à métaux permet de tailler les tôles minces avec précision.

Types de forets

Le foret hélicoïdal utilisé pour percer le métal peut être en acier au carbone ou en acier rapide. Il se compose de trois parties principales: **une tige, un noyau** à deux rainures hélicoïdales, appelées cannelures, et **une extrémité conique** tranchante, appelée pointe.

Les cannelures servent de canaux pour retirer la limaille du trou qu'on perce et laissent pénétrer le lubrifiant le long du tranchant, jusqu'à la pointe.

Les lèvres coupantes de la plupart des forets sont meulées d'égale longueur, à un angle de 59°. Pour l'aiguisage, il vaut mieux utiliser un accessoire-aiguiseur de forets plutôt que d'aiguiser à la diable (p. 41).

La fraiseuse est un outil qui sert à agrandir et à biseauter l'ouverture d'un trou, de telle sorte que, quand la tête plate d'un rivet, d'un boulon ou d'une vis est en place, la tête affleure la surface de l'ouvrage.

L'alésoir ébarbant qui enlève la limaille du tuyau qu'on coupe et **l'alésoir conique** qui agrandit les trous ne sont pas des forets, mais ce sont quand même des outils très utiles.

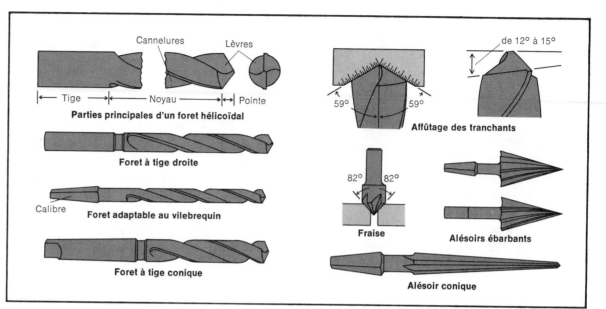

Parties principales d'un foret hélicoïdal

Cannelures — Lèvres

Tige — Noyau — Pointe

Foret à tige droite

Calibre — Foret adaptable au vilebrequin

Foret à tige conique

Affûtage des tranchants — de 12° à 15°

59° — 59°

Fraise — 82° — 82°

Alésoirs ébarbants

Alésoir conique

Pour bien percer

Faites une petite marque avec un pointeau à l'endroit exact où forer un trou. Si la marque est incorrectement placée, déplacez-la en tenant le pointeau obliquement et replacez-la à l'endroit exact; puis redressez le pointeau et agrandissez la marque.

Placez l'ouvrage dans un étau ou un serre-joints; mettez le foret en mouvement sur le centre de la marque; faites un départ d'entaille conique pour vérifier si le trou est au centre. Si oui, commencez à percer. Relâchez la pression juste avant que le foret ait traversé le métal. Cette précaution évite au foret de se coincer ou de se bloquer.

Lubrifiez les forets avec de l'huile légère durant le perçage du fer forgé et de l'acier. Sur l'aluminium, employez du kérosène ou de la térébenthine. La fonte, le cuivre, le laiton, le bronze et le régule peuvent être percés à sec.

La pression et la vitesse sont très importantes. La pression doit être constante et suivre de près le foret. La vitesse doit varier suivant le matériau et la grosseur du foret. Plus le foret est gros, plus la vitesse doit être réduite; plus le foret est fin, plus la vitesse doit augmenter.

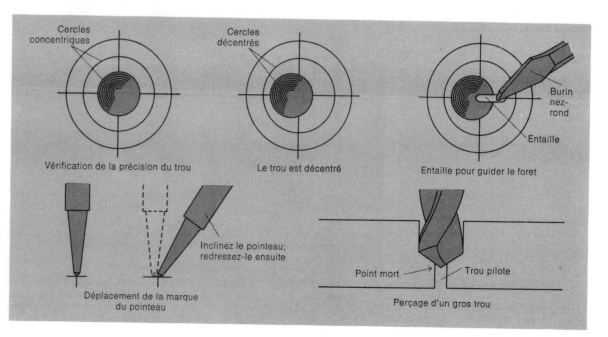

Cercles concentriques — Cercles décentrés

Burin nez-rond — Entaille

Vérification de la précision du trou — Le trou est décentré — Entaille pour guider le foret

Inclinez le pointeau; redressez-le ensuite

Déplacement de la marque du pointeau

Point mort — Trou pilote

Perçage d'un gros trou

Tarauds

Coupage des filets intérieurs

L'outil qui sert à tailler les filets intérieurs s'appelle taraud. Les tarauds sont faits d'une barre ronde en acier durci; un bout est carré; l'autre, fileté sur une partie de sa longueur. Sur la section filetée, on voit plusieurs rainures parallèles, appelées **cannelures;** chaque fil est un tranchant.

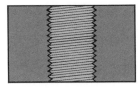
Trou taraudé complètement

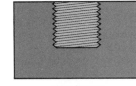
Trou borgne

Les tarauds sont de trois types: **ébaucheur, intermédiaire** et **finisseur.** Sur un taraud ébaucheur, les six premiers filets sont coniques, ce qui facilite le départ. Sur un taraud intermédiaire, le plus employé de tous, les trois ou quatre premiers filets sont coniques. Le taraud finisseur est droit et sert à tarauder les trous borgnes. La grandeur du taraud (diamètre extérieur et nombre de filets au pouce) est indiquée sur la tige.

Pour faire des pas de vis à l'intérieur, percez un trou légèrement plus petit que le diamètre extérieur du taraud. Consultez le tableau ci-dessous pour connaître le calibre du foret. Placez votre ouvrage pour que le trou soit à la verticale ou à l'horizontale, selon le cas.

Quand le trou est percé complètement ou en partie, comme dans le cas d'un trou borgne, insérez le taraud et vérifiez s'il est d'équerre avec l'ouvrage. Si le taraud est gros, tournez-le avec une clé; s'il est petit, employez un tourne-à-gauche spécial. Exercez une légère pression, au début, pour faire mordre le taraud, puis relâchez. Lubrifiez l'ouvrage avec de l'huile légère. Dévissez le taraud après deux ou trois tours pour retirer les limailles. Pour les trous borgnes, utilisez un taraud ébaucheur jusqu'au fond, puis un intermédiaire. Finissez au taraud finisseur.

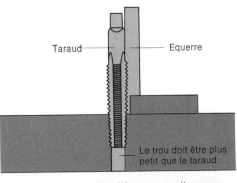
Taraud — Equerre
Le trou doit être plus petit que le taraud
Le taraud doit être d'équerre avec l'ouvrage

Les tourne-à-gauche sont de deux grandeurs: grands et petits. Assurez-vous que le taraud est bien en place en vissant à la main la tête hexagonale. N'employez pas de clé.

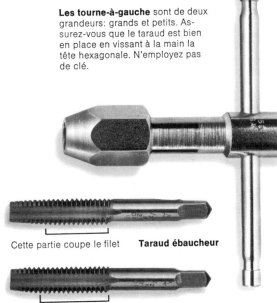

Cette partie coupe le filet **Taraud ébaucheur**

Cette partie coupe le filet **Taraud intermédiaire**

Cette partie coupe le filet **Taraud finisseur**

TABLEAU DES FORETS-TARAUDEURS

Calibre du boulon		Numéro du foret	Calibre du foret
6–32	NC	35	7/64
8–32	NC	29	9/64
10–24	NC	25	5/32
12–24	NC	16	3/16
1/4–20	NC	7	13/64
1/4–28	NF	3	7/32
5/16–24	NC	F	17/64
3/8–16	NC	5/16	
3/8–24	NF	21/64	
1/2–13	NC	27/64	
1/2–20	NF	29/64	

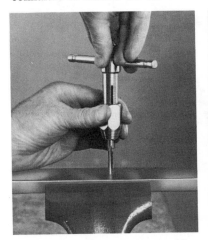
Un petit tourne-à-gauche sert à tourner un petit taraud et à faire un pas de vis à l'intérieur d'un trou, dans le métal.

Si le taraud est gros, on emploie une clé à deux poignées. Le taraud doit faire angle droit avec l'ouvrage.

Versez de l'huile sur le taraud pour faciliter le taraudage. Dévissez après 2 ou 3 tours pour retirer la limaille.

Pour connaître le nombre de filets au pouce, placez le boulon sur une règle et comptez les pas dans un pouce. Le filet américain est le standard le plus employé. NC signifie **gros;** NF, **fin.** Les tarauds et filières sont disponibles dans les 2 sortes.

Coupe des filets extérieurs

Les filières servent à faire un filet sur l'extérieur d'une pièce de métal: longue cheville, tuyau ou tige. Ce travail s'exécute à la main, comme le filetage

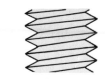

Les filières font les filets extérieurs

intérieur, mais on se sert d'une filière plutôt que d'un taraud.

La filière est une pièce d'acier très dur, de forme ronde, carrée ou hexagonale, dont les filets intérieurs sont munis de cannelures qui font office de tranchants. Les filets sont légèrement inclinés sur un côté pour faciliter l'ouvrage.

Les filières les plus utiles au bricoleur sont celles

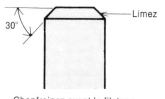

Chanfreinez avant le filetage

qui taillent des filets mesurant 3/16", ¼", 5/16", ⅜" et ½". Choisissez la filière en fonction du filet à tailler, du nombre et du genre (gros ou fin) de filets au pouce et du diamètre de la pièce.

Tout d'abord, chanfreinez le bout du tuyau ou de la tige à tailler, puis serrez la pièce dans un étau, à la verticale ou à l'horizontale, le côté chanfreiné vers le haut. Fixez la filière dans un porte-filière et posez-la d'aplomb sur le bout de l'ouvrage. Exercez une pression vers le bas et tournez à droite, lentement, jusqu'à ce que la filière commence à mordre. Après avoir taillé deux ou trois filets, retirez la filière et assurez-vous qu'ils sont bien taillés et que l'outil travaille correctement.

Versez de l'huile sur les filets et continuez le filetage. A partir du moment où le filetage est commencé, vous n'avez plus à appliquer de pression vers le bas; la filière s'engage d'elle-même dans le métal. Faites marche arrière après chaque demi-tour pour retirer la limaille de métal.

Boulon de serrage

Porte-filière

Filière réglable: cette filière porte un boulon d'ajustement qui taille les filets sur ou sous la cote.

Filière solide: peu coûteuse, appelée "étampe", a 1" de large et filète des tiges de ½" de diamètre.

Filière hexagonale: sert à réparer les filets endommagés. Se tourne avec une clé dans les endroits restreints.

Avec une lime, chanfreinez une tige ronde avant le filetage pour faciliter l'amorçage de la filière.

Versez de l'huile légère sur les filets, durant le filetage. Faites marche arrière à chaque demi-tour pour retirer la limaille.

Une clé ouverte sert à tourner une filière hexagonale. La clé est commode dans les endroits restreints.

Extracteurs de boulons

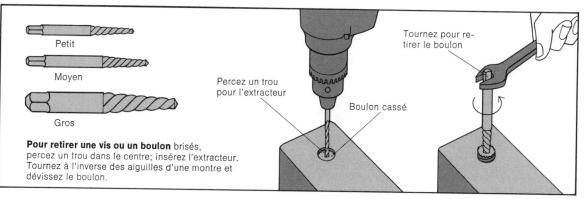

Petit

Moyen

Gros

Percez un trou pour l'extracteur

Tournez pour retirer le boulon

Boulon cassé

Pour retirer une vis ou un boulon brisés, percez un trou dans le centre; insérez l'extracteur. Tournez à l'inverse des aiguilles d'une montre et dévissez le boulon.

Rivetage

Types de rivets

Le rivet est un article utile au bricoleur mais dont celui-ci fait souvent peu de cas. Cette attache, semblable au boulon, assemble solidement, simplement, rapidement et à bon marché des pièces de métal, de plastique, de bois, de grosse toile et de cuir.

D'apparence, un rivet est une cheville de métal tendre avec une tête et une tige. Il ressemble au boulon court sans filets; il peut être en fer, en laiton, en cuivre ou en aluminium.

La plupart des rivets sont pleins; les autres sont creux ou tubulaires, selon leur usage. Les rivets de métal mince ou tendre sont renforcés par une pièce semblable à une rondelle, pièce appelée contrerivure et placée sur le rivet avant qu'on forme la tête. Les gros rivets, comme ceux qu'on emploie sur les chaudières ou les grosses pièces de charpente, doivent être chauffés quand on forme leur pointe ou leur nouvelle tête. De tels rivets se contractent en refroidissant et forment un joint plus étanche.

Dans la classification des rivets, le diamètre et la longueur sont comptés. La longueur de la tête des rivets qui seront placés dans un trou fraisé est calculée. Le rivet doit excéder, quelle que soit sa dimension, la pièce à river de 1½ fois son diamètre pour pouvoir en former la tête. On le raccourcit, au besoin.

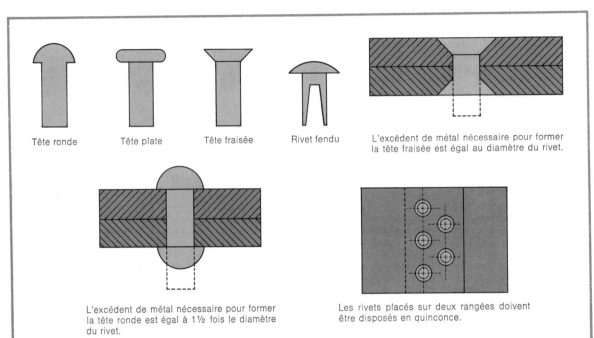

Tête ronde   Tête plate   Tête fraisée   Rivet fendu

L'excédent de métal nécessaire pour former la tête fraisée est égal au diamètre du rivet.

L'excédent de métal nécessaire pour former la tête ronde est égal à 1½ fois le diamètre du rivet.

Les rivets placés sur deux rangées doivent être disposés en quinconce.

Riveteuse pop

Une riveteuse pop posera les rivets sans l'aide d'un outil qui supporte l'ouvrage. On emploie des rivets d'aluminium, de cuivre, de métal monel ou d'acier dans ces appareils. Chaque rivet porte une pointe, ou aiguille, qui se brise automatiquement et s'enlève quand le rivet est posé. On insère la tige du rivet dans le trou de l'outil. Quand on presse les poignées, la tige tire, vers l'arrière, la partie in-

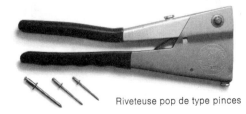

Riveteuse pop de type pinces

visible du rivet, la compresse pour remplir le trou complètement, puis se brise dès que la tête s'est bien formée.

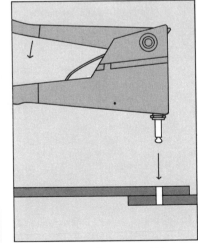

Tige
Rivet pop

Choisissez un rivet et percez des trous. Insérez la tige dans l'outil.

Exercez une pression assez forte pour tenir le rivet. Placez-le dans le trou.

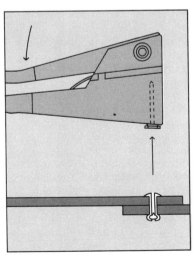

Pressez les poignées. La tige se brise et le rivet se pose quand on les relâche.

L'emploi d'une bouterolle

La bouterolle est une petite pièce d'acier trempé à outils. Un bout, appelé face, porte un creux qui donne sa forme ronde à la tête du rivet. Sur la face aussi, en bas, se trouve un trou profond. On place le trou sur la tige du rivet et on l'aplatit en frappant avec un marteau. Le métal s'étend autour du rivet et les pièces se resserrent.

Les bouterolles se vendent en diverses dimensions, pour convenir aux divers rivets. Au besoin, on peut raccourcir un rivet trop long pour l'utiliser sur l'ouvrage en cours.

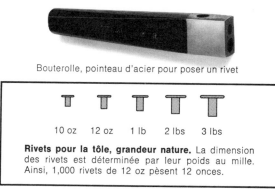

Bouterolle, pointeau d'acier pour poser un rivet

| 10 oz | 12 oz | 1 lb | 2 lbs | 3 lbs |

Rivets pour la tôle, grandeur nature. La dimension des rivets est déterminée par leur poids au mille. Ainsi, 1,000 rivets de 12 oz pèsent 12 onces.

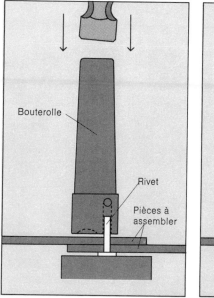

Bouterolle
Rivet
Pièces à assembler

Les pièces de tôle pour le rivetage sont en place; le rivet est inséré dans le creux de la bouterolle.

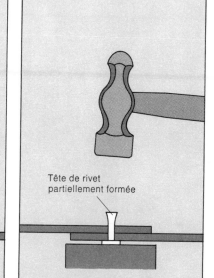

Tête de rivet partiellement formée

Avec un marteau, frappez la pointe du rivet pour l'enfoncer et en écraser légèrement la tête.

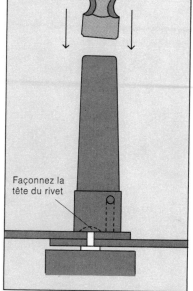

Façonnez la tête du rivet

Placez le creux de la bouterolle sur la tige du rivet. Frappez avec un marteau pour arrondir la tête.

Installation d'un rivet

Marquez au pointeau l'emplacement des rivets, puis percez, à travers les deux pièces de métal à assembler, un trou légèrement plus grand que le rivet. Placez le rivet dans le trou. Placez la bouterolle sur la partie saillante du rivet et frappez avec un marteau. Les pièces de métal se resserreront l'une contre l'autre. Retirez la bouterolle et frappez la partie du rivet qui excède; le rivet se déploiera dans le trou et, de la sorte, resserrera le joint.

Façonnez la tête du rivet en forme de dôme, en la frappant obliquement avec un marteau. La panne ronde d'un marteau de mécanicien (p. 14) donne les meilleurs résultats. Enfin, servez-vous de la face en creux de la bouterolle pour finir la surface ronde du rivet.

Soutenez les têtes saillantes—évitez de les aplatir —avec une bille de bois dur ou une autre bouterolle. Cette précaution n'est pas nécessaire pour les rivets à tête plate ou à tête fraisée. Une pièce d'acier percée peut remplacer une bille de bois dur.

Fautes courantes et corrections

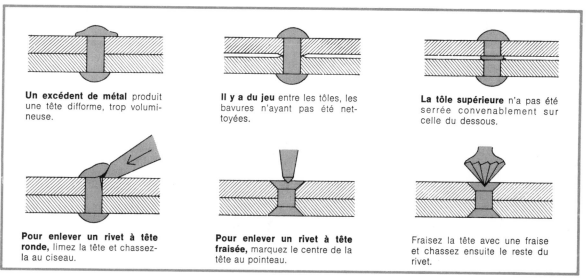

Un excédent de métal produit une tête difforme, trop volumineuse.

Il y a du jeu entre les tôles, les bavures n'ayant pas été nettoyées.

La tôle supérieure n'a pas été serrée convenablement sur celle du dessous.

Pour enlever un rivet à tête ronde, limez la tête et chassez-la au ciseau.

Pour enlever un rivet à tête fraisée, marquez le centre de la tête au pointeau.

Fraisez la tête avec une fraise et chassez ensuite le reste du rivet.

Autres façons d'assembler le métal

Boulons

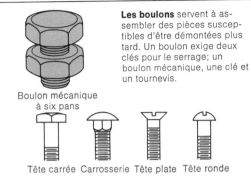

Boulon mécanique à six pans

Tête carrée Carrosserie Tête plate Tête ronde

Les boulons servent à assembler des pièces susceptibles d'être démontées plus tard. Un boulon exige deux clés pour le serrage; un boulon mécanique, une clé et un tournevis.

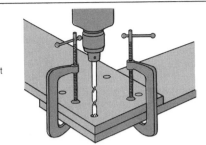

Enlignez les trous. Bridez les pièces ensemble; percez le trou du coin.

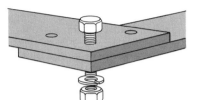

Boulonnez le coin; percez un second trou; boulonnez.

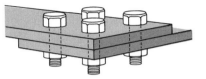

Percez les autres trous. Retirez les brides de serrage et boulonnez les pièces.

Vis à auto-taraudage

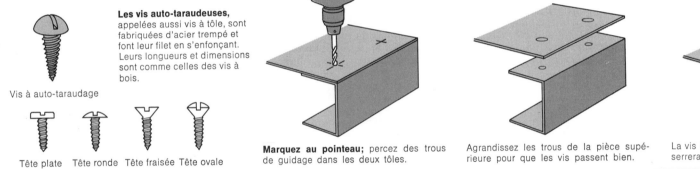

Vis à auto-taraudage

Tête plate Tête ronde Tête fraisée Tête ovale

Les vis auto-taraudeuses, appelées aussi vis à tôle, sont fabriquées d'acier trempé et font leur filet en s'enfonçant. Leurs longueurs et dimensions sont comme celles des vis à bois.

Marquez au pointeau; percez des trous de guidage dans les deux tôles.

Agrandissez les trous de la pièce supérieure pour que les vis passent bien.

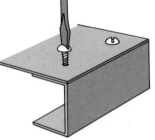

La vis mordra dans le trou inférieur et resserrera les deux pièces.

Colles époxies

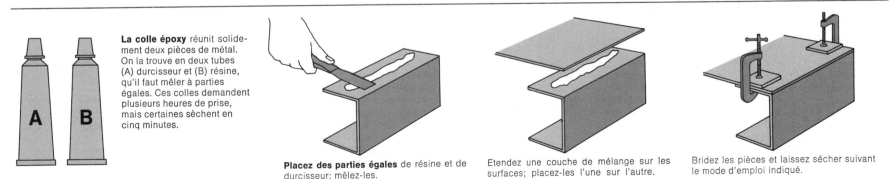

La colle époxy réunit solidement deux pièces de métal. On la trouve en deux tubes (A) durcisseur et (B) résine, qu'il faut mêler à parties égales. Ces colles demandent plusieurs heures de prise, mais certaines sèchent en cinq minutes.

Placez des parties égales de résine et de durcisseur; mêlez-les.

Etendez une couche de mélange sur les surfaces; placez-les l'une sur l'autre.

Bridez les pièces et laissez sécher suivant le mode d'emploi indiqué.

Assemblage par soudage

Le soudage est la technique idéale d'assemblage pour les métaux et les fils, si vous procédez selon les règles. Il faut tout d'abord aviver (rendre brillant) votre fer à souder. Nettoyez-en le bout en cuivre avec une laine d'acier, jusqu'à ce qu'il brille. Branchez-le jusqu'à ce qu'il soit chaud, puis faites fondre un peu de soudure sur son extrémité, qui deviendra argentée. C'est "l'étamage". Un fer mal nettoyé et mal étamé ne produira pas une bonne soudure.

Les surfaces à souder doivent aussi être propres. Employez une grosse laine d'acier afin de ne pas toucher des doigts la surface nettoyée. L'huile des doigts peut empêcher la soudure d'adhérer. Appliquez du décapant sur les surfaces. L'acide arrêtera l'oxydation sur le métal; celle-ci pourrait empêcher les métaux de s'assembler. Le décapant s'applique au pinceau.

Pour réussir une soudure, il faut tenir le fer le plus chaud possible. Appliquez le bout de celui-ci sur la surface à souder. Il importe—souvenez-vous-en—d'appliquer la soudure lorsque la surface à souder, et non le fer, est assez chaude pour fondre la soudure. A cette température, la soudure coulera sur la surface propre où vous aurez répandu de l'acide. Si la soudure n'adhère pas à la surface, c'est que cette dernière n'est pas assez propre et manque d'acide.

Employez de la soudure à la résine pour exécuter les soudures faciles: souder deux fils ensemble, ou souder un fil à une borne de prise de courant. Vous épargnerez temps et travail. Ce fil à souder contient de la résine qui tient lieu d'acide durant le soudage.

La soudure se vend en fils et en barres. La soudure en barres s'emploie sur les grandes surfaces: la tôle, par exemple, pour ne mentionner que celle-là.

MÉTAL	DÉCAPANT RECOMMMANDÉ
Aluminium	Soudure pour l'aluminium et décapant spécial ou décapant combiné à la soudure, pour aluminium
Laiton, bronze	Nettoyez le métal à nu: résine, comme décapant
Plaque de cadmium	Résine ou décapant à fer galvanisé
Cuivre	Nettoyez le métal à nu: résine, comme décapant
Fer galvanisé, fer	Décapant de type chlorure, communément appelé acide à souder, sous forme de pâte ou de liquide
Plomb	Acide organique, tel le Kester 415. Une fois la soudure finie, nettoyez
Monel, nickel	Comme pour le fer galvanisé
Etain	Comme pour le plomb. Peut varier selon les alliages. Vérifiez avec le fabricant
Argent	Soudure à la résine
Acier inoxydable	Décapant spécial à l'acier inoxydable
Acier	Comme pour le fer galvanisé
Fer-blanc	Comme pour le fer galvanisé
Métal blanc	Comme pour le fer galvanisé
Zinc	Comme pour le fer galvanisé

Si le fer à souder est oxydé et piqué, placez-le dans un étau et nettoyez-le avec une lime, jusqu'à ce que le cuivre brille. Finissez le nettoyage avec une laine d'acier.

Si la pointe du fer est sale, sans être oxydée, nettoyez-la complètement avec une laine d'acier rude. Ne touchez pas des doigts la partie nettoyée: leur huile empêcherait la soudure d'adhérer.

Le fer doit être le plus chaud possible pour l'étamage. Laissez-le chauffer au moins cinq minutes puis appliquez la soudure à la résine pour qu'elle enrobe toute la pointe.

Le creuset à soudure

Le creuset à soudure est pratique si l'on doit faire plusieurs raccords semblables: assemblage des fils. Sciez un bloc de laiton, comme sur l'illustration. Percez une rangée de trous de ¼", en guise de godet. La cavité doit s'ajuster au bout du fer. La soudure fond en 4 minutes environ.

Nettoyez les surfaces des pièces à souder avec de la laine d'acier et appliquez de la pâte à souder. Si vous employez de la soudure à la résine, vous n'avez pas besoin de décapant à souder.

Appliquez le fer à souder sur l'ouvrage jusqu'à ce que celui-ci soit assez chaud pour faire fondre la soudure. Etendez celle-ci sur l'ouvrage et un peu derrière le fer. Utilisez un gros fer pour gros travaux.

Essuyez l'excès de décapant sur le joint soudé avec un chiffon propre, pendant qu'il est encore chaud. Les taches de décapant s'enlèvent du joint froid avec un diluant à peinture.

Soudage

Soudure forte et brasage

La soudure forte sur l'acier, l'argent, l'or et le bronze assure un assemblage plus propre, plus résistant et plus durable que la soudure à l'étain. Il faut un chalumeau pour chauffer la soudure forte. Le chalumeau au gaz propane est pratique, mais un bec Bunsen muni d'un chalumeau convient aussi.

La première chose à faire, c'est de nettoyer la section où les pièces doivent être soudées. A cet effet, employez une lime, de la toile d'émeri ou une brosse d'acier. Bridez les pièces en place; appliquez du décapant sur le joint et, ensuite, la soudure appropriée. Chauffez le métal jusqu'à ce que le décapant et la soudure se mêlent. Insérez de minces feuilles de soudure dans le joint. Maintenez-le bien chaud et continuez d'appliquer de la soudure jusqu'à ce que toutes les fentes soient remplies. Employez une soudure colorée, suivant les métaux que vous assemblez. Ainsi, sur l'argent, servez-vous de soudure d'argent, alliage composé de 8 parties d'argent, 3 parties de cuivre et 1 partie de zinc; sur l'or, mettez un alliage d'argent, de cuivre et d'or. Si la surface est grande et que vous manquiez de décapant, remplacez-le par de l'acide borique en poudre mêlée à de l'eau, jusqu'à consistance de crème.

Le décapant fondu laisse un résidu brunâtre qu'on enlève du joint soudé en le plongeant dans une solution composée de 1 partie d'acide sulfurique et de 2 parties d'eau. Laissez tremper pendant 30 minutes environ. Ajoutez toujours l'acide à l'eau, jamais l'eau à l'acide, quand vous diluez l'acide sulfurique; portez des gants et des lunettes pour ce travail. On peut enlever le résidu du décapant avec de l'eau bouillante si on y plonge le joint avant qu'il ne refroidisse.

La soudure au brasage est une façon d'unir des métaux en les fondant ensemble. La forte chaleur nécessaire provient soit de l'électricité (soudure à l'arc) soit des gaz (soudure oxyacétylénique). La soudure au brasage est un moyen économique d'unir des métaux lorsqu'il est impossible de se servir d'attaches ordinaires comme boulons et rivets pour réparer la porte d'une fournaise, un rail brisé, du matériel de ferme ou de jardin. Comme l'outillage pour la soudure coûte cher et que la technique déborde les cadres du bricolage, il est sage de porter l'ouvrage chez un soudeur professionnel. La soudeuse à oxygène et à grains de plomb préformés, qui se vend dans les magasins spécialisés, est souvent satisfaisante. Pour des travaux d'importance, un bon outillage est nécessaire. Portez toujours des lunettes protectrices.

Les sections à soudure forte doivent être nettoyées avec une lime ou une toile d'émeri et placées sur une surface incombustible: briques à feu ou amiante.

Appliquez généreusement un décapant (pâte de borax et eau) sur la surface propre avec un petit pinceau. Mieux vaut en mettre trop que trop peu.

Fabriquez un pont avec une pièce de métal, pliée au centre, pour l'éloigner du joint. On aura aussi besoin d'une paire de serre-joints.

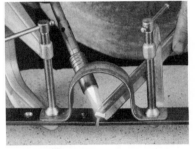
Chauffez le métal pour faire fondre la soudure forte qui pénètre dans le joint. Employez la partie la plus chaude de la flamme, le bout de la partie intérieure.

Le joint est soudé. Notez que les serre-joints sont placés le plus loin possible du joint afin d'éviter une perte de chaleur sur celui-ci.

Quand la soudure sera froide, enlevez le décapant en le plongeant dans une solution de 1 partie d'acide sulfurique et de 2 parties d'eau, puis limez.

Soudure tendre sur le métal en feuilles

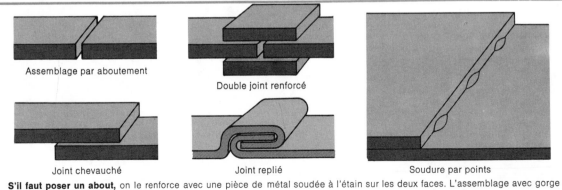

Assemblage par aboutement

Double joint renforcé

Joint chevauché

Joint replié

Soudure par points

S'il faut poser un about, on le renforce avec une pièce de métal soudée à l'étain sur les deux faces. L'assemblage avec gorge est encore plus solide. Les grandes feuilles de métal doivent être attachées temporairement avant le soudage.

Soudage à l'étain

Le soudage à l'étain est un genre de soudage où la soudure seule maintient les pièces ensemble. Les sections à souder doivent être propres; et les surfaces, adoucies le plus possible pour faciliter le contact. Appliquez du décapant, posez une couche de soudure, assemblez les pièces, bridez-les, au besoin, et chauffez-les jusqu'à ce que la soudure fonde de nouveau. Réunissez les parties. Tenez les joints en place jusqu'au refroidissement de la soudure. Ajoutez un filet de soudure sur les bords du joint pour en augmenter la solidité et l'étanchéité et en améliorer l'apparence.

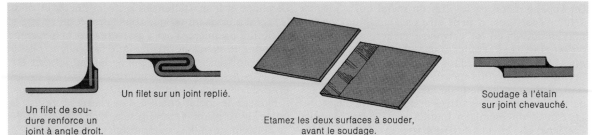

Un filet de soudure renforce un joint à angle droit.

Un filet sur un joint replié.

Etamez les deux surfaces à souder, avant le soudage.

Soudage à l'étain sur joint chevauché.

Comment attacher un joint

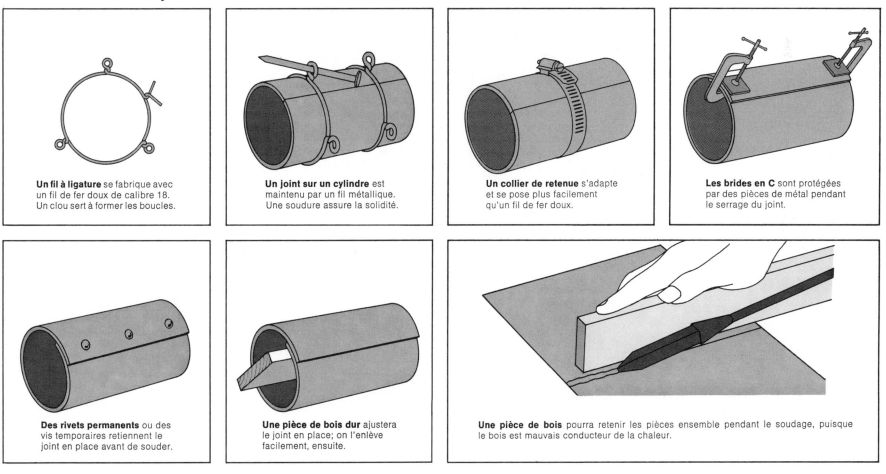

Un fil à ligature se fabrique avec un fil de fer doux de calibre 18. Un clou sert à former les boucles.

Un joint sur un cylindre est maintenu par un fil métallique. Une soudure assure la solidité.

Un collier de retenue s'adapte et se pose plus facilement qu'un fil de fer doux.

Les brides en C sont protégées par des pièces de métal pendant le serrage du joint.

Des rivets permanents ou des vis temporaires retiennent le joint en place avant de souder.

Une pièce de bois dur ajustera le joint en place; on l'enlève facilement, ensuite.

Une pièce de bois pourra retenir les pièces ensemble pendant le soudage, puisque le bois est mauvais conducteur de la chaleur.

Métal en feuilles

Introduction

On appelle métal en feuilles du métal qui a jusqu'à 3/16″ d'épaisseur; il peut être en aluminium, en laiton, en cuivre, en fer galvanisé, en fer, en fer-blanc, ou en zinc. (Les feuilles plus épaisses sont des plaques.) On comprend, dans ce groupe, la tôle d'acier perforée et le treillis métallique employé en décoration, comme protecteur de fenêtres ou pour les cages de petits animaux ou autres articles du même genre. Le travail du métal en feuilles n'exige pas d'outils spéciaux; servez-vous de ce que vous avez sous la main.

Détrempe

Le pliage et le martellement peuvent durcir et raidir le métal à un point tel que vous aurez à lui rendre sa flexibilité première. Vous y arriverez par la détrempe. Chauffez le métal jusqu'à ce que sa couleur change et refroidissez-le. Le cuivre et le laiton doivent être chauffés jusqu'au rouge sombre ou jusqu'à ce qu'ils reproduisent les couleurs de l'arc-en-ciel.

Plongez le métal chauffé dans l'eau et retirez-le; laissez-le refroidir. Quand il sera froid, il retrouvera sa douceur et sa flexibilité initiales.

Pour adoucir l'acier trempé et lui enlever sa fragilité, chauffez-le jusqu'à ce qu'il n'attire plus l'aimant. Laissez-le refroidir tranquillement. La détrempe d'un métal doux se produit durant le chauffage, celle d'un métal dur, durant le refroidissement.

Vous n'aurez probablement jamais besoin de détremper l'acier trempé, mais tous les métaux doux doivent être détrempés après de fréquents pliages. La détrempe est importante quand la pièce doit être usinée, puisque ce procédé rend plus fin le grain du métal.

Pliage du métal

Le métal en feuilles se plie à la main, chez vous, s'il est appuyé des deux côtés et sur toute sa longueur. Les appuis qui servent à effectuer une longue courbure peuvent être: le dossier d'un banc, des cornières, des planches de bois dur, des serre-joints ou un étau. Une presse ou un étau suffisent pour appuyer le métal.

Un maillet en caoutchouc ou en cuir n'endommage pas le métal que vous martelez. Vous pouvez aussi couvrir un marteau ordinaire d'un embout en caoutchouc pour amortir les coups.

Les courbures: On peut façonner les métaux malléables comme l'aluminium, le laiton, le cuivre, le plomb ou le zinc avec un maillet et des formes faites selon la dimension désirée. Les formes seront légèrement plus petites pour les métaux durs comme l'aluminium, le fer galvanisé et le fer-blanc, puisque ceux-ci ont tendance à reprendre leur forme première, quand on relâche la pression.

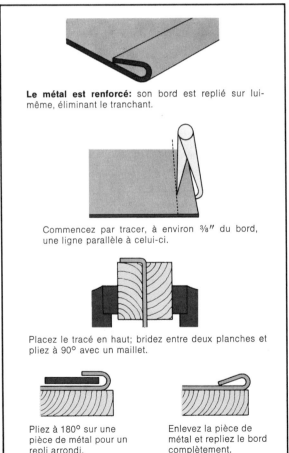

Gabarit de pliage: le métal est retenu entre deux planches.

Rebord de sûreté

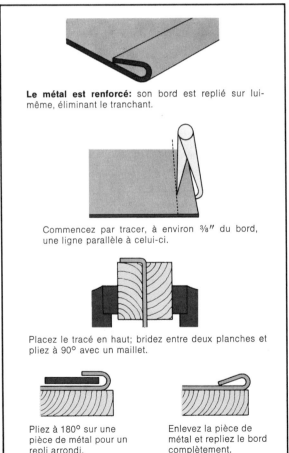

Le métal est renforcé: son bord est replié sur lui-même, éliminant le tranchant.

Commencez par tracer, à environ ⅜″ du bord, une ligne parallèle à celui-ci.

Placez le tracé en haut; bridez entre deux planches et pliez à 90° avec un maillet.

Pliez à 180° sur une pièce de métal pour un repli arrondi.

Enlevez la pièce de métal et repliez le bord complètement.

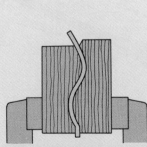

Courbe composée: Pressez dans un étau, entre des blocs de bois.

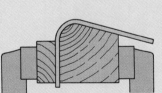

Courbe courte: Serrez entre des blocs; frappez avec un maillet.

Courbe simple: Martelez, ensuite courbez sur un modèle en bois dur.

Rebord renforcé

On renforce facilement un métal en feuilles en faisant un rebord, un joint, ou en enroulant le bout de la feuille. Cette technique, en plus de renforcer le métal, protège les gens contre les blessures qu'ils pourraient s'infliger sur les bords coupants. Les vignettes ci-contre vous indiquent la façon d'effectuer un rebord de renforcement. Il vaut mieux porter les grandes feuilles de métal à un atelier muni de machines qui exécutent plis, joints et rebords. Le bricoleur, lui, peut entreprendre les petits travaux, à la maison. Il importe qu'il sache que le métal en feuilles se vend en largeurs de 2' et en longueurs allant jusqu'à 8'. Il s'en vend en acier galvanisé, fer-blanc, fer détrempé noir, aluminium, cuivre, laiton, et en argent au nickel.

Portez des gants pour protéger vos mains des coupures lorsque vous manipulez les grandes feuilles de métal.

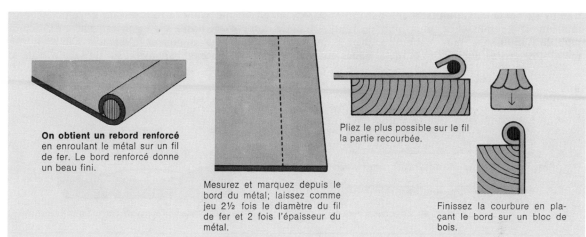

On obtient un rebord renforcé en enroulant le métal sur un fil de fer. Le bord renforcé donne un beau fini.

Mesurez et marquez depuis le bord du métal; laissez comme jeu 2½ fois le diamètre du fil de fer et 2 fois l'épaisseur du métal.

Pliez le plus possible sur le fil la partie recourbée.

Finissez la courbure en plaçant le bord sur un bloc de bois.

Joints pliés et repliés

Faites un joint plié en accrochant deux bords ensemble. Comme les bords sont seulement recourbés, le joint n'est pas à ras du métal et s'enlève facilement. **Le joint replié** se fait comme le joint plié, en formant et en accrochant deux bords simples et en les aplatissant au marteau. On peut utiliser un appareil à plier. On place celui-ci sur le joint, on le frappe avec un marteau, et les bouts se referment. On frappe ensuite tout le joint pour qu'il affleure le métal. Une soudure rendra l'ouvrage étanche. Pour faire une boîte avec du métal en feuilles, exécutez une forme en bois et pliez le métal tout autour.

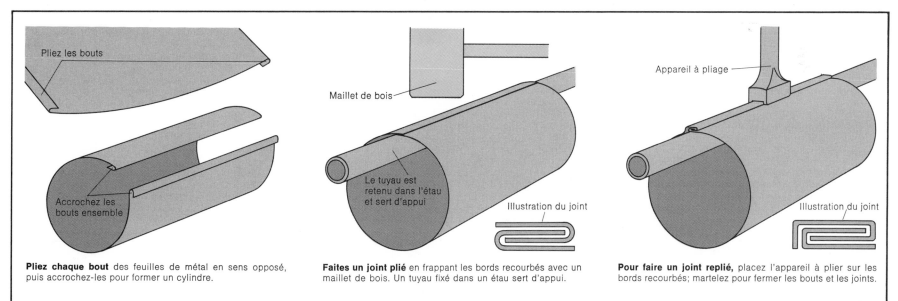

Pliez les bouts

Accrochez les bouts ensemble

Pliez chaque bout des feuilles de métal en sens opposé, puis accrochez-les pour former un cylindre.

Maillet de bois

Le tuyau est retenu dans l'étau et sert d'appui

Illustration du joint

Faites un joint plié en frappant les bords recourbés avec un maillet de bois. Un tuyau fixé dans un étau sert d'appui.

Appareil à pliage

Illustration du joint

Pour faire un joint replié, placez l'appareil à plier sur les bords recourbés; martelez pour fermer les bouts et les joints.

Métal en feuilles

Réparation d'une petite bosse

Une petite bosse dans un métal épais se répare assez facilement. Remplissez-la, plus qu'il ne faut, d'une pâte de remplissage, puis meulez ou limez à ras du métal. **Une grosse bosse étire le métal mince** qui doit être reformé avant le remplissage et le polissage. **Si le dôme d'une bosse** sur un métal mince est accessible et que vous ne pouvez le replacer à la main, martelez-le en place en l'appuyant sur un sac de sable. Un maillet de bois ou de cuir ne brisera pas la surface. **Si un col étroit** vous empêche d'atteindre le dôme, insérez une pièce de bois et pressez-la sur la bosse. La vibration agit sur le tasseau comme un marteau.

Remplissez les bosses du métal épais; limez le surplus

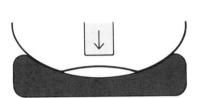

Des marques profondes étirent le métal mince

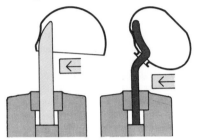

Martelez la bosse en l'appuyant contre un sac de sable

Une pièce de bois ou de métal replacera la bosse

Réparation des trous

Utilisez un nécessaire à réparer le métal pour remplir des trous ou réparer des sections rouillées sur une voiture. Le nécessaire consiste en une toile de fibre de verre et un mélange d'époxy. Commencez par poncer le métal à nu. Placez la pièce de treillis sous le trou. Remplissez l'ouverture ou la section rouillée du mélange d'époxy. Laissez sécher le rapiéçage environ 30 minutes, puis poncez-le à ras. Finissez et adoucissez par un ponçage à la main.

Avant de finir, assurez-vous que le mélange est complètement durci.

Poncez jusqu'au métal nu la surface à réparer.

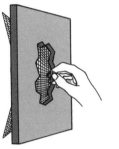

Fixez le treillis avec le mélange.

Appliquez le mélange sur la toile.

Quand le mélange est sec, poncez.

Réparation des grosses bosses

Pour réparer des bosses dans le métal épais, il faut remplir toute la cavité de mélange d'époxy provenant du nécessaire à réparer le métal. Percez d'abord une série de trous d'ancrage dans le métal. Remplissez les creux légèrement au-dessus de la surface. Appuyez sur le mélange durant le remplissage pour faciliter sa pénétration dans les trous. Quand le mélange aura complètement durci, il sera fixé aux cavités. Une bosse profonde dans le métal peut se corriger ou, du moins, s'atténuer par l'insertion de vis à tôle. Poncez l'ouverture avec un bloc de bois dur et tirez les vis peu à peu et régulièrement avec un marteau à panne fendue.

Percez une série de trous pour ancrer le mélange.

Remplissez la cavité un peu au-dessus de la surface.

Poncez à ras et laissez durcir quelque temps.

Introduction

Les bandes de métal léger et doux, comme l'aluminium, le Duralumin, le laiton, le cuivre, l'acier doux et le fer forgé (jusqu'à ¼" d'épaisseur) peuvent se plier à froid sans risque de les briser ou de les affaiblir. L'acier doux et le Duralumin offrent plus de résistance que les autres métaux mentionnés.

Quand le métal est plié à froid, il s'étire à l'extérieur, causant ainsi une déformation dans la surface courbée. Le problème est plus lourd de conséquence pour les métaux épais que pour les minces.

Quand le métal est plié chaud ou forgé, la déformation est plus faible et se corrige facilement. La

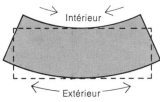

Intérieur

Extérieur

correction s'opère en laissant le coin de la courbure égal à la moitié de l'épaisseur du métal et en augmentant la longueur. Comme l'intérieur est comprimé, le métal doit se loger quelque part et il s'élargit à cet endroit. Souvent, la moitié extérieure devient concave également.

Puisque le métal est entier, la déformation se cor-

Déformation de la courbure d'un métal

rige en couchant la courbure sur le côté, sur une enclume, et en la martelant pour lui faire reprendre sa forme première. On la chauffe à blanc, au besoin.

Le bricoleur moyen n'a pas la facilité d'aller à la forge pour chauffer le métal à ce point. Le bec de gaz d'une cuisinière lui sera utile pour les petites pièces ou, encore, le chalumeau.

Pour obtenir un angle très vif sur de l'acier doux plus robuste, du fer forgé ou un alliage d'aluminium robuste, il faudra chauffer la partie de la courbure au chalumeau. Sur une courbure aussi prononcée, il faut chauffer à blanc le fer forgé, si possible. Lors-

qu'on le martèle quand il est jaune, il peut fendre, au lieu de se courber.

Certains métaux non ferreux doivent être trempés (p. 432) s'ils sont durs de nature ou ont été durcis pendant qu'on les travaillait. S'il y a des difficultés, le pliage se fait par étapes; le chauffage et le refroidissement de la technique de trempe s'effectuent entre les stades.

Les bandes de métal peuvent être tordues pour faire des lampes, des bougeoirs et des ferrures décoratives. Placez un de leurs bouts dans un étau et tournez l'autre avec une clé anglaise. Le métal se tordra à gauche ou à droite, suivant le côté où vous tournerez la clé. Le métal se rétrécit beaucoup quand on le tord; gardez-vous assez de jeu avant de commencer le travail.

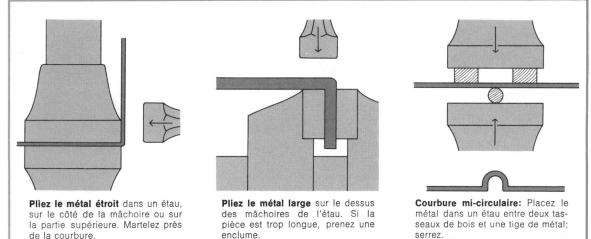

Pliez le métal étroit dans un étau, sur le côté de la mâchoire ou sur la partie supérieure. Martelez près de la courbure.

Pliez le métal large sur le dessus des mâchoires de l'étau. Si la pièce est trop longue, prenez une enclume.

Courbure mi-circulaire: Placez le métal dans un étau entre deux tasseaux de bois et une tige de métal; serrez.

Pliure incurvée

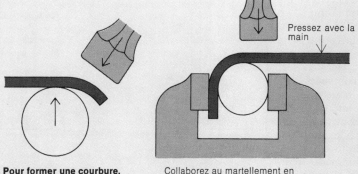

Pressez avec la main

Pour former une courbure, pliez le métal sur un tuyau ou une tige dans un étau. Martelez légèrement.

Collaborez au martellement en tenant, de la main, le long bout de la pièce fixée dans l'étau. Portez des gants.

Gabarit à courber

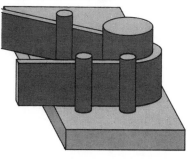

On peut faire des courbures et des spirales sur des métaux légers en les pliant à froid. Si le gabarit est fait entièrement de métal, on fait ce pliage avec du métal chauffé au rouge.

Tuyaux et barres de métal

Les tuyaux

En ce qui a trait à la plomberie, le chauffage, l'alimentation d'huile, les conduits, cadres de chaises, etc., le propriétaire a souvent besoin de tuyaux—habituellement d'aluminium, de laiton, de cuivre ou d'acier. Pour commander le tuyau, il faut connaître son diamètre extérieur et l'épaisseur de la cloison. Quand on plie un tuyau, l'extérieur s'allonge, et l'intérieur se contracte; si on ne prend pas de précautions, il peut se briser ou s'aplatir. Pour éviter un tel accident, remplissez le tuyau de sable, fermez les bouts, puis pliez graduellement. Employez un cintreur d'électricien avec un gabarit de pliage.

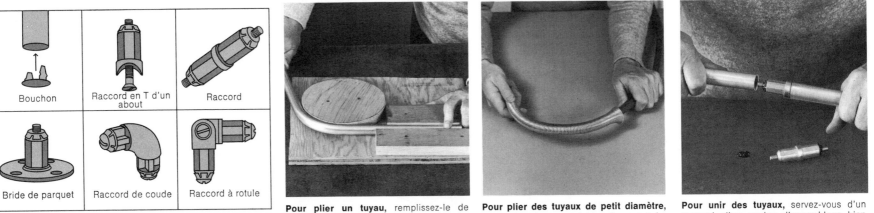

Les raccords illustrés ici servent à unir la tuyauterie d'aluminium pour diverses fins: fabrication de meubles, d'établis et articles de jardin. Ils s'ajustent sur les tuyaux de ¾″ et de 1″.

Bouchon | Raccord en T d'un about | Raccord
Bride de parquet | Raccord de coude | Raccord à rotule

Pour plier un tuyau, remplissez-le de sable; pliez-le autour d'une forme de bois. Un cintreur d'électricien (p. 260) peut servir à la plupart des pliages.

Pour plier des tuyaux de petit diamètre, passez-les dans un cintreur à ressort. Le ressort maintiendra la forme du tuyau pendant le pliage jusqu'au rayon désiré.

Pour unir des tuyaux, servez-vous d'un raccord, d'un goujon d'assemblage bien ajusté ou d'un tuyau avec, au centre, une fente dans le sens de la longueur.

Les barres de métal

On trouve les métaux: aluminium, laiton, bronze, cuivre, et autres métaux d'acier, en barres de dimensions et de formes diverses—rondes, carrées, plates, hexagonales, octogonales—et en longueurs allant jusqu'à 20'. Les techniques de coupage, de perçage, de filetage, d'assemblage et de finissage décrites dans les pages précédentes s'appliquent aussi au métal en barre. Celui-ci est trop gros pour se plier à froid; il faut le chauffer et le forger suivant la forme et la dimension désirées. Le métal en barre de ½″ de diamètre se coupe en petites longueurs. On s'en sert pour protéger les fenêtres du sous-sol contre les cambrioleurs. Percez des trous à chaque bout pour les vis indesserrables et fixez les barres au châssis de la fenêtre à espaces de 5″. Vous pouvez aussi utiliser des vis ordinaires et en limer la tête pour qu'on ne puisse plus les enlever. Des bandes de métal de ⅛″ d'épaisseur et de 1″ de large sont commodes pour renforcer tablettes et portes de garage. Les bandes de métal sont très légères; on peut en plier de petites sections dans un étau sans les chauffer. On peut le faire à la main quand le rayon est assez grand.

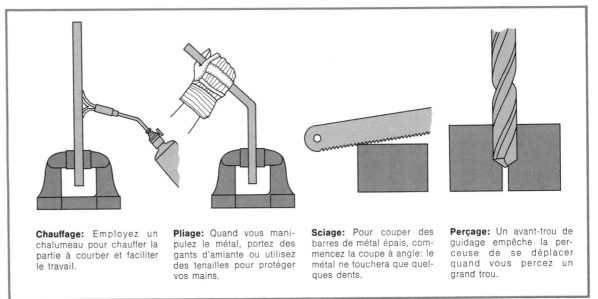

Chauffage: Employez un chalumeau pour chauffer la partie à courber et faciliter le travail.

Pliage: Quand vous manipulez le métal, portez des gants d'amiante ou utilisez des tenailles pour protéger vos mains.

Sciage: Pour couper des barres de métal épais, commencez la coupe à angle: le métal ne touchera que quelques dents.

Perçage: Un avant-trou de guidage empêche la perceuse de se déplacer quand vous percez un grand trou.

section 13: Le verre, la céramique et les plastiques

sommaire

438 Le travail du verre
440 Le perçage du verre et de la céramique
441 Réparation du verre et de la poterie
442 Les plastiques
444 Verre à usages particuliers

Le verre, la porcelaine et la poterie se brisent aisément. Il importe donc que le bricoleur sache bien comment s'y prendre pour les réparer. Cette fragilité du verre justifie, d'une certaine manière, l'usage de plus en plus répandu des matières plastiques dans certains domaines. Ces matériaux possèdent d'ailleurs des qualités qui valent la peine d'être étudiées par quiconque veut en tirer pleinement profit.

Le travail du verre

Comment couper le verre

Pour réussir à bien couper le verre, il faut à la fois de l'expérience et de la confiance en soi. L'une et l'autre s'obtiennent en pratiquant sur du verre de rebut. Il vous faudra un coupe-verre; les meilleurs coûtent moins d'un dollar.

Pour couper un morceau de vitre, placez une règle le long de la coupe projetée; appuyez fermement sur cette règle d'une main et, de l'autre, tracez une ligne continue avec le coupe-verre sur la surface de la vitre en appuyant l'outil contre la règle. Il faut rayer la vitre, non la couper. Vous entendrez le coupe-verre mordre le verre à mesure qu'il avance. Assurez-vous de n'avoir oublié aucune section car, à revenir sur la coupe, on risque de briser le verre.

Cassez le verre aussitôt après l'avoir rayé en plaçant un crayon sous le tracé et en pressant avec les mains chaque côté de la coupe. Le verre dépoli ou orné de dessins se coupe sur le côté uni. Le verre armé se coupe comme n'importe quel autre, sauf qu'il vous faudra séparer les fils et les plier jusqu'à ce qu'ils cassent ou, encore, les couper avec des pinces coupantes obliques.

Pour couper une bande étroite sur un grand morceau de vitre, rayez le tracé et frappez doucement sous cette rayure pour la séparer d'un pouce ou plus. Puis, saisissez la vitre de chaque côté de l'entaille et cassez la pièce de rebut. Pressez vers le bas en séparant les morceaux. Si la bande se fend mal, grésez-la avec les pinces ou avec les encoches du coupe-verre. Pour couper les bandes de moins de ½" de large, rayez le tracé et grésez le rebut. Ne grésez pas sans avoir d'abord rayé. Adoucissez les bords du verre servant aux tablettes ou aux surfaces de table en les frottant avec une pierre à huile trempée dans l'eau. Passez la pierre d'un bout à l'autre, à plusieurs reprises, en la tenant à un angle de 45° du verre.

Mesurage: Mesurez toujours à plusieurs endroits la longueur et l'épaisseur de l'ouverture dans laquelle le verre doit être posé, car les fenêtres sont rarement d'équerre. Si les mesures diffèrent, choisissez la plus petite et retranchez-en ⅛" pour l'expansion et la contraction. Autrement, le verre craquera, lors des fluctuations de température. Ceci est particulièrement vrai des châssis à battant d'acier. Voyez aux pages 123 et 124 comment on pose les vitres dans les châssis de bois ou dans les châssis à battant d'acier.

Huilez la molette du coupe-verre avec une huile légère ou du kérosène.

Tenez le coupe-verre en appuyant l'index sur la partie plate du manche.

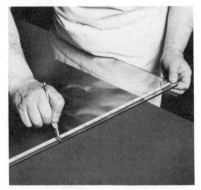

Marquez le début de la coupe en entamant le bord du verre avec l'outil.

Rayez le verre le long d'une règle, en un mouvement continu.

Placez le verre sur un crayon ou un long goujon. Pressez les deux côtés; cassez.

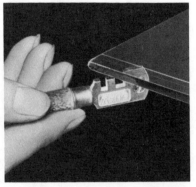

Entrouvrez les bandes étroites en frappant sous le verre avec l'outil.

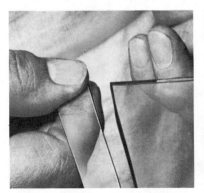

Saisissez le verre de chaque côté de la rayure et cassez-le en le pliant.

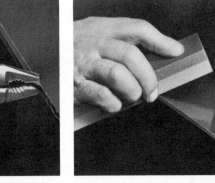

Les bandes s'enlèvent en rayant le verre et en le grésant avec des pinces.

Adoucissez les bords avec une pierre à huile trempée dans l'eau.

Comment plier un tube en verre

Les tubes en verre se courbent aisément à la chaleur d'un chalumeau. Mais une chaleur excessive les fera fondre. Le truc, c'est d'appliquer la chaleur lentement et graduellement, pour que le verre prenne de l'expansion uniformément. Si vous appliquez trop de chaleur d'un coup, le verre se fêlera comme lorsqu'on l'emplit d'eau trop chaude. Essuyez l'extérieur du verre et assurez-vous qu'il ne reste aucune humidité à l'intérieur. Autrement, il craquera. Portez des lunettes et des gants pour replier de courts tubes. Faites-les pivoter afin de mieux distribuer la chaleur à leur surface et bougez-les d'un côté et de l'autre. Ajustez la flamme pour qu'elle ait une lueur bleue.

La torche à gaz propane sert à chauffer le tube. Bougez-la pour que la flamme chauffe le verre également.

Aussitôt que le verre aura rougi, pliez le tube lentement. La photo montre une paille en verre.

La réparation du cristal

Un verre de valeur ébréché peut être réparé. Réchauffez-le dans un four à 350°. Chauffez l'endroit ébréché avec une torche à gaz propane jusqu'à ce que le verre commence à fondre. Il ne restera plus, là où était la brèche, qu'une légère dépression, et on pourra boire sans danger dans ce verre.

Comment couper une bouteille

Posez le coupe-verre (partie d'une trousse) à la hauteur désirée. Faites pivoter la bouteille.

Frappez-la par l'intérieur, le long de la rayure; continuez à frapper en tournant.

Lorsque la rayure aura atteint l'intérieur, la coupe sera complète.

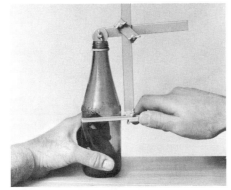

Les sections séparées de la bouteille. Le haut peut servir de bougeoir.

Adoucissez le bord coupant en le frottant sur un papier abrasif "wet-or-dry".

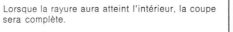

D'une bouteille mise au rancart, faites un verre à eau. Prenez une bouteille sans bulles.

Le perçage du verre et de la céramique

Le verre et la poterie

On pourrait croire qu'il est difficile de percer des trous dans le verre et la poterie. C'est pourtant facile, si vous possédez une perceuse à colonne ou que vous pouvez en emprunter une. Il vous faudra, pour ce travail, une poudre abrasive—carbure de silicium (Carborundum ou Cristolon)—, du mastic, un bout de tuyau et de l'eau. Déposez l'objet sur une base de bois. Fabriquez un barrage de mastic autour de l'endroit à percer. Déposez une cu. à thé de poudre abrasive et de l'eau à l'intérieur du barrage; encochez le tuyau et insérez-le dans le mandrin de la perceuse; faites tourner lentement en abaissant le tuyau. Ne vous effrayez pas du bruit strident: il signifie que tout va bien. Elevez et abaissez le tuyau plusieurs fois afin que le mélange déborde dans le trou que vous percez.

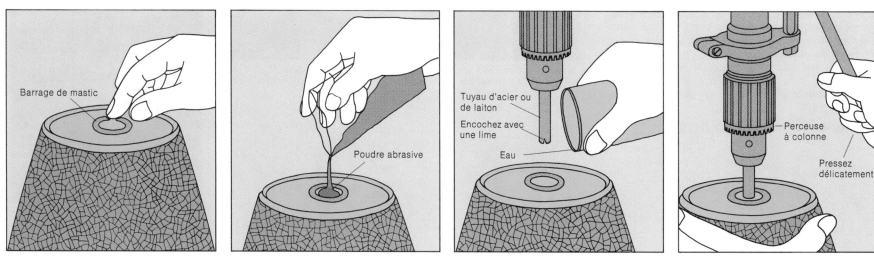

Faites un barrage avec le mastic. Déposez l'objet sur une base de bois pour prévenir la casse.

Versez une cu. à thé de poudre à l'intérieur du barrage.

Ajoutez un peu d'eau. Le diamètre extérieur du tuyau doit être égal à la dimension du trou.

Abaissez le tuyau en rotation dans le mélange. Pressez. Ajoutez de la poudre, si nécessaire.

Carreaux de céramique

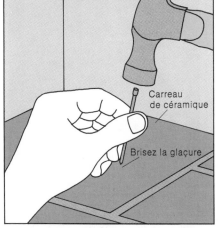

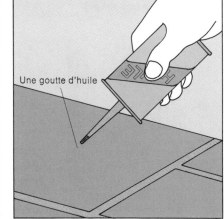

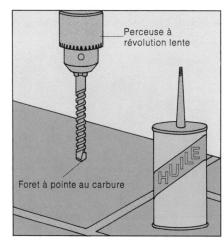

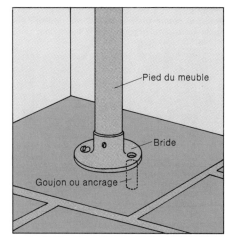

Pour percer un trou dans un plancher de céramique, faites un point de départ au poinçon.

Assurez-vous que le poinçon a pénétré la glaçure du carreau; appliquez de l'huile.

Utilisez un foret à pointe au carbure monté sur une perceuse à révolution lente.

Avant de fixer le meuble, placez des goujons dans les trous; servez-vous de vis à tête ronde.

Préparation et façon de procéder

Avant de remettre en état toute pièce de porcelaine, verre, terre cuite ou grès, lavez-la à fond. Les produits adhésifs ne tiennent pas sur des surfaces grasses ou humides. Choisissez une colle (p. 86) qui résiste aux conditions dans lesquelles l'objet réparé doit servir. Les époxies ont l'adhérence la plus forte et résistent à des lavages fréquents à l'eau chaude. Les colles cellulosiques supportent des lavages dans des proportions limitées et durcissent plus rapidement, mais sont moins fortes que les époxies. Pour le rebouchage, employez des mastics, soit seuls, soit combinés à une colle époxy. Avant de coller, assemblez les pièces pour reconstituer l'objet. Collez les petits morceaux sur les grands. Laissez sécher chaque fois.

Réparation d'un verre

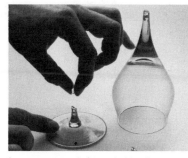

Les verres se brisent habituellement en petites pièces. Recollez-les avec la colle époxy transparente.

Collez les petits morceaux sur les grands. Favorisez le durcissement avec un sèche-cheveux.

Improvisez un support en bois pour maintenir le haut du verre contre le pied pendant que la colle sèche.

Anses cassées

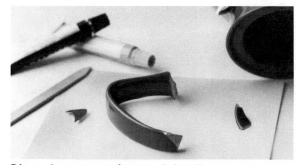

Réparez les anses cassées avec de la colle époxy qui assurera la solidité de la réparation. Nettoyez les morceaux; laissez-les sécher et rangez-les dans l'ordre de la remise en place. Laissez durcir la colle à chaque étape.

Lorsque tous les morceaux sont assemblés et que la colle a durci, replacez l'anse sur le corps du récipient, et posez un ruban adhésif pour la retenir en place. S'il reste encore un petit trou dans la pièce, bouchez-le avec de la colle.

Obturez les grandes cavités avec un rempli époxy épais du genre Devcon-2 Ton, ou du ciment Duro E•Pox•E. Pour améliorer l'adhérence, enduisez la cavité de colle époxy avant d'employer le produit de remplissage.

Modelez le rempli lentement, en le lissant avec les doigts trempés dans de l'eau savonneuse. Lorsque la forme désirée est obtenue, enlevez l'excédent en grattant légèrement jusqu'à la surface vernissée.

Quand la colle est sèche (après 15 heures environ), faites les raccords avec une peinture de la couleur du récipient, obtenue en mélangeant un peu de colle époxy avec des pigments de peinture. Les époxies, une fois sèches, donnent un fini lustré.

Pour réparer les petites écornures comme celle sur le bord de ce pot, mélangez un peu de colle époxy avec des pigments de peinture appropriés et rebouchez la cavité avec la pâte obtenue. Accélérez le durcissement en exposant l'objet à la chaleur.

Les plastiques

Coupe et fabrication

Les feuilles de plastique rigide peuvent être coupées et perforées avec des outils de menuiserie. Ne sciez ces feuilles qu'avec des lames à denture fine; percez-les à faible vitesse après les avoir appuyées sur une base en bois pour éviter que la perceuse ne les déforme. Courbez les feuilles de plastique en les chauffant légèrement avec une torche à gaz propane que vous promenez là où il faut. Complétez une courbe à 90° en plaçant la feuille sur un bloc; pour un coin arrondi, utilisez un goujon. Les feuilles de plastique se joignent avec un adhésif, celui que recommande le manufacturier. On peut aussi réunir les plastiques à l'aide d'une cornière en aluminium avec laquelle on forme les joints des coins.

Le plexiglas se taille en passant plusieurs fois avec un poinçon.

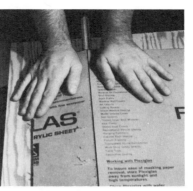
Rompez-le en pressant chaque côté du tracé, tel qu'indiqué.

Les courbes se font à la scie sauteuse, le long du tracé sur le papier.

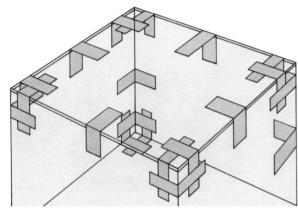
Avant d'unir les feuilles de plastique avec du ciment, poncez légèrement les coins. Utilisez le ciment recommandé. Fixez les pièces au ruban adhésif pour le séchage.

On peut utiliser la scie sauteuse et un tasseau fixé aux deux bouts.

La scie à ruban à dents fines s'emploie aussi pour tailler les courbes.

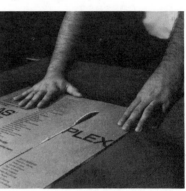
La scie circulaire est aussi utilisée pour couper ce matériau.

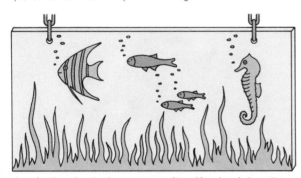
Les feuilles de plastique peuvent être décorées à la peinture: émail, laque, huile, et même peinture en aérosol, mais non au latex. A l'extérieur, appliquez du vernis clair.

Adoucissez les bords avec un papier abrasif "wet-or-dry" fin.

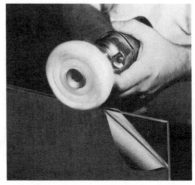
Rendez le bord transparent en le ponçant avec le disque en buffle.

Le plexiglas se perce tout comme le bois. Appuyez-le sur un bloc de bois.

Réparation d'une contre-porte

Enlevez le verre brisé de la contre-porte, ainsi que son cadre.

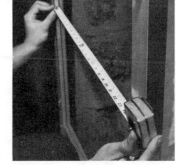

Mesurez l'ouverture; allouez ½″ par pied pour l'expansion thermale.

Ce matériau se coupe à la scie circulaire ou en rayant et cassant.

Retirez le papier et insérez le carreau dans l'ouverture.

Pas de cadre nécessaire. Serrez les agrafes comme s'il y en avait un.

Réparation d'une porte de douche

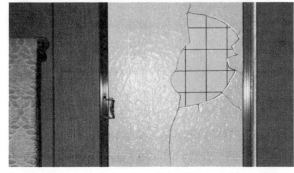

La vitre de la porte de douche se brise? Elle peut être remplacée par un carreau en plastique, à l'épreuve du bris.

Décrochez la porte de ses pentures; retirez les vis des quatre coins de la porte. Conservez-les.

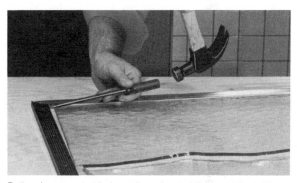

Retirez le sommet et la base du cadre et défaites celui-ci. Allez-y avec délicatesse pour éviter les ébarbures.

Enlevez avec soin le verre brisé. Nettoyez le joint et la garniture. Taillez le plastique un peu plus petit que l'ouverture.

Poncez légèrement les bords. Ajustez la garniture autour de la feuille de plastique de ⅛″ d'épaisseur.

Pressez le cadre sur la garniture des quatre côtés. Replacez les vis dans chaque coin et suspendez la porte.

Verre à usages particuliers

La fabrication du verre spécial

On se sert de verre dépoli dans certaines pièces pour préserver son intimité. Il est également utilisé pour procurer au grenier ou au sous-sol une lumière diffuse sur de grandes surfaces. Tout ce qu'il vous faut pour fabriquer vous-même votre propre verre dépoli, c'est quelques onces de carbure de silicium (Carborundum ou Cristolon). Ces poudres abrasives se vendent en différentes consistances: de grossières à extrafines. Plus les particules abrasives sont fines, plus le verre est translucide, la besogne terminée. Pour user le verre, utilisez une truelle à vitre que vous bricolerez en collant, à l'époxy, une poignée de bois à une pièce de verre de rebut. Commencez le meulage avec un mélange de carbure de silicium et d'eau. Frottez la pâte sur le verre en un mouvement circulaire. Au fur et à mesure que vous progresserez, le mélange perdra de sa force. Ajoutez d'autre carbure et d'autre eau. Lavez souvent l'ouvrage pour vérifier si vous n'avez pas oublié des coins. Quand vous aurez obtenu l'effet désiré, lavez la vitre et posez-la pour la laisser sécher. Quand vous la poserez, mettez le côté dépoli à l'intérieur; il amassera moins la saleté.

On obtient du verre dépoli en frottant ensemble deux vitres avec un abrasif au carbure de silicium en guise de coulis.

Voici le résultat. Le fini sera grossier ou fin selon la grosseur de l'abrasif employé pour user le verre.

Briques de verre

Les briques de verre s'emploient beaucoup pour sceller les fenêtres de cave ou de caveau contre les infiltrations d'eau, les cambrioleurs ou les indiscrets. On s'en sert aussi en guise de cloisons intérieures. Les briques de verre se posent de la même façon que la brique ordinaire. On emploie surtout les blocs de 6″ x 6″, 8″ x 8″, 12″ x 12″. Tous mesurent 4″ d'épaisseur. Il s'en vend aussi des 12″ x 4″ et des 8″ x 4″. Certains diffusent la lumière; d'autres la propagent. On les obtient aussi ornés de motifs translucides ou transparents.

Lorsque vous mesurez vos fenêtres pour y poser des briques de verre, comptez l'épaisseur du mortier—⅜″ par brique. C'est ainsi que si vous posez des briques de 8″ x 8″, vous compterez 8⅜″ x 8⅜″.

Si l'ouverture ne peut recevoir un nombre exact de briques complètes, installez un cadre autour du sommet, de la base ou des côtés pour faciliter l'ajustement des briques complètes. Un bricoleur ne peut couper lui-même ses briques de verre. Servez-vous de mortier blanc pour installer vos briques. Il en faut ¼ de livre par brique. On peut les échafauder à n'importe quelle hauteur sans qu'elles aient besoin de soutien. Toutefois, si vos briques s'arrêtent à mi-chemin—comme dans les demi-cloisons—leur extrémité supérieure devra être recouverte d'une tablette en bois. Pour les installations extérieures—comme pour remplir une ouverture de fenêtre—recouvrez d'abord l'appui, sur lequel les blocs reposeront, d'une couche épaisse de ciment à toiture. Ajoutez une bande d'expansion en feutre épais de chaque côté du cadre. Quand l'asphalte sera sec, étendez un lit de mortier de ⅜″ sur l'appui (p. 447); il recevra la première rangée de briques. Cette rangée posée, peut-être voudrez-vous renforcer la fenêtre avec des barres d'acier, en guise de protection contre les voleurs. Déposez les barres dans les rainures des briques de la première rangée. Appliquez le lit de mortier de la seconde rangée. Continuez de la sorte jusqu'à ce que l'ouverture soit comblée. Complétez en étendant du composé de calfeutrage autour de la nouvelle fenêtre. Appliquez-en partout où les briques rencontrent le cadre ou le mur. Ratissez à une profondeur de ⅜″ les espaces remplis de composé. Si un montant fait partie de l'installation, entassez de l'étoupe entre les briques et le montant.

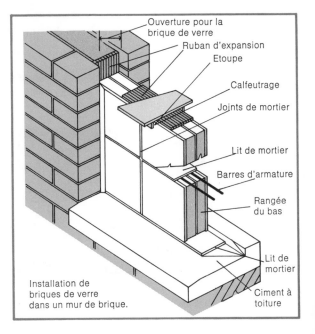

Installation de briques de verre dans un mur de brique.

Ouverture pour la brique de verre
Ruban d'expansion
Étoupe
Calfeutrage
Joints de mortier
Lit de mortier
Barres d'armature
Rangée du bas
Lit de mortier
Ciment à toiture

La maçonnerie de brique et de pierre

La réussite d'une maçonnerie en brique ou en pierre est avant tout le résultat d'un travail méthodique et de contrôles successifs. Si vous ne tentez pas d'en faire trop à la fois, vous y trouverez un exercice physique agréable plutôt qu'une corvée épuisante. Dès que vous posséderez les tours de main du métier, vous pourrez aussi bien construire des murs de jardin, des pergolas, ajouter des annexes à la maison que faire des réparations qui seraient, autrement, fort coûteuses. Nous vous donnons les caractéristiques de ces matériaux et vous expliquons comment les mettre à profit.

sommaire

446 Achat des briques
447 Le mortier
448 Outillage
451 Types d'appareillages
452 Extrémités et joints
453 Vaporifuges
454 Pose des briques
456 Les joints
457 Réfection des joints
458 Ouvrages en pierre
460 Réparations des murs
462 Cheminées
463 Foyers
464 Pavage

Achat des briques

Briques pour différents travaux

Avant d'établir les plans de vos ouvrages en brique, sachez quelles briques conviennent. Celles qui servent pour l'intérieur diffèrent totalement de celles prévues pour l'extérieur. Ces dernières, elles-mêmes, sont de plusieurs types: il existe une différence marquée entre les briques utilisées dans les pays chauds et celles qu'on emploie dans les pays froids. Elles sont aussi de dimensions, textures et couleurs variées.

Il existe deux types de briques ordinaires: les premières, d'usage général (type 1), servent de parement à la surface extérieure des maisons. Comme elles servent aussi pour les murs de soutien, patios, fondations, qu'elles sont souvent posées sur le sol ou exposées à des froids excessifs, elles doivent bien résister aux intempéries. Les secondes (type 2) s'utilisent comme remplissage ou parement intérieur (murs devant recevoir une couche de plâtre, par exemple) et ne conviennent pas à l'extérieur.

Quand vous achèterez vos briques, voyez à ce qu'elles aient toutes les mêmes dimensions et qu'elles soient droites et dures. Les briques mal cuites se désagrègent quelquefois. Frappez deux briques l'une contre l'autre: si elles sont de qualité, elles rendront un son de cloche.

Les briques de parement de type 1 restent apparentes, le travail terminé. Elles servent aux murs extérieurs et doivent résister aux intempéries. Elles peuvent être lisses ou rugueuses, dures ou tendres, et se vendent en un grand choix de couleurs et de dimensions. Leurs couleurs vont du rouge clair au violacé, du noir aux jaunes et marrons. Quelques-unes ont même une surface émaillée. Seule la brique du type 1 s'emploie comme revêtement.

Les briques à feu sont faites d'une argile capable de subir des températures extrêmement élevées. On les emploie dans les foyers des maisons et dans l'âtre des rôtisseries.

Le mortier utilisé dans la pose de ces briques à feu doit contenir de l'argile réfractaire au feu.

Les briques de démolition sont particulièrement décoratives mais ne s'emploient qu'à l'intérieur, à cause de leur fragilité. Les chantiers de démolition en gardent des réserves. On peut aussi s'en servir pour remplacer une brique endommagée, à l'extérieur. Chaque brique doit être examinée soigneusement avant la pose, au cas où on lui trouverait des défauts ou des lézardes.

Combien de briques vous faudra-t-il?

La plupart des briques ordinaires et des briques de parement ont des dimensions normalisées. Longueur: 8"; largeur: 3¾"; épaisseur: 2¼". Avant d'élaborer vos plans, il importe que vous sachiez ces dimensions, et que vous vous informiez si votre marchand possède de telles briques.

Calcul: Pour obtenir une estimation correcte, déterminez d'abord la superficie de votre mur en pieds carrés et soustrayez-en la superficie occupée par les portes et les fenêtres. Comptez 6.16 briques au pied carré. Ajoutez quelques briques de plus pour la casse éventuelle, et pour les inévitables pertes.

Basez la hauteur de vos murs sur des multiples d'une hauteur de brique plus un joint de ½": 2¾", 4¼", 8½". Supposons que vous vouliez construire un mur de 17' de haut et de 11' de long. Divisez la longueur en pouces, par la longueur nominale de la brique: 8½" (11' x 12" = 132"), soit 16 briques, et divisez la hauteur par la hauteur nominale de la brique (17' x 12" = 204"), soit 75 briques. Il vous faudra 16 briques pour chaque rangée; le mur aura 75 rangées de haut et comptera en tout 1,200 briques.

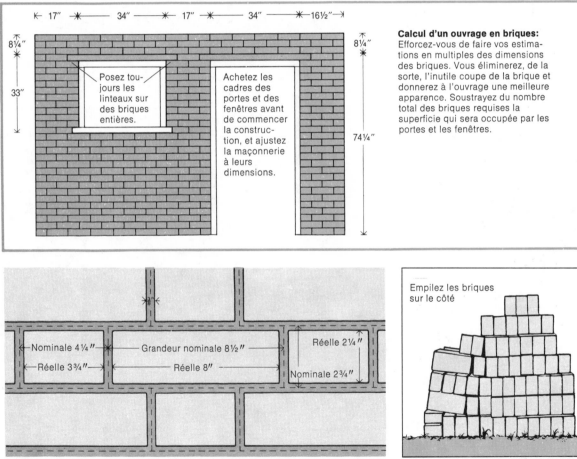

Calcul d'un ouvrage en briques: Efforcez-vous de faire vos estimations en multiples des dimensions des briques. Vous éliminerez, de la sorte, l'inutile coupe de la brique et donnerez à l'ouvrage une meilleure apparence. Soustrayez du nombre total des briques requises la superficie qui sera occupée par les portes et les fenêtres.

Posez toujours les linteaux sur des briques entières.

Achetez les cadres des portes et des fenêtres avant de commencer la construction, et ajustez la maçonnerie à leurs dimensions.

Nominale 4¼" — Grandeur nominale 8½" — Réelle 2¼"
Réelle 3¾" — Réelle 8" — Nominale 2¾"

Pour calculer les briques nécessaires à une structure, servez-vous des grandeurs nominales des briques. Le mortier ajoute ½" aux dimensions de celles-ci.

Empilez les briques sur le côté

Empilez-les sans danger en faisant pencher à l'intérieur celles des bouts.

Sa composition

Le mortier se compose d'un liant (ciment, chaux ou les deux ensemble), d'un agrégat de sable, et d'eau dans une proportion de: 1 partie de liant pour 3 parties de sable. Votre ciment à maçonnerie sera de bonne qualité si le sac porte le sceau d'approbation de l'association Canadian Standard CSA A8. Le sable doit être propre et libre de glaise, d'argile ou de matières organiques. Vérifiez-en la qualité en en pressant une poignée dans votre main; il doit tomber aisément quand vous ouvrez les doigts, et ne pas tacher la paume. N'employez pas le sable marin: le sel qu'il contient décolore le mortier et le garde humide. L'eau du mixage doit être propre. S'il y flotte des poussières, le mortier sera de qualité inférieure. N'employez pas d'eau salée.

Choix et préparation du mortier

Le briqueteur amateur se sert soit d'un mélange préparé, soit de mortier de ciment à maçonnerie, selon l'ampleur des travaux.

Servez-vous d'une binette pour mélanger le mortier en petites quantités dans une auge à mortier ou dans une brouette propre. Ajoutez assez d'eau pour le rendre malléable. N'en préparez que pour une heure ou deux de travail. Le mortier de bonne consistance glisse aisément de la truelle et garde sa forme quand on l'entasse. N'employez que des matériaux frais. Le ciment se détériore avec l'âge: n'en conservez pas pour l'année d'après.

Lorsqu'il vous faut peu de mortier, soit 1' cube, achetez du mortier préparé. Tout est dans le sac, sauf l'eau. C'est le mortier le plus facile à préparer, mais c'est celui qui coûte le plus cher.

Employez du ciment à maçonnerie pour les gros travaux. Préparez-le en mêlant 3 parties de sable pour 1 partie de ciment à maçonnerie (mortier de ciment contenant la quantité de chaux nécessaire). Brassez jusqu'à ce que chaque grain de sable soit enrobé. Ajoutez un peu d'eau à la fois et agitez jusqu'à ce que la couleur et la texture du mortier soient uniformes. Pour faire soi-même le mortier de chaux et de ciment, il faut du ciment Portland, de la chaux, du sable et de l'eau. Comme il coûte un peu moins cher que le mortier de ciment, on s'en sert pour les travaux d'envergure et les ouvrages d'un caractère particulier, tels que la pose des seuils de porte. La chaux hydratée est d'emploi plus facile que la chaux vive; ajoutez-la sèche au mélange, mais éteignez la chaux vive avec de l'eau avant de la mélanger. Pour faire du mortier de chaux et de ciment, mélangez le sable et le ciment; ajoutez la chaux et mélangez à nouveau, puis ajoutez l'eau petit à petit et délayez jusqu'à ce que le mortier ait une couleur et une consistance uniformes. On se sert de **colorant à mortier,** en poudre ou en pâte, pour dissimuler ou accentuer les joints. On peut en ajouter jusqu'à 10% du poids. Pour la chaux vive, ajoutez le colorant seulement quand la chaux est éteinte (24 heures plus tard, environ), puis mélangez et passez dans un tamis grossier avant de l'ajouter au sable. Pour le ciment à maçonnerie, le colorant en poudre est mélangé à fond au sable et au ciment sec. Préparez une coulée échantillon et laissez-la reposer avant d'entreprendre le travail. **Le coulis** est un mélange clair de ciment Portland, de chaux, de sable et d'eau. On le verse là où le mortier ordinaire s'applique difficilement. N'en mettez pas trop.

Le gel et la maçonnerie: Le briquetage par des froids sous zéro est le fait des spécialistes. Le grand froid gèle le mortier, causant des lézardes graves. Pour faire des réparations d'urgence, gardez briques, sable et ciment au chaud sous une bâche-tente où vous aurez mis une chaufferette à l'huile. Employez de l'eau chaude pour le mélange. Recouvrez le travail fini d'une bâche que vous garderez chaude un bon moment.

ÉQUIVALENCES (MÉLANGES DE MORTIER)

Genre de briquetage	Mortier chaux-ciment	Mortier de ciment à maçonnerie*
Murs de soutien, seuils, couronnes	1 partie ciment Portland ½ partie chaux 4½ parties sable	1 partie ciment à maçonnerie 3 parties sable
Murailles, ouvrage sous la ligne d'humidité; parapets non enduits	1 partie ciment Portland 1 partie chaux 6 parties sable	1 partie ciment à maçonnerie 3 parties sable
Murs très exposés au-dessus de la ligne d'humidité, parapets enduits de mortier, intérieur des murs creux	1 partie ciment Portland 1 partie chaux 6 parties sable	1 partie ciment à maçonnerie 3 parties sable
Murs intérieurs non portants	1 partie ciment Portland 2 parties chaux 9 parties sable	1 partie ciment à maçonnerie 3 parties sable

*Certains guides en usage dans les pays tempérés indiquent des proportions de sable plus considérables que celles-ci dans le mélange de ciment à maçonnerie. Au Canada, la CSA ne le permet pas.

QUANTITÉ DE MORTIER NÉCESSAIRE

Par 100 pieds carrés de surface de mur de briques				
Epaisseur du mur	Nombre de briques	Pieds cubes de mortier	Mélange par volume 1:3	
			Sacs de ciment à maçonnerie	Pieds cubes de sable
4″	616	9	3	9
8″	1,232	21	7	21

Les quantités de mortier recommandées dans ce tableau sont approximatives. Elles comprennent une perte de 20% dans un mur de 4″, et de 12% dans un mur de 8″. Cette évaluation est prudente, car on peut perdre jusqu'à 50% du mortier et même plus, si on ne sait pas l'appliquer. La brique standard (2½″ x 3¾″ x 8″) a servi à préparer ce tableau. Les joints de mortier ont ½″ d'épaisseur. Un sac de ciment à maçonnerie en contient un pied cube.

Les outils

Equipement de base

En plus des outils reproduits ici, il vous faudra un niveau à bulle d'air de 4', une brouette en métal, des cordes de maçon, un ruban à mesurer de 50', une binette et une pelle plate. Portez des verres quand vous coupez les briques ou que vous nettoyez les vieux joints de mortier. S'il vous faut un échafaudage, louez-le ou improvisez-en un à l'aide d'échelles et de madriers. Ces derniers ne doivent avoir ni défaut ni larges nœuds. Essayez l'échafaudage en le suspendant à un pied ou deux au-dessus du sol et en priant deux adultes de s'y tenir, bien au centre. Ayez toujours la même face de la planche sur le dessus: marquez-la.

Outils spécialisés: Il vous faudra probablement acheter quelques-uns des outils illustrés ici. Encore faut-il qu'ils soient de bonne qualité. Dans ce domaine comme dans bien d'autres, le "bon marché" risque de n'être pas payant. **1.** Truelle. Pour étendre le mortier, former les joints, poser la brique et nettoyer les briques coupées. **2.** Marteau de briqueteur. Pour couper les briques. **3.** Masse de 2½" livres. Pour enlever les briques brisées, buriner le mortier, couper les briques. **4.** Ciseau à briques de 4". Pour couper les briques, casser la pierre, buriner le mortier, enlever les briques brisées. **5.** Un bédane à lame de ⅜". Pour nettoyer les joints de mortier à repointer. **6.** Fer à joints. Pour former et étendre le lit de mortier.

Outils faits à la maison: 1. Poteau d'alignement. Pour vous assurer que les assises de briques s'élèvent de façon régulière. Il est fait d'une pièce de 1 x 2 de la hauteur du mur que vous érigez. Marquez à la scie la hauteur de chaque rang (2¾", hauteur de la brique et du joint). **2.** Gabarit de pente. Pour vérifier la pente d'un mur ou d'une cheminée. Fabriquez-le à l'aide de pièces de 1 x 2, selon l'inclinaison de l'ouvrage. **3.** Taloche. Pour porter une petite quantité de mortier quand on fait des joints ou de petits raccords. Fabriquez cet outil—1' carré—en contreplaqué marin de ⅜", léger et résistant. Vissez le manche fait d'un goujon de 1½" et long de 6". **4.** Plateau de maçon. Pour porter la provision de mortier. Fait (3' carré) avec du contreplaqué marin de ⅜" ou du carton-fibre durci de ¼". Les tasseaux qui le supportent sont en 1 x 3, 2 x 2 ou 2 x 4. **5.** Grande équerre de charpente. Pour vérifier les angles. Réunissez trois morceaux de bois rectilignes de façon que leurs longueurs respectives soient dans le rapport 3-4-5. Faites-la—18" x 24" x 30"—avec une pièce de 1 x 2.

Outils à acheter

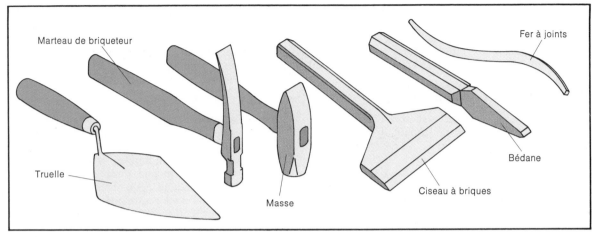

Marteau de briqueteur
Fer à joints
Truelle
Masse
Ciseau à briques
Bédane

Outils à faire soi-même

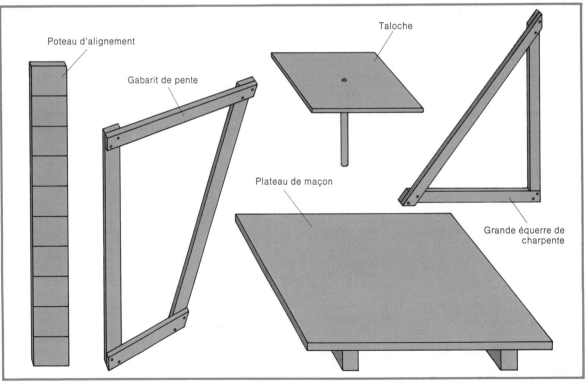

Poteau d'alignement
Gabarit de pente
Taloche
Plateau de maçon
Grande équerre de charpente

Comment manier la truelle

Savoir bien manier la truelle est la clé d'un briquetage rapide. Le mortier doit être correctement placé avant qu'on ne pose les briques si on veut obtenir un joint solide et régulier; pour cela, il faut connaître la technique.

Si vous n'avez jamais posé de briques, cela vaut la peine de pratiquer en édifiant un petit mur avant de vous attaquer au véritable ouvrage. Cette étape préliminaire ne vous coûtera pas cher puisque les briques serviront de nouveau si vous les débarrassez du mortier moins de deux heures après l'expérience.

Les photographies de cette page montrent la succession des mouvements permettant de ramasser le mortier et de le poser. Avec un peu de pratique, vous ferez aisément et automatiquement ces deux opérations en un seul geste.

Les débutants trouveront efficace et pratique la petite truelle pointue et la préféreront à la truelle ordinaire de briqueteur pour poser et égaliser le mortier (p. 455).

Les gens de métier utilisent le côté de la truelle pour couper les briques. C'est un tour de main que vous risquez de trouver trop difficile pour l'exécuter proprement; aussi ne l'employez que pour placer et égaliser le mortier et pour en enlever l'excédent; coupez les briques avec un ciseau de briqueteur.

Servez-vous du manche de la truelle pour enfoncer la brique en place dans son lit de mortier (p. 455). Avec le bord de la truelle, vous formerez des joints (p. 456).

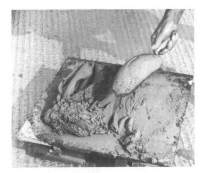

Pour ramasser le mortier, coupez-en une tranche avec la truelle; glissez-la vers vous. Arrondissez le bord coupé.

Soulevez le mortier en glissant la truelle par-dessous et par l'arrière pour la charger d'un "boudin" de mortier.

Pour bien poser le boudin, amenez la truelle au-dessus des briques; tirez-la en arrière d'un mouvement régulier.

Egalisez le mortier avec la pointe de la truelle en une couche d'environ ½" prête à recevoir les briques.

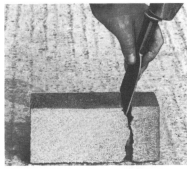

Pour former les joints verticaux, "graissez" une des extrémités de chaque brique avant de la poser.

Egalisez le mortier autour des bords. Placez le côté enduit de la brique contre la dernière brique posée. Joint de ½".

Utilisation du ciseau

Avant de couper les briques, déterminez combien de moitiés il vous faudra et taillez-en plusieurs du même coup. Vous acquerrez une certaine habileté avec le ciseau. Vérifiez chaque brique en la frappant avec un marteau ou contre une autre brique. Un son clair indique que la brique est bonne. Ne coupez que des briques sans défauts; les autres se désagrègent sous les coups de la massette.

Utilisez le ciseau avec un marteau ordinaire ou avec un marteau robuste à tête de 2½ lb, plus efficace. Placez la lame du ciseau sur la marque faite sur la brique. Inclinez légèrement le manche du côté de la partie de brique à rejeter. Coupez d'un coup sec. Plus le coup est fort, plus la coupe est nette. Portez des verres pour accomplir ce travail.

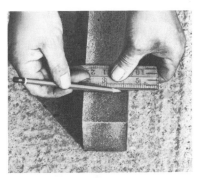

Pour couper une brique avec un marteau robuste et un ciseau, marquez à la surface l'emplacement de la coupe.

Placez le ciseau sur la marque. Inclinez le manche du côté du rebut. Coupez d'un seul coup sec.

Nettoyez la coupe en hachant avec le côté courbe de la truelle. La brique est utilisable si elle a la bonne longueur.

Outillage

Utilisation du cordeau

Un cordeau et des chevillettes ou des clous sont essentiels au bon alignement d'une rangée de briques. La première rangée posée, montez, bien d'aplomb et de niveau, plusieurs rangs dans les coins, en diminuant la quantité de briques à mesure que vous montez.

La meilleure façon d'utiliser le cordeau, c'est avec des blocs en plastique. Insérez-le dans la rainure et tendez-le; sa tension retiendra le bloc en place.

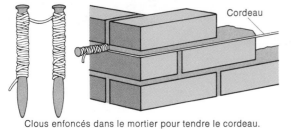

Clous enfoncés dans le mortier pour tendre le cordeau.

Pour vous servir d'un cordeau sans bloc, enfoncez les chevillettes ou les clous dans le mortier, autour du coin d'une nouvelle rangée de briques. Fixez-le à la chevillette ou au clou pour qu'il affleure la rive extérieure et supérieure des briques des angles. Maintenez la tension du cordeau. S'il s'agit d'un mur long, supportez le cordeau ici et là pour le garder tendu.

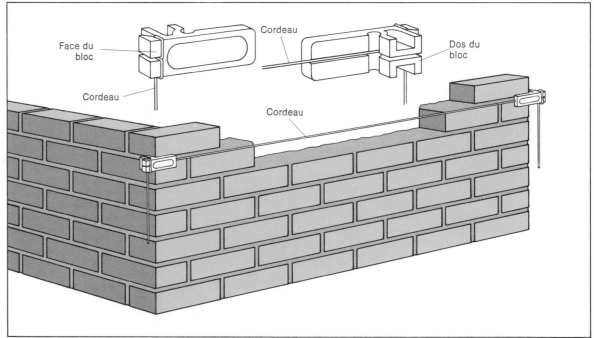

La pose des blocs en plastique pour fixer les cordeaux aux coins et aux extrémités se fait en premier. Les briques suivront le cordeau sans y toucher. Les blocs en plastique ne laissent pas de trous dans le mortier.

Vérification au niveau à bulle

Utilisez un niveau de 4' de long et vérifiez l'ouvrage de quatre façons avant que le mortier ne durcisse. Les bulles horizontales et verticales indiquent si le niveau est bon dans ces directions. Le niveau s'utilise aussi en guise de règle pour vérifier les diagonales: les bulles d'air ne servent pas. Tenez le niveau en diagonale sur la face du mur et constatez s'il y a du jour entre l'outil et la brique. Si tel est le cas, le mur n'est pas aligné. Corrigez ce défaut en frappant légèrement les briques vers l'intérieur du mur. Corrigez les défauts verticaux et horizontaux en frappant légèrement les briques avec le manche de la truelle. Veillez à la propreté du dessous du niveau: une bavure de ciment collée à une extrémité peut fausser complètement toute vérification.

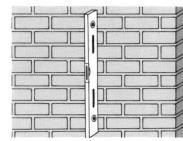

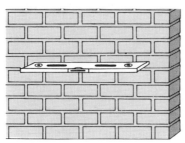

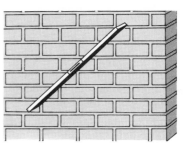

Les bulles d'air servent à vérifier les niveaux horizontaux et verticaux.

Vérifiez la planéité de la face: posez le niveau en biais dans un sens puis dans l'autre.

La vérification du niveau se fait en le changeant de côté. La bulle doit être dans la même position des deux côtés.

Les différents types d'appareillages

Tout travail de maçonnerie s'exécute selon un appareillage, c'est-à-dire selon une disposition des briques où les joints verticaux d'un rang ne se superposent pas aux joints du rang inférieur. Les joints verticaux doivent cependant coïncider à tous les deux rangs. Dans tous les appareillages, les briques placées bout à bout en longueur s'appellent panneresses et celles qui sont placées côte à côte en largeur se nomment boutisses. La disposition des joints en quinconce permet la répartition sur l'ensemble du mur de la pression exercée, d'une part, par le poids mort des briques elles-mêmes et, d'autre part, par des éléments de la construction tels que le toit et les poutrelles du plancher.

La manière la plus simple de vous rendre compte si l'appareillage s'harmonise avec l'entourage, c'est de monter des parties de mur « à sec » sans mortier. Vous comprendrez rapidement pourquoi les parties de briques en trois-quarts et en quart sont nécessaires dans chaque rang afin que les joints verticaux ne soient pas placés en ligne continue.

Les dernières briques d'une rangée, c'est-à-dire les briques des bouts, peuvent être soit complètes, soit partielles.

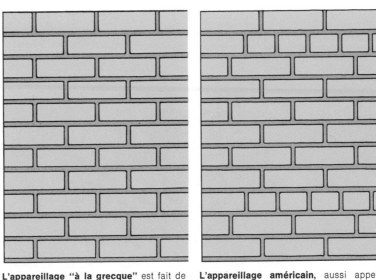

L'appareillage "à la grecque" est fait de rangs de briques identiques dont le plus grand côté est apparent. Décalez les joints en plaçant des demi-briques aux bouts et des boutisses aux coins.

L'appareillage américain, aussi appelé appareillage commun, est une modification de l'appareillage "à la grecque". Chaque 6e ou 7e rang est un rang à boutisses. Cela accroît la solidité.

L'appareillage anglais est utilisé pour des maçonneries de 8″ d'épaisseur. Les rangs identiques sont composés de panneresses posées côte à côte, alternant avec des boutisses. Joints verticaux décalés (a).

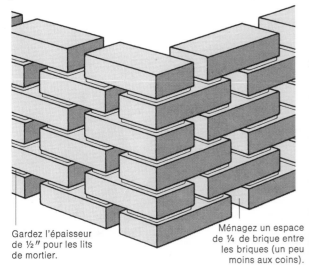

Gardez l'épaisseur de ½″ pour les lits de mortier.

Ménagez un espace de ¼ de brique entre les briques (un peu moins aux coins).

Les murs de jardins et patios se construisent avec un appareillage ajouré. Posez chaque rangée en panneresses séparées par des quarts de brique. Maintenez l'appareillage en réduisant l'espacement de chaque côté des briques d'angle. Fixé à une fondation, cet appareillage s'utilise comme mur de soutien.

L'appareillage anglais spécial pour murs de jardin de 8″ ou plus d'épaisseur (3 rangs de panneresses, 1 rang de boutisses). Moins robuste que l'anglais, presque aussi solide que le flamand.

L'appareillage flamand sert aux murs de 8″ d'épaisseur. Les rangs identiques comprennent des paires de panneresses et de boutisses placées côte à côte. Joints décalés avec demi-boutisses (a).

L'appareillage hollandais-anglais se compose de rangs alternés de panneresses et de boutisses. Les joints verticaux des panneresses sont séparés par 2 rangs de boutisses et 1 de panneresses.

Extrémités et joints

Appareillage à la grecque

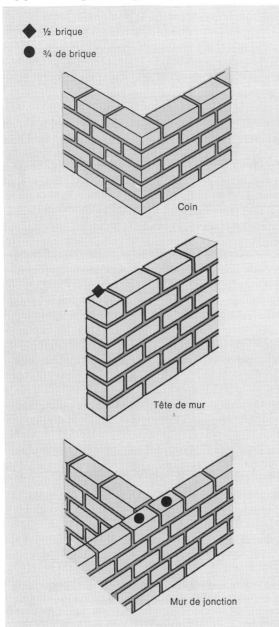

◆ ½ brique

● ¾ de brique

Coin

Tête de mur

Mur de jonction

Appareillage anglais

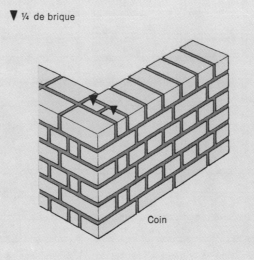

▼ ¼ de brique

Coin

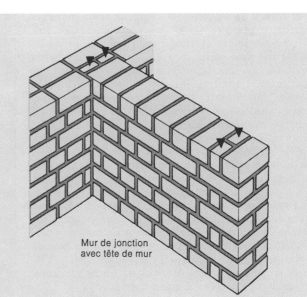

Mur de jonction avec tête de mur

Appareillage flamand

▼ ¼ de brique

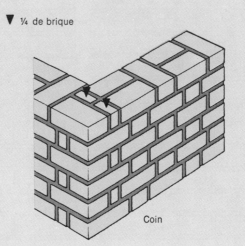

Coin

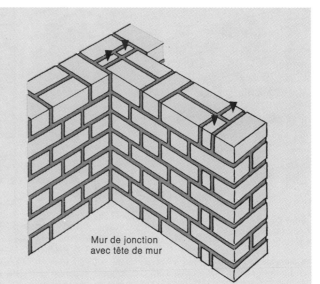

Mur de jonction avec tête de mur

L'humidité provenant de l'air

Les murs creux sont formés de deux parois de maçonnerie parallèles, séparées par un espace de 2″ et maintenues par des attaches ondulées en métal galvanisé ou en fil de fer. Des briques à parement sont utilisées pour la paroi extérieure; des briques de type 2 (p. 446), des tuiles creuses ou des blocs de béton peuvent constituer la paroi intérieure. Les attaches, rectangulaires ou en Z, en acier, de 3/16″ de diam. sont à l'épreuve de la corrosion. Erigez les deux parois simultanément, de façon à fixer les attaches parallèlement dans le mortier; pour des murs intérieurs en tuiles ou en blocs de béton, ajustez les attaches selon le besoin et les joints du mur extérieur. **Les murs en placage de brique** ont une paroi unique en brique, sur pan de bois. Un espace d'air de 1″ sépare le bois de la brique, réunis par des attaches. Recouvrez le pan de bois d'un papier de construction robuste et aquafuge. Les attaches pour ces murs ont 6″ de longueur et sont ondulées; les meilleures sont en cuivre. Clouez-les au pan de bois, de façon à ce que 3″ de chacune puissent être enfoncés dans le joint de mortier horizontal. Utilisez des clous du même métal. Le mur érigé, fermez la colonne d'air en clouant des moulures autour des ouvertures et en calfeutrant. Un placage de brique ajouté à la charpente d'une maison nécessite une fondation; c'est le travail d'un professionnel.

L'air immobile entre les parois garde la maison chaude en hiver et fraîche en été. L'humidité qui pénètre dans la paroi extérieure coule entre les deux parois, laissant le mur intérieur sec. Hâtez le drainage

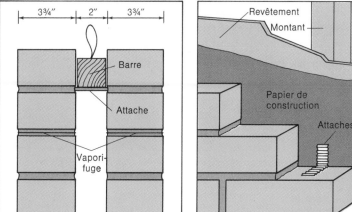

La barre de bois, entre les parois d'un mur creux, retient les débris de mortier.

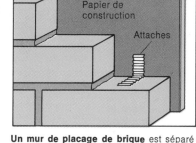

Un mur de placage de brique est séparé d'un pan en bois par un espace d'air de 1″.

Distribuez les attaches à tous les 2′ en les alternant tous les cinq rangs.

en pratiquant des chantepleures à la base du mur extérieur. Placez des tuyaux de plastique de ⅜″ de diam. extérieur à tous les 2′ ou 3′ dans le premier lit de mortier, sous le premier rang de briques et au-dessus du bouclier contre les termites. Dans les endroits infestés de termites, installez un solin en cuivre sur le mur de fondation, affleurant l'intérieur et à environ 1″ en saillie sur l'extérieur; repliez légèrement cette saillie vers le sol. Les tuyaux en plastique partent de l'espace d'air et affleurent le mur extérieur; repliez l'ouverture extérieure vers le sol.

Ne laissez pas tomber de mortier dans la cavité entre les parois: des « ponts » se formeraient, laissant l'humidité atteindre la paroi intérieure, et boucheraient les chantepleures. Posez sur les attaches une barre de bois avec des boucles en fil de fer à chaque extrémité pour recueillir les bavures de mortier. Utilisez des barres aussi larges que l'espace d'air et aussi longues que possible.

Quand vous arriverez aux attaches de la rangée suivante, vous nettoierez la barre et vous élèverez un nouveau rang.

L'humidité provenant du sol

Au contact d'un sol humide, les briques absorbent l'humidité à la façon d'un papier buvard. Si le problème est constant, le mur complet devient humide et suinte. Comme remède préventif, incorporez un vaporifuge dans le mur. Ce peut être du papier de construction imperméable ou du polyéthylène. Déposez un lit de mortier d'environ ¼″ d'épaisseur; appliquez le vaporifuge sur toute la largeur du rang de brique, puis appliquez un autre lit de mortier de ¼″ par-dessus. Les extrémités du vaporifuge se superposeront.

Le code du bâtiment exige des coupe-vapeur là où il y a des brèches réparées dans les murs extérieurs d'une maison. Il est recommandable de les utiliser dans toute structure en brique.

Enfouissez le coupe-vapeur dans un joint horizontal de mortier, à deux rangs ou 5½″ au-dessus du niveau du sol. Suivez le sol.

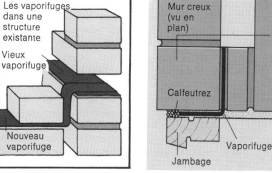

Les bouts des bandes se superposent.

Logez le vaporifuge entre les briques qui ferment le mur.

Pose des briques

Préparation et réalisation

Commandez vos matériaux; déterminez l'emplacement et construisez vos semelles et fondations (p. 472) bien avant de commencer vos travaux. Ayez sous la main quelques vieux sacs de toile ou des feuilles de polyéthylène pour recouvrir votre ouvrage la nuit, en cas de pluie ou de gel. Mettez en place des piles de briques à des endroits commodes près du site. Gardez à portée de la main un seau d'eau propre pour nettoyer vos outils en cours de travail. Le mortier assèche la peau; ne le manipulez pas plus qu'il ne faut. Portez des gants de caoutchouc. Arrosez au boyau les briques très absorbantes avant de les poser et laissez sécher la surface. Arrosez également l'auge de maçon (p. 448).

Vérifiez le nombre de briques à couper; posez le premier rang à sec sur le mur de fondation ou sur la dalle. Ménagez un intervalle de ½" pour le joint de mortier entre les briques et marquez la position de chaque brique sur le côté extérieur de la fondation. Ne mélangez pas plus de mortier qu'il n'en faut pour une séance d'une heure ou deux. Suivez les étapes illustrées sur les photos ci-contre. Un mur de fondation devrait dépasser le niveau du sol, mais, pour plus de clarté, l'ouvrage montré ici commence à la surface du sol. Construisez d'abord les coins ou les têtes de mur en ayant soin de vérifier souvent la verticalité avec une équerre de charpente. Faites des lits de mortier généreux. Impossible d'en remettre après coup; "graissez" libéralement avec le mortier les bouts et les boutisses. Posez la brique sur le mortier et enfoncez-la délicatement avec le manche de la truelle. Nettoyez le mortier qui sort des joints. Pour poser la dernière brique du rang, enduisez ses deux bouts de mortier et appliquez-en sur les extrémités des briques entre lesquelles elle reposera. Si vous érigez un mur de 8" de large, à deux briques d'épaisseur, "graissez" un des bouts et un côté de chaque brique du mur intérieur; élevez les deux parois simultanément.

Ne déplacez pas une brique déjà mise en place. Si les briques sont mal alignées, tapez-les doucement avant que le mortier ne durcisse. Ne frappez pas fort; vous pourriez déloger la brique ou créer un vide dans un joint. Si une brique est mal posée et que le mortier ait séché, enlevez-la et toutes celles qui sont au-dessus; enlevez aussi le mortier. Mettez-en du neuf et posez une brique propre dedans. Enlevez le mortier lâche avant qu'il ne sèche. Employez une brosse en fibres rudes pour les sections récalcitrantes.

1. Pour délimiter l'ouvrage et marquer l'alignement, plantez deux piquets-repères dans chaque coin, tel qu'indiqué. Tendez des cordeaux entre les coins, formant un angle droit à chaque coin.

2. Etendez sous les cordeaux une mince couche de mortier. Cela servira à marquer l'alignement de la première rangée de briques. Tenez le niveau à bulle verticalement contre le cordeau en faisant attention de ne pas le pencher. Gardez le niveau droit avec une planchette. A l'endroit où le bas du niveau touche la bande de mortier, tracez une marque à la pointe de la truelle, directement sous le cordeau.

3. Répétez l'opération en faisant une deuxième marque à la truelle à 2′ de la première. Reliez les marques en utilisant une règle de maçon pour tracer une ligne (A). Tracez ensuite la ligne (B) perpendiculairement à la ligne (A). Répétez l'opération à tous les angles ou têtes de mur. Prenez votre temps pour cette opération, car c'est d'elle que dépend l'alignement correct du travail.

4. Etendez un lit de mortier d'environ ½" dans un coin, en veillant à ne pas couvrir les lignes. Posez la brique contre la ligne. Vérifiez son niveau horizontal et vertical ainsi que sa hauteur.

5. Toujours en bordure des lignes tracées à la truelle et en vérifiant l'horizontalité au niveau à bulle, posez six briques de chaque côté des coins. Vérifiez aussi la largeur des joints verticaux, qui doit être de ½". Posez au coin la deuxième rangée de briques au-dessus du sol, base du vaporifuge. Les irrégularités de la fondation devront être "résorbées" dans la maçonnerie quand vous atteindrez le niveau du vaporifuge.

6. Utilisez le niveau à bulle à mesure que vous élevez de nouvelles rangées pour en vérifier l'horizontalité et la diagonale. Servez-vous-en comme d'une règle pour garder les briques alignées.

7. Etendez une couche de mortier de ¼″ et posez-y le vaporifuge. Partez du coin et superposez les extrémités. Lissez la bande avec la truelle (ne déchirez pas). Couvrez-la de mortier (¼″).

8. Pour former les joints verticaux, graissez le bout de la brique avec du mortier et donnez-lui l'épaisseur voulue. Appliquez le mortier sur une seule des extrémités de la brique.

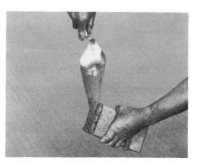

9. Utilisez la pointe de la truelle pour répartir également le mortier sur le bout de la brique. Il vaut mieux le faire avant la pose pour ne pas risquer de sortir la brique de l'alignement.

10. Le vaporifuge une fois posé, montez plusieurs rangs au coin; chacun d'eux est plus court que le précédent. Servez-vous d'un poteau gradué pour vous assurer que les rangs montent régulièrement.

11. Utilisez constamment le niveau pour vérifier la régularité. Vérifiez l'ouvrage verticalement, horizontalement et en diagonale, en tenant le niveau en biais contre le mur, à partir de la brique d'angle et en tapotant le bord des briques sorties de l'alignement pour les remettre en place. Elevez l'autre coin jusqu'à la même hauteur. Tendez le cordeau entre les coins et complétez les rangs jusqu'à la hauteur désirée.

12. Vue intérieure de la base d'un coin. S'il doit rester invisible, laissez-le tel quel ou passez-le au crépi. Nettoyez les bavures de mortier tombées sur les côtés avant qu'elles ne durcissent.

13. Avant que le mortier soit pris, il faut pointer les joints (p. 456). Servez-vous de l'outil à jointoyer ou d'une spatule pour gratter le mortier des joints. Frottez d'abord les verticaux.

14. Pointez ensuite les joints horizontaux de la même manière, pour former un joint creux. Enlevez l'excès de mortier. Pour d'autres façons de pointer les joints, voyez la page suivante.

Murs de jardin ou de soutènement

Pour qu'un mur de jardin soit résistant, il doit avoir au moins 8″ d'épaisseur. Quant à l'appareillage (p. 451), chacun choisit selon son goût. La base de la fondation doit reposer sous la ligne de gel. Si le mur est érigé sur une pente, on étagera les rangs par multiples de 2¾″, soit la hauteur d'une brique.

La technique de construction d'un mur de jardin est la même que celle des autres murs (p. 454). Utilisez des briques de type 1 (p. 446). Placez le premier rang à sec, en allouant un espace pour les joints, afin de déterminer le nombre de briques à couper. Utilisez du mortier préparé ou faites votre propre mélange: 1 part de ciment à maçonnerie pour 3 parts de sable. Commencez par les bouts, en venant vers le centre. Montez les parois simultanément. Si le mur est long, installez des guides (p. 450), à tous les 8′ ou 10′.

Finissez le dessus du mur par un chaperon incliné qui laissera l'eau s'échapper. Il peut être fait de briques posées en boutisses et inclinées pour former un V inversé, ou de mortier, de béton coulé, d'une tuile en chaperon ou d'une tuile de corniche.

Le mur de soutènement se construit à peu près de la même façon, mais doit résister à la pression exercée par la terre qu'il retient et être suffisamment drainé. Brique de type 1; mélange de mortier suivant: 1 part de ciment à maçonnerie, 3 parts de sable. La face du mur de soutènement est verticale ou presque. Sa fondation doit reposer sous la ligne de gel, à moins qu'elle ne soit installée sur un sol parfaitement drainé.

Ce mur est plus large à la base et va s'amincissant dans sa course ascendante. Renforcez-le en insérant des barres de métal verticales dans les trous des briques, ou des barres plates dans le mortier, entre les rangs de briques. Ou, encore, assujettissez l'ouvrage en piquant des barres longues de 3′ ou 4′ dans les briques et le sol, ou horizontalement dans les lits de mortier, à tous les 2′ en montant. Eliminez l'eau qui pourrait s'accumuler derrière le mur en installant des chantepleures d'au moins 2″ de diamètre extérieur, à tous les 4′ ou 6′, à la base du mur, et d'autres à 2′ au-dessus des premières.

Le remblayage à l'intérieur du mur se fait avec du gravier grossier sur une épaisseur d'environ 1′ et jusqu'à 1′ sous le niveau du sol. Un mur de soutènement gagne en solidité quand on le fait en béton coulé et qu'on plaque la face avec de la brique; dans ce cas, les précautions de drainage dont il était question plus haut doivent être prises.

Les joints

Jointoiement

La façon de finir les joints des ouvrages en brique s'appelle jointoiement (on l'appelle aussi gobetage). On peut donner plusieurs formes à ce jointoiement pour le rendre plus décoratif, mais son but principal, c'est de comprimer le mortier pour le sceller contre les infiltrations d'humidité. Si vous faites des joints dans du briquetage ou que vous désiriez rejointoyer complètement un mur, vous pouvez choisir n'importe laquelle des finitions décrites plus bas. Des joints à clin donnent la protection nécessaire contre l'humidité et sont faciles à exécuter. Peu importe le type de jointoiement que vous choisissiez, ce travail doit se faire avant que le mortier n'ait trop durci; autrement dit, il doit se faire quand le mortier a encore la consistance d'un mastic épais. Ce test se fait avec le pouce.

Attention: Lorsque le temps est chaud et sec, le mortier durcit rapidement.

Commencez le jointoiement après avoir posé deux ou trois rangs de briques, c'est-à-dire avant que le mortier n'ait commencé à sécher. Ceci scellera les joints et préviendra la pénétration de l'humidité à l'intérieur. Finissez les joints verticaux d'abord, puis les joints horizontaux.

Les joints verticaux doivent s'harmoniser avec les joints horizontaux.

Pour les joints plats en creux, grattez le mortier et adoucissez-le avec un fer à joint.

Improvisez un outil pour gratter en creux le mortier des joints plats à une prof. de ¼".

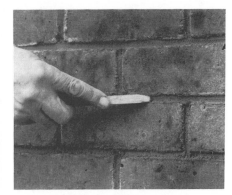

Lissez doucement le joint avec un bâton pour que sa surface soit unie.

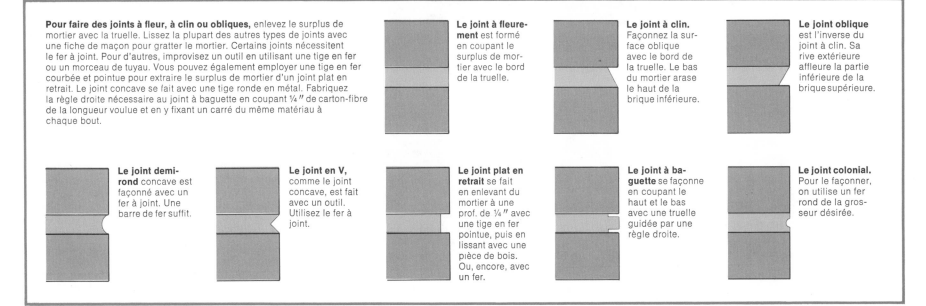

Pour faire des joints à fleur, à clin ou obliques, enlevez le surplus de mortier avec la truelle. Lissez la plupart des autres types de joints avec une fiche de maçon pour gratter le mortier. Certains joints nécessitent le fer à joint. Pour d'autres, improvisez un outil en utilisant une tige en fer ou un morceau de tuyau. Vous pouvez également employer une tige en fer courbée et pointue pour extraire le surplus de mortier d'un joint plat en retrait. Le joint concave se fait avec une tige ronde en métal. Fabriquez la règle droite nécessaire au joint à baguette en coupant ¼" de carton-fibre de la longueur voulue et en y fixant un carré du même matériau à chaque bout.

Le joint à fleurement est formé en coupant le surplus de mortier avec le bord de la truelle.

Le joint à clin. Façonnez la surface oblique avec le bord de la truelle. Le bas du mortier arase le haut de la brique inférieure.

Le joint oblique est l'inverse du joint à clin. Sa rive extérieure affleure la partie inférieure de la brique supérieure.

Le joint demi-rond concave est façonné avec un fer à joint. Une barre de fer suffit.

Le joint en V, comme le joint concave, est fait avec un outil. Utilisez le fer à joint.

Le joint plat en retrait se fait en enlevant du mortier à une prof. de ¼" avec une tige en fer pointue, puis en lissant avec une pièce de bois. Ou, encore, avec un fer.

Le joint à baguette se façonne en coupant le haut et le bas avec une truelle guidée par une règle droite.

Le joint colonial. Pour le façonner, on utilise un fer rond de la grosseur désirée.

Technique

Les joints de mortier effrités des vieilles maçonneries laissent pénétrer la pluie dans le mur. Le remède, c'est le rejointoiement. Ou, encore, la pose d'un joint artificiel. Enlevez ½" du vieux mortier et remplacez celui-ci avec du nouveau à l'épreuve de l'eau. Si vous rejointoyez tout un mur, procédez par étapes, une verge carrée à la fois. Installez un échafaudage, si le mur est haut; évitez de travailler sur une échelle. Portez des verres protecteurs lorsque vous grattez ou ciselez le mortier. Enlevez-le par morceaux de 1" de long. Tenez le ciseau à angle aigu, tout en évitant de le coincer dans le joint. Ne le frappez pas trop fort: vous feriez éclater la brique.

Si vous faites la réfection d'une partie d'un mur, appareillez le nouveau mortier à celui qui reste en place: il devrait d'ailleurs avoir la même composition. Si vous ne connaissez pas la formule, utilisez un mélange préparé qui contient les ingrédients, sauf l'eau; ou, encore, mélangez 1 part de ciment à maçonnerie avec 3 parts de sable ou 1 part de ciment Portland, 1 part de chaux hydratée et 6 parts de sable. Le colorant à mortier vous aidera à assortir la couleur. Le nouveau mortier sera un peu plus foncé que l'ancien, mais il pâlira en séchant.

Les joints détériorés laissent pénétrer la pluie. Utilisez un bédane de ⅜" et un marteau de 2½ lb pour enlever le vieux mortier sur 1 verge carrée de mur. Nettoyez les joints verticaux puis les horizontaux à une profondeur de ½".

Brossez les joints et mouillez-les avec un fin jet d'eau pour éviter que le vieux mortier n'absorbe trop vite l'eau du nouveau mortier.

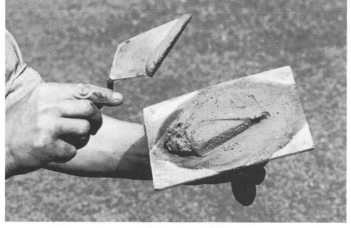

Mélangez assez de mortier pour environ une heure de travail. Exercez-vous à ramasser du mortier de la taloche en un mouvement rapide.

Bourrez le mortier dans les joints en commençant par les verticaux et les horizontaux voisins. Pour les joints obliques, formez le biseau immédiatement; pour les autres joints, laissez le mortier à ras; quand il aura durci, nettoyez.

Ouvrages en pierre

Types de pierres

Il existe six sortes de pierres naturelles que les amateurs peuvent se procurer: le granit, le marbre, l'ardoise, la pierre calcaire, le grès et la pierre bleue.

Il y a trois types de maçonneries: le moellon, la pierre de taille et les garnitures.

La maçonnerie de moellon consiste en pierres non taillées. On l'utilise pour les ouvrages grossiers: murs de soutènement ou fondations. Quand des pierres de ce genre sont assemblées avec des joints de mortier, on alloue une plus grande quantité de mortier à cause des formes irrégulières des pierres. Ce type de construction est faible, comparé à d'autres structures en pierre mais convient bien aux murs en pierres sèches où le mortier n'est pas requis.

La pierre de taille est de la pierre coupée sur quatre côtés, qui ressemble sensiblement à la brique. (Les faces sont dressées ou non dressées.) Posée en rangs réguliers, on l'appelle **pierre de taille régulière;** en rangs brisés, même avec joints continus, **pierre de taille irrégulière.**

Les garnitures sont taillées sur toutes leurs faces. On les emploie comme seuils, appuis, linteaux, moulures ou autres ornements. Les seuils ou appuis possèdent une surface inclinée qui agit comme rejeteau.

Le granit est une pierre dure, brillante et non poreuse qui se polit bien. D'un prix élevé, le granit est durable. Sa texture va du très rugueux au très doux. On en trouve en rouge, rose, blanc, gris et vert. Méfiez-vous des pierres qui ont des nœuds semblables à ceux du bois, des pierres aux surfaces tachées et des pierres fissurées.

Le marbre est une pierre assez dure qui se polit bien. On le trouve en une grande variété de couleurs et de prix. Il convient aux clefs de voûtes, aux appuis extérieurs de fenêtres, à l'ornement des cheminées, aux dallages, revêtements de sols et devants de cheminées.

L'ardoise est dure, friable et non poreuse. Elle se vend en lamelles fines. Il en existe des noires, grises et vertes. On l'utilise à l'extérieur pour l'isolation des toitures et à l'intérieur pour des revêtements décoratifs: devants de cheminées et seuils de portes. Elle se pose à plat; jamais sur le champ.

La pierre calcaire est une pierre crayeuse, de solidité, durée et prix variables. Les tons vont du chamois, crème, ivoire au brun et vert. Employée pour marches, dallages d'escaliers et rocailles.

Le grès est solide et résistant. Il existe dans des tons de chamois, crème et ivoire allant au brun. Il convient aux seuils et aux chaperons. Des fissures ou des veines molles, rayées avec l'ongle, indiquent une mauvaise qualité.

La pierre bleue est une pierre de glaise à grain fin qui convient au dallage et au placage. Sa surface antidérapante la destine aux marches d'escalier.

L'achat de la pierre

La pierre naturelle s'achète en trois finis:

1. Dressée sur toutes ses faces. C'est la plus chère, d'autant plus qu'elle est coupée aux dimensions désirées par l'acheteur.

2. Demi-dressée; elle est coupée à des dimensions

Dressée   Demi-dressée   Brute

approximatives. L'acheteur façonne et taille les faces avec ciseau et massette (p. 459).

3. Pierre brute. La moins chère. Consiste en morceaux de pierre brute extraits de la carrière.

Les dalles en pierre artificielle ressemblent aux dalles en pierre naturelle, mais coûtent moins cher. Elles n'ont pas à être dressées. On trouve cette pierre en divers tons et dimensions et avec des parements différents. Elle est utilisée pour les revêtements de murs comme pour les dallages extérieurs. Certaines sont en béton, à parement en pierre reconstituée. D'autres sont fabriquées essentiellement en pierre reconstituée. La pierre artificielle porte plusieurs noms: artificielle, préfabriquée, imitée et reconstituée.

Styles de maçonneries

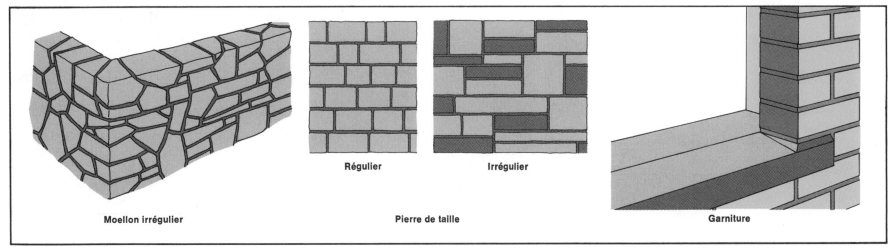

Moellon irrégulier   Régulier   Irrégulier   Pierre de taille   Garniture

Perçage et fente

Portez des verres protecteurs quand vous travaillez la pierre.

Perçage: Pour percer la maçonnerie, utilisez une perceuse électrique munie d'un foret à pointe au carbure. Tournez lentement. S'il s'agit d'une perceuse monovitesse, adaptez un réducteur ou un percuteur pour abaisser la vitesse de rotation. Travaillez par séquences brèves, en retirant l'outil à intervalles réguliers pour éviter l'échauffement de la mèche. Pour percer à la main, servez-vous d'une mèche en étoile (p. 77) et d'une masse. Tournez-la après chaque coup pour nettoyer le trou.

Fente: Percez un trou de plusieurs pouces de profondeur jusqu'à la ligne du grain et insérez les coins et cales en trois morceaux, le coin entre les cales. Certaines pierres exigent plusieurs trous.

Polissage, nettoyage, détachage

Si vous avez besoin de pierre polie pour un usage décoratif (dessus de table en marbre ou plaque de cheminée), ou si vous désirez nettoyer ou détacher la pierre, notez les recommandations suivantes:

Polissage de l'ardoise et du marbre: Servez-vous d'un papier abrasif "humide-ou-sec" monté sur une ponceuse-finisseuse. Versez en abondance, sur la surface à polir, de l'eau qui agira comme lubrifiant, puis polissez par petits mouvements circulaires. Les particules de poussière se mélangent à l'eau et forment une boue d'une consistance crémeuse. Eliminez une partie de cette boue: vous constaterez que la surface de la pierre commence à se lustrer. Lorsque le polissage sera suffisant, lavez la pierre et asséchez-la avec un linge non pelucheux. Finissez avec une cire incolore.

L'ardoise peut recevoir une couche de polyuréthane, mais non le marbre, car le polyuréthane jaunit avec le temps, abîmant la couleur du marbre. Le polissage est un travail compliqué qu'il vaut mieux laisser à un professionnel muni de l'équipement nécessaire.

Polissage du granit: Pour le polissage initial, utilisez un tampon à polir et une ponceuse-finisseuse avec des poudres abrasives dont la grosseur du grain ira diminuant. Continuez avec une poudre rouge et faites-en une boue encore plus raffinée. Lavez et asséchez avec un linge non pelucheux. Terminez par une application de cire transparente.

Nettoyage du marbre, du granit et de la pierre bleue:

La coupe d'une dalle

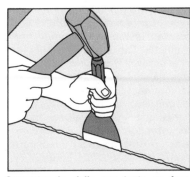

Supportez la dalle sur toute sa face inférieure; avec un clou ou un coin de ciseau, tracez une ligne. Coupez une rainure à une épaisseur de ½", de long du tracé.

Soulevez un bout de la dalle; frappez le long de la rainure avec une masse jusqu'à ce que la dalle casse. Ou déposez-la sur un lit de sable et frappez avec un marteau.

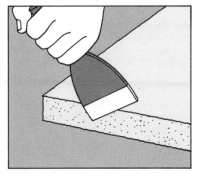

Adoucissez les rives avec un ciseau de briqueteur. Si vous désirez un fini plus doux, utilisez une râpe grossière et bien coupante (p. 34).

Employez des détergents non abrasifs et non acides, mais éliminez-en ensuite toutes traces en lavant à l'eau claire. Essuyez la surface; faites-la briller avec une peau de chamois. N'utilisez jamais de détergents liquides sur un sol en marbre; ils laissent des sections glissantes. Nettoyez souvent la surface avec une brosse douce pour enlever les poussières abrasives.

Nettoyage de la pierre calcaire et du grès: Utilisez une brosse en fibre, beaucoup d'eau et encore plus d'énergie. Evitez les détergents, surtout ceux qui contiennent de l'alcali, comme la soude caustique, parce qu'ils attaquent la surface de la pierre. A l'intérieur, nettoyez les ouvrages en pierre en les époussetant avec des brosses douces.

Nettoyage de l'ardoise: Lavez à l'eau chaude additionnée d'un détergent doux. Rincez et polissez avec de la poudre de pierre ponce ou de la pierre pourrie sur un tampon de feutre humide.

Nettoyage de la pierre artificielle: Si l'emploi d'un détergent moyen ne donne pas de résultat satisfaisant et si la surface est plane, utilisez une poudre de pierre ponce de finesse moyenne et une brosse à récurer en soie. Dans ce cas, également, il faut beaucoup d'eau.

Détachage: Les moyens de détacher la pierre varient selon les types de pierre.

Marbre: La plupart des taches sont causées par des liquides renversés qui ne sont pas essuyés assez rapidement et qui rongent la surface de la pierre. Un

lavage peut, la plupart du temps, enlever ces taches. Plus on tarde, plus il est difficile de les faire disparaître. La plupart des taches peuvent être blanchies avec une pâte composée d'eau oxygénée (à la pharmacie) et de blanc d'Espagne (chez le marchand de peinture). Etalez-la sur la tache. Ajoutez quelques gouttes d'ammoniaque domestique et conservez l'humidité de la pâte en la recouvrant d'une feuille de matière plastique. Laissez-la reposer quelques minutes, puis lavez. Rincez à l'eau chaude. Répétez le procédé, au besoin. Essuyez avec un chiffon non pelucheux. Les taches de rouille s'enlèvent avec de l'ammoniaque ou avec une pâte composée à parts égales d'acétate d'amyle et d'acétone mélangé de blanc d'Espagne. Des éraflures superficielles peuvent être éliminées avec un papier abrasif fin, mouillé. Enlevez les taches de fumée en frottant doucement avec de la poudre de pierre ponce et de l'eau. Si les taches résistent, essayez un citron coupé en deux. N'employez jamais de tétrachlorure de carbone; ses émanations sont extrêmement dangereuses.

La pierre calcaire et le grès: Un foyer en pierre légèrement brûlé se nettoie avec un papier abrasif moyen. Des brûlures sérieuses ne peuvent être enlevées.

Les taches d'herbe sur les décorations de jardin peuvent être enlevées avec une brosse trempée dans la chaux hydratée. Portez des gants de caoutchouc épais pour ce travail et rangez la chaux hors de la portée des enfants.

Réparations des murs

Affaissement et retrait

Les lézardes dans les briques et dans les joints de mortier sont causées par le tassement du sol sous une construction. Le sol peut être un "terrain rempli" où les vides ont été obturés sans qu'on laisse le remblayage se fouler convenablement. La glaise sous la fondation a pu sécher et rétrécir ou, peut-être, s'est déplacée sous l'effet d'une inondation. Le drainage ou l'imperméabilisation font peut-être défaut, ou la fondation a été érigée au-dessus de la ligne de gel. Le sol sous les maisons construites sur une colline se déplace quelquefois vers le bas de la pente. Le pourrissement et le séchage du bois peuvent occasionner des déplacements de terrain et les racines de gros arbres déplacer ou éventrer une fondation. Peu importe la cause, les lézardes causées par affaissement et qui ne sont pas réparées à temps se détériorent rapidement.

Des lézardes continues sur les murs extérieurs indiquent des problèmes d'affaissement: elles sont plus apparentes là où une rallonge a été construite. Elles se forment également dans le haut des portes, aux seuils et aux cadres des fenêtres. Déterminez d'abord si le déplacement et la progression des lézardes sont terminés. Le déplacement dans une maison neuve peut ne jamais plus se reproduire, une fois la maison placée. Vérifiez la lézarde d'un mur extérieur pour savoir si le déplacement est terminé en suivant les deux méthodes que voici: faites un pont sur la lézarde avec un morceau de verre. Collez le verre à l'époxy de chaque côté de la lézarde. Le moindre changement dans le mur ou la fondation brisera le verre. Le deuxième test, c'est de remplir la lézarde avec du plâtre de Paris qui se lézardera lui-même s'il y a le moindre mouvement dans les murs ou la fondation. Plusieurs mois sont quelquefois nécessaires avant qu'on ait le résultat de ces tests. Si la lézarde continue de s'ouvrir, c'est qu'il y a affaissement sérieux de la fondation. Pour remédier à cet ennui, arc-boutez le sol sous la semelle de la fondation ou remplacez la semelle. Ces travaux importants doivent être confiés à des experts, mais économisez en creusant vous-même l'excavation.

Le retrait: Obturez les lézardes ouvertes pour éviter des dommages sérieux. Les petites peuvent être causées par le retrait ou le séchage du mortier. Ou, encore, les briques ont absorbé trop vite l'eau d'un mortier fraîchement appliqué. Ce défaut passager se produit seulement pendant la construction. Grattez le mortier défectueux et repointez les joints (p. 457). Si la lézarde est longue et profonde et si elle se continue dans les briques et le mortier, pointer avec une truelle devient difficile. Faites plutôt couler du coulis (p. 447) dans la fissure. Humectez la lézarde puis utilisez de larges bandes de ruban adhésif ou un morceau de planche pour sceller provisoirement en surface la partie inférieure de la lézarde, ce qui retiendra le coulis en place. Versez celui-ci par le haut en utilisant un entonnoir auquel un tube est relié. Enfoncez le bout du tube jusqu'au cœur de la lézarde. Quand le coulis aura séché (24 heures), enlevez le ruban ou la planche et pointez (p. 456) en surface. Travaillez en un mouvement ascendant, répétant le processus aussi souvent qu'il sera nécessaire pour remplir la lézarde. Utilisez du colorant à mortier pour l'assortir à la brique, ou fabriquez une poudre avec des morceaux de brique et incorporez-les au mortier (réduisez la quantité de sable dans le mélange de mortier en tenant compte de la poudre utilisée).

Les lézardes autour des châssis et des portes peuvent être causées par la dilatation ou la contraction du bois de construction et non par le déplacement de la brique. Pointez des lézardes avec du composé de calfeutrage.

Colle époxy de chaque côté de la lézarde

Vérifiez en collant une pièce de verre avec de la colle époxy sur le mur. Le moindre mouvement brisera le verre.

Une autre façon de vérifier, c'est de remplir la lézarde de plâtre de Paris; le moindre mouvement brisera le plâtre.

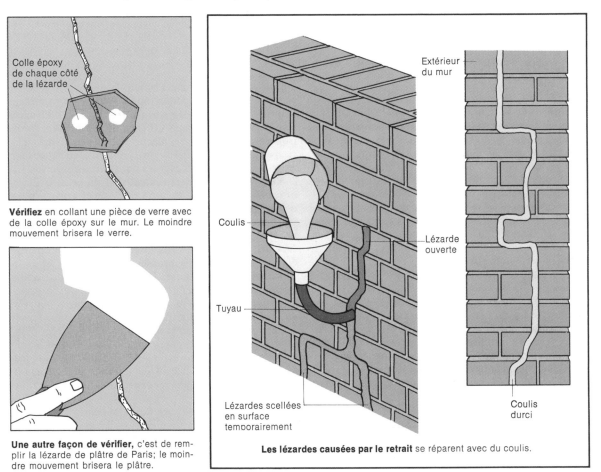

Extérieur du mur

Coulis

Lézarde ouverte

Tuyau

Lézardes scellées en surface temporairement

Coulis durci

Les lézardes causées par le retrait se réparent avec du coulis.

Briquetage endommagé

La brique absorbe une grande quantité d'eau de pluie; celle-ci s'évapore par temps sec. Par temps froid, cette eau absorbée par la brique peut geler. L'expansion causée par la gelée brise les briques ou en effrite les bords. Ces briques doivent être remplacées. Enlevez le mortier autour d'elles en vous servant d'un bédane de ⅜". Cassez la brique avec un ciseau à brique de 4", jusqu'à ce qu'elle soit complètement enlevée. Otez ce qui reste du mortier; nettoyez la cavité avec une brosse à poils d'acier et arrosez-la. Portez des verres protecteurs durant ces opérations. Remplacez la nouvelle brique en déposant du mortier sur la surface horizontale de la cavité. Forcez-la en place, puis, à l'aide d'une fiche de maçon, faites pénétrer du mortier autour de la brique: au-dessus et sur les bouts. Une fois les briques remplacées, appliquez une couche d'imperméabilisateur transparent ou de scelleur de maçonnerie pour éviter de futurs dommages. Ce procédé est recommandé même si les briques ne sont pas endommagées. Si le rapiéçage n'est pas élégant, appliquez une couche imperméable de peinture à maçonnerie.

Infiltrations d'eau: Si l'eau pénètre dans les joints ou les fissures d'un mur en placage de brique ou d'un mur creux, et qu'on ne puisse pas corriger la situation en refaisant les joints, l'eau s'accumulera à la base du mur. Elle s'infiltrera dans le mur intérieur, causant des dommages ou, par temps froid, elle gèlera et brisera le mur. Le remède: percer un trou (appelé chantepleure) dans le joint de mortier du premier rang de briques. Utilisez un foret à pointe au carbure dans une perceuse électrique de ½". Percez des trous de ½" de diamètre à tous les 2'.

Maçonnerie en pierre pourrie

La pierre naturelle, en général, ne s'effrite pas aussi facilement que la brique, sauf en ce qui concerne le grès et la pierre calcaire. Les impuretés chimiques de l'air peuvent faire pourrir certaines pierres. Ce type de pourrissement se remarque lorsque la surface de la pierre s'écaille ou devient piquée. Les marchands de briques ou de pierre recommandent un traitement aux préservatifs chimiques. Les pierres endommagées seront hachées avec un ciseau de maçon de 4". Enlevez tous les débris. Préparez un mélange de mortier de 1 part de ciment à maçonnerie pour 3 parts de sable. Humectez la pierre de remplacement et la cavité. Déposez le mortier dans la cavité. Enfoncez-y la pierre et rejointoyez. Si vous ne pouvez vous procurer une pierre de remplacement, faites-en une en mélangeant 1 part de ciment à maçonnerie à 2 parts de sable et 5 parts de pierre concassée fine, en ajoutant du colorant à mortier. Mélangez une petite quantité de mortier d'abord, en guise d'échantillon. Laissez sécher. Pour fabriquer une grosse pierre d'imitation, remplissez le trou ou la cavité, placez des rangs de tuiles de terre les uns par-dessus les autres et incorporez du mortier entre les tuiles. Egalisez la surface avec du mortier pour qu'elle affleure les autres pierres. Qu'elles soient petites ou grosses, ces pierres doivent être assorties à l'entourage. S'il faut une surface douce, appliquez une couche de mortier de stuc pour la nouvelle pierre. Certaines petites réparations peuvent être effectuées à l'aide d'un bouche-pores pour maçonnerie, à base d'époxy. Ces bouche-pores coûtent cher mais donnent de bons résultats, particulièrement pour les réparations de marches d'escaliers. Protégez la pierre en la frottant avec de l'eau.

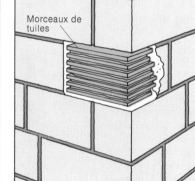

Hachez la partie pourrie avec un marteau et un ciseau. Enlevez les débris.

Fabriquez une pierre d'imitation en remplissant la cavité de tuiles morcelées.

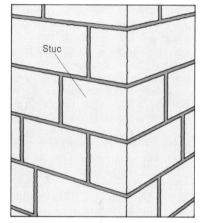

La réparation doit se marier avec les pierres voisines.

Efflorescence

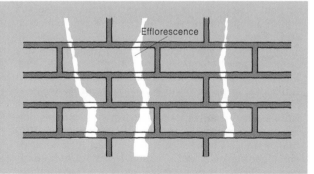

Un dépôt blanchâtre sur un mur en maçonnerie se produit souvent quand des sels solubles à l'eau de la brique, de la pierre et du mortier remontent en surface et se cristallisent. Les nouvelles constructions dans lesquelles les mortiers laissent évaporer beaucoup d'eau sont exposées à cet ennui. Dans les vieux murs, l'efflorescence indique qu'il y a une infiltration d'eau et qu'on doit y remédier en rebouchant l'ouverture. Une fois la fuite obturée, faites disparaître les défauts blanchâtres avec une brosse à poils d'acier. Si la brosse ne suffit pas, procurez-vous (chez votre marchand de matériaux de construction) une préparation spéciale qui pénètre dans la maçonnerie et neutralise les alcalis.

Cheminées

Réparations

Les défauts d'une cheminée sont souvent négligés parce qu'ils ne sont pas très apparents. Ces défauts sont dangereux. Des jumelles ou de longues lentilles d'un appareil reflex vous permettent de faire un premier examen. Cherchez les briques lâches, les lézardes graves, le chaperon endommagé, les solins détériorés.

Une pièce qui inspire des doutes doit être examinée le plus tôt possible. Soyez prudent. Utilisez une échelle robuste pour atteindre le toit. Pour escalader celui-ci, employez une échelle qui s'accroche au faîte; c'est plus sûr.

Puits de cheminée: Si un examen attentif révèle que le puits de la cheminée penche, demandez l'aide d'un expert. C'est une réparation importante qui peut dépasser l'habileté d'un bricoleur. Un joint qui s'effrite est un défaut mineur qu'il ne faut pas négliger, mais facile à réparer; il peut causer des infiltrations d'eau et des dommages au puits de cheminée. Enlevez le mortier qui s'effrite (½″ de profondeur, au moins) avec un bédane de ⅜″ et un marteau de 2½ lb; portez des verres protecteurs. Brossez le mortier lâche et la poussière. Humectez les joints et rejointoyez avec du nouveau mortier (p. 457). Le mélange sec de mortier est d'emploi plus facile, mais vous pouvez gâcher le vôtre avec 1 partie de ciment à maçonnerie et 3 parties de sable.

Fermez le régulateur de tirage du foyer pour retenir la suie pendant que vous travaillez sur une partie de la cheminée. Plusieurs cheminées ont plus d'un conduit de fumée; fermez tous les régulateurs de tirage.

Si vous voyez de la fumée s'échapper d'un puits de cheminée par des crevasses dans le mortier, ce peut être un indice que le conduit de cheminée est fissuré ou brisé; il peut causer un incendie. Cette réparation ne peut être faite que par un expert; ne vous servez pas de la cheminée avant qu'elle n'ait été remise en état.

Pour savoir si la cheminée a une fuite, faites une flambée dans le foyer et, alors que le feu est ardent, ajoutez au bois quelque chose qui provoque de la fumée: de la paille humide, par exemple. Couvrez la cheminée d'un gros tissu imbibé d'eau qui force la fumée vers une autre issue. Assurez-vous que les portes et les fenêtres de la maison sont ouvertes. Normalement, la fumée serait attirée dans le conduit de cheminée sans s'introduire dans les joints, mais, dans ce cas, elle s'échappe par les joints, s'ils sont fendus.

Si les joints du puits de cheminée sont fendus, la fumée s'échappera également par eux. Réparez les joints défectueux de la brique si les fuites sont légères. Si elles sont nombreuses et importantes dans le conduit de cheminée, consultez un expert en cheminées. Il vous dira si la cheminée peut être réparée ou doit être refaite à nouveau. Peu importe le nombre et l'importance des fuites, n'utilisez pas la cheminée tant que les défauts ne seront pas corrigés.

Si l'ensemble du puits est en bon état et que vous trouvez des briques lâches, retirez-les et replacez-les.

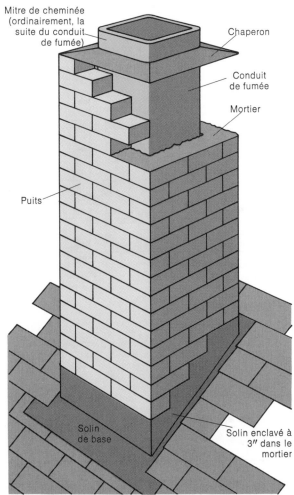

Mitre de cheminée (ordinairement, la suite du conduit de fumée)

Chaperon

Conduit de fumée

Mortier

Puits

Solin de base

Solin enclavé à 3″ dans le mortier

Pour enlever le mortier autour d'une brique lâche, utilisez un bédane de ⅜″ et un marteau de 2½ lb; portez des verres protecteurs—c'est important. Dégagez la brique et posez-la sur le sol pour la nettoyer. Enlevez du trou tout le mortier qui s'effrite. Humectez la brique défectueuse et ses voisines, ainsi que la cavité. Posez du nouveau mortier (p. 447) et replacez la brique; remplissez complètement les joints de mortier. Puis rejointoyez (même type de joints qu'en premier lieu).

Un solin défectueux peut causer des taches d'eau près de la cheminée. S'il est simplement lâche, nettoyez les joints où il repose, replacez son bord et posez du mortier sur le joint. Cependant, si le solin est fait d'un métal qui s'est détérioré, il doit être remplacé entièrement par un autre en métal inoxydable: cuivre ou aluminium.

Le nouveau solin doit être enclavé de 3″ dans la brique ou le mortier et à 6″ au-dessus de la ligne du toit; le joint et la section qui s'étend sur le toit seront recouverts d'une couche généreuse de ciment à toiture (p. 177).

Servez-vous d'un mélange sec de mortier ou gâchez 1 partie de ciment à maçonnerie et 3 parties de sable lorsque vous replacez un solin lâche ou que vous en installez un nouveau.

Chaperon: Le dessus de la cheminée, le chaperon, est fait de mortier et est incliné pour l'égouttement de l'eau de pluie. Il cause souvent des ennuis. Remplissez de mortier les fissures ou les trous du chaperon. Utilisez un mélange sec de mortier auquel vous n'ajoutez que l'eau, ou gâchez un mortier composé de 1 partie de ciment à maçonnerie et 3 parties de sable.

Si le chaperon est en mauvais état ou que son mortier est brisé et s'effrite, il faut le remplacer. Pour l'enlever, servez-vous d'un ciseau de maçon et d'un marteau de 2½ lb; portez des verres protecteurs.

C'est une bonne idée de mettre les morceaux brisés dans un seau et de faire descendre celui-ci sur le sol. Enlevez les débris; ne les lancez pas du toit sur le sol.

Nettoyez et humectez le dessus des briques. Vous pouvez maintenant fabriquer le nouveau chaperon.

Faites-le avec un mélange sec de mortier ou un mortier que vous gâcherez avec une partie de ciment à maçonnerie et 3 parties de sable. Etendez à la truelle plusieurs couches épaisses de mortier; donnez une pente pour l'égouttement de l'eau.

Réparation et démontage

Un mortier qui s'effrite et des briques brisées ou lâches dans un foyer sont des dangers d'incendie qu'il faut éliminer dès qu'on les découvre.

Enlevez le mortier des joints effrités ou craqués à l'aide d'un bédane de ⅜″ et d'un marteau de 2½ lb. Humectez les joints et rejointoyez (p. 457). Utilisez un mélange d'argile réfractaire (6 onces d'eau pour 1 livre d'argile réfractaire) dont la consistance s'apparente à celle du beurre mou. N'utilisez ni sable ni ciment. Enlevez les briques cassées (p. 461) et les briques lâches (p. 462). Humectez la cavité et les briques tout autour et posez les nouvelles briques réfractaires avec un mélange d'argile réfractaire. Si l'ouverture du foyer est trop grande, le conduit de fumée ne tirera pas convenablement. Posez des briques réfractaires additionnelles sur le plancher de l'âtre, sur les côtés ou au fond. Demandez l'avis d'un expert en foyers avant de poser les briques. Tentez l'expérience en posant une assise de briques réfractaires sur le plancher, sans mortier. Si la solution est bonne, posez les briques en permanence avec du mortier fait d'argile réfractaire.

Si, de l'avis de l'expert consulté, le foyer est trop grand, vous pourrez poser une couche additionnelle de briques réfractaires sur les côtés; si le foyer est trop profond, posez-en une couche sur le fond.

Démontage: Un vieux foyer peut ne pas convenir à la décoration d'une maison moderne, ou, encore, il peut être trop endommagé. Dans les deux cas, il est facile de le démonter. Si les vis ou les clous qui retiennent le manteau de bois au mur sont cachés sous une moulure, enlevez-la et forcez la tablette avec une pince-monseigneur. Vous voyez maintenant où le manteau est fixé au mur: enlevez les vis ou les clous. Décrochez le manteau du mur avec une pince-monseigneur. Demandez à quelqu'un de le soutenir pendant que vous enlevez les vis et clous et que vous le retirez du mur.

Lorsque vous retirez la garniture de brique ou de pierre du manteau, enlevez le mortier entre les joints avec un bédane de ⅜″ et un marteau de 2½ lb. Puis enlevez la brique ou la pierre avec un levier.

L'ouverture du foyer doit être murée avec de la brique ou une planche d'amiante. Ayez soin de ne pas respirer de poussière lorsque vous sciez ou brisez l'amiante. Le conduit de fumée sur le dessus de la cheminée doit être fermé complètement pour empêcher l'eau de pénétrer (p. 462.) Installez un petit évent aux deux bouts du conduit pour éviter la condensation.

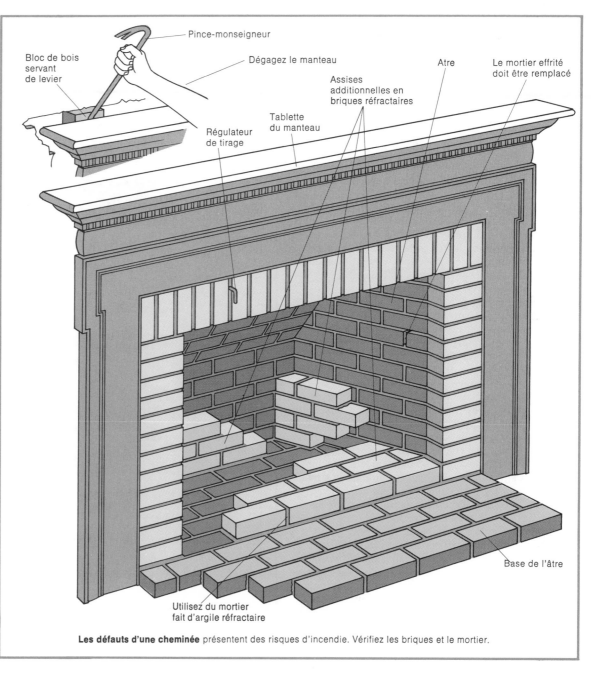

Pince-monseigneur

Bloc de bois servant de levier

Dégagez le manteau

Âtre

Le mortier effrité doit être remplacé

Assises additionnelles en briques réfractaires

Tablette du manteau

Régulateur de tirage

Base de l'âtre

Utilisez du mortier fait d'argile réfractaire

Les défauts d'une cheminée présentent des risques d'incendie. Vérifiez les briques et le mortier.

Pavage

Trottoirs, patios, entrées d'autos

Utilisez la brique de type 1 recommandée par votre fournisseur pour les trottoirs, patios et entrées d'autos. Si le trottoir ou le patio est en brique, creusez le terrain à 4¼″ de profondeur pour loger les briques et un lit de sable de 2″. Inclinez un patio de ⅛″ par pied en direction opposée à la maison; si le terrain est loin d'une bâtisse, le centre sera le point le plus élevé. Sur un terrain plat, inclinez le trottoir légèrement d'un côté.

Pour former une bordure, posez les briques sur le côté dans une tranchée de 5¾″ de profondeur (2″ pour le lit de sable, 3¾″ pour la brique). Pour un patio, placez d'abord deux côtés contigus. Etendez 2″ de sable; roulez-le ou tassez-le pour l'égaliser. Etendez un papier de construction fortement bitumé pour arrêter les mauvaises herbes. Posez les briques du trottoir à votre gré. Sur un patio, posez-les sur toute l'étendue, depuis la bordure déjà en place; finissez en faisant les bordures des autres côtés. Etendez du sable sur le patio et balayez-le jusqu'à ce que les intervalles soient remplis.

Entrées d'autos: Pour faire une entrée d'autos, posez des briques sur le côté dans un lit de 2″ de pierre concassée ou de sable tassé. Creusez d'abord l'entrée à 5¾″ de profondeur (2″ pour le lit, 3¾″ pour les briques sur le côté). Posez les briques debout pour en former la bordure. Si vous ne voulez pas de bordure, creusez une tranchée de 10″ de profondeur pour recevoir un lit de 2″ et les briques debout. Si vous faites une bordure de 4″, creusez une tranchée de 6″ de profondeur, et placez-y un lit de 2″, puis les briques debout. N'inclinez pas une entrée d'autos de plus de 1¾″ au pied. Donnez une pente transversale en élevant le centre du chemin ou en l'inclinant sur un côté. Balayez le sable de la surface pour remplir les intervalles. On peut aussi se servir de dalles, posées dans un lit semblable, pour les entrées d'autos. Les patios et trottoirs peuvent être en mortier sur fondation de béton (p. 475).

Dallage: Enfoncez les pierres dans 2″ de sable lorsque vous faites un trottoir ou un patio, à des intervalles de ½″ au moins. Mouillez les pierres, humectez aussi le sable des intervalles. Gâchez 1 partie de ciment Portland et 3 parties de sable, sans eau. Etendez le mélange sec sur les pierres et remplissez au balai les espaces. Avec un boyau d'arrosage, vaporisez de l'eau sur le trottoir et le patio. Répétez l'opération 2 ou 3 fois, à 15 minutes d'intervalle.

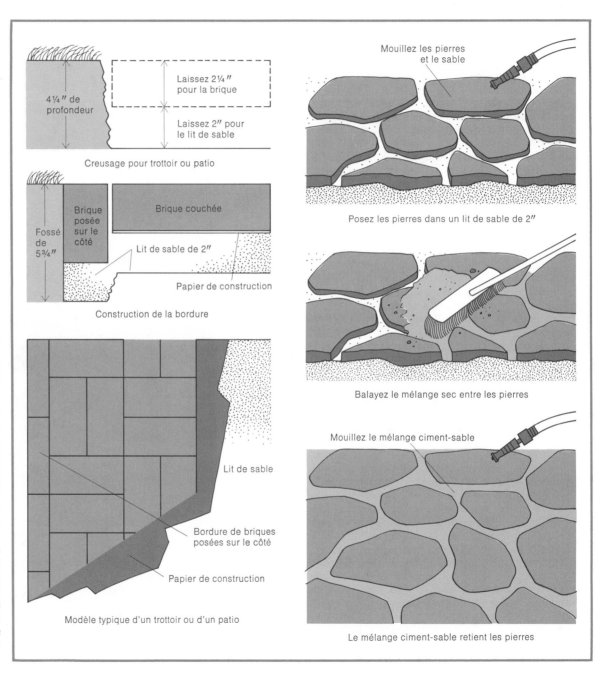

Creusage pour trottoir ou patio
- 4¼″ de profondeur
- Laissez 2¼″ pour la brique
- Laissez 2″ pour le lit de sable

Construction de la bordure
- Fossé de 5¾″
- Brique posée sur le côté
- Brique couchée
- Lit de sable de 2″
- Papier de construction

Modèle typique d'un trottoir ou d'un patio
- Lit de sable
- Bordure de briques posées sur le côté
- Papier de construction

Mouillez les pierres et le sable

Posez les pierres dans un lit de sable de 2″

Balayez le mélange sec entre les pierres

Mouillez le mélange ciment-sable

Le mélange ciment-sable retient les pierres

section 15: # Le béton

Même si la plupart des propriétaires sont conscients de l'épargne qu'ils peuvent réaliser en effectuant leurs travaux de béton eux-mêmes, plusieurs hésitent, ne se croyant pas assez habiles. Il faut du savoir-faire, bien sûr, mais celui-ci s'acquiert grâce à cette section qui traite à fond du gâchage d'un béton approprié à chaque ouvrage, de la durée et des conditions du traitement et de la mise en place des fondations. Grâce à ces connaissances, vous pourrez effectuer les travaux de construction et de réparation expliqués ici.

sommaire

466 Composition du béton
467 Outillage et stockage
468 Estimation
470 Bétonnage
472 Fondations
474 Bétonnage de trottoirs et d'entrées d'autos
476 Cas problème: installation des dalles
477 Dallage et marches d'escaliers
478 Planchers de béton
479 Réparations
481 Béton préfabriqué
482 Construire avec des blocs de béton

Composition du béton

Les ingrédients appropriés

Le béton est un des matériaux de construction les plus économiques. On s'en sert à diverses fins autour de la maison. Un ouvrage de béton bien fait dure longtemps. Le béton est un mélange de ciment Portland, de sable produisant un agrégat fin, de gravier ou de pierre concassée produisant un gros agrégat, et d'eau. Ces ingrédients sont dosés avec soin; le dosage du mélange est exprimé par trois chiffres. Ainsi, 1:3:4 signifie que le béton contient 1 part de **ciment Portland**, 3 parts de sable et 4 parts de gravier.

Le ciment Portland est un produit fabriqué; c'est une poudre plus fine que la farine. Sa qualité est assurée par l'estampille de la Canadian Standards Association (CSA) imprimée sur le sac. Le ciment doit se verser facilement lorsque vous l'employez; gardez-le au sec pour éviter la formation de mottes. Si les mottes ne se brisent pas facilement avec la main, n'employez pas ce ciment. Le mélange eau-ciment Portland forme **une pâte** qui sert de liant aux particules de l'agrégat dans le béton. La pâte forme de 25% à 40% du volume du béton.

Le ciment Portland ordinaire est gris; il s'en vend du blanc pour les objets décoratifs: parures de pelouses, pots à fleurs, etc.

Le béton Portland cellulaire qu'on trouve seulement pré-malaxé contient un agent qui forme des milliards de bulles d'air microscopiques. Quand ce béton durcit, il n'y a pas d'effritement comme celui que causent le gel et le dégel ou le sel à déglacer. Utilisez le béton cellulaire sur les surfaces exposées à de telles conditions.

Les agrégats forment près de 60% à 70% du béton fini. Une juste proportion de particules fines (sable) et de grosses particules est indispensable pour obtenir un bon béton.

Un agrégat fin est un sable qui traverse un tamis de ¼". Il doit être propre et ne contenir aucun corps étranger. De la glaise ou des matières végétales mêlées au sable empêchent la pâte de ciment de s'y lier. Si vous employez du sable ordinaire, vérifiez s'il n'y a pas de dépôt vaseux. Déposez 2" de sable dans un contenant d'une pinte et emplissez-le aux trois-quarts d'eau. Agitez vigoureusement pendant une minute, laissez reposer pendant une heure, puis vérifiez s'il y a un dépôt vaseux sur le sable. Si le dépôt a plus de 3/16", le sable doit être lavé avant usage. N'employez pas le sable de la mer; il contient des substances qui désintègrent le béton. N'utilisez pas de

Le sable humide, qui se brise quand vous le pressez pour en faire une balle, exige beaucoup d'eau.

Le sable trempé, le plus employé, forme une balle quand on le presse, et laisse peu d'humidité dans la main.

Le sable bien trempé, comme celui qui a reçu une ondée, forme une balle et laisse de l'humidité dans la main.

Un bon gros agrégat, séparé en trois grandeurs: de ¼" à ⅜", de ⅜" à ¾", de ¾" à 1½", a cette apparence.

Lors du mélange, les petites particules se placent entre les grosses et forment un gros agrégat régulier.

sable à mortier; ses particules sont trop fines pour le béton. L'humidité du sable a aussi son importance: combinée au ciment, elle modifie la quantité d'eau nécessaire au mélange du béton. Si votre sable est très humide, versez moins d'eau (p. 470). Pour connaître son degré d'humidité, prenez-en dans la main et serrez-le. Le sable humide ne laissera que très peu d'humidité dans la main; le sable imbibé d'eau, le plus employé, donne une sensation d'humidité, qui demeure sur la main; le sable très imbibé d'eau dégoutte et laisse la main très humide.

Un gros agrégat se compose de gravier ou de pierre allant de ¼" jusqu'à 1½" de diamètre. Il doit être dur, propre, sans terre ou matière végétale ou organique, comme l'engrais.

Achetez le gravier selon sa grosseur, ou en banc. Ce dernier contient plusieurs grosseurs, en plus du sable.

L'eau servant au mélange du béton doit être propre, et ne contenir aucune huile, aucun acide ou matière végétale.

N'employez jamais l'eau de la mer; les sels qu'elle contient peuvent causer des dommages au béton. Règle générale, c'est l'eau potable qui convient le mieux pour les mélanges de béton.

Outillage pour le béton

Parmi ses outils, le bricoleur possède certainement des outils servant à travailler le béton: brouette pour le gâchage et le transport, seau pour le mesurage du ciment et de l'agrégat, arrosoir pour mesurer et verser l'eau dans le mélange, ruban d'acier de 50'. Manipuler le béton mouillé assèche la peau; portez des gants et des bottes imperméables pour cette besogne. Vous devrez vous procurer ou fabriquer vous-même certains autres outils:

Une aplanissoire, pour niveler le béton et lui donner une surface rude.

Une truelle à finir en acier, pour donner à la surface de béton un fini lisse et dur.

Un fer à rainures ou une spatule, pour former les joints entre les dalles.

Un fer à bordures, pour arrondir les bords des dalles de béton.

Une truelle, pour placer le mortier sur les blocs.

Une pelle à bout carré, pour gâcher et placer le béton.

Une raclette, pour enlever le surplus de béton et le niveler. (Utilisez un 2 x 4, assez long pour dépasser de 6" chaque côté du coffrage.)

Une planchette à régaler, pour lisser la surface.

Une cheville ou un bloc et un cordeau, pour placer les dalles de béton de niveau, d'aplomb et alignées.

Un niveau à bulle d'air de 4', pour que les murs soient droits.

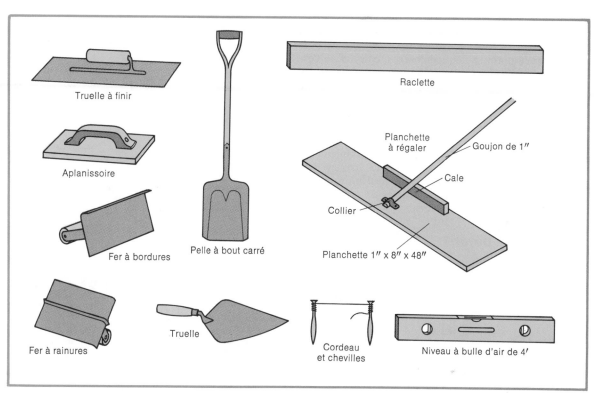

Truelle à finir

Raclette

Aplanissoire

Planchette à régaler

Goujon de 1"

Cale

Collier

Fer à bordures

Pelle à bout carré

Planchette 1" x 8" x 48"

Fer à rainures

Truelle

Cordeau et chevilles

Niveau à bulle d'air de 4'

Stockage

Stockez toujours le ciment dans un endroit sec. Il est à conseiller de ranger les sacs sur une plateforme, à 4" du sol, au moins. Empilez-les bien serré. Protégez-les en les recouvrant, ou, mieux encore, en les plaçant sous une grande feuille de plastique. Eloignez le ciment des autres matériaux—comme la chaux ou le plâtre—qui pourraient l'affecter. Si vous devez ranger un sac entamé, même pendant une courte période, fermez-le soigneusement et placez-le dans un sac de plastique cacheté.

Rangez séparément les agrégats fins et les gros sur un sol dur et propre. Si vous devez les stocker les uns près des autres, séparez les tas par une cloison en bois; à l'extérieur, couvrez-les avec une feuille de plastique. Si les agrégats doivent séjourner sur la voie publique, installez des drapeaux rouges de sécurité durant le jour et des lanternes rouges, la nuit.

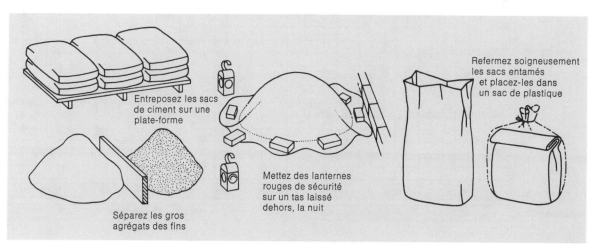

Entreposez les sacs de ciment sur une plate-forme

Refermez soigneusement les sacs entamés et placez-les dans un sac de plastique

Séparez les gros agrégats des fins

Mettez des lanternes rouges de sécurité sur un tas laissé dehors, la nuit

Estimation

Surface et volume

La première chose à faire pour connaître la quantité de béton nécessaire est de calculer en pieds carrés la surface à couvrir. Mesurez ses dimensions, puis établissez le nombre de pieds carrés, comme on l'explique à droite. Multipliez les pieds carrés obtenus par l'épaisseur en pieds de la structure désirée. Le résultat donnera le volume total de béton nécessaire, exprimé en pieds cubes. Pour convertir le nombre en verges cubes—le béton se calcule et se vend à la verge cube—divisez-le par 27, nombre de pieds cubes dans une verge cube. Par exemple, un plancher de béton de 4″ d'épaisseur et de 25′ x 15′ exigera 4.63 verges cubes de béton; 25 fois 15 multiplié par ⅓ (4″ valent ⅓′) donnent 125′ cubes; ce nombre, divisé par 27 donne 4.63 verges cubes.

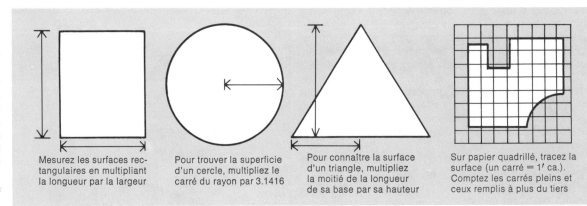

Mesurez les surfaces rectangulaires en multipliant la longueur par la largeur

Pour trouver la superficie d'un cercle, multipliez le carré du rayon par 3.1416

Pour connaître la surface d'un triangle, multipliez la moitié de la longueur de sa base par sa hauteur

Sur papier quadrillé, tracez la surface (un carré = 1′ ca.). Comptez les carrés pleins et ceux remplis à plus du tiers

Combien de béton?

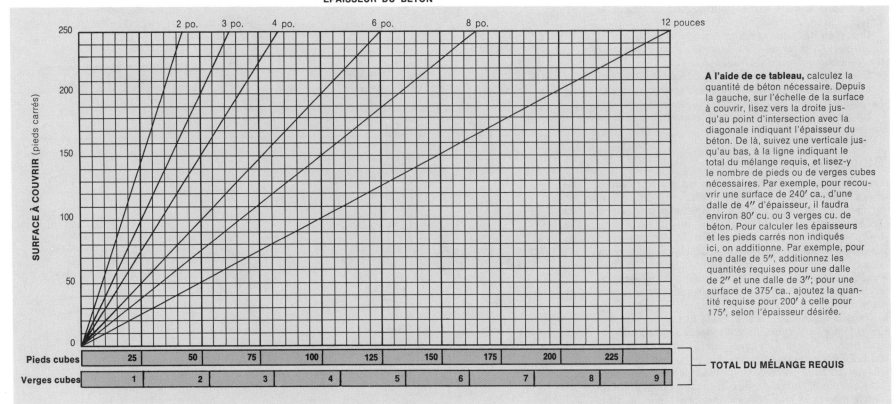

ÉPAISSEUR DU BÉTON

A l'aide de ce tableau, calculez la quantité de béton nécessaire. Depuis la gauche, sur l'échelle de la surface à couvrir, lisez vers la droite jusqu'au point d'intersection avec la diagonale indiquant l'épaisseur du béton. De là, suivez une verticale jusqu'au bas, à la ligne indiquant le total du mélange requis, et lisez-y le nombre de pieds ou de verges cubes nécessaires. Par exemple, pour recouvrir une surface de 240′ ca., d'une dalle de 4″ d'épaisseur, il faudra environ 80′ cu. ou 3 verges cu. de béton. Pour calculer les épaisseurs et les pieds carrés non indiqués ici, on additionne. Par exemple, pour une dalle de 5″, additionnez les quantités requises pour une dalle de 2″ et une dalle de 3″; pour une surface de 375′ ca., ajoutez la quantité requise pour 200′ à celle pour 175′, selon l'épaisseur désirée.

Un mélange approprié aux besoins

Avant de commander les matériaux en vue d'exécuter un ouvrage en béton, établissez quel mélange convient à ce travail. Le tableau 1 indique les mélanges qui conviennent à la plupart des travaux faits par des bricoleurs. Notez que la quantité précise d'eau est indiquée pour chaque gâchage. Suivez les directives avec soin; c'est le rapport eau-ciment qui détermine la force de la pâte de ciment qui lie les agrégats ensemble. Trop d'eau rend la pâte claire, et le béton, pauvre et poreux; trop peu rend le béton trop épais et difficile à travailler et à mettre en place.

Le béton de centrale: Si vous avez besoin d'une verge cube ou plus de béton, gâchez-le dans un malaxeur ou achetez-le d'une centrale, à votre goût. Le béton de centrale est habituellement plus pratique et plus économique. Lorsque vous commandez ce béton, spécifiez les points suivants:

1. Le plus gros agrégat. Le gros agrégat ne doit pas excéder un tiers de l'épaisseur de la dalle.

2. La quantité minimale de ciment; habituellement sept sacs par verge cube. Dans certains cas, pour une semelle ou des murs de fondation, six sacs suffisent.

3. L'affaissement maximal; l'affaissement est la mesure de la consistance et de la plasticité du béton. Commandez un affaissement n'excédant pas 4″.

4. La résistance à 28 jours ne doit pas être moindre que 3,500 livres au pouce carré.

5. La teneur en air renfermé de 6%. L'air procure de la résistance au béton qui doit subir le gel et le dégel, ou les sels à déglacer.

Gâchez votre béton: S'il vous faut moins d'une verge cube de béton, gâchez-le vous-même. S'il vous en faut davantage, il serait plus pratique d'employer un malaxeur; il s'en loue en divers endroits.

Si vous n'avez que quelques pieds cubes de béton à gâcher, gâchez-les à la main. Achetez les ingrédients séparément et mélangez-les; ou achetez un béton mélangé à sec qui contient tous les ingrédients, sauf l'eau. Les mélanges à sec de bonne qualité se vendent en sacs et doivent rencontrer les exigences de l'article A5 de la Canadian Standards Association.

En gâchant à la main, vous ne réussirez pas à fabriquer un béton cellulaire qui réclame un brassage extrêmement vigoureux.

Employez un béton de centrale pour un ouvrage exposé au gel et au dégel et exposé également aux sels à déglacer.

Comment choisir le mélange approprié — Proportions d'eau recommandées pour le ciment et lots d'essai*

Genres d'ouvrages	Gallons d'eau pour chaque mélange d'un sac si le sable est:			Mélange suggéré pour un lot d'essai**	Agrégats†		Matériaux par verge cube de béton	Agrégats	
	Très mouillé	Mouillé (sable moyen)	Humide	Sacs de ciment‡	Fins (pi. cu.)	Gros† (pi. cu.)	Sacs de ciment	Fin (pi. cu.)	Gros† (pi. cu.)
Béton soumis à l'usure et aux intempéries. Planchers étanches: sous-sols, étables et fondations. Chemins carrossables, allées, piscines, pataugeuses.	3	3½	3¾	1	2½	3½	7	15	21
Béton non soumis à l'usure et aux intempéries: murs de fondation, semelles. Endroits où l'étanchéité et la résistance à l'usure sont moindres.	3½	3¾	5½	1	3	4	6	15	20

*Employez du béton cellulaire là où le béton est soumis au gel, au dégel, aux sels à déglacer ou aux intempéries.

**Les gros agrégats sont plus économiques que les petits, mais non essentiels. L'agrégat le plus employé est un gravier de ¾″.

†Grosseur maximale de l'agrégat: 1½″

‡Un sac contient 80 livres.

Guide pour commander le béton de centrale pour des entrées de garages, allées et patios

Grosseur maximale de l'agrégat (pouces)	Teneur minimale en ciment: (lb à la verge cube)	Affaissement maximal (pouces)	Force de compression à 28 jours (lb au pouce carré)	Teneur en air (pourcentage au volume)
⅜	610	4	3,500	7½ ± 1
½	590	4	3,500	7½ ± 1
¾	540	4	3,500	6 ± 1
1	520	4	3,500	6 ± 1
1½	470	4	3,500	5 ± 1

Quantités de matériaux requis pour 100′ ca. de béton de diverses épaisseurs*

Épaisseur du béton (pouces)	Quantité de béton (ver. cu.)	Proportions					
		Mélange de 1:2½:3½			Mélange 1:3:4		
		Sacs de ciment‡	Agrégat		Sacs de ciment	Agrégat	
			Fin (pi. cu.)	Gros (pi. cu.)		Fin (pi. cu.)	Gros (pi. cu.)
3	0.92	6.5	13.8	19.3	5.4	13.8	18.4
4	1.24	8.7	18.6	26.0	7.3	18.6	24.8
5	1.56	11.5	23.4	32.8	9.2	23.4	31.2
6	1.85	13.0	27.8	38.9	10.9	27.8	37.0

*Ajoutez de 5 à 10% pour compenser les pertes causées par le niveau ou le gaspillage.

Bétonnage

Gâchage

Dans le gâchage fait à la main ou au malaxeur, la quantité d'eau nécessaire varie suivant l'humidité du sable. Lorsque vous aurez décidé quel mélange de béton vous utiliserez (p. 469), ne changez plus les proportions du ciment, du sable et du gravier. Le mélange doit être détrempé, mais non en purée; consistant sans s'émietter. S'il est trop sec, ajoutez un peu d'eau; s'il est trop mouillé, ajoutez du ciment, du sable et de l'agrégat, suivant les proportions que vous avez établies.

Le béton gâché à la main ne peut renfermer d'air. L'additif pour béton cellulaire est disponible en barils de 50 gallons seulement. Inutile de le chercher en petites quantités pour de petits gâchages. Vous ne pouvez, non plus, renfermer d'air dans votre béton en utilisant un malaxeur.

Emploi d'un malaxeur: Mesurez les ingrédients selon les proportions choisies et procédez comme suit:

1. Dans un malaxeur arrêté, versez tout le gros agrégat et la moitié de la quantité d'eau.

2. Actionnez le moteur. Pendant que le malaxeur tourne, ajoutez le sable, le ciment et le restant de l'eau.

3. Mélangez pendant 3 minutes ou jusqu'à ce que le béton soit de couleur uniforme.

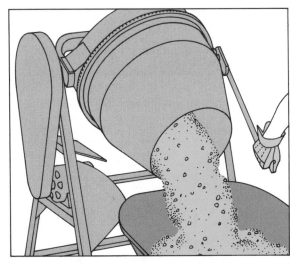

La capacité de gâchage d'un malaxeur est habituellement 60% de son volume total. N'excédez jamais cette mesure. Nettoyez le tonneau après chaque mélange. A la fin de la journée, nettoyez-le avec de l'eau et quelques pelletées de gros agrégat pendant qu'il tourne; rincez-le avec le boyau et laissez sécher.

Gâchage manuel

1. Matériaux et outillage pour le gâchage à la main. Mesurez les agrégats en remplissant un seau et en égalisant la surface. Agitez le seau pour tasser et niveler à ras du seau.

2. Etendez le sable en volcan; ajoutez le ciment. Gâchez jusqu'à l'obtention d'une couleur uniforme, sans filets bruns ou gris. Ajoutez du gros agrégat et retournez le mélange au moins trois fois.

3. Creusez un cratère au milieu du tas, versez-y une part de l'eau mesurée; ramenez-la vers le centre; ajoutez de l'eau au besoin et gâchez jusqu'à ce que tout le tas soit humecté.

4. Avec la pelle, poussez le mélange sec dans le cratère jusqu'à absorption complète de l'eau. Evitez l'effondrement des parois. Retournez le tas à la pelle jusqu'à ce qu'il soit humecté uniformément.

5. Formez un nouveau cratère, comme ci-dessus, s'il faut plus d'eau. S'il en faut très peu, aspergez la surface du tas. Ne changez jamais les proportions de ciment et d'agrégat.

6. Pour vérifier le gâchage, tirez la pelle en arrière sur le tas en une série de petits coups; laissez des tranches nettes. Si le mélange est trop sec ou trop mouillé, les tranches ne seront pas nettes.

Mise en place, finissage, durcissement

Les matériaux secs du béton se déposent au fond et forcent l'eau à remonter à la surface. Tout travail effectué sur la surface du béton, quand cette eau y est, s'écaillera ou s'effritera (p. 466). Il faut placer le ciment, le travailler à la raclette et à la planchette à régaler avant que l'eau ne remonte à la surface; quand l'eau se sera évaporée, on se servira du fer à bordures, de l'aplanissoire et de la truelle.

Mise en place: Un travail ordonné est la clé du succès. Avant de recevoir le béton de centrale ou de gâcher vous-même le vôtre, préparez la surface à couvrir, mettez le coffrage en place, ayez les outils à portée de la main et une personne ou deux pour vous aider. Il est préférable que le béton soit versé directement dans le coffrage. Placez toujours le béton le plus près possible de sa destination. Ne le versez pas en tas épars; déversez chaque lot près du précédent. Ne placez jamais le béton sur un terrain gelé, sur de la boue ou dans l'eau stagnante. Si le terrain est très sec, humectez-le pour qu'il ne boive pas l'eau du mélange. Commencez à placer le ciment dans un coin. Etendez-le avec une pelle à bout carré. N'utilisez ni un râteau de jardin ni une houe: ils sépareraient le gros agrégat du reste du mélange.

Avec une raclette, corrigez l'élévation de la surface. Placez-la (p. 467) sur le bord du coffrage et, en un mouvement de va-et-vient, enlevez le surplus de béton et remplissez les cavités.

Planchette à régaler: Immédiatement après la raclette, utilisez une planchette à régaler (p. 467) pour aplanir les aspérités et remplir les vides laissés par la raclette et pour enfoncer légèrement le gros agrégat sous la surface.

Le finissage se fait après que l'eau a disparu de la surface et que le béton a commencé à durcir. Cette période d'attente est essentielle pour la formation d'une surface solide. Si le temps est frais et sec, la période d'attente peut durer plusieurs heures; par temps chaud, sec, venteux, la période est courte; le béton cellulaire diminue cette période.

Le fer à bordures: Immédiatement après avoir utilisé la planchette à régaler, passez une truelle entre le béton et le coffrage, à une profondeur de 1″. Attendez que le béton soit assez dur pour conserver la forme du fer à bordures (p. 467); passez-le aller-retour entre le béton et le coffrage.

Le jointoiement: Après le fer à bordures, passez le fer à rainures (p. 467) pour couper les joints à 4′ ou 5′ de distance sur les trottoirs, à 10′ ou 15′ sur les planchers, entrées de garages et patios. Faites un joint au centre de toute dalle de 10′ ou plus de long. Ces joints empêchent la formation de fissures. A l'aide d'une planche de 1 x 10 comme guide, passez le fer à rainures dans la dalle; retournez-le et passez-le dans l'autre sens.

L'aplanissement enfonce le gros agrégat sous la surface, nivelle les aspérités et les vides et fait remonter à la surface l'agrégat fin. Passez l'aplanissoire sur la surface, comme un balai. Les aplanissoires en bois produisent un fini plus rude que ceux qui sont en métal. **Le finissage à la truelle** se fait immédiatement après l'aplanissage et donne une surface lisse et dure. Au premier essai, tenez la truelle en acier (p. 467) à plat sur la surface. Plusieurs essais rendront la surface plus lisse et plus dure. Faites un second essai lorsque le béton ne garde qu'une légère impression de la main, quand vous l'y appuyez. Soulevez légèrement le bout avant de la truelle.

Le balayage: Passez un balai raide et humide sur la surface pour donner un fini antidérapant au béton.

Le durcissement conserve au béton son humidité et sa chaleur pendant qu'il sèche et augmente sa résistance et sa durée. Habituellement, un traitement de six jours suffit; cinq jours par temps chaud, sept par temps frais. Il existe plusieurs méthodes de traitement:

1. Recouvrez la surface d'une feuille de plastique ou d'un papier étanche; couvrez-en les joints; posez-là à plat et attachez-en les bords.

2. Recouvrez le béton d'une grosse toile que vous garderez humide tout le temps que durera le traitement.

3. Gardez le béton modérément humide à l'aide d'un tourniquet ou d'un tuyau d'arrosage.

4. Vaporisez un composé pigmenté sur le béton humide en n'oubliant aucun endroit. Dans nos régions, n'employez pas ce composé tard, l'automne: le béton ne séchera pas et aura moins de résistance lorsqu'il viendra en contact avec les sels à déglacer.

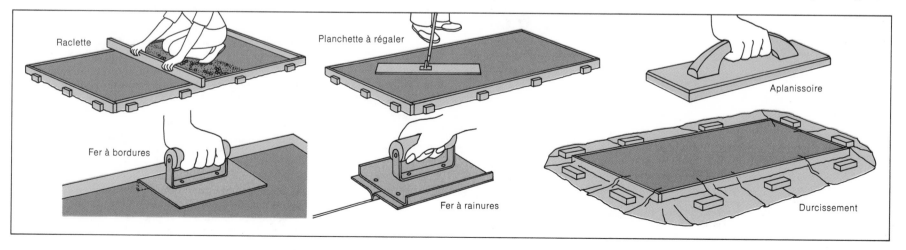

Raclette

Planchette à régaler

Aplanissoire

Fer à bordures

Fer à rainures

Durcissement

Fondations

Profondeur des semelles

Les semelles de béton doivent reposer sur un sol qui n'a pas été remué, et sous la ligne de gelée. Placez les semelles sur un sol légèrement humide; assurez-vous toutefois qu'il ne soit pas mouillé. Les règlements locaux ou nationaux de construction établissent la profondeur que doit atteindre la semelle. Informez-vous auprès du bureau de la ville qui émet les permis de construction. Les profondeurs varient selon divers facteurs: la profondeur de pénétration de la gelée, l'état des sols, l'usage et l'expérience de la construction en sont quelques-uns. La zone soumise aux tremblements de terre en est un autre. En certains endroits de la Colombie-Britannique, les semelles de béton doivent être à 8' sous terre et les piliers doivent atteindre le roc.

Dans les régions froides, on se sert, pour les constructions extérieures, d'une dalle d'assise bombée sans semelle. Elle repose sur un lit de gravier.

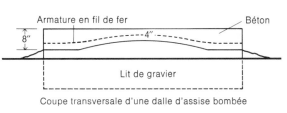

Coupe transversale d'une dalle d'assise bombée

EXEMPLE DES EXIGENCES SUR LA PROFONDEUR DES ASSISES AU CANADA	
Région	**Profondeur de l'assise** (pieds)
Saint-Jean, Terre-Neuve	4 à 5
Charlottetown, I.-P.-E.	4½
Halifax, N.-E.	3
Fredericton, N.-B.	4
Sept-Iles, Qué.	4
Montréal, Qué.	4½
Windsor, Ont.	3½
Kirkland Lake, Ont.	4½
Thunder Bay, Ont.	4½
Winnipeg, Man.	4½
Regina, Sask.	4
Edmonton, Alb.	4
Prince Rupert, C.-B.	8*
Vancouver, C.-B.	2 à 4
Yellowknife, T.N.-O.	4
Whitehorse, Yukon	3 à 8

*A plus de 8', les piliers doivent atteindre le roc, parfois à des profondeurs de plus de 50'.

Types de semelles

Les semelles de béton les plus employées sont: (1) la semelle à dessus plat, qui ressemble à une petite dalle, et (2) les piliers circulaires ou colonnes. La semelle à dessus plat peut avoir un dessus parfaitement plat ou porter une rainure pour recevoir le béton de la fondation. On emploie la semelle à dessus plat lorsque le mur de fondation est en blocs de béton et souvent aussi lorsque les murs sont en béton coulé. Fabriquez une rainure en posant le champ d'un 2 x 4 sur le dessus d'une semelle de béton; retirez-le dès que le béton a durci.

Les piliers d'un diamètre raisonnable—12", ordinairement—, servent de fondation ou de semelle, sans autre soutien. On les espace sur le périmètre de la structure et à l'intérieur de l'édifice, selon les règlements locaux de la construction.

Creusez un trou pour y déposer le tube de fibre et remplissez-le de béton.

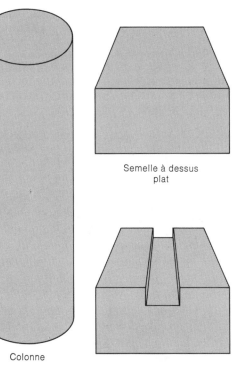

Semelle à dessus plat

Colonne

Semelle à rainure

Plan de fondation

Etablissez d'abord la ligne avant, face extérieure du mur de fondation pour la face de la structure. Délimitez cette ligne en mesurant avec soin depuis la ligne de la propriété ou d'une structure existante. Etendez un cordeau entre deux piquets temporaires enfoncés dans le sol pour délimiter la ligne avant. Puis vérifiez, sur votre plan, et trouvez un des coins extérieurs du mur de fondation avant. Enfoncez un piquet pour indiquer ce point, puis plantez un clou exactement au centre du sommet du piquet.

Mesurez ensuite le long de la ligne avant jusqu'au point où doit se trouver l'autre coin extérieur de la fondation avant. Enfoncez un piquet à cet endroit et plantez un clou au centre de ce piquet. La ligne avant exacte de la fondation est la ligne entre les deux clous.

Etendez un cordeau entre les deux piquets des coins avant et faites de même pour les trois autres côtés.

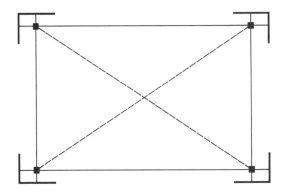

Vérifiez le plan de fondation d'un rectangle ou d'un carré en mesurant en diagonale; les longueurs doivent être égales.

Après avoir établi les mesures de la fondation, vérifiez ces mesures sur votre plan. Sur un carré ou un rectangle, la distance entre les piquets arrière sera la même qu'entre les piquets avant et leurs lignes diagonales seront égales. Les coins seront là où les cordeaux des surfaces extérieures se croisent.

Pour vous assurer que les coins sont exactement à 90°, mesurez 3' dans un sens, depuis un coin, et 4' à angle droit par rapport au premier sens; si le coin est carré, la diagonale mesurera 5'.

Vous pouvez aussi vérifier les angles avec une grosse équerre de bâtisseur (p. 448).

Planches de repère

Avant de creuser pour établir la rigole et la fondation, enlevez les piquets qui marquent le plan de cette dernière, si vous voulez être libre de vos mouvements. Conservez ce plan en plaçant des planches de repère à 4' environ au-delà des piquets et assez loin pour que l'excavation n'affecte en rien les planches de repère. Si un mur adjacent à la fondation vous empêche d'enfoncer des planches dans le sol, placez-les sur le mur. Fabriquez des repères en utilisant des 2 x 4 pour les piquets et des 1 x 6 pour les traverses supérieures.

Faites les planches à angle droit, en plaçant la traverse légèrement plus haut que la fondation, à chaque coin. Voyez à ce que les planches soient de même niveau. Etendez un cordeau depuis chaque planche de repère et, avec un fil à plomb, déterminez l'endroit où les cordeaux se croisent au-dessus du clou de chaque ensemble de piquets. Enfoncez un clou sur le dessus de chaque traverse pour indiquer l'emplacement du plan de la fondation. Une fois les clous en place, vous localiserez avec exactitude les coins de la structure, même si les piquets sont enfouis sous terre. Vous n'aurez qu'à étendre un cordeau depuis chaque clou; les coins se trouveront exactement sous les points où les cordeaux se croisent.

Excavation et coffrage

Excavation: Disposez des piquets pour indiquer les limites de la semelle. Retirez les cordeaux des planches de repère. Débarrassez l'emplacement de la semelle des débris et saletés.

Le coffrage: Les clous à deux têtes s'enlèvent plus facilement que les clous ordinaires. Enfoncez-les toujours dans les piquets et jusque dans le coffrage. Huilez les surfaces du coffrage qui touchent au béton avec de la vieille huile de carter.

Coffrage de la semelle: Après le creusage, replacez les cordeaux sur les planches de repère et localisez de nouveau les coins. Marquez leur emplacement grâce à des piquets placés au fond de l'excavation. Puis enfoncez des piquets de nivellement le long du cordeau de la semelle, au même niveau que les piquets du coin.

Installez les formes du coffrage extérieur d'abord. Leurs sommets doivent être de niveau avec les piquets de nivellement.

Faites le coffrage avec du contreplaqué de ¾" ou des planches de 1"; faites tenir en place par des 2 x 4 enfoncés en terre à tous les 2' ou 3'. Placez des espaceurs à tous les 3' entre les parois du coffrage, sur toute la longueur. Ils écarteront les parois du coffrage et indique-

ront la position correcte du coffrage intérieur.

Retirez les piquets des coins et les piquets de nivellement avant de couler le béton.

Enlevez les espaceurs lorsque vous en serez rendu à couler le béton.

Coffrage pour un mur: Servez-vous de contreplaqué de ¾" ou de planches de 1" pour fabriquer les parois. Posez des montants de soutien en 2 x 4 à tous les 2'; placez des jambes de force en 2 x 4 sur chaque montant, comme sur la vignette. Si le mur a plus de 4' de haut, attachez des jambes de force à l'horizontale sur les montants. Attachez les pièces du coffrage avec du fil de fer doux. Percez des trous dans le coffrage et insérez-y quelques longueurs de fil de fer torsadé, ou encore deux fils torsadés en X entre les parois, à tous les 2'. Avant de retirer le coffrage, coupez à l'extérieur les bouts des fils de fer.

Laissez une distance appropriée entre les parois intérieures et extérieures du coffrage grâce à des espaceurs de 1 x 2 taillés suivant la largeur du mur; laissez 2' entre les espaceurs. Retirez-les lorsque vous coulez le béton. Les murs de 4' ou plus exigent du fil de fer et des espaceurs à tous les 2' environ entre le haut et le fond du coffrage. Fabriquez une boîte en bois dans le coffrage en vue d'une ouverture.

Fondation sans coffrage

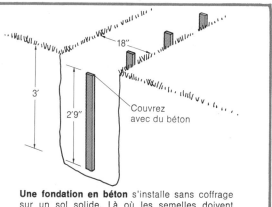

Une fondation en béton s'installe sans coffrage sur un sol solide. Là où les semelles doivent s'enfoncer à 3' sous le niveau du sol, creusez une tranchée de 18" de large et de 3' de profond. Enfoncez les piquets dans la tranchée, de sorte que leurs sommets soient à 2'9" du fond. Emplissez la tranchée de béton afin de couvrir les sommets des piquets. Ce mur tiendra lieu de semelle.

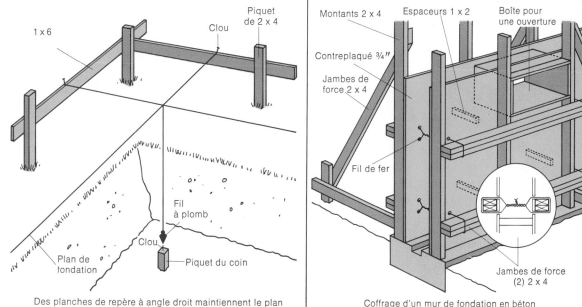

Des planches de repère à angle droit maintiennent le plan

Coffrage d'un mur de fondation en béton

Bétonnage de trottoirs et d'entrées d'autos

Préparation

Si le sol choisi pour faire un trottoir ou une entrée est ferme et compact, étendez le béton à même le sol. Ne remuez pas la terre plus qu'il n'est besoin. Désherbez et aplanissez les inégalités à la pelle et passez le rouleau pour obtenir une base durable et unie. Si le sol est mal drainé et souvent imbibé d'eau, étendez une couche de 4″ à 6″ de gravier ou de pierraille et tassez à fond. Emplissez les endroits mous de pierraille ou de gravier et tassez bien. Si vous voulez mettre du béton frais sur une base fendillée et fissurée, cassez-la d'abord et tassez ensuite les débris au rouleau; autrement, le nouveau dallage craquera ou se fendillera. Faites un coffrage en 2 x 4 pour les trottoirs et en 2 x 6 pour les entrées. Installez, à tous les 3′, des piquets en 2 x 4 de 12″ à 18″ de long. Étendez de l'huile sur la surface du cof-frage qui touchera au béton afin de l'empêcher de coller. Faites une pente d'au moins ⅛″ par pied de largeur pour égoutter l'eau de la surface. Vous pouvez mettre un côté plus bas que l'autre ou bomber le centre à l'aide d'une raclette. La pente doit toujours descendre en s'éloignant des bâtiments. Une entrée en béton doit avoir 6″ d'épaisseur si des camions lourds y circulent; 4″ pour les voitures et camions légers. La plupart des trottoirs ont 4″ mais consultez les règlements locaux de la construction avant de faire les vôtres. Sur les trottoirs que des camions lourds traversent, l'épaisseur doit être de 6″. Prévenez les fissures en faisant des joints à tous les 10′ sur une allée, à tous les 4′ ou 5′, sur un trottoir. Ou encore installez des joints en bois. Utilisez un mélange 1:2½:3½ pour les trottoirs et entrées.

Mise en place des coffrages

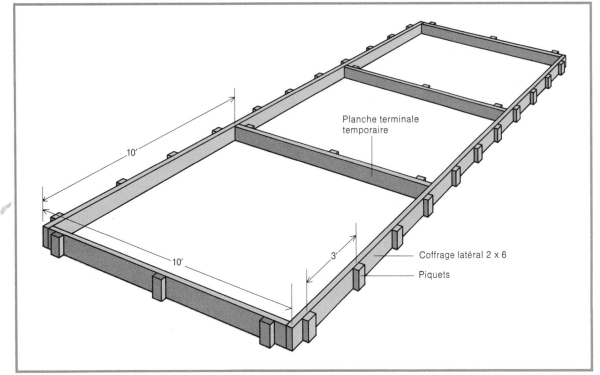

Coffrage d'une entrée d'auto: Préparez une base dépassant la dalle de 3″ tout le tour afin que le coffrage repose sur la terre ferme. Les piquets doivent résister à la pression latérale du béton. Installez des joints (voir page suivante).

Perron et marches

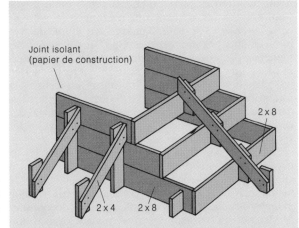

Enfoncez la semelle à 6″ sous la ligne de gel (à 2′ dans une région chaude). Fixez les marches au mur à l'aide d'ancrages métalliques. Faites le coffrage fixe et serré; ajoutez de l'huile. Faites les marches aussi larges que le trottoir, à 11″ de profondeur; les contremarches, à 7½″ de haut. Donnez une pente de ¼″ aux marches, pour l'égouttement.

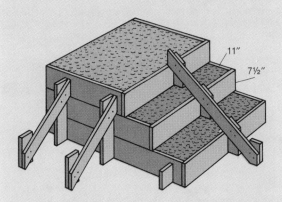

Diminuez la quantité de béton nécessaire en utilisant de la pierre de remplissage recouverte de sable bien tassé; remplissez le coffrage jusqu'à 4″ du sommet. Utilisez un mélange 1:2½:3½ de béton cellulaire. Tassez-le bien, près du coffrage. Tapez sur celui-ci pour libérer les bulles d'air. Rendez la surface anti-dérapante en frottant avec un balai. Laissez le coffrage en place pendant six jours.

Les différentes phases du bétonnage

1. Clouez des piquets en 2 x 4 à l'extérieur du coffrage à tous les 3'; posez des piquets supplémentaires aux joints. Les clous traversent les planches en direction des piquets. Ne laissez pas de vides entre elles. Les coffrages doivent résister à la pression.

2. Vérifiez le coffrage au niveau à bulle. Un côté du coffrage d'une dalle de 10' de large doit être relevé de 1¼" pour donner une pente (⅛" au pied) pour le drainage. Insérez une cale de bois de 1¼" du côté le plus bas. Vérifiez l'horizontalité au niveau.

3. Versez le béton directement dans le coffrage afin de réduire au minimum toute manipulation ultérieure; ceci importe surtout dans le cas du béton de centrale. Avec une pelle, étendez le mélange 1" plus haut que le coffrage pour permettre le tassement.

4. Passez une pelle à l'intérieur du coffrage, puis tassez le béton avec une raclette munie de manches. Levez-la de quelques pouces et laissez-la retomber; faites-la avancer de la moitié de son épaisseur à chaque fois. Avec la même raclette, enlevez le surplus de béton.

5. Insérez les joints de dilatation à tous les 10' à l'aide de planches de bois tendre de ⅜", de même longueur et épaisseur que la planche terminale temporaire. Placez une planche pour chaque joint (un bord sans nœud sera tourné vers le haut entre planche et béton).

6. Etalez le béton à ras de la planche avec la raclette et la planchette à régaler (p. 467). Enlevez la planche terminale et ses piquets; gardez le joint vertical et de niveau avec les coffrages latéraux et le béton tassé. Continuez le bétonnage de l'autre côté du joint.

7. Quand l'eau aura disparu, passez un fer à bordures sur les bords, puis une aplanissoire (p. 471). Passez un balai dur pour obtenir une surface rugueuse, antidérapante, en tirant vers vous le balai sur la dalle. Pour une surface lisse, passez l'aplanissoire.

8. Couvrez le béton neuf d'une feuille de plastique; ou encore de paille ou d'une toile continuellement humide. Laissez le coffrage en place plusieurs jours; laissez prendre le béton au moins 6 jours; il peut supporter des charges légères; dans 6 autres jours, des lourdes.

Cas problème: installation des dalles

Bétonnage le long d'un mur

Si vous coulez un trottoir de béton le long d'un mur ou d'un bâtiment, vous ne pourrez pas utiliser la raclette, munie ou non de manches, sur la largeur entière de l'ouvrage. Etalez le béton par travées alternées en tassant celles-ci et en les nivelant avec la raclette placée parallèlement au mur entre les planches terminales.

En installant les coffrages, insérez une bande de feutre bitumeux de ½" d'épaisseur, pour former un joint entre le mur et la dalle. Elle sert lorsque la dalle touche une bordure, la fondation ou les marches. Inclinez l'allée de ¼" au pied en l'éloignant du mur pour faire égoutter l'eau de surface.

En étendant les premières travées, assurez-vous que les planches terminales sont fixées assez solidement pour résister à la pression du béton. Laissez-les en place pendant le durcissement du béton; puis retirez-les et bétonnez les travées vides. Quand le béton aura durci, enlevez le coffrage latéral.

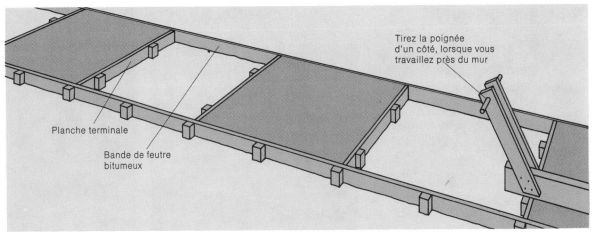

Tirez la poignée d'un côté, lorsque vous travaillez près du mur

Planche terminale

Bande de feutre bitumeux

Un joint avec assemblage à clé est nécessaire lorsqu'il faut interrompre le coulage du béton. Pour en fabriquer un entre les travées, clouez deux tasseaux parallèles de 1 x 2 sur les planches terminales. Ainsi, toutes les travées seront de niveau.

Pentes et courbes

Si la pente est forte, rapprochez les planches terminales les unes des autres.

Si le trottoir ou l'entrée sont en courbe, faites un coffrage avec du contreplaqué de ½" ou de ¼", ou employez des 1 x 4. Trempez ceux-ci pour faciliter leur pliage. Rapprochez les piquets les uns des autres au lieu de laisser 3', comme sur un coffrage droit.

Si la pente est forte et inversée, il y a risque que l'eau pénètre dans le bâtiment après l'installation du caniveau, comme sur la vignette. Dans ce cas, faites une petite bordure ou retenue sur le seuil. Une longue pente peut exiger plus d'un de ces points de dérivation; espacez-les de 30' environ. Si la pente est longue et en courbe, inclinez-la de ¼" environ au pied, en direction du côté le plus court.

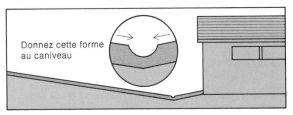

Donnez cette forme au caniveau

Si la pente est inversée, placez la dalle sous le niveau, puis relevez-la. Graduez la pente comme sur la vignette.

Comment couler des dalles

Les dalles que vous fabriquez servent pour les patios et les trottoirs. Elles ont 2" d'épaisseur, ordinairement. Creusez le coffrage ½" de plus que l'épaisseur de la dalle; le béton sera coulé sur un lit de sable de ½"; ainsi, les dalles s'enlèveront facilement, après leur durcissement. Humectez le lit de sable avant de couler le béton. Utilisez un mélange de béton 1:2½:3½; cependant, un béton cellulaire de centrale est préférable, à cause de notre climat. Coulez le béton dans les coffrages, passez la raclette et la planche à régaler (p. 467). Arrondissez les bords de la dalle avec un fer à bordures et passez une aplanissoire de bois sur la surface. Après l'avoir lissée à la truelle, tirez vers vous un balai à soies raides.

Employez une planche droite comme guide pour la coupe

Coupez avec une truelle

Coupez les dalles à la truelle, une heure ou deux après le coulage; taillez dans le béton. Pour obtenir des côtés rugueux, taillez un tiers du béton seulement, puis brisez-le.

Laissez mûrir le béton des dalles pendant 6 jours; empilez-les debout.

Mise en place des dalles de pavage

1. Enlevez de 3″ à 4″ de terre. Si le sol est spongieux, creusez plus creux et étendez 4″ de pierre concassée. Lit de 2″ de sable. Délimitez côtés et hauteur avec un cordeau.

2. Faites un mortier de 1 partie de ciment et 3 parties de sable que vous répartirez en cinq tas dont un au centre et les quatre autres dans les coins.

3. Posez les dalles côte à côte ou à ½″ les unes des autres. Dans ce cas, insérez des planches de dilatation de ½″. Un écartement uniforme améliore l'apparence du trottoir.

4. Enfoncez les dalles dans le mortier. Tapez-les légèrement sur la surface avec un bloc de bois jusqu'à ce qu'elles n'oscillent plus et soient de niveau avec les autres et le cordeau.

5. Emplissez les joints ouverts de mortier humide ou d'un mélange sec de ciment et sable. Tassez le mortier dans les joints humides et sous le niveau de la dalle.

6. Si vous employez un mélange sec de ciment et de sable, versez-le dans le joint et brossez l'excédent. Aspergez les joints avec un arrosoir à pomme fine.

Marches d'escalier dàllées

Les dalles de béton constituent d'excellentes marches d'escalier de jardin, avec des contremarches faites de briques ou de dalles plus petites. Si vous vous servez de dalles que vous fabriquez, coulez-les selon les dimensions désirées. Si vous les achetez, choisissez-les antidérapantes.

Voyez à ce que la marche (la surface sur laquelle on marche) de votre escalier ait au moins 11″ de profondeur; la contremarche (la partie verticale), pas plus de 7½″ de hauteur. Inclinez la marche de ¼″, pour l'égouttement. Découpez grossièrement le pourtour des marches; ne remuez pas tout le terrain; finissez le découpage à mesure que l'ouvrage progresse. Pour soutenir la première contremarche, creusez une tranchée de 4″ de profondeur et de même largeur que les marches: remplissez-la de béton pour constituer une semelle solide. Notre climat exige un béton cellulaire.

Quand le béton aura durci, posez de petites dalles ou des briques sur une assise de mortier (1 partie de ciment, 3 parties de sable) pour former la première contremarche. Tassez et nivelez le terrain derrière la contremarche; puis sur une nouvelle assise de mortier, posez une dalle pour former la première marche, de façon qu'elle déborde la contremarche d'un pouce. Erigez des cloisons latérales pour éviter que l'eau n'apporte de la terre sur les marches.

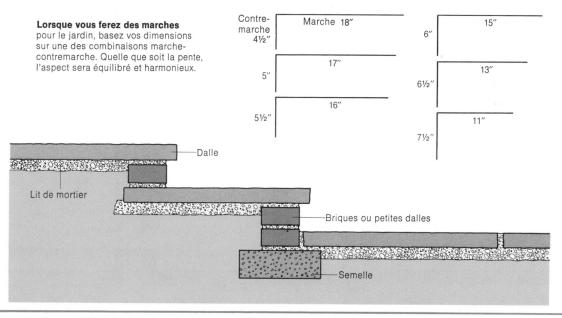

Lorsque vous ferez des marches pour le jardin, basez vos dimensions sur une des combinaisons marche-contremarche. Quelle que soit la pente, l'aspect sera équilibré et harmonieux.

Contremarche	Marche
4½″	18″
5″	17″
5½″	16″
6″	15″
6½″	13″
7½″	11″

Dalle

Lit de mortier

Briques ou petites dalles

Semelle

Pour construire des marches dans une pente, découpez la forme et la grandeur de celles-ci et enlevez la tourbe sans déranger le sous-sol. Continuez à découper à mesure que vous progressez. Au besoin, érigez des cloisons latérales.

Planchers de béton

Planification et préparation

Consultez les règlements locaux de construction relatifs aux plans et à la construction des planchers.

Si le sol est bien égoutté, tassez-le et posez-y directement le plancher; si le sol est mou ou meuble, il vous faudra le creuser et poser une couche de 4″ de pierre concassée et de 1″ de sable. Tassez bien la couche de pierre. Inclinez les planchers de béton en vue de l'égouttement; les planchers du sous-sol doivent être inclinés vers un renvoi, les planchers de garage, vers la porte de celui-ci. Pour obtenir un plancher d'épaisseur uniforme, inclinez le terrain sous le plancher. Empêchez le plancher du sous-sol ou du garage de faire corps avec la semelle en étendant 1″ de sable sur le dessus avant de couler le ciment.

Prévoyez les canalisations de plomberie et d'électricité sous la dalle. Pour retenir les parois du coffrage, enfoncez des 2 x 2 à environ 8″ dans le sous-sol, leurs sommets à ras du sol.

En guise de vaporifuge, placez une épaisse feuille de polyéthylène sur la base après avoir enfoncé les piquets; superposez les bouts des feuilles d'environ 4″. Faites monter le vaporifuge sur le mur jusqu'à la hauteur du plancher; si le mur est en maçonnerie, faites monter le vaporifuge au niveau du sol.

Utilisez des 2 x 4 de 6′ de long pour faire les coffrages latéraux. Après avoir posé le vaporifuge, attachez les coffrages latéraux; enfoncez les clous à ½″ dans les piquets. Les coffrages latéraux, dans ce cas, ne servent que de soutien pour la raclette et sont fixés provisoirement aux piquets de façon à s'enlever facilement. Séparez le plancher du mur par un joint isolant de ½″ d'épaisseur fait d'un matériau bitumeux. Des joints isolants de la même épaisseur doivent aussi être placés autour des renvois en acier et des piliers. Le plancher du sous-sol ou du garage aura 4″ d'épaisseur et sera fait d'un mélange de béton 1:2½:3½. Fabriquez une raclette avec un 2 x 4 légèrement plus court que la largeur de la pièce.

Empêchez les fissures en espaçant les joints de dilatation (p. 471) à tous les 10′. Utilisez un fer à rainures et coupez les joints de ¼″ à ⅓ de l'épaisseur du plancher; coupez-les sur toute la largeur.

Finissez la surface (p. 471), puis couvrez-la d'une feuille de polyéthylène et laissez durcir pendant six jours. Finissez le béton à la truelle d'acier afin d'obtenir une surface lisse qui puisse se peindre ou être recouverte de carreaux.

Comment couler le béton

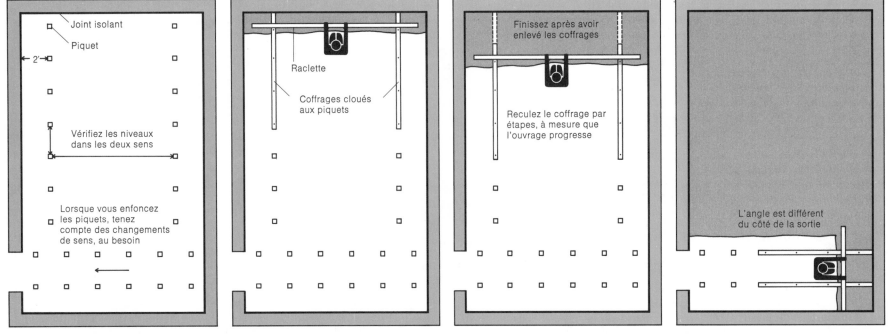

1. Pour faire la base, plantez les piquets de soutien du coffrage avant de placer le vaporifuge. Disposez-les de façon à pouvoir tirer le coffrage en direction de la sortie.

2. Placez le coffrage sur le bout des piquets. Enfoncez les clous dans le coffrage et jusqu'à ½″ des piquets. Vérifiez les niveaux; étendez une lisière de béton de 3′.

3. Enlevez le coffrage; reculez-le et clouez-le à d'autres piquets. Remplissez et tassez les vides laissés par le coffrage. Finissez le béton à l'aplanissoire.

4. Travaillez à reculons pour finir la sortie. Vérifiez souvent le niveau. Assurez-vous à chaque étape que la portée est suffisante pour le tassage et le finissage.

Trottoirs et entrées d'autos

Si le dommage est mineur, employez un des produits à rapiéçage suivants: latex, vinyle, époxy, et suivez le mode d'emploi. Si le dommage est important, ces produits coûtent trop cher et sèchent trop vite. Servez-vous d'un béton mélangé à sec (mélange de gravier) ou faites votre propre gâchage de 1 partie de ciment Portland, 2 parties de sable et 2 parties de gravier fin.

Réparations en surface: Avec un ciseau, brisez les fragments de béton jusqu'à une profondeur de 1", puis continuez à nettoyer le fond de la cavité; portez des verres protecteurs. Creusez les bords de la cavité; nettoyez-la avec une brosse en acier et lavez-la pour en enlever les débris.

La surface à réparer doit être humide, mais non imbibée d'eau; épongez le restant de l'eau. Recou-vrez la surface d'un épais mélange de ciment Portland et d'eau. Remplissez les cavités avec le mélange à rapiéçage avant que le béton ne sèche. Tassez fermement le mélange et ajoutez-en plus qu'il n'en faut à cause de la contraction. Lissez délicatement la réparation avec une aplanissoire. Quand le béton commence à durcir, lissez-le avec une aplanissoire en bois ou une truelle en métal. Laissez durcir la réparation pendant six jours sans y circuler.

Les crevasses doivent aussi être nettoyées, ouvertes, humectées et obturées de la même façon. Si une importante section d'un trottoir ou d'une entrée s'est lézardée ou a été endommagée, il faut l'enlever et la remplacer par du nouveau béton. Si la fissure est trop étroite pour recevoir du gravier, utilisez du mortier fait de 1 ciment Portland pour 3 parties de sable.

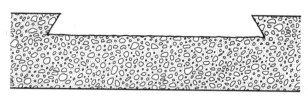
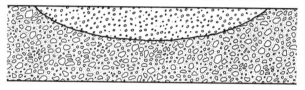

Coupez les bords d'une surface endommagée pour y placer le mélange à rapiéçage. Le mélange n'adhère pas à des bords comme ceux qu'on voit ci-dessous.

Dalles inégales

Employez un pied-de-biche ou une bêche robuste pour soulever une extrémité de la dalle. Pour éviter de lever une lourde dalle, glissez un manche à balai ou un goujon sous la partie soulevée et faites-la rouler. Si la dalle repose sur du sable, nivelez la surface et ajoutez d'autre sable; si elle repose sur des tas de mortier, remplacez ceux-ci. Tassez doucement l'assise et remplissez les vides avec du sable ou de la pierre. Enlevez les racines; remplissez les vides avec des pierres et tassez-les bien.

Murs lézardés

Avec un ciseau à froid, enlevez le matériau lâche jusqu'à une profondeur de 1"; creusez sous la surface, retirez la poussière et humectez complètement la section à réparer. Faites une pâte épaisse avec 1 partie de ciment à maçonnerie et 3 parties de sable et obturez les fissures. Lissez la surface et laissez vieillir pendant six jours. Pour réparer les fissures dans les joints, enlevez le mortier sur une profondeur de ½" et rejointoyez (p. 457). Si les lézardes continuent de s'agrandir, demandez l'avis d'un professionnel.

Planchers lézardés

Préparez la surface comme si c'était un mur lézardé. Employez du mortier composé de 1 partie de ciment Portland et 3 parties de sable. Une fois la lézarde remplie, la surface doit être légèrement soulevée par rapport au plancher environnant. Après 48 heures, nivelez à ras du plancher avec une pierre abrasive ou une feuille de papier d'émeri grossier sur bloc de bois.

Béton poudreux

Certains bétons dégagent une fine poudre poussié-reuse. Mettez-y obstacle en appliquant un bouche-pores à béton ou frottez celui-ci deux ou trois fois avec une solution de 1 partie de silicate de sodium et 3 parties d'eau. La peinture adhère bien au béton traité au silicate de sodium.

Marches abîmées

Réparez un bord qui s'effrite en creusant au ciseau une entaille en V jusqu'au béton solide. Nettoyez l'entaille et humectez la section. Si l'arête de la marche est à ras de la contremarche, placez un coffrage sur la contremarche (voir vignette). Si l'arête de la marche excède la contremarche, faites un coffrage et renforcez la réparation avec la broche d'un cintre. Etendez de la pâte de ciment dans la cavité et remplissez-la de mortier fait de 1 partie de ciment Portland et 3 parties de sable. Finissez. Laissez vieillir 6 jours.

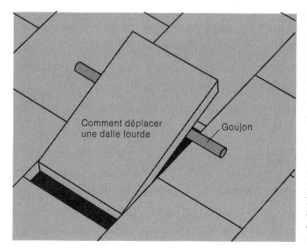

Comment déplacer une dalle lourde — Goujon

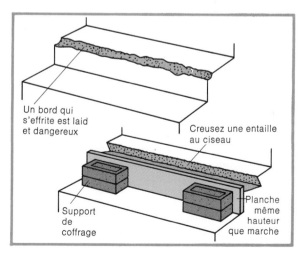

Un bord qui s'effrite est laid et dangereux

Creusez une entaille au ciseau

Support de coffrage

Planche même hauteur que marche

Réparations

Stuc

Mélange de stuc: Pour remplir des lézardes ou réparer une grande section, utilisez un béton mélangé à sec auquel vous n'ajoutez que de l'eau; ou faites un mélange de stuc avec 1 partie de ciment et 3 parties de sable. Le stuc doit être souple mais assez solide pour rester en tas. Vous pouvez le colorer en ajoutant des pigments minéraux au mortier lors de la couche finale et en le mélangeant jusqu'à l'obtention d'une couleur uniforme. Employez du ciment blanc, si possible. Le pigment que vous ajoutez ne doit jamais excéder 5% du poids du ciment de maçonnerie. Les pigments pour stuc sont toujours de teinte pastel: rose, jaune, vert.

Rapiéçage des lézardes: Avec un objet pointu, agrandissez l'ouverture jusqu'au stuc sain; puis avec un marteau et un ciseau, pratiquez une ouverture en forme de clef, plus large à l'intérieur qu'à la surface, pour recevoir le nouveau stuc. Enlevez les débris à la brosse. Humectez la lézarde et remplissez-la avec un couteau ou une truelle en tassant le stuc fermement. Si elle traverse le stuc jusqu'au fond, obturez-

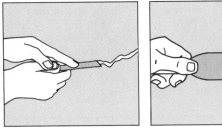

Agrandissez la lézarde jusqu'au stuc; creusez côtés.

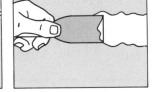

Remplissez la lézarde de stuc; tassez-le fermement.

la petit à petit jusque par-dessus le bord. Laissez sécher pendant 15 minutes puis nivelez à la truelle. Humidifiez une lézarde profonde en l'aspergeant d'une poussière d'eau, une fois le matin et une fois le soir, pendant trois jours.

Rapiéçage du stuc: Lorsqu'une section importante d'un mur de stuc est endommagée, on enlève le stuc pour mettre le mur à nu. Une surface de béton ou d'argile doit être nettoyée à fond avant l'application du stuc. Sur les surfaces de tuiles d'argile ou de brique, retirez des joints ¼" de mortier en guise de clef pour la première couche; passez la brosse d'acier et lavez à fond. Piquez un mur de béton lisse pour le rendre rugueux. Portez des verres protecteurs.

Sur un mur de bois, étendez des fils métalliques horizontalement en travers des montants, à tous les 6" environ. Fixez du papier de construction hydrofuge sur les montants avec des clous galvanisés. Superposez les bords du papier d'au moins 3". Placez un treillis de fil métallique à stuc sur le papier. Fixez-le aux montants avec des clous, mais laissez un espace de ¼" entre l'armature et son support. Utilisez des clous ou crampons galvanisés ou à l'épreuve de la rouille. N'employez pas de clous en aluminium; le ciment cause une réaction chimique.

Si le mur de bois a un revêtement, recouvrez-le d'un papier de construction hydrofuge et appliquez le treillis métallique; laissez un espace de ¼" du papier.

Ne posez jamais de stuc sur une surface gelée ou lorsque le mercure peut descendre sous le point de congélation. Le stuc se pose en trois couches. Sur une base en maçonnerie ou en béton, deux couches peuvent suffire, surtout si le climat est chaud et sec; dans ces cas, la couche de fond a environ ⅜" d'épaisseur et la couche de finition environ ¼".

La première couche, la couche éraflée, doit avoir ½" d'épaisseur. On la force dans le treillis pour que l'armature soit complètement recouverte de stuc. Humectez les murs de maçonnerie ou de béton d'une poussière d'eau avant de poser la couche éraflée.

Placez une généreuse quantité de stuc sur une taloche (p. 448) et inclinez-en le bord vers le bas. Avec une truelle en acier (p. 467), posez le stuc sur le mur; la truelle sera presque sens dessus dessous lorsqu'elle cueillera le stuc sur la taloche. Utilisez un 2 x 4 en guise de raclette (p. 467). Dès que la première couche est consistante, mais non dure, faites des stries horizontales; elles serviront de clefs à la deuxième couche. Enfoncez une rangée de clous dans une planche pour fabriquer un grattoir, ou servez-vous d'une pièce de treillis métallique.

La seconde couche, ou couche brune, se pose dès que la première est assez dure pour supporter le poids des deux couches; après quatre ou cinq heures, ordinairement. Par temps chaud, sec ou venteux, elle durcira plus vite; moins par temps frais. Cependant, sur une construction en bois, il faut attendre 48 heures avant de poser la couche brune sur la couche éraflée.

Gardez humide la couche éraflée en l'aspergeant de poussière d'eau jusqu'à l'application de la couche brune. Humectez la couche éraflée juste

avant de commencer à appliquer la couche brune.

Etendez la couche brune à ⅜" d'épaisseur. Lissez-la avec une raclette. Passez une aplanissoire (p. 471) sur la couche brune pour assurer une bonne adhérence de la couche de finition. Humidifiez la couche brune pendant 48 heures, puis laissez-la sécher pendant cinq jours avant d'appliquer la couche de finition. Etendez celle-ci à ⅛" d'épaisseur. Ne traitez pas à l'humidité la couche de finition avant le lendemain. Vaporisez une poussière d'eau.

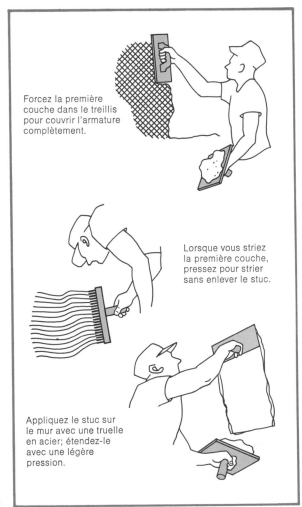

Forcez la première couche dans le treillis pour couvrir l'armature complètement.

Lorsque vous striez la première couche, pressez pour strier sans enlever le stuc.

Appliquez le stuc sur le mur avec une truelle en acier; étendez-le avec une légère pression.

Les blocs disponibles

Les blocs en béton préfabriqué sont vendus chez les manufacturiers en une grande variété de formes. Un bricoleur ne peut les exécuter lui-même. Les dalles préfabriquées pour patios et trottoirs se lézardent beaucoup moins aisément que les dalles-maison et ménagent le temps et les peines du bricoleur. Parmi ces éléments en béton préfabriqué, on trouve des réservoirs septiques, linteaux, appuis de fenêtres, déflecteurs de pluie, bancs, baignoires d'oiseaux, marches d'escaliers et tuiles de toitures. Les plus utilisés sont les blocs. On emploie les blocs creux de 6″, 8″, 10″ et 12″ d'épaisseur pour monter des murs portants. Il se fabrique aussi des blocs spéciaux de différentes formes, grandeurs et couleurs. Le bloc fendillé a une face rugueuse qui ressemble à la pierre.

Les blocs gauchis ressemblent beaucoup aux blocs d'adobe. Les blocs ajourés comptent parmi les plus populaires des éléments en béton préfabriqué. Ils préservent l'intimité tout en laissant pénétrer le soleil et l'air. Les blocs ajourés s'utilisent dans la construction des murs de jardin et des murs intérieurs de séparation. Dans les pays chauds, ils servent de châssis pour les garages et les dépendances. Leurs dimensions les plus populaires sont 4″ x 12″ x 12″.

Nombre de blocs, quantité de mortier

Blocs: Pour calculer le nombre de blocs (8 x 8 x 16) requis pour un mur, utilisez cette formule:
Hauteur du mur en pieds x 1½ = nombre de rangs (A)
Longueur du mur en pi. x ¾ = nombre de blocs dans chaque rang (B). Nombre total de blocs = A x B.
Mortier: Achetez 175 livres de ciment à maçonnerie et 667 livres de sable *sec* pour chaque 100 blocs.

Les murs en blocs de béton préfabriqué ajourés sont décoratifs et protègent l'intimité. Les blocs s'installent sur une semelle en béton coulé. Les joints de mortier sont les mêmes que pour les blocs réguliers.

Types de blocs de construction

Les blocs de béton sont disponibles en largeurs de 2″, 3″, 4″, 6″, 8″, 10″ et 12″, et en hauteurs de 4″ et 8″. Ils ont tous 16″ de longueur. Ces blocs sont fabriqués avec des agrégats légers ou lourds; ils sont pleins ou creux. Les plus employés sont les blocs réguliers évidés. Ils mesurent 8″ x 8″ x 16″ et pèsent environ 30 lb. Ils possèdent une demi-cavité à chaque bout et deux ou trois à l'intérieur. **Les blocs de coin** ont la même apparence, sauf qu'un de leurs bouts est uni. Le manufacturier ajoute une quantité proportionnelle de ces blocs quand il remplit les commandes de blocs réguliers.

Les blocs de cloison sont unis à chaque bout et ont la moitié de la largeur des blocs réguliers évidés. On s'en sert pour monter des demi-murs permettant l'installation des conduits de chaleur et de conditionnement d'air, former une rainure dans un mur, incorporer un autre mur intérieur à angle droit, et construire une cloison non portante.

Les blocs pleins (les 4″ du haut sont en béton solide) sont employés pour supporter planchers et solives.

Les blocs de montant s'utilisent en guise de jambages dans les ouvertures de portes et fenêtres, pour faciliter l'installation des cadres en bois.

Les blocs à un et à deux coins arrondis sont également à votre disposition, tout comme les blocs mi-longueur dont les deux bouts sont unis; ils conviennent aux bouts des murs et aux ouvertures.

Les blocs mi-hauteur, très populaires, sont fabriqués dans tous les types de blocs et conviennent là où un bloc de 8″ est trop élevé pour l'ouvrage. Faites-vous toujours montrer l'assortiment avant d'acheter.

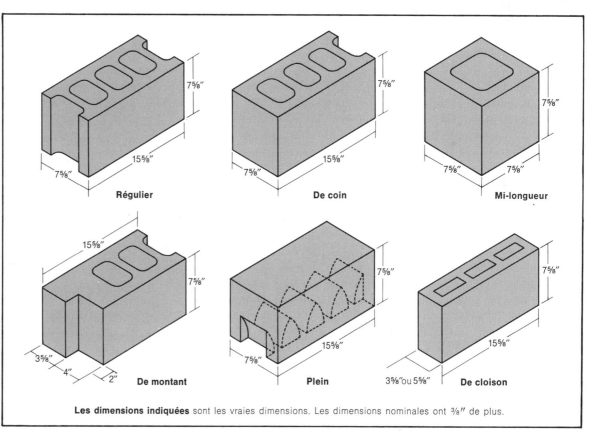

Régulier   **De coin**   **Mi-longueur**

De montant   **Plein**   **De cloison**

Les dimensions indiquées sont les vraies dimensions. Les dimensions nominales ont ⅜″ de plus.

Construire avec des blocs de béton

Planification

Etablissez vos plans afin que les dimensions de vos murs soient des multiples de la cote nominale d'un bloc plein ou d'un demi-bloc; vous n'aurez pas à couper vos blocs. Choisissez des jambages de châssis et de portes dans des dimensions proportionnées aux dimensions normales des blocs. Avec les blocs réguliers 8″ x 8″ x 16″, lés dimensions horizontales et verticales seront des multiples de 8″. Vos plans doivent être en accord avec le code du bâtiment.

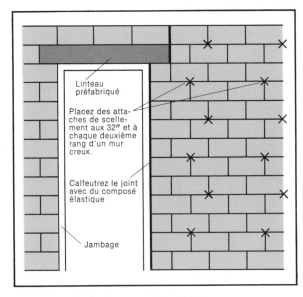

Linteau préfabriqué

Placez des attaches de scellement aux 32″ et à chaque deuxième rang d'un mur creux.

Calfeutrez le joint avec du composé élastique

Jambage

Dimensions maximales des murs en blocs de béton

	Epaisseur du bloc (pouces)	Espacement maximal (pieds) des supports horizontaux et verticaux
Murs portants		
Bloc plein	8	13
	10	16
	12	20
Bloc creux ou mur creux (l'épaisseur d'un mur creux est la somme des deux rangs)	8	12
	10	15
	12	18
Murs non portants		
Bloc plein ou creux	8	24
	10	30
	12	36

Les murs seront renforcés à l'horizontale par des pilastres ou des murs transversaux et à la verticale par des planchers. Voir le code.

Murs en blocs

Les blocs de béton se posent à peu près comme la brique (p. 454), avec ces quelques différences:

1. Les blocs de béton doivent être secs pour la pose. Rangez-les sur des planches afin qu'il n'entrent pas en contact avec le sol; mettez-les à l'abri de la pluie. Si vous devez interrompre le travail alors que vous érigez un mur, couvrez son extrémité supérieure pour le protéger contre la pluie.

2. Les joints de mortier entre les blocs ont ⅜″.

3. Au contraire des murs de brique, les longs murs en blocs de béton ne sont pas joints en un seul élément: ils doivent avoir des joints de contrôle à tous les 20′ environ pour éviter le lézardage. Les joints de contrôle sont également requis dans les ouvertures des portes et des châssis, à la rencontre de deux murs, de même qu'à la rencontre d'un mur et d'une colonne. Ces joints s'étendent sur toute la hauteur du mur. Après que le mortier a durci, grattez-le sur une épaisseur de ¾″. Ce joint sera plus tard rempli avec un composé de calfeutrage élastique. Scellez-le selon les recommandations du manufacturier.

Posez à sec tout le long de la semelle le premier rang horizontal de blocs. Faites les ajustements nécessaires quant à l'espacement entre les blocs, de façon à diminuer la coupe. Utilisez un tasseau de bois de ⅜″ d'épaisseur entre les blocs pour calibrer l'épaisseur des joints. Indiquez à la craie l'emplacement de chaque joint sur la semelle.

Préparez le mortier fait d'une partie de ciment Portland et de 3 parties de sable (p. 470). Les blocs étant pesants, le mortier devra être plus épais que celui qu'on emploie pour poser les briques. Ne le rendez pas trop liquide; ajoutez juste assez d'eau pour que le mélange se travaille bien.

Posez le premier rang dans un lit de mortier étendu sur la semelle; l'âme des blocs de même que la paroi (ou les bords extérieurs) sont enfoncées dans le mortier. Déposez ½″ de mortier sur la semelle et pressez le bloc fermement de façon à obtenir un joint de mortier de ⅜″. Vérifiez constamment l'aplomb et le niveau. Frappez le bloc avec le manche de la truelle.

Posez le bloc de coin du second rang; puis le bloc du coin opposé. Complétez le premier rang en allant des coins vers le centre.

Tendez un cordeau entre les coins; si la distance est trop grande et que le cordeau s'affaisse, installez des supports à plusieurs endroits. Au fur et à mesure que le travail progresse et que le mortier commence à durcir, tassez ce dernier avec un fer. Une tige de métal de ⅝″ ou un tuyau fera l'affaire pour les joints concaves; une barre carrée de ½″ pour les joints en V. Penchez le fer à joints à la fin du rang pour ne pas encocher le mortier.

Un joint de contrôle sera nécessaire là où des murs portants se rencontrent. On devra également attacher les murs ensemble à l'aide de barres de métal de ¼″ x 1¼″ x 28″, dont les deux extrémités seront recourbées de 2″, à angle droit. Enfoncez les bouts de la barre dans les cavités remplies de mortier ou de béton, qui seront, elles-mêmes, supportées par du grillage métallique. Les barres de métal devront être distancées verticalement de 4′, jamais plus.

Les rangs qui supportent les poutres du plancher ou les dalles doivent être faits en maçonnerie solide. Utilisez des blocs pleins ou remplissez les cavités des blocs avec du béton ou du mortier. Enfoncez la latte métallique dans le lit de mortier du rang déjà posé, pour supporter le béton dans les cavités. Vérifiez auprès du code du bâtiment local ce qui a trait au remplissage des cavités. Les murs de jardin devront être couronnés de façon à éliminer les infiltrations d'eau.

Un mur qui supporte une toiture à pans recevra des boulons d'ancrage de ½″ x 18″ de long. Distancez-les de 4′. Des lattes métalliques supporteront les boulons des deux rangs. Les murs creux (p. 453) nécessitent des attaches de scellement inoxydables de 4″ x 6″. Placez-les à 32″ de distance et à chaque deuxième rangée de blocs.

Les propriétés isolantes des murs en blocs de béton peuvent être améliorées si on remplit les cavités avec une matière isolante granuleuse, comme le vermiculite.

Imperméabilisez les murs en blocs de béton en appliquant soit deux couches de peinture à base de ciment Portland, soit une couche de ½″ du mortier utilisé pour la pose des blocs.

Pour les murs de jardin de 4′ à 6′ de hauteur, utilisez des barres d'armature de ½″, verticalement, à tous les 4′. Les barres doivent être assez longues pour dépasser le niveau du sol de 2′ et aller jusqu'à la moitié de l'épaisseur de la semelle.

Enfoncez les barres dans la semelle et remplissez les cavités des blocs avec du béton, tout autour de ces barres.

Murs en blocs

Déposez le bloc sur le bout et "graissez" les extrémités en saillie. Mettez-le en place dans le mortier et nivelez-le.

Par-dessus le premier rang, n'appliquez du mortier que sur les arêtes extérieures. Certains codes exigent un lit complet.

Pour poser le dernier bloc d'un rang, "graissez" les quatre extrémités du bloc et l'ouverture. Déposez le bloc délicatement.

Attachez les murs non portants aux autres murs avec de la latte métallique galvanisée, à chaque deuxième rang.

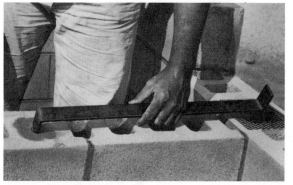

Attachez les murs portants ensemble avec des barres de métal de ¼″ x 1¼″ x 28″ dont les bouts sont repliés à angle droit.

Utilisez des boulons d'ancrage de ½″ x 18″ pour fixer les sablières au mur. Distancez-les (moins de 4′) dans les cavités.

Un rang de maçonnerie pleine est nécessaire pour supporter le plancher. Utilisez des blocs pleins ou obturez les cavités.

Emplissez les cavités des blocs des rangs portants (1:3:4) supportés par la latte métallique du rang précédent. Voyez le code.

Une fois le mortier durci, enlevez-en ¾″ pour un joint de contrôle. Compensez avec du composé de calfeutrage élastique.

Construire avec des blocs de béton

Fabrication d'un mur

1. Creusez une tranchée de 12″ de large allant sous la ligne de gel; dans les pays chauds, la semelle est placée à 18″ sous le sol. Couvrez le fond de ¾″ de gravier.

2. Remplissez la tranchée avec le mélange de béton 1:3:4. Tassez-le en frappant la surface à l'aide d'un pilon de 4 x 4 et éliminez les poches d'air. Vérifiez l'horizontalité.

3. Placez le mortier (fait d'une part de ciment à maçonnerie et de 3 parts de sable) pour le premier bloc. Le lit de mortier aura ⅜″ d'épaisseur et sera plus large que le bloc.

4. Posez le premier bloc du bout sur le lit de mortier en vous assurant de l'horizontalité du haut du bloc à l'aide du niveau. Frappez-le avec le manche de la truelle pour l'enfoncer.

5. Etendez du mortier sur le côté du second bloc. Posez-le dans le lit de mortier, à côté du premier. Posez le troisième bloc sur le premier, en vérifiant l'alignement.

6. Posez les autres blocs à sec pour déterminer leur emplacement. Allouez ⅜″ pour les joints. Montez le bout opposé de la même manière. Tendez un cordeau entre les bouts.

7. Les deux extrémités en place, finissez le premier rang puis les autres rangs. Si vous mettez un chaperon, posez-le dans le lit de mortier au-dessus du rang supérieur.

8. Pour creuser les joints, prenez un morceau de bois coupé à un angle d'environ 45°. Passez-le le long des joints verticaux puis des horizontaux pour un jointoiement en retrait.

section 16: # Guide pratique de projets de rénovation

La première étape de tous les travaux est l'organisation. On envisage assez souvent, parfois inconsciemment, des travaux d'amélioration. Par exemple, constater que la cuisine a besoin de plus de surfaces de travail est un embryon d'organisation. L'insatisfaction créée par la disposition des pièces, le manque de placards ou le nombre insuffisant de salles de bains sont les prémices de projets d'envergure. Le fait de se rendre compte qu'on n'apprécie guère certains aspects du cadre de vie est le point de départ de projets d'aménagement. Ce chapitre a pour but de transférer les idées sur le plan des réalités. Les 19 pages qui suivent offrent des indications et des conseils relatifs aux problèmes que posent tous les travaux d'aménagement. Elles expliquent, entre autres, les rapports avec les entrepreneurs et les fournisseurs pour obtenir les résultats escomptés, le financement des projets et les travaux qu'on peut exécuter soi-même.

sommaire

486 Projets de rénovation et estimation des coûts

488 Financement des travaux de rénovation

490 Etre son propre entrepreneur?

492 Rénovation d'une cuisine

496 Salle de lessive pratique

498 Rénovation d'une salle de bains

500 Agrandissement d'une petite maison

502 Aménagement des sous-sols et des greniers

Projets de rénovation et estimation des coûts

Problèmes habituels des maisons

On échafaude souvent des projets d'amélioration sans savoir comment ni par où commencer, et sans notion des coûts.

L'encombrement matinal de la salle de bains pourrait se résoudre par l'addition d'un lavabo supplémentaire ou par l'installation d'une autre salle de bains. On peut vouloir moderniser la cuisine en installant de nouveaux placards ou des appareils ménagers, ou augmenter le voltage de l'installation électrique pour utiliser de nouveaux appareils électroménagers: climatiseur, outils électriques, etc.

Quelle que soit l'importance du projet, il faut au préalable—ce qui n'est pas toujours facile—prendre la décision de l'exécuter et trouver la façon de le réaliser.

Dès le début, apprenez à bien connaître les aîtres de votre maison. Calepin en main, visitez toutes les pièces comme le ferait un acheteur éventuel. Inscrivez les travaux qu'il faudrait faire pour remettre la maison en état. Notez ce qui cloche et en particulier les problèmes habituels suivants:

1. Lieux de passages incommodes: Est-il plus facile de passer par la cuisine pour entrer ou sortir de la maison? Faut-il traverser une chambre à coucher pour aller dans la salle de bains supplémentaire?

2. Espaces inutilisés ou perdus: Il peut être possible d'installer de nouvelles pièces au grenier, de modifier le sous-sol pour en augmenter la surface utile, de fermer une véranda ou même de transformer le garage en salle de séjour ou en chambre d'amis.

3. Petits désagréments: Portes s'ouvrant du mauvais côté, prises électriques inaccessibles, penderies en nombre insuffisant, placards manquant d'étagères, locaux difficiles à chauffer en hiver.

4. Décors ternes: Toutes les pièces ne sont pas mises en valeur, d'autres doivent être repeintes ou retapissées. Certains revêtements de sol doivent être refaits. Un meilleur éclairage pourrait rehausser de beaucoup l'aspect de certaines pièces.

5. Réparations nécessaires: Portes qui ferment mal, planchers ou escaliers qui craquent ou gauchissent, appareils de plomberie devant être remplacés, lézardes apparaissant sur les murs et sur les plafonds.

Les notes prises au cours de l'inspection forment déjà la base du plan initial des transformations. Ce plan sera probablement beaucoup trop vaste—et trop onéreux—pour être exécuté en une seule fois, mais les idées étant déjà concrétisées, il sera possible de décider de la priorité à accorder aux divers projets.

Il est primordial de se faire mentalement une image précise des résultats et de l'effet esthétique que l'on veut obtenir. Les objectifs étant déterminés, il sera plus facile de décider du choix des travaux à exécuter et des matériaux. Armé de ces connaissances, on peut alors s'adresser à un entrepreneur pour discuter des modalités du contrat ou pour commencer l'organisation préliminaire des travaux que l'on décide d'exécuter soi-même.

Un plan bien étudié et un choix judicieux des matériaux ont permis de transformer une pièce terne en une salle de séjour attrayante. Par l'utilisation de matériaux faciles à poser, le coût des travaux n'a été qu'une fraction de ce qu'on aurait pu imaginer. Le mur de brique n'est qu'un parement de brique collé sur les panneaux muraux. Le manteau de la cheminée est une boîte creuse en cèdre. Les poutres sont des imitations en styrofoam collées au mur et au plafond. Le revêtement du mur à l'arrière-plan se compose de planches de cèdre non corroyées, de 3″ de large, collées au mur à intervalles de ½″.

Photo: American Brick & Stone Co.

Estimation des coûts

Faites un croquis sommaire de la maison en indiquant les mesures. Préparez ensuite une liste des matériaux nécessaires en prévoyant une marge de pertes de 10%.

Pour choisir la quincaillerie et les matériaux de décoration, un des meilleurs moyens est de consulter les catalogues des maisons de ventes par correspondance. Les prix des catalogues sont habituellement un peu plus avantageux que ceux des commerçants locaux. Si vous êtes certain de pouvoir poursuivre vous-même les travaux d'après les plans établis, vous réaliserez des économies en commandant par catalogue. Pour les matériaux de construction élémentaires, comme le bois de construction, le contreplaqué et les panneaux muraux, il est plus facile de vous adresser à un marchand local. Il n'existe pas de formule magique pour calculer le coût de la main-d'œuvre. En général, il s'élèvera à 60% ou 75% du coût total des matériaux. Si le prix des matériaux s'établit à $2,000, la main-d'œuvre reviendra à environ $1,200 pour un coût total des travaux de $3,200. Un entrepreneur sérieux donnera un devis estimatif plus précis, basé sur les matériaux.

Connaissance des matériaux

Un grand nombre des produits que l'on trouve sur le marché sont conçus pour les amateurs. Ils permettent d'obtenir rapidement et à bon marché l'effet désiré. Les panneaux muraux préfinis, par exemple, s'installent plus facilement et à meilleur compte qu'un mur de planches qui exige un travail manuel de finition. Les panneaux à placage de brique ou de pierre, les poutres en matières plastiques imitant le bois, les revêtements muraux en relief offrent des possibilités de réalisations et d'économies sans lesquelles il serait impossible de mener le travail à bonne fin. Renseignez-vous sur les matériaux de rénovation afin de pouvoir, au cours de la préparation des travaux, discuter en connaissance de cause avec les fournisseurs et les entrepreneurs. Les revues spécialisées fournissent de précieux renseignements sur les matériaux. En écrivant aux compagnies dont les noms apparaissent sur les annonces, vous obtiendrez des centaines de brochures et de dépliants, source de documentation sur les dernières nouveautés. Si vous avez l'intention d'entreprendre des travaux d'envergure, établissez un système de classement. L'un d'eux consiste à employer une grande enveloppe ou une chemise pour chaque pièce, afin d'y classer articles de revues illustrées, coupures de journaux et autres documents utiles. La classification peut également se faire par revêtements muraux, revêtements de sol, matériaux de construction, etc. Conservez aussi les brochures publicitaires et, si possible, les listes de prix. Au cours de la préparation d'un projet de rénovation, vous posséderez une source de nouvelles idées et une documentation qui permettra aux entrepreneurs de mieux comprendre vos intentions. Avant de rajeunir une cuisine ou une salle de bains, allez voir les salles d'exposition des marchands. Ces articles fabriqués en série coûtent moins cher que ceux qu'il faut installer au cours de travaux sur spécifications.

Le mobilier fabriqué sur place et à demeure est souvent la seule solution aux problèmes de rénovations domiciliaires. Les rayonnages de bibliothèque et les éléments fermés mettent les fenêtres en valeur et font plein usage des surfaces de rangement. Ce meuble a nécessité 60 heures de travail et il est fabriqué entièrement en séquoia. Les montants mesurent 2 x 8; les étagères et les éléments fermés sont constitués de boîtes fixées aux montants par des vis.

Financement des travaux de rénovation

Sources de financement

S'il s'agit de petits travaux, il est toujours possible de puiser dans les économies ou de réduire le train de vie familial. Pour les travaux importants, il est parfois nécessaire de recourir aux prêts. Il n'est pas difficile d'emprunter de l'argent pour des travaux de rénovation, à condition, bien entendu, de jouir d'un bon crédit. La plupart des banques avancent facilement, et même avec empressement, des fonds pour de telles entreprises.

Il existe cependant différentes formes de prêts qu'il faut étudier pour déterminer la nature du prêt auquel on peut prétendre et qui réponde le mieux aux besoins. Les modalités et les taux variant d'une localité à l'autre, et parfois d'une banque à l'autre dans la même région, il faut se renseigner avant de prendre une décision. Le tableau ci-dessous décrit les différentes formes de prêts.

Selon des réglementations du gouvernement fédéral et des provinces, l'emprunteur est tenu d'être informé du montant total de l'intérêt et du taux annuel correspondant. Ces lois relatives à la protection du consommateur, certaines en vigueur depuis 1966, rendent illégales des pratiques douteuses, comme par exemple, celle de l'intérêt ajouté où l'emprunteur payait en apparence $6 par $100 d'emprunt. Ce montant était ajouté au principal, les $106 se rembour-sant en 12 mensualités. Le solde du capital diminuait progressivement, mais l'intérêt continuait à être payé sur le montant initial, non pas à 6% comme on le faisait croire, mais à 11.1% environ. Par une autre manœuvre, celle du prêt escompté, on déduisait $6 par tranches de $100—toujours appelé 6% de la somme prêtée. L'emprunteur payait ainsi $6 non pas sur $100 mais sur la somme perçue, soit $94, un taux de plus de 13%. D'autre part, beaucoup de sociétés de prêts "farcissaient" les contrats de frais d'adminis-tration non prévus: primes d'assurance, frais d'enre-gistrement et d'enquête. Les lois relatives à la pro-tection du consommateur ont été promulguées pour

GENRE DU PRÊT	MONTANT	GARANTIE	INTÉRÊT	AMORTISSEMENT	OÙ S'ADRESSER?
PRÊT LNH (rénovation des maisons) La Société canadienne d'hypothèques et de logement (SCHL) est autorisée en vertu de la Loi nationale sur l'habitation (LNH) à donner aux banques une garantie limitée sur les prêts accordés pour les agrandissements, réparations et réfections des maisons. Ces prêts ne peuvent servir à des travaux non essentiels, comme une piscine, ni pour des hôtels, motels, etc. L'emprunteur paie une prime d'assurance de 1% du prêt. Les prêts sont garantis par la SCHL.	Jusqu'à $10,000 par logement unifamilial	Suivant le montant du prêt et la durée de l'amortissement; habituellement un billet à ordre	Taux du marché	Jusqu'à 25 ans	Directement à des prêteurs autorisés (banques, compa-gnies de fiducie, coopératives de crédit, compagnies d'assurance-vie, caisses populaires, certaines sociétés de prêts)
PRÊT LNH (achat et rénovation des maisons) Ce prêt hypothécaire sert à l'achat et à la rénovation d'une maison. Les demandes doivent être approuvées par la SCHL. Une prime d'assurance-hypothèque (généralement 1%) est requise.	Le capital et les inté-rêts plus l'impôt fon-cier ne doivent pas dé-passer 30% du revenu annuel de l'emprunteur	La propriété elle-même	Taux du marché	25 ans (jusqu'à 40 ans dans certains cas)	Directement à des prêteurs autorisés (voir ci-dessus)
PRÊT LNH (amélioration des maisons) Ce prêt, une aide financière offerte par le gouvernement du Canada aux termes du Programme d'aide à la remise en état des logements (PAREL), est accordé par la Société canadienne d'hypothèques et de logement.	Jusqu'à $10,000, mais sans dépasser le coût des réparations	Suivant les municipalités	Semblable aux taux du marché	Jusqu'à 20 ans	Municipalités
PRÊT BANCAIRE PERSONNEL (amélioration des maisons) L'utilisation de ces fonds ne souffre d'aucune restriction comme dans le cas des prêts LNH. Ils peuvent servir à des travaux, essentiels ou non, comme l'installation de piscines, patios, serres, pelouses. Ces prêts portent généralement une assurance-vie, et certaines banques offrent aussi une assurance-invalidité.	Selon le risque et la garantie; aucun plafond	Un nantisse-ment peut être requis	Aux taux des prêts personnels, suivant le risque et la durée de l'amortissement	En général 5 ans (plus dans certains cas)	Service des prêts de la plupart des banques
PRÊT DES SOCIÉTÉS DE PRÊTS (amélioration des maisons) Ces prêts personnels, destinés aux rénovations, sont accordés selon le crédit de l'emprunteur, c'est-à-dire ses possibilités de rembourser le prêt et d'amortir toutes ses autres dettes, ses antécédents et la stabilité de son emploi.	Jusqu'à $10,000	Avoir du propriétaire de la maison	Souvent plus élevé que pour les prêts bancaires	Jusqu'à 5 ans	Sociétés de prêts
PRÊT HYPOTHÉCAIRE DES SOCIÉTÉS DE PRÊTS C'est en général une deuxième hypothèque. Le montant du prêt dépend de l'avoir du propriétaire de la maison. Ces prêts se négocient sur une base individuelle, tenant compte des biens et de la stabilité financière de l'emprunteur. Ils peuvent s'ac-compagner d'une offre d'assurance-vie facultative.	De 75 à 90% de la valeur de la maison	Avoir du propriétaire de la maison	Souvent plus élevé que pour les prêts bancaires	Jusqu'à 15 ans	Sociétés de prêts, générale-ment par l'entremise de leurs filiales immobilières

Note: Ce tableau ne donne qu'un aperçu général des formes de financement. Les taux, le montant et le genre de garantie, les conditions d'amortissement varient suivant les régions et les sociétés de crédit immobilier. Ces facteurs varient aussi de mois en mois et d'année en année. Il est donc essentiel de se renseigner au moment même où l'on a l'intention d'obtenir le prêt.

éviter ces surprises en stipulant qu'un prêteur doit spécifier clairement tous les frais impliqués. Il est cependant entendu que la loi ne détermine ni ne contrôle les taux d'intérêt; il faut donc chercher le meilleur "achat" d'argent de la même façon qu'on compare les prix avant d'acheter un objet.

Un prêt doit-il comporter l'assurance?

Avec un grand nombre de formes de prêts, on souscrit automatiquement à une assurance-vie qu'on paie directement ou non suivant l'origine du prêt. L'assurance-vie protège le prêteur — non la famille de l'assuré — contre le décès de ce dernier et la possibilité que les héritiers soient incapables de rembourser la dette. Il peut paraître parfois que la transaction est avantageuse: taux d'intérêt défiant toute concurrence, assurance comprise. Une étude plus approfondie du contrat révèle souvent qu'il n'en est rien. L'emprunteur et sa famille ne retirent aucun avantage de l'assurance, sauf pour l'amortissement de la dette en cas de décès et, vu les coûts, on peut s'apercevoir que le contrat n'a rien d'avantageux.

On peut offrir une "assurance gratuite" comme partie intégrante du contrat. Bien que "gratuite", son coût a probablement été compris dans les frais d'administration. On offre également une assurance-accident et santé pour "quelques sous par jour". Il se peut que cela revienne plus cher que de souscrire à une assurance-vie et à une assurance médicale qui ne font pas partie du contrat "global".

Avant de souscrire une assurance-prêt, vérifiez les bénéfices offerts en cas d'accident ou d'invalidité par les polices que vous possédez déjà et calculez les revenus qui découleraient de l'une de ces éventualités.

Dépensez de façon réfléchie

Le capital obtenu au taux le plus intéressant de la source la plus appropriée pourra être gaspillé s'il n'est pas utilisé avec la même circonspection. Un entrepreneur et des fournisseurs sérieux étant trouvés, négociez des modes de règlements avantageux et renseignez-vous sur les facilités de paiements à trente, soixante et quatre-vingt-dix jours sans intérêt.

Exigez des factures pour la comptabilité des dépenses. Demandez des reçus pour tous les travaux rémunérés. Dans certains cas, il est plus facile et moins officiel de faire signer un reçu que l'on compose et date soi-même.

Méfiez-vous des fraudes en rénovation

L'industrie de la rénovation est devenue une source de profits faciles pour des trafiquants qui, par leur bagout, fraudent les Canadiens de montants estimés à dix millions de dollars par an. La meilleure défense contre ces escrocs est de connaître leurs manœuvres. Les fraudes les plus flagrantes sont les suivantes:

1. La "maison modèle". On fait croire à la victime que si elle autorise qu'on fasse des rénovations à sa maison, elle recevra une commission pour toute vente similaire faite aux personnes impressionnées par les travaux effectués, ce qui lui permettra de rentrer dans ses dépenses.

Un vendeur a réussi à convaincre une maîtresse de maison vivant en banlieue et dont le mari était chômeur qu'une finition extérieure en aluminium ne coûterait rien. Il lui suffisait de signer un contrat de $1,600 pour recevoir un chèque de $100 pour toute vente faite à des voisins. Il n'y a jamais eu de chèques, le mari est toujours chômeur et la société de prêts réclame les arrérages.

2. Publicité servant d'appât. Une annonce type de fausse représentation offrait un "patio en aluminium" pour $79.50. Elle montrait un couple heureux se prélassant sur une terrasse à dallage de pierre sous le miroitement d'un auvent en aluminium.

La plupart des gens qui répondirent à l'annonce furent tellement embobinés qu'ils achetèrent des auvents coûtant de $300 à $1,900. Des 67 personnes interrogées, une seule tint ferme; le "patio" à $79.50 annoncé qu'elle reçut consistait en une simple feuille de métal suspendue à des morceaux de bois de 2 x 4.

3. Le "concours facile". Plusieurs personnes crédules se laissent prendre à ce piège. On avertit un mari et sa femme que leur participation à un concours leur a valu le premier prix. Parce qu'ils peuvent identifier deux vedettes de cinéma, par exemple, ils ont droit à un revêtement sur les côtés de leur maison. L'entrepreneur-commanditaire précise que non seulement le revêtement est gratuit, mais qu'il le posera pour la somme dérisoire de $300. Lorsque le mari répondit qu'il ferait l'installation lui-même, on le déclara inéligible au concours.

4. La combine des "surplus d'un autre ouvrage". Des entrepreneurs faisant du porte à porte offrent d'effectuer des travaux à prix modique grâce à un surplus de matériaux provenant d'un autre ouvrage.

Le repavage des entrées de garage est un de leurs terrains de chasse favoris. Ils étalent une mince couche d'asphalte, empochent $100 sinon plus pour dix minutes de travail, et le revêtement se désagrège en quelques semaines. Il y a pire encore quand ils se contentent de répandre, sur le passage, des vidanges d'huiles à moteur.

D'après le président d'une entreprise sérieuse, spécialisée dans ce genre de travaux, cela prend à deux hommes plusieurs heures pour repaver une entrée de garage à l'aide de coltar additionné de sable siliceux. Le revêtement doit durer de cinq à dix ans.

5. Les faux "inspecteurs" de cheminées, toitures, fournaises, et les "sauteurs de toits". Ces individus exploitent surtout les veuves et les couples âgés.

Des "inspecteurs bénévoles" insistent pour inspecter la cheminée. Au cours de la vérification, ils causent délibérément des dégâts et présentent un contrat pour les réparer. Les "sauteurs de toit" qui réparent la toiture d'une maison semi-détachée s'adressent parfois au voisin en déclarant avoir aperçu des dégâts sur sa toiture qu'ils peuvent réparer à bon compte, étant "déjà sur place". Ces manœuvres malhonnêtes réussissent trop souvent auprès des personnes crédules.

6. La signature du certificat d'achèvement des travaux. Cela permet à l'entrepreneur malhonnête de se faire payer par la banque ou la société de prêts qui finance les travaux, sans terminer la réparation ou la construction. L'un d'eux demanda: "Signez là pour que je puisse payer mes gars avant Noël". Les "gars" ne sont jamais revenus terminer l'ouvrage.

7. Unification des dettes. Par cette convention, un propriétaire qui doit par exemple $7,000 et veut entreprendre des travaux de $5,000 sur sa maison signe une nouvelle hypothèque de $12,000 en faveur de l'entrepreneur qui est supposé rembourser les $7,000. Ce dernier, sans rien rembourser, vend l'hypothèque à une compagnie de fiducie et disparaît avec l'argent. Le propriétaire se retrouve avec une hypothèque plus élevée, et sans que les travaux aient été effectués. Pour vous protéger contre de telles manœuvres, vérifiez l'honorabilité de toutes les entreprises et, si une offre paraît douteuse, adressez-vous au Bureau d'éthique commerciale. Le président du BEC a résumé ainsi la situation: "Toute offre trop belle pour être vraie ne l'est pas".

Etre son propre entrepreneur?

Façon de déterminer si vous avez besoin d'aide

Vous êtes un bricoleur éprouvé ou vous aspirez à le devenir? Peut-être déciderez-vous d'effectuer la plupart, sinon tous les travaux de rénovation projetés. Si les travaux sont importants ou quelque peu spécialisés, une installation de plomberie ou d'électricité, par exemple, il est nécessaire et parfois obligatoire, en vertu des lois, de s'adresser à des spécialistes. Voici les facteurs déterminants permettant de décider si une aide professionnelle est nécessaire ou souhaitable, ne serait-ce que partiellement:

1. Quand la rénovation comprend des travaux de plomberie, de chauffage, de conditionnement de l'air ou d'électricité, consultez les réglementations locales avant d'entreprendre quoi que ce soit, certains travaux ne pouvant être exécutés que par des professionnels titulaires d'une carte de compétence.

2. Certains travaux nécessitent un outillage spécial qui peut être habituellement loué à des prix raisonnables, mais que possèdent les spécialistes auxquels il est préférable que vous vous adressiez, si vous manquez de temps.

3. Une autre suggestion pour gagner du temps: il faut beaucoup de recherches et de déplacements pour acquérir la connaissance des matériaux — charpente, toiture, planchers, plomberie, chauffage — qu'un professionnel possède déjà. Si le travail doit être fait rapidement, faites appel à un expert, ne serait-ce que la première fois. Si vous n'êtes pas trop pressé, lisez les chapitres appropriés de ce manuel pour apprendre ce que vous devez savoir.

4. Les travaux, une fois entrepris, peuvent prendre plus de temps que vous ne l'aviez escompté, puisque vous ne pouvez y consacrer tout le temps prévu. Ces délais, surtout si le projet est important, peuvent créer des ennuis à toute la famille. Dans ces cas, il est préférable que vous vous adressiez à un entrepreneur.

D'après ce qui précède, la question n'est pas habituellement d'exécuter les travaux soi-même ou de les faire faire par d'autres; c'est le plus souvent de décider quand et où il est plus commode et plus économique de s'adresser aux professionnels.

Travaux qu'on peut faire soi-même pour économiser

Quelle que soit l'aide professionnelle à laquelle vous faites appel, il y a toujours des travaux que vous pourrez exécuter vous-même. Par exemple, si les travaux impliquent le démontage de panneaux ou de couvre-sol usés, vous pouvez devenir votre propre "entrepreneur en démolition", réalisant de sérieuses économies de main-d'œuvre. Vous pouvez creuser les tranchées pour les canalisations d'eau, niveler les fondations du nouvel abri d'auto, gratter les vieilles peintures, repeindre, poser les papiers peints, remplacer les vitres brisées, poser et agrafer les isolants, poser les carreaux de plancher, installer des étagères, poser des bardeaux et des panneaux muraux. Etudiez, à l'aide de ce manuel, ce qu'un projet comporte; vous découvrirez que vous êtes capable de faire vous-même beaucoup de choses.

Peut-on exécuter tout le travail soi-même?

En devenant entrepreneur général, vous devez diriger des sous-traitants, plombiers, électriciens, charpentiers, maçons, etc., et coordonner leurs compétences en une somme de travail homogène. Il faudra aussi vous familiariser avec la réglementation locale du bâtiment.

Avant de prendre une décision, lisez plus loin la description des qualifications d'un entrepreneur en construction.

Entre temps, commencez par considérer comme moyen terme d'engager un architecte, si les travaux l'exigent.

Quand a-t-on besoin d'un architecte?

La plupart des gens s'imaginent que les architectes ne s'occupent que de vastes projets complexes et non de modestes travaux de rénovation domiciliaire. Il n'en est rien. Si vous projetez des travaux de rénovation comportant des changements de charpente, tels que le rajout d'une aile ou le réagencement de la surface des pièces, un architecte vous sera extrêmement utile. Ses honoraires varient habituellement de 10% à 15% du coût total du projet. Les directives de ce professionnel, fournies dès le début, permettent de couvrir largement les dépenses engagées. Si vous hésitez sur le travail à exécuter, il discutera des problèmes fondamentaux et dressera des plans de solutions pratiques.

L'architecte préparera des plans détaillés et un cahier des charges. Il en soumettra des copies à plusieurs entrepreneurs — pas moins de trois ou quatre — comme demande de soumissions. Il étudiera ces soumissions et conseillera laquelle choisir. Cela ne sera pas forcément la plus basse, mais celle qu'il jugera la meilleure. Au moment où les travaux commencent, il s'occupera des formalités, comme celle d'obtenir le permis de construction, et vérifiera que rien ne se fasse en contravention avec la loi et les règlements municipaux. Il supervisera la marche des travaux, vérifiera la bonne qualité des matériaux utilisés et l'exécution de l'ouvrage; il s'assurera que les travaux s'effectuent dans les délais prévus. Il gardera une comptabilité des dépenses et tiendra son client au courant de toutes augmentations des coûts de construction afin que ce dernier soit informé du montant et de la nature des dépenses imprévues à encourir.

L'architecte fera une inspection finale à l'achèvement des travaux et il ne signera un certificat d'approbation que lorsque lui et vous serez complètement satisfaits.

Il est bon de rappeler qu'un architecte est un professionnel de grande compétence, spécialisé dans le domaine de la construction, tant au point de vue esthétique que pratique. Par exemple, la nouvelle aile qu'il dessinera s'harmonisera de façon parfaite avec le bâtiment existant et ne sera pas une installation de fortune. Si le projet de rénovation est relativement simple, ne nécessitant aucun changement de charpente, un architecte ne sera probablement pas nécessaire. Vous pouvez, cependant, avoir besoin d'un entrepreneur expérimenté.

Choix d'un entrepreneur

Si vous vivez près d'une grande ville, consultez l'annuaire des professions, sous la rubrique "Entrepreneurs généraux", où vous trouverez un grand nombre de noms et d'adresses. Un entrepreneur général prend la responsabilité globale du projet; un sous-traitant se spécialise habituellement dans un seul genre de travail: chauffage, électricité, menuiserie, etc.

Les entrepreneurs sont maintenant si nombreux que le problème consiste non pas à les trouver, mais à choisir celui qui convient le mieux. Consultez des amis ou des voisins qui ont fait exécuter des travaux de rénovation par des entrepreneurs; demandez leur opinion sur le travail exécuté et jugez ensuite par vous-même.

Ne vous contentez pas d'une seule recommandation. Il faut vous procurer plusieurs adresses. Un individu recommandé par plus d'une personne mérite qu'on se renseigne à son sujet auprès de sa banque, des fournisseurs de matériaux de construction, quincailliers, marchands, grossistes et autres. En raison de leur affiliation avec les entrepreneurs locaux, les sous-traitants de la région — électriciens, plombiers, maçons, menuisiers — sont les mieux placés pour savoir lesquels on peut recommander.

Après avoir préparé une liste des entrepreneurs ayant les meilleures références, procédez par élimination. Une question primordiale se pose alors: comment déterminer qu'un entrepreneur est sérieux.

Ne peuvent être pris en considération que les entrepreneurs jouissant d'une bonne réputation professionnelle et dont les prix sont raisonnables. Ils doivent avant tout être dignes de confiance, c'est-à-dire avoir apporté la preuve qu'ils exécutent le travail auquel ils se sont engagés, avec les matériaux spécifiés, à un prix déterminé et dans les délais établis. D'autre part, de nombreuses décisions devant être prises au cours des travaux, on doit être sûr qu'il sera disponible en cas de besoin.

Avant de faire le choix final, il faut vérifier:

1. Depuis combien de temps l'entrepreneur est en affaires. Cela donne une bonne indication sur la confiance qu'on peut lui accorder. Le métier d'entrepreneur est souvent précaire, peut-être parce que sa pratique n'exige pas, au départ, de qualification spéciale.

2. S'il a un bureau et un personnel permanent. Il n'est pas nécessaire que son entreprise soit importante pour que le travail soit bien exécuté; mais un bureau, même petit, et un personnel composé d'employés permanents indiquent qu'il n'est pas un entrepreneur d'occasion.

3. S'il est membre en règle d'un corps de métier. Les associations des métiers de la construction ont établi des codes d'éthique auxquels leurs membres doivent se conformer. Toute plainte portée contre le travail ou la conduite d'un entrepreneur est enregistrée par l'association à laquelle il appartient.

4. S'il a contracté les assurances qui conviennent et dont les garanties sont suffisantes. Un entrepreneur doit être assuré contre les accidents de travail, les dommages à la propriété et la responsabilité civile pour éviter qu'on soit poursuivi au cas où un ouvrier ou un visiteur subirait des blessures sur le chantier.

5. S'il connaît le code national du bâtiment, les codes provinciaux et les règlements municipaux con-

cernant la rénovation et la reconstruction; autrement, on risque d'exécuter les travaux en contravention avec la loi.

6. S'assurer qu'il obtienne les permis de construction requis par les règlements locaux. Pour un entrepreneur expérimenté, c'est affaire de routine.

Après avoir éliminé les entrepreneurs qui ne semblent pas convenir, on peut en garder trois ou quatre qui paraissent répondre aux exigences. Prenez des rendez-vous (en compagnie de l'architecte, si vous en avez un) avec chacun d'eux pour recevoir les soumissions. Soumettez-leur les mêmes spécifications: nature du travail, qualité des matériaux, délais d'exécution.

Exigez des devis par écrit pour une date fixée. Informez chacun d'eux qu'ils ne sont pas les seuls en lice, cela pourrait les amener à ajuster leurs prix. Ne révélez jamais, même par allusions, les soumissions des autres; cela pourrait amener certains d'entre eux à faire des offres inférieures à celles des concurrents, mais néanmoins supérieures à celles qu'ils avaient l'intention de faire initialement. Avant de vous engager avec un entrepreneur, revisez une dernière fois les engagements de dépenses que vous avez décidés. Les chiffres du devis fourni sont les seuls points de repère du coût probable de l'ouvrage. Si ces chiffres dépassent les ressources disponibles, il serait préférable de restreindre une partie des travaux.

Le contrat écrit

L'étape suivante est la signature du contrat. Il devra être dressé par un avocat et signé devant témoins par le propriétaire et l'entrepreneur. On peut également se servir d'un acte préparé par une association reconnue d'entrepreneurs en construction. Le contrat doit stipuler clairement:

1. Le travail que l'entrepreneur s'engage à exécuter. Cela comprend dimensions, spécifications, type et qualité des matériaux.

2. La date à laquelle les travaux doivent commencer et un calendrier de la progression des travaux, étape par étape, jusqu'à l'achèvement final.

3. L'échelle de paiement. C'est un accord mutuel par lequel on s'engage à verser un certain montant au début des travaux, un au milieu et le solde à la fin.

4. Une liste complète et détaillée, le cas échéant, des appareils et installations qu'il faut acheter. Ce paragraphe doit indiquer les dimensions, le modèle, le prix et la marque de chaque article. Ceci est des-

tiné à protéger le propriétaire qui pourrait recevoir une machine à laver la vaisselle obtenue à rabais et non celle qu'il avait commandée.

5. La protection des meubles sur place et le nettoyage des débris. La convention par laquelle la maison doit être "balayée" journellement ou à intervalles réguliers peut être importante, surtout si elle est habitée pendant les travaux.

6. Une décharge de toute obligation dans le cas d'une faillite éventuelle de l'entrepreneur avant l'achèvement des travaux. C'est une clause vitale. Selon la loi des privilèges, un propriétaire peut être tenu responsable des dettes, encourues par un entrepreneur, relatives à la main-d'œuvre ou aux matériaux utilisés dans un projet de construction, même s'il a tenu ses engagements financiers avec l'entrepreneur. Cette clause peut faire l'objet d'un contrat séparé.

Enfin, avant de signer le contrat, vérifiez, ou faites vérifier par votre avocat que les formalités suivantes n'ont pas été négligées:

1. Les changements projetés n'invalident aucune des garanties d'assurances. Cela peut arriver si, par exemple, on a l'intention d'installer une piscine. Consultez votre agent d'assurance. Si les rénovations sont importantes, souscrivez de nouvelles garanties.

2. Les actes hypothécaires ne contiennent aucune obligation d'obtenir l'autorisation préalable du détenteur de l'hypothèque de procéder à des rénovations ou transformations de la propriété. Cette autorisation n'est qu'une formalité, mais elle est nécessaire.

Un permis de construction est requis quand:

- Les transformations envisagées changeront l'utilisation d'une propriété (d'unifamiliale à multifamiliale, par exemple).
- On construit un abri pour auto ou un garage, ou si on transforme le garage pour un autre usage.
- On érige des murs, remplace le toit, construit un patio dans une propriété existante.
- La piscine qu'on construit a plus de 24″ de profond.
- On construit un mur de soutènement de plus de 4′.
- On prévoit l'installation de plomberie ou d'électricité à l'intérieur ou à l'extérieur de la maison.
- On construit un barbecue avec une cheminée de plus de 6′ de haut.
- On creuse un puits ou on installe un système souterrain d'arrosage de pelouses.
- La hauteur d'une antenne de radio ou de télévision, une tour ou le mât d'un drapeau dépassent 45′.

Note: Les spécifications varient suivant les règlements municipaux. Renseignez-vous avant de commencer.

Rénovation d'une cuisine/1

Planification

Notez les défauts de la cuisine dans son état actuel: manque de surfaces de travail, appareils en nombre insuffisant, disposition générale peu pratique, éléments de rangement mal placés, décoration triste, ventilation déficiente. Ce ne sont que quelques-uns des reproches que l'on peut faire à une cuisine, mais ce sont les éléments de base qu'il faut considérer avant d'entreprendre la transformation. La liste prête, choisissez l'élément le plus important à corriger; c'est lui qui habituellement occasionne le plus de travail. Par exemple, l'aménagement d'une cuisine qui exige des déplacements inutiles et fatigants nécessitera des modifications si importantes qu'elles engloberont tous les autres éléments de la liste. La solution du problème majeur entraînera celle des autres de moindre importance.

Faites la chasse aux idées en rendant visite aux magasins d'appareils ménagers, aux salles d'exposition de mobiliers de cuisine et aux maisons modèles; en découpant aussi dans des revues des plans qui paraissent intéressants. Puis, en vous inspirant des descriptions qui suivent, tracez le plan sur papier. Il servira de base de discussion avec l'entrepreneur ou à l'achat des matériaux, si vous faites le travail vous-même.

Centre de rangement
Ce poste sert à ranger les denrées et à mélanger les ingrédients entrant dans la préparation de la nourriture comme les plats cuits, les salades et les desserts. L'appareil électroménager le plus important est le réfrigérateur qui doit être situé près de la porte d'entrée de la cuisine pour éviter le va-et-vient quand on apporte les provisions. Il peut être installé le long d'un mur, encastré ou suspendu. D'autre part, le poste doit inclure une table de travail d'une largeur d'au moins 15" disposée de façon que son accès ne soit pas bloqué par la porte du réfrigérateur. Le poste doit également comporter de vastes espaces de rangement pour les bols, cuillers, tasses graduées, tamis, batteurs, pilons, rouleaux à pâte, plats à rôtir, cocottes, ainsi que pour tous les ingrédients de cuisine (sucre, farine, graisse, épices).

Centre de lavage et de préparation
Il se compose d'un évier avec, de chaque côté, des surfaces de travail d'au moins 30". Il doit être muni d'espaces de rangement pour les provisions non réfrigérées, comme les pommes de terre, et qu'il faut laver et peler. Il faut aussi ranger près de l'évier les petites casseroles, la cafetière, la vaisselle usuelle, les brosses, les menus ustensiles et les produits de nettoyage. Les poubelles peuvent poser un problème si la cuisine n'est pas dotée d'un broyeur d'ordures. Essayez de la placer dans un endroit accessible, mais non en évidence. Si les possibilités budgétaires excluent l'installation d'une machine à laver la vaisselle, prévoyez-en l'emplacement en installant près de l'évier un placard large d'au moins 24". Ses étagères et les cloisons pourront être facilement enlevées pour y placer la machine à laver la vaisselle.

Centre de cuisson et de service
La cuisinière et le four sont les appareils principaux de ce centre qui comprend un volume de rangement à proximité de ces appareils pour poêlons, casseroles et couvercles, cuillers à sauce, louches et spatules; ainsi que les aliments et légumes en conserve qui se préparent avec de l'eau chaude (thé, café, céréales crues, macaroni). On peut y garder la vaisselle de service. Ce centre est doté d'un espace de rangement pour le petit outillage électrique (grille-pain, gaufriers, etc.), les plateaux, mets prêts à servir (biscuits, craquelins, gâteaux). Il doit être situé près du lieu où les repas sont pris.

Le triangle de travail
Les distances entre les trois centres forment habituellement un "triangle de travail" qui détermine si une cuisine est fonctionnelle. La somme des côtés de ce triangle ne doit pas dépasser 22'. Les distances limites recommandées, en partant de la face avant des trois appareils ménagers, sont: réfrigérateur à évier: 4' à 7'; évier à cuisinière: 4' à 6'; cuisinière à réfrigérateur: 4' à 9'. En préparant le plan d'une cuisine autour de ce triangle, essayez d'éviter que les zones de passage de la maison ne le traversent, pour ne pas en réduire l'efficacité.

Hauteur des surfaces de travail et des tablettes
Dans la plupart des cuisines, la hauteur moyenne des tables de travail est de 36". Les surfaces de travail des placards de sol sont à 36" du sol et ont de 24" à 25" de profondeur et de 12" à 18" de large. Placards muraux: hauteur: de 12" à 14"; profondeur: 13"; largeur: de 12" à 48".

Ventilation
Une cuisine moderne requiert une bonne ventilation. Les experts en aménagements domiciliaires estiment qu'une cuisine dégage 200 lb de buée, de fumée et de vapeurs "grasses" par an, qui se déposent sur les

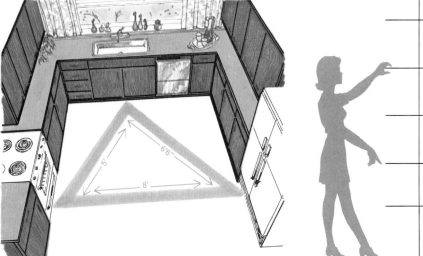

La somme des côtés du triangle ne doit pas dépasser 22'.

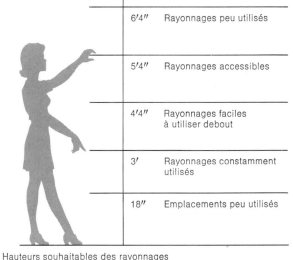

6'4"	Rayonnages peu utilisés
5'4"	Rayonnages accessibles
4'4"	Rayonnages faciles à utiliser debout
3'	Rayonnages constamment utilisés
18"	Emplacements peu utilisés

Hauteurs souhaitables des rayonnages

meubles, les ternissent et les imprègnent de mauvaises odeurs.

Pour remédier à la situation, il faut refouler les vapeurs vers l'extérieur, en aspirer la buée et la graisse par filtration de l'air de la cuisine. La ventilation peut se faire à l'aide d'un aspirateur à pales situé dans le mur près de la cuisinière, et la filtration, par une hotte filtrante installée au-dessus de la cuisinière. Les ventilateurs d'aspiration se présentent en diverses formes et dimensions: ils doivent cependant être installés à l'intérieur du mur. Il y a deux sortes de hottes: à conduit et à filtre.

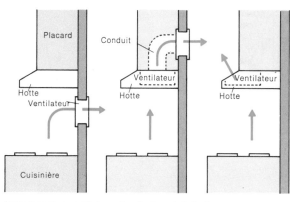

Flux d'air d'un ventilateur d'aspiration et de hottes.

filtre. Les hottes à conduit refoulent l'air vicié vers l'extérieur; elles sont recommandées, lorsque, au cours de la transformation de la cuisine, on refait les murs, le plafond et les placards. Les hottes filtrantes sont pourvues d'un ventilateur qui extrait les vapeurs de cuisson et fournit de l'air pur régénéré par passage à travers un filtre à charbon de bois qui absorbe les odeurs et les graisses.

Dans l'installation d'un système sur un mur extérieur, il est nécessaire que l'air transporté du ventilateur vers l'extérieur soit judicieusement conduit et ne se heurte pas à des coudes brusques ou à des changements de sections trop marquées, la graisse ayant tendance à s'accumuler aux différentes jonctions de coudes. Les aspirateurs à filtre, logés dans une hotte au-dessus de la cuisinière, peuvent être appliqués contre un mur ou suspendus sous un placard. Ils sont habituellement utilisés quand il est impossible d'installer un conduit sur un mur extérieur. La ventilation à filtre absorbe les graisses, les odeurs et la fumée qui se dégagent de la cuisson, mais est incapable de réduire la chaleur et les buées aussi bien qu'un système à conduits. De plus, les filtres, composés d'un fort treillis d'aluminium et de fibre de verre, de charbon de bois granulé ou de charbon activé, doivent être nettoyés ou remplacés après quelques mois. Un système à conduit doit être nettoyé au moins deux fois par an. L'efficacité des systèmes à conduit ou à filtre dépend de la puissance du ventilateur, calculée en pieds cubes d'air fournis par minute (p.c.m.). La puissance du ventilateur doit être déterminée par les dimensions du local qu'il doit desservir. Les spécialistes en ventilation donnent les directives suivantes pour déterminer la dimension des ventilateurs: cuisines de 8' de hauteur: 60' ca. — 120 p.c.m.; 110' ca. — 225 p.c.m.; 160' ca. — 325 p.c.m.; 200' ca. — 400 p.c.m.

Eclairage

L'intensité de l'éclairage doit être suffisante pour permettre de lire sans difficulté les petits caractères sur les emballages des denrées alimentaires. La lumière doit être distribuée de façon uniforme, capable de pénétrer dans tous les recoins des placards et sans que les ombres ne se projettent sur les surfaces de travail. L'éclairage doit créer une ambiance vivante et gaie. On peut parfois atteindre ce résultat par un emplacement judicieux des plafonniers sans l'appoint d'éclairages localisés; dans la plupart des cas, il est nécessaire de prévoir des éclairages spéciaux au-dessus de certains postes de travail. En règle générale, prévoyez, pour la cuisine, un éclairage par plafonnier et appliques d'une puissance de 150 à 175 watts, avec des lampes à incandescence, et de 60 à 80 watts avec des lampes fluorescentes. Posez-en une de 30 watts à 22″ au-dessus de la cuisinière, deux de 30 ou 40 watts au-dessus de l'évier, et de 20 watts sous les placards au-dessus des tables de travail, à raison de deux lampes par longueur de 30″.

Une lumière à incandescence d'au moins 150 watts est recommandée pour la zone des repas. Des nuances dans les tons clairs pour les murs et le plafond diminueront les besoins en éclairage artificiel.

Les petits appareils, cafetière, grille-pain, batteur, doivent pouvoir se brancher sur un circuit autonome, autre que celui des prises de courant pour les appareils de forte puissance (p. 256).

Ce qu'il faut faire et ne pas faire

1. **Faire:** Installer près de la cuisinière une surface de travail ignifuge d'au moins 9″ de large, pour y déposer avant le service les plats sortant du four.

2. **Ne pas faire:** Installer un four encastré trop haut. Il doit être placé de façon que la porte du four s'ouvre au niveau des surfaces de travail, à environ 36″ du plancher. La porte du four peut aussi s'ouvrir 2″ au-dessous du coude de la ménagère.

3. **Faire:** L'espace de circulation doit être assez grand pour que les portes des appareils et des placards puissent s'ouvrir complètement, sans se gêner l'une l'autre. Il est recommandé que cet espace ait une largeur de 48″, et jamais moins de 42″.

4. **Ne pas faire:** Ne pas installer, si possible, la machine à laver la vaisselle près du réfrigérateur. Les deux appareils émettant de la chaleur, ils fonctionnent mieux et plus longtemps s'ils sont éloignés. S'il n'est pas possible de les séparer, intercalez entre eux un panneau calorifuge.

5. **Faire:** Prévoir un assez grand espace entre la cuisinière et l'évier. C'est la place la plus active de la cuisine. Si la cuisinière et l'évier sont trop rapprochés, on risque d'accrocher un plat chaud au passage et de le renverser.

6. **Ne pas faire:** Ne pas installer la machine à laver à angle droit avec l'évier. Dans cette position, la porte de la machine, quand elle est ouverte, bloque l'accès à l'évier et gêne les mouvements.

7. **Faire:** Eviter qu'une porte de la cuisine ne cache un appareil ménager en s'ouvrant. Monter les portes de l'autre côté des montants pour qu'elles s'ouvrent vers l'extérieur, ou installer des portes coulissantes.

8. **Ne pas faire:** Ne pas placer le four et la table de cuisson côte à côte s'il s'agit d'un réchaud plat complété par un four séparé. Laisser entre eux un espace de table de travail d'au moins 9″ pour manipuler marmites, casseroles et plats chauds. Recouvrir cette surface de travail d'un matériau ignifuge.

9. **Faire:** Etudier les recoins afin d'en utiliser les espaces. Des placards à étagères pivotantes s'installent facilement dans les coins morts, ce qui n'est pas le cas des gros appareils ménagers dont les portes peuvent gêner l'ouverture d'autres portes ou de tiroirs.

10. **Ne pas faire:** Négliger la ventilation. Essayer de placer la cuisinière de façon qu'il soit possible de refouler les odeurs de cuisson et les buées vers l'extérieur. L'installation éventuelle d'un conditionnement de l'air intra-mural procurera un confort maximal.

Rénovation d'une cuisine/2

Cuisine de type en U

Des quatre plans de cuisine qui suivent, le plan en U offre le maximum de facilités pour l'aménagement des pistes de travail. L'U étant fermé de trois côtés, il n'y a pas de passage d'une pièce à l'autre pour gêner les travaux ménagers. Ce plan permet aussi le déroulement du travail sans déplacements inutiles en raison de la facilité à disposer la cuisinière, le réfrigérateur et l'évier de façon fonctionnelle, en triangle. Les espaces de rangement sont vastes; même les angles sont utilisés par l'installation de placards à rayonnages pivotants.

On peut modifier ce plan en aménageant un des bras du U en élément de séparation entre la cuisine et la salle à manger ou la salle de séjour. Cette séparation servira de centre de service.

Le coût d'installation est le seul désavantage du plan en U qui nécessite des revêtements de surfaces de travail plus onéreux et des placards spéciaux pour les angles. La largeur des cuisines en forme de U ne doit pas mesurer moins de 10' à la base du U. Une largeur moindre rendrait les espaces trop exigus et réduirait l'efficacité du triangle de travail.

La disposition en U permet un aménagement rationnel des surfaces de travail.

Cuisine de type en L

Dans la cuisine en L, l'équipement est juxtaposé le long de deux parois contiguës. Cette disposition permet de réserver un coin libre pour les repas. L'angle de la pièce faisant face à la zone de travail est le meilleur emplacement pour la table et les chaises qui peuvent être soit amovibles soit installées à demeure. La disposition en L peut convenir aux pièces mal conçues avec, cependant, un triangle de travail efficace. La zone de passage, localisée d'un côté, se trouve en dehors du triangle de travail, mais peut croiser la zone de déplacement du poste de service à la table des repas.

Ce plan peut présenter des problèmes. Dans beaucoup de cuisines en L, des portes peuvent se trouver sur les parois aux deux extrémités du L et gêner les déplacements entre les zones de travail et la table des repas. D'autre part, tous les espaces disponibles ne sont pas utilisables; à superficie égale, la disposition en U offre plus d'espaces de rangement que celle en L. Enfin, l'efficacité de concentration des postes de travail peut être réduite par des murs trop larges.

Le côté libre de la cuisine en L laisse un coin disponible pour la zone des repas.

Cuisine de type corridor

Cette disposition qui prévoit des éléments parallèles sur deux murs est la plus efficace pour les petites pièces et les pièces étroites. Elle ne nécessite que peu d'espace, réduit les distances à parcourir au minimum et, avec un peu d'imagination, on peut utiliser tous les espaces de surfaces de travail et de rangement.

Le principal inconvénient de ce genre de cuisines est l'espace de circulation limité entre les différentes pièces du logis et avec l'extérieur; l'encombrement qui en résulte réduit considérablement l'efficacité du triangle de travail. On peut y remédier partiellement en condamnant une des extrémités du passage ou en élargissant la distance entre les deux rangées d'éléments qui se font face. Une largeur de 4' est bonne; de 5', excellente. Un espacement plus grand détruit l'efficacité d'économie de déplacement.

Si l'une des extrémités du passage est condamnée, la paroi peut servir à de nombreux usages. On peut y installer un coin pour le petit déjeuner et, éventuellement, une dépense ou un cabinet de débarras.

La concentration des éléments permet d'utiliser au maximum le peu d'espace disponible.

Cuisine de type "sur un mur"

La disposition sur un seul mur convient aux petits logements, aux chalets et aux maisons où les espaces sont restreints. L'alignement des centres de travail produit une concentration efficace. Il faut cependant éviter d'étendre les espaces entre les éléments de base pour ne pas réduire l'efficacité de ce plan. Si les espaces sont restreints, il est conseillé de choisir des appareils ménagers de petites dimensions, de préférence aux appareils de tailles courantes.

Un des inconvénients de ce plan est qu'il faut sacrifier les surfaces de travail et de rangement pour installer les appareils de base. Pour y remédier, transformez un cabinet de débarras en dépense pour les conserves ou pour ranger balais et produits de nettoyage.

Les cuisines "sur un mur" sont souvent installées dans des locaux qui servent à d'autres usages, permettant des innovations du meilleur effet esthétique. Sur l'illustration de droite, un élément bas de séparation sert de table-bar et au rangement des linges de table et de l'argenterie. Si la cuisine fait partie d'une salle commune, un même élément de séparation peut servir de bar.

Une cuisine "sur un mur" s'adapte avec souplesse à une vaste pièce.

Salle de lessive pratique

Plans adaptés aux besoins

Un centre de lessive doit être considéré d'abord en fonction de la quantité de linge utilisée. Si la fréquence des lessives est de six à sept par semaine, avec le repassage et le reprisage occasionnel, une buanderie peut devenir nécessaire. Une installation centrale groupe machine à laver, séchoir, planche à repasser, machine à coudre dans le même local. Cette pièce peut également recevoir des meubles de rangement pour le linge et les couvertures, ainsi que pour les vêtements hors-saison.

Les sous-sols avec leurs vastes espaces, souvent inutilisés, offrent les meilleures perspectives pour installer un centre de lessive. Un local qui ne sert pas répond aussi bien aux besoins; mais sortir la buanderie du sous-sol présente des désavantages: vastes travaux de plomberie pour l'alimentation en eau et l'évacuation des eaux de lessive; le circuit de 220 volts alimentant le séchoir doit être prolongé jusqu'au nouvel emplacement. Les travaux peuvent s'avérer onéreux.

Plan de l'aménagement

Disposez les éléments et les surfaces de travail dans un ordre rationnel, c'est-à-dire dans l'ordre où on les utilise. Les opérations de blanchissage doivent se grouper en quatre centres: entreposage et triage du linge, lavage, séchage, repassage et rangement. La disposition du matériel doit être prévue en fonction de chaque centre pour qu'on réalise une véritable chaîne de travail, réduisant gestes et déplacements au minimum.

Une machine à laver et un séchoir occupent le long d'un mur un espace de 5' environ. La profondeur des appareils, y compris une laveuse-sécheuse combinée, est d'environ 28", auxquels il faut ajouter une zone de passage de 36" à 42".

Si la machine à laver et le séchoir doivent s'encastrer parmi les autres meubles de la cuisine, laissez un espace libre derrière chaque appareil pour les raccordements de plomberie et les conduits de ventilation. Laissez aussi un espace des deux côtés afin de pouvoir tirer les appareils pour procéder à leur entretien.

S'il y a manque de place, procédez à un aménagement superposé. Il est possible de diminuer la surface de plancher utilisée d'un tiers ou de moitié en installant un séchoir mobile au-dessus de la machine à laver. Bien que le séchoir mobile ne contienne que la moitié d'une lessive, c'est un compromis parfois pratique pour les locataires d'immeubles qui n'ont que peu de lessive à faire.

Le centre de lessive idéal est une buanderie où l'on fait couture et reprisage, et muni d'espaces de rangement.

Eclairage et ventilation

Quand on transforme une pièce en buanderie, on doit l'installer avec toutes les commodités du confort moderne. La ménagère passera beaucoup de temps dans cette pièce, s'il y a beaucoup de repassage et de reprisage. Il faut donc prévoir un éclairage avec autant de recherches que pour la cuisine et suffisamment de prises de courant pour les appareils. Si le centre de lessive est au sous-sol, installez un téléphone supplémentaire; il épargnera des pas inutiles à la ménagère.

Le séchoir et la machine à laver dégagent beaucoup de chaleur. Montez un ventilateur qui servira également à refouler les mauvaises odeurs des détersifs, agents de blanchiment et détachants.

Appareils, plomberie et électricité

La machine à laver requiert une arrivée d'eau chaude et d'eau froide par robinets distincts et un raccord pour l'évacuation des eaux de lessive. Si les lessives sont fréquentes, prévoyez un chauffe-eau séparé pour les besoins de la buanderie.

Beaucoup de séchoirs exigent un système de ventilation vers l'extérieur. Pour le bon fonctionnement du séchoir, le boyau de ventilation ne doit pas présenter de coudes, et sa longueur, dépasser 30'. Réduisez la

longueur de 4' pour chaque coude (efficacité maximale avec un coude: 26'; avec deux coudes: 22'; etc.). Le fonctionnement des séchoirs au gaz revient moins cher que celui des séchoirs électriques, mais le gaz n'est pas disponible partout. Si vous déménagez souvent, choisissez un séchoir électrique. Les séchoirs au gaz nécessitent une ventilation vers l'extérieur.

Toutes les machines à laver nécessitent un circuit ordinaire de 120 volts, mais les séchoirs exigent un circuit de 220 volts. Certains séchoirs peuvent fonctionner à un plus faible voltage mais prennent plus de temps de séchage. Les séchoirs au gaz prennent 115 volts.

Eviers

Beaucoup de centres de lessives n'ont pas d'évier; il faut cependant en prévoir un pour monter un centre

bien équipé. Un évier supplémentaire peut servir pour teindre, enlever les taches, faire tremper le linge très sale, préparer les amidons et dégraisser les grosses taches avant la lessive. On facilitera le remplissage des seaux en munissant les robinets d'un long bec de cigogne.

Centre de lessive minimal

Il n'est pas nécessaire que le centre de lessive occupe un local entier; on peut installer une machine à laver et un séchoir dans un grand cabinet de débarras, près de la salle de bains du rez-de-chaussée. On évite de transporter le linge à la cave pour la lessive et de le ramener pour le ranger. De nouveaux séchoirs et machines à laver de faible capacité, destinés aux petits logements, se logent facilement dans des débarras ordinaires.

Deux plans types de centres de lessive

La dimension de la buanderie dépend de l'importance de la famille et du nombre de lessives. Les diagrammes ci-contre donnent un aperçu des besoins.

Centre de lessive optimal

- Machine à laver et séchoir séparés, à grande capacité
- Coffre encastré pour le linge sale, trié par types de lessives, et autres produits ménagers
- Placards pour le rangement des produits de lessive et autres produits ménagers
- Surfaces de travail pour le triage et le pliage du linge
- Vaste surface de plancher pour le repassage
- Centre de couture
- Placards de rangement pour le linge, l'aspirateur, les balais, etc.
- Grand évier

Centre de lessive minimal

- Machine à laver et séchoir ou combiné
- Surface de travail pour le triage et le pliage
- Placard de rangement pour produits de lessive
- Petit évier

Des centres de lessive efficaces et tenant peu de place s'installent dans un placard

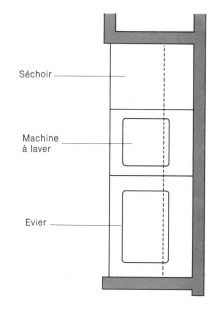

Séchoir

Machine à laver

Evier

Rénovation d'une salle de bains

Planification

Après la cuisine, la pièce qu'on rénove et modernise le plus, en Amérique du Nord, est la salle de bains. Cela est dû en grande partie à la prolifération de nouveaux matériaux de rénovation et du fait qu'un amateur de peu d'expérience peut entreprendre ces travaux avec succès.

Pour répondre à l'engouement dont jouissent actuellement les salles de bains, les fabricants offrent un vaste choix d'appareils et de matériaux dans une gamme variée de couleurs et de modèles conçus pour les bricoleurs. Si le décor ou l'équipement de la salle de bains paraît désuet, commencez par monter une documentation sur les nouveaux matériaux, appareils et accessoires. Préparez ensuite une estimation des dépenses en fonction des travaux que vous considérez faire vous-même, des tarifs des entrepreneurs et du coût estimatif des matériaux.

Pour rajeunir une salle de bains, il suffit parfois de poser de nouveaux papiers peints étanches à l'humidité. Parmi d'autres revêtements muraux (à part la peinture), citons les panneaux de bois traités contre l'humidité, les feuilles de stratifiés et les panneaux muraux imperméabilisés. La finition murale la plus répandue et la plus durable reste toujours la tuile de céramique.

Un bricoleur peut facilement changer les revêtements de sol. Les tapis dans les salles de bains sont devenus très pratiques depuis qu'il en existe d'usage intérieur-extérieur. La pose des carreaux de vinyle et d'amiante, qui se présentent en une grande variété de coloris et de motifs, est à la portée des bricoleurs (p. 355). Les planchers peuvent même être recouverts de mosaïque, de céramique, si on préfère celle-ci aux revêtements de tapis ou aux carreaux de vinyle.

A part la décoration proprement dite, on peut aussi changer l'équipement. Des sièges de toilettes et des lavabos aux teintes assorties sont d'un prix raisonnable et peuvent transformer la salle de bains. L'installation d'une pièce d'équipement en remplacement d'une autre nécessite peu de connaissances en plomberie (p. 237). Même si le travail est confié à un professionnel, le facteur temps d'installation ne sera pas onéreux.

Les miroirs et les petites armoires ont l'avantage de se poser sans efforts et d'apporter un complément d'installation immédiat. Des lavabos montés sur meuble sont très pratiques, particulièrement élégants et faciles à installer.

Le démontage de l'ancien lavabo prend moins d'une heure, en général. Il suffit de rendre étanches des tuyaux de cuivre (p. 225) pour être capable d'effectuer tous les travaux de l'installation. Les dimensions des lavabos montés sur meuble sont normalisées et conviennent à la plupart des salles de bains.

Un excellent complément d'installation de la baignoire—les portes coulissantes en verre—s'installe en moins d'une heure et évite les projections d'eau que causent souvent les rideaux de douche. Les portes de douche sont parfois munies de miroirs sur toutes leurs surfaces, donnant l'illusion que la pièce est plus grande qu'on ne croyait.

Exemple type

La salle de bains exiguë (5' x 8') illustrée ci-dessous a été transformée par une série de travaux d'amateur pour une dépense d'environ $1,600. (La transformation ne comportait aucun travail important de plomberie.) Cette salle de bains, vieille de 20 ans, avait des revêtements de panneaux préfabriqués recouverts de peinture et des carreaux de céramique. Les murs étaient lézardés, le linoléum se gondolait et se détachait.

Ce rajeunissement prit moins de six jours à exécuter et coûta environ $1,600. Le vieux siège de toilettes et la chasse d'eau élevée ont été remplacés par un ensemble moderne et silencieux. Un lavabo avec dessus en marbre a pris la place de l'évier. Le meuble préfabriqué cache la tuyauterie et offre un supplément d'espace de rangement plus que nécessaire à cette petite pièce. Les carreaux (mosaïque sur le sol, céramique sur les murs) ont été utilisés à profusion. Des panneaux imperméabilisés recouvrent le haut du mur. Un miroir couvre toute la longueur de la pièce.

Photo: Montgomery Ward & Co.

Le propriétaire choisit de nouveaux carreaux de céramique pour les murs et des mosaïques pour le sol, avec un motif décoratif sur les murs pour briser la monotonie. Ce rajeunissement prit moins de six jours à exécuter. La pose des carreaux comprenait celle des accessoires assortis. Pour aviver les grandes surfaces carrelées, le haut du mur fut recouvert de contreplaqué imperméabilisé. (On aurait pu poser, à la place, du papier peint lavable à motif décoratif.)

Un faux plancher en contreplaqué de qualité extérieure fut posé par-dessus le linoléum, recouvert ensuite d'une mosaïque de céramique. Le nouvel équipement comprend des toilettes, un lavabo, un placard préfabriqué, un miroir et une pharmacie assortie. Le miroir couvre toute la longueur du mur pour donner à la pièce l'apparence d'une grande salle de bains.

La baignoire, en bon état, fut laissée telle quelle. On y ajouta cependant des panneaux coulissants en verre, l'un d'eux muni d'un miroir. Non illustré, il y a également au plafond un ventilateur combiné à une chaufferette, pour améliorer la ventilation et le confort. Il a suffi de percer, dans le grenier, un trou à travers le plafond et de poser une applique. Cet élément sert à évacuer les buées des bains et des douches à l'extérieur. Avant de poser le nouveau carrelage, les vieux carreaux furent découpés pour que la plomberie et la robinetterie soient changées pour des accessoires modernes. Sur les six jours que prit la réparation, la pièce ne fut pas disponible pendant deux jours seulement.

Salle de bains supplémentaire

La plupart des foyers qui n'ont qu'une salle de bains désireraient en avoir une deuxième; les familles qui disposent d'une salle de bains et demie ou de deux voudraient, elles aussi, en avoir une autre pour les invités ou en raison des besoins.

Si vous transformez le sous-sol en salle familiale, réservez un espace pour une salle de bains supplémentaire. Même si vous ne l'installez pas immédiatement, l'emplacement sera disponible quand le besoin s'en fera sentir. Le meilleur emplacement au sous-sol doit être proche de la plomberie, du système de drainage et des canalisations d'alimentation en eau chaude et en eau froide.

Il peut être difficile de trouver de la place pour une salle de bains additionnelle dans les étages aménagés. Les toilettes et le lavabo requièrent une surface d'au moins 4' x 5'. Il est facile de convertir une petite chambre à coucher en une grande salle de bains. Suivant la disposition de la pièce, elle peut avoir plusieurs entrées, et communiquer avec d'autres pièces.

L'emplacement de la nouvelle salle de bains doit être déterminé en fonction de la disposition du drainage et de l'alimentation en eau. La partie la plus onéreuse des travaux est celle de la plomberie (p. 234); ce travail de spécialiste devrait être confié à un plombier.

Salles de bains préfabriquées

Des salles de bains entières, faites de fibre de verre, s'obtiennent en sections qu'il est facile d'assembler. Il est bon de le savoir, si l'on entreprend soi-même des travaux de rénovation importants. Il suffit de monter le cadre et d'y installer les sections l'une après l'autre. Tout l'équipement (électricité, toilettes, baignoire, douche) est sur place; il suffit de le brancher aux systèmes correspondants. En raison du coût de fabrication d'une salle de bains et de l'installation d'un nouvel équipement, les éléments préfabriqués peuvent faire réaliser de sérieuses économies.

La principale transformation autour de la baignoire est réalisée par la pose de carreaux de céramique dont le motif décoratif rompt la monotonie. Le nouveau carrelage monte jusqu'au plafond et s'étend sur tous les murs, pour faciliter l'entretien. La baignoire, en bon état, fut gardée. Elle est protégée par des portes coulissantes en verre dont l'un des panneaux est un miroir. Après avoir enlevé les vieux carreaux, on coupa la partie du panneau autour des robinets de la douche et du bain; la plomberie fut inspectée et une nouvelle robinetterie fut posée.

Photo: U.S. Ceramic Tile Co.

499

Agrandissement d'une petite maison

De quel côté s'agrandir?

Il est incompréhensible que tant de familles vivent à l'étroit dans des logements exigus sans se soucier des possibilités d'agrandissement ou d'une utilisation plus rationnelle des pièces disponibles. La meilleure solution au manque d'espace est naturellement l'achat d'une maison plus grande, solution parfois prohibitive surtout dans la conjoncture économique actuelle. Avant de songer à déménager, étudiez les moyens d'agrandir la maison que vous possédez.

Ce sont les sous-sols et les greniers qui, en général, offrent le plus de possibilités (p. 502). Ces locaux, cependant, ne s'adaptent pas à tous les besoins. S'il vous faut une salle de séjour, une salle à manger ou une cuisine plus grande, il sera probablement nécessaire de bâtir un rajout à la propriété existante. Il est possible d'ajouter au moins une pièce à la plupart des maisons bâties sur des terrains de di-

mension moyenne. Avant d'entreprendre quoi que ce soit, renseignez-vous sur les règlements locaux du bâtiment et de zonage. Les arrêtés de certaines municipalités interdisent la construction de nouveaux locaux sur la façade ou les côtés des maisons. Il est trop long d'énumérer la liste des restrictions possibles; adressez-vous aux services municipaux du bâtiment ou à un entrepreneur de la région pour savoir ce qui est interdit ou non. Dans tous les cas, les plans de tous travaux d'agrandissement extérieur doivent être soumis à l'approbation des autorités locales.

Avant d'entreprendre un projet d'agrandissement, adressez-vous à un architecte. Moyennant des honoraires raisonnables, vous sauverez du temps, et de l'argent, grâce à ses connaissances. De plus, familier avec les arrêtés locaux et les règlements de zonage, il pourra dresser des plans suivant des spécifications

nécessaires pour l'obtention des permis de construction. Enfin, il adaptera un style approprié à celui du corps de la maison, apportant une solution à un problème souvent difficile à résoudre, celui de l'effet esthétique général.

Pour des travaux moins importants, fermer une véranda ou un passage recouvert, par exemple, l'entrepreneur pourra faire fonction d'architecte à partir du stade de la préparation des plans et de l'obtention des permis jusqu'à l'achèvement des travaux. Dans la plupart des municipalités, il n'est pas nécessaire, pour ce genre de travaux, que les plans et les spécifications soient établis par des professionnels; de simples croquis avec les mesures suffisent pour obtenir les permis de construction. Celui qui entreprend ces travaux lui-même pour la première fois aurait avantage à consulter un entrepreneur avant de commencer.

Agrandissement latéral
Il permet d'ajouter une pièce à la plupart des maisons, quelle qu'en soit la structure. Contrairement aux constructions en hauteur au-dessus de la maison ou du garage, comme sur la page suivante, ce rajout n'alourdit pas la charpente. Pour tout agrandissement extérieur, un architecte est indispensable. Sa connaissance des arrêtés locaux permet d'observer les règlements en vigueur; son art et sa technique permettent de trouver d'heureux compromis s'harmonisant avec le corps du bâtiment.

Construction d'une aile

Il est nécessaire de creuser de nouvelles fondations (p. 472). Une dalle sur semelle en béton est parfois suffisante, à condition que le code du bâtiment l'autorise. Les travaux peuvent s'effectuer sans que vous touchiez à l'intérieur de la maison, jusqu'au perçage du mur, quand l'aile est érigée.

Les deux étapes les plus difficiles sont le raccordement des deux toits et l'harmonisation des murs. Dans ce cas, également, il est préférable de faire exécuter les gros travaux par un entrepreneur et de vous limiter, vous-même, à la finition intérieure.

Construction au-dessus d'une maison existante

Il est absolument nécessaire de faire appel à un architecte ou à un entrepreneur pour construire un rajout au-dessus d'un garage attenant au logis ou au-dessus d'une partie basse de la maison. Seul un professionnel est capable de faire une inspection de la structure du bâtiment pour déterminer s'il est capable de supporter un nouvel étage et, dans le cas où les murs et le soubassement doivent être renforcés, de dresser les plans des travaux à exécuter.

A moins de posséder soi-même une grande expérience, il est préférable que vous laissiez un entrepreneur construire les planchers, les murs et le toit du rajout. Ce n'est qu'à l'achèvement de ces travaux que vous pourrez vous attaquer à des ouvrages plus légers et à la finition intérieure, que vous êtes capable de faire vous-même avec l'aide de ce manuel.

Transformation d'un garage

Au lieu de bâtir au-dessus d'un garage attenant à la maison, il est parfois préférable de transformer le garage en locaux habitables. Le bâtiment est déjà érigé et possède plancher, murs et toiture. Les raccords de chauffage, d'électricité et de plomberie sont généralement à proximité. Il vous faudra effectuer quelques modifications à la structure existante. L'ouverture pour la porte du garage peut être fermée par du verre ou par un mur monté sur une charpente. Le plancher peut être élevé au niveau de ceux de la maison avec des poutres; le système de chauffage et les conduits électriques seront placés sous le nouveau plancher. On recommande l'emploi de contreplaqué pour cet usage; on le recouvre de tapis ou d'un revêtement en vinyle, selon l'usage qu'on veut faire de la pièce. Les murs, qui seront calorifugés, seront recouverts de panneaux muraux, tout comme le sera le plafond, à moins que vous ne préfériez un plafond suspendu (p. 348).

Un garage double peut être divisé avec des cloisons; une partie, celle de la porte basculante, logera la voiture; le reste deviendra une pièce habitable. Cette cloison doit être à l'épreuve du feu; certains codes locaux de construction l'exigent d'ailleurs.

Aménagement des sous-sols et des greniers

De nouvelles pièces dans le sous-sol

L'une des améliorations les plus fascinantes que puisse apporter un bricoleur à sa maison, c'est la transformation d'une cave terne et froide en pièces chaudes et accueillantes: salle de jeux, atelier de menuiserie, salle de lessive. Il suffit de quelques jours de travail.

Procédez par étapes. Achetez les matériaux au fur et à mesure que vous en avez besoin, ce qui ne nécessitera pas un investissement unique et important, mais étalera le coût de la rénovation sur plusieurs semaines ou plusieurs mois. Et vous n'aurez pas à trouver d'espace pour entreposer des matériaux encombrants, puisque vous les emploierez à mesure.

Etape 1—Le plan

Tracez un croquis des sections de la cave que vous souhaitez fermer. Si vous aménagez tout le sous-sol, vous ferez bien de terminer une section à la fois. Commencez par la salle de jeux, puis passez à la salle de lessive, à la chambre de fournaise et terminez par l'atelier. Prévoyez les aménagements nécessaires à un mur insonorisant entre la salle de jeux et l'atelier ou la chambre de fournaise, ou à un mur recouvert de brique ou de placage.

Si vous ajoutez un bar avec évier, mettez-le près des tuyaux de plomberie déjà en place. Indiquez les endroits où il vous faudra des interrupteurs et des prises de courant. Prévoyez également la façon de chauffer la pièce. Si votre maison est chauffée à l'air propulsé, un conduit supplémentaire branché sur la fournaise et dirigé vers la salle de jeux suffira à chauffer une petite pièce. Pour les pièces plus grandes (20' x 15' et plus), prévoyez la pose de deux conduits. Ceux-ci peuvent être placés dans le plafond, mais plus vous les poserez bas, plus ils seront efficaces.

Si votre maison est chauffée à l'eau chaude, il vous faudra probablement avoir recours à un plombier qui installera un circuit séparé pour le sous-sol. Il existe toutefois plusieurs systèmes à eau chaude autonomes qui chauffent à l'électricité et qui ne dépendent pas de la fournaise principale. On les appelle systèmes hydroniques (p. 297).

Une fois que vous aurez dressé votre plan, établissez une liste détaillée des matériaux qui vous seront nécessaires au cours de chaque étape de la construction.

Etape 2—Préparation des planchers, murs et plafonds

Un sous-sol humide devra être asséché le plus possible avant que le travail ne débute. Les crevasses dans les murs et le plancher seront obturées avec un scelleur (p. 156), et les murs, recouverts d'une couche de peinture d'asphalte. Si le sous-sol est vraiment très humide, couvrez les murs d'une membrane de matière plastique. Vous pouvez appliquer celle-ci sur la peinture. Erigez les cloisons (p. 404) et fixez-les aux solives du plancher du rez-de-chaussée. Servez-vous de clous à maçonnerie ou de boulons d'ancrage pour attacher les cloisons au plancher. Posez sur les murs de béton des fourrures espacées à tous les 16", centre en centre. Employez des clous à maçonnerie ou un adhésif. Si vous avez posé un polyéthylène sur le mur, fixez les fourrures avec des clous.

Etape 3—Pose du revêtement mural

Les panneaux de bois préfinis sont les revêtements les plus pratiques pour les murs du sous-sol. La planche murale s'emploie aussi, mais elle exige des opérations supplémentaires: obturation des joints, ponçage, peinture. Les panneaux préfinis se posent avec des clous à finir ou un adhésif (p. 379). Avant de monter les charpentes, installez les câbles électriques et les boîtes de sortie (p. 265).

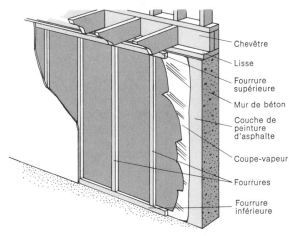

L'humidité sera diminuée si vous recouvrez vos murs de peinture d'asphalte et d'un coupe-vapeur (polyéthylène). Posez des fourrures à tous les 16".

Etape 4—Le plafond

La plomberie, l'électricité et le chauffage doivent être en place avant qu'on pose le plafond. Il existe trois types de plafonds: en planches murales, à carreaux et suspendus. Les premiers sont les moins coûteux, mais s'installent plus difficilement (p. 95). Les plafonds à carreaux exigent la pose de fourrures en travers des solives du plancher, mais ce travail est facile (p. 406). Si plusieurs conduits de chaleur et tuyaux de plomberie sont suspendus aux solives, un plafond suspendu sera préférable (p. 348); il vous évitera d'avoir à fabriquer des boîtes pour enfermer tuyaux et conduits puisque sa structure pend à 4" ou plus des solives. La distance entre les solives et le sol doit être d'au moins 8' pour qu'on puisse installer ce genre de plafond.

Etape 5—Le plancher

Il peut être recouvert de bois dur, de carreaux de vinyle ou d'asphalte, de parqueterie ou de tapis. Tout dépend du degré d'humidité de la cave par temps humide. Si l'humidité et la condensation tendent à s'accumuler sur le plancher, il faudra appliquer un coupe-vapeur et faire un faux plancher. Après avoir appliqué le polyéthylène, posez, par-dessus, des lambourdes en 2 x 4 préalablement enduites d'un préservatif. Recouvrez-les d'un contre-plaqué de ¾" prévu pour l'extérieur.

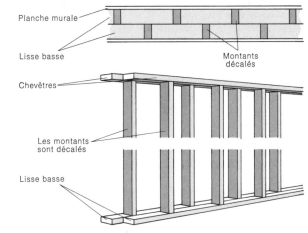

Construisez une cloison insonorisante en posant deux lisses côte à côte. Erigez les montants en les décalant sur les deux semelles. Un matériau isolant ajoutera à l'insonorisation.

Une chambre dans un grenier

On peut convertir un grenier en chambre unique-ment quand (1) l'espace est assez vaste pour faire une pièce de grandeur raisonnable, (2) la hauteur est d'au moins 7'6" sur une vaste surface, (3) un escalier mène à cette partie de la maison, et (4) les solives du plancher sont assez larges pour supporter le poids des matériaux et de l'ameublement. En géné-ral, les maisons canadiennes possèdent un toit en

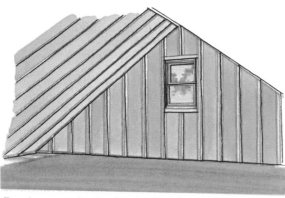

Transformez en chambre l'espace libre d'un grenier.

pente sous lequel une pièce supplémentaire peut être ajoutée.

Quels genres de pièces conviennent au grenier?
Les chambres à coucher, bien sûr: elles comptent parmi les additions les plus populaires aux greniers rénovés. Quand on peut y ajouter une salle de bains, c'est encore mieux. Economisez en installant celle-ci au-dessus de celle de l'étage: les mêmes tuyaux serviront, ainsi que les évents.

Une salle de jeux irait bien dans le grenier, sur-tout si les enfants ont leur chambre non loin de là. Depuis peu, on installe même, dans ce qui était autrefois le grenier, des salles de jeux pour les adultes, des ateliers d'art ou, encore, un apparte-ment pour le vieux papa ou la vieille maman.

L'inclinaison du toit limite le centre des activités mais sert d'espace de rangement, le long des murs bas, pour les valises, les articles de sport et les vêtements.

Complétez le plancher et les murs, sous les com-bles: de la sorte, les articles que vous y entreposerez ne se couvriront pas de poussière.

Quoi faire?
La plupart des besognes qu'entraîne l'aménagement d'un grenier peuvent être exécutées par un brico-leur. Elles comprennent la pose de l'isolant, du plancher, de la charpente des cloisons, des montants et des chevrons du toit, le revêtement des murs et celui du plafond.

Si vous agrandissez l'espace de plancher, il faudra ajouter une lucarne. Pour cela, vous couperez le toit et vous ajouterez une extension à la maison. Laissez ce soin à un charpentier si vous n'avez pas l'expérience nécessaire pour ce genre de travail. La plomberie et l'électricité aussi seront confiées à un spécialiste.

Pour chauffer le grenier, branchez-le sur le chauf-fage central ou encore installez une plinthe électri-que munie de son propre thermostat. La première solution est la plus simple si votre système central est à air chaud propulsé. Tout ce que vous avez à faire, c'est d'ajouter des conduits supplémentaires à air chaud et froid et à les joindre au système. Au-paravant, assurez-vous, toutefois, auprès d'un entre-preneur en chauffage, que votre brûleur a la capa-cité nécessaire pour chauffer le grenier. Informez-vous aussi dans le cas de système à eau chaude.

La ventilation est importante dans les chambres sous les combles, surtout en été. On y pourvoit avec un éventail de grenier de grande force qui extirpe l'air chaud des pièces de l'étage pour le chasser dans les ouvertures employées pour aérer le toit.

Le grenier est l'endroit idéal pour installer une chambre, un appartement, un atelier ou une salle de jeux.

Aménagement des sous-sols et des greniers

Comment "éclairer" un grenier

Les deux problèmes que présente l'aménagement des greniers sont l'espace limité de plancher et l'éclairage naturel insuffisant. Les bricoleurs peuvent résoudre le second de plusieurs façons, en suivant les conseils donnés dans cette page. En ce qui touche le premier, par contre, il vaut mieux faire exécuter par un spécialiste les rajouts au toit demandés par l'élargissement.

Les lucarnes

L'une des plus populaires façons d'apporter un surcroît de lumière et d'espace à un grenier, c'est d'y ajouter des lucarnes.

Les deux types les plus employés sont: les pignons et les appentis. La lucarne à pignon n'a, en général, qu'une fenêtre; l'appentis, qui élève le toit entier sauf le faîte, peut en avoir plusieurs.

On donne à certaines lucarnes une allure moderne en ouvrant la façade jusqu'au faîte.

Faîtières

On appelle ainsi de petits appentis. Bien qu'elles ne donnent pas la hauteur de plafond que donne un appentis, elles sont plus faciles à construire que ceux-ci. Que vous installiez des lucarnes en appentis ou des faîtières, posez des solins aux joints des murs et du toit (p. 178).

Fenêtres de pignon

La façon la plus simple d'augmenter la lumière dans un grenier sombre est d'agrandir les fenêtres des pignons en changeant la petite fenêtre pour deux petites ou pour une grande ou, encore, d'installer un mur de verre.

Puits de lumière

Préfabriqués en plastique, ils ajoutent une note de nouveauté. On les installe dans un toit, là où on a besoin de lumière: au-dessus des pupitres, tables de travail, de jeux, etc. On les achète prêts à installer en un vaste choix de grandeurs et de formes.

Châssis vitrés dans le toit

Ces châssis donnent le maximum de lumière au grenier: ils sont très gais. Installez de préférence ce genre de châssis sur le pan nord ou est du toit. Sa construction est relativement simple. Les bardeaux et le revêtement sont enlevés du toit et une bordure en 2 x 4 est clouée aux chevrons.

Du verre trempé ou des carreaux de plastique de ¼" sont installés et calfeutrés avec du mastic de vitrerie; une moulure est ensuite clouée sur le mastic.

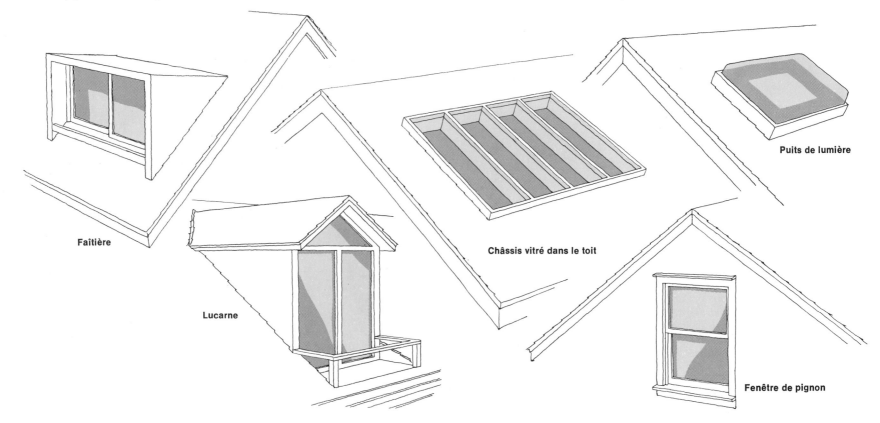

Faîtière

Lucarne

Châssis vitré dans le toit

Puits de lumière

Fenêtre de pignon

section 17:

Cinquante projets de construction

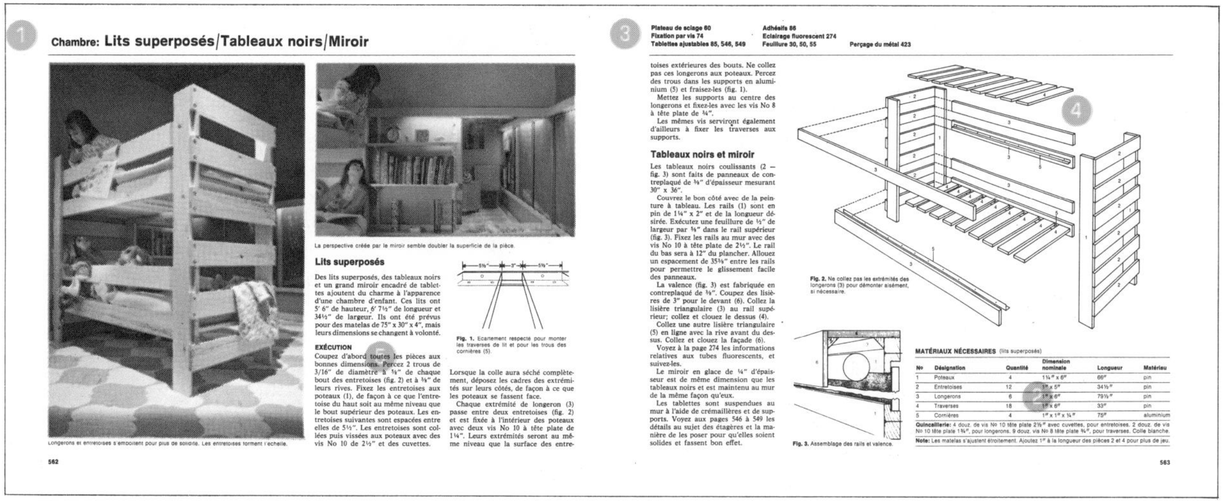

sommaire

506 Cuisines

Placards	506
Table et chaises	510
Table abattante/ Etagère suspendue/Tabouret	512
Table à rallonge	514
Casier à tiroirs	516
Casier à bouteilles/Maillet à viande/ Râtelier à couteaux	518
Salière et poivrière/ Dessous-de-plat	520
Chandeliers/Plateaux	522
Etagère et armoire	524

526 Salles de séjour

Etagère murale encastrée/ Classeur mobile	526
Canapé/Fauteuil/Table basse	530
Tables gigognes	534
Meuble de stéréo	536
Bar suspendu et éléments muraux	538
Dressoir-niche de salle à manger	540
Casiers à combinaisons multiples	542
Installation d'étagères	546

550 Chambres

Lit à deux places et tables de nuit encastrées	550
Tête de lit fixée au mur et tables de chevet	553
Penderie encastrée couvrant un mur entier	554
Penderie encastrée	558
Lit gigogne	560
Lits superposés/Tableaux noirs/ Miroir	562

564 Jouets et meubles pour enfants

Coffre à jouets et chariot	564
Voiturette et coffre à jouets/ Tableau noir	566
Maisonnette de poupée/ Lit de poupée	568
Table et chaises empilables	570
Cage à souris/Nichoir	572
Maison dans un arbre	574
Périscope/Tente/Echasses	576
Kart	578
Glissoire/Bascule	580
Boîte à sable	582

584 La vie en plein air

Barbecue en brique	584
Table et chaises de patio	586
Banc de jardin/Claie de serre	588
Serre de jardin	590

Comment utiliser cette section

Nous vous présentons une cinquantaine de projets qui vous aideront à améliorer le confort de votre maison et de votre jardin. Des illustrations en couleur représentent l'objet terminé et permettent de situer la position des éléments de l'ensemble, ainsi que certains détails d'assemblage, et vous expliquent dans quel ordre se déroulent les opérations.

Vous trouverez, dans les sections techniques, les explications qui vous sont nécessaires pour réussir un travail, même s'il ne vous est pas familier.

1 Choisissez le projet qui vous intéresse. Etudiez les croquis et la nomenclature des matériaux nécessaires. Lisez les instructions et voyez quels outils vous sont nécessaires pour mener à bien la besogne.

2 Chaque croquis est accompagné d'une nomenclature détaillée des matériaux qui vous sont nécessaires: bois, quincaillerie, etc. Elle vous précise les dimensions nominales de chaque pièce.

Vous pourrez donc commander les matériaux dont vous userez en vous servant de cette liste comme d'un guide lors de votre visite chez le marchand.

3 Les références en tête de chaque page vous conduisent à d'autres sections du volume. Les photos et les croquis vous indiquent chaque étape de besognes qui ne vous sont peut-être pas familières. Il existe souvent plusieurs façons de s'y prendre pour exécuter un travail: à vous de choisir celle qui vous convient et de la perfectionner.

4 Les croquis détaillés qui accompagnent les travaux vous serviront de guides tout au long du travail. Ils indiquent la position des différents éléments de l'ensemble, ainsi que certains détails d'assemblage. Les numéros des éléments correspondent, bien sûr, aux numéros des descriptions.

5 Les explications suivent la progression du travail, étape après étape. De la sorte, vous savez dans quel ordre assembler les différents éléments. En règle générale, ne commencez pas par couper toutes les pièces à la dimension pour ensuite essayer de les assembler. Au contraire, débitez-les et exécutez chacune d'elles au fur et à mesure de l'avancement du travail, de manière à pouvoir les modifier, au besoin.

1 **Chambre: Lits superposés/Tableaux noirs/Miroir**

La perspective créée par le miroir semble doubler la superficie de la pièce.

Lits superposés

Des lits superposés, deux tableaux noirs et un grand miroir encadré de tablettes ajoutent du charme à l'apparence d'une chambre d'enfant. Ces lits ont 5′ 6″ de hauteur, 6′ 7½″ de longueur et 34½″ de largeur. Ils ont été prévus pour des matelas de 75″ x 30″ x 4″, mais leurs dimensions se changent à volonté.

EXÉCUTION

Coupez d'abord toutes les pièces aux bonnes dimensions. Percez 2 trous de 3/16″ de diamètre à ¾″ de chaque bout des entretoises (fig. 2) et à ¾″ de leurs rives. Fixez les entretoises aux poteaux avec des vis, la façon à ce que les poteaux ne fassent face. Les entretoises suivantes sont espacées entre elles de 5½″. Les entretoises sont collées puis vissées aux poteaux avec des vis No 10 de 2½″ et cuvettes.

Longerons et entretoises s'emboîtent pour plus de solidité. Les entretoises forment l'échelle.

toises extérieures des bouts. Ne collez pas ces longerons aux poteaux. Percez des trous dans les supports en aluminium (5) et fraisez-les (fig. 1).

Mettez les supports au centre des longerons et fixez-les avec les vis No 8 à tête plate de ¾″.

Les mêmes vis serviront également d'ailleurs à fixer les traverses aux supports.

Tableaux noirs et miroir

Les tableaux noirs coulissants (2 — fig. 3) sont faits de panneaux de contreplaqué de ¾″ d'épaisseur mesurant 30″ x 36″.

Couvrez le côté avec de la peinture à tableau. Les rails (1) sont en pin de 1¼″ x 2″ et de la longueur désirée. Exécutez une feuillure de ½″ de largeur par ¾″ dans le rail supérieur (fig. 3). Fixez les rails au mur avec des vis No 10 à tête plate de 2½″. Le rail du bas sera à 12″ du plancher. Allouez un espacement de 35¾″ entre les rails pour permettre le glissement facile des panneaux.

La valence (fig. 3) est fabriquée en contreplaqué de ¼″. Coupez des liséres de 3″ pour le devant (6). Collez la lisière triangulaire (3) au rail supérieur; collez et clouez le dessus (4).

Voyez à la page 274 les informations relatives aux tubes fluorescents, et suivez-les.

Le miroir en glace de ¼″ d'épaisseur est de même dimension que les tableaux noirs et est maintenu au mur de la façon exposée.

Les tablettes sont suspendues au support. Voyez aux pages 546 à 549 les détails au sujet des étagères et la manière de les couper aux bonnes dimensions. Leurs extrémités seront au même niveau que la surface des entre-

Lorsque la colle aura séché complètement, déposez les cadres des extrémités sur leurs côtés, de façon à ce que les poteaux se fassent face.

Chaque extrémité de longeron (3) passe entre deux entretoises (fig. 2) et est fixée à l'intérieur des poteaux avec deux vis No 10 à tête plate de 1¼″. Leurs extrémités seront au même niveau que la surface des entre-

Fig. 1. Ecartement respecté pour monter les traverses de lit et pour les trous des cornières (5).

Fig. 2. Ne collez pas les extrémités des longerons (3) pour démonter aisément, si nécessaire.

Fig. 3. Assemblage des rails et valence.

3 **Plateau de sciage 80** — **Fixation par vis 74** — **Tablettes ajustables 88, 548, 949** — **Adhésifs 86** — **Eclairage fluorescent 274** — **Feuillure 30, 50, 55** — **Perçage du métal 423**

MATÉRIAUX NÉCESSAIRES (lits superposés)

Nº	Désignation	Quantité	Dimension nominale	Longueur	Matériau
1	Poteaux	4	1¼″ x 6″	66″	pin
2	Entretoises	12	1¼″ x 6″	34½″	pin
3	Longerons	4	1″ x 6″	79¼″	pin
4	Traverses	6	1″ x 2″	33″	pin
5	Cornières	4	1″ x 1″ x ⅛″	79″	aluminium

Quincaillerie: 4 douz. de vis No 10 tête plate 2½″ pour entretoises. 2 douz. de vis No 10 tête plate 1¾″ pour longerons. 9 douz. vis No 8 tête plate ¾″ pour cornières. Colle blanche.

Note: Les matelas s'ajustent étroitement. Ajoutez 1″ à la longueur des pièces 2 et 4 pour plus de jeu.

562

563

Ces armoires s'adaptent à n'importe quelle cuisine. Demandez au marchand de bois de tailler vos portes en contreplaqué.

Construits de matériaux réguliers, ces placards ne requièrent aucun travail compliqué et s'adaptent à n'importe quelle cuisine. Les trois différents types illustrés ici peuvent être construits indépendamment les uns des autres. Une machine à laver la vaisselle peut être installée entre les placards du bas. Des tiroirs peuvent remplacer les tablettes et la porte. Les dimensions indiquées dans la liste des matériaux sont basées sur les éléments illustrés. Les placards peuvent avoir 18" ou 24" de profondeur. Cette dernière dimension convient à la table de travail plus large dans laquelle un évier de grandeur régulière est inclus. Fixez les longerons avant aux tasseaux (18); ceux-ci seront fixés au plancher avec des clous de 3" à tous les pieds.

EXÉCUTION
Placards du bas

Coupez les longerons supérieurs (1) et inférieurs (2) aux dimensions données. Fixez avec des clous de 3" les longerons arrière dans les colombages du mur pour que leurs surfaces supérieures soient à 17½" et à 35" au-dessus du plancher.

Fixez les montants (3) au côté extérieur des longerons du bas et du haut, à tous les 20", tel qu'indiqué à la fig. 2. Joignez les placards à angle droit (fig. 1) avec de la colle blanche et une vis à tête plate en acier n° 8 de 1½" à chaque joint; placez les longerons supérieurs extérieurs à la même hauteur que les longerons arrière.

Encochez les cloisons de séparation (4) pour le passage des longerons et fixez-les aux montants avec des équerres en aluminium (fig. 3 et 4) percées pour recevoir des vis à tête plate n° 8 de ¾". Fixez le longeron inférieur aux tasseaux avec des clous à finir de 2" enfoncés par l'avant. Taillez le faux tiroir (7) et fixez-le à l'arrière des

Adhésifs 86
Construction de tiroirs 402
Quincaillerie de fixation 74, 81

Stratifiés 380
Contreplaqué 374
Polyuréthane 412   **Feuillures 392**

montants avec deux vis à tête plate nº 8 dans chaque montant. Taillez les tablettes (5) pour qu'elles s'ajustent entre les cloisons; fixez-les sur les longerons du centre avec de la colle blanche et des clous à finir de 2". Posez la table de travail (6) et couvrez-la de stratifié (p. 380).

Suspendez les portes (8) (p. 78) et fixez les boutons de porte à 2¼" du chant supérieur et du bord de la clenche. Posez les loqueteaux magnétiques (p. 81).

Placard à tiroirs

Construisez ce placard de la même manière que le premier, avec cette différence que des coulisseaux remplacent les cloisons de séparation et les tablettes. Fabriquez de trois à cinq tiroirs, selon vos besoins (p. 402). Les devants

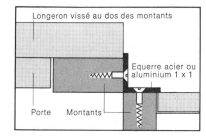

Longeron vissé au dos des montants
Equerre acier ou aluminium 1 x 1
Porte   Montants

Fig. 1. Des placards se rencontrant à angle droit sont accrochés ensemble avec des équerres en métal.

des tiroirs déborderont les extrémités latérales supérieures et inférieures, recouvrant les coulisseaux. Allouez un espace d'environ ⅛" entre les devants des tiroirs. Fixez les coulisseaux (10) aux panneaux de bout avec de la colle blanche et des clous à finir. Renforcez les coulisseaux avec deux blocs triangulaires (11) collés et cloués (fig. 5); les blocs ne doivent pas obstruer le passage des tiroirs. La construction des tiroirs est simple. Les côtés sont retenus aux devants à l'aide de colle et de

clous à finir de 1½" enfoncés à travers la face. Le dos est retenu entre les côtés de la même façon. Des équerres de 1½" sont fixées à l'intérieur des coins, en guise de renfort. Le devant est fixé à ⅜" plus bas que les côtés et dissimule le fond en contreplaqué de ⅜" d'épaisseur. Le fond est collé et cloué avec des clous de 1" et abouté à l'arrière de la face du tiroir. Une équerre de 1½" fixée au centre de celle-ci renforce le joint entre fond et face.

Placard mural

Tous les longerons sont des pièces de 1 x 2, et les montants (12) dépassent les longerons supérieurs de ¾". N'employez que deux cloisons de séparation (13): une de chaque côté de la porte centrale. Ou, encore, procédez de la même façon que pour le placard du bas. Construisez cet élément de telle sorte que le montant du bout (collé au mur) arrive au mur du colombage pour y être fixé avec des équerres (9) et des vis à tête plate nº 8 de 2". Les cloisons centrales de séparation doivent aussi arriver au niveau du colombage et être fixées de la même façon.

Clouez les longerons arrière au colombage. Le longeron supérieur sera à 85½" du plancher; le longeron du milieu, à 64"; celui du bas, à 55½". Fixez la tablette qui sert de dessus au placard aux longerons et aux cloisons, avant de fixer les autres tablettes; fixez-la comme la table de travail. Montez les portes (14).

Armoires-placards

Construisez-les de la même façon que les placards du bas; les montants (15) dépassent les longerons supérieurs à la même hauteur que les placards muraux. Si les placards de 18" de profondeur du haut et du bas avoisinent des armoires-placards de 24" de profondeur, vissez la cloison du bout (16) de

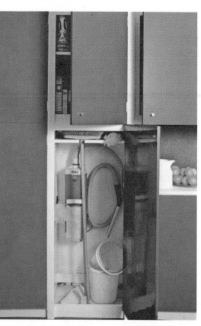

Des paniers en broche servent de tiroirs à légumes sous l'évier.

Les balais et l'aspirateur sont rangés dans l'armoire-placard.

Un panneau en bois naturel assorti aux meubles fait le lien entre les différents placards.

507

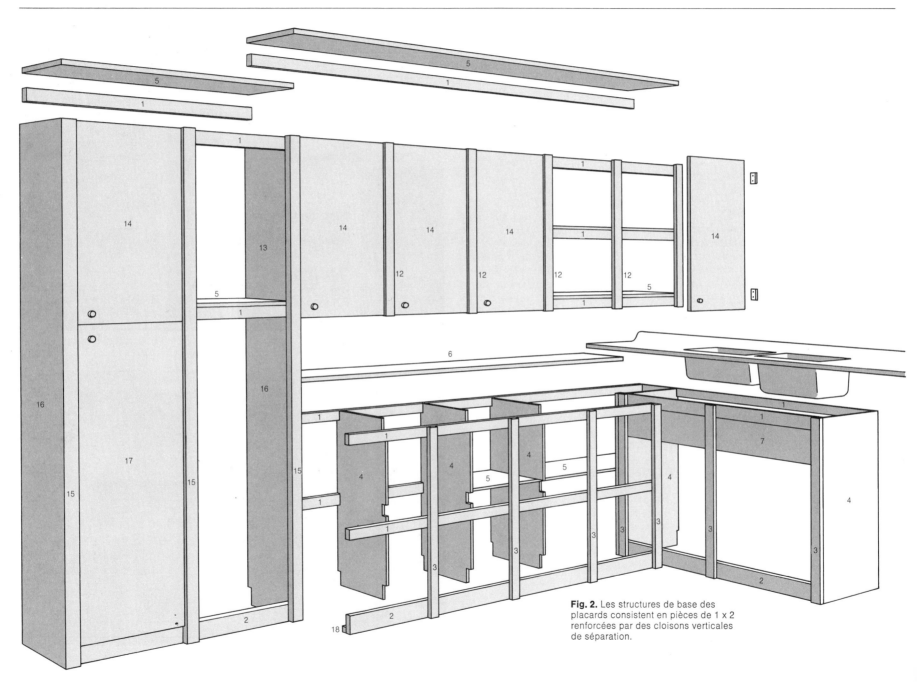

Fig. 2. Les structures de base des placards consistent en pièces de 1 x 2 renforcées par des cloisons verticales de séparation.

la grande armoire au cadre des montants des placards du bas. Ceux-ci peuvent avoir un faux plancher monté par-dessus le longeron du bas. La manipulation des objets qui y seront rangés en sera facilitée. Montez les portes (17).

Donnez une couche de finition aux portes avec un émail semi-lustré, et aux montants, avec du polyuréthane transparent.

Disposez la plomberie (p. 234) avant de fixer la table de travail de l'élément évier.

Voyez à ce que les portes du placard-évier facilitent l'accès au siphon pour le nettoyer, le cas échéant.

Table de travail

Découpez la table de travail (6) dans du contreplaqué de ¾″ ou un panneau d'aggloméré de 1″. La profondeur sera de 18″ ou de 24″, selon la profondeur du placard.

Installez un dosseret fait du même matériau que le dessus de la table le long du mur du fond. Sa largeur sera de 4″ à 6″. Feuillurez le chant inférieur du dosseret à la moitié de l'épaisseur du bois. Collez et vissez la table avec des vis à tête plate n° 6 de 1½″.

Il se vend des tables de travail faites sur mesure qui portent déjà un dosseret; ces surfaces sont recouvertes de stratifié.

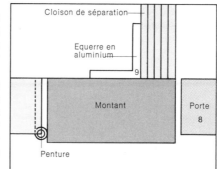

Fig. 3. Une équerre en aluminium percée pour des vis à tête plate de ½″ fixe les cloisons aux montants. Les portes sont montées avec des pentures de 2½″. Utilisez-en trois pour les grandes portes et deux pour les autres.

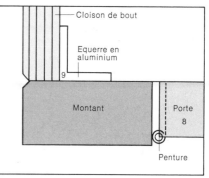

Fig. 4. Chanfreinez les arêtes des panneaux de bout et des montants pour obtenir un joint élégant; ce travail est inutile lorsqu'un appareil électrique dissimule le panneau du bout.

La table de travail peut être faite en contreplaqué et recouverte de stratifié. Ou achetez un élément préfabriqué qui comporte une ouverture pour évier de grandeur standard.

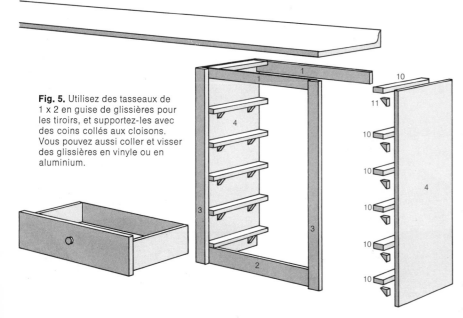

Fig. 5. Utilisez des tasseaux de 1 x 2 en guise de glissières pour les tiroirs, et supportez-les avec des coins collés aux cloisons. Vous pouvez aussi coller et visser des glissières en vinyle ou en aluminium.

MATÉRIAUX NÉCESSAIRES:

No	Désignation	Quantité	Dimen. nom.	Long.	Larg.	Matériau
1	Longerons supérieurs	au choix	1 x 2	au choix		pin
2	Longerons inférieurs	au choix	1 x 4	au choix		pin
3	Montants	au choix	1 x 2	35″		pin
4	Cloison de séparation/bout	au choix		35″	17¼″ ou 23¼″	contreplaqué sapin ½″
5	Tablettes	au choix		au choix	17¼″ ou 23¼″	aggloméré ¾″
6	Table de travail	au choix		au choix	19″ ou 25″	aggloméré 1″
7	Faux tiroir	au choix		au choix	au choix	contreplaqué sapin ½″
8	Portes	au choix		33″	19¹¹⁄₁₆″	contreplaqué sapin ¾″
9	Equerres	au choix	1 x 1	6″		aluminium ⅛″
10	Glissières de tiroir	au choix	1 x 2	17¼″ ou 23¼″		pin
11	Blocs triangulaires	au choix	2 x 2		1″	pin
Placards muraux						
12	Montants	au choix	1 x 2	au choix		pin
13	Cloisons/bouts	au choix		30″	17¼″	contreplaqué sapin ½″
14	Portes	au choix		30″	19¹¹⁄₁₆″	contreplaqué sapin ¾″
Armoires-placards						
15	Montants	au choix	1 x 2	au choix		pin
16	Cloisons/bouts	au choix		au choix	17¼″	contreplaqué sapin ½″
17	Portes	au choix		au choix	19¹¹⁄₁₆″	contreplaqué sapin ½″
18	Tasseaux plancher	au choix	2 x 2	au choix		sapin

Quincaillerie: Deux pentures 2½″ par porte pour les portes des placards muraux ou du bas; trois par grande porte d'armoire, avec vis appropriées. Un loqueteau magnétique par porte. Boutons de portes et de tiroirs au choix. Clous: 3″; 2″ à finir; 1″ communs. Vis à tête plate: no 6, ½″, 1½″; no 8: ¾″, 1½″, 2″. Equerres: 1½″. Colle blanche.

Note: La largeur des portes est basée sur des ouvertures de 20″. Les devants de tiroir, les côtés et les dos sont en pin de 1″ (dimension nominale).

Cette table et ces chaises occupent un espace restreint; les chaises se glissent sous la table et s'empilent les unes sur les autres.

EXÉCUTION
Table

Chaque pied de la table est fait d'une pièce étroite (1) de dimension nominale 1 x 3 réunie à angle droit à une pièce plus large (2) de dimension nominale 1 x 4 pour former un pied angulaire dont les deux faces extérieures mesurent 3¼". Exécutez des mortaises de ¼" de largeur et de 1½" de profondeur sur le chant extérieur de chaque pièce des pieds. Les tenons décalés des bouts (3) et des côtés (4) dont les chants supérieurs sont à ½" du sommet des côtés s'ajustent dans les mortaises. Coupez des tenons légèrement plus grands, puis utilisez une râpe et du papier abrasif pour obtenir un ajustement parfait, avant le collage.

Assemblez les cadres des pieds et des entretoises en deux moitiés, chacune incluant un pied de deux mor-

Sur chaises: tissu réfractaire aux taches.

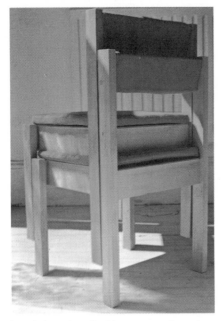

Les chaises s'empilent les unes sur les autres.

Le stratifié dont est recouvert le dessus de la table se vend en un grand choix de couleurs.

Coussins 205
Joints à goujons 394
Tenons décalés 388

Stratifiés 380
Rapporteur 383
Joints à mortaise et tenon 387   **Râpe 35**

ceaux à chaque bout (fig. 1). Joignez les pièces des pieds avec de la colle et des vis à tête plate nº 6 de 2″ posées à tous les 5″. Les vis passent au travers des pièces larges dans les bords des pièces étroites; on peut utiliser des clous à finir de 2″ au lieu des vis. Collez et clouez, avec des clous à finir de 1½″, les tasseaux (5 et 6) à l'intérieur des entretoises, à ¾″ plus bas que le dessus de celles-ci. Les tasseaux des côtés s'ajustent aux traverses des bouts. Le dessus de la table (7) s'ajuste à l'intérieur des traverses et est collé aux tasseaux. Rabotez les bords. Collez le stratifié.

Chaise

Des joints à mortaise et tenon, ainsi qu'à goujons, procurent la rigidité nécessaire à la structure des chaises. Les traverses avant et arrière (8) et les traverses de côté (9) de la charpente du siège sont réunies par trois goujons de ¼″. Coupez les tenons des bouts des traverses avant et arrière à ⅞″ de longueur et à ½″ des bords des traverses. Les traverses latérales sont posées à ½″ de l'épaulement du tenon, de façon que les pieds soient tenus à l'extérieur des traverses latérales. Percez des trous de ¼″ de diamètre dans les traverses latérales ou utilisez un

gabarit pour aligner les trous. Coupez des 2 x 2 en blocs angulaires diagonaux (10) et fixez-les avec de la colle et des clous à finir de 1½″. Coupez des mortaises pour appareiller les traverses avant et arrière et les tenons à partir de ½″ de l'extrémité supérieure des pieds avant (11) et de 14″ de celle des pieds arrière (12). Coupez les tenons plus grands, râpez et poncez. Fixez le panneau du siège (13). Collez et clouez les blocs angulaires (14) au dossier (15). Un coussin en mousse de polyuréthane est retenu en place par des broches enfoncées dans le dossier et les blocs. Les broches sont camouflées par un galon.

Fixez l'extrémité supérieure du dossier à l'égalité du haut des pieds et inclinée vers l'arrière à 78° (marquez l'angle avec un rapporteur pour un bon ajustement). Enfoncez deux vis à tête plate nº 8 de 1¾″, de l'extérieur vers chaque pied, en passant par les blocs du dossier.

Le coussin du siège (17) est glissé à l'intérieur du revêtement en tissu, cousu par la suite. Il est retenu au siège par des rubans cousus à l'endos du revêtement et attaché à travers deux trous dans le panneau du siège. Finissez le bois de la table et des chaises au polyuréthane.

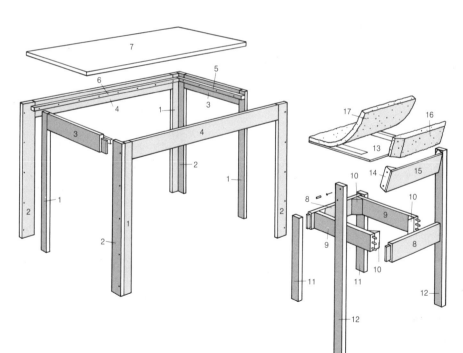

Fig. 1. Assemblage chaise et table. Joignez les pièces larges et étroites des pieds, tel qu'illustré.

MATÉRIAUX NÉCESSAIRES:

No	Désignation	Quantité	Dimension nominale	Long.	Larg.	Matériau
Table						
1	Pièces étroites pieds	4		28″	2½″	pin ¾″
2	Pièces larges pieds	4		28″	3¼″	pin ¾″
3	Traverses des bouts	2	1 x 4	22″		pin
4	Traverses des côtés	2	1 x 4	46″		pin
5	Tasseaux des bouts	2	1 x 1	24″		pin
6	Tasseaux des côtés	2	1 x 1	46½″		pin
7	Dessus de table	1		48″	24″	aggloméré ¾″
Chaise						
8	Entretoises avant/arrière	2	1 x 4	18¼″		pin
9	Entretoises des côtés	2	1 x 4	14¼″		pin
10	Blocs angulaires	4	2 x 2	3½″ diagonale		sapin
11	Pieds avant	2	1¼ x 2	16½″		pin
12	Pieds arrière	2	1¼ x 2	30″		pin
13	Siège	1		14¾″	14½″	contreplaqué ¼″
14	Blocs coins arrière	2	1¼ x 1¼	4½″ diagonale		sapin
15	Dossier	1		16½″	4½″	contreplaqué ⅜″
16	Coussin dossier	1		17½″	5½″	mousse polyester 1″
17	Coussin	1		15¾″	15½″	mousse polyester 1″

Quincaillerie: Table: 20 vis à tête plate nº 6 de 2″ ou ¼ lb clous à finir de 2″. ¼ lb de clous à finir 1½″. Une chopine de colle de résine. **Chaise:** Une boîte de clous 1″. Une boîte d'agrafes 5/16″ pour agrafeuse. Quatre vis à tête plate nº 8 de 1¾″. Un goujon de ¼″ de diam. par 36″ de long. Une chopine ciment contact. Un minimum de 2′ ca. de tissu d'ameublement. Ruban adhésif en tissu.

Cette table de 18″ x 17″ et l'étagère suspendue de même style qui la complète peuvent être adaptées à l'espace dont vous disposez. Si vous utilisez des tabourets, le plateau de la table devra être à 3½′ du sol; il sera à 2½′ si vous employez des chaises. Si la table sert de surface de travail supplémentaire, elle sera de la même hauteur que les autres surfaces.

EXÉCUTION
Etagère suspendue

Découpez les tablettes (1) et les séparations (2). Serrez ces dernières dans un étau, le grain du bois à la verticale. Percez deux trous de ¼″, à 1″ de chaque extrémité, à ¾″ de profondeur, et, ceci, aux deux bouts de la séparation. Coupez 20 pièces de 1½″ de long de goujon de ¼″. Enduisez de colle la moitié de chacune d'elles et enfoncez-les dans les trous. Placez les séparations sur les chants, en travers des tablettes, une à chaque extrémité, et les autres à votre guise. Tracez, sur la tablette inférieure, des lignes qui indiquent l'emplacement de chaque séparation et celui des trous des goujons. Percez des trous de ¼″. Marquez et percez la tablette supérieure (1) de la même façon.

Assemblez les pièces à sec et assurez-vous que tout soit bien d'équerre. Défaites le tout et collez les pièces qui s'accouplent. Utilisez des serres.

Découpez le panneau du fond (3) aux dimensions de la boîte, à moins que vous n'utilisiez un fond, comme dans la photo. Vissez-le à la boîte avec des vis nº 6 de 1½″. Fixez l'ensemble à 20″ plus haut que la surface de la table. Enfoncez des vis à tête plate nº 8 de 2½″ en travers du fond (3) et dans le colombage. Si vous n'utilisez pas de fond, fixez les tablettes au mur avec deux équerres vissées dans la partie intérieure des séparations de bout avec des vis à tête plate de ½″. Fixez des équerres au mur avec des vis de 2″ dans le colombage. S'il ne correspond pas aux équerres, utilisez des boulons à ailes ou d'autres fixations pour murs creux (p. 76).

Table abattante

Découpez le matériau aux dimensions prévues ou selon l'espace disponible. Fixez les montants (8) et espacez-les de façon à les poser dans le colombage avec des vis à tête plate nº 8 de 2½″. Fixez la traverse de support (7) au bout des montants et dans le colombage avec les mêmes vis. Fixez la bordure arrière (6) au chant supérieur de la traverse de support (7), tel qu'illustré. Vissez-la en place avec des vis à tête plate nº 6 de 2″. Fixez les consoles pliantes en les ouvrant et en les pressant contre la partie inférieure de la bordure arrière (6). Utilisez les vis nº 6 de 1″. Découpez le plateau de travail (4). Si vous posez du lamifié, collez celui-ci (p. 380) avant d'assembler le plateau. Fixez la bordure d'aluminium au chant arrière et aux extrémités du plateau. Fixez le plateau de travail (4) sur les consoles avec des vis à tête plate nº 6 de ½″. Fixez la bordure avant (5).

Quand son plateau est replié le long du mur, cette table devient un panneau décoratif. On recommande un plateau en aggloméré recouvert de plastique, mais vous pouvez le changer à votre goût. Le plateau illustré est fait de planches de pin de 1 x 4″ assemblées et fixées aux consoles. Les tabourets ont été achetés tout faits, mais vous pouvez en fabriquer des rustiques en suivant le plan illustré à droite.

Cette table abattante s'utilise comme comptoir à collations, pupitre ou surface pour bricoler.

Colles et adhésifs 86
Equerres d'angle 384
Assemblages par goujons 395, 397

Fixations 74, 76
Assemblages par tenons et mortaises 387
Agglomérés 376

Pose du lamifié 380

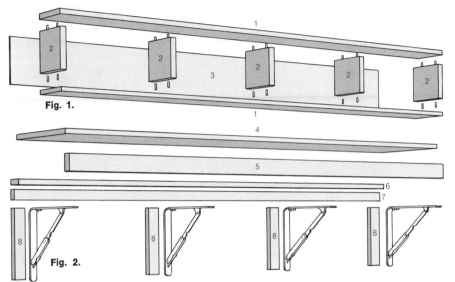

Fig. 1.

Fig. 2.

MATÉRIAUX NÉCESSAIRES:

Etagère suspendue

No	Désignation	Quantité	Dimension nominale	Long.	Larg.	Matériau
1	Dessus et dessous	2	1 x 6	72″		pin
2	Séparations	5	1 x 6	6″		pin
3	Panneau de fond	1		72″	7½″	contre-plaqué sapin ⅜″

Quincaillerie: 3 douzaines de vis tête fraisée no 6 de 1½″. 2 vis tête fraisée no 8 de 2½″ par fixation comme l'indique le montage. Un goujon de ¼″ de diamètre et de 38″ de long pour exécuter les chevilles. Colle Resorcinol.

Table abattante

No	Désignation	Quantité	Dimension nominale	Long.	Larg.	Matériau
4	Plateau	1		7.1 ⅞″	15″	aggloméré ¾″
5	Bordure avant	1	1 x 3	72″		pin
6	Bordure arrière	1	1 x 3	72″		pin
7	Traverse support	1	1 x 2	72″		pin
8	Montants	4	1 x 2	12½″		pin

Quincaillerie: 4 consoles pliantes 12″ x 12″. Lamifié de plastique (facultatif). Vis tête fraisée n° 6: 12 de ½″, 12 de 1″, 6 de 1½″ et 12 de 2″. 8 vis à tête fraisée n° 8 de 2½″ pour fixation au mur. Bordure de vinyle ou d'aluminium pour arête et extrémités du plateau.

Tabouret de cuisine

Tabouret en chêne; lattes en pin.

Coupez les traverses et les entretoises d'appui (2, 3, 5). Arrondissez au rabot: rayon de ¼″. Découpez le chant supérieur des entretoises du siège (4) (p. 30), lui donnant une forme incurvée. Le point central sera à 1″ sous les extrémités. Découpez les lattes (6) et arrondissez au rabot. Les entretoises s'emboîtent dans les pieds par des tenons de 1¾″. Encollez, assemblez, laissez sécher et poncez. Au bout des traverses, faites des tenons de 1″ de long. Enlevez ¼″ sur le haut et le bas des tenons des traverses inférieures et ¾″ sur le haut des traverses supérieures (2). Exécutez des mortaises à ¾″ des bouts supérieurs des pieds (1). Les tenons des entretoises du siège (4) sont découpés au ras des extrémités supérieures des entretoises. Collez ensemble les cadres latéraux (1, 2, 3), les entretoises du siège (4) et celles d'appui. Vissez les lattes (6) sur le chant des entretoises du siège (n° 6: 1¼″).

MATÉRIAUX NÉCESSAIRES:

No	Désignation	Quantité	Dimension nominale	Long.	Larg.	Matériau
1	Pieds	4	1¼ x 3	30″		chêne
2	Traverses supérieures	2	1¼ x 3	12¼″		chêne
3	Traverses inférieures	2	1¼ x 3	12¼″		chêne
4	Entretoises du siège	2	1¼ x 3	17″		chêne
5	Entretoises d'appui	2	1¼ x 3	17″		chêne
6	Lattes du siège	9	1 x 2	16″	1½″	pin

Quincaillerie: Dix-huit vis tête fraisée no 6 de 1¼″.

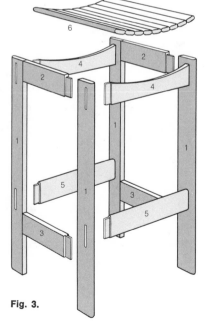

Fig. 3.

Table pour quatre avec abattant relevé. Pour trois avec abattant abaissé. Dans les deux cas, personne n'a un pied de la table entre les genoux.

Colles et adhésifs 86
Assemblage par goujons 395, 397
Perçage du bois 27, 44   **Pose du stratifié 380**

L'abattant repose contre les pieds.

Pour augmenter la surface de la table, on relève l'abattant et on le fait glisser sur le cadre. Le plateau est maintenu par les glissières de sa face interne.

EXÉCUTION

Cadre en sapin 3 x 3 avec fixations par goujons aussi solides que les assemblages par tenons et mortaises mais sans besoin de les tailler. Assemblez le pied (1) et la traverse supérieure (2) en perçant 2 trous de ⅜″ dans le pied et de 1½″ dans la traverse. Espacez les trous à ⅝″ et à 1⅞″ du haut et centrez-les sur la largeur. Posez les traverses supérieures ⅛″ au-dessous du haut des pieds pour permettre le passage des charnières. Pour fixer les longerons latéraux (3), percez 2 trous de ⅜″ à travers le pied et de 1½″ dans les longerons, à 1¼″ sous le haut du pied et à ⅝″ du bord. Pour l'assemblage des pieds et de la traverse inférieure, percez des trous au

travers des pieds et dans la traverse, l'un à ⅝″, l'autre à 1⅞″ du bout des pieds, centrés sur leur largeur. Fixez le longeron inférieur aux traverses inférieures en perçant des trous de ⅜″ à travers les traverses et de 1½″ dans le longeron: centrez les trous des traverses à 10⅜″ de chaque extrémité.

Assemblez les cadres latéraux à l'aide de goujons de ⅜″, de 4″ de long et de colle résorcinol. Sciez les goujons qui dépassent et poncez. Des patins en bois (7, 8) et des glissières (4) empêchent le plateau de se déplacer, de basculer ou de coulisser trop loin. Collez et clouez les glissières (4) sur la face intérieure des longerons au ras de sa partie supérieure: utilisez des clous à finir de 2″. Fixez l'abattant (5) au plateau (6) à l'aide de 3 charnières simples de 1½″, l'une au milieu, les deux autres à 6″ des extré-

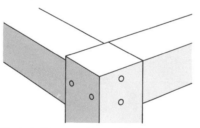

Fig. 1. Goujons en chicane décalés.

mités. Serrez les entretoises (7) et les patins (8) avec un serre-joints et percez, en travers, 4 trous de ⅛″, également espacés. Posez le plateau sur les pieds, clouez temporairement les entretoises sous le plateau. Faites-le coulisser pour vous assurer que la jointure à charnières s'arrête à mi-chemin du cadre. Si elles sont bien posées, collez les entretoises, puis collez par-dessus les patins et fixez-les avec des vis no 8 de 2″. Le dessus de la table sera peint ou recouvert de stratifié. Le cadre sera peint ou verni. Cirez les glissières et les patins.

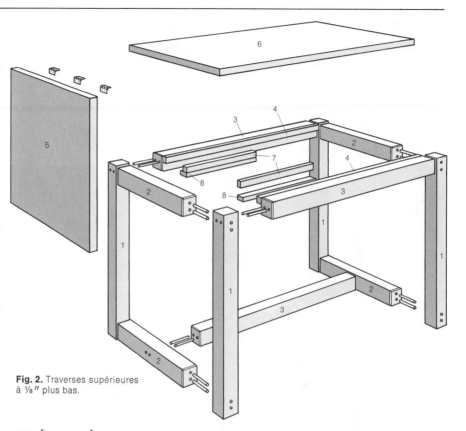

Fig. 2. Traverses supérieures à ⅛″ plus bas.

MATÉRIAUX NÉCESSAIRES:

No	Désignation	Quantité	Dimension nominale	Long.	Larg.	Matériau
1	Pieds	4	3 x 3	27″		sapin ou pin
2	Traverses	4	3 x 3	22″		sapin ou pin
3	Longerons	3	3 x 3	35″		sapin ou pin
4	Glissières	2		35″		bois dur ¾″ x ¾″
5	Abattant	1		20″	27″	contre-plaqué ¾″
6	Plateau	1		40″	27″	contre-plaqué ¾″
7	Entretoises	2		14″		bois dur ¾″ x ¾″
8	Patins	2	1 x 2	14″		bois dur

Quincaillerie: 28 goujons 4″ x ⅜″. Colle résorcinol. 3 charnières simples de 1½″ et vis tête fraisée de ½″ correspondantes. 8 vis no 8 de 2″ (pour les entretoises). Clous à finir de 2″. Peinture, stratifié, colle, vernis (facultatif) pour la finition.

Note: Pour une finition naturelle du cadre, choisissez du bois de 3 x 3 pour éviter les noeuds et les fentes de surface.

Cuisine: **Casier à tiroirs**

Simplifiez l'exécution en fixant des boîtes en plastique aux devants des tiroirs.

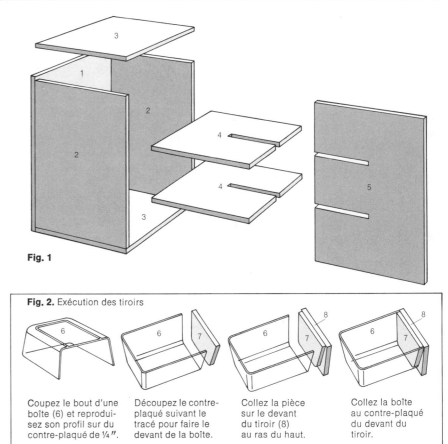

Fig. 1

Fig. 2. Exécution des tiroirs

| Coupez le bout d'une boîte (6) et reproduisez son profil sur du contre-plaqué de ¼″. | Découpez le contre-plaqué suivant le tracé pour faire le devant de la boîte. | Collez la pièce sur le devant du tiroir (8) au ras du haut. | Collez la boîte au contre-plaqué du devant du tiroir. |

Casier à six tiroirs

Ce casier et son voisin ont été conçus pour ranger les fruits secs, fèves, etc. Les boîtes en matière plastique, de différentes dimensions, se trouvent dans le commerce. Si elles n'étaient pas parfaitement identiques à celles qui ont été utilisées ici, on peut facilement modifier les dimensions du casier.

EXÉCUTION

Découpez aux dimensions données le dos (1), les côtés (2), le dessus et le fond (3) du casier. Pour les casiers suspendus au mur, percez des trous dans le dos. Collez et clouez le dos, les côtés, le dessus et le fond. Pour faire les entailles dans les séparations (4), serrez les morceaux dans un étau. Tracez au milieu une entaille de ¼″ d'épaisseur et de 2¾″ de profondeur. Même chose pour la cloison (5). Servez-vous pour ce travail d'une scie à découper. Espacez les entailles de 2¾″ à égale distance du milieu. Assemblez les 2 séparations (4) et la cloison. Collez et clouez l'assemblage intérieur. Découpez et rabotez les devants des tiroirs (8). Fabriquez les tiroirs.

MATÉRIAUX NÉCESSAIRES:

No	Désignation	Quantité	Long.	Larg.	Matériau
1	Dos	1	7¼″	8″	contre-plaqué de ¼″
2	Côtés	2	6¾″	5½″	contre-plaqué de ¼″
3	Dessus et fond	2	8″	5½″	contre-plaqué de ¼″
4	Séparations	2	7½″	5½″	contre-plaqué de ¼″
5	Cloison	1	6¾″	5½″	contre-plaqué de ¼″
6	Boîtes en plastique	6	5″ max.	3⅝″ max.	plastique translucide
7	Devants des boîtes	6	voir fig. 2		contre-plaqué de ¼″
8	Devants des tiroirs	6	3⅝″	2″	pin de ⅜″

Quincaillerie: 6 boutons en laiton de ⅝″ de diam. Colle blanche. Colle époxyde.
Note: Utilisez du pin de dimension nominale 1 x 2.

Colles et adhésifs 86
Scie à découper 18
Matières plastiques 442

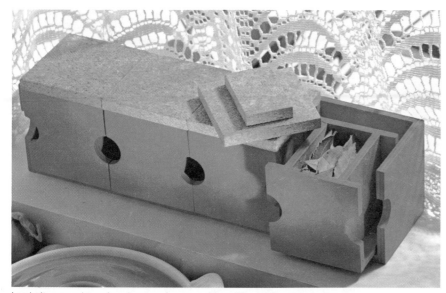

Les boîtes en contre-plaqué ont un dessus en liège. Elles se fixent au mur.

Casier à quatre boîtes

EXÉCUTION

Tracez sur une feuille de contre-plaqué les devants de boîtes (1) espacés de 1/16″ pour les traits de scie (Fig. 2). Perforez des trous de 1″ de diam. au centre de chaque ligne. Découpez et rabotez les devants, les côtés (2) et le fond (3) des boîtes. Assemblez-les en fixant les côtés à ½″ du bord des fonds. Collez et clouez les devants et les fonds aux côtés. Découpez les couvercles dans une plaque de liège ou de contre-plaqué. Découpez le fond des couvercles (4) aux dimensions des boîtes, puis le dessus (5) et collez-les ensemble. Laissez sécher. Posez en place et poncez le bord des couvercles jusqu'au ras des boîtes.

Tracez les côtés du casier (6) sur une feuille de contre-plaqué, espacés de 1/16″ pour les traits de scie. Percez un trou de 1″ de diam. au milieu de chaque trait. Découpez et rabotez aux

dimensions données les côtés, le fond (7) et le dos (8) du casier, puis collez et clouez tous les morceaux ensemble. Pour fixer les caisiers au mur, percez des trous à travers le dos (8) pour le passage des vis.

Appliquez une peinture sans oxyde de plomb. Les couvercles en liège peuvent être recouverts de laque claire.

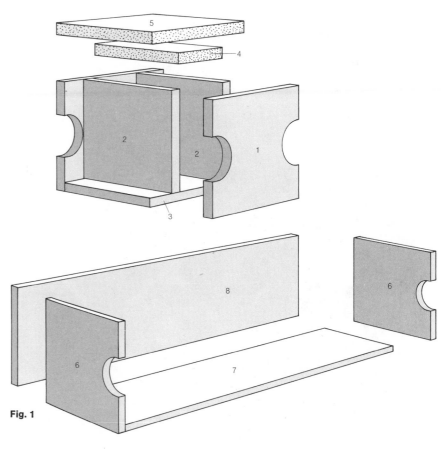

Fig. 1

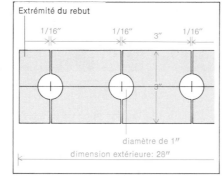

Fig. 2. Tracez le devant des boîtes sur une feuille de contre-plaqué.

MATÉRIAUX NÉCESSAIRES:

No	Désignation	Quantité	Long.	Larg.	Matériau
1	Devants des boîtes	8	3″	3″	contre-plaqué de ¼″
2	Côtés des boîtes	8	2½″	2¾″	contre-plaqué de ¼″
3	Fonds des boîtes	4	2½″	3″	contre-plaqué de ¼″
4	Fonds des couvercles	4	2½″	1½″	liège de ⅜″
5	Dessus des couvercles	4	3″	3″	liège de ⅜″
6	Côtés du casier	2	3¼″	3″	contre-plaqué de ¼″
7	Fond du casier	1	12¹⁄₁₆″	2¾″	contre-plaqué de ¼″
8	Dos du casier	1	12¹⁄₁₆″	3¼″	contre-plaqué de ¼″

Quincaillerie: Vis à tête ronde en laiton nᵒ 8 de 1¼″, colle blanche.
Note: Découpez les côtés dans une feuille de contre-plaqué d'au moins 6½″ de long.

Casier de belle apparence pour neuf bouteilles. Il occupe peu de place.

Casier à bouteilles

On peut exécuter un casier pour 9 bouteilles de vin à l'aide de 16 goujons de ⅜″ de diam. et de 16 morceaux de bois rond de 1⅜″ de diam. Ces dimensions conviennent à la plupart des bouteilles; on peut aussi les modifier.

Utilisez une perceuse à colonne pour que les trous des goujons soient percés perpendiculairement. Marquez au crayon l'emplacement des trous et entamez au poinçon pour empêcher le foret de sauter. En cours de perçage, calez le matériau dans une entaille en V faite dans un morceau de bois.

EXÉCUTION

Découpez un morceau de bois rond de 1⅜″ de diam. en 16 morceaux de 9″ de long, et un goujon de ⅜″ de diam. en 16 morceaux de 12″ de long.

Le plus simple est de percer des trous de ⅜″ de diam., parallèles les uns aux autres, à travers les morceaux de bois rond centrés à 1-1/16″ des extrémités. Percez ensuite une autre série de trous perpendiculaires

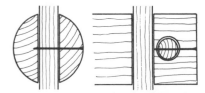

Goujons d'armature   Jonction des goujons

Fig. 1. Fixez les goujons avec des clous de finition.

aux premiers. Centrez la deuxième série de trous à 9/16″ de chaque extrémité. Pour l'assemblage du casier, enfoncez les goujons dans les trous pour former l'armature. Enfoncez des clous de finition de 1″, tel que l'indique la fig. 1, pour fixer l'ensemble. Si vous désirez des têtes de goujons invisibles, ne percez qu'à moitié les trous des montants.

Maillet à viande

Les dents sont découpées à la lime triangulaire et poncées.

La tête du maillet, en sapin 3 x 3, a 4″ de long. Poncez-la pour faire ressortir la beauté du bois. À chaque bout, creusez, avec une lime triangulaire, 5 sillons parallèles de ¼″ de profondeur, espacés de ⅜″. Creusez 5 autres sillons perpendiculaires aux premiers. Percez un trou de 1″ de diam. et de 1½″ de profondeur dans un côté de la tête pour le manche, goujon de 1″ de diam. fixé avec de la colle époxyde. Suspendez le maillet par une lanière de cuir passée dans un trou de 3/16″ dans le manche.

Les limes et leurs usages 34
Perceuse verticale 66
Perceuse de ½″ 45

Colles et adhésifs 86
Assemblages par vis 74
Types de colles 86

Perceuse électrique 45
Vilebrequin et mèches 26

Râtelier 1. Les aimants ne retiennent pas toutes les lames. Attention.

Râtelier 2. Une bande de coupe-bise invisible retient les couteaux.

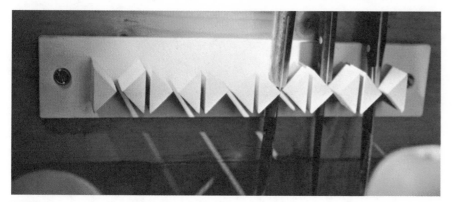

Râtelier 3. Les angles des porte-lames retiennent les couteaux.

Râteliers à couteaux

Faciles à fabriquer avec de simples outils à main et quelques pièces de rebut, ces râteliers sont particulièrement utiles dans la cuisine. Offrez-vous l'un de ceux-ci.

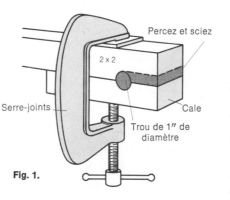

Fig. 1.

Râtelier 1

Utilisez une latte de sapin 2″ x 2″ dont la longueur sera déterminée en fonction du nombre de couteaux à ranger. Exécutez une encoche à chaque bout pour le logement des vis de fixation au mur. Pour exécuter les encoches, interposez une cale de bois, percez un trou de 1″ de diam. entre la latte et la cale; faites un trait de scie dans la latte jusqu'au trou (Fig. 1). Les couteaux sont tenus en place par des loqueteaux magnétiques vendus dans les quincailleries en un grand choix de modèles. Fixez-les au râtelier, avec espacement de 2″ entre les centres et à 1⅜″ de chaque extrémité. Percez un trou fraisé à chaque bout du râtelier et fixez au mur à l'aide de deux vis No 10 de 2½″.·

Râtelier 2

Ce râtelier se compose de 2 pièces de contre-plaqué de 1½″ de largeur et de ¼″ d'épaisseur (Fig. 2). La lon-gueur dépend du nombre de couteaux à suspendre. Ces 2 morceaux sont réunis à leurs extrémités par 2 carrés de contre-plaqué de ¼″ (2). La fente

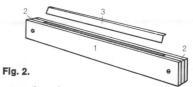

Fig. 2.

entre les deux morceaux recevra les lames. Une bande de coupe-froid en plastique (3), clouée sur l'une des faces intérieures de la fente, maintient les couteaux. Fixez au mur avec des (vis) tête ronde chromées No 10 de 2½″ ou des vis avec cuvettes.

Râtelier 3

Ce râtelier se compose de triangles en bois collés sur une planchette de pin, d'épinette ou de contre-plaqué de ¾″ x 4″. Pour les triangles, débitez un tasseau 2 x 2 en sections de 1½″ coupées en 2, en diagonale. Détermi-nez la longueur du râtelier en posant les triangles sur la planchette dans la position qu'ils occuperont. Laissez un espace de ⅛″ entre les triangles pour le passage des lames, et de 1½″ aux 2 bouts pour les vis de fixation. Coupez la planchette à la longueur requise, poncez planchette et trian-gles au papier abrasif et collez les triangles avec un adhésif fort et im-perméable (colle à la résine synthé-tique [urée] ou résorcinol). Collez ou clouez une bande de coupe-bise en feutre au bas de la planchette pour qu'elle soit légèrement inclinée vers l'intérieur afin de maintenir les cou-teaux en place. Utilisez une peinture brillante en bombe aérosol. Fixez la planchette au mur à l'aide de deux vis tête ronde chromées No 10 de 2½″ ou à l'aide de vis tête fraisée avec cuvet-tes de même dimension.

Ces ustensiles peuvent être faits en palissandre, noyer, acajou ou autre bois dur.

Salière et poivrière

Ces deux ustensiles sont fabriqués avec du bois de qualité sans nœuds ou défauts. Découpez des blocs de bois de 2″ de long à section carrée de 1⅝″ de côté. Marquez le centre des sections supérieures et inférieures. À l'aide d'une perceuse verticale ou

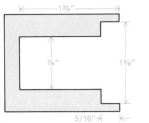

Fig. 1. Creusage du saleron.

montée sur un support vertical, percez un trou de 1⅜″ de diam. à une profondeur de 5/16″ dans le fond de chaque ustensile. Marquez le centre de nouveau et percez un trou de ⅞″ de diam. et de 1¾″ de profondeur (Fig. 1). Percez lentement. Faites le tracé de la Fig. 2 et reproduisez sur un carton ou faites le dessin sur un carton avec un compas ouvert à un rayon de ¾″. Percez à travers les repères du carton 7 trous de 1/16″ de diam. dans le dessus de la salière et 1 seul trou de 3/64″ dans la poivrière. Fraisez, puis poncez les arêtes. Obturez les fonds (bouchons de 1⅜″ diam.).

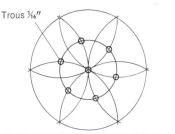

Trous 1/16″

Fig. 2. L'intersection des arcs produit ce dessin symétrique des trous de la salière.

Carreaux de cuivre, les plats resteront chauds.

Dessous-de-plat/1

Découpez un carré de contre-plaqué (8½″ x 8½″ x ¼″). Découpez dans une baguette de bois dur de ⅜″ x ⅛″ 4 morceaux de 8¾″ de long. Exécutez des coupes d'onglet à 45° aux bouts. Fixez les baguettes sur la plaque avec de la colle et des clous que vous enfoncerez au chasse-clou. Bouchez les trous au mastic. Cirez les baguettes. Collez 4 carreaux de cuivre de 4¼″ de côté au ras des bords de la plaque.

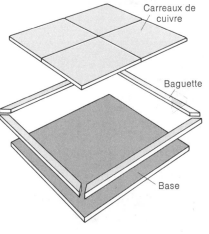

Carreaux de cuivre

Baguette

Base

Fig. 3. Carreaux collés sur la plaque.

Perceuse verticale 66   Assemblages à onglet 393
Fraisage 74   Assemblages à mi-bois 385
Scie circulaire 50   Support de perceuse vertical 45   Toupie 55

Découpez les joints des lattes de bois entrecroisées en une seule opération.

Dessous-de-plat/2

Les bois sombres et précieux (palissandre, noyer, acajou), sur lesquels les taches ne paraissent pas, sont recommandés pour exécuter ce dessous-de-plat. Réunissez les lattes de bois par des serre-joints pour exécuter les rainures à mi-bois en une seule opération. Découpez les joints à la scie circulaire par juxtaposition des traits de scie, ou en une seule opération à la toupie. Faites des essais sur une retaille de bois pour vous assurer que les lattes s'emboîtent bien les unes dans les autres.

Découpez et rabotez 10 lattes de bois dur de 6¾" x 1" x ¼". Réunissez par des serre-joints en un bloc compact. A l'aide d'une équerre, vérifiez l'alignement des lattes qui doivent être sur le même plan. Réglez la scie circulaire pour obtenir une profondeur de coupe de ½" et le guide de largeur pour que la 1ʳᵉ rainure soit à ¾" d'un des bouts.

Sciez à contrefil. Réajustez le guide de largeur afin que la deuxième coupe élargisse la première. Continuez à régler le guide pour élargir la rainure jusqu'à ce qu'elle mesure ¼" de large, ou faites ce travail en une seule opération à la toupie. Répétez l'opération sur toutes les rainures. L'es-pacement entre les rainures doit mesurer 1" comme l'indique la Fig. 5.

Faites un assemblage d'essai. Si les

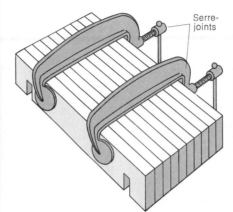

Serre-joints

Fig. 4. Les lattes réunies par 2 serre-joints, les rainures s'exécutent d'un coup.

lattes n'ont pas de jeu, désassemblez, encollez les joints avec une colle à la résine, remontez et laissez sécher pendant une nuit. Si les lattes ont du jeu, mettez une goutte de colle à chaque joint et enfoncez un petit clou de finition sur la partie inférieure de chaque joint ayant du jeu. La tête des clous ne doit pas dépasser pour éviter qu'ils égratignent la table.

Poncez en biseau les arêtes des extrémités des lattes pour éviter les échardes. Appliquez deux couches de vernis, de laque ou de polyuréthane.

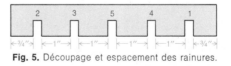

Fig. 5. Découpage et espacement des rainures.

Il est presque aussi facile d'exécuter plusieurs dessous-de-plat qu'un seul.

Le meilleur cadeau de Noël ou d'anniversaire est celui qu'on a fabriqué soi-même.

L'érable non fini est parfait, ici.

Dessous-de-théière

Solide dessous-de-plat en bois dur. En érable, il n'a pas besoin de finition, l'érable, très résistant, ne nécessitant aucun revêtement de protection.

Rabotez un bloc de bois carré de surface plane, 5⅝" x 5⅝" x ¾". Réglez la scie circulaire pour obtenir une profondeur de coupe de 3/16", et

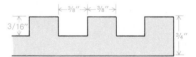

Fig. 6. Rainures du dessous-de-plat.

le guide de largeur pour que la 1ʳᵉ rainure soit à ⅜" d'un des bouts, comme à la Fig. 6. Sciez à contrefil. Réajustez le guide de largeur afin que la 2ᵉ rainure soit distante de ⅜" de la 1ʳᵉ. Exécutez ainsi 7 rainures de ⅜" de large, espacées de ⅜". Exécutez les mêmes rainures dans le sens du fil pour former un motif de carrés. Appliquez une finition de vernis, de laque ou de polyuréthane.

521

Le chandelier à deux branches (ci-dessous) est fait d'un simple siphon d'évier en matière plastique de 1½" de diam. Le chandelier à 3 bougies se compose de 3 boules de bois (que l'on trouve dans les magasins de jouets) de 2" de diam., réunies par des goujons et de la colle. Le chandelier en U n'a pas besoin de finition; l'autre est peint.

Chandelier exécuté avec un siphon d'évier.

Chandelier exécuté avec trois boules de bois.

Chandelier à deux branches

À l'aide d'une scie à métaux, sciez le tuyau pour lui donner la forme d'un U. Sciez droit, et que les extrémités supérieures soient de niveau. Pour obtenir une base plate, découpez la partie renflée du U (Fig. 1) entre les axes des sections verticales. Égalisez les rebords et enlevez les bavures.

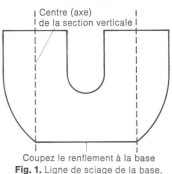

Centre (axe) de la section verticale

Coupez le renflement à la base

Fig. 1. Ligne de sciage de la base.

Chandelier à trois bougies

Disposez les boules sur une surface plane de façon qu'elles se touchent. Marquez les points de contact à la craie. Percez-y un trou de ¼" de diam. et de 1" de profondeur dans l'axe des boules. Coupez 3 chevilles de ¼" de

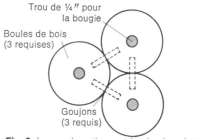

Trou de ¼" pour la bougie

Boules de bois (3 requises)

Goujons (3 requis)

Fig. 2. Les goujons tiennent les boules réunies.

diam. et de 2" de long. Encollez légèrement; mettez les chevilles dans les trous et réunissez les boules. Percez un trou au sommet de chacune pour les bougies. Une cheville mise dans l'un des trous servira de prise quand vous peindrez le chandelier.

Colles et adhésifs 86
Sciage des métaux 422
Assemblages 393

Plateau pour le petit déjeuner

Collez et clouez les tasseaux des côtés (2) sur le dessous du fond (1). Centrez-les pour que le fond dépasse leurs extrémités de ⅝". Exécutez des coupes d'onglet à 45° aux bouts internes des autres tasseaux (3). Collez-les et clouez-les sur le dessous du fond (Fig. 2). Cou-

pes d'onglet à 45° aux extrémités des rebords (4 et 5). Découpez une lumière pour les doigts sur chaque rebord transversal (Fig. 1). Collez les rebords de façon qu'ils dépassent de ¾" la surface du fond. Bouchez les têtes de clous, peignez le plateau et collez une feuille de vinyle sur le fond.

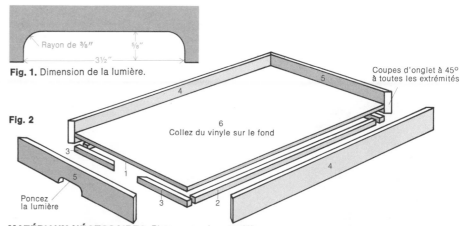

Fig. 1. Dimension de la lumière.

Fig. 2

Un reste de revêtement de sol en vinyle sert pour le fond.

MATÉRIAUX NÉCESSAIRES Plateau pour le petit déjeuner

No	Désignation	Quantité	Dimension nominale	Long.	Larg.	Matériau
1	Fond	1		23″	13″	contreplaqué ¼″
2	Tasseaux des côtés	2	½″ x ½″ (coupés)	22″		pin
3	Tasseaux des bouts	4	½″ x ½″ (coupés)	4¾″		pin
4	Rebords longitudinaux	2	½″ x 2″	24″		pin
5	Rebords transversaux	2	½″ x 2″	14″		pin
6	Revêtement du fond	1		23¼″	13¼″	revêtement de sol en vinyle

Note: En commandant les matériaux, prévoyez une perte à la coupe.

Plateau pour l'heure du thé

Découpez les carreaux (2) d'une longueur de côtés d'un peu plus de 9″ et collez-les sur le fond (1) le long de la ligne médiane. Exécutez des coupes d'onglet à 45° sur les extrémités des moulures (3, 4) et vissez-les sur le dessous du fond avec des vis à tête fraisée. Recouvrez les carreaux et le fond de polyuréthane.

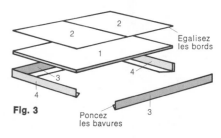

Fig. 3

Le fond du plateau est recouvert de carreaux en liège.

MATÉRIAUX NÉCESSAIRES Plateau pour l'heure du thé

No	Désignation	Quantité	Long.	Larg.	Matériau
1	Fond	1	18″	12″	contreplaqué ¼″
2	Carreaux	2	12″	9″	liège de ⅛″
3	Moulures longitudinales	2	18¼″	1″ (cha. branche)	cornière aluminium ⅛″
4	Moulures transversales	2	12¼″	1″ (cha. branche)	cornière aluminium ⅛″

Note: Achetez 2 carreaux en liège de 12″ x 12″; découpez-les sur 9″ de large.

Cuisine: **Etagère et armoire**

Le panneau de fond descend à mi-hauteur. Des crochets servent à suspendre les objets.

Etagère

Faites sur les côtés (1) des embrèvements sur rainure de la largeur des rayons (2, 3) et des feuillures pour le panneau de fond (4). Les bouts des rayons ont des feuillures de ⅜″ x ⅜″ qui s'emboîtent dans les embrèvements. Renforcez à l'aide de colle et de clous de finition de 1½″. Fixez l'étagère au mur par des vis tête fraisée N° 8 de 2½″.

MATÉRIAUX NÉCESSAIRES:

No	Désignation	Quantité	Dimension nominale	Long.	Larg.	Matériau
1	Côtés	2	1¼″ x 8″	24″		pin
2	Rayons haut/bas	2	1″ x 6″	20½″		pin
3	Rayons intermédiaires	2	1″ x 4″	20½″		pin
4	Panneau de fond	1		20½″	10″	contreplaqué ⅜″

Quincaillerie: 6 vis tête fraisée N° 8: 2½″ en acier. Colle blanche. Clous de finition 1½″.
Note: Le panneau de fond descend jusqu'au bas du rayon étroit inférieur ou couvre tout le dos.

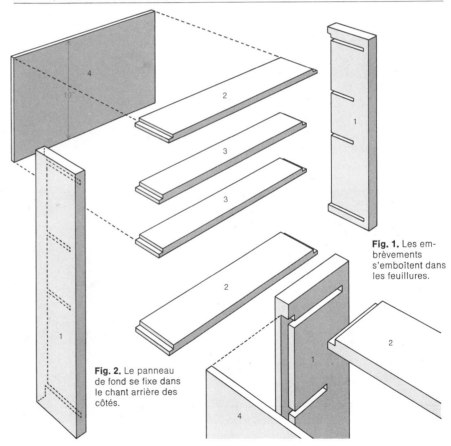

Fig. 1. Les embrèvements s'emboîtent dans les feuillures.

Fig. 2. Le panneau de fond se fixe dans le chant arrière des côtés.

Colles et adhésifs 86
Assemblages par embrèvement sur rainure 386
Loquets de portes 81

Charnières de portes 79
Socles de prises de courant 260
Panneaux en matière plastique 442

Rayonnage 548-549

Armoire à pharmacie

Découpez sur la longueur des extrémités de l'étagère supérieure (1) des feuillures de ¼" x ¼" qui s'emboîtent dans les embrèvements exécutés à 4¾" au-dessous de l'extrémité supérieure des côtés (2). Des feuillures identiques faites sur le rayon inférieur et la base (3) s'emboîtent dans des embrèvements aux hauteurs qu'on désire. Percez dans les côtés des trous de ½" de diam., devant la base, pour le support des brosses à dents (4). Assemblez à l'aide de colle et de clous. Fixez la porte, le miroir, le matériel électrique et le diffuseur tel qu'indiqué.

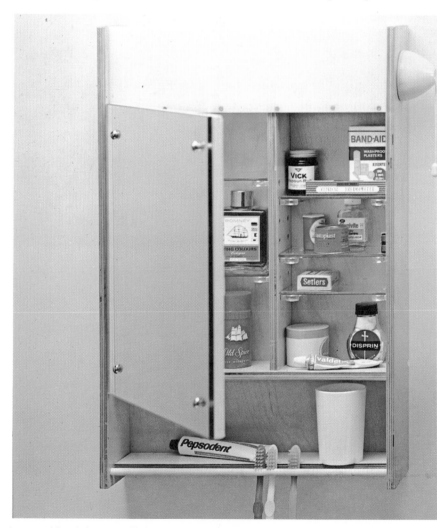

La porte déborde le rayon inférieur de plusieurs pouces pour en faciliter l'ouverture.

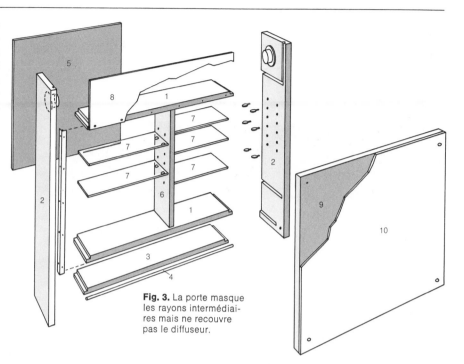

Fig. 3. La porte masque les rayons intermédiaires mais ne recouvre pas le diffuseur.

MATÉRIAUX NÉCESSAIRES:

No	Désignation	Quantité	Long.	Larg.	Matériau
1	Rayons haut/bas	2	15½"	3¼"	contreplaqué ½"
2	Côtés	2	24"	4"	contreplaqué ½"
3	Base	1	15½"	2¾"	contreplaqué ½"
4	Support de brosses à dents	1	16"		goujon de ⅜"
5	Panneau de fond	1	19½"	16"	contreplaqué ¼"
6	Séparation verticale	1	au choix	3"	contreplaqué ½"
7	Rayons intermédiaires	au choix	7"	2¾"	verre de ¼"
8	Diffuseur	1	15½"	5"	plastique dépoli ⅛"
9	Porte	1	15"	14¹¹/₁₆"	contreplaqué ½"
10	Miroir	1	15"	14¹¹/₁₆"	glace de ¼"

Quincaillerie: Eclairage: 2 socles de prises de courant 3¼", 2 douilles (porcelaine) 3½", fil éléctrique, 2 ampoules de 25 watts. **Porte:** 2 charnières à piano chromées 15", vis assorties, 1 loqueteau magnétique, colle à miroir ou 4 rosettes de fixation. **Armoire:** Colle blanche, ¼ lb. de clous de finition de 1½", 4 taquets par étagère en verre, 6 vis tête fraisée No 8 de 2½" (pour fixation au mur de fond).

Note: Demandez au marchand de couper, biseauter et polir les arêtes des rayons en verre et du miroir et de percer les trous dans le miroir pour la fixation par vis.

Le classeur mobile se tire. Les dossiers sont sur le dessus, les tiroirs sur un côté, l'armoire sur l'autre.

Adhésifs 86	**Scie à métaux 19**	**Poteaux 76**
Scie circulaire à table 60	**Assemblage à mi-bois 385**	**Entailles ou rainures 54**
Goujons 395, 397	**Linoléum 117**	**Feuillures 392**
		Guillaume 30

Etagère murale

Cet ensemble de bureau, conçu pour s'encastrer dans une niche, peut être adapté à un mur droit. Clouez les tasseaux de support (1-4) à des poteaux du mur. Percez les blocs (5) d'un trou pour des vis tête fraisée No 8 de 2″. Fixez ces blocs aux tasseaux, avec espacement de 1′, avec des vis tête ronde de 2½″. Collez le dessus (6) et l'extension (7) sur les tasseaux et vissez par le dessous. Recouvrez de linoléum, égalisez les bords et posez la baguette de renfort (8), au ras du linoléum par un assemblage encollé à languette et rainure (fig. 2), ou à l'aide de colle et de clous espacés de 4″. Percez les montants (9) de trous espacés de 6″ pour des vis tête fraisée No 6 et fixez-les au mur au-dessus de la table jusqu'au plafond.

Coupez à la scie à métaux les crémaillères à la longueur des montants et vissez-les. Les trous de taquets devront s'aligner. Encochez les coins des tablettes (10) pour qu'ils s'ajustent entre les poteaux. Recouvrez les tablettes de linoléum, placez-les sur les taquets, collez et clouez les baguettes de renfort (11) sur leur chant avant. Poncez.

MATÉRIAUX NÉCESSAIRES:

No	Désignation	Quantité	Dimension nominale	Long.	Larg.	Matériau
1	Tasseau	1	1″ x 2″	comme niche		pin
2	Tasseau	1	1″ x 2″		comme niche	pin
3	Tasseau	1	1″ x 2″		comme la projection	pin
4	Tasseau	1	1″ x 2″	comme la projection		pin
5	Blocs	au besoin	2″ x 2″	3″		sapin
6	Dessus de table	1		comme la niche	comme la projection	aggloméré ¾″
7	Extension de la table	1		comme la projection	10″	aggloméré ¾″
8	Baguette de table	1	1¼″ x 3″	comme table		pin
9	Poteaux	4	¾″ x ¾″	hauteur table/plafond		pin
10	Tablettes	3		comme niche	9″	aggloméré ¾″
11	Baguettes de tablettes	3	1¼″ x 2″	comme tablettes		pin
12	Diffuseur	1		comme tablettes	4½″	verre opa. ⅛″
13	Portes coulissantes	2	½ long. des tablettes + 1″		12″	carton fibre ⅛″
14	Raidisseur de porte	1	1″ x ½″	12″		pin

Quincaillerie: 4 crémaillères standard en métal; 12 taquets ou consoles assortis. Deux morceaux de coulisses de portes pour aggloméré de ⅛″ de la longueur de la niche. Cornière en aluminium ¾″ x ¾″ x ⅛″ pour 3 poignées de portes. Linoléum ou lamifié. Clous de finition (2½″) pour baguettes de renfort. Clous ordinaires (2½″). Vis No 8 de 2″ ou No 6 de 1½″.

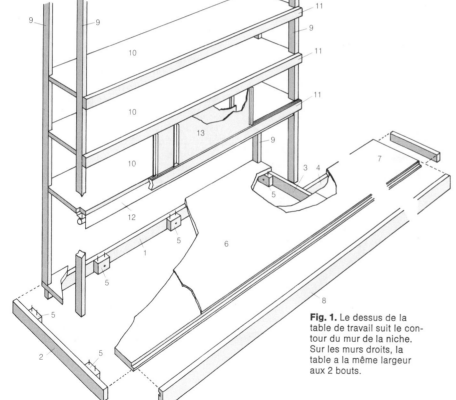

Fig. 1. Le dessus de la table de travail suit le contour du mur de la niche. Sur les murs droits, la table a la même largeur aux 2 bouts.

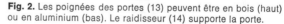

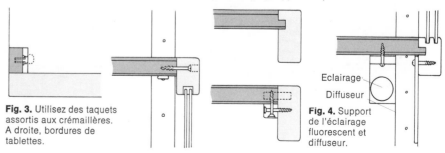

Fig. 2. Les poignées des portes (13) peuvent être en bois (haut) ou en aluminium (bas). Le raidisseur (14) supporte la porte.

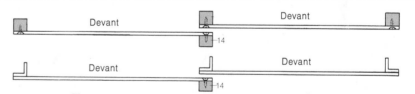

Fig. 3. Utilisez des taquets assortis aux crémaillères. A droite, bordures de tablettes.

Eclairage
Diffuseur

Fig. 4. Support de l'éclairage fluorescent et diffuseur.

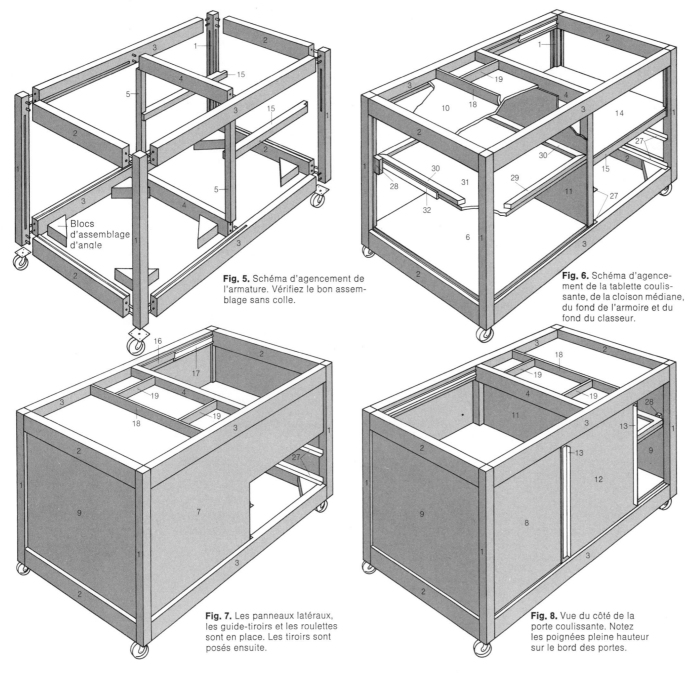

Fig. 5. Schéma d'agencement de l'armature. Vérifiez le bon assemblage sans colle.

Blocs d'assemblage d'angle

Fig. 6. Schéma d'agencement de la tablette coulissante, de la cloison médiane, du fond de l'armoire et du fond du classeur.

Fig. 7. Les panneaux latéraux, les guide-tiroirs et les roulettes sont en place. Les tiroirs sont posés ensuite.

Fig. 8. Vue du côté de la porte coulissante. Notez les poignées pleine hauteur sur le bord des portes.

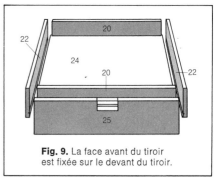

Fig. 9. La face avant du tiroir est fixée sur le devant du tiroir.

Eclairage et armoire

La tablette inférieure doit se trouver à une hauteur d'au moins 20″ au-dessus de la table: elle sert de fond à l'armoire à portes coulissantes. La tablette suivante, à 1′ plus haut, en est le dessus. Découpez les rails des portes à l'aide d'une scie à métaux. Fixation en surface avec clous à tête perdue ou en retrait derrière la partie sup. de la baguette de renfort de la tablette du bas. Équarrissez les portes pour qu'elles glissent, posez 3 poignées (fig. 2) et vissez le raidisseur derrière l'arête de porte sans poignée.

Classeur mobile

Cet élément à roulettes est divisé en deux verticalement; d'un côté, un classeur et deux tiroirs; de l'autre, une armoire avec tablette à glissière facultative. Les tiroirs s'ouvrent d'un côté; les portes de l'armoire, de l'autre. Les séparations sur le dessus de l'armoire sont destinées aux trombones et aux crayons.

Armature et panneaux

Découpez les pièces de l'armature; percez des trous pour des goujons d'assemblage de $3/8$″ de diam. en vous servant du gabarit pour l'alignement des trous. Percez les traverses (2) et les longerons (3) à travers les poteaux (1) pour l'alignement des trous. Il suffit

Adhésifs 86
Table de sciage 60
Goujons 395, 397

Scie à métaux 19
Assemblage à mi-bois 385
Linoléum 117

Poteaux 76
Entailles ou rainures 54
Feuillures 392

Guillaume 30

MATÉRIAUX NÉCESSAIRES:

No	Désignation	Quantité	Dimension nominale	Long.	Larg.	Matériau
Charpente et panneaux						
1	Poteaux angulaires	4	2″ x 2″	1′11″		sapin
2	Traverses	4	2″ x 3″	1′4″		sapin
3	Longerons	4	2″ x 3″	3′7½″		sapin
4	Entretoises centrales	2	2″ x 3″	1′4″		sapin
5	Poteaux centraux	2	2″ x 2″	1′6″		sapin
6	Fond de l'armoire	1		1′9″	1′4″	contreplaqué ½″
7	Panneau côtés (tiroir)	1		3′8″	1′6½″	panneau dur ⅛″
8	Panneau côtés (armoire)	1		1′11½″	1′6½″	panneau dur ⅛″
9	Panneau bouts	2		1′6½″	1′4½″	panneau dur ⅛″
10	Dessus de l'armoire	1		1′9½″	1′4½″	contreplaqué ¼″
11	Cloison verticale	1		1′7½″	1′5″	contreplaqué ¼″
Garnitures						
12	Panneau porte coulissante	1		1′10″	1′6½″	panneau dur ⅛″
13	Poignées de portes	2	¾″ x ¾″	1′5″		cornière alu. ⅛″
14	Fond de classeur	1		1′11″	1′5″	contreplaqué ¼″
15	Entretoises de classeur	2	2″ x 2″	1′9½″		sapin
16	Glissières des séparations du classeur	2		1′8¾″	¾″	lamelle d'alu. ⅛″
17	Espaceurs des glissières de séparation	2	½″ x ¼″	1′8¾″		pin
18	Séparation du dessus de l'armoire	1		1′4″	2″	contreplaqué ½″
19	Séparations du dessous de l'armoire	2		9½″	2″	contreplaqué ½″
Tiroirs						
20	Faces avant/arrière tiroir supérieur	2		1′7½″	3¾″	pin ½″
21	Faces avant/arrière tiroir inférieur	2 (non illus.)		1′7½″	4¼″	pin ½″
22	Côtés tiroir supérieur	2		1′4¼″	3¾″	pin ½″
23	Côtés tiroir inférieur	2 (non illus.)		1′4¼″	4¼″	pin ½″
24	Fonds de tiroirs	2		1′8″	1′3¾″	contreplaqué ¼″
25	Devant tiroir supérieur	1		1′5⅝″	4½″	pin ½″
26	Devant tiroir inférieur	1 (non illus.)		1′5⅝″	4⅜″	pin ½″
27	Glissières des tiroirs	4	¾″ x ¾″	1′5″		cornière alu. ⅛″
28	Cales (suivant les besoins)		¾″ x ¾″			pin
29	Rebords de tablettes	2	½″ x ½″	1′4½″		pin
30	Rebords de tablettes	2	½″ x ½″	1′8½″		pin
31	Fond de tablette	1		1′8½″	1′4½″	contreplaqué ½″
32	Supports de tablette	2	¾″ x ¾″	1′4½″		cornière alu. ⅛″

Quincaillerie: 4 roulettes sphériques (platine de fixation carrée) et vis tête ronde ¾″ assorties. Vis No 6 tête fraisée 1½″, No 8 tête ronde 1½″, No 8 tête fraisée, 1″, No 6 tête fraisée ½″. 1 boîte clous à finir ¾″. 6′ de goujon érable ⅜″ diam. Sapin 2″ x 6″ pour blocs.

d'enfoncer les goujons de l'extérieur, d'en aplanir les extrémités et de les poncer pour une apparence décorative. Percez de la même façon les entretoises centrales (4) à travers les longerons (3). Décalez les trous des assemblages d'angles pour éviter la rencontre des goujons. Les poteaux centraux (5), placés à l'arrière des longerons, s'ajustent par goujons entre les entretoises centrales du haut et du bas. Faites des rainures centrales de ⅛″ de larg. et de ¼″ de prof. dans le haut des longerons et traverses inf., dans le bas des longerons et traverses sup. et dans les côtés int. des poteaux angulaires pour y loger les panneaux. Pas de rainure sur la moitié du longeron inf. où il n'y aura pas de panneau du côté des tiroirs. Du côté de l'ouverture de l'armoire, ne faites les rainures qu'à mi-longueur (du côté du classeur et des tiroirs), mais creusez des rainures ext. parallèles pleine longueur pour le panneau coulissant. La rainure sup. de la porte coulissante aura 1″ de prof. (on y glisse la porte après l'assemblage de l'armature).

Renforcez à l'aide de blocs de sapin fixés à ½″ au-dessous du haut des membres inférieurs. Des vis tête ronde No 8 de 1½″, posées à la fin de l'assemblage, tiendront les blocs fermement.

Le fond de l'armoire est fixé sur des blocs à l'aide de vis tête fraisée No 8 de 1″. Les panneaux de côté (7, 8), les panneaux des bouts (9), le dessus de l'armoire (10) et la cloison verticale (11) s'insèrent dans les rainures de l'armature. Faites un assemblage d'essai, sans colle, de l'armature et des panneaux; procédez ensuite au collage.

La porte coulissante (12) de l'armature est munie, de chaque côté, de poignées modernes, pleine hauteur, qui lui confèrent une allure à la mode et ne prennent que peu d'espace (13).

Les goujons ont ⅜″ de diamètre.

Garnitures intérieures et finition

Le fond du classeur (14) repose sur des entretoises (15) goujonnées aux poteaux centraux et assemblées aux poteaux angulaires par des feuillures de ½″ de profondeur. Les feuillures recouvrent les montants à mi-épaisseur et s'arrêtent aux rainures des panneaux courts. Posez le fond à l'aide de colle et de vis No 6 tête fraisée 1½″. Les séparations du classeur se déplacent sur des glissières en aluminium (16) collées aux espaceurs (17) fixés sur les longerons. Creusez dans les faces avant et arrière (20, 21) et les côtés (22, 23) des tiroirs des rainures de ¼″ de profondeur à ¼″ des bords inf. pour y glisser les fonds (24). Collez les devants de tiroirs (25, 26) plus grands que les faces avant de l'int. des tiroirs. Les tiroirs glissent sur des glissières en aluminium (27) collées aux poteaux angulaires (1). Les rebords (29, 30) de la tablette à glissière facultative sont simplement collés-cloués au ras du fond (31). Les supports (32), installés à l'intérieur de l'armoire à la hauteur désirée, sont fixés à l'arrière aux montants angulaires et central et, à l'avant, aux cales (28), hors du chant de la porte.

Collez-clouez les séparations du dessus de l'armoire sur le dessus. Vissez les roulettes aux blocs triangulaires avec des vis à tête ronde de ¾″.

Peignez les panneaux d'une couleur assortie au linolénum de la table de travail et des tablettes; appliquez du polyuréthane sur l'armature.

Si vous préférez teindre l'armature, poncez le bois vingt-quatre heures après l'application de la teinture pour effacer le gonflement des fibres du bois, puis passez deux couches de polyuréthane à vingt-quatre heures d'intervalle entre chaque couche.

Les poignées illustrées sont en cuir, mais elles peuvent être de n'importe quel produit.

Cet ameublement se fabrique aisément. Un seul élément sert à exécuter une table basse, une jardinière, la structure de base d'un fauteuil et, avec quelques modifications, la structure de base d'un canapé à quatre places. On peut appliquer aux structures une finition claire ou une teinture foncée. Le choix des tissus d'ameublement est illimité. Le dessus-de-table peut être en verre épais, en marbre, en contreplaqué peint ou recouvert de stratifié (le stratifié se pose avec de la colle contact).

Structure de base de la table

On peut varier les dimensions de la table suivant les besoins en modifiant la longueur des traverses du piétement. On peut même en faire une table de salle à manger.

Biseautez l'un des chants de chaque pied (1) et réunissez les pieds deux par deux par un assemblage à onglet qui peut être collé avec de fausses languettes (fig. 1), ou avec de la colle. Des clous de finition tiennent les pieds pendant que la colle sèche. Pour découper les joints du cadre, posez un

pied sur une traverse latérale (2) et tracez une marque de ¾" de prof. En tenant le pied dans l'encoche, appliquez la traverse avant (3) contre la traverse latérale et marquez la traverse avant. La fig. 1 montre deux aspects de l'assemblage final. Les pieds sont fixés aux traverses par trois goujons de 2" x ¼", également espacés.

Percez et fraisez des trous de dégagement à travers les recouvrements dans les pieds. Assemblez les pieds et traverses latérales, placez les traverses avant et arrière, puis collez et

goujonnez tous les points de contact. Renforcez les assemblages avec des vis à tête fraisée N° 8 de ¾".

Jardinière

Découpez une feuille de contreplaqué d'extérieur de ¼" aux dimensions du dessus-de-table. Posez le contreplaqué par terre, placez le cadre dessus, tracez le contour des pieds et découpez. Biseautez le chant du contreplaqué et collez-le sur le chant inférieur des traverses. Clouez-le (clous de 1"). Pour plus d'étanchéité, garnissez le coffrage de fibre de verre ou de cuivre soudé.

Pour exécuter un bas en cuivre, il est conseillé de recouvrir l'intérieur d'un carton mince découpé aux dimensions du fond et des côtés. Le carton, posé sur une feuille de cuivre, servira de patron pour le découpage et le pliage. La hauteur d'un bac en matière plastique légère ne doit pas dépasser 3". Pour les pots lourds, le fond sera remplacé par du contreplaqué de ¾" renforcé par des équerres de 1" et des vis de ½".

Structure de base du fauteuil

Cette structure se distingue de celle de la table par l'addition d'un support de dossier (fig. 2). La traverse (4) et les plaques (5) doivent être posées avant la traverse arrière.

Découpez des tenons de ½" x ½" à l'extrémité inférieure des plaques. Exécutez des mortaises dans la traverse centrale et la traverse arrière (le dessus des plaques au ras du niveau supérieur), mortaises espacées de 5⅝". Pour réunir traverse centrale et traverses latérales, creusez 2 tenons de ¾" x ½" aux extrémités, centrés sur la largeur. Découpez des mortaises correspondantes dans les traverses latérales. Assemblez comme la structure de la table, avec de la colle.

Les sièges et les dossiers inclinés rendent ce canapé et ce fauteuil particulièrement confortables.

Pliage du métal, soudage 431, 432
Goujons 394, 397
Assemblages à mi-bois 385, 392

Assemblages à onglet 393
Assemblages à tenon et mortaise 387
Capitonnage 204, 205

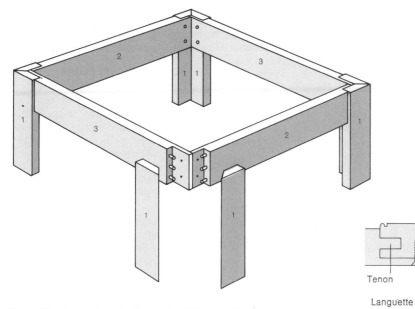

Fig. 1. Structure de la table ou de la jardinière. La table peut être faite plus grande ou plus haute. Découpage des recouvrements et fixation des pieds.

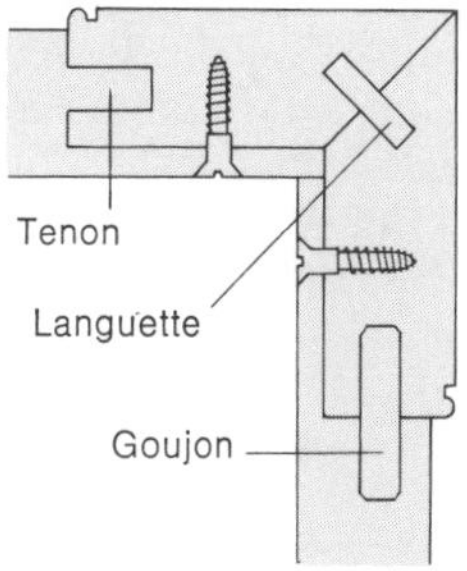

Tenon

Languette

Goujon

Le fauteuil, très spacieux, est rembourré de mousse sur support de sangles.

MATÉRIAUX NÉCESSAIRES:

No	Désignation	Quantité	Dimension nominale	Long.	Larg.	Matériau
Structure de base de la table						
1	Pieds	8	1¼″ x 4″	10″		pin
2	Traverses latérales	2	1¼″ x 4″	27⅛″		pin
3	Traverses avant/arrière	2	1¼″ x 4″	25⅝″		pin
Structure de base du fauteuil						
1	Pieds	8	1¼″ x 4″	10″		pin
2	Traverses latérales	2	1¼″ x 4″	27⅛″		pin
3	Traverses avant/arrière	2	1¼″ x 4″	25⅝″		pin
4	Traverse centrale	1	1¼″ x 4″	27⅛″		pin
5	Plaques d'assemblage	2	1¼″ x 4″	6⅝″		pin

Quincaillerie: 8 vis No 8 tête fraisée ¾″ (chaque structure de base) et colle synthétique.
Note: Pour la jardinière facultative, contreplaqué 27⅛″ x 25⅝″ x ¼″; clous galvanisés 1″; fibre de verre ou doublure de cuivre. 4 ou 8 équerres de 1″ et. vis tête fraisée ½″ et contreplaqué d'extérieur de ¾″, 27⅛″ x 25⅝″, pour un fond plus solide.

No	Désignation	Quantité	Dimension nominale	Long.	Larg.	Matériau
Accotoir bas						
6	Côtés	2 (non ill.)	1″ x 4″	8¼″		pin
7	Dessus/dessous	2	1″ x 4″	30¼″		pin
8	Blocs d'angle	4	2″ x 2″	3½″		sapin
9	Panneau intérieur	1 (non ill.)		30¾″	11¾″	panneau dur ⅛″
10	Panneau extérieur	1 (non ill.)		30¾″	8¼″	panneau dur ⅛″
Elément de dossier						
11	Côtés	2		14″	7⅞″	pin ¾″
12	Traverse supérieure	1	2″ x 2″	21″		sapin
13	Dessous	1		20¼″	7⅞″	pin ¾″
14	Blocs d'angle	2	2″ x 2″	7″		sapin
15	Panneau de dos	1		21″	15″	panneau dur ⅛″

Quincaillerie: Accotoir: équerre de 3″; 2 vis No 8 tête fraisée ¾″; colle; clous à finir 1½″; 4 vis No 8 tête fraisée 2½″. **Dossier:** colle; clous à finir 1½″; clous communs 1″; 4 vis No 8 tête fraisée 2½″ pour fixation à la structure de base.

Accotoir bas

Les accotoirs bas conviennent au fauteuil ou au canapé. Préparez les points d'appui en vissant une équerre de 3", comme à la fig. 2. Découpez une encoche de ½" x ¾" à chaque bout des côtés (6). Fixez le dessus et le dessous (7) dans les encoches, collez et fixez avec des clous de 1½" (8). Ajoutez les blocs d'angle. Encochez le panneau dur intérieur (9) pour qu'il s'ajuste entre les traverses de la structure de base, puis fixez-le, ainsi que le panneau extérieur (10), à l'aide de colle et de clous à tête plate de 1".

Après avoir capitonné les accotoirs, fixez-les à la structure de base. Posez 4 vis No 8 tête fraisée 2½" au travers des angles à l'avant et des plaques à l'arrière (percez et fraisez des trous de ⅛") dans le dessus des accotoirs. Choisir des équerres à trous fraisés.

Elément de dossier

Les côtés (11) ont la forme d'un trapèze rectangle dont les bases mesurent 7⅞" et 1½". Découpez des encoches de ¾" x ¾" dans les extrémités de la

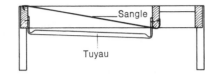

Fig. 3. Vue latérale du montage.

traverse (12), et de ¾" x ⅜" dans la base inférieure des côtés. Fixez le dessous (13) entre les côtés; dressez les côtés contre les encoches des traverses supérieures. Rabotez les chants avant de la traverse supérieure et du dessous pour qu'ils épousent l'angle des côtés. Collez et clouez (clous à finir 1½") et ajoutez des blocs (14).

Fig. 2. Structure du fauteuil

Collez-clouez le panneau de dos (15) avec des clous communs de 1".

Les sangles et le capiton posés, fixez à la structure le dossier qui dépassera de ¾" la traverse arrière. Posez 4 vis No 8 tête fraisée 2½" à travers les plaques (percez et fraisez des trous de ⅛" dans le dessous).

Structure de base du canapé

Pareille à celle du fauteuil, mais plus allongée. Les traverses avant/arrière (3 A) et la traverse centrale (4 A) sont plus longues et les plaques sont au nombre de 5, mais le principe d'assemblage est le même. Découpez une encoche à mi-bois de ¼" et un tenon central de ⅜" dans les pieds centraux (16) comme à la fig. 6, ainsi que des mortaises correspondantes dans les traverses avant/arrière. Collez les pieds centraux aux traverses.

En les espaçant également, posez, entre les traverses avant et centrale, trois supports (tuyaux de ½").

Aplatissez au marteau les extrémités sur 2", recourbez et percez des trous pour le passage de vis No 8 tête ronde ¾". Posez ces supports de façon que la partie tubulaire soit à 1" au-dessous de la traverse avant et 1½" sous la traverse centrale.

Accotoir haut

Même fixation que pour l'accotoir bas. Pour plus de solidité, les accotoirs s'enclenchent dans les trous de serrures du dossier. Les blocs des angles supérieurs arrière sont remplacés par des plaquettes d'angle (17). Repérer le sens du côté gauche et du côté droit. Chaque plaquette d'angle est fixée au trou de serrure par une vis No 10 tête ronde de 1¼" (fig. 4). Faire l'essai de pose des plaquettes d'angle pour s'assurer que la tête des vis pénètre dans la partie évasée du trou et se déplace le long de la fente. Fixez le trou de

serrure au dossier, et percez le trou pour la vis de l'accotoir. Si nécessaire, le trou peut être élargi à la lime ronde queue-de-rat.

Eléments de dossier du canapé

Les éléments du dossier, similaires à ceux du fauteuil, sont vissés aux plaques d'assemblage de base, fixés aux vis de plaquettes d'angles des accotoirs et assemblés les uns aux autres par des goujons de 1½" x ¾". Les goujons encollés s'emboîtent dans les trous des éléments adjacents.

Capitonnage — Sanglage

Sur la structure de base du fauteuil ou du canapé, tendez des sangles de jute ou de caoutchouc, espacées de ¼", que vous clouerez du chant supérieur de la traverse avant au chant inférieur de la traverse centrale. Sur le dossier, tendez les sangles par-dessus la traverse supérieure et clouez sur le devant de la sous-face du dessous. Entrecroisez avec d'autres sangles clouées aux côtés.

Capitonnage — dossier et accotoir

Découpez une mousse de plastique de 4" ou 5" d'épaisseur pour le dessus et le devant du dossier, de ½" pour le panneau de fond. Clouez le tissu sur la partie arrière du dessous, étirez-le par-dessus la traverse supérieure et clouez-le sur la partie avant du dessous. Laissez une marge de ¾" sur les côtés et clouez comme sur la fig. 4. Faites des pinces aux angles pour que les replis soient plats. Recouvrez les accotoirs d'une mousse de ½" et clouez sur la sous-face du dessous. Confectionnez une housse de tissu en un seul morceau pour le dessus et les panneaux; reliez par couture aux bandeaux latéraux. Emboîtez par-dessus l'accotoir et clouez sur la sous-face du dessous.

Pliage du métal, soudage, 431, 432
Goujons 394
Assemblages à mi-bois 385, 392

Assemblages à onglet 393
Assemblages à tenon et mortaise 387
Capitonnage 204, 205

Pour un accotoir haut, pratiquez une ouverture pour la tête de vis du trou de serrure.

Assurez-vous que les accotoirs et les dossiers sont de la même hauteur; ajustez, s'il le faut, en rajoutant de la mousse.

Capitonnage — coussins de siège

Chaque coussin a la largeur du dossier correspondant. Coupez une mousse de 5″ plus grande afin qu'elle s'emboîte sur les côtés et dépasse la traverse avant de 2″. Enveloppez le dessus et les côtés de tissu, rabattez dessous et épinglez. Retirez la mousse pour faire les coutures du devant et des côtés. La mousse remise en place, refermez à points perdus. Les fils en nylon transparent sont les plus résistants. Faites un point de finition pour empêcher le fil de se défaire.

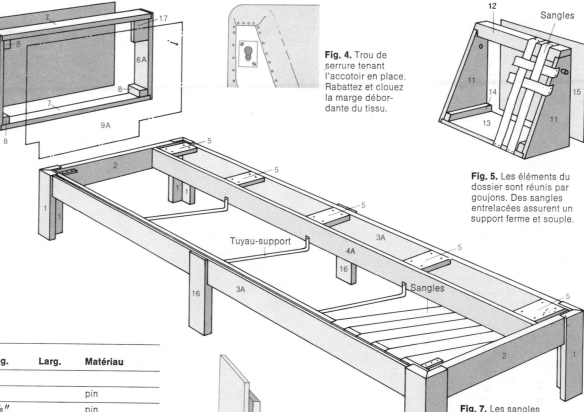

Fig. 4. Trou de serrure tenant l'accotoir en place. Rabattez et clouez la marge débordante du tissu.

Fig. 5. Les éléments du dossier sont réunis par goujons. Des sangles entrelacées assurent un support ferme et souple.

Tuyau-support

Sangles

Fig. 6. Pied central à assemblage à mi-bois et tenon (s'emboîte dans la traverse avant).

Fig. 7. Les sangles sont inclinées d'avant en arrière pour le confort des sièges.

MATÉRIAUX NÉCESSAIRES:

No	Désignation	Quantité	Dimension nominale	Long.	Larg.	Matériau
Structure de base du canapé						
1	Pieds	8	1¼″ x 4″	10″		pin
2	Traverses latérales	2	1¼″ x 4″	27⅛″		pin
3A	Traverses avant/arrière	2	1¼″ x 4″	89⅛″		pin
4A	Traverse centrale	1	1¼″ x 4″	90⅝″		pin
5	Plaques d'assemblage	5	1¼″ x 4″	6⅝″		pin
16	Pieds centraux	2	1¼″ x 4″	10″		pin
Elément d'accotoir haut						
6A	Côtés	2	1″ x 4″	15″		pin
7	Dessus/dessous	2	1″ x 4″	30¼″		pin
8	Blocs d'angle	3	2″ x 2″	3½″		sapin
9A	Panneau intérieur	1		30¾″	18½″	panneau dur ⅛″
10A	Panneau extérieur	1		30¾″	15″	panneau dur ⅛″
17	Plaquette d'angle	1	1″ x 4″	4″		pin

Quincaillerie: Canapé: 8 vis No 8 tête fraisée ¾″; colle à la résine synthétique; 10′ de tuyau de câble électrique en un métal mince de ¼″ de diam.; 6 vis No 8 tête ronde ¾″. **Accotoir:** Equerre de 3″; 2 vis No 8 tête fraisée ¾″; colle; clous de 1½″; 4 vis No 8 tête fraisée 2½″ (pour fixation de la structure de base).

Note: Les pièces 3A, 4A, etc., ont les mêmes dimensions que la structure de base du fauteuil et de l'accotoir bas, à part la longueur. Les éléments du dossier du fauteuil et du canapé sont identiques. Fixez l'accotoir haut avec une plaque "trou de serrure". Vis tête ronde No 10 1¼″.
Mousse de plastique: Coussin de siège: 5″ x 22″ ca. Eléments de dossier: mousse de 5″ et de 18″ x 22″; mousse de ½″ et de 15″ x 21″. Côtés: ½″ x 14″ de long et 7⅞″ de large, diminuant à 1½″. Accotoir haut: mousse de ½″ d'épaisseur et de 36″ ca. Accotoir bas: mousse de ½″ d'épaisseur et de 24″ x 36″.
Sangles: 12′ (base du fauteuil); 36′ (base du canapé); 8′ (dossier).
Tissu: Les dimensions s'appliquent à un tissu uni. Pour les tissus à rayures ou à motifs, augmentez ces dimensions. Coussin de siège: carré de 36″. Elément de dossier: 2′ x 3′, plus une marge pour le rembourrage latéral. Accotoir haut: carré de 36″. Accotoir bas: 2′ x 3′.

Ces tables empilées occupent un minimum de place. Chacune d'elles mesure 17″ de haut; la superposition de chaque table augmente la hauteur de 2½″.

Adhésifs 86
Finition du bois 407
Vis 72   **Fixation par vis 74**

Ces tables légères, à mille et un usages, sont recouvertes d'un dessus en stratifié qui résiste aux taches.

EXÉCUTION

Exécutez tout d'abord un gabarit de montage. Disposez en triangle 3 traverses (1) qui se touchent par les bouts (fig. 1). Posez le triangle sur une feuille de contreplaqué et clouez tout autour

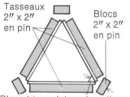

Tasseaux
2″ x 2″
en pin

Blocs
2″ x 2″
en pin

Blocs triangulaires de collage
Fig. 1. Gabarit pour la réalisation des cadres.

des tasseaux de 2″ x 2″ x 16″. Le même gabarit sert à faire toutes les tables. Découpez 3 blocs (2) de 2″ x 2″ en forme de triangle équilatéral de 1½″ de côté.

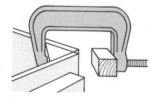

Fig. 2. Collage (traverses et blocs).

Collez les blocs aux traverses (fig. 2). Glissez du papier sous les blocs pour les empêcher de coller au gabarit. Laissez sécher pendant une nuit, puis coupez les extrémités des traverses (fig. 3).

MATÉRIAUX NÉCESSAIRES (par table)

No	Désignation	Quantité	Dimension nominale	Longueur	Matériau
1	Traverses	3	1″ x 3″	17″	pin
2	Blocs	3	2″ x 2″ (triangulaire)		sapin
3	Pieds	3	1″ x 3″	17″	pin
4	Dessus	1		20¾″ (triangle équilatéral)	contreplaqué ¼″

Quincaillerie: 6 vis No 8 tête ronde 2″ et rondelles. Email lustré. Colle blanche.

Collez-vissez les pieds (3) au cadre (fig. 4) en laissant le sommet des pieds dépasser de ¼″. Posez 2 vis No 8 tête ronde 2″ dans des avant-trous de ⅛″

Fig. 3. Sectionnez les angles suivant la ligne.

dans chaque bloc. Décalez les trous pour éviter les éclatements.

Le dessus se compose d'un triangle de contreplaqué de ¼″ x 20¾″. Sectionnez les angles pour permettre le passage des pieds. Peignez le dessus et collez-le sur les traverses avec de la colle blanche.

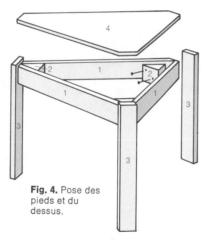

Fig. 4. Pose des pieds et du dessus.

La superposition des tables se fait en spirale.

Conçu pour l'équipement stéréophonique, ce meuble sert aussi à ranger: liqueurs, disques, etc. On peut facilement en modifier les dimensions suivant l'emplacement disponible. Les éléments à combinaisons multiples étant tous de même largeur, l'exécution en est simple et bon marché. Les éléments gauche et droite sont recouverts de stratifié blanc, celui du centre, d'un placage en teck. Le dessus de l'élément de droite peut être d'un seul morceau, comme sur la photo, ou divisé, comme sur le dessin.

EXÉCUTION

Coupez les matériaux tel qu'indiqué. Commencez par l'assemblage de l'élément de gauche en raison de sa simplicité. Les panneaux de tous les éléments sont assemblés à l'aide de colle blanche et de clous de 2″; tenez les assemblages pendant que la colle sèche avec des serre-joints ou des pesées.

Assemblez les côtés (1) aux extrémités du dessous (4) et du tasseau mural du haut (27). À l'aide de la tablette (5), marquez sur le dessous l'emplacement de la séparation (2). Encochez l'angle supérieur de la séparation pour qu'elle s'emboîte dans le tasseau. Fixez la séparation et la tablette à la hauteur voulue. Posez le dessus (3) puis les tasseaux (28, 29). Le tasseau (28) est collé-cloué sur la sous-face du dessous. Fixez le tasseau (29) sur le chant inférieur du côté gauche à l'aide de colle et de clous à finir de 2½″ dans les avant-trous du tasseau (1).

Posez les pieds à 3″ de distance du côté et à 2″ du devant, comme sur la photo, à l'aide de colle et de clous à finir de 2″ que vous enfoncerez dans le dessous, de haut en bas. Posez les charnières et, finalement, la porte.

Posez du ruban de placage sur les chants exposés des panneaux avec de la colle contact. Encollez les chants et l'envers des rubans. Quand la colle n'est plus collante, posez les rubans et pressez fortement. Les panneaux de stratifié sont appliqués sur le dessus de la même façon avec la colle contact.

Recouvrez le dessus de papier Kraft et mettez le stratifié en place. Retirez le papier avec précaution et pressez fortement les deux surfaces encollées. Appliquez deux couches de polyuréthane clair sur le bois avant de fixer l'élément au mur.

Percez des avant-trous dans les tasseaux muraux pour des vis No 8 tête fraisée 2½″ dont l'espacement correspondra à celui du colombage. Calez le meuble avec des retailles de bois placées sous les tasseaux inférieurs et posez les vis avec un long tournevis.

L'exécution des trois éléments est la même. Notez que le dessus de l'élément de droite (20) peut se composer de trois morceaux (fig. 3) par l'addition d'un couvercle d'acier au compartiment placé derrière le panneau de fond factice (24). Les glissières des portes coulissantes en verre (faire polir les chants) s'achètent toutes faites. Les rainures inférieures des glissières seront munies d'un roulement à billes.

Les fonds amovibles (13, 14) reposent sur des cornières en aluminium de ¾″ x ¾″. Le meuble est soutenu aux extrémités par des tasseaux muraux. S'il n'est pas fixé au mur, ajoutez un pied à chaque extrémité.

Le meuble s'étend sur toute la longueur du mur. Il est soutenu par des tasseaux.

Adhésifs 86
Fixations pour cloisons creuses 76 **Vis 72**
Finition du bois 407 **Pose du stratifié 380**

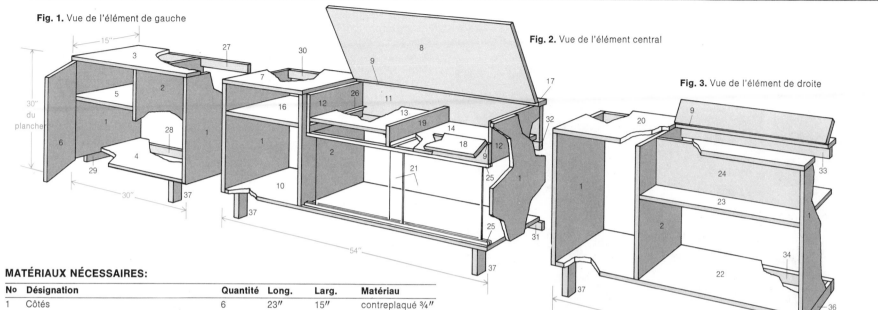

Fig. 1. Vue de l'élément de gauche

Fig. 2. Vue de l'élément central

Fig. 3. Vue de l'élément de droite

MATÉRIAUX NÉCESSAIRES:

No	Désignation	Quantité	Long.	Larg.	Matériau
1	Côtés	6	23″	15″	contreplaqué ¾″
2	Séparations	3	22¼″	15″	contreplaqué ¾″
3	Dessus (gauche)	1	30″	15″	contreplaqué ¾″
4	Dessous (gauche)	1	28½″	15″	contreplaqué ¾″
5	Tablette (gauche)	1	16″	14″	contreplaqué ¾″
6	Porte (gauche)	1	22⅛″	16″	contreplaqué ¾″
7	Dessus fixe (centre)	1	18″	15″	contreplaqué ¾″
8	Couvercle (centre)	1	36″	13½″	contreplaqué ¾″
9	Charnières à piano	4	suivant les besoins		
10	Dessous (centre)	1	52½″	15″	contreplaqué ¾″
11	Panneau de fond (centre)	1	35¼″	8½″	contreplaqué ¾″
12	Supports de couvercle (centre)	2	13¼″	8½″	contreplaqué ¾″
13	Fond amovible gauche (centre)	1	13¼″	15½″	contreplaqué ¾″
14	Fond amovible droit (centre)	1	13¼″	17½″	contreplaqué ¾″
15	Ruban de placage (non illustré)		au besoin ¾″		teck
16	Tablette de stéréo (centre)	1	16½″	15″	contreplaqué ¾″
17	Tasseau du couvercle (centre)	1	36″	1½″	contreplaqué ¾″
18	Devant à charnière et support (centre)	1	35¼″	4¼″	contreplaqué ¾″
19	Séparation étroite (centre)	1	13½″	4½″	contreplaqué ¾″
20	Dessus pleine longueur (droite)	1	36″	15″	contreplaqué ¾″
21	Portes en verre	2	18½″	13½″	glace ¼″
22	Dessous (droite)	1	34½″	15″	contreplaqué ¾″
23	Tablette (droite)	1	22″	15″	contreplaqué ¾″
24	Compartiment fond factice (droite)	1	22″	8″	contreplaqué ¾″
25	Glissières des portes coulissantes (centre)	2	35¼″		métal

No	Désignation	Quantité	Dimension nominale	Long.	Larg.	Matériau
26	Cornières en aluminium	4		13¼″	¾″	
27	Tasseau mural haut (gauche)	1	1″ x 2″	28½″		pin
28	Tasseau mural bas (gauche)	1	1″ x 2″	30″		pin
29	Tasseau mural latéral (gauche)	1	1″ x 2″	12″		pin
30	Tasseau mural haut (centre)	1	1″ x 2″	16½″		pin
31	Tasseau mural bas (centre)	1	1″ x 2″	54″		pin
32	Tasseau mural central	1	1″ x 2″	35¼″		pin
33	Tasseau mural haut (dr.)	1	1″ x 2″	34½″		pin
34	Tasseau mural bas (dr.)	1	1″ x 2″	36″		pin
35	Poignée (facultative)	1				bois dur
36	Tasseau mural latéral (dr.)	1	1″ x 2″	12″		pin
37	Pieds (tous les éléments)	4	1″ x 2″	6¼″		bois dur

Quincaillerie: 12 vis No 10 tête ronde 3″. Boîte de vis No 8 tête fraisée 1¼″. Colle. Ruban de placage de ¾″. Glissières de portes. Cornières en aluminium.

L'abattant sert de plateau de service et est retenu par des supports.

Les éléments sont fixés au mur par des tasseaux chanfreinés et emboîtants.

Ces deux meubles d'apparence coûteuse sont en contreplaqué recouvert de teck. Le placage est posé avant le découpage. On peut utiliser du contreplaqué spécial à placage de ¼″ à ¾″ d'épaisseur, qu'il faut cependant commander, car les marchands le gardent rarement en stock.

EXÉCUTION

Les dimensions des deux éléments étant légèrement différentes à cause des portes coulissantes en verre, il faut couper les matériaux suivant les instructions et monter les meubles séparément. Commencez par la section vitrée qui est plus facile d'exécution.

Les glissières rainurées (3) de 1″ étant collées et clouées (clous à finir de 2″) sur les chants avant des panneaux bas/haut (1), ces derniers seront de 1″ plus étroits que les panneaux de l'élément à portes en contreplaqué. Faites les rainures de la glissière du haut plus profondes que celles du bas (fig. 1) pour la pose des glaces qu'on introduit dans les rainures du haut pour les laisser ensuite retomber sur celles du bas.

Les tasseaux d'angle de 1″ x 1″ sont découpés dans du stock de 1¼″ x 1¼″ sur lequel des languettes centrées sont façonnées à la table de sciage (fig. 2). Les languettes s'emboîtent dans les rainures creusées à la toupie et dans les

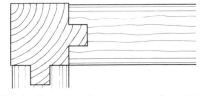

Fig. 2. Gros plan des rainures et languettes.

chants latéraux des panneaux (2). Des rainures similaires de ¼″ x ¼″ sont creusées sur toute la longueur dans la face supérieure du dessous et la largeur des faces intérieures des côtés. Le chant arrière des rainures sera distant de ¾″ du chant arrière du panneau. Collez le panneau (5) dans les rainures. Encochez les tasseaux d'angle (4) pour le passage des coins du panneau de fond. Le tasseau arrière (6 A), dont le chant inférieur biseauté à 45° s'abaisse vers le mur, est collé et vissé au panneau de fond sous le panneau haut. Les vis de ¾″ sont posées du côté du panneau. Le biseau du tasseau (6 A) s'aboute exactement au biseau du chant supérieur du tasseau mural (6 B). Les meubles tiennent au mur par 6 A qui repose sur 6 B.

Recouvrez les chants avant des panneaux du haut, du bas et des côtés (ou des glissières sur l'élément vitré) de baguettes (9) de ¼″ d'épaisseur dont les extrémités ont des coupes d'onglet à 45°. Les poignées en bois sont collées aux portes en verre avec un adhésif époxide.

Après avoir fixé les glissières avec de la colle et des clous à finir, commencez par assembler les tasseaux des angles inférieurs (4), le panneau du bas (1) et un côté; collez ensuite le panneau de fond (5) dans les rainures du bas et du côté.

Assemblez le panneau du haut (1) et l'autre côté aux tasseaux (4) d'angle supérieurs et abaissez-les sur les chants du panneau de fond et du pre-

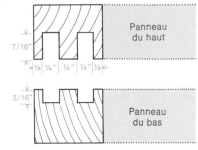

Fig. 1. Les glissières, dont les rainures sont creusées à la table de sciage, sont collées et clouées sur le chant des panneaux.

Adhésifs 86	**Assemblages d'angles 389, 392**	**Construction de tiroirs 402**
Plateau de sciage 60	**Creusage des rainures 386**	**Placage 381**
Bridage 38	**Assemblages par queues-d'aronde 390-391**	**Toupie 54**

mier côté. Bridez avec une courroie (p. 38) passée autour des quatre tasseaux d'angle.

Quand l'assemblage est sec, fixez la traverse arrière et la tablette, puis collez et clouez les baguettes.

L'élément à portes en contreplaqué et à tiroirs est exécuté de la même façon mais sans glissières. Les rainures des séparations, de ¼″ x ¾″, sont creusées dans le panneau/haut et le panneau/bas, centrées à 17″ des faces internes de chaque côté. La face avant des tiroirs est réunie aux côtés par queues-d'aronde (p. 391); le fond est fixé dans les rainures de ¼″ x ¼″ taillées à ¼″ des bords inférieurs des quatre côtés.

Faute d'outillage pour exécuter des queues-d'aronde, faites des assemblages d'angle simples (p. 389, 392). Des loqueteaux magnétiques servent de butées et tiennent les portes fermées. Les poignées des portes en bois et des tiroirs sont collées et vissées (vis N° 6, 1″) aux encoches taillées dans les chants des portes et des tiroirs. Fixez le tasseau mural (6B) aux montants muraux avec des vis N° 8 à tête fraisée de 2½″. Vos amis vous emprunteront votre plan, vous verrez.

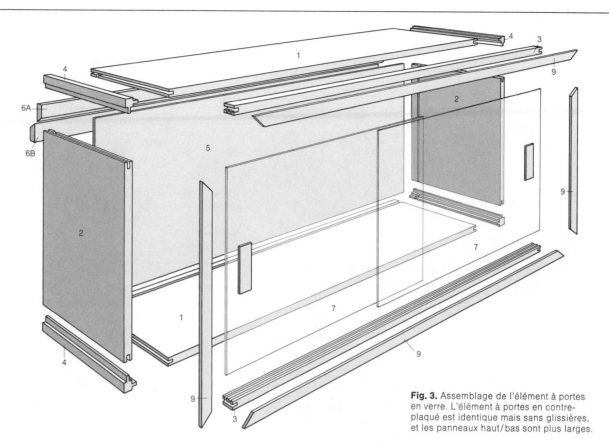

Fig. 3. Assemblage de l'élément à portes en verre. L'élément à portes en contreplaqué est identique mais sans glissières, et les panneaux haut/bas sont plus larges.

MATÉRIAUX NÉCESSAIRES (Elément à portes en verre)

No	Désignation	Quantité	Dimension nominale	Long.	Larg.	Matériau
1	Panneaux haut/bas	2		52½″	12¾″	contreplaqué ¾″
2	Côtés	2		16½″	13¾″	contreplaqué ¾″
3	Glissières des portes	2	1″ x 1¼″ (coupées)	52½″		pin ou autre
4	Tasseaux d'angle	4	1¼″ x 1¼″	13¾″		pin ou autre
5	Panneau de fond	1		53″	17″	contreplaqué ¼″
6A	Tasseau arrière	1	1″ x 4″	52¼″		pin
6B	Tasseau mural	1	1″ x 2″	52½″		pin
7	Portes	2		28¼″	16⅞″	glace de ¼″
8	Tablettes	1	(non illustrées)	52½″	10½″	contreplaqué ¾″
9	Baguettes	8		30′ (coupées aux dim.)	¾″	pin de ¼″

Note: Faites polir le chant des glaces par le marchand de verre.

MATÉRIAUX NÉCESSAIRES (Elément à portes en contreplaqué et tiroirs, non illustré)

No	Désignation	Quantité	Long.	Larg.	Matériau
10	Panneaux haut/bas	2	52½″	13¾″	contreplaqué ¾″
11	Séparations	2	17″	12¾″	contreplaqué ¾″
12	Portes	2	16⅝″	16⅛″	contreplaqué ¾″
13	Tablettes	2	17″	10½″	contreplaqué ½″
14	Devants de tiroirs	4	16¾″	4¹⁄₁₆″	contreplaqué ¾″
15	Côtés de tiroirs	8	12¼″	4¹⁄₁₆″	contreplaqué ½″
16	Dos de tiroirs	4	16¾″	4¹⁄₁₆″	contreplaqué ½″
17	Fonds de tiroirs	4	16¼″	16¼″	contreplaqué ¼″
18	Tasseaux de tiroirs	8	11¾″	¾″	bois dur ³⁄₁₆″

Quincaillerie: 1 douz. vis N° 8 tête fraisée ¾″; 1 douz. vis N° 6 tête fraisée 1″; 1 douz. vis N° 8 tête fraisée 2½″; 2 charnières en laiton, plus 1 charnière de piano 16½″. 2 loqueteaux.
Note: Les autres pièces sont les mêmes que 2, 4, 5, 6A et 6B de l'élément à portes en verre.

Dressoir-niche de salle à manger

Le panneau de fond est recouvert de vinyle lavable; le dessus du meuble et la porte, de stratifié.

EXÉCUTION

Assemblez l'encadrement. Marquez et percez dans les côtés (2) les trous des appuis (p. 548) au nombre de 4 ou 5, espacés de 1″, pour permettre l'ajustement de la tablette. Le dessus est collé et cloué (clous à finir de 2″) par un assemblage à feuillure. Collez et clouez la bordure (3) sur le dessus de l'encadrement. Installez celui-ci dans la niche et fixez les tasseaux (4) du panneau de fond au mur à l'aide de tirefond. Les tasseaux haut/bas devront être situés derrière le panneau de fond (5) à 4″ des extrémités, le tasseau du milieu à égale distance des 2 autres. Clouez les côtés aux bouts des tasseaux.

Exécutez le buffet; corrigez-en les dimensions pour permettre un emboîtage parfait à l'intérieur de l'encadrement. Taillez des rainures de ⅜″ x ¾″ dans les côtés (6) pour le dessous du buffet (8), l'arête inf. des rainures se trouvant à 2″ au-dessus du chant inf. des côtés. La séparation verticale (9) s'insère dans des rainures de ¾″ x ⅜″ creusées dans le dessus et le dessous. Faites un essai avec des clous à peine enfoncés avant l'assemblage final. Le dessus devra déborder de ¾″ le chant avant des côtés de l'encadrement.

Placez la séparation verticale quand l'assemblage du buffet sera sec. Marquez et percez les trous de dégagement des appuis en métal pour les tablettes

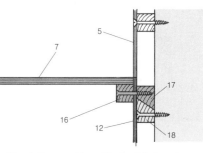

Fig. 1. Comment le cabinet est fixé au mur.

Adhésifs 86
Eclairage fluorescent 274
Charnières 78

Localisation des montants 265
Tablettes 85
Fixations 76

Assemblages en menuiserie 384
Pose du stratifié 380

de gauche et de droite (10, 11). Collez et clouez la séparation, le dos (12) et le longeron (13) du buffet. Collez les tasseaux (16) et renforcez de vis tête fraisée N° 8 de 1½″ passées de haut en bas. Biseautez le chant inférieur du tasseau de suspension (17) et le chant supérieur du tasseau (18) à des angles emboîtants de 45° (fig. 1). Fixez le tasseau de suspension au dos du buffet avec colle et vis N° 8 tête fraisée 2½″ qu'on fait passer à travers le tasseau supérieur du buffet dans le tasseau de suspension. Recouvrez la bordure (3), le dessus du buffet (7), le longeron avant (13) et la porte (14) de stratifié. Posez les charnières et les supports d'abattant (fig. 2), puis fixez la porte et l'abattant (15). Déterminez l'emplacement du tasseau mural et de l'espaceur (19). Vissez au mur le tasseau mural et l'espaceur contre les montants. Mettez le buffet en place (soulevez-le).

Installez les conducteurs et le matériel électrique du tube fluorescent. Une fois les câbles électriques posés, fixez le panneau de fond de l'encadrement aux tasseaux (4) à l'aide de vis N° 8 tête fraisée 1½″, à raison de trois vis par tasseau. Recouvrez le panneau de fond de vinyle entoilé.

MATÉRIAUX NÉCESSAIRES:

No	Désignation	Quant.	Dimension nominale	Long.	Larg.	Matériau
1	Dessus de l'encadrement	1		55½″	9″	placage contreplaqué ¾″
2	Côtés de l'encadrement	2		57″	9″	placage contreplaqué ¾″
3	Bordure	1		54″	4″	pin ¾″
4	Tasseaux arrière	3	2″ x 2″	54″		sapin
5	Panneau de fond	1		54″	36″	contreplaqué ½″
6	Côtés	2		17¼″	17¼″	placage contreplaqué ¾″
7	Dessus du buffet	1		54″	18″	placage contreplaqué ¾″
8	Dessous du buffet	1		53¼″	17¼″	placage contreplaqué ¾″
9	Séparation verticale	1		17¼″	15¼″	placage contreplaqué ¾″
10	Tablette gauche du buffet	1		16½″	17¼″	placage contreplaqué ¾″
11	Tablette droite du buffet	1		35¼″	12″	placage contreplaqué ¾″
12	Dos du buffet	1		54″	18″	contreplaqué ¼″
13	Longeron avant	1		52½″	2″	pin ¾″
14	Porte du buffet	1		17⅝″	14½″	placage contreplaqué ¾″
15	Abattant	1		36⅜″	14½″	placage contreplaqué ¾″
16	Tasseaux du buffet	2	2″ x 2″	52½″		pin
17	Tasseau de suspension	1	2″ x 4″	53½″		pin
18	Tasseau mural	1	2″ x 4″	53½″		pin
19	Tasseau espaceur	1	2″ x 2″	53½″		pin
20	Tablette en verre	1		54″	6″	glace ¼″

Quincaillerie: Supports d'abattant et vis. 1 charnière de piano de 36″ et vis. 2 charnières de ¾″ x 2″ et vis. Loqueteaux magnétiques pour la porte et l'abattant. 1 douz. d'appuis en métal. 2 douz. de vis N° 8 tête fraisée (en acier) 1½″; 1 douz. de 2½″. Tire-fond et boulons à ailes de métal pour la fixation au mur. Clous à finir de 2″. Un tube fluorescent de 40 watts et accessoires. Stratifié et colle contact. Vinyle entoilé de 54″ x 36″ ou autre matériau de votre choix.

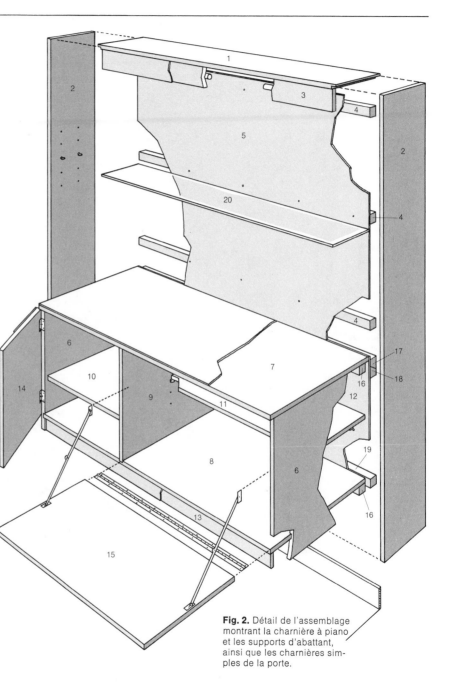

Fig. 2. Détail de l'assemblage montrant la charnière à piano et les supports d'abattant, ainsi que les charnières simples de la porte.

Bureau d'enfant constitué d'un plan de travail fixé entre deux éléments bas.

Adhésifs 86   **Assemblages** 384
Construction de tiroirs 402   **Loqueteaux magnétiques** 81   **Feuillures** 392
Finition du bois 407   **Charnières à piano** 79   **Tablettes** 85

De simples boîtes (panneaux de contreplaqué vissés à des cadres en pin de dimension stock) sont à la base de l'élément type de ce système qui se prête à de nombreuses combinaisons. Le secret de cette souplesse réside dans la facilité avec laquelle on peut adapter, à chaque élément, des tablettes, cloisons verticales, portes, tiroirs..., selon les besoins.

Les casiers mesurent 19½″ de haut, 18″ de long et 18″ de large. Ils peuvent être posés sur le sol ou fixés au mur à n'importe quelle hauteur. Pour un bureau d'adultes, suspendre les casiers de façon que le dessus soit à 30″ du sol.

Les casiers posés sur le sol s'emboîtent sur un socle qui leur donne une hauteur de 21″ convenant aux enfants. En supprimant la base, la hauteur ne sera plus que de 19½″. Des tasseaux permettent à plus de deux éléments de rester fixés les uns sur les autres.

Les tablettes reposent sur des goujons. Si les casiers à rayonnage sont aussi munis d'une porte, installez les tablettes avant de poser la porte. Ils auront ¾″ de profondeur de moins que les casiers ouverts. Une coiffeuse doit aussi être suspendue à 30″ du sol.

EXÉCUTION

Elément de base

Découpez des feuillures de ¾″ de large et de ⅜″ de profondeur aux bouts des lattes avant/arrière (1). Assemblez aux lattes de côté (2) à l'aide de colle et de clous à finir 1½″. Collez et clouez les dessus (3) sur les cadres avec des clous à finir 1″. Posez les côtés (4) au ras des bords sup. et inf. et débordant les bords arrière des cadres de ¼″. Les côtés sont fixés aux cadres à l'aide de colle et de 4 vis N° 6 de 1″. Les tasseaux verticaux sont collés aux côtés, au ras du bord arrière des cadres. Po-

Ensemble de rangement réalisé à partir d'éléments au sol et au mur.

Agencement de casiers conçu en fonction d'un angle irrégulier.

543

sez le panneau (6) au ras du bord inf. du casier et fixez aux tasseaux et aux lattes arrière avec de la colle et des clous à finir de ¾".

Percez des trous de 3/16" à travers les lattes arrière du cadre sup., à ¼" de l'arête inf., pour le passage de 2 vis N⁰ 10 de 2" qui tiendront le casier sur le mur. Les vis doivent pénétrer dans les montants muraux quand le casier est installé. Obturez les trous de clous et de vis et peignez les surfaces.

Tablettes

Avant de poser les côtés sur les cadres,

percez 2 rangées de trous de ¼" de diam. et ⅜" de prof. dans les côtés. Les centres des trous, espacés de 3⅞", sont à 5½" des arêtes inf. et à 4" des arêtes avant et arrière des casiers. Collez les goujons (7) dans les trous. Coupez les tablettes (8) aux dimensions requises, peignez et installez dans l'assemblage du casier.

Casier à bouteilles

Divisez le côté le plus petit des cloisons verticales (9) et le côté le plus grand des séparations (10) en 3 parties égales (fig. 4). Faites sur ces divisions

des entailles à mi-bois de ⅜".

Masquez les joints qui doivent être collés, et peignez les panneaux. Quand la peinture sera sèche, enlevez le ruban et collez les panneaux ensemble.

Porte

Collez et clouez les lattes horizontales (11) aux lattes verticales (12). Collez les panneaux (13) de chaque côté de ce cadre (fig. 5). Rabotez la porte pour l'ajuster au casier en laissant un passage de la largeur des charnières.

Percez des trous pour fixer la poignée à 1¼" du bord de la porte et à égale distance des chants haut/bas. Posez la poignée et les loqueteaux magnétiques.

Classeur à disques ou à revues

Découpez des encoches de ½" de prof. et de ¾" de large dans les lattes de côté du cadre sup. pour le logement des baguettes entretoises (14). La baguette avant est placée à 5½" du bord avant du cadre, et le chant arrière de la baguette arrière se trouve à 1½" du bord arrière du cadre (fig. 5).

Divisez les baguettes en 3 parties égales et exécutez sur ces divisions des encoches de 3/16" x ¼". Collez et clouez les baguettes au cadre supérieur. Creusez une rainure de 3/16" x ¼" le long de la ligne médiane des coulisses inf. (15). Arrondissez leurs chants sup.

Échancrez l'angle supérieur des cloisons verticales (16) comme sur la fig. 2 et arrondissez les angles vifs. Collez les coulisses en tenant les cloisons en place. Alignez les rainures des coulis-

ses avec celles des baguettes à l'aide d'une équerre pour vérifier l'équerrage des cloisons.

Laissez sécher avant de retirer les cloisons.

Tiroirs

Creusez des rainures de ⅜" x ¾" le long de la ligne médiane des faces ext. des côtés (18) pour le passage des coulisses (21). Faites des rainures plus larges que les coulisses pour empêcher l'engorgement. Découpez des rainures de ⅛" x ¼" sur la face interne des devants, arrières et côtés pour les fonds (20). Ces rainures se trouveront à ¼" des arêtes inférieures. Pour les assembler aux côtés, exécutez sur les extrémités des devants (17) et des arrières (19) des feuillures de ¾" x ⅜". À l'aide de clous à finir, faites un assemblage provisoire pour vérifier l'équerrage. Découpez des encoches dans les arrières pour dégager les rainures des coulisses et taillez une feuillure de ¼" x ⅛" le long du bord bas extérieur des devants de tiroirs. Faites l'assemblage final à l'aide de colle et de clous à finir de 1".

Posez les coulisses (21) à l'int. du casier pour en déterminer l'emplacement par rapport aux rainures des tiroirs et fixez-les avec colle et clous de ½". Peignez chants et faces des devants (17).

Plan de travail

Assemblez les longerons (22) et les côtés (23) par des feuillures de ¾" x ⅜". Collez et clouez tous les joints.

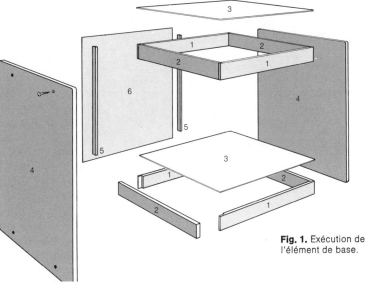

Fig. 1. Exécution de l'élément de base.

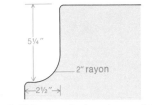

Fig. 2. Cloisons verticales: classeur à disques.

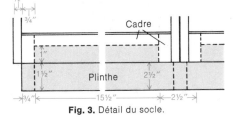

Fig. 3. Détail du socle.

MATÉRIAUX NÉCESSAIRES:

No	Désignation	Quantité	Grandeur nominale	Long.	Larg.	Matériau
	Elément de base					
1	Lattes avant/arrière	4	1" x 2"	17"		pin
2	Lattes des côtés	4	1" x 2"	16¼"		pin
3	Panneaux dessus/dessous	2		17"	17"	panneau dur ⅛"
4	Panneaux de côté	2		19½"	18"	contreplaqué ½"
5	Tasseaux verticaux	2		15½"	½"	pin ½"
6	Panneau arrière	1		19½"	17"	contreplaqué ¼"

Adhésifs 86
Fabrication de tiroirs 402
Finition du bois 407
Joints d'assemblage 384
Loqueteaux magnétiques 81
Charnières de piano 79
Assemblages à feuillure 392
Tablettes 85

Collez et chevillez les entretoises (24) à 10¾″ des extrémités. Renforcez les angles intérieurs en collant et clouant des tasseaux triangulaires (25).

Terminez en fixant le dessus (26) entre les boîtes avec des vis N° 10 de 1½″ que vous ferez pénétrer au travers du tout.

Le plan de travail doit être fixé à l'égalité du dessus des deux côtés.

Socle

Formez un cadre avec les plinthes (27) et les traverses (28). La longueur de ce cadre dépend du nombre d'éléments de base (comptez 18″ par élément); la largeur est de 17″. Faites sur les plinthes, à tous les 17″, les encoches nécessaires. Renforcez les angles int. entre les longerons et les traverses par des tasseaux (30). Collez et clouez.

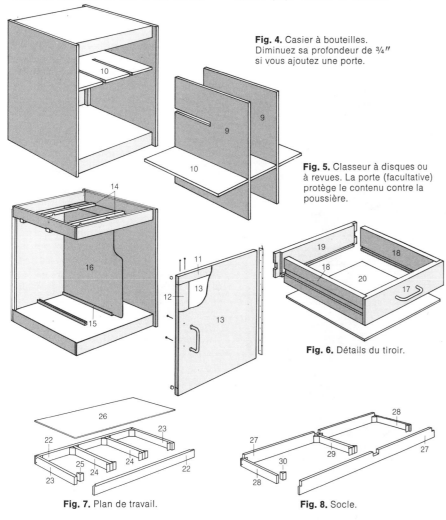

Fig. 4. Casier à bouteilles. Diminuez sa profondeur de ¾″ si vous ajoutez une porte.

Fig. 5. Classeur à disques ou à revues. La porte (facultative) protège le contenu contre la poussière.

Fig. 6. Détails du tiroir.

Fig. 7. Plan de travail.

Fig. 8. Socle.

MATÉRIAUX NÉCESSAIRES:

No	Désignation	Quantité	Dimension nominale	Long.	Larg.	Matériau
Etagères						
7	Taquets d'étagère	12		⅞″		goujon ¼″
8	Etagères	3		17″	16½″	contreplaqué ½″
Casier à bouteilles						
9	Cloisons verticales	2		16½″	16½″	contreplaqué ⅜″
10	Séparations horizontales	2		17″	16½″	contreplaqué ⅜″
Porte						
11	Lattes horizontales	2		17″	1″	pin ½″
12	Lattes verticales	2		14¼″	1⅞″	pin ½″
13	Panneaux de porte	2		17″	16¼″	bois dur ⅛″

Quincaillerie: 1 charnière de piano 16½″ x ¾″; 1 poignée 3″; 2 loqueteaux magnétiques.

No	Désignation	Quantité	Dimension nominale	Long.	Larg.	Matériau
Classeur à disques ou à revues						
14	Coulisseaux supérieurs	2		17″	¾″	pin ¾″
15	Coulisseaux inférieurs	2		12½″	¾″	pin ¾″
16	Cloisons	2		15¾″	15″	bois dur ⅛″ bon 2 côtés
Tiroirs						
17	Devants	4		16⅞″	4″	pin ou contreplaqué ¾″
18	Côtés	8		15¾″	4″	pin ou contreplaqué ¾″
19	Arrières	4		16⅞″	4″	contreplaqué ou pin ¾″
20	Fonds	4		15½″	15⅞″	bois dur ⅛″
21	Coulisses	8		16″	⅝″	pin ¼″

Quincaillerie: 4 poignées de 3″ en forme de D.

No	Désignation	Quantité	Dimension nominale	Long.	Larg.	Matériau
Plan de travail						
22	Longerons	2	1″ x 3″	36″		pin
23	Côtés	2	1″ x 3″	16¼″		pin
24	Entretoises	2	1″ x 3″	15½″		pin
25	Blocs	12	1¼″ x 1¼″	1½″		pin
26	Dessus	1		36″	17″	bois dur ⅛″
Socle						
27	Plinthes	2	1″ x 3″	au choix		pin
28	Traverses	2	1″ x 2″	13¾″		pin
29	Entretoises	au choix	1″ x 2″	13¾″		pin
30	Blocs	au choix	1¼″ x 1¼″	1⅞″		pin 1⅛″

Quincaillerie: Vis tête plate N° 6, 1″; N° 10, 1½″. Clous à finition 1½″. Clous étêtés ½″, ¾″, 1″. Adhésif à base de résine. Poignées de portes et tiroirs. Loqueteaux magnétiques.

Ces tablettes ajustables prévues pour poids légers ont des serre-livres encastrés.

Plans et projets

Vous pouvez trouver une solution simple et extrêmement décorative à vos problèmes de rangement en montant, chez vous, plusieurs étagères murales. Les armoires de cuisine, l'atelier du bricoleur et le système de stéréo familial nécessitent tous l'installation de tablettes.

Quel que soit le système de montage que vous choisissiez, l'étagère doit être prévue pour supporter le maximum de poids. Il est donc important, pour la fabriquer et l'installer, de tenir compte du poids qu'elle devra supporter en fonction de sa longueur et du matériau que vous utiliserez.

Le poids aura tendance à augmenter avec le temps, et il n'est pas rare que des étagères construites, à l'origine, pour recevoir des bibelots, se trouvent encombrées par des revues, des livres et autres objets lourds.

Nous vous conseillons de construire ou de choisir un système réglable plutôt qu'un rayonnage fixe. Vous pourrez ainsi adapter la distance séparant deux étagères à la dimension de vos livres. Afin d'éliminer l'époussetage, donnez de 8″ à 10″ de hauteur aux tablettes, pour les volumes de format ordinaire, et de 11″ à 12″ pour les livres de plus grandes dimensions.

Les matériaux nécessaires
Utilisez, de préférence, des matériaux rigides comme la planche, le contreplaqué et les agglomérés. Tenez compte de la longueur des tablettes et du poids qu'elles devront porter. Le contreplaqué et la planche sont plus forts que les agglomérés, qui fléchissent sous des poids légers, mais qu'on peut renforcer par l'adjonction de tasseaux collés sous les tablettes.

Le verre de ¼″ d'épaisseur convient aux rayons d'une longueur maximale de 42″ qui ne doivent porter que des poids légers. Les tablettes de verre s'obtiennent en grandeurs standard; leurs bords sont biseautés et polis. Votre vitrier coupera et biseautera vos tablettes de verre pour vous.

Un poids de 10 lb. par pied linéaire constitue une charge légère pour une tablette de bois de 9″ de largeur. Un poids de 20 lb. constitue une charge moyenne et de 30 à 40 lb., une charge lourde. Les disques et les gros bouquins constituent des charges lourdes.

Fixation des étagères aux murs

Avant de fixer une étagère il faut connaître la nature du mur pour choisir le type de fixation qui convient. Ce qui convient à une niche ou à l'intérieur d'une armoire ne convient pas forcément à un mur plat. S'il s'agit d'une cloison plâtrée dans laquelle s'insère une charpente de bois, la fixation se fera de préférence sur cette charpente. Lorsqu'une niche a des murs de brique, des montants latéraux suffisent à porter l'étagère.

Les équerres peuvent, en principe, être fixées sur n'importe quelle surface: brique, blocs de béton, maçonnerie, mais leur position sur des murs de plâtre ou d'aggloméré déterminera l'emplacement des équerres et des tablettes. Ces équerres peuvent être vissées aux supports, ou les tasseaux attachés aux montants.

Lorsque vous fixez une étagère plutôt longue, sachez qu'elle peut supporter sans fléchir un plus grand poids si ses supports ne sont pas placés aux extrémités (fig. 1, 2).

Vérifiez la planéité du mur. Un plâtre ou des briques inégaux peuvent être à l'origine d'une déformation de l'ensemble. Égalisez avec des cales (fig. 3).

Les étagères qui s'ajustent à l'intérieur d'un meuble — bahut ou armoire — peuvent s'appuyer sur des tasseaux de bois. Taillez les tasseaux de la largeur de la tablette puis collez-les et vissez-les au cadre du meuble. Si vous désirez des tablettes ajustables dans ce meuble, utilisez des supports avec taquets (p. 85). Ces crémaillères de métal sont percées à plusieurs niveaux de trous dans lesquels on pose les taquets. On peut aussi percer une série de trous de ¼″ de diam. dans les côtés du meuble. Espacez les trous de 1½″ sur deux rangées parallèles légèrement moins larges que la tablette et enfoncez-y des chevilles de métal.

Système mobile d'étagères

Le rayonnage mural ci-dessous est composé uniquement d'éléments en bois. Chaque tablette possède 2 côtés qui viennent s'encastrer entre les supports verticaux. L'accrochage s'effectue à l'aide de chevilles cylindriques (5) placées dans les trous des supports verticaux.

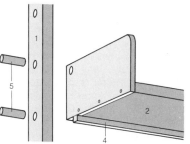

Débitez les supports verticaux (1). Faites, au centre du chant le plus large — sur toute la longueur — des trous de ½″ espacés de 4″ et, sur l'autre chant, des trous espacés de 14″ pour le passage des vis de fixation. Fraisez ces trous. Vissez les supports verticaux au mur (espacés de 32″) ou avec des chevilles d'ancrage (p. 76). Arrondissez l'angle supérieur avant (2) par un rayon de ½″. Percez dans l'angle supérieur arrière un trou de ½″ de diam. à 1⅜″ du sommet. Vissez les côtés aux chants des étagères (3). Collez et vissez la butée (4) sous la face de l'étagère.

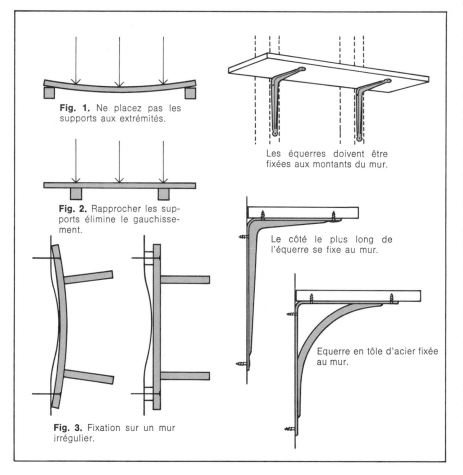

Fig. 1. Ne placez pas les supports aux extrémités.

Fig. 2. Rapprocher les supports élimine le gauchissement.

Fig. 3. Fixation sur un mur irrégulier.

Les équerres doivent être fixées aux montants du mur.

Le côté le plus long de l'équerre se fixe au mur.

Equerre en tôle d'acier fixée au mur.

MATÉRIAUX NÉCESSAIRES:

No	Désignation	Quantité	Dimension nominale	Long.	Larg.	Matériau
1	Supports verticaux	2	1¼″ x 2″	72″		pin
2	Côtés	2	9¼″		5″	contreplaqué ½″
3	Tablettes	au choix	1″ x 10″	29⅞″		pin
4	Butée	1 par tab.	½″ x ½″ (coupé)	30″		pin
5	Chevilles	4 par tab.	½″ diam.	1⅝″		érable

Quincaillerie: 6 vis No 6 tête plate 1½″ par tablette (côtés). 5 vis No 10 tête plate 3½″ par montant. Colle de résine plastique. Clous à finition (1″).
Note: 2 tablettes placées côte à côte peuvent partager le même montant; prenez de longs goujons.

Les supports d'étagères

La façon la plus simple d'installer des étagères consiste à fixer des tasseaux aux panneaux de côté et d'y appuyer des tablettes de moins de 36" de longueur.

Les tablettes de toutes longueurs s'installent aussi en porte-à-faux sur des supports fixés au mur. Ne lésinez pas sur leur nombre. Vous avez le choix entre les jambes de force en métal, les équerres et les cornières en acier. Les équerres métalliques sont recommandées dans le cas de charges lourdes ou d'étagères très larges. Il s'en vend en fer ornemental (en plusieurs styles) qui ajoutent à la beauté du décor.

Si vous désirez construire des étagères selon une méthode facile (quoique moins solide), servez-vous du joint d'about (fig. 1) ou de tasseaux (fig. 2). Les experts préfèrent tailler des entailles dans les côtés (fig. 3 & 4). La tablette est ensuite glissée dans les entailles et maintenue par des clous, des vis ou de la colle.

Les chevilles de bois fournissent des supports réglables. Les tablettes reposeront sur ces chevilles introduites dans les trous percés sur les côtés latéraux. Ces trous sont régulièrement espacés, ce qui permet de changer les chevilles de position pour élever ou abaisser une tablette. Les chevilles de métal ou de plastique peuvent être utilisées.

Les tablettes trop longues peuvent être consolidées par des baguettes fixées sur le chant avant de la tablette (fig. 2). Ces baguettes doivent être deux fois plus larges que l'épaisseur de la tablette. Elles dissimulent les tasseaux cloués aux côtés. On peut soutenir des tablettes trop longues en clouant au mur du fond un tasseau qui leur servira d'appui. Enlevez la tablette pour clouer le tasseau et reposez-la à l'envers pour la redresser.

Les chevilles en bois sont les supports les plus populaires des tablettes ajustables.

Les taquets de métal peuvent remplacer les chevilles de bois.

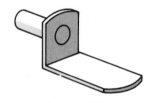

Taquet pour système réglable.

Pitons en acier pour poids légers.

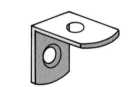

Equerre à trous de fixation: poids moyens.

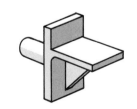

Taquets épaulés: charges lourdes.

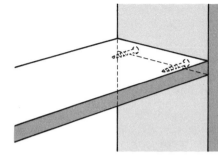

Fig. 1. Le bout de la tablette est fixé en permanence aux côtés avec des clous ou avec des vis.

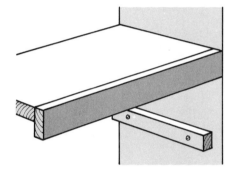

Fig. 2. Tasseaux cloués aux montants latéraux dissimulés par une baguette montée sur le chant avant.

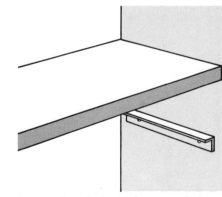

Des cornières d'acier vissées au montant remplacent les baguettes en bois, surtout pour les tablettes de verre.

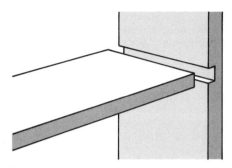

Fig. 3. Les professionnels préfèrent des entailles dans les côtés faites avec une toupie ou une scie à dos et un ciseau.

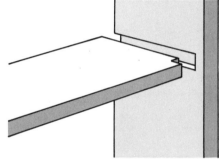

Fig. 4. Une entaille partielle donne une meilleure apparence. L'ouverture, à l'avant, se trouve ainsi dissimulée.

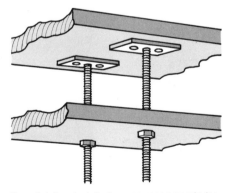

Pour l'atelier du bricoleur, on recommande les barres filetées s'ajustant à une plaque filetée, des écrous et des rondelles.

Structures à consoles et leurs supports

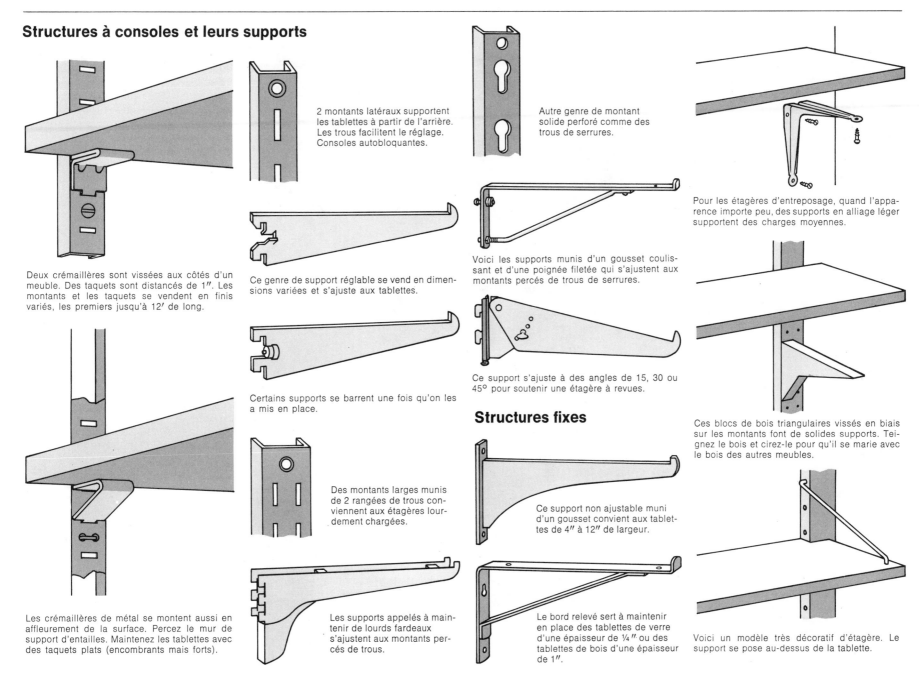

Deux crémaillères sont vissées aux côtés d'un meuble. Des taquets sont distancés de 1″. Les montants et les taquets se vendent en finis variés, les premiers jusqu'à 12′ de long.

2 montants latéraux supportent les tablettes à partir de l'arrière. Les trous facilitent le réglage. Consoles autobloquantes.

Ce genre de support réglable se vend en dimensions variées et s'ajuste aux tablettes.

Certains supports se barrent une fois qu'on les a mis en place.

Les crémaillères de métal se montent aussi en affleurement de la surface. Percez le mur de support d'entailles. Maintenez les tablettes avec des taquets plats (encombrants mais forts).

Des montants larges munis de 2 rangées de trous conviennent aux étagères lourdement chargées.

Les supports appelés à maintenir de lourds fardeaux s'ajustent aux montants percés de trous.

Autre genre de montant solide perforé comme des trous de serrures.

Voici les supports munis d'un gousset coulissant et d'une poignée filetée qui s'ajustent aux montants percés de trous de serrures.

Ce support s'ajuste à des angles de 15, 30 ou 45° pour soutenir une étagère à revues.

Structures fixes

Ce support non ajustable muni d'un gousset convient aux tablettes de 4″ à 12″ de largeur.

Le bord relevé sert à maintenir en place des tablettes de verre d'une épaisseur de ¼″ ou des tablettes de bois d'une épaisseur de 1″.

Pour les étagères d'entreposage, quand l'apparence importe peu, des supports en alliage léger supportent des charges moyennes.

Ces blocs de bois triangulaires vissés en biais sur les montants font de solides supports. Teignez le bois et cirez-le pour qu'il se marie avec le bois des autres meubles.

Voici un modèle très décoratif d'étagère. Le support se pose au-dessus de la tablette.

(1). Entaillez graduellement les coins jusqu'à 5″ de largeur. Exécutez des joints d'assemblage emboîtants aux bouts du pied (1), de la tête (2) ainsi qu'aux deux extrémités des longerons extérieurs (3). Faites un assemblage d'essai puis arrondissez les coins avec une ponceuse à courroie ou à disque et un papier abrasif grossier, puis avec un papier fin. Vissez les longerons intérieurs (4-5) de telle sorte que toutes les pièces du montant soient d'égale hauteur. Consolidez le cadre en collant et en vissant des blocs à l'intérieur des quatre coins (6).

Taillez les panneaux du pied (7) de 2″ de profondeur et de la largeur des longerons intérieurs. Découpez les bouts comme l'indique le croquis, en conservant à la partie inférieure de la base une longueur de 38″.

Exécutez à la scie sauteuse des entailles larges de 1½″ et longues de 4″, dans le haut des pieds (le bord intérieur de l'entaille sera à 9″ du centre du longeron). Pratiquez des entailles de 1½″ de large et de 3¼″ de prof. dans la base des entretoises (8). Le bord intérieur de l'entaille sera à 12″ du bout de l'entretoise. Arasez le haut des pieds et celui des entretoises.

Creusez les entretoises de telle sorte que leur centre n'ait que 2½″ de prof. afin que la poutre transversale s'appuie sur elles. Unissez la poutre aux entretoises avec des boulons de carrosserie de ¼″ et longs de 7½″, que vous noierez dans la poutre. Assemblez pieds, entretoises, poutre et longerons intérieurs en assoyant le cadre intérieur sur des blocs. Percez 2 trous de ⅜″ de diam. aux points de rencontre des pieds et des entretoises. Avant de coller, insérez les goujons et ajustez le cadre supérieur et le support du matelas (11).

Défaites le cadre et assemblez-le de nouveau en mettant de la colle sur les 2 faces des joints, sur les goujons et

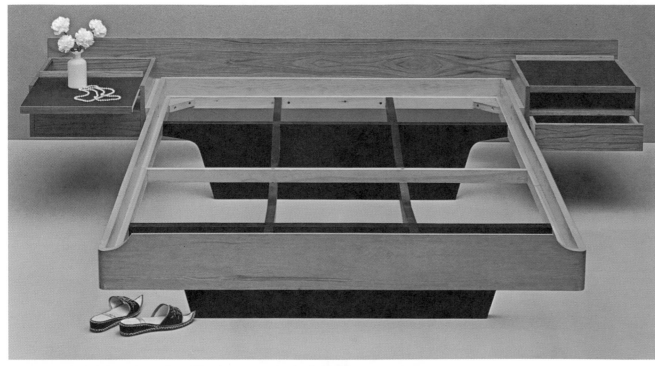

Cadre et tête du lit; la base du matelas a été omise pour montrer la charpente.

Un matelas de 75″ x 54″, en caoutchouc-mousse de 5½″ d'épaisseur, complète le lit.

Le cadre du lit à deux places

Parce qu'il est soutenu par des panneaux dissimulés, ce grand lit semble flotter dans l'espace. Vous pouvez lui adjoindre, si le cœur vous en dit, les deux tables de chevet à dessus coulissants décrites avec une profusion de détails à la page 552.

Si vous désirez ajouter ces tables au lit — sa structure s'y prête bien — lisez les recommandations de la page 552 avant d'entreprendre la construction du lit.

EXÉCUTION

Façonnez les traverses de pied avec une scie sauteuse ou avec une découpeuse, en commençant à 8″ de chaque bout

Scies à dos 17 **Goujons 395**
Joints emboîtants 392 **Scie sauteuse 52**
Fraisage 74 **Ponceuse 57-59** **Wastringue 30**

dans les trous de ceux-ci. Arasez les goujons avant de les coller. Fixez la base du matelas avec l'adhésif et des clous à finir de 1″. Nettoyez le surplus de colle et, s'il en reste, poncez-la quand elle aura durci. Peignez les pieds et entretoises en noir mat et donnez au cadre une finition au polyuréthane.

Fixez entre les pieds une traverse de 2″ x 3″ en pin de 47½″ de long. à 6″ du sol. Attachez-la avec des goujons et de la colle. Elle facilitera le balayage.

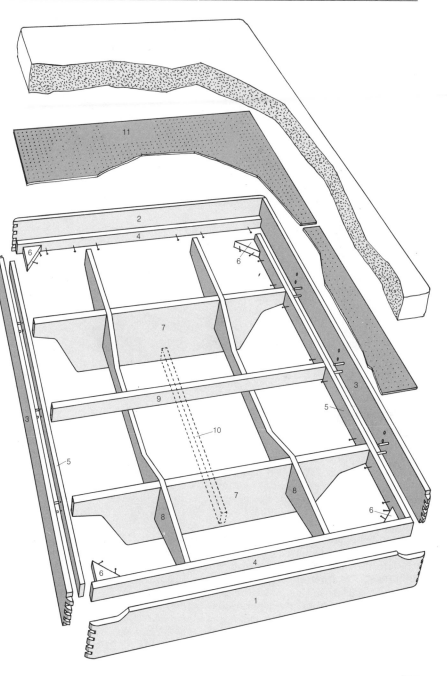

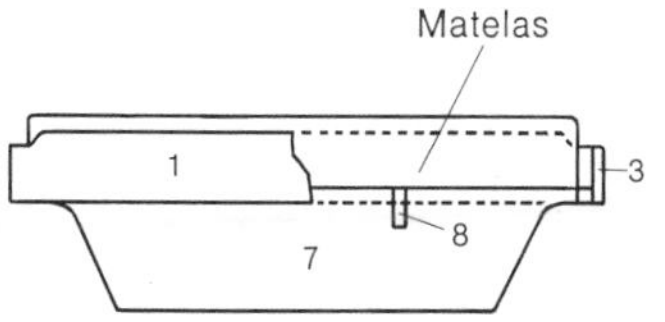

Vue de face (entaillée).

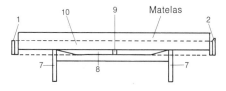

Vue de côté (matelas en place).

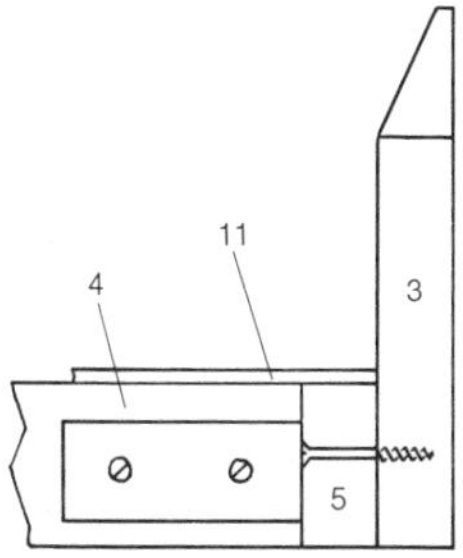

Les joints sont coupés carrés et arrondis.

MATÉRIAUX NÉCESSAIRES:

No	Désignation	Quantité	Dimension nominale	Long.	Larg.	Matériau
1	Traverse de pied	1		58″	6½″	pin 1¼″
2	Traverse de tête	1		58″	5″	pin 1¼″
3	Longerons extérieurs (côtés)	2		79″	5″	pin 1¼″
4	Longerons intérieurs (bouts)	2		55¾″	2″	pin 1¼″
5	Longerons intérieurs (côtés)	2		74½″	2″	pin 1¼″
6	Blocs	4	1¼″ x 4″	triangles		pin
7	Panneaux de pied	2	2″ x 12″	53½″		sapin
8	Entretoises	2	2″ x 8″	74½″		sapin
9	Poutre transversale	1	2″ x 3″	53½″		sapin
10	Traverse (facultative)	1	2″ x 3″	47½″		sapin
11	Base du matelas	2 (moit.)		38⅜″	55¾″	pan. perforé ⅛″

Quincaillerie: 28 vis en acier No 8 tête plate de 1¾″ (pour longerons); 8 de 2¼″ (pour blocs). Goujons ⅜″ de diam.: 36″ de long. Un quart de lb. de clous à finir de 1″ (base du matelas). Une pinte de colle de plastique. 2 boulons de carrosserie ¼″ diam. 7½″ de longueur.
Note: Si vous faites refendre par le marchand la traverse de tête et les longerons extérieurs de côté dans une pièce de 1¼″ x 8″, les retailles serviront aux longerons intérieurs (tête et côtés). La coupe doit être poncée. La traverse de pied et son longeron intérieur seront achetés à part, à cause de leur largeur.

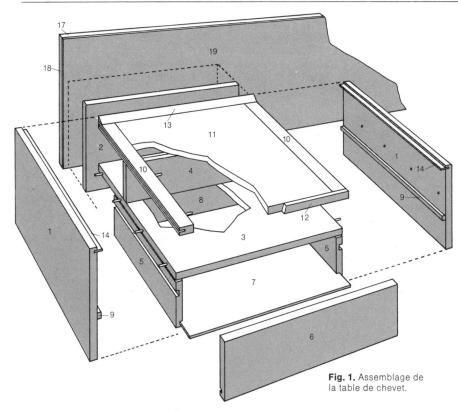

Fig. 1. Assemblage de la table de chevet.

MATÉRIAUX NÉCESSAIRES:

No	Désignation	Quantité	Dimension nominale	Long.	Larg.	Matériau
Chaque table de chevet						
1	Côtés	2		18″	7½″	contreplaqué ¾″
2	Panneau arrière	1		16¾″	8″	contreplaqué ¾″
3	Tablette	1		16¾″	16¾″	contreplaqué ¾″
4	Séparation verticale	1		16¾″	2¼″	contreplaqué ¾″
5	Côtés, tiroir	2		16″	3⁷⁄₁₆″	contreplaqué ½″
6	Devant, tiroir	1		16½″	4¼″	contreplaqué ½″
7	Fond, tiroir	1		16″	15½″	contreplaqué ¼″
8	Dos, tiroir	1		16½″	2¹⁵⁄₁₆″	contreplaqué ½″
9	Coulisseaux, tiroir	2	½″ x ¼″ (coupé)	16″		pin
10	Coulisseaux, dessus	2	1″ x ¾″ (coupé)	17″		pin
11	Dessus coulissant	1		17″	14⅜″	contreplaqué ¾″
12	Baguette sup. (devant)	1	1″ x ½″ (coupé)	16⅜″		pin
13	Languette arrière	1	1″ x ½″ (coupé)	16⅜″		pin
14	Languette supérieure	2	⁹⁄₁₆″ x ⅛″ (coupé)	17″		chêne
15	Baguette sup./inf. (côté)	4 (non ill.)	¾″ x ¼″ (coupé)	18¼″		pin
16	Baguette côtés (devant)	2 (non ill.)	¾″ x ¼″ (coupé)	8″		pin
Tête de lit						
17	Moulure du haut	1	¾″ x ¼″ (coupé)	96″		pin
18	Moulure du côté	2	¾″ x ¼″ (coupé)	11¼″		pin
19	Tête du lit	1		95½″	11″	contreplaqué ¾″
20	Cales d'espacement	2 (non ill.)	½″ x 4″ (coupé)	18″		pin

Quincaillerie: 1 boîte clous étêtés 1″; ¼ lb. clous à finir 1½″ pour assembler les pièces pendant que la colle sèche. Une chop. de colle de plastique. Vis No 8 tête plate: 8 de 1¾″ (panneau de chevet); 8 de 1½″ (tables); 4 de 2¼″ (coulisseaux); goujons ¼″.

Note: Contreplaqué de pin ou de bouleau pour panneau de tête et tables. Finissez au polyuréthane ou à la teinture pour former contraste avec le lit en pin.

Assemblage de la table de nuit

La tête de lit avec tables de chevet encastrées est illustrée à la p. 550, mais l'assemblage des tables est expliqué ci-contre. Ces tables forment, jointes au lit, un tout harmonieux. Les dimensions peuvent en être modifiées.

Exécutez des rainures de ⅛″ à l'intérieur des côtés de la table (1), à ⅜″ du haut. Collez et clouez les côtés et l'arrière du tiroir (2) aux bords de la tablette (3): le fond de celle-ci sera à 3½″ au-dessus de la rive inférieure des côtés. Collez et clouez les séparations (4) à 5″ de l'arrière, pour former un compartiment d'accès facile.

Pour le tiroir, faites des rainures de ⅝″ de largeur et de ¼″ de profondeur à 1″ du sommet, sur les côtés du tiroir (5) pour les coulisseaux. À l'intérieur, exécutez, sur le devant et les côtés (6), des rainures de ¼″ x ¼″, à ¼″ du bas, pour y poser le fond (7). Collez et assemblez. Posez le dos (8) entre les côtés, le bord inférieur collé et cloué au fond du tiroir. Montez les coulisseaux (9) avec colle et clous, les arêtes supérieures des côtés du tiroir à 1/16″ du dessous de la tablette. Centrez les rainures de ⅛″ dans les côtés (10) des bandes de la surface coulissante. Collez et assujettissez avec des goujons de ¼″ les bandes à la surface (11). Collez les baguettes de façade (12) au ras de la surface; chanfreinez

la lisière qui servira à ouvrir le tiroir (13) ou biseautez-la à la scie puis collez l'arête supérieure du dos sur la

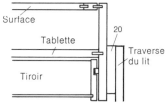

Fig. 2. Table de chevet, de face.

surface. Collez les languettes (14) dans les rainures du côté et glissez le dessus de la table en place. Collez et clouez les moulures (15, 16) aux côtés de la table et (17, 18) à la tête du lit.

Centrez la tête du lit sur la traverse de tête, bords inférieurs à égalité. Vissez. Enfoncez les vis au travers de la tête et des tables: les espaceurs (20) s'ajustent entre celles-ci et les traverses de côté. Enfoncez les vis de l'intérieur des traverses des côtés au travers des espaceurs et des côtés.

Tête de lit

Cet ensemble formé d'une tête de lit et de deux tables de chevet convient aux lits à deux places mesurant 56½″ de largeur mais il peut être agrandi pour encadrer des lits plus vastes. Il s'enlève aisément du mur sur lequel il est fixé.

EXÉCUTION

Forez 4 trous de ¼″ espacés également dans les extrémités des panneaux de côté (1) jusque dans les extrémités de la tête de lit (2). Fixez avec des goujons ou faites des assemblages à goujons borgnes. L'arête arrière des panneaux de côté dépasse la tête de lit de ¾″ pour faire place à la traverse murale (3) et à la traverse supérieure (4). Taillez en biseau de 45°, en descendant vers le mur, le haut de la traverse murale et fixez aux montants du mur avec

des vis No 8 tête plate 2½″. Biseautez le chant inférieur de la traverse haute au dos de la tête du lit avec des vis Nº 8 tête plate 1¼″. Collez et assemblez avec des goujons la tablette (5) et les guides de tiroir (6) à la tête du lit avec 4 goujons de ¼″ dans la tablette et 1 dans le guide. Collez et clouez les panneaux de côté et les guides de la tablette. Exécutez des rainures de ⅝″ x ¼″ à 1″ des arêtes supérieures des côtés (7) pour les coulisseaux des tiroirs. Collez et clouez le devant (8) et le dos (9) aux extrémités des côtés; collez et clouez les fonds de tiroir (10) au bas des côtés de ceux-ci. Clouez et collez les coulisseaux (11) au panneau de côté et au guide du tiroir (6) pour que le haut du tiroir soit à 1/16″ de la tablette. Le tiroir se manie par le dessous. Posez un placage sur le chant du contreplaqué.

Espacez les tables pour avoir vos coudées franches.

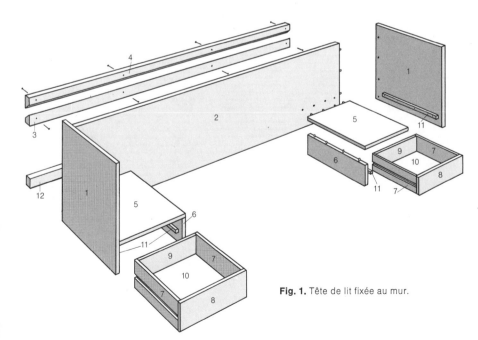

Fig. 1. Tête de lit fixée au mur.

MATÉRIAUX NÉCESSAIRES:

No	Désignation	Quantité	Dimension nominale	Long.	Larg.	Matériau
1	Panneau de côté	2		14¾″	14¼″	contreplaqué ¾″
2	Tête du lit	1		85½″	14¾″	contreplaqué ¾″
3	Traverse murale	1	1″ x 2″	82″		pin
4	Traverse supérieure	1	1″ x 2″	83½″		pin
5	Tablettes	2		12¾″	13⁷⁄₁₆″	contreplaqué ¾″
6	Guides de tiroir	2		12¾″	3″	contreplaqué ¾″
7	Côtés de tiroir	4		11¼″	2⅝″	contreplaqué ¾″
8	Devant de tiroir	2		12½″	2⅝″	contreplaqué ¾″
9	Dos de tiroir	2		11″	2⅝″	contreplaqué ¾″
10	Fond de tiroir	2		12″	12½″	contreplaqué ¼″
11	Coulisseaux de tiroir	4	½″ x ¼″ (coupé)	11″		pin
12	Espaceur	1	1″ x 2″	82″		pin

Quincaillerie: Boîte de clous à finir de 1½″ pour les angles des tiroirs. Boîte de clous tête perdue ¾″ pour fonds de tiroir. Goujons ¼″ diam. Bordure placage (18′ environ). 1 chop. colle résine plastique. 8 vis tête plate No 8 de 1¼″; 8 ou plus de 2½″ pour montants du mur.

Voici la façon de monter un placard ou d'encastrer une penderie en deux unités couvrant un mur entier.

Scie à découper 18
Joints à entailles 386
Fixatifs 76

Portes à charnières 141
Panneautage mural 379

Ce système de rangement peut se pratiquer dans un placard déjà en place (première partie) ou être exécuté en deux unités couvrant un mur entier (deuxième partie). La charpente contiendra alors deux des unités reproduites sur la photographie-modèle de la page 554.

Placard de rangement (1re partie)

Avant d'entreprendre la construction, procurez-vous des tiroirs en matière plastique transparente. On en trouve couramment dans les magasins. Si les tiroirs et les casiers que vous achetez n'ont pas les dimensions de ceux que nous montrons ici (casiers de 15″ de larg., 16″ de prof.; tiroirs de 12″ de larg., 18″ de prof.), modifiez les dimensions des tablettes à compartiments, des tablettes ajustables et des côtés (3, 4, 8) ou faites huit tiroirs en bois.

EXÉCUTION

Fixez le panneau de bout extérieur (5) au mur de la penderie. Sur un mur creux, utilisez des boulons d'ancrage (p. 76), aux deux coins du panneau. Deux équerres de 3″ fixeront le panneau (5) au plancher. Espacez-le de 36″ du panneau (fig. 1, p. 556). Posez le panneau supérieur (1) sur les panneaux de bout (5). Collez et fixez à l'aide de vis N° 6, tête plate, 1½″.

Taillez la tablette du compartiment (3) et servez-vous-en comme mesure d'espacement pour la séparation verticale (6). Fixez cette séparation au sol avec 2 équerres de 3″. Fixez la séparation verticale au panneau supérieur avec deux vis N° 6, tête plate, 1½″.

Taillez les tablettes ajustables (4) et forez des trous de ¼″ pour les fixer dans les panneaux de bout (5) et dans la séparation verticale (6). Fixez le support du panneau de jonction (11) au mur du fond de la penderie, de telle sorte qu'il affleure le chant du

panneau (5). Servez-vous de boulons d'ancrage ou vissez au colombage. Installez les supports de tringle (12) et la tringle (13), puis le panneau de jonction (2). Si vous construisez à même un placard, un des supports de tringle sera fixé au panneau de bout et l'autre au mur avec des boulons d'ancrage. Dans le cas de la penderie encastrée, les supports de tringle sont vissés aux panneaux des bouts (5) (fig. 1).

Montez les côtés des compartiments à casiers (8). L'un est vissé au panneau de bout (5) avec des vis N° 6 tête plate de 1½″; l'autre est fixé au sol avec deux équerres de 3″. Collez et fixez aux côtés le dessus du compartiment à panier (7) avec des vis N° 6 tête plate 1½″. Taillez les panneaux porte-chaussures (9). Ils sont encochés comme indiqué à la fig. 2. Les encoches doivent accueillir des goujons de ¾″. Déterminez l'espacement en plaçant une chaussure sur le côté, pointe en bas, contre le panneau. Indiquez l'emplacement du goujon entre le talon et la semelle et à la moitié de celle-ci. Avec une scie à découper, faites des encoches aux endroits indiqués. L'espacement variera selon qu'il s'agira de chaussures d'homme ou de femme. Collez les panneaux porte-chaussures aux panneaux verticaux. Placez les goujons (10). Pour ranger d'autres objets dans cet espace, enlevez les goujons. Posez les tiroirs ou les paniers selon les recommandations du fabricant, et vous aurez là le placard de rangement dont rêve toute maîtresse de maison.

Penderie couvrant un mur entier (2e partie)

Avant de tracer vos plans et d'entreprendre l'exécution de cette penderie, voyez quelles portes à persiennes vous pouvez obtenir. Il vous sera facile, ensuite, d'ajuster les ouvertures à des portes standard. Le contraire serait beaucoup plus difficile.

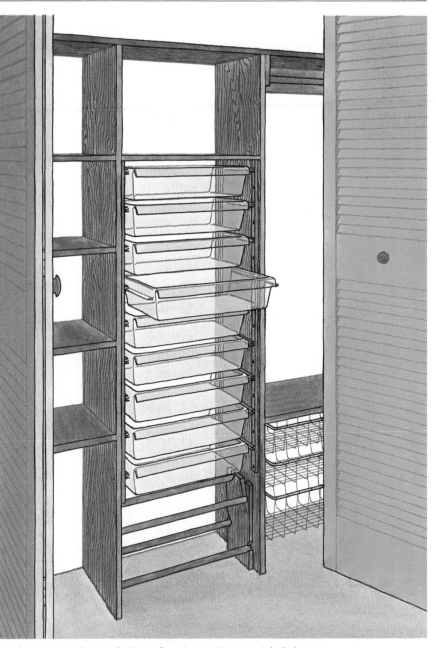

Des plateaux ou paniers en plastique glissant sur patins servent de tiroirs.

La plupart des portes à persiennes standard mesurent 80″ de hauteur; quelques-unes, 96″; on en trouve aussi de moins hautes. Elles conviennent à des ouvertures de 24″, 26″, 28″, 30″, 32″, 34″ et 36″, et comportent deux panneaux montés sur des pentures.

Il s'en vend également à deux pans de 72″ de largeur. Les portes s'achètent souvent en nécessaires comprenant les charnières, les rails et les boutons.

Si votre marchand ne tient pas ces nécessaires, n'oubliez pas d'acheter les rails de suspension et la quincaillerie qui conviennent.

Si vous érigez cette penderie dans une pièce où la moquette est posée sur une thibaude, il faudra ajouter une base en bois de trois pièces de 2″ x 8″ et une de 2″ x 3″, posées côte à côte.

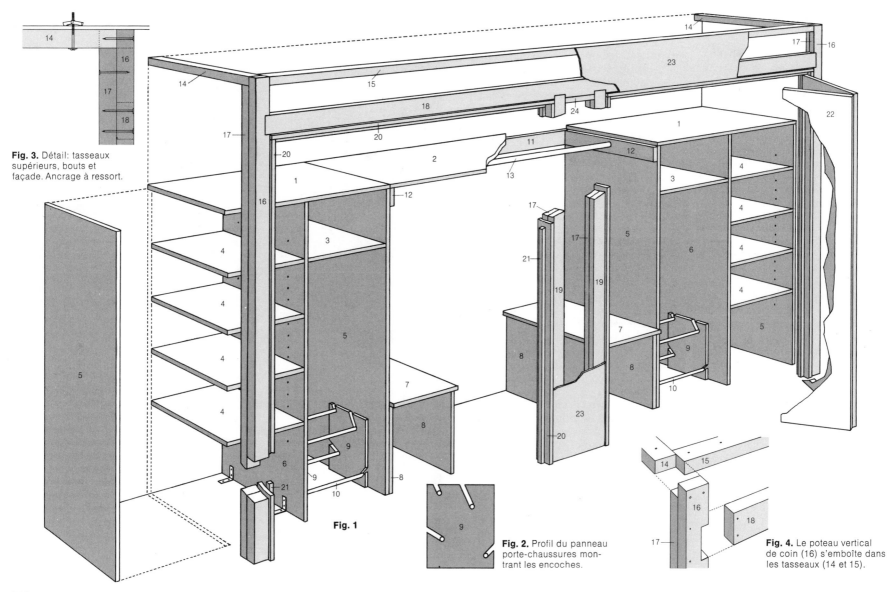

Fig. 3. Détail: tasseaux supérieurs, bouts et façade. Ancrage à ressort.

Fig. 1

Fig. 2. Profil du panneau porte-chaussures montrant les encoches.

Fig. 4. Le poteau vertical de coin (16) s'emboîte dans les tasseaux (14 et 15).

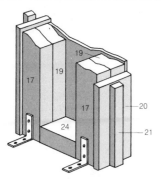

Fig. 5. Fixation au sol de l'assemblage vertical.

EXÉCUTION

Coupez les tasseaux-supports des bouts (14) et clouez-les aux solives, si possible. Sinon, utilisez des boulons d'ancrage (p. 76) de 3″, comme à la fig. 3. Montez le tasseau sup. de façade (15) de façon à ce qu'il dépasse le tasseau du bout (14) de 1½″ (fig. 4). Fixez ces tasseaux dans les solives avec des tire-fond (p. 72).

Coupez le poteau de coin (16) de la longueur voulue entre le plancher et le plafond. Reportez la hauteur des portes sur ce poteau, à partir de sa base. Ajoutez ¾″ à cette dimension (épaisseur du chambranle), ce qui laissera du jeu entre le bas de la porte et le plancher. Tracez une ligne à l'endroit indiqué sur le poteau pour savoir où exécuter l'entaille. Exemple: si la porte a 80″ de haut., la limite inférieure de l'entaille sera à 81¼″ (80″ + ¾″ + ½″). Exécutez une entaille de 3½″ de long. par 1″ de profondeur (p. 386); cette entaille accommodera le linteau (18). Complétez l'assemblage vertical de coin en coupant les tasseaux de support vertical (17) 1½″ plus courts que le poteau de coin (16). Clouez les tasseaux de support vertical au poteau de coin (16) afin que les bouts soient au niveau du sol. Installez l'assemblage vertical du coin. Clouez le bout supérieur au tasseau du bout (14).

Fixez la base au sol avec des équerres de 3″. Coupez le linteau (18) pour qu'il s'emboîte dans le poteau vertical de coin (16). Faites des entailles dans le linteau pour accommoder le poteau vertical du centre. Disposez ces entailles aux endroits propres à recevoir les portes à persiennes. Ajoutez 1½″ à cette dimension pour l'épaisseur des chambranles. Clouez le linteau dans le tasseau de support vertical (17).

Taillez le poteau vertical de centre à la bonne dimension (entre le linteau et le sol) et les tasseaux de support verticaux (17) de 2½″ plus longs que le poteau et clouez-les. Installez l'assemblage dans l'entaille du linteau. Clouez la partie supérieure du tasseau (17) dans le linteau. Fixez la base des assemblages au sol à l'aide des équerres (fig. 5). Clouez un tasseau d'espacement au sol entre les assemblages. Clouez-en un autre sous le linteau comme base de clouage pour le revêtement mural (23).

Coupez et ajustez les chambranles de porte (20). Si les portes sont de style coulissant, fixez-en la quincaillerie sur le chambranle supérieur.

Clouez le revêtement mural (23) sur les poteaux centraux. Construisez les sections de placard de rangement tel que décrit dans la partie 1. Complétez les deux placards avant d'installer le panneau de jonction (2) et son support (11) et la tringle (13).

Si vous avez des portées de 6′ ou même plus, utilisez du tuyau de 1″ de diamètre comme tringle.

Allouez suffisamment d'espace entre le panneau de jonction et la tringle afin que les cintres glissent aisément.

Fixez les portes (22) en suivant les directives du fabricant, puis faites-les fonctionner avant de clouer les butoirs (21). Le butoir doit dissimuler la quincaillerie de l'assemblage supérieur pour que le coup d'œil soit parfait.

MATÉRIAUX NÉCESSAIRES Penderie avec tiroirs (une seule)

No	Désignation	Quantité	Dimension nominale	Long.	Larg.	Matériau
1	Panneau supérieur	1		36″	18″	aggloméré ¾″
2	Panneau de jonction	1		au choix	18″	aggloméré ¾″
3	Tablette du compartiment	1		18″	16¼″	aggloméré ¾″
4	Tablettes ajustables	4		18″	17½″	aggloméré ¾″
5	Panneaux de bout (ext. int.)	2		60″	18″	aggloméré ¾″
6	Séparation verticale	1		60″	18″	aggloméré ¾″
7	Dessus: comp. à paniers	1		20″	15″	aggloméré ¾″
8	Côtés: comp. à paniers	2		19″	18″	aggloméré ¾″
9	Panneaux porte-chaussures	2		10″	10″	contreplaqué ¾″
10	Supports à chaussures	4		16¼″		goujon ¾″ diam.
11	Support: panneau-jonction	1	1″ x 4″	au choix		pin
12	Support de tringle	2	1″ x 4″	17¼″		pin
13	Tringle	1		au choix		sapin 1⅜″ diam.

Quincaillerie: 6 équerres en fer de 3″ pour fixer au plancher les panneaux de séparation. 7 ancrages (si les murs sont creux). 24 vis No 6 à tête plate 1½″. Seize supports à tringle.

Note: Les dimensions données conviennent à la penderie illustrée ici. Modifiez les mesures pour adapter la penderie à la niche dont vous disposez.

MATÉRIAUX NÉCESSAIRES Penderie couvrant un mur entier

No	Désignation	Quantité	Dimension nominale	Longueur	Matériau
14	Tasseau supérieur du bout	2	2″ x 3″	22½″	sapin
15	Tasseau supérieur: façade	1	2″ x 3″	au choix	sapin
16	Poteau de coin	2	2″ x 3″	au choix	sapin
17	Tasseau de support vertical	4	2″ x 3″	au choix	sapin
18	Linteau de porte	1	2″ x 4″	au choix	pin
19	Poteau vertical: centre	2	2″ x 3″	au choix	sapin
20	Chambranle de porte	6	1″ x 4″	selon hauteur et largeur porte	pin
21	Butoir	6	¾″ x ¾″	selon hauteur et largeur porte	pin
22	Portes à persiennes	4 paires	selon disponibilité		
23	Revêtement mural	1	4″ x 8″		aggloméré ou panneau de bois
24	Tasseau d'espacement	2	2″ x 3″	au choix	sapin

Quincaillerie: 4 équerres en fer 3″ pour assemblages verticaux. Ancrages au besoin pour tasseaux supports de bouts. 6 tire-fond de 4″ pour tasseau de façade. ¼ lb. clous ordinaires de 3½″. Adhésif pour revêtement mural; clous à planche murale; ruban, rempli à joints. Quincaillerie de portes à persiennes: 12 pentures 1″ x 3″. 4 boutons de porte.

Note: Le poteau vertical central (19) et le linteau (18) s'ajustent selon les portes à persiennes.

Chambre: **Penderie encastrée**

Les dimensions de cette penderie sont en fonction de l'emplacement disponible. Les matériaux indiqués conviennent pour une finition à la cire ou à la peinture. La penderie est placée dans l'angle de la pièce. Les deux murs adjacents maintiennent sa structure de base. Les quatre portes coulissantes économisent l'espace.

EXÉCUTION

Mesurez l'espace dont vous disposez. Exécutez sur les traverses haute et basse (1) et intermédiaire (2) des rainures de la largeur du rail de la porte (fig. 2). Arrêtez les rainures à 3″ de chaque extrémité des traverses. Les traverses sont réunies aux poteaux par des joints de tenon-et-mortaise (fig. 1). La surface supérieure de la traverse intermédiaire (2) devra être à 76¾″ du sol.

Faites une encoche de ¾″ de larg.

Penderie peinte et tablettes supplémentaires.

x ⅜″ de prof. au centre de la traverse intermédiaire pour accommoder le coin du panneau de séparation. Collez les poteaux (3 et 4) avec les traverses (1 et 2) pour former la charpente, et fixez-les avec des vis Nº 8 tête plate de 1½″.

Coupez une latte d'alignement (8) de 26″ pour que son épaisseur corresponde à l'espace libre et aux inégalités du mur. Vissez le tasseau d'alignement sur le poteau côté mur (4). Fixer le tasseau long (9) au mur.

Vissez le cadre avant aux tasseaux d'alignement et au plancher. Exécutez des entailles de ¾″ pour les tablettes (10) dans le panneau de séparation, à 9″ et à 18″ du haut.

Faites une entaille de ¾″ de largeur par ⅜″ dans le panneau de bout (5); également, à 9″ et à 18″ du haut.

Faites des entailles similaires pour la tablette longue (6), au niveau de la feuillure de la traverse intermédiaire (2). Découpez le dos du panneau de séparation (7) pour qu'il épouse la forme de la plinthe et de la traverse du bas (1) et de la traverse intermédiaire (2).

Coupez la tablette longue à la dimension indiquée. Pratiquez-y une entaille de ¼″ de largeur pour recevoir le panneau de séparation. Clouez des tasseaux de ¾″ x ¾″ à l'arrière de la traverse intermédiaire (2) à ¾″ du haut. Vissez des tasseaux courts au mur. Coupez les tablettes courtes à la longueur indiquée. Installez les tablettes courtes en place dans les entailles, en les faisant reposer sur les tasseaux.

Clouez le panneau de séparation au sol. Découpez le dos du panneau de bout (5) pour qu'il épouse la forme de la plinthe, et vissez-le au poteau de bout (3).

Vissez les supports de tringle (13) à 3″ sous les tablettes et à 11″ du mur.

Installez les tringles (14) à leurs places respectives, après avoir vissé les supports.

Cette penderie à portes coulissantes est placée dans l'angle d'une pièce.

Adhésifs 86
Finition du bois 407   **Feuillurage 392**
Mesurage et traçage 382   **Joints de bois 384**

Il doit y avoir un espacement de ⅛″ tout le tour des portes. Insérez les rails de portes (17) sur les traverses (1) et installez la porte arrière en premier. Soulevez-la dans le rail supérieur de façon à ce qu'elle prenne sa place dans le rail du bas. Exécutez la même manœuvre pour la porte avant et pour celle du haut (15). Posez des poignées encastrées à la même hauteur que les autres poignées de la pièce.

La petite photo illustre la même penderie, mais peinte, celle-là, et munie, sur sa gauche, de quatre tablettes de rangement pour les draps, les cou-

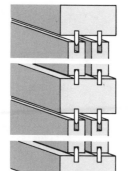

Fig. 2. Les portes du haut et du bas glissent sur des clavettes de plastique qui s'ajustent aux rainures des traverses haute, basse et intermédiaire ainsi qu'aux portes.

vertures et les serviettes.

Si vous préférez une penderie autonome (non fixée aux murs), vous devrez ajouter un cadre arrière, une base et un dos. Le dos sera fait de contreplaqué de ¼″: deux panneaux de 4′ suffiront. Taillez-les de telle sorte que leur rencontre se fasse sur le panneau de séparation. Clouez le dos au cadre arrière avec des clous à finir de 1½″.

La base doit être assez solide pour résister au déplacement éventuel du placard. Employez du contreplaqué de ¼″, de ½″ ou de ¾″.

L'intérieur de la penderie sera peint de couleur claire, quelle que soit la finition extérieure que vous choisissiez. La penderie non peinte sera enduite de peinture.

Poncez l'intérieur et l'extérieur de la penderie avant d'appliquer la finition. Adoucissez-en les coins avec un papier abrasif grossier et finissez le travail avec un papier à grain fin.

Appliquez deux couches de laque (n'oubliez pas de poncer entre les couches), et une couche de cire en pâte que vous ferez briller avec un bonnet en laine d'agneau attaché à votre perceuse électrique.

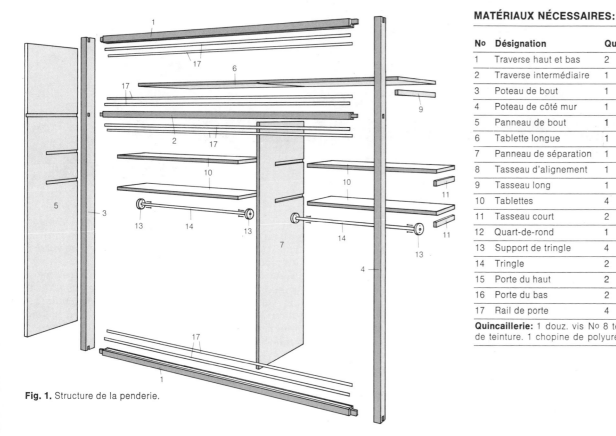

Fig. 1. Structure de la penderie.

MATÉRIAUX NÉCESSAIRES:

No	Désignation	Quantité	Dimension nominale	Long.	Larg.	Matériau
1	Traverse haut et bas	2	2″ x 3″	au choix		pin
2	Traverse intermédiaire	1	2″ x 2″	au choix		pin
3	Poteau de bout	1	2″ x 2″	au choix		pin
4	Poteau de côté mur	1	2″ x 3″	au choix		pin
5	Panneau de bout	1		au choix	26″	contreplaqué ¾″
6	Tablette longue	1		au choix	23½″	contreplaqué ¾″
7	Panneau de séparation	1		76¼″	23½″	contreplaqué ¾″
8	Tasseau d'alignement	1	1″ x 3″ (non ill.)	au choix		pin
9	Tasseau long	1	1″ x 2″	23½″		pin
10	Tablettes	4		au choix	16″	contreplaqué ¾″
11	Tasseau court	2	1″ x 2″	16″		pin
12	Quart-de-rond	1	¾″	au choix		pin
13	Support de tringle	4				bois ou métal
14	Tringle	2		au choix		sapin 1⅜″ diam.
15	Porte du haut	2		au choix		contreplaqué ½″
16	Porte du bas	2		au choix		contreplaqué ½″
17	Rail de porte	4		au choix		plastique (fig. 2)

Quincaillerie: 1 douz. vis No 8 tête plate 1½″. Clous à finir 1½″. 4 boutons de porte. 1 demiard de teinture. 1 chopine de polyuréthane.

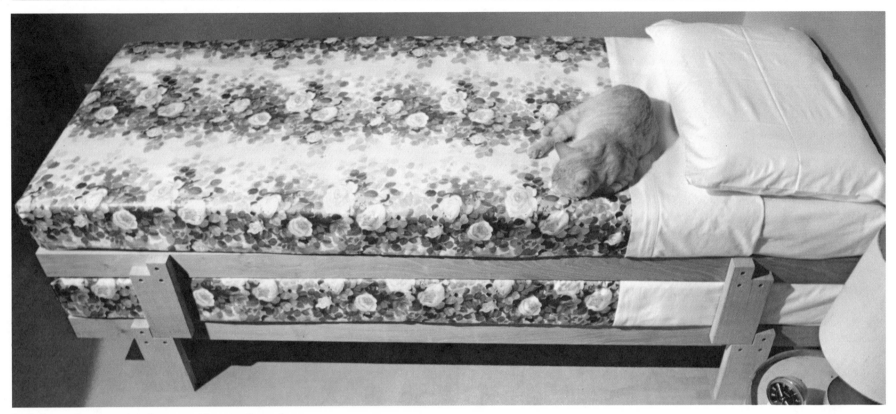

Posés l'un sur l'autre, ces deux lits occupent l'espace d'un seul.

Séparés, ils deviennent des lits jumeaux.

L'emploi de matériaux légers dans la construction de ces lits solides les rend faciles à manier. Placés l'un sur l'autre, ils forment un seul lit, et les pieds s'emboîtent si bien les uns dans les autres que le lit supérieur ne bouge pas. S'il vous faut un second lit, vous n'avez qu'à soulever celui du haut et, surprise! vous obtenez des lits jumeaux. Ils sont de même hauteur et s'ajustent indifféremment l'un sur l'autre.

EXÉCUTION

Les dimensions données conviennent à des matelas de 75″ x 30″ x 4″ d'épaisseur. Si vous utilisez des matelas de 5″, allongez les pieds de 1″. Les dimensions des matelas variant quelque peu, il serait sage de mesurer les vôtres avant d'acheter le bois.

La dimension nominale des traverses de côté et des traverses des bouts est celle-là même des 2″ x 4″ standard; employez donc des 2″ x 4″ en sapin, si vous souhaitez économiser. Sinon, procurez-vous un bois dur de cette dimension chez un marchand. Que vous utilisiez sapin ou bois dur, les joints emboîtants des angles peuvent être taillés à la découpeuse ou à la scie à dos. Couvrez les surfaces à joindre de colle blanche avant de les assembler.

Joints emboîtants 392
Scie à dos 17
Adhésifs 86

Scie à découper 52
Fixation par vis 74
Perçage du métal 423   **Sangles 204**

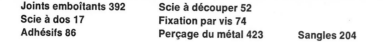

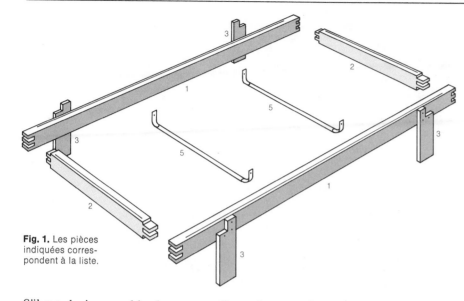

Fig. 1. Les pièces indiquées correspondent à la liste.

MATÉRIAUX NÉCESSAIRES:

No	Désignation	Quantité	Dimension nominale	Long.	Matériau
1	Traverse de côté	4	2″ x 4″	78″	sapin ou bois dur
2	Traverse de bout	4	2″ x 4″	30″	sapin ou bois dur
3	Pattes	8	1¼″ x 4″	10″	bois dur
4	Sangles	app. 2	2″	120′	caoutchouc ou jute
5	Barres d'espacement	4	¾″	34″	tuyau mince

Quincaillerie: 24 vis No 10 tête plate 2½″ (cuivre); 8 vis acier No 10 tête ronde 1½″; 2 boîtes de broquettes No 12; 1 chopine de colle blanche.

Note: Si les lits doivent être utilisés régulièrement, ajoutez une sangle sur la longueur et deux sur la largeur pour plus de solidité.

S'il y a du jeu, comblez les espaces libres de rabotures enduites de colle ou de cales de bois. Assurez-vous que les angles soient parfaits et laissez sécher la colle toute une nuit.

On obtient les barres d'espacement en aplatissant les extrémités de tuyaux de 34″ dans un étau ou en les martelant sur une surface solide. Les bouts aplatis sont ensuite courbés de telle sorte qu'il y ait un espacement de 30″ entre eux. Forez les bouts aplatis pour les visser à la face intérieure des traverses de côté. Placez les barres à 24″ du cadre et fixez-les avec des vis No 10 tête ronde aux deux extrémités des barres.

Entaillez les pieds tel qu'indiqué à la fig. 2. Retenez les pieds aux traverses de côté avec des brides en C dans la position qu'ils auront quand les lits seront empilés (fig. 4). Percez et fraisez trois trous dans chaque pied.

Enlevez les brides, couvrez les points de rencontre de colle blanche et vissez les pieds en place avec des vis No 10 tête plate de 2½″.

Les sangles peuvent être posées selon l'une ou l'autre des méthodes montrées à la fig. 5. Si elles sont de caoutchouc, tendez-les fortement à la main.

Si vous utilisez du jute, tendez-le avec un tendeur à sangles que vous trouverez chez un tapissier ou un décorateur.

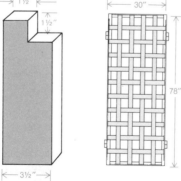

Fig. 2. Encochez les pattes pour l'empilage.

Fig. 3. Utilisez la quantité de sangles nécessaires.

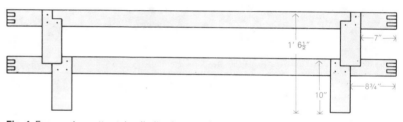

Fig. 4. Espacez les pattes tel qu'indiqué; avant de les fixer, bridez-les temporairement et faites des essais.

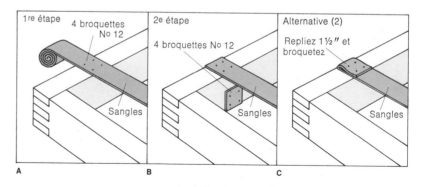

Fig. 5. Si vous enveloppez les traverses avec des sangles comme dans A et B, choisissez des sangles de la même couleur que celles-ci. Autrement, faites comme à la fig. C, ci-haut.

Longerons et entretoises s'emboîtent pour plus de solidité. Les entretoises forment l'échelle.

La perspective créée par le miroir semble doubler la superficie de la pièce.

Lits superposés

Des lits superposés, des tableaux noirs et un grand miroir encadré de tablettes ajoutent du charme à l'apparence d'une chambre d'enfant. Ces lits ont 5' 6" de hauteur, 6' 7½" de longueur et 35½" de largeur. Ils ont été prévus pour des matelas de 75" x 30" x 4", mais leurs dimensions se changent à volonté.

EXÉCUTION

Coupez d'abord toutes les pièces aux bonnes dimensions. Percez 2 trous de 3/16" de diamètre à ⅝" de chaque bout des entretoises (fig. 2) et à ⅜" de leurs rives. Fixez les entretoises aux poteaux (1), de façon à ce que l'entretoise du haut soit au même niveau que le bout supérieur des poteaux. Les entretoises suivantes sont espacées entre elles de 5½". Les entretoises sont collées puis vissées aux poteaux avec des vis No 10 de 2½" et des cuvettes.

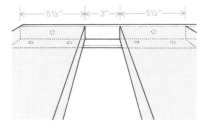

Fig. 1. Ecartement respecté pour monter les traverses de lit et pour les trous des cornières (5).

Lorsque la colle aura séché complètement, déposez les cadres des extrémités sur leurs côtés, de façon à ce que les poteaux se fassent face.

Chaque extrémité de longeron (3) passe entre deux entretoises (fig. 2) et est fixée à l'intérieur des poteaux avec deux vis No 10 à tête plate de 1¾". Leurs extrémités seront au même niveau que la surface des entre-

Plateau de sciage 60
Fixation par vis 74
Tablettes ajustables 85, 546-549

Adhésifs 86
Eclairage fluorescent 274
Feuillure 30, 50, 55

Perçage du métal 423

toises extérieures des bouts. Ne collez pas ces longerons aux poteaux. Percez des trous dans les supports en aluminium (5) et fraisez-les (fig. 1).

Mettez les supports au centre des longerons et fixez-les avec les vis No 8 à tête plate de ¾".

Les mêmes vis serviront également d'ailleurs à fixer les traverses aux supports.

Tableaux noirs et miroir

Les tableaux noirs coulissants (2 — fig. 3) sont faits de panneaux de contreplaqué de ⅜" d'épaisseur mesurant 30" x 36".

Couvrez le bon côté avec de la peinture à tableau. Les rails (1) sont en pin de 1¼" x 2" et de la longueur désirée. Exécutez une feuillure de ½" de largeur par ⅝" dans le rail supérieur et de ½" de largeur par ⅜" dans le rail inférieur (fig. 3). Fixez les rails au mur avec des vis No 10 à tête plate de 2½". Le rail du bas sera à 12" du plancher. Allouez un espacement de 35⅜" entre les rails pour permettre le glissement facile des panneaux.

Le coffrage (fig. 3) est fabriqué en contreplaqué de ⅜". Coupez des lisières de 3" pour le devant (6). Collez la lisière triangulaire (3) au rail supérieur; collez et clouez le dessus (4). Collez une autre lisière triangulaire (5) en ligne avec la rive avant du dessus. Collez et clouez la façade (6).

Voyez à la page 274 les informations relatives aux tubes fluorescents.

Le miroir en glace de ¼" d'épaisseur est de même dimension que les tableaux noirs et est maintenu au mur de la même façon qu'eux.

Les tablettes sont suspendues au mur à l'aide de crémaillères et de supports. Voyez aux pages 546 à 549 les détails au sujet des étagères et la manière de les poser pour qu'elles soient solides et fassent bon effet.

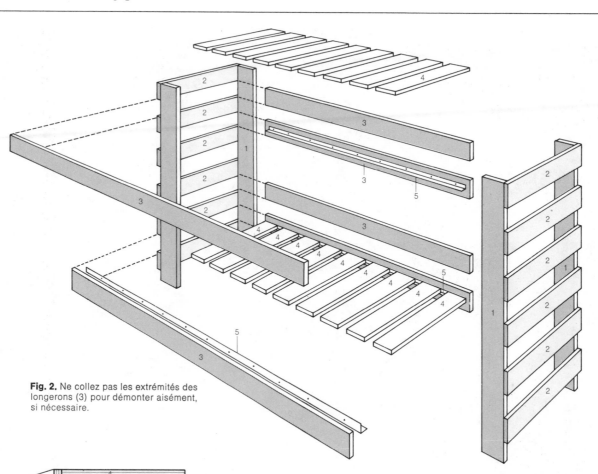

Fig. 2. Ne collez pas les extrémités des longerons (3) pour démonter aisément, si nécessaire.

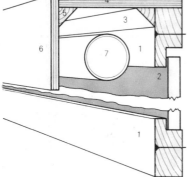

Fig. 3. Assemblage des rails et coffrage.

MATÉRIAUX NÉCESSAIRES (lits superposés)

No	Désignation	Quantité	Dimension nominale	Longueur	Matériau
1	Poteaux	4	1¼" x 6"	66"	pin
2	Entretoises	12	1" x 6"	35½"	pin
3	Longerons	6	1" x 6"	79½"	pin
4	Traverses	18	1" x 6"	31³⁄₁₆"	pin
5	Cornières	4	* 1" x 1" x ¼"	75"	aluminium

Quincaillerie: 4 douz. de vis N° 10 tête plate 2½" avec cuvettes, pour entretoises. 2 douz. de vis N° 10 tête plate 1¾", pour longerons. 9 douz. vis N° 8 tête plate ¾", pour traverses. Colle blanche.
*Ou utilisez de l'aluminium ou de l'acier dans les dimensions les plus voisines.

Note: Les matelas s'ajustent étroitement. Ajoutez ½" à la longueur des pièces 2 et 4 pour plus de jeu.

Le rangement d'une chambre d'enfant devient facile, grâce aux coffres.

Les coffres à jouets apprennent l'ordre aux enfants. Les deux genres de coffres que nous proposons ici seront éminemment pratiques en même temps que décoratifs. On peut les suspendre aux murs, à la portée des enfants, ou encore en faire des chariots faciles à bouger en les munissant de roulettes.

Le chariot se métamorphose en coffre quand on le suspend au mur.

Chaque boîte mesure 1' 3" cube. Faites-en autant que vous en voudrez.

EXÉCUTION

Coffre à jouets

Découpez les panneaux de côté, de face et de dos ainsi que le couvercle dans du contreplaqué de ¼". À l'extérieur du coffre, utilisez le bon côté du contreplaqué. Pour découper les lumières dans les panneaux de côté et dans le couvercle, percez deux trous de 1", distancés de 2½" et à 1½" des bords. Utilisez une scie à découper pour terminer la coupe.

Coupez les poteaux des coins et les tasseaux des bouts, de la face et du dos tel qu'indiqué dans la liste des matériaux. Fixez les poteaux des coins (3) aux panneaux de face et de dos (2) avec de la colle blanche. La base des poteaux doit s'ajuster à 1¼" plus haut que la rive des panneaux et à l'égalité de la rive verticale. Clouez les panneaux aux poteaux avec des clous étêtés de ¾", à 3" de distance les uns des autres. Collez et clouez les panneaux de côté (1) aux poteaux des coins, en vous assurant que les rives des premiers arrivent au ras des panneaux de face et de dos.

Tournez le coffre à l'envers et posez le fond (4) sur les bouts des poteaux. Collez les tasseaux des bouts (5) et ceux de face et de dos (6) et clouez-les aux quatre panneaux.

Remettez le coffre à l'endroit et posez le couvercle en place.

Perçage du bois 26, 45   **Contreplaqué 374, 375**
Roulettes 201   **Rabotage 28**
Adhésifs 86   **Scie à guichet 18**   **Scie électrique 49, 50**

Coupez le tasseau de suspension du coffre (8) et biseautez-le à 30° d'un côté avec un rabot ou une scie électrique (p. 49). Collez ce tasseau au panneau de dos à 2½" de la rive supérieure et fixez-le avec des vis No 8 tête plate de ¾".

Taillez les tasseaux de suspension murale suivant la quantité de coffres que vous fabriquez. Si vous en faites plusieurs, allouez 2" entre eux pour faciliter la manipulation. Biseautez la rive supérieure des tasseaux de suspension murale pour qu'ils s'ajustent aux tasseaux de suspension des coffres (fig. 2). Fixez le tasseau du mur à 23" du sol avec des clous ordinaires de 2" fichés dans les montants des murs.

Fixez les espaceurs (10) de la même façon, à 10" plus bas que le tasseau du mur, de sorte que les coffres demeurent bien verticaux.

Chariot

Coupez toutes les pièces selon la liste. Arrondissez les coins de l'avant de la base (11). Percez deux trous de ¼" de diamètre pour le câble, à 6½" des bouts et à ¾" de la rive frontale (fig. 3).

Passez le câble dans les trous prévus à cet effet et faites des nœuds très solides (fig. 3) dans la partie large inférieure du trou de la base; allez-y par le dessous.

Collez les tasseaux des bouts (12) et les tasseaux de face et de dos à la base, tel qu'indiqué à la fig. 1. Assurez-vous que le coffre loge facilement à l'intérieur du carré formé par les tasseaux des bouts du chariot. Fixez la base aux tasseaux avec des clous de 1", à 3" de distance les uns des autres.

Après avoir peint avec de la peinture exempte de plomb, fixez les roulettes sous la base à 2" de chaque coin.

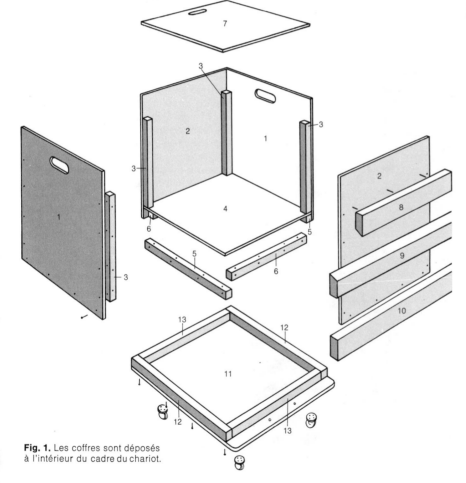

Fig. 1. Les coffres sont déposés à l'intérieur du cadre du chariot.

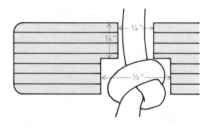

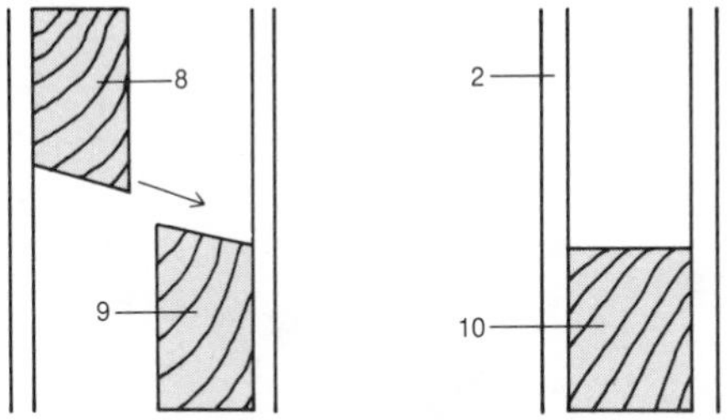

Fig. 2. Détail des tasseaux biseautés 8 et 9 (à gauche) et de l'espaceur 10 (à droite).

Fig. 3. Le nœud du câble loge dans la partie large inférieure du trou de la base.

MATÉRIAUX NÉCESSAIRES (pour un coffre à jouets et un chariot)

No	Désignation	Quant.	Dimension nominale	Long.	Larg.	Matériau
Coffre à jouets						
1	Panneaux des côtés	2		15"	15"	contreplaqué ¼"
2	Panneaux face et dos	2		15"	14½"	contreplaqué ¼"
3	Poteaux des coins	4	¾" x ¾"	11"		pin
4	Fond	1		14½"	14½"	contreplaqué ¼"
5	Tasseaux des bouts	2	¾" x ¾"	14½"		pin
6	Tasseaux face et dos	2	¾" x ¾"	13"		pin
7	Couvercle	1		14½"	14½"	contreplaqué ¼"
8	Tasseau de suspension (coffre)	1	1" x 2"	14½"		pin
9	Tasseau de suspension (mur)	1	1" x 2"	au choix		pin
10	Espaceur	1	1" x 2"	au choix		pin
Chariot						
11	Base	1		18½"	17"	contreplaqué ½"
12	Tasseaux des bouts	2	¾" x ¾"	17"		pin
13	Panneaux face et dos	2	¾" x ¾"	15½"		pin

Quincaillerie: Clous étêtés de 1" et de ¾"; clous communs 2"; 4 vis tête plate No 8 de ¾"; 4 roulettes pivotantes et vis; câble pour les poignées; colle blanche.

Cette voiturette-coffre à jouets fera les délices des enfants de deux à cinq ans.

Voiturette et coffre à jouets

EXÉCUTION

Percez des trous de ¾″ de diam. dans les entretoises (1), à 1½″ des extrémités frontales. Arrondissez-en les côtés. Percez des trous de ¼″ pour les essieux, à ½″ au-dessus du chant inf., à 3¾″ de l'extrémité frontale et à 2½″ de l'arrière. Unissez les entretoises (2) aux côtés avec des goujons de ¼″, mais sans les coller. L'entretoise du bout arrière sera à l'égalité des côtés. Placez l'entretoise du bout avant (sa surface arrière) à 12¼″ de la surface avant de l'entretoise arrière.

Percez des trous de ¾″ x ½″ dans les poteaux du guidon (3), centrés à ¾″ de l'extrémité. Répétez l'opération pour le bas des poteaux, mais percez-les de part en part. Collez le guidon (4) et les axes du pivot (5) dans les poteaux du guidon (le pivot dépassera chaque côté de 1″).

Donnez une couche de vernis aux poteaux du guidon et à l'axe du pivot; peignez le guidon à l'émail blanc.

Une fois l'axe du pivot inséré dans les entretoises du côté, collez les goujons dans le cadre de la voiture. Collez-clouez le butoir (6) à l'entretoise avant, en arasant les chants. Collez-clouez les tasseaux des côtés et des bouts (7, 8) au cadre, au ras du fond. Arrondissez les angles au papier abrasif. Enduisez la voiture de vernis; (oubliez les tasseaux). Donnez une couche d'émail blanc au fond de la voiture (9). Collez ce dernier aux tasseaux (7, 8) non peints. Taillez les panneaux du coffre dans le contreplaqué et exécutez des lumières de ¾″ x 3″, à 1″ du sommet, dans leurs côtés (10), pour les poignées. Collez-clouez le fond (12) aux côtés et aux bouts. Taillez des essieux dans une barre d'acier de ¼″, les laissant dépasser des moyeux pour y percer des trous de 1/16″.

Joints à goujons 395
Fixation par vis 74
Perceuses manuelles 26, 27

Adhésif 86
Perceuse électrique 45
Plateau de sciage 60

MATÉRIAUX NÉCESSAIRES:

No	Désignation	Quantité	Dimension nominale	Long.	Larg.	Matériau
1	Entretoises des côtés	2	1″ x 3″	16½″		pin
2	Entretoises des bouts	2	1″ x 3″	9¼″		pin
3	Poteaux du guidon	2	1″ x 2″	13½″		pin
4	Guidon	1		8½″		goujon ¾″
5	Axe du pivot	1		11¼″		goujon ¾″
6	Butoir	1	½″ x ½″ (coupé)	9¼″		pin
7	Tasseaux des côtés	2	½″ x 1″ (coupé)	12¼″		pin
8	Tasseaux des bouts	2	½″ x 1″ (coupé)	8¼″		pin
9	Fond-voiturette	1		12″	9″	contreplaqué ⅜″
10	Côtés – coffre	2		12″	7″	contreplaqué ⅜″
11	Bouts – coffre	2		8¼″	7″	contreplaqué ⅜″
12	Fond – coffre	1		12″	9″	contreplaqué ¼″

Quincaillerie: 1 boîte de clous 1″ étêtés; 4 roues de 3″ de diamètre approximativement; essieux convenant aux roues; 8 rondelles de métal; 4 goupilles; colle.

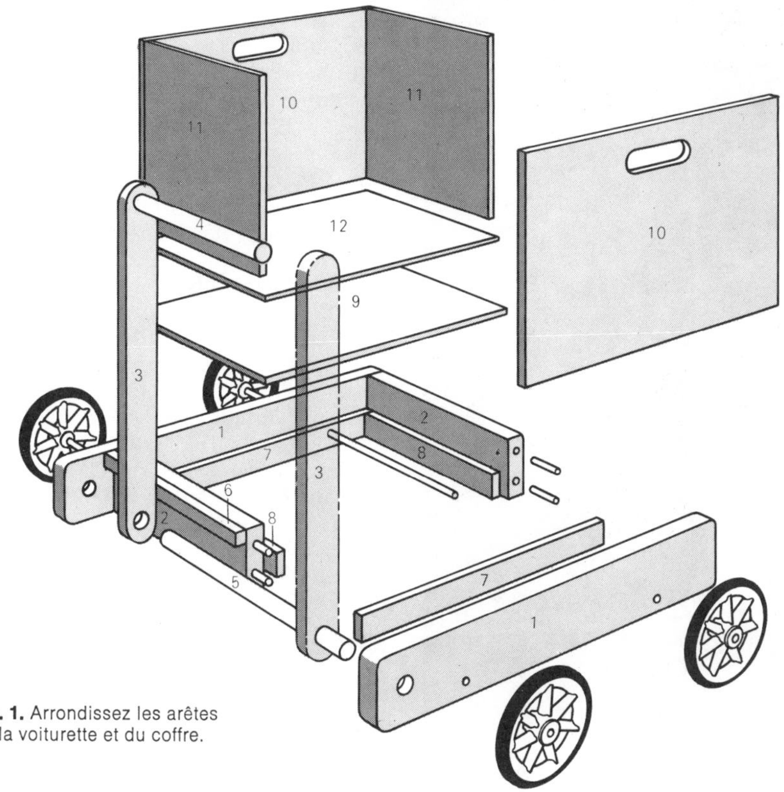

Fig. 1. Arrondissez les arêtes de la voiturette et du coffre.

Tableau noir

Ce tableau-chevalet permet à deux enfants de dessiner en même temps. Les cales placées sous les charnières protègent les petits doigts. La sangle limite l'angle d'ouverture.

EXÉCUTION

Débitez les pieds (2) et exécutez au milieu des chants intérieurs des rainures de ½″ pour loger les panneaux. Collez ceux-ci dans les rainures en affleurant le sommet des pieds (2). Si vous n'avez pas de plateau de sciage, coupez des panneaux de 26″ de large à la scie à refendre et vissez-les à la surface large des pieds. Collez les cales à charnières (3) au sommet des pieds et réunissez ceux-ci par les charnières. Sablez avec un papier abrasif moyen pour arrondir le sommet des blocs de sangle (4). Ceci protégera la sangle.

Placez les blocs au dos des panneaux, à ½″ au-dessus du chant inférieur. Vissez la sangle (5) entre le panneau et les blocs avec deux vis N° 8 à tête fraisée de ¾″. Noyez les vis et obturez les trous avec de la pâte de bois.

La sangle doit retenir les pieds à un angle de 30°.

Appliquez une couche de peinture à tableaux ou une peinture mate au latex. Achetez des craies de couleur contrastante. Laissez sécher à fond. Appliquez du vernis clair sur les pieds.

Tableau noir-chevalet tiré d'un panneau dur et de pièces de 1″ x 2″.

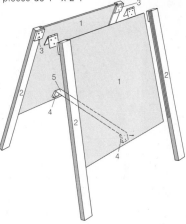

Fig. 2. La sangle limite l'angle d'ouverture des panneaux.

MATÉRIAUX NÉCESSAIRES:

No	Désignation	Quantité	Dimension nominale	Long.	Larg.	Matériau
1	Panneaux	2		25″	24″	panneau dur ⅛″
2	Pieds	4	1″ x 2″	36″		pin
3	Cales à charnières	4	2″ x ½″	2″		pin
4	Blocs de sangle	2	2″ x ½″	2″		pin
5	Sangle	1		18″	1½″	

Quincaillerie: 2 pentures galvanisées de 1½″ et vis; 4 vis N° 8 tête fraisée ¾″; 16 vis si les panneaux sont vissés aux pieds.

EXÉCUTION
Maisonnette

Taillez d'abord vos pièces. Tracez les fenêtres et la porte sur la façade (13) et les murs de côté (7). Découpez porte et fenêtres. Indiquez et découpez le puits d'escalier et les portes dans les cloisons (4) et le palier (8).

La porte avant et les fenêtres sont placées au centre des pièces. L'extrémité supérieure de la fenêtre du bas arrive au haut de la porte. L'extrémité inférieure des fenêtres du haut est à 10⅝" de la base. Toutes les fenêtres avant ont 4½" de haut; celles de gauche ont 9" de large. Celle du centre a 3" de large; celles de droite, 3¾". L'entrée de porte a 6¾" x 3". Les ouvertures de porte ont 6⅝" x 2¾" et sont taillées à 1¼" du bord avant. Le palier a 5¾" ca. et est à 7" de l'avant droit du plancher. La fenêtre de cuisine (mur de droite) a 3½" x 4" et est à 2" du dos.

Exécutez une rainure de ¼" x ¼" le long du tasseau du dos (2) et des côtés (3). Chanfreinez les bouts du tasseau (2). Collez-clouez à la base (1). Chanfreinez les bouts arrière des tasseaux latéraux (3) et coupez leur bout avant carré de façon à ce qu'ils aient 11¾" de long. Fixez les tasseaux latéraux à la base.

Assemblez en collant les murs latéraux (7) dans les tasseaux (3). Collez la cloison de droite du rez-de-chaussée (4) à 7" du mur de droite, le coin arrière du bas encoché dans le tasseau du dos. Même jeu pour la cloison gauche placée à 5¾" de la gauche. Collez le plancher de l'étage (5) entre les murs (7) et fixez avec des clous. Collez le sommet des cloisons à la sous-face et clouez dans les chants des cloisons. Les côtés du palier seront au niveau des cloisons intérieures. Posez les marches d'escalier en collant et clouant ensemble des pièces de pin de ½" x 1" x 2⅞". Elles montent le long de la cloison de gauche jusqu'au palier (8) à mi-hauteur, puis vers le haut, le long de la cloison de droite jusqu'à l'ouverture du puits. Montez les cloisons de l'étage comme celles du bas. Collez le plafond (6) aux cloisons de l'étage (4) et à l'intérieur des murs de côté (7). Taillez le pignon du dos (9) pour que les chants des murs latéraux correspondent. Le pignon aura 4⅞" de plus en hauteur. Donnez le même angle au pignon (10). Collez les soffites (11) au pignon et au dos. Collez le dos (9) dans le tasseau du dos (2) et fixez-le aux extrémités arrière des murs latéraux (7). Collez le tasseau (14) au pignon avant, en le laissant déborder de ¼". Si la façade est inclinée à sa base, elle s'enlèvera facilement. Collez le pignon aux murs de côté (7), au plancher (5) et aux cloisons sup. (4). Collez les panneaux (12) sur les soffites. Taillez l'angle du faîte.

Jolie maisonnette de poupée avec ameublement en place avant que la façade soit posée.

Adhésifs 86
Joints 384   Joints à tenon et mortaise 387
Onglets 393   Clavettes 395

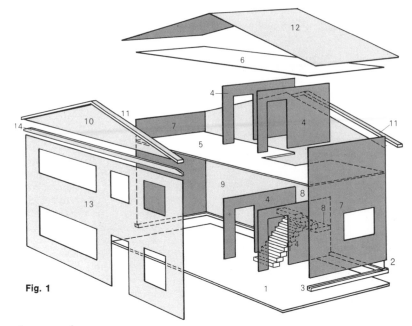

Fig. 1

MATÉRIAUX NÉCESSAIRES:

No	Désignation	Quantité	Dimension nominale	Longueur	Largeur	Matériau
1	Base	1		25⅜″	15″	contreplaqué ⅜″
2	Tasseau du dos	1	¾ x ¾	25⅜″		pin
3	Tasseaux latéraux	2	¾ x ¾	au besoin		pin
4	Séparations	4		11½″	7¾″	contreplaqué ¼″
5	Plancher étage	1		24⅝″	11½″	contreplaqué ⅜″
6	Plafond	1		24⅝″	11½″	contreplaqué ⅜″
7	Murs de côté	2		16″	11½″	contreplaqué ¼″
8	Palier	1		5¾″	2¾″	contreplaqué ¼″
9	Mur du dos	1		25⅛″	20⅞″	contreplaqué ¼″
10	Pignon avant	1		25⅛″	5¼″	contreplaqué ¼″
11	Soffites	4		14″	¾″	pin ½″
12	Panneaux du toit	2		15¼″	15″	contreplaqué ¼″
13	Façade	1		25⅛″	15¾″	contreplaqué ⅜″
14	Tasseau de façade	1		25⅛″	¾″	pin ½″
15	Porte avant	1 (non illustrée)		6⁹⁄₁₆″	2⅞″	contreplaqué ¼″

Note: La liste n'inclut pas les matériaux de l'escalier et la boiserie du châssis. Les 16 marches nécessaires sont taillées dans du pin de ½″ x 1″, long de 2′ et coupé sur la longueur. La boiserie du châssis s'obtient d'une pièce de bois balsa de ¼″ x ¼″. On la peint ou on la teint avant de la coller.

Ce lit de poupée est fabriqué dans des pièces de rebut, en moins d'un après-midi.

EXÉCUTION
Lit

Découpez la base (1) de 8″ x 18″ dans du pin de 1 x 10″; encochez les coins de ⅝″ x ⅝″ pour qu'ils reçoivent les colonnes de ¾ x ¾″. Coupez les colonnes de la tête (4) à 9″ de long dans du stock en pin de 1 x 1, les colonnes du pied (5) à 8″, toutes en onglets s'ajustant aux traverses du haut (2) de 8¼″ de long. Clouez et collez les colonnes dans les encoches: elles dépassent la base de 3½″ par le dessous.

Coupez 4 barreaux (3) de ⅜ x ⅜″. Ils s'ajustent entre les traverses supérieures à la base, à la tête et au pied. Mortaisez traverses et base de 3/16″ ou collez-les.

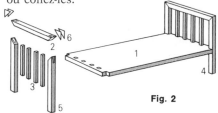

Fig. 2

Le piètement avec sa longueur de traverse basse assure la stabilité de la table et laisse assez d'espace pour les jambes des enfants.

Utilisez du contreplaqué de type extérieur pour fabriquer les chaises et la table. Vous pourrez les laisser à l'extérieur sans que la pluie les détériore. Les chaises possèdent des écarteurs entre les côtés et les pieds: on peut les empiler pour les ranger. Les cadres sont collés et vissés ou chevillés et collés.

EXÉCUTION

Table

Arrondissez les bouts des traverses hautes (1) et les coins supérieurs des traverses basses (2): rayon de ¼". Adoucissez les autres coins et arêtes. Réunissez les montants (3) aux traverses hautes et basses avec un joint à recouvrement en T (fig. 1). Réunissez par goujons les entretoises (4) aux montants: le centre de l'entretoise sera à 10½" de chaque bout du montant. Collez et vissez le plateau (5) aux traverses hautes, les bords affleurant les côtés. Obturez les trous de vis et peignez les surfaces. Si le plateau est d'une autre couleur que le cadre, peignez ce dernier quand le plateau sera sec. Poncez les angles vifs et arrondissez les coins.

Chaise

Arrondissez les angles vifs. Assemblez les côtés (6) aux pieds (7 et 8) en interposant les écarteurs (9). Collez ceux-ci sur la face intérieure des pieds. Les bouts des côtés affleurent les pieds. Le bord supérieur des côtés est à ½" du bout supérieur du pied avant et à la même hauteur sur le pied arrière, à 11⅞" du sol. Chevillez les traverses (10) aux côtés à 1⅞" des bouts. Vissez le siège (11) aux côtés et aux traverses. S'il est d'une autre couleur que le cadre, peignez ce dernier quand le siège sera sec. Recouvrez le coussin de toile à voile; utilisez cette toile pour le dossier que vous fixerez au haut des pieds arrière avec des broquettes.

MATÉRIAUX NÉCESSAIRES:

No	Désignation	Quantité	Dimension nominale	Long.	Larg.	Matériau
Table						
1	Traverses hautes	2	1¼ x 2	22″		pin
2	Traverses basses	2	1¼ x 2	17″		pin
3	Montants	2	1¼ x 3	21″		pin
4	Entretoise	1	1¼ x 2½	32″		pin
5	Plateau	1		34½″	22″	contreplaqué ext. ¾″
Chaise						
6	Côtés	2	1¼ x 2½	13″		pin
7	Pieds avant	2	1¼ x 2	12⅜″		pin
8	Pieds arrière	2	1¼ x 2	22″		pin
9	Ecarteurs	4		2¼″	1⅞″	contreplaqué ext. ⅛″
10	Traverses	2	1¼ x 2½	10¾″		pin
11	Siège	1		13″	13¼″	contreplaqué ext. ½″
12	Coussin	1		13″	13″	mousse de plastique

Quincaillerie: Vis à tête plate en laiton No 8, ½″. Colle imperméable.
Note: En commandant le bois, achetez-en pour compenser perte et découpage.

On peut empiler les chaises sans enlever les coussins.

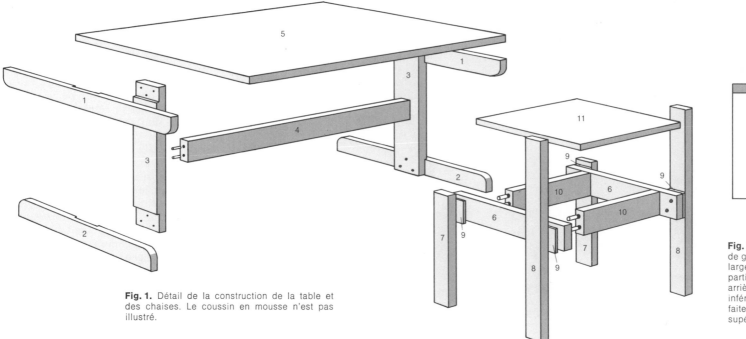

Fig. 1. Détail de la construction de la table et des chaises. Le coussin en mousse n'est pas illustré.

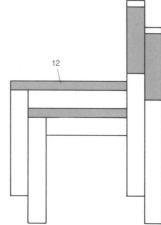

Fig. 2. Découpez une bande de gros canevas de 10″ de large et enfilez-la dans la partie supérieure des pieds arrière. Renforcez le bord inférieur avec une lisière et faites un bord à l'extrémité supérieure.

Cage à souris

Cette cage à souris pour l'intérieur a deux étages et loge jusqu'à trois souris. Après avoir découpé les pièces d'après la liste des matériaux, coupez une entaille de ⅜" de largeur et ⅛" de profondeur en travers de la surface supérieure du plancher (2) et de la surface inférieure du plancher supérieur (4), à 5¼" du panneau latéral de droite (1). La cloison des rampes (5) du premier plancher sera glissée dans ces entailles. Coupez d'autres entailles de ¼" de large en travers de la surface supérieure du plancher supérieur et de la surface inférieure du toit (3), à 5¾" du panneau latéral de gauche (1). La façade emboîtante (10) s'y ajustera. Coupez des entailles de ⅛" de profondeur par un peu plus de ⅛" de large, à 3/16" des bords des longs côtés des panneaux latéraux (1). Le devant et le dos en verre (11) s'y glisseront. Fixez les rampes (6, 7 et 8) à la cloison (5) avec de la colle et des clous de ¾". Enfoncez-les en travers du mur et dans le chant. Les rampes sont inclinées de 30°. Celles du haut et du bas sont du côté droit de la cloison; celle du milieu, à gauche. Percez des trous de 2" de diamètre (p. 46) un peu plus haut que la base de la rampe du bas et aux deux points de rencontre entre les rampes de gauche et de droite; la souris traversera le mur d'une rampe à l'autre. Percez une ouverture de 2" x 4" dans le plancher supérieur, en ligne avec la partie supérieure de la rampe supérieure. Arrondissez l'autre bout de l'ouverture. La souris grimpera par des trous de ventilation de 1", percés dans le centre des panneaux latéraux. Collez-y du grillage par l'intérieur. Fixez les panneaux (1) au plancher (2) avec de la colle et des clous de 1" enfoncés en travers du plancher et des panneaux. Glissez la cloison des rampes dans ces entailles, le plancher supérieur abat-vitre par-dessus, et collez tous les joints. Les bords du plancher supérieur doivent être à la même distance des bords avant et arrière des panneaux latéraux. Fixez les murs emboîtants (9) de la même façon. Ne collez ni ne clouez la façade (10); elle doit pouvoir s'enlever pour le nettoyage. Collez et clouez le toit à distance égale des bords avant et arrière des panneaux latéraux. Avant que la colle ne sèche, glissez la vitre jusqu'au plancher dans les entailles des panneaux. Elle ne doit pas être prise dans la colle. L'espace compris entre elle et le toit assure une ventilation adéquate, tout comme les ouvertures dans les panneaux latéraux. Adoucissez les bords de la vitre en les frottant avec un papier d'oxyde d'aluminium humide. Peignez l'intérieur et l'extérieur de la cage avec un émail exempt de plomb. Saupoudrez du sable sur les rampes pour donner une meilleure traction.

Tenez la cage à l'abri du soleil. Achetez des récipients pour l'eau et la nourriture, ainsi que les roues d'exercice, dans une boutique spécialisée.

Adhésifs 86
Plateau de sciage 60
Scies circulaires portatives 50

Perceuses électriques 46
Perceuses à main et vilebrequins 26
Guimbarde 30

Assemblage d'angles 393
Toupie 54
Le travail du verre 438

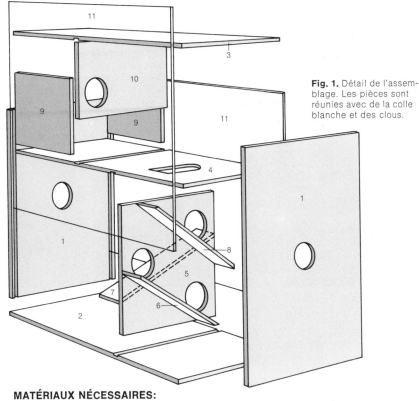

Fig. 1. Détail de l'assemblage. Les pièces sont réunies avec de la colle blanche et des clous.

MATÉRIAUX NÉCESSAIRES:

No	Désignation	Quantité	Longueur	Largeur	Matériau
1	Panneaux latéraux	2	15 5/8″	9 1/2″	contreplaqué 3/8″
2	Plancher	1	16″	9 1/2″	contreplaqué 3/8″
3	Toit	1	15 1/4″	8 5/8″	contreplaqué 3/8″
4	Plancher supérieur	1	15 1/4″	8 5/8″	contreplaqué 3/8″
5	Cloison des rampes	1	9 1/2″	8 5/8″	contreplaqué 3/8″
6	Rampe inférieure	1	8 3/8″	2″	contreplaqué 3/8″
7	Rampe intermédiaire	1	10 1/8″	2″	contreplaqué 1/4″
8	Rampe supérieure	1	7 1/8″	2″	contreplaqué 1/4″
9	Murs emboîtants	2	5 3/4″	5 5/8″	contreplaqué 1/4″
10	Façade emboîtante	1	8 5/8″	5 7/8″	contreplaqué 1/4″
11	Devant/Dos	2	15 5/8″	15 1/2″	verre 1/8″

Quincaillerie: Grillage de rebut pour deux ouvertures de 1″ de diamètre.

Note: En vous procurant la vitre pour le devant et le dos, faites polir les arêtes. Si vous la coupez vous-même, utilisez du papier abrasif d'oxyde d'aluminium et de l'eau pour les bords.

Nichoir

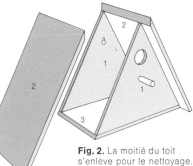

Fig. 2. La moitié du toit s'enlève pour le nettoyage.

Les dimensions du trou d'entrée déterminent quelles espèces utiliseront les nichoirs. Un trou de 1″ convient aux roitelets; de 1 1/8″, aux mésanges; de 1 3/8″ aux sitelles et aux mésanges huppées. Les pièces sont en contreplaqué extérieur de 3/8″. Coupez deux triangles équilatéraux de 8″ pour la façade et le dos (1). Percez une entrée ronde dans l'un des triangles, à 2 1/2″ du sommet. Percez un trou de 3/8″ à 4″ du sommet pour le perchoir de 1 3/4″ de long. Percez dans le panneau arrière un trou pour l'accrochage du nichoir. Le plancher (3) est rectangulaire (8 1/4″ x 5″). Chanfreinez ses petits côtés à 60°. Les panneaux du toit (2) ont 8 3/4″ x 6″; leurs bouts sont chanfreinés pour former le joint supérieur. Assemblez façade, dos, plancher et un des panneaux du toit avec de la colle et des clous à finir de 1 1/2″. Fixez l'autre panneau avec des vis N° 6, 1 1/4″, en cuivre.

573

Installez la maison sur des branches solides, à 6' au-dessus d'une pelouse.

Taillez la maison sur mesure selon les dimensions de l'arbre et la disposition des branches.

Une maison dans un arbre, c'est la fantaisie qui envahit votre jardin. Construisez celle-ci avec très peu de matériaux et fixez-la solidement avec des entretoises en 2 x 4 et du câble en nylon. Un gros arbre dont les branches s'étalent à une hauteur de 6' du sol est tout indiqué pour loger cette maison.

EXÉCUTION

Fabriquez la structure de la plate-forme avec cinq pièces de 2 x 4 (sapin, épinette, pin) dont quatre servent au cadre et la cinquième, au centre. La pièce centrale de 2 x 4 sera parallèle aux petits côtés si la plate-forme est rectangulaire. Utilisez deux clous galvanisés de 3½" à chaque joint et enfoncez-les en biais. Le plancher sera fait de contreplaqué extérieur de ½", cloué au cadre avec des clous galvanisés de 1½" à tous les 6". Les dimensions de la plate-forme dépendent de celles de

l'arbre et des branches (celle-ci a environ 4' x 5'). Donnez au bois une finition au polyuréthane. Attachez la maison à l'arbre avec du câble de nylon de ¼" que vous poserez dans des trous de ⅜" percés dans le cadre. Clouez des cales là où c'est nécessaire pour niveler le plancher.

On accède à la maison par une échelle. Ses barreaux sont faits de goujons de 1", et ses montants, de câbles en nylon de ¼". Attachez les barreaux avec le câble à tous les 12", en utilisant le nœud illustré à la fig. 1. Percez horizontalement des trous de ⅜" dans le corps de la plate-forme et passez-y le bout des câbles en nouant ceux-ci. Laissez descendre les câbles jusqu'à terre et attachez-les au sol avec des piquets.

Le dais sera maintenu par des supports de 4' à 5' de long (goujons ou manches à balai). Percez des trous de

1″ par 2″ de profondeur dans le plancher, sur deux côtés opposés de la plate-forme, à ¾″ du bord.

Assujettissez solidement les supports du dais en perçant des trous de ⅛″ dans le cadre et en travers des goujons et en y enfonçant des vis à tête ronde nᵒ 8 de 1½″. Couvrez de polyuréthane transparent.

Pour le faîte, utilisez un goujon de 1″, coupé deux pouces plus court que l'espace libre entre les supports. Enfoncez un piton dans chaque bout du goujon et un piton à crochet à environ 1″ du haut de chaque support vertical. Les extrémités du dais sont enroulées autour de tringles de même longueur que le goujon du faîte (goujons de ½″ ou tringles à draperies extensibles).

Le dais est fait de gros canevas ou de toile, de la largeur du goujon faîtier. Sa longueur est déterminée par celle du plancher, mais n'oubliez pas d'allouer un supplément pour les fourreaux du goujon faîtier et des tringles des bouts. Enfilez goujons et tringles dans leurs fourreaux et accrochez le premier aux supports verticaux. Attachez le câble de ⅛″ aux tringles des bouts, à la hauteur désirée, et aux branches qui conviennent.

Clouez des blocs à l'arbre pour niveler la plate-forme.

Des câbles en nylon attachent le cadre aux branches et retiennent la plate-forme.

Les barreaux ont 12″ de large et sont espacés de 12″.

Fig. 1. Nouez le câble aux barreaux.

Pitons et crochets lient le goujon du faîte aux supports.

L'échelle est faite de câble de nylon robuste qui résiste à tous les mauvais traitements.

Périscope

Fabriquez ce périscope pour vos enfants avec du carton de 1/16″ d'épaisseur. Indiquez les tracés de coupe et de repli (fig. 1) et recouvrez l'intérieur de peinture mate noire.

Fixez avec de la colle de caoutchouc la patte A à l'intérieur du rabat W, la patte B à l'intérieur du rabat X, la patte C à l'intérieur du rabat Y et la patte D à l'intérieur du rabat Z. Répétez à l'autre bout. Recouvrez le périscope de papier à endos adhésif. Fixez un miroir à l'intérieur du rabat Y avec du ruban encollé sur deux faces. Fixez un second miroir au rabat de l'autre bout.

Agrafez les pattes aux rabats ou collez avec le ruban.

Ce périscope en carton donne une vision angulaire parfaite.

Fig. 1. Taillez le carton avant le pliage.

Pour voir par-dessus la haie.

Tente

Cette tente-jouet est faite de tissu de coton de 54″ de large. Taillez deux pièces aux dimensions données (fig. 2) et assemblez-les par une couture centrale. Allouez ¾″ de plus pour les ourlets et les coutures. Coupez le goujon du faîte (1), les tringles des bouts (2) à 65″ de long, et les supports (3), à 36″, tous dans du goujon de 1″ de diamètre. Fixez des pitons dans les bouts du goujon de faîte et des tringles des bouts et des vis à tête ronde au bout des supports. Retenez-les au sol avec des brochettes.

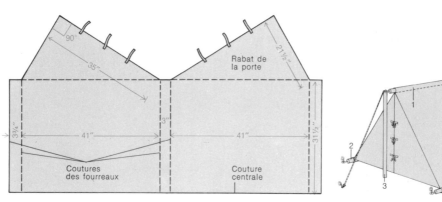

Fig. 2. Patron de la tente.

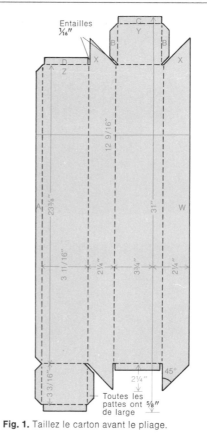

Fig. 3. Disposition des poteaux.

Attachez le goujon du faîte aux branches.

Râpes d'ébéniste 35
Boulons de carrosserie 75
Scie à chantourner 18

Echasses

Découpez ces échasses de 54″ de long dans du bois de dimension nominale 1″ x 2″, libre de nœuds et à grain droit. Formez les poignées tel qu'illustré à la fig. 5. Percez 8 trous de ⅜″ sur une ligne centrale, à 2″ d'intervalle à partir de 6″ du pied. Faites des appuie-pieds dans du bois régulier de 1¼″ (fig. 4). Percez un trou de ⅜″, profond de ½″ sur le bord de ceux-ci, et insérez-y un goujon de 1″ x ⅜″. Percez un trou de ⅜″ dans le côté de chacun d'eux, centré à 2″ au-dessus de la ligne centrale du goujon. Collez et clouez des coussinets de caoutchouc de ¼″ d'épaisseur sous les échasses. Passez un boulon de carrosserie de 4½″ x ⅜″ à travers le trou de l'appuie-pied. Assujettissez-le avec un écrou papillon.

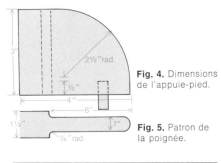

Fig. 4. Dimensions de l'appuie-pied.

Fig. 5. Patron de la poignée.

Boulon et écrou papillon retenant l'appuie-pied.

Chaussez des échasses et amusez-vous dans le jardin. L'appuie-pied peut aller de 9″ à 21″ du sol.

577

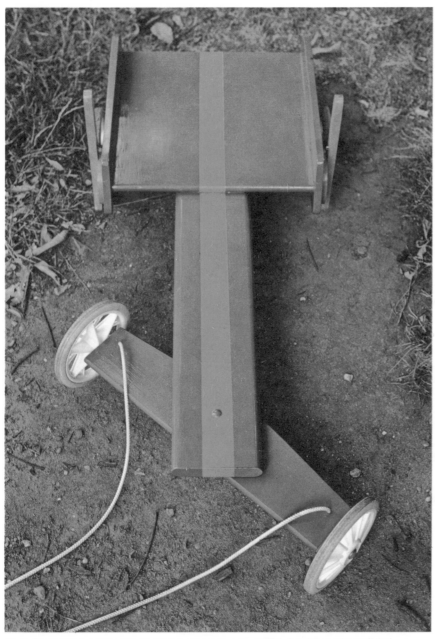

Avant d'assembler, peinturez la planche-essieu et le reste du kart. Au centre: ruban adhésif.

EXÉCUTION

Coupez la planche du châssis (1) à la longueur voulue et rabattez les bords. Percez un trou de 7/16″ à travers la planche, centré à 4″ d'un des bouts. Centrez le bord arrière (2) à 4½″ de l'autre bout de la planche du châssis. Percez 4 trous de 5/16″ à au moins ¾″ de chaque côté; fraisez les trous des boulons d'acier à tête plate de ¼″ sur 2½″ dans les deux planches. Posez-les. Arrondissez les bords avant et arrière du siège (3). Fixez-le sur le châssis en arasant les bords. Percez 4 trous de 5/16″ à travers le siège dans le châssis, à ¾″ au moins de tous les bords; fraisez les trous des boulons à tête plate de ¼″ sur 2½″. Posez-les. Coupez les côtés du siège (4) en donnant un angle vers l'arrière de 15° aux chants supérieurs avant. Taillez les chants arrière en demi-cercle avec une scie sauteuse. Enlignez les côtés pour que leur base affleure celle de la planche (2) et que leurs chants avant affleurent le chant avant du siège.

Percez et fraisez 4 trous de guidage espacés de 1/16″ à travers les côtés jusque dans le siège. Fixez les côtés à l'aide de colle résorcine et de vis d'acier à tête plate n° 6 de 1½″. Collez 4 petits blocs triangulaires aux joints du siège et des côtés (fig. 2). Amincissez le chant arrière de la planche (5) en allant de la pleine largeur du centre jusqu'à 3¾″ aux bouts. Arrondissez les chants avant et arrière. Percez des trous de 7/16″ à travers la planche, au centre et à 1″ de chaque bout, à 2⅞″ du chant avant. Coupez les essieux avant et arrière et percez des trous de ⅛″ à ¼″ de chaque extrémité, pour les goupilles. Fixez chaque essieu à son châssis à l'aide de 4 attaches pour fils électriques, espacées régulièrement et maintenues avec des vis de ¾″. Si les attaches s'ajustent mal, augmentez le diamètre de l'essieu à cet

endroit avec du ruban adhésif. Quatre butoirs (6) évitent aux roues de se coincer sous les planches des essieux. Avec une scie à métaux, coupez des entailles de la largeur des essieux dans une des faces d'un fer d'angle (fig. 1). Placez le chant extérieur de chaque butoir juste après le bout de la planche et indiquez sa place sur le châssis. Taillez au ciseau un enfoncement de ⅛″ de profondeur afin qu'il affleure le châssis. Fixez les tampons avec 2 vis à tête ronde n° 8 de ¾″. Taillez un disque-écarteur (7) avec une scie sauteuse; percez un trou de 7/16″ au centre. Boulonnez ensemble la planche du châssis, le disque et la planche-essieu avant avec un boulon à carrosserie de 3″ x ⅜″. Placez des rondelles de chaque côté du disque pour réduire la friction. Maintenez la planche-essieu avant à un angle de 45° de la planche du châssis et indiquez l'emplacement du tampon (8) sous la planche du châssis pour limiter le tournage des roues. Collez et vissez le tampon avec deux vis à tête ronde n° 10 de 1½″.

Percez des trous de 5/16″ à travers le centre des blocs des freins (9); coupez à angle de 120° à 2¾″ du bord arrondi du bloc (fig. 3). Placez les roues arrière sur les essieux temporaires et les blocs des freins sur les côtés du siège, les chants inférieurs affleurant, juste à l'avant des roues. Percez et fraisez deux roues de guidage de ⅛″ à travers chaque bloc, dans son côté. Fixez les blocs avec de la colle et des vis n° 8 à tête plate de 1¼″. Percez des trous de 5/16″ dans les côtés des blocs des freins. Boulonnez l'assemblage par l'intérieur avec des boulons de 2½″ x ¼″. Posez des rondelles entre les freins et des écrous à oreille à l'extérieur pour resserrer les boulons. Enfoncez une vis à tête ronde n° 12 de 1½″ dans chaque bloc de frein. Placez ceux-ci de telle sorte que la base du levier dépasse la roue de

Scie à chantourner 18
Traçage des cercles 382
Perçage du métal 423

Scie à métaux 19
Rabotage 28
Scie sauteuse 52

Perçage du métal 422
Fixation par vis 74

¼″ quand le frein est mis. Pour empêcher que le levier ne tombe en avant, agrafez un ressort de 1¼″ de long à chaque levier et bloc.

En attachant les roues aux essieux, placez des rondelles à l'intérieur et à l'extérieur. Coupez la corde à linge ou le câble de ¼″ à la longueur désirée; passez les extrémités dans des trous de 7/16″, dans l'avant de la planche-essieu avant, et nouez-le par le dessous.

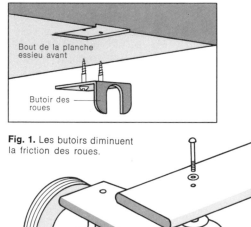

Fig. 1. Les butoirs diminuent la friction des roues.

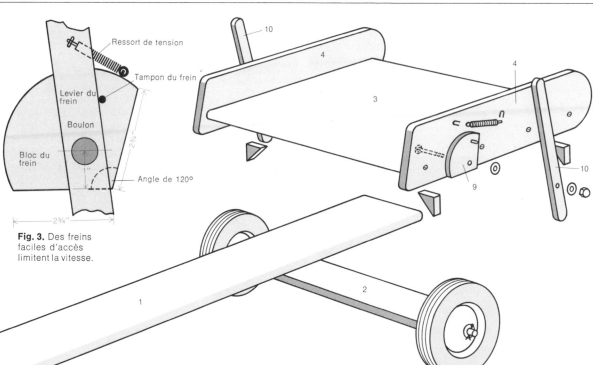

Fig. 3. Des freins faciles d'accès limitent la vitesse.

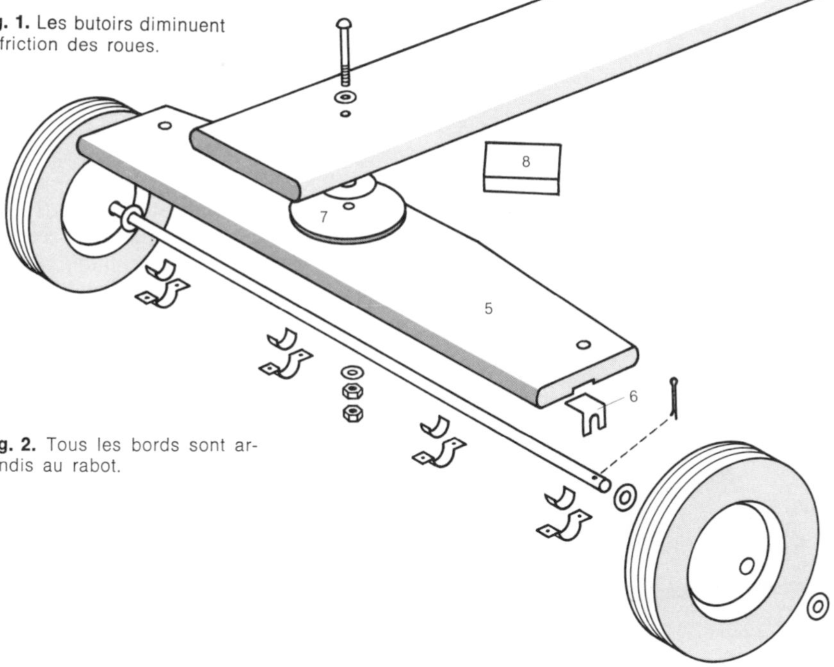

Fig. 2. Tous les bords sont arrondis au rabot.

MATÉRIAUX NÉCESSAIRES:

No	Désignation	Quantité	Dimension nominale	Longueur	Largeur	Matériau
1	Planche du châssis	1	1¼ x 6	38″		pin
2	Planche-essieu arrière	1	1 x 4	16¾″		pin
3	Siège	1		16¾″	16½″	contreplaqué ⅝″
4	Côtés du siège	2	1 x 6	18″		pin
5	Planche-essieu avant	1	1 x 6	21″		pin
6	Butoir des roues	4	1″		1¼″ x 1¼″	fer d'angle ⅛″
7	Disque-écarteur	1		4″ diam.		contreplaqué ¼″
8	Tampon	1		3″	3″	pin 1″
9	Blocs du frein	2		4½″ diam.		contreplaqué ⅝″
10	Levier du frein	2	1 x 2	12″		pin

Quincaillerie: Les roues ont 7″ de diam. et sont retenues aux essieux avec des pinces à ressort. Des roues d'occasion, de diam. autres, s'utilisent avec les essieux appropriés. La tige qui sert d'essieu se vend en différents diam., en longueurs de 18″ ou 36″. Vis: acier à tête plate, 8 n° 6, 1½″; tête ronde, 24 n° 8, ¾″; tête plate, 4 n° 8, 1¼″; tête ronde, 2 n° 10, 1½″; tête ronde, 2 n° 12, 1½″. Boulons: acier à tête plate, 8, 2½″ x ¼″, rondelles, écrous; à carrosserie, 1, 3″ x ⅜″, 2 rondelles de 2″, écrous; à carrosserie, 2, 2½″ x ¼″, rondelles, écrous à chapeau. Clous. 4 goupilles. 4′ de ruban adhésif (bandes décoratives). Colle résorcine. Une chopine d'émail lustré (sans plomb). 5′ de corde à linge ou de câble de ¼″. 2 ressorts de tension de 1¼″.

Les enfants de deux à six ans s'amuseront beaucoup avec cette glissoire et cette bascule. La surface inclinée de la première a 8' de long et est haute de 3' à son point le plus élevé. On peut l'installer sur la pelouse, mais elle va aussi bien sur une allée pavée qu'à l'intérieur, si l'on a soin de placer un matériau coussiné à sa base.

Les montants de la bascule sont ancrés dans le béton. On retire le siège de ses montants pour le remiser à l'intérieur pendant l'hiver. Il mesure 8' de long. Un enfant peut y monter jusqu'à une hauteur de 2'7".

La glissoire et la bascule se fabriquent avec des matériaux de dimensions régulières.

La pente douce de la glissoire la rend sans danger pour les enfants.

EXÉCUTION
Echelle

Coupez les côtés de l'échelle et ses barreaux (2,3,4,5,6) selon les mesures indiquées. Tracez la position des barreaux sur la face extérieure des côtés de l'échelle. La surface supérieure du barreau du haut est à 25¾" des hauts côtés de l'échelle. Les autres barreaux sont espacés de 6¼" entre les côtés. Posez l'échelle à terre sur ses côtés de telle sorte que la face extérieure des chants soit à 27" du haut et à 36" du bas. Placez les barreaux en position. Tracez leur longueur sur la face intérieure de l'échelle. Découpez les bouts des barreaux en tenons de ½" d'épaisseur et des mortaises appropriées sur

La glissoire se démonte pour le rangement.

l'échelle. Pressez ses côtés dans les barreaux. Coupez les côtés (7) et les traverses (8 et 9). Tracez l'emplacement de la traverse du haut sur les supports. Le chant supérieur des traverses est à 9⅝" du sommet des côtés du support et à 14" du bas. Couchez les côtés (7) sur leurs chants, leurs faces extérieures à 29¾" du sommet et à 36" de la base. Couchez les traverses en place sur l'échelle. Tracez la longueur des traverses. Découpez des tenons de ½" d'épaisseur et des mortaises appropriées sur les côtés. Bridez provisoirement les traverses aux côtés du support. Coupez le sommet des côtés à un angle de 44° et la base des côtés du support et de l'échelle à un angle de 68°. Pratiquez dans les tenons une fente qui recevra les cales et la colle imperméable. Comparez les structures: échelle et support, et ajustez les cales. Quand la colle aura séché, rabotez tenons et cales. Fixez les pentures entre les supports (7) et les côtés (1).

Glissoire

Coupez le panneau (10) et les côtés (11). Bridez les côtés aux panneaux et percez des avant-trous pour les vis à tous les 12". Coupez l'entretoise (12) et bridez-la sous le panneau de la glissoire, à 4" du sommet. Fixez ce panneau à l'entretoise avec une vis fraisée au centre et une autre à 8" de chaque côté. Arrondissez les coins supérieurs des côtés. Collez et vissez les côtés aux panneaux. Vissez des équerres entre l'entretoise et le panneau.

Obturez les têtes de vis et appliquez trois couches de vernis polyuréthane à la glissoire et à l'échelle.

La troisième couche donnera une protection supplémentaire aux enfants contre les échardes.

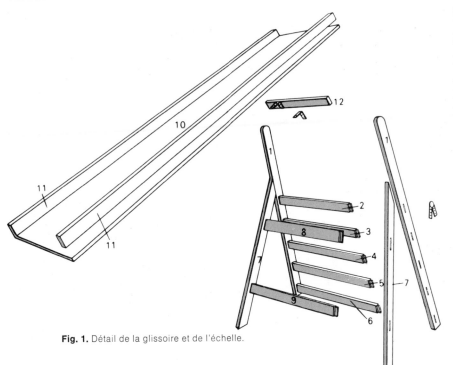

Fig. 1. Détail de la glissoire et de l'échelle.

MATÉRIAUX NÉCESSAIRES:

No	Désignation	Quantité	Dimension nominale	Longueur	Largeur	Matériau
1	Côtés de l'échelle	2	1 x 3	66¾"		bois dur
2	Barreau	1	1 x 3	31"		bois dur
3	Barreau	1	1 x 3	32"		bois dur
4	Barreau	1	1 x 3	33½"		bois dur
5	Barreau	1	1 x 3	34½"		bois dur
6	Barreau	1	1 x 3	36"		bois dur
7	Côtés du support	2	1 x 3	47"		bois dur
8	Traverse du support	1	1 x 3	32"		bois dur
9	Traverse du support	1	1 x 3	34½"		bois dur
10	Panneau-glissoire	1		96"	24"	contreplaqué ½"
11	Côtés glissoire	2	1 x 3	96"		bois dur
12	Entretoise	1	1 x 3	23¾"		bois dur

Quincaillerie: Deux pentures de 5" x 1¼". Deux équerres en acier de 2½" x ¾". Vis à tête plate: 36 no 6 de ¾"; 4 no 8 de 1½". Colle de plastique. Vernis polyuréthane.

Bascule

Encochez la planche de renfort (2) de 1¼" x 1¼" en forme de U en son centre. Collez et vissez le renfort au-dessous de la planche-siège (1), le long du centre. Percez des avant-trous de 1" pour les vis. Passez le pivot (3) dans l'encoche, de façon qu'il dépasse de 1¼" chaque côté du siège. Fixez-le au siège avec deux attaches de chaque côté du renfort. Découpez une encoche en forme de U de 1¼" de large par 2½" de profondeur au sommet des montants. (4). Percez un trou de ¼" x 5½" au centre des chants latéraux des montants, à 1⅜" des bouts. Enfoncez les goupilles d'arrêt dans les trous après avoir mis la

La planche-siège s'enlève des montants.

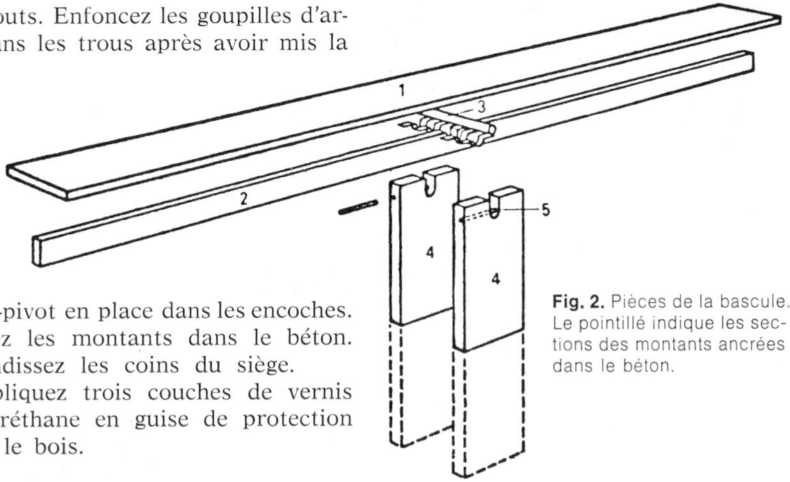

barre-pivot en place dans les encoches. Ancrez les montants dans le béton. Arrondissez les coins du siège.

Appliquez trois couches de vernis polyuréthane en guise de protection pour le bois.

Fig. 2. Pièces de la bascule. Le pointillé indique les sections des montants ancrées dans le béton.

MATÉRIAUX NÉCESSAIRES:

No	Désignation	Quantité	Dimension nominale	Longueur	Largeur	Matériau
1	Planche-siège	1	1 x 8	96"		pin
2	Renfort	1	1 x 3	96"		pin
3	Pivot	1		10¼"		tuyau galvanisé 1" diam. int.
4	Montants	2	2 x 8	36"		sapin
5	Goupilles d'arrêt	2		5½"		acier ¼" diam.

Quincaillerie: Quatre attaches de tuyau de 1¼". Huit vis à tête plate no 8 de 1½". Colle de plastique. Vernis polyuréthane.

La boîte sans fond permet un égouttement et un séchage rapide du sable lors des averses subites, si le couvercle n'est pas mis.

Pose des dalles de béton 477
Fixation par vis 74
Rivetage de clous 70

Si votre patio est dallé, vous n'aurez pas à faire un fond à la boîte. L'eau de pluie s'écoulera d'ailleurs facilement, de la sorte. Le couvercle est pratique parce qu'il empêche les animaux de faire leurs besoins dans le sable.

La boîte et le couvercle sont construits dans du stock de 1 x 4 (fig. 1). Un marteau, une égoïne et un tournevis sont les seuls outils nécessaires. Si vous utilisez du séquoia, vous n'aurez pas à l'enduire d'un préservatif, puisque ce bois résiste au pourrissement.

Si vous utilisez du pin blanc (moins cher et facile à teindre), recouvrez-le d'un préservatif non toxique ou peignez la boîte. Achetez le bois dans des dimensions nominales de 1 x 4. Il vous faudra sept longueurs de 8', une longueur de 10' et deux de 12'. Utilisez les pièces de 8' comme planches de côté, traverses de couvercle, planches des bouts et montants. Coupez les planches de côté et les traverses du couvercle d'abord; ensuite, les planches des bouts, puis utilisez les rebuts de 3' de long pour les montants. Les longueurs de 10' et de 12' serviront au couvercle. Clouez les montants aux planches des côtés et des bouts avec des clous de 2" enfoncés de l'extérieur. Utilisez deux clous dans les montants pour chaque planche et plantez-les en quinconce pour éviter de fendre le bois. Parce que le bois 1 x 4 mesure en réalité ¾" d'épaisseur, les pointes des clous dépasseront de ½" à l'intérieur. Rivez-les (p. 70) en pliant la pointe pour éviter les accidents et renforcer l'assemblage. Assemblez les planches des côtés et des bouts par les coins avec des clous de 2½". Disposez les traverses sur les planches du couvercle en les espaçant de 10". Utilisez des clous galvanisés de 2" et rivez-les. Fixez avec vis de ½" les plaques de renforcement à l'extérieur des traverses.

Déposez la boîte sur les dalles et ancrez-la en enfonçant deux tringles dans le sol et entre les dalles sur chaque côté, et une à chaque bout.

Le couvercle de la boîte peut servir de table de jeu basse.

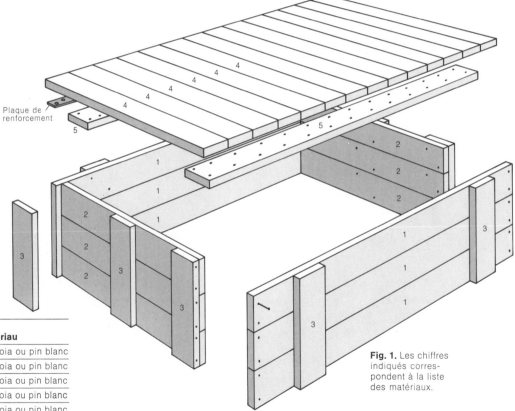

Plaque de renforcement

Fig. 1. Les chiffres indiqués correspondent à la liste des matériaux.

MATÉRIAUX NÉCESSAIRES:

No	Désignation	Quantité	Dimension nominale	Long.	Matériau
1	Planches des côtés	6	1 x 4	48"	séquoia ou pin blanc
2	Planches des bouts	6	1 x 4	26"	séquoia ou pin blanc
3	Montants	10	1 x 4	10½"	séquoia ou pin blanc
4	Planches du couvercle	14	1 x 4	28½"	séquoia ou pin blanc
5	Traverses du couvercle	2	1 x 4	44½"	séquoia ou pin blanc

Quincaillerie: Quatre plaques de renforcement et vis de ½". Clous galvanisés: 2" et 2½". Deux longueurs de 36" de tringle à rideau en acier de ⅜" coupées en six pièces de 12". Un minimum de vingt et une dalles de béton de 8 x 16 x 2.

La vie en plein air: **Barbecue en brique**

Si votre patio est bien assis, servez-vous-en comme fondation pour ce barbecue en brique. Par contre, si vous désirez le mettre le long d'un patio, installez une nouvelle base. Pour faire cette base, enlevez la pelouse et le sol jusqu'à une profondeur de 4″ et égalisez la surface. Si le sol est bien drainé, installez la base sur le sol. Sinon, vous aurez besoin d'une assise en gravier ou en pierre concassée. Utilisez des 2 x 4 sur le chant pour le coffrage de 61″ x 22″ x 4″. Employez un mélange de béton cellulaire 1:2½:3½, ou un mélange sec (p. 469) auquel vous n'ajoutez que de l'eau. Faites la surface supérieure du placard de réserve en même temps que la dalle de base et avec le même mélange. Le coffrage aura 20¾″ x 20¾″ x 2¾″. Taillez une pièce de même dimension que le linteau de porte (1) et installez-la sur le bord avant du coffrage pour faire la forme du cadre de la porte. Placez le coffrage sur une surface plate; emplissez, aplanissez et laissez mûrir le béton. Coupez les montants (2) et enfoncez des clous de 2″ en travers de ceux-ci et vis-à-vis du mortier. Employez un tiers-point ou une scie à métaux pour pratiquer les onze encoches en forme de V, à ½″ de profondeur et à 1½″ de distance les unes

La brique s'harmonise bien avec le décor.

Ce barbecue vous permettra de donner des réceptions dans le jardin. La réserve de combustible peut être entreposée dans le placard.

Pliage du métal 432   **Rivetage de clous 70**   **Types de briques 446**
Pose des briques 454   **Mélanges de béton 469**   **Bétonnage 471**   **Gâchage du béton 470**
Installation des dalles 476   **Coupage du métal 422**   **Gâchage du mortier 447**   **Refente 17**

des autres, dans la face étroite du support du gril (7). Lorsque la dalle de base aura mûri, commencez le briquetage (p. 454). Utilisez des briques de type SW (p. 446). Procurez-vous un mélange sec de mortier pour brique contenant les ingrédients nécessaires sauf l'eau, ou, encore, gâchez le vôtre (p. 447). Une fois le premier rang de briques posé, emplissez le plancher du placard du même mélange.

Calez les supports de plaque (9) dans le mortier aux 4e, 5e et 6e rangs, de 2″ dans les côtés et de 1″ au dos. Placez les montants des portes (2) en enfonçant les clous dans le mortier frais. Clouez le linteau de la porte (1) aux côtés. Déposez la partie supérieure du placard de réserve dans le mortier, au 6e rang. Répandez du mortier sur cette partie et calez les supports du gril (7) à 2″ à l'intérieur de ce mortier. Posez le rang final de briques. Les entretoises de la porte (3) et le support de penture (4) sont cloués aux lattes de la porte (5), à partir de l'extérieur, avec des clous galvanisés de 2″. Fixez les pentures, le bouton et le loquet à ressort. Façonnez la plaque du brasier (8) en pliant les côtés de 2″ vers le haut. Finissez les coins avec des cornières.

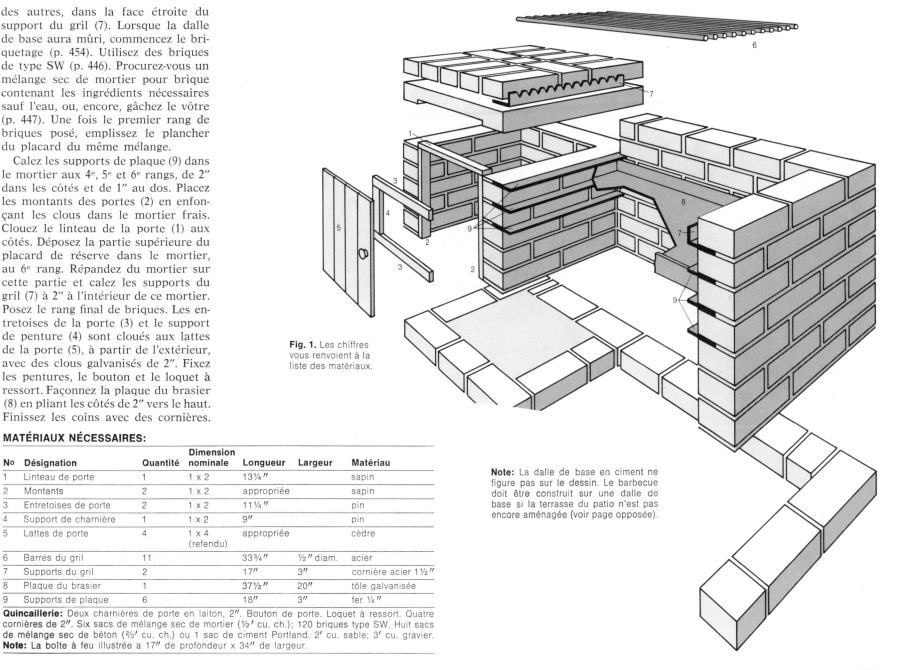

Fig. 1. Les chiffres vous renvoient à la liste des matériaux.

Note: La dalle de base en ciment ne figure pas sur le dessin. Le barbecue doit être construit sur une dalle de base si la terrasse du patio n'est pas encore aménagée (voir page opposée).

MATÉRIAUX NÉCESSAIRES:

No	Désignation	Quantité	Dimension nominale	Longueur	Largeur	Matériau
1	Linteau de porte	1	1 x 2	13¼″		sapin
2	Montants	2	1 x 2	appropriée		sapin
3	Entretoises de porte	2	1 x 2	11¼″		pin
4	Support de charnière	1	1 x 2	9″		pin
5	Lattes de porte	4	1 x 4 (refendu)	appropriée		cèdre
6	Barres du gril	11		33¾″	½″ diam.	acier
7	Supports du gril	2		17″	3″	cornière acier 1½″
8	Plaque du brasier	1		37½″	20″	tôle galvanisée
9	Supports de plaque	6		18″	3″	fer ¼″

Quincaillerie: Deux charnières de porte en laiton, 2″. Bouton de porte. Loquet à ressort. Quatre cornières de 2″. Six sacs de mélange sec de mortier (½′ cu. ch.); 120 briques type SW. Huit sacs de mélange sec de béton (⅔′ cu. ch.) ou 1 sac de ciment Portland. 2′ cu. sable; 3′ cu. gravier.
Note: La boîte à feu illustrée a 17″ de profondeur x 34″ de largeur.

La vie en plein air: **Table et chaises de patio**

La table et les chaises illustrées plus bas sont formées d'éléments identiques; on peut en faire une table ou une chaise selon que le dossier est abaissé ou non. Pour une table, vous avez besoin des quatre premiers articles de la liste; pour les chaises, il les faut tous. Enduisez le bois de la table et des chaises de vernis maritime transparent ou de vernis polyuréthane. Poncez entre les couches, après un séchage de 24 heures. Peignez les pièces de métal avec un émail extérieur de qualité. Finissez la base avec de la teinture noyer, séquoia ou cèdre.

EXÉCUTION

Faites la base de la table ou de la chaise en utilisant trois goujons de ³⁄₈″ par joint et de la colle pour réunir les côtés (1) au devant et au dos (2). Coupez les lattes (4); chanfreinez les bords.

Table à dessus fixe

Posez les lattes sur le cadre en les faisant dépasser tout autour de 1½″. Espacez-les entre elles de ¼″; vissez les sept lattes à la base. Percez deux trous de ⅛″ à 2¼″ des bouts et à 1″ des côtés des lattes, à 2¼″ des bords extérieurs des lattes des bouts. Agrandissez-les à ½″ de profondeur. Fixez les lattes avec des vis à tête plate n° 8 de 2″. Masquez les têtes par des chevilles de bois collées (p. 33).

Fauteuil transformable

Vissez quatre lattes aux côtés. Pratiquez un biseau de 45° à un bout de chaque montant (5). Percez au centre de chacun et à 3½″ du bout un trou de ³⁄₈″ pour y introduire le support. Collez et vissez les autres lattes aux montants à 2¾″ des extrémités. Le bout des montants affleurera les bords intérieurs de la première latte. Réunissez dos et siège avec une charnière. Chauffez et pliez le support du dos (6) pour qu'il pénètre dans les trous des montants. Couvrez-le d'une couche d'apprêt et d'une couche de peinture. Insérez les bouts du support dans les trous. Vissez le tasseau d'arrêt (7) au dos de la base à 1½″ du chant supérieur.

Coussins

Employez de la toile à auvent ou du vinyle pour recouvrir les coussins en mousse de polyuréthane de 2″ d'épaisseur. Insérez sur les côtés des œillets de ventilation pour laisser l'air s'échapper quand on s'assoit.

Quatre éléments sont illustrés plus haut: deux d'entre eux ont été réunis pour former une table; deux chaises transformables les accompagnent.

Adhésifs 86   **Fixations par vis 74**
Coussins 205   **Joints 384**
Goujons 394   **Coupe-chevilles 33**   **Finition du bois 407**

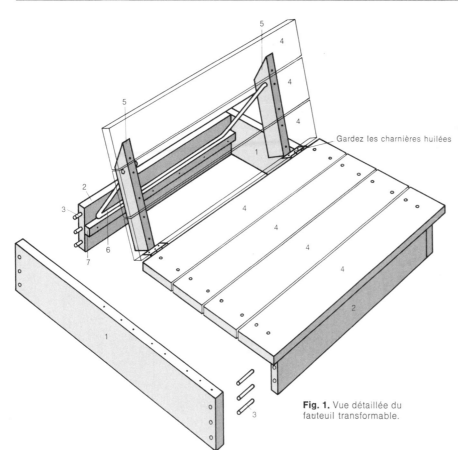

Gardez les charnières huilées

Fig. 1. Vue détaillée du fauteuil transformable.

La chaise longue est composée de deux éléments dont l'un est rabattu à plat.

Un support métallique maintient le dos incliné à un angle confortable

MATÉRIAUX NÉCESSAIRES:

No	Désignation	Quantité	Dimension nominale	Longueur	Matériau
1	Côtés	2	2 x 6	32″	sapin
2	Devant et dos	2	2 x 6	25″	sapin
3	Goujons	12		2″	bois dur ⅜″ diam.
4	Lattes	7	2 x 4¾ (refendu)	31″	sapin
5	Montants	2	2 x 3	12½″	sapin
6	Support	1		50″ (app.)	barre d'acier ⅜″ diam.
7	Tasseau d'arrêt	1	1 x 1	25″	pin

Quincaillerie: Deux charnières en laiton de 2½″. Vis no 8 à tête plate (2″). Colle imperméable.

Banc de jardin

Ce banc de bois se compose de deux planches de pin boulonnées sur deux cadres en acier. Les deux planches sont légèrement inclinées et espacées pour permettre à l'eau de s'écouler. Pour les cadres (1) et les lames de connexion (2), vous aurez besoin de deux longueurs de 6' de feuillard de ¼" x 2". Les planches du siège (3) sont en pin de 48" x 8" x 1⅜". Les deux lames de connexion ont 6" de long. Coupez-en une de 6" dans chacune des longueurs d'acier de 6'. Pliez les lames au centre pour obtenir un angle de 170° et percez chacune de quatre trous de 3/16" (fig. 1).

Pliez chaque bande pour former un cadre; tracez, à partir d'une extrémité, des repères à 6¾", 14¼", 14½", 14¼" et 6¾". Les angles supérieurs sont à 85°; les inférieurs, à 90°. Utilisez un étau et une torche à gaz pour plier le métal. Percez des trous et des avant-trous de 5/16" dans le haut du cadre, à 1¼" et à 6" des bouts. Percez des avant-trous de 5/16" dans les planches du siège à 3½" des bouts et à 1½" des bords. Boulonnez les planches du siège aux cadres avec des boulons à carrosserie de 2" x ¼". Fixez les lames de connexion sous les sièges à 4" de l'intérieur des cadres avec des vis à tête ronde n° 8 de 1½".

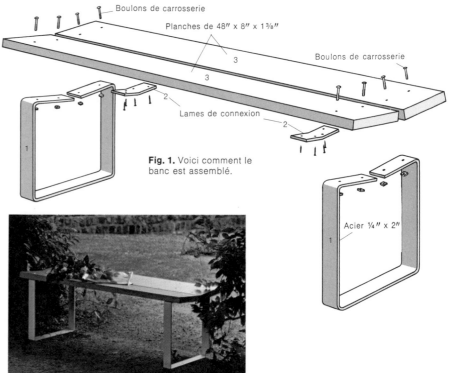

Boulons de carrosserie

Planches de 48" x 8" x 1⅜"

Boulons de carrosserie

Lames de connexion

Fig. 1. Voici comment le banc est assemblé.

Acier ¼" x 2"

Une couche de vernis de polyuréthane transparent protège le bois du banc de jardin.

Le cadre métallique large n'endommage pas la pelouse.

Pliage du métal 435
Perçage du bois 44
Finis d'extérieur 336

Des entretoises obliques renforcent la claie.

Joint des entretoises et des traverses.

Claie de serre

La longueur d'un élément (fig. 3) peut aller jusqu'à 6′. Si vous désirez une claie plus grande, il faudra construire des éléments séparés (fig. 4) et les boulonner ensemble. Coupez les traverses (1) dans du 2 x 4, 8″ plus courtes que la largeur de la claie. Coupez les pieds (2) à 31″ de long dans du 4 x 4. Boulonnez les traverses aux pieds avec des boulons de carrosserie de 3¾″ x ¼″ et des rondelles dentelées (fig. 1). Affleurez les traverses supérieures avec le sommet des pieds. Les traverses inférieures sont à 2″ du sol. Coupez les longerons (3) dans du 2 x 4. Vissez-

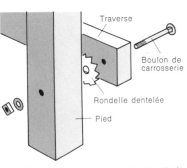

Fig. 1. Boulonnage des traverses et des pieds.

les aux faces externes des pieds avec des vis n° 12 à tête plate de 2½″. Coupez les entretoises obliques dans du 2 x 4 en faisant des joints "bec d'oiseau" (fig. 2). Vissez-les au milieu des traverses. Coupez les lattes (5) dans du bois de ¾″ x 2″. Fixez-les avec des clous de 2″ pour qu'elles dépassent le cadre de 1½″ à l'avant et de 4″ à l'arrière. Espacez les lattes de 1″ les unes des autres. Clouez une moulure (6) sur l'avant des lattes. Si vous faites la claie par sections, utilisez du 2 x 4 pour les pieds des joints. Deux pieds boulonnés ensemble forment des pieds de 4 x 4. Vissez les traverses à chaque

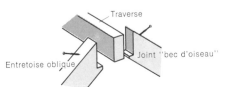

Fig. 2. Découpe en "bec d'oiseau".

paire de pieds. Evitez de les fendre en vissant des blocs d'angle de 4″ x 4″ sur les traverses (fig. 4) et vissez les longerons aux blocs plutôt que de les visser aux pieds.

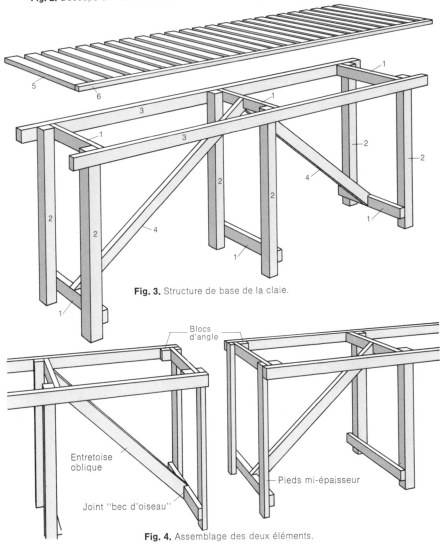

Fig. 3. Structure de base de la claie.

Fig. 4. Assemblage des deux éléments.

589

La vie en plein air: **Serre de jardin**

Un rang simple de briques posées à sec procure une base solide au cadre.

Installez les plantes les plus hautes à l'arrière.

Le devant doit faire face au sud et être à l'abri du vent.

EXÉCUTION

Pour faire les côtés (1) inclinés en une seule coupe, tracez une ligne droite sur un morceau de contreplaqué de 28" x 48" (le grain de surface sur la longueur) entre un point à 12" du long bord, à un bout, et un autre point à 16" du même bord, à l'autre bout. Sciez le long de cette ligne. Clouez en travers des côtés dans le devant (2) et le dos (3), dans les coins. Clouez les tasseaux-guides (4) à 1" des bords supérieurs. Faites une encoche de 2½" de large x 2⅛" de profondeur pour la glissière (5) au centre du devant (2) et du dos

(3). Clouez les joues des glissières avant de clouer la glissière dans les encoches. Pour asseoir les carreaux, pratiquez des feuillures de ⅜" x ⅜" de chaque côté des entretoises du châssis en vous servant d'une table de sciage ou d'un guillaume. Faites des joints à recouvrement de 2½" de long dans le bout des entretoises du châssis et des encoches correspondantes de 1½" de large dans les côtés du châssis (9), tel qu'indiqué à la fig. 1. Utilisez des clous galvanisés de 1". Fixez les côtés du châssis aux côtés du cadre avec deux goujons de ¼" dans chaque joint. Superposez les carreaux (10),

Joints à recouvrement 385
Guillaume 30
Plateau de sciage 60

Briques 446
Goujons 397
Montage des fils 271-272

comme des bardeaux, avec des lisières de solins d'aluminium en forme de S. Enfoncez les vis près du bord inférieur de chaque carreau, et des pointes de vitrier dans les côtés et les entretoises. Installez le cadre sur un rang de briques. Peignez-le avec du latex d'extérieur; peignez les châssis ou appliquez du vernis ou un préservatif à bois.

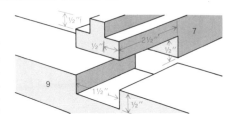

Fig. 1. Des entretoises feuillurées sont réunies par recouvrement aux côtés du châssis.

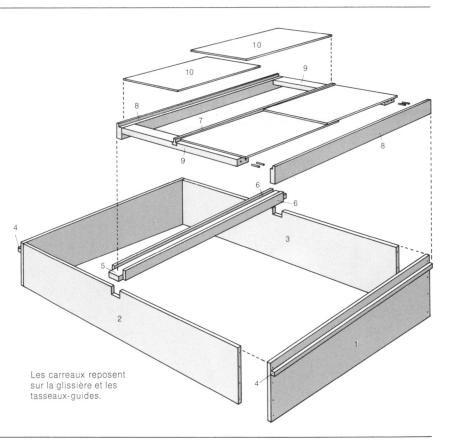

Les carreaux reposent sur la glissière et les tasseaux-guides.

MATÉRIAUX NÉCESSAIRES:

No	Désignation	Quantité	Dimension nominale	Long.	Larg.	Matériau
1	Côtés	2		48″	16″	contreplaqué ext. ¾″
2	Devant	1		70¼″	12″	contreplaqué ext. ¾″
3	Dos	1		70¼″	16″	contreplaqué ext. ¾″
4	Tasseaux-guides	2	¾ x ¾	48″		pin
5	Glissière médiane	1	1¼ x 3	49″		pin
6	Joues de glissière	2	1 x 3	46½″		pin
7	Entretoises du châssis	2	2 x 2	49″		sapin
8	Longerons du châssis	4	1¼ x 2⅛ (ref.)	49″		pin
9	Côtés du châssis	4	1¼ x 3	34¾″		pin
10	Carreaux	8		25″	17⅜″	verre ⅛″

Quincaillerie: Un quart de lb de clous galvanisés 2″. Huit vis galvanisées no 8 à tête ronde ¾″. Un goujon de ¼″ diam., 36″ de long. Petit tube jumelé de colle époxy pour goujons. Solin d'aluminium ½″ large. Pointes de vitrier.

Note: Si vous disposez de vieux châssis, changez les dimensions du cadre selon leurs dimensions.

Le chauffage

Un chauffage électrique par câble sur un lit de sable dans une serre ou sur ses murs intérieurs améliore les conditions de croissance, douze mois sur douze: une laitue plantée en octobre dans une région froide pourra être consommée à Noël. La température est contrôlée par thermostat. Procurez-vous des câbles chauffants spéciaux et suivez les recommandations du manufacturier. Vérifiez le code local de l'électricité avant de monter les fils entre la maison et la serre.

Si la boîte de contrôle est à l'extérieur du cadre, pratiquez des trous séparés pour les câbles du sol et pour ceux du mur. Fixez la boîte par-dessus les trous. Si le contrôle est à l'intérieur, faites courir un câble jusqu'à la boîte et branchez-y les câbles chauffants.

Fixez le câble chauffant au mur avec des attaches spéciales. Des pitons à œil fermé peuvent les remplacer pour éloigner le câble du mur et éviter la perte de chaleur. Le câble qu'on voit ici se termine au thermostat (nécessaire pour contrôler la chaleur).

Le câble utilisé pour chauffer le sol doit reposer sur un lit de 2″ de sable grossier humide. Quand vous étendrez le câble, allez de gauche à droite et évitez les courbes trop prononcées; espacez les rangs de 5″. Couvrez le câble d'une couche de 2″ de sable humide.

Index

Les numéros de pages **en caractères gras** vous réfèrent à la source principale de renseignements concernant un sujet donné. Les sujets d'envergure comptent plus d'un de ces renvois. Les numéros en caractères légers vous réfèrent à d'autres renseignements de moindre importance sur le thème ou l'objet qui vous intéresse.

A

Abrasifs **42,** 49, 51, 58
ABS (Plastiques) **88**
Acajou (Bois dur) .. 350, 370-71, 374, 407
Accessoires électriques **260**
Acide à souder 429
Acier 229, 232-33, 236, 326, 418, 421-23, 426, 429-30, 436
— à haute teneur en carbone 42
— doux 435
— durci 71, 432
— enduit d'asphalte 248-49
— matricé 14
— trempé 71
Acier (Laine d') .. 117, 129, 196, 230, 323, 335, 362, 408, 412, 414-15, 429
Acier (Tuyaux en) 229
Acier inoxydable 42, 58, 69, 305, 429
Acryliques **88**
Adaptateurs
— à prises de terre **257,** 242
— à tuyauterie **227,** 230, 232
Adhésifs **86-88**
voir aussi Ciment ; Colle ; Epoxy
Adoucisseurs d'eau ... **246-47,** 214, 243
Aérateurs (Robinets) **221**
Affûtage **40-41**
voir aussi Aiguisage
Agents nuisibles (Prévention des) ... **159-62**
Agrafes 300-02, 347
Agrégats (Sable et gravier) . **447, 466, 469**
Aiguisage **40-41,** 10, 33, 58-59
— des ciseaux 31, 33, 40
— des fers de rabot 30, 31, 40
— des forets 423
— des mèches **27,** 41, 45
— des scies 20, 35
Aimants et magnétisme ... 14, 81, 418, 432
Air (Purificateurs d') **310**
Air chaud (Chauffage à) 279, 286, 288, 298
Alésoirs **423,** 226, 229, 421
Alkydes **326,** 328-29, 336
Allèges (Moulures des) **398,** 118, 183
Alliages **418**
voir aussi Acier ; Bronze ; Etain ; Laiton
Allumage (Fournaises) 290
Aluminium **418**
clous **69**
coupage **19**
feuilles **432**
finissage **42**
limage **420**
moulures **379**
— peinture 326, 336
— polissage **58**
Aluminium (Contrechâssis en) **128-29**

Aluminium (Moustiquaires en) **131, 133**
Aluminium (Papier d'oxyde d') 42
Ampères **252-55,** 259
Ampoules électriques 254, 273
Ancrages (Maçonnerie) **75-77**
Angles (Mesurage) .. **24-25, 383, 400, 419,** 40-41
Animaux nuisibles **162**
Anneaux 210, 219-20
voir aussi Garnitures
Antimoine **418**
Anthrènes des tapis **159**
Antiquaire (Bois) **415,** 410
ANTU (Poison à rats) 162
Appareillages (Brique) **451-52**
Appareils électriques **268-69**
— câblage **268-69**
— d'éclairage 349, 493
— fluorescents **274-75**
— lustres **267**
Appareils électroménagers . **241-44, 246-47,** 492-93
Appareils fluorescents ... **274-75,** 254, 493
Apprêts 91-92, 96-97, 99, 171, 324, 326, 330, 332-37
— à bois 11
— à murs 340, 342
Approvisionnement d'eau et systèmes d'égout **214**
— à l'intérieur ... 212-13, 224, 226, 230, 232, 234, 236-40, 242-43, 499
Conduites principales 212, 233-34
Appuis de fenêtres **183**
Appuis de fenêtres (Moulures) 118, 183, 379, 398
Aquastats **289**
Araignées 159
Arbres 14, 18, 53, 370-71
— et agents nuisibles 162
— et égouts 218, 248, 250
— et fondations 460
Arbres coudés **418**
Architectes 490
Argent 58, 416, 418, 429-30
Argile réfractaire **463,** 285, 446
Armoire à pharmacie (Construction) **525**
Arrachage des clous 14-15
Arrache-clous 101, 149, 167, 177
Asphalte **194,** 301
Asphalte (Carreaux d') **358**
Aspirateurs 11, 57, 115, 131, 157-58, 254-55, 320, 332, 407, 416
Assemblages (Bois) **384-97**
Types d' **384-85, 388-97**
Réparation 199-200, 202, 209
voir aussi Assemblages à onglets ; Entailles ; Feuillures ; Goujons ; Languettes et rainures ; Mortaises ; Tenons
Assemblages emboîtants 392
Assemblages à enfourchement **392**

Assemblages à mi-bois 185, 187, 378, 392, 394, 396
Assemblages à onglets **393-94, 397-99,** 48-50, 52, 59-61, 68, 102-03, 106-07, 129-30, 131, 133, 145, 375, 388, 391
Assemblages à recouvrement **385**
Atelier (Filetage de l') 255
Atres
— de la fournaise 279, 290, 294
— du foyer 90, 295
Attaches ondulées 68, 130-31, 384
— pour les murs 453, 482-83
Attaches
— à tablettes **85**
— de fixation **74**
Auvents en toile (Peinture des) **336**
Avant-toits 173, 182, 303, 335, 337
Eclairage 271
Avertisseurs électriques **276**
Avoyage 20

B

Baguettes d'angle **97**
Baignoires . **240,** 155, 220, 234, 240, 354, 498-99
Installation **240**
Baignoires d'oiseaux (Béton) 481
Bakélite 260
Balais (Moteurs) **47, 51**
Balayage (Béton) 471, 474-76
Balustres **104-05**
Bancs (Extérieurs) 481, 588-89
Bandes à griffes 366-67
Bandes de métal 435
Bandes Velcro 365
Bar suspendu (Construction) 538-39
Barbecues extérieurs **584-85,** 491
Bardeaux . **166-67, 181,** 283, 300, 336-37, 339
— d'amiante **181**
— d'ardoise **167,** 176
— d'asphalte **166,** 176, 278
— de bois 181
— faîtiers 166
Bardeaux de fente 336, 339
Barils (Verrous) **80, 150-53**
Barres de démolition 10, 15, 101, 149, 362, 463, 479
Barres de métal **436**
Barrières **185**
Barrières (Quincaillerie) **84**
Bascules (Enfants) 581
Bâtis (Portes et fenêtres) .. **126-27, 148-49, 405,** 71, 78-79, 82-83, 103, 118-22, 132, 134, 136-37, 139-44, 152-53, 264, 337-38, 446, 453, 482
Bavures (Rivets-rondelles) **426-27**
Baygon (Insecticide) **159**
Bédane **33,** 32
Béton **465-79, 481-84,** 44, 51, 158, 186-88
— blocs de 481-84
— dalles de **476-77,** 481
— fixations pour le **71, 77,** 68-69, 86-87, 363
— peinture à **332-33,** 336, 338
Bijouterie (Travail de) 21, 418
Binettes de jardin 447-48
Biseaux **48-50, 52, 56, 60, 62-64**
Blanchiment (Bois) **408-09**
Blocs
— à poncer **42**
— de béton **481-84**
— de coin 389
— déflecteurs 481
Blocs de cendre
voir Béton, blocs de
Blocs en V 419
Bois
— caractéristiques, dimensions, qualités, types **370-73**
Bois (Assemblages) **384-97**
Bois (Finis) **407-16**
Bois (Prévention du renflement) 139
Bois (Réparation des meubles) **187**
Bois (Travail du) 16-17, 28-31, 49-50, 56, 57, 59, 64, 375, 381, 396, 407, 409-12, 414
Bois de rose (Bois dur) 371, 407
Bois durs ... 20, 49, 52, 110, 144, 371-72, 378-79, 389-90, 407, 414
Bois mous **371-72,** 49, 374, 376, 378, 389-90, 407, 414
Boiseries (Moulures de) **398-99,** 379
Boîtes (Construction des) **401**
Boîtes à onglets 10, 16-17, 102, 230, 232, 393
Boîtes à sable (Enfants) 582-83
Boîtes de sortie et accessoires électriques **260, 265-66**
Boîtes distributrices (Egouts) **248-50**
Boîtes murales (Electricité) **260, 265**
Bords
— de tapis 366, 368
— des carreaux 352
— des moulures 380, 399
— des revêtements de sol 361
— du béton 467, 471, 475
— du métal 432-33
Bordures du toit 169, 172, 337
Bornes (Electriques) .. **256-57,** 262-63, 273, 276
Bosses sur du métal (Réparations) **434**
Bouches de chaleur (Air chaud) **286, 288,** 298
Bouchons
— de caoutchouc 236
— de métal 436
— de valves 221, 223
— du siphon 212, 216, 218, 239
Bouchons (Gouttières) **172**
Bougeoirs 435
Bouleau **371, 407**
Boulons à ailes de métal **75-76**
Boulons (Quincaillerie) .. **75-77, 424-25,** 72, 428
— d'ancrage 482-83
Bourrelets en plastique 125
Boursouflures
— de la peinture **333-35,** 170
— du placage **198**
Bouteilles (Coupe des) **439**
Bouterolles **427**
Boutons de portes **81,** 145, 147, 151
voir aussi Poignées
Boyaux
— de gicleurs d'évier 221
— de jardin 215-16, 218, 241, 244
— de machines à laver 213, 242
Brasage 418
Brides
— de baignoires 240
— de parquets 236-37, 436
— de tuyaux 243
Brique (Peinture de la) **336-38**
Briques réfractaires **463,** 295, 430
Briquetage **445-57, 460-64**
Bronze **418**
Broquettes **68,** 208, 210
à tapis 365-67
Brouettes 447-48, 467
Bruits (Brûleurs à l'huile) 292
Bruits (Plomberie)
— arrêt des 223-24, 243, 289
— prévention des 242, 245
Brûleurs
— à gaz **291, 293**
— à l'huile **290-92**
Brûlures et taches **196**
— de roussi **198, 459,** 11
BTUs **304**
Burins **33**
Burins à couper 65
Butoirs 80
Butoirs (Moulures) 148, 379
Butoirs d'établi 17
BX (Câbles blindés) **261,** 255

C

Cabinets d'aisance 212-13, 226, 234, 236-37, 498
Câblages extérieurs électriques **271-72**
Câbles (Portes de garage) 190
Câbles chauffants 173
Câbles électriques **261**
— à 3 fils 261
— de chauffage **296**
— gainés de tissu **255**
BX **261,** 255, 257, 263
Romex **261,** 255
Prises de terre 257
Cadmium 429
Cafetières électriques 254
Calfeutrage (Pistolets de) **182**
Cales .. 17, 38, 102, 105-09, 139-41, 148, 180, 185-86, 189, 200, 206, 387
Calibres à forets 41
Calorifugeage **300-01**
Cames (Robinets) **221**
Canalisations électriques **261, 264,** 256, 486, 491, 497
extérieures **271-72**
Camouflage 347-48
Code 270
Interrupteurs, prises et appareils .. **268-69**
Mise à la terre **257**
voir aussi Appareils électriques ; Câbles électriques ; Circuits électriques
Canalisations métalliques 263
Canapés (Construction) **530-33**
Cancrelats **159**
Canevas
— à coussins **210**
— à meubles **210**
Caniveau en béton **476**
Cannage (Sièges) **206-07**
Caoutchouc
— en rembourrage **205, 208**
— mousse **205, 208,** 365
— mousse de calfeutrage . **122, 142,** 126
Carreaux de **116-17,** 87, 326
Carbure de silicium 440, 444
Papier 42, 421
Carillons électriques (Portes) **276**
Carreaux
— acoustiques 87
— d'ardoise 364
— d'asphalte **358,** 326
— de céramique **440,** 87, 154-55, 352-57, 498-99
— de fibre de bois 347
— de liège 358
— de marbre 458
— de plastique 87
— de vinyle **358,** 326, 365, 498
— de vinyle-amiante **358,** 498
Pose 86, 352-60, 364
Réparation **100, 116-17, 154-55**
Cartons (Colles pour) **86-87**
Casiers de cuisine (Construction) ... **516-18**
Caves, *voir* Sous-sols
Cavets (Moulures) 399
Cèdre **371**
Peinture-teinture **339**
Cellulose **88**
Cémentation 418
Cendriers 295
Central (Chauffage) **277-94, 296-99**
Central (Conditionnement de l'air) ... **308-09**
Centreurs **419**
Céramique **52, 87-88, 440-41**
Céramique (Accessoires de) **155**
Céramique (Carreaux de) 154-55
Cerisier **371**
Chaînes **33**
— du châssis **118, 120**
Verrou à 80, 82
Chaises
Construction .. 510-11, 530-33, 570-71, 586-87
Réparation **200, 204, 206-10**
Chaises de balcon **210**
Chaises de bord **210**
Chaises de patio **210**
Chamois 459
Champs d'épandage 214, 248-50
Chandeliers 522
Chanfreinage **28, 55**
Chaperons
— de cheminée **462,** 174
— de mur 455, 458
Charbon
— dans le fer 418
Filtres à 247
Charbon (Fournaises à) **294**
Charbon activé 493
Chargement mécanique (Charbon) 294
Chariots (Enfants) **564-67**
Charnières **78-80,** 124, 126
— à tige libre 78, 82, 140
— de barrières 185
— de châssis 84
— de portes 139-43, 164, 202
— de portes de garage 189-91
Charpentes de maison (Construction) ... 377
Chasse-clous 10, 11, 15, 70, 100, 103, 144, 167
Châssis (Fenêtres) **118-30,** 335
Châssis à battant **124**
Châssis basculants **126**
Châssis coulissants horizontaux **125**
Châssis jalousies **126,** 128
Chaudières (Eau chaude) **284, 288-89, 297,** 280-82
Chaudières électriques **297**
Chauffage (Câbles électriques) 173
Chauffage (Eau chaude) ... **280-81, 287-88**
Chauffage (Prévention de la perte de) 225, 278
voir aussi Calfeutrage ; Isolation
Chauffage (Système central) **278-84, 286-94, 296-99,** 501
Contrôles de 314

Index

Chauffage électrique **296-99**
Chauffage et conditionnement
de l'air **278-314**
Chauffe-eau **241**
Chaufferettes électriques 254
— pompes de 299
Chauves-souris **162**
Chaux 447
— dans les systèmes d'égout 248
— hydratée 447, 457, 459
voir aussi Chaux vive
Chaux vive 447
Cheminées **174-77, 285, 462,** 162, 291-92
Chêne (Bois dur) . **414,** 350, 371, 374, 407
Placage de 378
Chevalets 132, 141, 146-47, 325, 340
Chevaux-vapeur 304
Chevêtres
— de linteaux .. 127, 148, 236, 264, 405
— en brique 451, 454
Chevilles de bois 139
Chevrons 24, 301, 303, 347, 377
Chlordane (Insecticide) 159, 161
Chlore (Filtre à eau) 247
Chrome 418
Chrome (Polissage du) **58**
Cimaises 399
Ciment-amiante 336
Ciments
— à carreaux **86, 116, 154,** 406
— à carreaux de plafond **347**
— à maçonnerie **447**
— à toiture **166-69, 175-78,** 184
— hydrauliques **157**
Portland **447, 466**
Cintreurs (Tuyaux de cuivre) **231**
Cintreurs d'électricien 260, 436
Circuits électriques ... **252-54, 255-57, 264,** 241-43
— à 3 fils 253, 256, 261
Additions aux **255-56, 264,** 493
Cires et cirage ... **196, 413,** 199, 403, 459
— en pâte **413,** 115
Bâtons de retouche **197**
Comment enlever la cire 114
Papier ciré 198, 200
Cisailles (Métal) **421-22,** 10
— à tôle 93, 132, 148, 422
Becs de faucon 422
Ciseaux ... **32-33, 65, 132, 340, 361, 421, 448,** 10-11, 31, 40
voir aussi Coupage et sciage ; Gouges
Clapets de chasses 222
Classeurs mobiles (Exécution) 528-29
Clés **23, 226, 424**
Cloisons (Construction) **404,** 502
Clôtures **185, 188,** 84
Peinture des 316, 318, 320
Clouage **70-71,** 14-15, 376-78, 406
— des joints 70, 384, 392-93, 404
— dissimulé 70, 406
— en biais ... 70, 102, 109-10, 240, 384
— rivé 15, 70
Clous **68-71,** 418
— à deux têtes 68, 473
— à finir 15, 68-69, 144, 384
— à maçonnerie 71
— à panneaux de fibres 376
— à parquets 68-69, 109-10, 362
— à toiture 68-69, 166-68, 191
— annelés 70, 95, 109-10, 355
— d'aluminium 180-81
— enduits de béton 355
— galvanisés 180-81, 188, 191, 480
— vrillés 68-69
Cobalt **418**
Codes
— de construction **500-01,** 472
— d'électricité **255-56,** 261
— de plomberie **226, 232, 238,** 215, 234, 236
Codes du bâtiment 472, 500-01
Coffrages (Construction) 473-76, 478
Coffres à jouets **564-67**
Coinçage (Comment l'éviter) .. 17, 48, 119, 139, 140, 150, 190, 403, 423
Coins et cales (Ouvrages en pierre) 459
Collecteurs de graisse 218
Colles **86**
— à base de caoutchouc **86**
— contact **86**
Dissolvant des **232,** 215
Colles (Comment les enlever) .. 86, 101, 196
Colles et collage **86-88,** 10-13, 36-38, 105, 147, 202, 208-09, 375-76, 381, 387, 389-90, 394-95, 402
— blanches 86, 147, 197-200, 206, 392, 415
— d'acétone 131
— de résine 86, 147, 388, 396
— imperméables 86
Colles PVA 86
Colliers de retenue 431
Coloration
— des métaux 418
— du mortier **447,** 457, 460
Compas **25, 419,** 382-83
Compas d'ellipse (Pointes) 25, 382, 419
Compresseurs **299, 305, 307-09**
Compteurs
— à eau 212-13, 234, 245, 257
— électriques **253**
Condensation (Prévention de la) .. **303,** 156
Condenseurs **305, 308-09, 312**
Conditionnement de l'air **278, 304-09**
Conditionneurs d'air **305-07**
Conductibilité **418**
Conduits
— de chauffage 279, 285-86
— de chauffe-eau 241
— de cheminée .. 174, 285, 291-92, 295, 462-63
— de climatisation 308-10
— de ventilation 492, 497, 503
Installation des 347-49
Conduits électriques **270-71,** 257, 260
— galvanisés 272
Coupage des **19**
Congélateurs électriques 254
Connecteurs à métal, *voir* Raccords
Connexions électriques **268-71,** 253, 265-66, 275, 429
Contre-chambranles **379**
Contremarches **104-08**
Contreplaqués **350, 374-75, 380-81**
Peinture des **324**
Contrepoids de châssis **121**
Contre-portes et châssis **82-83, 128-30,** 125-26, 278, 299, 337, 443
Contrôles (Systèmes de chauffage
et de rafraîchissement) **314**
Convecteurs (Chauffage) . 280-81, 287, 297
Convection **278, 287**
Cordeaux
— de maçon 448, 450, 455, 467
— de traçage **25**
Utilisations des **472-73,** 454, 477
Cordeaux enduits de craie **25**
Cordes **210**
— à draperies et stores 135-38
— de châssis de fenêtres 118, 120
— électriques **258-59, 261, 271-73,** 254, 257
Corrosion
— dans l'eau 246-47
Résistance à la 171
Corroyeurs **64**
Coton (Nettoyage) 196
Coudes (Raccords de tuyaux) 225, 227, 238-39, 244-45, 436
Couleurs
Colorants universels **410**
Peinture **327**
Polyuréthane **412**
Shellac **411**
Coulis 154-55, 352-55, 357, 364, 447, 460
Coulisse de porte 399
Coupage et sciage ... **16-19, 28-33, 48-56, 60-65**
— de la brique **449**
— du métal **422,** 436
Coupe
— carreaux **352, 354, 356-57**
— chevilles 33
— tôle **422**
— tubes 229-31
— verre **123, 438-39**
Coupe-bise ... **122, 142-43,** 119, 124-26, 128-30, 164, 189, 191, 278, 306
Coupe-céramique 352
Coupe-circuits électriques **252-53,** 275
Coupe intérieure 18, 49, 51-52, 379
Couperets **40**
Coupe-verre 123, 352, 438-39
Coups de bélier, *voir* Bruits (Plomberie)
Courbures
— de bandes de métal 435
Coupe des . **28, 30-32, 52, 62-63, 65,** 46
Exécution des **375,** 381
Traçage des **382-83**
Couronnes 447
Couronnes (Moulures) 379, 399
Courroies (Ponceuses à) 57
Courts-circuits 252, 262
Coussinets (Moteurs) 47, 51, 58
Coussins
— de meubles **205, 210**
— de moquettes **368,** 365
Couteaux 10-11, 40-41, 105, 168, 198-99, 208, 232, 273, 347, 351, 360-61, 375-76, 421
— à araser 93-95, 117, 340
— à découper 93-95, 340, 368, 381
— à dépecer 41
— à linoléum 41, 95
— à mastiquer 10-11, 91, 95-96, 100-01, 116, 119, 123-24, 133, 154, 167-68, 199, 317, 322, 334-35, 342, 344-45, 407-08, 414, 480
— à murs 322
— à stratifiés 380
— à tracer 381, 389, 392
— robustes 132
Affûtage des **40-41**
Canifs 160
Couteaux de toupie 62
Coûts
— des outils 10
Estimation des **486-89**
Couvercles (Tuyaux) 227
Couvre-joints (Moulures) **379**
Crampes 68-69
Quincaillerie de clenches 84
Crapaudine 239
Craquelures **333,** 197
Craquements (Elimination des) **105, 109-10**
Crayons (Traçages) 25, 382-83, 389
Créosote **186-87**
Crépine (Gouttière) 164
Crépine (Pompe) 244
Creux (Dents de scie) 20
Cristal (Réparation du) **439**
Crochets 12, 73, 82, 150
voir aussi Œillets
Cueillies 158
Cuir 39, 52-53, 86-87, 196, 426
Cuir (Maillets) 432, 434
Cuisines
Câblage des 254-56
Chaises de **208**
Entretien des 90
Rénovation des . **492-95,** 486-87, 506-25
Cuisinières 492-93
Electriques 253, 255
Cuivre **230-31, 418, 429-36,** 19, 42, 58, 69, 336, 423, 426
Tuyaux de **230, 232**
Cuves à lessive 213, 234, 238, 496-97
Cuvettes coniques (Rondelles) 375

D

Dallages 476-77
Dalles **464, 479**
Débouchoirs
— de drains 216, 218
— d'égouts 218
— d'éviers 216, 217
— de toilettes 217
Décapage des finis 408, 412
Outils 39, 42, 45-46
Décapants 317, 323
Déclin (Planches à) **180, 377,** 53
Découpeuses, *voir* Scies
Défilement (Panneaux de) 349
Déflecteurs de pluie 173
Déflecteurs (Réservoirs septiques) .. **249-50**
Dégelage (Tuyaux) **225**
Dégorgeoir, *voir* Débouchoirs
Démarreurs (Tubes fluorescents) ... **274-75**
Dents (Limes) 34
Dénudeurs de fils, *voir*
Pinces à dénuder
Départ du travail 15, 45
Avant-trous 21, 26, 46, 55, 62, 70, 72, 74, 77, 108, 110, 112, 180, 375, 379, 384-85, 393, 436
Lignes guides 16-17, 26, 49, 375-76, 380, 454
Descentes de gouttières 172
Entretien et réparation **169-72**
Déshumidificateurs **312,** 305
Désionisateurs (Eau) 247
Déteinte (Peinture) . **333,** 324, 330-31, 339
Détrempe (Métaux) **432**
Diaphragmes
— de robinets 220
— de toilettes 223
Diazinon (Insecticide) 159
Diffuseurs de flamme 39, 407
Diluants
— à peinture **326,** 317, 319-20, 330-31, 333, 335
— de la laque **412**

—des polyuréthanes **412**
—du shellac **411**
—du vernis **411**
Disjoncteur de fuite de terre **270**
Dispersion des eaux d'égout ... 248-50
Disposition des tuyaux **234-36**
Disques au carbure 46
Dissolvants
—à colle 86, 232
—à peinture 317, 319-20, 338
—d'adhésifs à tapis **368**
Distribution de la chaleur **286-87**
Dossière (Scies à) **16-17**
Douches .. **240**, 212-13, 216, 220,
234, 236, 443, 498-99
Doucines **379, 399**
Douilles
—de tuyaux 223
—électriques 11, 271, 273-75
Douilles isolantes 261, 266
Draperies (Quincaillerie) **136-38**
Ductilité 418
Duralumin (Métal) 435
Durcissement
—des outils 421
—du béton **471**
—du stuc **480**
Composé de 471
Durcissement (Cémentation) 418
DWV (Drain Waste Vent) .. 213, 215, 218,
230, 234, 236

E

Eau 447, 466
—dure 212, 214, 243
Adoucisseurs d' **246-47**
Coups de bélier **224**
Taches d' 196
Traitement de l' **246-47**
Eau chaude (Chauffage) .. 278, 280-81,
287-88, 502
Eau chaude (Chauffe-eau) **241**
Ebène (Bois dur) 414
Ebène (Finition) 414
Ecaillage (Peinture) .. 180, 333-35
Echafaudages 325, 448, 457
Echasses (Construction) 576-77
Echelles 335
—de toit 165, 462
—extensibles 165, 169, 339
Escabeaux 325, 328, 340, 346
Eclairage extérieur **271**
Eclatement du bois 26, 29, 32, 56, 64,
66, 68, 70, 107, 144, 180, 198,
375, 384, 388-89, 407

Ecoulement des eaux du toit 173
Ecrous **75**
—connecteurs 263, 267, 274-75
—presse-étoupe **219-20**, 289
Ecureuils 162
Efflorescence 461
Egouts **213-14**, 218
—de plancher 478
Tuyaux bouchés **212, 216-18**
Egratignures (Réparation)
—des carreaux 117
—du bois 197-98
Electricité **251-76**
—comme source de chaleur 278,
296-99, 308
Renseignements de base ... **253-58**
Electricité (Code) .. **270-71**, 255-56, 261
Electriques (Réparations) ... **258-59, 273**
Electriques (Systèmes)
—extérieurs **271-72**, 255
Amélioration **255-56, 264-67**
Entretien **252-53**
Electrodes positives (Chauffe-eau) 241
Email .. 316, 326, 330, 335-36, 442
—catalysé 326
Briques 446
Emeri (Papier) 42, 421, 479
Emeri (Toile) 421, 430
Encadrements 68, 393, 399
Encre (Taches) 196
Engrenages 421
—de châssis à battant 124
Entailles
Coupe .. **55, 386, 392**, 30, 50, 60-61
Entonnoirs 460
Entrées à courrier 145
Entrées d'auto .. **194, 464, 474-75, 479**
Entrées de porte (Installation) **148**
Entrepreneurs **490-91**
Entretien de l'intérieur
(Liste de contrôle) **90**
Entretoises **302**
Epinette (Bois tendre) **371**
Epissures (Fils) **259**, 267-68
Eponges ... 196, 340, 345, 352, 354-55,
364, 415-16
Epoxy **86-88**, 156-58
Adhésifs .. 86, 428, 434, 441, 460
Bouche-pores 461
Peinture 416
Rapiéçage 479
Equerres .. **24-25**, 383, 400, 419, 448
Equerres (Fausses) **24, 419**
Equerres (Quincaillerie)
—d'angles intérieurs **384**
Erable (Bois dur) 371, 374, 407
Eraflures
—dans les carreaux de plancher 117
—dans les panneaux muraux **99**
Escabeaux 325

voir aussi Echelles
Escaliers
Construction 24, 50, 55, 104, 399,
458, 474, 477, 481
Entretien **105-08**, 90, 160-61, 335,
338, 479
Tapis d' 367
Espacements mur-sol 102-03, 158, 398
Espaceurs (Céramique) .. 356, 357, 364
Essence à briquet 86, 117, 196
Estimation **486-87**
Etablis **12-13**
voir aussi Chevalets
Etagères (Construction) 524, 526-28
Etain 58, 418, 429
Etanchéité 164, 260, 271
Etoupe 228, 444
Etoupe (Robinets) 219, 289
Evaporateurs 309-11
Evaseurs 226-27, 231
Eventails électriques 254, 310
—de chaufferette 296, 298
—de fournaise 290, 294
—de grenier 313, 503
Echappement .. 301, 303, 493
Events
—de cheminée 175, 463
—d'égout 165, 175, 213, 224, 227,
234-36, 238, 239
—de pignon 164, 303, 313
—de toit 303
—de tuyau de vapeur 284
Eviers .. **238-39, 245**, 212-13, 215-17,
226, 234, 236, 247
Eviers surélevés **245**
Extérieur
Construction **584-91**
Eclairage **271-72**
Entretien et réparation **163-94**
Extérieur (Liste de contrôle) **164**
Extincteurs chimiques 320
Extracteurs de boulons 425

F

Façonnage (Bois) 54-55, 59, 62, 65,
379-80, 404
Farinage (Peinture) **333, 335**
Fausse équerre 24, 419
Fenêtres
Bâti **127**
Carreaux **123-24**, 11
Construction 127-29, 388, 405, 446, 504
Coupe-bise **122**
Double-châssis **128-30**

Entretien et réparation ... **118-26**, 11, 90,
130, 164, 178, 331, 337-38, 460
Installation du châssis **127**
Moulures 398-99
Moustiquaires **131-33**
Quincaillerie **84**, 71
Stores **134**
Fenêtres (Appuis) ... 71, 118, 458, 481
Entretien **183**, 160, 338
Fenêtres coulissantes **125**
Fer **418**, 19, 52, 336, 426, 429, 432
—d'angle 187, 579
—dans l'eau 246-47
—forgé .. 19, 79, 201, 418, 423, 435
—galvanisé 429, 432
—noir 227
Fonte .. **227-28**, 19, 215, 227-28
Fer (Rabots) **28-31**, 41
Fer à rainures (Béton) **467**, 471
Fer à souder .. **39**, 123, 197, 258, 429
Fer-blanc **429, 432**, 418
Ferme-portes **82-83**
Ferrures
—de meubles .. 74, 78-81, 84, 402-03, 409
Ferrures emboîtantes 74
Fers à joints 448, 455-56
Fers à repasser 116, 197-98, 203, 225
Feuillures (Assemblages d'angles) **392**, 55-56,
64, 143, 388, 397, 399, 402
Fibre de verre .. 14, 42, 88, 170, 225, 350,
434, 493, 499
Fiches électriques **258-59**
Filets (Coupage) **424-25**, 229
Filières **425**, 418, 421
Fils électriques **258-59**, 22, 150
voir aussi Câbles électriques
Fils à plomb 400, 473
Filtres
—à eau 243, 247
—de conditionneurs d'air .. 305, 307, 309
—de fournaises .. **288**, 90, 278-79, 292,
298
—de machines à laver la vaisselle 243
—de purificateurs d'air .. 310, 493
—de robinets 221
Financement (rénovations) **488-89**
Finis (Bois) 407-16
Fissures
—dans la cheminée **462**, 285
—dans le béton **479**
—dans le foyer **463**
—dans le plâtre **91**, 111
—dans le sous-sol 157
—dans le stuc **480**
—dans les murs **460**
Fixations **76-77**
Flotteurs (Toilettes) 222
Fluorosilicate de sodium 161
Fluorure dans l'eau 246
Flux (Soudage) **230**, 11

Fondations (Maisons) 25, 244, 460, 467
Construction 446, 453-55, 458, 469,
472-73, 501
Entretien 156-58, 160-61, 164, 173, 184
Fonte (Tuyaux) **228**
Forets 22, 41, 77
Forges 435
Formaldéhyde (Adhésifs) 86
Fosses d'aisance **249**
Fosses d'infiltration 250
Fosses septiques **249**
Fraudes (En rénovation) 489
Fourmis 159
Fournaises **290-94, 298**, 278-79, 283, 285,
309, 311, 314, 502
Canalisations électriques 254, 255
Fourrures (Tasseaux) . **377-79, 406**, 68, 71,
347, 350, 373
Fourrures (Mites dans les) 159
Foyers .. **295, 463**, 90, 278, 458, 463
Fragilité (Métal) 418, 421, 432
Fraises et fraisage **26-27, 44, 73-74,
423**, 11, 56, 427
Fuites 90, 111
Prévention des .. 156, 171, 236, 240, 245
Réparation des .. **156-58**, 165, 168,
177-78, 184, 212, 219-21, 224, 241,
243, 285, 462
Fusibles **252-53**, 243, 262, 272, 298
—à relais 307

G

Gabarits 41, 48, 51, 375, 432, 435-36
—à goujons 395
—d'aiguisage 27, 31, 33, 41
—de coupe-vitres **123**
—de pente 448
—de profondeur 45, 395
—pour tuyauterie 66
Poteaux d'alignement 448
Galvanisation 68, 131-32, 336, 418
voir aussi Acier ; Fer
Gants 77, 123, 125, 295, 317, 409,
439, 443
—d'amiante 436
—de caoutchouc .. 157, 225, 256, 355,
410, 416, 430, 454, 459
Garages
Portes de **189-93**, 164
Transformation des 491, 501
Garnitures 221, 223, 237
—en caoutchouc 238, 243, 272, 306, 443
—en cire 237

Index

— en néoprène 228
— de robinets 221
— de serrures de portes **150-51**
Garnitures en plastique (Vitrerie) 125
Gauchissement
  Comment l'éviter 371-72, 374
  Correction du 180, 202-03
Gaz (Brûleurs à) **291, 293**
Gaz (Carburants) 278, 291, 308
Gaz (Conduits de) 227, 241
Gaz (Egouts) 213
Gicleur d'évier **221**
Glaçures (Teintures à bois) 415-16
Glissières
  — de tablettes 401
  — de tiroirs 401, 403
Glissoires **580-81**
Glycérine 196
Godets graisseurs 292
Gomme laque, *voir* Shellac
Goudron (Détachage) 196
Gouges **32-33**, 65
Goujons **393-95, 397, 399,** 131, 200,
                                   209, 388-89
Goujons (Assemblages) . . . **394-95, 397, 399**
Goussets (Contreplaqué) 389
Gouttières
  — en aluminium **171**
  Entretien et réparation **169-72,** 164,
                                    184, 337-38
Grain du bois
  — accentué 414-16
  — imité 416
Graissage et huilage 27, 30, 33, 40, 51,
             53, 65, 119, 124, 126, 164,
             190-91, 220, 288, 292, 403, 423
Graisse 47, 51, 77, 150, 192, 220
  — d'automobile 124
  Nettoyage 124, 196
Granit **458**
Graphite . . . 105, 109, 134, 150, 164, 191
Grattoirs . . . 10-11, 147, 322, 334-35, 340,
                                   408, 421
Gravier **466, 469**
  — dans le filtre à eau 247
Gravure 418
Grenat (Papier) 42
Grenier
  Eventails **313**
  Isolation **301, 303**
  Rénovation **486, 502-04**
  Ventilation **303**
Grès 458-59, 461
Grille-pain électriques 254-55
Grilles de chauffage 288
Grils électriques 254-55
Guides (Avant-trous) . . . 21, 26, 55, 62, 70,
         72, 74, 77, 108, 110, 112, 180,
      375, 379, 384, 385, 393, 422-23, 436
Guides de tiroirs **403**

Guillotine (Fenêtres à) **118-21, 127**
Guides à onglets 59-60, 63
Guimbarde 30, 386
Gypse (Planches de) . . **93,** 148, 283, 350,
                                352, 377

H

Haches **40-41, 421**
Huile (Brûleurs à l') 290, 292
Huile (Pierres à l') 31, 438
Huile
  — à chauffage 278, 290
  — à moteur 15
  — de carter 473
  — de lin **413,** 15, 117, 123, 197
  — légère . . . 10, 27, 30, 33, 47, 51, 150,
             229, 423, 424, 425, 438
Calfeutrage à base d' 182
Humidificateurs **311,** 278
  — de fournaise 224, 279
Humidité (Elimination) **156,** 278, 332
Humidistats **314**
Hydronique (Chauffage), *voir* Eau chaude

I

Ignifugeage 347
Imperméabilisation **184,** 156-58, 181,
     210, 378, 453, 456-57, 462-63, 469
  Adhésifs 86
Indicateurs de niveau d'eau 289
Inondations (Protection) 244
Insectes (Contrôle des) . . 131, 159-61, 164,
                                  186
Insonorisation 99, 313, 350, 502
Installation
  — d'éviers **238-39**
  — de baignoires **240**
  — de douches **240**
  — de toilettes **237**
  — de tuyaux **236**
Intérieur (Réparation) **89-162**
Interrupteurs électriques **262-63, 268-70,** 11,
         90, 94, 257-58, 264, 273
  Extérieurs 271-72
  Rhéostats **270**
  Spécial 263
Isolant
  — en nattes 300-02

— en planche 300, 377
— en rouleaux 300-02
— en vrac 300
Isolant réfléchissant **300**
Isolant rigide **300**
Isolation **300-03,** 149, 165, 278, 283, 296,
                350, 377, 503
  — de chauffe-eau 241
  — de tuyaux **225,** 288
  — électrique 257, 259, 261, 266-67, 271,
                                  273
  — insonorisante 99, 313, 350
Isolation thermique **300-03**

J

Jambages de portes, *voir* Portes
Jardins (Construction dans les) . . . **455,** 451,
              481-82, 584-91
Joints (Brique et béton) **453-57,** 157,
    447-51, 460, 462-63, 476-78, 481-84
Joints de métal **427-31,** 436
Jonction (Boîtes de), *voir*
  Boîtes de raccords électriques
Jouets (Enfants) 564-83
Judas (Portes) 145
Jute 365

K

Kapok 210
Karts (Construction) **578-79**
Kérosène 33, 47, 123, 423, 438

L

Laine
  Feutre 225
  Insectes dans la 159
  Meule en buffle 58
  Rouleaux à peinture 318
  Tapis 365
Laine d'acier, *voir* Acier, laine d'

Laine de verre 279
Laiton **418**
  Finition 42
  Polissage 58
  Tuyaux en 229
Lamelles d'ardoise 458
Lames de conditionneurs d'air 305
Lames de scies . **20, 48-53,** 60, 62, 63, 422
Lampes électriques . . . **271-73,** 254-56, 262,
                                   266
Languettes 206, 375, 388, 393, 395
  — de plastique 133
  voir aussi Cales
Languettes et rainures (Assemblages à) . 112,
    347, 350, 362, 378, 395, 397, 406
Laques **412,** 115, 117, 196, 316, 333,
             408-10, 414-15, 442
Larmiers **146,** 175, 182
Latex
  Adhésifs 86
  Calfeutrage 182
  Mousse de 208, 365
  Obturage 479
  Peinture au . . . **328-29, 331-32,** 324, 326,
                           334-38
Lattes
  — de bois 204
  — métalliques . . . 92, 94, 283, 482, 483
  Aggloméré 352
Lés de papier peint 342
Lessiveuses automatiques . . . **242,** 213, 234,
          248, 253-54, 496-97
Leviers 11, 101-02, 106, 119, 177
Levure (Système d'égouts) 249
Liège **350, 358,** 87, 341
Limes et limage **34-35, 420-21,** 10-11, 20, 41
Limons (Escaliers) 104-08
Linoléum . . 41, 52-53, 113, 117, 326, 358
Linteaux (Structure) 446, 458, 481-82
Liquide réfrigérant 305, 308
Lits (Construction) 550-51, 560-63
  — de poupée 569
Loquets **81-82**
Lucarnes **178, 182,** 503-04
Lustres **267**

M

Machinerie (Pièces de) 34-35, 418
Machines à laver la vaisselle 212, 243, 492-93
Maçonnerie **156, 285, 445-64, 465-84,**
           33, 45, 48-49, 461
  Peinture à **326, 332,** 316, 336
Magnésium 418
  — dans l'eau 246

Maillets
  (Plastique, cuir, caoutchouc ou bois) . . . 14,
     32, 50, 74, 93, 112, 129, 190,
            206, 363-64, 432-33
  — à viande **518**
Maison dans un arbre **574-75**
Maisonnette de poupée **568**
Malathion (Insecticide) 159
Malaxeurs
  — à béton 470
  — électriques 254-55
Manganèse 246, 418
Manomètres **284,** 245
Marbre 51, 196, 458-59
  Marbrures **416**
  Panneaux ''marbrés'' 378
Marches 104-08
Maringouins 159
Marteaux **14-15,** 226, 231, 366, 415,
             418, 421, 480
  — à face bombée 93
  — à panne fendue 10-11, 14-15, 32,
                            199, 434
  — à placage 381
  — de briqueteur 448
  — de mécanicien 14, 33, 427, 435
Masses 14, 33, 71, 77, 157-58, 177,
       228, 448-49, 457-59, 461-62
Mastic 103, 112, 124, 130, 164, 180,
          334-35, 365, 384, 440
  — de plomberie 237, 239
  Pâte de bois 15, 68, 91, 107, 109, 144-45,
      153, 188, 197, 209, 324, 335, 379
Mastic à niveler le sol 365
Mâts de drapeaux 491
Mazout (Arrivée du) 290
Mèches à bois **26-27, 44-45**
Mèches à maçonnerie **44-45**
Mèches de toupie **54-55**
Mèches de vilebrequin **26**
Mélanges (Teintures) 410
Mélangeurs (Robinets) **220-21**
Meneaux 118, 331, 338
Menuiserie **369-416**
Mesurage . . . **24-25, 382-83,** 49, 228, 392,
                           400, 419
Métal (Travail du) **418-36,** 14, 18-19,
     26-27, 33, 35, 42, 49, 52-53, 66
  Collage 86-88
  Finis 416
Métaux **418-36**
  — blancs 429
  — en barres **436**
  — en feuilles . . **421-22, 432-34,** 19, 72,
            286, 418, 427-29
  — en plaques 432
  — ondulés 68, 453
  Bandes **435**
  Isolation 301
  Peintures à 416

Meubles **195-210**
Cannage **206-07**
Construction **506-91**, 12, 13, 37-38, 55, 59, 68, 86, 371, 374, 385-97, 401-03
Ferrures .. **74**, 78-81, 84, 402-03, 409
Refinissage **196-98**, 407-16
Réparation . **199-203**, 11, 86-88, 206-10
Rembourrage **204-05**, 208, 210
Meubles empilables (Construction) .. **534-35, 560-61**
Meulage **58-59**, 27, 40
Accessoires de perceuse **423**
Meules électriques ... 22, 41, 44, 58
Pierres à aiguiser 31, 45
Plateaux 45
Meules en buffle 442
Mica 252
Minuterie (Machines à laver la vaisselle) 243
Miroirs 498-99
Mites **159**
Mixeurs électriques 254-55
Moisissure (Mildiou) .. 196, 336, 365
Molybdène 19, 418
Monel (Métal) 418, 426, 429
Montants (Mortaises) 387-88
— de portes **141**
Montants (Murs) **235, 265, 377-79, 404-05,** 148-49, 239-40, 503
Localisation **265**, 276
Moraillons 84
Morfilage 31, 33
voir aussi Aiguisage
Mortaises ... 14, 32, 139-41, 150, 152-53, 209, 375, 384, 387-88, 392, 394, 397
voir aussi Tenons
Mortiers **447**, 175, 177, 285, 351, 448-50, 453-58, 460-63, 480
— de ciment à maçonnerie ... 447, 455, 477, 484
— blanc 444
— chaux-ciment 447
Moteurs
— de fournaises 90, 254, 294
— d'ouvre-portes **192**
— de pompes 244, 290
— de tringles à coulisse 136
Mouches de maison 159
Moulures **102, 379, 398-99**, 104-07, 132, 145-49, 388, 401, 414, 458
Moulurage 17, 54, 62
Moulures d'angles 379
Moulures de base 379, 398
Mousse 205, 210
voir aussi Caoutchouc mousse ; Plastique, mousse ; Polyuréthane
Moustiquaires de portes et fenêtres **82, 131-33**, 125-26, 159, 337
Murage d'une porte **149**
Murs
— creux 11, 75-76, 137

— de jardin 451, 455, 460, 481-82
— de soutènement 446-47, 455, 458
Boîtes de sortie 260, 262-65
Construction de 93-94, 404, 446-47, 451, 453-55, 467, 491
Coupe 53
Entretien et réparation,. **90-100, 460-61,** 154-58, 184, 300, 302
Finition 350-54
Peinture **329**
Murs secs 87, 264-65
voir aussi Planches murales

N

Naphtaline 162
Néoprène (Raccords) 227-28
Nettoyage
— de la pierre **459**
— des gouttières **169**
— des pinceaux **317**
— des rouleaux **319**
— des tissus **196**
Avant de peindre .. **322-24, 332, 334-35**
Nichoirs **573**
Nickel 58, 266, 418, 429
Niveaux ... **24-25, 400, 450**, 419
Niveleurs à meubles 201
voir aussi Patins ; Roulettes
Noues **178**
Noyer 350, 371, 374, 407, 413
Placage 378

O

Obturateurs 86, 91-92, 156, 265, 322, 351-55, 357, 414, 453
Œillets 204
Or 58, 416, 418, 430
— vert 418
Ornemental (Travail) 18, 54-55, 62, 72, 78-81, 150, 153, 341, 418, 432, 435, 458
voir aussi Moulures
Osmose inversée **247**
Outillage de base **10**, 11
Outils (Electriques) **43-66**
voir aussi Perceuses ; Scies
Outils (Manuels) **9-42**

Outils d'angles **33**, 97
Outils pivotants **44**
Ouvrages en pierre **458-59, 461, 464**
Ouvre-boîtes électriques 254

P

Pales (Machines à laver la vaisselle) ... 243
Panneaux
— de chauffage 282-83, 296
— de murs **377-79**, 101, 265, 350, 404, 415, 487, 498, 502
— de plafonds **347-49**
— de portes 147
Panneaux durs ... 12, 13, 49, 52, 86-87, 108, 113, 147, 350, 370, 372, 376, 498
— troués 12, 350, 376
Panneaux troués 12, 350, 376
Panneresses (Briques) 451
Papiers
— à toiture 166, 168, 181
— asphaltés 184
— au carbure de silicium 42, 421
— de construction .. 178, 180, 249, 300, 303, 377, 406, 453, 464, 474
— d'émeri 42, 421, 479
— de verre 42
— étanches 471
— grenat 42
Collage 86, 87
Papiers abrasifs .. **42, 407-08**, 11, 114-15
Ponçage du bois 42, 11, 46, 57-59, 65, 407
Ponçage du métal **42**, 58, 434
Papiers métalliques
— d'aluminium 317, 319
Revêtement mural 341
Papiers peints .. **340-46**, 324, 331
— imperméables 498-99
— pré-encollés 340-41
Papiers-toiture 179, 303
Paradichlorobenzène (Antimite) 159
Parapets (Brique) 447
Pare-vapeur **300-03**, 453-55, 478, 502
Parqueterie 363, 502
Pâte à calfeutrage **182**
Pâte à joints 92-93, 95, 101
voir aussi Murs secs
Pâte à reboucher ... 91-92, 184, 324, 479
Pâte à souder 429
Pâte de bois 109, 139
voir aussi Mastic
Patinage du bois 414
Patins
— de fenêtres 125
— de meubles **201**

voir aussi Niveleurs ; Roulettes
Patios (Construction) .. 446, 464, 469, 471, 476, 481, 491
Meubles de **586-87**
Patrons **197, 265**
Pavage **464**, 458
Peau de crapaud (Peinture) **333**
Peignes (Métal) 317
Peinture **316-39**, 11, 130, 210, 371, 408, 414-15, 418
Ecaillage 333, 335
Préparation .. **322-24**, 330, 332, 334-35
Pelouses
Systèmes souterrains d'arrosage **233**
Penderies (Construction) **558-59**
Pentachlorophénol (Préservatif du bois) 161, 186-87, 339
Pépites scintillantes 416
Perceuses **26-27, 44-47, 77, 423,** 424-25, 427-28, 434, 436
— à colonne **66**, 45
Electriques **44-47**, 422-23
Manuelles **26-27**, 10, 11
Perçoirs **47**, 21
voir aussi Poinçons
Périscopes (Construction) **576**
Peroxyde d'hydrogène 117, 459
Phillips, voir Tournevis
Photoélectriques (Cellules) 271
Phosphates (Filtres à eau) 247
Pierre **87, 458-59, 461, 464**
— artificielle 378, 458-59
Placage 350-51, 487
voir aussi Dallage ; Gravier ; Marbre ; Pierres bleues
Pierres à l'huile 33, 40, 354, 357
Pierres bleues **458**
Pierres ponces 196, 459
Pilastres **104**
Pilote (Flamme) 290-91, 293
Pin (Bois mou) **373-74**, 12, 350, 371, 407, 415
Pinceaux **316-17**
Pinces **22, 258**, 10-11, 41, 101, 134, 154, 200, 226, 273, 352, 438
Pinces à avoyer **20**
Pinces à dénuder (Fils) ... 10, 258-59, 261, 266-67
Pinces coupantes
— à carreaux 352, 354-55
— sur bout 22
Pinces-étaux 10, 22
Pinces-monseigneur, voir Barres de démolition
Pignons (Toits) .. 182, 285, 303, 313, 337, 504
Piquets 473-75, 478
Piscines 469, 491
Pistolets
— à calfeutrage 182

— à mélange externe 412
Peinture 320
Pistolets à souder **39**, 10-11, 258
Pistons
Robinets 221
Valves 223
Pitons à œil fermé 73, 82, 348
voir aussi Crochets
Placages **381**, 55, 147, 350, 358, 371, 374-75, 378-79, 407-08
— de pierre et de brique **350-51**
Construction 381
Réparation 198, 381
Placards
Construction **506-09**, 487
Installation 498
Pentures **78-79**
Quincaillerie **81**, 84-85
Placoplâtre (Planches de) 93, 148, 283, 350, 352, 377
Plafonds
— surbaissés **348**
— suspendus **348-49**, 501
Accessoires électriques 260, 266-69, 264, 349
Carrelages **347**, 100
Entretien et réparation **91-101**
Installation **95**, 347-49, 502
Isolation **300-02**
Panneautage 348
Peinture **328**
Tapissage 346
Plafonniers encastrés **266, 349**
Planchers
— de béton **478**
Câblage électrique 264, 266
Construction 68, 362, 371, 406, 469
Découpage 18, 236
Entretien et réparation .. **109-17, 302**, 11, 14, 25, 90, 154, 158, 160-61
Finition 114-15, 411
Revêtements **355-68**
voir aussi Espacements mur-sol ; Sous-planchers
Planches murales **93-100, 350**, 70, 76, 324, 326, 377, 501-02
Planchettes à régaler 467, 471, 475
Planes (Plaines) 31
Plans de rénovation **486-503**
Plaques (Quincaillerie) **74**, 396
— à pieds 146
— de coin 74, 130-31, 202, 389
— de pied 74
— en acier 189, 235, 384
Equerres 202
Equerres en T 131, 384
Gâches 80, 139-40, 148, 150-53
Garnitures 150
Têtières 151
Plaques-couvercles 272

Index

Plastique **232-33, 442-43,** 18, 39, 42, 44, 49, 53, 86-88, 131, 170-71, 227, 238, 244, 261, 305, 426, 453
— ondulé 350
Cordes 210
Finition 416
Mousse 86, 156, 225
Revêtements .. 156, 175, 198, 301, 454, 467, 471, 475
Revêtements muraux 351, 502
Tuyaux flexibles **233**
Tuyaux rigides **232**
voir aussi Polyéthylène ; Polystyrène ; Stratifiés ; Thermoplastiques
Plastiques PVC 88
Plâtre 11, 104, 108, 148, 264-66, 283, 326, 350, 352, 405, 415
Plenum (Chauffage) 286
Pliage
— du contreplaqué **375**
— du métal **432, 435-36,** 430, 433
Plinthes **102-03,** 398
Boiseries et 398
Prises de courant 263
Plinthes chauffantes ... **286-87,** 281, 296
Plomb 175, 215, 228, 236, 261, 330, 418, 429, 432
Plomberie ... **212-50,** 39, 90, 436, 486
— de base **215**
Codes ... 212, 215, 226, 227, 228, 230, 232, 234, 236, 238, 248
Lessiveuses 242
Machines à laver la vaisselle .. 243
Systèmes 213
Pochoirs 416
Poêles de cuisine, voir Cuisinières
Poêles à frire électriques 254-56
Poids
— de châssis 118, 120
Correction du gauchissement 140
Stabilisateurs 130
Poignées
— de porte 81, 145, 191
— de robinet 219-21
— de toilettes 222
Poinçons 10, 11, 418, 421
— à centrer 27, 65, 419, 421, 423, 427-28
Pointage des joints . 337, 456-57, 460, 462
Pointe à tracer 419
Pointeau de traçage 419
Pointes (Métal) 134, 426
Goujons barbelés 68
Pointes de vitrier 11, 123-24
Poisons (Insectes et animaux) 159-62
Poissons d'argent 159
Polissage **58,** 42, 59, 115, 413, 421, 442, 459
Polisseuses électriques 115
Polyéthylène 88, 215, 233, 453
Feuilles de 478

Membranes de 303, 363
Polypropylène 88, 365
Polystyrène 87-88, 233, 350
Polyuréthane
Fini 115, 326, 362, 407, 412, 414, 459
Mousse 88
Pompes 217
— circulatrices 280-82, 297
— de chauffage **299,** 310
— de drainage 245
— de puisard **244,** 254
— de puits 213
— et filtre (chauffage) 290
Ponceuses 57, 59, 147, 413
— à contour 407
— à courroie 11, 57, 323, 407
— à courroie et à disque 59
— à disque 11, 46, 114-15, 407
— à tambour **114,** 46, 66, 362
— finisseuses 10, 323, 459
— manuelles 115
— orbitales 57, 407, 413
Ponceuses-meuleuses 59
Porcelaine (Réparation) **86-87, 441**
Porte-filières **425,** 229
Porte-outils 12
Portes
— coulissantes **399**
— de garage **189-93**
Encadrement **405**
Entretien et réparation **139-49, 202**
Fixations 76, 145-47
Peinture **331**
Quincaillerie **78-84,** 150-53
voir aussi Contre-portes ; Moustiquaires
Poteaux 373
— d'alignement 448, 455
— de barrières **185**
— de clôtures **186-87**
Poterie (Réparation) 86-87, 441
Poulies
— de châssis 118, 120, 121, 122
— de portes de garage 190
— de stores vénitiens 135
Pourriture (sèche ou humide) **183,** 161, 164, 180-81, 186, 187, 188, 189, 303
Poutres
Entretien **110-11,** 90, 396, 501
Imitation 406
Préservatifs du bois 161, 186-87, 189, 191, 336-37, 339, 371, 502
Pression
Eau **245,** 212-13, 221, 223-24, 232, 243, 247
Electricité 253
Vapeur 225
Prises d'air 213, 234-36, 238
Prises d'air (Tuyaux) **224,** 234, 236
Prises de courant **258-59,** 256-57, 262-63, 268-69, 271, 273

— à 3 fils 242, 244, 257
Quincaillerie **270**
Prises de terre (Electriques) ... 256-57, 242, 244, 261-62, 270-72, 274-75, 307
Produits chimiques
— dans l'air 461
— dans l'eau **246-47**
— dans les égouts 249
Insecticides 159-62
Projets de construction **505-91**
Propriétés, limites et dispersion des eaux 248
Protecteurs (Neige et pluie) ... **173-74**
Pruche (Bois mou) 371, 374
Puisards (Pompes) **244**
Puits 213-14, 233, 248, 491
— secs **173,** 164, 171, 184
Puits de lumière 504
Pulvérisateurs (Peinture) **320-21,** 46
Punaises 159
Purge (Radiateurs) **288**
Purgeurs d'air (Chaudières) **297**
Purificateurs d'air **310**
Pyrèthre (Insecticides) 159

Q

Quarts-de-rond (Moulures) 102-03, 115, 379, 398, 399, 406
Queues-d'aronde **389-91**
Quincaillerie (Clous, vis, boulons, etc.) . **82-85, 136-38,** 12-13, 149

R

Rabots et rabotage ... **28-31, 56,** 10-11, 24, 41, 140-41, 153, 199, 202, 208, 393, 395-96, 400
— à dents 331
— petits rabots 28-29
— petits rabots électriques 56
— Surform 10, 31, 35
Raccords . **227,** 39, 215, 229-30, 232, 236
— de coudes de cuvettes **236,** 227
— mamelons 227, 238-39, 245
— réducteurs 227, 238, 247
voir aussi Adaptateurs ; Coudes ; Joints de métal ; Raccords de tuyaux ; Unions
Raccords à rotule (Plomberie) 436

Raccords de tuyaux 226-28, 215
— corrodés 212
— évasés 215, 227, 231, 239, 245
— filetés 215, 233, 239
— soudés 215, 227, 230-31, 429
voir aussi Raccords
Raccords en caoutchouc 237
Raccords en croix (Tuyaux) 215
Racines (Débouchoirs) 218
Raclettes 467
Radiateurs **284, 287-89,** 278, 280-81, 297, 326, 330
Radios 39, 254-55
Rails de portes de garage 190-93
Rainurage (Finis du bois) **414**
Rainures (Coupe des) 28, 30, 33, 50, 54-55, 60-61, 391, 393, 395, 401-03, 414, 421
Ramonage de cheminées **174**
Rampes 104-05, 399
Rangement
— des outils 10, 12-13, 35, 317
Placards **554-59,** 503, 538-45
Râpes 31, 35, 44, 46, 94, 459
voir aussi Limes
Rapporteur 383, 419
Râteliers à couteaux (Construction) **519**
Rats 162
Rayonnement (Chauffage par) . **282-83, 296**
Recannage de sièges 206
Réchauds électriques 254
Redressage (Planches) 372
Refinissage (Meubles) **196-98, 407-16**
Réfrigérateurs 254-55, 492-93
Registres de foyers **295**
Règles 11, 24, 93-94, 347, 351, 361, 366, 368, 381, 400, 419, 420, 438, 454, 456, 467
voir aussi Raclettes
Régulateurs de puissance (Fluorescents) 274-75
Régules **418,** 423
Remblayage 156
Rembourrage **204-05,** 68, 208, 210
voir aussi Cannage de sièges ; Sangles
Remplissage
Bouche-pores à bois ... 15, 407, 409
Pâtes blanches 414
Pâtes pour métal 434
voir aussi Plâtre
Rénovation (Meubles) **195-210**
Rénovations (Projets) **485-503**
Réparations (Extérieur) **163-94**
Réparations (Intérieur) **89-162**
Réparations (Poterie) 441
Repêchage d'un fil **264,** 266
Repoussage **418**
Repoussé 418
Réservoirs **244**
— à eau chaude 241, 213, 234
— à l'huile 290

— septiques **248-49,** 213-14, 481
Vases d'expansion **280, 297,** 288
voir aussi Toilettes
Résine
— dans les filtres à eau 246-47
Colles 86, 147, 388, 396
Résineux (Bois) 407
Résistance à la traction (Métaux) **418**
Résorcine (Colle) 86, 147
Ressorts **204,** 418, 421, 436
— de châssis **121**
— de portes de garage **190-91**
— en spirale 82, 204
Revêtements 300-02, 377
Revêtements de murs ... **350-51,** 341, 487
Revêtements extérieurs ... **180-82**
Peinture 334-39
Rideaux **136-38**
Riflards courbés 35
Rivetage d'un clou **70,** 15
Rivets et rivetage **426-27,** 15, 210, 418, 421
Robinets **219-21,** 215, 224-26, 236, 240, 245, 247
— d'arrêt 284
— de vidange 280, 282, 289
— extérieurs 213, 246
Robinets d'arrivée du gaz 291, 293
Rochet (Tournevis) 21, 23, 26, 38
Romex **261,** 255
Rondelles (Quincaillerie) 12-13, 68, 71 203, 219-23, 239, 289
— à dents 75, 396
— de blocage 75
— de siège 219, 243
— plates 75
voir aussi Bavures
Rôtissoires électriques 254
Roues à piquer 46
Rouge à polir 58, 459
Rouille
Détachage 58, 124, 198, 330, 459
Prévention 30, 132, 188, 292
Trous 434
Rouleaux
— à peinture **318-19, 328-29,** 332, 338-39, 416
— de stores 134
Roulettes **201,** 242
— coupe-papier 340
— d'angle 340, 344
— de portes de garage 190-91
— de tiroirs 403
voir aussi Patins
Ruban métallique (Coupe-bise) **122**
Rubans
— à mesurer, en acier 10, 24
— à tapis **366-68**
— chatterton 11, 259, 267
— de planches murales ... **93, 95-97, 99**
— de stores vénitiens **135**

— de teflon 229
— de tirage **260, 264**
— isolants 156, 225
Rubans-réceptacles (Electriques) 263

S

Sable **447, 466, 469**, 464
Sable (Peinture) 416
Sablières 404, 405
Sacs de sable 198, 434
Salières et poivrières (Exécution) **520**
Salles de bains
  Carreaux **154-55**
  Entretien 90, **154-55**
  Rénovation **498-99**
Salles de lessive **496-97**, 254-55
Sangles (Meubles) 208
  Réparation 204
Sapin (Bois mou) 371, 374-75, 415
  Douglas 374-75
Scelleurs 91, 156, 324, 502
— à béton 479
— à bois 115, 326, 337, 403, 407,
                       409-12, 415
— à brique 461
— au silicone 86, 240
  Asphalte 194
  Plastique 184
Scies **16-20**, 35
— à guichet 16, 19
— électriques **48-53, 60-63**
— emporte-pièce **44**, **46, 66, 422**, 11, 145
— manuelles **16-20**
  Accessoires 46
Scies à dossière **16-17**
Scies à métaux .. **19**, 10, 16, 93, 129, 133,
  142, 172, 180-81, 192, 198, 225, 226,
  228, 230, 232, 261, 351, 421-22
Scies de bijoutier 418, 422
Séchoirs et sécheuses
— à cheveux 225, 441
— à vêtements 496-97
Sel (Chlorure de sodium) ... 196, 206, 461
— dans l'eau 246-47
— dans le sable 447
Semelles (Construction) 454, 472-74,
                       477-78, 501
Septiques (Systèmes) **248-50**, 213-14,
                       244, 246
Séquoia 248, 350, 370-71
Serpentins
— de chauffage **282-83**
— de refroidissement .. 305, **308-09**, 312
Serres **36-38, 66**, 34, 431

Serres à main **37**
Serrures (Portes et fenêtres) ... 150-53, 80,
                       147, 164, 191
Shellac **411, 413-14**, 335
Sièges cannés **206-07**
Silicone
  pulvérisée 150
  Calfeutrage 182
  Peinture 336
  Scelleurs 86
Siphons (Plomberie) 90, 212-13, 216,
                       224, 226, 234, 239
— de toilettes 217
Soffites (Fenêtres) 331, 337
Solénoïde **243**
Solins
— de cuivre 453
— de toit **175-78**, 164-65, 182, 236, 462
Solives (Plafonds/planchers) ... **234-36**, 95,
  109-13, 179, 215, 238, 260, 264, 266,
  302-03, 347, 362, 377, 396, 404, 406,
                       502-03
Sonnettes électriques **276**
Sorties (Quincaillerie de) 263
Sorties électriques ... **268-70**, 257-58, 262
— de 117 volts 242-43, 244
— extérieures 271-72
  Entretien 90
Soudage à l'étain 430-31
Soudure **430**, 215, 248, 418
— à l'arc 430
— oxyacétylénique 430
Soudure et soudage **39, 429-31**, 212,
  215, 227, 230-31, 258, 267, 418
  Fer **39**, 123, 197, 258, 429
  Pistolets **39**, 10-11, 258
Soufflerie (Fournaise) **288**
Soupapes de sécurité (Radiateurs) 280, 284
Souris 162
Sous-planchers 103, 109-10, 112, 303,
                355, 359, 374, 406, 502
Sous-sols **156-58, 184**, 160-61, 244
  Rénovation **502-04**
Souterrains (Système d'arrosage) **233**
Stéréo
  Câblage 254
  Meubles **536-37**
Stores de fenêtres **134**
Stores vénitiens **135**
Stratifiés
  Plastiques ... **380-81**, 51-52, 86-88, 147,
                198, 350, 498
Structures (Meubles)
— en bois 199-204, 206, 208-09
— en métal 436
Stuc **480**, 461
  Peinture 316, 318, 336, 338
Suintage (Prévention)
— des châssis 130
— des tuyaux **225**, 39, 156

Sulfates d'alumine (Egouts) 249
Supports
— à boîtes de sortie **260**, 266-67
— à gouttières **169**, 171-72
— à tablettes **85**
— à tuyaux 224, 232, 235-36
— pliants **74**
Supports (Perceuses) 45-46
Suralésage 74
Surform (Outil), voir Rabots
Suspensions de portes de garage
  basculantes 193
Synthétiques, voir Plastique ; Tissus ; Vinyle
Systèmes d'arrosage (Pelouses) **232-33**
Systèmes d'égout **248-50**, 213-14, 218,
  228, 234, 236, 238, 244-46
— pluvial 156, 173
Systèmes de rafraîchissement
  (Contrôles) **314**

T

Tableaux noirs **563, 567**
Tables 458
  Construction .. 510-12, 514-15, 530-33,
               550-53, 570-71, 586-87
  Réparation 203, 209
Tablettes
  Construction **546-47**, 513, 526-27
  Quincaillerie 74, 81, 85
Tabourets de cuisine (Construction) 513
Taches d'aliments 196
Taches (Enlèvement des)
— sur la brique 295
— sur la pierre 295, 459
— sur la tuile 117
— sur le bois 196
— sur le cuir 196
— sur le marbre 196, 459
— sur les tissus 196
Taloches de briqueteur 158, 448, 457, 480
Tamias 162
Tamponnoirs **77**
Tampons à peinture **319**, 316, 339
Tapis **86-87**
  Insectes 159
  Pose 365-68
Tapis (Tendeurs) 366
Tarauds **424**
Tasseaux **448**
Taupes 162
Teck (Bois dur) 371
Teintures (Bois) 326, 330, 336, 339,
               407-10, 413-15
Teintures anilines 416

Télécommande (Moteur) 136
Télévision (Circuit) 254-55
Tendeurs 75, 140, 189, 202
Tenons **387-88**, 17, 392, 394, 397
  voir aussi Mortaises
Tentes **576**
Térébenthine **317, 319, 407-11**, 413,
  196-97, 326, 329-30, 371
Termites **160-61**
  Bouclier 453
Terrasses (Toits) **179**
Terre cuite (Réparation) 441
Tés (Tuyaux et raccords) **227**, 436, 236, 238
Tétrachlorure de carbone **459**
Thermocouples 291
Thermoplastiques 53, 88
Thermostats **314**, 241, 243, 296, 298, 305
— de fournaise 278-81, 290-94
  voir aussi Aquastats
Thibaudes (Tapis) 365-67
Tiges (Métal) 418, 425, 435, 455-56
Tiges (Rivets pop) 426
Tilleul 371
Tirage
— de cheminée 285, 463
  Dériveurs **174, 241, 291**
  Régulateurs 241, 290
Tire-sangles 208, 210
Tiroirs
  Construction **401-03**, 37-38, 389-92
  Réparation **199**
  voir aussi Meubles
Tissus **196**, 68, 86-87, 173, 205, 208, 341
Toile émeri 421, 430
Toiles (Stores) 134
Toilettes **222-23**, 213, 217, 234, 238, 248
— à égout surélevé **245**
  Installation **237**, 498
  Réservoirs 156, 212, 222, 223, 224
Toilettes (Flotteurs) 222
Toits
— terrasse **179**
  Construction 374, 377
  Entretien, réparation **164-79**, 182
  Supports 405
Tondeuses à gazon 35, 41
Torches à gaz propane ... **39**, 116, 225, 430
Toupies 389
— électriques **54-55**, 11, 62, 380
Toupies (Mèches) **54-55**
Toupies d'établi **62**
Tourne-écrous **23**
Tournevis **21**
— électriques 46-47
Tours électriques ... **65**, 254, 418, 420
Traçage **24-25, 382-83**, 65
— du métal 419
  Coupe d'assemblages 385-97, 399
  Coupe de tuyaux 228
Tracés ... 16-17, 26, 48, 375-76, 380, 454

Traitement thermique (Métaux) ... 418, 432,
                       435-36
Transformateurs 276, 290, 298
Trappes pour animaux 162
Travail du bois **370-416**, 26, 42
  Brûlage 415
  Collage 86-88
  Débitage 16-18
  Finition **407-16**
  Fixation 11, 426
Traverses (A tenon) 387, 394
Treillis métallique 92, 162, 174, 303,
                       432, 480
Trémies (Charbon) 294
Trempage (Outils) **421**
Trépans 46
Tréteaux 16
Triangles (Mesurage) 383
Tringles à draperies 136-38
Tringles biseautées 379
Trop-plein (Renvois de) 239-40
  voir aussi Fuites
Trottoirs **464, 474-76**, 471, 479
Trous (Réparation)
— dans la maçonnerie 157
— dans le plâtre 92
— dans les moustiquaires 131
— dans les panneaux 97-98
— dans les portes 153
Truelles 157-58, 166, 186, 351, 477,
               479, 480, 483, 484
— à finir **467, 470-71**, 97, 476,
               478-80, 482, 484
— à jointoyer **449, 456-57**, 460-62
— de briqueteur 448-49, 454-55
— dentées 352-55, 357, 359, 363-64
— en caoutchouc 352-55
Trusquins **25**, 387, 391
Tuiles
— creuses 453
— de corniche **455**
— de drainage 156, 158, 173, 184
— d'égout 248-50
— de toiture 481
Tungstène (Alliage) 19, 418, 422
Tuyaux ... 19, 22-23, 53, 187, 302, 425, 433
— à prises de terre 257
— crevés **225**, 212
— de chauffage **281**, 278, 284, 287,
               289, 326
— de métal 19, 436
— de montée 245
— des toilettes 222
— flexibles 231, 233
— gelés 225
— obstrués **216-18**
— perforés 249
  Bouts de 12-13
  Camouflage des 347-49
  Plomberie (Problèmes) **225**

Index

Tuyaux (Matériaux) **228-33, 248-50**
— d'acier galvanisé 212, 215, 229
— de béton-amiante 248
— de cuivre **230-31,** 212, 215, 224,
226-27, 239, 245, 282
— de fibre 248-49
— de fonte **228,** 215, 236, 238
— de laiton **229**
— de plastique ... **232-33,** 88, 215, 226,
238, 244-45, 453
— de polyéthylène 233
— de tuiles d'argile 248-50
Tuyaux (Raccords) **227**
Types de peintures **326, 336,** 316, 330,
332, 416
— à l'huile 317, 322, 324, 326,
336-37, 442
— à l'uréthane 332
— à maçonnerie 316, 332, 336, 461
— alkyde .. 316, 318, 322, 326, 328-29,
332, 336
— asphalte 166, 168, 170, 175, 186,
336, 338, 444, 502
— au latex ... 316-19, 324, 326, 328-29,
332, 334-38
— béton 332, 336
— caoutchouc 326, 332
— d'extérieur **336,** 183, 188, 316
— epoxy 332, 416
— métallique 326, 330, 416
— polyester 332
— trixotopique 324

U

"Unions" (Raccords de tuyaux) 215
Urgences
— en électricité **252-53**
— en plomberie **212**

V

Valves (Sièges de) .. 219, 221-23, 243, 289
Outils à roder 219
Valves (Tuyaux) 220-21
— d'admission 242, 243
— d'arrêt 212-13, 215, 234, 236-37,
239, 242-43, 245-47
— de sûreté ... 213, 241, 280, 284, 297
— de toilettes 222-24, 234, 237

Antisiphon 233
Détendeurs de pression **245,** 280
Valves d'arrêt à vide 215, 245
Vapeur (Chauffage) ... **284, 287, 289,** 278
Vaporifuges **301, 303, 453,** 455, 478
Vaporisateurs
— à finis pour le bois 410, 412, 414
— à insectes 159
Ventilation **313**
Ventouses 10-11, 212, 216-17
Vérins télescopiques 111
Vermiculite 482
Vernis .. **411-12,** 115, 117, 197, 316, 326,
362, 407-09, 414
— maritime ("spar") 336, 338, 411
Verre **438-41, 444,** 42, 52, 123-25, 128-29
— dépoli 438, 444
Briques **444**
Isolation 278
Réparation 86-87, 439, 441
Vidange (Bouchons de) **213**
Vidange (Robinets de) . 280, 282, 284, 289
Vides sanitaires **303**
Vieillissement (Finition du bois) **415**
Vilebrequins **26-27**
Vinyle **196,** 205, 210, 326, 358, 365, 422
— en rouleau 117, 184
Collage 87
Coupe-bise 122, 126
Mousse 365
Plancher 358, 361, 501
Rapiéçage 479
Revêtement de murs 341, 350-51
Vis d'arrêt 150
Vis et vissage **72-74, 428,** 21, 26, 81
Vitesse des outils 44-45, 53-54, 56-58,
62, 65-66
Vitrerie (Rainures de) 125, 128-29, 133
Vitrier (Mastic de) 123-24, 146, 504
Voltage 253-55, 271, 276, 307
Vrilles 21

W

Warfarin (Poison à rats) 162
Wastringues **30-31,** 421

Z

Zinc 418, 429-30
Sulfate de 324
Zonage (Règlements) 500

Le mesurage selon le système métrique

Les mesures indiquées dans ce **manuel** sont fondées sur les mesures anglaises : pintes et gallons, pouces et pieds. Or, conformément à un plan minutieusement élaboré, le Canada est en train d'adopter progressivement le système métrique, comme l'ont déjà fait la plupart des pays du monde.

Quand toute l'Amérique du Nord aura adopté ce système, la seule différence, en cette matière, entre le Canada et les Etats-Unis résidera dans la façon d'écrire *mètre* et *litre* en anglais. La Commission du système métrique et l'Association canadienne de normalisation recommandent l'emploi des mots *mètre* et *litre* plutôt que « meter » et « liter » qu'utiliseront nos voisins du Sud. Ces deux organismes fondent leur préférence sur l'avantage que retireront les Canadiens à écrire les mots mètre et litre de la même façon en français et en anglais (sauf pour l'accent grave, bien entendu).

Dans l'Europe du XVIIIe siècle, faute de commune unité de mesure parmi les peuples, l'Académie des sciences de France institua, sous le nom de Système international d'unités, un système maintenant connu universellement sous l'abréviation SI.

L'Académie a baptisé du nom de « mètre » (du grec : *metron*) la mesure de longueur représentant un dix-millionième de ce qu'on considérait alors la distance entre le pôle Nord et l'équateur.

Par la suite, ce calcul fut jugé inexact, mais on avait découvert la simplicité du système décimal et les avantages de son uniformité et on l'appréciait à sa juste valeur. Il fut donc accepté presque partout.

A la page opposée se trouve une série d'échelles qui servent à la conversion des pieds et des pouces en centimètres ou en millimètres. Convertissez les pieds en mètres en vous servant de l'échelle à l'extrême droite. Convertissez des centimètres ou en millimètres en comparant une mesure, telle qu'elle se trouve sur l'échelle des pouces, avec la mesure correspondante sur l'échelle métrique. Par exemple : 1 pouce égale 2,54 centimètres, ou 25,4 millimètres. Vous pouvez également convertir des centimètres et des millimètres en pouces en comparant la mesure sur l'échelle métrique à celle de l'échelle des pouces. C'est ainsi que 64 centimètres égalent 2 pieds 1³⁄₁₆ pouce. En termes de volume, lorsque vous achetez des liquides, le tableau suivant peut vous être utile :

1 litre égale	0,22 gallon	6 litres égalent	1,32 gallon
2 litres égalent	0,44 gallon	7 litres égalent	1,54 gallon
3 litres égalent	0,66 gallon	8 litres égalent	1,76 gallon
4 litres égalent	0,88 gallon	9 litres égalent	1,98 gallon
5 litres égalent	1,10 gallon	10 litres égalent	2,20 gallons

Inversement, un gallon de peinture équivaut à 4,5 litres.

Un litre représente un décimètre cube — c'est-à-dire 1 000 centimètres cubes — alors qu'une pinte représente 1 182,5 centimètres cubes. Un litre de peinture est une quantité légèrement plus petite qu'une pinte du même produit.

En poids, consultez ces tableaux : et vice versa :

livres	kilogrammes	kilogrammes	livres
1	0,4536	1	2,20
2	0,9072	2	4,41
3	1,3608	3	6,61
4	1,8144	4	8,82
5	2,2680	5	11,02
6	2,7216	6	13,23
7	3,1751	7	15,43
8	3,6287	8	17,64
9	4,0823	9	19,84
10	4,5359	10	22,05

Pour les petites mesures, consultez les tableaux suivants :

onces	grammes	onces	grammes
1	28,35	9	255,15
2	56,70	10	283,50
3	85,05	11	311,84
4	113,40	12	340,19
5	141,75	13	368,54
6	170,10	14	396,89
7	198,45	15	425,24
8	226,80	16 (1 livre)	453,59

Un gramme est le poids d'un centimètre cube d'eau pure distillée à une température de densité maximale, soit 39,2°F ou 4°C.

Voici d'autres équivalences :

verges	mètres	mètres	verges
1	0,914	1	1,094
2	1,829	2	2,187
3	2,743	3	3,281
4	3,658	4	4,374
5	4,572	5	5,468
6	5,486	6	6,562
7	6,401	7	7,655
8	7,315	8	8,749
9	8,230	9	9,842

pieds carrés	mètres carrés	mètres carrés	pieds carrés
1	0,093	1	10,764
2	0,186	2	21,528
3	0,279	3	32,292
4	0,372	4	43,056
5	0,465	5	53,819
6	0,557	6	64,583
7	0,650	7	75,347
8	0,743	8	86,111
9	0,836	9	96,875

verges cubes	mètres cubes	mètres cubes	verges cubes
1	0,765	1	1,308
2	1,529	2	2,616
3	2,294	3	3,924
4	3,058	4	5,232
5	3,823	5	6,540
6	4,587	6	7,848
7	5,352	7	9,156
8	6,116	8	10,463
9	6,881	9	11,771

Pour l'achat de bois, voici un tableau utile :

pouces*	millimètres	pouces*	millimètres
1 x 2	19 x 38	2 x 6	38 x 140
1 x 3	19 x 64	2 x 8	38 x 184
1 x 4	19 x 89	2 x 10	38 x 235
1 x 5	19 x 114	2 x 12	38 x 286
1 x 6	19 x 140	3 x 4	64 x 89
1 x 8	19 x 184		
1 x 10	19 x 235	4 x 4	89 x 89
1 x 12	19 x 286	4 x 6	89 x 140
2 x 2	38 x 38		
2 x 3	38 x 64	6 x 6	140 x 140
2 x 4	38 x 89	8 x 8	191 x 191

*Rappelez-vous que ces formats sont commercialisés et que les dimensions réelles sont légèrement inférieures.

Pour l'achat de panneaux et de revêtements composés :

pieds	millimètres*	pieds	millimètres*
4	1200	10	3000
8	2400	12	3600

*Rappelez-vous que ces formats sont commercialisés et que les dimensions réelles sont légèrement supérieures.